lonely planet

El mundo

Guía del planeta

EL MUNDO

Sumario

LEYENDA

- África
- América
- Antártida
- Asia
- Europa
- Oceanía

Bienvenidos al mundo

La Tercera Roca del Sol. La Madre Tierra. La Canica Azul. A esa bola rocosa giratoria que es el mundo se le han puesto muchos nombres, pero es también el lugar donde vivimos todos nosotros. Y dondequiera que uno viva, puede estar seguro de que si viaja –lejos o cerca–, el mundo le revelará su belleza y diversidad abrumadoras. A la vuelta de cada esquina aguarda la aventura y las experiencias más apasionantes; así pues, ¡a explorar el mundo!

Maravillas de la naturaleza

El cómico Steven Wright sentenció en cierta ocasión: "No se puede tener todo; ¿dónde ibas a ponerlo?". Con un peso de $5,97219 \times 10^{24}$ kg y 149 000 000 km² de masa terrestre (más otros 361 000 000 km² de superficie marina), el mundo tiene sitio suficiente para que quepa "todo". Y en medio de ese "todo" hay muchísimo que descubrir: desde ríos profundos como el Nilo (con un curso de 6850 km desde África central hasta el Mediterráneo) y las costas hundidas del mar Muerto (427 m bajo el nivel del mar), hasta altas montañas como las del Himalaya (más de 100 superan los 7200 m, entre ellas el Everest, con 8848 m), los Andes y los Alpes.

A través de seis continentes y 221 países, "todo" adopta múltiples formas maravillosas; hay inmensas extensiones de vegetación, como la cuenca del Amazonas (7 000 000 km² de jungla), mientras que bajo las aguas cristalinas del océano Pacífico discurre la Gran Barrera de Coral (2300 km), y el pellejo cicatrizado del Gran Cañón es depositario de 2000 millones de años de historia geológica.

Pero no todas las maravillas del mundo son inanimadas. Entre los espectáculos que brinda la fauna figura la migración anual de los ñus (dos millones) por el Serengeti, los pingüinos emperadores de la Antártida y el variopinto zoológico de las Galápagos, donde los humanos parecemos fuera de lugar.

Ciudades espectaculares

Son las personas, y no los animales, quienes han colonizado el planeta. Desde las herramientas de piedra, la invención de la rueda (3300 a.C.) y la primera fundición del hierro (1200 a.C.), la humanidad se ha embarcado en una ambiciosa empresa colectiva constituida por incontables culturas, civilizaciones e imperios.

Más de la mitad de la población mundial vive hoy en ciudades, que son los faros que nos atraen con sus luces brillantes y sus relaciones humanas, los epicentros de la cultura, la industria y el esfuerzo. Y cada una tiene personalidad propia: Nueva York con sus rascacielos y taxis, Londres con sus parques, *pubs* y palacios, Sídney con su puente y Ciudad del Cabo recortada sobre la abrupta Montaña de la Mesa. Un periplo por las grandes urbes nos conduce a curiosidades geográficas (Estambul a caballo entre Europa y Asia), a ciudades de la fe (Jerusalén, sagrada para judíos, musulmanes y cristianos), a ciudades con miles de años de historia (Atenas, Damasco, Benarés) y a ciudades nuevas y prósperas que brotan por toda Asia, África y Sudamérica.

Isla Heron, Gran Barrera de Coral, Australia.

Maravillas artificiales

Puede que las ciudades sean los núcleos por donde se ha de pasar al deambular por el mundo, pero no son necesariamente las más grandes proezas del ser humano; estas son numerosas y dispersas, y adoptan un sinfín de formas.

El misterio envuelve a muchas de ellas, como la Gran Pirámide de Guiza, construida en el 2560 a.C., los Guerreros de Terracota de Xï'än y los formidables *moais* de piedra de la isla de Pascua. Otras no menos asombrosas se construyeron con fines específicos, como la catedral de San Basilio, en la Plaza Roja, la Gran Muralla China y el Taj Mahal, monumento al amor. Espectáculos más modernos como las ostentaciones arquitectónicas de Dubái y el perfil urbano de Shanghái quizá carezcan del noble peso de la historia, pero resultan, si cabe, más deslumbrantes.

Todos estos monumentos constituyen aportaciones a los modos de vida que los rodean, lo cual nos recuerda que no todas las proezas de la humanidad son tangibles. Igual de fascinantes y dignas de verse son las manifestaciones culturales, las fiestas y los grandes acontecimientos, desde la tradición de los cafés vieneses hasta el *jazz* cubano, desde las fiestas a la luz de la luna en Koh Samui hasta las danzas de los guerreros masáis bajo el sol poniente africano.

Todo esto y mucho más encontrará quien se aventure a conocer el mundo. Este libro puede servir de inspiración. Aquí aparecen todos los países, con un resumen de sus lugares y experiencias más interesantes, información práctica esencial para la organización del viaje y un mapa para ayudar a trazar un itinerario. Adónde ir exactamente y qué pasos dar a partir de ahora queda al arbitrio del lector, pero le animamos a que se ponga en marcha.

Lo esencial

Los idiomas más hablados

Si se habla uno o más de los idiomas siguientes, es posible comunicarse con estos porcentajes de la población mundial.

%

▲ Mandarín 14,4% △ Árabe 4,4% ▲ Ruso 2,3%
▲ Español 6,2% △ Portugués 3,3% ▲ Japonés 1,9%
△ Inglés 5,4% △ Bengalí 3,1% ▲ Francés 1,1%
△ Hindi/Urdu 5,7%

Idiomas

¡Esto es Babel! En el mundo se hablan hoy casi 7000 idiomas, divididos en seis familias principales y unas 130 más pequeñas. La distribución de idiomas por el globo refleja los movimientos de población a lo largo de la historia, y las familias de idiomas incluyen parientes inesperados; p. ej., el albanés se emparenta con el inglés, el hindi, el persa y el ruso. El tamaño de los países y de sus poblaciones tampoco explica forzosamente el número de idiomas: así, por poner un ejemplo, en Nueva Guinea tan solo 3,5 millones de personas hablan casi 450 lenguas.

Se calcula que la mitad de la población del mundo habla más de un idioma. Si no es ese su caso, no hay nada que temer: una sonrisa puede servir de mucho, incluso entre personas con las que no se comparte ningún idioma; sin embargo, aprender unas cuantas palabras de la lengua que se habla en el lugar de destino puede abrir muchas puertas.

Hora

Es sabido que mientras el mundo orbita en torno al sol, también el planeta está girando, lo que significa que el sol se pone para algunos de nosotros y sale para otros. Y así, cuando en Sídney, en Australia, es hora de acostarse, los habitantes de Bombay, en la India, estarán tomando el *chai* de la tarde, los londinenses almorzando y los neoyorkinos a punto de levantarse. Para facilitar la vida, el mundo se divide en husos horarios.

Husos horarios

Los tipos listos del Real Observatorio de Londres se ocuparon de que a partir de la década de 1880 se adoptara el Tiempo Medio de Greenwich (GMT) como hora de referencia mundial. Cada huso horario se determina según esté a + o – número de horas completas (o medias horas) del GMT. En 1972, el Tiempo Universal Coordinado (UTC) sustituyó al GMT (funciona de la misma manera, pero el UTC incorpora los ajustes de un segundo).

usos horarios

| | VANCOUVER SAN FRANCISCO LOS ÁNGELES | | WASHINGTON NUEVA YORK BOSTON | | | | | | | | | |

-12	-11	-10	-9	-8	-7	-6	-5	-4	-3	-2	-1	0 GMT

CIUDAD DE MÉXICO SÃO PAULO
DALLAS RÍO DE JANEIRO

DUBLÍN
LONDRES

¿Quieres ser millonario?
Con 100 US$ se compran...

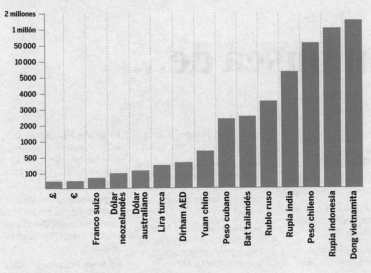

* Tipos de cambio al cierre de la guía

Webs

Lonely Planet (www.lonely planet.es) Portal de viajes.

Time and date (www.timeand date.com) Diferencias horarias.

XE (www.xe.com) Conversión de moneda.

Dinero

Hoy circulan por el mundo unas 180 monedas; las llamadas fuertes –el dólar estadounidense, la libra esterlina, el euro, el yen y el franco suizo– se aceptan en muchas partes.

Dependiendo de adónde se vaya y de dónde se venga, habrá que cambiar la moneda propia por la del lugar de destino. Lo que el dinero dé de sí dependerá de los tipos de cambio.

Consejos para ahorrar

➡ Viajar en temporada baja

➡ Buscar tipos de cambio ventajosos; cuando una moneda sube en contra de la propia, otra puede bajar

➡ Reservar con antelación para obtener las mejores ofertas

Documentación para el viaje

Para salir del propio país y entrar en otro se necesita un pasaporte, un documento oficial que certifica la identidad del portador, y

para visitar muchos países quizá se precise un visado: un sello en el pasaporte que permite visitar temporalmente el país.

Visados

Las normas y reglamentos que conciernen a los visados son muchos y complejos, y varían de un país a otro. Algunos permiten viajar sin visado a los titulares de pasaportes de otros países (como ocurre en la UE), mientras que otros permiten que ciertos visitantes obtengan un visado al llegar o bien les exigen la obtención del visado antes de partir del país de origen. Conviene averiguar los detalles antes de hacer planes.

0 GMT	+1	+2	+3	+4	+5	+6	+7	+8	+9	+10	+11	+12
		DUBÁI MOSCÚ	BOMBAY DELHI				SINGAPUR BEIJING HONG KONG		SÍDNEY MELBOURNE			

DUBLÍN LONDRES

En busca de...

Playas paradisíacas

Australia Cascadas impetuosas, playas vírgenes y arrecifes. (p. 65)

España Asturias, de color verde esmeralda, cuenta con más de 600 playas. (p. 288)

Maldivas Arena blanquísima y aguas verdiazules. (p. 589)

Portugal El Algarve es muy variado: islas arenosas, acantilados espectaculares y playas casi vacías. (p. 734)

Puerto Rico Bordeada de matorral bajo, playa Flamenco es la única playa pública de la isla. (p. 736)

Seychelles Playas de arena blanca lamidas por aguas templadas y árboles asomados a la costa. (p. 800)

Tahití y Polinesia Francesa Bora Bora: un perfecto anillo de islotes. (p. 850)

Tailandia Los altos acantilados calizos de Railay son uno de los atractivos naturales más famosos de Tailandia. (p. 858)

Fiestas culturales

Carnaval de Río, Brasil Una juerga sin fin, con casi 500 fiestas callejeras por toda la ciudad. (p. 134)

Día de Muertos, México Recuerdo, entre triste y alegre, de los parientes y amigos difuntos a principios de noviembre. (p. 620)

Goroka Show, Papúa Nueva Guinea Enormes tocados de plumas, faldas de hierba y evocadoras pinturas faciales y corporales. (p. 712)

Holi, India Los hindúes reciben la primavera lanzando agua y *gulal* (polvos) de colores a cualquiera que esté cerca. (p. 412)

Naadam, Mongolia Dos o tres días de lucha, carreras de caballos y tiro con arco. (p. 630)

Nueva Orleans, Estados Unidos El Mardi Gras y el Jazz Fest de Nueva Orleans son famosos en todo el mundo. (p. 291)

Historia

Brú na Bóinne, Irlanda La tumba de corredor neolítica más importante de Irlanda, anterior a las pirámides en unos seis siglos. (p. 440)

Campos de Flandes, Bélgica Cuidados cementerios con hileras de cruces blancas que parecen infinitas. (p. 97)

Galípoli, Turquía Cementerios y monumentos conmemorativos señalan los puntos donde jóvenes llegados de muy lejos lucharon y murieron en condiciones terribles. (p. 904)

Machu Picchu, Perú Una ruina entre ruinas, con terrazas verde esmeralda sobre un fondo de picos y crestas andinas. (p. 719)

Persépolis, Irán La armonía artística de Persépolis deja claro que fue el centro del mundo conocido en sus tiempos de esplendor. (p. 430)

Petra, Jordania Petra atrae multitudes desde que Jean-Louis Burckhardt redescubriera este yacimiento espectacular en 1812. (p. 509)

Pompeya, Italia Una próspera ciudad romana congelada en su agonía desde hace 2000 años. (p. 487)

Tikal, Guatemala Los templos restaurados testimonian las cimas culturales y artísticas alcanzadas por esta civilización selvática. (p. 373)

Comida y bebida

Cerveza, República Checa Los checos afirman que tienen la mejor *pivo* (cerveza) del mundo y no se lo vamos a discutir. (p. 748)

Champagne, Francia Famosa en todo el mundo por los vinos espumosos que se producen aquí desde los tiempos de Dom Pérignon. (p. 326)

Copenhague, Dinamarca Uno de los destinos culinarios más pujantes de Europa, con más estrellas Michelin que ninguna otra ciudad escandinava. (p. 240)

Japón El cuidado por el detalle, la genialidad de la presentación y el empleo constante de los mejores ingredientes dan como resultado una cocina memorable. (p. 504)

Malasia Se empieza con comida *nonya* chino-malasia y se pasa a los curris indios, bufés chinos y puestos de comida malasia. (p. 582)

San Sebastián, España Los chefs han convertido los *pintxos* (tapas vascas) en un arte. (p. 286)

Turquía Los *mezes* no son solo un plato, sino toda una experiencia gastronómica. (p. 902)

Vietnam La frescura de los ingredientes da como resultado una textura y unas combinaciones de sabores incomparables. (p. 934)

Whisky, Escocia La bebida nacional de Escocia se lleva destilando desde hace más de 500 años. (p. 270)

Aventura

Aventuras al aire libre, Suiza Con sus paisajes alucinatorios, este país es un destino preferente para escapadas al aire libre. (p. 843)

Blue Hole, Belice Las paredes del Monumento Natural Blue Hole se hunden más de 120 m en el océano. (p. 100)

Esquí, Andorra 193 km de pistas y un sistema combinado de remontes que pueden transportar a más de 100 000 esquiadores por hora. (p. 30)

'Rafting', Eslovenia Ríos como el Soča invitan al *rafting*. (p. 280)

Safari, Botsuana El Parque Nacional Chobe se cuenta entre la élite de los destinos africanos para safaris. (p. 123)

Senderismo, Dolomitas, Italia Este rincón del norte de Italia eleva la seducción a cimas vertiginosas. (p. 490)

Senderismo, Nueva Zelanda Los sublimes bosques, montañas, lagos, playas y fiordos de Nueva Zelanda la han convertido en uno de los mejores destinos de senderismo del planeta. (p. 683)

Submarinismo, mar Rojo, Egipto Un mundo de arrecifes de coral, peces multicolores y pecios de inquietante belleza. (p. 257)

Tirolina, Costa Rica Pocas cosas son más placenteras que deslizarse velozmente por el dosel de la jungla fijados a un cable. (p. 224)

Maravillas de la naturaleza

Aurora boreal, Islandia Famoso caleidoscopio celeste que transforma las largas noches de invierno en lámparas de lava naturales. (p. 447)

Capadocia, Turquía El horadado paisaje parece esculpido por un enjambre de abejas geniales. (p. 901)

Cataratas del Iguazú, Argentina El estruendo, la espuma y la inmensa cantidad de agua perduran para siempre en la memoria. (p. 51)

Everest, Nepal El Tíbet brinda los mejores panoramas de la montaña más famosa del mundo. (p. 657)

Gran Barrera de Coral, Australia Se extiende más de 2000 km a lo largo del litoral de Queensland, con corales resplandecientes, tortugas marinas y peces tropicales de todos los colores y tamaños. (p. 65)

Gran Cañón, Estados Unidos El cañón tardó seis millones de años en formarse y algunas rocas visibles en sus paredes tienen 2000 millones de años. (p. 292)

Lago Baikal, Rusia Las vistas asombrosas del Baikal y la dureza del viaje dejan sin aliento. (p. 768)

Cráter del Ngorongoro, Tanzania La magia se experimenta ya en el borde, con el aire frío y las vistas sublimes del enorme macizo. (p. 868)

Mar Muerto, Israel y los Territorios Palestinos Aguas azul cobalto, blancos depósitos salinos, acantilados rojizos y vegetación verde oscuro. (p. 481)

Salto Ángel, Venezuela La catarata más alta del mundo, donde el agua da un estruendoso salto de 979 m desde la meseta de Auyantepui. (p. 927)

Maravillas artificiales

Acrópolis, Grecia Encarna una armonía, una fuerza y una belleza que llega a todas las generaciones. (p. 355)

Gran Muralla, China Ladrillos perfectos, invadidos por árboles jóvenes, culebreando entre las montañas. (p. 185)

Pirámides de Guiza, Egipto Forma extraordinaria, geometría impecable y masa colosal. (p. 255)

Sagrada Familia, España El extravagante templo de Barcelona se alza a los cielos con una majestuosidad casi juguetona. (p. 283)

Stonehenge, Inglaterra La gente se ha sentido atraída por este mítico círculo de piedras durante más de 5000 años. (p. 421)

Taj Mahal, India Este mausoleo de mármol es la despedida más poética del mundo. (p. 407)

Templos de Angkor, Camboya Los antiguos "reyes-dioses" camboyanos compitieron para superar a sus antepasados en tamaño y simetría. (p. 159)

Torre Eiffel, Francia Para pedalear en su base, olvidarse del ascensor y subir a pie, comprarse una crep allí mismo o visitarla de noche. (p. 323)

Para otros **temas y actividades** véase el índice de p. 949.

PREPARACIÓN DEL VIAJE EN BUSCA DE...

Itinerarios

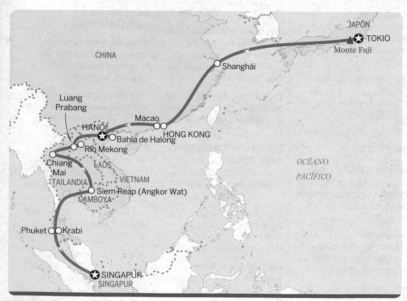

 3 MESES Un viaje por Asia

Como este es el "siglo asiático", un periplo por las grandes ciudades y paisajes de Asia parece lo más indicado.

El viaje empieza en **Tokio,** que combina tradición y ultramodernidad, desde donde se puede visitar el majestuoso **monte Fuji.** Tras pasar a tierra firme hay que dirigirse a **Shanghái,** la ciudad más dinámica del país que crece con más rapidez en el mundo. Después se pone rumbo sur hacia **Hong Kong** para disfrutar de sus tiendas y sus excursiones en ferri, o para empaparse del ambiente portugués de la cercana **Macao.** Se cruza a **Hanói** para saborear su elegante arquitectura de camino a las islas calizas de la **bahía de Halong.** Regresando por Hanói, se va hasta **Luang Prabang,** resplandeciente de templos y a orillas del **Mekong.** El viaje prosigue hasta la antigua ciudad de **Chiang Mai** para disfrutar de un retiro espiritual antes de dirigirse a las ruinas de **Siem Reap** y **Angkor.** Enfilando al sur es el momento de un idilio playero en el mar de Andamán, ya sea en **Phuket** o en **Krabi.** Se continúa hasta **Singapur** para hacer compras y organizar los siguientes pasos.

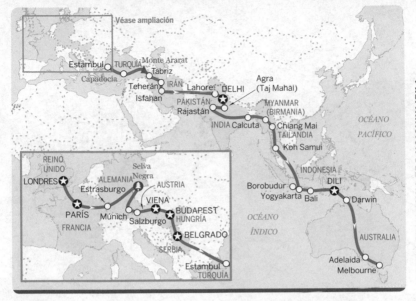

 6 MESES **La ruta 'hippy': de Londres a Melbourne**

Rito de paso para muchos, el viaje por tierra desde Europa y a través de Asia ha inspirado a generaciones de viajeros, entre ellos a Maureen y Tony Wheeler, fundadores de Lonely Planet.

Partiendo de **Londres,** se va a **París** para ver la Torre Eiffel y el Louvre. Se sigue en coche hacia el este para ver las casas con entramado de madera de **Estrasburgo** y atravesar la **Selva Negra** de camino a los encantos de **Múnich.** Tras gozar del ambiente musical y la arquitectura de **Salzburgo** se pasa a los teatros y cafés de **Viena.** La señorial **Budapest** y la bulliciosa **Belgrado** proporcionan tratamientos de *spa* y una trepidante vida nocturna de camino a **Estambul,** la ciudad turca a caballo de dos continentes. Después de cruzar el Bósforo en ferri hay que dirigirse a los paisajes fantasmagóricos de **Capadocia.** Pasadas las estribaciones del **monte Ararat,** se pone rumbo hacia **Tabriz,** al otro lado de la frontera iraní. Se disfruta de las casas de té de **Teherán** antes de admirar la arquitectura de **Isfahán** y tomar la carretera del desierto. Se va a la antigua ciudad de **Lahore,** importante por su ambiente cultural y sus jardines mogoles.

Se cruza la frontera india hasta la ruidosa **Delhi,** con su Fuerte Rojo y sus olorosos bazares. Se continúa hasta **Agra** para perder el sentido ante el **Taj Mahal** y se sigue hacia el oeste hasta los desiertos y fortalezas de **Rajastán.** Después del clamor de **Calcuta** se pasa a **Myanmar,** que se está abriendo al turismo. Desde aquí media un corto salto hasta un *spa* de **Chiang Mai** antes de ir a Bangkok. **Koh Samui** proporciona una idílica isla en el golfo de Tailandia antes de ir a Indonesia. **Yogyakarta** es un centro del arte javanés y de marionetas, y una puerta a los monumentos budistas de **Borobudur.** La siguiente parada es **Bali,** para gozar del sol y el *surf* antes de ir a **Dili,** que está cambiando con rapidez. Desde aquí solo hay un salto hasta **Darwin,** la más asiática de las ciudades australianas, desde donde se puede atravesar el desierto en coche hasta **Adelaida** antes de llegar a **Melbourne,** capital cultural de Australia.

 2 MESES ## Odisea mediterránea

El Mediterráneo, escenario de incontables culturas, imperios y civilizaciones, ofrece un apabullante despliegue de arte, cultura y bellezas naturales.

Venecia, ciudad de arte y grandes empresas marítimas, ha sido el punto de embarque de muchas odiseas. Siguiendo los pasos del romántico Lord Byron se va hasta **Rávena,** con sus mosaicos bizantinos, antes de trasladarse a **Florencia,** congelada en el Renacimiento, y después a **Roma** para ver el **Coliseo.** Por el Adriático se llega a la **costa dálmata** de Croacia, con paradas en **Split** y **Dubrovnik,** descrita por Byron como la "Perla del Adriático". Desde aquí se pasa a Bosnia y Herzegovina y a Mostar, con su famoso puente. De vuelta en la costa, se contempla el impresionante paisaje de la **bahía de Kotor** y se continúa hasta las localidades playeras de **Sveti Stefan** y **Bar.** En Albania se encuentra la **Tirana** poscomunista, con sus vistosos edificios y la ciudadela de **Gjirokastra.** En la costa jónica se sitúan la idílica Corfú, Ítaca, la isla a la que Ulises ansiaba regresar, y **Cefalonia,** donde fue a parar Lord Byron. Desde aquí se puede llegar a **Atenas** para ver la **Acrópolis,** o tomar un ferri y seguir viaje por las islas griegas, o regresar a Italia.

Nápoles es la vibrante metrópolis meridional de Italia y el lugar de tránsito para **Sicilia,** con sus templos griegos y el **monte Etna.** Desde aquí se pone rumbo a la cristalina **Costa Esmeralda** de Cerdeña y después a los pueblos de pescadores y el escarpado interior de **Córcega.** La Corniche de **Niza** y **Mónaco** son lugares bendecidos por el sol que invitan a quedarse. **Marsella** atrae con su castillo y su ambiente portuario. Tierra adentro quedan **Aix-en-Provence** y los paisajes de **Arlés** que inspiraron a Van Gogh. Más allá está **Barcelona,** ciudad de arte y arquitectura y puerta de las **islas Baleares.** Más al sur aguarda la vida nocturna de **Madrid** y después el mudéjar de **Córdoba, Sevilla** y **Granada.** Se termina en **Gibraltar,** puerta del Atlántico y el punto más occidental de los viajes de Hércules.

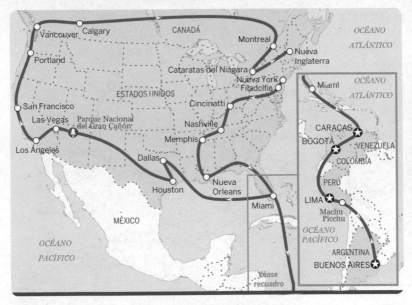

2 MESES América por carretera

Por los vastos espacios abiertos de EE UU, lo razonable es que este país sea el punto de partida del viaje por carretera. Cada cual puede organizar su propia odisea, siguiendo los pasos de Jack Kerouac y de muchos otros.

Se parte de **Nueva York,** la ciudad que nunca duerme, se baja después a **Filadelfia** para hacerse idea de cómo eran las ciudades del período colonial y se continúa hasta **Cincinatti,** a orillas del río Ohio, por donde pasó en su día Jack Kerouac. Desde aquí se pone rumbo sur hasta **Nashville,** meca de la música *country.* Continuando con la música, se va a **Memphis** para rendir homenaje a Elvis y a Johnny Cash, y se desciende después por el Misisipi hasta **Nueva Orleans,** con su cocina sureña, su peculiar arquitectura y los clubes de *jazz* frecuentados por Kerouac. Después se podría ir hasta **Miami,** de sabor latino, e invertir la ruta del Che Guevara enfilando al sur hasta **Caracas, Bogotá** y **Lima,** de camino a las cumbres de **Machu Picchu,** antes de acabar en **Buenos Aires,** una porción de Europa en el hemisferio sur.

Como alternativa se podría ir al oeste, parando primero en **Dallas,** con sus *cowboys* y animadoras, y después en **Houston.** Por sus vistas del desierto y sus icónicos paisajes, el **Gran Cañón** es de visita obligada antes del oropel y los casinos en **Las Vegas.** Se continúa hasta **Los Ángeles** para avistar alguna estrella en **Hollywood** y más tarde se siguen de nuevos los pasos de Kerouac hasta **San Francisco.** Luego se pone rumbo norte hasta la contracultural **Portland** antes de cruzar la frontera canadiense y llegar a **Vancouver.** Hay que ponerse las espuelas al recalar en **Calgary,** la "ciudad vaquera", para después, pasando por la pradera infinita y por encima de los Grandes Lagos, arribar a **Montreal,** con sus diversas cocinas y su arquitectura europea. La ruta concluye en Nueva York, pasando por el lago Ontario y las enormes masas de agua de las **cataratas del Niágara** o por los pintorescos paisajes de **Nueva Inglaterra.**

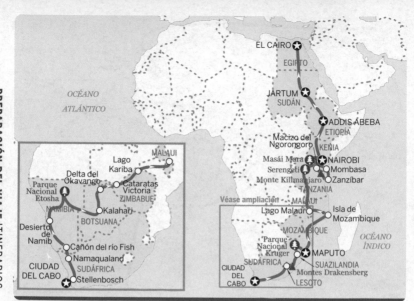

4 MESES — El gran safari

África ofrece vastos paisajes, la oportunidad de ver la fauna a una escala sin comparación con el resto del mundo y una extraordinaria diversidad cultural.

Desde **Ciudad del Cabo**, y tras subir a la Montaña de la Mesa y visitar las bodegas de **Stellenbosch,** cabe elegir entre dos rutas. Se puede disfrutar de la exuberancia floral de **Namaqualand** mientras se va al **cañón del río Fish,** fantástico para el senderismo. Se continúa por el **desierto de Namib** y la desolada costa de los Esqueletos de camino al Parque Nacional **Etosha.** Si no se avista ni un hipopótamo, hay que dirigirse al este hacia el **Kalahari,** donde se puede caminar con los bosquimanos, y seguir después hacia el **delta del Okavango,** donde se revuelcan los hipopótamos. Tras los pasos del doctor Livingstone se llega a las **cataratas Victoria,** para contemplar el ímpetu de las aguas del "humo que atruena". Se continúa por el **lago Kariba** hasta **Malaui** para relajarse en el "lago de las estrellas", como hizo Livingstone.

La ruta alternativa desde Ciudad del Cabo atraviesa los montes **Drakensberg** hasta el montañoso reino de **Lesoto,** perfecto para una excursión en poni, y después hasta **Suazilandia.** Se continúa hasta el **Parque Nacional Kruger,** con la posibilidad de avistar a los "cinco grandes". Se cruza hasta Mozambique para visitar **Maputo,** con su ambiente portugués y sus caipiriñas en la playa, y después se asciende por la costa siguiendo la ruta de Magallanes para bucear con tiburones ballena y parar después en la **isla de Mozambique.** Desde allí se va al **lago Malaui** y, por el norte, hasta Tanzania, para visitar las zonas del **Serengeti** y el **macizo del Ngorongoro,** ricas en fauna. Luego se asciende al **monte Kilimanjaro** y se continúa hasta el océano Índico para disfrutar de los jardines de especies y las playas de **Zanzíbar,** donde en su día se refugió Livingstone. La sofocante **Mombasa** es un centro de la cultura suajili y la puerta de Kenia. Se continúa por el **Masái Mara** hasta **Nairobi,** desde donde se puede llegar, pasando por **Addis Abeba, Jartum** y **El Cairo,** hasta el Mediterráneo para completar un memorable viaje transcontinental.

CHRISTOPHE CERISIER / GETTY IMAGES ®

CAPITAL
Kabul

POBLACIÓN
31,1 millones

ÁREA
652 230 km²

**IDIOMAS
OFICIALES**
Dari, pastú

Lagos de Band-e-Amir, Bamiyán.

Afganistán

*País castigado pero bello y orgulloso, el camino de Afganistán hacia
la recuperación continúa siendo incierto, si bien la capacidad de
resistencia de sus gentes y la belleza de sus paisajes permanecen.*

A lo largo de su historia, Afganistán ha sido un país unido contra sus invasores pero dividido en contra de sí mismo. En un mundo diferente, Afganistán figuraría cerca de los puestos más altos de cualquier lista de destinos turísticos obligados. Su fascinación, difundida por los libros de viajes, se ha visto acentuada por su inaccesibilidad durante los últimos 30 años.

Situado en la encrucijada de Asia, Afganistán ha fusionado ingredientes culturales del subcontinente indio, Asia central y Persia para crear algo distintivo y seductor. Los oasis de la antigua Ruta de la Seda evocan una rica historia de imperios budistas e islámicos, y el macizo del Hindu Kush, que divide en dos el país, es tan hermoso como cálida la hospitalidad afgana.

Antes de sus recientes penurias, Afganistán era una etapa fundamental de la ruta *hippy*, y fascinaba a los visitantes por sus paisajes abruptos, el bullicio de sus bazares, su mezcla de culturas y por el propio pueblo afgano, encantador y sociable.

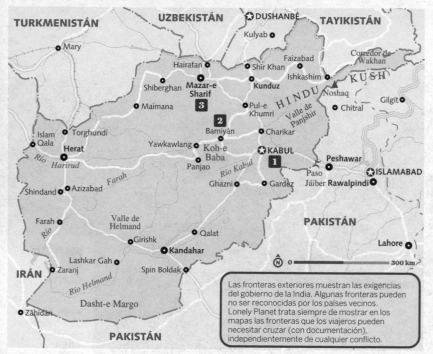

Las fronteras exteriores muestran las exigencias del gobierno de la India. Algunas fronteras pueden no ser reconocidas por los países vecinos. Lonely Planet trata siempre de mostrar en los mapas las fronteras que los viajeros pueden necesitar cruzar (con documentación), independientemente de cualquier conflicto.

Afganistán
Las mejores experiencias

Kabul

1 Kabul emociona, frustra y espanta. Antigua parada de la ruta *hippy*, devastada después por la guerra civil, su camino hacia la reconstrucción es tortuoso. En los últimos años ha experimentado un auge de edificios nuevos, restaurantes de lujo y concurridos bazares.

Comida y bebida

'Dumplings' al vapor Con salsa de yogur y rellenos de carne *(mantu)* o puerro (ashak).

Pulao Arroz al vapor con carne (con almendras, pasas y zanahoria rallada por encima) que se come en todas partes en platos comunitarios.

Té El té verde *(chai sabz)* o el negro *(chai siah)* se sirven muy dulces y hirviendo.

Bamiyán

2 Antiguo lugar de peregrinación budista, Bamiyán se asocia hoy con la destrucción de la cultura afgana. Las dos gigantescas estatuas de Buda que antes dominaban el valle yacen hechas pedazos, víctimas del furor iconoclasta de los talibanes. Aun así, el valle de Bamiyán, al noreste de Kabul, sigue siendo uno de los lugares más hermosos de Afganistán y un destino obligado.

Mazar-e Sharif

3 La ciudad más grande del norte de Afganistán, Mazar-e Sharif, se vio eclipsada durante largo tiempo por el poder de la vecina Balkh. Un mulá del s. XII cambió la situación al afirmar que había encontrado la tumba de Alí, el yerno del profeta Mahoma, en un pueblo de la zona; su santuario es en la actualidad el centro de las celebraciones del Navrus (Año Nuevo) nacional.

Cuándo ir

MAR-MAY

➡ En primavera hace buen tiempo, pero la lluvia y el deshielo pueden dificultar la circulación.

JUN-AGO

➡ El verano puede ser abrasador, aunque Kabul disfruta de noches frescas y agradables.

SEP-NOV

➡ En otoño el clima es templado y seco, con abundantes y deliciosas frutas.

Berat.

CAPITAL
Tirana

POBLACIÓN
3 millones

ÁREA
28 748 km²

IDIOMA OFICIAL
Albanés

Albania

*Con impresionantes paisajes de montaña, una capital próspera
y multicolor, y playas que rivalizan con las del Mediterráneo,
Albania se ha convertido en la sorpresa de los Balcanes.*

Son tan abundantes las bellezas naturales de Albania que cabe preguntarse por qué tardó 20 años en despegar como destino turístico tras el derrumbe del comunismo en 1991. Tan atrasado estaba el país que hicieron falta dos décadas para equipararse con el resto de la Europa del Este. Que Albania haya permanecido ignorada en gran medida por el mundo no parece haber importado a los albaneses, quienes siguen viviendo de un modo relajado y caóticamente poscomunista.

El país ofrece singulares atractivos, en gran medida por dicho aislamiento: antiguas normas de conducta de los montañeses, yacimientos arqueológicos olvidados, pueblos donde el tiempo parece detenido... La animada y pintoresca Tirana es el corazón palpitante de Albania, el sitio donde las esperanzas y sueños de esta pequeña nación de la península de los Balcanes se fusionan en un vibrante torbellino de tráfico, consumismo y diversión.

MONTENEGRO

Peja (Peć)

Plav

KOSOVO

Valbonë

PODGORICA

Theth

Drin

Lago Shkodër

Lago Fierza Kukës

Lago Koman **1**

Tetovo

Shkodër

Peshkopia

Parque Nacional Mavrovo

Milot

Drin

Bulqiza

MACEDONIA

Kruja

Parque Nacional Zall Gjocaj

7

Durrës

5 **TIRANA**

Kavaja

Ohrid

Lago Ohrid

Lago Prespa

Elbasan

Parque Nacional Divjaka

Lushnja

Parque Nacional Lago Prespa

Fier

2 **Berat**

Parque Nacional Monte Tomorri

Korcë

Río Vjosa

Vlora

Sazan

Këlcyra

Península Karaburun

8

Parque Nacional del Paso Llogaraja

3 Drymades

Gjirokastra

6

Costa jónica

Kakavija

GRECIA

Saranda

MAR JÓNICO

Butrint

4

Ioánina

Corfú

Konispoli

0   50 km

GRECIA

Albania
Las mejores experiencias

Ferri del lago Koman

1 Tomar el ferri del lago Koman en medio de un impresionante paisaje de montaña, continuar hasta Valbonë y caminar por las "Montañas Malditas". Uno de los indiscutibles reclamos de Albania es esta travesía de 3 h por el inmenso lago

Koman, que une las ciudades de Koman y Fierzë. El lago se creó en 1978 con la represa del río Drin, y hoy se puede navegar en medio de un espectacular paisaje de montaña donde muchos campesinos con una resistencia extraordinaria viven en ocultos pueblecitos de las cumbres igual que hace siglos.

Berat

2 Explorar Berat, conocida como la "ciudad de las mil ventanas", Patrimonio Mundial de la Unesco y cuyo rasgo más distintivo son las casas otomanas blancas que trepan por la colina hasta el castillo. Su áspero entorno de montaña resulta evocador cuando las nubes se arremolinan en lo alto de los alminares o, al disiparse, descubren la helada cima del monte Tomorri. Los barrios antiguos son preciosos conjuntos de casas encaladas, tejados y calles con adoquines. Olivos y cerezos decoran las suaves laderas.

Costa jónica

3 Tomar el sol en Drymades o en alguna de las muchas playas de la espectacular costa jónica del sur. Al descender en zigzag por la montaña desde el Parque Nacional del Paso de Llograja, las playas blancas llaman con voz tan seductora como el canto de las sirenas. Drymades, con su tranquilo encanto, se halla rodeada de naranjales y sotos de pinos, mientras que la cercana Dhërmi atrae a la gente con ganas de divertirse.

Ruinas de Butrint

4 Viajar en el tiempo hasta las ruinas de Butrint, ocultas en un bosque a orillas de un lago en un parque nacional de 29 km². Griegos de Corfú se establecieron en Butrint (Buthrotum) en el s. VI a.C. Al entrar en el yacimiento, el camino conduce al teatro griego de Butrint, del s. III a.C., escondido en el bosque por debajo de la acrópolis. Cerca quedan unos pequeños baños públicos y, adentrándose más en el bosque, un muro cubierto de inscripciones y el baptisterio paleocristiano del s. VI.

ALVARO LEIVA / GETTY IMAGES ©

Tirana

5 Darse un festín visual de color y visitar los cafés de Blloku en Tirana. Tras una transformación de magnas proporciones al despertar del sueño comunista a principios de la década de 1990, Tirana apenas es hoy reconocible, con sus edificios pintados horizontalmente en colores primarios, y resulta un placer caminar por sus plazas y calles peatonales. En el barrio de Blloku, muy de moda, pulula una burguesía nueva y bien vestida que frecuenta los bares o va de boutique en boutique. El tráfico de Tirana libra una batalla diaria consigo mismo y con los peatones en medio de un caos constante. Ruidosa, loca, pintoresca y polvorienta, Tirana nunca aburre.

Gjirokastra

6 Hacer una excursión a Gjirokastra, un pueblo tradicional de montaña del sur de Albania con espectaculares mansiones otomanas y una imponente fortaleza en lo alto de una colina. Con su castillo, sus calles pavimentadas con piedra caliza y esquisto, sus imponentes casas con techo de pizarra y las vistas del valle del Drin, Gjirokastra es una ciudad curiosa que describió con bellas palabras en *Crónicas de piedra* el escritor allí nacido Ismaíl Kadaré (n. 1936), el literato más famoso de Albania. En la actualidad son sus 600 casas "monumentales", con una mezcla de influencias arquitectónicas otomanas y locales, lo que atrae a los visitantes.

si Albania tuviera 100 habitantes

95 serían albaneses
3 serían griegos
2 serían otros

grupos religiosos
(% de población)

70
Musulmanes

20
Cristianos ortodoxos

10
Católicos

Cuándo ir

JUN

➡ Perfecto para disfrutar del cálido clima mediterráneo y las playas desiertas.

AGO

➡ Aunque las playas estén abarrotadas, es una época magnífica para explorar las montañas.

DIC

➡ Para ver los largometrajes y cortos del Festival de Cine de Tirana. Los intrépidos pueden ir con raquetas hasta Theth.

población por km²

ALBANIA   GRECIA   ESPAÑA

= 15 personas

El amor por los búnkeres

En las laderas, playas y en casi toda Albania llaman la atención unas pequeñas cúpulas de hormigón (por lo común en grupos de tres) con aberturas rectangulares: son los búnkeres, el legado de Enver Hoxha, construidos desde 1950 hasta 1985. Con un peso de 5 toneladas de hormigón y hierro, estas pequeñas setas son casi imposibles de destruir. Se construyeron para repeler una invasión y pueden resistir el ataque de un tanque, como demostró su ingeniero-jefe, que permaneció en un búnker mientras lo bombardeaba un tanque; el ingeniero salió sin un rasguño y se construyeron por miles. Hoy, algunos están pintados creativamente, uno alberga a un artista del tatuaje y otros incluso funcionan como improvisados albergues.

Comida y bebida

Byrek Pastel de carne o queso.

Fergesë Pimientos al horno, huevo y queso, y a veces carne.

Fërgesë Tiranë Plato tradicional de Tirana con hígado, huevos y tomates cocinado en olla de barro.

Konjak Brandy del país.

Midhje Mejillones salvajes o de criadero, a menudo fritos.

Paçë koke Sopa de cabeza de oveja, servida por lo general en el desayuno.

Qofta Albóndigas de carne planas o cilíndricas.

Raki Licor de uva.

Raki mani Licor de moras.

Sufllaqë Doner kebab.

Tavë Carne al horno con queso y huevo.

Museo de Skanderbeg.

Kruja

7 En la localidad de Kruja, al norte de Tirana, nació Skanderbeg (George Kastrioti), el héroe nacional de Albania, y aunque los hechos por los que es recordado ocurrieron hace más de 500 años, todavía es motivo de gran orgullo que él y sus hombres defendieran Kruja de los otomanos hasta la muerte. Nada más bajar del *furgon* (microbús) se da uno de bruces con una estatua de Skanderbeg blandiendo su espada, y a un lado se alza un antiguo castillo que se prolonga en el enorme Museo de Skanderbeg.

Parque Nacional del Paso de Llogaraja

8 La llegada a este lugar tachonado de pinos (1025 m) es un momento estelar del viaje. Si se ha estado tomando el sol en las playas del sur, parece imposible que tras una empinada subida con curvas cerradas se encuentre uno en las montañas. El paisaje es magnífico, con el *pisha flamur* (pino bandera) –un árbol que se asemeja al águila de la bandera albanesa–, las nubes descendiendo sobre la montaña, los pastores de las llanuras conduciendo sus rebaños y tupidos bosques donde moran ciervos, jabalíes y lobos.

Cómo desplazarse

Autobús La salida del primer autobús/*furgon* suele ser a las 5.00 y el servicio se ralentiza hacia la hora del almuerzo. Las tarifas son reducidas y se puede pagar al conductor al subir o al apearse.

Coche y motocicleta Las carreteras van mejorando; hay una excelente desde Tirana hasta Kosovo, y la carretera litoral desde la frontera con Montenegro hasta Butrint se encuentra en buen estado.

Tren Los albaneses prefieren viajar en autobús y *furgon*, y cuando se comprueba la velocidad y el estado de los escasos trenes se entiende por qué; sin embargo, además de baratos son toda una aventura.

Semperoper, Dresde.

| CAPITAL |
| Berlín |
| POBLACIÓN |
| 81,2 millones |
| ÁREA |
| 357 022 km² |
| IDIOMA OFICIAL |
| Alemán |

Alemania

Prepárese el viajero para subir a una montaña rusa de placeres y tentaciones al conocer los paisajes de Alemania, su cultura, la belleza de sus ciudades, sus palacios románticos y sus pueblos con casas de entramado de madera.

¿Cerveza o vino? Eso resume el dilema alemán. La primera está en el corazón del hábito de trasegar *pilsner,* es la razón misma de una de las grandes fiestas del mundo (la Oktoberfest). El segundo es responsable de los maravillosos valles cubiertos de viñas, se vende de mil formas y se disfruta por doquier, a menudo en coquetas copas de pie verde.

Y las preguntas sobre Alemania continúan. ¿Berlín o Múnich? ¿Castillo o discoteca? ¿Esquí o senderismo? ¿Este u oeste? ¿BMW o Mercedes? Las respuestas son sencillas: ambas cosas. ¿Por qué elegir? La belleza de Alemania reside en que en vez de escoger uno puede deleitarse con los contrastes.

Berlín, vanguardista y vibrante, es una capital en constante reinvención. Múnich gobierna Baviera, el centro de las tradiciones nacionales. Los pueblos con casas de entramado de madera alegran al pasear por sus calles empedradas a la sombra de los castillos. Explorar este país hace felices a los visitantes.

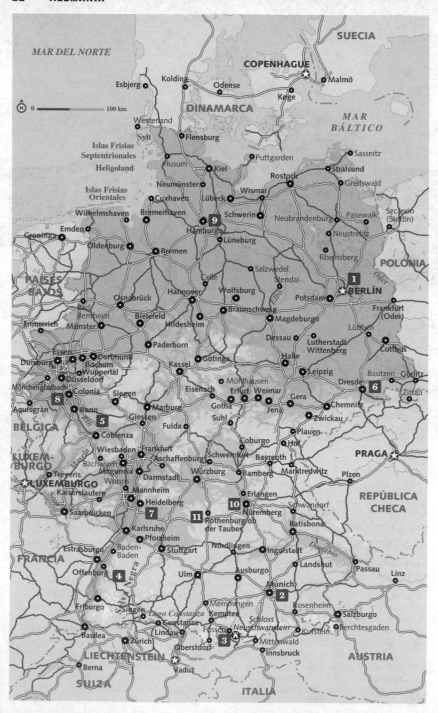

Alemania
Las mejores experiencias

Muro de Berlín

1 Pocos acontecimientos de la historia llegan a conmover al mundo entero: el asesinato de Kennedy, la llegada a la Luna, el 11 de septiembre... Y, por supuesto, la caída del Muro de Berlín en 1989. Quien vivió aquel momento probablemente recordará a la multitud eufórica bailando en la Puerta de Brandeburgo. Aunque queda poco de aquella barrera física, su legado pervive en la imaginación y en lugares como el Checkpoint Charlie, el Gedenkstätte Berliner Mauer y la East Side Gallery, con sus vistosos murales.

Oktoberfest

2 Cualquiera a quien le guste la espuma con olor a lúpulo sabe que la reina de todas las fiestas cerveceras, la Oktoberfest, se celebra todos los años en Múnich. La fiesta empieza realmente a mediados de septiembre y dura 16 días en el Theresienwiese (Prado de Teresa), con una legión de bandas con músicos de cara colorada que entretienen a los bebedores; ejércitos de muniqueses vestidos con trajes tradicionales y de extranjeros que se atizan siete millones de litros de *lager;* y granjas enteras de pollos que pasan por la parrilla. Basta con encontrar la carpa favorita y alzar la jarra de 1 l. *"Ozapft ist!"* (¡Ya está servida!).

HIROSHI HIGUCHI / GETTY IMAGES ©

Schloss Neuschwanstein

3 Encargado por el monarca más célebre (y loco) del s. XIX, Luis II de Baviera, el castillo de Neuschwanstein se alza de los bosques alpinos como la ilustración de un libro de cuentos. En su interior la fantasía continúa, con cámaras y salones que reflejan la obsesión del monarca por el pasado mítico teutón y su admiración por Richard Wagner, en una composición que eclipsa incluso al palacio del millonario más ostentoso. Se dice que este capricho arquitectónico inspiró el castillo de Disneylandia.

Selva Negra

4 Con niebla, nieve o sol, esta región ubicada en el suroeste de Alemania es belleza pura. Para regresar a la naturaleza, la espesa Selva Negra es el lugar indicado. Cada valle revela una sorpresa diferente: pueblos con entramado de madera que se dirían sacados de un cuento de hadas, cascadas y relojes de cuco del tamaño de una casa. Respirar el aire frío, conducir hasta lagos remotos, comer tarta y bajarla después caminando por senderos arbolados y retirarse por último a una casa rural. ¿Se oye algo? Es el silencio.

si Alemania tuviera 100 habitantes

92 serían alemanes
2 serían turcos
6 serían de otro origen

grupos religiosos
(% de población)

68   •4   28

Cristianos   Musulmanes   Otros

población por km²

ALEMANIA   ESPAÑA   EE UU

♱ ≈ 7 personas

El romántico Rin

5 Con el Rin corriendo impetuoso desde Rüdesheim hasta Coblenza, la contraposición paisajística entre roca y agua crea una mezcla mágica de lo salvaje (agitados remolinos, despeñaderos espectaculares), lo agrícola (viñedos casi verticales), lo medieval (castillos cimeros, aldeas tradicionales), lo legendario (Loreley) y lo moderno (en el sentido del s. XIX: barcazas, ferris, barcos de vapor y trenes). Desde cada pueblo ribereño de este gran río europeo parten senderos que atraviesan viñedos y bosques y suben hasta miradores y fortalezas de piedra.

Dresde

6 El apocalipsis llegó una fría noche de febrero de 1945. Horas de bombardeos redujeron la "Florencia del Elba" a una pila de cascotes. La resurrección de Dresde es un milagro. Las reconstruidas joyas arquitectónicas se mezclan con extraordinarias colecciones de arte que justifican el lugar de la ciudad en el panteón de las capitales culturales europeas. Añádase la contagiosa vitalidad del barrio de las tabernas, el Museo de Historia Militar rediseñado por el arquitecto estadounidense Daniel Libeskind y los palacios a orillas del Elba y resulta un paquete tentador.

Heidelberg

7 Los románticos del s. XIX encontraron belleza e inspiración en la ciudad universitaria más antigua de Alemania, y lo mismo le ocurrió a Mark Twain, escritor y periodista estadounidense, a quien cautivaron las ruinas del castillo. Generaciones de estudiantes han pasado por las aulas, han cantado con

La imprenta de Gutenberg

Johannes Gutenberg, inventor de la imprenta de tipos móviles, es una de esas contadas figuras que cambiaron el curso de la historia.

Se sabe poco sobre Gutenberg, que nació en Maguncia a finales del s. XIII, se formó como orfebre y a fines de la década de 1420 partió hacia Estrasburgo (hoy en Francia), donde experimentó por primera vez con la técnica de la impresión.

En 1448 ya había vuelto a Maguncia y continuaba trabajando en su proyecto secreto, tras haberse endeudado con unos "socios capitalistas" bastante impacientes. En 1455 Gutenberg ya había producido su obra maestra: la hoy legendaria Biblia de 42 Líneas, así llamada porque cada página tiene 42 líneas.

Y así empezó una nueva era de la historia del hombre, un período en el que la palabra impresa se haría accesible para casi todo el mundo. En la historia, solo otros dos inventos han producido el mismo impacto en la difusión de la información: el alfabeto e internet.

Comida y bebida

Cerveza (*Bier*) Para casi todos los alemanes, la *pilsner* con intenso sabor a lúpulo es el veneno preferido, aunque la cerveza de trigo se bebe mucho en verano.

Pan (*Brot*) Cuando los alemanes hablan de pan, con frecuencia se les humedecen los ojos al describir su variedad favorita.

Salchichas (*Wurst*) Se elaboran más de 1500 tipos en todo el país, desde las dulces, ahumadas y pequeñas *Nürnbergers* hasta ese remedio rápido para matar el hambre: la *currywurst*, cortada en rodajas y bañada en salsa de tomate.

Vino (*Wein*) Ganador de premios y elogiado por los críticos, el vino alemán del s. XXI está a leguas de distancia de los brebajes dulzones de antaño.

DANIEL SCHOENEN / GETTY IMAGES ©

Schiltach, Selva Negra.

jarras de cerveza en la mano, han grabado sus nombres en las mesas de las tabernas y, en ocasiones, han sido enviados a la cárcel para estudiantes; y todo ha dejado su huella en la ciudad actual, donde tradiciones muy antiguas coexisten sin ningún problema con la investigación más avanzada, muestras de vanguardia y una vida nocturna que en ocasiones resulta hasta estruendosa.

Cuándo ir

TEMP. ALTA
(jul y ago)

➡ Carreteras con mucho tráfico y largas colas en los lugares de interés.

➡ Escasez de plazas y precios más altos en las estaciones de mar y montaña.

➡ Fiestas de toda clase, desde musicales hasta vinícolas.

TEMP. MEDIA
(abr-jun, sep y oct)

➡ Menos gentío y precios más bajos, salvo en los festivos.

➡ Flores en primavera; follaje radiante en otoño.

➡ Tiempo soleado y templado, ideal para actividades al aire libre.

TEMP. BAJA
(nov-mar)

➡ No hay colas pero se acortan los horarios en los sitios de interés; algunos pueden cerrar.

➡ Apogeo de la temporada de teatro, conciertos y ópera.

➡ Las estaciones de esquí se llenan en enero y febrero.

Catedral de Colonia

8 En momentos inesperados puede verse: Kölner Dom, la catedral, símbolo de la ciudad, con sus torres gemelas, dominando la perspectiva. Este testamento de la fe, perfecto en sus formas, se comenzó a construir en 1248 y se consagró "apenas" seis siglos después. Los ecos del tiempo se perciben en su sombrío interior, iluminado por vitrales. Desde la torre se contemplan unas inigualables vistas de la ciudad.

Hamburgo

9 Quien piense que Alemania no ofrece placeres las 24 horas del día no ha estado en Hamburgo. Esta rica ciudad a orillas del Elba remonta sus raíces hasta la Liga Hanseática y más atrás todavía. De día puede visitarse su magnífico puerto, explorar su historia en barrios que han sido restaurados y descubrir tiendas con artículos inimaginables. De noche abren algunas de las mejores discotecas de Europa, y abundan diversiones para todos los gustos.

Núremberg

10 Capital de Franconia, y región independien-

Películas

Metrópolis (1927) Película muda sobre la explotación del proletariado que vive en un gueto subterráneo; fue la primera que utilizó la retroproyección.

Corre, Lola, corre (1998) Intenso drama ambientado en Berlín.

El hundimiento (2004) Los últimos días de Hitler.

La vida de los otros (2006) La Stasi desde dentro.

Leni Riefenstahl: una vida de luces y sombras (1993) Dirigido por Ray Muller, es un impresionante documental de 3 h sobre la polémica cineasta que alcanzó la fama durante el Tercer Reich.

Libros

Berlín Alexanderplatz (Alfred Döblin; 1929) Berlín en la década de 1920.

Cuentos completos (Jacob y Wilhelm Grimm; 1812) Bella colección de 210 relatos transmitidos oralmente de generación en generación y recopilados por los hermanos más mágicos de la literatura alemana.

Es cuento largo (Günter Grass; 1992) El autor aborda la "unificación sin unidad" tras la caída del muro.

Auge y caída del Tercer Reich (William Shirer; 1960) Un libro de gran influencia.

Cómo desplazarse

Autobús Si existe la posibilidad de desplazarse en tren, lo mejor es tomarlo; los autobuses son más lentos y contaminantes, y menos fiables que los trenes.

Avión La mayoría de las ciudades grandes y muchas pequeñas tienen aeropuerto. A menos que se viaje de un extremo a otro del país, los aviones son solo un poco más baratos que los trenes.

Coche Las carreteras son excelentes y conducir por ellas puede ser un placer. El orgullo del país son sus 11 000 km de *autobahns* (autopistas).

Tren Casi toda la red ferroviaria la explota Deutsche Bahn, con diversas clases de trenes que llegan a todos los rincones del país.

te hasta 1806. Puede que Núremberg sea sinónimo de nazis y juicios de guerra, pero esta dinámica ciudad tiene mucho más. El pintor y grabador Alberto Durero procedía del Altstadt, donde su casa es hoy un museo; el primer ferrocarril de Alemania resopló desde aquí hasta la vecina Fürth; y la capital alemana de los juguetes posee un sinfín de tesoros para los niños. La cerveza local es tan negra como el café y resulta el mejor acompañamiento para una *bratwurst* de Núremberg, del tamaño de un dedo.

Rothenburg ob der Tauber

11 Con sus casas de entramado de madera pulcramente restauradas y rodeada por recias murallas, Rothenburg ob der Tauber derrocha belleza medieval; cabría incluso decir que es demasiado bella para su propio beneficio, si los aluviones de excursionistas indican algo. El truco consiste en visitar esta maravillosa ciudad en su momento más mágico: a primeras o últimas horas del día, cuando se puede sentir a solas la fascinación de sus calles adoquinadas.

Cascanueces en el mercado de Navidad, Núremberg.

SACK / GETTY IMAGES ©

Remonte en una estación de esquí, Pirineos.

Andorra

El minúsculo Principado de Andorra, en medio de los Pirineos, es uno de los rincones más singulares de Europa occidental.

CAPITAL
Andorra la Vella

POBLACIÓN
85 458

ÁREA
468 km²

IDIOMA OFICIAL
Catalán

Algunos dicen que Andorra se reduce a esquí y compras. Descensos por pistas cargadas de nieve, un reconfortante ponche de vino en el *après-ski* y un plácido sueño en un hotel-*boutique*: eso es lo que piensa la mayoría de este diminuto principado encajonado entre Francia y España, en los Pirineos orientales.

Si uno prescinde de los oropeles más vulgares de Andorra la Vella y toma una de las tres carreteras secundarias del país, pronto se encontrará en un maravilloso paisaje de montaña. Este miniestado ofrece las mejores pistas de esquí de los Pirineos, así como un secreto tesoro de *spas* termales que alivian la fatiga del deporte.

Cuando se derrite la nieve surgen oportunidades para el senderismo: desde suaves paseos hasta dificultosas marchas de un día por los parajes más altos y remotos del principado. Si se llega por encima de los estrechos valles, se puede caminar durante horas casi a solas.

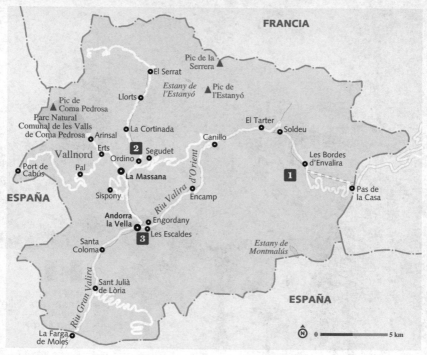

Andorra

Las mejores experiencias

Estación de Grandvalira

1 Con 193 km de pistas y un sistema combinado de remontes que pueden transportar a más de 100 000 esquiadores por hora, es la estación de esquí más grande de los Pirineos.

Ordino

2 Es el pueblo más bonito de Andorra y, a 1300 m, un buen punto de partida para unas activas vacaciones estivales. Desde mediados de julio hasta mediados de septiembre, los teleféricos de Canillo y Soldeu trasladan hasta los puntos más altos, desde donde se puede caminar o alquilar una bicicleta de montaña para bajar a toda velocidad.

Caldea

3 Sumergirse en las aguas del ultramoderno balneario de Caldea. Todo cristal y resplandeciente como una catedral futurista, el balneario más grande de Europa ofrece lagunas, *jacuzzis* gigantes, baños de vapor y saunas, alimentados por manantiales termales; es una experiencia gloriosa tras un día esquiando o tras las caminatas estivales.

Comida y bebida

Cabrito con picadillo de frutos secos Pierna de cabrito asado con almendras y piñones.

Escudella Sopa con albóndigas, pollo y butifarras, garbanzos, zanahorias y patatas. Casi el plato nacional.

Pato con peras de invierno Pato asado con peras.

Cuándo ir

MED ENE-MED FEB

➡ El momento más tranquilo de las pistas, después de Año Nuevo y antes de las vacaciones escolares francesas.

MED JUN-MED JUL Y SEP

➡ Para acampar y caminar al comienzo o al final de las vacaciones de verano, antes de que empiece a caer la nieve.

SEP

➡ El día 8 de septiembre todos los pueblos y aldeas celebran la Fiesta de Meritxell, el día nacional de Andorra.

CAPITAL
Luanda

POBLACIÓN
18,6 milliones

ÁREA
1 200 000 km²

IDIOMA OFICIAL
Portugués

Serra da Leba, cerca de Lubango.

Angola

Frente al Atlántico y extendida hasta el interior del inmenso continente, Angola es pura diversidad: una tierra con una historia traumática e impresionantes tesoros naturales.

Con dolorosas cicatrices provocadas por años de guerra y apenas visitada por extranjeros desde principios de la década de 1970, el país se mantiene apartado y son contados los observadores que conocen sus accidentes geográficos y su vasta riqueza natural.

A pesar de los avances en las infraestructuras y la mejora espectacular en lo tocante a seguridad, viajar por Angola sigue estando reservado a los aventureros. Pero con la paulatina recuperación de la red de transporte y la llegada de animales para repoblar los diezmados parques nacionales, las señales de recuperación son algo más que un espejismo.

Para los extranjeros, los atractivos son múltiples: relajarse en vastas playas, gozar de la soledad en parques naturales vírgenes o conocer las ruinas del colonialismo portugués.

Los propios angoleños forman parte de los atractivos del país; resistentes natos, tras años de conflicto armado y penalidades exhiben una fe cristiana sólida como la roca y manifiestan un firme deseo de bailar como si el mañana no existiera.

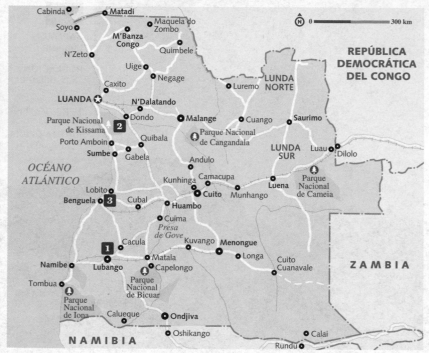

Angola
Las mejores experiencias

Lubango

1 Casi intacta pese a la guerra, Lubango ofrece impetuosas cascadas, espectaculares fisuras volcánicas y un vibrante ambiente de ciudad pequeña, rodeada por montañas y acurrucada en un fresco valle.

Comida y bebida

Alãos (café blanco) Uno de los principales productores del mundo; a los angoleños les encanta con leche.

Comida callejera Las mujeres venden fruta y bocadillos en el centro de las ciudades.

Pastelerías De inconfundible sabor europeo gracias al legado de los portugueses.

Parque Nacional de Kissama

2 Uno de los parques naturales más grandes, vacíos y surrealistas de África, Kissama es también el parque más accesible de Angola. A lo largo y ancho de estas 990 000 Ha de sabana costera moteada de retorcidos baobabs habitan elefantes, búfalos de agua, antílopes negros y tortugas marinas.

Benguela

3 Relajarse en las vacías playas de la ciudad más apacible de Angola. Benguela es la segunda urbe del país y la autoproclamada capital cultural de la república. Enclavada en la costa atlántica, está rodeada de buenas playas y dividida en dos por el valle del río Cavaco: un verdadero oasis de verdor en un desierto seco y árido.

Cuándo ir

JUN-SEP
➡ La estación seca, más fresca, es la mejor época para visitar el país.

NOV-ABR
➡ Calor y lluvia en la jungla tropical del norte.

TODO EL AÑO
➡ Las áridas condiciones de la franja sureña están influidas por la proximidad del desierto del Kalahari.

Anguila

Algo viejo, algo nuevo, algo prestado, algo azul: inmediatamente se piensa en una boda; pero ¿por qué no en Anguila?

Mientras que el consumismo furibundo devora muchos destinos turísticos caribeños, esta pequeña protuberancia caliza en el mar ha conservado hasta ahora su encantadora colección de casuchas de tablillas (algo viejo), añadiendo a la mezcla unas impresionantes residencias de vacaciones (algo nuevo). Los visitantes descubrirán un crisol de culturas (algo prestado) junto con unas alucinantes playas caribeñas (algo azulísimo).

Anguila no es, sin embargo, el sitio indicado para unas vacaciones "a lo pobre"; aquí la autenticidad escasea. Aunque la isla se ha ganado una cierta reputación como duplicado de San Bartolomé, en realidad es todo menos eso. Desde la capital, El Valle, hasta sus cayos, Anguila, en las Antillas Menores, exhibe sus encantos para la *jetset* que anhela unas vacaciones fuera de los destinos turísticos habituales.

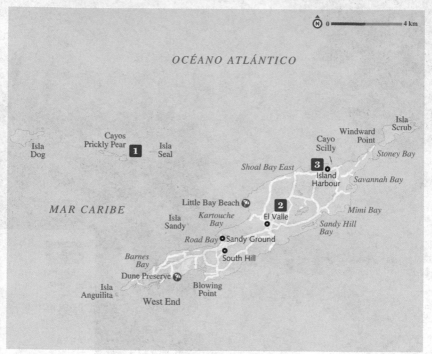

OCÉANO ATLÁNTICO

Isla Scrub

Cayos Prickly Pear **1** Isla Seal

Isla Dog

Windward Point

Cayo Scilly

Stoney Bay

Shoal Bay East **3** Island Harbour

Savannah Bay

MAR CARIBE

Little Bay Beach **2** El Valle

Isla Sandy

Kartouche Bay

Mimi Bay

Road Bay Sandy Ground

Sandy Hill Bay

Barnes Bay

South Hill

Dune Preserve

Isla Anguilita

Blowing Point

West End

Anguila
Las mejores experiencias

Prickly Pear

1 Este promontorio calizo, situado al oeste de la isla de Anguila, azotado por el viento brinda excelentes oportunidades para el buceo con tubo y no tiene más que una arena dorada lamida por olas de color turquesa. A esta apartada mini-Anguila se puede llegar en velero o catamarán.

Comida y bebida

Langosta y cigalas Dos de las especialidades de Anguila. Las cigalas, de tamaño respetable y carne tierna, suelen servirse de tres en tres.

Tiendas con barbacoas Los fines de semana se montan tiendas de campaña que sirven costillas al lado de la carretera.

El Valle

2 Escaparse del *resort* y visitar El Valle para entender cómo es la isla. Aunque ninguna zona de Anguila tiene un carácter especialmente urbano, la capital reúne los edificios oficiales de la isla, lo que le da un ambiente menos pueblerino. Vale la pena visitar la vecina iglesia de St Gerard, con una decorativa fachada de piedra, paredes laterales abiertas y un techo que imita el casco de un buque.

Island Harbour

3 Este pueblo de pescadores, ubicado al norte de la isla, no es zona de *resorts* y su playa está bordeada de barcas de pesca pintadas de vivos colores, no de tumbonas. Por aquí hay otra media docena de playas más o menos aisladas, entre las que destaca Junk's Hole.

Cuándo ir

DIC-ABR	JUL-AGO	OCT-DIC
➡ Temporada alta ➡ Precios elevados	➡ Los precios bajan a niveles bastante aceptables; conviene aprovechar la brisa antes de que llegue la humedad.	➡ Máximas precipitaciones ➡ Muchos hoteles cierran en septiembre y a menudo en octubre.

Pingüinos papúas, Port Lockroy.

CAPITAL
Ninguna

POBLACIÓN
Verano: 4490
Invierno: 1106

ÁREA
14 000 000 km^2

IDIOMA OFICIAL
Ninguno

Antártida

Ningún lugar de la Tierra se compara con esta vasta desolación blanca de fuerzas elementales: nieve, hielo, agua, roca. Sin duda, la Antártida es sobrecogedora.

Lo remoto de la Antártida, su frío extremo, su exótica fauna, sus enormes casquetes de hielo y sus cordilleras invitan a abrazarse a la vida. El hielo y el clima, no los relojes ni calendarios, determinan el itinerario y los horarios de los viajeros.

Este continente alberga algunas de las especies más extraordinarias del mundo. Unas migran muy lejos, como las ballenas; otras permanecen cerca del continente, como la foca de Weddell y el pingüino emperador.

Millones de aves marinas sobrevuelan el océano Antártico, el más abundante del mundo en pájaros; albatros y petreles circundan estas aguas.

La Antártida posee una cualidad inefable: la sensación de que uno es una mota en una tierra inmensa y de áspera belleza, una tierra donde torres de hielo flotan entre tortas de hielo casi geométricas, montañas intactas se alzan de la niebla marina y la fauna vive siguiendo sus ritmos, al margen del hombre.

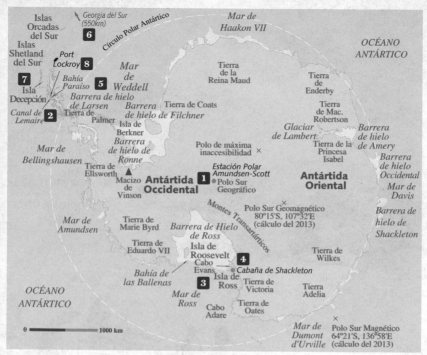

Antártida
Las mejores experiencias

Estación Polar Amundsen-Scott

1 Hace solo 100 años, durante el período heroico de las exploraciones antárticas, Roald Amundsen llegó por primera vez al Polo Sur, que sigue representando el mito, las penalidades y la gloria. Hoy se levanta sobre él una nueva estación rodeada del equipo más moderno para la observación astrofísica (incluido un detector de neutrinos enterrado a unos 1,9 km bajo el hielo).

Canal de Lemaire

2 Con sus paredes cortadas a pico, el canal de Lemaire fascina a los aficionados a la fotografía y a los naturalistas. Bajo un cielo rosa, los glaciares se desploman en el mar. La zódiac pasa junto a un témpano donde se asolean las focas de Weddell y bordea otro atestado de ruidosos pingüinos papúes; cerca, una enorme foca leopardo duerme tras la comida.

Cabo Evans

3 Llegar al cabo Evans, en la isla de Ross, no es fácil y nunca lo fue. Los esqueletos de perros se blanquean bajo el sol antártico, *memento mori* de la marcha mortal del capitán Robert F. Scott desde el polo. Dentro de la cabaña de Scott en aquella fatídica expedición *Terra Nova*, una colección de banderines de trineos, arneses de ponis y el susurro del viento recuerdan a los desdichados que partieron de aquí esperando llegar al polo.

Cabaña de Shackleton

4 Al entrar en la cabaña de Ernest Shackleton en la expedición *Nimrod,* en el cabo Royds de la isla de Ross, se accede a un mundo que no ha variado en un siglo. Intacta tras 100 años de tormentas antárticas, las botellas de medicinas se alinean en los estantes, un saco de dormir descansa sobre una litera y en el suelo se apilan latas de comida nada apetecibles (cordero hervido, lengua de cerdo, guisantes en polvo), aguardando a unos comensales que nunca regresarán. Hoy ocupan el cabo los pingüinos adelaida, que crían en verano.

Canal de Lemaire.

Bahía Paraíso

5 Los balleneros que faenaban en aguas de la península Antártica a principios del s. xx tenían poco de sentimentales, pero aun así denominaron "paraíso" a esta bahía, fascinados por los impresionantes icebergs y los reflejos de las montañas. En esta zona habitan cormoranes y pingüinos gentú. La subida a la montaña depara vistas magníficas de los glaciares; quizá el viajero tenga la suerte de ver alguna de estas moles desplomándose en el océano.

Grytviken, Georgia del Sur

6 Una lápida de granito que señala la última morada del explorador británico Ernest Shackleton, a quien sus hombres llamaban "el Jefe", se alza en el cementerio de balleneros de Grytviken. Esta antigua estación ballenera conserva muestras de la pasada industria; su museo ilustra la vida de los balleneros, la historia y la fauna de Georgia del Sur. Mientras, las focas retozan por fuera de la iglesia, construida con tablillas blancas.

si la Antártida tuviera 100 habitantes

58 serían turistas
34 serían empleados y técnicos
8 serían científicos

composición continental (% de tierra)

98 hielo

2 libre de hielo

científicos en la Antártida

VERANO   INVIERNO

500 personas

Cuándo ir

TEMP. ALTA (dic y ene)

➡ Hasta 20 h de sol cada día y mayor afluencia de visitantes.

➡ Los días son los más cálidos del año.

➡ Los pingüinos ponen huevos y alimentan a los pollos; vuelan las aves marinas.

TEMP. MEDIA (nov y feb-mar)

➡ Noviembre: rotura del hielo y cortejo de los pingüinos.

➡ Febrero y marzo: la mejor época para observar ballenas; a los pollos de los pingüinos les salen las plumas.

TEMP. BAJA (abr-oct)

➡ Las continuas salidas y puestas de sol traen cielos fantásticos; a mediados de invierno la oscuridad reina las 24 h.

➡ Aurora austral, aislamiento y temperaturas extremas.

Icebergs verdes

Quienes visitan la Antártida pueden deleitarse con un prodigio: un iceberg verde. Estos bellos icebergs de color jade o verde botella son verdes porque contienen material orgánico procedente de la descomposición de plantas y animales marinos; cuanto más material orgánico, más verde será el hielo o el agua del mar.

En condiciones especiales, el material orgánico del agua del mar se congela sobre la parte inferior de las capas de hielo que flotan en el océano, formando "hielo marino". En condiciones raras, un iceberg se vuelve inestable por derretirse desigualmente y se voltea dejando ver su parte inferior, de intenso color verde.

Los icebergs "rayados" se forman cuando el agua del mar se congela tras penetrar en las grietas del fondo de las capas de hielo.

Comida y bebida

La comida congelada, seca y enlatada constituye el grueso de la alimentación de las personas estacionadas en el Polo Sur. Cocinar es complicado; por el peligro de incendio casi todas las cocinas son eléctricas, más lentas que las de gas. Casi toda la comida se almacena al aire libre, donde se congela; se puede tardar hasta dos semanas en descongelar la carne.

Durante el largo y oscuro invierno se come mucho chocolate; un postre muy popular son los brownies con granos de café recubiertos de chocolate. Los *slushies* son nieve muy fresca a la que se añade cola o licor. Los helados también gustan mucho, pero como se conservan al aire libre hay que meterlos en el microondas antes de tomarlos.

Curiosamente, la estación recibe agua de un pozo, una mejora con respecto al sistema antiguo de derretir nieve limpia, que exigía mucho combustible y tiempo.

GEOFF RENNER / GETTY IMAGES ©

Isla Decepción

7 Que nadie se deje engañar por su nombre: con su puerto secreto, sus laderas de nieve cubiertas de ceniza y sus pingüinos barbijos en Baily Head, la isla Decepción brinda la oportunidad de navegar dentro de un volcán. Clasificada hoy como "de riesgo volcánico significativo", la isla sigue siendo muy visitada por su abandonada estación ballenera, medio destruida por un torrente de lodo y una inundación. Algunos paran para darse un rápido chapuzón en las corrientes geotermales.

Museo Antártico

8 Millares de visitantes pasan cada año por la restaurada Bransfield House británica, el edificio principal de la base A, construido en Port Lockroy durante la II Guerra Mundial. No solo se puede gastar dinero en la bien surtida tienda de souvenirs y enviar postales desde la oficina de correos, sino que los antiguos esquís de madera, el transmisor de radio clandestino de 1944 y el gramófono HMV del museo recuerdan a los exploradores que vivieron durante años en este remoto lugar.

Cómo desplazarse

Circuitos Todos los cruceros/paquetes son guiados. También se puede reservar a través de instituciones como las universidades, para conseguir guías particulares expertos.

Zódiacs Conocidas también con otros nombres comerciales como Naiad, Avon y Polarcirkel, son la columna vertebral del turismo en la Antártida. Estas pequeñas embarcaciones inflables (9-16 pasajeros) con motor fuera borda y poco calado son ideales para moverse entre los icebergs y arribar a zonas inaccesibles por otros medios; muy estables en el agua, están fabricadas para mantenerse a flote incluso si se perfora uno o más de sus seis compartimentos independientes llenos de aire.

English Harbour.

Antigua y Barbuda

Retozar en la playa, jugar al golf, disfrutar de una lujosa comida, explorar la historia naval británica en Antigua. O escapar a la remota y virginal Barbuda, donde las aladas criaturas son más numerosas que las personas.

CAPITAL
St John's

POBLACIÓN
90 156

ÁREA
443 km²

IDIOMA OFICIAL
Inglés

En Antigua, la vida es una playa. Aunque suene a cliché, esta mancha de tierra de forma inverosímil está rodeada de playas de finísima arena blanca, más espectacular aún junto a un mar azul, tan transparente que sacude de emoción al viajero ávido de vacaciones.

Por su parte, su apartada vecina Barbuda "es" una playa de arena, baja y suave, en un mar lleno de arrecifes, donde las aves como las ruidosas fragatas superan con creces el número de personas. Antigua tiene muchos habitantes, algunos célebres: el guitarrista Eric Clapton, el diseñador Giorgio Armani y la mediática creadora de opinión Oprah Winfrey poseen aquí residencias de invierno. Algunos de los *resorts* más exclusivos del Caribe se cobijan en las múltiples bahías y ensenadas.

Aun así, no hay que preocuparse; los simples mortales también tienen un hueco, y el viajero siempre hallará su playa sea cual sea el presupuesto.

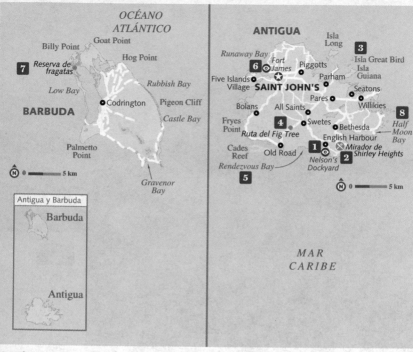

Antigua y Barbuda
Las mejores experiencias

Nelson's Dockyard

1 En el extremo más meridional de Antigua, el pueblo de English Harbour descansa sobre dos bahías, separadas por una península donde se alza el Nelson's Dockyard, indiscutible reclamo de la isla y uno de los enclaves históricos más sublimes del Caribe. Base naval británica restaurada del s. XVIII, debe su nombre a lord Horatio Nelson, capitán inglés, héroe de Trafalgar, que pasó aquí sus primeros años de carrera. Pasear por los callejones adoquinados con antiguos edificios minuciosamente restaurados es como regresar al s. XVIII. Puerto deportivo aún en activo y uno de los centros de navegación a vela

punteros del mundo, sus regatas reúnen a una flota internacional.

Mirador de Shirley Heights

2 Desde hace casi tres décadas, vecinos y viajeros vienen los domingos a este bar-restaurante en lo alto de una colina atraídos por las populares barbacoas al ritmo de una banda de percusión por la tarde, y reggae y calipso después. Las románticas puestas de sol y el baile bajo las estrellas se animan con diabólicos ponches de ron; las vistas del English Harbour son impresionantes. El resto de la semana está más tranquilo, pero la caminata se ve recompensada por el almuerzo y las copas al atar-

decer. La noche del jueves también hay fiesta, al son de una banda de percusión.

Isla Great Bird

3 Desde el norte de Antigua se divisa a lo lejos la naturaleza virgen de esta deshabitada isla. Parte del Parque Nacional North Sound, es un deleite para los observadores de aves y está llena de fragatas, gaviotas, vencejos violeta, aves tropicales de pico rojo y otras criaturas sublimes. Los manglares son perfectos para buceadores por sus numerosas especies marinas. Se aconseja visitarla en un circuito guiado.

Ruta del Fig Tree

4 Old Road señala el inicio de esta ruta, una de las

ANTIGUA Y BARBUDA   41

Museo Dockyard, Nelson's Dockyard.

más pintorescas de la isla. Esta estrecha carretera de 8 km serpentea por la selva tropical junto a bananos (llamados higueras en Antigua), cocoteros y grandes mangos. En las cunetas se ven puestos de fruta y zumos frescos. Al final se halla el pueblo de Swetes; en ruta se puede pasar por la Fig Tree Studio Art Gallery y hacerse una idea del panorama artístico local.

Rendezvous Bay

5 Una de las playas más bellas de Antigua es también una de las más remotas, accesible solo en todoterreno, barco o tras 90 min a pie por la selva tropical. Quienes se aventuren hasta aquí se verán recompensados con arenas doradas de ensueño y una sensación de total soledad.

Fort James

6 Este pequeño bastión del extremo norte de St John's Harbour data de 1706, pero casi todo lo que se ve fue construido en 1739. Muy pintoresco, con aire taciturno y de cierto abandono, no atrae al gentío. En lo alto del

si Antigua y Barbuda tuviera 100 habitantes

91 serían negros
4 serían mestizos
2 serían blancos
3 serían de otro origen

grupos religiosos
(% de población)

76 Protestantes
10 Católicos
5 Otros cristianos
9 Otra religión/ ninguna

población por km²

ANTIGUA Y BARBUDA	PUERTO RICO	ESPAÑA

≈ 30 personas

Cuándo ir

TEMP. ALTA
(dic-abr)

➡ Llegada masiva de gente que huye del invernal norte; los precios se disparan.

➡ El período más seco va de febrero a abril.

➡ La Antigua Sailing Week (abril) es la mayor regata del Caribe.

TEMP. MEDIA
(may-jun y nov)

➡ Buen tiempo y lluvia moderada.

➡ Las cálidas temperaturas de otras zonas reducen el número de turistas.

➡ Mejor combinación de precios asequibles y buen tiempo.

TEMP. BAJA
(jul-oct)

➡ Época de huracanes; las tormentas tropicales nunca faltan.

➡ El precio del alojamiento es hasta un 50% menor que en temporada alta.

➡ El carnaval de Antigua, de 10 días, es en julio-agosto.

Locos por el críquet

En Antigua el críquet no es un deporte, sino una religión. Esta minúscula isla ha dado algunos de los mejores jugadores del mundo, como Andy Roberts, Curtly Ambrose, y el más célebre sir Vivian Richards, alias "Rey Viv" o "Master-Blaster". Famoso por su agresivo estilo, fue capitán del equipo de las Indias Occidentales entre 1980 y 1991.

Por ello, es comprensible que al bautizar un nuevo estadio construido para la Copa del Mundo del 2007 (financiado en gran medida por China), se optara por el célebre hijo de Antigua. Unos 6 km al este de St John's, el estadio Sir Vivian Richards, con capacidad para 10 000 espectadores, es uno de los mejores del mundo en su género.

JOHN CANCALOSI / GETTY IMAGES ©

Comida y bebida

Langosta de roca Descomunal crustáceo de suculenta cola pero sin pinzas, muy sabroso a la parrilla.

Pepperpot El plato nacional de Antigua es un suculento estofado de carne y verduras (okra, espinacas, berenjena, calabaza y patatas). Suele servirse con *fungi*, que no son champiñones sino empanadillas de harina de maíz.

Piña negra Introducida por los arawak, es más pequeña que la común. El nombre responde a su color verde oscuro cuando está más dulce. Crece sobre todo en la costa suroeste, cerca de Cades Bay.

Ron Cavalier y English Harbour son marcas de ron de producción local; combinados con zumo de fruta se obtiene un ponche refrescante aunque potencialmente letal.

Wadadli Fresca *pale lager*, elaborada por Antigua Brewery con agua de mar desalinizada.

acantilado, en las dependencias de los oficiales, Russell's ofrece bebidas y marisco con soberbias vistas del océano desde sus amplias terrazas. Las puestas de sol emocionan por su belleza.

Reserva de fragatas

7 El extenso y poco profundo Parque Nacional Codrington Lagoon, que recorre la costa oeste de Barbuda, alberga una de las mayores colonias de fragatas del planeta. En los manglares de la laguna anidan más de 5000 de estas aves de plumaje negro. La gran densidad provoca todo un concierto de graznidos,

y resulta fascinante ver cómo se hinchan todas esas gargantas teñidas de un rojo sangre. La temporada de apareamiento es la mejor para visitar la colonia (de septiembre a abril; diciembre es el momento álgido).

Half Moon Bay

8 Bahía en forma de media luna, al sureste de la isla y sin urbanizar, aporta otra bella playa de arena blanca bañada por un mar de color Curazao azul. En el extremo norte hay buenas zonas de *bodysurfing*, mientras que el menos movido sur ofrece buenas opciones para el buceo.

Cómo desplazarse

Bicicleta Muchos hoteles alquilan una o dos a sus clientes. En Antigua hay varias tiendas de alquiler.

Barco Barbuda Express ofrece agitadas travesías de 1¾ h en catamarán desde St John's (Antigua). Los viajeros propensos al mareo deben tomar precauciones.

Autobús En Barbuda no hay transporte público, pero Antigua tiene una aceptable red de furgonetas y pequeños autobuses privados.

Taxi Ambas islas tienen tarifas reguladas por el gobierno, pero es mejor confirmarlo con el conductor antes de subir.

Al-Masjid al-Haram, La Meca.

CAPITAL
Riad

POBLACIÓN
26,9 millones

ÁREA
2,1 mill. de km²

IDIOMA OFICIAL
Árabe

Arabia Saudí

Cuna y sede espiritual del islam, en Arabia Saudí abundan los lugares de interés y se palpa un vibrante simbolismo religioso.

Si no se es un peregrino musulmán cumpliendo el precepto del *hajj*, o un extranjero empleado en la industria del petróleo, Arabia Saudí es uno de los destinos más difíciles de visitar del planeta. Para quienes consiguen entrar, Madain Saleh, tallado en la roca, es el mejor tesoro arqueológico de la península Arábiga. Pero hay otras maravillas, desde los ecos de T. E. Lawrence a lo largo del ferrocarril de Hiyaz hasta las ruinas de arcilla de Diriyah. Yeda, antesala de las ciudades sagradas de La Meca y Medina, tiene un encantador casco antiguo de coral, mientras que la costa del mar Rojo ofrece submarinismo de primer orden sin aglomeraciones. Por lo demás, se trata de una tierra de increíble belleza natural, sobre todo los paisajes que descienden de los montes Asir, en el suroeste del reino.

Pocos sitios representan ya la última frontera del turismo; sea un expatriado o un peregrino, el viajero hallará en Arabia Saudí uno de ellos.

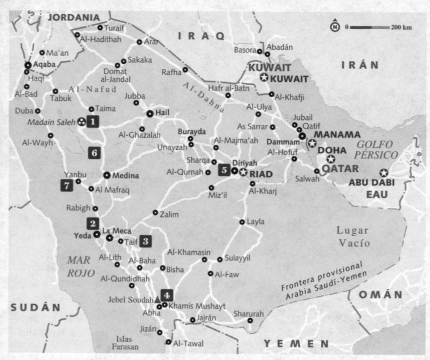

Arabia Saudí
Las mejores experiencias

Madain Saleh

1 El extraordinario Madain Saleh alberga 131 enigmáticas tumbas que combinan elementos de arquitectura grecorromana con imaginería nabatea y babilónica. Recientes excavaciones han dejado al descubierto los cimientos de humildes casas y una zona de mercado para comerciantes y caravanas. Nótense las elegantes ginoesfinges: guardianes de espíritus con cabeza de mujer, cuerpo de león y alas, que adornan las esquinas de los frontones.

Vieja Yeda

2 Punto de encuentro de peregrinos y comerciantes durante siglos, Yeda,

capital comercial del país, es su ciudad más relajada y cautivadora. El barrio de Al-Balad, corazón de la Vieja Yeda, es un nostálgico testimonio del pasado, con una bella arquitectura de coral que proyecta una grata sombra sobre los animados zocos a sus pies. Es buena idea imitar a los locales y dar un paseo por la *corniche*, de 35 km: hay estudiantes sentados con sus libros, familias compartiendo *picnics* y hombres reunidos a cotillear y cerrar tratos comerciales. Se aconseja fijarse en las famosas esculturas que flanquean los 30 km de amplias zonas peatonales al norte del puerto. Destacan sobre todo cuatro bronces del escultor británico Henry Moore, así como diversas

obras de Joan Miró, del finlandés Eila Hiltunen y del francés César Baldaccini.

Taif

3 Se puede huir del calor del verano como un árabe del Golfo y poner rumbo a las colinas de Taif. Comparado con la húmeda Yeda, en verano supone un soplo de aire fresco. Situada a 1700 m sobre el nivel del mar, su clima templado es su mayor reclamo, y en verano se convierte en la capital oficiosa del reino. Con amplias y arboladas calles, arquitectura tradicional, un animado zoco y un bello entorno, es comprensible que incluso el rey venga hasta aquí. Conocido por el cultivo de rosas y frutas, como higos extradulces, uvas,

STILL WORKS / GETTY IMAGES ©

higos chumbos y granadas, se dice que más de 3000 jardines adornan Taif y el área circundante.

Jebel Soudah

4 En sus alrededores el aire de montaña es claro y el paisaje excepcional. Cerca de la cima más alta del país y unos 22 km al oeste de Abha, Jebel Soudah (2910 m) es un destino ideal por sus escarpados acantilados, profundos valles y cimas que desaparecen tras las nubes. No hay mejor forma de disfrutar de las vistas que tomar el teleférico de As-Sawdah: baja la pendiente hasta el tradicional pueblo de ladrillo rojo de Rejal Al-Maa, y ofrece buenas vistas a lo largo de toda la ruta de pueblos de piedra, campos en terrazas, distantes bosques de enebro y alguna que otra atalaya defensiva.

Diriyah

5 Las ruinas de adobe de Diriyah, Patrimonio Mundial de la Unesco y cuna de la Arabia Saudí moderna, incitan al paseo. Sede ancestral de la familia real Al-Saud y cuna de la unión saudí-wahhabi, la Diriyah antigua constituye una grata huida del frenesí de Riad. Es uno de los lugares más evocadores del país y su reconstrucción supervisada por la Unesco le otorgó estatus de Patrimonio Mundial en el 2010. Aun así, la ciudad está casi siempre desierta; buena parte de ella fue abandonada en el s. xx.

si Arabia Saudí tuviera 100 habitantes

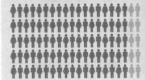

90 serían árabes
10 serían afroasiáticos

producción de petróleo
(millón de barriles diarios)

12	11	10
Arabia Saudí	EE UU	Rusia
4	4	50
China	Canadá	Resto del mundo

Cuándo ir

NOV-MAR
➡ Las temperaturas más bajas hacen que los días sean soportables y las noches muy frescas.

ABR-OCT
➡ Más de 40°C, alta humedad en la costa, Ramadán y tormentas de arena en abril.

TODO EL AÑO
➡ El submarinismo del mar Rojo ofrece gran visibilidad, pero sobre todo en las mañanas de verano.

población por km²

ARABIA SAUDÍ   ESPAÑA   OMÁN

♀ = 3 personas

Jubba

Tiene justa fama por sus asombrosos petroglifos (grabados rupestres) de animales prehistóricos y es quizá el mejor yacimiento preislámico del país. Las mejores tallas datan del 5500 a.C., cuando gran parte de esta zona era un lago interior y sus habitantes representaron animales de caza arrastrados hasta el agua. Hay numerosos y elegantes íbices y órices grabados en la roca, así como significativas inscripciones en tamúdico (alfabeto preárabe), del 1000 a.C. En 1879 la intrépida exploradora británica lady Anne Blunt describió Jubba como "uno de los lugares más curiosos del mundo, y en mi opinión, uno de los más bellos".

El enorme enclave ocupa 39 km^2 y entre los enigmáticos círculos de piedra hay bastas tallas de camellos y otros animales domésticos del 300 d.C. Las tallas más próximas a Jubba distan 3 km.

CHRIS MELLOR / GETTY IMAGES ©

Comida y bebida

Cría de camello Entre las carnes más tiernas, es una curiosa especialidad de Yeda y el Hiyaz.

Fuul Habas machacadas con aceite de oliva; suele tomarse para desayunar.

Khouzi Plato beduino de cordero relleno de arroz, nueces, cebollas, pasas, especias, huevos y un pollo entero.

Marisco del mar Rojo Fresco y variado, es muy bueno cocinado lentamente sobre carbón o al horno; se aconseja el *samak mashwi* (pescado en su jugo en un puré de dátiles y asado sobre carbón).

Mezze Una de las alegrías de la cocina árabe, es una fórmula similar a las tapas españolas y con infinitas posibilidades.

Shwarma Omnipresente kebab, especie de *pita* o *souvlaki* relleno de carne.

Ferrocarril de Hiyaz

6 Cruza el noroeste de Arabia con estaciones, subestaciones y fuertes de guarnición abandonados y evocadores. La línea data de 1908 y sus más de 1600 km recorren un terreno principalmente desértico; la prevista extensión hasta La Meca no llegó a construirse. Durante la I Guerra Mundial, T. E. Lawrence ayudó a organizar la Revuelta árabe, uniendo a los beduinos para expulsar a los otomanos. Aquellos atacaron y sabotearon el ferrocarril, que dejó de funcionar en 1918.

Submarinismo en el Mar Rojo, Yanbu

7 El viajero puede zambullirse en las simas del mar Rojo saudí y avistar tiburones, tortugas marinas y deslumbrantes arrecifes de coral en Yanbu. Con puerto, refinerías y plantas petroquímicas, no es el lugar más atractivo del país, pero bajo la superficie marina todo cambia, pues Yanbu es una de las mejores zonas de submarinismo. El mar Rojo está lleno de vida, con cinco especies de tortugas marinas. Ballenas y delfines están también presentes en el mar Rojo y el golfo Pérsico.

Cómo desplazarse

Autobús Los autobuses son cómodos, limpios y con aire acondicionado. Las extranjeras solas pueden viajar en autobuses nacionales con su *iqama* (permiso de residencia) si es extranjera, o pasaporte y visado si es turista. Extraoficialmente los asientos delanteros suelen reservarse a "familias", incluidas mujeres solas, y la mitad trasera a los hombres.

Automóvil y motocicleta Pese a su impresionante red de transporte público, en Arabia Saudí se sigue glorificando el automóvil privado (el reluciente todoterreno es el rey). Las carreteras suelen estar bien asfaltadas y gozan de un buen mantenimiento. Las escasas motocicletas se consideran un vehículo de los campesinos pobres.

Desierto del Sáhara.

CAPITAL
Argel

POBLACIÓN
38 millones

ÁREA
2,4 mill. de km²

IDIOMA OFICIAL
Árabe

Argelia

Desde el Mediterráneo hasta el desierto del Sáhara, Argelia es el coloso del Norte de África, un destino inconfundiblemente magrebí con lugares poco visitados para viajeros aventureros.

El país más grande del Magreb está a un paso de Europa y, con un reducido número de turistas, sus lugares de interés se pueden visitar sin aglomeraciones.

Argel, la capital, es una de las ciudades magrebíes más refinadas y carismáticas, con una embriagadora y nostálgica mezcla de arquitectura colonial y modernista, y una medina tradicional en su corazón de vértigo. El norte presenta bellas costas, un exuberante interior rural y ciudades romanas bien conservadas.

Pese a todo, su mayor reclamo es la singular región del Sáhara, con paisajes desérticos de ensueño y leyenda, ya sea en los mares de arena y dunas en torno a Timimoun, o adentrándose en el lejano sur desde Tamanrasset.

Aunque quizá el mejor tesoro del país es la calidez y genuina curiosidad con que los ciudadanos argelinos reciben al viajero. Si se desea una aventura accesible y una odisea cultural fascinante, Argelia es hoy un gran destino.

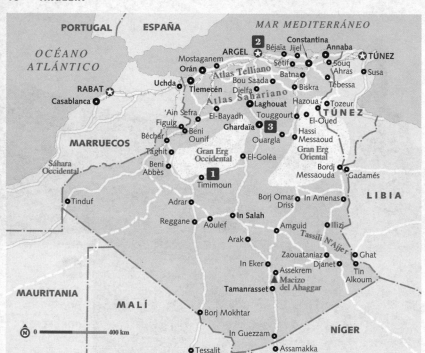

Argelia
Las mejores experiencias

Timimoun

1 Esta encantadora ciudad del desierto es el mayor oasis del Grand Erg Occidental, y en sus característicos edificios de barro rojo tachonados de puntas ya se intuye el África subsahariana. Su emplazamiento, en el filo de una escarpa, brinda impresionantes vistas de un lago salado y dunas.

Argel

2 La fascinante capital nacional es punto de encuentro de la Argelia moderna, tradicional y colonial. Su centro, constituido por una maraña empinada y angosta de calles, acoge espléndidos palacios otomanos. Sobre la medina se alza la ciudadela; laberínticas calles caen hasta la bahía de Argel, mostrando el mar, el cielo y verdes barrancos a cada paso.

Ghardaïa

3 En el valle fluvial del Oued M'Zab, en el límite del Sáhara, es un conjunto de cinco poblaciones: Ghardaïa, Melika, Beni Isguen, Bou Noura y El-Ateuf. Antaño bien diferenciadas, hoy se hallan unidas bajo el nombre colectivo de Ghardaïa. El viajero puede regatear por una alfombra de atrevido diseño, visitar la impecable ciudad medieval y bañarse a la sombra de las palmeras.

Comida y bebida

Cuscús Sémola elaborada a mano y cocida al vapor.

Tajine Estofado a menudo de cordero, hecho a fuego lento en una cazuela de barro cónica.

Té Se sirve fuerte en torno a una hoguera tuareg.

Cuándo ir

NOV-ABR

➜ Temperaturas menos intensas. En otoño la cosecha de dátiles es un valor añadido.

MAR-JUL

➜ El norte florece en primavera; días cálidos y secos para explorar yacimientos romanos.

AGO

➜ Festival anual Raï de Orán y el Ramadán.

Cataratas del Iguazú.

CAPITAL
Buenos Aires

POBLACIÓN
42,6 millones

ÁREA
2,8 mill. de km²

IDIOMA
Español

Argentina

Todo lo que su nombre evoca explica el respeto reverencial del viajero: tango, gauchos, fútbol, los Andes... unos motivos clásicos que por sí solos ya incitan a conocerla.

Aunque las grandes urbes argentinas ofrecen muchos placeres –cafés, flores de jacarandá violetas cubriendo las aceras, la elegancia de sus habitantes y atractivas fachadas de piedra– su propósito real es empujar al viajero al mayor atractivo del país: la naturaleza. Desde las imponentes cataratas del Iguazú en el norte subtropical al atronador avance del glaciar Perito Moreno en el sur, Argentina es un vasto paraíso natural. Además, cuenta con varias de las cumbres más altas de los Andes, algunas de 6000 m cerca de Mendoza y San Juan. Tiene humedales con la riqueza del famoso Pantanal brasileño, montes pintados de rústicos colores, desiertos salpicados de cactus, grandes campos de hielo y áridas estepas en la Patagonia, frescos bosques valdivianos cubiertos de líquenes, lagos glaciales, salinas andinas, un espectacular distrito de lagos, pingüinos, flamencos, caimanes y capibaras... aventuras y puntos de interés inolvidables que sin duda cautivarán al viajero.

Antofagasta

La Quiaca
Pocitos

PARAGUAY

2

Embarcación

Jujuy
10 Salta

Clorinda

ASUNCIÓN
Foz do Iguaçu
Ciudad del Este
1

CHILE

Cafayate
Tucumán

Roque Sáenz Peña

Formosa

Posadas

Tafí del Valle

Santiago del Estero

Resistencia
Corrientes

Chilecito
Catamarca

Reconquista

9
Esteros del Iberá

BRASIL

La Rioja

Paso de los Libres

San Agustín de Valle Fértil

Córdoba

Concordia
Salto

Cerro Aconcagua
San Juan

Santa Fe
Paraná

Paysandú

Valparaíso
6 San Luis

Rosario
Mercedes

URUGUAY

Mendoza

Mercedes

SANTIAGO

San Rafael

San Antonio de Areco
4 **12**

OCÉANO PACÍFICO

BUENOS AIRES
La Plata

MONTEVIDEO

Malargüe

Santa Rosa

La Pampa
Sierra de la Ventana
11
Mar del Plata

Chos Malal

Neuquén

Necochea

Zapala

Bahía Blanca

San Martín de los Andes

San Antonio Oeste

Bariloche
El Bolsón

Viedma

Puerto Montt

Esquel

Puerto Madryn
8 **Península Valdés**

Trelew
Rawson

Comodoro Rivadavia

Caleta Olivia

OCÉANO ATLÁNTICO

Perito Moreno
Fitz Roy

Gobernador Gregores

Puerto Deseado

5

Puerto San Julián

El Chaltén
3 El Calafate

Santa Cruz

Islas Malvinas (Islas Falkland, RU)

Puerto Natales

Río Gallegos

Stanley

Punta Arenas
Porvenir

Isla Grande de Tierra del Fuego

Río Grande

Ushuaia **7**
Isla de los Estados

Canal Beagle
Cabo de Hornos

N
0
400 km

Argentina
Las mejores experiencias

Cataratas del Iguazú

1 El apacible río Iguazú, que discurre por la selva entre Argentina y Brasil, se precipita sobre un acantilado de basalto con una grandiosa exhibición de sonido y furia y es uno de los espectáculos más impresionantes del planeta. Las cataratas son una experiencia primigenia para los sentidos: el rugido, la espuma y el ingente volumen del agua quedan en la memoria. Pero no son solo las cascadas; los selváticos parques nacionales que las acogen son un romántico telón de fondo con excelentes oportunidades para contemplar la vida natural.

Quebrada de Humahuaca

2 La esquina noroeste del país parece estar a años luz de Buenos Aires. Este valle de rocas erosionadas de la provincia de Jujuy impresiona visualmente con sus torturadas formaciones y paleta de tonos minerales, pero ofrece además gran interés cultural. En sus asentamientos de personalidad indígena y tradicional, hay platos típicos andinos en lugar de los bistecs en la carta de los restaurantes, y llamas, en lugar de ganado pastando en la escasa hierba del altiplano.

Purmamarca, provincia de Jujuy.

YADID LEVY / GETTY IMAGES ©

Glaciar Perito Moreno

3 Uno de los más dinámicos y accesibles del planeta, lo que lo hace excepcional es su avance constante de hasta 2 m diarios. El visitante puede contemplarlo muy de cerca desde un complejo entarimado de acero. Su movimiento lento pero permanente crea una sensación audiovisual cuando icebergs del tamaño de un edificio se desprenden de la pared y caen con estrépito al lago Argentino. Una típica forma de rematar el día es con una gran cena de carne en El Calafate.

Cementerio de la Recoleta

4 Auténtica ciudad de los difuntos, la mayor atracción turística de Buenos Aires es visita obligada. Alineadas en pequeñas calles hay cientos de criptas antiguas profusamente talladas en mármol, granito y cemento, y decoradas con vitrales, ángeles de piedra e iconos religiosos. Árboles y pequeñas plantas crecen en las grietas y los gatos callejeros se pasean entre las tumbas, algunas en diversas fases de deterioro. Fotogénico enclave, si la muerte irradia una extraña belleza, aquí la hay de sobra.

si Argentina tuviera 100 habitantes

97 serían blancos
1 sería mestizo
1 sería asiático
1 sería de otro origen

grupos religiosos
(% de población)

92 Católicos
2 Judíos
2 Protestantes
4 Otras religiones

población por km²

ARGENTINA   EE UU   ESPAÑA

= 15 personas

Senderismo en el cerro Fitz Roy

5 Con escarpados espacios naturales y picos como colmillos de tiburón, esta montaña es la capital del senderismo argentino. Sus ventosas rutas de fama mundial castigan a los escaladores, pero los caminos son sorprendentemente cómodos y accesibles. Los guardas forestales del parque ayudan a orientarse a todos los viajeros que vienen a El Chaltén. Ya en ruta, las vistas más increíbles están a solo un día de la ciudad, una alegría para quienes deseen premiar su esfuerzo con una cerveza artesanal.

Cata de vino en Mendoza

6 Con una fantástica oferta de vinos, resulta tentador ocupar un taburete y empezar a probarlos, aunque ver cómo crecen y se procesan las uvas es casi tan placentero. Además, en Argentina la cata de vinos no es solo para esnobs: hay para todos los presupuestos, desde circuitos en bicicleta para mochileros a paquetes con alojamiento en exclusivas bodegas.

Ushuaia

7 Con una ubicación privilegiada, encajada entre el canal Beagle y los nevados montes Marciales, en la isla Grande de Tierra del Fuego, este animado puerto representa la última imagen de la civilización que ven los barcos que van a la Antártida. Pero más que el fin del mundo, Ushuaia es punto de encuentro de aventura y comercio a gran escala. Los deportes de nieve animan los gélidos inviernos y los largos días estivales propician el senderismo y el

Gardel y el tango

En junio de 1935 una mujer cubana se suicidó en La Habana, y en Nueva York y Puerto Rico otras dos mujeres intentaron envenenarse. Todas por el mismo hombre: el cantante de tangos Carlos Gardel acababa de morir en un accidente aéreo en Medellín, Colombia.

Nacido en Francia (aunque Argentina y Uruguay le disputan el honor), su indigente madre soltera le llevó a Buenos Aires a los tres años. En su juventud, Gardel solía entretener a los vecinos con su apasionada forma de cantar, antes de iniciar su exitosa carrera, que lo llevó a convertirse en uno de los grandes intérpretes de la música popular en la primera mitad del siglo xx.

Gardel jugó un papel esencial en la creación del tango cantado y casi en solitario lo sacó de los vecindarios de Buenos Aires y lo llevó a París y Nueva York. Su voz melódica y suave, unida a su enorme carisma, lo catapultó al estrellato.

Comida y bebida

Asado Los argentinos han perfeccionado el arte del asado, aplicando una capa exterior salada y ahumada a sus exquisitas carnes.

Comida italiana Hay *pizza* y pasta en tantos restaurantes que cuesta creer que vayan a consumirse.

Dulce de leche Argentina ha convertido la leche y el azúcar en el mejor caramelo del mundo, presente en casi todos los dulces del país.

Helado Aquí elaboran uno de los mejores helados del mundo, una montaña en miniatura y con una cucharilla hundida.

Mate Aunque al principio a muchos les cuesta apreciarlo, esta infusión amarga y con sabor a hierba crea importantes vínculos sociales.

Vino Explorar el país a través de sus vinos pasa por visitar los malbecs de Mendoza, el torrontés de Cafayate y los syrahs de San Juan.

Viñas en Luján de Cuyo, Mendoza.

ciclismo hasta altas horas de la madrugada. Restaurantes de moda, bulliciosos bares y acogedores B&B retienen al viajero al menos durante unos días.

Cuándo ir

TEMP. ALTA
(nov-feb)
➡ La Patagonia está en su momento mejor (y más caro) de diciembre a febrero.

➡ Las playas se llenan de finales de diciembre a finales de enero.

➡ Las estaciones de esquí registran su mayor afluencia de junio a agosto.

TEMP. MEDIA
(sep-nov y mar-may)
➡ La mejor época para visitar Buenos Aires en cuanto a las temperaturas.

➡ El distrito de los lagos es magnífico; las hojas están hermosas en marzo.

➡ Mendoza celebra su vendimia y feria del vino.

TEMP. BAJA
(jun-ago)
➡ Buen momento para visitar el norte.

➡ Cierran muchos *resorts* de playa y los puertos de montaña pueden quedar bloqueados por la nieve.

➡ Julio es mes de vacaciones invernales y hay mucho tráfico.

Península Valdés

8 Antaño una polvorienta península rojiza con lejanos ranchos de ovejas, hoy es uno de los mejores centros de observación de fauna y flora del continente. Su principal reclamo es ver de cerca las acrobacias de las amenazadas ballenas francas australes; de hecho, los circuitos de avistamiento atraen a estos enormes mamíferos. Pero el elenco de personajes salvajes incluye además orcas, pingüinos de Magallanes, leones marinos, focas, elefantes marinos, ñandúes, guanacos y numerosas aves. Hay mucho que ver en los paseos por la orilla, pero en los circuitos de submarinismo y kayak se recrea mejor la atmósfera.

Esteros del Iberá

9 Estos humedales protegidos ofrecen grandes oportunidades para contemplar la vida natural en lagunas poco profundas y ricas en vegetación. Desde una embarcación, el viajero podrá divisar lagartos, aves exóticas, monos, ciervos de los pantanos y capibaras, quizá los roedores con más encanto del mundo.

Salta colonial

10 El noroeste alberga los asentamientos coloniales más venerables, pero el más cautivador es Salta, situada en un fértil valle. Iglesias de postal, una concurrida plaza y muchos edificios nobles le otorgan un relajado aire histórico que seduce al visitante. Si a ello se suman excelentes museos,

Películas

El secreto de sus ojos (2009) Cinta de suspense merecedora del Oscar a la mejor película extranjera en el 2010.

Historias mínimas (2002) Divertida comedia sobre tres viajeros en la Patagonia.

La historia oficial (1985) Película sobre la dictadura militar ganadora de un Oscar.

Un novio para mi mujer (2008) Comedia sobre un marido que urde su divorcio.

Libros

En la Patagonia (Bruce Chatwin, 1977) Evocadora obra sobre la historia y los mitos de la Patagonia.

Diarios de motocicleta (Ernesto Che Guevara et al., 1993) Basada en los diarios de viaje del revolucionario argentino.

El último confín de la Tierra (E. Lucas Bridges, 1947) Obra clásica sobre los indígenas de Tierra del Fuego, hoy desaparecidos.

Reinventar la Argentina (2003) Serie de ensayos recopilados por Daniel Dessein sobre la crisis que sacudió el país.

Cómo desplazarse

Autobús Suele ser el mejor medio para moverse por el país. Son rápidos, frecuentes, cómodos, con precios razonables y cubren exhaustivamente el territorio.

Automóvil Alquilarlo es útil para quienes deseen una mayor independencia en regiones remotas como la Patagonia.

Avión Este es un país enorme y los vuelos ahorran tiempo; aun así, a veces se producen retrasos.

Tren Varias líneas resultan prácticas, pero no es el medio de transporte más eficaz.

animada música folklórica y algunos puntos de interés, la estampa resulta impresionante.

Mar del Plata

11 El centro turístico costero más importante del país es un vibrante zoo humano en verano, pero precisamente eso lo hace tan divertido. El viajero deberá disputar a los porteños (habitantes de Buenos Aires) un pedazo de arena para tumbarse y contemplar miles de cuerpos casi desnudos venerando el sol, jugando en la arena o bañándose en el agua. Al caer el sol se impone una cena de carne o marisco, seguida de un espectáculo

teatral nocturno y la visita a alguna discoteca.

San Telmo

12 Uno de los barrios más sugerentes de Buenos Aires, sus calles adoquinadas, edificios coloniales y aire clásico transportan al viajero a mediados del s. xix. No hay que perderse la feria dominical, con docenas de puestos de antigüedades y adornos, y músicos callejeros que actúan a cambio de unas monedas. Aquí el tango es mítico, y hay desde elegantes espectáculos a ocasionales números en la calle; todos fascinan por el estilo fluido y las asombrosas proezas atléticas.

Iglesia de San Francisco, Salta.

JUAN MABROMATA / GETTY IMAGES ©

Monasterio de Tatev, Syunik.

CAPITAL
Ereván

POBLACIÓN
3,1 millones

ÁREA
29 743 km²

IDIOMA OFICIAL
Armenio

Armenia

Se dice que Armenia tiene la cabeza en el oeste y el corazón en el este: una forma de vida mediterránea bajo la cordillera del Cáucaso.

Un breve recorrido por el territorio armenio apenas permite entrever la gran losa psicológica que dejó sobre la población el traumático s. XX. La capital, en rápido proceso de modernización, la industria del turismo *boutique* y la cálida bienvenida ofrecida en todas partes parecen contradecir el trágico pasado del país. En lugar de dejarse abrumar por los males del ayer, Armenia ha construido monumentos conmemorativos, se ha sacudido el polvo y ha seguido adelante. El viajero tendrá fácil acceso a antiguos monasterios, iglesias iluminadas con velas y

altos fuertes, pero la huella más perdurable será la de los propios armenios.

No cuesta hacer amigos entre esta gente amable, humilde y de trato fácil, incluso sin tener un idioma común. El viaje permite vivencias muy diversas, desde una estancia en hoteles de lujo de Ereván y Seván a otra más básica en localidades rurales como Diliján y Goris. Muchos viajeros dedican únicamente una semana a recorrer la región, pero algo más de tiempo permite visitar los mejores puntos de interés sin tener el contratiempo de las aglomeraciones.

Armenia
Las mejores experiencias

Ereván

1 La capital brinda al viajero una activa vida cultural, animados cafés y abundantes museos. Pese a ser el innegable núcleo cultural, económico y político de la nación, a veces da la impresión de estar permanentemente de vacaciones. Durante todo el verano sus habitantes recorren los principales bulevares con ropa impecable y veloces automóviles, entrando a veces en un café para charlar y tomar un par de copas.

Monasterio de Tatev

2 La rica colección de iglesias y monasterios armenios es un tesoro mundial fraguado durante miles de años. Su diseño es casi universal, y el viajero no tardará en reconocer el omnipresente tejado cónico que recuerda al monte Ararat, pero una inspección detallada demuestra que cada monasterio es único en carácter y diseño. Al filo del cañón de Vorotan, Tatev es una imponente iglesia, declarada Patrimonio Mundial por la Unesco, y situada en la cima de un monte. Las vistas sobre el cañón alcanzan los picos de Karabaj.

Templos del valle de Yeghegis

3 Este idílico valle está salpicado de pintorescos pueblos, antiguas iglesias y hasta un misterioso cementerio judío. Rodeado de altas cumbres, posee una concentración poco común de templos, como el monasterio de Tsakhatskar, semiderruido conjunto de iglesias y antiguos *khatchkars*. Un par de iglesias, incluida la singular Surp Zorats, congregaban a fieles ante un altar al aire libre donde bendecían a caballos y soldados antes de entrar en batalla.

Dilijan

4 Su bello paisaje de montaña, senderos e histórico casco antiguo permiten un alto de varios días. Está considerada la "Suiza de Armenia", y pese a lo forzado de la comparación, esta localidad alpina sigue siendo una de las regiones más agradables del país. En la etapa soviética era un

Día del agua, Ereván.

apacible refugio de cineastas, compositores, artistas y escritores en busca de inspiración; hoy es un centro turístico con espléndidos B&B y un revitalizado barrio histórico.

Echmiadzin

5 Esta localidad sagrada, considerada el Vaticano de la iglesia apostólica armenia, es un viaje en el tiempo, donde san Gregorio el Iluminador tuvo la visión divina de un rayo de luz cayendo sobre la Tierra, y donde construyó la primera Iglesia Madre de Armenia. Para los cristianos, Echmiadzin posee una relevancia única; fue la capital desde el año 180 hasta el 340, época en que la nación armenia abrazó el cristianismo.

Cañón de Debed

6 Este cañón de empinadas laderas alberga los monasterios de Haghpat y Sanahin, declarados Patrimonio Mundial por la Unesco, y atesora más historia y cultura que ningún otro rincón del país. Casi todos los pueblos de la ribera del río Debed cuentan con una iglesia, una capilla, un viejo fuerte y algún que otro *khatchkar* en sus inmediaciones. Ambos monasterios atraen a la mayoría de los visitantes, pero hay muchos más. El monasterio de Haghpat está considerado una obra maestra de la arquitectura religiosa y un centro neurálgico de la cultura en la Edad Media. Fue fundado por san Nishan en el siglo x, bajo el reinado de Abas I.

si Armenia tuviera 100 habitantes

98 serían armenios
1 sería yazidi
1 sería de otro origen

grupos religiosos
(% de población)

95 Armenios apostólicos
4 Otros cristianos
1 Yazidis

Cuándo ir

MAR-MAY

➡ La primavera provoca una explosión floral, pero también abundantes lluvias.

FINALES SEP-COMIENZOS NOV

➡ El otoño trae días largos y cálidos, y tiempo más estable.

JUN-AGO

➡ En verano Ereván registra 40°C durante días. El norte es templado.

población por km²

ARMENIA   ESPAÑA   TURQUÍA

✝ = 35 personas

Borrachera de ponche

El *oghee* (pronunciado "orh-i"), también conocido como vatsun o aragh, es un delicioso vodka de frutas elaborado en huertos de todo el país. Con un 60% de alcohol, puede ser de manzana, pera, albaricoque, granada, uva, cereza, cerezas silvestres, moras e higos. Los mejores *oghee* de mora *(t'te)* y cereza silvestre *(hone)* son licores intensos y persistentes. Vedi Alco los comercializa, aunque con menor graduación. Para probarlo no hay que ir lejos, ya que suele acompañar los *khoravats*. El *oghee* sabe mejor en otoño, tras la cosecha, con las casas convertidas en destilerías.

Comida y bebida

Coñac El licor nacional, con un 40% de alcohol.

Dolma Arroz envuelto en hojas de parra.

Ishkhan khoravats Trucha del lago Seván a la parrilla.

Jajik Salsa para untar hecha de yogur con pepino e hinojo.

Kartofel atari graki mej Patatas al horno cocinadas en estiércol de vaca, que supuestamente realza su sabor.

Khash Denso estofado invernal hecho con partes de animales.

Khoravats Barbacoa, sobre todo de cerdo, además de cordero, ternera y a veces pollo.

Kilikia Típica *lager* centroeuropea, excelente cuando está recién hecha.

Siga Popular plato de pescado asado.

Soorch Potente y delicioso café molido muy fino, que deja mucho poso en la taza. Combina bien con pastelitos de miel, como el baklava.

Monasterio de Seván, lago Seván.

Lago Seván

7 Sus aguas transparentes resultan muy refrescantes en verano, cuando las temperaturas se disparan. A 1900 m sobre el nivel del mar, el gran ojo azul ocupa 940 km², con 80 km de largo y 30 en su punto más ancho. El clima y sus enigmáticos procesos cambian sus colores de un deslumbrante azul celeste a un azul oscuro y un sinfín de tonos intermedios. Este lago de agua dulce acoge una importante población de peces.

Monte Aragats

8 El viajero podrá estirar las piernas en el monte más alto de la Armenia moderna (4000 m), cubierto de nieve y con vistas al célebre monte Ararat. La nieve cubre su cima casi todo el año, por lo que la mejor época para ascender es de julio a septiembre. La más austral de sus cuatro cumbres (3893 m) es asequible para escaladores sin experiencia, pero el más exigente pico norte (4090 m) obliga a cruzar un campo de nieve, solo apto para senderistas expertos.

Cómo desplazarse

Automóvil El viajero podrá conducir en Armenia si se acostumbra a la forma en que los lugareños adelantan, esquivan los baches y aman la velocidad. Es habitual contratar a un chófer para excursiones o trayectos interurbanos, y a menudo cuesta lo mismo.

Bicicleta Hay que extremar la prudencia en carretera, pues la conducción es menos predecible que en los países occidentales, y algunas calzadas están en muy mal estado, pese a una paulatina mejora.

Microbús El *marshrutka* es el rey del transporte público. Casi todos los pueblos de la región están comunicados por alguno de ellos, y son frecuentes entre ciudades más grandes.

Willemstad, Curazao.

CAPITAL
Oranjestad (A)
Kralendijk (B)
Willemstad (C)

POBLACIÓN
110 663 (A)
15 800 (B)
146 836 (C)

ÁREA
180 km² (A)
294 km² (B)
444 km² (C)

IDIOMAS OFICIALES
Holandés, español, inglés, papiamento

Aruba, Bonaire y Curazao

Estas tres islas caribeñas gozan de playas de arena blanca, submarinismo de calidad y una enigmática mezcla de cultura holandesa en la comida, en el idioma y en la arquitectura colonial.

Las tres minúsculas islas, antiguas integrantes de las Antillas Holandesas, siguen siendo territorios independientes en el seno de los Países Bajos, por lo que la cultura neerlandesa está muy presente.

Los americanos de la costa este que huyen del invierno hacen de Aruba la isla más turística del sur del Caribe, algo comprensible a la vista de los kilómetros de playas insuperables, amables tiendas de ron, numerosos *resorts* exclusivos y una capital densa y encantadora.

El atractivo de Bonaire es su asombrosa costa de arrecifes. Todo el territorio es parque nacional y sus bellas aguas atraen a buceadores del mundo entero.

En la activa Curazao se mezcla el comercio de la vieja Willemstad, Patrimonio de la Unesco, con una belleza accesible, gracias a las playas ocultas en su exuberante costa. Es una fiera combinación de locura urbana, vistas distantes y ganas de vivir.

Hay frecuentes vuelos entre las tres islas, por lo que el viajero puede visitarlas todas.

Aruba, Bonaire y Curazao
Las mejores experiencias

Eagle Beach

1 Esta playa de Aruba, una larga franja de arena fina al noroeste de Oranjestad, es la mejor de la isla y una de las primeras del mundo. Vendedores, tumbonas y la sombra de los árboles invitan a la relajación.

Comida y bebida

Estofado de cabra Plato clásico que, según los lugareños, quien mejor lo prepara es su propia madre.

Frikandel Clásico tentempié holandés de carne, frito en abundante aceite.

Funchi Especie de pastelitos fritos a base de harina de maíz.

Keshi yena Guiso de queso con pollo, okra y pasas como aderezo.

Parque Nacional Marino de Bonaire

2 Patrimonio Mundial declarado por la Unesco, ocupa todo el litoral de Bonaire, y con una profundidad de hasta 60 m y más de 90 zonas clasificadas –la mitad accesibles desde la orilla– es un paraíso para submarinistas. La cercanía de los arrecifes y la transparencia de sus aguas propician su insuperable accesibilidad.

Willemstad

3 La capital de Curazao es una gran ciudad y pueblo a la vez. Su corazón reside en el casco antiguo, donde el patrimonio colonial holandés exhibe su aire elegante entre mercados, museos y hasta una incipiente cultura de cafés. Deambular por sus calles, Patrimonio Mundial de la Unesco, y gozar de sus ritmos sirve de contraste cultural con sus bellas playas.

Cuándo ir

DIC-ABR	SEP-MAY	JUL Y AGO
➡ Temporada alta, agradables temperaturas y poca humedad.	➡ Se registran las mayores precipitaciones, aunque la isla es bastante seca.	➡ Meses de más calor, pero secos y con temperaturas aún agradables.

Los Doce Apóstoles, Great Ocean Road.

CAPITAL
Canberra

POBLACIÓN
22,3 millones

ÁREA
7,7 mill. de km²

IDIOMA OFICIAL
Inglés

Australia

El sexto país más extenso del planeta posee una asombrosa diversidad: un crisol de montañas, desiertos, arrecifes, bosques, playas y ciudades multiculturales.

La mayoría de los australianos vive en la costa, casi siempre en grandes urbes; de hecho, Australia es el decimoctavo país más urbanizado del mundo. Sídney es una glamurosa confabulación de playas, *boutiques* y bares. En Melbourne reinan el arte, las callejuelas y el fútbol australiano. Brisbane es una ciudad subtropical en alza; la festiva Adelaida está llena de *pubs*. La próspera Perth rezuma el optimismo típico de la costa oeste. Canberra es mucho más que política, y la tropical ciudad de Darwin al norte y la fría ciudad de arenisca de Hobart al sur no pueden ser más diferentes. Nunca faltan las producciones teatrales, los conciertos de *rock* o las grandes inauguraciones de las galerías de arte.

Gran cantidad de carreteras asfaltadas cruzan este extenso territorio marrón. Desde el río Margaret a Cooktown, desde Jabiru a Dover, la mejor manera de apreciar Australia es lanzarse a la carretera: sus parques nacionales y sus apartados rincones son excelentes para meterse por pistas de tierra y acampar en plena naturaleza.

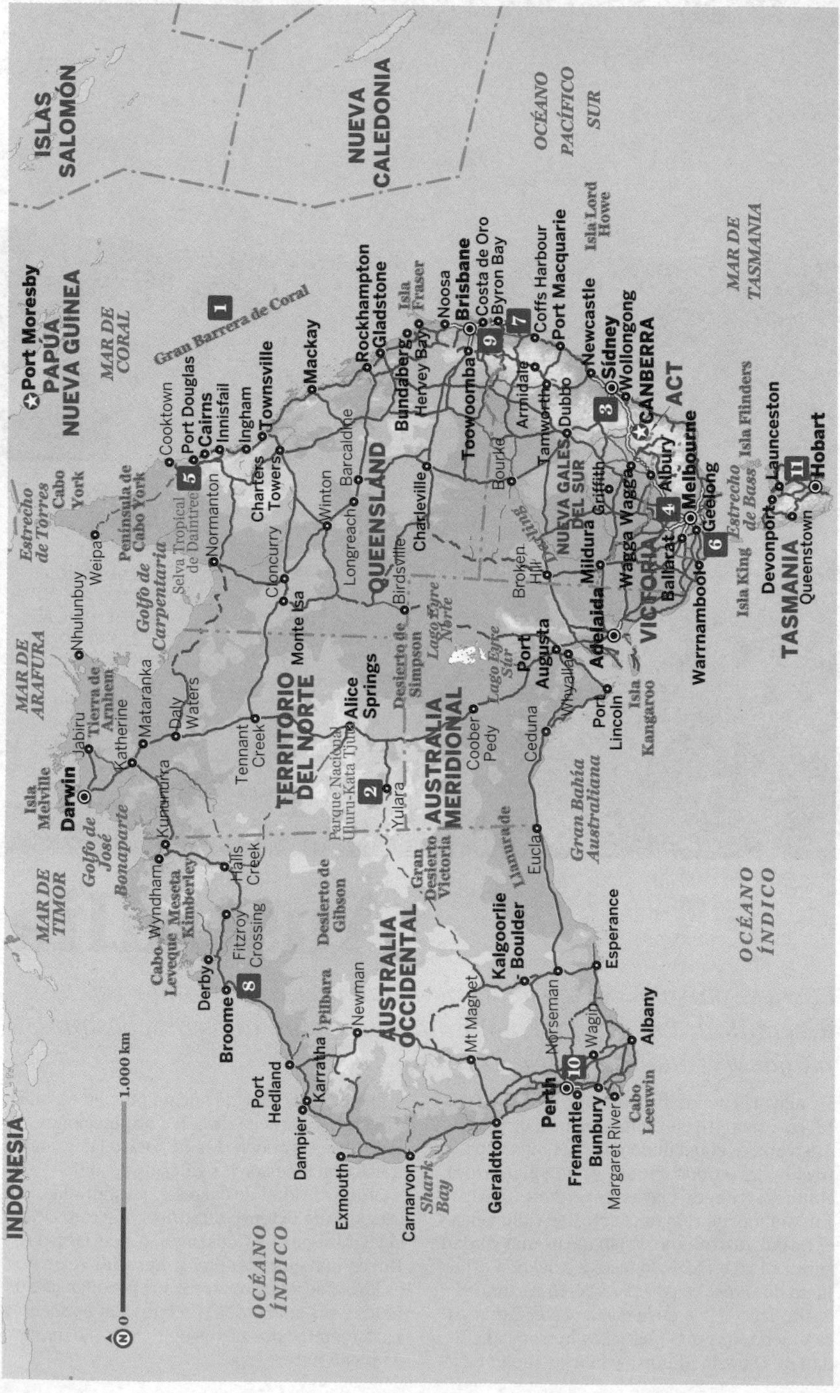

ISLAS SALOMÓN

NUEVA CALEDONIA

OCÉANO PACÍFICO SUR

INDONESIA

★ Port Moresby
PAPÚA NUEVA GUINEA

MAR DE CORAL

Gran Barrera de Coral

1

MAR DE TASMANIA

Isla Lord Howe

Rockhampton
Gladstone
Isla Fraser
Bundaberg
Hervey Bay
Noosa
Costa de Oro
Byron Bay
9
7
Brisbane
Toowoomba
Coffs Harbour
Port Macquarie
Newcastle
Sidney
Wollongong
3
CANBERRA
ACT

Mackay
Townsville
Ingham
Innisfail
Cairns
Port Douglas
Cooktown
5

Selva Tropical de Daintree

MAR DE ARAFURA

Estrecho de Torres
Cabo York
Península de Cabo York
Weipa

Golfo de Carpentaria

Nhulunbuy

Tierra de Arnhem

Isla Melville
Darwin
Jabiru
Katherine
Mataranka
Daly Waters
Kununurra
Cabo. Wyndham

MAR DE TIMOR

Golfo de José Bonaparte

Charters Towers
Normanton
Monte Isa
Cloncurry
Barcaldine
Longreach
Winton
QUEENSLAND

Birdsville
Charleville
Bourke
Armidale
Tamworth
Dubbo
NUEVA GALES DEL SUR
Griffith
Wagga Wagga
Albury
4
Melbourne
Geelong
VICTORIA
Ballarat
6
Warrnambool

Broken Hill
Hillston
Mildura

Desierto de Simpson
Lago Eyre Norte
Lago Eyre Sur
Parque Nacional Uluru-Kata Tjuta
2
Yulara
Alice Springs
Tennant Creek

TERRITORIO DEL NORTE

Halls Creek
Fitzroy Crossing
Derby
Broome
8
Port Hedland
Dampier
Karratha
Pilbara
Newman
Mt Magnet
Exmouth
Carnarvon
Shark Bay
Geraldton

Desierto de Gibson
Gran Desierto Victoria
AUSTRALIA OCCIDENTAL
Kalgoorlie
Boulder
Leonora
Norseman
Wagin
Esperance
Albany

AUSTRALIA MERIDIONAL
Coober Pedy
Ceduna
Eucla
Woomera
Port Augusta
Port Pirie
Adelaida
Whyalla
Port Lincoln
Isla Kangaroo
Gran Bahía Australiana

OCÉANO ÍNDICO

Perth
Fremantle
Bunbury
Margaret River
Cabo Leeuwin
10

Cabo Leveque
Meseta Kimberley

Estrecho de Bass
Devonport
Launceston
Isla Flinders
Isla King
TASMANIA
Queenstown
Hobart
11

1.000 km

N

OCÉANO ÍNDICO

Australia
Las mejores experiencias

Gran Barrera de Coral

1 Declarado Patrimonio Mundial por la Unesco, este arrecife es de una belleza apabullante. Con más de 2000 km del litoral de Queensland, es un complejo ecosistema habitado por deslumbrantes corales, lánguidas tortugas marinas, rayas, tímidos tiburones de arrecife y peces tropicales de todos los colores y tamaños. Ya sea haciendo submarinismo, buceo, o mediante un pintoresco vuelo o una travesía en barco de fondo acristalado, este vigoroso reino sumergido y sus islas orladas de coral resultan inolvidables.

Parque Nacional Uluru-Kata Tjuta

2 No importa las veces que se haya visto en postales; nadie está preparado para tal esplendor cuando surge en el horizonte. En un lugar remoto del desierto, de profunda trascendencia cultural y al tiempo espectacular belleza natural, Uluru constituye una peregrinación especial. Pero este parque nacional ofrece mucho más; aparte de los igualmente cautivadores Kata Tjuta (monte Olga), hay paseos místicos, sublimes puestas de sol, centelleantes cielos nocturnos, hoteles de lujo y antiguas culturas del desierto por descubrir.

Ópera de Sídney

3 Este espléndido teatro es un hito en sí mismo. Ejercicio de lírica arquitectónica, el edificio de Jørn Utzon en el Bennelong Point de Circular
Quay destaca en el festín visual del llamativo puente del puerto, las resplandecientes aguas azules y los vistosos ferris verdes. Lo mejor es su magia al
alcance de todos: un bar de ubicación espectacular en plena orilla, un célebre
restaurante francés, circuitos guiados y un programa de actuaciones lleno
de estrellas lo hacen posible.

Melbourne

4 ¿Qué es esa cola? La del último restaurante de actualidad de Melbourne, donde no aceptan reservas. El próximo mejor restaurante/chef/café/furgoneta de comida pueden estar de moda, pero hay cosas que los lugareños nunca cambiarían: los frondosos parques y jardines del extrarradio, los ruidosos y veloces tranvías que van hasta la suave brisa de St Kilda, y lo que comporta vivir en una ciudad loca por el deporte. Su arte callejero, célebre en todo el mundo, expresa los miedos, frustraciones y alegrías de Melbourne.

si Australia tuviera 100 habitantes

79 hablarían inglés en el hogar
3 hablarían chino en el hogar
2 hablarían italiano en el hogar
1 hablaría vietnamita en el hogar
15 hablarían otras lenguas en el hogar

grupos religiosos
(% de población)

64 Cristianos   19 Agnósticos   2 Budistas

2 Musulmanes   1 Hindúes   12 Otras religiones

población por km²

AUSTRALIA   NUEVA ZELANDA   ESPAÑA

≈ 3 personas

Selva tropical de Daintree

5 En esta antigua selva tropical declarada Patrimonio Mundial, palmitos, helechos de aspecto prehistórico y retorcidos manglares se precipitan hacia un resplandeciente litoral de arena blanca. En plena cacofonía de cantos de aves, croar de ranas y zumbido de insectos, la zona se puede explorar en circuitos nocturnos de observación, rutas de montaña, pasarelas colgantes, excursiones en todoterreno, paseos a caballo, kayak, cruceros para avistar cocodrilos o circuitos por campos de frutas tropicales; los más afortunados hasta podrán ver un esquivo casuario.

Great Ocean Road

6 Los Doce Apóstoles (formaciones rocosas que sobresalen en aguas bravas) son uno de los puntos de interés más llamativos de Victoria, pero el viaje por carretera duplica el impacto. Lo mejor es conducir con calma por rutas que se curvan junto a las espectaculares playas del estrecho de Bass, para dirigirse luego hacia el interior por selvas tropicales con poblaciones pequeñas y grandes árboles. Los secretos de la Great Ocean Road no acaban aquí; algo más lejos se encuentra el tesoro marítimo de Port Fairy y el oculto cabo Bridgewater. Como colofón, se puede caminar desde Apollo Bay hasta los Doce Apóstoles por el Great Ocean Walk.

Byron Bay

7 Este hospitalario lugar –Byron a secas para los amigos– es uno de los iconos más imperecederos de la cultura australiana, con sus canguros y sombreros

Relatos aborígenes

Los aborígenes tenían una cultura oral, y los cuentos eran una importante forma de aprendizaje. Las historias daban significado a la vida y se utilizaban para enseñar los mensajes de los antepasados.

Aunque las creencias y prácticas culturales varían según la región y grupo lingüístico, existe una visión del mundo común en la que estos espíritus crearon el territorio, el mar y todos los seres vivos. Los aborígenes atribuyen sus orígenes y existencia a estos antepasados, en una época conocida como El Sueño.

A través de estas historias, los conocimientos y las creencias pasan de una generación a otra y establecen la moral que rige sus vidas.

Comida y bebida

Australia es enorme y de climas tan diversos que en cualquier época del año hay una amplia oferta de productos. En verano se consume mucha fruta fresca, como nectarina, melocotón, cereza y mango. El marisco es abundante y siempre más fresco cerca del mar.

Cigalas Ejemplares a buen precio (se aconseja probar las de Balmain y Moreton Bay).

Gambas Son increíbles, sobre todo los diversos tipos de langostinos, como los *yamba* de la costa norte de Nueva Gales del Sur.

Marron Cangrejo de río de aspecto prehistórico del oeste del país.

Ostras Los entendidos aprecian las ostras de roca de Sídney, y Tasmania es conocida por sus ostras del Pacífico.

Pescado El viajero puede saborear incontables especies salvajes, pero incluso la pescadilla, el pargo y el jurel asados poseen un increíble sabor.

Bar de Chinatown, Melbourne.

Akubra. Familias en vacaciones escolares, surfistas y amantes del sol de todo el globo se dan cita en la playa a la puesta de sol, atraídos por sus fabulosos restaurantes, relajado ritmo de vida, interminables arenas y gran oferta de actividades. Además, Byron Bay se encuentra en uno de los tramos de costa más bellos del país.

Cuándo ir

TEMP. ALTA (dic-feb)

➡ Verano: festividades locales, playas a rebosar y críquet.

➡ Los precios del alojamiento suben en las grandes ciudades.

➡ En el centro y norte, la temporada alta va de junio a agosto por sus días templados y baja humedad.

TEMP. MEDIA (sep-nov)

➡ Sol, cielos claros, menos colas.

➡ Los comerciantes locales aún no están estresados por el gentío del verano.

➡ El otoño (de marzo a mayo) es también temporada media.

TEMP. BAJA (jun-ago)

➡ Días frescos y lluviosos en el sur; cielos templados y soleados en el norte.

➡ Menos turistas; los puntos de interés tienen un horario algo más reducido.

➡ Se aconseja ir al desierto, al norte tropical o a la nieve.

Broome y el noroeste de Australia

8 Agreste, remota y de increíble belleza, la última frontera promete una aventura sin igual. Las ardientes llanuras salpicadas de spinifex y baobabs ocultan altas cascadas, mientras impecables playas y arrecifes bordean su inhóspita costa. Hay tres enclaves declarados Patrimonio Mundial: Shark Bay, Ningaloo y Purnululu, y Broome, una de las mejores encrucijadas de viajeros del mundo, donde cada noche, desde la atalaya de la hermosa Cable Beach, un sol carmesí acaricia a camellos y turistas de camino a un Índico color turquesa.

Costa de Oro

9 Chabacana, vulgar, hedonista, sobrevalorada... la Costa de Oro de Queensland es todo eso, pero si se busca fiesta, este es el lugar idóneo. Más allá del jaleo está la playa, precioso tramo de arenas limpias, aguas cálidas e impecables rompientes. Bronceados dioses del *surf*, los socorristas australianos patrullan la arena y miden sus habilidades en las competiciones de *surf*. Aquí están los mayores parques temáticos: un paraíso de montañas rusas, decorados de cine y atracciones acuáticas.

Películas

Gallipoli (Peter Weir, 1981) La identidad nacional en el crisol de la I Guerra Mundial.

Lantana (Ray Lawrence, 2001) Misterio para adultos: reflexión sobre el amor, la verdad y el dolor.

Mad Max (George Miller, 1979) Mel Gibson se enfada.

Diez canoas (Rolf de Heer y Peter Djigirr, 2006) Primera película australiana filmada totalmente en lengua aborigen.

Two Hands (Dos manos, Gregor Jordan; 1999) Humor despiadado en los bajos fondos de Sídney.

Libros

Australia. Un viaje (Jorge Carrión, 2008) Crónica de un viaje por Australia en busca de presencia española.

Los trazos de la canción (Bruce Chatwin, 1987) Controvertida visión del nomadismo y los aborígenes australianos.

Australia (Joaquín González Dorao, 2011) Cuaderno ilustrado de viajes a cargo del reconocido acuarelista viajero.

Cómo desplazarse

Avión Vuelos asequibles, frecuentes y rápidos entre las principales ciudades a lizan las vacaciones. Si el viajero se siente culpable, puede compensar el carbo de los viajes.

Autobús La extensa red es fiable, aunque no siempre resulta más barato que volar y puede ser tedioso si se tienen en cuenta las grandes distancias.

Automóvil La mejor forma de explorar Australia; un todoterreno es esencial p conducir por zonas apartadas del Outback. Las empresas de alquiler más imp tantes permiten entregar el vehículo en las principales ciudades.

Tren Más cómodo que el autobús, hay un cierto romanticismo aún vigente en viajes de larga distancia. Los trenes de cercanías de la mayoría de los estados dependen de organismos estatales o privados.

Perth y Fremantle

10 Pese a su aislamiento, Perth está lejos de ser un lugar atrasado. Sofisticados restaurantes promocionan la cocina de Mod Oz –algunos en edificios patrimoniales restaurados del centro– y elegantes coctelerías se levantan en callejuelas. En contraste con la llamativa fachada de Perth frente al río Swan, en los barrios más bohemios suena el rasgueo de las guitarras y el chisporroteo de los *woks*. A orillas del río, los *pubs* de Fremantle sirven las mejores cervezas artesanales del oeste de Australia, y los edificios coloniales salpican un paisaje urbano victoriano.

MONA, Tasmania

11 En una ubicación ribereña a un paseo en ferri del puerto de Hobart, el Museum of Old & New Art (MONA) de Moorilla Estate es una institución de talla mundial. Definido por su propietario, el filántropo David Walsh, como "una subversiva Disneylandia para adultos", sus tres niveles de galerías subterráneas exhiben más de 400 polémicas obras de arte. Al visitante quizá no le guste todo lo expuesto. Sin duda, el debate está servido.

11

LEIGH CARMICHAEL / MONA © | ARQUITECTO: FENDER KATSALIDIS ARCHITECTS

Plaza del mercado, Hallstatt.

CAPITAL	Viena
POBLACIÓN	8,42 millones
ÁREA	83 871 km²
IDIOMA OFICIAL	Alemán

Austria

Austria es un contraste de espectaculares paisajes naturales y elegantes zonas urbanas. El viajero puede zambullirse en un lago alpino un día y al siguiente explorar una estrecha callejuela vienesa.

Pese a ser un país pequeño, Austria ocupa un lugar destacado entre los grandes. Ante todo, es la tierra donde nació Mozart, donde Strauss enseñó al mundo a bailar el vals y Julie Andrews saltó al estrellato con su interpretación de *Sonrisas y lágrimas*. Es la cuna del imperio de los Habsburgo, que duró más de 600 años, el lugar donde las pasadas glorias aún brillan en los resplandecientes palacios barrocos y en los candelabros iluminados de los cafés de Viena, Innsbruck y Salzburgo. Es un país perfeccionista y todo lo que hace –montañas, música clásica, castillos o pasteles– lo hace maravillosamente bien.

Además de sus magníficas ciudades, Austria ofrece los entornos más espectaculares al aire libre. Y ya sea esquiando por las legendarias laderas del Kitzbühel, escalando los Alpes del Tirol o pedaleando por la ribera del Danubio (Donau), el viajero se encontrará frente a paisajes tan emocionantes que ni la sinfonía mejor orquestada, la foto más bella ni el canto de una novicia jamás podrían hacerles justicia.

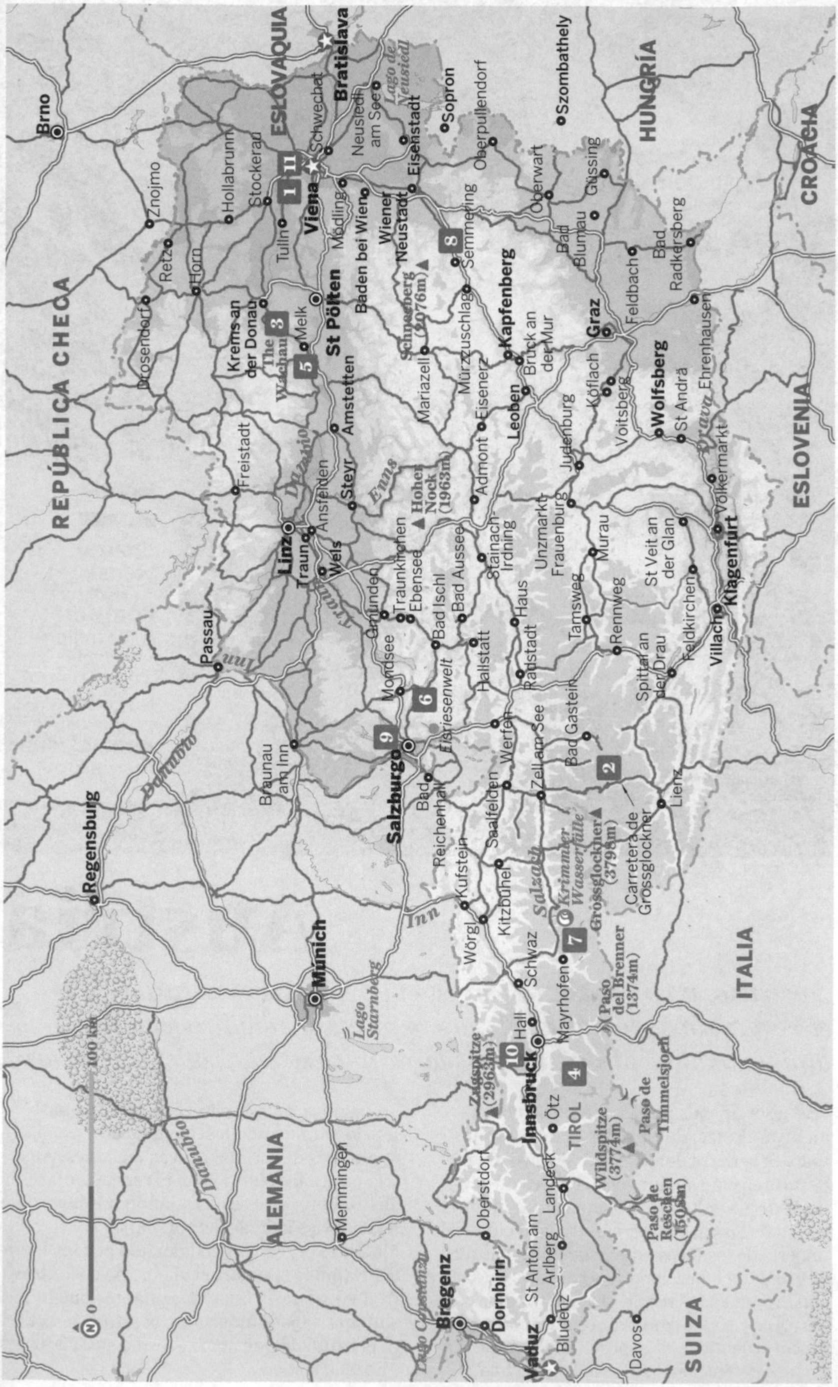

REPÚBLICA CHECA

Brno

Znojmo

Drosendorf

Retz

Hollabrunn

Horn

Stockerad

Freistadt

Passau

Braunau
am Inn

Regensburg

Memmingen

Múnich

ALEMANIA

Oberstdorf

Bregenz

Dornbirn

Vaduz

Bludenz

St Anton am
Arlberg

Landeck

Davos

SUIZA

ESLOVAQUIA

Bratislava

Schwechat

Hainburg
an der Donau

Lago de
Neusiedl

Sopron

Oberpullendorf

HUNGRÍA

Szombathely

Güssing

Bad
Radkersburg

CROACIA

ESLOVENIA

Viena

Klosterneuburg

Tulln

Mödling

Baden bei Wien

Wiener
Neustadt

Neusiedl
am See

Eisenstadt

Oberwart

Bad
Blumau

Feldbach

Ehrenhausen

Klagenfurt

Villach

Völkermarkt

St Andrä

Wolfsberg

Feldkirchen

St Veit an
der Glan

Spittal an
der Drau

Lienz

Graz

Köflach

Voitsberg

Judenburg

Unzmarkt

Frauenburg

Murau

Rennweg

Tamsweg

Ramstadt

Haus

Stainach
Irdning

Admont

Eisenerz

Leoben

Bruck
an der Mur

Kapfenberg

Mürzzuschlag

Semmering

Mariazell

Schneeberg
(2076m)▲

St Pölten

Melk

Krems an
der Donau

The
Wachau

Amstetten

Ansfelden

Steyr

Wels

Linz

Traun

Gmunden

Mondsee

Traunkirchen

Ebensee

Bad Ischl

Hallstatt

Bad Aussee

Zell am See

Werfen

Bad Gastein

Grossglockner▲
(3798m)

Carretera de
Grossglockner

Salzburgo

Bad
Reichenhall

Saalfelden

Kufstein

Wörgl

Kitzbühel

Schwaz

Hall

Innsbruck

Ötz

TIROL

Mayrhofen

Paso del Brenner
(1374m)

Krimmler
Wasserfälle

Paso de
Timmelsjoch

Wildspitze
(3772m)▲

Zugspitze
(2963m)▲

Paso de
Resechen
(1504m)

ITALIA

Freilassing

Theresenwelt

Lago
Starnberg

Lago Constanza

Danubio

Danubio

Inn

Inn

Salzach

Enns

Traun

Mur

Drava

1
11
3
5
8
2
6
9
7
10
4

100 km

0

N

Austria
Las mejores experiencias

Palacios imperiales de Viena

1 Si alguien se pregunta qué se puede hacer durante 640 años con un capital ilimitado y los mejores arquitectos austriacos, la respuesta es la Viena de los Habsburgo. El monumental Hofburg es un viaje a la era de los imperios: las coronas del tesoro, el ballet equino de la Spanische Hofreitschule y las estancias iluminadas por arañas de luces dignas de una emperatriz. Su esplendor es solo comparable al Schloss Schönbrunn, de 1441 habitaciones, y al barroco Schloss Belvedere, ambos adornados con jardines exquisitos.

Carretera de Grossglockner

2 Curvas en herradura: 36. Longitud: 48 km. Pendiente media: 9%. Mirador más alto: Edelweiss Spitze (2571 m). Son las cifras de uno de los mejores trayectos automovilísticos de Europa y la joya del Parque Nacional Hohe Tauern, con un paisaje único que va desplegándose a medida que se sube. Montes nevados, cascadas y lagos diseminados como gemas son solo un anticipo del Grossglockner (3798 m), el pico más alto de Austria. Hay que salir temprano y dedicarle tiempo, pues cada curva descubre al viajero una vista única.

Schloss Schönbrunn, Viena.

BARRY WINIKER / GETTY IMAGES ©

Wachau

3 Cuando Strauss compuso *El Danubio azul*, seguramente tenía en mente este tramo del río. Patrimonio Mundial de la Unesco, recorre terrazas de viñedos, boscosas laderas y huertos. Pasado el Stift Melk, el Kuenringerburg de Dürnstein merece una visita. En lo alto de una cima, es el castillo donde el trovador Blondel intentó rescatar a Ricardo Corazón de León de las garras del duque Leopoldo V.

Aventura al aire libre en el Tirol

4 Allí donde haya aguas bravas, alta montaña

si Austria tuviera 100 habitantes

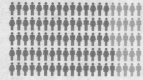

77 serían austriacos
23 serían extranjeros

grupos religiosos
(% de población)

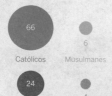

66 Católicos
6 Musulmanes
24 Otras religiones
4 Protestantes

población por km²

AUSTRIA ESPAÑA ALEMANIA

⬥ = 30 personas

o un escarpado barranco, hay aventura en Austria. En verano, lo más tentador para el viajero es surcar ríos embravecidos como el Inn y el Sanna en el Tirol, paraíso del *rafting* austriaco; o asegurarse el arnés y dejarse hechizar por el paisaje alpino desde el parapente en el Zillertal. Los ciclistas utilizan los teleféricos para acceder a muchas rutas de altitud y de descenso.

Stift Melk

5 Se dice que en Austria las mejores obras de arte están dedicadas a Dios. Al admirar el esplendor de esta abadía-fortaleza benedictina cuesta disentir. Esta iglesia con dos chapiteles es un *tour de force* barroco, con ángeles saltarines, florituras doradas y frescos en los techos, obra de Johann Michael Rottmayr. La opulencia continúa en la biblioteca y sala de mármol, ambas con hileras de ilusorio *trompe l'oeil* de Paul Troger.

Eisriesenwelt

6 Sus cámaras y pasadizos parecen salidos del universo de Narnia. Esculpidos gota a gota durante milenios, el gélido averno de la cordillera caliza de Tennengebirge es la mayor cueva de hielo accesible del mundo. Esculturas de ensueño, lagos resplandecientes y el *Eispalast* (palacio de hielo) asoman a medida que el viajero se adentra en el helado corazón de la montaña con una lámpara de carburo en la mano.

Krimmler Wasserfälle

7 Antes de ver esta cascada de 380 m, la más alta de Europa, el viajero oirá su atronador rugido. Es inevi-

Sonrisas y lágrimas

Gracias a su aparición estelar en la película *Sonrisas y lágrimas*, Salzburgo es célebre incluso para quienes nunca la han pisado. El Mirabellgarten salpicado de esculturas, el convento Stift Nonnberg, y el pabellón de Hellbrunn Park de *Sixteen Going on Seventeen* bastan para que uno se ponga a cantar como un tirolés.

Por cierto, quizá no se sepa que los hijos de Trapp eran diez, no siete, y que el mayor era Rupert (no Liesl); o que el capitán era un pacífico hombre de familia y Maria, de armas tomar; o que en el año 1938 los Von Trapp se marcharon a EE UU en lugar de escalar los montes para pasar a Suiza. Lo mejor es pasar una noche en la auténtica villa Trapp, mansión del s. XIX del barrio de Aigen.

Comida y bebida

Carne Destacan el *Wiener schnitzel* clásico, la *Tafelspitz* (ternera hervida con salsa de rábano picante) o el *Schweinebraten* (cerdo asado). La humilde *wurst* (salchicha) adopta diversas formas.

Kaffee und Kuchen Café y tarta es la tradición más dulce de Austria; hay que probar el *strudel* de manzana, la *Sacher Torte* de chocolate y los *Kaiserschmarrn* (creps dulces con pasas).

Queso Destacan los *Käsnudeln* (fideos de queso) en Carintia, los *Kaspressknodel* (dumplings de queso frito) en el Tirol y las *Käsekrainer* (salchichas con queso) en Viena.

Patatas Se pueden pedir fritas (*Pommes*), asadas (*Bratkartoffeln*), en ensalada (*Erdapfelsalat*) o hervidas con piel (*Quellmänner*).

Vino Los lugareños se reúnen en rústicas *Heurigen* (tabernas), señaladas con una ramita de pino en la puerta, y saborean vino blanco seco *grüner veltliner* y aromático *blaufränkisch*.

MARIO EDER / GETTY IMAGES ©

Parapente, Tirol.

table sentirse insignificante frente a la increíble fuerza y dimensión de esta catarata, que azota inmensas rocas y produce un maravilloso arco iris. Ciertos ángulos permiten una mejor visión, como el Wasserfallweq (camino de la cascada). El sendero zigzaguea por un bosque brumoso hasta unos miradores que ofrecen un primer plano de sus tres niveles y una ducha de agua fina.

Cuándo ir

TEMP. ALTA
(abr-oct)

➡ El período álgido va de julio a agosto, y en los lagos de junio a septiembre.

➡ Los precios suben en Navidades y Semana Santa.

➡ Salzburgo registra su mayor afluencia en julio y agosto y durante el Festival.

TEMP. MEDIA
(abr-may y hasta finales de sep-oct)

➡ El tiempo es variable, los lagos fríos y el senderismo excelente.

➡ Los puntos de interés están abiertos y menos llenos.

TEMP. BAJA
(nov-mar)

➡ Viena y las capitales regionales programan actos culturales.

➡ Las estaciones de esquí abren desde mediados de diciembre.

Semmeringbahn

8 El monumental ferrocarril de Semmering es un recorrido panorámico por los Alpes orientales y un viaje nostálgico hasta los inicios del tren. Pionero en los Alpes, su creación exigió el esfuerzo de unos 20 000 obreros, en una proeza de ingeniería del s. XIX reconocida por la Unesco como Patrimonio Mundial. Es fácil imaginar la sorpresa de los primeros pasajeros al verlo serpentear por 16 viaductos, cruzar 15 túneles y deslizarse por 100 puentes de piedra.

Festung Hohensalzburg

9 Un empinado paseo o un trayecto en funicular

permiten alcanzar esta espléndida fortaleza, por encima de Salzburgo, y recorrer la Sala Dorada, con su techo celestial que captura el cielo estrellado. Tras gozar de esta belleza, el viajero se verá abocado a una escalofriante colección de instrumentos medievales de tortura en el Museo de la Fortaleza. No hay que perderse las vistas de 360° desde la torre.

Innsbruck

10 Con el telón de fondo de los Alpes Nordkette, en la capital del Tirol el viajero puede darse un baño de cultura en la iglesia gótica de Hofkirche, adentrarse en los Alpes en el funicular futurista de la

Películas

Metrópolis (1927) Versión futurista, industrial y deshumanizada filmada por Fritz Lang.

Los falsificadores (2007) Historia de un judío cuya gran destreza para la falsificación le pone al servicio de los nazis.

La pianista (2001) Obra maestra de Michael Hanecke sobre una maestra de piano masoquista.

El tercer hombre (1949) Cine negro clásico ambientado en Viena.

Libros

El Danubio (Claudio Magris, 1986) Diario de viajes de un italiano a mediados de los ochenta.

Relato soñado (Arthur Schnitzler, 1925) Novela de aires freudianos que dio origen a la película *Eyes Wide Shut*, de Stanley Kubrick.

La Viena de fin de siglo (Carl E. Schorske, 1980) Siete ensayos sobre la historia intelectual de Viena.

Cómo desplazarse

Bicicleta Las oficinas de turismo facilitan folletos con información detallada de las principales rutas y servicios para ciclistas. Se pueden transportar bicicletas en los trenes que llevan el correspondiente símbolo en la parte superior de su horario.

Autobús Hay servicios en casi todas las grandes ciudades, con varias líneas nocturnas. En regiones más apartadas conviene planificar con tiempo y viajar en día laborable.

Automóvil En las ciudades pequeñas el servicio de alquiler de vehículos es limitado o nulo; en las grandes es muy recomendable reservar con antelación.

Tren En Austria la red ferroviaria está integrada con la de autobuses. Los trenes son de calidad, y resultan muy económicos con la tarjeta de descuento.

reputada arquitecta Zaha Zadid, o poner rumbo a las pistas de esquí. Si recorrer siete cumbres colgando de una cuerda da demasiado vértigo, hay disponible una pista de bicicleta de montaña alternativa.

Barrio de los Museos

11 Con 60 000 km² y más obras de arte de las que poseen algunos países, las antiguas caballerizas

imperiales de Viena, hoy barrio de los museos, conforman uno de los mayores espacios de exposiciones del mundo. Célebres obras de Gustav Klimt y Egon Schiele cuelgan en el Museo Leopold, mientras que en el MUMOK destacan los provocativos Viennese Actionists, y en el Kunsthalle, los nuevos medios. *Boutiques de diseño*, talleres y cafés llevan la creatividad más allá del lienzo.

9

FRANZ PRITZ / GETTY IMAGES ©

Palacio de los Sahs de Shirvan, Bakú.

CAPITAL	Bakú
POBLACIÓN	9,6 millones
ÁREA	86 600 km²
IDIOMA OFICIAL	Azerí

Azerbaiyán

Conjugando la tradición intemporal y la modernidad en mayúsculas, Azerbaiyán muestra un batiburrillo de influencias y excelentes atracciones en el punto de encuentro de Europa y Asia.

Azerbaiyán, o Azərbaycan en azerí, es fruto de una miríada de contradicciones y contrastes. Enclavado a los pies de la cordillera del Cáucaso y a orillas del mar Caspio, es aquí donde Asia central se acerca a Europa con una mezcla de influencias otomanas, persas y rusas que contribuyen a su tejido social. Fue, además, nexo de imperios históricos y, al decir de algunos, albergó el jardín del Edén.

Rodeada de las tierras semidesérticas ricas en petróleo del mar Caspio, Bakú, su cosmopolita capital, luce un casco antiguo –protegido por la Unesco– circundado por flamantes rascacielos, si bien a solo 3 h por carretera surgen tranquilas poblaciones rurales entre fértiles campos de labranza, con el imponente Cáucaso como telón de fondo.

Los azerbaiyanos modernos, versados en las leyendas otomanas y en la poesía persa, son un pueblo apasionado y tremendamente hospitalario que disfruta de los placeres de siempre como una taza de *çay* (té) con amigos o la intensidad lírica de los bardos locales al interpretar el *muğam* (música folclórica azerbaiyana).

Azerbaiyán
Las mejores experiencias

La cosmopolita Bakú

1 Con un elegante centro peatonal, calles jalonadas de árboles llenas de *boutiques* exclusivas y un perfil urbano aderezado con innovadoras torres, la capital azerbaiyana es una dinámica urbe en continua ebullición, además de la metrópolis más grande y cosmopolita al sur del Cáucaso. Pocas ciudades del mundo están transformándose tan rápidamente, y en ningún otro lugar de Eurasia se funden con tanto acierto o de manera tan caótica Oriente y Occidente. Aquí, las parejas desafían los estereotipos islámicos besuqueándose en frondosos parques o caminando de la mano por el Bulvar, el paseo marítimo frente al Caspio,

cuyos tonos verdosos y azul ópalo hacen palidecer el paisaje semidesértico que envuelve a Bakú.

Ciudad vieja de Bakú (İçəri Şəhər)

2 Rodeada por una bonita muralla almenada, su estatus como Patrimonio de la Humanidad ha ayudado a frenar el aburguesamiento de esta fascinante zona que contiene algunos de los atractivos más accesibles de Bakú. Sus serenas callejuelas son reclamos por sí solas, lo mismo que las calles bordeadas de árboles –más allá– en las que se suceden mansiones de magnates del petróleo. El palacio de los sahs de Shirvan, en su mayoría datado del s. XV y restaurado (en exceso) en el 2003, es uno

de los principales símbolos de la capital, y la torre de la Virgen, de 29 m, su mayor joya arquitectónica.

Sheki

3 Moteada de vetustas casas de tejados rojos, rematada por un hermoso palacio del khan y acurrucada entre tupidas montañas, Sheki es para muchos la población más hermosa del país. La fornida muralla que rodea el perímetro de la fortaleza de Nukha encierra un palacio del s. XVIII, una oficina de turismo, talleres de artesanía, varios museos y un buen café-restaurante, todo ello diseminado por un terreno cubierto de hierba que sirve de pasto a las ovejas. Extramuros se alzan dos mezquitas del s. XIX, tiendas

IZET KERIBAR / GETTY IMAGES ©

4

Kuba.

de *halva* (popular dulce de Asia central y Oriente Próximo) y un histórico caravasar.

Pueblos de montaña del interior de Kuba

4 En las bucólicas estribaciones del Cáucaso aguardan algunas de las vistas de montaña más espléndidas del país, así como espectaculares paisajes dominados por cañones y fascinantes pueblos de pastores con lenguas singulares. Quizá los más memorables sean el misterioso y enjalbegado Buduq y el accidentado Qriz, a destacar por su antiguo camposanto. Más accesibles son los legendarios Xınalıq y Laza, ambos en un marco incomparable con praderas color esmeralda, riscos cubiertos de vegetación y soberbias cascadas.

Lahic

5 Azerbaiyán posee muchos pueblos de montaña encantadores, pero Lahic, más pintoresco y accesible que la mayoría, es un refugio conocido por los talleres de artesanos del cobre y tejedores de alfombras que flanquean su adoquinada calle principal, además del dialecto emparentado con el persa que allí se habla. El senderismo y los paisajes de Lahic se cuentan entre sus bazas y en verano hay suficientes personas que hablan inglés como para sumergirse en la vida rural.

Costa del Caspio

6 Al sur de Bakú se despliega un fascinante *collage* de playas, explotaciones petroleras, paisajes

si Azerbaiyán tuviera 100 habitantes

91 serían azeríes
2 serían daguestanos
2 serían rusos
1 sería armenio
4 serían de otro origen

grupos religiosos
(% de población)

93

Musulmanes

| 3 | 2 | 2 |
| Rusos ortodoxos | Armenios ortodoxos | Otras religiones |

población por km²

| AZERBAIYÁN | ESPAÑA | TURQUÍA |

♀ ≈ 35 personas

Cuándo ir

ENE
➡ Temperaturas gélidas; los pueblos del Cáucaso a veces quedan aislados debido a las nevadas.

ABR-JUN
➡ Chaparrones intercalados con cielos despejados; florecen los campos del Bajo Azerbaiyán.

OCT
➡ Bakú es bastante agradable aunque buena parte de la región rural se torna parduzca.

Bendito pan

Si uno se fija en la parte trasera de los bloques de viviendas, se verán bolsas con pan viejo colgadas de árboles o ganchos, separadas del resto de la basura. Esto se debe a que el pan se considera sagrado y no puede tirarse sin más ni tampoco dejarse en el suelo, lo que supone un quebradero de cabeza para los supersticiosos azeríes. Se dice que cuando dos personas comen pan juntas se crea un vínculo afectivo, o que cuando un fiel ve atendidas sus plegarias debe compartir dulces con extraños o llevarlos a una mezquita.

Comida y bebida

Çay La bebida nacional de Azerbaiyán es el té, generalmente servido en vasos de *armudi* (con forma de pera) y acompañado de un terrón de azúcar o de dulces y mermeladas.

Dolma *Kələm* (hojas de col) o *yarpaq* (hojas de parra) rellenas de una mezcla de arroz y carne de cordero picada y aderezada con menta, hinojo y canela.

Ləvəngi *Toyuq* (pollo) o *baliq* (pescado) al estilo talyshi, relleno de una pasta a base de hierbas y nueces molidas.

Piti Popular guiso consistente en dos platos. Primero se ponen varios pedazos de pan en un cuenco, se espolvorea una pizca de *sumac* y se vierte el caldo del *piti*. La sopa resultante se come como primer plato. Después se sirven las verduras y las viandas, que se hacen puré con la cuchara y el tenedor, y se comen con una pizca de *sumac*.

Tikə Brochetas de carne cocinada en brasas; suele incluirse un pedazo de la apreciada carne de oveja cola gorda.

Volcanes de lodo.

marinos, barriadas soviéticas y páramos semidesérticos. En el extremo meridional de la capital se halla el campo petrolífero James Bond, llamado así tras servir de localización de la película *El mundo nunca es suficiente*. Desde entonces, la zona de Azerbaiyán ha recibido un lavado de cara considerable, aunque aún se observan bastantes balancines petroleros en funcionamiento. Como mejor se admira el panorama es desde la cercana mezquita Bibi Heybat, el santuario más sagrado de la región desde hace siglos.

Gobustán

7 Cazadores y recolectores de la Edad de Piedra y de Bronce dejaron evidencias en forma de grabados rupestres en las paredes de las cuevas de la región, que pese a haberse convertido en un abrupto caos de rocas, en la actualidad se encuentra protegida por la Unesco en el marco de la Reserva de Petroglifos de Gobustán. Unos 10 km al sur aparece un insólito conjunto de volcanes de lodo, pequeños montículos cónicos "geológicamente flatulentos" de los que mana barro frío y gris.

Cómo desplazarse

Avión Desde Bakú hay tres o cuatro vuelos semanales a Ganja, Lenkorán y Zakatala.

Autobús y microbús Llegan a todas partes, salvo a los pueblos más remotos.

Automóvil y taxi Los taxis de largo recorrido son sorprendentemente baratos, más aún si son compartidos. Para ir a los pueblos de montaña normalmente se necesita un todoterreno.

Tren Más lento y menos frecuente que el transporte por carretera, pero también más económico. La principal línea de ferrocarril de Asia central conecta Batumi, en Georgia, con Bakú vía Ganja.

Cayo Elbow, el Placer de los Roques (Cay Sal Bank).

CAPITAL
Nasáu

POBLACIÓN
319 031

ÁREA
13 880 km²

IDIOMA OFICIAL
Inglés

Bahamas

Esparcidas cual tesoro pirata por 160 000 km² de aguas color turquesa, el archipiélago de las Bahamas casi podría patentar la palabra "paraíso".

Moteada de tonos verde y plata como la paleta de un artista, Bahamas es un destino que invita a la exploración. Bastaría con preguntar a Cristóbal Colón, quien en 1492 topó con sus paisajes calizos y cambió el curso de la historia. Pero la aventura no terminó con la *Niña*, la *Pinta* y la *Santa María*. Desde corsarios y desertores hasta contrabandistas de ron, el país ha visto pasar durante siglos a toda clase de buscavidas por sus 700 islas y 2400 cayos.

¿Y qué cabría esperar? Se puede navegar por los cayos Loyalist en las históricas islas Ábaco, salir de marcha hasta el alba en el sofisticado Atlantis Resort de isla Paraíso, sumergirse en los inquietantes cenotes de isla Andros, explorar en kayak los 365 cayos de Exuma, olvidarse de todo en las playas de arena rosada de isla Eleuthera, reflexionar sobre los piratas en Nasáu... En Bahamas hay islas para todos los gustos, siempre realzadas por un cautivador telón de fondo azul.

Bahamas
Las mejores experiencias

Andros Reef

1 Frente a la costa oriental de Andros se encuentra la tercera barrera de coral más grande del mundo, un bosque multicolor de 225 km donde no faltan grutas de esponjas e inquietantes cavernas. Sus aguas albergan desde cardúmenes de peces loro, morenas manchadas y rayas águila hasta algún tiburón o tortuga marina. Los extraños cenotes o agujeros azules de la isla atraen a submarinistas expertos. En el extremo del arrecife, el fondo marino desciende vertiginosamente hasta los 2000 m en lo que se conoce como la Lengua del Océano; la inmersión a las profundidades de este abismo constituye una experiencia irrepetible.

Pink Sands Beach

2 Famosos como Mick Jagger, Elle Macpherson o Harrison Ford han sido 'cazados' retozando en la rutilante Pink Sands Beach de Harbour Island. Y quién no vendría a esta fantástica playa, de finísima arena rosada, que irradia un asombroso resplandor (resultante del coral pulverizado) ligeramente rosado de día y una fogosa intensidad rojiza al caer el sol. Para muchos es la playa más hermosa del mundo, y es difícil disentir de esta opinión. En caso de toparse con a una celebridad, solo hay que saludar, tal como hacen los lugareños, quienes muestran la misma amabilidad ante todo el mundo, ya sean estrellas o gente corriente.

Nasáu colonial

3 Muchos visitantes nunca se llegan a aventurar mucho más allá de las tiendas libres de impuestos de Bay St. Ellos se lo pierden, pues el centro de Nasáu es una joya colonial en tonos pastel con ornados edificios que recuerdan a una tarta de boda, fortalezas del s. XVIII con cañones y mazmorras, y decadentes cementerios donde yacen los restos de piratas y sus adversarios. Al asomarse a la ciudad desde lo alto del fuerte Fincastle casi se escuchan los bramidos de presos notorios como Barbanegra o Jack el Calicó. Varios museos de historia, además, ilustran el pasado de la capital y facilitan un estupendo plano con rutas para realizar a pie.

GREG JOHNSTON / GETTY IMAGES ©

Parque Nacional Lucayan

4 Conocido por su red de cuevas subterráneas (una de las mayores del mundo), este parque nacional de 16 Ha es el tesoro más preciado de Gran Bahama y permite acceder a dos de ellas mediante un atajo. La reserva también es única por albergar las seis zonas de vegetación de Bahamas. Varios senderos entre manglares recalan en la preciosa Gold Rock Beach, digna de visitarse.

Ermita del monte Alvernia

5 Posado sobre el punto más alto de Bahamas (apenas 60 m sobre el nivel del mar), en isla Cat (Gato), esta pequeña ermita es una imagen recurrente en muchas postales. Erigida por el padre Jerome, un reverendo y arquitecto nómada, parece una versión en miniatura de las iglesias medievales de su Inglaterra natal. La caminata hasta la cima es maravillosa, como las panorámicas que brinda.

si Bahamas tuviera 100 habitantes

85 serían negros
12 serían blancos
3 serían asiáticos o hispanos

grupos religiosos
(% de población)

35 Baptistas
15 Anglicanos
14 Católicos
8 Pentecostales
5 Iglesias de Dios
23 Otras religiones

Cuándo ir

TEMP. ALTA
(dic-feb)

➡ Se llena de turistas estadounidenses y europeos que huyen del invierno; los precios se disparan.

➡ Días soleados; temperaturas diurnas suaves y noches frescas.

TEMP. MEDIA
(mar-ago)

➡ Nasáu y Gran Bahama bullen en Semana Santa.

➡ La primavera es agradable y el verano, húmedo.

➡ Es temporada alta en lugares como Andros y Bimini, cuando aguarda la mejor pesca.

TEMP. BAJA
(sep-nov)

➡ Con la temporada de huracanes disminuyen la afluencia turística y los precios, pero también pueden formarse... ¡huracanes!

➡ Días agradables con chaparrones esporádicos.

población por km²

BAHAMAS   CUBA   ESPAÑA

≈ 35 personas

'Fish fry'

De Nasáu a las diminutas islas Out, la vida en Bahamas gira en torno al *fish fry*, un concepto que alude tanto a un lugar como a un acontecimiento. En su primer sentido se utiliza para referirse a un conjunto de coloristas chozas de madera situadas en pleno centro o junto al puerto de la isla. De día está vacío, pero al caer la noche cobra vida convirtiéndose en un mercado de comida al fresco donde se sirve marisco y pescado frito (caracoles, rodaballo, langosta…) acompañado de sustanciosas guarniciones como *peas 'n' rice*. Todo el mundo se cita en el *fish fry* para comer, beber, cuchichear y bailar, y por supuesto no faltan ni el vino casero ni los ritmos *rake 'n' scrape*. Es un híbrido de *picnic*, fiesta de barrio, patio de comidas y discoteca.

Comida y bebida

Boil fish Plato de desayuno a base de mero cocinado con lima, cebollas y patatas, generalmente servido con *johnnycake* (especie de pan plano de maíz).

Cócteles con ron Muy recomendables el Goombay Smash y el Bahama Mama.

Conch A la parrilla, frito, troceado en ensalada o preparado en buñuelos, este caracol marino de textura parecida a la del calamar es un ingrediente omnipresente en la cocina bahameña.

Guava duff Masa hervida rellena de pasta de guayaba y rociada con ron o cubierta con una crema.

Langosta espinosa del Caribe Endémica de Bahamas, suele servirse salteada con cebolla y pimienta.

Peas 'n' rice El plato por excelencia: arroz y alubias rojas.

Souse Espeso guiso a base de cordero, cabeza de oveja, pata de cerdo y otras carnes sobrantes.

Kayak marino entre manglares, islas Bimini.

Islas Bimini

6 De gran y merecida fama, su proximidad a la corriente del Golfo las convierte en un sitio de primer orden para la pesca de altura, frecuentadas desde principios del s. XX por pesos pesados como Ernest Hemingway y Howard Hughes. Durante la Ley Seca fue un centro de contrabando de ron que proveía a Florida, apenas 85 km al oeste. La mezcla de pescadores aguerridos y contrabandistas confirió a Bimini cierto aire canallesco que aún conserva.

Diversión en el Atlantis

7 Si Disneyland, Las Vegas y Sea World son los reyes mundiales del entretenimiento, el colosal Atlantis Paradise Island es su príncipe heredero, algo caro pero irresistible. Abierto los 365 días del año, uno puede deslizarse por toboganes de 60 m de largo en su parque acuático, explorar reproducciones de ruinas arqueológicas, comer caracoles marinos en un restaurante de *sushi* o probar fortuna en su descomunal casino, entre otras muchas cosas.

Cómo desplazarse

Avión Los vuelos entre islas constituyen el único medio rápido y práctico para viajar dentro del archipiélago; los isleños toman aviones como si de un autobús se tratara.

Barco La única compañía de ferris con presencia a nivel nacional es Bahamas Ferries (www.bahamasferries.com), con un servicio rápido que conecta Nasáu, Andros, las Ábacos, Eleuthera y las Exumas. Otras opciones son los barcos correo y los taxis acuáticos.

Autobús En Nasáu y Freeport hay multitud de *jitneys* (microbuses privados) que cuentan con permiso para cubrir ciertas rutas. Apenas hay transporte público en las islas Out.

Taxi Nasáu y Freeport no andan escasas de taxis con licencia, siendo también el principal medio de transporte en las islas Out.

Mezquita Al-Fatih, Manama.

CAPITAL
Manama

POBLACIÓN
1,3 millones

ÁREA
760 km²

IDIOMA OFICIAL
Árabe

Bahréin

Este diminuto estado insular es el país árabe más pequeño del mundo y uno de los de ambiente más distendido del golfo Pérsico.

Bahréin no se revela al viajero a la primera de cambio, pero vale la pena tomarse la molestia de descubrirlo. Desde el excelente Museo Nacional de Manama hasta los extraordinarios túmulos funerarios de Sar, son muchos los atractivos que merecen una visita.

Definido por su largo idilio con el mar, Bahréin (nombre que significa "dos mares") no orienta la mirada hacia su escueta masa terrestre, sino hacia las aguas poco profundas que acarician sus orillas. Los pozos artesianos que manan junto a la costa ayu-

daron a forjar unos 4000 años de civilización, cuyos vestigios pueden admirarse en ricos yacimientos arqueológicos repartidos por la isla. Los acuíferos también favorecieron el cultivo de perlas, una actividad que generó las primeras fortunas de la isla.

Buena parte de la riqueza actual de Manama, ilustrada por grandiosos proyectos de construcción, se alza orgullosa en terrenos ganados al mar. Ahora bien, si se repara en los potenciales efectos del calentamiento global, cabría pensar que el mar aún no ha dicho su última palabra.

GOLFO PÉRSICO

Isla Muharraq
Muharraq
Karbabad   **2**   **1**   Al-Hidd
Al-Budaiya
Isla   **MANAMA**   ★   **3**
Jiddah   Sar   Bahía
Al-Janabiya   Tubli   Mina Sulman
Calzada del Rey Fahd   A'Ali   **Isa**   **Sitra**
Al-Jasra   **Town**
Umm   **Riffa**
al-Na'san   Hamad   Islas Dar
Awali
Al-Zallaq   'Askar
Jebel
ad-Dukhan
Ad-Dur
Al-Mamtalah   Ar-Rumaytha
Rubud al-Sharqiyah
Rubud al-Gharbiyah
Islas
Golfo de   Hawar
Bahréin   Suwad al-Janubiyah
Jazirat   Rabad al-Gharbiyah
Hawar
QATAR
N   0   10 km

Bahréin
Las mejores experiencias

Museo Nacional de Bahréin

1   Alojado en un sofisticado edificio posmoderno con enormes ventanales que asoman al frente marítimo de Manama, este museo exhibe hallazgos arqueológicos de la antigua Dilmun, que incluyen preciosas cuentas de ágata y cornalina y urnas funerarias de barro cocido.

Fuerte de Bahréin

2   Construido en el s. XVI por los portugueses como parte de un conjunto de defensas a lo largo del golfo Pérsico, este fuerte con foso luce particularmente atractivo de noche, cuando su historia parece revivir en las excavaciones y flotar entre la iluminación de los focos.

Mezquita Al-Fatih

3   Para conocer el islam más a fondo, no hay como acercarse a esta soberbia mezquita y ponerse en manos de sus estupendos guías. Erigida en terreno ganado al mar en 1984, se trata del edificio más grande del país, con capacidad para 7000 fieles. Está construida con mármol de Carrara, cristal de Austria y teca de la India; muestra grabados realizados por artesanos locales y exhibe un extraordinario diseño interior.

Cuándo ir

NOV-MAR

➡ Momento ideal para visitar el golfo Pérsico, con temperaturas razonables y cielos despejados.

ABR

➡ Desembarca el Gran Premio de Fórmula Uno.

ABR

➡ El Festival del Patrimonio, celebrado cada año, propone danzas tradicionales.

Comida y bebida

Khabees Dátiles de diferentes tamaños, colores y estados de madurez.

Makbus Arroz con pollo, cordero o pescado especiado en salsa.

Rangena Tarta de coco.

CAPITAL
Dhaka

POBLACIÓN
163,7 millones

ÁREA
143 998 km²

IDIOMA OFICIAL
Bengalí

Bangladés

Deliciosamente verde pese a su desbordante población, Bangladés es una maravilla rural repleta de vías fluviales, salpicada de pueblos y rebosante de humanidad.

Los bangladesíes son conocidos por su amabilidad, y el viajero disfrutará de una cálida acogida allá donde vaya. El turismo está aún en pañales y ver extranjeros fuera de Dhaka sigue siendo poco habitual. Quienes gusten de hacer amistades, mezclarse con los lugareños y viajar por un país sin ver demasiadas caras foráneas, seguramente se encontrarán en su elemento en Bangladés.

Más de 700 ríos surcan este pequeño país forjando un exuberante paisaje con más tonalidades de verde de las que uno pudiera imaginar. En Bangladés hay casi tantos kilómetros de ríos como de carreteras: viajar en barco constituye un modo de vida y brinda una excelente oportunidad para ver el país desde un ángulo atípico; por eso, aunque se vaya sin rumbo fijo, desplazarse en barco sin duda se convertirá en uno de los hitos del viaje. Bangladés no es un destino al uso, sino un lugar para desacelerar, relajarse y descubrir nuevas ideas y estilos de vida.

Bangladés

Las mejores experiencias

Travesías fluviales

1 Los ríos son el alma de Bangladés: más de 700 de ellos surcan el país, y deslizarse por sus aguas es una experiencia única. Desde ferris que cruzan ríos y chirriantes barcos de vapor a paletas hasta veleros tradicionales de madera y humildes barcas de remos (en Dhaka no hay que perderse el cruce del río Buriganga desde el puerto principal de ferris de Sadarghat), se dice que Bangladés es el país con más tipos de embarcaciones del mundo. Así, tanto si apetece una aventura de varios días hacia el interior del campo o simplemente una travesía rápida por la ciudad, es obligado dirigirse a un *ghat* (denominación que recibe el graderío que conduce hasta un río) y disfrutar de la experiencia.

Tigres en el Parque Nacional Sundarbans

2 El denso bosque de manglar que cubre el Parque Nacional de Sundarbans, en el extremo suroccidental del país, alberga la mayor población de tigres de Bengala del mundo. Alrededor de 400 ejemplares viven en libertad en el parque, por lo que salir en barco tras sus huellas es uno de los mayores atractivos de Bangladés. Es posible internarse en la jungla en una excursión de un día por cuenta propia desde Mongla, al norte del área protegida, pero para una verdadera aventura y para tener más posibilidades de ver un tigre, lo más recomendable es apuntarse a un viaje en barco de cuatro días desde Khulna.

Ciclismo en Srimangal

3 Buena parte del país presenta un terreno perfecto para recorrer en bicicleta, pero solo resulta fácil alquilarlas en Srimangal, considerada la capital nacional del té. Aquí, el paisaje es el sueño de cualquier ciclista relajado: lo bastante empinado como para ser divertido pero lo suficientemente moderado para no desfondarse. Se pueden visitar lagos, pueblos y bosques, todo ello aderezado por las colinas ondulantes de las plantaciones de té de los alrededores.

Senderismo sin multitudes

4 Las regiones orientales de Sylhet y Chittagong albergan colinas boscosas y montes escarpados que ofrecen buenas oportunidades de senderismo. Hay caminatas sencillas de un día entero con inicio en lugares como Srimangal. Pero para salirse de lo habitual, lo indicado es instalarse en Bandarban, buscar un buen guía y poner rumbo a alguno de los frondosos picos de Chittagong Hill Tracts.

Vieja Dhaka

5 Si bien puede abrumar, hay quienes aseguran que el asalto sensorial (léase el caos monumental) de las callejuelas de la vieja Dhaka es el principal reclamo de la capital de Bangladés. Incluso los más avezados quedan estupefactos ante el tráfico descontrolado y el ruido y el tumulto ininterrumpidos que caracterizan la ciudad. Eso sí, la comida es fabulosa, la historia, fascinante y el impacto de su gente, inolvidable.

si Bangladés tuviera 100 habitantes

33 tendrían entre 0-14 años
19 tendrían entre 15-24 años
38 tendrían entre 25-54 años
5 tendrían entre 55-64 años
5 tendrían más de 65 años

grupos religiosos
(% de población)

9 Hindúes

89 Musulmanes

1 Budistas

1 Otras religiones

población por km²

Cuándo ir

TEMP. ALTA
(oct-mar)

➡ Temperaturas más frescas, casi frías en enero y febrero.

➡ Amainan las lluvias después del monzón; precipitaciones puntuales en octubre.

➡ En ocasiones se inflan los precios en el Cox's Bazar.

TEMP. MEDIA
(abr-may)

➡ Temperaturas tórridas, ya sin el frescor de las lluvias monzónicas.

➡ Comienza la recolección de miel; en los Sundarbans es posible ayudar a los apicultores.

➡ Los mangos empiezan a madurar en mayo.

TEMP. BAJA
(jun-sep)

➡ El monzón desbarata cualquier plan y buena parte del país queda anegado.

➡ Temperaturas calurosas, si bien las lluvias refrescan el ambiente.

➡ Arranca la cosecha del té en Sylhet.

BANGLADÉS INDIA ESPAÑA

🚶 ≈ 30 personas

El arte de los 'rickshaw'

Una de las imágenes que más llaman la atención de los viajeros al llegar a Bangladés son las vistosas bici-*rickshaw*, un medio de transporte barato con verdadera vocación artística. Sus creadores se afanan por reflejar la máxima pasión y color posibles, plasmando imágenes sencillas a la par que memorables. Es una modalidad de arte callejero popular en esencia, pero no por ello deja de ser decididamente comercial.

La temática abarca escenas rurales idealizadas, metrópolis prósperas, hermosos paisajes naturales y lujosas casas de ensueño; sin embargo, los diseños más recurrentes representan a estrellas del cine y el *pop* indias y bangladesíes.

Comida y bebida

Los ardientes curris y los delicados *biryanis* harán las delicias del viajero durante su periplo. Los bengalíes (tanto de Bangladés como de Bengala Occidental, en la India) consideran su cocina la más refinada del subcontinente, y aunque haya quienes discrepen, lo que es innegable es que los dulces locales saben a gloria.

La típica comida bangladesí se compone de un curri de verduras y ternera, cordero, pollo, pescado o huevo, cocinado en salsa picante con especias y aceite de mostaza y servido con *dhal* (lentejas amarillas) y arroz solo.

Hervido, ahumado o frito, el pescado (normalmente sábalo o barramundi) es el plato nacional por excelencia y, según dicen, puede prepararse de unas 50 maneras distintas.

Mansión Painam Nagar, Sonargaon.

A bordo del 'Rocket'

6 Botado hace casi un siglo, el clásico barco de vapor a paletas bangladesí tal vez no sea la embarcación más veloz del país, pero cada año que pasa adquiere más encanto. Hoy en día se conservan en el territorio bangladesí cuatro *"rockets"* (todos construidos a principios del s. XX), y aunque ya no cubren la ruta Dhaka-Khulna, siguen ofreciendo largas travesías nocturnas. Basta con reservar un camarote, ponerse cómodo y contemplar el panorama.

Tesoros escondidos

7 Mientras que otros países de la región disfrutan de atractivos de fama mundial, las estupendas joyas de Bangladés son menos conocidas, y solo dar con ellas es parte de la diversión. Tanto si se trata de las ruinas del monasterio de Paharpur, las dilapidadas mansiones centenarias de Sonargaon o las dispersas ruinas de Sona Masjid (Gaud), planear una excursión a alguno de estos tesoros escondidos es en buena medida lo que hace que visitar Bangladés sea una aventura.

Cómo desplazarse

Barco Medio de transporte muy utilizado; no en vano, el país cuenta con 8433 km de vías fluviales navegables. Conviene recabar información sobre los ferris públicos si se visita una población con *ghat* junto al río.

Autobús Los autobuses locales son baratos y muy prácticos. Hay servicios frecuentes a las poblaciones principales y no es preciso reservar plaza con antelación. Lo malo es la incomodidad y las carencias en materia de seguridad. Los servicios privados ofrecen mayor confort.

Automóvil Un vehículo propio permite moverse rápida y fácilmente con total libertad, pero de algún modo implica aislarse de Bangladés y es más caro que el transporte público. La conducción exige nervios de acero y armarse de paciencia.

Playa de Bathsheba.

CAPITAL	Bridgetown
POBLACIÓN	288 725
ÁREA	430 km²
IDIOMA OFICIAL	Inglés

Barbados

Desde cabalgar olas hasta sumergirse en arrecifes coralinos, en Barbados nunca es fácil quedarse en tierra firme. Pero si esto ocurriera, pocas cosas superan una caminata por el denso interior.

Barbados está rodeada de playas de arena blanca bañadas por aguas azul celeste que avivan las fantasías de quienes tiritan en climas menos benévolos.

Las opciones de alojamiento abundan, sobre todo en las populares costas sur y oeste. Sin embargo, es en el resto de la isla donde reside su verdadero encanto: un exuberante paisaje encajonado entre colinas onduladas salpicadas de fascinantes vestigios de la época colonial, enormes casas de plantaciones que evocan las riquezas de los colonos europeos, y jardines botánicos de belleza superlativa gracias a las óptimas condiciones climáticas.

Azotada por el Atlántico, la salvaje costa este es legendaria para los amantes del *surf*. Y quienes busquen acción también encontrarán *windsurf*, senderismo, submarinismo y mucho más. Ajena al oropel, Barbados sigue siendo un lugar civilizado (con un índice de alfabetización del 98%) que se mueve al son del calipso y deleita con su ambiente isleño y su ron de fama mundial.

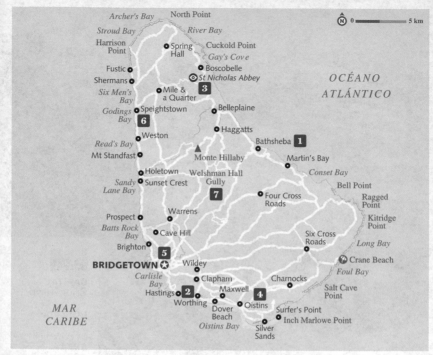

North Point

Archer's Bay
Stroud Bay
River Bay
Harrison Point
Spring Hall · Cuckold Point
Gay's Cove
Fustic ○ · Boscobelle
Shermans ○ · St Nicholas Abbey · **3**
Six Men's Bay
Mile & a Quarter
Godings Bay · Speightstown · Belleplaine
6
Weston · Haggatts
Read's Bay
Mt Standfast ○ · Bathsheba · **1**
Monte Hillaby
Martin's Bay
Holetown · Welshman Hall Gully · Conset Bay
Sandy Lane Bay · Sunset Crest · Bell Point
7 · Four Cross Roads · Ragged Point
Prospect ○ · Warrens · Kitridge Point
Batts Rock Bay · Cave Hill · Six Cross Roads · Long Bay
Brighton · **5** · Crane Beach
BRIDGETOWN · Wildey · Foul Bay
Carlisle Bay · Clapham · Charnocks · Salt Cave Point
Hastings · **2** · Maxwell · **4**
Worthing · Dover Beach · Oistins · Surfer's Point
Oistins Bay · Inch Marlowe Point
Silver Sands

OCÉANO ATLÁNTICO

MAR CARIBE

N 0 ▬▬▬ 5 km

Barbados
Las mejores experiencias

Hacer 'surf' en el Soup Bowl

1 El famoso rompiente de Soup Bowl, uno de los mejores del Caribe, se halla junto a la playa del norte de Bathsheba. Puede que la región no destaque por sus grandes olas, pero que nadie se lleve a engaño: Soup Bowl es espeluznante y encima tiene un arrecife a poca profundidad cubierto de erizos. La ola, poderosa y de derecha, cuenta con tres zonas de arranque que pueden enlazarse si se es lo bastante rápido. Los mejores meses suelen ser de agosto a marzo, siendo de marzo a mayo para principiantes y de septiembre a noviembre para los más curtidos, coincidiendo con la temporada de huracanes y la llegada de los frentes fríos. El surfista profesional Kelly Slater le otorga un +9 en una escala de 1 a 10.

Accra Beach

2 He aquí la clásica playa en forma de media luna de postal que uno sentirá la necesidad de inmortalizar y publicar en Facebook inmediatamente para desdicha de quienes se han quedado en casa. Respaldada por árboles tupidos, ofrece buen *surf*, pero nada del otro mundo. Una nueva pasarela permite caminar hacia el oeste durante más de 3 km hasta Hastings. Es obligado tomar algo en el Champers, todo un clásico en una envidiable ubicación junto al agua con vistas de la playa.

St Nicholas Abbey

3 Es una de las casas de plantaciones más antiguas del Caribe y una parada obligatoria en cualquier visita a la isla. Tras una exhaustiva renovación, el recinto luce de maravilla, con gallinas de Guinea entre las flores. Por dentro, su aspecto de mansión del s. XVII está muy logrado, hasta en el mobiliario. Además, se ha recuperado un viejo motor a vapor y ahora la plantación ha vuelto a embotellar su propio ron y su melaza, que pueden degustarse acompañados de un tentempié en su tranquilo café. Asimismo, no hay que perderse la truculenta historia de los fundadores de la plantación: ¡asesinatos, intriga y sexo!

El 'fish fry' de Oistins

4 La ineludible cita social semanal de la isla es una de las mayores fiestas del Caribe, aderezada con *soca* (una electrizante variante del calipso), *reggae*, *pop* y música *country*, además de puestos de pescado a la parrilla y ron a raudales. Celebrado en un coqueto recinto de puestos en plena playa, junto al mercado de pescado de Oistins, acuden tanto lugareños (60%) como turistas (40%) y cada viernes por la noche se impregna de un ambiente alegre y frenético, algo más divertido que en la edición de los sábados. Solo hay que pedir una cerveza Banks bien fría y disfrutar. La comida se sirve de 18.00 a 22.30.

Críquet en Kensington Oval

5 El críquet es más que un deporte nacional, es una obsesión; y Barbados presume de más jugadores de categoría mundial per cápita que ningún otro país. El barbadense sir Garfield Sobers, toda una leyenda del críquet, fue nombrado caballero por la reina Isabel II durante su visita al país en 1975, mientras que sir Frank Worrell, otro mítico exjugador, aparece en el anverso del billete de 5 BBD. Una marea de barbadenses y antillanos asiste a los partidos de talla mundial disputados en el estadio de Kensington Oval en Garrison, cerca de Bridgetown; asimismo se improvisan encuentros en la playa y en campos de hierba.

si Barbados tuviera 100 habitantes

93 serían negros
3 serían blancos
3 serían mulatos
1 sería indonesio

grupos religiosos
(% de población)

63 | 5
Protestantes | Católicos

7 | 25
Otros cristianos | Otras religiones

Cuándo ir

DIC-ABR

➡ La temporada alta coincide con el frío invernal del hemisferio norte.

➡ Precios más altos.

MAY-JUN Y NOV

➡ La temporada media ofrece la mejor combinación de precios y tiempo.

JUL-OCT

➡ La temporada de huracanes trae lluvias pero no siempre huracanes.

➡ Ideal para *surf*.

población por km²

BARBADOS | EE UU | ESPAÑA

† ≈ 15 personas

Cultura barbadense

La cultura autóctona comparte varias costumbres propias del estilo de vida inglés: el críquet, el polo y las carreras de caballos son pasatiempos populares; los negocios se afrontan de manera organizada; los jardines están cuidados con mimo; las señoras mayores suelen llevar sombreritos remilgados; y cualquier acto especial se desarrolla con bastante pompa y fastuosidad.

Ahora bien, si se explora con más detalle se observará que en Barbados está muy arraigada la tradición afrocaribeña. La vida familiar, el arte, la comida, la música, la arquitectura, la religión y la vestimenta tienen más en común con las cercanas islas de Barlovento que con Londres.

Comida y bebida

Bananas Las variedades autóctonas lucen verdes aun estando maduras.

Banks Nada supera a la refrescante cerveza rubia local tras un día de playa.

Conkies Tamal de harina de maíz, coco, calabaza, batata, pasas y especias envuelto en una hoja de banano.

Cou-cou Cremoso puré de harina de maíz y quimbombó.

Cutters Sándwich de carne o pescado en una hoja de banano.

Fish cakes Buñuelos de bacalao, preparados de mil y una maneras.

Jug-jug Plato a base de harina de maíz, guisantes y carne en salazón.

Pez volador Delicioso pescado blanco rebozado y frito que se sirve en sándwiches por doquier.

Ron barbadense De los más apreciados del Caribe; Mount Gay es la marca líder.

Roti Pan plano relleno de curri.

Speightstown

6 El que quizá sea el pueblo más evocador de la isla aúna el antiguo encanto colonial y un toque más tosco que los sitios infinitamente más lujosos del sur. Aligerado de tráfico desde que la carretera principal se desviara al este, invita a pasear sin prisas y a entretenerse contemplando las maltrechas fachadas de madera, muchas con galerías altas. La radiante Arlington House, construida en estuco blanco, es una casa colonial del s. xviii con un interesante museo gestionado por el National Trust.

Welchman Hall Gully

7 Por esta frondosa quebrada discurre un sendero que permite observar casi 200 especies de plantas, entre ellas especias tan valiosas como la nuez moscada. Tradicionalmente difíciles de cultivar, estos terrenos han conservado algunos de los bosques tropicales que antaño cubrían la isla. No hay que perderse los ficus con raíces aéreas a los que esta tierra debe su antiguo nombre en portugués, Os Barbados ("los barbudos").

Cómo desplazarse

Bicicleta De pendientes moderadas (salvo en zonas del este), Barbados ofrece buenas oportunidades de pedaleo para los más osados; eso sí, casi todas las carreteras son estrechas, por lo que el tráfico es una lata en el oeste y en el sur.

Autobús Llegan a casi toda la isla y los hay de tres tipos: los autobuses públicos estatales son grandes y azules con una franja amarilla; los microbuses privados, de tamaño intermedio, son amarillos con una franja azul; y los autobuses-taxi son furgonetas particulares blancas con el código "ZR" en la matrícula. Todos cobran la misma tarifa.

Taxi Son reconocibles por el código "Z" y, por lo general, el letrero en lo alto. Es fácil encontrarlos y suelen esperar en zonas turísticas.

Grand Place, Bruselas.

CAPITAL	Bruselas
POBLACIÓN	10,4 millones
ÁREA	30 528 km^2
IDIOMAS OFICIALES	Neerlandés, francés y alemán

Bélgica

*Histórica y deliciosa, llamativa pero discreta, chistosa y políglota…
Así es Bélgica, un pequeño país lleno de grandes sorpresas.*

Los estereotipos en cuanto a los cómics, las patatas fritas y el chocolate no son más que el preámbulo a la excéntrica Bélgica, cuyo autocrítico pueblo ha producido silenciosamente durante siglos algunas de las obras cumbre del arte y la arquitectura europeas. Dinámica pero agradable, la bilingüe Bruselas no solo destaca por ser la capital de la UE, sino también por albergar la que quizá sea la plaza más bella del mundo. La llana Flandes, de habla neerlandesa, alberga muchas otras ciudades medievales seductoras.

En la ondulada región francófona de Valonia, los atractivos ponen el contrapunto rural: pueblos con castillos, actividades al aire libre y redes de cuevas.

Los belgas son maestros en la producción de bocados típicos, incluidos algunos de los chocolates más tentadores del mundo. Los mejillones al vino se sirven con crujientes *frites* (patatas fritas). No hay que olvidarse de la cerveza, cuya elaboración es casi un arte místico, como atestiguan los monasterios donde aún se producen extraordinarias variedades.

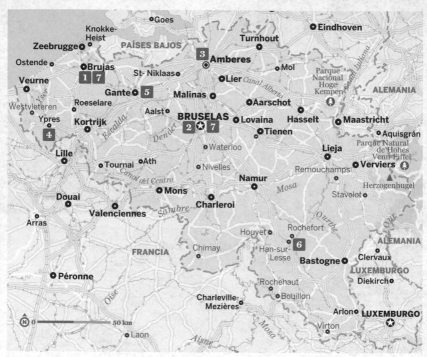

Bélgica
Las mejores experiencias

Brujas

1 Callejas adoquinadas, canales de ensueño, imponentes agujas y antiguos hospicios encalados se combinan para convertir el centro de Brujas (Brugge en flamenco) en uno de los cascos históricos más fotogénicos de Europa. Lo malo es que no es ningún secreto, por lo que suele estar atestado. Se recomienda visitarlo entre semana en febrero, cuando se vacía en buena medida, o bien huir de las multitudes refugiándose en alguno de sus fascinantes museos de arte, entre los que despunta el Groeningemuseum, que relata la historia del arte belga y contiene una excelente colección de los "primitivos flamencos".

Grand Place, Bruselas

2 La majestuosa Grand Place es uno de los conjuntos arquitectónicos urbanos más inolvidables del mundo. Curiosamente escondida, solo se revela al acceder por alguna de las seis angostas callejuelas que irradia. El reclamo principal es el formidable edificio del Ayuntamiento, del s. XV, engalanado con agujas, aunque cada una de las fabulosas estructuras colindantes tiene su propio encanto. El empedrado data del s. XII, cuando la plaza servía de mercado. Hoy sigue albergando un mercado de flores, los puestos navideños de rigor, conciertos y –cada dos años– una espectacular 'alfombra' de pétalos.

Arte y moda en Amberes

3 Cosmopolita y segura de sí misma, Amberes es una ciudad que lo tiene todo. Su perfil aún está dominado por uno de los campanarios más espléndidos de la región y casas museo medievales custodian las obras de su vecino más ilustre en el s. XVII, Peter Paul Rubens. Hoy, tanto amantes del arte y magnates de la moda como reinas de la noche y comerciantes de diamantes, acuden atraídos por sus vanguardistas museos, su palpitante vida nocturna y su reputación como una de las capitales europeas de la alta costura. ¿Acaso hay alguna otra ciudad que concentre tantas *boutiques* de diseño?

3

MAS (Museum aan de Stroom), Amberes.

La campiña flamenca

4 Durante gran parte del s. XX la campiña flamenca no fue sinónimo de cultivo de patatas y lúpulo, sino de amapolas y muerte tras los horrores de la I Guerra Mundial. Los alrededores de Ypres están salpicados de inmaculados camposantos custodiados por silenciosas cruces blancas dispuestas en hileras que no parecen tener fin. Los museos cada vez explican mejor el contexto de la contienda y las condiciones en que se desarrolló.

Gante

5 Muy indicada para quienes adoren el encanto medieval de Brujas pero busquen algo más original, Gante es uno de los tesoros secretos de Flandes. Más tosca y desprovista del barullo turístico de Brujas, augura pintorescos canales, torres medievales, fantásticos cafés y algunos de los museos más evocadores del país. Posee, una animada población estudiantil y, aunque es lo bastante pequeña como para ser acogedora, es suficientemente grande para que resulte vibrante.

si Bélgica tuviera 100 habitantes

60 hablarían neerlandés
39 hablarían frantés
1 hablaría alemán

grupos religiosos
(% de población)

75   25

Católicos   Otras religiones

población por km²

BÉLGICA   LUXEMBURGO   ESPAÑA

⬤ ≈ 30 personas

Cuándo ir

TEMP. ALTA
(jul y ago)

➡ Temperaturas cálidas, con gran oferta de actividades al aire libre y festivales.

➡ Hoteles a rebosar en las Ardenas, Brujas y poblaciones costeras; tarifas más bajas en Bruselas.

TEMP. MEDIA
(may, jun, sep)

➡ Tiempo agradable.

➡ Menos gentío y precios algo más económicos, si bien abren casi todos los sitios turísticos.

➡ Vuelven los embotellamientos en hora punta.

TEMP. BAJA
(nov, feb, mar)

➡ Impera el tiempo frío y lluvioso.

➡ Hoteles más baratos; algunas atracciones cierran.

➡ Coincidiendo con la Cuaresma se celebran numerosos carnavales.

Cultura del cómic

Los belgas sienten devoción por los cómics, a los que consideran el "noveno arte". Tintín es el gran icono del cómic belga, en cuyas aventuras participa un entrañable y divertido elenco de inadaptados, incluidos su perro Milú, el irascible capitán Haddock y el atolondrado profesor Tornasol.

Pese a haber recibido algunas críticas por caer en estereotipos raciales, los cómics de Tintín se han traducido a más de 50 idiomas y cada año se venden más de dos millones de ejemplares. Y eso tras más de dos décadas desde la muerte de su creador, Georges Remi, cuyo seudónimo, Hergé, resulta de la pronunciación en francés de las iniciales de su nombre invertidas, RG.

Comida y bebida

Chicons au gratin Endivias envueltas en jamón y horneadas con queso o salsa bechamel.

Chocolates Se impone probar los pralinés y los cremosos *manons*.

Filet Américain Es decir, *tartar* de ternera servido con una yema de huevo.

Mosselen/moules Mejillones, generalmente cocinados en vino blanco y servidos con una pila de *frites*.

Paling in 't groen Anguila en salsa de acedera o espinaca.

Stoemp Todo un clásico de la cocina casera: puré de patatas y verduras.

Vlaamse stoverij/carbonade flamande Estofado de ternera a la cerveza, con un toque dulce.

Waterzooi Estofado de pollo o pescado en salsa a base de crema de leche.

Cuevas de las Ardenas

6 No hay que ser espeleólogo para explorar algunas de las redes de cuevas más impresionantes del norte de Europa, incluidas estas, bajo la ondulada campiña de las Ardenas belgas. La más conocida, en Han-sur-Lesse, comienza con un trayecto en tren, mientras que en las de Remouchamps se surca un río subterráneo. Una vez ahítos de cuevas, lo indicado es disfrutar del kayak en la región circundante, entre bonitos valles tachonados de aldeas de piedra gris y más castillos.

La cerveza belga

7 En Bélgica pedir una cerveza en un *pub* implica rastrear una carta que puede comprender hasta 200 variedades. Y por increíble que parezca, cada una de ellas se sirve en su propia copa. Marcas como Hoegaarden, Leffe y Stella Artois han introducido la cerveza belga en bares de todo el orbe. Muchas cerveceras programan visitas en grupo, aunque también es posible acercarse a De Halve Maan, en Brujas, así como a la entrañable Cantillon de Bruselas, donde se elaboran *lambic*.

Cómo desplazarse

Bicicleta Flandes es ideal para moverse en bicicleta, no tanto la caótica Bruselas ni la ondulada Valonia.

Autobús Con mayor frecuencia los días de colegio, algo menos los sábados y en ocasiones inexistentes los domingos.

Automóvil En Brujas, Gante, Amberes y Bruselas se pasa más tiempo tratando de encontrar aparcamiento que conduciendo. En cambio, explorar las zonas rurales con vehículo propio transformará por completo la experiencia.

Tren Bélgica posee una extensa red de ferrocarriles, con servicios más regulares en Flandes que en Valonia, más rural. Belgian Rail ofrece paquetes con descuento ("B-Excursions") a destinos turísticos.

Jaguar.

Belice

Con un pie en las junglas de Centroamérica y el otro en el Caribe, Belice combina como ningún país lo mejor de los dos mundos.

Encajado entre países hispanohablantes centroamericanos y el mar Caribe (al que pertenece geográfica y culturalmente), la nación más joven de la región baila a su propio ritmo. Sus 385 km de litoral e incontables islas son ideales para nadar y disfrutar de la playa, y su arrecife de coral (el más grande del hemisferio norte) es un paraíso submarino.

Sus selvas encierran antiguos monumentos –erigidos en la época en que Belice formaba una pequeña parte del Imperio maya– con una estupenda oferta para los más intrépidos. Culturalmente hablando es un país con una diversidad sorprendente: pese a tener el inglés como lengua oficial, cabe esperar oír hablar español, criollo, garífuna, maya e incluso un poco de cantonés y alemán menonita.

Así, aunque Belice se cuenta entre los destinos más caros de Centroamérica, es innegable que ofrece una cocina, una diversidad y una cultura que hacen que valga la pena el desembolso. ¿Qué más se puede pedir?

CAPITAL
Belmopán

POBLACIÓN
334 297

ÁREA
22 966 km²

IDIOMA OFICIAL
Inglés

N 0 _____ 40 km

MÉXICO

Sergio Butrón Casas

Santa Elena

Chetumal

Corozal

Bahía de Chetumal

MÉXICO

San Pablo

Sarteneja

Shipstern

San Esteban

Orange Walk

7

Cayo Ambergris

La Unión

Indian Church

Crooked Tree

Maskall

San Pedro

Shark Ray Alley

3

4 Cayo Caulker

Bermudian Landing

Ladyville

Islas Turneffe

Rancho Dolores

Hattieville

Ciudad de Belice

Monumento Natural Blue Hole

2

La Democracia

San Ignacio (Cayo)

BELMOPÁN

Gales Point Manatee

Arrecife Lighthouse

Benque Viejo del Carmen

Hummingbird Hwy

5

Douglas da Silva

Dangriga

Hopkins

6

Cayo Tabaco

Caracol

8

Maya Centre

Sittee River

Cayo South Water

Arrecife Glover

1

Pico Victoria (1128 m)

Red Bank

Seine Bight

Independence

Placencia

Cayo Lark

San Miguel

Monkey River

MAR CARIBE

Cayos Sapodilla

San Antonio

San Felipe

Pueblo Viejo

Punta Gorda

Cayo Hunting

Barranco

Bahía de Amatique

Golfo de Honduras

Puerto Cortés

Modesto Méndez

Lívingston

HONDURAS

Puerto Barrios

Cuyamel

GUATEMALA

Morales

Río Bravo

Barrera del Arrecife

Belice
Las mejores experiencias

Kayak en el arrecife Glover

1 Cual collar de perlas, este deslumbrante atolón se compone de media docena de islotes bañados por interminables aguas azules. Su extraordinaria ubicación, encaramado en una cadena montañosa sumergida en el borde de la plataforma continental, lo convierte en un lugar fantástico para darle al kayak entre las islas o por las aguas poco profundas de la laguna central. A bordo de un kayak se podrán ver rayas jaspeadas, rayas de espina, tortugas y un sinfín de peces tropicales.

Submarinismo en el Blue Hole

2 Las paredes verticales del Monumento Natural Blue Hole (Gran Agujero Azul) descienden a más de 120 m hacia el fondo del océano. Pese a estar cubierto hasta la mitad de sedimentos y detritos, es tan profundo que logra crear una perfecta circunferencia de espectacular azul intenso visible desde el cielo. Su interior alberga un denso bosque de estalactitas y estalagmitas, y un grupo de tiburones de arrecife –sumado a multitud de esponjas e invertebrados– acompañarán a los submarinistas.

Buceo con tubo en Shark Ray Alley

3 Antiguamente, los pescadores locales se reunían aquí para limpiar la captura y sus descartes atraían a voraces tiburones nodriza y rayas de espina, que desde entonces se han acostumbrado a los barcos y, ahora, también a los buceadores con tubo. Shark Ray Alley es el enclave de buceo preferido de la Reserva Marina de Hol Chan, un espacio protegido de la Barrera del Arrecife de Belice donde prolifera una asombrosa diversidad de corales y otras especies marinas.

Cayo Caulker

4 Casi siempre sopla una enérgica brisa que crea las condiciones óptimas para deslizarse por el agua, ya sea a bordo de un velero o de una tabla de *windsurf* o *kiteboard*. El segundo arrecife más grande del mundo, apenas a unos kilómetros de la costa, atrae a buceadores y submarinistas que retozan entre la vida marina, y los ricos manglares

invitan a la exploración en kayak. La actividad reina en Cayo Caulker sigue siendo tumbarse en una hamaca libro en mano mientras se saborea un zumo de frutas recién exprimido. ¡Eso es vida!

Hummingbird Highway

5 Quizá el tramo de carretera más hermoso de Belice, la Hummingbird Highway ("carretera del ruiseñor") ofrece vistas sin parangón de los montes Mayas en su tortuoso discurrir por junglas, huertos y aldeas. En dirección suroeste desde Belmopán, la ruta avanza durante 79 km hasta el desvío a la Southern Highway y a Dangriga. También propone muchos motivos para hacer un alto durante unas horas, como explorar la cueva de St Herman, recorrer un sendero circular por la selva o darse un chapuzón en las aguas cristalinas del Blue Hole. Quienes prefieran darse una ducha con vistas encontrarán la cascada Barquedier carretera abajo.

Hopkins

6 A medio camino entre el trajín de Dangriga y el ambiente turístico de Placencia, Hopkins es un apacible y sencillo pueblo garífuna donde la vida transcurre casi invariable desde hace décadas. Los niños se patean la única calle del pueblo vendiendo la tarta de coco y los *brownies* de chocolate recién horneados por sus madres; los lugareños pescan de día y tocan los tambores de noche; y el ritmo de vida es deliciosamente lento. Aunque lo mejor

si Belice tuviera 100 habitantes

34 serían mestizos
25 serían criollos
15 serían hispanos
6 serían garífunas
11 serían mayas
9 serían de otro origen

grupos religiosos
(% de población)

39	8	5
Católicos	Pentecostales	Adventistas del Séptimo Día

5	28	15
Anglicanos	Otras religiones	No religioso

población por km²

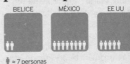

BELICE   MÉXICO   EE UU

≈ 7 personas

Cuándo ir

DIC-ABR

➡ Precios más altos y clima más seco; es ideal para disfrutar de la playa, el buceo y ver la vida salvaje.

MAY-NOV

➡ Descuentos para quienes osan lidiar con el calor y los aguaceros de la temporada baja.

SEP

➡ Dos semanas de música, bailes y desfiles para celebrar las fiestas nacionales.

Criollo beliceño

Aunque el inglés es la lengua oficial de Belice, casi todos los lugareños hablan entre sí en *kriol* (criollo). Según un periodista local, el criollo es *"di stiki stiki paat"*, es decir, lo que une al país. A pesar de que suena parecido al inglés, a la mayoría de los anglófonos les cuesta entenderlo. Es un dialecto que "te deja con la miel en los labios: parece comprensible, pero no lo es", como acertadamente lo describió un turista estadounidense frustrado.

El criollo deriva principalmente del inglés, con influencias del maya y las lenguas antillanas, además del español. Los lingüistas defienden que tiene su propia gramática y una pequeña tradición literaria, así como poblaciones de hablantes en varios países, lo que establece en definitiva la diferencia entre un idioma y un dialecto.

Comida y bebida

Hudut El plato garífuna por excelencia se prepara con plátano macho (hervido hasta quedar tierno y machacado en un mortero) cocinado con pescado (p. ej., pargo) y leche de coco.

Marisco La langosta (en temporada; jun-feb) siempre es excelente; no hay que dejar de probar los *conch fritters* (buñuelos de caracol marino).Comida y bebida

Rice and beans El arroz con alubias puede presentarse de dos formas: como "*rice and beans*", donde los ingredientes se cocinan juntos; o como "*beans and rice*", en cuyo caso las alubias se sirven estofadas, en un cuenco aparte. Ambas variantes se preparan con leche de coco y alubias rojas, a diferencia del mismo plato en otros países. Normalmente se sirven con pollo o ternera o, en ocasiones, bocados más exóticos como paca (una especie de roedor típico de Sudamérica y Centroamérica), además de especias y condimentos varios.

8

Caana, Caracol.

DAN HALLMAN / GETTY IMAGES ©

de todo es la playa: ni más ni menos bonita que cualquier otra del sur de Belice, pero sin multitudes.

Cayo Ambergris

7 También conocido como la isla Bonita, Cayo Ambergris es el paraíso tropical de vacaciones definitivo. Aquí se viene a bucear entre corales, explorar la laguna en kayak o hacer *windsurf* en sus estrechos; también se puede disfrutar de un *spa* de día o clases de yoga, andar en bicicleta o echarse una siesta al final del muelle. De noche, la gente saborea la mejor cocina del país y frecuenta sus locales nocturnos de moda.

Caracol

8 El viajero se sumergirá en el pasado explorando el mayor yacimiento maya de Belice, una ciudad antigua que en su día rivalizó con Tikal en importancia y en cuya zona central –con templos, palacios, talleres y mercados– aún es posible sentir su fuerza y esplendor de antaño. Con 43 m de altura, Caana ("palacio celestial") sigue siendo el edificio más alto del país. Además de por su valor arqueológico, Caracol destaca por su abundante fauna selvática.

Cómo desplazarse

Barco A diario zarpan frecuentes lanchas rápidas entre Ciudad de Belice, Cayo Caulker y Cayo Ambergris, así como barcos –aún más rápidos– entre Corozal y Cayo Ambergris y prácticos ferris entre Placencia y Mango Creek.

Autobús Lo malo: la extensa oferta de compañías puede abrumar. Lo bueno: casi todos los beliceños se mueven en autobús, y por caótico que parezca, resulta sencillo. La mayoría de las compañías prestan servicio desde terminales centrales o junto a mercados. Como las compañías, los horarios y las paradas cambian continuamente, conviene visitar www.guidetobelize.info.

Mercado flotante, lago Nokoué, Ganvié.

CAPITAL
Porto Novo

POBLACIÓN
9,9 millones

ÁREA
112 622 km²

IDIOMA OFICIAL
Francés

Benín

Pese a su pasado tumultuoso, Benín representa la historia africana con final feliz, un ejemplo de estabilidad en una región difícil, cuya población se cuenta entre las más hospitalarias del continente.

Cuna del vudú y centro clave en el comercio de esclavos durante casi tres siglos, Benín guarda una rica y compleja historia que aún se hace notar en todo el país.

Así, en cualquier visita a este pequeño país es imprescindible explorar el legado afrobrasileño de Ouidah, Abomey y Porto Novo, donde conocer un poco más sobre los espíritus y los amuletos. Ahora bien, Benín también cautivará al viajero con su belleza natural, desde las playas abrazadas por palmeras del Atlántico hasta los abruptos paisajes del norte. El Parque Nacional del Pendjari es una de las mejores reservas naturales de África occidental y en ella proliferan leones, guepardos, leopardos, elefantes y cientos de especies.

Benín dispone de buenas carreteras, una amplia oferta de alojamientos e iniciativas de ecoturismo que brindan una magnífica oportunidad de sumergirse en la vida local. Y ahora que está a punto de ser 'descubierto', sin duda es el mejor momento para visitarlo.

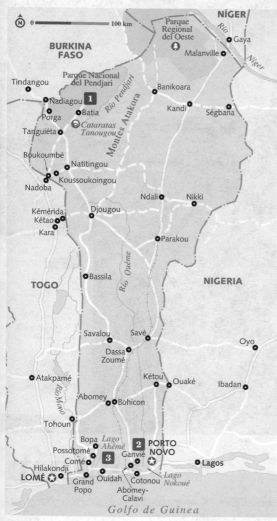

0 — 100 km

Cuándo ir

NOV-FEB

➡ Tiempo cálido y seco; ideal para ver fauna. El viento harmattan puede producir cielos neblinosos.

MAR-MAY

➡ Es la época más calurosa, tras la retirada del harmattan. Cielos despejados y lluvias aisladas en el sur.

JUN-OCT

➡ Suele ser sinónimo de aguaceros, que en el sur amainan de mediados de julio a mediados de septiembre.

Comida y bebida

Pescado Muy presente en la cocina del sur del país, a destacar la barracuda, el dorado y el mero, a la parrilla o frito.

La Béninoise Principal marca de cerveza local.

Tchoukoutou Cerveza de mijo.

Nokoué. Su existencia gira en torno a la pesca, y pese a haberse convertido en un gran reclamo turístico, es fantástico para lanzarse a explorar y empaparse de la vida rural.

Lago Ahémé

3 Las fértiles orillas del lago son estupendas para pasar varios días, y en especial la zona de Possotomé, la aldea más grande de la región. Se organizan varias excursiones por los alrededores. También se puede nadar, aprender técnicas de pesca tradicionales, visitar a artesanos en plena faena o unirse a un paseo de 2 horas en el que se describen las plantas endémicas y sus propiedades.

Benín
Las mejores experiencias

Parque Nacional del Pendjari

1 275 000 Ha de majestuoso paisaje entre los accidentados despeñaderos y la boscosa sabana de Atakora, toda suerte de fauna salvaje y gran variedad de aves: he aquí el Parque Nacional del Pendjari, uno de los mejores de África occidental.

Ganvié

2 Se recomienda pasar una noche en el pueblo lacustre de Ganvié, donde 30 000 tofinu viven en cabañas de bambú sobre pilotes, adentrándose varios kilómetros en el lago

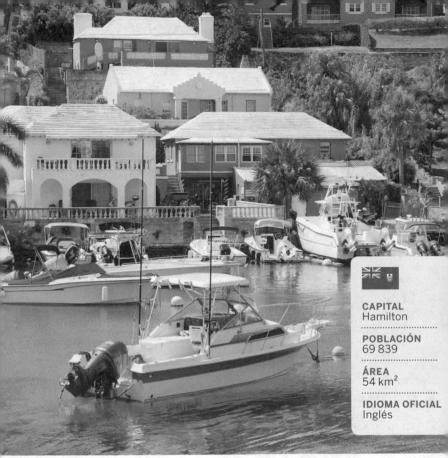

Ensenada Flatts.

Bermudas

Patio de recreo de ricos y famosos, este pequeño territorio británico de ultramar en el Atlántico Norte reluce como lo que es: una paradisíaca isla con una estupenda mezcla de lujo y encanto colonial.

Bermudas atrae a los visitantes con promesas de sol, mar y playas de arena rosada. A los famosos les gusta considerarla su hogar, y los altos ejecutivos recurren a ella en busca de relax y ocio. Si el viajero ansía paz y tranquilidad, no hay nada como sus *resorts* de lujo para confortar el espíritu. Los románticos encontrarán acogedoras posadas con camas con dosel y cenas a la luz de las velas. La isla está rodeada de un extraordinario arrecife de coral que da cobijo a peces de colores y encierra una legión de pecios, con enclaves de inmersión memorables como la Elbow Beach, en Paget Parish, además de las aguas cristalinas de Southampton, perfectas para el kayak y la vela.

En tierra firme se puede mejorar el *swing* en un campo de golf de talla mundial, acometer una agradable caminata o tomar el sol en una sublime playa. O, si se prefiere, pasear por las tortuosas calles de Town of St George, la población británica más antigua en el Nuevo Mundo, que ha sido declarada Patrimonio Mundial por la Unesco.

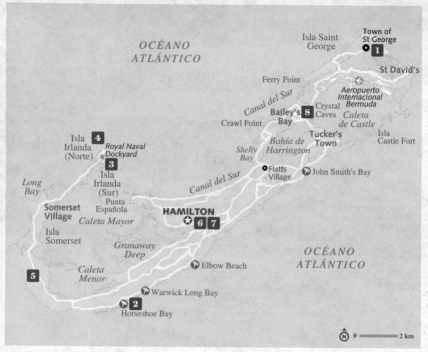

Bermudas
Las mejores experiencias

Town of St George

1 Protegida por la Unesco, esta población colonial rezuma encanto histórico. Algunos de sus edificios centenarios han sido convertidos en museos, pero otros siguen funcionando como lugares públicos de encuentro, iglesias y comercios. King's Square, su corazón histórico, posee varios monumentos singulares del s. XVIII, incluidos el cepo y la picota utilizados para humillar públicamente a los delincuentes, y una silla de inmersión. Actores vestidos de época interpretan divertidas simulaciones de esta tortura. También hay varios museos interesantes, la St Peter's Church (iglesia de San Pedro, 1612) y cruceros desde el puerto de St George.

Horseshoe Bay

2 Aguas turquesa y arena rosada se combinan deliciosamente en la Horseshoe Bay (bahía de la Herradura). Y pese a encontrarse en una isla repleta de playas de ensueño (casi todos los *resorts* tienen su propia playa), enseguida se entiende por qué se la considera la más hermosa de Bermudas. No es de extrañar, por tanto, que se abarrote los días más calurosos. El Beach House ofrece alquiler de equipos para deportes acuáticos y tentempiés.

Royal Naval Dockyard

3 Desde Hamilton zarpa un ferri a estos astilleros levantados por la Armada británica cuando eligieron este enclave como su "Gibraltar del oeste". Además de acercarse al Bermuda Maritime Museum, vale la pena pasear por el recinto de los astilleros, tomar algo en un *pub* y visitar mercados de artesanía y el Bermuda Snorkel Park.

Submarinismo

4 Aunque es sabido que en Bermudas abundan los pecios, mucha gente se sorprende al descubrir que sus aguas también contienen espléndidos corales. Pese a su situación septentrional, la combinación de aguas poco profundas y las corrientes cálidas del océano propician un medio submarino lleno de vida. Hay clasificadas hasta 24 especies de coral duro y blando,

entre ellos las gorgonias. En los arrecifes los amantes del buceo encontrarán muchas especies de peces tropicales propias del Caribe. Los mejores pecios incluyen el *Constellation* y el *Cristóbal Colón*, un lujoso transatlántico español que encalló en 1936.

Jugar al golf

5 Nada encaja mejor con su patrimonio inglés y sus complejos vacacionales que una buena ronda de golf. Las vistas desde sus *greens* son espectaculares y los ocho campos de la isla irradian carácter local. Port Royal es una joya con *tees* y hoyos junto a acantilados tan desafiantes que podría figurar entre los mejores campos de golf del mundo. St George's, uno de los

pocos que puede presumir de hallarse en los límites de un lugar Patrimonio Mundial, regala vistas panorámicas del viejo fuerte St Catherine, bañado por un increíble mar turquesa.

Hamilton

6 Pintoresca, tradicional y cosmopolita, la capital de Bermudas es el centro neurálgico de la isla y un lugar por donde el viajero pasará varias veces. Aderezado con vistas de órdago y sinuosas mazmorras, el cimero fuerte Hamilton es la atracción estelar de la ciudad, pero tampoco hay que dejar de visitar el museo de historia y la galería nacional. Por la noche es obligado tomarse un tazón de sopa de pescado y un Rum Swizzle en el Hog Penny Pub.

si Bermudas tuviera 100 habitantes

54 serían negros
31 serían blancos
8 serían mulatos
7 serían de otro origen

grupos religiosos
(% de población)

49 Protestantes

14 Católicos

19 Otras religiones

18 No religiosos

Cuándo ir

ABR-OCT

➡ Con una humedad muy alta, es la época más calurosa y de más ajetreo; coviene reservar hotel.

NOV-MAR

➡ Temperaturas más frescas. Recibe menos turistas y se reducen los precios de hoteles y *resorts*.

AGO-OCT

➡ Aunque está fuera de la zona principal, este período estival coincide con la época de huracanes.

población por km²

BERMUDAS   EE UU   ESPAÑA

♦ ≈ 30 personas

Mágica arena rosada

Aun cuando la fabulosa arena rosada de las playas de Bermudas se compone de partículas de coral, invertebrados marinos y varios tipos de conchas, lo cierto es que su distintivo tono rosa claro se debe a la acumulación de cuerpos de una particular criatura marina perteneciente a la familia de los foraminíferos. Este protozoo marino, abundante en los arrecifes de Bermudas, posee diminutos y duros caparazones que terminan en la orilla una vez muere el animal en su interior. Así, estos fragmentos de concha rosáceos confieren el color predominante a lo que por el contrario sería un confeti menos inspirador de corales blanqueados y conchas color marfil.

MARK HARRIS / GETTY IMAGES ©

Comida y bebida

Codfish cakes Medallones de bacalao fritos, con patata y una pizca de curri.

Fish chowder Sustanciosa sopa de pescado (generalmente pez de roca o pargo) aderezada con ron y salsa de jerez a la pimienta.

Ginger beer Refresco con sabor a jengibre que suele combinarse con ron Black Seal.

Portuguese bean soup Popular plato a base de chorizo picante y alubias rojas introducido por inmigrantes portugueses.

Ron Black Seal Marca de ron de producción local; con él se prepara el Rum Swizzle, el popular cóctel bermudeño.

Shark hash Tiburón frito con patatas.

Sunday codfish breakfast Plato típico hecho con bacalao, huevos, patatas *baby* hervidas, bananas y aguacate, servido con salsa de cebolla y tomate.

Underwater Exploration Institute

7 Antes de descender a las profundidades se recomienda visitar este centro que desvela los misterios del mundo submarino mediante una asombrosa variedad de exposiciones y actividades participativas (p. ej., campanas de buceo y sumergibles, una simulación de inmersión a casi 4000 m de profundidad en una batisfera, y una extraordinaria colección de monedas de oro y joyas recuperadas de un galeón español hundido).

Crystal Cave

8 La cueva Crystal es la más espectacular de las muchas grutas de la isla, con miles de estalactitas de aspecto vítreo que penden sobre un estanque azul verdoso. Pese a su enorme tamaño, esta cueva subterránea no fue descubierta hasta 1907, cuando dos niños descendieron con ayuda de una cuerda por un agujero en el terreno. Hoy, un tramo de escaleras conduce hasta el suelo de la caverna, que se encuentra a 36 m de profundidad.

Cómo desplazarse

Bicicleta Es una forma muy placentera de moverse por la isla y las alquilan en varios lugares.

Barco Los ferris públicos, que operan a diario entre el Great Sound y el puerto de Hamilton, constituyen una pintoresca alternativa al autobús y, dado que las distancias por mar suelen ser más cortas, resultan más rápidos.

Autobús Bermudas posee una buena red de autobuses que llega a casi todos los puntos de interés y playas. La mayoría de los servicios salen de Hamilton.

Escúter La estricta normativa no permite el alquiler de automóviles en la isla, siendo el escúter la alternativa más popular. Las alquilan en varios lugares y no se exige permiso de conducir.

Iglesia de San Pedro y San Pablo, Minsk.

CAPITAL
Minsk

POBLACIÓN
9,6 millones

ÁREA
207 600 km²

IDIOMAS OFICIALES
Bielorruso, ruso

Bielorrusia

Bielorrusia brinda la ocasión de conocer una Europa con publicidad mínima, sin basura ni pintadas, y un pueblo generoso que saborea los placeres sencillos de la vida.

Bielorrusia (Беларусь) se ubica en el límite de la Europa del Este y parece decidida a evitar a toda costa la integración con el resto del continente. La "última dictadura europea" es para los no iniciados un país que se quedó anclado en la Unión Soviética de 1974. Esta es una tierra con arquitectura de estilo estalinista, medios de comunicación estatales y una economía centralizada que determina que todos los supermercados vendan los mismos y vulgares productos. A pesar de las penurias, los bielorrusos todavía encuentran motivos para la alegría: los cantos y bailes tradicionales ocupan un lugar destacado en el calendario.

Fuera del monumentalismo de Minsk, la capital, Bielorrusia ofrece un agradable paisaje de trigales, tupidos bosques y pueblos pintorescos, dos parques nacionales y el mamífero más grande de Europa, el *zoobr* (bisonte europeo).

Aunque los viajeros siempre serán objeto de curiosidad, recibirán una cálida hospitalidad y una sincera bienvenida.

Bielorrusia
Las mejores experiencias

Brest

1 Esta próspera y cosmopolita ciudad fronteriza se parece más a la UE que a Minsk; en los últimos años ha experimentado grandes avances. El monumento de más interés es la fortaleza de Brest, donde las tropas soviéticas contuvieron a los nazis durante la II Guerra Mundial.

Comida y bebida

Belavezhskaya Licor de hierbas amargo.

Draniki Tortitas de patata que suelen servirse con nata agria.

Kletsky *Dumplings* rellenos de champiñones, queso o patata.

Kvas Bebida alcohólica suave y muy consumida que se hace con pan negro o de centeno.

Minsk

2 La capital es una ciudad moderna en conflicto con su fama. Elegantes cafés, restaurantes y clubes nocturnos se disputan la atención del visitante, mientras que los bares de *sushi* y las galerías de arte han proliferado en un centro urbano construido al gusto de Stalin. Pese a la fuerte presencia policial y la obediente ciudadanía, se nota en el aire algo más que un soplo de rebelión.

Parque Nacional Belavezhskaya Pushcha

3 Patrimonio Mundial de la Unesco, es la reserva natural más antigua de Europa. Unos 1300 km² de bosque primitivo son todo cuanto queda del dosel arbóreo que hace ocho siglos cubría el norte de Europa. Al menos 55 especies de mamíferos viven en el parque, famoso por sus 300 bisontes europeos.

Cuándo ir

JUN-AGO

➡ No hay problema por venir aquí en la temporada alta: así se escapa uno del gentío de otros lugares

MED. JUL

➡ El espléndido festival Slavyansky Bazaar de Vitesbk es una celebración de la cultura eslava.

JUL

➡ El 6 de julio se celebra el Kupalye, una fiesta de la adivinación del futuro con raíces paganas.

Mujer aimara cerca de Huayna Potosí.

CAPITAL
La Paz/Sucre

POBLACIÓN
10,5 millones

ÁREA
1 100 000 km²

IDIOMAS OFICIALES
Español, quechua, aimar

Bolivia

Con extraordinarias bellezas naturales, abrupta, compleja y algo irritante, Bolivia es uno de los países más variados y desconcertantes de Sudamérica.

Cada segundo de cada día es una aventura en Bolivia. Desde los Andes hasta el borde del Amazonas, las excursiones siguen antiguas rutas incas, mientras que durante las travesías fluviales por el corazón del Amazonas se oye la escandalosa algarabía de los monos y se conoce una biodiversidad que deja anonadado.

Bolivia es un lugar salvaje, y tanto los amantes de la naturaleza como los estetas y poetas encontrarán paisajes y vivirán experiencias que no se ven en muchos otros sitios del planeta.

La hondura y riqueza cultural, histórica y espiritual de la nación más indígena de Latinoamérica es asombrosa.

Estado plurinacional con carácter oficial, Bolivia es un lugar extraordinario para conocer una heterogénea mezcla de pueblos. Aquí se conservan culturas amenazadas e idiomas que podrían desaparecer en el curso de nuestra vida. Los bolivianos mantienen tradiciones y creencias que se remontan a los días de los reyes incas y los sacerdotes cosmólogos de Tiahuanaco.

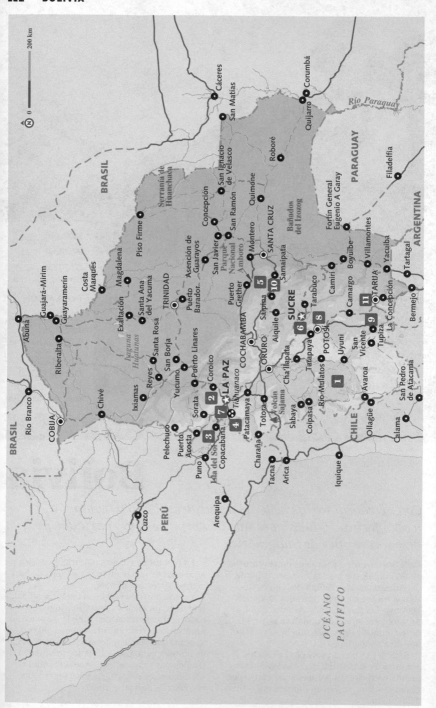

Bolivia
Las mejores experiencias

Salar de Uyuni

1 ¿Quién iba a saber que este frío sentaría tan bien? Aunque un viaje de 3-4 días en *jeep* por la salina más grande del mundo dejará los huesos castañeteando, bien podría ser la experiencia definitiva de la aventura boliviana.

La inmensidad, austeridad y perfección cristalina del salar serán fuente de inspiración, y la exploración a primera hora de la mañana de los jardines de roca, los campos de géiseres y las fuentes termales, junto con la camaradería de los tres días en carretera con los demás viajeros, dejará un recuerdo perdurable.

Senderismo en la cordillera Real

2 Seguir los pasos de los incas por las muchas rutas que zigzaguean desde los Andes hasta la cuenca del Amazonas, atravesando la cordillera Real, al norte de La Paz. Estas caminatas de 4-14 días no son empresa fácil, pero cada paso, cada gota de sudor y cada ampolla valen la pena.

Por el camino surge la oportunidad de comer con familias indígenas, refrescarse junto a las cascadas y conectar con la Pachamama (Madre Tierra) en lo más profundo de su verde reino.

2

Isla del Sol, lago Titicaca

3 Insertada en el vasto lago Titicaca como la guinda sobre un helado, la isla del Sol se considera el lugar donde nació la civilización andina. Pueden tomarse caminos incas olvidados para llegar hasta pequeños yacimientos arqueológicos, ensenadas solitarias y comunidades indígenas intactas. Después de la exploración se puede ver la puesta del sol con una cerveza desde el albergue en lo alto del macizo. El lago posee un magnetismo y una energía sin igual en el mundo.

si Bolivia tuviera 100 habitantes

30 serían quechuas
30 serían mestizos
25 serían aimaras
15 serían blancos

grupos religiosos

(% de población)

95 Católicos
5 Protestantes

población por km²

BOLIVIA PARAGUAY ESPAÑA

♦ ≈ 9 personas

Tiahuanaco

4 El principal yacimiento arqueológico de Bolivia inflama la imaginación. Pese a carecer de la magia y el prestigio de otras ruinas de Latinoamérica –a los que han visitado Machu Picchu o Tikal les costará evitar las comparaciones–, este yacimiento preincaico ofrece mucho. Durante el solsticio de invierno tiene lugar una celebración masiva, y otras más pequeñas en el otro solsticio y durante los equinoccios. El museo arroja luz sobre la vida en este centro religioso y astronómico. Tiahuanaco, adonde se llega en una cómoda excursión de un día desde La Paz, es un buen sitio para empezar la odisea andina.

Parque Nacional y Área de Uso Múltiple Amboró

5 Entre las carreteras antigua y nueva que conducen a Cochabamba, se encuentra una de las zonas protegidas con mayor biodiversidad y, por suerte, más accesibles de Bolivia: el impresionante Parque Nacional Amboró, donde el Amazonas riega el polvoriento Chaco y las tórridas tierras bajas se encuentran con la refrescante serranía. El paisaje, la fauna y la ayuda de las agencias de circuitos lo convierten en un lugar digno de ser explorado.

Sucre

6 Resplandeciendo bajo el sol andino, la blanca Sucre es la cuna de la nación y un destino obligado para cualquiera que visite Bolivia: una mezcla heteróclita de lo viejo y lo nuevo, donde uno puede pasar los días recorriendo edificios históricos y museos, y las noches dis-

Las tumbas 'chullpa'

Una *chullpa* es una torre funeraria o un mausoleo que construían varios grupos aimaras para depositar los restos momificados de algunos miembros de su sociedad, probablemente personas de posición elevada dentro de la comunidad. El departamento de Oruro es especialmente rico en *chullpas*, sobre todo a orillas del lago Poopó y en la zona de Sajama.

Las *chullpas* se construían de piedra o adobe, y por lo habitual tenían una abertura en forma de colmena que casi siempre miraba al este en dirección al sol levante. El cuerpo se colocaba en posición fetal junto con diversas posesiones. Algunas comunidades observaban el rito de abrir las *chullpas* los días festivos y presentar ofrendas a sus antepasados, como todavía hacen los chipayas.

La mayoría de las tumbas, sin embargo, han sido saqueadas (quedan algunos huesos desperdigados), y las momias pueden verse hoy en museos como el Museo Antropológico Eduardo López Rivas de Oruro. La mayor concentración de *chullpas* se encuentra en la carretera que va de Patacamaya a Chile, y también las hay en el circuito del Lauca.

Comida y bebida

Api Deliciosa bebida hecha de maíz púrpura molido.

Carne Por lo general ternera asada o a la parrilla.

Empanadas Masas rellenas de deliciosa carne, cebolla y pimiento.

Mate de coca Infusión de hojas de coca secas.

Pollo Frito, en brocheta o asado.

Singani Aguardiente de uva.

Sopas Empiezan todas las comidas; los alérgicos a los frutos secos deben saber que maní es lo mismo que cacahuete.

frutando de la famosa vida nocturna de la ciudad, que además es la capital constitucional del país. Quienes visitan Sucre se enamoran invariablemente de ella.

Mercados de La Paz

7 Motor que alimenta y propulsa a una nación, los mercados de La Paz son tan demenciales, pintorescos, caóticos y extraor-

dinarios que uno termina por pasar al menos unas cuantas tardes deambulando de puesto en puesto. Hay secciones de comida, secciones de brujería, secciones donde se compra la cámara robada, secciones para pipas y poliestireno y secciones colmadas de frutas, flores y pescados cuyo hedor provoca una sobrecarga olfativa.

Potosí

8 La que pasa por ser la ciudad más alta del mundo se asienta sobre una tierra cargada de la plata que financió el Imperio español durante siglos. Aunque las minas son en la actualidad casi improductivas y la ciudad viene padeciendo

Cuándo ir

TEMP. ALTA
(may-oct)

➡ Días casi siempre soleados, pero más frescos en el altiplano.

➡ Buen tiempo para la escalada, el senderismo y la bicicleta de montaña.

➡ Precios más caros; agosto es el más concurrido.

TEMP. MEDIA
(oct y feb-abr)

➡ De agosto a octubre es una época magnífica para visitar el salar de Uyuni.

➡ Buen momento para los buscadores de gangas.

➡ Las fiestas por todo el país alegran la estación de las lluvias.

TEMP. BAJA
(nov-abr)

➡ Estación de las lluvias; el tiempo puede ser deprimente en las tierras bajas.

➡ Tráfico terrestre complicado o imposible en algunas zonas.

➡ La escalada es peligrosa; el senderismo y el ciclismo, tediosos.

un largo declive económico, los restos de su opulento pasado pueden verse aún en los resquebrajados ladrillos de las casas e iglesias del período colonial. El museo más famoso de Potosí, la Casa de la Moneda, ofrece una visión fascinante del auge y caída de una ciudad que antaño se describió a sí misma como "la envidia de los reyes".

Tupiza

9 Salido de las páginas de una novela del Salvaje Oeste, el paisaje de quebradas que rodea Tupiza es un lugar fabuloso para contemplar la puesta del sol yendo en silla de montar, bicicleta de montaña, a pie o en todoterreno. Desde la ciudad se puede emprender una excursión al desierto y las quebradas multicolores, visitando aldeas mineras y el pueblo donde Butch Cassidy y Sundance Kid acabaron sus días. El agradable clima de la ciudad se agradece tras el rigor de las tierras altas.

Películas

Amargo Mar (1984) Sobre la pérdida de litoral de Bolivia en favor de Chile.

Cocalero (2007) Documental sobre la carrera de Evo Morales a la presidencia.

Ukamay (Así es, 1966) Primera película hablada en aimara. El director, Jorge Sanjinés, intenta acercarse al pensamiento de los indígenas.

....

Libros

Río fugitivo (Edmundo Paz Soldán, 1998) Crónica de la adolescencia en Cochabamba, por uno de los autores más sólidos de la literatura boliviana actual.

Raza de bronce (Alcides Arguedas, 1919) Novela clásica indigenista sobre el desencuentro entre criollos e indios en Bolivia.

Cómo desplazarse

Avión Los vuelos ahorran días de viaje, pero pueden incrementar el presupuesto. En el Amazonas se prefiere volar a viajar en barco. Como las cancelaciones son frecuentes, hay que llamar para confirmar la reserva.

Barco Menos habituales que antes en las tierras bajas, los viajes en barco son una opción para los aventureros. El equipaje debe cerrarse con candado.

Autobús Los servicios directos *cama* (asiento reclinable), *semicama* (asiento parcialmente reclinable) y de clase turista cuestan más pero pueden ahorrar varias horas. Los objetos de valor no deben colocarse en el compartimento superior. Hay que llevar agua, ropa de abrigo e incluso un saco de dormir si se va a cualquier punto del altiplano. Si el conductor está borracho, no hay que subir. Lo más seguro es viajar de día.

Samaipata

10 La cosmopolita Samaipata consigue conservar el ambiente relajante de un pueblo de montaña pese a que se está convirtiendo en una parada obligada del itinerario turístico boliviano. Pero no son solo los alojamientos de excelente relación calidad-precio y los restaurantes de alto nivel lo que atrae a los visitantes; por la proximidad de Samaipata a las ruinas de El Fuerte y las excursiones de un día a parajes de gran belleza natural, numerosos viajeros acaban quedándose mucho más tiempo del previsto.

Cata de vinos, Tarija

11 Tras respirar el enrarecido aire de la montaña hay que prepararse para probar el vino de los viñedos más altos del mundo. Aunque casi no se exportan, los vinos de Tarija, producidos en un clima similar al mediterráneo a altitudes de hasta 2400 m, se venden en toda Bolivia y han recibido elogios internacionales por su sabor fresco y aromático. Ya se prefiera tinto, rosado o blanco, lo más probable es que uno quede gratamente sorprendido por su calidad y termine llevándose una o dos botellas.

9

Cascadas de Kravice, cerca de Ljubuški.

CAPITAL
Sarajevo

POBLACIÓN
3,9 millones

ÁREA
51 197 km²

IDIOMAS OFICIALES
Bosnio,
croata,
serbio

Bosnia y Herzegovina

Esta tierra de áspera belleza conserva cicatrices de la guerra civil de la década de 1990, pero el visitante actual recordará Bosnia y Herzegovina por su espontánea bienvenida y su mezcla de culturas.

Los bosnios describieron su país como una "tierra con forma de corazón". A lo largo de los siglos, este abrupto rincón del centro de los Balcanes ha sido escenario de una intensa fusión de pueblos, tradiciones y culturas, lo que se contradice con el conflicto étnico de la década de 1990. Las tensiones políticas persisten después de las guerras fratricidas, pero los bosnios de cualquier ideología aspiran a un futuro mejor.

Los principales reclamos son los cascos antiguos de Sarajevo y Mostar, donde los edificios históricos restaurados sirven de contrapunto a elegantes bares y cafés. En el resto del país, los espantos arquitectónicos del período socialista son manchones en un paisaje principalmente rural. Muchas ciudades bosnias preciosas en su pequeñez se despliegan en torno a castillos medievales, rodeadas por macizos montañosos o cañones con cascadas. Pocos lugares de Europa ofrecen mejores condiciones para el *rafting* o para esquiar en sitios accesibles gastando poco.

Bosnia y Herzegovina
Las mejores experiencias

Casco antiguo de Mostar

1 Descubrir la ciudad vieja de Mostar y admirar el Stari Most, magníficamente reconstruido. Al ocaso, las luces de numerosos restaurantes parpadean al otro lado de los riachuelos. El "callejón dorado" de Kujundžiluk es un bullicioso mercado de cachivaches. Y en medio, el puente más famoso de los Balcanes forma un majestuoso arco de piedra entre torres medievales. Vale la pena quedarse más tiempo para disfrutar de atractivos memorables en los alrededores y para ver a jóvenes temerarios lanzándose desde el puente a las verdes aguas que corren impetuosas.

'Rafting' en el valle del Una

2 Descender por algunos ríos de Bosnia y Herzegovina desde Bihać. El Una va cambiando de humor: en las exuberantes gargantas al noroeste de Bihać, las aguas están tan calmadas como reflejos de ópalo mientras que en otros tramos los torrentosos rápidos se abren en ancho abanico. Preciosos restaurantes ocupan molinos en Bosanska Krupa y cerca de Otoka Bosanska. Al suroeste de Bihać hay una sucesión de cascadas en Martin Brod, mientras que los saltos de agua más espectaculares están en Štrbački Buk, la principal atracción del Parque Nacional del Una.

Počitelj

3 El pueblo otomano de Počitelj es uno de los conjuntos arquitectónicos más perfectos del país. Asentado en un anfiteatro rocoso, forma un dédalo de escaleras que trepan entre destartaladas casas con techo de piedra y granados. La mezquita de Hadži Alijna (1563) ha sido restaurada tras su destrucción en la década de 1990, y la torre del reloj (Sahat Kula), de 16 m, continúa sin reloj, como desde 1917. El edificio más representativo es la octogonal torre Gavrakapetan, que se alza en el fuerte parcialmente en ruinas. Para las mejores vistas hay que ascender a los bastiones más altos de las murallas.

Stari Most (Puente Viejo), Mostar.

Puente de Mehmet Paša Sokolović, Visegrado

4 Con 10 arcos y declarado Patrimonio Mundial por la Unesco, el puente de Mehmet Paša Sokolović fue construido en 1571 y quedó inmortalizado en la novela *Un puente sobre el Drina,* del premio Nobel Ivo Andrić. En Visegrado se está construyendo Andrićgrad, un minicasco "antiguo" que es una fantasía histórica y un museo cultural. El pueblo se ubica entre impresionantes cañones.

Esquí

5 Esquiar en la pistas de los Juegos Olímpicos de 1984 en Jahorina o Bjelašnica o explorar las agrestes tierras altas que se extien-

den tras ellas. Jahorina, con varias pistas, posee con diferencia la mayor variedad de hoteles, todos a menos de 300 m de alguno de los siete remontes principales. Dos atractivos de Bjelašnica son el esquí nocturno y la posibilidad de visitar en verano los mágicos pueblos de sus cercanías.

Trebinje

6 Comer y beber vino en la pequeña e histórica Trebinje y callejear por el amurallado casco antiguo; dista 28 km de Dubrovnik, pero en cuanto a turismo es un mundo aparte. El casco antiguo (Stari Grad) es bonito, y sus cafés sin pretensiones permiten conocer a los amables lugareños y oír las opiniones de los serbios sobre la historia reciente.

si Bosnia y Herzegovina tuviera 100 habitantes

48 serían bosnios
37 serían serbios
14 serían croatas
1 sería de otro origen

grupos religiosos
(% de población)

40 Musulmanes

31 Ortodoxos

15 Católicos

14 Otras religiones

Cuándo ir

ABR-JUN

➜ Calor en Herzegovina; primavera florida en Bosnia; ríos torrenciales.

JUL

➜ Alojamientos llenos en Mostar y Sarajevo; es el mejor momento para iniciarse en el *rafting*.

MED ENE-MED MAR

➜ El esquí se abarata tras las vacaciones de Año Nuevo.

población por km²

BOSNIA Y HERZEGOVINA   CROACIA   ITALIA

♟ ≈ 25 personas

Ivo Andrić

El escritor más conocido de Bosnia, Ivo Andrić (1892-1975), ganó el premio Nobel de Literatura en 1961. Con extraordinaria perspicacia psicológica, su ya clásica novela *El puente sobre el Drina* narra 350 años de historia bosnia a través de los ojos de las sencillas gentes de Visegrado. Su *Crónica de Travnik* retrata la Bosnia del s. XIX desde la perspectiva de unos cónsules extranjeros.

Comida y bebida

Bosanski Lonac Cocido de carne y verduras.

Burek Rollitos de pasta filo rellenos de carne picada, a veces con forma espiral. El *buredici* es lo mismo pero servido con *kajmak* y ajo, la *sirnica* se rellena de queso, la *krompiruša* de patata y la *zeljanica* de espinaca.

Ćevapi (Ćevapčići) Carne picada servida en pan fresco con *kajmak* derretida (nata espesa agria).

Hurmastica Bizcochos bañados en almíbar.

Klepe Pequeños triángulos a modo de raviolis con mantequilla y patata y ajo crudo rallado.

Pljeskavica *Ćevapi* con forma de empanada.

Sarma Pequeños paquetes de arroz y carne picada en una hoja de col u otra verdura.

Sogan Dolma Cebollas asadas a fuego lento y rellenas de carne picada.

Tufahija Manzana cocida rellena de nueces y con nata montada por encima.

Uštipci Bolas de masa frita que suelen comerse con nata agria, queso o mermelada.

Faroles de colores en Kundurdžiluk, antiguo barrio turco, Sarajevo.

Sarajevo

7 Deambular por las callejuelas de Sarajevo y conocer sus elegantes cafés y su vida nocturna. Baščaršija, el antiguo y bullicioso barrio turco, es un laberinto de patios y calles peatonales con pavimento de mármol llenas de mezquitas, artesanos del cobre, joyerías y restaurantes. A orillas del río y en las avenidas Ferhadija y Maršala Tita abunda la arquitectura austrohúngara. Y como prueba de la tolerancia religiosa de Sarajevo, en un par de manzanas se encontrarán varias mezquitas, una sinagoga, la catedral ortodoxa de 1872, y la catedral católica.

Casa de los Derviches, Blagaj

8 La atracción estelar del pueblo de Blagaj es la Tekija (Casa de los Derviches), una construcción de entramado de madera que se alza tambaleante donde las aguas verdiazules del río Buna brotan con ímpetu de una cueva horadada en un paredón. En la planta alta, las tumbas de dos derviches tayikos del s. XV atraen a los peregrinos. Las mejores vistas se obtienen al otro lado del río, en un sendero que pasa por detrás de un restaurante.

Cómo desplazarse

Autobús Las estaciones de autobuses venden billetes con antelación. Entre las ciudades es normal parar cualquier autobús que pase. Conviene reservar para rutas nocturnas o períodos vacacionales.

Coche y motocicleta Como el transporte público a las zonas apartadas más espectaculares es mínimo, disponer de vehículo propio puede transformar el viaje. Las sinuosas carreteras de Bosnia soportan poco tráfico y es delicioso conducir por ellas si no se tiene prisa.

Tren Los trenes son más lentos y menos frecuentes que los autobuses, pero por lo general un 30% más baratos.

León, delta del Okavango.

CAPITAL	Gaborone
POBLACIÓN	2,1 millones
ÁREA	581 730 km²
IDIOMA OFICIAL	Inglés

Botsuana

Con algunos de los espectáculos del mundo animal más extraordinarios de la tierra, Botsuana es uno de los grandes destinos africanos para safaris.

Hay más elefantes en Botsuana que en ningún otro lugar del planeta, los grandes felinos campan a sus anchas y se ve de todo: desde los amenazados perros salvajes africanos hasta antílopes acuáticos y desde rinocerontes hasta una rica avifauna.

Esta es además la tierra del delta del Okavango y el desierto del Kalahari, de paisajes típicamente africanos y de vastas extensiones deshabitadas. Si se juntan estos paisajes con la fauna que los habita, se concluye que esta es la máxima expresión del África salvaje. Botsuana quizá figure entre los destinos más selectos del continente –los precios del alojamiento en casi todos los *lodges* solo se pueden permitir una vez en la vida–, pero también son posibles las expediciones con vehículo propio.

Los antepasados de los san dejaron las pinturas rupestres que salpican la región. Las colinas Tsodiflo (Tsodillo Hills) exhiben la historia pictórica de esta cultura.

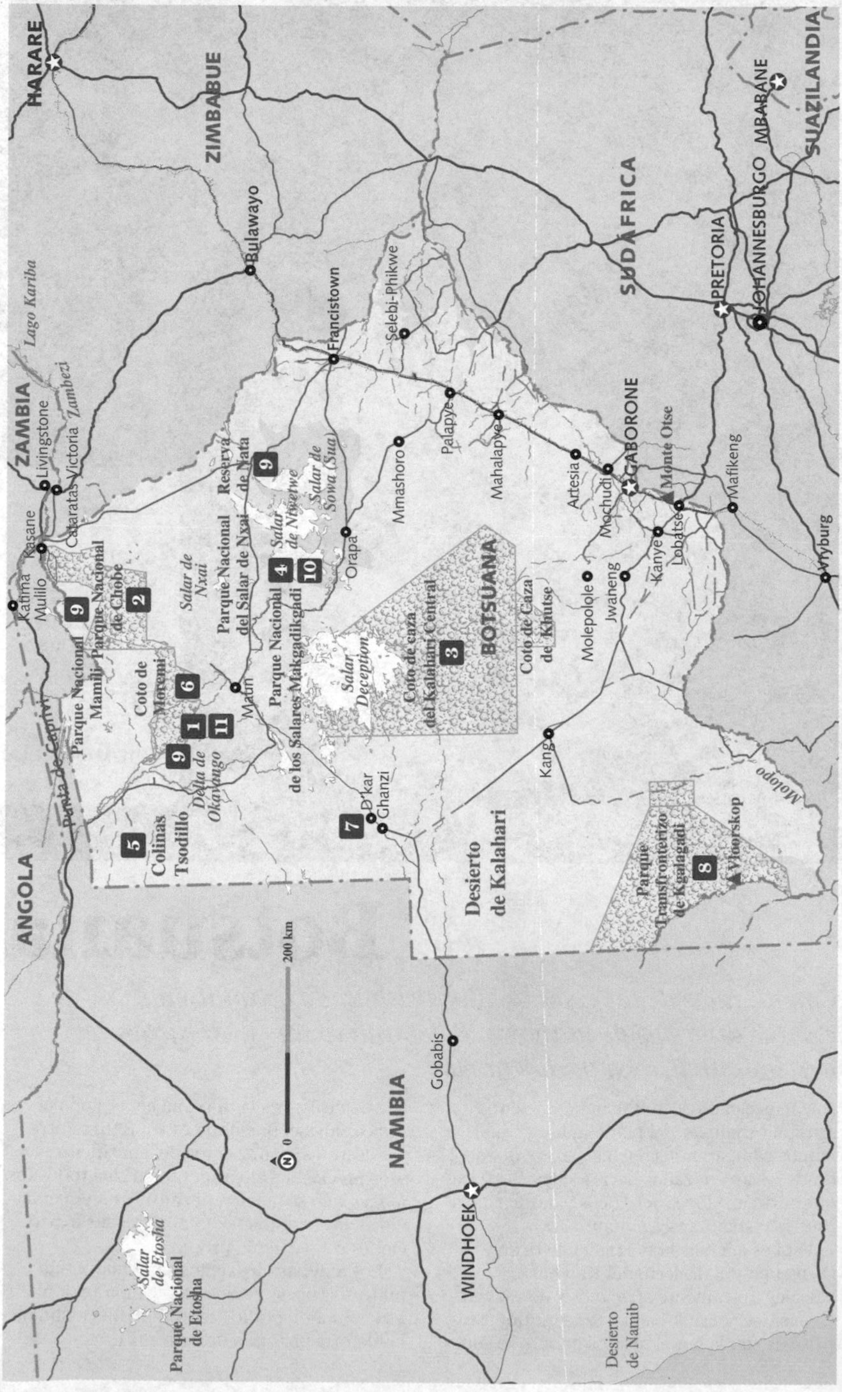

HARARE

ZIMBABUE

Lago Kariba

ZAMBIA

Livingstone
Zumbeze
Cataratas Victoria

Bulawayo

Francistown

Selebi-Phikwe

SUDÁFRICA

PRETORIA
JOHANNESBURGO
MBABANE
SUAZILANDIA

Mmashoro

Palapye

Mahalapye

GABORONE
Artesia
Mochudi
Monte Otse

Kanye
Lobatse
Mafikeng

Vryburg

Reserva
del Salar de Nata

Salar
de Sowa (Sua)

9

Salar
de Noserve

4
10

Orapa

BOTSUANA

Coto de Caza
de Khutse

Molepolole
Jwaneng

Kasane
Kazungula
Katima
Mulilo

Parque Nacional
Mamili Parque Nacional
de Chobe

9

Coto de
Moremi

Salar de
Nxai

Parque Nacional
del Salar de Nxai

2

6

1
11

Delta de
Okavango

9

Maun

Parque Nacional
de los Salares Makgadikgadi

Salar
Deception

Coto de caza
del Kalahari Central

3

Kang

ANGOLA

Punta de Cepivi

Parque Nacional
de Chobe

Colinas
Tsodillo

5

D'kar
Ghanzi

7

Desierto
de Kalahari

Parque
Transfronterizo
de Kgalagadi

8

N_bergskop

Molopo

Gobabis

NAMIBIA

200 km

N 0

WINDHOEK

Salar
de Etosha

Parque Nacional
de Etosha

Desierto
de Namib

Botsuana
Las mejores experiencias

Delta del Okavango

1 El Okavango es un lugar salvaje y de impresionante belleza, Escenario de increíbles espectáculos protagonizados por la fauna, el delta cambia con las estaciones y el movimiento de las mareas, creando islas, canales fluviales y caminos para animales que se mueven al capricho de las aguas. Los *lodges* selectos y apartados son una especialidad del Okavango, pero quienes conduzcan sus propios vehículos pueden encontrar *campings* de primera en la Reserva de Caza Moremi. Ninguna visita al delta se considera completa sin surcar sus aguas en un tradicional *mokoro* (piragua).

Parque Nacional del Chobe

2 Chobe, ubicado en el sector más septentrional del país, cuenta con más elefantes –decenas de miles– que ningún otro lugar del planeta. A esto se suman los paisajes de Savuti, con leones que comen elefantes; o Linyanti, uno de los mejores lugares del continente para ver al perro salvaje africano; o las riberas del Chobe, adonde acude a beber casi toda la megafauna de África. Todo ello explica por qué el Parque Nacional del Chobe figura entre la élite de los safaris.

1

Reserva de Caza del Kalahari Central

3 El desierto del Kalahari evoca toda la magia de África, quizá sea por su inmensidad –es la reserva natural más grande del continente– o por sus leones de negras melenas. Sea cual sea el motivo, no es un desierto común, sino con valles fluviales, bosques y animales en torno a sus salinas.

Parque Nacional Makgadikgadi

4 Parte del conjunto de salares más grande del mundo, los horizontes infinitos de Makgadikgadi son uno de los tesoros menos conocidos del Kalahari. Aquí los azules y verdes del delta dan paso a los naranjas, blancos y dorados de las praderas. Durante las lluvias, las cebras protagonizan una de las grandes migraciones del continente, y en la estación seca la fauna se acerca en masa al río Boteti. Y al otro lado de los salares, remotos baobabs emergen como un antiguo oasis africano.

Arte rupestre san

5 A veces se alude a las colinas Tsodilo, declaradas Patrimonio Mundial por la Unesco, como el "Louvre del Desierto". Más de 4000 pinturas rupestres, con miles de años de antigüedad, adornan las cuevas y precipicios de estas montañas, todavía sagradas para los bosquimanos de la tribu san. Ejecutadas con mano experta y pigmentos naturales, estas hermosas pinturas de tonos ocres son una valiosísima cronología de la relación entre los humanos y la naturaleza.

Reserva de Caza Moremi

6 Esta reserva de caza cubre un tercio del delta del Okavango y alberga una de las concentraciones de fauna más densas de África; además es uno de los rincones más accesibles del Okavango, con senderos bien cuidados y alojamientos que van desde *lodges* de lujo hasta *campings* públicos para vehículos. Moremi exhibe una personalidad dual, con grandes extensiones de tierra seca que emergen entre vastos humedales. Las "islas" más importantes son Isla de Chiefs, accesible en *mokoro* desde los *lodges* del delta interior, y Moremi Tongue en el extremo oriental, adonde se llega en todoterreno.

El pueblo san

7 En Botsuana se puede conocer

El 'mokoro'

Una de las maneras mejores y más baratas de conocer el delta del Okavango consiste en surcar sus aguas en un *mokoro* (plural *mekoro*), una piragua poco profunda de madera de ébano o kigelia africana. Un *mokoro* puede parecer frágil, pero es muy estable, veloz e ideal para las aguas someras del delta.

En un *mokoro* caben por lo general dos pasajeros con poco equipaje, y se propulsa desde atrás con una *ngashi*, pértiga larga que se hace con madera de mogonono.

Comida y bebida

La cocina de Botsuana sirve más para el sustento que para deleitar el paladar. Lo que más se come hoy es *mabele* (sorgo) o *bogobe* (gachas de sorgo); pero estos alimentos de primera necesidad se están sustituyendo por productos importados de harina de maíz, conocidos a veces por el nombre afrikáans de *mealie pap* o *pap* a secas, y que son la base de diversas carnes y salsas de verduras como *waa* (tiras de carne de cabra o cordero), *morogo* (espinaca silvestre) o *leputshe* (calabaza silvestre). Para el desayuno se podría probar *pathata* (una especie de *muffin* inglés) o *megunya*, llamados también "pasteles gordos"; consisten en bolitas de masa frita similares a los dónuts pero sin agujero y, según los gustos, sin su sabor.

Y no hay que olvidarse de los gusanos *mopane*, que se arrancan de los árboles del mismo nombre y se fríen: son sabrosos y una buena fuente de proteínas; se venden en bolsas en el Main Mall de Gaborone o en Francistown.

si Botsuana tuviera 100 habitantes

79 serían tsuanas
11 serían kalangas
3 serían basarwas
7 serían de otro origen

grupos religiosos

(% de población)

72 Cristianos   6 Badimos   2 Otros

población por km²

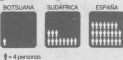

BOTSUANA   SUDÁFRICA   ESPAÑA

🚹 ≈ 4 personas

Grupo de nativos san, Parque Nacional Makgadikgadi.

a los san, los primitivos habitantes del África meridional, cuya presencia se remonta a 20 000 años atrás. Las oportunidades para relacionarse con los descendientes de nuestros antepasados, y de manera que beneficie a la comunidad, se presentan en pueblos como D'kar.

Parque Transfronterizo Kgalagadi

8 Este parque binacional de 28 400 km² es uno de los espacios áridos más grandes y vírgenes del continente, y también el único lugar de Botsuana donde se ven las dunas móviles, típicas del Kalahari. Esto es puro desierto; en verano se puede llegar a 45°C, y por las noches hasta –10°C. Kgalagadi alberga manadas de gacelas saltarinas, antílopes eland y ñus, amén de leones (la población se calcula en unos 450), guepardos, leopardos, perros salvajes, chacales y hienas, y más de 250 especies de aves, entre ellas alondras y avutardas.

Observación de aves

9 Entre las casi 600 especies de aves documentadas en Botsuana figuran los famosos picotijeras africanos del delta, carracas lilas, ocas pigmeas, azores, varias especies de

Cuándo ir

MAY-AGO

➡ Estación seca: la fauna se concentra en los abrevaderos y suele hacer buen tiempo.

SEP-OCT

➡ Temperaturas muy elevadas y buenas condiciones para observar la fauna de la estación seca.

DIC-ABR

➡ La estación lluviosa: muchas pistas se encuentran impracticables pero hay menos turistas.

buitres y águilas pescadoras africanas. En el Okavango Panhandle, una franja pantanosa de unos 100 km, las aguas se extienden por el valle formando cañaverales y lagunas invadidas por papiros, óptimas para la observación de aves. A orillas del río Chobe se contempla una extraordinaria variedad de avifauna, y hay muchas posibilidades de avistar águilas pescadoras. Durante las lluvias, el Santuario de Aves Nata es un mar de flamencos y otras aves migratorias; el resto del año alberga una cuarta parte de las aves de Botsuana.

Películas

El ojo del leopardo (2006) Dos años de la vida de un leopardo hembra y su cachorro en el delta.

Los últimos leones (2011) Una leona y sus cachorros luchan por la supervivencia en el delta del Okavango.

Enemigos eternos (2003-2006) Tres documentales sobre la rivalidad de los leones con búfalos, hienas y elefantes.

Libros

Okavango, el último paraíso (Frans Lanting) Retrato de la extraordinaria fauna salvaje de la región, así como de los humedales y desiertos del norte de Botsuana.

La 1ª agencia de mujeres detectives (Alexander McCall Smith) Primera entrega de una famosa serie protagonizada por una ingeniosa detective de Gaborone, que resuelve todo tipo de situaciones.

El coleccionista de tesoros y otros cuentos de los pueblos de Botsuana (Bessie Head) Colección de relatos ambientados en la Botsuana posterior a la independencia.

Cómo desplazarse

Avión Los servicios nacionales son bastante frecuentes y por lo general fiables. Air Botswana (y los vuelos chárteres) no es una aerolínea barata y solo viaja con regularidad a un puñado de localidades.

Autobús y 'combi' Los autobuses y *combis* viajan regularmente a todas las ciudades y pueblos principales, pero son menos frecuentes en zonas poco pobladas como Botsuana occidental y el desierto del Kalahari. El transporte público a los pueblos pequeños suele ser casi inexistente, a menos que se pase por una ruta importante.

Coche La mejor manera de viajar es alquilando un vehículo, pero las distancias son largas y por lo general se recomienda alquilarlo fuera del país (preferiblemente en Sudáfrica), donde la oferta es más amplia y los precios casi siempre más bajos.

Conducir campo a través

10 Los aficionados a los todoterrenos no quedarán decepcionados: en muchos lugares, unos caminos antiquísimos (peligrosos después de la temporada de lluvias) son la única manera de moverse por África. Si la idea de unas vacaciones de aventura consiste en explorar 12 000 km² de salinas desorientadoras, hay que ajustar el GPS y dirigirse a las Makgadikgadi Pans.

Safaris aéreos

11 Además de emocionante, la experiencia de volar en una avioneta de seis plazas hasta un campamento de safari o un *lodge* de diseño permite exprimir el tiempo y cubrir una selección de parques y reservas para hacerse una idea bastante completa de la variedad paisajística que reina en el territorio de Botsuana. Los safaris aéreos gozan de creciente popularidad en el delta, y a veces son necesarios.

Safari en el Parque Nacional Makgadikgadi.

10

Cristo Redentor, Corcovado, Río de Janeiro.

CAPITAL
Brasilia
....
POBLACIÓN
201 millones
....
ÁREA
8,5 mill. de km^2
....
IDIOMA OFICIAL
Portugués

Brasil

Islas tropicales, selvas exuberantes, ciudades maravillosas y playas de postal conforman el escenario de la gran aventura brasileña.

Brasil es uno de los lugares más cautivadores del planeta: un país con playas de arena blanca, selvas y metrópolis llenas de ritmo. Sus atractivos abarcan desde ciudades coloniales detenidas en el tiempo hasta paisajes fantasmagóricos de cañones de roca roja, cascadas atronadoras e islas tropicales con orlas de coral. A esto se añade la biodiversidad brasileña: su ecosistema posee la mayor colección de plantas y animales del planeta, y existen incontables lugares donde avistar especies típicas, como tucanes, guacamayos macaos, monos aulladores, capibaras, delfines rosados y tortugas marinas.

Brasil ofrece un amplio abanico de grandes aventuras: pasear a caballo y observar la fauna en el Pantanal, remar en kayak por junglas anegadas en el Amazonas, ascender por paredones rocosos para contemplar vistas panorámicas, avistar ballenas, practicar *surf* en playas bordeadas de palmeras y bucear con tubo en ríos cristalinos o arrecifes costeros; todo ello forma parte de la inolvidable experiencia brasileña.

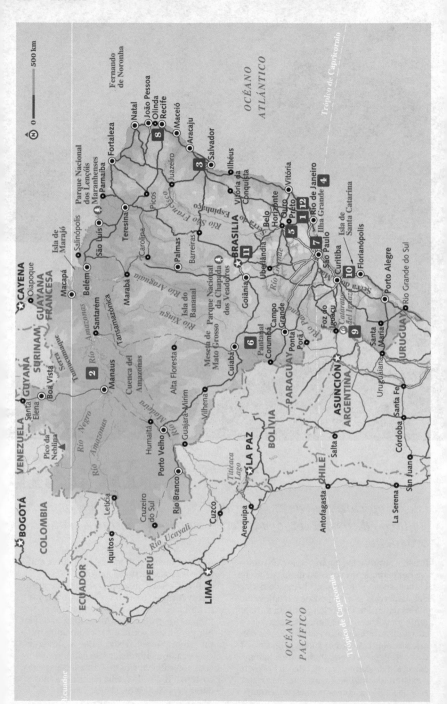

Brasil
Las mejores experiencias

Pan de Azúcar, Río de Janeiro

1 Algunos dicen que a la puesta de sol se contemplan las mejores vistas desde esta montaña; pero la verdad es que no importa cuándo se vaya: es imposible contemplar Río (o cualquier otra ciudad) de mejor manera. Desde aquí se despliega un paisaje de ondulantes montañas verdes y playas doradas lamidas por un mar azul, con hileras de rascacielos en la costa. La veloz subida en teleférico es divertida, y los más aventureros pueden escalar la roca hasta la cima.

El Amazonas

2 Huelga decir que el motivo de más peso para visitar el Amazonas es penetrar en la jungla: surcar los zigzagueantes cursos de agua en canoa, caminar por frondosos senderos, escudriñar la cubierta arbórea en busca de monos, perezosos y otras criaturas... La selva tropical más vasta y conocida del mundo ofrece excursiones de toda clase y para todo tipo de viajeros: desde sencillos paseos por senderos naturales hasta trepar por árboles de 50 m, desde *lodges* de lujo hasta campamentos improvisados. Sea cual sea el interés, experiencia, capacidad o presupuesto de cada cual, en la selva amazónica le aguarda una excursión alucinante.

Navegando en canoa por el Amazonas, Pará.

Salvador

3 La capital afrobrasileña es famosa por la *capoeira,* el *candomblé,* Olodum, la arquitectura colonial portuguesa, la comida callejera africana y uno de los faros más antiguos de América. La animada capital de Bahía ofrece una fusión única de dos culturas pujantes. La música y la vida nocturna culminan en febrero con uno de los mejores carnavales de Brasil.

Ilha Grande

4 Debido a su aislamiento, Ilha Grande funcionó durante décadas como cárcel y colonia de leprosos. Salvada de la urbanización por esta singular historia, sus laderas selváticas y sus numerosas playas se cuentan entre las mejor conservadas de todo Brasil. Los días transcurren caminando por exuberantes bosques pluviales atlánticos, buceando en mares aguamarina y disfrutando en frescas cascadas. Sin vehículos de motor que estropeen la fiesta, esta isla limpia y verde es un verdadero paraíso para los amantes de la naturaleza, y a un día de viaje de Río.

Ouro Preto

5 En las calles dieciochescas de Ouro Preto se suceden las obras maestras barrocas. Se pueden admirar las geniales esculturas de Aleijadinho; descubrir a Chico-Rei, rey tribal del s. XVIII convertido en héroe del pueblo, y contemplar fastuosas iglesias doradas. Las procesiones de Semana Santa figuran entre las más espectaculares del país.

El Pantanal

6 En cuanto a observación de la fauna, pocos lugares igualan al Pantanal, remoto humedal en el corazón del Mato Grosso. Desde capibaras hasta cigüeñas, la vida animal abunda y es fácil de ver en estos parajes pantanosos. Y no hay sitio mejor en Sudamérica para ver al escurridizo jaguar.

São Paulo

7 En rivalidad con el ritmo frenético de Nueva York, la modernidad de Tokio y los precios de Moscú, São Paulo alberga a 20 millones de potenciales sibaritas, discotequeros y expertos en cócteles, y casi 30 000 restaurantes, bares y clubes para saciarlos. Desde los establecimientos para *gourmets* hasta las ofertas vanguardistas de Baixo Augusta y los bares bohemios de Vila Madalena, São Paulo es una avalancha de *bolinhos,* copas y ritmos que casi todas las noches se prolonga hasta después del alba.

Los ritmos de Brasil

Con influencias de tres continentes, la música popular brasileña se ha caracterizado siempre por su diversidad. La samba, p. ej., es una mezcla del bolero español con cadencias y ritmos africanos. La *bossa nova* recibió influencias de la samba y la música norteamericana, en particular el *jazz.* El tropicalismo mezcló influencias que van desde la *bossa nova* y las baladas italianas hasta el *blues* y el *rock* norteamericanos. Brasil continúa hoy creando formas musicales nuevas y originales.

Comida y bebida

Barreado Mezcla de carne y especias cocinada durante 24 h en una olla de barro y servida con plátano y *farofa;* es típico de Paraná.

Carne de sol A la parrilla y servida con judías, arroz y verduras.

Cozido Con carne y muchas verduras.

Feijoada Guiso de judías y carne con rodajas de naranja que suele comerse los sábados en el almuerzo.

Moqueca Cazuela de pescado bahiana preparada en una olla de barro con aceite *dendê* (de palma), leche de coco y pimientos picantes.

Pão de queijo Panecillos de mandioca rellenos de queso.

Pastel Masa fina, rellena de carne, queso o pescado y frita después.

Pato no tucupí Asado con ajo, caldo de mandioca y jambo; se come mucho en Pará.

Pirarucu ao forno Delicioso pescado del Amazonas horneado con limón y otros aderezos.

Vatapá Plato de pescado de origen africano con una salsa espesa de mandioca, coco y aceite *dendê.*

si Brasil tuviera 100 habitantes

54 serían blancos
38 serían mulatos
6 serían negros
2 serían de otro origen

grupos religiosos
(% de población)

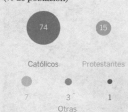

74 Católicos
15 Protestantes
7 No religiosos
3 Otras religiones
1 Espiritistas

población por km²

BRASIL   EE UU   ESPAÑA

♦ ≈ 24 personas

Pelourinho, Salvador.

Recife y Olinda

8 Estas vecinas localidades nororientales con una historia entrecruzada y una cultura compartida forman una pareja embriagadora. Recife es la hermana mayor, con sus rascacielos y su tráfico, pero también con un fascinante centro histórico cada vez más atractivo por la renovación de los edificios así como por los nuevos museos y restaurantes; Olinda, cubierta de árboles, tiene callejuelas tranquilas y sinuosas, iglesias coloniales y galerías de arte. El vibrante patrimonio de ambas ciudades se reúne en las desenfrenadas fiestas del Carnaval.

Cuándo ir

TEMP. ALTA

(dic-mar)

➡ Coincide con el invierno del hemisferio norte.

➡ Época de calor y fiestas, aunque con precios más altos y estancias mínimas (por lo general, cuatro noches) en el carnaval.

TEMP. MEDIA

(abr y oct)

➡ Tiempo aún templado y seco en la costa, aunque puede refrescar en el sur.

➡ Nivel medio en precios y cantidad de gente, aunque la Semana Santa atrae turistas y eleva los precios.

TEMP. BAJA

(may-sep)

➡ Salvo en julio, mes de vacaciones escolares, precios más bajos y temperaturas frías en el sur.

➡ De julio a septiembre son meses buenos para visitar el Amazonas o el Pantanal.

Cataratas del Iguazú

9 No importa cuántas cataratas se hayan visto ni cuántas veces se haya uno dicho que jamás volvería a ver otras: las del Iguazú sobrepasan cualquier idea preconcebida de un salto de agua. El bramido atronador de 275 cascadas despeñándose por la frontera entre Brasil y Argentina deja sin palabras incluso a los más viajados. Furiosas, imparables y maravillosas, las cataratas del Iguazú causan pasmo.

Santa Catarina

10 Santa Catarina es sinónimo de buena vida, lo que tiene mucho que ver con sus costas tostadas por el sol. Ya se quede uno en Florianópolis, donde un cómodo camino al paraíso pasa por 42 playas idílicas a menos de 1 h de coche, o enfile al sur de la capital hasta Guarda do Embaú, uno de los mejores lugares de Brasil para el *surf*, o Praia do Rosa, la localidad playera

Películas

Ciudad de Dios (2002) Brutalidad y esperanza en una favela de Río por el premiado director Fernando Meirelles.

Estación central de Brasil (1998) Conmovedora historia de Walter Salles sobre un chico sin hogar y un mujer mayor que viajan por todo Brasil.

Orfeo negro (1959) Recreación de un mito clásico ambientada en el carnaval y con fondo de *bossa nova*.

....

Libros

Casa-grande y senzala (Gilberto Freyre, 2010) Ensayo sobre la formación de la sociedad brasileña, reflejo del mestizaje y la convivencia entre opuestos como logros de su cultura.

Gabriela, clavo y canela (Jorge Amado, 1958) Divertida historia de seducción y traición ambientada en Bahía durante la década de 1920 y escrita por uno de los mejores novelistas de Brasil.

La ciudad perdida de Z (David Grann, 2009) Viaje al Amazonas siguiendo los pasos de un explorador perdido, el coronel Fawcett.

Cómo desplazarse

Avión Útil para salvar las distancias inmensas de Brasil; puede ahorrar días de viaje; los precios suelen ser altos, pero se ofrecen promociones frecuentes.

Barco Transporte lento e incómodo entre poblaciones del Amazonas, con viajes que se miden por días y no por horas. Hará falta una hamaca, tentempiés y agua potable.

Autobús Numerosos servicios, desde *comum* (convencional) hasta *leito* (nocturnos) por todo el país, excepto el Amazonas.

más refinada del estado, el viajero perderá el sentido la primera vez que pise las arenas impolutas de Santa Catarina.

Brasilia

11 Lo que la ciudad del futuro necesitaba para justificar su pretensión de ser heraldo del "nuevo amanecer" de Brasil era un arquitecto capaz de proyectar edificios dignos de ese papel, y en Oscar Niemeyer se encontró al hombre apropiado. La Catedral Metropolitana, que simboliza una corona de espinas, es una obra maestra, y el interplanetario Teatro Nacional no parece de este mundo. Brasilia es una ciudad de

joyas arquitectónicas proyectadas por un genio que se inspiró en el concepto de un futuro mejor.

Carnaval de Río

12 Conviene dormir mucho antes de subir al avión porque, una vez se aterrice, la juerga no tiene fin. Con casi 500 fiestas callejeras en cada rincón de la ciudad, no faltan oportunidades para la diversión durante el Carnaval carioca. Para disfrutarlo plenamente lo mejor es apuntarse a una escuela de samba y desfilar entre bandas de tambores y dragones motorizados en el Sambódromo; o disfrazarse y acudir a alguno de los bailes que se organizan por toda la ciudad.

Desfile de una escuela de samba en Carnaval, Río de Janeiro.

RICHARD I'ANSON / GETTY IMAGES ©

Mezquita de Omar Alí Saifuddien, Bandar Seri Begawan.

CAPITAL
Bandar Seri Begawan

POBLACIÓN
415 717

ÁREA
5765 km²

IDIOMA OFICIAL
Malayo

Brunéi

Con pintorescos pueblos acuáticos, bosques pluviales, mezquitas impresionantes y una cocina sobresaliente, Brunéi es tan amable y discreto como su gente.

El pequeño sultanato de Brunéi parece casi una coma geográfica insertada entre Sarawak y Sabah; y sin duda lo es en sentido conceptual porque, a menos que uno sea ingeniero petrolífero, cuando alguien pregunta: "¿Por qué ir a Brunéi?", la respuesta suele ser el equivalente geográfico de una pausa: transbordo o parada.

Pero todo no se reduce a colas para el pasaporte. Este tranquilo *darussalam* ("morada de paz" en árabe) posee los yacimientos de petróleo más grandes del sureste asiático, y, como el petróleo genera dinero, Brunéi no ha

transformado sus bosques pluviales en plantaciones de palmeras; la vegetación abunda, sobre todo en el Parque Nacional de Ulu Temburong. Dado que el alcohol está prohibido, los habitantes de la capital, Bandar Seri Begawan (BSB), se pirran por la comida y las compras.

Esta nación tranquila (a veces somnolienta) es la plasmación de un principio muy singular: un estado religioso estricto y socialmente controlado donde la felicidad reside en el culto piadoso y el consumo masivo. Visítelo el viajero y juzgue los resultados por sí mismo.

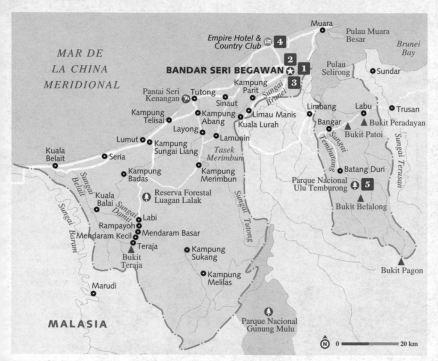

Brunéi

Las mejores experiencias

Kampung Ayer (pueblo acuático)

1 Borneo se está modernizando con rapidez, pero incluso el empresario ducho en la tecnología más avanzada dista solo una generación del *kampung ayer,* o pueblo acuático. Algunos lugareños solo pasan la infancia en estas comunidades, pero muchos acaban sus días en ellas. Así ocurre con el pueblo acuático que linda con la capital –Bandar Seri Begawan– y es el más grande del mundo en su clase; algunos vecinos viven humildemente mientras que otros aparcan coches deportivos antes de tomar un taxi acuático para regresar a sus casas: una fascinante yuxtaposición de

nostalgia y desarrollo, todo sobre pilotes.

Bandar Seri Begawan

2 Las ciudades construidas con el dinero del petróleo acostumbran a ser lugares ostentosos; pero salvo por un palacio al que por lo general no se puede entrar, un par de mezquitas enormes y un hotel que parece una tarta de boda, Bandar (como se conoce a la capital, o BSB) es un sitio bastante discreto. La vida gira aquí en torno a las compras, unos restaurantes de primera y, dependiendo del grado de devoción, las fiestas ilícitas o el islam (y a veces ambas cosas). BSB posee también unos cuantos museos, el pueblo

acuático más grande del mundo –un trozo del pasado que revela la querencia bruneana por la nostalgia– y un agradable paseo marítimo ideal para dar una vuelta por la noche.

Mezquita de Omar Alí Saifuddien

3 Contruida entre 1954 y 1958, Masjid Omar Alí Saifuddien –se llama así por el 28º sultán de Brunéi: el fallecido padre del actual– está rodeada por un lago artificial que la refleja. Por la noche la mezquita se convierte en el centro de la vida de BSB; la gente acude a rezar y se va después a comer o de compras, como es costumbre en Brunéi. Los 44 m del alminar la convierten en el edificio

Casas sobre pilotes, Bandar Seri Begawan.

más alto del centro de BSB. Para lo que se estila, el interior es suntuoso: suelo y paredes del mejor mármol italiano, vidrieras y arañas fabricadas en Inglaterra, y lujosas alfombras traídas en avión desde Arabia Saudí y Bélgica. Los aficionados a los rompecabezas pueden admirar el mosaico veneciano con 3,5 millones de piezas en el interior de la cúpula principal, y la barca ceremonial emplazada en la laguna es una réplica de una *mahligai* (barcaza real) del s. XVI.

Empire Hotel & Country Club

4 Faraónico por sus dimensiones y opulencia, este capricho de 523 habitaciones fue encargado por el príncipe Jefri para alojar a los huéspedes de la casa real, y, a fin de recuperar parte de los 1,1 millones de dólares invertidos, se transformó en un *resort* de lujo. Hoy, cualquiera a quien le guste la ostentación al estilo de Las Vegas puede visitar el enorme complejo de piscinas del exterior (muy frecuentado por extranjeros y ricos), tomar un té en el salón o sentarse en el vestíbulo junto a una de las lámparas de oro y cristal de Baccarat (500 000 US$). El hotel posee dos; la otra cuelga en la Emperor Suite y puede admirarse en privado por unos 17 000 BN$ la noche.

si Brunéi tuviera 100 habitantes

100 serían malayos
10 serían chinos
3 serían indígenas
21 serían de otro origen

grupos religiosos
(% de población)

79	8
Musulmanes	Budistas
9	4
Cristianos	Otras religiones

Cuándo ir

OCT-DIC
➡ Los meses más lluviosos pero también más frescos.

ENE-MAY
➡ Febrero y marzo son los meses más secos. La fiesta nacional se celebra el 23 de febrero.

JUN-AGO
➡ Calor. El cumpleaños del sultán (15 de julio) se celebra con fiestas en todo el país.

población por km²

BRUNÉI	MALASIA	INDONESIA

⬆ ≈ 10 personas

Los cañones de Brunéi

Entre lo más interesante que se expone en el Museo de Brunéi –en parte porque es una de las pocas piezas exclusivas del país– se cuenta una serie de *bedil* o cañones; no fue el petróleo, sino estas armas forjadas en bronce, las que en su día proporcionaron riqueza y poder al sultanato.

Los cañones de Brunéi sojuzgaron a muchos de los reinos más pequeños de Borneo y extendieron su poder hasta Filipinas; tan comunes eran que se convirtieron en un deseado regalo de dote, y quizá con motivo, porque los *bedil* son preciosos.

Todos están profusamente decorados, y algunos se tallan para parecer dragones y cocodrilos, porque, a fin de cuentas, ¿qué inspira más terror que una bala de cañón saliendo de la boca de un cocodrilo?

Cómo desplazarse

Autobús Los autobuses de Brunéi son bastante caóticos, al menos para los no iniciados, pero cubren muchos destinos dentro y fuera de BSB.

Coche Brunéi tiene la gasolina más barata del sureste asiático. Quien alquile un coche con matrícula malaya y no resida en Brunéi será llevado a un surtidor especial donde pagará más (es para evitar el contrabando).

Taxi Una forma cómoda de moverse, si es que se encuentra alguno. No existe ningún servicio centralizado y resulta casi imposible parar un taxi por la calle, pero los hoteles pueden recomendar conductores y facilitar sus teléfonos.

Taxi acuático Si el destino queda cerca del río, los taxis acuáticos –motoras pequeñas– son una buena manera de llegar.

Parque Nacional de Ulu Temburong

5 Es raro que en un país tan cuidado y reglamentado como Brunéi quede todavía una porción considerable de naturaleza virgen. Ahí radica el atractivo del Parque Nacional de Ulu Temburong, situado en el corazón de un bosque pluvial de 500 km² y tan intacto que los turistas solo pueden visitar 1 km² de su superficie. A fin de protegerlo para las generaciones futuras, el acceso al resto del parque solo está permitido a los científicos, que acuden de todas partes del mundo. La bullente fauna de estos bosques incluye hasta 400 especies de mariposas, pero pocos vertebrados. Los mejores momentos para avistar aves y otros animales, en el bosque y las riberas, son en torno a la salida y la puesta del sol, pero a los buceros y los gibones de Borneo es mucho más probable oírlos que verlos.

Comida y bebida

Ambuyat El plato casi nacional de Brunéi son unas gachas gelatinosas que se comen con diversas salsas de sabor intenso.

Bebidas La venta y el consumo público de alcohol están oficialmente prohibidos, pero algunos establecimientos (con frecuencia hoteles y restaurantes de alto nivel) lo sirven a veces con discreción.

Bumbu Pasta a base de pimienta molida que contiene ajo y chalotas, y con la que se preparan curris, sopas y guisos.

Carne El pescado y los mariscos son habituales, mientras que el pollo, la ternera y el búfalo, aunque se consiguen, se reservan para ocasiones especiales.

Harina de sagú Muy consumida por los bruneanos, se extrae con laboriosidad del tronco de una palmera; mezclándola con agua y cociéndola se prepara *ambuyat*.

Monasterio de Rila.

CAPITAL
Sofía

POBLACIÓN
7 millones

ÁREA
110 879 km²

IDIOMA OFICIAL
Búlgaro

Bulgaria

Desde agrestes cordilleras con pueblos remotos y monasterios encantadores hasta ciudades modernas y largas playas de arena en la costa del mar Negro, explorar Bulgaria resulta gratificante.

Quizá Bulgaria atraiga al grueso de los visitantes por sus largas playas de arena en el mar Negro, pero hay mucho más que ver. El país posee nada menos que siete cordilleras y variados paisajes ideales para el esquí, el ciclismo, la escalada y la observación de la fauna. Y aquí se encuentran algunas de las estaciones de esquí más modernas y baratas de Europa. La profundidad de la historia y cultura de Bulgaria se evidencia al instante: incontables iglesias y gran número de monasterios ortodoxos llenos de iconos; pintorescos pueblos con casas de entramado de madera y calles adoquinadas; y recuerdos espectaculares del patrimonio nacional, desde tumbas tracias y ruinas romanas hasta fortalezas medievales, mezquitas otomanas y monumentos comunistas desmoronándose lentamente por el peso de la historia.

Las ciudades de Bulgaria recompensan al visitante con sus museos y galerías llenos de tesoros, y sus parques salpicados de cafés y restaurantes donde el café es fuerte, la cocina sustanciosa y la conversación animada.

Bulgaria
Las mejores experiencias

Monasterio de Rila

1 Con un tranquilo emplazamiento en un valle boscoso al sur de Sofía, este monasterio es el tesoro espiritual más señero y con más historia de Bulgaria: un antiguo centro del saber y la cultura que mantuvo vivo el alma de la nación durante la ocupación otomana. Patrimonio Mundial de la Unesco desde 1983, el monasterio creció a partir de la cabaña de un ermitaño del s. x y ha sido reconstruido en muchas ocasiones. Sus arquerías, frescos e iconos crean un ambiente sublime y suntuoso.

Veliko Târnovo

2 Joya indisputada del centro de Bulgaria, la venerable ciudad de los zares –capital de Bulgaria en la Edad Media– ofrece una mezcla de antigüedad, *boutiques* y vida nocturna. Esta ciudad universitaria que domina el río Yantra recibe muchos visitantes nacionales y extranjeros, que se maravillan ante el "Espectáculo de Luz y Sonido" ofrecido todas las noches en la imponente fortaleza de Tsarevets, una ciudadela medieval todavía sólida.

Iglesia de Aleksander Nevski, Sofía

3 Alzada majestuosamente sobre los tejados de la capital, esta bella catedral ortodoxa erigida en memoria de los 200 000 soldados rusos muertos en la guerra ruso-turca (1877-1878) tardó 30 años en construirse y se terminó en 1912. Las fulgentes cúpulas doradas se ven a varias calles de distancia, y el interior, iluminado con velas, está decorado con mármol italiano, alabastro y deslucidos murales. Los servicios diarios los ofician sacerdotes con túnicas y barbas blancas acompañados por coros.

Esquí en los montes Pirin

4 En los montes Pirin se encuentran las estaciones de esquí más famosas de Bulgaria: Bansko y Borovets. Con las pistas más altas a partir de los 2500 m, Bansko es conocida por sus largas y empinadas pendientes y sus prolongadas temporadas

4

Estación de esquí de Bansko.

de esquí, y también por un ambiente festivo que ofrece desde restaurantes refinados y tratamientos de *spa* hasta bares y discotecas abarrotados. Las laderas de Borovets, al norte y más allá del monte Musala, superan igualmente los 2500 m; aunque los senderos de esta veterana estación son menos dificultosos, hay mucho terreno abierto y más complicado para los amantes de las emociones.

Koprivshtitsa

5 Con calles empedradas y puentes sobre un riachuelo, este pueblo-museo acurrucado entre Karlovo y Sofía es un exponente perfectamente conservado de la arquitectura del Renacimiento Nacional búlgaro. Casi 400 edificios de relevancia arquitectónica e histórica gozan de protección oficial, entre ellos iglesias y casas-museo con decoración y utensilios de épocas pasadas.

Tumbas tracias

6 Los búlgaros se enorgullecen de su legado tracio, y las tribus de las que salieron antaño Espartaco, caudillo de los esclavos, y el semidiós Orfeo, tañedor de la lira, estaban fantásticamente dotadas para el arte y la artesanía. Hoy, los recuerdos más visibles de su cultura son las tumbas exhumadas en el sur y centro de Bulgaria; la mejor es la impresionante tumba de Kazanlâk, erigida para un rey del s. IV, adornada con murales bien conservados de carreras de cuadrigas y

si Bulgaria tuviera 100 habitantes

77 serían búlgaros
8 serían turcos
4 serían rumanos
11 serían de otro origen

grupos religiosos
(% de población)

Ortodoxos búlgaros · Musulmanes (suníes) · Musulmanes (chíies)

Otras religiones · No religiosos

Cuándo ir

ENE

➡ Un momento estupendo para esquiar en Bansko o el monte Vitosha.

MAR-MAY

➡ Tiempo primaveral con fiestas por todo el país.

JUN-SEP

➡ Días de holganza en las playas del mar Negro y noches en las mejores discotecas de Bulgaria.

población por km²

BULGARIA · GRECIA · ESPAÑA

↑ ≈ 15 personas

Vasil Levski

Es un nombre que se ve en los rótulos callejeros y edificios públicos de todas las ciudades búlgaras, y su apostura de galán pronto resulta familiar; se trata de Vasil Levski, el "Apóstol de la Libertad" y héroe nacional de Bulgaria.

Nacido Vasil Ivanov Kunchev en Karlovo en 1837, Levski (apodo que significa "león") quiso ser monje, pero en 1862 huyó a Belgrado para unirse a los revolucionarios que, encabezados por Georgi Rakovski, luchaban contra los turcos. Pocos años después había regresado, tras viajar de incógnito por Bulgaria creando una red de comités revolucionarios. Levski, que creía en los ideales de la Revolución francesa, fue un líder carismático del movimiento independentista, pero lo capturaron en Lovech en diciembre de 1872 y fue ahorcado en Sofía en febrero de 1873; el Monumento a Levski señala el lugar donde murió.

Comida y bebida

Banitsa Empanada de queso, a menudo servida recién hecha y caliente.

Cerveza Zagorka, Kamenitza y Shumensko son las marcas que más se beben en todo el país.

Kavarma Esta "comida de olla de barro", o estofado de carne, se suele preparar con pollo o cerdo.

Kebabche Salchicha de pollo a la parrilla, típica de todas las *mehana* (tabernas) del país.

Shishcheta *Shish kebab* que consiste en un trozo de pollo o cerdo en brochetas de madera, con champiñones y pimientos.

Shkembe chorba Sopa de callos.

Tarator Sopa fría de pepino y yogur, con ajo, eneldo y nueces trituradas.

Vino Muchas y excelentes variedades.

festines, y declarada Patrimonio Mundial por la Unesco.

El vino búlgaro

7 La tradición vinícola de Bulgaria se remonta a los antiguos tracios, y los buenos caldos de país los han disfrutado desde escritores romanos y cruzados franceses hasta el primer ministro británico Winston Churchill, que encargaba el tinto de Melnik por toneles. Las regiones productoras se extienden desde el Danubio hasta el mar Negro y la llanura de Tracia, y numerosas bodegas ofrecen catas que suelen acompañarse con carnes, quesos y vistas memorables.

Plovdiv

8 Amante del arte y la diversión, Plovdiv supone una magnífica alternativa a Sofía. Es una ciudad estudiantil, con profusión de restaurantes, bares y galerías, y un dinámico ambiente cultural. La evocadora ciudad vieja alberga casas del Renacimiento Nacional, que trepan por calles empedradas, museos y galerías, y un magnífico anfiteatro romano, mientras que el moderno barrio de Kapana es perfecto para una salida nocturna.

Cómo desplazarse

Avión Los únicos vuelos regulares dentro de Bulgaria conectan Sofía con Varna y con Burgas.

Autobús Entre las ciudades más grandes circulan autobuses frecuentes, modernos y cómodos, y entre poblaciones más pequeñas microbuses a menudo abarrotados.

Coche Las carreteras de Bulgaria se cuentan entre las más peligrosas de Europa, y el número de muertos al año es elevado.

Tren La red estatal de ferrocarriles, con nada menos que 4278 km de vías, conecta casi todas las ciudades y pueblos del país.

Mercado, Bobo-Dioulasso.

CAPITAL
Uagadugu

POBLACIÓN
18,3 millones

ÁREA
274 200 km²

IDIOMA OFICIAL
Francés

Burkina Faso

Antes llamado Alto Volta y apenas conocido en el mundo, Burkina Faso termina siendo el país del África occidental preferido por muchos viajeros.

Sin salida al mar, Burkina Faso (Burkina para los burkineses) quizá carezca de muchos atractivos caros, pero conquista invariablemente los corazones de los viajeros por la cálida bienvenida que dispensa. Las ciudades efervescentes, su arquitectura tradicional, las oportunidades para la observación de la fauna y sus paisajes fascinantes se suben a la cabeza. Los otros reclamos del país son sus paisajes mágicos –desde las llanuras del Sahel hasta la ondulada sabana y la sorprendente orografía– y su animado ambiente cultural.

Uagadugu y Bobo-Dioulasso, las dos ciudades más grandes, son famosas por sus tradiciones musicales y la belleza de su artesanía. En Bobo, los *griots* (casta tradicional de músicos o bardos), herreros y "nobles" (granjeros) siguen viviendo en sus barrios respectivos, pero intercambian servicios y beben en los mismos bares de *chopolo* (cerveza de mijo). Si a esto se añade el Fespaco, el principal festival de cine de África, que se celebra en la capital los años impares, hay suficiente para cautivar los sentidos durante un par de semanas.

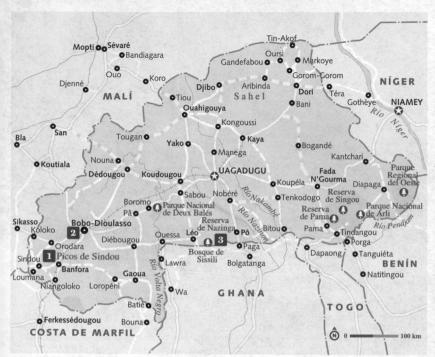

Burkina Faso
Las mejores experiencias

Picos de Sindou

1 Entre los paisajes más espectaculares del país destacan los picos de Sindou, un macizo angosto y escarpado, situado en el sector occidental de Burkina Faso, con tortuosos conos esculpidos por la naturaleza. Esta fantasmagoría geológica es ideal para el senderismo.

Bobo-Dioulasso

2 Puede que Bobo, como se conoce comúnmente a Bobo-Dioulasso, sea la segunda ciudad más grande de Burkina Faso, pero posee un encanto pueblerino y sus calles arboladas rezuman languidez semitropical. Durante el día hay mucho que hacer por la ciudad y sus alrededores, pero conviene reservar energía para disfrutar por la noche de su ambiente musical y excelentes restaurantes.

Reserva de Nazinga

3 Además de elefantes, en este parque, situado al sur de la capital, moran antílopes, monos, jabalíes verrugosos, cocodrilos y muchas aves; pero los errabundos y colosales elefantes son las estrellas del espectáculo. La mejor época para verlos es de diciembre a abril, aunque no faltan oportunidades para los avistamientos durante todo el año.

Comida y bebida

Aloco Plátano frito con chiles en aceite de palma.

Attiéké Mandioca rallada.

Graine Salsa picante que se hace con los frutos de la palma aceitera.

Kedjenou Pollo o pescado hervido a fuego lento con verduras.

Riz Sauce Arroz con salsa.

Cuándo ir

ENE-FEB

➡ Meses perfectos para la observación de la fauna; el polvoriento *harmattan* puede producir calima.

ABR-SEP

➡ Conviene evitar la estación calurosa (abr-may); la lluviosa (jun-sep) dificulta el transporte.

OCT-DIC

➡ Una época fantástica, con paisajes verdes y temperaturas agradables.

CAPITAL
Bujumbura

POBLACIÓN
1,3 millones

ÁREA
27 830 km²

IDIOMAS
OFICIALES
Kirundi, francés

Burundi

País diminuto con un pasado traumático pero con una población acogedora que mira esperanzada al futuro, Burundi está saliendo de las tinieblas de su guerra civil.

Burundi es una mezcla de altas montañas, apacibles comunidades lacustres y un pasado trágico marcado por los conflictos étnicos. Aunque contiendas similares entre hutus y tutsis se han moderado en Ruanda deshaciéndose de las históricas etiquetas tribales, Burundi ha elegido un camino distinto: el diálogo franco y el debate respetuoso.

Ahora que la guerra ha terminado, Burundi está recibiendo un goteo de viajeros y es más seguro que hace años. Su capital,

Bujumbura, goza de un bello emplazamiento a orillas del lago Tanganica, con algunas de las mejores playas de interior del continente. Para los aventureros, sus volcanes cubiertos de jungla ofrecen extenuantes escapadas siguiendo la pista de los chimpancés.

Los burundeses, por otra parte, tienen una irreprimible alegría de vivir, y sus sonrisas resultan tan contagiosas como el ritmo de los tambores que dan fama al país.

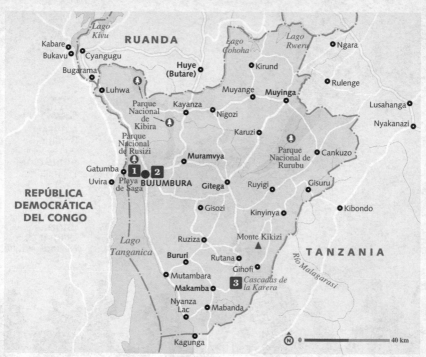

Burundi
Las mejores experiencias

Playa de Saga

1 Tomar una cerveza fría a la sombra de una palmera en la playa de Saga, una de las playas interiores más hermosas de África. Las playas del lago Tanganica en Bujumbura se cuentan entre las mejores de cualquier país africano sin salida al mar, y la arena es blanca y fina.

Comida y bebida

Las *brochettes* y las *frites* (patatas fritas) son un legado del período colonial belga, pero también se comen suculentos pescados del lago Tanganica y buenas carnes.

En cuanto a bebida, una cervecera nacional distribuye enormes botellas de Primus.

Bujumbura

2 Cenar en plan elegante y bailar hasta la madrugada en Bujumbura, la vibrante capital. Congelada en el tiempo tras una larga época de conflictos, en Bujumbura casi no se ha construido desde la década de 1980, por lo que conserva buena parte de sus bulevares y edificios públicos del período colonial. "Buj" tiene fama por su gastronomía y sus locales de copas y baile.

Cascadas de la Karera

3 Darse una ducha fría bajo una de las cuatro cascadas de la Karera, la más bonita de las cuales es Nyakai I. Aguas arriba se encuentra la más pequeña, Nyakai II, ideal para una ducha improvisada. A este curso de agua se unen las cataratas de Mwaro para formar el salto de agua más alto de la zona, las cascadas de Karera.

Cuándo ir

TODO EL AÑO

➡ La altitud afecta a las temperaturas regionales. Bujumbura es más templada que el resto del país.

OCT-MAY

➡ Estación lluviosa con un corto período seco en diciembre y enero.

JUN Y AGO

➡ Los burundeses acuden en masa a las playas del lago Tanganica en la estación "larga y seca".

Monjes con túnicas ceremoniales en Gangte Goemba, valle de Phobjikha.

CAPITAL
Thimphu

POBLACIÓN
725 296

ÁREA
38 394 km²

IDIOMA OFICIAL
Dzongkha

Bután

Bután no es un lugar típico. Reino del Himalaya conocido por su magia y misterio, su tradicional cultura budista acepta los avances globales con cautela.

Este país reserva numerosas sorpresas; aquí el arroz es rojo y el chile no solo un aderezo, sino el ingrediente principal. Es además una tierra profundamente budista, donde los monasterios forman parte de la cultura oficial, y se pintan gigantescos penes protectores junto a la entrada de muchas viviendas.

Aun así, y pese a mantener visiblemente sus tradiciones budistas, no se trata de un museo, sino de una sociedad culta, vibrante y amante de la diversión. Entonces ¿por qué ir? Para empezar está el asombroso paisaje del Himalaya, cumbres nevadas elevándose sobre sombrías gargantas envueltas en bosques primigenios. En primera línea de este paisaje de postal se hallan los *dzongs* y monasterios, especie de majestuosas fortalezas cuya arquitectura singular personifica la cultura budista y es escenario de espectaculares *tsechus* (festivales de danza). También son dignos de mención sus tejidos y artesanía, extravagantes competiciones de tiro con arco, senderos a gran altitud, y maravillosas flora y fauna. Si no es Shangri-la, es lo más parecido.

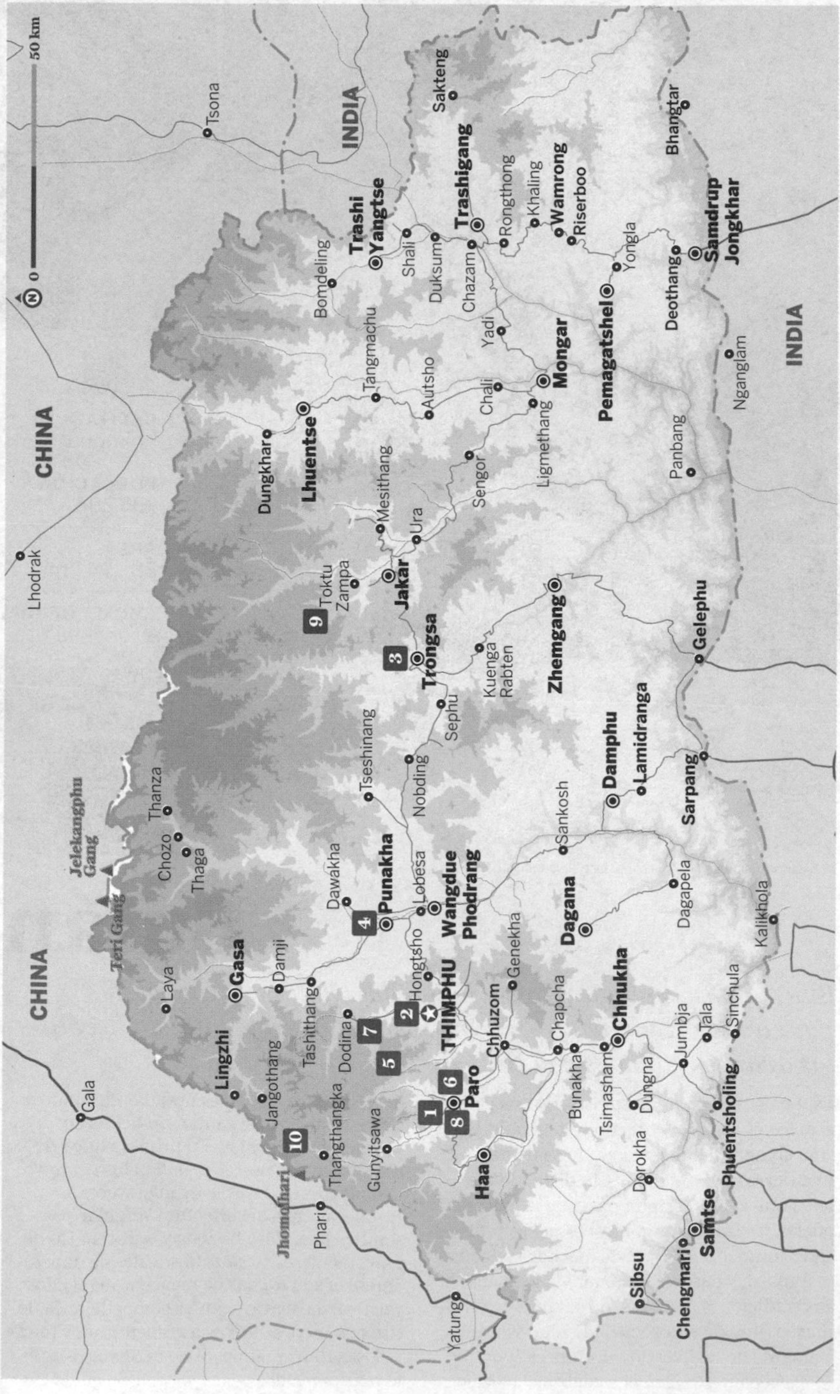

50 km

CHINA

INDIA

CHINA

INDIA

Tsona

Lhodrak

Gala

Yatung

Phari

Thangthangka

Gunyitsawa

Dodina

Tashithang

Damji

Laya

Lingzhi

Jangothang

Jhomolhari

Teri Gang

Jelekangphu Gang

Thanza

Chozo

Thaga

Gasa

Dawakha

Punakha

Lobesa

Hongtsho

THIMPHU

Genekha

Chhuzom

Paro

Haa

Tseshinang

Nobding

Wangdue Phodrang

Sephu

Nganglam

Chengmari

Samtse

Sibsu

Dorokha

Tsimasham

Bunakha

Chapcha

Chhukha

Dungna

Jumba

Tala

Sinchula

Kalikhola

Phuentsholing

Dagapela

Dagana

Sankosh

Lamidranga

Damphu

Sarpang

Gelephu

Kuenga Rabten

Zhemgang

Panbang

Trongsa

Toktu Zampa

Jakar

Ura

Mesithang

Sengor

Ligmethang

Pemagatshel

Deothang

Yongla

Samdrup Jongkhar

Mongar

Chali

Autsho

Yadi

Chazam

Duksum

Shali

Tangmachu

Bomdeling

Rongthong

Khaling

Riserboo

Wamrong

Bhangtar

Saisteng

Trashi Yangtse

Trashigang

Dungkhar

Lhuentse

① 1 ② 2 ③ 3 ④ 4 ⑤ 5 ⑥ 6 ⑦ 7 ⑧ 8 ⑨ 9 ⑩ 10

Bután
Las mejores experiencias

Taktshang Goemba

1 El Monasterio del Nido del Tigre, el más famoso del país, es también uno de sus templos más venerados. Según la leyenda, Guru Rinpoche voló hasta aquí a lomos de una tigresa para someter a un demonio local, y se quedó meditando durante tres meses. El bello edificio se halla anclado en escarpados acantilados sobre un susurrante pinar.

La empinada caminata merece la pena por las sugerentes vistas del monasterio, el valle de Paro así como por las flores rojas de los rododendros.

Mercado de fin de semana de Thimphu

2 En este bullicioso mercado, el más grande y luminoso del país, la sección de comida abruma el olfato del visitante con su pescado desecado, queso blando, nueces de areca y chile seco. Hojas de helecho rizado (*nakey*) y arroz rojo son solo parte de su exótica oferta. Cruzando el caudaloso Wang Chhu por el tradicional puente voladizo se llega a los puestos de venta de telas y artesanía, donde se pueden conseguir 'antigüedades', banderines de oración, telas y hasta una trompeta elaborada con un fémur humano.

El 'dzong' de Trongsa y la torre del Museo Trongsa

3 Descendiendo por un risco hacia una garganta, el *dzong* de Trongsa ocupa una posición estratégica en la geografía de Bután. Sede de gobierno del primer y segundo rey, su interior alberga un laberinto con varios niveles, angostos pasillos y patios. Dominándolo todo, la torre del Museo del Patrimonio Real de Trongsa se aloja en la atalaya. Dedicado a la historia del *dzong* y la dinastía real Wangchuck, entre sus piezas hay desde efectos personales de los soberanos a estatuas budistas.

si Bután tuviera 100 habitantes

50 serían bhotes
35 serían nepaleses
15 serían indígenas

grupos religiosos

(% de población)

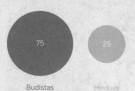

Budistas 75   Hindúes 25

población por km²

BUTÁN   ESPAÑA   INDIA

≈ 20 personas

El 'dzong' de Punakha

4 Con una soberbia ubicación en la confluencia de dos ríos, destacan su fotogenia y serenidad monástica. Construido por los Zhabdrung en 1637, es la residencia invernal del Je Khenpo y escenario de la coronación de los reyes de Bután. En primavera los árboles de jaracandá inundan de flores violeta los muros encalados, y monjes con hábitos rojos pasean entre un mar de pétalos. En sus gruesos muros, fríos y silenciosos, resuena el cálido eco de la risa de multitud de monjes dirigiéndose a comer.

Ruta del sendero de Druk

5 La más popular de Bután, entre sus atractivos se cuentan los monasterios, el paisaje alpino, una distancia idónea, y la cautivadora sensación de viaje al caminar entre Paro y Thimphu, los destinos más populares del país. En todas las rutas hay guías expertos y ponis que trasportan el equipaje. El senderismo lleva más allá del asfalto y del alcance de la modernización; encontrarse con lugareños vestidos de forma tradicional cuidando de sus cosechas y animales según costumbres seculares es uno de los alicientes del viaje.

'Dzong' de Rinpung y Museo Nacional

6 Este *dzong* de Paro es un colosal ejemplo de arquitectura defensiva que tiende su mirada protectora sobre el valle y la ciudad. El vistoso *tsechu* de Paro, celebrado aquí en primavera, culmina con el despliegue de un *thondrol* (gran imagen religiosa) que representa

La amapola azul

La delicada flor nacional azul o con matices violeta tiene un filamento blanco. Su crecimiento dura varios años, y entonces florece una única vez, produce semillas y muere.

Hubo una época en que estaba considerada un mito del Himalaya, como el *migoi* (yeti). En 1933 el botánico británico George Sherriff la encontró en la remota región montañosa de Sakteng, al este del país. Pese a ello, poca gente la ha visto.

Comida y bebida

A los butaneses les gusta tanto el chile que algunos platos solo son chiles acompañados de condimentos.

El plato nacional es el *ema datse*: grandes chiles verdes (a veces rojos, pero siempre muy picantes), preparados como verdura, no como aderezo, en una salsa de queso. Los cocineros de hoteles y rutas senderistas preparan buenos platos sin picante, como *kewa datse* (patatas con salsa de queso) y *shamu datse* (champiñones con salsa de queso). Más de temporada son los deliciosos espárragos y curiosas hojas de helecho (*nakey*), normalmente con el omnipresente *datse*.

La ternera y el pescado, procedentes de India o Tailandia, suelen llegar congelados por vía aérea y en buen estado. En verano, en zonas remotas, el viajero puede verse limitado al pollo o a una dieta vegetariana. La carne de yak solo se sirve en invierno.

Los principales tentempiés de influencia tibetana son los *momos*, pequeños *dumplings* al vapor rellenos de carne o queso; los de queso frito son la especialidad de algunos restaurantes de Thimphu.

Se pueden ver ristras de *chugo* (queso seco y extraduro de yak) colgando de las vigas en las tiendas, pero hay que tener cuidado con los dientes.

Bailarines con traje tradicional en el *dzong* Trashi Chhoe, valle de Thimphu.

a Guru Rinpoche. Sobre el *dzong* se alza una antigua atalaya redonda (*ta dzong*), sede del excelente Museo Nacional, con una variada colección divulgativa.

Valle de Thimphu

7 Destaca por sus atractivos culturales, como el *dzong* Trashi Chhoe, que celebra su *tsechu* en otoño. La capital de Bután cuenta además con muchos puntos de interés fuera de su área. Hay buenas caminatas cerca de la capital, que pasan por varios monasterios con una soberbia ubicación y espléndidas vistas del valle. Al oeste del centro de Thimphu, la Reserva de Takines de Motithang permite ver el símbolo nacional de Bután, el takín.

Kyichu Lhakhang

8 A poca distancia de Paro, es uno de los templos más antiguos, bellos y venerados del país. Se cree que el más antiguo de este complejo de templos gemelos lo construyó en el 659 el rey tibetano Songtsen Gampo. En los

Cuándo ir

TEMP. ALTA
(mar-may, sep-nov)

➡ El tiempo es ideal en primavera y otoño. Hay que reservar los vuelos con mucha antelación.

➡ Las mejores vistas se dan en octubre. La floración de los rododendros alcanza su apogeo en marzo y abril.

TEMP. MEDIA
(dic-feb)

➡ Las tarifas estacionales y menor afluencia de turistas permiten ahorrar viajando en esta época.

➡ El tiempo aún es agradable, aunque puede hacer frío en diciembre y enero.

TEMP. BAJA
(jun-ago)

➡ Lluvias monzónicas y sanguijuelas ponen fin a la mayoría de las rutas.

➡ Las flores de alta montaña están en su apogeo.

jardines exteriores se oyen las plegarias y el girar de las ruedas de oración; en el interior, una estatua de Jowo Sakyamuni del siglo VII descansa en el santuario. Los alrededores de este sereno *lhakhang* son el inicio de cómodas rutas de un día.

Bumthang

9 Sus valles constituyen el núcleo cultural de Bután y son ideales para hacer rutas de un día. Sus antiguos templos y monasterios ocupan un lugar destacado en el temprano desarrollo de Bután,

Películas

La otra final (Johan Kramer) Historia bien filmada sobre lo que pasa cuando el último equipo de fútbol del mundo (Montserrat) se enfrenta al penúltimo (Bután).

Viajeros y magos (Khyentse Norbu) Caprichoso cuento que aborda el conflicto entre lo viejo y lo nuevo, enmarcado en tortuosas carreteras de montaña y misteriosos bosques oscuros.

Libros

A la sombra del Himalaya (Kurt Meyer y Pamela Deuel Meyer, 2008) Los autores rinden tributo a John Claude White, administrador colonial y fotógrafo, que residió durante 20 años en el Himalaya al servicio del Imperio británico.

En el país del dragón. Tres años en el reino de Bután (Jamie Zeppa, 2000) La escritora canadiense narra sus experiencias como profesora en Bután.

Memorias de la esposa de un diplomático en el Tíbet (Margaret Williamson, 1987) Crónica de varios estados del Himalaya, por una aguda observadora de sus gentes y sus paisajes.

Cómo desplazarse

Avión Bután tiene ambiciosos planes de vuelos domésticos; se aconseja informarse en la agencia de viajes sobre su estado actual.

Autobús Los públicos son ruidosos y están a rebosar, y las tortuosas carreteras los hacen el doble de incómodos. Empresas privadas como Dhug Metho y Sernya utilizan cómodos Toyota Coasters y cuestan un 50% más que el microbús.

Automóvil y motocicleta Los operadores turísticos se ocupan de todo el transporte, por lo que no hay que preocuparse de conducir. Si se desea viajar por cuenta propia, es más recomendable un vehículo de alquiler con conductor o un taxi.

así como en la construcción de rasgos singulares del budismo nacional. El viajero puede ver la huella de Guru Rinpoche, alzar la cota de malla de 25 kg de Pema Lingpa, y contemplar las agitadas aguas de Membartsho, donde Pema Lingpa descubrió tesoros ocultos.

Ruta del Jhomolhari

10 Las rutas de Bután son físicamente exigentes pero al mismo tiempo muy gratificantes. Suelen recorrer altas montañas y alcanzar regiones remotas del Himalaya, y varias gozan de merecida fama en círculos internacionales. Al igual que la del campamento base del Everest, en Nepal, la del Jhomolhari es todo un peregrinaje para senderistas. Llega muy cerca del Jhomolhari y del Jichu Drakye, dos de las cimas más bellas del país, y tras cruzar un elevado paso, visita la remota aldea de Lingzhi, antes de coronar otro puerto y seguir camino de Thimphu. Además, es una excelente oportunidad para ver yaks.

Campamento base del Jhomolhari, región de Thimphu.

Ponto do Sol, Santo Antão.

CAPITAL
Praia

POBLACIÓN
531 046

ÁREA
4033 km²

IDIOMA OFICIAL
Portugués

Cabo Verde

A 500 km de la costa occidental de África, estas islas que emergen del Atlántico son inconfundiblemente africanas y están a la vez a años luz del continente.

Al zarpar con los vientos alisios del Sáhara y surcar el tormentoso océano Atlántico durante días, un archipiélago en forma de flecha surge entre África y Brasil. Se trata de Cabo Verde, el país más occidentalizado de la región, cuyos habitantes son más ricos y cultos que casi todo el resto del continente.

Bajo la apariencia de pequeñas manchas en el Atlántico oriental, estas 10 islas poseen grandes alicientes. En Santo Antão, escarpadas cumbres ocultan profundos valles verdes con flores y caña de azúcar, escenario para un senderismo épico. En São Vicente, la capital cultural de las islas, Mindelo, vibra con sus bares y clubes musicales. En Boa Vista, Sal y Maio, las etéreas dunas blancas se funden con el mar añil en playas vírgenes de arena fina. Si a ello se suma el constante ritmo de la música por la que Cabo Verde es célebre, y la famosa *morabeza* (hospitalidad en criollo) de su gente, es fácil entender por qué muchos vienen y nunca se van.

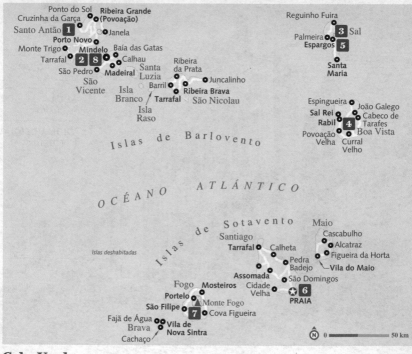

Cabo Verde
Las mejores experiencias

Santo Antão

1 Espectaculares cañones, cumbres que rozan las nubes y descensos vertiginosos convierten Santo Antão en un paraíso senderista. Hay rutas para todos los gustos, desde suaves caminatas de una hora a agotadores ascensos aptos solo para expertos. La ruta clásica va desde el cráter de Cova (1170 m), con su fascinante mosaico de granjas, hasta el bello Vale do Paúl.

Martes de Carnaval

2 No hay nada parecido en el resto de África. Los mejores ritmos africanos combinados con una buena dosis de estilo latino y sensualidad brasileña componen una seductora

y atrevida fiesta difícil de olvidar. Los preparativos comienzan meses antes y el domingo diversas comparsas practican para el desfile. Los trajes más descarados solo se usan el martes de Carnaval.

Sal

3 La playa de Sal es la playa de Santa María: una sublime franja de arena fina y agua increíblemente azul con *windsurf* de primera y mucha diversión al sol. Sin embargo, al desviar la mirada llega el estupor: Santa María, rey de los *resorts* de Cabo Verde, es un sombrío y ventoso solar más parecido a una zona en guerra que a un centro turístico de nivel internacional.

Boa Vista

4 Con suaves líneas de aterciopeladas dunas, inhóspitas llanuras y pocos oasis, Boa Vista parece un pedazo del Sáhara desprendido de África flotando en medio del Atlántico. Pese a sus fantásticas (aunque ventosas) playas, increíble *windsurf*, la bella localidad de Sal Rei y un creciente número de *resorts* y hoteles, la mejor razón para aventurarse hasta aquí es su desértico interior. Hay que estar preparado para una conducción algo movida, pues la mayoría de las carreteras son traicioneras.

Pedra do Lume

5 Un gran atractivo de Espargos es el surrealista paisaje lunar

Pueblo de Fontainhas, Santo Antão.

de Pedra do Lume, cráter de un antiguo volcán donde el agua del mar se transforma en brillantes lechos de sal. El viajero puede ver la antigua maquinaria para extraer la sal en la planta de 1805, flotar en la salada agua medicinal, recibir un masaje, una exfoliación con sal o un tratamiento con lodo en el pequeño *spa* Salinas Relax, y comer en el restaurante. Otros puntos de interés son la lonja de pescado de Palmeira, la bella playa de Igrejinha en el extremo este de Santa María y la piscina natural de Buracona.

Praia

6 La capital de Cabo Verde tiene la extensa periferia de cualquier urbe en vías de desarrollo. En el centro, en una gran meseta (de ahí el nombre Platô) en forma de fortaleza y con vistas al océano, hay un atractivo barrio antiguo que ocupará al viajero todo un día. Durante el paseo por las multicolores calles del barrio antiguo, no hay que perderse el pequeño mercado de comida.

Monte Fogo

7 Este volcán cónico envuelto en cenizas negras se alza espectacularmente desde el fondo de un antiguo cráter conocido como Chã das Caldeiras (Chã). Cercado por un semicírculo de abruptos acantilados, surgió cuando, en algún momento de los últimos 100 000 años, unos 300 km³ de isla se desplo-

si Cabo Verde tuviera 100 habitantes

71 serian criollos
28 serian africanos
1 sería europeo

estructura por edades (años)

(% de población)

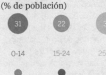

31	22	37
0-14	15-24	25-54

5	5
55-64	65+

población por km²

CABO VERDE	PORTUGAL	ESPAÑA

= 25 personas

Cuándo ir

AGO-OCT

➡ Durante la supuesta estación lluviosa, aunque muy cálida, pueden pasar semanas sin un chaparrón.

DIC-ABR

➡ Los fuertes vientos arrastran arena del Sáhara y hacen de esta la mejor época para el *surf*.

JUN-OCT

➡ Temporada de observación de tortugas; de febrero a mayo es la época de avistamiento de ballenas.

Cesária Évora

Indiscutible reina del *morna* y ciudadana más famosa de Cabo Verde, cautivó al mundo con una voz provista de densas texturas e irresistiblemente directa a la vez.

Cesária fue catapultada al estrellato en 1997 al lograr tres de los mejores galardones en la segunda edición de los premios anuales de la música africana. De repente, gente de todo el mundo se movía al ritmo de la música de Cabo Verde, aunque no supieran situarlo en el mapa.

Pese a cambiar su Mindelo natal por París, la "diva descalza" nunca se dio aires; salía al escenario con una botella y un paquete de cigarrillos. Cuando murió en el 2011, a los 70 años, Cabo Verde declaró dos días de luto nacional y el aeropuerto de Mindelo fue rebautizado en su honor. Hoy su legado musical sigue vivo.

Comida y bebida

Aunque la gastronomía de Cabo Verde incluye sutilezas portuguesas, posee una sólida base africana, y el *milho* (maíz) y las *feijão* (alubias) son productos típicos omnipresentes. Los lugareños añaden arroz, *batatas fritas* (boniatos fritos) y mandioca (yuca).

El mar aporta excelente *atum* (atún), *garoupa* (mero), *serra* (pez sierra) y *lagosta* (langosta). Otras fuentes de proteínas son los *ovos* (huevos) y el *frango* (pollo). Las verduras –a menudo *cenoura* (zanahoria), *couve* (col rizada) y *abóbora* (calabaza)– se sirven en *caldeirada* (estofado de carne o pescado), o simplemente al vapor.

En cuanto a las bebidas, destacan el *grogue*, licor local con caña de azúcar; el *ponche* (ron, limonada y miel); varios modestos vinos de Fogo; Strela, una aceptable cerveza local embotellada, y, lógicamente, las cervezas y vinos portugueses.

Tienda de música, Mindelo, São Vicente.

maron y cayeron al mar por el este. El cono principal lleva inactivo más de 200 años, aunque ha habido frecuentes erupciones.

Mindelo

8 En torno a un puerto en forma de media luna y rodeado de áridas montañas, Mindelo es la Riviera de Cabo Verde, con calles adoquinadas, edificios coloniales de vivos colores y yates meciéndose en un apacible puerto. En una curva se sitúa su puerto industrial de aguas profundas; punto estratégico para el suministro de carbón a los navíos británicos a finales del s. XIX, aún hoy es fuente de relativa prosperidad para la ciudad. Centro cultural del país desde hace tiempo, con numerosos poetas y músicos, como la desaparecida Cesária Évora, Mindelo sigue siendo un buen sitio para escuchar *morna* mientras se toma *grogue*. Los avezados lugareños, junto con un continuo flujo de viajeros, frecuentan los atractivos bares y bistrós.

Cómo desplazarse

Avión TACV viaja a todas las islas habitadas, salvo Brava y Santo Antão.

Barco Los únicos servicios regulares de confianza son entre Praia, Brava y Fogo, y entre Mindelo (São Vicente) y Santo Antão. El mar puede estar agitado y la travesía resultar inestable, sobre todo en invierno. Conviene llevar siempre reservas de agua y tentempiés.

Automóvil Se puede alquilar en muchas islas, pero solo merece la pena en Santiago, Boa Vista y Fogo.

Microbús y taxi Los *alugueres*, que pueden ser cómodas furgonetas o camionetas con estrechos bancos de madera, comunican incluso poblaciones relativamente pequeñas de casi todas las islas. Recogen pasajeros en puntos de la ciudad sin señalizar, salen cuando están más o menos llenos, y paran en cualquier lugar de la ruta, si se solicita.

Bailarinas jemeres en traje típico.

CAPITAL
Phnom Penh

POBLACIÓN
15,2 millones

ÁREA
181 035 km²

IDIOMA OFICIAL
Jemer

Camboya

Con una historia cautivadora y deprimente a la vez, Camboya ofrece un embriagador presente a los viajeros más aventureros, desde el esplendor de Angkor a la simplicidad de la vida rural.

Subir al reino de los dioses en Angkor Wat, fusión espectacular de espiritualidad, simbolismo y simetría; descender a la oscuridad de Tuol Sleng y ser testigo de los crímenes de los jemeres rojos. Esto es Camboya, un destino sugerente que hechiza al visitante.

Rodeado de bellas playas e islas tropicales, con el sustento de las aguas del río Mekong y envuelto por los escasos espacios naturales verde esmeralda que quedan en la zona, este país es aventura y vacaciones a la vez, y representa el corazón cálido del sureste asiático con todos sus atractivos en una dosis compacta.

Pese a sus grandes alicientes, el mejor tesoro es la gente. Los jemeres rojos trajeron el infierno, pero un espíritu indomable y un contagioso optimismo han mantenido en gran parte intactos la sonrisa y el espíritu de los camboyanos.

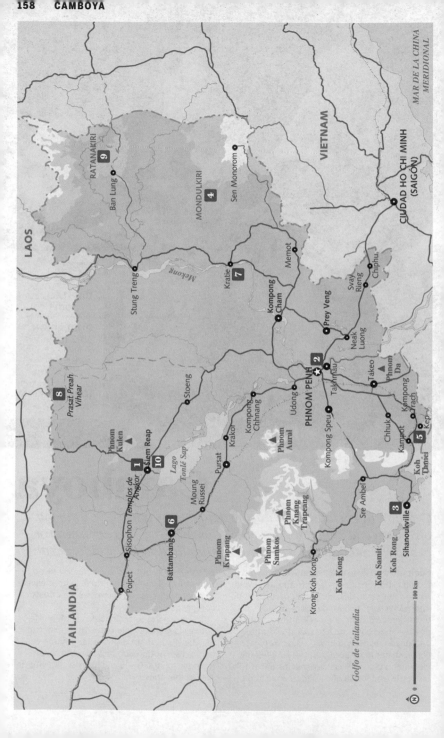

MAR DE LA CHINA MERIDIONAL

LAOS

VIETNAM

CIUDAD HO CHI MINH (SAIGON)

TAILANDIA

RATANAKIRI **9**
Ban Lung

MONDULKIRI **4**
Sen Monorom

Stung Treng

Kratie **7**

Kompong Cham

Memot

Prey Veng

Svay Rieng

Chiphu

Neak Luong

Takeo

Phnom Da

Kompong Trach

Kep

Kampot

Chhuk

Koh Thmei

5

PHNOM PENH **2**
Takhmau

Udong

Kompong Chhnang

Kompong Speu

Phnom Aural ▲

Phnom Kulen ▲

Prasat Preah Vihear **8**

Stoeng

Siem Reap **1** **10**

Lago Tonlé Sap

Krakor

Pursat

Moung Russei

Battambang **6**

Sisophon

Poipet

Templos de Angkor

Phnom Knang Trapeang ▲

Phnom Krapang ▲

Phnom Samkos ▲

Sre Ambel

Krong Koh Kong

Koh Kong

Koh Samit

Koh Rong

Sihanoukville **3**

Golfo de Tailandia

Mekong

N

0 ————— 100 km

Camboya
Las mejores experiencias

Templos de Angkor

1 Estos templos, uno de los mayores reclamos turísticos del planeta, agotan los superlativos. El viajero puede escoger entre Angkor Wat, el mayor edificio religioso del mundo; Bayon, uno de los más extraños, con inmensos rostros de piedra, y Ta Prohm, donde la naturaleza hace estragos. Fusión perfecta entre ambición creativa y devoción espiritual, aquí los "dioses-reyes" camboyanos de antaño se esforzaron por superar a sus antepasados en tamaño, escala y simetría. Hoy son lugar de peregrinación para los camboyanos, y ningún viajero debe perderse su extravagante belleza.

Phnom Penh

2 La caótica pero sugestiva capital se ha sacudido la sombra del pasado para abrazar un futuro mejor. Con una de las fachadas fluviales más bellas de la región, Phnom Penh vive su actual apogeo con hoteles de moda, restaurantes de diseño y atractivos bares deseosos de recibir al explorador urbano. El viajero puede sentir emociones extremas en el sugerente Museo Nacional y en la sombría prisión de Tuol Sleng, con lo mejor y peor de la historia nacional. Phnom Penh, que fuera "Perla de Asia", está recobrando su esplendor a toda velocidad.

Angkor Thom.

1

Sihanoukville

3 Pese a su fama de paraíso de mochileros, su mayor baza son las playas. En islas cercanas como Koh Rong y Koh Rong Samloem, los *resorts* están creando un ambiente relajado; en el sector continental, únicamente 5 km separan Occheuteal, la deslucida playa principal, de playa Otres, plácida y sublime pese a la urbanización que la amenaza desde hace tiempo. Las más céntricas Victoria, Independence, Sokha, y hasta Serendipity, muy frecuentada por mochileros, poseen encanto y personalidad únicas.

si Camboya tuviera 100 habitantes

90 serían jemeres
5 serían vietnamitas
3 serían cham
1 sería chino
1 sería de otro origen

grupos religiosos

(% de población)

96
Budistas

2   2
Musulmanes   Otras religiones

población por km²

CAMBOYA   LAOS   ESPAÑA

✝ ≈ 30 personas

Mondulkiri

4 Los inacabables arrozales y palmas de azúcar que puntúan el paisaje camboyano acaban dando paso a suaves colinas. Mondulkiri es el salvaje este, hábitat del recio pueblo bunong, que aún practica el animismo y la adoración a los antepasados. Aquí usan los elefantes, pero mejor que montarlos es visitar el Elephant Valley Project y pasear con la manada. Si a ello se suman atronadoras cascadas, rutas por la selva y avistamiento de langures de patas negras, se logra la receta ideal para la aventura.

Kampot y Kep

5 Estos refugios de la costa sur son la combinación perfecta para quien desee ir más allá de las playas de Sihanoukville. En la relajada Kampot se puede ver una magnífica arquitectura colonial, explorar el hermoso río en *paddleboard* o en kayak, y hacer una excursión al agreste Parque Nacional de Bokor. La soñolienta Kep ofrece un famoso mercado de cangrejos, rutas por el Parque Nacional Kep y *resorts* ocultos para evadirse de todo. En ambas ciudades, villas semiderruidas de hace medio siglo reflejan la época en que eran destinos exclusivos de unos pocos privilegiados de Phnom Penh.

Battambang

6 La Camboya auténtica, lejos de los destinos de la jet-set de Phnom Penh y Siem Reap. Abriéndose a la orilla del río Sangker, la bella Battambang es una de las ciudades coloniales mejor conservadas del país. Calles con tiendas francesas ofrecen desde cafés de comercio justo a excursiones en bicicleta. En

El club de la lucha camboyana

El *muay thai* (boxeo tailandés) y el *kickboxing* son ampliamente conocidos, pero lo que muchos ignoran es que este deporte de combate probablemente surgió en Camboya. El *pradal serey* (literalmente "lucha libre") es la versión nacional del *kickboxing*.

Un arte marcial más antiguo aún es el *bokator*, o *labokatao*, supuestamente de la época de Angkor. Traducido como "golpear a un león", en un principio se concibió para las batallas bélicas. Entre las armas utilizadas destacan bastones de bambú, palos cortos así como el *krama* (pañuelo) en ciertas situaciones.

Comida y bebida

Arroz Procedente de sus exuberantes arrozales, es el pilar de la alimentación nacional, ensalzado en el vocablo jemer que significa "comer" (*nyam bai*, literalmente "comer arroz"). Sin él, muchos camboyanos, sobre todo los conductores, se quedan sin energía. Aunque otros alimentos poseen los mismos carbohidratos, es arroz y solo arroz lo que cuenta.

Ensaladas Populares y deliciosas, aunque muy alejadas de la ensalada fría occidental. La *phlea sait kow* contiene ternera y verdura y está aromatizada con cilantro, menta y limoncillo, tres hierbas presentes en muchos platos.

Fruta En Camboya hay muchas frutas tropicales y probarlas es parte esencial del viaje. El *mongkut* (mangostán) y el *sao mao* (rambután) son algunas de las más apreciadas por los visitantes.

Prahoc La pasta de pescado fermentado es el eje de la cocina jemer. En torno a ella giran los sabores que potencian su gastronomía: raíces secretas, gustosas hierbas y tubérculos aromáticos.

Interior de un templo, Kampot.

los alrededores aguarda la campiña y un conjunto de templos antiguos, no como Angkor Wat, pero sin aglomeraciones. Algo más lejos está la Reserva de Aves de Prek Toal, de fama mundial.

Kratie

7 Puerta de entrada para los raros delfines del Irrawaddy del río Mekong, se está convirtiendo en un bullicioso cruce de la ruta terrestre entre Phnom Penh y noreste de Camboya o sur de Laos. La ciudad posee un ajado esplendor colonial y las mejores puestas de sol del Mekong. La cercana Koh Trong es un relajante enclave para alojarse con lugareños o viajar sobre dos ruedas. Al norte de Kratie, el Mekong Discovery Trail ofrece aventuras y vivencias en torno al río, como alojamiento en viviendas comunitarias y paseos en bicicleta y barco.

Prasat Preah Vihear

8 Decano de los templos de montaña, se alza majestuoso sobre los montes Dangkrek, convertido en polémico puesto fronterizo entre Camboya y Tailandia.

Cuándo ir

TEMP. ALTA
(nov-mar)

➡ Tiempo fresco y viento; la mejor época para ir.

➡ En Navidad y Año Nuevo hay que reservar alojamiento con antelación.

TEMP. MEDIA
(jul-ago)

➡ Lluvias y mucha humedad en gran parte del país, pero con paisajes verde esmeralda.

➡ La costa sur se llena de visitantes occidentales durante las vacaciones escolares de verano.

TEMP. BAJA
(abr-jun y sep-oct)

➡ Abril y mayo son los meses de calor, con temperaturas de 40°C.

➡ Septiembre y octubre pueden ser húmedos.

Sus cimientos alcanzan el filo del barranco, precipitándose hasta las llanuras situadas a sus pies; las vistas del norte del país son increíbles. La cronología de sus 300 años de construcción ilustra la evolución de la talla y la escultura en el período de Angkor. Aun así, su rasgo más destacado es la ubicación inmejorable.

Ratanakiri

9 Escenario del campamento selvático del

Películas

Apocalypse now (1979) En la obra maestra de Francis Ford Coppola, un coronel renegado (Marlon Brando) deserta a Camboya. Martin Sheen interpreta al joven oficial cuya misión es traerlo de vuelta. El encuentro entre ambos constituye uno de los alegatos más enérgicos jamás realizados contra la guerra.

Los gritos del silencio (1984) Definitiva película sobre el período de los jemeres rojos, narra la historia del periodista americano Sydney Schanberg y su asistente camboyano Dith Pran durante y después de la guerra.

Libros

El eco de las ciudades vacías (Madeleine Thien, 2012) La memoria enfrentada a la pérdida y los horrores del totalitarismo a través de los ojos de una niña.

El portal. Prisionero de los jemeres rojos (François Bizot, 2004) Bizot fue secuestrado por los jemeres rojos, y retenido posteriormente en la embajada francesa.

A la sombra de un silencioso lugar de exterminio (Sam Sotha, 2007) Las memorias de un camboyano durante el régimen de Pol Pot, acompañadas con dibujos ilustrativos.

Cómo desplazarse

Autobús El medio de transporte más común, que comunica las principales ciudades.

Automóvil y motocicleta Un automóvil o todoterreno es una opción aseq[u] para quienes valoran más el tiempo que el dinero. Explorar Camboya en mo[to] es una fantástica forma de viajar para motoristas expertos.

Avión Vuelos nacionales relativamente caros comunican Phnom Penh y Sie[m] Reap.

Bicicleta Camboya es un gran país para ciclistas aventureros.

Barco Con las actuales carreteras en mejor estado se utiliza menos; las rut[as] de Siem Reap a Battambang o Phnom Penh siguen siendo populares.

coronel Kurtz en *Apocalypse now*, la célebre película de Francis Ford Coppola sobre la guerra de Vietnam, es una de las provincias más bellas y remotas de Camboya. Alberga el Parque Nacional de Virachey, uno de los mayores espacios protegidos del país y destacada zona senderista, hábitat natural de elefantes y gibones. Propician el baño las cascadas en la selva y el bello lago en un cráter a poca distancia de la capital de provincia Ban Lung. Poblado por un diverso mosaico de minorías étnicas,

Ratanakiri está a años luz de las tierras bajas de Camboya.

Siem Reap

10 Con una soberbia selección de restaurantes y bares, esta animada ciudad, emplazada al norte del país, es la base para explorar los templos. En las afueras, hacia el sur, se sitúan los pueblos flotantes del lago Tonlé Sap, una serie de actividades que disparan la adrenalina, como *quads* y *tirolina*, y otras ofertas culturales como clases de cocina y observación de aves.

Casa flotante, lago Tonlé Sap.

Chozas tradicionales, montes Mandara.

Camerún

*El oeste y el centro de África se cruzan en Camerún, hábitat
natural de diversos pueblos y culturas donde se amplía
el espectro de los paisajes africanos más auténticos.*

Vibrante corazón de África, es un delirante
y cautivador mosaico de volcanes activos,
playas de arena blanca, densa selva tropical y
magníficos paisajes áridos en los que irrum-
pen las extrañas formaciones rocosas del
Sahel. Con regiones francófonas y anglófonas,
además de unas 263 etnias (que hablan unas
230 lenguas locales), Camerún es un enorme
rompecabezas étnico y lingüístico, pero a
diferencia de muchos de sus vecinos, goza de
gran estabilidad.

Sus costas están bañadas por las pacíficas
aguas del golfo de Guinea y su paisaje abarca desde las húmedas playas tropicales del
sur y las selvas tropicales del interior más
húmedas aún, a los semidesiertos del Sahel,
al norte.

Sus buenas infraestructuras hacen el viaje
más fácil que en muchas zonas de África.
Aun así, no faltan los rasgos inequívocos de
este atractivo continente: todo el mundo
parece llevar algo en la cabeza, la música
makossa marca el ritmo, las calles huelen a
plátano asado y la felicidad africana está a
un paso: pescado a la parrilla y una cerveza
espumosa.

CAPITAL
Yaundé

POBLACIÓN
23,1 millones

ÁREA
475 440 km²

**IDIOMAS
OFICIALES**
Inglés, francés

Monte Camerún

2 La ascensión al pico más alto de África occidental dura dos o tres días, pero no se trata de ningún paseo. Se sale casi desde el nivel del mar, por lo que a la altitud (4095 m) hay que sumar el fuerte desnivel en una distancia relativamente corta. La temporada de escalada va de noviembre a abril, pero se puede subir todo el año.

Limbe

3 Lugar encantador, con una magnífica ubicación natural entre la selva tropical que rodea la base del monte Camerún y el espectacular litoral atlántico. Popular entre turistas nacionales y extranjeros, es ideal para pasar unos relajados días de playa. El Limbe Wildlife Centre acoge chimpancés, gorilas, driles y otros primates rescatados, que han sido alojados en amplios recintos. Además, ofrece mucha información útil sobre la protección del medio en la región.

Montes Mandara

4 Una llanura volcánica jalonada de precipicios de basalto, tormentas de polvo nacidas en la frontera nigeriana que al atardecer azotan espinos, mojones de piedra roja y rebaños de ganado: en este formidable y evocador paisaje bien podría aparecer un vaquero, un dragón… o ambos. Los montes Mandara se extienden desde el oeste de Maroua hasta la frontera con Nigeria y gozan de merecida fama entre los senderistas africanos.

Yaundé

5 Hay que reconocer que entre los muchos

Camerún
Las mejores experiencias

Carretera de circunvalación

1 Las altiplanicies del noroeste se conocen como Grassfields (Prados de hierba), bello nombre pero nada fiel a la realidad de este paisaje; de hecho, se trata de valles verdes y amarillos, hierba alta, tierra roja y montañas escarpadas. La neblina se entremezcla con el humo de leña de las aldeas que jalonan este territorio engañosamente tentador. La carretera de circunvalación de 367 km rodea los Grassfields, y si tuviera un mejor estado, sería uno de los trayectos más pintorescos.

Palacio presidencial, Yaundé.

atractivos de África occidental no figura el encanto de sus ciudades, y menos de sus capitales. Sin embargo, aun sin ser una ciudad jardín, la frondosa Yaundé ocupa siete colinas, y presume de una esmerada planificación y todos los servicios necesarios. No es tan vibrante o caótica como Douala, su rival en la costa, pero goza de un clima templado, calles relativamente limpias y bien conservadas, y hasta edificios gubernamentales de los años setenta de estilos exuberantes que deleitarán a los amantes de la arquitectura.

Sahel en Maroua

6 Quien recuerde Mos Eisley, puerto espacial del desierto en *La guerra de las galaxias,* podrá hacerse una idea exacta de cómo son las surrealistas calles de este cruce del Sahel con Maroua: bajas y marrones, como cauces de ríos secos entre achaparrados edificios de color beige, tomadas día y noche por llamativos habitantes –fulanis, chadianos, entre otros– con ropajes color azul celeste, violeta eléctrico y rojo sangre, como si se hubieran quedado con todos los colores del circundante semidesierto barrido por el sol.

Ebodjé

7 Esta aldea de pescadores 25 km al norte de Campo acoge un proyecto de protección de tortugas

si Camerún tuviera 100 habitantes

31 serían montañeses cameruneses
19 serían bantúes ecuatoriales
11 serían kirdis
10 serían fulanis
29 serían de otro origen

grupos religiosos
(% de población)

40
Animistas

40
Cristianos

20
Musulmanes

población por km²

CAMERÚN	ESPAÑA	NIGERIA

= 15 personas

Cuándo ir

NOV-FEB

➜ Seco pero no demasiado caluroso, aunque cabe esperar neblina del *harmattan.*

FEB

➜ El viajero puede sumarse a los atletas que suben hasta la cima del monte Camerún en la Race of Hope (Carrera de la Esperanza).

OCT

➜ Se celebra el mayor festival del país (Tabaski), muy impresionante en Foumban.

El equipo nacional de fútbol

Camerún sobresalió deportivamente a nivel internacional en el mundial de Fútbol de 1990, cuando los indomables leones, su selección, fueron el primer equipo africano en alcanzar los cuartos de final.

De hecho, el fútbol es la obsesión nacional; la gran mayoría de los hombres lucen la camiseta de la selección y en los bares siempre hay partido en la TV.

Cuando Camerún se quedó fuera por poco del Mundial del 2006, el dolor de sus habitantes era casi tangible.

Por contra, su pase a la fase final en los Mundiales de 2010 y 2014 provocó desmedidas celebraciones. Todo un récord para un país africano.

Comida y bebida

La gastronomía de Camerún es más funcional que sabrosa. La base es una salsa picante que se sirve con fécula, normalmente arroz, pasta o *fufu* (ñame molido, maíz, plátano macho o cuscús).

Una de las salsas más apreciadas es el *ndole*, elaborada con hojas amargas parecidas a las espinacas y aromatizada con pescado ahumado.

Los cameruneses consumen gran cantidad de carne y pescado asado. Entre los tentempiés callejeros destacan el pescado o las *brochettes* (kebabs).

La cerveza es muy popular y fácil de adquirir, incluso en el norte musulmán.

Los tentempiés callejeros son muy económicos, pero una comida en restaurantes y hoteles de negocios fuera de las grandes ciudades se encarece considerablemente.

Jirafas, Parque Nacional de Waza.

y ecoturismo gestionado por KUDU Cameroun. A los visitantes los llevan a ver la puesta de huevos, pero eso no está garantizado. Aun sin tortugas, la playa es bonita, impoluta y mejor que en Kribi. Además, al caer la noche, la combinación de silencio y cielo estrellado en este pueblo sin electricidad es mágica.

Parque Nacional de Waza

8 El más accesible de los parques nacionales es también el mejor para ver fauna y flora. Pese a no ser comparable con los parques nacionales del este de África, se pueden avistar elefantes, hipopótamos, jirafas, antílopes y, con suerte, leones. El mejor momento es entre finales de marzo y abril, ya que los animales se congregan en las pozas de agua antes de las lluvias. El parque, cerrado durante la estación lluviosa, destaca además por sus numerosas especies de aves. Todos los vehículos deben llevar un guía, y no se permite caminar.

Cómo desplazarse

Avión Vuelos interiores conectan Douala y Yaundé con Maroua y Garoua.

Autobús Las *agences de voyages* (autobuses de agencias) cubren las rutas principales y muchas secundarias. Con económicas tarifas fijas, en algunas líneas se puede reservar asiento.

Automóvil Sus buenas carreteras y la ausencia de acoso policial hacen factible la conducción. Se puede alquilar en las grandes ciudades, pero es muy caro, pues casi todos los itinerarios precisan un todoterreno, algo esencial en la estación lluviosa.

Tren La red ferroviaria cuenta con tres líneas principales; la que va de Yaundé a N'Gaoundéré es de gran interés, al ser la vía principal que une las mitades sur y norte del país.

CAPITAL
Ottawa

POBLACIÓN
34,6 millones

ÁREA
10 mill. de km²

**IDIOMAS
OFICIALES**
Inglés, francés

Lago Emerald, Parque Nacional Yoho, Columbia Británica.

Canadá

Canadá es algo más que la belleza de sus colosales montes y escarpadas costas; ofrece una cocina extraordinaria, una atractiva cultura y fabulosos viajes por carretera que permiten avistar alces.

El segundo país más grande del globo tiene una inacabable variedad de paisajes repartidos en seis husos horarios: altas montañas, resplandecientes glaciares, fantasmagóricas selvas tropicales y playas remotas. Telón de fondo de sugerentes momentos, es un zoo provincial a lo grande: osos pardos y polares, ballenas y el alce, el favorito de todos.

El arte es parte esencial del paisaje cultural, desde el International Fringe Theater Festival de Edmonton a megamuseos como la National Gallery de Ottawa. El Festival de Jazz de Montreal y el Festival de Cine de To-

ronto atraen a aficionados de todo el mundo con sus estrellas.

El viajero puede saborear un *café au lait* y un hojaldrado cruasán en un bistró de Montreal; ir a un mercado nocturno asiático y tomar fideos en Vancouver; sumarse a una fiesta celta con desenfrenados violines en la isla del Cabo Bretón; hacer kayak entre pueblos indígenas rodeados de selva tropical de Haida Gwaii. Canadá es muy diverso en toda su extensión y en cada ciudad, algo que se percibe en la música, el arte y la gastronomía.

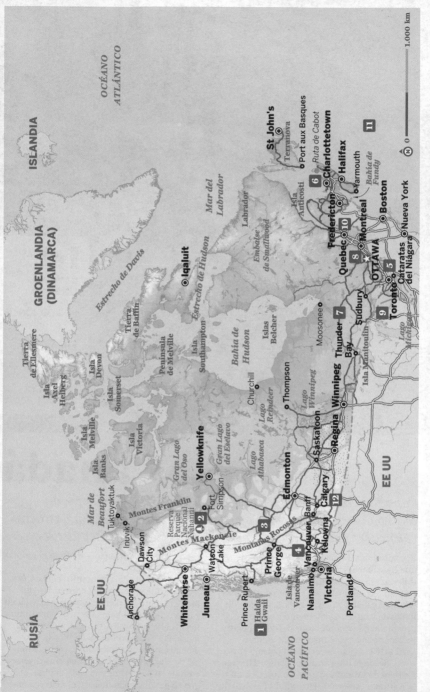

Canadá
Las mejores experiencias

Haida Gwaii

1 Antaño conocido como islas de la Reina Carlota, este archipiélago en forma de daga ubicado a 80 km de la costa de Columbia Británica, en el sector más occidental del país, es un viaje mágico. Grandes piceas y cedros envuelven el agreste paisaje anegado. Águilas calvas y osos pueblan el antiguo bosque, y leones marinos y orcas patrullan sus aguas. Aun así, su esencia más genuina es el renaciente pueblo haida, célebre por sus canoas de guerra y tallas en tótems. Todo ello se ve en la Reserva Parque Nacional Gwaii Haanas, que combina pueblos haida perdidos, grutas funerarias y fuentes termales con el kayak, entre los mejores del continente.

Reserva Parque Nacional Nahanni

2 Bellas fuentes termales, gargantas embrujadas y glotones osos pardos pueblan este remoto parque próximo a la frontera con el Yukón, accesible solo en avión. Solo unos 1000 visitantes anuales llegan aquí, la mitad piragüistas que tratan de conquistar el río South Nahanni. Indómito y espectacular, recorre 500 km por los montes Mackenzie. Cascadas altísimas, prominentes cañones y leyendas de gigantes y oro perdido completan este viaje al norte.

Tótems, Reserva Parque Nacional Gwaii Haanas, Haida Gwaii .

Las Montañas Rocosas

3 Los blancos dientes de sierra de los montes de la frontera entre la Columbia Británica y Alberta asombran e incitan a la acción a la vez. Cuatro parques nacionales –Banff, Yoho, Kootenay y Jasper– ofrecen senderismo, kayak y esquí. El tren es otra forma de vivir su grandiosidad: luminosos lagos, flores silvestres y radiantes glaciares van discurriendo a medida que los vagones de acero suben los puertos y bajan por valles fluviales hacia el este o el oeste.

Panorámica del monte Robson, Parque Provincial Mt Robson, Columbia Británica.

Vancouver

4 No es raro que aparezca entre "los mejores sitios para vivir": esta relajada metrópolis amante del cóctel respira belleza por todas partes. Con montañas esquiables en las afueras, 11 playas en torno al centro y la densa selva tropical de Stanley Park a pocas manzanas de los céntricos rascacielos de cristal, es una armoniosa fusión de ciudad y naturaleza. Además, combina el estilo de Hollywood (muchas películas se ruedan aquí) con su audaz contracultura (una popular playa nudista y la central del Partido de la Marihuana), y vibrantes comunidades multiculturales.

si Canadá tuviera 100 habitantes

28 serían de origen británico
23 serían de origen francés
15 serían de otro origen europeo
34 serían de otro origen

grupos religiosos
(% de población)

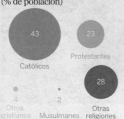

43 Católicos
23 Protestantes
4 Otros cristianos
2 Musulmanes
28 Otras religiones

población por km²

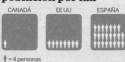

CANADÁ   EE UU   ESPAÑA

⌐ ≈ 4 personas

Cataratas del Niágara

5 Chabacanas, a rebosar y de poca altura: apenas alcanza el puesto 500 del mundo. Pero cuando esos vigorosos brazos de agua caen en forma de arco sobre el precipicio como cristal líquido rugiendo en el vacío, y el viajero se acerca en una pequeña embarcación envuelta en neblina, impresionan de verdad. En cuanto a volumen, a esta atronadora catarata no la supera ninguna otra en Norteamérica; su flujo de agua arroja el equivalente a más de un millón de bañeras por segundo.

Ruta de Cabot

6 Sus 300 km serpentean y ascienden por montañas costeras, con sobrecogedoras vistas marinas a cada recodo, ballenas saltarinas frente a la costa, alces pastando en las cunetas y muchas sendas donde hacer un alto y caminar. Hay que llevar los zapatos de baile: en la zona hay comunidades celtas y acadianas, y su desenfrenado taconeo al son del violín vibra en los *pubs* de la región.

Carretera Transcanadiense

7 La principal arteria del país recorre 7800 km desde St John's (Terranova) a Victoria, Columbia Británica, y concentra sus mejores atractivos. El Parque Nacional Gros Morne, la isla del Cabo Bretón, Quebec, Banff y el Parque Nacional Yoho son algunas escalas, al igual que grandes urbes como Montreal, Ottawa, Calgary y Vancouver. Para recorrerla de costa a costa se precisa más de un mes: lo mejor es llenar el depósito, poner música y pisar el acelerador.

El 'hockey'

Con el *hockey* los canadienses no bromean, juegan duro y bien. Como deporte *amateur* se juega cada noche sobre una superficie helada en comunidades de todo el país; para hacerlo realidad solo hace falta un disco, un *stick* y unos amigos.

Es la pasión nacional, y entre octubre y abril presenciar un partido es ineludible, al igual que saludar al equipo ganador del oro en los Juegos Olímpicos del 2010.

Vancouver, Edmonton, Calgary, Toronto, Ottawa, Winnipeg y Montreal tienen equipos en la liga nacional que patinan duro y pierden algún diente. Clubes profesionales menos conocidos y juveniles llenan muchos más recintos de feroces seguidores.

Festival de Jazz de Montreal

8 ¿En qué otro lugar puede el viajero unirse a más de dos millones de tranquilos y respetuosos amantes

Comida y bebida

Beavertails Masa frita azucarada.

Criadillas Testículos de toro preparados de diversas formas para camuflar su origen.

Foca Especialidad del norte que se sirve hervida.

Langosta Principal plato del este; se sirve hervida con un poco de mantequilla. Mientras llega, se puede pedir una gran ensalada de patata y una suculenta sopa de marisco.

Maktaaq Piel de ballena cortada en trocitos que se tragan enteros.

Poutine Patatas fritas con salsa y requesón.

Sirope de arce Quebec es el mayor productor mundial; cada año elabora unos 25 millones de litros de este dulce acompañamiento para creps.

Ternera Alberta es la capital de la ternera y en los mejores restaurantes del país no faltan bistecs de calidad.

4

Parque Stanley, Vancouver.

de la música, sin bailes bruscos ni borrachos, y ver a los mejores músicos de *jazz* del mundo, con 500 espectáculos para escoger, muchos de ellos gratis? Solo en Montreal, segunda ciudad del país y eje

cultural. Diversión asegurada en todo momento.

Isla Manitoulin

9 En pleno centro del lago Hurón, la mayor isla de agua dulce del globo

es un pausado enclave con playas y casitas de verano. Recortadas extensiones de cuarcita blanca y afloramientos de granito bordean su costa y brindan rutilantes vistas. Predomina la cultura de las Naciones Originarias del Canadá: sus ocho comunidades ofrecen platos locales (arroz salvaje, sopa de maíz) y ecoaventuras (piragüismo, paseos a caballo, senderismo). Los *powwows* (reuniones de pueblos indígenas) aportan percusión, danzas y relatos orales.

Casco antiguo de Quebec

10 La capital de Quebec tiene más de 400 años de historia, y sus

Cuándo ir

TEMP. ALTA
(jun-ago)

➡ Sol y tiempo cálido; en las regiones más septentrionales hay un breve deshielo. Se dispara el precio del alojamiento.

➡ De diciembre a marzo, gran afluencia y precios altos en urbes con estaciones de esquí.

TEMP. MEDIA
(may, sep y oct)

➡ Menos gente y precios más bajos.

➡ Temperaturas frescas, pero agradables.

➡ Puntos de interés con horario reducido.

➡ Las zonas donde las hojas cambian de color, como Cabo Bretón, son muy frecuentadas.

TEMP. BAJA
(nov-abr)

➡ Cierran los establecimientos fuera de las grandes ciudades y estaciones de esquí.

➡ Impera la oscuridad y el frío.

➡ En abril y noviembre hay buenas ofertas.

muros de piedra, catedrales con brillantes chapiteles y cafés con *jazz* de fondo le dan el ambiente, romanticismo, melancolía, extravagancia y misterio de las ciudades europeas. Para impregnarse de todo ello, nada mejor que pasear por el laberinto de callejones del casco antiguo y perderse entre músicos callejeros y acogedoras tabernas, reponiendo fuerzas con un *café au lait*, un pastelito hojaldrado o un plato de *poutine*.

Películas

Las invasiones bárbaras (Denys Arcand, 2003) Los últimos momentos de un hombre rodeado por su hijo, su exmujer, sus examantes y sus viejos amigos, en una película que continúa en el tiempo y personajes a *El declive del imperio americano*.

C.R.A.Z.Y. (Jean-Marc Vallée, 2005) En el Montreal de los años setenta, un adolescente inadaptado sueña con un futuro mejor.

Incendies (Denis Villeneuve, 2010) Dos hermanos de Quebec viajan a Oriente Medio y descubren la torturada historia de una inmigrante, su madre.

Lejos de ella (Sarah Polley, 2006) El Alzheimer acaba con una pareja rural de Ontario.

Libros

Canadá (Richard Ford, 2012) Un vasto fresco sobre la entrada en el mundo de los adultos y el derrumbe del amor en un lenguaje áspero y despojado.

La vista desde Castle Rock (Alice Munro, 2006) Colección de relatos que combinan ficción e historia familiar, por la ganadora del premio Nobel de Literatura del 2013.

Los hermosos vencidos (Leonard Cohen, 1966) Novela experimental alrededor del amor, el sexo y los indígenas.

Cómo desplazarse

Avión Air Canada cuenta con la mayor red de vuelos nacionales, con unos 150 destinos.

Barco Las redes de ferris públicos operan exhaustivamente en Columbia Británica, Quebec y las Provincias Marítimas.

Autobús Limpios, cómodos y fiables.

Automóvil Una amplia red de autopistas conecta casi todas las ciudades. La Transcanadiense se extiende desde Terranova hasta la isla de Vancouver. Las distancias pueden parecer más cortas y el viaje resultar lento por las carreteras de un solo carril. Operan las principales empresas de alquiler.

Tren Salvo el corredor Toronto-Montreal, se limita a trayectos pintorescos.

Bahía de Fundy

11 Pese a estar rodeada de faros, pueblos de pescadores y demás elementos marinos, no es una bahía típica. La singular geografía de la bahía de Fundy provoca algunas de las mareas más extremas del mundo, que revuelven el sustento de las ballenas. Rorcuales, yubartas, endémicas ballenas francas glaciales y ballenas azules acuden al banquete, todo un paraíso para avistarlas. Otra actividad única es el *rafting* en el oleaje de la marea, donde con el equipo adecuado se aplaca la poderosa fuerza de las aguas de Fundy.

La Stampede de Calgary

12 Siempre hay vaqueros levantando polvo en Calgary, ciudad más poblada de la provincia de Alberta, en auge y rica en petróleo. Pero si uno baja la vista y todas son botas de punta, debe ser mediados de julio, época de la Stampede. Potros encabritados, toros salvajes y tipos con sombrero Stetson blandiendo un lazo se dan cita en el "mejor espectáculo al aire libre de la tierra", donde destacan el rodeo y las carreras de carretas. Una gran zona de atracciones y juegos lo hace ideal para familias.

Miembro de la tribu toubou, Ennedi.

CAPITAL
Yamena

POBLACIÓN
11,2 millones

ÁREA
1,3 mill. de km²

IDIOMAS OFICIALES
Francés, árabe

Chad

El viajero dice adiós al confort cuando llega a Chad, un lugar accidentado, árido y ventoso, para vivir una experiencia inolvidable.

Si Ghana y Gambia son África para principiantes, Chad lo es para los más irreductibles. Viajar aquí es duro; muchas carreteras están inservibles debido a años de conflicto y falta de mantenimiento. Hay pocos hoteles cómodos, mucha burocracia y exigen *cadeaux* (regalos) para negociar. Por si fuera poco, el verano es abrasador, el precio del viaje astronómico y la seguridad todavía impredecible.

Entonces, ¿por qué ir? Quizá por los sublimes oasis perdidos en los desiertos del norte, las estampidas de animales salvajes en los parques nacionales o el hechizo del intenso azul a bordo de un barco por el lago Chad. El viajero puede participar del sentimiento de dicha del país adentrándose en sus espacios naturales o hallar exquisitos caparazones de moluscos acuáticos perfectamente conservados en la fina arena del Sáhara.

Chad permite romper con la comodidad de Occidente y promete experiencias, buenas y malas, que se recuerdan siempre.

Cuándo ir

NOV-ENE

➡ La época más fresca y mejor para viajar.

MAR-ABR

➡ Los meses de más calor y el mejor momento para visitar el Parque Nacional de Zakouma.

JUL-AGO

➡ La capital queda anegada y los viajes por carretera se ven muy afectados en el resto del país.

Comida y bebida

En los pequeños puestos callejeros sirven arroz, alubias y sopa o estofado, y en los restaurantes, tortillas, hígado, ensaladas, *brochettes* (kebabs), pescado y *nachif* (carne picada en salsa).

Para beber hay la típica oferta de *sucreries* (refrescos) y *jus* recién hechos, brebajes de fruta más parecida a un batido. La cerveza es la bebida favorita en los bares, con una selección de marcas locales. También es popular la *bili-bili*, cerveza de mijo; la *cochette* es una versión con poco alcohol.

Chad
Las mejores experiencias

Parque Nacional de Zakouma

1 El viajero puede seguir la pista de manadas de elefantes y contemplar hermosas aves. Años de caza furtiva y guerra civil han arruinado la fauna y la flora de este bello parque de 305 000 Ha; sin embargo, el gobierno lo ha repoblado con ayuda de la UE y ha puesto en vigor medidas para perseguir la caza furtiva.

Gaoui

2 Las bonitas casas pintadas de este fascinante pueblo a solo minutos de Yamena impresionan. En el monótono paisaje de oscuros tonos marrones, las llamativas casas de barro ponen una nota de color.

Sarh

3 Aquí el viajero podrá descubrir la faceta más verde y agradable del arenoso Chad y relajarse junto al río Chari. La capital algodonera del país no pasa de ser un lugar rezagado, una agradable y somnolienta población a la sombra de inmensos árboles. El Museo Regional de Sarh exhibe armas antiguas, instrumentos musicales y máscaras. Al caer la noche, los hipopótamos suelen abrevar en las orillas del río Chari.

Valle de Colchagua.

CAPITAL
Santiago

POBLACIÓN
17,2 millones

ÁREA
756 102 km²

IDIOMA OFICIAL
Español

Chile

Chile es la naturaleza a escala colosal, aunque los desplazamientos resultan muy fáciles. El viaje puede ser tan extremo o cómodo como se desee, pero el visitante siempre es bien recibido.

Este largo país de 4300 km –más de la mitad del continente– se extiende desde el desierto más seco del planeta, Atacama, hasta enormes campos de hielo, en la Patagonia chilena. Entre los Andes, al este, y el Pacífico, al oeste, su paisaje está salpicado de volcanes, géiseres, playas, lagos, ríos, llanuras e innumerables islas. Con una oferta insuperable, en Chile la aventura es lo que acontece camino de una aventura: la sobrecogedora soledad del desierto, escarpadas cimas andinas, los exuberantes bosques de los fiordos, regiones vinícolas de primera, zonas de *surf* con proyección, y hasta una exótica escapada a la remota Isla de Pascua (Rapa Nui). Lógicamente, este país trasciende su impresionante geografía: su lejanía ha avivado la imaginación de grandes escritores, ha convertido a camareros en poetas y a presidentes en soñadores. Sus estrechos límites han fomentado la intimidad entre los chilenos, y rituales como compartir el mate o la acogedora actitud de la *buena onda* forman parte de la vida cotidiana.

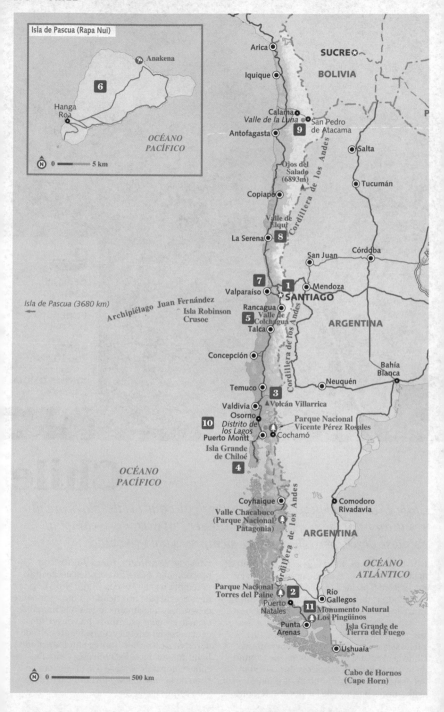

Isla de Pascua (Rapa Nui)

Anakena

6

Hanga
Roa

OCÉANO
PACÍFICO

N   0 ━━━ 5 km

Arica

SUCRE

BOLIVIA

Iquique

Calama
Valle de la Luna   San Pedro
Antofagasta   9   de Atacama

Salta

Ojos del
Salado
(6893m)

Tucumán

Copiapó

Valle de
Elqui

Cordillera de los Andes

La Serena   8

Córdoba

San Juan

Valparaíso   7   1   Mendoza

SANTIAGO

Isla de Pascua (3680 km)   Archipiélago Juan Fernández

Isla Robinson
Crusoe

Rancagua
5   Valle de
Colchagua
Talca

ARGENTINA

Concepción

Bahía
Blanca

Temuco   3

Neuquén

Volcán Villarrica

Valdivia
Osorno   Parque Nacional
Distrito de   Vicente Pérez Rosales
10   los Lagos
Puerto Montt   Cochamó
Isla Grande
de Chiloé
4

OCÉANO
PACÍFICO

Coyhaique

Comodoro
Rivadavia

Valle Chacabuco
(Parque Nacional
Patagonia)

ARGENTINA

OCÉANO
ATLÁNTICO

Parque Nacional
Torres del Paine   2   Río
Gallegos
Puerto
Natales   11   Monumento Natural
Los Pingüinos
Punta   Isla Grande de
Arenas   Tierra del Fuego

Ushuaia

N   0 ━━━ 500 km

Cabo de Hornos
(Cape Horn)

Chile
Las mejores experiencias

Barrio Bellas Artes de Santiago

1 El nombre de este barrio del centro de la capital, Santiago, lo dice todo. El viajero puede pasar el día admirando obras autóctonas en el Museo Nacional de Bellas Artes y el Museo de Arte Contemporáneo, ambos en el imponente Palacio de Bellas Artes, y visitar entonces una exposición de fotografía y escultura vanguardista en el cercano Museo de Artes Visuales. Los cafés con terraza en las adoquinadas calles peatonales son perfectos para hacer un alto en el camino.

Parque Nacional Torres del Paine

2 Casi en vertical, con más de 2000 m sobre la Patagonia, los pilares de granito de las Torres del Paine dominan el paisaje del que quizá sea el mejor parque nacional de Sudamérica. En la inhóspita estepa y los serpenteantes bosques, las Torres del Paine son el reclamo principal, pero este vasto espacio natural protegido tiene mucho que ofrecer: se puede recorrer la esculpida superficie helada del glaciar Grey, hacer kayak en el plácido río Serrano o subir al paso John Gardner y contemplar las vistas del Campo de Hielo Sur.

Guanaco con los Cuernos del Paine de fondo, Parque Nacional Torres del Paine.

2

Escalada al Volcán Villarrica

3 Pocas cosas resultan tan amenazadoras como el quejido de un volcán, sobre todo al filo del cráter, pero ese es el reto tras la gratificante ascensión a la cima del volcán Villarrica. Nadie está preparado para rodear un amenazador filo nevado de 2847 m que escupe azufre. El volcán entró en erupción en el 2015, provocando la evacuación de unas 4000 personas.

Iglesias de Chiloé

4 No importa cuántos templos religiosos haya visto el viajero: el conjunto

si Chile tuviera 100 habitantes

95 serían blancos y mestizos
4 serían mapuches
1 sería de otro origen

grupos religiosos
(% de población)

70 Católicos
15 Evangélicos
1 Testigos de Jehová
14 Otras religiones

población por km²

CHILE　ARGENTINA　ESPAÑA

↑ = 4 personas

de iglesias de madera de los ss. XVII y XVIII que componen el Patrimonio Mundial Unesco de Chiloé no tienen parangón. Estas catedrales son maravillas arquitectónicas que fusionan el diseño europeo y el indígena, con una construcción y colores poco ortodoxos. Construidas por misioneros jesuitas cuya misión era convertir paganos al cristianismo, su supervivencia refleja la sorprendente resistencia del pueblo chilote.

Cata de vino en el valle de Colchagua

5 Quien ha probado el vino chileno ya conoce el hechizo del valle de Colchagua, aun sin ser consciente de ello. El soleado y fértil suelo de la región vinícola más famosa de Chile, varias horas al sur de Santiago, es responsable de algunos de los mejores cabernet sauvignon de Sudamérica. El viajero puede degustar este famoso vino directamente del barril en bodegas como la elegante Lapostolle, la tradicional Viu Manent, o Emiliana, pujante viña ecológica que emplea innovadoras técnicas de cultivo biodinámico.

Isla de Pascua

6 Los enigmáticos *moai* (estatuas) son la omnipresente imagen de esta isla, conocida también como Rapa Nui. Diseminadas por toda la isla, estas enormes figuras talladas sobre plataformas de piedra parecen títeres colosales en un marco sobrenatural. La playa de Anakena, bella zona de ocio de arena blanca entre un resplandeciente mar turquesa y campos de cocoteros, es ideal para ver estos singulares yacimientos arqueológicos.

El milagro de la mina chilena

El 13 de octubre del 2010, tras sufrir ese mismo año uno de los mayores terremotos de los que se tiene noticia, Chile tuvo de nuevo al mundo en vilo cuando 33 mineros que llevaban 69 días atrapados en la mina de San José fueron rescatados uno a uno desde 700 m de profundidad. Salieron tambaleantes, cegados por el resplandor del desierto, y el mundo exhaló un suspiro de alivio colectivo ante ese pequeño milagro.

Su supervivencia fue posible por la perforación que alcanzó la galería a los 17 días de su encierro. Tras el agujero llegó un tubo y lo que los chilenos llamaron *palomas*; en estas cápsulas subieron vídeos y cartas de amor y bajaron pasteles y medicinas. Fue el hilo que comunicó la superficie con las profundidades, la vida con un mundo desprovisto de ella, y a miles de millones de espectadores con 33 seres humanos angustiados. Chile, acostumbrado a la lucha, puso algo más: solidaridad.

Comida y bebida

Marisco Su extenso litoral abastece de abundante pescado y marisco fresco, utilizados en sopas, estofados y ceviche (marisco crudo marinado).

Mate Infusión popular en la Patagonia, hecha con la hoja seca de la yerba mate.

Pasteles En ciudades pequeñas y en las casas se comen suculentos platos de pasta al horno rellenos con *choclo* (maíz), carne, *jaiva* (cangrejo) o *papas* (patatas).

Pisco El famoso cóctel conocido como *pisco sour* se elabora con aguardiente de uva, zumo de limón recién exprimido y azúcar.

Vino Las regiones vinícolas gozan de merecida fama mundial; una variedad muy recomendable es el carmenère, generoso tinto originario de Burdeos pero que solo se produce aquí.

Colinas de Valparaíso

7 Su bullicioso puerto dio a conocer la ciudad, pero son sus empinados cerros los que inspiraron a generaciones de poetas, artistas y filósofos. Un laberinto de sinuosos caminos, casitas pintadas de vivos colores, ascensores antiguos y brillantes farolas suben por sus laderas, brindando vistas aún más espectaculares del mar.

Valle del Elqui

8 Tras unos plácidos días en este valle, uno se siente extasiado y hasta nota la presencia de la poeta Gabriela Mistral, premio Nobel de Literatura, oriunda de este valle. Impregnada de poesía, pisco, bellos pueblos y estrellados cielos nocturnos, es una tierra sana de refugios espirituales, posadas respetuosas con el entorno, observatorios de montaña y destilerías artesanales de su potente uva pequeña. El viajero puede probar comida cocinada exclusivamen-

Cuándo ir

TEMP. ALTA
(nov-feb)

➡ La Patagonia está en su apogeo de diciembre a febrero.

➡ Las playas se llenan a finales de diciembre y durante todo enero.

➡ La mejor época para las estaciones de esquí va de junio a agosto.

TEMP. MEDIA
(sep-nov y mar-may)

➡ Buen momento para visitar Santiago.

➡ La región de los lagos es agradable; en abril las hojas cambian de color en el sur.

➡ Las regiones vinícolas celebran su vendimia y fiestas del vino (marzo).

TEMP. BAJA
(jun-ago)

➡ Buen momento para visitar el norte.

➡ Hay pocos servicios en la carretera Austral y los puertos de montaña pueden cerrar por la nieve.

➡ Los alojamientos se llenan en julio.

te por el sol, limpiar su aura, degustar platos andinos de fusión aromatizados con hierbas y participar del misticismo del valle del Elqui.

Valle de la Luna

9 Desde la cima de una gigantesca duna, el viajero verá el desierto desplegando su manto surrealista, con el sol que se oculta en el horizonte, la arena bañada por tonos multicolores, y al fondo lejanos volcanes y la ondulante cordillera de la Sal.

Región de Los Lagos

10 No se debe juzgar una región por su nombre. La X Región de Los Lagos solamente representa

Películas

La nana (2009) Una criada se cuestiona su lealtad de toda una vida.

Mi mejor enemigo (2005) Soldados argentinos y chilenos perdidos improvisan una tregua.

Violeta se fue a los cielos (2012) Emotivo y sólido *biopic* sobre Violeta Parra, icono de la rebeldía.

Libros

Diarios de motocicleta (Che Guevara, 1993) El viaje por carretera que forjó a un revolucionario.

El viaje del Beagle (Charles Darwin, 1839) Centrado en los volcanes y la fauna autóctona.

En la Patagonia (Bruce Chatwin, 1977) Obra emblemática sobre el espíritu de la región.

Los libertadores: la lucha por la independencia de América Latina, 1810-1830 (Robert Harvey; 2002) Obra que narra las luchas de Latinoamérica por su independencia a través de sus míticos héroes y soldados, como O'Higgins, San Martín y Lord Cochrane.

Cómo desplazarse

Autobús La red de autobuses es fabulosa. Muchas empresas se disputan los clientes con ofertas (promociones de temporada), descuentos y extras como películas. Los autobuses de larga distancia son cómodos, rápidos y puntuales, con lavabo y compartimentos seguros para equipaje.

Automóvil y motocicleta El transporte privado permite acceder a remotos parques nacionales y lugares apartados, como el desierto de Atacama, la Carretera Austral y la Isla de Pascua.

Avión Los vuelos ahorran tiempo, se han hecho más asequibles y a veces s más baratos que un cómodo autobús de larga distancia. LAN y Sky son las principales aerolíneas.

Barco Ferris y catamaranes de pasajeros/vehículos comunican Puerto Montt con puntos de la Carretera Austral, como Caleta Gonzalo (Chaitén) y Coihaique. Ferris y catamaranes también unen Quellón y Castro, y Chiloé c Chaitén. Destaca sobre todo la travesía de Puerto Montt a Puerto Natales a bordo del *Evangelistas* de Navimag, carguero adaptado para el turismo.

una parte de este etéreo paisaje. Aunque dominan los lagos glaciares color turquesa, no son su único atractivo. Volcanes nevados formando perfectos conos a gran altitud en los Andes, sugerentes aldeas a junto a los lagos, espectaculares parques nacionales, una gran oferta de aventura al aire libre, y una singular cultura latina con influencia germánica construyen una cinematográfica región más allá del agua.

9

Monumento Natural Los Pingüinos

11 Cada año, alrededor de 60 000 parejas de pingüinos de Magallanes se dan cita en la isla Magdalena, frente a las costas de Punta Arenas, en la XII Región de Magallanes y de la Antártica Chilena. De octubre a marzo, verlos moverse, vigilar los nidos y alimentar a sus sedosas crías constituye una experiencia soberbia.

Guerreros de terracota, Xi'an.

CAPITAL
Beijing

POBLACIÓN
1300 millones

ÁREA
9,6 mill. de km²

IDIOMAS OFICIALES
Mandarín, cantonés

China

Antigua pero moderna, urbana en apariencia aunque esencialmente rural, conservadora e innovadora, futurista y tradicional: China es una tierra de fascinantes contradicciones.

Pese a que China está modernizándose a un ritmo vertiginoso, sus impecables rascacielos y los concesionarios de Lamborghini no pasan de ser meras alhajas. Admitámoslo: la civilización ininterrumpida más antigua del mundo está obligada a sacarse uno o dos conejos de la chistera. Después de tres décadas de constante crecimiento e iconoclasia comunista, ha dejado de respirarse historia en cada rincón de China, pero basta con recorrer selectivamente el país para admirar su rico legado entre trozos de la Gran Muralla, montañas coronadas por

templos, aldeas pintorescas y pueblos surcados por canales.

Pato a la pekinesa, brochetas de cordero en Kaifeng, fideos de Lanzhou en la Ruta de la Seda... La exploración culinaria es otro de los grandes alicientes para viajar por el país. Y no hay que olvidarse de la oferta gastronómica de las regiones fronterizas.

Una vez aplaudida su extraordinaria geografía, no hay mejor colofón que saltar de isla en isla en Hong Kong, perder la vista sobre las praderas de Mongolia Interior o maravillarse ante los imponentes picos del Himalaya.

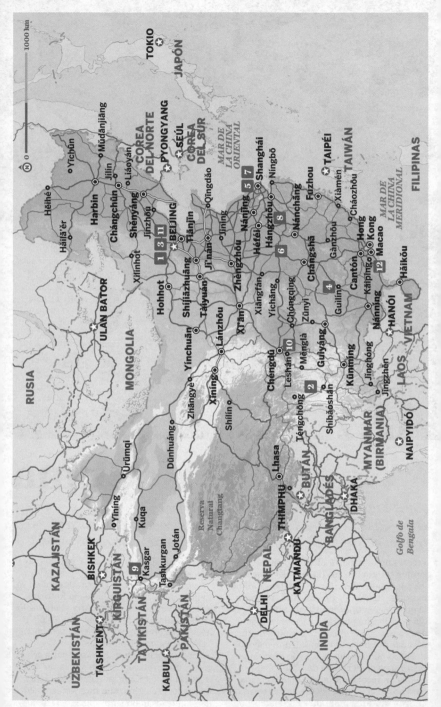

China
Las mejores experiencias

Gran Muralla

1 Los tramos más famosos de la Gran Muralla China ondulan majestuosamente en las afueras de Beijing, la capital de la república, al noroeste del país, si bien puede visitarse de manera más auténtica en muchas provincias del norte de este vastísimo territorio. Basta con elegir su estado de conservación: perfectamente cincelada, en ruinas, desprovista de ladrillos, tomada por la vegetación, espléndidamente mimetizada en las montañas o reducida a polvo. Además, la estructura de la Gran Muralla simboliza rasgos chinos milenarios como la perseverancia, la abundante mano de obra, la aptitud para la ingeniería y una visión ambiciosa, sumado a la desconfianza hacia los vecinos.

Garganta del Salto del Tigre

2 Imagínense montañas nevadas a ambos lados de una profunda garganta 2 km por encima de un río que se abre paso entre rocas. Y, luego, imagínese transitar por tortuosos senderos que pasan por aldeas agrícolas donde poder reponerse mientras se disfruta de vistas tan fantásticas que desafían lo superlativo. Surcando el remoto noroeste de Yunnan durante 16 espectaculares kilómetros: la garganta del Salto del Tigre es una experiencia imprescindible que encandila a cuantos la recorren.

Ciudad Prohibida

3 No es una ciudad ni está prohibida: con sus colosales salones y fabulosas puertas, el enorme palacio pekinés por excelencia constituye el elemento esencial del esplendor dinástico. Ningún otro lugar en China concentra tanta historia, leyendas e intrigas imperiales. Puede que el viajero se pierda por completo, pero no le faltará inspiración para la primera postal que caiga en sus manos.

Bancales de arroz del Espinazo del Dragón

4 Tras el bacheado trayecto en autobús hasta la norteña Guangxi, lo normal es quedar obnubilado ante uno de los paisajes más emblemáticos e inmortalizados de China: los bien llamados bancales de arroz del Espinazo del Dragón. La región es un mosaico de pueblos étnicos con terrazas inundadas en verdes laderas que invitan a una tentadora ronda de exploración. El estimulante paseo entre los pueblos de Ping'an y Dazhai regala las vistas más inolvidables. Se recomienda acercarse tras

si China tuviera 100 habitantes

92 serían chinos
8 serían de otro origen

grupos religiosos
(% de población)

70 Ateos
22 Budistas

4 Cristianos
2 Taoístas
2 Musulmanes

población por km²

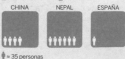

CHINA   NEPAL   ESPAÑA

= 35 personas

---

las lluvias estivales, cuando los campos resplandecen más que nunca.

El Bund, Shanghái

5 Shanghái es el electrizante símbolo de sofisticación y modernidad del país, un sinónimo de las aspiraciones superlativas con las que China se atreve a soñar, desde la plataforma de observación a mayor altura del mundo hasta el teatro subterráneo más grande jamás visto. Tanto si se acaba de llegar tras 40 h de un épico viaje en tren desde Sīnkiang o se trata de la primera parada en el país, el viajero encontrará atractivos de sobra. Y qué mejor punto de inicio que el Bund, la emblemática zona del malecón, donde todo empezó.

Crucero por el Yangtsé

6 La nieve derretida procedente del "tercer polo", la elevada meseta del Tíbet-Qinghai, es la fuente del caudaloso Yangtsé, el río más largo del país, que corre de oeste a este alcanzando su punto culminante en las Tres Gargantas. Esculpidas durante milenios por la inexorable persistencia de las poderosas aguas, las gargantas son un espectáculo majestuoso, y la oportunidad perfecta para ponerse cómodo y asistir al fascinante discurrir del río es un crucero fluvial.

Concesión Francesa, Shanghái

7 Otrora hogar de aventureros, radicales, gánsteres, prostitutas y escritores autóctonos, la Concesión Francesa constituye la zona más elegante de Puxi. La "París de Oriente" despliega sus encantos europeos aquí, donde calles

---

Taichí

Una etérea forma de meditación en movimiento para algunos, un fascinante repertorio de artes marciales para otros, el taichí es una actividad muy popular en China.

Se cree que su creador fue Zhang San Feng, un famoso monje de los montes Wudang nacido en el s. XIII. Un día, mientras estaba sentado en su porche, se sintió inspirado al observar una pelea entre un pájaro enorme y una serpiente. La sinuosa serpiente se valía de rápidos movimientos para esquivar los ataques del pájaro; este, agotado, finalmente desistió y emprendió el vuelo.

Practicar taichí a diario puede prolongar la vida más de una década, y no todo consiste en movimientos lentos: el estilo chen incorpora enérgicos elementos del boxeo shaolin que ayudan a entrenar las piernas.

Comida y bebida

Dim Sum Estos bocaditos se preparan en todo el país, pero en Hong Kong, Macao y Cantón reinan incontestables.

'Dumplings' Hay que viajar al norte y el noreste para probar los mejores *jiaozi* (*dumplings*): especie de empanadillas rellenas de puerro, cerdo, cordero o cangrejo. Quienes los prefieran crujientes deberán pedirlos *guotie* (fritos). La variedad de Shanghái son los deliciosos *xiaolongbao*, al vapor.

Fideos Desde los fogosos *dandan mian* (fideos picantes) hasta los saladísimos *zhajiang mian* (fideos con salsa de cerdo frito).

Guisos Ideales contra el frío invierno del norte, aunque en la húmeda Chongqing la gente mayor come versiones picantes en verano.

Pato a la pekinesa Los puristas insisten en que la versión auténtica solo se sirve en Beijing.

arboladas y villas de los años veinte conviven con bloques de apartamentos *art déco*, restaurantes elegantes y bares sofisticados, dando como resultado la Shanghái más moderna y sensual.

Cuándo ir

TEMP. ALTA
(may-ago)

➡ Enclaves turísticos abarrotados y aguaceros estivales.

➡ Suben los alojamientos durante a primera semana de las vacaciones de mayo.

TEMP. MEDIA
(feb-abr, sep y oct)

➡ La mejor época en el norte, con tiempo fresco y cielos despejados.

➡ Los alojamientos son más caros durante el período vacacional a principios de octubre.

TEMP. BAJA
(nov-feb)

➡ El turismo nacional se toma un respiro, si bien la algarabía y los precios repuntan durante el Año Nuevo chino.

➡ Temperaturas gélidas en el norte y en zonas de montaña, no así en el sur del país.

Huangshan y los pueblos hui

8 Envuelto en neblina y lloviznas más de 200 días al año, y sumamente atestado casi todo el tiempo, Huangshan tiene un encanto que atrae a millones de visitantes cada año, encontrándose la explicación tal vez en su paisaje yermo o en su místico ambiente de montaña. La neblina desciende y se retira a voluntad; pinos larguiruchos y curvados asoman como agujas solitarias sobre escarpadas caras de granito. No lejos de la base se hallan pueblos hui maravillosamente conservados como Xidi y Hongcun. La Unesco, Ang Lee y Zhang Yimou quedaron cautivados, y el viajero no será la excepción.

Ruta de la Seda

9 En China es donde se vive la sensación de pisar la verdadera Ruta de la

Seda, con su ubicuo legado musulmán y vestigios de antiguas civilizaciones budistas. Viajando en autobús se podrá experimentar la ruta como los antiguos mercaderes. Kasgar es la parada clave y un crisol de culturas, pero Jotán –una turbulenta población que se aferra al pasado– no se queda atrás.

Gran Buda, Leshán

10 Se pueden repasar tantos datos como se desee antes de visitarlo (sí, ¡sus orejas miden 7 m!), pero hasta que no se bajan las escaleras junto a la estatua de Buda más grande del mundo y uno se sitúa junto a sus pies, con sus uñas a la altura de los ojos, no se tiene idea de lo grande que es. Y por si esto no bastara para impresionar al viajero, tal vez convenga recordar que esta maravilla fue laboriosamente tallada en

Películas

La linterna roja (Zhang Yimou; 1991) Una tragedia contada con el impecable estilo y la suntuosidad cromática de la quinta generación de cineastas.

Naturaleza muerta (Jia Zhangke; 2005) Desalentador pero hermoso relato de una familia devastada tras la construcción de la presa de las Tres Gargantas.

Libros

Diario de un loco (Lu Xun) Excelentes relatos firmados por el padre de la literatura china moderna.

Soñando en chino (Deborah Fallows) Reveladoras observaciones acerca de la vida entre chinos y el aprendizaje de mandarín.

La violación de Nanjing (Iris Chang) Pone en perspectiva la arraigada ambivalencia de China hacia la vecina Japón.

Cómo desplazarse

Autobús Los servicios de largo recorrido abundan y llegan donde no alcanza el tren. El creciente número de autopistas entre ciudades supone trayectos más cortos.

Avión Pese a las enormes distancias, si se dispone de tiempo es muy sencillo moverse en tren o autobús.

Bicicleta Permite recorrer el país con total libertad, si bien, dado el tamaño y las infraestructuras del país, se impone combinar el pedaleo con trayectos en tren, autobús, barco, taxi o incluso algún vuelo.

la cara de un barranco hace más de 1200 años.

'Hutong' en Beijing

11 Para descubrir de veras la capital es obligado perderse al menos una vez en sus encantadores *hutong*, las antiguas callejuelas del centro de Beijing, donde transcurre su fascinante vida callejera. Pese a su avance hacia el s. xxi, los verdaderos encantos de la capital (adorables casas con patio, callejas estrechas y un arraigado sentido de comunidad) no están a gran altura y, además, son fáciles de encontrar: basta con alojarse en un hotel con patio y el auténtico Beijing estará a un paso.

'Diaolou' en Kaiping

12 Si hubiera que elegir una atracción en Cantón, esta debería ser los *diaolou* de Kaiping. Unas 1800 atalayas fortificadas de extravagante diseño, utilizadas como vivienda, que salpican desastradamente las tierras de labranza de los alrededores de Kaiping, una ciudad próxima a Cantón. Estos fornidos bastiones levantados a principios del s. xx quizá no sean la típica estampa china, pero deja absorto a cualquiera con su excéntrica fusión de estilos arquitectónicos, que van del griego y romano clásicos al gótico, bizantino y barroco.

Kyrenia.

Chipre

Este país insular posee una identidad compleja, un pueblo apasionado, y una cultura, unos paisajes y un estilo de vida que capturan la imaginación y deparan muchas sorpresas.

Ajena a los tópicos, la isla mediterránea de Chipre refleja su proximidad a Asia y Oriente Próximo en su cultura, cocina e historia. Igualmente evocador es el contraste entre lo antiguo y lo moderno, muy evidente en la capital, Nicosia, donde edificios en ruinas aguardan a la vuelta de la esquina de elegantes *boutiques* y bares con visos artísticos.

Desde sus variadas playas hasta su interior tapizado de pinos, Chipre ofrece natación, submarinismo, senderismo, ciclismo, turismo vinícola y gastronómico, y, en invierno, incluso esquí.

Excavar en el pasado de la isla ha proporcionado extraordinarias reliquias, desde viviendas neolíticas, tumbas de la Edad del Bronce y fenicias, hasta exquisitos mosaicos romanos. Y al patear las calles, no hay que perder detalle de sus muros venecianos, iglesias y castillos bizantinos, monasterios romanos y mezquitas.

Sumergirse en las sociedades griega y turca que conforman el presente de la isla, cada vez resulta más sencillo, además de brindar una imagen más completa de la fracturada identidad chipriota.

CAPITAL
Nicosia
(Lefkosia)

POBLACIÓN
1,2 millones

ÁREA
9251 km²

IDIOMAS OFICIALES
Griego, turco

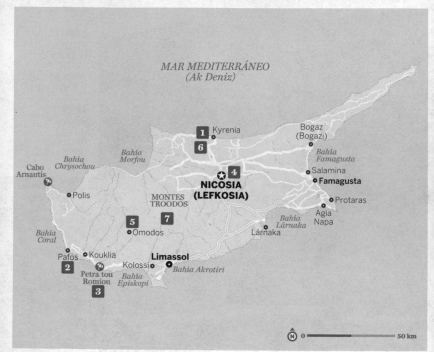

MAR MEDITERRÁNEO
(Ak Deniz)

Chipre
Las mejores experiencias

Puerto viejo de Kyrenia

1 Con la romántica silueta de las montañas como telón de fondo, la cadencia pausada de la vida moderna en el norte de Chipre alcanza su máxima expresión en el puerto viejo de Kyrenia. Sus encantadores edificios y sus cuidados almacenes, en otros tiempos rebosantes de algarrobas (entonces consideradas oro negro por los lugareños), ahora acogen bares y restaurantes de moda donde poder sentarse durante horas ante un café chipriota o un narguile (pipa de agua), al tiempo que las tradicionales goletas turcas se mecen amarradas al puerto.

Ciudad antigua de Pafos

2 En el sur de la isla se halla uno de los tesoros arqueológicos más cautivadores del país. Vasta y en expansión, la ciudad antigua de Pafos data del s. IV a.C. y lo que se observa hoy en día es solo una modesta parte de lo que aún queda por excavar. Cabe destacar los intricados y coloridos suelos de mosaicos romanos en pleno corazón del complejo original, desenterrados en 1962 por un agricultor que araba sus tierras.

Petra tou Romiou

3 También conocida como la roca de Afrodita, tal vez sea la playa más famosa y mítica de Chipre, además de una de las más singulares y hechizantes de la isla. Se dice que las olas que rompen contra la roca crean una columna de espuma que imita la forma de un ser humano. Las mejores instantáneas se consiguen al atardecer desde el estratégicamente situado pabellón para turistas.

Ciudad vieja de Nicosia Norte

4 Cruzar la Línea Verde de Lefkosia a Nicosia Norte, la zona turca al norte de la ciudad, es una experiencia fascinante. Extendiéndose como una telaraña desde la elegante calle Ledra, aparecen tiendas de ropa anticuadas flanqueadas por puestos de kebabs, cafés y vendedores de montañas de *halva* recién preparada. Se recomien-

da visitar alguna de sus extraordinarias mezquitas, un tranquilo *hammam* y sus varios museos, o simplemente pasear sin rumbo por las calles hasta el anochecer, cuando las siluetas de las lunas crecientes de los minaretes contrastan con cielo salpicado de estrellas.

Pueblos vinícolas en los alrededores de Omodos

5 Los interminables viñedos de los *krasohoria* (pueblos vinícolas) dominan las laderas circundantes de Omodos. Recorrer esta región, donde se dice que antiguamente cada casa contaba con su propia maquinaria para la producción de vino, es una aventura que exige disciplina y el buen uso de la escupidera. El número de bodegas-*boutique* en la región actualmente asciende a 50, repartidas entre seis o siete pueblos, con una gran selección de vinos y cepas. Las variedades locales más famosas derivan de las uvas *mavro* (rojo oscuro) y *xynisteri* (blanca), junto con otras 10 variedades.

si Chipre tuviera 100 habitantes

77 serían griegos
18 serían turcos
5 serían de otro origen

grupos religiosos
(% de población)

| Griegos ortodoxos | Musulmanes | Otros |

población por km²

CHIPRE   GRECIA   ESPAÑA

🧍 = 30 personas

Cuándo ir

TEMP. ALTA
(jul y ago)

➡ Los alojamientos están completos; los precios suben hasta el 30%.

➡ Los centros turísticos se llenan.

➡ Gran demanda del turismo nacional.

➡ Las temperaturas llegan a los 40°C.

TEMP. MEDIA
(mar-jun, sep y oct)

➡ Ideal para viajar; tiempo agradable y menor gentío.

➡ Época perfecta para actividades al aire libre.

➡ Un manto de flores silvestres cubre el interior en abril y mayo.

TEMP. BAJA
(nov-feb)

➡ Esquí en los Troodos.

➡ Puede ser húmeda y fresca o agradablemente suave.

➡ Algunos hoteles y restaurantes cierran en los principales centros turísticos.

El 'kafeneio'

En los pueblos, el *kafeneio* local (café) es el principal punto de encuentro. En casi todos hay dos, diferenciados por su tendencia política, socialista o nacionalista. Lo frecuenta una clientela de hombres de todas las generaciones que pasan el rato comiendo queso *halloumi* y aceitunas y bebiendo café y *zivania,* al tiempo que hacen girar las cuentas de sus *kombolois*. Los buenos amigos se sientan en pareja, fumando tabaco y jugando al *tavli* (chaquete) a la sombra de una parra. Los dados repiquetean al tiempo que se cuentan los movimientos y se susurran estrategias. Y una vez llega la hora del almuerzo, solo queda el olor a nicotina, pues todos salen en estampida para comer y echarse una siesta antes de retomar el ritual al atardecer.

Comida y bebida

Sería impreciso decir que la cocina chipriota es una mera combinación de las cocinas griega y turca (aunque estas son su base) ya que también se nutre de influencias del Oriente Próximo, con marcados sabores de Siria y el Líbano. Para un *picnic* basta con surtirse de pan, *halloumi*, aceitunas, sabrosos tomates e higos frescos de la tierra.

Dolmades Hojas de parra rellenas.

Kleftiko Cordero al horno.

Lahmacun *Pizza* turca.

Louvia me lahana Verduras con alubias de careta.

Souvla Grandes brochetas de cordero asado.

Stifado Estofado de ternera.

Vino En los montes Troodos, el dulce *komandaria* es el vino favorito y el fuerte *zivania*, el aguardiente local.

Castillo de San Hilarión

6 Según la leyenda, esta soberbia fortaleza sirvió de inspiración para el espectacular palacio animado de la reina malvada de *Blancanieves,* de Walt Disney. Sus ruinas hoy describen un contorno dentado entre el rocoso paisaje, rezumando el encanto gótico de la corte de Lusignan, que en tiempos se reunía aquí cada verano. Las empinadas escaleras y los jardines y senderos invadidos por vegetación anuncian el arduo ascenso hasta la torre, en tanto que las espectaculares vistas de la costa de Turquía no hacen sino acrecentar su magia.

Senderismo en los Troodos

7 Estos montes ofrecen una variedad de flora, fauna y geología que se extiende por bosques de pinos, cascadas, riscos y cantarines riachuelos. El macizo y la cumbre del monte Olimpo, de 1952 m de altura, brindan vistas de órdago de la costa sur y una agradable tregua al calor estival. Senderistas, campistas y amantes de las flores y las aves quedarán absortos ante las crestas, picos y valles del paisaje.

Cómo desplazarse

Autobús Frecuentes en el sur, operan de lunes a sábado, sin servicios los domingos. En el norte, son un batiburrillo de autobuses privados nuevos y viejos. Tarifas sorprendentemente razonables.

Automóvil Ante todo se impone conducir a la defensiva. Pese al buen estado de las carreteras, Chipre tiene una de las tasas de accidentes más altas de Europa. Para alquileres en verano, resérvese con tiempo.

Taxi En el sur operan las 24 h; los vehículos suelen ser modernos y, salvo fuera de las principales poblaciones, disponen de taxímetro. En el norte, siempre hay que acordar el precio de antemano.

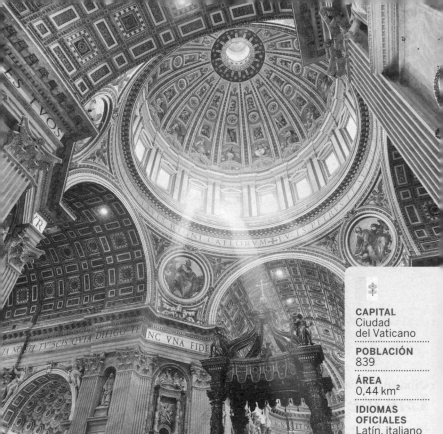

Interior de la basílica de San Pedro.

Ciudad del Vaticano

Embutido en solo 44 Ha, puede que el Vaticano sea el país más pequeño del mundo, pero concentra algunas de las obras más famosas de Italia.

Resguardada en pleno centro de la capital italiana, Roma, y enclaustrada en una pléyade de tradiciones y rituales sacrosantos, la Ciudad del Vaticano es uno de esos extraños lugares que hay que ver para creer. Es, además, la sede de la Iglesia católica, dirigida con total autoridad por el Papa, quien habitualmente residía en un palacio con más de un millar de estancias y de cuya protección se encarga la Guardia Suiza, conocida por su colorido uniforme rojo, amarillo y azul.

La ciudad fue fundada tras firmarse los Pactos de Letrán, en 1929, y representa el vestigio moderno de los Estados Pontificios, el feudo que gobernó Roma y buena parte del centro de Italia hasta su reunificación en 1861. El vínculo del Vaticano con el cristianismo se remonta al s. I, cuando san Pedro fue crucificado en el Circo de Nerón. En su homenaje, el emperador Constantino mandó construir una basílica en el lugar donde el santo fue enterrado.

Con todo, el esplendor de la basílica de San Pedro no es más que la antesala de las riquezas que aguardan en los Museos Pontificios.

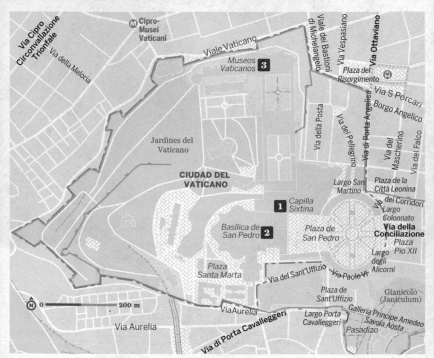

Ciudad del Vaticano
Las mejores experiencias

Capilla Sixtina

1 La joya de la corona del Vaticano alberga dos de las obras más famosas de la historia del arte: los frescos de Miguel Ángel y su *Juicio Final*. Levantar la vista hacia su glorioso techo es una experiencia inolvidable. Al ver a Dios tocando el dedo de Adán, muchos visitantes se tiene que pellizcar para convencerse de que están viendo el original y no una copia.

Basílica de San Pedro

2 En una ciudad de iglesias increíbles, ninguna está a la altura de la basílica de San Pedro, la iglesia más grande, suntuosa y espectacular de Italia. Monumento a siglos de genialidad artística, entre sus tesoros se cuentan tres de las obras maestras de Italia: la *Piedad* de Miguel Ángel, su hermosa cúpula y el baldaquino de Bernini sobre el altar papal.

Museos Vaticanos

3 Con unos 7 km de exposiciones y más obras maestras que muchos países, este colosal complejo museístico, alojado en el Palazzo Apostolico Vaticano, de 5,5 Ha, contiene una de las mayores colecciones de arte del mundo. Cubrir la muestra entera en una sola visita es una quimera; de hecho, se dice que si se dedicara un minuto a cada pieza, se tardaría 12 años en verlo todo.

Comida y bebida

Comer Platos de pasta romana como la cremosa carbonara o la fogosa *alla matriciana* (tomate, beicon y guindilla).

Beber Vinos locales como el Frascati y el Torre Ercolana.

Cuándo ir

TEMP. ALTA
(jul y ago)

➡ El verano es caluroso y ajetreado; planifíquese todo con mucho tiempo.

TEMP. MEDIA
(abr-jun)

➡ La primavera es la mejor época; los precios son más bajos y el tiempo es agradable.

MIÉRCOLES
(sep-jun)

➡ El Papa se dirige a los fieles cada miércoles a las 11.00 en el Vaticano.

Fiestas de la Independencia, Cartagena de Indias.

Colombia

Altas cumbres andinas, costa caribeña virgen, selva amazónica, yacimientos arqueológicos, asentamientos coloniales... Colombia tiene todos los atractivos de Sudamérica y muchos más.

Olvídese todo cuanto se haya oído sobre Colombia. Demonizada durante décadas, este país es hoy un destino seguro, asequible, accesible y decididamente emocionante.

La oferta de actividades es inacabable: descender por las aguas tranquilas del Amazonas, deambular por impecables poblaciones coloniales, sumergirse en prístinos arrecifes caribeños o galopar a caballo por crestas de montañas con vistas a antiguos lugares de enterramiento indígenas. Y los colombianos son un pueblo simpático, afable y atento que recibe a los turistas como a viejos amigos.

La eficiencia de las fuerzas de seguridad ha reducido el conflicto civil de más larga duración en el continente a las zonas más remotas e inaccesibles del país, carentes de atractivos para los viajeros. Y, lo mejor de todo, muchos colombianos, otrora enclaustrados en sus ciudades, ahora también pueden disfrutar de su país.

Aun así, sigue habiendo quienes creen que todo se reduce a la cocaína y el café. No podrían estar más equivocados: si se dedica suficiente tiempo a descubrirlo, Colombia se revela como un país que enamora.

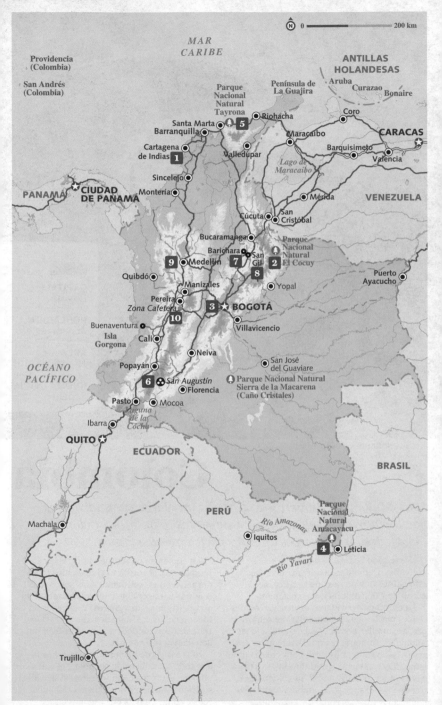

*MAR
CARIBE*

Providencia
(Colombia)

San Andrés
(Colombia)

**ANTILLAS
HOLANDESAS**

Aruba   Curazao   Bonaire

Península de
La Guajira

Parque
Nacional
Natural
Tayrona

Coro

Santa Marta   Riohacha   **5**

Barranquilla

Cartagena
de Indias   **1**

Valledupar

Maracaibo   **CARACAS**

Barquisimeto

Valencia

*Lago de
Maracaibo*

PANAMÁ   **CIUDAD
DE PANAMÁ**

Sincelejo

Montería

Mérida   **VENEZUELA**

Cúcuta   San
Cristóbal

Bucaramanga

Barichara   Parque
Nacional
Natural
El Cocuy

9   Medellín   **7** San
Gil   **2**

8

Quibdó   Yopal

Puerto
Ayacucho

Manizales

Pereira   **3**   ★ **BOGOTÁ**

Zona Cafetera   **10**

Buenaventura   Villavicencio

*Isla
Gorgona*   Cali

**OCÉANO
PACÍFICO**   Neiva

San José
del Guaviare

Popayán

6 San Augustín   Parque Nacional Natural
Sierra de la Macarena
(Caño Cristales)

Florencia

Pasto   Mocoa

*Laguna
de la
Cocha*

Ibarra

QUITO ★

ECUADOR   **BRASIL**

Machala   **PERÚ**

Parque
Nacional
Natural
Amacayacu

Río Amazonas

Iquitos   **4** Léticia

Río Yavarí

Trujillo

Colombia
Las mejores experiencias

Casco histórico de Cartagena de Indias

1 Nada más pisar el casco histórico amurallado de Cartagena de Indias, en el sector septentrional de Colombia, la Torre del Reloj hará que el viajero retroceda 400 años en un instante. Pasear por sus calles es como meterse en una novela del premio Nobel de Literatura Gabriel García Márquez. Los balcones en tonos pastel rebosan de buganvillas y las calles bullen con puestos de comida en torno a espléndidas iglesias, plazas y demás enclaves históricos levantados por los españoles. Es, en definitiva, una ciudad que se parece mucho a lo que fue.

Senderismo en El Cocuy

2 La caminata de una semana de Güicán a El Cocuy, en el Parque Nacional Natural El Cocuy, es una de las más famosas del país. En temporada (dic-feb), la región de la Sierra Nevada del Cocuy se caracteriza por sus rojizos amaneceres sobre picos escarpados, y los ecosistemas de páramo en valles glaciares, planicies de montaña y lagos a gran altura. En días despejados los miradores circundantes (a 4650 m de altura) ofrecen vistas completas de la preciosa región de los Llanos.

Iglesia de San Pedro Claver, casco histórico, Cartagena de Indias.

Museo del Oro, Bogotá

3 No hay muchos lugares en el mundo donde se pueda experimentar la sensación de haber encontrado un antiguo tesoro escondido. Pero en el bogotano Museo del Oro, uno de los más impresionantes de Sudamérica, el viajero se sentirá Indiana Jones al contemplar su colección, compuesta por más de 55 000 piezas de oro y otros materiales de las principales culturas precolombinas que habitaron la región de la actual Colombia. La muestra, ordenada temáticamente, ocupa tres plantas y culmina en la extraordinaria Balsa Muisca, hallada en 1969.

Alojamientos en la selva junto al río Yavarí

4 La inmensidad de la Amazonia es casi incalculable para una persona media (solamente la parte correspondiente a Colombia es más grande que Alemania), así que huelga decir que abundan las opciones para dormir en un viaje inolvidable. Ahora bien, el protegido río Yavarí, frontera natural entre Brasil y Perú a lo largo de más de 800 km, es uno de los contados lugares con acceso a los tres ecosistemas amazónicos: tierra firme (seco), *várzea* (semi-inundado) e *igapó* (inundado). ¡Toda una experiencia selvática!

Playas del Tayrona

5 Cerca de Santa Marta, en pleno Caribe, este parque nacional posee algunas de las playas más bellas del país. Sus aguas cristalinas baten un selvático telón de fondo barrido por una tupida avalancha que arranca en la Sierra Nevada de Santa Marta, la cadena montañosa costera más alta del mundo. Las pintorescas playas de arena blanca están jalonadas por palmeras y trufadas de enormes rocas, algunas partidas en dos como si hubieran sido víctimas de la ira de un gigante.

Estatuas de San Agustín

6 Esparcidas por verdes colinas onduladas, las estatuas de San Agustín ofrecen una fascinante mirada a la cultura precolombina y constituyen uno de los principales tesoros arqueológicos del conti-

La incombustible 'chiva'

Toda una obra de arte sobre ruedas, la *chiva* es un vehículo colorido que hace décadas fue el principal medio de transporte rodado de Colombia. Casi todo su chasis está hecho con madera y se decora con vistosos diseños, a destacar uno principal en la parte trasera.

Hoy, las *chivas* han desaparecido casi por completo de las carreteras principales, pero siguen siendo un medio fundamental para viajar entre pequeñas localidades y pueblos. Pueden transportar tanto pasajeros como mercancías, animales incluidos. Una vez se llena el interior, se recurre al tejado, utilizado para todo lo que no cabe dentro. Las *chivas* suelen concentrarse cerca de los mercados y transitan carreteras con baches.

Comida y bebida

La "comida criolla" se divide en dos variantes regionales: la región andina (donde vive el grueso de la población) y las costas caribeña y pacífica. El principal rasgo que las diferencia es la disponibilidad de ingredientes; por ejemplo, el pescado y el plátano macho son ingredientes más habituales en la costa. La calidad de los productos es muy alta (lo mismo que el nivel de higiene durante su preparación), lo que significa que incluso los más exigentes encontrarán algo que les llame la atención.

La cocina colombiana se caracteriza por la sencillez: arroz, alubias, carne o pescado, ensalada y un zumo de frutas tropicales bastan para saciar al colombiano medio.

El café es la bebida nacional y el producto más exportado. Hay vendedores ambulantes con termos por doquier, y por solo unas monedas se puede disfrutar de un "tinto" (solo; "perico" en Bogotá), un "pintado" (cortado) o un café con leche.

si Colombia tuviera 100 habitantes

58 serían mestizos
20 serían blancos
14 serían mulatos
4 serían negros
3 serían mezcla de negros e indígenas
1 sería indígena

grupos religiosos

(% de población)

90 Católicos
2 No religiosos
8 Protestantes

población por km²

COLOMBIA   EE UU   ESPAÑA

≈ 32 personas

Cabo San Juan de la Guía, Parque Nacional Natural Tayrona.

nente. Hasta la fecha se han excavado más de 500 monumentos, tallados en roca volcánica, que representan a animales sagrados y figuras antropomórficas.

Algunas de estas estatuas se concentran en un parque arqueológico, pero otras muchas están in situ, y se llega a ellas a pie o a caballo.

Cuándo ir

TEMP. ALTA
(dic-feb)

➡ Cielos soleados y días cálidos en la región andina.

➡ Tiempo seco en todo el país, pero no en la Amazonia.

➡ San Andrés y Providencia disfrutan de condiciones óptimas, como es habitual.

TEMP. MEDIA
(mar-sep)

➡ Bogotá, Medellín y Cali reciben una temporada de lluvias de menor intensidad en abril/mayo.

➡ La mejor época para avistar ballenas en la costa pacífica es de julio a octubre.

➡ Tiempo idílico en Cartagena hasta mayo.

TEMP. BAJA
(oct-nov)

➡ Las inundaciones afectan a las carreteras andinas.

➡ Octubre, el mes más húmedo en Cartagena.

➡ El menor caudal del Amazonas es sinónimo de senderismo y playas de arena blanca excelentes.

Barichara colonial

7 Tal vez sean sus tejados color óxido, sus amplias calles adoquinadas simétricamente, sus paredes enjalbegadas o sus balcones con macetas, pero lo cierto es que hay algo que invade los sentidos nada más pisar el que quizá sea el pueblo colonial más pintoresco y mejor preservado de Colombia. Realzado por un idílico telón de fondo verde andino, Barichara es una maravilla de cadencia pausada cuyo nombre en guane significa "sitio de descanso" y donde no tiene nada de raro pestañear de asombro al recorrer sus calles atolondrado por su belleza.

Aventuras al aire libre en San Gil

8 Puede que San Gil no tenga mucho que ver como ciudad, pero lo que le falta en belleza natural lo compensa en emociones fuertes. Ciclismo, kayak, rápel, espeleología, salto en *bungee*, parapente..., la indiscutible capital colombiana de los deportes de aventura –más conocida por sus adrenalínicos rápidos de clase IV y V en el río Suárez pero con una oferta que va mucho más allá del *rafting* en aguas bravas– es ante todo un lugar no apto para pusilánimes.

Películas

Apaporis (2010) Incisivo documental acerca de la vida de los indígenas en la Amazonia.

María, llena eres de gracia (2008) Conmovedora historia en torno al embarazo adolescente y el narcotráfico.

Perro come perro (2008) Película de gánsteres según el modelo de Tarantino.

Rosario Tijeras (2004) Apasionante historia de una mujer envuelta en el mundo de los sicarios.

Todos sus muertos (2011) Crítica devastadora a la corrupción y la indiferencia en Colombia.

Libros

La vorágine (José Eustasio Rivera, 1924) Clásico de la literatura colombiana, narra una historia de pasión y venganza enmarcada en los llanos y la selva amazónica

Calamarí (Emilio Ruiz Barrachina, 1998) Romance histórico ambientado en Cartagena de Indias.

Cien años de soledad (Gabriel García Márquez, 1967) La obra maestra del "realismo mágico".

Delirio (Laura Restrepo, 2004) Explora la locura personal y política acaecida en Bogotá a mediados de los ochenta.

Cómo desplazarse

Avión Con una extensa oferta de vuelos nacionales, Colombia recibe casi una veintena de aerolíneas. También se fletan vuelos chárter que compiten en algunas de las rutas más populares.

Autobús Es el principal medio de transporte interurbano y llega a casi todos los rincones del país. La mayoría de los autobuses de largo recorrido ofrecen mayor confort que el avión medio en clase turista, mientras que los nocturnos a veces disponen de amplios asientos tipo *business*.

Automóvil Alquilarlos sale caro, y, dado lo amplia y económica que es la red de autobuses, tampoco hay muchos motivos para ello.

La noche 'paisa'

9 Medellín se muestra en todo su esplendor de noche, con restaurantes sofisticados y una palpitante vida nocturna. El Poblado, en particular, está lleno de restaurantes elegantes que se transforman en bullangueros bares tan pronto como se despejan las mesas. Más tarde se enfila hacia las sofocantes discotecas de Barrio Colombia y a las llamativas macrodiscotecas de la Autopista Sur. No hay que irse sin pasar por los selectos bares de La Strada, ideales para codearse con gente bien y bellezas moldeadas a golpe de bisturí.

Fincas en el Eje Cafetero

10 Accesibles en un emocionante circuito de degustación en un *jeep* de la II Guerra Mundial, muchas de las mejores fincas del Eje Cafetero han abierto sus puertas de par en par y ahora reciben visitantes con el propósito de enseñarles lo que diferencia del café colombiano del de otros países. Cesta en mano, el viajero podrá adentrarse en la plantación para recolectar sus propios granos antes de disfrutar del producto final en una finca tradicional con el relajante rumor de los ríos.

Granos de café.

10

Isla de Mayotte.

Comoras y Mayotte

Diseminadas por el océano Índico, las encantadoras islas Comoras son la clase de lugar a donde uno se dirige para desaparecer un tiempo de la faz de la tierra.

CAPITAL
Moroni (C)
Mamoudzou (M)

POBLACIÓN
752 288 (C)
223 765 (M)

ÁREA
2235 km² (C)
374 km² (M)

IDIOMAS OFICIALES
Árabe y francés (C
francés (M)

Comoras es un sitio tan remoto que cuesta pensar en un escondite mejor. Dueños de una rica cultura suajili y decididamente musulmanes, sus encantadores habitantes descienden de una estirpe de comerciantes árabes, sultanes persas, esclavos africanos y piratas portugueses. En su agitada vida política, las tres islas autónomas han sufrido casi una veintena de golpes de Estado desde que alcanzaran la independencia en 1975. En la última década, en cambio, acordaron dejar a un lado las diferencias y emprender el camino conjuntamente bajo la bandera de

Unión de las Comoras. La cuarta isla, Mayotte, es un territorio francés de ultramar, y difiere políticamente de las otras islas en que su población es francesa y, por ende, se rige por la ley de ese país.

Comoras no es un destino de vacaciones apto para todos los públicos: todo marcha a un ritmo lento y las instalaciones turísticas no son precisamente de lujo. Ahora bien, si por vacaciones perfectas se entiende pasarse el día sin hacer nada, tomando té y charlando con los lugareños, Comoras puede resultar la clase de aventura impredecible que uno ansía.

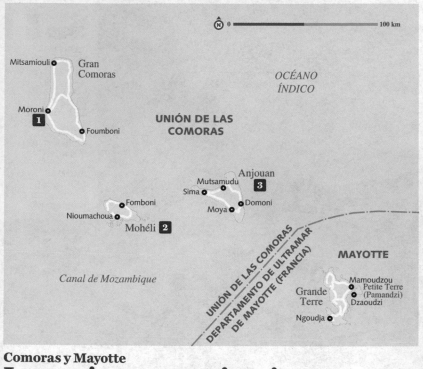

Comoras y Mayotte
Las mejores experiencias

Moroni

1 Moroni es un lugar intemporal que evoca *Las mil y una noches*. Al pasear por sus angostas calles se pasa junto a señoras vestidas con coloristas chales que conversan junto a maltrechos umbrales y adustos grupos de hombres con túnicas blancas que echan el día jugando al dominó. Al atardecer, el puerto de Moroni es una de las estampas más bellas del Índico.

Mohéli

2 Intacta y escasamente poblada, Mohéli, la más pequeña, agreste e interesante de las islas Comoras, augura fabulosas playas y aguas turquesa. Además, la isla aún no ha despertado de su atraso social, económico y de infraestructuras, y le queda un buen trecho no ya para alcanzar el s. xxi sino el s. xx. Pero eso, por supuesto, tiene su lado positivo.

Anjouan

3 Conocida localmente como la "Perla de las Comoras ", Anjouan es sin duda la isla más pintoresca del archipiélago, muy indicada para cumplir la fantasía de emular a Robinson Crusoe en una isla desierta. También llamada Ndzouani o Nzwani, se trata de la isla comorense que más se ajusta a la típica imagen de isla tropical con la que uno sueña despierto.

Comida y bebida

Langosta Tirada de precio y deliciosa, en particular la *langouste à la vanille* (a la vainilla).

Té Suele tomarse con *limoncillo* y jengibre.

Cuándo ir

MAY-OCT
➤ Temporada seca.
➤ La mejor época para una visita.

OCT-ABRIL
➤ Temperaturas muy elevadas incluso durante la estación lluviosa.

DIC-ABR
➤ Las intensas lluvias pueden llegar a descargar hasta 390 mm.

Parque Nacional del Garamba.

CAPITAL
Kinshasa

POBLACIÓN
75,5 millones

ÁREA
2,3 mill. de km²

IDIOMA OFICIAL
Francés

Congo (RDC)

Conversaciones memorables con los lugareños, experiencias emocionantes en selvas impenetrables y ríos de fábula aguardan en la República Democrática del Congo.

La República Democrática del Congo (RDC; antiguamente Zaire) ha vivido uno de los capítulos más tristes de la historia moderna, desde la siniestra colonización del rey Leopoldo de Bélgica hasta la cleptocracia descaradamente corrupta del dictador Mobutu Sese Seko, pasando por los ensangrentados campos de batalla de la "I Guerra Mundial Africana".

Sin embargo, tras una década de decadencia en la que buena parte del territorio cayó en la anarquía, el segundo país más grande de África se recupera. Aún le queda un buen trecho por recorrer, pero las nuevas carreteras, las grandes reservas minerales por explotar y la mayor fuerza para el mantenimiento de la paz que la ONU tiene desplegada en el mundo han inyectado optimismo entre su atormentada pero resistente población.

Cubierto de un gran manto de selva tropical, surcado de caudalosos ríos y tachonado de humeantes volcanes, el país ofrece la aventura africana por excelencia. Aquí nada es sencillo, pero si lo que se busca es una inmersión inolvidable en el continente, no hay mejor destino.

Congo (RDC)
Las mejores experiencias

Volcán Nyiragongo

1 El hecho de que los lugareños teman y respeten el poder del precioso y amenazante lago de lava más grande del mundo –causante de la destrucción de la mitad de la ciudad de Goma en el 2002–, no significa que no se pueda subir al Nyiragongo. Quienes terminen el ascenso de 5 h se verán recompensados con vistas al centro de la tierra.

Parque Nacional de los Montes Virunga

2 Hay pocas experiencias en el mundo más memorables que estar cara a cara con un gorila de montaña. Seis familias de estas criaturas habitan en esta reserva donde es posible visitarlas en circuitos guiados por guardabosques. El mejor momento para conocer a una familia es a media mañana, una vez han comido y van a descansar.

Río Congo

3 La legendaria travesía en barco por el agreste río Congo es extraordinaria. La ruta clásica requiere dos semanas para recorrer sus 1730 km por selva virgen. Y a diferencia de los viejos tiempos, ya no se viaja en barcos de vapor con camarotes, sino en la cubierta de barcazas con cientos de personas más, sus mercancías y el ganado.

Comida y bebida

Cerveza Pruébese la Primus o la Turbo King, más oscura.

Fufu Gachas de mandioca.

Liboke Pescado cocinado en hojas de mandioca.

Cuándo ir

DIC-MAR
➡ La estación seca en el norte es sinónimo de condiciones de viaje algo más favorables.

ENE
➡ Ideal para disfrutar de los gorilas de montaña en exclusiva.

ABR-OCT
➡ Es la estación seca en el sur y la mejor para la ruta de Kinshasa a Lubumbashi.

Río Congo.

Congo, República del

El poderoso río del que toma su nombre el Congo serpentea entre un frondoso país de selvas vírgenes, animales salvajes y una historia llena de dificultades.

Territorio de junglas tórridas donde se esconde la mitad de la población mundial de gorilas occidentales de llanura, numerosos de elefantes y grupos de inquietos chimpancés, el Congo (no confundirlo con la RDC, el antiguo Zaire, al otro lado del río homónimo) tiene potencial de sobra para convertirse en uno de los mejores destinos de ecoturismo de África. El Parque Nacional Nouabalé-Ndoki y el Parque Nacional de Odzala son dos de las reservas forestales más vírgenes del continente, y entre ambas posiblemente sean el mayor atractivo de África central.

A pesar de sus increíbles maravillas naturales y su cálida población, la República del Congo sigue siendo un gran desconocido para mucha gente, y hoy por hoy recibe muy pocos visitantes. Ahora bien, quienes estén preparados para responder a la llamada de la naturaleza y no teman a la aventura, han de saber que el Congo les espera.

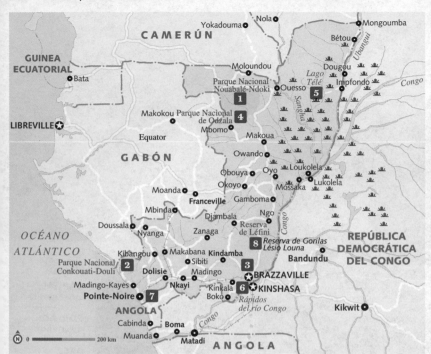

Congo, República del
Las mejores experiencias

Parque Nacional Nouabalé-Ndoki

1 Un equipo de la revista *National Geographic*, que visitó el incipiente parque a mediados de los años noventa, llamó a este rincón del norte del país el "último Edén" de la tierra, y precisamente es eso: el mundo antes de que llegaran las motosierras. Esta vasta región de bosques cenagosos es el hogar de poblaciones de gorilas occidentales de llanura, elefantes, chimpancés y otras especies. Su atractivo para el visitante es la facilidad con que se ven las criaturas, por ejemplo, en sus famosos claros naturales, donde se concentran nutridas manadas de elefantes y gorilas.

Parque Nacional Conkouati-Douli

2 El parque nacional más diverso del Congo se extiende desde el Atlántico a través de una franja de sabana costera hasta las selváticas montañas. El problema de la caza furtiva hizo que la observación de fauna estuviera limitada durante mucho tiempo. Pero las recientes inversiones en infraestructuras y seguridad del parque han servido para que proliferen los elefantes, gorilas y búfalos que viven aquí y se les pueda ver con mayor facilidad. Las travesías en barco por el Ngongo y las caminatas por la selva son las actividades estrella.

Brazzaville

3 Discreta, encantadora y sin apenas cicatrices de los años de guerra, Brazzaville es una gran ciudad de aire provinciano que invita a relajarse. Fundada en 1880 a orillas del lago Malebo, en el cauce del río Congo, tradicionalmente ha ejercido de pequeño socio comercial de Kinshasa (RDC), siempre tentadora y socarrona, al otro lado del río. Con todo, Brazzaville es más tranquila y segura para los viajeros, y al decir de muchos, la ciudad más agradable de África central.

Parque Nacional de Odzala

4 El que es uno de los parques nacionales

Conchas utilizadas por adivinos, Brazzaville.

más antiguos de África hace una década vio que su celebrada población de 20 000 gorilas quedaba diezmada a causa de varios brotes de ébola que acabaron con el 70 o 95% de estos animales. Hoy, la situación ha mejorado ostensiblemente: el número de gorilas va en aumento y el parque ha recibido un muy necesario impulso con la llegada de African Parks.

Lago Télé

5 En un país como este, es fácil dar con rutas poco frecuentadas. Para sumergirse de verdad en las entrañas de la selva, no hay nada como una expedición al lago Télé, en el increíblemente remoto noreste del Congo, o, dicho de otro

modo, la clase de viaje que inspiraría más de un libro. Si los rumores son ciertos, este lago circular es, además, el hogar del Mokèlé-mbèmbé, una gigantesca criatura semiacuática descrita en ocasiones como el desaparecido saurópodo.

Rápidos del río Congo

6 En estos grandes y poderosos rápidos a las afueras de Brazzaville, el río Congo se anima de verdad. Casi todo el mundo los observa desde el cercano bar Site Touristique Les Rapides, pero las mejores vistas se obtienen al otro lado, siguiendo un camino pasado el puente. Los rápidos principales, en medio del río, no son fáciles de ver

si la República del Congo tuviera 100 habitantes

48 serían kongos
20 serían shangas
12 serían mbochis
17 serían tekes
3 serían de otro origen

grupos religiosos
(% de población)

50 Cristianos
48 Animistas

2 Musulmanes

población por km²

 REPÚBLICA DEL CONGO

 REPÚBLICA DEMOCRÁTICA DEL CONGO

ESPAÑA

≈ 3 personas

Cuándo ir

JUN-DIC

➡ La mejor época, en general, para recorrer el país.

OCT-ENE

➡ Cuando más sencillo resulta observar la fauna en las reservas del norte.

DIC-FEB

➡ Empieza la anidación de tortugas en las playas del Parque Nacional Conkouati-Douli.

En barcaza o... ¡en piragua!

Entre junio y diciembre, cuando el nivel del caudal es suficientemente alto, las barcazas remontan los ríos Congo y Ubangui desde Brazzaville. Algunas viajan hacia Bangui e Impfondo; otras viran a la izquierda en Mossaka, siguiendo el cauce –aún más encrespado– del río Sangha hasta Ouesso.

Las salidas suelen ser semanales, pero no hay horarios: los barcos zarpan una vez que están preparados. En el mejor de los casos, la travesía entre Brazza e Impfondo dura cinco días río abajo y nueve río arriba.

Si se prevé visitar el Parque Nacional Nouabalé-Ndoki, es bastante sencillo (y divertido) viajar en barco entre el parque y la Reserva Dzanga-Sangha, en la República Centroafricana, desde donde es posible continuar hasta Bangui por carretera. Se pueden alquilar motoras a través de las autoridades de los parques nacionales, aunque por la mitad del precio hay piraguas tradicionales –con algunas fugas y un pequeño motor– que cubren la travesía en el doble de tiempo.

Cruzar la frontera por esta ruta es una experiencia inolvidable. Durante horas el paisaje se reduce a las imponentes aguas amarronadas del río Sangha, custodiado por una legión de árboles, hasta que de pronto surge un claro junto a la orilla, con un pequeño edificio de madera atendido por un puñado de soldados y funcionarios de inmigración, que anuncia la llegada a la República Centroafricana.

Comida y bebida

En el norte manda la carne y en el sur, el pescado. La guarnición por excelencia es la mandioca, aunque en los restaurantes a veces sirven batata o arroz.

pero impresionan incluso desde lejos.

Pointe-Noire

7 La salida al mar del río Congo es una suerte de centro turístico con una ventosa playa donde poder disfrutar de vistas del océano y suculentas raciones de marisco. Como alternativa hay varios puestos en el extremo sur de la Côte Sauvage, muy propicios para despedir el sol con una cerveza y un plato de pescado frito picante.

Reserva de Gorilas Lésio Louna

8 Situado 140 km al norte de Brazzaville, este centro da cobijo a gorilas huérfanos y rescatados y permite ver crías en un criadero y adultos en estado salvaje en una isla donde se les alimenta. También se puede nadar o simplemente gozar de la serenidad en el encantador Lac Bleu. La reserva se puede visitar en una excursión de un día desde Brazzaville saliendo a las 5.00.

Cómo desplazarse

Avión Brazzaville y Pointe-Noire cuentan con sendos aeropuertos. Salvo en la ruta Pointe-Noire-Brazzaville, los horarios rara vez se cumplen, siendo habituales las cancelaciones. Las agencias de viajes suelen conseguir asientos aunque las compañías aseguren no tener disponibilidad.

Autobús Actualmente viajan al norte varios autobuses convencionales, pero los *bush taxis* (taxis compartidos) y los camiones siguen siendo los medios más utilizados.

Automóvil Si bien Europcar ofrece automóviles y todoterrenos (ambos caros), alquilar un taxi con conductor cuesta casi la mitad.

Tren Recientemente se han modernizado los vagones; no así las vías ni las locomotoras, lo que explica que la ruta Brazzaville-Pointe-Noire aún suponga entre 15 y 24 h de viaje.

Juegos de masas Arirang, estadio Reungrado Primero de Mayo, Pyongyang.

CAPITAL
Pyongyang

POBLACIÓN
24,7 millones

ÁREA
120 538 km²

IDIOMA OFICIAL
Coreano

Corea del Norte

Casi todo el mundo tiene una opinión formada sobre Corea del Norte por las noticias y las películas de James Bond, pero el país tiene mucho que ofrecer aparte de desfiles y pulsos con la ONU.

Ningún país del mundo provoca una reacción parecida a la que despierta Corea del Norte. Actualmente dirigido por su tercer gobernante hereditario, este estado nominalmente comunista y producto de la Guerra Fría ha desafiado todas las expectativas al sobrevivir un cuarto de siglo desde que la *perestroika* desmembrara el resto del otrora vasto imperio soviético.

Casi nadie sabe tan siquiera que se puede visitar, aunque para ello se han de hacer importantes concesiones. Dos guías designados por el gobierno, que ofrecen la versión oficial de la historia, acompañarán al viajero en todo momento. Si no se está dispuesto a ello es mejor pensar en otro destino; pero quienes accedan disfrutarán de un viaje fascinante a un mundo misterioso.

Se podrán descubrir complejos turísticos de montaña y antiguas capitales, aunque los principales reclamos siguen siendo la grandilocuente iconografía del régimen y la surrealista existencia de gente corriente en un Estado autocrático lleno de problemas.

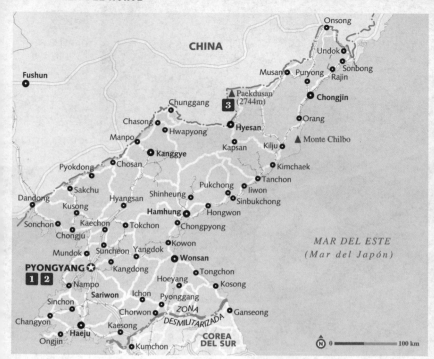

Corea del Norte
Las mejores experiencias

Juegos de masas

1 En Pyongyang, la capital, entre agosto y octubre, se pueden ver los increíbles juegos de masas, un espectáculo en el que participan más de 100 000 personas creando un impresionante despliegue en el que se combinan consignas políticas perfectamente coordinadas, gimnasia, danza, música y teatro.

Pyongyang

2 Los guías mostrarán al viajero los monumentos, torres, estatuas y edificios que ensalzan a Kim Il-sung, Kim Jong-il y la Idea Juche; sin embargo, los verdaderos atractivos de la capital se perciben en los momentos más tranquilos, cuando es posible entrever escenas cotidianas, como lugareños yendo de *picnic* o tocando música.

Monte Paekdu

3 Uno de los principales atractivos de la península de Corea, el monte Paekdu (Paekdusan; 2744 m) es el techo del país y un increíble fenómeno geológico, pues se trata de un volcán extinto con un lago de cráter en plena cima. La mitología en torno al lago le confiere un toque aún más mágico si cabe.

Comida y bebida

Kimchi Acompañamiento típico preparado con verduras fermentadas de temporada.

Naengmyeon Fideos fríos hechos con harina de *kudzu* o alforfón.

Soju El fortísimo aguardiente local.

Taedonggang Cerveza rubia de producción local.

Cuándo ir

FEB
➡ El país se vacía y tienen lugar las impresionantes celebraciones que conmemoran el nacimiento de Kim Jong-il.

ABR Y MAY
➡ Los cielos despejados, la escasa humedad y los contados visitantes hacen que sea una época estupenda para recorrer el país.

AGO-OCT
➡ El estadio Reungrado Primero de Mayo acoge el mayor espectáculo del mundo, los impresionantes juegos de masas.

Faroles, templo de Samgwangsa, Busan.

CAPITAL
Seúl

POBLACIÓN
49 millones

ÁREA
99 720 km²

IDIOMA OFICIAL
Coreano

Corea del Sur

La República de Corea depara un fabuloso abanico de experiencias, paisajes seductores y 5000 años de cultura e historia.

El círculo azul y rojo en medio de la bandera surcoreana simboliza a la perfección la fluida mezcla entre lo antiguo y lo moderno en este país conocido oficialmente como República de Corea. Destino de ensueño para el viajero, en Corea del Sur las ventajas de la plena industrialización y la alta tecnología van de la mano del culto a las tradiciones y las antiguas costumbres asiáticas.

Su tamaño compacto y las excelentes infraestructuras permiten alejarse del ruido del tráfico urbano y acceder a la tranquilidad rural en apenas una hora. Se pueden emprender caminatas en frondosos parques nacionales salpicados de picos abruptos, navegar hasta islas remotas donde los lugareños abren la puerta de su casa al viajero, y saborear la serenidad de un retiro en un templo budista. Pero que nadie se alarme: no todo es sosiego. Casi siempre se celebra alguna fiesta o acontecimiento, y a los simpáticos coreanos les encanta compartir su cultura. Siempre quedará, además, una de las cocinas más deliciosas de Asia, que sin duda abrirá nuevos horizontes para las papilas gustativas del viajero

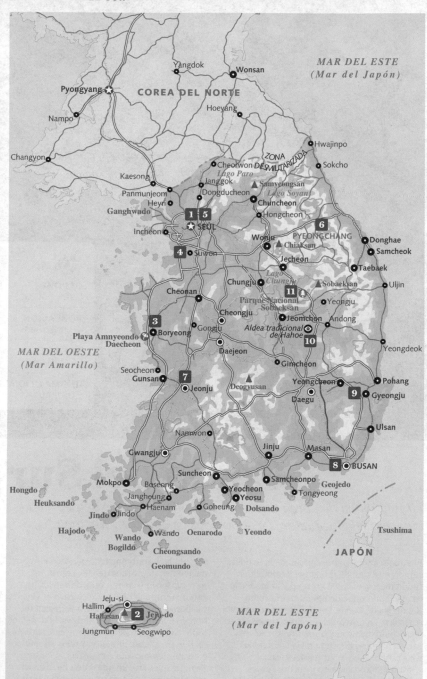

Yangdok

Wonsan

MAR DEL ESTE
(Mar del Japón)

Pyongyang

COREA DEL NORTE

Nampo

Hoeyang

Changyon

Hwajinpo

ZONA
Cheorwon *DESMILITARIZADA*
Sokcho

Kaesong
Lago Paro
Janggok

Panmunjeom
Dongducheon
Heyri
Chuncheon
Samyeongsan
Lago Soyan

Ganghwado
1 **5**
Hongcheon

Incheon
SEÚL

4 Suwon
Wonju
Chiaksan
6
PYEONGCHANG
Donghae
Samcheok

Jecheon
Taebaek

Cheonan
Chungju
Lago
Chungju
Sobaeksan
Uljin

3
Cheongju
11
Yeongju

Boryeong
Gongju
Parque Nacional
Sobaeksan
Jeomchon
Andong

Playa Amnyeondo
Daecheon
Aldea tradicional
de Hahoe
10

MAR DEL OESTE
(Mar Amarillo)
Daejeon
Yeongdeok

Seocheon
Gimcheon

Gunsan
7
Jeonju
Deogyusan
Yeongcheon
Pohang
9 **Gyeongju**

Daegu

Namwon
Ulsan

Gwangju
Jinju
Masan
8 **BUSAN**

Suncheon
Samcheonpo
Geojedo

Mokpo
Boseong
Yeocheon
Tongyeong

Jangheung
Yeosu

Hongdo
Haenam
Goheung
Dolsando
Tsushima

Heuksando
Oenarodo
Yeondo

Jindo Jindo

Hajodo
Wando Wando
Oenarodo

Wando
Cheongsando
JAPÓN

Bogildo
Geomundo

Jeju-si

Hallim
Hallasan
2 Jeju-do

Hallasan
MAR DEL ESTE
(Mar del Japón)

Jungmun
Seogwipo

0   100 km

Corea del Sur
Las mejores experiencias

Changdeokgung

1 El "palacio de la Ilustre Virtud" se construyó a principios del s. XV en Seúl como un palacio secundario, después del de Gyeongbukgung. Declarado Patrimonio Mundial de la Unesco, supera a su hermano mayor en belleza y elegancia. La sección más encantadora es el Huwon, un jardín secreto que constituye una oda a la horticultura palaciega. Hace falta reservar con mucha antelación para conseguir plaza en los circuitos con luna llena que se organizan durante los meses más cálidos.

Senderismo en Jeju-do

2 A pie es como mejor se aprecia el espectacular paisaje volcánico de Jeju-do, la isla más grande de Corea del Sur. La ascensión al Hallasan, el pico más alto del país, es muy accesible, y con buen tiempo ofrece vistas espectaculares. El Jeju Olle Trail, una red de 26 senderos de medio día a día entero, recorre el litoral y el interior de la isla, además de otras tres islas. Para saborear sus encantos, lo mejor es quedarse un día tras una caminata.

Festival del Barro de Boryeong

3 Cada julio, miles de personas se congregan en

Jardín Secreto, Changdeokgung.

Boryeong prestos a zambullirse en gigantescas piscinas de barro. La excusa oficial es que el lodo tiene propiedades reparadoras; pero basta mirar alrededor para comprobar que lo único que les interesa a los asistentes es pasarlo bomba. Más allá del fango, este famoso festival incluye conciertos, *raves* y fuegos artificiales. Un consejo: es mejor abstenerse de llevar prendas que se quieran conservar.

Fortaleza de Hwaseong en Suwon

4 Erigida como acto de devoción filial y gravemente dañada durante

si Corea del Sur tuviera 100 habitantes

83 vivirían en áreas urbanas
17 vivirían en áreas rurales

grupos religiosos
(% de población)

32 Cristianos

24 Budistas

1 Otras religiones

43 No religiosos

población por km²

COREA DEL SUR   JAPÓN   ESPAÑA

≈ 32 personas

la colonización de principios del s. xx y la posterior guerra de Corea, las obras de restauración de esta fortaleza protegida por la Unesco comenzaron en los setenta y están prácticamente finalizadas. Gracias a un documento de 1801 se han podido reconstruir con bastante precisión histórica el Hwaseong Haenggung (retiro real) y la muralla, de 5,52 km, con un paseo que recorre las cuatro imponentes puertas.

Cheonggyecheon

5 Tras la demolición de una autopista elevada, se excavó el terreno y brotó un antiguo riachuelo escondido: un esfuerzo que ha transformado el centro de Seúl con un parque ribereño y un paseo que suponen un agradable paréntesis al frenesí comercial de los alrededores. El arte callejero salpica las orillas, donde tienen lugar multitud de eventos, entre ellos un espectacular festival de faroles en noviembre, cuando se lanzan al agua miles de gigantes y coloridas esculturas de papel iluminadas. También hay un interesante museo que relata la historia del Cheon-gye-cheon.

Esquiar en Pyeongchang

6 Pyeongchang organizará los Juegos Olímpicos de Invierno 2018, cuyas pruebas se celebrarán en las estaciones de esquí de Alpensia y Yongpyong y en la zona costera de Gangneung. Muy próximas entre sí, Alpensia y Yongpyong cuentan con un sinfín de pistas, incluidas varias indicadas para familias y principiantes, además de una soberbia oferta de ultramodernos alojamientos e instalaciones de ocio.

Buceo libre en Jeju

Jeju es conocida en Corea por sus aguerridas *haenyeo* (mujeres buzo). Por toda la costa hay estatuas en su honor, y no es raro observarlas en acción junto a la orilla o en el mar.

Durante siglos, las mujeres locales han recurrido al buceo libre para recoger algas, marisco, pulpos, pepinos y erizos de mar. Siempre en cooperativas y dispuestas a compartir la captura, se sirven de un equipo rudimentario, sin tanques de oxígeno. Hasta hace poco, además, no utilizaban trajes de neopreno, por mal tiempo que hiciera y pese a sumergirse durante horas. Se dice que son capaces de aguantar la respiración bajo el agua un máximo de dos minutos y de alcanzar una profundidad de 20 m.

Hoy, con solo unas 5000 *haenyeo* en Jeju (frente a las 30 000 en la década de 1950), es una profesión destinada a desaparecer. Sin embargo, una escuela de Hallim está ayudando a preservar su legado enseñando las técnicas de buceo libre de las *haenyeo*.

El libro de Brenda Paik-Sunoo *Moon Tides: Jeju Island Grannies of the Sea* y la película *My Mother the Mermaid* (2004) ahondan en la vida de las *haenyeo*.

Comida y bebida

Barbecue En las parrillas coreanas e énfasis recae en la calidad de la carne y la marinada, y los comensales cocir su propia carne sin moverse de la me

Gamjatang Sopa picante de costilla de cerdo y patatas.

Hoe Pescado crudo; muy apreciado en las poblaciones costeras.

Jeongsik Gran surtido de pequeños platos servidos a la vez: pescado, car sopas, *dubu jjigae* (estofado), arroz, fideos, marisco y guarniciones.

Kimchi Técnica de encurtido utilizada para conservar verduras, normalmen col china.

Samgyetang Sopa de pollo al *ginseng* con jujube, jengibre y hierbas.

Jeonju Hanok Maeul

7 Quizá la más impresionante versión de un pueblo típico que pueda verse en Seúl. Las casas con tejados de pizarra de Jeonju son un bastión de artes tradicionales, como la fabricación de abanicos artesanales y de papel hecho a mano o la producción de *soju* (vodka local). Los amantes del buen comer se congratularán al saber que en la cuna del *bibimbap* (arroz, huevo, carne y verduras con salsa de chile) sirven la versión definitiva de este plato. Si se decide pasar noche, hay pensiones tradicionales donde es costumbre dormir sobre un *yo* (colcha) en una habitación con *ondol* (calefacción radiante). Una de ellas la regenta el nieto del emperador Gojong.

Busan

8 Busan tiene todo lo que uno podría desear, y sin la congestión de Seúl. Montañas, playas, comida callejera y marisco a tutiplén la convierten en una de las ciudades más infravaloradas de la región. Si al viajero le gustan los calamares bien frescos y el *soju* servido en un bar tienda de campaña, no debería perderse Busan. Además, el pujante Festival Internacional de Cine de Busan cuenta con un nuevo atractivo: el Busan Cinema Centre, un proeza arquitectónica equipada con la pantalla más grande del país

Cuándo ir

TEMP. ALTA (jun-sep)	**TEMP. MEDIA** (may, oct)	**TEMP. BAJA** (nov-abr)
➡ Temperaturas tórridas y aguaceros hasta finales de julio.	➡ A finales de la primavera y principios del otoño el paisaje se torna verde y rojizo, respectivamente.	➡ Nevadas y descenso de temperaturas. Es la mejor época para esquiar y visitar museos y galerías.

o, dicho de otro modo, otro ejemplo del arrojo de esta ciudad portuaria del sur de la península de Corea.

Bulguksa

9 Cuesta escoger un único tesoro en la magnífica Gyeongju, pero este lugar —Patrimonio Mundial de la Unesco— tendría muchas probabilidades aunque solo fuera por resguardar siete "tesoros nacionales" tras sus muros. Cénit de la arquitectura de Silla, este complejo de templos increíblemente sofisticado a la par que sutil, es un monumento a la destreza de sus maestros artesanos, con pagodas, puentes y bellos paisajes ondulados circundantes.

Películas

En otro país (2012) Hong Sang-soo, director de la galardonada *Hahaha*, selecciona a Isabelle Huppert para encarnar a tres mujeres distintas cuyas historias se entrelazan en el centro turístico de Mohang.

Oldboy (Park Chan-Wook, 2003) Con influencias del videoclip y los videojuegos, el director construye una película trepidante y posmoderna, basada en un cómic, con la que obtuvo el Gran Premio del Festival de Cannes.

Libros

Sin ti no hay nosotros (Suki Kim, 2015) La autora, una joven profesora surcoreana, se asoma a la vida de los estudiantes de Corea del Norte a los que enseña inglés.

El camino a Soradan (Yoon Heung-Gil, 2009) Nostálgicas y divertidas historias con la guerra de Corea como telón de fondo.

Tres generaciones (Yom Sang-seop, 2005) Publicada por primera vez en entregas en un periódico en la década de 1930, narra los sacrificios de una familia durante la colonización.

Cómo desplazarse

Barco Corea del Sur tiene una extensa red de ferris que conectan un sinnúmero de islas entre sí y con el continente.

Autobús Los autobuses llegan a todos los rincones del país, con salidas cada 15 min entre las principales poblaciones y como mínimo cada hora en el caso de los pueblos, templos y parques nacionales y provinciales. Los servicios no suelen regirse por horarios regulares y las salidas varían durante el día. Las terminales disponen de personal que vela por que nadie tome el autobús equivocado.

Tren La red de ferrocarriles es excelente, con trenes limpios, cómodos y puntuales: la mejor opción para trayectos largos. Los letreros están en coreano e en inglés en casi todas las estaciones.

Aldea tradicional de Hahoe

10 El viajero creerá haber retrocedido en el tiempo al visitar este encantador asentamiento histórico próximo a Andong. Es una experiencia fabulosa para cualquiera que sienta interés por saber cómo era la vida en Corea antes de que llegara el s. xx y cambiara todo para siempre. En él viven más de 200 personas que conservan un estilo tradicional e incluso reciben invitados en sus *minbak* (casas particulares con habitaciones en alquiler). En definitiva, toda una experiencia.

Estancia en un templo en Guinsa

11 A las 3.30 suena la campana. El desayuno, austero, se toma en silencio para poder reflexionar sobre el dolor que supone inclinarse 108 veces frente a Buda. Después, se vuelve a meditar. Esta vez para reflexionar sobre la entrega del cuerpo y la mente en busca de la paz interior. Templestay (un programa de estancias en templos) es el antídoto perfecto para el ritmo frenético de la Corea moderna, y no hay mejor lugar para aislarse que el complejo de Guinsa.

Estatua de Buda, templo de Bulguksa.

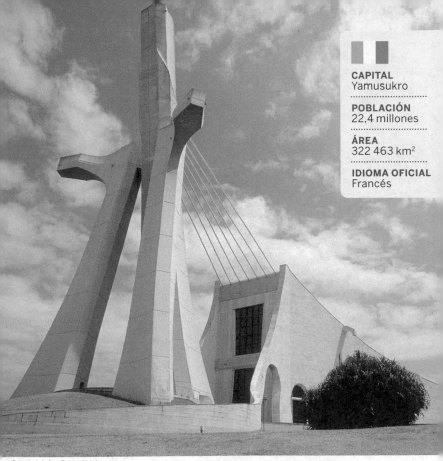

Catedral de San Pablo, Abiyán.

CAPITAL
Yamusukro

POBLACIÓN
22,4 millones

ÁREA
322 463 km²

IDIOMA OFICIAL
Francés

Costa de Marfil

Costa de Marfil está saliendo de una etapa difícil y, como de rebote, disfruta con una mezcla de modernidad y tradición que tiende a la alegría.

Costa de Marfil es un prodigio: arenas con estrellas de mar y carreteras forestales de un naranja tan vivo que parecen franjas de polvos bronceadores. Tras casi una década de ocupar titulares por los peores motivos, el país intenta regresar a la buena senda.

Alabada en su día como el asombro de África occidental –era un imán para trabajadores de toda la región y viajeros atraídos por sus playas de ensueño y sus tradiciones culturales–, el hundimiento de Costa de Marfil en la guerra civil a principios del milenio fue especialmente trágico.

Con una paz frágil, la perspectiva se presenta más halagüeña y los viajeros están empezando a regresar, aunque a cuentagotas. En el sur, el Parque Nacional de Taï esconde secretos y chimpancés cascanueces en sus árboles, y los picos y valles de Man ofrecen un clima de serranía, aire fresco y arte autóctono. Las localidades playeras de Assinie y Grand Bassam nacieron para escapadas de fin de semana desde Abiyán, la antigua capital del país, donde aún quedan lagunas entre los rascacielos y las agujas de la catedral horadan el cielo.

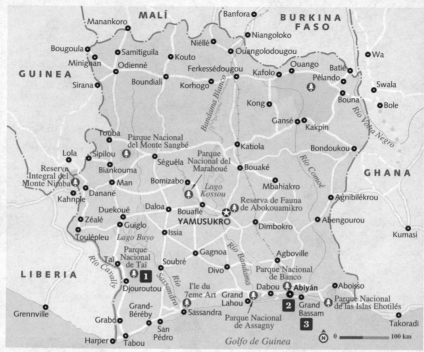

Costa de Marfil
Las mejores experiencias

Parque Nacional de Taï

1 Esta reserva de bosque pluvial de 5000 km² alberga una colonia de chimpancés cascanueces y es tan espesa que solo ahora se empieza a descubrir la riqueza de su fauna y flora.

Comida y bebida

Aloco Plátanos fritos con chiles en aceite de palma.

Attiéké Mandioca rallada.

Cerveza Flag es la cerveza normal; una *premium lager* es Tuborg o Beaufort, fabricadas en el país.

Fufu Masa de ñame, mandioca o plátano, molida hasta formar una pasta pegajosa.

Poisson braisé Pescado a la brasa con tomates, cebollas y jengibre.

Abiyán

2 La antigua capital y el motor económico del país está encajado entre lagunas y cursos de agua, con vistas a las olas del Atlántico. Aunque Abiyán padeció la crisis del 2011, el motor no dejó de traquetear y hoy se están abriendo nuevos bares, bistrós y hoteles; esta es, después de todo, una de las ciudades fiesteras más elegantes de África.

Grand Bassam

3 Con ínfulas artísticas y envuelta en una gloria desvanecida, Bassam fue la capital francesa de Costa de Marfil, ubicada en una lengua de tierra con una plácida laguna a un lado y el Atlántico al otro. Un paseo por esta ciudad playera descubre los edificios coloniales que la hicieron famosa; algunos han sido restaurados y otros se están desmoronando.

Cuándo ir

MAY-JUL

➡ Las tormentas rivalizan con las de oct-nov; lluvias copiosas y relámpagos.

JUN-OCT

➡ Lluvioso en el norte pero húmedo y con chaparrones en el sur. Las temperaturas rondan los 28°C.

DIC-FEB

➡ La estación playera, con temperaturas de hasta 30°C y ni una nube.

Volcán Arenal.

CAPITAL
San José

POBLACIÓN
4,7 millones

ÁREA
51 100 km²

IDIOMA OFICIAL
Español

Costa Rica

Los senderos de Costa Rica conducen a impetuosas cascadas, volcanes cubiertos de niebla y playas desiertas. Se elija lo que se elija, este país es una fiesta para los sentidos.

Ya se siga el brillo de una mariposa azul de palmera en palmera, se mire la boca abierta de una orquídea púrpura o se observe cómo los jirones de niebla suavizan los bordes de las montañas, los intensos colores de Costa Rica perduran toda la vida. En los doseles selváticos gritan hordas de monos, en las laderas de las montañas resuena el eco de los guacamayos, y cualquiera puede procurarse el almuerzo del día trepando a los árboles. A veces parece una maravillosa fantasía tropical, pero esto es Costa Rica.

Capital del turismo ecológico y de aventura en la región de América Central, y con infraestructuras de primer nivel, visionarios proyectos de sostenibilidad y sin ejército regular, Costa Rica es una joya verde y pacífica.

Habida cuenta de que más de un tercio del país goza de algún grado de protección medioambiental y de que existe más biodiversidad que en EE UU y Europa juntos, este es un país que se ha ganado las calificaciones superlativas.

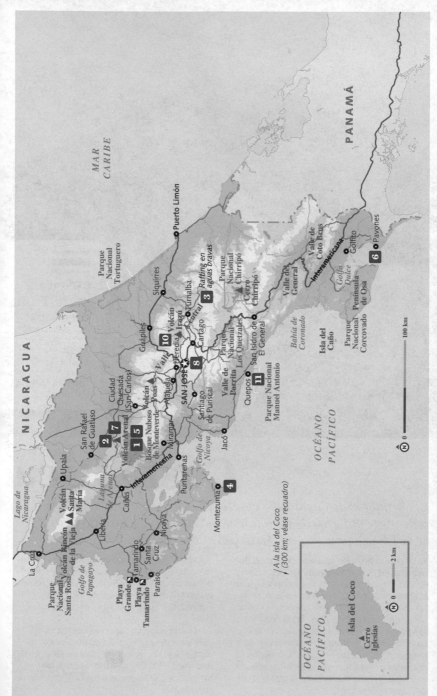

MAR CARIBE

PANAMÁ

NICARAGUA

Parque Nacional Tortuguero

Puerto Limón

Siquirres

Guápiles

Rafting en aguas bravas **3**

Parque Nacional Chirripó

Cerro Chirripó

Valle de Coto Brus

Golfito

Pavones

Interamericana

6

Golfo Dulce

Península de Osa

Valle del General

San Isidro de El General

Bahía de Coronado

Isla del Caño

Parque Nacional Corcovado

Volcán Irazú

Turrialba

Heredia

Cartago

Parque Nacional Los Quetzales

10

Valle Cen

8

SAN JOSÉ

Alajuela

Valle de Carrita

Quepos **11**

Parque Nacional Manuel Antonio

Ciudad Quesada (San Carlos)

Volcán Poás

Santiago de Puriscal

Bosque Nuboso de Monteverde

Miramar

Volcán Arenal

San Rafael de Guatuso

2 **7**

1 **5**

Puntarenas

Golfo de Nicoya

Jacó

OCÉANO PACÍFICO

Upala

Laguna de Arenal

Interamericana

Cañas

Nicoya

Montezuma

4

Lago de Nicaragua

Volcán Santa María

Volcán Rincón de la Vieja

Liberia

Santa Cruz

Tamarindo

Playa Grande

Playa Tamarindo

Paraíso

Parque Nacional Volcán Santa Rosa

Golfo de Papagayo

La Cruz

N 0 — **100 km**

A la Isla del Coco (300 km; véase recuadro)

OCÉANO PACÍFICO

Isla del Coco

Cerro Iglesias

N 0 — **2 km**

Costa Rica
Las mejores experiencias

Bosque Nuboso de Monteverde

1 Con una superficie de 105 km², el Bosque Nuboso de Monteverde debe gran parte de su belleza natural a los cuáqueros que abandonaron EE UU en la década de 1950 en protesta por la guerra de Corea e inculcaron los principios conservacionistas a los habitantes de la región. Pero, por fascinante que sea la historia, la verdadera magia de Monteverde reside en su propia naturaleza: un misterioso país de Nunca Jamás con brumas que gotean, trepadoras musgosas, helechos y bromelias, borboteo de arroyos y una vida que bulle en constante evolución.

Volcán Arenal

2 Aunque los ríos de lava ya no iluminen la noche y el volcán permanezca dormido, este poderoso gigante cónico sigue mereciendo una peregrinación; hay varios senderos hermosos que explorar, sobre todo el que sube al cerro Chato. Y aunque para los científicos el volcán Arenal se mantiene activo, nadie lo diría a juzgar por las vistas apacibles y el manto de neblina. Incluso cuando se juntan las nubes y el frío corta el aire, dando un corto viaje en coche puede uno relajarse en sus muchas fuentes termales.

Sendero arbóreo, Bosque Nuboso de Monteverde.

'Rafting' en aguas bravas

3 Tantos ríos y tan poco tiempo. Pero el amante de la adrenalina puede cubrir varios kilómetros fluviales en pocos días en este país de reducido tamaño. Quien carezca del dinamismo necesario para atreverse con todos los ríos puede escoger cualquiera de estos tres: Pacuare, Reventazón o Sarapiquí, todos con descensos emocionantes (aunque nos inclinamos por el Pacuare), rápidos de clase II a clase V y tramos de agua mansa que permiten contemplar la exuberancia de la jungla circundante.

si Costa Rica tuviera 100 habitantes

94 serían blancos y mestizos
3 serían negros
1 sería chino
1 sería indígena
1 sería de otro origen

grupos religiosos
(% de población)

76	14	3
Católicos	Evangélicos	Otras religiones
6	1	
No religiosos	Testigos de Jehová	

población por km²

COSTA RICA   EE UU   ESPAÑA

👤 = 4 personas

Montezuma

4 Si a uno le tira la cultura playera, disfruta codeándose con *neorrastas* y fanáticos del yoga, siempre ha querido hacer volutas de fuego en el aire o tumbarse en caletas blancas como el azúcar, sabrá encontrar el camino a Montezuma. Al pasear por este pueblo fascinante y su abrupto litoral nunca se está lejos del ritmo y el sonido del mar. Desde aquí se llega con facilidad a la famosa reserva de Cabo Blanco y se puede emprender la caminata hasta una cascada de tres niveles.

Tirolina en el bosque pluvial

5 La felicidad que depara un circuito en tirolina es innegable. Pocas cosas son más gozosas que fijarse a un cable y deslizarse a través del dosel de la jungla. El mejor sitio es Monteverde, donde el bosque está vivo, la niebla se arremolina y merece la pena recrearse con la luz postrera del crepúsculo.

Costa del Pacífico

6 La costa oriental es el mejor sitio para el *surf*, con varios pueblos costeros donde la agenda del día casi siempre se reduce al minucioso estudio de los informes sobre oleaje, una saludable aplicación de protector solar y unas cuantas cervezas Imperial frías. Hay buenos rompientes para novatos y muchas olas para cabalgar (entre ellas la segunda ola de izquierda más larga del mundo, en Pavones).

Fuentes termales

7 Quizá ya no descienda lentamente por la ladera de la montaña, pero por debajo de La Fortuna

Pura Vida

"Pura vida" es algo más que un eslogan que suena en boca de todos y se estampa en los *souvenirs;* esta expresión representa fielmente la forma de vida de Costa Rica. Al oír "pura vida" una y otra vez cuando se viaja por este hermoso país –como saludo, despedida y manifestación de agradecimiento– se evidencia que el concepto forma parte del ADN nacional.

La vida parece especialmente pura si se compara Costa Rica con sus vecinos de América Central: hay poca pobreza, analfabetismo o conflictos políticos; el país está a rebosar de joyas ecológicas, y el nivel de vida es alto.

La suma de las partes define a una nación que es un oasis de calma en un rincón del mundo continuamente asolado por la guerra. Y a pesar del justificado orgullo de los costarricenses, lo más probable es que cualquier elogio dedicado a su país reciba como única respuesta una sonrisa y estas dos palabras: pura vida.

Comida y bebida

La dieta consiste principalmente en arroz y judías y –cuando toca cambiar– judías y arroz.

El desayuno suele ser gallo pinto, un revuelto de arroz y judías que se sirve con huevos, queso o natilla (en Costa Rica, crema agria).

Casi todos los restaurantes ofrecen en el almuerzo y la cena un "casado", un plato que lleva carne, judías, arroz y ensalada; un "casado" de gran popularidad es el omnipresente arroz con pollo.

Los pescados y mariscos son abundantes, frescos y deliciosos. Aunque no es una comida tradicional, el cebiche (pescado o marisco crudo marinado en zumo de lima y servido frío) figura en casi todas las cartas. En la costa caribeña hay que probar el rondón (guiso de pescado aderezado con coco y verduras).

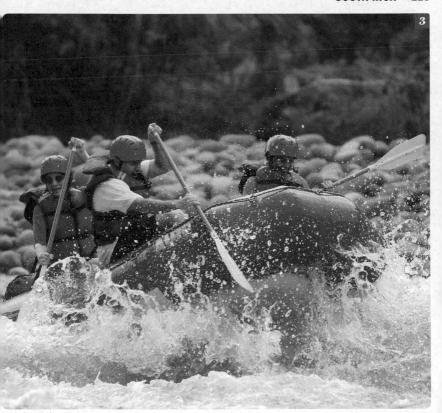

Rafting, río Sarapiquí.

la lava calienta docenas de burbujeantes manantiales; algunos son gratuitos y cualquier lugareño puede indicar el camino, mientras que otros están –digámoslo así– embellecidos, acicalados, envueltos en lujo. El de Tabacón, p. ej., instalado en el camino que tomó la erupción del volcán Arenal en 1975, es un decorado pobre pero aun así atractivo, con sus falsos cantiles, el Jardín del Edén como tema y pozas con agua a 40°C.

Cuándo ir

TEMP. ALTA
(dic-abr)

➡ Aún llueve un poco, pero las playas se llenan de turistas nacionales.

➡ Conviene reservar alojamiento con mucha antelación; algunos establecimientos exigen estancias mínimas de dos o tres días.

TEMP. MEDIA
(may-jul, nov)

➡ Llegan las lluvias y el flujo de turistas empieza a disminuir.

➡ Las carreteras se embarran y dificultan mucho los viajes por zonas apartadas.

TEMP. BAJA
(ago-oct)

➡ Las lluvias copiosas traen olas al Pacífico y las mejores condiciones para el *surf.*

➡ Las carreteras rurales pueden volverse intransitables por la dificultad para vadear los ríos.

San José

8 El corazón de la cultura y la identidad del país vive en San José, al igual que los estudiantes universitarios, intelectuales, artistas y políticos. Aunque no sea la capital más bonita de América Central, ofrece algunos ejemplos notables de arquitectura neoclásica y colonial, barrios arbolados, museos con jade y oro precolombinos, una vida nocturna que se prolonga hasta el alba y algunos restaurantes refinados. El arte callejero –tanto el autorizado oficialmente como el "guerrillero"– añade color al paisaje urbano.

Observación de la fauna

9 Monos y cocodrilos, tucanes e iguanas: Costa Rica fascina a los amantes de la fauna. Unos parques de fama mundial, la protección del medioambiente y una alucinante biodiversidad permiten a Costa Rica albergar multitud de especies raras y amenazadas. Es, sencillamente, uno de los mejores destinos del planeta para la observación de la fauna: adondequiera que se viaje por el país, el ramaje es un bullente palpitar de vida animal.

Plantaciones de café

10 Dar un paseo por las tortuosas carreteras secundarias del Valle Central, donde las laderas son un mosaico de cafetales y diversas explotaciones agrícolas. Si se siente curiosidad por ese mágico brebaje por el que, a juicio de muchos, vale la pena vivir, es aconsejable

Películas

Agua fría de mar (2010) La historia de una pareja joven y una niña de siete años de diferente extracción social, que pasan juntas la Navidad. La directora, Paz Fábrega, ganó el codiciado premio VPRO Tiger en el Festival de Cine de Róterdam, en 2010.

Libros

La isla de los hombres solos (José León Sánchez, 1962) Relato estremecedor sobre el penal de San Lucas en Costa Rica.

Cuentos de angustias y paisajes (Carlos Salazar Herrera, 1947) Vida, paisajes y lenguajes de diferentes regiones del país.

Asalto al paraíso (Tatiana Lobo, 1992) La vida de la ciudad colonial de Cartago sirve de marco para una profunda reflexión sobre la historia oficial costarricense.

Cómo desplazarse

Autobús Los autobuses son una manera segura, barata y fiable de moverse por Costa Rica. El viaje más largo desde San José cuesta menos de 20 US$

Avión Las aerolíneas nacionales operan con pequeños aviones y la franquicia de equipaje no supera los 12 kg. Como la demanda es alta durante la estación seca, hay que comprar los billetes con antelación. Los horarios cambian constantemente y los retrasos son frecuentes por el mal tiempo.

Coche Aunque se ven agencias de alquiler por doquier, las tarifas baratas son un engaño porque se acompañan de una póliza de seguro obligatoria que puede doblar el precio. Para ir a lugares apartados hace falta un todoterreno para vadear ríos y circular con baches.

visitar una plantación de café y aprenderlo todo sobre el dorado grano de Costa Rica.

Parque Nacional Manuel Antonio

11 Aunque el Parque Nacional Manuel Antonio está abarrotado de visitantes, sigue siendo una verdadera joya: los monos capuchinos corretean por sus playas idílicas, los pelícanos pardos se lanzan en picado sobre sus aguas claras y los perezosos vigilan sus senderos. Es un sitio perfecto para iniciar a los jóvenes en las maravillas de la selva tropical. Intimidad hay más bien poca, pero es

tan bello que no importa compartirlo.

Costa sur del Caribe

12 Por el día, tumbarse en una hamaca, montar en bicicleta para bucear con tubo en playas casi vacías, caminar hasta pozas alimentadas por cascadas y visitar los remotos territorios de los indígenas bribris y kekoldis. Por la noche, probar la potente cocina caribeña y moverse al ritmo del *reggaeton* en bares al aire libre. Los pueblos de Cahuita y Puerto Viejo de Talamanca son sitios tranquilos y perfectos.

Mono ardilla, Parque Nacional Manuel Antonio.

Casco antiguo, Dubrovnik.

CAPITAL
Zagreb

POBLACIÓN
4,4 millones

ÁREA
56 538 km²

IDIOMA OFICIAL
Croata

Croacia

La peculiar mezcla de glamour y autenticidad de Croacia la convierte en el destino europeo de moda, donde las playas se disputan la atención con tesoros culturales, arquitectura antigua y tradiciones populares.

Croacia lleva años promocionada como el "nuevo esto" y el "nuevo aquello" desde su reaparición en la escena turística; pero ahora queda claro que es un destino único que se vende solo: un país con 1779 km de costa y 1244 islas. La costa del mar Adriático es una maravilla: sus aguas zafiro atraen a los visitantes hasta islas remotas, caletas escondidas y típicos pueblos de pescadores, al tiempo que se promociona el ambiente refinado de las playas y los yates.

Istria cautiva con sus exquisiteces gastronómicas y sus vinos, y los bares, discotecas y fiestas de Zagreb, Zadar y Split son joyas apenas exploradas. Ocho parques nacionales exhiben la belleza primigenia de sus bosques, montañas, ríos, lagos y cascadas. La conclusión perfecta del viaje puede ser la deslumbrante e histórica Dubrovnik, en el sur. Y lo mejor es que Croacia no se ha rendido al turismo de masas: queda pues mucho por descubrir.

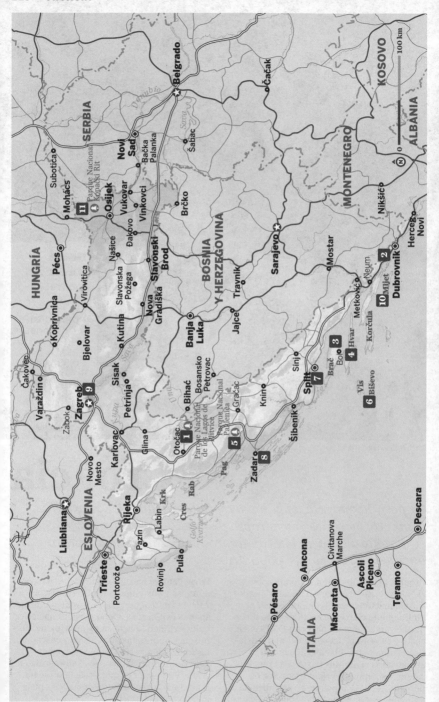

Croacia
Las mejores experiencias

Parque Nacional de los Lagos de Plitvice

1 Cinta turquesa de agua cristalina y borboteo de cascadas en el corazón de la Croacia continental, el Parque Nacional de los Lagos de Plitvice es un espectáculo subyugante, con docenas de lagos –desde el Kozjak, de 4 km, hasta pozas entre juncos– de tonalidades increíbles por el terreno kárstico. Los lagos están divididos por extensiones de travertino cubiertas de plantas musgosas, y las pasarelas permiten caminar sobre este fascinante mundo acuático. Para escapar del gentío de las orillas basta con tomar los senderos que discurren entre hayas, abetos y pinos.

Dubrovnik

2 El principal atractivo turístico de Croacia es Dubrovnik, declarada Patrimonio Mundial de la Unesco por motivos más que justificados. Esta inmensa ciudad amurallada fue bombardeada sin piedad durante la guerra serbo-croata de la década de 1990; pero hoy sus recias murallas, monasterios, iglesias medievales, elegantes plazas y fascinantes barrios residenciales lucen magníficos de nuevo. Para una perspectiva sin igual de esta perla del Adriático, tomar primero el teleférico hasta el monte Srđ y acercarse después a la

ciudad caminando por sus murallas.

'Windsurf' en Bol

3 En Bol se encuentra la playa de Zlatni Rat, con forma de lengua y guijarros dorados. La ciudad encanta a los *windsurfers:* el canal que separa las islas de Brač y Hvar proporciona condiciones ideales gracias al mistral que suele soplar del poniente entre mayo y fines de septiembre. El viento se levanta lentamente por la mañana, un momento excelente para cabalgar las olas. Por la tarde los vientos son fuertes y perfectos para los que buscan un chute de adrenalina.

si Croacia tuviera 100 habitantes

90 serían croatas
4 serían serbios
6 serían de otro origen

grupos religiosos

(% de población)

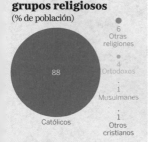

6 Otras religiones
4 Ortodoxos
1 Musulmanes
1 Otros cristianos
88 Católicos

población por km²

CROACIA
BOSNIA Y HERZEGOVINA
ESPAÑA

≈ 30 personas

La festiva Hvar

4 En verano no hay sitio mejor para pasarlo bien que Hvar. Luciendo espléndidos bronceados, la gente baja de los yates para divertirse sin parar en una isla llena de *glamour*. Con fiestas playeras cuando el sol traspone el horizonte en el Adriático, cócteles de diseño mientras suena el *house* que pinchan los DJ, y más fiestas en la playa con la luna llena, Hvar se orienta a un turismo bien vestido y juerguista. Pero además existe un Hvar ajeno al jolgorio, con un precioso interior ignorado por el turismo.

Senderismo y escalada en Paklenica

5 Como mejor se contempla el extraordinario Parque Nacional de Paklenica es desde la costa norte de la isla de Pag, que permite apreciar cómo emergen los empinados montes Velebit desde la costa. Dos grandes cañones atraviesan estas majestuosas montañas, formando un sendero natural que conduce a los altos picos de Vaganski vrh y Babin vrh. Paklenica es además el principal centro de Croacia para la escalada en roca, con cientos de rutas espectaculares que zigzaguean por el parque.

Cuevas de Biševo

6 De las numerosas cuevas que horadan la remota isla caliza de Biševo, la Gruta Azul (Modra Špilja) es la más impresionante. El espectáculo de luz producido por este raro fenómeno natural deja maravillado. En una mañana clara, los rayos del sol penetran en esta cueva a través de un agujero submarino, bañando el

La 'klapa'

Nadie que haya visitado Croacia se habrá ido sin escuchar los dulces sones de una *klapa*, género musical en el que un grupo de hombres fornidos cantan en círculo tristes canciones sobre amor, traición, patriotismo, muerte, belleza y otros aspectos de la vida.

El primer tenor Branko Tomić dice sobre esta música: "He cantado *klapa* con los Filip Dević durante 35 años. Es una pasión que tengo. Empecé en el instituto y me encantó. Cantamos sobre muchas cosas: damos serenatas, cantamos canciones tradicionales, y canciones sentimentales sobre la nostalgia de la familia o el pueblo, aunque las nuevas generaciones están empezando a preferir nuestras versiones de canciones pop. Eso está hoy muy de moda en Croacia".

Comida y bebida

Burek Pastel de carne, espinaca o queso.

Cerveza Las dos clases principales de *pivo* (cerveza) son la Ožujsko de Zagreb y la Karlovačko de Karlovac.

Ćevapčići Salchichas pequeñas y picantes de carne de ternera, cordero o cerdo.

Kava Café fuerte que se sirve en tazas pequeñas.

Maneštra Sopa espesa de verduras y judías parecida a la *minestrone*.

Pljeskavica Versión local de la hamburguesa.

Rakija Potente licor croata de diferentes sabores, desde ciruela hasta miel.

Ražnjići Brochetas de carne de cerdo.

KONRAD WOTHE / GETTY IMAGES ©

interior de una hipnótica luz azul. Por debajo del agua refulge el plata y rosa de las rocas, creando un efecto espectral. Nadar en el interior es una experiencia imprescindible.

Palacio de Diocleciano, Split

7 Percibir cómo se vivió durante miles de años en el palacio de Diocleciano, una de las ruinas romanas

más impresionantes del mundo. Este bullicioso barrio se halla repleto de bares, tiendas y restaurantes, y perderse en su laberinto de calles estrechas, pasajes y patios es una de las experiencias más encantadoras de Croacia; al final siempre se encuentra la salida con facilidad.

Zadar

8 Camino de convertirse en uno de los principales destinos de Croacia, la ciudad de Zadar está cargada de historia y cultura al tiempo que conserva un ambiente nada pretencioso. Entre sus atractivos figuran dos extraordinarias instalaciones del arquitecto Nikola Bašić.

Cuándo ir

TEMP. ALTA
(jul y ago)

➡ Con la temporada alta llega el mejor tiempo. La isla de Hvar es el sitio más soleado, seguida por Split, la isla de Korčula y Dubrovnik.

➡ Precios máximos y máxima ocupación en los destinos costeros.

TEMP. MEDIA
(may-jun y sep)

➡ La costa está maravillosa, el Adriático lo bastante templado para nadar, disminuye el gentío y bajan los precios.

➡ En primavera y a principios del verano, el constante soplo del mistral es ideal para navegar a vela.

TEMP. BAJA
(oct-abr)

➡ Los inviernos en la Croacia continental son fríos y los precios bajos.

➡ Los vientos de sureste producen espesas capas de nubes; el aire seco del noreste las disipa.

Los festivales de música son igual de cautivadores; en la cercana isla de Murter, el Festival de los Jardines reúne a los mayores talentos mundiales de música electrónica.

Cafés de Zagreb

9 Elevado a la categoría de ritual, tomar café en uno de los cafés al aire libre de Zagreb supone horas de charla observando a la gente sin que los camareros metan prisa. Para participar de esta tradición, lo mejor es instalarse en una mesa de la peatonal Tkalčićeva, o en

Películas

En tierra de nadie (Danis Tanović, 2001) Vision tragicómica de la dura guerra de los Balcanes, ganadora del Oscar a la mejor película en lengua no inglesa.

El camino de Halima (Anton Arsen Ostojic, 2012) Uno de los directores más destacados de la nueva escena croata sigue los pasos de una mujer musulmana que trata de identificar a su hijo muerto en la guerra.

Los niños del cura (Vinko Brešan, 1997) Entretenida comedia sobre el papel de la iglesia en la sociedad actual.

Libros

Cordero negro, halcón gris: un viaje al interior de Yugoslavia (Rebecca West; 1941) La escritora narra sus viajes por los Balcanes en 1937.

El violonchelista de Sarajevo (Steven Galloway, 2012) Testimonio de una lucha personal para encontrar sentido y humanidad en medio de la guerra de los francotiradores.

Como si yo no estuviera (Slavenka Drakulić, 2001) Las vivencias de una mujer bosnia que fue utilizada como esclava sexual en la guerra de Yugoslavia de 1992.

Cómo desplazarse

Avión Croatia Airlines es la única aerolínea que cubre destinos nacionales; hay vuelos diarios entre Zagreb y Dubrovnik, Pula, Split y Zadar.

Autobús Servicios excelentes y bastante baratos. Como a menudo varias compañías cubren cada ruta, los precios pueden variar sustancialmente.

Barco Los ferris conectan las islas grandes entre sí y con tierra firme. Los servicios se suelen reducir entre octubre y abril.

Coche y motocicleta La autopista que conecta Zagreb con Split acorta mucho algunas rutas. Zagreb y Rijeka están unidas por una autopista. Sin embargo, hay tramos en que las gasolineras y áreas de servicio son escasas y distantes.

las de la aceras de Trg Petra Preradovića. Los sábados por la mañana no hay que perderse la *špica*, la ceremonia de beber café, y observar a la gente en el centro de Zagreb.

Mljet

10 Cuenta la leyenda que Ulises permaneció en esta isla paradisíaca siete años, y es fácil de entender por qué tardó tanto en marcharse. Toda la parte occidental es un parque nacional con dos sublimes lagos color cobalto, un monasterio y el pequeño puerto de Pomena, bonito

como un cuadro. Y no hay que dejar de lado el sector oriental de Mljet, con magníficas playas en caletas y ese edén gastronómico que es el restaurante Stermasi.

Parque Natural Kopački Rit

11 Llanura aluvial de los ríos Danubio y Drava, Kopački Rit, integrado en una flamante Reserva de la Biosfera reconocida por la Unesco, ofrece unos paisajes sobrecogedores y excelentes condiciones –de las mejores de Europa– para la observación de aves.

9

RICHARD I'ANSON / GETTY IMAGES ©

La Habana.

Cuba

Detenida en el tiempo, Cuba es como un príncipe con el abrigo de un pobre. Tras las fachadas a veces descascarilladas de una Cuba comunista pero de gran riqueza cultural, perdura el polvo de oro.

Cuba es un país sin precedentes históricos: pobre en lo económico; rica por su cultura; enmohecida pero con una magnífica arquitectura; exasperante y estimulante al tiempo.

A mitad de camino entre EE UU en el norte y Latinoamérica en el sur, Cuba ha luchado mucho para encontrar su encaje. Como antigua colonia española con influencias francesas, africanas, estadounidenses, jamaicanas y de los indígenas taínos, no cabe negar la amplitud de su legado histórico. Cuando Castro apretó el botón de pausa del desarrollo económico en la década de 1960, salvó sin advertirlo muchas tradiciones en peligro e importantes reliquias históricas.

Son los cubanos quienes han mantenido vivo el país mientras las infraestructuras se derrumbaban: supervivientes e improvisadores, poetas y soñadores, cínicos y sabios. Y también quienes hacen posible que Cuba continúe siendo la nación fascinante, desconcertante y paradójica que hoy es.

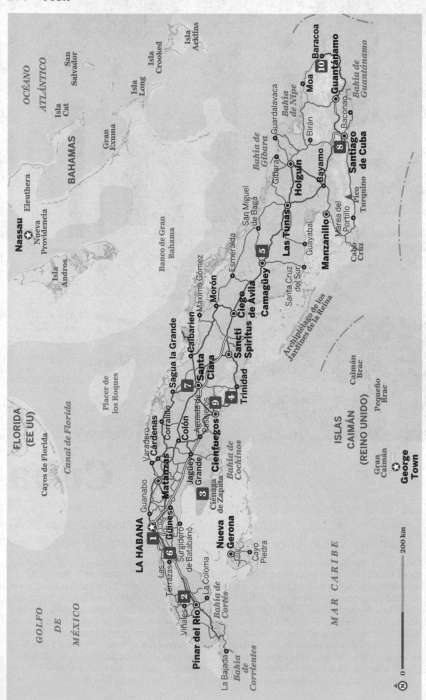

Cuba
Las mejores experiencias

El Malecón

1 Solo un idiota viene a La Habana y se pierde el Malecón, un paseo marítimo de 8 km de ajada magnificencia que se extiende a lo largo de la ciudad desde La Habana Vieja hasta Miramar, y sirve de cuarto de estar sustitutorio para decenas de miles de habaneros que buscan diversión, besos y aventuras amorosas. Hay que recorrerlo durante una tormenta, cuando las olas abren brechas en el muro, o al ocaso con Benny Moré en el MP3, una botella de Havana Club y la certeza de que todo es posible cuando den las 22.00.

Ciclismo en el valle de Viñales

2 Cuba es ideal para el ciclismo y no hay mejor sitio mejor para pedalear que el valle de Viñales, quintaesencia de la Cuba rural y con todos los ingredientes de un Tour de Francia tropical: mogotes escarpados, tabacales de un verde irreal, chozas de campesinos y miradores que elevan el espíritu con cada cambio de velocidad. El terreno es relativamente llano y, si se consigue una bicicleta aceptable, el mayor dilema será dónde parar para tomarse un mojito y brindar por la puesta del sol.

Tabacal, valle de Viñales.

Ciénaga de Zapata

3 La Ciénaga de Zapata es uno de los pocos parajes de Cuba que no han sido domeñados y lo más parecido a la naturaleza salvaje que existe en el país. En ella moran el amenazado cocodrilo cubano, diversos anfibios y el colibrí abeja, y hay más de una docena de hábitats vegetales. Reserva de la Biosfera, está considerado el humedal más grande del Caribe, protegido por la Convención de Ramsar. Aquí se viene a pescar, observar aves, caminar y contemplar la naturaleza en estado puro.

si Cuba tuviera 100 habitantes

65 serían blancos
25 serían mestizos
10 serían negros

grupos religiosos

(% de población)

85 Católicos nominales
12 Otras religiones
3 Protestantes

población por km²

CUBA   EE UU   ESPAÑA

≈ 30 personas

Trinidad

4 La somnolienta Trinidad se fue a dormir en 1850 y nunca llegó a despertar. Tan extraño capricho del destino es bueno para el viajero moderno, que puede explorar esta ciudad azucarera de mediados del s. XIX conservada a la perfección. Aunque hoy ya no sea un secreto, sus calles detenidas en el tiempo todavía fascinan por el empaque de sus casas coloniales, su accesible campiña y su ambiente musical. Pero esta es además una ciudad trabajadora, con todos los puntos flacos y la alegría de la Cuba del s. XXI.

Laberinto callejero de Camagüey

5 Perderse es la mejor recomendación para cualquier viajero que pase por la ciudad de los tinajones, iglesias y antiguos piratas, también llamada Camagüey. Siempre rompiendo las reglas, el trazado de Camagüey no se parece a la cuadrícula de la mayoría de las ciudades coloniales de Latinoamérica; las calles son tan laberínticas como las de una medina marroquí, esconden iglesias y plazas, y descubren secretos artísticos en cada esquina.

El ecopueblo de Las Terrazas

6 Allá por 1968, cuando el incipiente movimiento ecologista lo integraban estudiantes de pelo largo, a los proféticos cubanos –preocupados por la deforestación de la isla– se les ocurrió una buena idea. Tras salvar hectáreas de bosque de un desastre ecológico, un grupo de industriosos trabajadores construyó su propio ecopueblo, Las

La música cubana

Rica, vibrante y conmovedora, la música cubana ha sido mucho tiempo portaestandarte de los sonidos y ritmos de Latinoamérica. Esta es la tierra donde la salsa hunde sus raíces y el tambor africano se enamoró por primera vez de la guitarra española. Desde los muelles de Matanzas hasta los pueblos de Sierra Maestra, esta fusión musical engendró el son, la rumba, el mambo, el chachachá, la charanga, el changüí, el danzón y otros ritmos.

En este crisol de por sí exótico se mezclan géneros de Francia, EE UU, Haití y Jamaica. La música cubana ha desempeñado además un papel decisivo en la evolución de estilos y movimientos melódicos de otras partes del mundo, como la guajira flamenca, el *jazz* de Nueva Orleans, la salsa de Nueva York y el afrobeat de África occidental.

El baile cubano es famoso por sus ritmos y acercamientos sensuales. Al haber heredado el amor por el baile, casi todos los cubanos son intérpretes natos que se acercan a la danza con absoluta desinhibición.

Terrazas, y lo colonizó con artistas, músicos, plantadores de café y el Hotel Moka, de arquitectura única.

Comida y bebida

La comida criolla, tras 50 años de racionamiento intermitente, es una versión más pobre de lo que se come en las islas vecinas. Entre los alimentos básicos figuran el arroz, las judías, la carne de cerdo y los tubérculos.

Arroz con judías Conocido con nombre diversos, como moros y cristianos o congrí, es la base de casi todos los platos cubanos.

Ron Los cubanos lo suelen beber solo, pero también se usa mucho en cócteles como mojitos, daiquiris y cubalibres.

Ropa vieja Tiras de ternera con una salsa de tomate.

Tostones Rodajas de plátanos fritos.

Músicos callejeros, Santiago de Cuba.

La energía juvenil de Santa Clara

7 Las ideas preconcebidas sobre Cuba hay que revisarlas en los límites de la ciudad. Santa Clara es todo aquello que uno creía que Cuba no era: estudiantes eruditos, una vida nocturna espontánea, una creatividad audaz y estancias en casas particulares con más antigüedades que el museo municipal de artes decorativas. Aquí se puede asistir al espectáculo de *drags* del Club Mejunje o departir con los estudiantes en La Casa de la Ciudad.

Bailes folclóricos en Santiago de Cuba

8 Nada hay tan hipnótico como el ritmo de los tambores de la santería invocando a los espíritus de los *orishas* (deidades africanas). Pero, aunque la mayoría de los ritos religiosos afrocubanos se reservan para los iniciados, los tambores y bailes de los grupos folclóricos de Cuba son para todos, especialmente en Santiago de Cuba. Formados en la década de 1960 para mantener viva la antigua cultura de los esclavos, los grupos folclóricos gozan del patrocinio del gobierno, y sus espectáculos dinámicos y llenos de color conservan toda su espontaneidad y autenticidad.

Cuándo ir

TEMP. ALTA
(nov-mar y jul-ago)

➡ Los precios suben un 30% –más por Navidad– y los hoteles pueden exigir reserva previa.

➡ Tiempo más fresco y seco de noviembre a marzo.

TEMP. MEDIA
(abr y oct)

➡ Hay que buscar ofertas especiales.

➡ En Semana Santa aumentan los precios y el gentío.

TEMP. BAJA
(may, jun y sep)

➡ Algunos hoteles de tipo *resort* ofrecen menos servicios o cierran.

➡ Riesgo de huracanes entre junio y noviembre y más posibilidades de lluvias.

Arquitectura francesa de Cienfuegos

9 Hay un cierto *je ne sais quoi* en Cienfuegos, la "Perla del Sur" de Cuba, en la bahía del mismo nombre. Pese al debilitamiento económico del "Período especial", esta ciudad ha conservado su empaque, y donde más se aprecia su elegancia es en la arquitectura, un paisaje urbano ideado a principios del s. XIX por colonos de Francia y EE UU. Para em-

paparse de su refinamiento galo hay que rastrear en la vida cultural del centro y la vecina Punta Gorda.

Comida y cultura de Baracoa

10 En el extremo oriental de la provincia de Guantánamo se emplaza la aislada Baracoa, la ciudad más antigua de Cuba, fundada por Diego Velázquez de Cuéllar en 1511. Esta localidad pequeña pero de notable relevancia his-

tórica es rara incluso para lo que se estila en Cuba por su caprichoso clima atlántico, la excentricidad de su población y su firme voluntad de ser diferente. Vale la pena ver a los baracoenses trepar por los cocoteros, escuchar a los grupos de *kiribá* –la versión local del son– y, por encima de todo, disfrutar de la comida de Baracoa, picante y creativa, empezando por esa dulce exquisitez llamada *cucurucho*.

Cómo desplazarse

Bicicleta Cuba es un paraíso para los ciclistas, con carriles-bici, talleres y conductores acostumbrados a compartir las carreteras. Los poncheros reparan pinchazos e inflan los neumáticos. En todo el país, incluso en las autopistas, la franja de 1 m del extremo derecho de la vía está reservada para las bicicletas.

Coche Alquilar un coche en Cuba resulta fácil, pero sumando la gasolina, el seguro y las tarifas de alquiler, no es barato; para distancias inferiores a 150 km sale más económico un taxi.

Tren Los ferrocarriles públicos cubren todas las capitales de provincias y, con un poco de tiempo y paciencia, son una manera magnífica de conocer el país. Aunque viajar en tren es seguro, la información sobre las salidas es pura teoría. Conseguir billete no es complicado porque existe un cupo para turistas que pagan en dólares.

Películas

Antes de que anochezca (Julian Schnabel; 2000) La vida y la lucha del escritor cubano Reinaldo Arenas.

Che: El argentino (Steven Soderbergh; 2008) Sobre los años del Che en Cuba.

El ojo del canario (Fernando Pérez; 2010) Premiado *biopic* de José Martí.

Fresa y chocolate (Tomás Gutiérrez Alea; 1993) Mezcla los improbables temas de la homosexualidad y el comunismo.

Libros

Che Guevara, una vida revolucionaria (Jon Lee Anderson; 1997) Biografía meticulosamente documentada.

La Habana para un infante difunto (Guillermo Cabrera Infante, 1979) Recuerdos de la niñez y adolescencia en La Habana anterior a la revolución.

Trilogía sucia de La Habana (Pedro Juan Gutiérrez; 2002) La vida en La Habana durante el "Período especial".

Nuestro hombre en La Habana (Graham Greene; 1958) Greene se burla a la vez del servicio secreto británico y del régimen corrupto de Fulgencio Batista.

Palacio de Valle, Cienfuegos.

Nyhavn, Copenhague.

Dinamarca

*Los vikingos, Hans Christian Andersen, el Lego y ahora la nueva
cocina nórdica: este es un país pequeño con grandes méritos que
reivindicar; un lugar que ha perfeccionado el arte de la buena vida.*

Dinamarca es el puente entre Escandinavia
y la Europa septentrional. Para el resto de
los escandinavos, los daneses son amantes
de la diversión, juerguistas frívolos con acti-
tudes relativamente liberales y progresistas.
Su cultura, comida, arquitectura y apetito
consumista deben tanto, o incluso más, a sus
vecinos alemanes del sur que a sus antiguas
colonias del norte, Suecia, Noruega e Islandia.

Repleta de museos, tiendas, bares, locales
nocturnos y premiados restaurantes, la capital, Copenhague, es una de las ciudades más
modernas y accesibles de Europa. Y aunque
ciudades como Odense y Aarhus poseen
joyas culturales, el otro gran atractivo de
Dinamarca reside en su fotogénica campiña
y su extenso litoral, así como en sus lugares
y objetos de interés histórico: cámaras
funerarias neolíticas, cadáveres de la Edad
del Hierro exhumados de las turberas, ruinas y tesoros vikingos de los tiempos en que
Dinamarca señoreaba los mares.

CAPITAL
Copenhague

POBLACIÓN
5,6 millones

ÁREA
43 094 km²

IDIOMA OFICIAL
Danés

Dinamarca
Las mejores experiencias

Copenhague

1 Quizá resulte difícil reprimir la envidia por los residentes de la capital más *cool* de Escandinavia. Aunque esta ciudad portuaria con 850 años de historia conserva gran parte de sus primores históricos (chapiteles de cobre, plazas empedradas y casas con hastiales de color pastel), el interés se centra aquí en la innovación. La capital danesa cuenta con un activo plantel de diseñadores de vanguardia, una red de metro futurista y urbanizaciones limpias y verdes. Sus calles están repletas de tiendas, cafés y bares a la última; museos de primera categoría; edificios de soberbia arquitectura; y restaurantes con estrellas Michelin.

Legoland

2 ¿"El Lugar más Feliz de la Tierra"? Puede que Disneylandia reivindique ese eslogan, pero Legoland, aunque considerablemente más pequeña, podría disputarle el puesto. Este es un parque temático que celebra el "juguete del siglo" (como lo proclamó la revista *Fortune* en el 2000) en el país donde lo inventaron: Dinamarca, "el país más feliz del mundo" (según una encuesta de Gallup). Así que por fuerza hay que creer que Legoland será algo especial, y así es en efecto: la atracción turística más visitada de Dinamarca (más que Copenhague) y tan solo uno más entre las docenas de parques para familias repartidos por el país.

Kronborg Slot

3 ¿Algo huele a podrido en Dinamarca? No en este fabuloso castillo del s. XVI, en Elsinor, famoso por ser el castillo de *Hamlet*, el famoso drama de William Shakespeare. Kronborg no servía principalmente como residencia real, sino más bien como una imponente casa de aduanas donde se exigían los impuestos a los barcos que pasaban por el estrecho de Øresund entre Dinamarca y Suecia. El hecho de que Hamlet fuera un personaje ficticio no impide que legiones de turistas visiten el lugar.

Aarhus

4 Siempre ejerciendo de segundona, Aarhus trabaja a la sombra de Co-

ARoS Aarhus Kunstmuseum, Aarhus.

penhague en cuanto a atractivos turísticos, pero es una ciudad magnífica para pasar unos días: restaurantes de primera, una trepidante vida nocturna (en parte gracias a su bulliciosa población estudiantil), pintorescos senderos en los bosques, playas en las afueras y gran museo de arte, con una singular pasarela multicolor en el techo.

Skagen
5 Skagen es un lugar bello y estimulante en el extremo norte de

Dinamarca, y un imán para la población en verano, cuando se abarrota sin perder encanto. A finales del s. xix los artistas venían aquí, encaprichados por la luz radiante de estos paisajes abruptos; hoy son los turistas quienes acuden en masa para admirar los trabajos de la "escuela de Skagen", imbuirse de aquella luminosidad, devorar pescados y mariscos, y tumbarse en las playas.

Bornholm
6 Bornholm es una isla mágica del Báltico,

si Dinamarca tuviera 100 habitantes

87 vivirían en áreas urbanas
13 vivirían en áreas rurales

grupos religiosos
(% de población)

95

Luteranos evangélicos

3   2

Otros cristianos   Musulmanes

población por km²

DINAMARCA	ESPAÑA	REINO UNIDO

👤 ≈ 30 personas

Cuándo ir

TEMP. ALTA
(jul-ago)

➡ Muchas horas de luz, conciertos, festivales y parques temáticos en su apogeo.

➡ Lleno en los campings, playas, puntos de interés y transportes.

➡ Precio máximo de los alojamientos.

TEMP. MEDIA
(may-jun y sep)

➡ Buena época para viajar, con tiempo más benigno y menos gentío.

➡ La primavera trae productos del país, flores y unos cuantos festivales.

➡ En otoño, paisajes dorados y noches agradables.

TEMP. BAJA
(oct-abr)

➡ Frío y lluvia con pocas horas de luz.

➡ Iluminación navideña y pistas de hielo en las ciudades grandes.

➡ Se acortan los horarios de los lugares de interés; cierre de las atracciones al aire libre.

El diseño danés

Junto con sus vecinos escandinavos, Dinamarca ha influido poderosamente en la manera en que el mundo construye sus espacios públicos y privados, y en el diseño de interiores, muebles y enseres. Desde la década de 1950, los diseñadores daneses han abierto senderos en estos campos, y su producción se caracteriza por la pureza de líneas, la gracilidad de formas y una rigurosa funcionalidad.

Estos conceptos se han aplicado a todo: desde salas de conciertos hasta cafeteras y bloques de Lego, y el resultado no solo ha sido el mérito artístico, sino también un negocio muy lucrativo. Entre las marcas más representativas figuran Bang & Olufsen (equipos de música), Bodum (menaje de cocina), Georg Jensen (plata y joyas) y Royal Copenhagen Porcelain, a las que se suman los diseñadores de muebles y moda.

Comida y bebida

Akvavit El licor preferido por los daneses, especiado con alcaravea, se bebe seco y de un trago, seguido de una *øl* (cerveza).

Cerveza Aunque Carlsberg domina el mercado, proliferan las microcervecerías.

Kanelsnegl Delicia cargada de calorías, el "caracol de canela" es un pastel de mantequilla bañado en chocolate

Nuevos sabores nórdicos Famoso movimiento culinario que hace bandera de los productos locales y de temporada.

Sild Ahumado, curado, encurtido o frito, el arenque es un alimento esencial y conviene bajarlo con generosos tragos de *akvavit*.

Smørrebrød Pan de centeno que lleva por encima desde tartar de ternera hasta huevos y gambas.

Iglesia circular, Bornholm.

situada unos 200 km al este de tierra firme (más cerca de Alemania y Suecia que de Dinamarca). La isla de Bornholm ocupa un lugar especial en los corazones de los daneses por diversos motivos: su sol, sus maravillosas playas, sus senderos para bicicletas, sus típicas *rundkirker* (iglesias circulares), comunidades de artistas, ahumaderos de pescado e idílicos pueblos con techo de paja. Y por si eso no bastara, la isla está ganando fama por la contrastada calidad de sus restaurantes y productos alimenticios.

Ribe

7 De trazado compacto y con la perfección de una postal, Ribe es la ciudad más antigua de Dinamarca, con una imponente catedral del s. XII, calles adoquinadas, casas de entramado de madera y vegas exuberantes. Vale la pena hacer noche en alojamientos que rezuman historia y apuntarse a un circuito gratuito a pie narrado por el vigilante nocturno; es la manera ideal de impregnarse del ambiente de las calles y conocer historias fantasiosas sobre el lugar.

Cómo desplazarse

Bicicleta Es una manera muy práctica de moverse: hay senderos ciclistas que unen los pueblos de toda Dinamarca y carriles-bici en casi todos los centros urbanos.

Barco Los ferris conectan prácticamente todas las islas pobladas de Dinamarca.

Tren La red ferroviaria es de lo más fiable, con tarifas módicas y servicios frecuentes, y abarca casi todo el país, salvo las islas del sur y una porción del noroeste de Jutlandia; en estas zonas funciona una buena red de autobuses urbanos.

Roseau.

CAPITAL
Roseau

POBLACIÓN
73 286

ÁREA
751 km²

IDIOMA OFICIAL
Inglés

Dominica

Con cascadas, jungla, manantiales sulfurosos, pozas secretas, ríos, arrecifes y costa, esta isla sin turismo de masas promete experiencias y aventuras poco habituales.

En Dominica, la naturaleza ha sido tan creativa y prolífica como Picasso. Gran parte de esta isla volcánica se halla cubierta de selva tropical virgen, que la envuelve con la majestuosidad de una catedral gótica. Aquí aguardan experiencias que perdurarán en el recuerdo: caminar hasta un lago burbujeante, relajar los músculos en fuentes termales sulfurosas, sentir el chorreón de una cascada, bucear con tubo en una copa de "champán", nadar en una estrecha garganta... La lista de ecoaventuras es larga.

En muchos sentidos, Dominica es la isla "anticaribeña" al haberse librado del turismo masivo porque tiene muy pocas playas de arena, ni un solo *resort* ostentoso y ningún vuelo directo internacional. Los dominiqueses son tan amables que suelen parar a los visitantes para desearles una feliz estancia.

Y también es una singularidad que en la isla de Dominica vivan unos 2200 caribes, la única población precolombina del Caribe oriental.

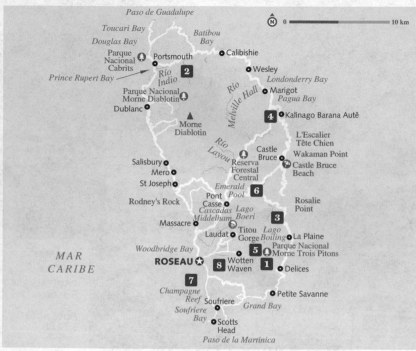

Dominica
Las mejores experiencias

Parque Nacional Morne Trois Pitons

1 Contar los verdes en el paisaje sobrecogedor del Morne Trois Pitons, protegido por la Unesco: una impresionante mezcla de lagos, fumarolas, volcanes, fuentes termales y tupida selva. Este parque abarca 6879 Ha del montañoso interior volcánico de Dominica, y consiste principalmente en selva tropical primitiva: desde espesas junglas con altos tabonucos de tronco corpulento hasta el bosque nublado que cubre el Morne Trois Pitons (1387 m), la segunda montaña más alta de Dominica. El parque abarca parajes como los lagos Boiling, Boeri y Freshwater y las cascadas Middleham.

Río Indio

2 El lento y silencioso viaje en barco por el umbroso río Indio, bordeado de manglares, resulta memorable al pasar por los sangrillos, con troncos que emergen de los bajíos y raíces que se extienden por las orillas. Aquí se ven de cerca garcetas, cangrejos, iguanas, colibríes y otras criaturas de la jungla. Se le puede pedir al guía que señale dónde se rodaron escenas de *Piratas del Caribe*. Los remeros esperan en la desembocadura; las excursiones duran 1½ h e incluyen una parada en el River Bush Bar, cuya bebida estelar es el ponche de ron "Dinamita", una mezcla de frutas, hierbas y "ambiente local".

Caminata al lago Boiling

3 La caminata por excelencia de Dominica, y una de las más duras, es la excursión de 6 h, entre ida y vuelta, al segundo lago hirviente más grande del mundo (el primero está en Nueva Zelanda). Se cree que este lago de 63 m de ancho es una fumarola inundada: una fisura que permite que salgan gases caliente de la lava. Con su inquietante burbujeo, el lago se asienta en el interior de una profunda caldera, con sus aguas grisáceas veladas por el vapor y eructando desde el centro: una visión espectacular. La ruta pasa por el bien llamado valle de la Desolación, con ríos sulfurosos, fumarolas y géiseres.

Kalinago Barana Autê

4 Con 1500 Ha, el Territorio Caribe empieza en las cercanías de la aldea de Bataka y acoge al grueso de los 2200 caribes de Dominica, conocidos con el nombre más preciso de kalinagos. Para conocer su historia y cultura hay que ir al Kalinago Barana Autê; la visita de 30-45 min a esta recreación de un poblado tradicional incluye paradas en una karbet, o "casa de los hombres", una piragua de 3 m fabricada con un solo árbol, y en una cascada. Las visitas terminan en una cafetería y tienda de regalos donde las mujeres tejen sus cestos.

Nadar en Titou Gorge

5 En el interior del Parque Nacional Morne Trois Pitons, una poza precede a esta garganta que termina en una cascada torrencial. El corto trecho a nado por estas aguas cristalinas es una experiencia fantasmagórica en medio de la oscuridad y con empinadas paredes de lava, cuajadas de trepadoras, que no distan entre sí más de 1,5-2 m; de aquí su nombre criollo: "garganta pequeña". Quienes no naden pueden darse un chapuzón en la poza, alimentada por una fuente termal.

si Dominica tuviera 100 habitantes

86 serían negros
9 serían mestizos
3 serían indígenas caribes
1 sería blanco
1 sería de otro origen

grupos religiosos
(% de población)

Católicos — 61
Protestantes — 21
Testigos de Jehová — 1

Otros cristianos — 8
Rastafaris — 1
Otras religiones — 8

Cuándo ir

FEB-JUN
➤ Los meses más secos y con más visitantes.
➤ Dos semanas de carnaval antes del Miércoles de Ceniza.

JUL-OCT
➤ La estación lluviosa coincide con los huracanes (picos en agosto y septiembre).

OCT-NOV
➤ El Festival Mundial de Música Criolla se celebra en octubre.
➤ La semana previa al Día de la Independencia (3 de noviembre), o Día Criollo, es una vibrante celebración de la cultura autóctona.

población por km²

DOMINICA   EE UU   ESPAÑA

👤 ≈ 30 personas

La isla del tesoro de Hollywood

Con su costa salvaje, espesa jungla y calas escondidas, Dominica siempre ha sido un refugio de piratas, así que es natural que viniera Hollywood cuando se buscaban exteriores para *Piratas del Caribe*.

En el 2005, centenares de actores y miembros del equipo técnico, con Johnny Depp, Orlando Bloom y Keira Knightley a la cabeza, invadieron la isla para rodar escenas de la segunda y tercera entregas en localizaciones como Titou Gorge, Soufriere, el río Indio y la playa Batibou.

Dos años después, la CBS filmó el reality show *Pirate Master* por toda Dominica.

Comida y bebida

Callaloo Sopa espesa o guiso con verduras diversas (p. ej. taro, espinaca, col rizada, cebollas, zanahorias, berenjenas, ajo, quingombó), leche de coco y a veces cangrejo o jamón.

Fruta fresca Los plátanos, cocos, papayas, guayabas, piñas y mangos son tan abundantes que en algunos lugares se ven caídos al borde de la carretera.

Kubuli Dominica utiliza el agua de manantial para fabricar su marca de cerveza; sus letreros rojos y verdes se ven por toda la isla con el eslogan de la Kubuli: "La cerveza que bebemos".

Macoucherie Los entendidos en ron alaban esta bebida; no hay que dejarse engañar por las botellas de plástico ni la etiqueta barata: es una joya por descubrir.

Sea moss El "musgo de mar" es una bebida sin alcohol que se hace con algas, azúcar y especias, y a veces leche evaporada; se vende en supermercados y *snackettes* (cafeterías).

Emerald Pool

6 La "Poza Esmeralda" debe su nombre a su exuberante entorno verde y sus aguas cristalinas. Al pie de una cascada de 12 m, es lo bastante profunda para un refrescante chapuzón. El corto camino por donde se llega atraviesa en zigzag una selva tropical con enormes helechos y árboles altos. Al regreso se pasa por dos miradores: desde uno se contempla el Atlántico y desde el otro la segunda montaña más alta de Dominica.

Champagne Reef

7 El "arrecife del Champán" es uno de los parajes submarinos más singulares de Dominica: las burbujas volcánicas atraviesan el lecho marino y afloran como gotas de cristal líquido que hacen sentirse como si se estuviera nadando en champán. Se puede bucear con tubo en las aguas próximas a la (rocosa) playa, con abundancia de peces y corales multicolores.

Wotten Waven

8 Famoso por sus manantiales sulfurosos, se ha convertido en un modesto destino de *spa*. El *spa* más grande es Screw's Sulfur *Spa*; tiene seis piscinas con paredes de piedra y temperaturas variables, y ofrece envolturas en barro sulfuroso y exfoliaciones con lava.

Cómo desplazarse

Autobús El autobús es la opción más económica. Entre las localidades principales circulan microbuses privados de 6.00 a 19.00 de lunes a sábados que paran cuando hace falta. Las tarifas las fija el gobierno.

Coche Se recomienda un todoterreno para explorar las montañas; a grandes alturas algunas carreteras principales se encuentran en mal estado. Los conductores necesitan un permiso local expedido por una agencia de alquiler.

Tortuga gigante, volcán Alcedo, isla Isabela, Galápagos.

CAPITAL
Quito

POBLACIÓN
15,4 millones

ÁREA
283 561 km²

IDIOMA OFICIAL
Español

Ecuador

Pintorescos centros coloniales, pueblos quechuas, selva amazónica e imponentes cumbres andinas: puede que Ecuador sea un país pequeño, pero atesora maravillas deslumbrantes.

Caminar por las calles empedradas de los cascos históricos de Quito y Cuenca es una buena manera de ahondar en el pasado; pero, aparte de sus ciudades, el paisaje ecuatoriano exhibe una asombrosa variedad.

Los Andes se dirían sacados de un libro de cuentos, con su mosaico de pueblecitos, gorgoteo de arroyos y campos ondulados; sin embargo, disipadas las brumas, se dibuja una estampa de altísimos picos cubiertos de nieve.

Las Galápagos seducen a los amantes de la fauna con sus enormes tortugas, iguanas marinas (el único saurio acuático del mundo), leones marinos de dulces ojos oscuros, alcatraces patiazules y un sinfín de especies raras.

La selva amazónica ofrece experiencias muy diversas en cuanto a observación de fauna; hay que instalarse a orillas de los ríos y en los senderos que zigzaguean entre la maleza en busca de monos, perezosos, tucanes, delfines fluviales y anacondas.

El bosque nuboso premontano es otra zona de gran riqueza biológica, con una avifauna de extraordinaria variedad y excelentes condiciones –entre las mejores de Sudamérica– para su observación.

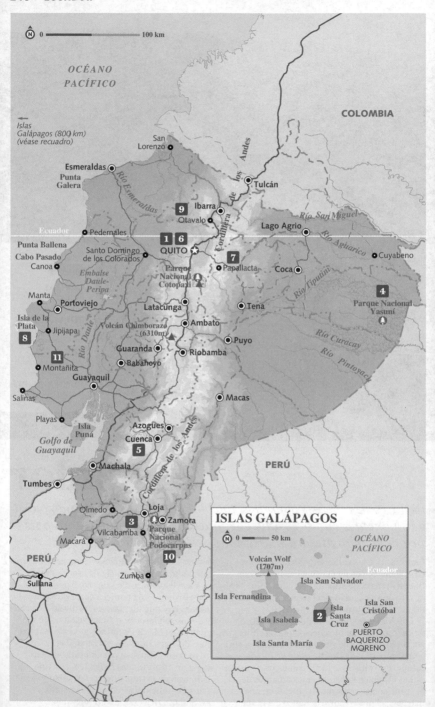

N 0 — 100 km

OCÉANO PACÍFICO

COLOMBIA

Islas Galápagos (800 km) (véase recuadro)

San Lorenzo

Esmeraldas
Punta Galera

Tulcán

9 Ibarra
Otavalo

Lago Agrio

Río San Miguel

Río Aguarico

Ecuador

Pedernales

1 **6**
QUITO

Cuyabeno

Punta Ballena
Cabo Pasado
Canoa

Santo Domingo de los Colorados

7

Papallacta

Coca

Embalse Daule-Peripa

Parque Nacional Cotopaxi

Río Tiputini

Manta

Portoviejo

4
Parque Nacional Yasuní

Tena

Isla de la Plata
Jipijapa

Volcán Chimborazo (6310m)

Latacunga

Ambato

Puyo

Río Curacay

8

Río Daule

Guaranda

Riobamba

Río Pintoyacu

11

Babahoyo

Montañita

Guayaquil

Macas

Salinas

Playas

Isla Puná

Azogues

Cuenca

5

Golfo de Guayaquil

Machala

PERÚ

Tumbes

Olmedo

Loja

Zamora

3

Parque Nacional Podocarpus

Vilcabamba

Macará

10

PERÚ

Zumba

Sullana

ISLAS GALÁPAGOS

N 0 — 50 km

OCÉANO PACÍFICO

Volcán Wolf (1707m)

Isla San Salvador

Ecuador

Isla Fernandina

2 Isla Santa Cruz

Isla San Cristóbal

Isla Isabela

PUERTO BAQUERIZO MORENO

Isla Santa María

Ecuador
Las mejores experiencias

Centro histórico de Quito

1 Joya colonial, el centro histórico de Quito está repleto de iglesias y monasterios, plazas atestadas e imponentes campanarios. Se puede ahondar en su pasado entrando en museos primorosamente conservados, mansiones históricas y santuarios que dejan boquiabierto; y después es hora de comer en algunos de los restaurantes del centro o sumarse a las fiestas de la animada calle de La Ronda antes de retirarse a alguna de las encantadoras pensiones del barrio.

Observar iguanas en las Galápagos

2 No hay muchos lugares que superen a las islas Galápagos si se pretende contemplar de cerca a esta especie prehistórica. En vez de escabullirse cuando alguien se acerca, las iguanas endémicas de este archipiélago siguen con sus lentos quehaceres sin que les importen los clics de las cámaras. Las iguanas marinas gris oscuro o negras se amontonan unas sobre otras para tomar el sol, mientras que las imponentes iguanas terrestres amarillas se alimentan mordisqueando cactus.

Vilcabamba

3 El aire de Vilcabamba es perfecto

1

–ni demasiado caliente, ni demasiado frío: frescor de montaña con un toque de incienso–, lo que confiere a estas serranías ubicadas en el sur del territorio una cualidad mística. Quizá por eso se encuentran aquí más negocios propiedad de extranjeros que en el resto del país; y no se les puede culpar: las condiciones para el senderismo son magníficas, cerca hay un parque nacional pintiparado para montar en bicicleta y a caballo, y los *resorts* con *spa* satisfacen todas las necesidades, caprichos y deseos del viajero.

si Ecuador tuviera 100 habitantes

65 serían mestizos
25 serían indígenas
7 serían blancos
3 serían negros

grupos religiosos
(% de población)

95 Católicos

5 Otras religiones

población por km²

ECUADOR   PERÚ   ESPAÑA

👤 = 30 personas

Parque Nacional Yasuní

4. Esta vasta extensión de selva tropical protegida alberga una biodiversidad casi sin igual en el planeta. Las excursiones en canoa por los arroyos invadidos de vegetación y las caminatas por la jungla con guías experimentados descubren toda suerte de flores, plantas y criaturas desconocidas, al tiempo que varias poblaciones indígenas siguen resistiéndose al contacto con el exterior. Esta maravilla de la naturaleza continúa, por ahora, intacta.

Cuenca

5. El centro colonial de Cuenca fascina a los visitantes desde el s. XVI. Y aunque las calles adoquinadas, las fachadas polícromas y la bien conservada catedral animan a sacar fotos casi en cada esquina, es el ambiente sosegado y el espíritu bohemio de la ciudad, junto con la amabilidad de los cuencanos, lo que satisface al viajero. Si eso se remata con una animada vida nocturna, muchos museos y galerías de arte, y algunos de los mejores restaurantes del país, no cabe duda de que Cuenca es un destino estelar del Ecuador meridional.

Subir al TelefériQo

6. Como prueba de que no solo hay una manera de coronar los picos andinos, el TelefériQo asciende veloz hasta alturas sobrecogedoras (4100 m) por encima de Quito. En una ciudad de vistas sublimes, Cruz Loma ofrece las mejores en un día despejado: Quito se despliega por el valle andino, con picos majestuosos (entre ellos el

Tribus indígenas

Una fascinante e inolvidable lección de humildad: así se describe la visita a una aldea indígena del Oriente.

Los huaoranis son una tribu amazónica que vive entre los ríos Napo y Curaray. Su número no pasa de 4000 individuos y siguen siendo uno de los grupos indígenas más aislados de Ecuador; con fama de guerreros, no distinguen entre el mundo físico y el espiritual, y conocen íntimamente la selva.

Los visitantes conocerán costumbres que no han cambiado durante siglos, aprenderán las técnicas indígenas para cazar con trampas y cocinar, verán cómo se hace la *chicha* (bebida de maíz fermentado), asistirán a danzas y cantos autóctonos, y quizá sean testigos de un ritual chamanístico de limpieza del alma.

Comida y bebida

Arroz con pollo

Cebiche Pescado o marisco crudo marinado.

Churrasco Ternera asada, huevos y patatas, algunas verduras, rodajas de aguacate y tomate, y arroz.

Cuy Conejillo de Indias asado.

Encebollado Guiso de pescado con yuca y cebolla, con rodajas de plátano frito y palomitas de maíz.

Encocado Gambas o pescado cocinado en leche de coco.

Hornado Cerdo entero al horno.

Llapingachos Tortillas de patata y queso.

Locro de papa Caldo de patatas servido con aguacate y queso.

Maito Pescado o pollo asado en hojas de palma.

Pollo a la brasa Se suele servir con patatas fritas.

Seco de chivo Guiso de carne de chivo.

Cotopaxi) alzados en la distancia; y una vez en lo alto, la aventura se puede prolongar caminando (o cabalgando) hasta la cima del Rucu Pichincha (4680 m).

Cuándo ir

TEMP. ALTA
(jun-sep)

➡ Días claros y soleados en las serranías; menos lluvia en el Oriente.

➡ De diciembre a abril, temporada alta en la costa: temperaturas cálidas.

➡ De enero a mayo, temporada alta en las Galápagos.

TEMP. MEDIA
(oct-nov)

➡ Temperaturas más frescas, más chaparrones (por lo general, sol por la mañana y lluvia por la tarde en la serranía).

TEMP. BAJA
(dic-may)

➡ Días más frescos y lluviosos en las serranías.

➡ De junio a diciembre, temporada baja en las Galápagos, con tiempo más fresco y seco.

➡ En el Oriente, la temporada baja dura de abril a julio.

Las aguas termales de Papallacta

7 Estos baños públicos a las afueras del pueblo andino de Papallacta ofrecen uno de los mayores placeres naturales de Ecuador: moverse entre baños de aguas termales rodeados de montañas, nadar en la fantástica poza, lanzarse a la piscina fría y regresar después a los baños termales. Más mágico resulta incluso por la noche, cuando uno puede tumbarse y contemplar las estrellas en el cielo negro y gigantesco.

Observar ballenas en la isla de la Plata

8 Contemplar la emersión de una ballena jorobada es una experiencia difícil de igualar. Todos los años, de junio a septiembre, casi un millar de estas criaturas majestuosas migran a las aguas costeras de Ecuador. La base principal para organizar excursiones en barco, durante las cuales se pueden avistar también delfines, orcas, ballenas piloto y picudas, es la localidad pesquera de Puerto López.

Artesanía en el mercado de Otavalo

9 Todos los sábados el mundo parece confluir en el bullicioso pueblo indígena de Otavalo, en los Andes, donde un enorme mercado (se instala también algún que otro día de la semana) se extiende desde la plaza de Ponchos por toda la ciudad. La oferta es inmensa, la calidad sumamente variable y el gentío puede ser un engorro; pero se encuentran verdaderas gangas entre alfombras de vivos colores, artesanía tradicional, ropa y sombreros panamá.

Películas

Entre Marx y una mujer desnuda (Camilo Luzuriaga, 1996) Retrato de un grupo de jóvenes intelectuales quiteños.

Qué tan lejos (Tania Hermida, 2006) *Road movie* sobre dos mujeres jóvenes que viajan a la serranía andina para conocerse a sí mismas.

Libros

Huasipungo (Jorge Icaza, 1934) Famosa novela sobre las penurias de los indígenas andinos por el máximo representante de la literatura ecuatoriana.

Floreana, lista de correos (Margret Wittmer, 1961) La autora narra con viveza y colorido episodios de su estancia en las islas Galápagos.

La ciudad sin ángel (Jorge Enrique Adoum, 1995) La vida de un pintor y su amante y modelo, entre París y Ecuador.

Cómo desplazarse

Canoa Las canoas motorizadas funcionan como taxis o autobuses acuáticos en los principales ríos del Oriente y parte de la costa norte, y co frecuencia son la única manera de llegar a un *lodge* de la selva.

Autobús Los autobuses son el medio de transporte principal para el grue de los ecuatorianos y su garantía para llegar a todas partes; dependiendo de adónde se vaya y de quién los conduzca, el viaje puede ser divertido o espeluznante, penoso o feliz .

Camión En regiones apartadas, los camiones suelen funcionar también como autobuses; a veces son grandes, con la carrocería abierta por los costados e incómodos asientos de madera. A estos peculiares "autobuses se les llama *rancheras* o *chivas*.

Parque Nacional Podocarpus

10 Junto a la frontera peruana se halla una de las reservas menos visitadas de la serranía meridional. Con altitudes de 900-3600 m, Podocarpus alberga una impresionante variedad de flora y fauna; se calcula que hay aquí unas 3000 especies de plantas (muchas endémicas), y a los amantes de las aves les aguardan nada menos que 600 especies. Añádanse senderos, lagos de alta montaña y dilatadas vistas, y el resultado es uno de los lugares más singulares de Ecuador.

'Surf' en Montañita

11 Una rompiente de playa fiable todo el año y una acogedora comunidad de surfistas experimentados y viajeros afables con rastas convierten este pueblo costero en una parada ideal para quienes deseen cabalgar algunas olas. Los principiantes sin miedo a darse algún batacazo y tragar un poco de agua salada pueden encontrar a gentes del lugar dispuestas a darles clases, y al norte de aquí, en Olón, hay olas más pequeñas. Contemplar las proezas ajenas con increíbles puestas de sol como telón de fondo no es mala alternativa.

Pirámides de Gizeh.

CAPITAL
El Cairo

POBLACIÓN
85,3 millones

ÁREA
1 millón de km²

IDIOMA OFICIAL
Árabe

Egipto

Quizá ningún otro pueblo del mundo dé la bienvenida tan a menudo y tan de verdad. La civilización del antiguo Egipto aún nos sorprende, pero los egipcios actuales son bastante sorprendentes también.

Con sus tumbas cubiertas de arena, austeras pirámides y majestuosos templos faraónicos, Egipto despierta al explorador que todos llevamos dentro. El viajero puede visitar el Valle de los Reyes en Luxor, donde se descubrió la tumba de Tutankamón, y ver los rutilantes hallazgos en el Museo Egipcio de El Cairo, bajar de un barco y visitar un templo a orillas del Nilo, o adentrarse en el desierto y buscar las huellas de los puestos de avanzada romanos.

En el país de Oriente Medio más acogedor con el turismo, los alojamientos son buenos y se habla algo de inglés en todas partes. Además, si el viajero se mete en un lío, seguramente habrá un egipcio que le ayude a salir, aunque también habrá otro que quiera venderle un papiro o un perfume, realidad innegable del viaje. Aun así, los vendedores de recuerdos son una molestia mínima comparados con la oportunidad de conocer a uno de los pueblos más generosos del mundo.

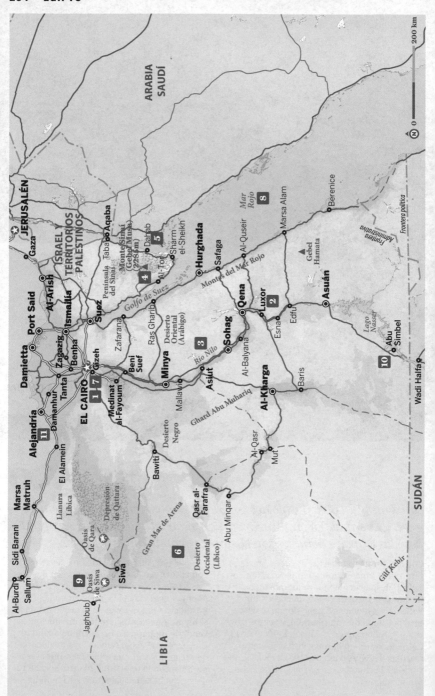

Egipto
Las mejores experiencias

Pirámides de Gizeh

1 Elevándose sobre la expansión descontrolada de la capital y las llanuras desérticas, las pirámides de Gizeh y la Esfinge son el punto máximo de todo itinerario. Durante casi 4000 años, su insólita figura, impecable geometría y descomunal tamaño siempre han llevado a preguntarse cómo se construyeron y por qué. Siglos de investigación han dado con parte de la respuesta: estas tumbas colosales las construyeron cuadrillas formadas por decenas de miles de trabajadores por orden de los faraones. Ningún viaje a Egipto está completo sin la foto ante la última maravilla de la Antigüedad que queda en pie.

Luxor

2 Con la mayor concentración de monumentos antiguos del país, Luxor recompensa al visitante, que puede pasar días y hasta semanas atravesando las salas con columnas de los grandes templos situados en la orilla este del Nilo, como el Ramesseum, o bajando a las tumbas de los faraones del Valle de los Reyes, en la ribera oeste. Ver el sol asomando sobre el río o poniéndose tras las colinas de Tebas son sin ninguna duda momentos inolvidables.

Templo de Hatshepsut, Deir el-Bahari.

2

Crucero por el Nilo

3 Esta travesía en barco está considerada una de las experiencias más emocionantes y románticas del mundo. El Nilo, uno de los grandes ríos del planeta, es el puntal de Egipto, la arteria que lo recorre de sur a norte. Solo soltando amarras se puede apreciar su relevancia y belleza, y solo desde el barco se pueden ver algunos yacimientos arqueológicos como es debido. Navegar es la forma más pausada y relajante de viajar, pero incluso desde la cubierta de un gigantesco hotel flotante se palpa su magia.

si Egipto tuviera 100 habitantes

45 vivirían en áreas urbanas
55 vivirían fuera de las áreas urbanas

grupos religiosos
(% de población)

Musulmanes   Coptos   Otros cristianos

población por km²

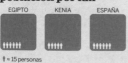

EGIPTO   KENIA   ESPAÑA

† ≈ 15 personas

Monte Sinaí

4 Aun sin ser el más alto de los escarpados picos de esta cordillera, el monte Sinaí es el más sagrado de la península. Lugar de peregrinación para judíos, cristianos y musulmanes, su cima ofrece el espléndido espectáculo de la luz inundando el mar de cumbres circundantes. A sus pies se alza el monasterio de Santa Caterina; sus robustas murallas bizantinas ocupan el lugar donde se cree que Moisés presenció el episodio bíblico de la zarza ardiente.

Dahab

5 Relajada ciudad de tamaño medio próxima al extremo sur del Sinaí y válvula de escape donde los fatigados viajeros olvidan las lecciones de historia y recobran fuerzas en un pequeño hotel de playa. Una vez cargadas las pilas, es momento de zambullirse en el famoso mundo submarino de Dahab, organizar una entretenida aventura por el desierto o simplemente sucumbir al placer de no hacer nada durante unos días.

Safaris por el desierto

6 En todoterreno, camello o a pie, durante un par de horas o un par de semanas, el viajero podrá paladear la sencilla belleza y el aislamiento del Egipto más agreste. Uno de los alicientes de una excursión al desierto Occidental es acampar entre las surreales formaciones del desierto Blanco, cruzar las hipnóticas dunas del Gran Mar de Arena y adentrarse en su territorio para vivir fantasías dignas del Paciente inglés en el remoto Gilf Kebir.

Encontrar su 'ahwa'

Los *ahwas* –cafés tradicionales– de El Cairo son lugares fundamentales para relajarse, charlar y aspirar profundamente una *sheesha* (pipa de agua). Suelos polvorientos, destartaladas mesas y el ruido de fichas de dominó y *towla* (backgammon) definen los más tradicionales. Pero los más nuevos y relucientes –donde las mujeres fuman también– han ampliado el concepto, por no hablar de la selección de sabores de *sheesha*, que ahora incluyen desde mango a chicle.

Casi todos abren de 8.00 a 14.00, y el viajero puede pedir mucho más que té y café: *karkadai* (hibisco, caliente o frío), *irfa* (canela), *kamun* (comino, recomendado para los resfriados), *yansun* (anís) y, en invierno, *sahlab*, caliente y con leche.

Comida y bebida

Fiteer La *pizza* egipcia de masa fina y hojaldrada puede ser de queso salado *haloumi* y aceitunas, o dulce con mermelada, coco y pasas.

Fuul La especialidad nacional es un sencillo plato campesino de habas cocinadas a fuego lento con ajo, perejil, aceite de oliva, limón, sal, pimienta negra y comino.

Kushari El mejor amigo de los vegetarianos: fideos, arroz, lentejas negras, garbanzos y cebolla frita, con una penetrante salsa de tomate. Muchas tiendas de *kushari* venden también *makaroneh bi-lahm*, guiso al horno de pasta y cordero.

Shwarma Tiras de cordero o pollo cortadas de un asador vertical, con tomate picado y aderezos, y envueltas después en pan de pita.

Ta'amiyya (felafel) Croquetas de garbanzos molidos y especias, fritas en abundante aceite, a menudo envueltas en pan de pita como un sándwich.

Arrecife Jackson, mar Rojo.

Museo Egipcio

7 Sus proporciones son simplemente abrumadoras, con más de cien salas a rebosar y tesoros fascinantes, desde deslumbrantes joyas de oro hasta calcetines de Tutankamón, así como momias de los más grandes faraones y sus mascotas preferidas. Es mejor no pretender verlo todo y contratar a un guía durante un par de horas para desentrañar sus secretos.

Submarinismo en el mar Rojo

8 Las costas del Sinaí y del mar Rojo esconden un paraíso submarino de acantilados de coral, vistosos peces y restos de naufragios de una belleza que asombra hasta al profesional más experimentado. El Jacques Cousteau que todo viajero lleva dentro aparecerá al explorar los enigmáticos restos de *The Thistlegorm*, antiguo carguero de la II Guerra Mundial y hoy museo disperso por el lecho marino.

Cuándo ir

TEMP. ALTA
(oct-feb)

➡ El 'invierno' egipcio es bastante soleado y cálido, con lluvia muy ocasional, más frecuente en el Mediterráneo.

➡ En los hoteles sin calefacción puede hacer frío, sobre todo en la húmeda Alejandría.

TEMP. MEDIA
(mar-may, sep-oct)

➡ En primavera las tormentas de polvo afectan a los vuelos.

➡ El calor puede llegar hasta octubre, cuando hay menor afluencia de turistas.

➡ Aguas cálidas y sin aglomeraciones en enclaves mediterráneos.

TEMP. BAJA
(jun-ago)

➡ El abrasador verano solo atrae a los turistas más resistentes al Alto Egipto.

➡ Conviene evitar el desierto Occidental.

➡ Temporada alta en la costa mediterránea.

Vida en el oasis

9 Es imposible no relajarse en un oasis; con el desierto infinito brillando en el horizonte, el viajero puede bañarse en fuentes termales o explorar restos de antiguos puestos romanos y aldeas tribales. En Siwa, el Dahab del desierto, manantiales y palmerales aseguran el frescor durante el día. Por su parte, en Dakhla, la restaurada ciudad de adobe de Al-Qasr deja entrever cómo era la secular vida en un oasis. Conviene pasar suficiente tiempo aquí para compensar el largo viaje.

Películas

Muerte en el Nilo (John Guillermin, 1978) En esta novela policíaca de Agatha Christie, Poirot investiga el asesinato de una heredera a bordo de un crucero por el río.

La esfinge (Franklin Schaffner, 1980) Historia sobre contrabando de antigüedades, adaptación de un *bestseller* de Robin Cook.

La espía que me amó (Lewis Gilbert, 1977) Las pirámides, El Cairo islámico y Karnak como glamuroso telón de fondo de las afectadas y complacientes travesuras de Roger Moore como James Bond.

Libros

El edificio Yacobian (Alaa Al Aswany, 2002) Gran éxito editorial sobre la sociedad egipcia actual.

León el africano (Amin Maalouf, 1986) Novela histórica sobre un personaje casi mítico del s. XVI, entre el mundo renacentista y la declinación del islam.

Trilogía de El Cairo (Naguib Mahfouz, 1957) Las tres novelas de este premio Nobel son, en orden: *Entre dos palacios*, *Palacio del deseo* y *La azucarera*.

Cómo desplazarse

Avión EgyptAir (www.egyptair.com) es la única aerolínea nacional; las tarifas pueden ser muy económicas, aunque varían considerablemente según la temporada.

Autobús Llega a casi todas las ciudades y pueblos del país, y tiene precios muy razonables. Es la mejor opción –a veces la única– para muchas rutas de larga distancia más allá del valle del Nilo.

Tren La red ferroviaria comprende más de 5000 km de vía férrea hasta casi todas las ciudades y poblaciones principales. Excepto en estas dos rutas principales (El Cairo-Alejandría, El Cairo-Asuán), solo los amantes del ferrocarril los prefieren a los autobuses de lujo, pero para destinos próximos a El Cairo, son más prácticos porque eluden el tráfico.

Abu Simbel

10 Ramsés II ordenó construir Abu Simbel muy al sur de Asuán, a lo largo de su frontera más lejana, pasado el trópico de Cáncer. Estos dos inmensos templos son además una maravilla de la ingeniería moderna: en la década de 1960 fueron trasladados, piedra a piedra, hasta su ubicación actual para protegerlos del desbordamiento del lago Nasser. Para apreciar el aislamiento, lo mejor es pernoctar en Abu Simbel, en un barco en el lago o en el centro cultural y *ecolodge* nubio Eskaleh.

Alejandría

11 Envanecida por el pedigrí de Alejandro Magno y la poderosa reina Cleopatra, la segunda ciudad del país, situada en su sector más septentrional, es rica en historia antigua y moderna. El viajero puede visitar la Biblioteca Alexandrina, reencarnación de la Antigua Biblioteca, o cualquiera de sus pequeños y excelentes museos, pasear por los zocos del pintoresco Anfushi, su barrio más antiguo, y darse un banquete de marisco fresco en la majestuosa *corniche* frente al mar Mediterráneo.

Al-Qasr, Dakhla.

9

Playa El Zonte, La Libertad.

El Salvador

El 'surf' está en auge en El Salvador, pequeña nación centroamericana que emerge al fin como destino destacado tras una guerra civil no tan lejana y penurias que mantuvieron el turismo a raya.

El Salvador es el país más pequeño y poblado de Centroamérica, con la mayor economía y el menor número de turistas extranjeros de la región. Hace tiempo solo irreductibles surfistas y corresponsales extranjeros cruzaban sus estrictos puestos fronterizos, pero hoy una nueva generación de viajeros llega con fuerza en busca de una vivencia genuina en una tierra poco visitada.

El Salvador es una eterna provocación: paraíso tropical, exuberantes parques nacionales preindustriales, esplendor colonial junto a impolutos lagos volcánicos, colores intensos y una feroz visión creativa reposan a la sombra del indómito orgullo local. Aquí coexisten un hermoso litoral, una animada capital rebosante de cultura, el turismo de guerra extremo y el sencillo encanto de sus plazas.

Los salvadoreños se alegran cada vez más de volver a casa tras prolongadas estancias en el extranjero, el antaño envidiable rito de paso interrumpido hoy por la economía global y la creencia de que el hogar podría ser donde comenzar de nuevo.

El Salvador
Las mejores experiencias

'Surf' en la costa sur

1 El país cuenta con algunas de las mejores zonas de Centroamérica, como Punta Roca, en la Costa del Bálsamo, donde se rodaron escenas de la película clásica sobre surf *El gran miércoles*, y las playas de El Sunzal y El Tunco.

Comida y bebida

Casamiento Plato de arroz y alubias, a menudo como desayuno.

Pane Pan francés con pollo, salsa, ensalada y encurtidos.

Pupusa Popular comida callejera compuesta de una masa redonda de harina de maíz rellena de queso, alubias fritas y cortezas de cerdo, asada y con col en escabeche por encima.

Feria de Juayúa

2 Célebre por su feria gastronómica de fin de semana, aquí cocineros de todo el país muestran sus mejores creaciones, como iguana a la barbacoa, cuy y brochetas de rana. Durante la semana, Juayúa vuelve a sus tranquilas raíces, y los viajeros pasean por sus cálidas calles adoquinadas o se aventuran en las colinas circundantes en busca de fuentes termales y cascadas.

Parque Nacional El Imposible

3 En la sierra Apaneca Ilamatepec, este bosque –lo que queda de un amenazado ecosistema– acoge gran variedad de animales y plantas, como pumas, tigrillos, jabalíes, halcones ferruginosos y águilas de cresta negra. Sus empinados caminos pueden estar embarrados, pero brindan majestuosas vistas de cumbres y del resplandeciente Pacífico.

Cuándo ir

DIC-MAR

➡ La época de mayor afluencia; seca y calurosa entre Navidad y Semana Santa.

NOV Y ABR

➡ Antes y después de la temporada alta el tiempo es aún templado y seco; playas menos llenas.

MAY-OCT

➡ El invierno (estación húmeda) es temporada baja, aunque solo suele llover de noche.

El Burj Khalifa elevándose sobre edificios tradicionales de Dubái.

CAPITAL
Abu Dhabi

POBLACIÓN
5,5 millones

ÁREA
83 600 km²

IDIOMA OFICIAL
Árabe

Emiratos Árabes Unidos

Los Emiratos Árabes Unidos (EAU) son más que el brillo y el glamour del s. XXI, con culturas firmemente enraizadas en el islam y generaciones de herencia beduina.

Para casi todo el mundo, este país se reduce a Dubái, ciudad de ciencia ficción, con inconfundibles rascacielos, islas en forma de palmera, centros comerciales del tamaño de ciudades, pistas de esquí cubiertas y palaciegos *resorts* de playa. Aun así, más allá del oropel aparece el mosaico diverso de los otros seis emiratos con carácter y atractivo propios.

A una hora hacia el sur, la capital, Abu Dhabi, es rica en petróleo y está consolidándose como centro de cultura, deporte y ocio. Más allá de sus límites se cierne el vasto desierto de Al Gharbia, cuyo mágico silencio solo se ve interrumpido por el susurro de las dunas movedizas que avanzan hacia Arabia Saudí.

Al norte de Dubái, Sharjah posee los mejores museos, mientras que los minúsculos Ajman y Umm al-Qaywayn reflejan la vida antes del petróleo, y Ras al-Jaima está fraguando su infraestructura turística. Para nadar y practicar submarinismo, el mejor es el emirato de Fuyaira y las relajantes aguas cálidas y transparentes del golfo de Omán.

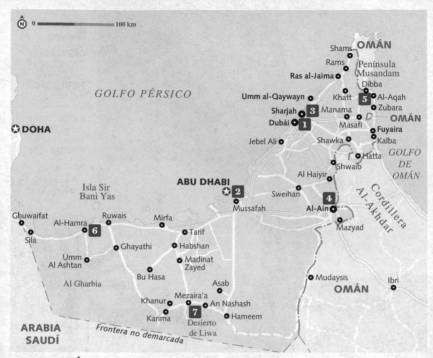

Emiratos Árabes Unidos
Las mejores experiencias

Dubái

1 Rascacielos de la era espacial en un desierto infinito rodeado de una costa esculpida con archipiélagos en forma de palmera: en el Oriente Medio del s. xix, Dubái es un paraíso movido por una ambición y un espíritu de superación inquebrantables. Su lema: si se puede concebir, se puede hacer, ya sea el edificio más alto del mundo, esquiar en el desierto, islas con forma de todo el planeta... Es un lugar apasionante, con sugerentes playas, sofisticados bares y restaurantes, exclusivos centros comerciales, hoteles de superlujo, y asombrosos edificios, como el Burj Khalifa, el más alto del mundo.

Mezquita del Jeque Zayed Grand

2 En esta nívea mezquita de Abu Dhabi, ideada por el propio jeque Zayed, caben hasta 40 000 fieles. Más de 80 cúpulas de mármol danzan en su techo, sostenido por más de 1000 pilares y cuatro minaretes de 107 m de altura. El interior es una pasmosa mezcla de mármol, oro, piedras semipreciosas, cristal y cerámica. Alberga la mayor alfombra persa del mundo, realizada por 2000 artesanos en dos años, y siete colosales arañas de luces de cristal bañadas en oro.

Sharjah

3 Merecidamente declarada capital árabe de la cultura por la Unesco en 1998, es precisamente eso lo que aquí brilla. Una vez pasadas sus congestionadas afueras, el histórico casco antiguo es fácil de recorrer a pie. Su zona patrimonial forma parte de un ambicioso proyecto de reurbanización a largo plazo denominado Corazón de Sharjah, previsto para el 2025. Su objetivo es restaurar edificios históricos y convertirlos en hoteles, museos, tiendas y restaurantes, preservando el aire de los días anteriores al petróleo.

Oasis de Al-Ain

4 Este laberíntico y sombreado oasis con palmeras datileras es ideal para perderse. Una ruta señalizada recorre sus 1214

Ha, viaje pintoresco por sombreados senderos y terrenos de cultivo irrigados mediante una tradicional *falaj* (red de túneles subterráneos). Cuenta con casi 150 000 palmeras, además de mangos, almendros, bananos e higueras. Se aconseja fijarse en las ruinas de una antigua fortaleza y una mezquita, así como en los contenedores para almacenar dátiles.

Al-Aqah

5 En Fuyaira, tiene las mejores playas de la costa oriental, flanqueadas por exclusivos hoteles. Ofrece buceo y submarinismo de calidad; hasta los principiantes pueden disfrutar de una grata experiencia gracias a la isla Snoopy, cuyo nombre alude al parecido de este afloramiento rocoso, a unos 100 m de la costa, con el personaje homónimo de dibujos animados durmiendo sobre su caseta. Lamentablemente, la marea roja de los años 2008 y 2009 acabó con gran parte del coral, pero en sus aguas aún abundan todo tipo de llamativas especies, y con algo de suerte se ven tortugas verdes e inofensivos tiburones punta negra.

Pueblo de pescadores Jazirat al-Hamra

6 Este delicioso y espeluznante pueblo fantasma, uno de los más antiguos y mejor conservados del país, permite imaginar la vida antes del

si los EUA tuvieran 100 habitantes

19 serían emiratíes
23 serían árabes e iraníes
50 serían surasiáticos
8 serían de otro origen

grupos religiosos
(% de población)

96 Musulmanes   4 Otras religiones

población por km²

EAU   ARABIA SAUDÍ   ESPAÑA

♦ ≈ 3 personas

Cuándo ir

NOV-MAR

➡ Temperaturas moderadas, alojamientos más caros, principales festividades, buenas acampadas.

MAR-MAY Y OCT

➡ Días de calor, noches agradables, ideal para vacaciones de playa y acampadas en el desierto.

JUN-SEP

➡ Caluroso y húmedo, grandes descuentos en hoteles, mejor época para el submarinismo.

Carreras de camellos

No son solo un deporte popular; están muy enraizadas en el alma del país, y solían reservarse solo para bodas y eventos especiales. Hoy las carreras son un gran negocio, y se celebran de octubre a comienzos de abril en modernas pistas de entre 6 y 10 km de longitud.

Los camellos de pura raza comienzan su entrenamiento a los dos años. La raza local mahaliyat, la omaniyat de Omán, la sudaniyat de Sudán y el cruce muhajanat son las más utilizadas. En una carrera típica participan más de 100 animales, todos montados por robots desde que en el 2005 se prohibió la participación de jockeys infantiles. Los propietarios corren junto a sus camellos por otra pista en ligeros todoterrenos, dando órdenes por control remoto.

Comida y bebida

Curiosamente, escasean los restaurantes de cocina autóctona; si se puede, hay que probar estos platos típicos y no perderse los suculentos dátiles de la región.

Balaleet Delicioso desayuno típico a base de cabello de ángel con sirope de azúcar, azafrán, agua de rosas y cebollas salteadas.

Fareed Caldo con sabor a cordero con pan; popular durante el Ramadán.

Hareis El "plato nacional" es trigo molido y cordero a fuego lento hasta quedar cremoso.

Khuzi Cordero asado relleno sobre un lecho de arroz especiado.

Madrooba Pescado o pollo curados a la sal (*maleh*) con masa de pan cruda hasta que se espesa.

Makbus Guiso de arroz con especias y carne (sobre todo cordero) o pescado, con guarnición de nueces, pasas y cebollas fritas.

auge del petróleo. Fundado en el s. XIV, sus habitantes vivían sobre todo de la pesca y las perlas hasta que en 1968, de repente, recogieron sus bártulos y lo abandonaron. Pasear por este conjunto de casas de piedra coralina, torres captadoras de viento, mezquitas, escuelas y tiendas es más pintoresco al ponerse el sol.

Desierto de Liwa

7 Unos 250 km al sur de Abu Dhabi, este arco de 150 km de pueblos y granjas bordea las lindes del desierto de Rub'al-Jali (Arabia Saudí), que realmente hace honor a su nombre: solo algún camello errante o pequeño oasis frondoso magnifica la espectacularidad de este infinito paisaje de suaves y resplandecientes dunas en tonos dorados, albaricoque y canela. Esta es la Arabia descrita por el explorador sir Wilfred Thesiger; aquí el viajero comprenderá el sentimiento tan especial de los lugareños que vienen en busca de sus raíces y a contemplar el árido esplendor de este paisaje glorioso.

Cómo desplazarse

Autobús La creciente red de autobuses públicos facilita los viajes entre los distintos emiratos.

Automóvil El vehículo propio es una excelente manera de ver el país; permite dejar las autopistas y parar cuando se desea. Las principales ciudades están unidas por autopistas de múltiples carriles, en buen estado y a menudo totalmente iluminadas. Conducir por pistas requiere un todoterreno.

Taxi Económicos, con taxímetro y muy numerosos, a veces son el único medio de transporte dada la escasez de transporte público en algunos emiratos. Los conductores se pueden contratar también por horas.

Camino rocoso debajo de Asmara.

CAPITAL
Asmara

POBLACIÓN
6,2 millones

ÁREA
117 600 km²

IDIOMAS OFICIALES
Tigrinya, árabe, inglés

Eritrea

Eritrea, una mera astilla en el Cuerno de África, ofrece al viajero gran riqueza en cultura, historia y belleza natural.

De enigmática historia, absorbente cultura y mágico paisaje, Eritrea, país situado en el sector nororiental de África, es una de las naciones más herméticas del llamado "continente negro". Su mezcla única de atractivos naturales y culturales brinda un sinfín de retos y emociones a los amantes de los lugares poco transitados. El país, que limita con Sudán, Etiopía y el mar Rojo, cautiva al visitante con su entorno arrebatador, desde los característicos paisajes abisinios –escarpas, mesetas y altas cumbres– a las playas desiertas de la costa del mar Rojo.

Culturalmente es un crisol y, pese a su reducido tamaño (algo atípico en África), su caleidoscópica variedad de etnias ha forjado un tejido cultural donde caben monasterios tallados en la roca, ciudades portuarias que datan de la época otomana y la *passeggiata* nocturna en la arteria principal de Asmara, la capital estatal.

Pese a su gran riqueza humana y natural, Eritrea soporta un dura situación política y económica, y los viajeros se ven muy limitados. Aun así, sigue siendo uno de los destinos más sugerentes de África.

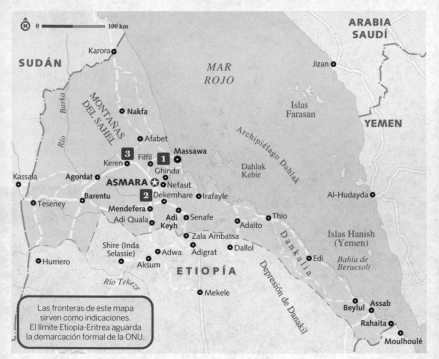

Las fronteras de este mapa sirven como indicaciones. El límite Etiopía-Eritrea aguarda la demarcación formal de la ONU.

Eritrea
Las mejores experiencias

Massawa

1 Hay que explorar las calles y callejuelas de esta histórica ciudad costera, cuyo casco antiguo recuerda poderosamente a Zanzíbar o Yemen. Por desgracia, Massawa fue casi arrasada durante la lucha por la independencia, y varios edificios históricos se hallan en ruinas.

Asmara

2 Ciudad sorprendentemente elegante, está repleta de joyas arquitectónicas. Sus edificios *art déco*, internacionales, cubistas, expresionistas, funcionalistas, futuristas, racionalistas y neoclásicos evocan su época dorada como la "piccola Roma". Aislada durante casi 30 años por la guerra con Etiopía, Asmara ha conservados casi intactos sus edificios patrimoniales.

Keren

3 La más relevante de las ciudades provinciales del país está rodeada por una cordillera de escarpados y bellos montes y destacan su bello entorno y mezcla de estilos arquitectónicos. Es también una activa ciudad con mercado, donde se respira un grato ambiente multiétnico: los tigré, también conocidos como tigrinya, y los bilen han hecho de ella su hogar.

Comida y bebida

Injera Pan plano etíope parecido a una crep.

Tibsi Tiras de cordero fritas con mantequilla, ajo, cebolla y a veces tomate.

Zigni Cordero, cabra o ternera en salsa picante.

Cuándo ir

FEB-ABR Y SEP-NOV

➡ Época ideal, pero se puede visitar durante todo el año.

DIC-ENE

➡ Las temperaturas mínimas se acercan a 0ºC.

JUN-AGO

➡ Estación lluviosa en las altiplanicies y tórrida en las tierras bajas orientales.

Cresta de Trotternish, isla de Skye.

CAPITAL
Edimburgo

POBLACIÓN
5,2 millones

ÁREA
78 722 km²

IDIOMAS OFICIALES
Inglés, galés, lallans

Escocia

Como un buen whisky de malta, Escocia es un goce para el entendido, una mezcla de prodigiosos paisajes y sofisticadas ciudades, aire salobre y oscuras aguas con regusto a turba, aventura al aire libre y legendaria historia.

Escocia alberga algunos de los mayores espacios naturales que quedan en Europa occidental, paraísos donde águilas reales sobrevuelan lagos y montes en las tierras altas del norte, nutrias retozan en el *kelp* en las orillas de las islas Hébridas Exteriores y saltarines rorcuales aliblancos atraviesan bancos de caballa frente a la costa de Mull.

Es además una tierra con un pasado rico y complejo, donde cada rincón del paisaje está impregnado de historia, ya sea una granja de-

sierta en la orilla de una isla, un páramo que fue campo de batalla, una playa donde desembarcaron los vikingos, o una cueva que cobijó a Carlos Eduardo Estuardo, el "Gentil Príncipe Carlos".

El respeto por los productos locales de primera calidad permite disfrutar de marisco capturado horas antes, así como de verdura, ternera y venado ecológicos criados a pocos kilómetros. Como colofón, un trago de whisky de malta: rico, evocador y complejo, el genuino sabor de Escocia.

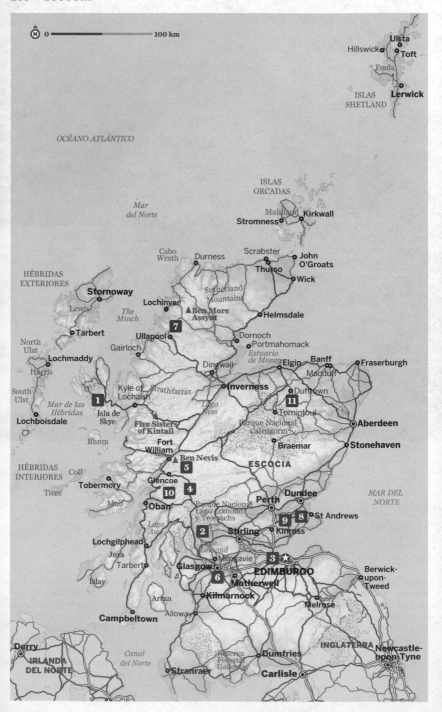

Escocia
Las mejores experiencias

Isla de Skye

1 En un país con paisajes fascinantes, la isla de Skye se lleva la palma. Desde los escarpados picos de los Cuillins y las curiosas cimas del Old Man of Storr y Quiraing a los espectaculares acantilados de Neist Point, sobran motivos paran sacar la cámara. El caminante compartirá paisaje con ciervos y águilas reales, mientras frailecillos anidan en lo alto de los acantilados, y ballenas y delfines retozan frente a la costa. Al final del día los acogedores pubs y excelentes marisquerías son idóneos para reponer fuerzas.

Lago Lomond

2 A menos de una hora por carretera del bullicioso Glasgow, sus bellas orillas y laderas (inmortalizadas en una de las canciones escocesas más célebres) son una de las zonas más pintorescas del país. Se trata del mayor lago de la isla de Gran Bretaña y quizá el más famoso de Escocia, tras el lago Ness. En el corazón del primer parque nacional escocés, en el sur comienza siendo un ancho lago salpicado de islas, sus orillas ceñidas por bosques de campánula, para estrecharse al norte y adoptar la forma de un fiordo, rodeado por montes de 900 m de altitud.

2

Edimburgo

3 Esta ciudad merece ser explorada. Desde las bóvedas y *wynds* (estrechos callejones) que colman su casco antiguo hasta los pueblos urbanos de Stockbridge y Cramond, está repleta de peculiares e insinuantes rincones que incitan a pasear un poco más. A sus puntos de interés hay que sumar excelentes tiendas, restaurantes de primera y un sinfín de bares. Edimburgo es una ciudad de pubs, actuaciones musicales espontáneas, discotecas, excesos, largas noches y regreso a casa al amanecer por calles adoquinadas.

si Escocia tuviera 100 habitantes

98 serían blancos
1 sería surasiático
1 sería de otro origen

grupos religiosos

(% de población)

43 Iglesia de Escocia
28 No religiosos
16 Católicos
7 Otros cristianos
6 Otras religiones

población por km²

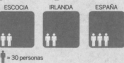

ESCOCIA   IRLANDA   ESPAÑA

♦ = 30 personas

Recorrer la West Highland Way

4 La mejor manera de adentrarse en los paisajes escoceses es a pie. Pese al viento, los mosquitos y la llovizna, esta tierra es un placer para el caminante, con rutas cortas y largas, tentadores montes y colinas. Una de las preferidas es la West Highland Way, de 150 km, que va desde Milngavie (cerca de Glasgow) a Fort William. Se trata de una exigente ruta de una semana que recorre algunos de los paisajes más bellos del país y culmina a la sombra del Ben Nevis, su pico más alto.

Ascender el Ben Nevis

5 La cima más alta de Gran Bretaña posee un gran atractivo, y cada año unas 100 000 personas inician su ascensión, aunque no todos terminan. No obstante, el *munro* más alto está al alcance de cualquier persona en forma; si se le trata con respeto y el tiempo lo permite, el viajero se verá recompensado con espléndidas vistas.

Glasgow

6 La mayor ciudad escocesa carece de la belleza clásica de Edimburgo, pero lo compensa con creces con numerosas actividades y una portentosa calidez. Alternativa y contemporánea, es ideal para visitar galerías de arte y la mejor de Escocia para salir a cenar. Si a ello se suma la mejor cultura del *pub* de Gran Bretaña y uno de los mejores escenarios de música en vivo, solo queda dejarse llevar.

Los temidos mosquitos

Estos pequeños chupadores de sangre aparecen en grandes enjambres en verano, y pueden arruinar las vacaciones por completo. Proliferan de finales de mayo a mediados de septiembre, pero sobre todo de mediados de junio a mediados de agosto. Para combatirlos lo mejor es cubrirse, en especial de noche, y usar repelente de insectos.

Comida y bebida

10 whiskies de malta:

Ardbeg (Islay) El whisky de 10 años de esta noble destilería es sinónimo de excelencia. Con aroma a turba pero equilibrado.

Bowmore (Islay) Humo, turba y aire salobre, un clásico de malta de Islay. Una de las pocas destilerías que aún procesa su propia cebada.

Bruichladdich (Islay) Destilería muy visitada de enfoque curioso e innovador, famosa por sus whiskies con aroma a turba, como Moine Mhor.

Glendronach (Speyside) Aquí solo usan toneles de jerez, y el cremoso y especiado licor recuerda al postre navideño tradicional.

Highland Park (Orkney) De sabor pronunciado y equilibrado, con brezo, miel, malta y turba.

Isle of Arran (Arran) Una de las destilerías más recientes, ofrece un suave y sabroso malta con matices florales y afrutados.

Macallan (Speyside) El rey de los whiskies de malta de Speyside, con toques de jerez y bourbon.

Springbank (Campbeltown) Complejos aromas (jerez, cítricos, dulces pear drops, turba) con un sabor salado.

Talisker (Skye) Inquietante, con un intenso aroma a turba, equilibrado con un agradable dulzor.

The Balvenie (Speyside) Rico y meloso, este malta de Speyside es oro líquido para los más golosos.

Tierras Altas del noroeste

7 En las Tierras Altas (Highlands) abundan las vistas impresionantes, pero el extremo noroeste es arrebatador. La carretera litoral de Durness y Kyle de Lochalsh ofrece escenas sublimes, como los abruptos montes de Assynt, la desolada belleza de Torridon y los remotos acantilados del cabo Wrath. Además, la cálida hospitalidad, palpable en los pubs rurales, hace de esta región un rincón inolvidable.

Golf

8 Los escoceses lo inventaron y Escocia es venerada como hogar espiritual de aficionados y campeones. Los campos de golf son un clásico: terrenos irregulares próximos a la costa donde el *rough* es de brezo y *machair*, y el viento el principal enemigo, capaz de arruinar en un instante un recorrido prometedor. St. Andrews es su cuartel general y un seductor destino para amantes de este deporte.

Cuándo ir

TEMP. ALTA
(jul-ago)

➡ Alojamientos un 10-20% más caros; se aconseja reservar con antelación.

➡ Época más calurosa del año, pero a menudo húmeda.

➡ En las Tierras Altas e islas abundan los mosquitos.

TEMP. MEDIA
(may-jun y sep)

➡ Las flores silvestres y rododendros florecen en mayo y junio.

➡ Según las estadísticas, buenas probabilidades de tener tiempo seco y menos mosquitos.

➡ En junio es de día hasta las 23.00.

TEMP. BAJA
(oct-abr)

➡ Suelen cerrar los alojamientos y puntos de interés rurales.

➡ Las colinas permanecen nevadas de noviembre a marzo.

➡ En diciembre oscurece a las 16h.

Perthshire, Big Tree Country

9 Los lagos en tonos gris azulado dan fe de los caprichos del clima; nobles bosques envuelven las colinas; majestuosas cañadas se adentran en remotos espacios naturales y los salmones remontan los ríos hacia el lugar que les vio nacer. En Perthshire, corazón del país, pintorescas ciudades estallan en flores, las destilerías desprenden un tentador aroma a malta y las ovejas pastan en praderas de un verde imposible. Aquí la generosidad de la naturaleza se percibe como en ningún otro lugar.

Películas

Braveheart (Mel Gibson, 1995) Un plebeyo encabeza la lucha de Escocia en la Edad Media contra la tiranía inglesa.

Trainspotting (Danny Boyle, 1996) La historia de un grupo de jóvenes yonquis, ambientada en Edimburgo y basada en la novela de Irvine Welsh.

Libros

Cuentos populares de las Tierras Altas escocesas (José Manuel de Prada-Samper, 2009) Una muestra de la cultura tradicional gaélica: cuentos de ogros, guerreros, reyes, pícaros y animales.

La plenitud de la señorita Brodie (Muriel Spark, 1961) Un grupo de niñas en el Edimburgo de los años 1930 son educadas por una profesora de ideas avanzadas.

Edimburgo, notas pintorescas. Seguido de Dos pasos por Escocia (Robert Louis Stevenson, 2012) Los recuerdos del escritor de la ciudad natal de Stevenson, sus leyendas, sus costumbres y su historia. El volumen se completa con el relato de un viaje por la costa de Fife.

Cómo desplazarse

Bicicleta Escocia es un país compacto, y la bicicleta una propuesta factible si se tiene tiempo.

Autobús Suele ser el medio de transporte más económico, pero también el más lento. Cubre gran parte del territorio, pero en las zonas más remotas el servicio está en función de las necesidades de los vecinos, y los horarios pueden no ser prácticos para el viajero.

Automóvil Buena opción sobre todo en zonas donde no opera la red ferroviaria, como las Tierras Altas y las Mesetas del Sur.

Tren Con bonos de descuento puede ser competitivo; además, es más rápido que el autobús y atraviesa bellos paisajes.

Glen Coe

10 El valle más famoso combina paisaje espectacular e historia profunda, dos de los rasgos principales de las Tierras Altas. Su serenidad no deja entrever que fue escenario de una despiadada masacre en el s. XVII, cuando los MacDonalds, oriundos de la región, fueron asesinados por el clan de los Campbell. Algunas de sus caminatas, como la del Valle Perdido, siguen rutas utilizadas por los miembros del clan al huir de sus asaltantes, donde muchos perecieron en la nieve.

Whisky

11 La bebida nacional −del gaélico *uisge bagh*, que significa "agua de vida"− se elabora aquí desde hace más de 500 años. Más de 100 destilerías siguen produciendo cientos de variedades de whisky de malta; aprender a distinguir los de Islay, con aroma a humo y turba, de los de Speyside, florales y con sabor a jerez, es un pasatiempo popular. Muchas destilerías ofrecen visitas guiadas, que culminan con una degustación. Dufftown es ideal para probar las primeras variedades locales.

Arroyo en los Altos Tatras.

CAPITAL
Bratislava

POBLACIÓN
5,5 millones

ÁREA
49 035 km²

IDIOMA OFICIAL
Eslovaco

Eslovaquia

Tierra de espíritu genuino, donde las tradiciones populares han sobrevivido a la dominación extranjera y donde numerosos castillos y 'chateaux' dan fe de incontables guerras y conflictos civiles.

Fortalecida tras dos décadas como estado independiente tras el fin de Checoslovaquia, supera a la República Checa en número de castillos antiguos y posee una naturaleza mucho más agreste. Aquí prefieren el vino a la cerveza y su retraído núcleo central, entre bosques y montañas, alberga una fascinante cultura popular hoy perdida en la mayoría de las naciones europeas.

Su reducido tamaño es quizá su mejor baza. El viajero puede recorrer boscosos cañones llenos de cascadas un día y al siguiente escalar cimas de más de 2500 m. Bratislava, su coque-ta capital, está llena de peculiares museos y rodeada de espesos bosques. Su laberíntico casco antiguo podría alzarse con el premio mundial al mayor número de cafés por habitante.

Se aconseja no perderse el este, con fortalezas que dominan ciudades medievales ricas en tradiciones, como Levoča o Bardejov, y senderos que unen sus colinas.

Al entablar conversación en un bar, el viajero hallará gente inteligente, atractiva y cordial. Al tomar un *slivovica* (brandy de ciruela parecido al aguardiente) hay que brindar diciendo ¡*nazdravie*!

Eslovaquia
Las mejores experiencias

Altos Tatras

1 El sector más alto de los Cárpatos sobrepasa a la mayoría del este de Europa, con 25 cumbres por encima de los 2500 m. El macizo solo mide 25 km de ancho y 78 km de largo, pero las fotos que esconde harán fantasear al viajero con publicar en el *National Geographic*: impolutos campos de nieve, lagos de montaña de un azul ultramarino, atronadoras cascadas, sinuosos pinares y refulgentes prados alpinos. El primer parque nacional transfronterizo de Europa fue creado en este magnífico entorno natural: el Parque Nacional Tatra en Checoslovaquia en 1948 y en Polonia en 1954.

Bratislava

2 Su proximidad al medio natural es el rasgo más marcado de la capital. El Danubio la cruza y los carriles de bicicletas atraviesan las frondosas tierras inundables; además cuenta con pistas de esquí y viñedos. El sugerente Starý Mesto (casco antiguo) es el punto de partida ideal: estrechas calles peatonales con edificios del s. XVIII en tonos pastel y omnipresentes cafés con terraza bajo la atenta mirada de su castillo medieval. Hasta aquí lo antiguo, pero queda lo nuevo: Bratislava tiene una enigmática e interesante arquitectura de la era socialista y uno de los espacios de arte moderno más espectaculares de la Europa del Este.

Castillo de Spiš

3 Desde el s. XIII, este castillo y su vasto conjunto de ruinas coronan una cresta sobre Spišské Podhradie. Se trata de uno de los mayores de Europa, lo que queda patente al explorarlo. Especialmente aconsejable es la ascensión a la torre central por la soberbia panorámica de la región de Spiš. Al subir la empinada escalera de caracol, el viajero se sentirá un centinela medieval custodiando los muros de esta fortaleza colosal. El castillo de Spiš parece no tener fin; si las ruinas reconstruidas resultan tan impresionantes, es fácil imaginar su aspecto original.

Casas de madera pintadas, Čičmany.

Pueblos tradicionales

4 En los folletos y postales de Eslovaquia suele aparecer Čičmany, pueblo tradicional lleno de casas de troncos oscuros, pintados con diseños geométricos blancos. Vlkolínec es un pueblo de montaña declarado Patrimonio Mundial por la Unesco. Los tonos pastel y los empinados tejados de sus 45 tradicionales cabañas de troncos se hallan en buen estado. El visitante puede imaginar a un *vlk* (lobo) merodeando en esta boscosa aldea encaramada en una ladera, junto a un pequeño riachuelo. Todavía habitado, casi la mitad de sus 40 habitantes son niños.

Iglesias de madera

5 En el extremo oriental del país, Hervatov y Ladomirová tienen icónicas iglesias de madera, protegidas por la Unesco. Viajando hacia el este desde Bardejov, la cristiandad occidental y la oriental se acaban encontrando. Entre los ss. XVII y XIX se erigieron en esta zona casi 300 iglesias de madera oscura y cúpula en forma de bulbo. De las 40 que quedan, ocho han sido reconocidas por la Unesco. Varias son católicas o protestantes, pero la mayoría celebran ritos orientales del catolicismo y la ortodoxia griega. Suelen honrar a

si Eslovaquia tuviera 100 habitantes

81 serían eslovacos
9 serían húngaros
2 serían romaníes
8 serían de otro origen

grupos religiosos
(% de población)

62
Católicos

8
Protestantes

4
Católicos griegos

13
Otras religiones

13
No religiosos

Cuándo ir

SEP

➡ Menos aglomeraciones pero tiempo benigno. La vendimia ofrece fiestas relacionadas con el vino.

JUN Y JUL

➡ Fiestas en todo el país, los senderos de los Altos Tatras están abiertos.

ENE Y FEB

➡ Temporada alta de esquí en las montañas, pero muchos puntos de interés están cerrados.

población por km²

ESLOVAQUIA   REPÚBLICA CHECA   ESPAÑA

♟ = 8 personas

El legado musical eslovaco

Eslovaquia posee un rico pedigrí de música clásica.

La carrera de Franz Liszt comenzó en el palacio De Pauli, en la calle Ventúska del casco antiguo de Bratislava.

Ludwig van Beethoven vivió en Hlohovec, al norte de Bratislava, dio conciertos en la capital y hasta dedicó una sonata (*Opus para piano nº 78*) a la condesa Therese Brunsvik, de una de las familias más influyentes de la época.

El compositor húngaro Béla Bartók también residió una temporada en Bratislava (entonces Pressburg).

Plaza de la Trinidad, Banska Stiavnica.

Comida y bebida

Aguardiente de frutas Licor casero o comercializado de bayas y frutas con hueso, como *borovička* (enebro) y *slivovica* (ciruela).

Halušky Especie de ñoquis con salsa de col o *bryndza* y beicon por encima.

Kapustnica Espesa sopa de carne y chucrut, a menudo con chorizo o champiñones.

Pato/Oca al horno Servido en *lokše* (creps de patata) y col estofada.

Pirohy Especie de empanadillas rellenas de *bryndza* o carne ahumada.

Queso de oveja El *bryndza* es penetrante, blando y se puede untar; el *oštiepok* es sólido y en forma de bola; la *žinčina* es una bebida tradicional elaborada con suero de leche de oveja (como leche agria).

Sulance Buñuelos con nueces o semillas de amapola por encima.

Vývar Caldo de pollo o ternera con *slížiky*, delgadas tiras de pasta, o albóndigas de hígado.

la Santísima Trinidad con tres cúpulas, tres secciones arquitectónicas y tres puertas en el iconostasio, adornado con veneradas imágenes de Jesucristo y los santos suntuosamente pintadas a mano, al igual que la totalidad de sus interiores. Una maravilla, pero no es fácil entrar.

Banská Štiavnica

6 Deleite medieval atrapado en el tiempo, tuvo su apogeo en el s. XVI como escaparate arquitectónico de fama internacional, llegando a ser la tercera ciudad en extensión del antiguo reino de Hungría. Al agotarse los minerales y cerrar las minas, el progreso cesó. Serpenteando entre laderas con abruptas terrazas, aún se ven muchas casas burguesas, iglesias y callejones del casco antiguo. La Unesco reconoció la ciudad en 1972. Con solo una mínima parte de su antigua población, es esencialmente un destino vacacional con muchos puntos de interés vinculados a la minería y dos castillos, uno frente al otro, en el vertiginoso valle.

Cómo desplazarse

Avión Solo hay vuelos nacionales en días laborables, entre Bratislava y Košice.

Autobús Todas las ciudades cuentan con buenas redes de autobuses; en los pueblos el servicio es menos frecuente. Bratislava tiene también tranvías y trolebuses. Conviene consultar atentamente los horarios: los fines de semana y festivos circulan menos.

Automóvil Se puede alquilar sobre todo en Bratislava y Košice.

Tren Es la mejor forma de viajar por Eslovaquia; la mayoría de los destinos turísticos se sitúan junto a la línea principal Bratislava-Košice.

Piran.

CAPITAL
Liubliana

POBLACIÓN
1,99 millones

ÁREA
20 273 km²

IDIOMA OFICIAL
Esloveno

Eslovenia

*Cumbres nevadas, ríos de un verde turquesa y un litoral
adriático inspirado en Venecia. En todo el territorio, su encanto
rústico oculta un alto grado de sofisticación culinaria y cultural.*

Eslovenia, en el noroeste de la península de los Balcanes, es un país pequeño, con poco más de 20 000 km² y dos millones de habitantes, pero "lo bueno viene en envase pequeño", un dicho muy apropiado en esta ocasión. Aquí hay playas, picos nevados, colinas llenas de viñedos y extensas llanuras cubiertas de girasoles, así como iglesias góticas, palacios barrocos y edificios de estilo *art nouveau*. Su increíble diversidad climática acerca la templada brisa mediterránea hasta las estribaciones de los Alpes, donde aún puede nevar en verano.

La capital, Liubliana, es una ciudad culturalmente rica que antepone la habitabilidad y sostenibilidad al crecimiento descontrolado. Esta sensibilidad medioambiental se percibe también en las zonas rurales y menos desarrolladas del territorio. Con más de la mitad de su superficie cubierta de bosque, Eslovenia es uno de los países más verdes del mundo.

Eslovenia
Las mejores experiencias

Liubliana

1 La capital eslovena logra ese perfecto aunque esquivo equilibrio entre tamaño y calidad de vida. Es lo bastante grande para suscitar interés, y lo bastante pequeña para recorrerla sin prisa a pie, o mejor en bicicleta. El término "bella y compacta" se usa en exceso al referirse a ciudades pequeñas y atractivas, pero en el caso de Liubliana resulta muy apropiado. Después de todo, no hay mejor forma de describir los maravillosos pilares, obeliscos y esferas ornamentales que coronan los puentes, fuentes y farolas del arquitecto Jože Plečnik.

Piran

2 ¿Venecia en Eslovenia? Pues sí. El bullicioso imperio comercial dejó su impronta en toda la costa adriática, y este país tuvo la suerte de quedarse con el puerto veneciano medieval mejor conservado fuera de Venecia. Aunque en Piran la concentración de turistas es casi como en Venecia, su bello entorno es un placer constante. El viajero puede comer marisco fresco en el puerto, perderse por angostas calles y recalar en una espléndida plaza céntrica para tomar unas copas y observar a la gente.

Lago Bled

3 El mayor atractivo turístico del país parece obra del talento de un arquitecto o diseñador. A su cristalino lago azul se le añade una diminuta isla, se completa con una iglesia increíblemente coqueta, un espectacular castillo en un precipicio y unos picos alpinos como telón de fondo. Pese a su gran encanto, Bled es más que un bello enclave; cuenta con una desbordante oferta de actividades de aventura, submarinismo, ciclismo y *rafting*, entre otras.

Red de cuevas de Postojna

4 Constituyen el mayor atractivo subterráneo de Eslovenia. La entrada no parece gran cosa, pero tras descender 4 km en tren e iniciar la exploración, el viajero empieza a hacerse una idea de su tamaño. Las grutas son un desfile aparentemente interminable

de fantasías de cristal, desde recargadas arañas de luces y formaciones como espaguetis, a láminas extrafinas y magníficas estalagmitas. Una experiencia casi onírica de silenciosa piedra.

Castillo de Predjama

5 Eslovenia parece especializarse en castillos y cuevas, y su territorio está salpicado de ambos, pero un castillo en una cueva es algo especial. Pocas fortalezas gozan de un entorno tan majestuoso, encajado a medio camino en

la pared de un acantilado, al pie de un valle. Su ubicación posee una historia igual de espectacular: parece que el "Robin Hood" esloveno, Erazem Lueger, atrajo hasta aquí a las tropas que le asediaban lanzándoles cerezas frescas que recogía a través de un pasadizo secreto. Tras ser traicionado, tuvo un final rápido y bastante penoso.

Cruzar el paso de Vršič

6 Al cruzar en automóvil o bicicleta este pintoresco paso alpino por tortuosas cumbres y

si Eslovenia tuviera 100 habitantes

83 serían eslovacos
2 serían serbios
2 serían croatas
1 sería bosnio
12 serían de otro origen

grupos religiosos
(% de población)

Católicos Musulmanes

Cristianos ortodoxos Protestantes Otras/ ninguna religión

población por km²

ESLOVENIA ITALIA ESPAÑA

≈ 50 personas

Cuándo ir

TEMP. ALTA
(jun-ago)

➡ En general, sol y lluvia ocasional.

➡ Gran afluencia de turistas en Liubliana y la costa.

➡ Abren museos y otros puntos de interés.

➡ Mejor época para las rutas a pie.

TEMP. MEDIA
(abr y may, sep y oct)

➡ El seco y soleado septiembre es un gran momento para escalar el monte Triglav.

➡ Muchos hoteles ofrecen precios más bajos.

➡ El *rafting* es excelente hasta finales de mayo.

TEMP. BAJA
(nov-mar)

➡ La temporada de esquí va de mediados de diciembre a marzo o abril.

➡ Entre Navidad y Año Nuevo se suelen registrar llenos.

➡ Los puntos de interés pueden cerrar o reducir horarios.

El pajar: un icono nacional

Pocas cosas son tan eslovenas como el *kozolec*, el omnipresente pajar. Debido a la humedad del suelo alpino, el trigo y el heno se cuelgan de bastidores, dejando que el viento los seque más rápida y eficazmente.

Hasta finales del s. XIX, el *kozolec* era solo otro aparejo para facilitar el trabajo del agricultor. Pero cuando el artista Ivan Grohar lo convirtió en el eje de muchas de sus pinturas impresionistas, pasó a formar parte del paisaje cultural. Hoy es prácticamente un icono nacional.

Hay de muchos tipos: individuales o con tejados inclinados, paralelos y desplegados, y *toplarji* de estructura doble, a menudo con tejado y almacén en la parte superior, objetos dignos de ser captados por un artista.

Comida y bebida

Potica Especie de panecillo de nueces que se come como merienda o postre.

Prekmurska gibanica Sabrosa especialidad de repostería rellena con semillas de amapola, nueces, manzana y queso, con nata por encima.

Pršut Jamón de la región del Karst parecido al prosciutto italiano, curado al aire libre y cortado en finas lonchas.

Štruklji Apetitosa masa de requesón.

Vino Entre los inconfundiblemente eslovenos destacan el picante tinto Teran de la región del Karst, y Malvazija, un blanco de la costa color ámbarino.

Žganci Cereales de cebada o maíz, y sobre todo de *ajda* (trigo sarraceno).

Žlikrofi Especie de raviolis rellenos de queso, beicon y cebolletas.

Piragüistas, río Soča.

promontorios, es inevitable pensar en los desdichados prisioneros de guerra rusos que construyeron la carretera durante la I Guerra Mundial. Su duro trabajo ha sido reconocido y hoy esta vía recibe el nombre de Ruska cesta (carretera rusa). Abierta solo en verano, comunica Kranjska Gora con Bovec, 50 km al suroeste.

Monte Triglav

7 Coronar la cima más alta del país equivale a una declaración de patriotismo, y quienes completan la ascensión parecen llevarlo sellado en el pasaporte. Por suerte para el resto, el monte Triglav es un pico exigente pero accesible que cualquiera en buena forma física puede escalar con un guía experto. Hay varias rutas, cada una con sus propios atractivos y grados de dificultad. Al margen del camino elegido, la recompensa es la misma: un placer inenarrable.

Aventuras fluviales

8 Pocas veces un río invita al *rafting* con tanta convicción como el Soča. Quizá sea el penetrante color azul celeste, casi verde, de sus aguas o su refrescante espuma al precipitarse por las montañas. Aun sin ser un piragüista consumado, el viajero no tardará en ponerse el traje de neopreno y participar en esta aventura. En Bovec y Kobarid hay empresas especializadas que organizan excursiones guiadas.

Cómo desplazarse

Avión Eslovenia no tiene vuelos nacionales regulares.

Bicicleta El ciclismo es un popular medio de transporte. Las ciudades grandes y medianas disponen de carriles y semáforos para bicicletas.

Autobús Muchas empresas recorren el país, y los precios son uniformes.

Tren Es un 35% más barato que el autobús.

Park Güell, Barcelona.

CAPITAL	Madrid
POBLACIÓN	47,4 millones
ÁREA	505 370 km²
IDIOMA OFICIAL	Castellano o español

España

Apasionada, sofisticada y empeñada en disfrutar de la vida, España es a la vez un estereotipo hecho realidad y un país más diverso de lo que uno pueda imaginar.

Sus paisajes estimulan el espíritu, desde los escarpados Pirineos y los bellos y agrestes acantilados del noroeste atlántico hasta las sugerentes calas mediterráneas, mientras su asombrosa arquitectura parece abarcar todas las épocas en cada esquina. Las ciudades se mueven a un ritmo cautivador, lanzándose de lleno en el s. XXI, al tiempo que bellos pueblos atemporales perpetúan la España eterna. Además, cuenta con

uno de los panoramas gastronómicos más célebres y variados de Europa. Pero, sobre todo, España vive el presente, algo palpable en calles abarrotadas de madrugada cuando todo el mundo parece haber salido a divertirse, o cuando un cantaor flamenco remueve algo profundo en el alma, o en una desenfrenada fiesta, o por la tarde, en una siesta. No importa cuándo, el viajero deberá reconocer que España es así.

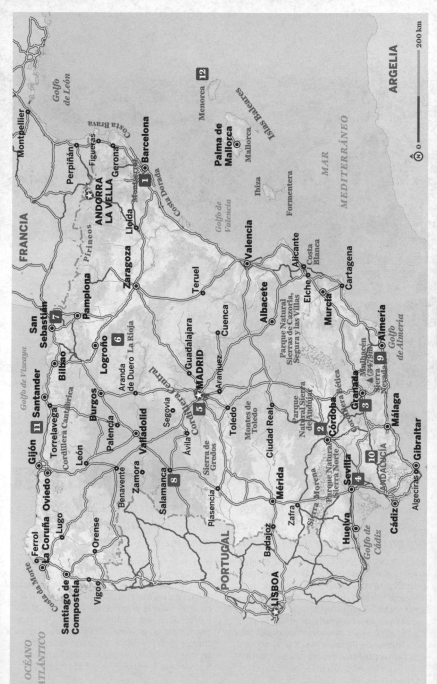

España
Las mejores experiencias

La Sagrada Familia

1 Una de las mejores atracciones turísticas del país, esta obra modernista de Antoni Gaudí sigue inacabada más de 80 años después de la muerte de su creador. Imaginativo y profundo, inspirado en la naturaleza y con algún trazo de estilo gótico, el peculiar templo barcelonés se eleva hacia el cielo con traviesa majestuosidad. Sus inverosímiles ángulos y su huida de las convenciones arquitectónicas fascinarán al viajero, mientras que las detallistas florituras ornamentales de las fachadas de la Pasión y la Natividad, entre otras, merecen horas de estudio.

La mezquita de Córdoba

2 Una iglesia convertida en mezquita antes de volver a ser iglesia, este templo cordobés muestra la evolución de mil años de arquitectura occidental e islámica. Sus rasgos más innovadores incluyen incipientes arcos de herradura, un intrincado mihrab y un auténtico bosque de 856 columnas, muchas recicladas de ruinas romanas. El colosal tamaño de la mezquita da fe del antiguo poder de Córdoba como la ciudad más culta de la Europa del s. x. Además, inspiró otros edificios notables, sobre todo en Sevilla y Granada.

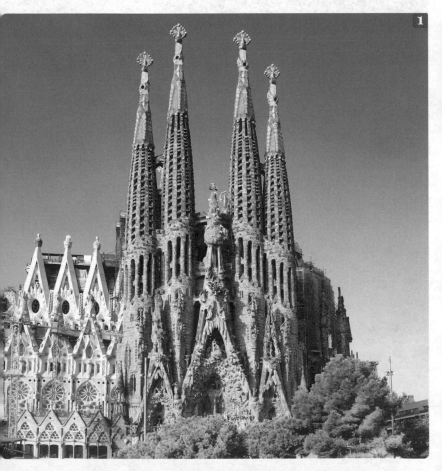

La Alhambra

3 Este conjunto de palacios raya la perfección arquitectónica. Desde la lejanía, sus rojas torres amuralladas dominan el horizonte granadino, con las cumbres de Sierra Nevada como telón de fondo. De cerca, los jardines de proporciones perfectas del Generalife complementan el exquisito detalle de los Palacios Nazaríes. En suma, la Alhambra es el monumento más bello de España.

Semana Santa en Sevilla

4. El viajero puede volver a las raíces cristianas de la España medieval y unirse al gentío en la espectacular celebración de la Semana Santa sevillana. Las cofradías recorren sus calles en procesión con elaborados pasos de Jesucristo y la Virgen María, aclamados con emoción por la multitud; la procesión más prestigiosa es la Madrugada del Viernes Santo. Para quien la ve por primera vez, la experiencia es inolvidable, una exótica y emocionante combinación de pompa, solemnidad y profunda fe religiosa.

si España tuviera 100 habitantes

74 hablarían castellano
17 hablarían catalán
7 hablarían gallego
2 hablarían vasco

grupos religiosos
(% de población)

94 Católicos

6 Otras religiones (mayoría musulmanes)

población por km²

ESPAÑA   FRANCIA   ITALIA

≈ 30 personas

Vida nocturna madrileña

5. No es la única ciudad europea con vida nocturna, pero pocas pueden igualar su intensidad y animación. Como dijo Ernest Hemingway: "Nadie se acuesta en Madrid hasta haber matado la noche". En toda la ciudad hay bares uno al lado de otro, pequeños clubes, locales de música en vivo, coctelerías y megadiscotecas frecuentadas por famosos, una variedad inimaginable para todos los gustos. Los barrios de Huertas, Malasaña, Chueca y La Latina son los principales exponentes.

Región vinícola de La Rioja

6. Aquí el viajero podría pasar semanas serpenteando por tranquilas carreteras en busca del mejor vino, con bodegas que ofrecen catas y pintorescos pueblos que acogen excelentes museos dedicados al vino. Diseñado por Frank Gehry, el Hotel Marqués de Riscal, cerca de Elciego, ha sido equiparado al Guggenheim de Bilbao por su escala arquitectónica y afán innovador, y es ya el centro más selecto de turismo vinícola en la región.

'Pintxos' en San Sebastián

7. La reputada gastronomía vasca ha convertido los tentempiés en una forma de arte. A veces llamados "alta cocina en miniatura", los *pintxos* son una explosión de sabor montada en una rebanada de pan. La oferta de la barra en bares del centro de San Sebastián dejará boquiabierto al visitante primerizo. En resumen, se

Camino de Santiago

"La puerta se abre a todos, enfermos y sanos / no solo católicos, sino aun a paganos / a judíos, herejes, ociosos y vanos / y más brevemente a buenos y profanos." Así reza un poema latino del s. xiii que describe el Camino, y que ocho siglos más tarde sigue siendo válido. El Camino de Santiago nació como peregrinaje medieval, y desde hace siglos la gente adopta sus antiquísimos símbolos (la concha de vieira y el bastón) y vive la aventura de su vida camino del lugar donde se cree que reposan los restos del apóstol, en la magnífica catedral de la ciudad compostelana.

Hoy esta larga y espléndida ruta, con 783 km desde Roncesvalles, en la frontera francesa, hasta Santiago de Compostela, en Galicia, atrae a caminantes de toda edad y condición del mundo entero. No es de extrañar, pues sus atractivos (cultura, historia, naturaleza) son impresionantes, al igual que los galardones recibidos. No es solo la primera ruta cultural del Consejo de Europa, declarada Patrimonio Mundial por la Unesco; para los peregrinos el Camino equivale a visitar Jerusalén.

Comida y bebida

Aceite de oliva España es el mayor productor mundial de aceite de oliva

Embutidos Chorizo, lomo, salchichón, jamón serrano... Los embutidos son un clásico de la gastronomía española.

Paella Típico plato de arroz de infinitas variedades, aunque la valenciana es la más genuina.

Tapas Pequeños bocados que abarcan desde productos típicos españoles a pura innovación gastronómica.

Vino España posee la mayor zona de viñedos del mundo. Rioja y Ribera del Duero son las regiones vinícolas más conocidas.

trata de la experiencia gastronómica más memorable de la región. Pese al ambiente informal, la concienzuda experimentación con los sabores (todo un sello del País Vasco) asegura una mejora constante.

La renacentista Salamanca

8 Luminosa bajo los focos, la elegante Plaza Mayor de Salamanca es quizá la más bella del país, uno de los muchos alicientes de una ciudad con un esplendor arquitectónico sin igual. Con una de las universidades más antiguas y prestigiosas de Europa, el jolgorio estudiantil también anima las noches. Para muchos, esta combinación de esplendor y energía sitúa a Salamanca en lo más alto de sus preferencias.

Sierra Nevada y las Alpujarras

9 Dominada por el Mulhacén, pico más alto de la España continental, Sierra Nevada es un deslumbrante telón de fondo para la cálida ciudad de Granada. Esquí y senderismo se combinan con la exploración de las fascinantes Alpujarras, el conjunto más hermoso de

Cuándo ir

TEMP. ALTA
(jun-ago, fiestas oficiales)

➡ Los alojamientos se llenan y los precios suben hasta un 50%.

➡ Tiempo cálido, seco y soleado; más húmedo en zonas costeras.

TEMP. MEDIA
(mar-may, sep y oct)

➡ Buen momento para viajar; tiempo templado y claro, menos aglomeraciones.

➡ Las fiestas locales pueden hacer disparar los precios.

TEMP. BAJA
(nov-feb)

➡ Frío en el centro; lluvia en el norte y noroeste.

➡ Temperaturas suaves en Andalucía y la costa mediterránea.

➡ Temporada alta en estaciones de esquí.

pueblos blancos andaluces. Uno de los últimos asentamientos árabes en suelo español, estas aldeas entre bosques y profundos barrancos recuerdan a los oasis del norte de África.

Flamenco en Andalucía

10 ¿Quién necesita el rock 'n' roll? Como toda gran música nacida de la angustia, el flamenco tiene la capacidad de sacar a quien la escucha de la pena y sacudirle el alma, como si al compartir el dolor de tantas generaciones de inadaptados y desposeídos se abriera

Películas

¡Bienvenido, Mr Marshall! (L. G. Berlanga, 1952) En esta piedra angular del cine español, un pequeño pueblo trata de impresionar a unos visitantes norteamericanos.

Jamón, jamón (Bigas Luna, 1992) Penélope Cruz y Javier Bardem protagonizan esta historia de amor entre jamones.

Todo sobre mi madre (P. Almodóvar, 1999) Ganadora del Oscar a la mejor película extranjera, es una de las más serias del cineasta manchego.

Libros

Don Quijote de la Mancha (M. de Cervantes) La obra cumbre de las letras españolas.

Manual para viajeros por España y lectores en casa (Richard Ford) Ingenioso y divulgativo clásico de 1845.

Un año en Galicia (John Barlow) Entretenida guía sobre la cultura gastronómica gallega.

El laberinto español (Gerald Brenan) Ensayo sobre la situación social y económica previa a la guerra civil española.

Cómo desplazarse

Barco Varios ferris comunican la Península con las islas Baleares y las plazas norteafricanas de Ceuta y Melilla.

Autobús Viajan a prácticamente todo el país. Numerosas empresas proporcionan desde rutas locales entre pueblos a rápidas conexiones interurbanas. Suele ser más económico que el tren, sobre todo en trayectos largos, aunque también más incómodo.

Tren Renfe, la red ferroviaria nacional, ofrece casi todos los servicios. Conviene reservar con bastante antelación en trayectos de larga distancia.

una puerta a un mundo secreto de fantasmas musicales y antiguos espíritus andaluces. De todas formas, la cultura flamenca también puede ser sorprendentemente jovial, jocosa e irónica. Solo una condición: escucharlo en vivo.

La costa asturiana

11 Según un recuento, Asturias, región verde esmeralda del norte español, cuenta con más de 600 playas, muchas agrestes y vírgenes, y de impresionante belleza. Además, los pueblos costeros y del interior están entre los más hermosos de la Península y su gastronomía es célebre en todo el país.

Playas de Menorca

12 En una época en que el Mediterráneo español se ha convertido en sinónimo de turismo masivo, Menorca se presenta como algo diferente. Protegida de los peores efectos de la urbanización salvaje, gran parte de su territorio es Reserva de la Biosfera de la Unesco, con 216 km de litoral y playas indescriptibles. Hay quien afirma que llegar hasta ellas por mar es el placer máximo, aunque descubrirlas desde el interior no le va a la zaga.

Bailaora de flamenco, Sevilla.

Puente Golden Gate, San Francisco.

Estados Unidos

*La gran aventura norteamericana comprende un sinfín de
atractivos: prados y playas, picos nevados y bosques de secuoyas,
ciudades locas por la comida y cielos inconmensurables.*

Estados Unidos es el país de Los Ángeles, Las
Vegas, Chicago, Miami, Boston y Nueva York:
grandes metrópolis siempre en ebullición cuyo
nombre evoca un millón de posibilidades culturales, culinarias y de ocio. Solo hay que dedicar el tiempo necesario para que el país despliegue su sorprendente variedad: la ecléctica
escena musical de Austin, los serenos encantos
de la prebélica Savannah, la conciencia ecológica de la liberal Portland, el estupendo paseo
marítimo de San Francisco y los embriagadores barrios antiguos de Nueva Orleans.

Este es el país de los viajes por carretera
y los cielos inconmensurables, donde más
de seis millones de kilómetros de autopistas
surcan desiertos de roca rojiza, pasan bajo
altas cumbres y cruzan fértiles campos de
trigo que se extienden hasta el horizonte.
Las asoladas laderas de las Grandes Llanuras, los frondosos bosques pluviales del noroeste del Pacífico y los pintorescos caminos
rurales de Nueva Inglaterra son excelentes
puntos de partida para la gran aventura
estadounidense.

CAPITAL
Washington, DC

POBLACIÓN
316,4 millones

ÁREA
9,8 mill. de km^2

IDIOMA OFICIAL
Inglés

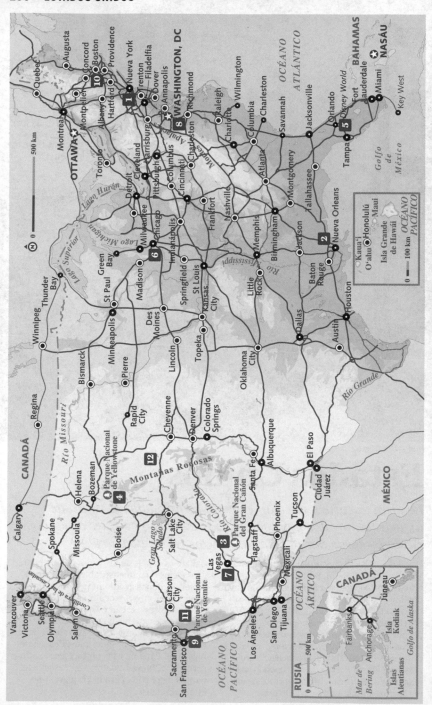

Estados Unidos
Las mejores experiencias

Nueva York

1 Hogar de artistas, gurús de la economía e inmigrantes de todo el planeta, Nueva York es una ciudad en constante reinvención y un centro mundial de la moda, el teatro, la gastronomía, la música, la publicidad y las finanzas. Sus cinco distritos aglutinan un asombroso número de museos, parques y barrios étnicos, y para descubrirlos solo hay que echarse a la calle. Cada manzana refleja el carácter y la historia de este crisol de culturas donde con un paseo se cambia de continente.

Nueva Orleans

2 Tras el devastador huracán *Katrina* en el 2005, Nueva Orleans ha renacido. Su arquitectura colonial caribeña, cocina criolla y ambiente festivo parecen más atractivos que nunca. Por la noche se disfruta del *jazz* de estilo dixieland, el blues y el rock, y cada año se celebran el desenfrenado Mardi Gras y el Jazz Fest, de fama mundial. "Nola" es una ciudad con vocación culinaria y no duda en celebrar sus diversas influencias. Antes de enfilar hacia los bares de Frenchman St, no hay nada como darse un festín de cangrejos.

Empire State Building, perfil urbano de Manhattan.

1

Gran Cañón del Colorado

3 Todo el mundo lo ha visto en el cine o ha oído hablar de él. ¿Es para tanto? La respuesta es un rotundo sí. Por sus dimensiones y su edad, el Gran Cañón es inabarcable: se necesitaron seis millones de años para que el río Colorado lo formara y muchas de las rocas que se observan en sus paredes tienen 2000 millones de años. Contemplarlo es enfrentarse al gran poder y al misterio del planeta Tierra. Después de verlo, ningún otro fenómeno de la naturaleza se le podrá comparar.

Parque Nacional de Yellowstone

4 Una impresionante belleza natural, una geología sorprendente y una gran oportunidad para observar animales: he aquí los motivos que convierten el Parque Nacional de Yellowstone en un área natural protegida de referencia mundial. Dividido en cinco regiones, su vastedad (Wyoming, Montana e Idaho) es tal que se podrían dedicar días a explorar todos sus atractivos: colosales géiseres, cascadas, bosques de fósiles, montañas, miradores y burbujeantes piscinas de barro.

si EE UU tuviera 100 habitantes

65 serían blancos
15 serían hispanos
13 serían afroamericanos
4 serían de origen asiático
3 serían de otro origen

grupos religiosos
(% de población)

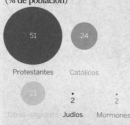

51 Protestantes
24 Católicos
21 Otras religiones
2 Judíos
2 Mormones

población por km²

EE UU   CANADÁ   ESPAÑA

= 11 personas

Disney World

5 Para poner el listón muy alto solo hay que autodenominarse "el lugar más feliz del mundo". Y precisamente eso es lo que hace Disney World. Eso y convencer al visitante de ser el centro del espectáculo. Pese a las atracciones, la diversión y la nostalgia, la magia reside en ver a los peques pasarlo pipa tras hacer reír a Goofy, recibir una reverencia de Cenicienta o plantar cara a Darth Maul cual guerrero Jedi.

Chicago

6 La 'Ciudad del Viento' cautiva con su arquitectura, playas lacustres y museos de primera. Su verdadero encanto es la mezcla de cultura y placeres sencillos. ¿Acaso hay otra ciudad que se atreva a vestir una escultura de Picasso con los colores del equipo local o donde la cola para pedir un *hot dog* sea tan larga como la del mejor restaurante? Los inviernos son brutales, pero una vez se instala el buen tiempo, Chicago lo celebra con comida y música.

Las Vegas

7 La 'Ciudad del Pecado' invita a un viaje entre luces de neón por la espina dorsal del fantasioso mundo de los juegos de azar. Las marquesinas de los hoteles de lujo, la sinfonía de las máquinas tragaperras, el tintineo de los martinis y el sonido de DJ invaden los sentidos. Aquí se pueden sorber cócteles bajo palmeras y jugar al blackjack junto a una piscina. En una sola noche se puede ir de París al Salvaje Oeste, o a una isla tropical. ¡Solo hay que comprar una ficha y probar suerte!

Ruta 66

Tanto si se desea sumergirse en la cultura *retro* estadounidense o deleitarse con paisajes fascinantes lejos de las hordas, la Ruta 66 es la carretera indicada. Su sinuoso trazado conduce a algunos de los prodigios naturales del país: el Gran Cañón, el río Mississippi, el desierto Pintado en Arizona y el Bosque Petrificado, y, al final, las soleadas playas del sur de California.

Culturalmente, la Ruta 66 es toda una revelación. Se impone descubrir las bondades de los estados que despectivamente se conocen como *flyover states* ("estados intermedios", entre ambas costas). Aquí, el viajero podrá codearse con granjeros en Illinois y estrellas del country en Missouri, escuchar historias de indios y vaqueros en Oklahoma, visitar las naciones de los nativos norteamericanos y a los indios pueblo del suroeste, y seguir los pasos de mineros y forajidos en el Salvaje Oeste.

Comida y bebida

Desayuno Desde una colosal pila de tortitas en un clásico diner al generoso *brunch* de los domingos, a los estadounidenses les encantan los huevos con beicon, los gofres y *hash browns*, y el zumo de naranja recién exprimido. Pero lo que más les pirra, entre todas las cosas, es empezar el día con una taza de café tras otra.

Almuerzo La hora del almuerzo de un trabajador medio a menudo solo da para comer un sándwich, una hamburguesa o una buena ensalada. Las formales comidas de negocios son más habituales en grandes ciudades. Y aunque hay quienes acompañan la comida con una cerveza o vino, los tiempos del "almuerzo de tres martinis" son cosa del pasado.

Cena Entre semana, suele hacerse al atardecer, y esta puede consistir en comida para llevar o platos precocinados calentados en el microondas. Hay familias que conservan la tradición de la cena de los domingos.

Morning Glory Pool, cuenca del géiser Norris.

National Mall

8 Con más de 3 km de largo y flanqueado por monumentos y edificios de mármol, el National Mall es el epicentro de la vida políti-ca y cultural de Washington, DC. No hay mejor sitio para reflexionar sobre la historia, ya sea junto al Monumento a los Veteranos de Vietnam o subiendo la escalinata del Monumento a Lincoln, desde donde Martin Luther King pronunció su famoso discurso "I Have a Dream".

San Francisco

9 Quienes se hayan preguntado cuál es la ciudad más rompedora del mundo, aquí tienen la respuesta: las drogas psicodélicas, la tecnología moderna, la liberación gay, la ecología y la libertad de expresión son conceptos establecidos hace mucho tiempo en San Francisco. Entre los tranvías y la niebla que desciende de noche, los diversos barrios en las colinas y valles invitan a deambular saboreando sus tiendas, restaurantes y vida nocturna.

Cuándo ir

TEMP. ALTA
(jun-ago)

➡ Tiempo cálido en todo el país, con temperaturas generalmente altas.

➡ La época de más trajín, con multitudes y precios más altos.

➡ La temporada alta en las estaciones de esquí va de enero a marzo.

TEMP. MEDIA
(oct y abr-may)

➡ Temperaturas suaves y menor gentío.

➡ Época de floración (abr); fogosos colores otoñales (oct) en muchas partes.

TEMP. BAJA
(nov-mar)

➡ Es invierno, con nevadas en el norte y aguaceros en algunas regiones.

➡ Las tarifas de alojamiento son más bajas, salvo en los resorts de esquí y en cálidos destinos de escapada.

Boston y Cape Cod

10 Primero se sigue el rastro de miembros históricos del Tea Party en el célebre Freedom Trail (Ruta de la Libertad) de Boston. Tras empaparse de historia , toca corretear por el campus de la Universidad de Harvard y visitar alguno de los *pubs* de la ciudad. Después se recupera la calma paseando por las playas del Cape Cod National Seashore o uniéndose a un crucero para avistar ballenas.

Películas

Annie Hall (1977) Excelente comedia romántica de Woody Allen, con Nueva York en plan estelar.

El Padrino (1972-1990) Famosa trilogía que retrata la sociedad estadounidense a través de los inmigrantes y el crimen organizado.

Con la muerte en los talones (1959) Película de suspense de Alfred Hitchcock en la que Cary Grant se da a la fuga a través de medio país.

Cantando bajo la lluvia (1952) Uno de los musicales más famosos de la historia del cine, con Gene Kelly y una memorable banda sonora.

Libros

Beloved (1987) Galardonada con el premio Pulitzer, esta novela de Toni Morrison transcurre después de la guerra de Secesión.

Las aventuras de Huckleberry Finn (1884) Conmovedor relato de Mark Twain en torno a un viaje de descubrimiento interior.

En el camino (1957) Manifiesto de la generación *beat* tras la II Guerra Mundial, por Jack Kerouac.

El gran Gatsby (1925) Poderoso retrato de la era del *jazz* firmado por F. Scott Fitzgerald.

Cómo desplazarse

Avión La red de vuelos nacionales es extensa y fiable, con decenas de aerolíneas, cientos de aeropuertos y miles de vuelos diarios.

Automóvil Fundamental para recorrer el interior, es el medio más práctico. El precio del combustible es elevado, pero no los alquileres.

Autobús Ideal para ahorrar dinero, máxime en trayectos interurbanos. Los vehículos son fiables, limpios y confortables y cuentan con aire acondicionado y asientos abatibles.

Tren Rara vez es la opción más rápida, económica y puntual, pero hacen del viaje una experiencia placentera, social, paisajística y muy norteamericana.

Parque Nacional de Yosemite

11 El valle esculpido por glaciares de Yosemite acelera las pulsaciones incluso en verano, cuando está abarrotado. En primavera, uno podrá empaparse rozando una atronadora cascada nutrida de aguas del deshielo y retozar en praderas cuajadas de flores. El paisaje del Parque Nacional de Yosemite es espectacular, con imponentes paredes y formaciones de roca y centenarias secuoyas gigantes, en sus 1800 km² de naturaleza virgen.

Montañas Rocosas

12 Cumbres escarpadas, ríos furiosos, desfiladeros milenarios y parques nacionales sirven de marco natural incomporable de las Montañas Rocosas. En invierno se pueden descender laderas cubiertas de nieve virgen en esquíes o *snowboard*; en primavera disfrutar del senderismo y el ciclismo de montaña entre flores silvestres; y en verano sentir la rabia de las aguas bravas bajo un sol de justicia.

Cape Cod.

JEFF GREENBERG / GETTY IMAGES ©

Casco antiguo de Tallin.

Estonia

Entregada al cambio con los brazos abiertos, Estonia es un país de encantos infravalorados, una mezcla irresistible de sencillez báltica y sabores nórdicos.

CAPITAL
Tallin

POBLACIÓN
1,2 millones

ÁREA
45 228 km²

IDIOMA OFICIAL
Estonio

Estonia es única y no tiene que esforzarse para distinguirse del resto de Europa del Este. Comparte geografía e historia similares con Letonia y Lituania, pero, culturalmente, su referente más cercano es Finlandia, aunque estuvieron separadas por medio siglo de gobierno soviético. Durante los últimos tres siglos Estonia ha estado vinculada a Rusia, pero los dos países se parecen tanto como una golondrina a un oso (sus respectivos símbolos nacionales).

Con una confianza recién descubierta, Estonia se ha liberado del influjo soviético y ha saltado a los brazos de Europa. El idilio es mutuo: Europa está perdidamente enamorada de Tallin y muchos viajeros acuden atraídos por esa cautivadora combinación de encantos nórdicos y de Europa oriental.

Sus parques nacionales invitan al esparcimiento y sus pintorescos pueblos evocan un aire histórico atemporal. Aquí se puede disfrutar de una costa virgen o de la soledad en una isla barrida por el viento, y eso sin renunciar a las comodidades de un país moderno, decidido a equipararse a sus vecinos nórdicos en cuanto a calidad de vida.

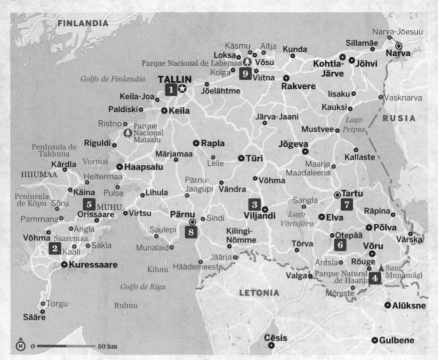

Estonia
Las mejores experiencias

Tallin

1 Tallin fusiona lo moderno y lo medieval hasta conseguir un ambiente vibrante con estilo propio. La mezcla es de lo más seductora: antiguos pináculos de iglesia, rascacielos de cristal, palacios barrocos, cafés en plazas soleadas y rutas ciclistas hasta playas y bosques, todo ello aderezado con algunas reliquias soviéticas. Ahora bien, la joya de la corona de la capital estonia sigue siendo su casco antiguo, un dédalo de torretas, agujas y callejas sinuosas de los ss. xiv y xv.

Saaremaa

2 Ideal para deleitarse con sus castillos, franjas de costa y *spas*, Saaremaa (literalmente "tierra de isla") es sinónimo de espacio, abetos, paz y aire fresco, y una cerveza de aúpa (fruto de una arraigada tradición artesanal). La isla más grande de Estonia (aproximadamente del tamaño de Luxemburgo) aún está cubierta de bosques de pinos, píceas y enebro, y sus viejos molinos de viento, faros y diminutos pueblos parecen ajenos al paso del tiempo. Durante la era soviética estaba prohibido el acceso a la isla, lo cual ha propiciado la protección involuntaria de su encanto.

Viljandi

3 Situada 90 km al este de Pärnu, la serena Viljandi es una de las poblaciones más sugerentes de Estonia y una buena base para explorar la planicie aluvial y los cenagales más extensos del país. Quizá la cita señalada del año sea su multitudinario festival de folclore (celebrado durante cuatro días a finales de julio), famoso por su ambiente relajado y su impresionante cartel internacional, donde tienen cabida el folclore tradicional, el folk rock y las músicas del mundo.

Parque Natural de Haanja

4 Con 169 km² de zonas boscosas, colinas ondulantes, pueblos pintorescos, lagos centelleantes y ríos serpenteantes, esta zona protegida al sur de Võru aglutina algunos de los paisajes más bellos del país. Lo mejor es acercarse a los centros

de información de visitantes para aprovisionarse de mapas e información sobre las numerosas oportunidades de senderismo y esquí de fondo que ofrece el parque.

Muhu

5 Unida a Saaremaa por una calzada elevada de 2,5 km, la isla de Muhu tiene una inmerecida reputación de 'felpudo' de la isla principal; muchos pasan por ella, pero pocos se quedan. De hecho, la tercera isla más extensa de Estonia cuenta con varios alicientes, entre ellos el mejor restaurante del país y excelentes alojamientos. En el oeste de la isla se encuentra Koguva, un idílico pueblo pesquero detenido en el tiempo, de mediados del s. XVI, en el que viven los descendientes de los pobladores originales.

Otepää

6 La "capital de invierno" es la excusa perfecta para regresar a la naturaleza, aunque no haya nieve. Esta pequeña localidad cimera es el centro de una pintoresca región apreciada por sus bosques, colinas y lagos, y por su gran oferta de actividades: senderismo, ciclismo y natación en verano, esquí de fondo en invierno. Un sendero de 12 km, para excursionistas y ciclistas, rodea el "lago Sagrado" (de 3,5 km de longitud), asociado a numerosas leyendas paganas y bendecido por el Dalai Lama; un monumento conmemora su visita.

Tartu

7 Para conocer Estonia un poco más no hay mejor lugar que los bares y cafés de Tartu, la ciudad

si Estonia tuviera 100 habitantes

69 serían estonios
25 serían rusos
2 serían ucranianos
1 sería bielorruso
3 serían de otro origen

grupos religiosos
(% de población)

10   16   2
Luteranos   Ortodoxos   Otros cristianos

71

1
Otras religiones   No religiosos

Cuándo ir

ABR-MAY
➡ El país por fin se sacude la pesadumbre del invierno.

JUN-AGO
➡ Largas noches de sol, fiestas en la playa y un sinfín de festivales de verano.

DIC
➡ Mercados navideños, vino caliente con especias y largas noches a resguardo.

poblacion por km²

ESTONIA   FINLANDIA   ESPAÑA

♦ ≈ 3 personas

El curioso 'kiiking'

El *kiiking* proviene del extravagante mundo del deporte estonio. Inventado en 1997, los participantes se sitúan de pie en un columpio y tratan de ejecutar una vuelta de 360° alrededor de una barra superior, con los pies ajustados a la base del columpio y las manos agarradas a los brazos de la estructura.

Ado Kosk, su inventor, observó que cuanto más largos eran los brazos del columpio, más difícil resultaba completar la vuelta. Así, para mayor emoción, Kosk diseñó unos brazos de columpio extensibles. En una competición real el ganador es aquel que da una vuelta entera con los brazos más largos. El récord actual está ¡en más de 7 m! Para entender mejor este curioso deporte, visítese www.kiiking.ee.

Comida y bebida

Bayas y setas Estas delicias se recolectan en los bosques en verano y en otoño, respectivamente.

Kama Comida ligera o bebida hechas con suero de leche y una mezcla de guisantes hervidos, tostados y molidos, centeno, cebada y trigo.

Kana ja kartul Pollo con patatas, para dar tregua al cerdo.

Kasukas Ensalada en capas, de origen ruso, preparada con remolacha, patata, zanahorias, arenque en salazón, huevo duro y yogur.

Rukkileib Pan de centeno, un alimento básico, que suele servirse gratis en los restaurantes.

Sealiha ja kartul Cerdo con patatas, preparado de cien maneras diferentes.

Suitsukala Pescado ahumado, generalmente trucha o salmón.

Vana Tallinn Licor dulce y almibarado de origen incierto.

Puesto de socorrista, Pärnu.

universitaria por excelencia y la segunda en tamaño del país. Tartu se autodenomina la capital espiritual de Estonia; los lugareños hablan del *vaim* (espíritu) especial que irradia, por el aire decimonónico de sus casas de madera, la belleza de sus parques y su paseo fluvial.

Pärnu

8 Sinónimo de vacaciones de verano, aquí se viene a rebozarse en la arena. Familias, fiesteros y turistas se unen en una plegaria colectiva por el sol mientras pasean por las doradas playas, los parques y el centro histórico de Pärnu, la principal población turística costera de Estonia.

Con todo, la mayor parte de Pärnu es bastante tranquila, con calles arboladas y parques entremezclados con villas de comienzos del s. xx, testimonio de su pasado como destacado centro turístico del Báltico.

Parque Nacional de Lahemaa

9 Perfecto como escapada rural desde la capital, Lahemaa se compone de una accidentada franja de costa con penínsulas y bahías, además de 475 km^2 de interior cubierto de bosques de pinos. Los visitantes encontrarán magníficas pensiones, casas señoriales y campings, y una amplia red de senderos forestales.

Cómo desplazarse

Bicicleta A los ciclistas Estonia les parecerá agradablemente llana.

Autobús La amplia red nacional de autobuses conecta las principales ciudades entre sí y las más pequeñas con sus núcleos regionales.

Automóvil y motocicleta Las carreteras suelen estar en buen estado y la conducción es fácil. En las principales urbes se alquilan vehículos.

Tren Casi todo el mundo prefiere los autobuses a los trenes por resultar más prácticos y confortables.

Mujer hamer.

CAPITAL
Addis Abeba

POBLACIÓN
93,9 millones

ÁREA
1,1 mill. de km²

IDIOMAS OFICIALES
Oromo, amárico, somalí, tigriña, árabe, inglés

Etiopía

En Etiopía el viajero encontrará una combinación de naturaleza y cultura difícil de superar. Y, lo mejor de todo, es que no habrá un turismo masivo que desluzca la experiencia.

Los paisajes de Etiopía impresionan tanto por su dimensión como por su belleza. Los viajeros se fascinarán ante la asombrosa antología de desfiladeros, simas, lagos, llanuras de la sabana y altas mesetas, por no hablar de la atractivamente inhóspita depresión de Danakil, salpicada de la cuarta parte de los volcanes activos de África.

Etiopía es uno de los contados países africanos que ha logrado escapar al colonialismo europeo, lo que ha redundado en la conservación de buena parte de su identidad cultural. Uno de los platos fuertes de cualquier

viaje al Cuerno de África es asistir a algunas de las muchas ceremonias y festividades que integran la cultura tradicional de la región, ya sean de carácter cristiano, islámico o animista, o bien a eventos tales como una boda, un rito de iniciación o un día de mercado.

Sus vastas y fértiles tierras altas están llenas de tesoros históricos que abarcan desde antiguas tumbas y obeliscos aksumitas hasta castillos del s. XVII. Desde el punto de vista arquitectónico, Etiopía es al África subsahariana lo que Egipto al norte de África; de ahí que se le conozca como la "cuna de la humanidad".

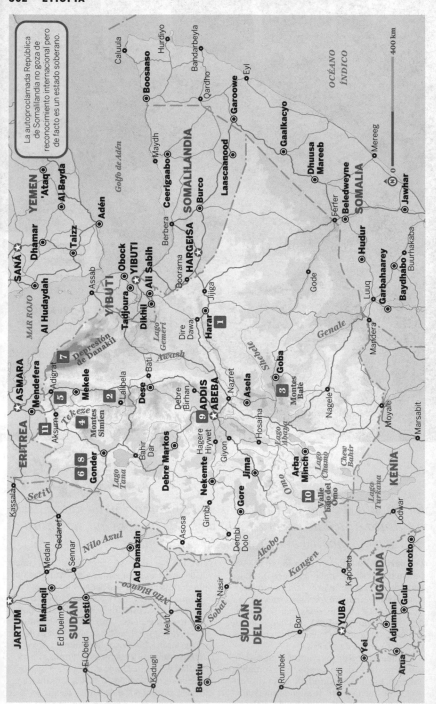

La autoproclamada República de Somalilandia no goza de reconocimiento internacional pero de facto es un estado soberano.

400 km

OCÉANO ÍNDICO

YEMEN

'Ataq
Al Bayda
Dhamar
Taizz
Adén
SANÁ
Al Hudaydah
MAR ROJO

Caluula
Hurdiyo
Boosaaso
Bandarbeyla
Qardho
Eyl
Garoowe
Gaalkacyo
Dhuusa Mareeb
Beledweyne
SOMALIA
Jawhar
Mereeg
Hudur
Garbahaarey
Baydhabo
Buurhakaba

Maydh
Ceerigaabo
Burco
Laascaanood
SOMALILANDIA
HARGEISA
Berbera
Boorama
Jijiga
Ferfer
Gode
Luuq
Mandera

Obock
Tadjoura
YIBUTI
Ali Sabih
Dikhil
Assab
Dire Dawa
Harar **1**
Shebele
Goba **3**
Montes Balé
Nagele
Moyale
Marsabit

Lago Gemeri
Awash
DEPRESIÓN de Danakil **7**
Mendefera
ASMARA
Adigrat
Mekele **5**
Adwa
2
Lalibela
Batí
Dese
Debre Birhan
Debre Markos
ADDIS ABEBA **9**
Nazret
Asela
Hosaina
Lago Abaya
Lago Chamo
Chew Bahir

ERITREA
Aksum
Montes Simien **4**
Gonder **6 8**
11
Tekeze
Setit
Kassala
Medani
Gedaref
Lago Tana
Bahir Dar
Nilo Azul
Ad Damazin
Asosa
Gimbi
Nekemte
Hagere Hiywet
Giyon
Jima
Gore
Dembi Dolo
Valle bajo del Omo **10**
Arba Minch
Omo
Akobo
Kangen
Lago Turkana
Lodwar

KENIA

SUDÁN
El Manaqil
El Dueim
Ed Damazin
El Obeid
Kadugli
Kostí
Sennar
JARTUM

SUDÁN DEL SUR
Bentiu
Malakal
Nasir
Sobat
Nilo Blanco
Melut
Bor
Rumbek
Maridi
Kapoeta
Yei
YUBA

UGANDA
Moroto
Gulu
Adjumani
Arua
Lodwar

Genale

Etiopía
Las mejores experiencias

Harar

1 De lejos la ciudad etíope más sugerente, Harar, es un placer por explorar. Perderse por sus tortuosas callejas es tan fascinante como visitar los numerosos museos, mercados y casas tradicionales que encierra su antigua muralla. A esto hay que añadir las hienas: dos familias las alimentan (con la mano) y permiten que el viajero lo haga, si bien estos enormes carnívoros deambulan por la ciudad y es posible topar con ellos de noche. Por suerte hay suficientes restos de comida por la calle como para que no se interesen por los viandantes.

Lalibela

2 Ver las iglesias de Lalibela por la TV o en libros no es suficiente preparación para lo que supone entrar de verdad en una de ellas. Tallados íntegramente en la roca, estos templos aún en funcionamiento son enormes y refinados, y la mayoría están en excelente estado de conservación. Según la leyenda, su origen se debe a la intención del rey de fundar una nueva Jerusalén para que los peregrinos no tuvieran que emprender el largo y peligroso viaje hasta allá. Lo mejor es ir temprano, cuando los fieles acuden en busca de bendiciones y fe.

Bet Giyorgis (iglesia de San Jorge), Lalibela.

2

Montes Bale

3 El lobo etíope es el cánido más raro del mundo, pero en la meseta Sanetti, en los montes Bale, a 4000 m de altura, se puede admirar casi con toda seguridad. Y tras ver a los lobos cazando ratas topo gigantes, toca dirigir la vista a los idílicos bosques y a la caída vertical de la escarpadura de Harenna. Aunque estos montes ofrecen excelentes caminatas, no hay necesidad de bajarse del automóvil para disfrutar de las vistas desde la carretera a mayor altura de África transitable en cualquier estación.

si Etiopía tuviera 100 habitantes

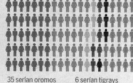

35 serían oromos
27 serían amharas
6 serían somalíes

6 serían tigrays
4 serían sidamas
22 serían de otro origen

grupos religiosos

(% de población)

43 Cristianos ortodoxos etíopes

34 Musulmanes

19 Protestantes

3 Animistas

1 Otras religiones

población por km²

ETIOPÍA UGANDA ESPAÑA

= 30 personas

Montes Simien

4 Con un paisaje de cañones profundos y picos extrañamente dentados, estos espectaculares montes no son una maravilla natural más, sino una importante reserva que protege a varias especies animales endémicas. Aquí, el viajero podrá sentarse entre una manada de monos gelada en Sankaber y emprender caminatas memorables, aunque también es accesible en automóvil.

Iglesias de Tigray

5 Cual tesoros escondidos entre el árido paisaje, las antiguas iglesias talladas en la roca de Tigray asombrarán al viajero. En parte esculpidas y en parte construidas, la mayoría están encaramadas en desfiladeros remotos a los que se llega tras una larga caminata (a veces en subida). En la sensación de descubrimiento que transmiten a la llegada reside buena parte de su encanto, además de sus indudables méritos artísticos e históricos.

Gondar

6 Gondar es un filón de historia. El recinto real amurallado encierra media docena de palacios medievales que evocan banquetes fastuosos y montones de leyendas. Más allá se observan atractivos lugares apacibles como los baños de Fasiladas, el complejo de Qusquam y la iglesia de Debre Berhan Selassie, rescatada del saqueo de derviches sudaneses por un enjambre de abejas.

Depresión de Danakil

7 La volcánica depresión de Danakil alberga un

Creencias que ponen los pelos de punta

El peinado constituye en todas las sociedades un elemento muy importante dentro de la identificación tribal. Y en Etiopía, tierra de multitud de etnias, estos son particularmente variados y coloristas. El pelo puede cortarse, afeitarse, raparse, trenzarse, tejerse, esculpirse con arcilla, frotarse con barro, recogerse en moños y teñirse de mil y una maneras. En el valle del Omo, los peinados suelen ser tan elaborados y apreciados que es costumbre utilizar reposacabezas especiales de madera a modo de almohada para conservarlos.

En las zonas rurales a los niños se les suele rapar la cabeza para disuadir a los piojos. También hay quienes se dejan un solo moño o trenza para que "Dios tenga de dónde asirles para llevarles al Cielo", en caso de que decida que les ha llegado la hora.

Comida y bebida

La cocina etíope (preparada de cien maneras diferentes) no solo es una de las más variadas del continente, sino que además no se parece en nada a ninguna cocina que se haya probado.

Los platos, los cuencos e incluso los utensilios se reemplazan por la injera, una suerte de crep enorme y elástica en la que se sirven deliciosos montículos multicolores de *kai wat* (estofado picante), wat (curri de verduras) y daditos de *tere sega* (carne cruda). Hay que dejar algunas sobras para que no parezca que estamos tentando al hambre.

Etiopía tiene motivos de sobra para autodenominarse la cuna del café, aún presente por doquier. Una invitación a una ceremonia del café es una muestra de amistad o respeto, pero ante todo hay que ir sin prisas: como mínimo se deben aceptar tres tazas, siendo la tercera la de la *berekha* (bendición).

lago de lava permanente y un inmenso campo de rocas sulfurosas de color amarillo y naranja. No menos interesante son los afables afar, una etnia que subsiste a duras penas en las abrasadoras y agrietadas llanuras. Aunque se suelen organizar circuitos, no resulta fácil viajar hasta aquí debido a la carencia de carreteras, servicios y temperaturas soportables. Danakil puede parecer un paraje inhóspito, pero ofrece una sensación de exploración auténtica. La mejor forma de visitarlo es con un operador.

Cuándo ir

TEMP. ALTA
(ene-mar)

➡ Cabe esperar cielos soleados y días cálidos.

➡ Buena época para la observación de fauna.

➡ Etiopía celebra sus festivales más coloristas, entre ellos el Timkat y el Leddet.

TEMP. MEDIA
(oct-dic)

➡ El país se cubre de un manto verde, el sol brilla y hay menos gentío. Ideal para practicar senderismo y ver aves.

TEMP. BAJA
(abr-sep)

➡ Estación lluviosa en el sur; las altas temperaturas hacen que visitar las tierras bajas sea un engorro.

Timkat

8 El Timkat, la fiesta de la Epifanía, conmemora el bautismo de Jesús con tres días de festejos que arrancan el 19 de enero. El viajero podrá unirse a una procesión encabezada por sacerdotes vestidos con vivos colores en la que los *tabot* de las iglesias (réplicas del Arca de la Alianza) se llevan hasta la corriente de agua más cercana al atardecer de la víspera del Timkat. Al día siguiente, los *tabot* vuelven en procesión a las iglesias entre salmos y danzas. Los históricos baños de Fasiladas, en Gondar, se llenan exclusivamente para esta celebración anual.

Addis Abeba

9 Ruidosa y ajetreada, la capital etíope está evolucionando rápidamente. Unos ocho meses al año goza de un clima agradable con cielos despejados, y presume de interesantes atractivos culturales como el Museo Etnológico y el Museo Nacional. Es conocida, además, por su vibrante panorama culinario y su vida nocturna, con numerosos restaurantes, bares, galerías y clubes.

Valle del Bajo Omo

10 Desde los mursi y sus platos incrusta-

Películas

Mitos del mundo Estupenda producción en la que Michael Wood busca la verdad tras la leyenda de Saba.

Los reinos perdidos de África Gus Casely-Hayford explora las antiguas culturas y leyendas de Etiopía.

Crumbs (Miguel Llansó, 2015) Primera película de ciencia ficción de Etiopía.

El misterio del Nilo (2005) Documental que narra una expedición científica a lo largo del Nilo Azul y explora los lazos entre Etiopía, Sudán y Egipto.

....

Libros

El emperador (Ryszard Kapuscinski, 2008) Un libro fascinante en torno a la ida y el mundo monárquico del emperador Haile Selassie de Etiopía.

La reina de Saba: un viaje por el desierto en busca de una mujer legendaria (Nicholas Clapp, 2002) Acertada combinación de relatos de viajes personales por Etiopía, Yemen y demás, y una meticulosa investigación a fin de arrojar luz sobre una célebre figura.

Cómo desplazarse

Autobús De viajar en autobús, conviene optar por las compañías más nuevas, pues ofrecen mejor servicio y mayor comodidad.

Automóvil Aunque caro, es buena idea alquilar un todoterreno con conductor, más aún para visitar el sur y el oeste del país. Con vehículo propio se via al ritmo que uno elija y se ahorra tiempo. El conductor puede hacer de guía/ intérprete. El acceso a algunos parques nacionales está permitido en todo e rreno. Se aconseja comparar y reservar a través de una compañía acreditada

Avión Los vuelos internos pueden ahorrar mucho tiempo. La aerolínea nacional opera numerosas rutas dentro del país y tiene un buen historial en materia de seguridad. Sale más barato reservar in situ.

dos en los labios hasta los banna y las calabazas que lucen a modo de sombrero, pasando por los karo y sus pinturas corporales, el valle del Bajo Omo es una importante encrucijada cultural y una tierra de tradiciones arraigadas. Y pese a ser incorrecta la idea de que los más de una docena de grupos étnicos que pueblan la región viven completamente fuera de la sociedad moderna, lo cierto es que al dar un paseo por los mercados y pueblos o al asistir a una ceremonia se tiene la impresión de haber retrocedido en el tiempo.

Tumbas aksumitas

11 Durante unos 5000 años los monolitos se utilizaron en el noreste de África como tumbas y monumentos en honor a sus soberanos, siendo en Aksum donde esta tradición alcanzó su máxima expresión. Como las pirámides de Egipto, las estelas de Aksum representaban enormes carteles que clamaban la autoridad y la grandeza de las familias en el poder. Son llamativas por su tamaño, su magnífico estado de conservación y su sorprendente aspecto moderno.

Arrozal en terraza de Ifugao, Bangaan.

CAPITAL
Manila

POBLACIÓN
105,7 millones

ÁREA
300 000 km²

IDIOMAS
OFICIALES
Tagalo, inglés

Filipinas

Filipinas es sinónimo de arrozales color esmeralda, frenéticas megalópolis, coloridas yipnis, impetuosos volcanes, búfalos de agua peludos y un pueblo siempre sonriente y despreocupado.

Justo cuando ya se creía tenerle tomada la medida a Asia, se llega a Filipinas, un destino donde los curas ocupan el lugar de los monjes budistas, los triciclos sustituyen a los tuk tuks y el adobo reemplaza al pho. De entrada, más que encandilar, Filipinas produce un efecto desalentador, pero basta con profundizar en su esencia y en sus muchos tesoros para que este se disipe. Para empezar, el viajero podrá nadar con tiburones ballena, escalar volcanes, explorar islas desiertas,

alucinar con antiguos arrozales en terraza, bucear en enclaves extraordinarios o aventurarse en la selva al encuentro de tribus.

Más allá de sus innegables atributos físicos, Filipinas posee cierto aire estrafalario que requiere algo más de tiempo para ser apreciado. Hay pociones secretas y lociones curativas, luchadores sonrientes, ensordecedoras granjas de gallos, catamaranes motorizados (*bangkas*), políticos corruptos y cerveza barata para disfrutar del espectáculo

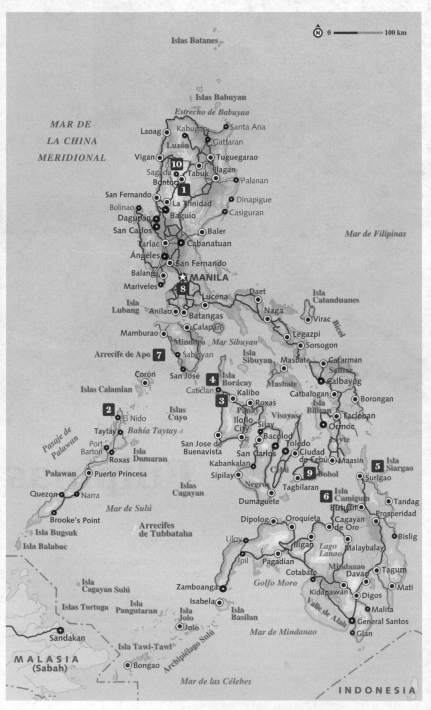

Filipinas
Las mejores experiencias

Arrozales de Ifugao

1 Al ver un mapa de la cordillera al norte de Luzón, no es raro suponer que todo es naturaleza salvaje. Y sí, el escarpado paisaje está cubierto de selva. Pero lo que realmente asombra a quienes llegan hasta Banaue, Batad y las otras poblaciones de Ifugao es cómo se cultiva en las montañas: hasta las laderas más empinadas poseen pequeños terrenos arados que funcionan como arrozales.

Estos campos representan en conjunto un maravilloso anfiteatro verde, un interminable paisaje de colinas convertidas en ingeniosas escaleras dedicadas al arroz.

Archipiélago de Bacuit

2 Playas vírgenes, lagunas de aguas cristalinas, islotes rocosos... La travesía hacia este laberíntico archipiélago al norte de Palawan es una experiencia que no hay que perderse. A un corto trayecto en *bangka* desde la relajada población costera de El Nido, la bahía de Bacuit depara una mezcla brutal de imponentes acantilados calizos, playas de arena blanca abrazadas por palmeras y arrecifes de coral. Las travesías nocturnas entre islas de la bahía o más al norte –cruzando el estrecho de Linapacan hacia Corón– ofrecen la oportunidad de pernoctar

Laguna Grande, isla de Miniloc.

en remotos pueblos pesqueros donde la captura diaria constituye la cena.

Ambiente festivo

3 Filipinas no sería lo mismo sin las coloridas fiestas que invaden el país todo el año, y no hay *barangay* (aldea) por pequeña que sea que no celebre al menos una. El festival por excelencia es el Ati-Atihan, en Kalibo. Durante los festivales de MassKara y Moriones, en Bacolod y Marinduque, respectivamente, hombres enmascarados agitan a las masas con sus bailes frenéticos. La ceremonia de la Crucifixión de San Fernando,

más macabra, incluye fieles clavados en cruces.

Borácay

4 Hasta no hace tanto, Borácay era un lugar atrasado y prácticamente desconocido. Pero, ¡cómo han cambiado los tiempos! El mundo ya sabe de su existencia y ha elevado esta diminuta isla al estatus de parada obligada en los circuitos de fiestas playeras del sureste asiático. Pese a los cambios, Borácay sigue siendo más relajada que destinos como Kuta Beach o Ko Samui. Y aún es posible encontrar lugares solitarios donde perdura el viejo espíritu de Borácay, en particular en el extremo sur de la White Beach, su playa de referencia.

Hacer 'surf' en Siargao

5 Un ambiente apacible y tremendos rompientes convierten esta isla en un destino de *surf* de primera. La famosa Cloud Nine es su principal reclamo, pero las olas abundan en otros sitios. Se puede disfrutar de naturaleza virgen en la tranquila aldea de Burgos, al norte, o alquilar un *bangka* hacia lugares apenas visitados. Aunque uno no sea un portento del *surf*, la mejor forma de redondear el día es intercambiando historias cóctel en mano mientras se contempla el batir de las olas.

Turismo de aventura en Camiguín

6 Desde la costa norte de Mindanao, la abrupta y dentada silueta de la volcánica Camiguín se camufla entre exuberante vegetación. Para apreciar de verdad la topografía de la

Karaoke

Muchos occidentales preferirían que les arrancaran las muelas del juicio sin anestesia antes que someterse a una noche escuchando versiones de Celine Dion y Julio Iglesias a cargo de músicos aficionados borrachos como cubas. Pero cuando los filipinos quieren relajarse, suelen recurrir al karaoke, o al "videoke", como se le conoce aquí.

Ellos no tienen reparos en arrancarse a cantar en cualquier momento y lugar, solos o acompañados. Y acometen la empresa sin una pizca de ironía, lo que significa que criticar o burlarse de la interpretación de alguien se considera tabú e incluso puede provocar una reacción violenta.

Con tanto "videoke" a veces puede resultar una odisea encontrar algo de tranquilidad en los principales centros turísticos. Los establecimientos gestionados por extranjeros suelen ser menos proclives a esta práctica.

isla, hay que recortar hacia el interior por caminos que surcan la fronda antes de culminar en senderos ro-

Comida y bebida

Adobo El plato nacional: cerdo, pollo o cualquier tipo de carne estofada con ajo y vinagre.

Balút Huevo duro de pato con un embrión dentro.

Halo-halo Granizado con leche, fruta y helado.

Kare-kare Rabo de buey cocinado en salsa de cacahuete.

Lechón Cochinillo al asador; imprescindible en cualquier celebración.

Pinakbét Verduras con ajo, cebolla, jengibre, tomates y pasta de gambas.

Sinigáng Cualquier carne o marisco cocinado en caldo de tamarindo.

Tuba Fuerte vino de palma, extraído de sus flores.

si Filipinas tuviera 100 habitantes

28 serían tagalos
13 serían cebuanos
9 serían ilocanos
8 serían visayas
8 serían iligaynon
34 serían de otro origen

grupos religiosos
(% de población)

83 Católicos
5 Musulmanes
3 Evangélicos
2 Iglesia ni Cristo
7 Otras religiones

población por km²

FILIPINAS   CHINA   SINGAPUR

✝ ≈ 140 personas

Festival MassKara, Bacolod.

cosos que continúan hasta las tierras altas. Sus picos y valles son ideales para aventureros que vayan por libre, con un amplio abanico de

actividades como escalada y rápel, unido a varias cascadas y pozas donde reponer energías tras una dura jornada de aventuras.

Cuándo ir

TEMP. ALTA
(dic-abr)

➡ Temporada seca en casi todo el país; tiempo fresco y agradable de diciembre a febrero.

➡ Muchos complejos triplican las tarifas en torno a Año Nuevo y antes de Pascua.

TEMP. MEDIA
(may y nov)

➡ Las altas temperaturas en mayo anuncian el inicio de la estación lluviosa en todo el país.

➡ En noviembre se disparan los precios del alojamiento ante el comienzo de la temporada alta.

TEMP. BAJA
(jun-oct)

➡ Estación lluviosa; los precios bajan hasta un 30% en las zonas turísticas.

➡ Los tifones pueden descargar lluvias torrenciales durante días.

➡ La costa este tiende a librarse de las lluvias, pero aun así existe la posibilidad de recibir tifones.

Arrecife de Apo

7 Solo un lugar muy especial podría destacar entre la colección de enclaves sumergidos del país. Y ese lugar es el arrecife de Apo, un atolón protegido frente a la costa oeste de Mindoro, con una oferta de esplendor submarino y vida marina tal que en algunas inmersiones se llega a perder la cuenta del número de tiburones, rayas látigo y tortugas marinas que se han visto. Atunes solitarios, lábridos y enormes cardúmenes de carángidos patrullan las aguas más profundas, mientras que, a menor profundidad, anguilas, tortugas y gran variedad de pequeños organismos marinos frecuentan los deslumbrantes arrecifes de coral.

Vida nocturna de Manila

8 Si existe, está en Manila. Así se resume la oferta noctámbula de Manila. Desde los garitos a la última de Ciudad Quezón hasta los bares de música en vivo de Malate, pasando por los clubes de Makati y el flamante Resorts World, en Manila siempre hay marcha. Los restobares se llenan todas las noche de fiesteros sedientos de cerveza hasta pasada la medianoche, mientras que los bares de karaoke y los clubes de música causan estragos con sus melodías. Los extranjeros desatados y las legiones de niños bien de Makati animan el ambiente llenando discotecas hasta el alba. Para algo

Películas

Imelda (Ramona Díaz, 2004) Fascinante mirada sobre la mentalidad de Imelda Marcos.

Lola (Brillante Mendoza, 2006) El director filipino filma un retrato de Manila, donde dos ancianas tratan de salvar a sus nietos.

Serbis (Brillante Mendoza, 2008) Muy aclamada, narra la historia de una casa familiar utilizada para rodar películas porno en Ángeles.

Libros

Noli me tangere (José Rizal, 1887) Novela clásica sobre la Filipinas anterior a su independencia de España.

Ilustrado (Miguel Syjuco, 2010) Fresco de varias generaciones filipinas, desde el pasado colonial hasta el problemático presente.

La playa (Alex Garland, 1996) Novela de culto basada en las playas de Palawan, pero ambientada en Tailandia.

Cómo desplazarse

Avión Las aerolíneas con vuelos nacionales PAL y Cebu Pacific (esta última de bajo coste) conectan la mayoría de las ciudades, aparte de Manila y/o Cebú.

Barco Las islas Filipinas están enlazadas por una extraordinaria flota de ferris, con precios en general asequibles. Los ferris suelen consistir en catamaranes motorizados (conocidos localmente como *bangkas*), ferris rápidos, ferris para automóviles (conocidos como RORO) y, para travesías largas, grandes barcos de varias cubiertas.

Autobús y furgoneta Los autobuses presentan todos los tamaños imaginables, y hay terminales en poblaciones y zonas rurales. Las furgonetas son mucho más rápidas, pero también más caras y se viaja más apretado.

Transporte local Habituales en las islas Bisayas y en el norte de Mindanao, los habal-habal son mototaxis con asientos adicionales. Las *yipnis* eran *jeeps* reconvertidos abandonados por los estadounidenses tras la II Guerra Mundial; hoy constituyen el principal medio de transporte urbano y cubren rutas fijas.

diferente, el espectáculo de *drag queen* del Club Mwah es todo un clásico.

Interior de Bohol

9 Puede parecer turístico, pero en cualquier visita a Bohol es imprescindible desviarse hacia el interior para contemplar los montes de Chocolate y ver a los tarseros, unos simpáticos primates de ojos saltones. Se recomienda llegar al atardecer para disfrutar de una vista memorable de

estos montículos que se extienden hasta el neblinoso horizonte.

Sagada

10 Todas las tribus de la cordillera del norte de Luzón practican rituales funerarios asombrosos. Los ataúdes colgantes de Sagada están dispuestos en precipicios rocosos sobre los tupidos valles. Sagada es uno de los contados destinos tradicionales para mochileros del norte de Luzón.

Distrito de Makati, Manila.

Paisaje invernal, Laponia.

CAPITAL
Helsinki

POBLACIÓN
5,3 millones

ÁREA
338 145 km²

IDIOMAS OFICIALES
Finés, sueco

Finlandia

Con un aire fresco y energizante, con bosques y lagos hasta donde alcanza la vista, Finlandia representa el norte profundo. Solo hay que elegir entre la interminable luz del sol estival o la gélida magia del invierno.

En el espíritu de Finlandia hay algo tan puro que lo hace vital y fascinante. Es una invitación a salir y estar activo todo el año. Deslizarse por la nieve en un trineo de huskies y zambullirse en un agujero en el hielo tras una sauna bajo la aurora boreal no es algo que se pueda hacer en un día de invierno en cualquier lugar. Y practicar piragüismo o senderismo bajo el sol de medianoche entre bosques habitados por lobos y osos tampoco es algo que se suela hacer en un día de verano.

Pese a encontrarse a la vanguardia mundial en lo social y lo económico, muchas de sus regiones siguen siendo remotas; la moderna Helsinki contrasta con las salvajes zonas boscosas del resto del país. La paz nórdica en una casita junto a un lago, el sol estival en la terraza de un bar, el diseño vanguardista y los cafés donde la repostería invade los sentidos son solo parte del encanto; el elemento principal son los finlandeses, un pueblo independiente, fiel, afable y hospitalario.

Pasear en trineo o moto de nieve en Laponia

2 Deslizarse por la nieve en un trineo de huskies bajo el sol invernal es algo único. Las excursiones cortas son geniales, pero los safaris con pernoctación permiten alimentar e intimar con los adorables perros, así como darse una sauna con fuego de leña en medio de la naturaleza salvaje. Sin embargo, no todo es de color de rosa; habrá que estar dispuesto a tragar algo de nieve hasta aprender a controlar a los animales. Se ofrecen viajes similares en moto de nieve y en trineo de renos.

Cultura sami de Inari

3 Los pueblos indígenas del norte de Finlandia han empezado a valerse de la tecnología para aliviar el lado más arduo del pastoreo de renos mientras mantienen un profundo conocimiento del mundo natural de Laponia. Inari, su capital, y el cercano Parque Nacional de Lemmenjoki son ideales para saber más sobre la cultura y tradiciones samis; el maravilloso Museo Siida es el mejor punto de inicio.

Sauna tradicional en Kuopio

4 Aunque hoy la mayoría de los finlandeses tienen sauna propia, aún se conservan algunas públicas, más antiguas y tradicionales, que se impregnan del olor a pino y a champú de brea, con sesiones de azotes con ramas de abedul y masajes exfoliantes entre otros extras. Los curtidos usuarios se refrescan a pie de calle, envueltos en toallas y cerveza en mano. La tradicional sauna de humo de

Finlandia
Las mejores experiencias

Helsinki

1 Aunque parezca el hermano pequeño de otras capitales escandinavas, Helsinki es el que fue a la escuela de arte, repudia el pop, trabaja en un estudio de diseño de vanguardia, viste de negro y va lleno de *piercings*. Sus tiendas de diseño son legendarias,

y su panorama musical y nocturno, de primera. Sin embargo, muchos de los encantos de esta ciudad desprenden un regusto a la antigua: sus sobrios edificios *art nouveau*, sus elegantes cafés centenarios y sus decenas de museos donde se conserva con esmero el patrimonio finlandés.

Estación central de trenes de Helsinki.

Kuopio, que ha de prepararse con un día de antelación, ofrece una experiencia rural memorable junto a un lago ideal para zambullirse.

Región de los Lagos

5 En esta región a veces parece haber más agua que tierra, y sería una pena no aprovecharlo. Se pueden dedicar tres días a darle al kayak en la familiar Oravareitti (ruta de las ardillas) o dirigirse hacia los parques nacionales de Kolovesi y Linnansaari para observar focas de agua dulce. Para dar tregua al kayak, se puede tomar un barco histórico por antiguas arterias de transporte; desde cualquier población zarpan cruceros cortos, o si se prefiere dedicar un día entero, se puede viajar de Savonlinna a Kuopio o cruzar el lago Saimaa, el más grande del país.

Ciclismo en Åland

6 Como mejor se aprecia la encantadora Åland es en bicicleta. Puentes y ferris unen muchas de sus 6000 islas, y sinuosas rutas y pistas forestales bien señalizadas se apartan de

si Finlandia tuviera 100 habitantes

91 hablarían finés
6 hablarían sueco
1 hablaría ruso
3 hablarían otras lenguas

grupos religiosos
(% de población)

78   1

Luteranos   Ortodoxos

1   20

Otros   No
cristianos religiosos

población por km²

FINLANDIA   SUECIA   ESPAÑA

🚹 ≈ 6 personas

Cuándo ir

TEMP. ALTA
(jul)

➡ Días eternos y un sinnúmero de festivales estivales.

➡ Atracciones abiertas.

➡ Descuentos en el alojamiento.

TEMP. MEDIA
(jun y ago)

➡ Días largos con temperaturas agradables.

➡ Casi todos los puntos de interés abren, con menos gentío que en julio.

➡ Menos insectos en el norte.

TEMP. BAJA
(sep-may)

➡ Días cortos y frescos o fríos.

➡ Algunos puntos de interés cierran.

➡ De diciembre a abril bullen los deportes de invierno; en septiembre manda el senderismo en el norte.

Los 'mökki'

Hay medio millón de *kesämökke-jä* o casitas de verano repartidas por los bosques y regiones lacustres del país. Parte segunda residencia, parte lugar sagrado, el *mökki* es el hogar espiritual de los finlandeses y no se conoce el campo de verdad hasta que se vive la experiencia. El finlandés medio pasa menos de dos días al año en un hotel pero varias semanas en un *mökki*.

Los más auténticos no tienen suministro eléctrico ni agua corriente, pero incluso los directores ejecutivos de Nokia están en su elemento cortando leña, haciendo bricolaje, recogiendo rebozuelos y arándanos, remando y seleccionando ramitas de abedul (*vihta*) para azotarse ligeramente.

Comida y bebida

Bayas de temporada Interesa probar los camemoros y los arándanos rojos de Laponia.

Bebidas alcohólicas La cerveza es muy popular, pero a los finlandeses también les encanta el vodka; el *salmiakkikossu* (sabor a regaliz) o el *fisu* (con pastillas de mentol Fisherman's Friend).

Café Para integrarse, hay que tomar ocho o nueve tazas diarias, a ser posible con pastel de cardamomo.

Carne El reno es muy típico en el norte, el alce es bastante habitual y en temporada se consume carne de oso.

Mercados Los *kauppahalli* (mercados cubiertos) ofrecen todo tipo de productos. En verano se instalan puestos de frutas y verduras en la *kauppatori* (plaza del mercado).

Pescado El salmón está por doquier. También hay sabrosas especies de lago como la trucha ártica, la lucio-perca y el *muikku* (corégono blanco).

las carreteras principales. Además, siempre es posible bajarse del sillín para recolectar fresas salvajes, explorar castillos en ruinas, tomar el sol sobre un bloque de granito rojo, visitar una iglesia medieval, aplacar la sed en una sidrería o subir a una torre para ver el mar.

Observación de osos en Finlandia oriental

7 El oso pardo es el animal nacional de Finlandia. Unos mil ejemplares de esta imponente criatura habitan en el noreste del país, cruzando a su libre albedrío la frontera con Rusia. Varios operadores organizan excursiones de observación desde refugios donde poder hacer guardia de noche para verles mordisquear carcasas de alce y pedazos de salmón. La mejor época es de mediados de abril a agosto, con un pequeño intervalo en julio, cuando aparearse es la prioridad.

Casco antiguo de Rauma

8 Con el mayor casco antiguo de madera de los países nórdicos, Vanha Rauma sin duda merece su estatus de Patrimonio Mundial. Sus 600 casas podrían ser piezas de museo, pero también conforman un centro habitable.

Cómo desplazarse

Bicicleta Finlandia es un país muy llano y adaptado a las bicicletas, con muchos kilómetros de carriles bici. Las distancias pueden ser un hándicap, pero la mayoría de los trenes, autobuses y ferris transportan bicis.

Autobús El medio preferido para trayectos largos, sobre todo en zonas remotas. Los hay *vakiovuoro* (normales) y *pikavuoro* (exprés).

Tren Los trenes finlandeses están gestionados por Valtion Rautatiet (VR; www.vr.fi) y ofrecen un servicio rápido y eficiente, con precios similares a los del autobús.

CAPITAL	Suva
POBLACIÓN	903 207
ÁREA	18 274 km²
IDIOMAS OFICIALES	Fiyiano, inglés

Fiyi

Playas ribeteadas con palmeras, arrecifes llenos de peces y lugareños sonrientes: Fiyi es una visión del nirvana para los amantes de las playas. Solo hay que echar el bañador y dejarse seducir por su belleza.

Con playas inmaculadas, cielos azules y arrecifes caleidoscópicos, Fiyi es el destino de ensueño del Pacífico Sur. Casi todo el mundo acude atraído por el sol, y con más de 300 islas para elegir, cuesta decidir en qué playa extender la toalla.

Aunque hay quienes creen que más de dos excursiones de buceo y media hora de voleibol al día desentonarían con el lánguido sentido del tiempo en Fiyi, estas islas ofrecen mucho más de lo que puede verse desde una tumbona o una barra de bar a remojo.

Sin embargo, para adaptarse plenamente a la sociedad fiyiana, hay que pasar algo de tiempo en tierra firme. Dos tercios de la población de Fiyi viven en centros urbanos; en Viti Levu se hallan las dos ciudades del país: Suva, la capital, y Lautoka, una población portuaria que depende de las plantaciones de azúcar de caña de sus alrededores.

La vida nocturna de Suva y su nutrida población estudiantil le confieren un sorprendente aire juvenil.

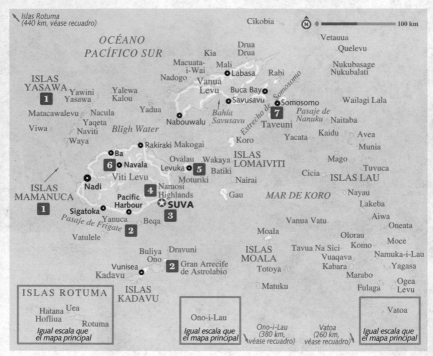

Fiyi
Las mejores experiencias

Islas Mamanuca y Yasawa

1 Un sol ardiente, cristalinas aguas color turquesa y excelentes servicios son la norma en las islas Mamanuca y Yasawa, frente a la costa oeste de Fiyi. Cerca de Viti Levu, las Mamanuca ofrecen todo tipo de deportes acuáticos, además de circuitos de un día repletos de acción para quienes van justos de tiempo. Más al norte, las Yasawa –una veintena de remotas islas volcánicas– seducen con prístinas lagunas, paisajes escarpados, pueblos recónditos y playas donde uno desearía quedarse varado.

Fiyi submarina

2 Hasta los buceadores más experimentados quedan asombrados ante la claridad del agua, que puede superar los 30 m, y unos servicios de primera aseguran el entretenimiento durante todo el día. Desde emocionantes encuentros con enormes tiburones sarda en la laguna Beqa hasta una plácida exploración del Gran Arrecife de Astrolabio, frente a Kadavu, Fiyi cuenta con una amplia selección de inmersiones a elegir. Y tanto si se buscan emociones fuertes o simplemente observar corales, los operadores locales sabrán cómo impresionar al viajero.

Suva

3 La húmeda Suva propone una mezcla del Fiyi colonial y contemporáneo. Sus elegantes edificios y monumentos antiguos esbozan la historia de la ciudad a lo largo del paseo marítimo. En el centro comparten espacio centros comerciales climatizados y puestos de artesanía. Los restaurantes se surten del colorido caos del mercado municipal. Los noctámbulos podrán arrancar con cócteles en bares modernos y luego bailotear en agitadas discotecas.

Tierras altas de Namosi

4 La geología dejó una huella impresionante en esta húmeda región. A lo largo del río Wainikoroiluva, altas paredes verticales forman una espectacular cortina de roca en la pintoresca salida de *rafting* a bordo de

una *bilibili* (balsa de bambú). Los tramos más largos y anchos de este río jalonado de palmeras se realizan en rápidas canoas motorizadas que pasan junto a aldeanos camino del mercado en pequeñas barcas.

Levuka colonial

5 El Salvaje Oeste y los mares del Sur convergen en Levuka, otrora capital colonial del país y hoy un lugar atrasado y somnoliento. Casi se puede imaginar a duros marineros saliendo de las maltrechas tiendas de madera. Quizá antes eran tabernas, pero hoy la mayoría son comercios de poca monta. Las aldeanas venden *dalo* (un tubérculo) y otros productos a pie de carretera, una iglesia se perfila contra el cielo y solo el resoplido de algún coche perturba la paz.

Navala

6 El pueblo más espectacular del país y último bastión de la arquitectura

si Fiyi tuviera 100 habitantes

57 serían fiyianos
38 serían indofiyianos
1 sería rotumano
4 serían de otro origen

grupos religiosos
(% de población)

64
Cristianos

1
Sij

6
Musulmanes

28
Hindúes

1
Otras religiones

población por km²

FIYI   NUEVA ZELANDA   ESPAÑA

🕴 ≈ 6 personas

Cuándo ir

TEMP. ALTA
(jun-ago y dic-ene)

➡ Muchos isleños en el extranjero visitan a sus parientes.

➡ Hay que reservar los vuelos con antelación.

➡ De junio a agosto tiempo seco, de diciembre a enero, húmedo. La temporada de ciclones va de noviembre a abril.

TEMP. MEDIA
(may y sep)

➡ Los vientos alisios regulan la humedad, manteniendo las temperaturas agradables.

➡ Vuelos más baratos y mayor disponibilidad.

➡ Menos gentío.

TEMP. BAJA
(feb-abr y oct-nov)

➡ Temperaturas altas y mucha humedad.

➡ Hay muchos descuentos de alojamientos en línea.

➡ Submarinismo: visibilidad supeditada a las lluvias.

Cultura fiyiana

La población de Fiyi es la más multirracial del Pacífico Sur.

Casi todos los indígenas viven en aldeas en *mataqali* (gran familia) y obedecen a un líder hereditario. La vida se basa en la solidaridad y los roles tradicionales por sexos aún están muy arraigados. El *kerekere* (compartir forzosamente) y el *sevusevu* (regalo a cambio de un favor obligatorio) siguen vigentes, y el consumo de *yaqona* o kava (planta con propiedades psicotrópicas) aún constituye un importante ritual.

La mayoría de los indofiyianos son descendientes de cuarta o quinta generación de esclavos. Los cambios culturales que estos experimentaron derivaron en una sociedad relativamente libre, diferente de las culturas indias que habían dejado atrás. Para sumergirse en la vida indo-fiyiana solo hay que visitar un restaurante indio o alguno de los templos o santuarios hinduistas.

Comida y bebida

Kokoda Ensalada de pescado crudo marinado en zumo de lima, con verduras y crema de coco.

Lovo Horno fiyiano tradicional; la comida se cocina en un espetón sobre piedras calientes.

Palusami *Corned beef* o cebollas con crema de coco, todo envuelto y asado en hojas de taro.

Roti Hay que probar el *cepelinai* (masa de patata rellena de carne, champiñones o queso).

Thali Bandeja con varios curris indios.

Yaqona También llamado *kava* o *grog*, es un té turbio hecho de una raíz, con efecto tranquilizante.

Poblado tradicional, Navala.

tradicional fiyiana, Navala, se halla situado en un valle en las tierras altas de Nausori, y es un hermoso lugar que hay que visitar. Todos los edificios que integran este poblado autóctono se levantaron según técnicas antiguas, con paredes de bambú entrelazado, techumbres de paja y cuerdas de fibra hechas con los arbustos de la zona. Las aldeanas preparan sustanciosos almuerzos en fogones con productos de cultivo propio.

Tobogán de Waitavala

7 Sin mayor ayuda que las posaderas propias, esta cascada natural tipo tobogán es sinónimo de diversión y algún que otro moratón. Antes de lanzarse, conviene fijarse en los niños autóctonos. Ellos hacen que parezca fácil, deslizándose como surfistas y luciéndose con la esperanza de protagonizar la mejor instantánea de las vacaciones.

Cómo desplazarse

Avión Pacific Sun opera el grueso de los vuelos regulares entre islas (en avioneta) y hay varios agentes locales.

Barco Salvo en el caso de las islas de *resorts* de categoría, a menudo el único medio de transporte entre islas son pequeñas embarcaciones. Si se anuncia mal tiempo o el barco supera el límite de pasajeros, se aconseja posponer el viaje. Hay cómodos catamaranes exprés que unen Viti Levu con las islas Yasawa y Mamanuca.

Autobús Opción barata y divertida para moverse en las islas principales.

Automóvil y motocicleta El 90% de los 5100 km de carreteras de Fiyi están repartidas entre Viti Levu y Vanua Levu (asfaltadas, el 20%). Ambas islas son divertidas para explorar en automóvil; varias compañías los alquilan.

Jardines ornamentales, *château* de Villandry, valle del Loira.

CAPITAL	París
POBLACIÓN	66 millones
ÁREA	643 801 km²
IDIOMA OFICIAL	Francés

Francia

Francia seduce con su cultura tejida en torno a las terrazas de los cafés, los mercadillos de los pueblos y los coquetos bistrós donde el plat du jour *(plato del día) se escribe en una pizarra.*

Pocos países levantan tanta pasión como la bella Francia y, guste más o menos, todo el mundo tiene una opinión al respecto.

Arrogantes, sexis, orgullosos, elegantes, irritantes, entrometidos, cautivadores... Los franceses han vivido durante mucho tiempo según sus reglas, y si los demás no comparten el mismo parecer, *tant pis* ('mala suerte'): es el precio que se paga por marcar tendencias culinarias, ser un pionero en el mundo del arte y representar un auténtico icono cultural.

Si hubo alguna vez un país de contradicciones, es este. Francia es, además, un lugar de tradiciones arraigadas: los *chateaux* (castillos) y las iglesias salpican el paisaje, al tiempo que costumbres centenarias en pos del buen comer, el vino y la alegría de vivir apuntalan el día a día. Sin embargo, también es uno de los países más multiculturales de Europa, por no hablar de su merecida reputación como centro de experimentación artística e innovación arquitectónica. ¡A disfrutar!

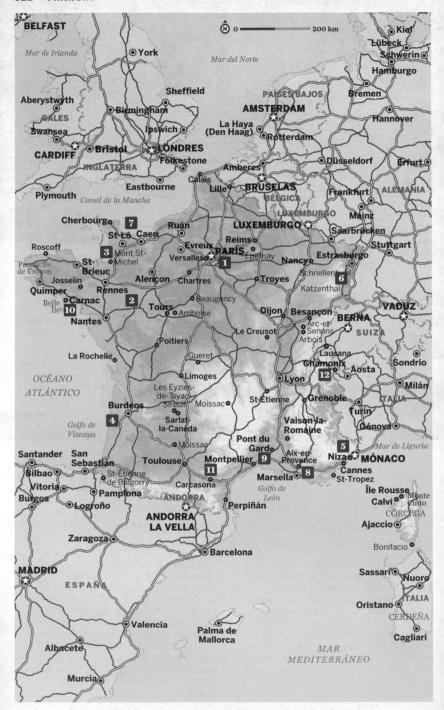

Francia
Las mejores experiencias

Torre Eiffel

1 Cada año recibe siete millones de visitantes y casi todos coinciden en que cada visita es única. Desde una subida al atardecer entre luces titilantes hasta almorzar en el 58 Tour Eiffel en compañía de un panorama urbano de infarto, hay 101 maneras de verla. Pedalear por debajo, subir a pie, comprar una crep en un puesto delante o un llavero en la calle, sacarse una foto delante, visitarla de noche o (la preferida de los autores) en las ocasiones especiales en que sus 324 m centellean de diferentes colores.

Castillos del valle del Loira

2 Quienes busquen pompa aristocrática y esplendor arquitectónico lo encontrarán en este majestuoso valle. En su discurrir de más de 1000 km hacia el Atlántico, el Loira es uno de los últimos *fleuves sauvages* (ríos salvajes) de Francia y sus orillas atestiguan más de mil años de la nobleza francesa. El valle está plagado de preciosos *châteaux* con deslumbrantes torreones y salones de baile, espléndidas cúpulas y capillas. Los románticos que busquen el clásico castillo de cuento de hadas deberán dirigirse a Azay-le-Rideau, rodeado de un foso, al ajardinado Villandry, o a Beauregard, menos visitado.

Mont St-Michel

3 Las espectaculares mareas en esta isla de Normandía son mágicas y misteriosas. Considerada según la mitología celta una tumba marina a la que eran enviadas las almas de los muertos, Mont St-Michel es rico en leyendas e historia, algo que se palpa al abrirse paso descalzo por la arena hacia el asombroso conjunto arquitectónico. Se puede recorrer por cuenta propia o, mejor aún, contratando a un guía en la cercana Genêts.

Duna de Pilat

4 El panorama costero desde la duna de arena más alta de Europa es espectacular: desde ella se observan la reserva de aves de Banc d'Arguin y Cap Ferret, al otro lado de la bahía; y, por si fuera poco, las cercanas playas se cuentan entre las mejores del Atlántico para practicar *surf*. Se puede visitar en bicicleta desde Arcachon y como colofón saborear una docena de fresquísimas ostras acompañadas de *crepinettes* (salchichas autóctonas).

si Francia tuviera 100 habitantes

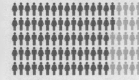

77 vivirían en áreas urbanas
23 vivirían en áreas rurales

grupos religiosos
(% de población)

87 Católicos
2 Judíos
10 Musulmanes
1 Protestantes

población por km²

FRANCIA   ESPAÑA   ITALIA

≈ 30 personas

Las tres Corniches de Niza

5 Es impensable conducir por estas tres espectaculares carreteras costeras, a cual más alta y con curvas que ponen los pelos de punta, sin evocar imágenes cinematográficas de Grace Kelly, Hitchcock, la vida de lujo de Mónaco y el *glamour* de la familia real, todo mientras se goza de amplias vistas del mar azul que acaricia la costa más mítica de Europa. Para redondear un día perfecto, lo indicado es comprar lo necesario para un *picnic* en el mercado matinal de Cours Saleya antes de salir de Niza.

Ruta del vino de Alsacia

6 Es una de las rutas en automóvil más populares del país, y con razón. Al conducir por este rincón en el noreste francés, el viajero atravesará un mosaico de frondosos viñedos verdes, castillos cimeros y montañas envueltas en neblina. Las únicas paradas en ruta son pueblos con casas de entramado de madera y bodegas junto a la carretera, donde catar y comprar vinos alsacianos añejos. Para quedar obnubilado, hay que hacer la Route des Vins d'Alsace en otoño, cuando las vides están repletas de uvas listas para la vendimia y los colores lucen especialmente tentadores.

Playas del Día-D

7 Las amplias franjas de arena fina y los acantilados azotados por la brisa hoy se muestran tranquilos. Pero a primera hora del 6 de junio de 1944, las playas del norte de Normandía eran una cacofonía de disparos y explosiones,

Tour de Francia

El Tour de Francia, o "el Tour", como se le conoce por estos lares, es la estrella del ciclismo: un prólogo, 20 etapas, unos 3500 km recorridos en tres semanas por 180 corredores, un país entero en bicicleta. Televisado en 190 países y seguido por 15 millones de espectadores cada mes de julio, es un espectáculo de pasión extrema y resistencia épica, de puertos de montaña que rompen las piernas y de *sprints* a toda pastilla, de lágrimas y de triunfo.

Creado por el periodista Géo Lefèvre, se celebró por primera vez en 1903 para impulsar las ventas del periódico *L'Auto*, y en él participaron 60 pioneros que pedalearon (incluso de noche) hasta completar los 2500 km en 19 días. Desde entonces, "el Tour" se ha convertido en la prueba ciclista por excelencia. Y a pesar de los titulares sobre amaños y escándalos de dopaje, es el éxito lo que verdaderamente engancha.

Comida y bebida

Bouillabaisse (bullabesa) El plato típico de Marsella es una sustanciosa sopa de pescado acompañada de picatostes y *rouille* (mayonesa con ajo y guindilla).

Champán Visitar cavas centenarias es obligado para disfrutar de una burbujeante experiencia en Champaña.

Creps Tortitas grandes, redondas y finas preparadas en el momento en puestos callejeros.

Croque monsieur Sándwich tostado de jamón y queso; los "madames" de queso llevan un huevo encima.

Flammekueche Pizza alsaciana de masa fina cubierta de crema agria, cebolla y beicon.

Foie Gras Paté de hígado de pato u oca.

Pan Bagnat Sándwich crujiente de atún de Niza con aceite de oliva afrutado.

Socca Tortita de garbanzos típica de la Costa Azul.

KEN SCICLUNA / GETTY IMAGES ©

Mercado de productos provenzales, Niza.

con cadáveres de soldados aliados tendidos en la arena mientras sus camaradas cruzaban la línea enemiga. Colina arriba desde la playa de Omaha, las largas hileras de lápidas simétricas del cementerio estadounidense son un solemne testimonio del alto precio que hubo que pagar para liberar a Francia de los nazis.

Mercados provenzales

8 Es una región obsesionada con los mercados. Pescado fresco a pie de puerto en Marsella, ristras de ajos rosados de principios de verano, melones de Cavaillon o trufas negras de invierno. En la Provenza abundan los productos frescos de cultivo local, apilados cada mañana en el mercado. Cada localidad tiene uno, pero los de Carpentras y Aix-en-Provence son los más conocidos. Lo mejor es hacer acopio de hierbas secas, aceitunas verdes y negras aliñadas de mil maneras, flores de calabacín y aceites.

Cuándo ir

TEMP. ALTA
(jul y ago)

➡ Agobios en los puntos de interés y en la carretera, sobre todo en agosto.

➡ Misma situación en Navidad, Año Nuevo y Semana Santa.

➡ La temporada alta en las estaciones de esquí alpino es de finales de diciembre a marzo.

TEMP. MEDIA
(abr-jun y sep)

➡ Descuentos en los alojamientos del sur y otros lugares turísticos.

➡ Primavera: tiempo cálido, flores y productos del lugar.

➡ La vendimia justifica la visita.

TEMP. BAJA
(oct-mar)

➡ Precios hasta un 50% más económicos respecto a la temporada alta.

➡ Puntos de interés, atracciones y restaurantes abren menos días y el horario se acorta.

Pont du Gard

9 Próximo a Nimes, en el sur de Francia, este puente protegido por la Unesco es colosal. El nivel superior de este acueducto romano de 275 m consta de 35 arcos por los que discurre un curso de agua concebido para transportar 20 000 m³ al día. Se puede contemplar desde una canoa por el río Gard o pagar por cruzar el nivel superior.

Megalitos de Carnac

10 Al pedalear por campos abiertos tachonados de la mayor concentración del mundo de megalitos misteriosos, es inevitable reparar en los antiguos pobladores que pululaban por Bretaña. Nadie sabe con certeza el origen de estos gigantescos menhi-

Películas

La vida en rosa (Olivier Dahan, 2007) Relata la historia de la cantante Édith Piaf.

Los chicos del coro (Christophe Barratier, 2004) Un nuevo profesor llega a un colegio para chicos problemáticos.

Medianoche en París (Woody Allen, 2011) Estupendas escenas ambientadas en el París de 1920.

Libros

Mi vida en rosa (David Sedaris, 2001) Mirada mordaz sobre la idea de mudarse a Francia y aprender la jerga local.

Los españoles en París (Louis Benafoux Quintero, 2015) Crónicas breves y contundentes, y semblanzas personales de los españoles en la capital francesa.

El peatón de París (Léon-Paul Fargue) La ciudad del s. XIX, con sus mercados, muelles, cabarets, celebridades y personajes desconocidos.

Cómo desplazarse

Bicicleta Francia es genial para moverse en bici. Buena parte de su estupenda campiña está surcada por un número creciente de *pistes cyclables* (carriles bici y rutas ciclistas), urbanas y rurales.

Autobús Muy utilizado para trayectos cortos dentro de un mismo departamento, máxime en zonas rurales. Servicios escasos y lentos en algunas regiones.

Automóvil Conducir suele ser caro, y encontrar aparcamiento en las ciudades, un tormento.

Tren Cómodo, elegante y sostenible. La principal baza del transporte francés –junto con el metro de París– es su red de ferrocarriles.

res, dólmenes, crómlechs y túmulos.

Carcasona

11 Basta con atisbar los robustos e inquietantes torreones de La Cité de Carcasona para que a uno se le pongan los pelos de punta. Para saborear esta ciudad amurallada de cuento de hadas, se impone quedarse hasta que cae la noche, cuando las muchedumbres se han ido y el casco antiguo pertenece a su centenar de habitantes y a los contados visitantes que se hospedan en alguno de los hoteles intramuros.

Adrenalina en Chamonix

12 Esquiar la Vallée Blanche es una experiencia única en la vida. Nadie se arrepentirá de pagar los 75 € que cuesta descender los 20 km fuera de pista desde la cima de la Aiguille du Midi hasta Chamonix, meca del alpinismo por excelencia. Cada minuto de las 5 h que exige la bajada, nos inyectará más adrenalina que cualquier droga conocida. Y quienes ansíen más podrán lanzarse por la pista negra más larga de Europa, La Sarenne, en el Alpe d'Huez.

La Flégère, Chamonix.

JULIAN LOVE / GETTY IMAGES ©

Parque Nacional Ivindo.

CAPITAL
Libreville

POBLACIÓN
1,6 millones

ÁREA
267 667 km²

IDIOMA OFICIAL
Francés

Gabón

Gabón es el último Edén africano: un reino de riquezas naturales casi intactas; y, con abundantes parques naturales, quizá sea el paraíso del ecoturismo.

A diferencia de muchos vecinos, este país de África ecuatorial disfruta de paz y estabilidad, y su extraordinaria fauna lo convierte en el sitio ideal para ir de safaris lejos de las multitudes de África oriental. Con su bosque pluvial casi inacabable protegido por la decisión del 2003 de convertir el 10% del territorio en parques nacionales, Gabón es el destino turístico más en auge y más cómodo para el viajero de África central.

Pese a que Gabón se sitúa muy por delante de los países vecinos, inestables y asolados por la guerra, aquí el turista aún debe buscarse la vida: o se pone en manos de una agencia de viajes o lidia por su cuenta con malas carreteras, transporte infrecuente y una carencia casi total de infraestructuras. Fuera de la cosmopolita Libreville, única ciudad digna de tal nombre, Gabón es un país aún por descubrir, de espesas junglas, playas de arena blanca, ríos torrenciales y paisajes etéreos. Ya se traiga mucho dinero o mucha paciencia, no hay que desaprovechar este viaje al Edén.

Gabón
Las mejores experiencias

Lambaréné

1 Explorar Lambaréné, el pueblo que hizo famoso Albert Schweitzer, premio Nobel de la Paz; con sus lagos esmaltados, ríos impetuosos, espeso follaje y dulzura de carácter, es en cierta forma más cordial que el resto de Gabón, como si los esfuerzos humanitarios de Schweitzer hubieran alterado la personalidad de la tierra. El pueblo se divide en tres zonas, a uno y otro lado del río, próximas entre sí.

Parque Nacional Mayumba

2 Hacer *bodysurf* contemplando a lo lejos la emersión de las ballenas jorobadas en el Parque Nacional Mayumba. Más cerca del Congo que de Libreville, Mayumba parece el confín del mundo; con razón los extranjeros lo mencionan en voz baja: el parque es morada de ballenas cubiertas de percebes y de tímidas tortugas marinas, y los espíritus de los antepasados, según las gentes del lugar, acallan la tierra. Los vuelos a Mayumba son intermitentes; se puede hacer por tierra todo el trayecto, pero es un viaje larguísimo.

Kongou

3 Ir a las cataratas más espectaculares de Gabón, en Kongou, y hacer una excursión en *pirogue* (canoa tradicional) por la jungla. La versión gabonesa de las cataratas del Niágara son las de Kongou, y Makokou –la pequeña capital de la región de Ogooué-Ivindo– su antesala. Se pueden organizar acampadas en la jungla y las cataratas, excursiones en *pirogue* y una larga lista de actividades, todo a precios muy sensatos; y también es posible negociar una cama para hacer noche.

Reserva de la Lopé

4 Explorar la bella Reserva de la Lopé, ver elefantes salvajes y disfrutar de un paisaje espectacular. Situada en pleno ecuador, la tarjeta de visita de Gabón no decepciona: colinas onduladas lindan con extensiones de sabana cubierta de maleza y con manchones de bosque pluvial donde se pueden encontrar elefantes, búfalos, gorilas y mandriles.

Parque Nacional Pongara, Point Denis.

Se ofrecen vehículos, pero los safaris a pie permiten que uno se sienta parte de la jungla.

Libreville

5 Libreville es la única urbe verdadera del país, donde reside más de un tercio de la población. Es una ciudad donde fluye el dinero del petróleo y que casi no se reconoce como una capital africana: aceras, calles limpias, restaurantes elegantes y enormes chalés son las primeras impresiones que el viajero se lleva; pero si se queda un poco más descubrirá que el corazón africano de Libreville palpita en los abarrotados mercados callejeros y las populosas zonas residenciales.

Point Denis

6 Hacer una excursión de un día a Point Denis, refugio de fin de semana para los vecinos de Libreville. Aunque el viaje en barco es corto, al llegar uno se siente a años luz de la capital. Su fantástica franja de arena se extiende por la península a lo largo de kilómetros, con el Parque Nacional Pongara por detrás y bordeada de elegantes casas de fin de semana. Quien no se aparte de la ruta habitual encontrará hoteles-*boutique*, restaurantes y deportes acuáticos; pero si se llega hasta el lado atlántico de la punta se descubren kilómetros de arena blanca donde crían las tortugas marinas desde noviembre hasta enero.

si Gabón tuviera 100 habitantes

42 tendrían 0-14 años
20 tendrían 15-24 años
30 tendrían 25-54 años
4 tendrían 55-64 años
4 tendrían + 65 años

grupos religiosos
(% de población)

73 Cristianos
12 Musulmanes
10 Animistas
5 No religiosos

Cuándo ir

MAY-SEP

➡ La estación seca agiliza el transporte por tierra y facilita la observación de la fauna.

JUL-SEP

➡ Para ver de cerca a un ballena frente a la costa.

NOV-ENE

➡ Las tortugas acuden a las playas para desovar.

población por km²

GABÓN SUDÁFRICA ESPAÑA

 = 6 personas

Comida y bebida

El *fufu* (a base de harina de mandioca) se consume desde siempre y es un plato que hace sudar; pero la cocina es igual de pesada en otros alimentos básicos de África central y occidental, como los plátanos fritos con arroz y los platos de pescado.

La ocra, la espinaca y el aceite de palma se comen mucho, y en un país con bosques tan tupidos, la atracción por la carne de los animales salvajes –sobre todo antílopes, primates (incluidos chimpancés y, en menor grado, gorilas) y cocodrilos– ha sido difícil de erradicar.

Hay que probar el pescado ahumado con arroz y *nyembwe* (una salsa que se hace con el fruto de la palma aceitera).

La cerveza es la bebida preferida; la que más se ve es la Castel. Régab, una cerveza que fabrica Sobraga en Libreville, también se bebe mucho.

Hipopótamos surfistas

Aunque resulte increíble –una fantasía como los unicornios y las alfombras voladoras–, los hipopótamos surfistas de Gabón son conocidos en el mundo desde que el ecologista Mike Fay revelara su afición en la década de 1990.

A diferencia de los surfistas humanos, estas criaturas de dos toneladas carecen de gracia cuando retozan entre el oleaje, pero surfear sí que surfean: se meten chapoteando en el océano y abren las patas para cabalgar las olas.

Sin embargo, y a pesar de la publicidad, es muy improbable ver a los hipopótamos surfeando; después de todo, su nombre en griego significa "caballo de río", y por lo general prefieren el agua dulce a la salada.

Hipopótamo.

ROBIN SMITH / GETTY IMAGES ©

Parque Nacional Ivindo

7 Langoué Bai, en el denso y tropical Parque Nacional Ivindo, de 3000 km², es quizá el plato fuerte de todos los ecodestinos gaboneses, pues brinda la rara oportunidad de ver a los animales del bosque en su propio entorno. El *bai,* palabra local que designa un claro pantanoso, sirve como fuente de minerales a la fauna y atrae a gran número de elefantes, gorilas de las tierras bajas occidentales, sitatungas, búfalos, monos y aves raras. Un centro de investigación construido por la Wildlife Conservation Society permite observar la fauna con comodidad.

Parque Nacional Loango

8 Aquí los arroyos de aguas templadas zigzaguean por manchones de bosque y sabana, mientras que las vastas lagunas moteadas de islas y los kilómetros de playas de arena blanca sirven de hábitat a toda clase de criaturas. Quizá el Parque Nacional Loango sea conocido sobre todo por sus legendarios hipopótamos surfistas, pero también se encontrará la mayor concentración y variedad de ballenas y delfines, elefantes que vagan por las playas y mamíferos terrestres retozando en la sabana.

Cómo desplazarse

Avión Es la manera más sencilla de moverse, pues las carreteras son espantosas, las distancias largas y los autobuses lentos. Sin embargo, los vuelos no son baratos ni regulares, y es habitual que salgan antes de la hora prevista, así que hay que tomarse en serio lo de facturar 2 h antes.

Barco Hay barcos de pasajeros entre Lambaréné y Port-Gentil en ambas direcciones los jueves y domingos.

Tren La línea Transgabonaise es una opción más barata y rápida, y mucho más cómoda, que un taxi-*brousse* (taxi colectivo interurbano).

Llyn Ogwen, Snowdonia.

Gales

La frase "lo bueno viene en envase pequeño" quizá suene a tópico, pero en el caso de Gales es una verdad innegable.

Con un territorio apretado pero de gran diversidad geológica, Gales ofrece un sinfín de oportunidades para escaparse a la naturaleza. Quizá no sea salvaje en el sentido clásico –el hombre lleva milenios moldeando esta tierra–, pero hay muchos rincones preciosos que explorar detrás de las montañas, en los valles fluviales y a lo largo de los arrecifes batidos por el oleaje. Una extensa red de senderos convierte a Gales en un paraíso para los excursionistas. Más indómitas son las islas diseminadas frente a la costa, algunas son importantes reservas naturales.

Los castillos forman sin duda una parte ineludible del paisaje característico de Gales; se podría visitar uno distinto cada día y no verlos todos.

También hay piedras más inescrutables y mucho más antiguas que descubrir: círculos de piedras, dólmenes y monolitos erigidos mucho antes de que se soñara con los castillos, antes incluso de que se escribiera la historia.

Aparte del paisaje y los castillos, es el trato con los galeses lo que más perdurará en el recuerdo del viajero.

país presenta picos rocosos, valles y lagos horadados por glaciares, crestas sinuosas, ríos resplandecientes y pueblos que destilan encanto. Muchos suben caminando hasta la cima del Snowdon, y muchos más toman el ferrocarril de cremallera desde Llanberis. Por las montañas del resto de Snowdonia existen zonas apenas holladas para caminar. Espléndido bajo el sol del verano y mejor todavía bajo un manto de nieve, Snowdonia es uno de los tesoros de Gales.

Castillo de Conwy

3 Apenas se ve en Gales un pueblo de cierta importancia que no esté presidido por un castillo, y ninguno mantiene una relación más simbiótica con su entorno que Conwy. El castillo extiende todavía sus brazos para ceñir al histórico pueblo en un abrazo pétreo; levantado originariamente para mantener a una reducida colonia inglesa a salvo de la población a la que había desplazado, aún hoy compone una estampa sobrecogedora.

Pembrokeshire

4 Famoso en Gran Bretaña por sus playas y paseos costeros, Pembrokeshire es una pequeña muestra de lo que ofrece Gales. Pembroke posee uno de los castillos normandos más notables de Gran Bretaña, con versiones más pequeñas en los cercanos Tenby, Manorbier, Carew y Haverfordwest. Los montes Preseli ofrecen caminatas y monolitos. Añádanse reservas naturales, pueblos coquetos y una antigua catedral, y a Pembrokeshire no le falta nada.

Gales
Las mejores experiencias

Wales Coast Path

1 Desde el 2012 todos los senderos litorales de Gales están unidos por una ruta de 1400 km. Se puede caminar durante dos meses o días: no es obligado recorrerla de una vez. Los mejores trechos comprenden las bellas playas de Gower, los arrecifes multicolores y arcos calizos de Pembrokeshire, los confines de la península de Llŷn y las antiguas vistas de Anglesey. ¡Y enlazando con el Offa's Dyke Path se puede circunvalar el país!

Snowdonia

2 El escarpado sector noroccidental del

Druidston Haven, Pembrokeshire.

Ffestiniog Railway y Welsh Highland Railway

5 Estos dos ferrocarriles de vía estrecha, desde donde se contemplan una vistas muy hermosas, trasladan a los pasajeros desde Porthmadog hasta las montañas de Snowdonia: el Welsh Highland Railway pasa por Snowdon hasta la costa de Caernarfon, y el Ffestiniog Railway conduce al antiguo corazón industrial de Blaenau Ffestiniog, donde se pueden visitar las cuevas de pizarra.

Brecon Beacons

6 El tercer parque nacional de Gales consigue una verdadera proeza: ser a la vez desolado y hermoso. Los senderistas gozarán en sus páramos despoblados y colinas calvas, mientras que los aficionados a la historia pueden buscar fortalezas y túmulos, y las enigmáticas ruinas de abadías y castillo. Los pueblos situados dentro del parque se cuentan entre los más característicos y entrañables de Gales, como Hay-on-Wye y Abergavenny.

si Gales tuviera 100 habitantes

58 se considerarían galeses
7 se considerarían galeses y británicos
1 se consideraría galés o de otra nacionalidad
34 no se considerarían galeses

hablantes de galés
(% de población)

74 No entienden galés

19 Hablan galés

5 Entienden pero no hablan galés

2 Leen pero no hablan galés

población por km²

GALES   INGLATERRA   ESPAÑA

≈ 50 personas

Cuándo ir

TEMP. ALTA
(jul y ago)

➡ Tiempo cálido; muchos festivales y celebraciones.

➡ Suben los precios del alojamiento en zonas costeras y parques nacionales.

➡ El pico de la temporada son las vacaciones escolares de agosto.

TEMP. MEDIA
(abr-jun y sep-oct)

➡ Empieza con la Semana Santa, en marzo o abril.

➡ Precios máximos en los días festivos.

➡ De abril a junio son los meses más secos; octubre es uno de los más lluviosos.

TEMP. BAJA
(nov-mar)

➡ Precios máximos en Navidad y Año Nuevo.

➡ La nieve puede cerrar las carreteras, sobre todo en las montañas.

➡ Enero y febrero son los meses más fríos.

➡ La Dama Roja de Paviland.

La Dama Roja de Paviland

En la costa de Gower se encuentra la cueva de Paviland, donde en 1823 el reverendo William Buckland descubrió un esqueleto humano teñido de rojo ocre. Por las joyas enterradas con los huesos, el buen reverendo dedujo que la difunta era una mujer y concluyó también que la "Dama Roja", como se denominó al esqueleto, debió de haber sido una prostituta o bruja romana.

Los análisis modernos demuestran que la Dama Roja fue un hombre muerto hace 29 000 años. Con una datación anterior a la última Edad del Hielo, los suyos son los restos humanos más antiguos del Reino Unido, y el enterramiento ritual más antiguo de Europa occidental. La Dama Roja se expone en el Museo Nacional de Cardiff.

Comida y bebida

Por tradición, la comida galesa se basaba en lo que podía obtenerse por poco dinero; de ahí que la avena, los tubérculos, los lácteos, la miel y la carne figuraran en casi todas las recetas. La comida era sana y sustanciosa, pero no *haute cuisine*. Con la revolución culinaria los alimentos tradicionales todavía ocupan su espacio, aunque con un toque contemporáneo.

En la mayoría de las cartas aparecen el cordero o la ternera negra galeses. En la costa hay que probar la trucha de mar o los berberechos. El plato galés más tradicional sigue siendo el *cawl*, que lleva beicon, cordero, col, nabo y patata. También gusta el *rarebit*, tostada de queso con un ingrediente secreto de sabor a cerveza. Para desayunar se recomienda el *laver bread*: un alga mezclada con harina de avena y servida con beicon o berberechos. Y para rematar, alguno de los quesos, como Caws Cenarth, Celtic Blue o Perl Las.

Catedral de St David's, Pembrokeshire.

Carreg Cennen

7 Las ruinas en parajes remotos llevan cientos de años atrayendo a los espíritus románticos hasta Gales, y es en sitios como Carreg Cennen donde alcanzan su apoteosis. El lugar que ocupa sobre una colina, por el extremo occidental del Parque Nacional Brecon Beacons, es desolado y adusto, solitario y misterioso. Cuando uno se aproxima por carreteras rurales y el castillo asoma en la distancia, es fácil trocar mentalmente el coche de alquiler por un corcel de bella estampa que galopa con bravura hacia peligros desconocidos.

St Davids

8 Oficialmente una ciudad, pero más bien un pueblo grande, la apacible cuna del patrón de Gales lleva siglos atrayendo a las personas espirituales. Ya se venga a buscar la salvación en el *surf*, o se albergue la esperanza de entrar en comunión con las ballenas en el Celtic Deep, o sinceramente se desee recibir la bendición del santo galés, St Davids es un lugar que afecta de manera extraña.

Cómo desplazarse

Autobús Docenas de compañías privadas explotan los servicios de autobús de Gales, casi siempre eficaces y de precio módico, aunque los fines de semana la frecuencia se limita en algunas rutas (o se suspende el servicio).

Coche Si se quiere ver las regiones más apartadas de Gales o abarcar lo más posible en poco tiempo, lo más fácil es moverse en coche o motocicleta. Las carreteras rurales suelen ser de un solo carril, con lugares de paso a intervalos, y pueden resultar peligrosas en invierno.

Tren En todo Gales pueden emprenderse viajes en ferrocarriles de vapor y vía estrecha que, con su hipnótico traqueteo, recorren paisajes espectaculares.

CAPITAL
Banjul

POBLACIÓN
1,9 millones

ÁREA
11 295 km²

IDIOMA OFICIAL
Inglés

Gambia

Gambia, el país más pequeño del África continental, contiene mucho en su reducido territorio, que atrae a bañistas y observadores de aves y exhibe abundantes riquezas naturales.

Esta diminuta lonja de tierra está encajada como una cuña en Senegal, y se la ve como una astilla clavada en su costado, o como la lengua con la que habla, dependiendo de a quién se dirija uno. Para muchos, Gambia es un país con playas que invitan a holgazanear en viajes organizados; sus playas adquirieron fama hace tiempo entre los europeos ávidos de sol. Pero aquí hay más que sol y olas.

Pueblecitos de pescadores, reservas naturales e históricas estaciones esclavistas quedan cerca de los ruidosos *resorts* atlánticos.

Ecolodges con muchas estrellas y pequeñas reservas de fauna salpican el interior como un cinturón verde que ciñe la costa, y los observadores de aves consideran a Gambia uno de los destinos más accesibles del continente, pues está situado en la ruta migratoria principal entre Europa y África. Durante un crucero fluvial es fácil avistar más de 100 especies mientras la *pirogue* (canoa tradicional) traza su lento rumbo entre humedales bordeados de manglar y exuberantes bosques galería.

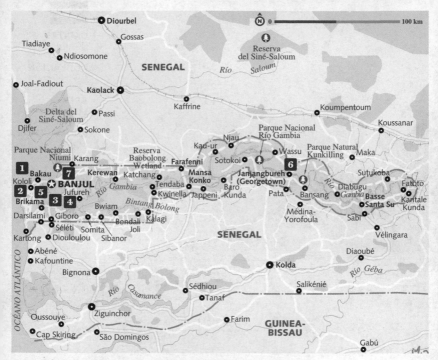

Gambia
Las mejores experiencias

Costa atlántica

1 Para muchos turistas, Gambia se reduce a los 10 km de costa entre Bakau y Kololi, donde se puede saborear una comida fabulosa y divertirse después toda la noche en los muchos *resorts* y restaurantes. Caótico y populoso, Serekunda es el mayor núcleo urbano del país y parece consistir en un único y bullicioso mercado, mientras que el turismo de sol y playa acude en masa a los cercanos *resorts* costeros de Bakau, Fajara, Kotu Strand y Kololi. Si se consigue eludir a los pertinaces vendedores de mariguana y a los que aquí llaman *bumsters* (jóvenes que abordan a los turistas para pedirles dinero o favores), este es un sitio magnífico para pasar largos días

en la playa y largas noches en la pista de baile.

Reserva Forestal de Bijilo

2 En esta pequeña reserva y bosque comunal, una ruta de 4,5 km conduce por una sucesión de senderos bien cuidados que discurren en dirección a las dunas entre vegetación exuberante, bosque galería, matorral y hierba. Aquí se ven monos como el cercopiteco verde, el colobo rojo y el patas, aunque la comida que les dan los visitantes los ha convertido en bichos descarados que incluso roban lo que pueden. También es probable que vengan los lagartos monitores y se queden mirando fijamente a uno. El mejor sitio para observar aves es el lado de la

costa, donde se han contado más de 100 especies.

Reserva Natural de Makasutu

3 Una miniatura del país comprimida en 1000 Ha de generosa naturaleza. Como una instantánea de Gambia, Makasutu apretuja sus variados paisajes en un paquete deslumbrante de palmerales, humedales, manglares y sabanas, todos habitados por multitud de animales, como babuinos, lagartos monitores y cientos de especies de aves. Un día en el bosque incluye un circuito en *pirogue* por el manglar y caminatas guiadas por hábitats diversos, como un palmeral donde puede verse cómo se extrae la savia de la palma.

Resort playero, Kololi.

Jufureh

4 Contemplar la historia en el pueblo donde el escritor estadounidense Alex Haley buscó sus orígenes. Desde que en *Raíces* (1976) Haley rastreara su linaje hasta la familia Kinte de Jufureh, el pueblo se ha convertido en un destino simbólico para quienes demandan respuestas sobre su pasado. Hay poco que ver, aunque el museo, dedicado a la esclavitud en Gambia, incluye la réplica de un barco negrero y merece una visita. Al otro lado del río, las paredes ruinosas de una antigua estación esclavista en James Island recuerdan con crudeza los infames tiempos de la trata; Fort James fue un importante puesto comercial británico y el punto de donde zarpaban los buques cargados de marfil, oro y esclavos.

Reserva Natural de Abuko

5 Buscar aves singulares y cocodrilos gigantescos en la pequeña Reserva Natural de Abuko, probablemente el parque nacional más valioso de Gambia. Es de fácil acceso: no hace falta coche para entrar y está bien gestionada, con una extraordinaria diversidad de flora y fauna. En esta reducida área se han documentado más de 250 especies de aves, lo que la convierte en una de las mejores zonas de la región para observarlas (las primeras horas de la mañana son las mejores). La reserva es famosa sobre todo por los cocodrilos del Nilo y especies como pitones, víboras

si Gambia tuviera 100 habitantes

42 serían mandingas
18 serían fulanis
16 serían wólof
23 serían de otro origen africano
1 no sería africano

grupos religiosos
(% de población)

90   8   2

Musulmanes   Cristianos   Animistas

Cuándo ir

NOV-FEB

➡ La estación seca y el mejor momento para la observación de la fauna, aves incluidas.

FINALES JUN-SEP

➡ La estación lluviosa. Muchos lugares cierran, pero se evita el gentío.

OCT Y MAR-MAY

➡ Tiempo aceptable e ideal para obtener descuentos por la temporada media.

población por km²

GAMBIA   SENEGAL   ESPAÑA

† ≈ 30 personas

Observación de aves

Con solo 11 295 km², Gambia es
la nación más pequeña del África
continental y también la de
forma más insólita: un territorio
de 300 km de largo rodeado
casi enteramente por Senegal y
dominado por el río Gambia, que
lo atraviesa. El terreno es llano,
con una vegetación que consiste
en sabana, bosques galería y
salinas.

La diversidad de la avifauna
de Gambia alcanza una concentración que no se corresponde
en absoluto con su minúsculo
tamaño; se han documentado
más de 560 especies –solo 80
menos que en Senegal, casi 20
veces más grande–, y la forma
singular del país facilita el acceso a muchos puntos ideales
para la observación de aves.

Gracias a una red bien
organizada de circuitos y guías,
Gambia atrae a gran número
de observadores de aves, sobre
todo entre noviembre y febrero.

Comida y bebida

Ataaya El clásico estimulante
vespertino de África occidental:
un potente brebaje agridulce con
hojas de té verde y una generosa
cantidad de azúcar.

Benachin Arroz con salsa de
tomate, pescado y verduras.

Bissap Bebida púrpura que se hace
con agua, azúcar y hojas de hibisco.

Bouyi Zumo dulce y espeso
de los frutos del baobab.

Domodah Arroz cubierto de una
espesa salsa de cacahuetes con
carne frita y verduras.

Niebbe Judías picantes servidas
con pan, que se venden por las
esquinas.

Vino de palma Bebida muy apreciada que se vende en latas; hace
falta tiempo para acostumbrarse
a su intenso sabor a levadura.

Albert Market, Banjul.

bufadoras, mambas verdes
y cobras blanquinegras.

Janjangbureh

6 Atender la llamada de
las aves en el bosque
que rodea Janjangbureh
(Georgetown), antiguo
centro administrativo de la
época colonial en el extremo
norte de la isla MacCar-
thy, en el río Gambia, y al
que se llega en ferri desde
cualquiera de sus orillas. Las
infraestructuras escasean,
pero dando un paseo por el
pueblo se descubren unos
cuantos edificios históricos;
pero el motivo principal
para venir es alojarse en

algún *lodge* y aprovechar
las oportunidades para la
observación de aves.

Banjul

7 Banjul, en una isla cruzada por calles donde
vuela la arena y salpicada de
ajadas construcciones coloniales, atrae por el peso de
una historia de la que carecen
los lujosos *resorts* costeros;
el activo puerto y el mercado
son la mejor plasmación
del África urbana. Desde su
creación a mediados del s. XIX,
con su fre-
nético trajín de compras, ha
sido el núcleo de la actividad
de Banjul.

Cómo desplazarse

Barco No hay barcos de pasajeros con servicios regulares, pero varios
turoperadores ofrecen excursiones por el río que da nombre a Gambia.

Autobús La carretera que va desde la orilla sur hacia el este se halla en
perenne estado de construcción; la de la ribera norte es una buena alternativa. Los taxis *sept-place* (con siete asientos compartidos) no son ni mucho
menos una manera cómoda de viajar, pero infinitamente mejores que los
maltrechos microbuses *gelli-gelli*. Además, unos cuantos autobuses verdes
"exprés" de propiedad estatal recorren las carreteras principales.

Taxi Los taxis para compartir llamados *six-six* cubren varias rutas por los
resorts costeros.

Fortaleza de Nariqala, Ciudad Vieja, Tiflis.

CAPITAL
Tiflis

POBLACIÓN
4,9 millones

ÁREA
69 700 km²

IDIOMA OFICIAL
Georgiano

Georgia

Nación orgullosa, con una cultura rica, primores arquitectónicos y paisajes subyugantes, Georgia es un tesoro de la región del Cáucaso que espera ser descubierto.

Con iglesias y atalayas salpicando unos fantásticos paisajes montañosos y verdes valles con viñedos, Georgia es uno de los países más bellos del mundo, con oportunidades ilimitadas para el senderismo, los paseos a caballo, el esquí, el *rafting* y el parapente. Aquí se alzan picos espectaculares, acechan lobos, osos y hienas, los ríos corren por escarpados desfiladeros y los montañeses adornan altares de piedra con cuernos de cabras sacrificadas.

Los georgianos son piadosos, vitales y hospitalarios. Georgia se proclama la cuna del vino, y este es un lugar donde a los huéspedes se les considera una bendición y donde la festiva camaradería es la esencia del vivir.

Una historia compleja ha dotado a Georgia de una mezcla de influencias culturales y un maravilloso patrimonio de arte y arquitectura: desde ciudades rupestres hasta los lienzos inimitables de Pirosmani. Pero este es también un país que pugna por encontrar sitio en el mundo occidental del s. XXI, con llamativos edificios y servicios para los turistas que forman una parte relevante de su futuro.

Georgia
Las mejores experiencias

Ciudad Vieja de Tiflis

1 En ningún sitio se fusiona mejor la magia del pasado de Georgia con su lucha por el futuro que en la Ciudad Vieja de Tiflis. Calles sinuosas con casas graciosamente inclinadas conducen, pasando por antiguas iglesias de piedra, hasta plazas umbrías y el ultramoderno puente de la Paz, que salva el río Mtkvari. Cafés de ambiente relajado y bares bohemios coexisten con *lounge*-clubs a la última, tiendas de alfombras, nuevos albergues y simpáticos hotelitos. La antiquísima silueta de la fortaleza de Nariqala lo domina todo, mientras que el palacio presidencial, obra del s. XXI, con su ovoide cúpula de cristal, asoma al otro lado del río.

Zona de Kazbegi

2 A un par de horas de coche de Tiflis, el pueblecito de Kazbegi es el núcleo de una de las zonas montañosas más espectaculares, y al tiempo más accesibles, de la región. La estampa de la iglesia de Tsminda Sameba recortada sobre un cerro con el imponente cono nevado del Kazbek como fondo es la imagen más representativa de Georgia. Numerosas rutas para senderismo, paseos a caballo y bicicleta de montaña pasan por valles de empinadas vertientes y suben a glaciares, cascadas, puertos de montaña y aldeas aisladas: lo ideal para conocer el alto Cáucaso.

Davit Gareja

3 Con un emplazamiento espectacular en tierras remotas y áridas cerca de la frontera con Azerbaiyán, estos monasterios rupestres fueron excavados en las laderas de las montañas hace muchísimo tiempo y se convirtieron en cuna de la cultura monacal y la pintura al fresco medievales. Tumbas de santos, vívidos murales con 1000 años de antigüedad, un paisaje ultramundano y la mera idea de que la gente eligiera por propia voluntad –y aún lo hace– vivir en cuevas desiertas, convierten la visita a Davit Gareja (una cómoda excursión de un día desde Tiflis, Telavi o Sighnaghi) en una experiencia inolvidable.

Monte Chaukhi.

Svaneti

4 Hermosa, salvaje y misteriosa, Svaneti es una tierra antigua encerrada en el Cáucaso, y tan remota que jamás fue sometida. Pueblos de un pintoresquismo sin igual y picos nevados a más de 4000 m sobre prados alpinos tapizados de flores componen un soberbio telón de fondo para muchos senderos. El emblema de Svaneti es la torre de piedra defensiva (*koshki*) que protegía a los aldeanos de invasiones y contiendas.

Vardzia

5 Vardzia, una ciudad medieval excavada en un despeñadero, es un símbolo cultural que ocupa un lugar especial en el corazón de los georgianos. El rey Jorge III construyó aquí una fortificación en el s. XII, y su hija, la reina Tamar, fundó un monasterio que se convirtió en ciudad sagrada, bastión espiritual de Georgia y la frontera oriental de la cristiandad. Vardzia ha vuelto hoy a ser un monasterio.

Batumi

6 Disfrutar del ambiente festivo de Batumi, la adorable "capital veraniega" del mar Negro georgiano. Con un fondo de montañas envueltas en niebla, en los últimos años los hoteles han proliferado en Batumi como hongos, pero la ciudad debe aún gran parte de su encanto a la elegancia de su apogeo primigenio, hace un siglo. Una de las primeras decisiones del gobierno posterior a Abashidze en el 2004

si Georgia tuviera 100 habitantes

84 serían georgianos
7 serían azeríes
6 serían armenios
1 sería ruso
2 serían de otro origen

grupos religiosos
(% de población)

84 — Cristianos ortodoxos
10 — Musulmanes
4 — Armenios-georgianos

1 — Católicos
1 — Otras religiones

población por km²

GEORGIA   RUSIA   ESPAÑA

🚶 = 9 personas

Cuándo ir

MAY-JUN Y SEP-OCT
➡ La época ideal para viajar, con tiempo cálido y soleado.

JUL-AGO
➡ Calor húmedo en las tierras bajas, pero unos meses magníficos para estar en las montañas.

DIC-FEB
➡ Las temperaturas suelen caer bajo cero en la mitad oriental de Georgia.

Stalin y Georgia

Iósif Dzhughashvili (Stalin), gobernante del país más grande del mundo durante un cuarto de siglo y una de las figuras fundamentales del s. xx, nació en un pueblecito pobre de Georgia, hijo de un zapatero.

Pocos cuestionarían su influencia en los acontecimientos mundiales: de no ser por los soviéticos, la Alemania nazi podría haber ganado la II Guerra Mundial, y en una década Stalin convirtió la URSS, hasta entonces un país agrícola, en una potencia industrial. Sin embargo, los *gulags* de Stalin fueron responsables de la muerte de muchos millones de personas; se le culpa por la hambruna de 1932 en Ucrania, en la que murieron unos siete millones de personas; y su policía secreta aterrorizó a la población soviética.

Stalin todavía cuenta con admiradores en Georgia: cuando en el 2010 el gobierno decidió por fin retirar su gran estatua de la plaza central de Gori, tuvo que hacerlo de noche y con la policía acordonando el lugar.

Comida y bebida

Badrijani nigvzit Rodajas de berenjena con pasta de nueces y ajo.

Churchkhela Nueces envueltas en una especie de caramelo hecho con zumo de uva.

Khachapuri Tarta de queso.

Khin-kali *Dumplings* picantes, por lo general rellenos de carne, aunque también de patata y/o champiñones.

Lobio Pasta o guiso de judías con hierbas y especias.

Mkhali/pkhali Pastas que combinan con berenjena, espinaca o remolacha, con nueces, ajo y hierbas.

Mtsvadi Shish kebab.

Producción y almacenaje de vino, monasterio de Nekresi, Kakheti.

fue convertir Batumi en un lugar atractivo para visitar.

Tusheti

7 Caminar por la remota Tusheti, una región virgen de alta montaña escondida en el extremo nororiental de Georgia, que se ha convertido en un destino veraniego para el senderismo y las excursiones a caballo. La única carretera que va a Tusheti, pasando por el puerto de Abano (2900 m) desde Kakheti, solo es transitable para todoterrenos desde principios de junio hasta principios de octubre. Prueba de la antigua religión animista de Tusheti es la abundancia de los altares de piedra llamados *khatebi*.

Kakheti

8 Pasar unos días probando los caldos de Kakheti en la cuna del vino georgiano. La viticultura en Kakheti se remonta a unos 7000 años atrás, y con 225 km² de viñedos, esta es una región donde el vino desempeña un papel fundamental en la vida cotidiana mientras perdura el antiguo sistema local de fermentarlo en *qvevri* (grandes vasijas de arcilla enterradas en el suelo).

Cómo desplazarse

Coche La conducción en el sur del Cáucaso está menos reglamentada que en los países occidentales; es bastante habitual contratar a un conductor local para viajes o excursiones entre ciudades.

Microbús El microbús (*marshrutka*; abreviatura del ruso *marshrutnoe taxi*) es el rey del transporte público en Georgia y llega a casi todos los pueblos, con servicios frecuentes entre las ciudades más grandes.

Tren En el sur del Cáucaso, los trenes son más lentos y mucho menos frecuentes que el transporte por carretera; pero también cuestan más baratos, y muchas líneas interurbanas son nocturnas, lo que ahorra el dinero del alojamiento.

Bushbuck, Parque Nacional Mole.

CAPITAL	Accra
POBLACIÓN	25,7 millones
ÁREA	238 533 km²
IDIOMA OFICIAL	Inglés

Ghana

Aclamada como la "niña mimada" de África occidental, Ghana, una tierra histórica con una cultura arraigada y diversos atractivos naturales, merece ocupar una posición destacada.

Protagonista de uno de los mayores éxitos de África, Ghana cosecha los beneficios de una democracia estable en forma de un rápido desarrollo. Y lo demuestra: el país se halla imbuido de una energía increíble.

Ghana posee los atractivos típicos de África –hermosas playas y manadas de elefantes en parques nacionales– más otras bazas como el senderismo, la diversión y los circuitos culturales. Con playas acogedoras, un maravilloso interior, una rica cultura, ciudades efervescentes, fauna variada, fácil transporte y habitantes afables, es natural que a veces la etiqueten como "África para principiantes".

Pero ningún viaje se consideraría completo sin visitar los fuertes para esclavos de la costa, tristes recordatorios de una página de la historia que marcó el mundo moderno.

Al viajar hacia el norte uno siente haber llegado a otro país con diferente religión, geografía y cultura. La belleza de esta zona reside en su armónica diversidad, que alegra y maravilla en un tiempo de incertidumbres.

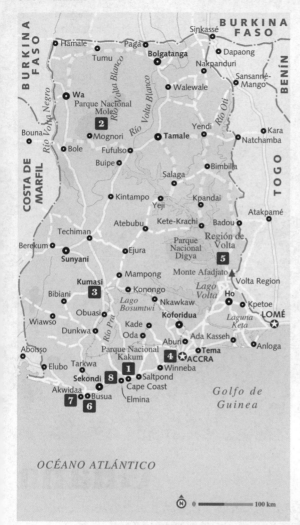

Ghana
Las mejores experiencias

Cape Coast

1 Visitar los castillos de Cape Coast para conocer la historia de la esclavitud. Habitada por los fantasmas del pasado, Cape Coast es uno de los lugares de África con más peso cultural; llamado cabo Corso por los portugueses, fue el mayor centro del comercio de esclavos de África occidental. Durante el apogeo de la trata recibía mano de obra de lugares tan distantes como Níger y Burkina Faso, y los esclavos eran hacinados como ganado en los barcos, lo que alteró para siempre las vidas de las generaciones posteriores.

Parque Nacional Mole

2 Apuntarse al safari más barato de África en el Parque Nacional Mole, con su sabana azafranada y al menos 300 especies de aves y 94 de mamíferos, como elefantes, antílopes cobo, búfalos, babuinos y jabalíes verrugosos. El parque organiza excelentes safaris a pie y en coche; si no se tiene vehículo propio, se puede alquilar el del parque durante las 2 h que dura el safari. De diciembre a abril es frecuente avistar elefantes.

Mercado de Kejetia

3 Comprar hasta caer rendido (y perderse) en el mercado más grande de África occidental: el de Kejetia, en Kumasi; ocupa tanto espacio que, dondequiera que uno esté, la ciudad toda parece un inmenso mercado. Desde lejos, el mercado parece una nave nodriza extraterrestre que hubiera aterrizado en el centro de Kumasi; más de cerca, los herrumbrosos techos de cinc semejan un poblado circular de chabolas. Dentro hay más de 11 000 puestos que hacen que uno se sienta bastante desorientado pero totalmente cautivado.

Accra

4 Disfrutar de la noche de Accra y apuntarse a un circuito para conocer la vida cotidiana de la capital. El corazón de Ghana probablemente no suscitará elogios encendidos, pero podría gustar. Las calurosas calles están perfumadas con sudor, humos y aceite del día anterior. Como globos a punto de reventar, nubes de humedad se ciernen sobre los puestos de mangos, *banku* (maíz fer-

5

Río Volta.

mentado) y arroz. Las ramas de la ciudad se extienden hacia la playa, el centro y el oeste, y en cada uno de estos sitios se vive una experiencia diferente.

Región de Volta

5 Caminar, subir a cascadas y nadar en la antigua Togolandia: Volta, en el este de Ghana. Esta es una región cubierta de fértiles tierras de labor flanqueadas por rocas, y con montañas que brindan hermosas vistas. Es una zona privilegiada para el senderismo, con una pujante actividad ecoturística. Disponer de coche compensa porque los principales puntos de interés se hallan relativamente distantes; en taxi se llega a todas partes, pero con menos rapidez.

Busua

6 Surfear, relajarse y caminar por Busua. Unos 30 km al oeste de Takoradi, este pueblecito atrae a voluntarios y mochileros, que disfrutan relajándose en la playa durante unos días. Las condiciones para el *surf* son las mejores de Ghana, y desde Busua se pueden emprender preciosas excursiones. El pueblo de Butre merece los 3 km de caminata; hay que tomar hacia el este por la playa y después torcer a la izquierda por un camino que sube a una montaña: las vistas de Butre cuando se llega a la cima son algo digno de contemplar.

Akwidaa

7 El único reclamo de Akwidaa es su larga

si Ghana tuviera 100 habitantes

48 serían acanos
17 serían mossi-dagombas
14 serían ewes
7 serían ga-dangmes
14 serían de otro origen

grupos religiosos
(% de población)

28 | 43 | 18
Pentecostales/ Carismáticos | Otros cristianos | Musulmanes

5 | 1 | 5
Animistas | Otras religiones | No religiosos

población por km²

GHANA | SUDÁFRICA | ESPAÑA

👤 = 8 personas

Cuándo ir

ABR-JUN

➡ La más intensa de las dos estaciones lluviosas (en otoño también puede llover).

NOV-MAR

➡ La estación seca y la más fácil para viajar.

DIC-ABR

➡ Ideal para la observación de la fauna, con buena visibilidad y animales congregados en los abrevaderos.

La música en Ghana

No cabe duda: Ghana tiene ritmo.
La música tradicional tiene aquí menos arraigo que en países como Burkina Faso; suele reservarse para ocasiones señaladas y se la asocia con la realeza. La música contemporánea, por el contrario, es cada día más popular. El *highlife*, una mezcla de *jazz* estilo big-band, himnos cristianos, bandas de música y canciones marineras, llegó a Ghana en la década de 1920. La II Guerra Mundial trajo el swing de EE UU a las costas de Ghana, dando lugar a la primera fusión de música occidental y africana. El *hiplife*, un híbrido de letras rítmicas africanas con los sones importados del hip-hop estadounidense, impera en Ghana desde principios de la década de 1990.

El hip-hop y la música nigeriana se disputan el segundo puesto después del *highlife*. El gospel también goza de mucha aceptación, igual que el reggae.

Comida y bebida

Las salsas abrasadoras y las sopas son el pilar de la cocina ghanesa y suelen servirse con algún alimento feculento como arroz, *fufu* (puré de mandioca, plátano o ñame) o *banku* (maíz fermentado). El plato más común, y que hace entrar en calor, es el guiso de cacahuetes, que lleva pasta de cacahuete, jengibre y carne o pescado. La sopa de fruto de palma (con tomate, jengibre, ajo y pimienta) toma su vivo color rojo del aceite de palma. El *red-red* es un delicioso guiso de judías servido por lo habitual con plátano frito.

Los zumos de fruta fresca son bastante difíciles de encontrar, pero la cerveza no; las marcas más vendidas son Star, Club, Gulder y Guinness. Y si se quiere algo más fuerte, nada mejor que el *akpeteshie*, el aguardiente ghanés de vino de palma.

Capilla, castillo de Elmina.

playa de arena blanca, con mucho una de las mejores de Ghana. El pueblo en sí no es tan interesante como otras localidades de la costa, pero se pueden explorar bosques y plantaciones de cacao, organizar excursiones en canoa o visitar el ventoso Cape Three Points, el punto más meridional de Ghana. La caminata hasta este cabo sigue durante un trecho la pista local, monótona en cuanto a paisaje pero fascinante por lo que se encuentra durante el trayecto: carboneros, destilerías de *akpeteshie* (vino de palma), etc.

Elmina

8 Esta ciudad se asienta en una estrecha lengua de tierra entre el Atlántico y la laguna de Benya. Aquí el aire es salino y la arquitectura una encantadora mezcla de restos coloniales, viejos *posubans* (los santuarios de las compañías de asafo, antiguas organizaciones de guerreros que defendían la ciudad) y un penoso legado histórico: St George's Castle. El castillo, Patrimonio Mundial de la Unesco, fue construido por los portugueses en 1482, tomado por los holandeses en 1637, vendido a los británicos en 1872.

Cómo desplazarse

Avión Los vuelos suelen ser relativamente baratos y ahorran mucho tiempo si se viaja al norte.

Autobús Para viajes largos los autobuses son preferibles a los *tro-tros* porque suelen ser más cómodos y fiables. El concepto de *tro-tro* designa cualquier forma de transporte público que no sea el autobús o el taxi (por lo común microbuses). Es aconsejable comprar los billetes de autobús con antelación porque se acaban deprisa en las rutas más transitadas. Siempre se cobra por el equipaje.

Coche Alquilarlo con conductor es una buena opción si se dispone de poco tiempo; por lo general, las agencias de viajes se ocupan de la gestión

Constantine, St George's.

CAPITAL	
Saint George's	
POBLACIÓN	
109 590	
ÁREA	
344 km²	
IDIOMA OFICIAL	
Inglés	

Granada

Arena blanca, mar turquesa y palmeras convierten las playas de Granada en algo sublime. Y si la tierra firme es demasiado divertida, hay que ir a las islas de Carriacou y Petit Martinique.

Las islas más meridionales del archipiélago de Sotavento –Granada y Carriacou más la Petit Martinique– son conocidas sobre todo por haber sido invadidas por EE UU en 1983 y asoladas por el huracán *Iván* en el 2004. Pero los daños causados por la tormenta tropical ya se han reparado, la ocupación estadounidense es un recuerdo lejano y las islas se cuentan hoy entre las más atractivas del Caribe.

Desde la arena blanca bordeada de palmeras y las aguas translúcidas hasta las dunas de un negro grisáceo y las grandes olas, las playas son una maravilla. El ondulado litoral de Granada se eleva hasta un bosque pluvial envuelto en niebla, con senderos y cascadas en las que se puede nadar. St George's, con su mercado, sus fuertes y el puerto de Carenage, es la pintoresca y acogedora capital, y el punto de partida de los ferris que van a las islas hermanas de Carriacou y Petit Martinique. Y aunque los buques de crucero inyectan un flujo regular de visitantes para estancias cortas, se comprobará que las tres islas son tranquilas y con muy poca gente.

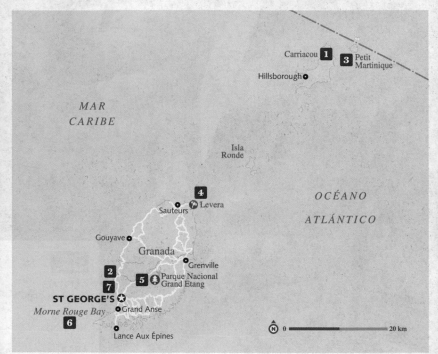

Granada
Las mejores experiencias

Carriacou

1 El hecho de que la mayoría de la gente no se percate de que la nación de Granada está formada por tres islas es una buena carta de presentación para Carriacou. Al igual que su hermana menor (Petit Martinique), esta humilde isla suele pasarse por alto. Si Granada puede parecer en ocasiones turística y abarrotada, aquí resulta difícil tener esa sensación; no se ven buques de crucero, ni grandes *resorts* ni tiendas de souvenirs; la vida es como la del Caribe de hace 50 años: tranquila y relajada. Con colinas verdes ideales para el senderismo y playas escondidas difíciles de olvidar, Carriacou es desconocida por el grueso de los viajeros.

Underwater Sculpture Park

2 Hay quien cree que todas las galerías de arte son iguales –paredes blancas, suelos de madera, directores pretenciosos–, pero no es ese el caso del Underwater Sculpture Park de Granada. Para empezar, está a poco más de 2 m bajo el mar, al norte de St George's en Molinière Bay. Las esculturas, de tamaño natural, incluyen un círculo de mujeres agarradas de las manos, un hombre en un escritorio y un solitario ciclista de montaña, y todas se están cubriendo lentamente con una costra de coral. A las 65 piezas originales de Jason deCaires Taylor se añadieron 14 esculturas nuevas del granadino Troy Lewis en el 2004, entre ellas una representación de un ídolo amerindio. Para verlas hay que meterse en el agua, y el esfuerzo vale la pena. Las empresas de buceo locales ofrecen excursiones con botellas o tubo respirador al parque de esculturas, y algunos cruceros también paran allí.

Petit Martinique

3 No la llaman "Petit" por capricho: esta islita tiene apenas 1,6 km de diámetro. Pequeña, atractiva y muy poco visitada, la Petit Martinique es un sitio ideal para escapar de todo. Con un empinado cono volcánico a 225 m en el centro, apenas queda sitio para mucho más. La solitaria carretera sube por

la costa oeste, pero apenas se utiliza: los isleños prefieren caminar. La población vive del mar, ya sea como pescadores o taxistas acuáticos. Con apenas un millar de habitantes, casi todos emparentados, este es un lugar para encontrar paz y tranquilidad.

Levera

4 Bordeada de cantiles erosionados, la playa de Lavera es una bella y salvaje extensión de arena. Enfrente está la puntiaguda isla del Pan de Azúcar, mientras que las islas Granadinas motean el horizonte por el norte. La playa, el manglar y la laguna cercana se han incorporado a la red de parques nacionales de Granada.

Parque Nacional Grand Etang

5 Con un dosel de bosque pluvial y serpenteando cuesta arriba en una sucesión de curvas cerradas, la carretera de Grand Etang es la antítesis de la arena y el oleaje de la costa. El montañoso centro de la isla suele cubrirse de neblina y parece un primigenio mundo perdido, con su maraña de bosque pluvial bullente de vida, incluidos unos monos que a menudo se pasan de amistosos. Una serie de senderos que atraviesan el parque dan acceso al bosque.

Morne Rouge Bay

6 Meter los pies en la arena blanca y blanda y el agua azulísima de Morne Rouge Bay. Esta franja de

si Granada tuviera 100 habitantes

82 serían negros
13 serían mestizos
5 serían europeos e indoasiáticos

grupos religiosos
(% de población)

 53 Católicos
 33 Otros protestantes
 14 Anglicanos

Cuándo ir

ENE-ABR
➡ Los meses más secos registran precipitaciones 12 días al mes; es la mejor época para la visita.

JUN-NOV
➡ La estación de las lluvias, con un promedio de 22 días de precipitaciones al mes en St George's.

AGO
➡ Si se busca diversión, el Carnaval es un momento magnífico para visitar Granada.

población por km²

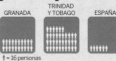

GRANADA · TRINIDAD Y TOBAGO · ESPAÑA

✝ = 16 personas

Renace un fénix

El 7 de septiembre del 2004, el huracán Iván visitó Granada, que llevaba 50 años sin padecer una gran tormenta. Golpeó con enorme fuerza, dejando una ola de destrucción que dañó o derribó el 90% de los edificios, diezmó las ciudades y arrasó cultivos como la nuez moscada.

Los meses y años siguientes fueron un capítulo oscuro para Granada, cuya economía quedó en ruinas. Aun así, se introdujeron nuevos cultivos (el cacao, que crece con rapidez, sustituyó a la nuez moscada como la principal exportación agrícola del país) y se reconstruyeron casas, tiendas y oficinas; los vecinos caribeños prestaron ayuda para reparar los daños.

Se han reconstruido, ampliado y mejorado escuelas, iglesias y restaurantes, incorporando criterios de sostenibilidad y plantas más amplias; estructuras que llevaban mucho tiempo necesitando una rehabilitación fueron demolidas, y los nuevos edificios representan una mejora sustancial con relación a lo que había antes. Hoy, la única prueba real del paso del *Iván* es algún que otro edificio sin tejado y un cierto recelo entre los isleños cuando llega la estación de los huracanes.

Puerto de Carenage, St George's.

playa es un ejemplo señero de la arena nívea y el agua azul y cristalina que dan fama al Caribe; es tranquila y virgen, con solo un puñado de hoteles y restaurantes, y mucha sombra por el extremo opuesto.

St George's

7 St George's cumple todos los requisitos de una pequeña capital insular: presidido por bellos edificios antiguos, el puerto de Carenage es uno de los más bonitos del Caribe. Un revoltijo de calles trepan hasta la colina que divide la ciudad en dos, bordeadas por una pintoresca mezcolanza de tejados posteriores al huracán Iván, almacenes, iglesias de piedra y un imponente fuerte. La principal zona comercial queda por el otro lado de la colina. Al sur de Carenage, de camino a los *resorts* de Grand Anse, la carretera rodea la Laguna, con el bosque de mástiles y cascos de yates del lujoso puerto deportivo de Port Louis.

Comida y bebida

Cerveza Carib Se fabrica en Granada y siempre se sirve helada.

Lambí Nombre local del caracol.

Oil down Guiso de ternera y carne de cerdo con leche de coco.

Ron Jack Iron El hielo se hunde en este letal brebaje isleño.

Roti Pan plano con que se envuelven carne y verduras al curri.

Saltfish and bake Pescado salado con cebolla y verduras, y guarnición de pan horneado o frito.

Cómo desplazarse

Avión SVG Air vuela entre Granada y Carriacou.

Barco El *Osprey* es un gran catamarán motorizado que une Granada, Carriacou y Petit Martinique en menos de 2 h. Otra posibilidad son los cargueros que navegan entre las tres islas. Las horas y fechas de salida no están programadas, así que lo mejor es preguntar en el muelle.

Autobús Los autobuses son una manera magnífica de moverse por Granada y Carriacou. Estos monovolúmenes privados cubren varias rutas fijas y numeradas, son baratos y divertidos.

Coche Para conducir un vehículo es necesario adquirir un permiso de conducir granadino, que todas las agencias de alquiler pueden expedir en nombre del gobierno.

Taxi Hay taxis en Granada y Carriacou.

CAPITAL
Atenas

POBLACIÓN
10,8 millones

ÁREA
131 957 km²

IDIOMA
OFICIAL
Griego

Míkonos.

Grecia

Kilómetros de costa aguamarina, ruinas blanqueadas por el sol, feta fuerte y ouzo aún más fuerte. El paisaje griego emociona y la gente siente pasión por la política, el café, el arte y el chismorreo.

Los titulares sobre las penurias económicas no deben disuadir de ir a Grecia. La cautivadora combinación de historia y hedonismo, que ha convertido a Grecia en uno de los destinos más populares del planeta, continúa atrayendo, y ahora es un momento tan bueno como cualquier otro para divertirse al sol. Los magníficos yacimientos arqueológicos no distan mucho de playas espléndidas y tabernas de ambiente relajado que sirven desde *ouzo* hasta pulpo.

Los trotamundos pueden saltar de isla en isla hasta cansarse, mientras que los amantes de la fiesta pueden disfrutar de la noche en modernas ciudades y en islas como Míkonos, Ios y Santorini. Añádase una población acogedora y una cultura milenaria y se entiende por qué casi todos los visitantes regresan a sus países jurando que volverán. Quienes viajan a Grecia terminan inevitablemente con un lugar al que ansían regresar, así que cada cual puede ir a buscar el suyo.

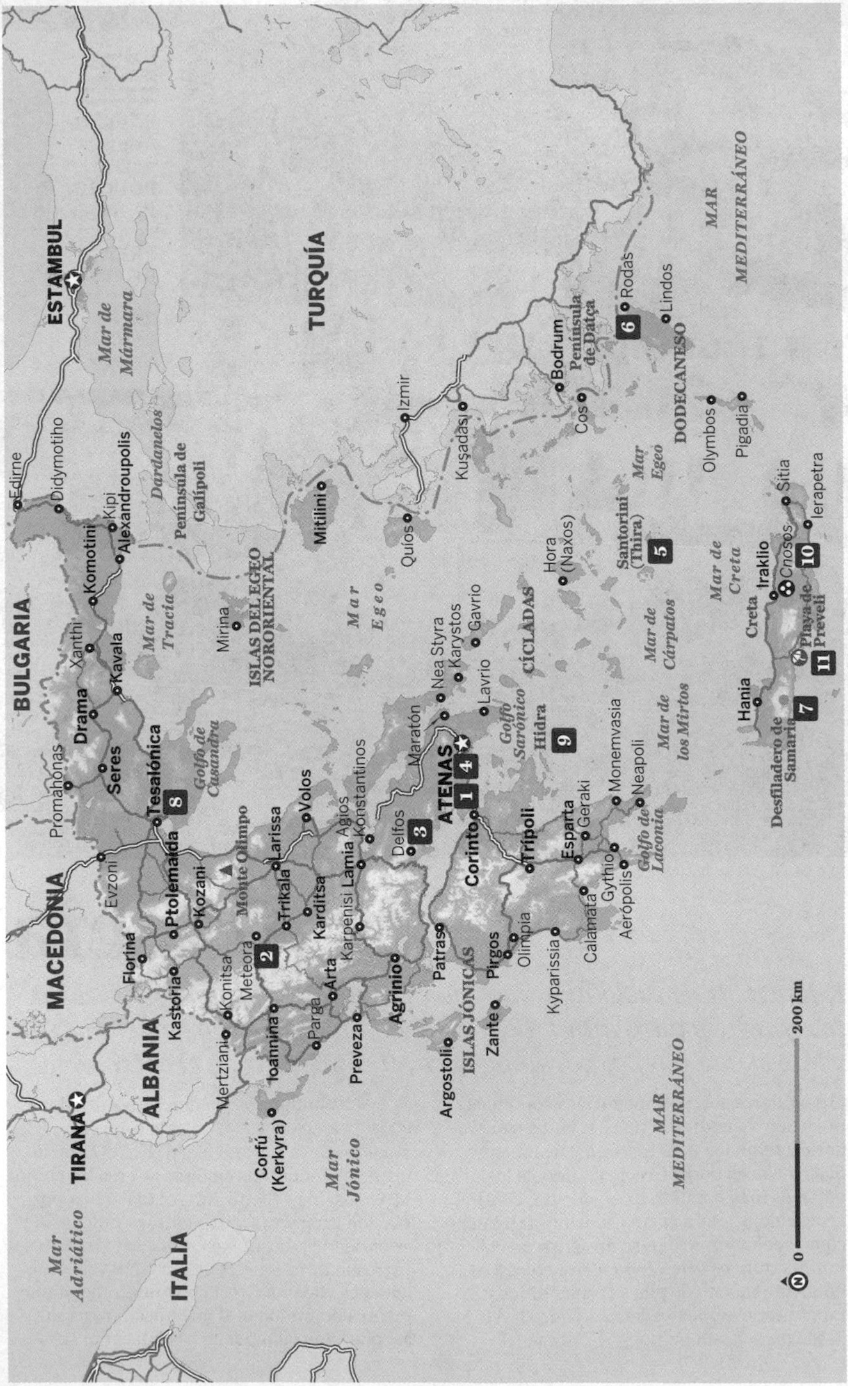

Mar Adriático

ITALIA

TIRANA

ALBANIA

Mar Jónico

Corfú (Kerkyra)

Mertziani
Ioannina
Parga
Preveza
Arta
Zante
ISLAS JÓNICAS
Argostoli

MACEDONIA

Florina
Kastoriá
Okonitsa
Meteora
Kalambaka
Karpenisi
Agrinio
Patras
Pirgos
Kyparissia
Olimpia

Evzoni
Kozani
Ptolemaida
Trikala
Karditsa
Lamia
Agios Konstantinos
Delfos
Corinto
Olimpia
Calamata

BULGARIA

Promahonas
Drama
Seres
Xanthi
Kavala
Tesalónica
Golfo de Casandra
Mar de Tracia
Monte Olimpo
Larissa
Volos

Prilep
Komotini
Kipi
Alexandroupoli

Edirne
Didymotiho

ESTAMBUL
Mar de Mármara

TURQUÍA

Dardanelos
Península de Galipoli

Mirina
ISLAS DEL EGEO NORORIENTAL

Mitilini

Quios

Izmir

Kusadasi

Mar Egeo

Bodrum
Península de Datça
Cos

Mar Egeo

Rodas
Lindos
DODECANESO

Olymbos
Pigadia

MEDITERRÁNEO

Hora (Naxos)
Santorini (Thira)
CÍCLADAS

Gavrio
Karystos
Nea Styra
Lavrio
Maratón
ATENAS
Golfo Sarónico
Hidra
Monemvasia
Neapoli
Golfo de Laconia
Geraki
Esparta
Tripoli
Gythio
Aerópolis

Mar de los Mirtos

Mar de Cárpatos

Mar de Creta

Hania
Desfiladero de Samaria
Creta
Iraklio
Cnosos
Playa de Preveli
Sitia
Ierapetra

Golfo de Mesenia

Mar MEDITERRÁNEO

200 km

N 0

Grecia
Las mejores experiencias

Acrópolis, Atenas

1 Existe una razón para que la Acrópolis continúe siendo la quintaesencia del mundo occidental: es espectacular. Ya se contemple durante un temprano paseo mañanero subiendo por sus flancos o desde una terraza a la hora de la cena con el Partenón iluminado, la Acrópolis encarna una armonía, un poder y una belleza que llega a todas las generaciones. Más allá del Partenón se encuentran lugares más íntimos como el exquisito templo de Atenea Niké, mientras que el Museo de la Acrópolis expone la gracia etérea de los tesoros de la ciudad antigua.

Meteora

2 Es difícil que se olvide el momento en que Meteora se ve por primera vez: altos pilares de roca que se alzan hacia el cielo y un puñado de monasterios en la cima (algunos del s. XIV). Las escaleras de cuerdas que antaño permitían a los monjes llegar hasta la cumbre fueron sustituidas hace mucho tiempo por escalones labrados en la roca. Hoy, estas espectaculares torres de piedra atraen a osados escaladores de todo el mundo.

Antigua Delfos

3 Hay que llegar temprano para captar la magia de los rayos del sol bañando el santuario de Atenea Pronaia en Delfos, el centro de la Antigua Grecia. Solo quedan tres columnas del espléndido santuario, pero bastan para que la imaginación remonte el vuelo. La cercana Vía Sacra pasa por el templo de Apolo, donde las profecías del oráculo de Delfos enviaban ejércitos a la batalla y provocaban desmayos a los amantes.

Atenas

4 La vida en Atenas es una magnífica conjunción de lo antiguo y lo moderno. Bajo las fachadas majestuosas de edificios señeros, la ciudad bulle de vida y creatividad. Y a los atenienses les encanta salir a disfrutar de todo. Galerías y clubes acogen las exposiciones, *performances* e instalaciones del floreciente panorama artístico de la ciudad. Restaurantes de moda y modestas tabernas sirven muy buena comida. Los omnipresentes cafés se llenan de atenienses estilosos, y los ambientes van desde el punk rock hasta la alta costura.

si Grecia tuviera 100 habitantes

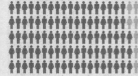

93 serían griegos
7 serían de otro origen

grupos religiosos

(% de población)

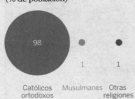

| 98 | 1 | 1 |

Católicos ortodoxos   Musulmanes   Otras religiones

población por km²

GRECIA   ITALIA   ESPAÑA

≈ 30 personas

Los bares y discotecas abundan y la actividad no decae hasta bien entrada la noche.

Puestas de sol en Santorini

5 Santorini no se reduce a las puestas de sol, pero esta isla extraordinaria, moldeada por el fuego de erupciones prehistóricas, las ha hechos suyas. En las noches de verano las ciudades de Fira y Oia se abarrotan de visitantes maravillados por el vasto lienzo rojo sanguíneo en que se convierte la pared del acantilado cuando el sol declina. Se puede contemplar la puesta del sol sin gentíos casi desde cualquier punto del borde del acantilado; y si uno se la pierde, siempre se puede volver la cara al este con la primera luz del día y contemplar amaneceres igualmente impresionantes.

Ciudad Vieja de Rodas

6 Perderse en la Ciudad Vieja de Rodas es obligado. Lejos del gentío, recorrer sinuosas callejuelas de adoquines con arcos abovedados y plazas al frente. En estas esquinas escondidas, la imaginación emprende un vuelo de fantasías medievales. Explorar el antiguo Barrio de los Caballeros, la vieja judería o el Barrio Turco. Escuchar música tradicional en directo en pequeñas tabernas o cenar pescado y marisco en restaurantes al aire libre. Caminar por lo alto de las murallas, con el mar a un lado y contemplando a vista de pájaro este museo vivo.

Desfiladero de Samaria

7 El desfiladero de Samaria, que empieza en Omalos y discurre por el antiguo lecho de un río hasta

---

¡Mitos, mitos!

Algunos de los relatos más grandes de todos los tiempos –y se dice que el origen de la propia narrativa– se remontan a los antiguos mitos griegos. Para muchos, las historias de Hércules y Ulises que oyeron en la infancia perduran en su imaginación, y los escritores contemporáneos continúan reinterpretando estas historias y personajes en libros y películas. Si desde las ruinas de una acrópolis se escudriña el mar hasta el horizonte, no es difícil imaginar al Kraken (el monstruo predilecto de Poseidón) emergiendo del Egeo, ni creer que ese barco pesquero que pone proa al poniente es el Argo de Jasón en ruta hacia la Cólquida para buscar el vellocino de oro. Los griegos, orgullosos de sus mitos, disfrutan entreteniendo al forastero con la lista de sus dioses.

el mar de Libia, es la garganta más hollada de Creta, y con razón, pues al recorrerla se contempla una fauna variada, aves de presa y un deslumbrante manto de flores en pri-

Comida y bebida

Café griego Herencia otomana, debe probarse al menos una vez.

Ensalada griega Tomates, pepino, cebolla, feta y aceitunas.

Gyros pitta La comida barata ideal. Láminas de carne de cerdo o pollo cortadas en un asador giratorio y envueltas en pan de *pitta* con tomate, cebolla, patatas fritas y mucho *tzatziki* (yogur, pepino y ajo).

Ouzo Este legendario anisado adquiere un color blanco nuboso con hielo y agua.

Pulpo a la brasa Mejor con un vaso de *ouzo*.

Raki Aguardiente de Creta que se elabora con el hollejo de la uva.

Souvlaki Brocheta de carne, por lo general pollo.

CORNELIA DOERR / GETTY IMAGES ©

5

Oia, Santorini.

mavera. La caminata ocupa un día completo (unas 6 h de bajada) y es preciso salir temprano. Para más soledad hay que elegir desfiladeros menos conocidos como el de Imbros, paralelo al de Samaria.

Tesalónica

8 La elegante Tesalónica sigue siendo la ciudad más animada del sector septentrional de Grecia por sus universidades, su ambiente cultural y artístico y su vida nocturna. No hay que perderse la experiencia de visitar la ciudad al ocaso partiendo del mirador en las murallas bizantinas del barrio antiguo, conocido como Ano Poli (Ciudad Alta) y lleno de callejuelas sinuosas con casas blancas, gatos indiferentes e iglesias bizantinas.

Hidra

9 Todo el mundo llega a Hidra por mar: no hay aeropuerto ni coches. Al arribar, lo que se ve es tan solo un pueblo de piedra extraordinariamente bien conservado con casas de un blanco dorado que ocupan una ensenada natural y se ciñen a las montañas. Después uno se incorpora al ballet de

Cuándo ir

TEMP. ALTA	TEMP. MEDIA	TEMP. BAJA
(may-ago)	(abr y sep)	(oct-mar)
➡ Todo está en su apogeo y abunda el transporte.	➡ Los precios del alojamiento pueden bajar un 20%.	➡ Muchos hoteles, restaurantes y lugares de interés cierran, sobre todo en las islas.
➡ El alojamiento cuesta a veces el doble.	➡ Temperaturas más benignas.	➡ El alojamiento cuesta hasta un 50% menos que en temporada alta.
➡ Gentío y subida vertiginosa de las temperaturas.	➡ Reducción de servicios en vuelos nacionales y ferris.	➡ Los ferris reducen servicios al mínimo.
	➡ Menos aglomeraciones.	

la vida portuaria; veleros, caiques y megayates llenan los muelles de Hidra, y la gente llena los innúmeros cafés del puerto. Aquí, a 1½ h escasa de Atenas, se encontrarán unos capuchinos de primera, una rica historia naval y arquitectónica y la costa virgen aguardando a los bañistas.

Cnosos

10 Codearse con los fantasmas de los minoicos, un pueblo de la Edad del Bronce que alcanzó un altísimo grado de civilización y gobernó gran parte del Egeo desde su capital en Cnosos hace unos 4000 años. Hasta que se excavó el yacimiento a principios del

Películas

300 (Zack Snyder, 2007) Nueva versión, cargada de testosterona, de la heroica resistencia de los espartanos frente al poderoso ejército persa en la batalla de las Termópilas (480 a.C).

La mandolina del capitán Corelli (John Madden, 2001) Una historia de amor en la Grecia ocupada, según la novela de Louis de Bernières.

Mamma Mia (Phyllida Lloyd, 2008) La isla de Skopelos deslumbra con la banda sonora de Abba.

Yo amo a Shirley Valentine (Lewis Gilbert, 1989) Un amor de verano en la isla de Míkonos.

Libros

Los griegos (Indro Montanelli; 1959) Los hitos de la historia griega en una narración lúcida y amena.

La Odisea (Homero; s. VIII a.C.) Acosado por Poseidón, lucha por regresar a su hogar en Ítaca.

Zorba el griego (Nikos Kazantzakis; 1946) Una biblia espiritual para muchos; un hombre y su desbordante amor por la vida.

Cómo desplazarse

Avión Los precios de los vuelos nacionales se han vuelto muy competitivos y a veces sale más barato el avión que el ferri, sobre todo si se reserva con tiempo.

Barco Grecia cuenta con una extensa red de ferris, única manera de llegar a muchas islas. Los horarios suelen estar sujetos a cambios por el mal tiempo y los precios fluctúan constantemente. En verano, los ferris son regulares entre casi todos los destinos salvo los más apartados.

Autobús Los autobuses son cómodos, por lo general puntuales, de precios módicos y con servicios frecuentes en las rutas principales.

Coche y motocicleta Conducir un vehículo propio es una manera ideal de explorar zonas pocos visitadas, pero recuérdese que Grecia registra la tasa de muertes en carretera más alta de Europa. Los precios de los peajes en las autopistas son bastante caros.

s. XX, un inmenso tesoro de frescos, esculturas y otros restos yacía enterrado bajo el suelo de Creta. A pesar de una polémica reconstrucción parcial, Cnosos sigue siendo uno de los yacimientos arqueológicos más importantes del Mediterráneo y la primera atracción turística de Creta.

Playa de Preveli

11 En Creta, comprende una de las extensiones de arena más características de Grecia. Partida en dos por un cauce de agua dulce y flanqueada por acantilados con cuevas marinas, está bañada por el mar de Libia, con charcas de agua clara a lo largo de su ribera bordeada de palmeras que son perfectas para un chapuzón. La playa está vigilada por la sacra mirada de un monasterio encaramado en las alturas; antiguo baluarte de la resistencia contra los otomanos y refugio después de soldados aliados, ofrece unas vistas soberbias.

11

Ilulissat.

CAPITAL
Nuuk (Godthab)

POBLACIÓN
57 714

ÁREA
2,2 mill. de km²

IDIOMAS OFICIALES
Groenlandés (inuit del este), danés

Groenlandia

Las tradiciones de la Edad de Piedra chocan con la tecnología moderna a la hora de crear una compleja sociedad donde los cazadores aprenden primeros auxilios para convertirse en guías.

Se dice que cuando alguien ha visto el resto del mundo, queda Groenlandia. Pero con el cambio climático agitándolo todo en esa parte del mundo, no hay tiempo que perder. La naturaleza, en su vertiente más descarnada y poderosa, tiene aquí la última palabra: la mayor isla no continental y con menor población del planeta es de hecho un casquete de hielo en más del 80% de su superficie.

Pocos lugares combinan un paisaje tan espléndido, una luz tan clara y el descarnado poder de la naturaleza. Vastas franjas de bellos espacios naturales y escasas carreteras permiten a los aventureros moverse a voluntad, a pie, esquiando o en trineo. Sea cual sea el medio de transporte, hay que dejar un margen de seguridad por su impredecible clima y reservar bastante tiempo en cada destino para relajarse, absorber el sol de medianoche, ver estallar icebergs, dejarse deslumbrar por la magia de la aurora boreal o aprovechar algunas de las mejores oportunidades para la práctica de kayak de mar, escalada en roca y pesca de salmón.

OCÉANO
ÁRTICO

0   500 km

CANADÁ
Isla de
Ellesmere

Cabo Morris Jesup
Canal de   Isla Jesup Oodaaq
Robeson

Fiordo
Independence

Estrecho
de Smith

Siorapaluk
Qaanaaq (Thule)
Qeqertaq

Qeqertársuaq

MAR DE
GROENLANDIA

Savissivik

Reserva Natural
de Lauge Koch

Parque
Nacional del
Noreste

Bahía de
Melville

Bahía de Baffin

Upernavik

1 Uummannaq

Ittoqqortoormiit

5 Isla
Disko   Saqqaq

(Scoresbysund)
Kangertittivaq

Qeqertarsuaq   Ilulissat **2**
Bahía Disko

Qasigiannguit

Kangaastiaq

Aasiaat

Kangerlussuaq

Sisimiut   Kangerlussuaq

Estrecho de Círculo Ártico

Kangaamiut

Hamborgerland   Maniitsoq

Dinamarca

Kulusuk

ISLANDIA

Estrecho
de Davis

NUUK
(Godthåb)

Tasiilaq
(Ammassalik)

REIKIAVIK

Qeqertarsuatsiaat

6

Paamiut   **3**
Qassiarsuk

Arsuk   Narsarsuaq

Qaqortoq   Narsaq

4 Nanortalik   Aappilattoq **7**

Narsarmiit   Cabo Farewell

MAR DE
LABRADOR

OCÉANO
ATLÁNTICO

Groenlandia
Las mejores experiencias

Uummannaq

1 El elevado pico rojo que domina la isla Uummannaq (en forma de corazón), preside este vistoso pueblo. Las casas se aferran a la empinada orilla, y escalones de madera emulan el juego de la oca con sinuosas carreteras. En invierno, la oscuridad se posa durante dos meses, pero la primavera favorece los trineos de perros. Muchas familias aún dependen de la caza como primera fuente de ingresos, y la prohibición de cazar y pescar en moto de nieve o lancha motora hace del trineo y kayak los principales medios de transporte. Su autenticidad asalta al viajero con el olor de los perros, el pescado puesto a secar y las pieles ondeando en el aire.

Ilulissat Kangerlua

2 Esta es la verdadera razón que impulsó al viajero a gastar tanto para viajar a Groenlandia: la formidable fuerza y belleza de uno de los glaciares más activos del planeta –Patrimonio Mundial de la Unesco–, un lugar tan espectacular que hace palidecer al resto. En las afueras de Ilulissat, en la desembocadura del fiordo hay icebergs descomunales, algunos del tamaño de pequeñas ciudades. Con 5 km de anchura, el glaciar genera más de 35 km^3 de hielo al año –unos 20 millones de toneladas diarias, cantidad suficiente para suministrar agua a Nueva York durante un año– y una décima parte de todos los icebergs que flotan en aguas de Groenlandia.

Qassiarsuk

3 Bello pueblo a orillas de un fiordo, supuesto emplazamiento de Brattahlíð, donde Erik el Rojo (Eiríkur Rauðe) construyó su granja en el s. X. En una zona de pasto en forma de herradura nada fácil de ver se cree que fue erigida la primera iglesia cristiana del Nuevo Mundo en el 1000 d.C. Cuenta la leyenda que su esposa Þjóðhildur intentó convertirle al cristianismo negándose a tener relaciones sexuales con él hasta que fuera bautizado. Aunque Erik nunca transigió, aceptó la construcción de una iglesia. También pueden visitarse varias ruinas nórdicas, como un hogar comunal y una iglesia, y la recreación de una cabaña de tierra y hierba inuit del s. XIX.

BERNARD VAN DIEFF/ROONICK / GETTY IMAGES ©

Nanortalik

4 Esta bella localidad es como el plató de un pueblo de pescadores. Es la más austral de la isla de Groenlandia, y su nombre significa "lugar de osos polares", en referencia a la población de osos que a veces la cruza. Se aconseja pasear y disfrutarla en distintas fases del día, de las mareas y condiciones de luz. Además, unos escalones permiten subir hasta una curiosa roca mástil ovalada y contemplarla desde lo alto, o caminar hasta uno de sus puntos más emblemáticos: una piedra natural, que desde cierto ángulo recuerda el perfil del explorador ártico y héroe nacional Knud Rasmussen.

Trineos y Disko

5 Trineos tirados por perros bajo el sol de medianoche en la isla de fabuloso nombre Disko, la mayor de Groenlandia; utilizados por los lugareños, son los mejores medios de transporte. Aquí los *mushers* (conductores de trineo) disponen a sus perros en abanico, no en la formación lineal usada por sus homólogos en Alaska y Canadá, más compleja y propensa a enredarse. Por lo general, la mejor temporada para moverse en trineo va de marzo a mayo, con días más largos y temperaturas no tan extremas, pero en verano se puede viajar por la isla, el único lugar al sur del Círculo Polar Ártico donde aún se permiten los trineos de perros.

si Groenlandia tuviera 100 habitantes

89 serían inuits
11 serían daneses o de otro origen

estructura de edades
(% de población)

21   17   43
0-14   15-24   25-54

11   8
55-64   65+

Cuándo ir

FIN MAR-PPIOS MAY
➡ La mejor época para el esquí, los trineos y los circuitos al Polo Norte.

JUL Y AGO
➡ Principal temporada vacacional: días largos y temperaturas más cálidas, pero también mosquitos.

AGO-MED DIC Y MED FEB-ABR
➡ Las auroras boreales más espectaculares.

población por km²

GROENLANDIA   RUSIA   ISLANDIA

• ≈ 0,03 personas   ♀ ≈ 1 persona

Cumplir condena

Aunque los delincuentes más peligrosos se trasladan a las prisiones danesas, a casi todos los demás se les encierra solo durante la noche. De día muchos trabajan, van de compras sin escolta y –lo más sorprendente– participan en la caza anual de renos. Es decir, les dan un arma, siempre que no estén borrachos. Este sistema aparentemente indulgente cobra más sentido en Groenlandia, sin lugar adonde huir y con muy pocos incentivos para hacerlo. Aun así, algunas tiendas temen a la Navidad, época en que los internos van a casa a pasar las vacaciones. Los asaltos festivos en busca de alcohol pueden costar a sus propietarios mucho más en daños estructurales que el valor de la bebida robada.

Comida y bebida

Los platos tradicionales están dominados por la carne, sobre todo de ballena y foca.

Caribú En septiembre casi todo el mundo se dedica a cazar el caribú (*tuttu*), que aporta soberbios bistecs, aunque rara vez se vende.

Mérgulo atlántico Los habitantes del norte sobrevivían antaño comiendo estas pequeñas aves parecidas a los pingüinos. Si se meten en focas muertas, al descomponerse forman el poco apetecible *kivioq*.

Foca La carne se corta en trozos y tras hervirla en agua durante un mínimo de 1 h, adquiere un intenso color chocolate. Los cortes con un centímetro de grasa saben a chuletas de cordero.

Ballena La mejor piel de ballena cruda (*mattak*) procede de la beluga o el narval; al cocinarla su sabor recuerda a los frutos secos y las setas.

En kayak cerca de Tasiilaq.

Kayak en los fiordos

6 El *qajaq* groenlandés es el precursor del kayak moderno, y si el viajero no lo practica aquí, ¿dónde lo hará? A solo 100 km al sur del círculo polar, el pueblo de Tasiilaq es un magnífico lugar para acercarse a estos fiordos llenos de hielo. Rodeado de altos picos, verdes valles y mucha agua, es un paisaje de ensueño para todo aventurero. Desde aquí es fácil cruzar el fiordo (solo 4 km), pero bordearlo completamente (20 a 30 km) resulta una tarea más exigente.

Navegar por Groenlandia

7 Desde Aappilattoq, pequeña aldea de pescadores situada en un puerto interior natural, se puede navegar por los fiordos más espléndidos del sur de Groenlandia. Prácticamente inaccesible por tierra, ofrece un espectacular viaje acuático a bordo del Ketil, que navega cada semana entre Nanortalik y Aappilattoq de mediados de noviembre a abril, regresando el mismo día. Esta ineludible travesía está llena de prodigios.

Cómo desplazarse

Avión Considerando su clima, gran tamaño y escasa población, Groenlandia tiene buenos enlaces aéreos, y los helicópteros públicos ofrecen una forma única de ver el paisaje. Hay que ser flexible: las condiciones climatológicas no aseguran que un servicio salga a su hora, o incluso el día programado.

Barco Buena forma de conocer a los lugareños serpenteando entre icebergs, altas cumbres y majestuosos paisajes de hielo en los ferris. Si el hielo lo permite, los ferris de verano enlazan los pueblos de la costa oeste, pero en el este no hay servicio. En invierno no suben más allá de Ilulissat.

Trineo Se pueden concertar excursiones de un día o expediciones de una a dos semanas. La mejor temporada va de marzo a mayo.

CAPITAL
Basse-Terre

POBLACIÓN
458 000

ÁREA
1780 km²

**IDIOMAS
OFICIALES**
Francés, criollo

Guadalupe

Guadalupe ofrece senderismo de primer nivel, playas soberbias, el mejor submarinismo de la región del Caribe y una serie de islas remotas casi vírgenes.

Cada una de las islas de este fascinante archipiélago ofrece algo distinto sin renunciar a su rica cultura e identidad franco-caribeñas.

Las dos islas principales parecen las alas de una mariposa y están unidas por un manglar. Grande-Terre, la isla oriental, tiene una serie de ciudades costeras con bellas y tranquilas playas, y gran oferta de actividades, mientras que la occidental, la montañosa Basse-Terre, alberga el fantástico Parque Nacional de Guadalupe, coronado por el espectacular volcán La Soufrière.

Al sur del territorio insular principal, varias pequeñas islas aportan un sabor añejo. Desde la pura relajación de La Désirade al sugestivo ambiente de pueblo de Les Saintes, todas tienen personalidad propia y completan la larga lista de alicientes que hacen de Guadalupe un destino tan singular.

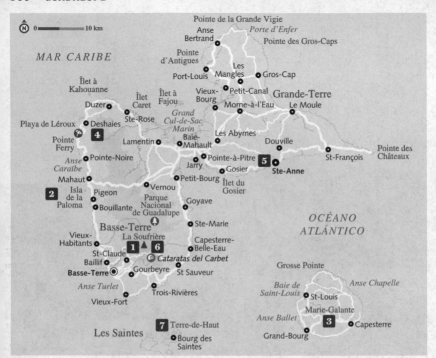

Guadalupe
Las mejores experiencias

La Soufrière

1 Una audaz caminata de 1½ h por la selva tropical conduce a la sulfurosa cima envuelta en bruma de este inquietante volcán activo de 1467 m de altitud y aspecto lunar. Del extremo del aparcamiento sale un camino muy trillado, un lecho de gravilla que asciende abruptamente por una cubierta de arbustos bajos y gruesos helechos. Además de un primer plano del humeante volcán, ofrece buenas vistas de la isla. En caso de niebla hay que ir despacio, pues la visibilidad puede ser de apenas unos metros.

Reserva Cousteau

2 Este parque marino que rodea la isla de la Paloma debe su nombre a Jacques Cousteau, que lo consideraba uno de los mejores lugares de submarinismo del mundo. Cerca de una de las zonas hay una estatua suya subacuática; los submarinistas le tocan la cabeza para que les dé suerte. El submarinismo es de primera, con grandes bancos de peces, muros y arrecifes de coral, a menudo poco profundos para bucear. Las zonas están a solo 10-15 min en barco, y casi todas las tiendas especializadas ofrecen salidas por la mañana, a mediodía y durante la primera parte de la tarde.

Marie-Galante

3 La mayor de las islas exteriores de Guadalupe es un refugio agrícola y rural muy apreciado por los amantes de los placeres más serenos de la vida, y sobre todo de la playa, que desean huir del gentío. Comparada con las demás islas del archipiélago, Marie-Galante es relativamente llana, y sus dos mesetas calizas alcanzan solo 150 m de altitud. Su forma es más o menos redonda, con una superficie total de 158 km². Pese a su reducido tamaño, el viajero hallará sin duda su trozo de paraíso en las playas vírgenes.

Deshaies

4 Encantador y tranquilo pueblo tradicional de pescadores con una buena selección de bares y restaurantes para deleite de sus visitantes. Cuen-

ta con una pequeña y agradable playa totalmente rodeada de verdes colinas, pero al ser un activo puerto pesquero, el mejor tramo para bañarse y tomar el sol está en la cercana Grande Anse. Gracias a su abrigada bahía, el pueblo es una popular escala para yates y otras embarcaciones, y su ambiente es internacional. Las tradiciones marinas locales se han incorporado al comercio turístico, y hay varias tiendas de submarinismo y barcos de pesca de altura que operan desde el embarcadero.

Ste-Anne

5 Esta bulliciosa ciudad recibe muchos turistas, pero los grandes *resorts* están ocultos y hay un adecuado equilibrio entre los servicios destinados a turistas y la auténtica vida de pueblo moderno. Tiene un paseo marítimo en su extremo oeste, un animado mercado y una bella playa de arena blanca al este. La playa, con buenas zonas para el baño, está protegida por uveros de playa y es muy frecuentada por los isleños.

Cataratas del Carbet

6 Si el tiempo está despejado, el trayecto hasta este mirador permite contemplar dos majestuosas cascadas que se precipitan por una escarpada pared montañosa. Desde St-Sauveur en la N1, la carretera recorre 8,5 km hacia el interior y la agradable ruta atraviesa una selva tropical. Se trata de

si Guadalupe tuviera 100 habitantes

71 serían de origen africano
15 serían de origen indio
9 serían de origen europeo
2 serían de origen sirio-libanés
2 serían de origen chino
1 sería de otro origen

grupos religiosos
(% de población)

Católicos	Protestantes	Hindúes
86	5	2

Vudúes	Testigos de Jehová	Otras religiones
2	2	3

Cuándo ir

DIC-MAY

➡ Estación seca; mayor afluencia de viajeros, que aprovechan el tiempo cálido y seco.

JUL-NOV

➡ La época más húmeda, con una media de siete días de lluvia al mes.

JUL Y AGO

➡ Mejor evitarlos, o reservar con antelación; los precios son astronómicos y las habitaciones escasas.

población por km²

GUADALUPE	FRANCIA	ESPAÑA

† = 30 personas

Lo que un nombre esconde

A primera vista, los nombres de las dos islas que componen Guadalupe resultan desconcertantes. La oriental, más pequeña y llana, se llama Grande-Terre (tierra grande), y la occidental, más grande y montañosa, Basse-Terre (tierra baja).

Sin embargo, los nombres no pretendían describir el territorio, sino los vientos que las recorren. Los alisios, procedentes del noreste, soplan *grande* (con fuerza) sobre las llanuras de Grande-Terre pero son detenidos por los montes del oeste, acabando *basse* (rasos) en Basse-Terre.

WALTER BIBIKOW / GETTY IMAGES ©

una buena carretera asfaltada en toda su longitud, aunque algo estrecha y sinuosa. Casi 3 km antes del final hay una parada señalizada al ini-

Cómo desplazarse

Avión Hay varios vuelos semanales entre Pointe-à-Pitre y Marie-Galante.

Bicicleta Aventurera y extenuante forma de ver Terre-de-Haut y Marie-Galante.

Barco Los ferris son el medio de transporte principal entre las islas. Múltiples operadores ofrecen servicios entre Grande-Terre y Terre-de-Haut, Marie-Galante y La Désirade.

Autobús Guadalupe tiene una buena red de autobuses públicos que operan de 5.30 a 18.30, con frecuentes servicios en las principales rutas. Los autobuses llevan escrito el destino. Las paradas tienen señales azules con la imagen de un autobús.

Automóvil Para conducir se precisa un carné del país de origen.

Taxi Abundan pero son caros. Hay paradas en el aeropuerto de Pointe-à-Pitre.

cio del camino a Grand Étang, plácido lago rodeado por un sendero circular. Desde el aparcamiento de la carretera hasta la orilla hay 5 min a pie, y se tarda 1 h más en recorrer su perímetro.

Terre-de-Haut

7 A 10 km de las costas de Guadalupe, es el mayor de los ocho islotes que componen Les Saintes. Al ser accidentado y seco para plantar azúcar, la esclavitud nunca arraigó aquí.

En consecuencia, las raíces de los isleños más ancianos aún se remontan a los primeros colonizadores marinos normandos y bretones, y muchos de sus habitantes son de piel clara, rubios o pelirrojos. Terre-de-Haut es relajada y parece un pequeño trozo del sur de Francia trasladado al Caribe. Debido a la masiva presencia de veleros internacionales, se habla mucho inglés, y es sin duda la más cosmopolita de las islas exteriores.

Comida y bebida

Acras Preciado entremés a base de pescado, marisco o buñuelos de verduras fritos en tempura. Los deliciosos acras de *morue* (bacalao) y *crevettes* (gambas) son los más consumidos.

Blaff Término local para el pescado blanco marinado en zumo de lima, ajo y pimientos, y luego escalfado. Es un plato predilecto en muchos restaurantes.

Colombo cabri Cabra al curri.

Crabes farcis Cangrejos rellenos de una picante mezcla de su carne con ajo, chalotes y perejil, cocinada entonces con su caparazón; es un plato típico.

Ti-punch Abreviación de *petit punch*, este omnipresente y potente cóctel es el *apéro* (aperitivo) habitual de Guadalupe: mezcla de ron, lima y sirope de caña, pero sobre todo ron, combinado al gusto.

Cascada de montaña.

Guam

La base militar estadounidense Andersen ocupa prácticamente el norte del territorio, pero el sur, con su caleidoscopio rural de pueblos históricos, bellas cascadas e impolutas playas, es visita obligada.

CAPITAL
Hagåtña

POBLACIÓN
180 000

ÁREA
541 km²

IDIOMAS OFICIALES
Inglés, chamorro

Como isla más populosa de Micronesia, Guam es de lo más 'cosmopolita', por lo que los esnobs del Pacífico dan por sentado que carece de "auténtica cultura isleña". Lógicamente, el acento americano es omnipresente (Guam es territorio perteneciente a EE UU como incorporado y en muchas casas ondea su bandera) y el idioma chamorro se habla menos que antes, y si el viajero no se aleja de Tumon Bay –su rutilante centro de alojamiento y tiendas *duty-free*– entonces sin duda se sentirá abrumado y algo confuso.

Aun así, hoy la isla se halla en pleno proceso de reinvención. Las autoridades turísticas hablan de cómo el "producto Guam" (nótese la influencia americana) necesita una revisión completa de su estatus actual como parque temático del Pacífico para turistas japoneses. Quizá pronto llegue el día en que la cultura chamorro (absorbida desde hace años por invasiones y ocupaciones) será el centro de interés por encima de todo lo demás, especialmente la comida local y los fascinantes relatos que persisten en muchos pueblos.

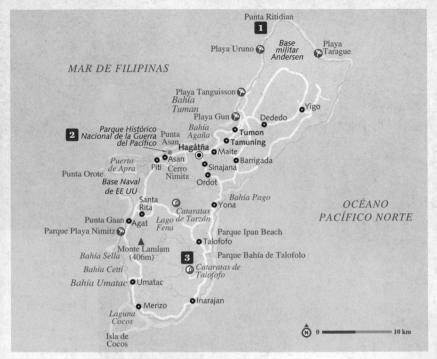

Guam
Las mejores experiencias

Punta Ritidian

1 Este refugio nacional de fauna y flora, en la punta más al norte de la isla, está gestionado por el Fish and Wildlife Service. Su mayor reclamo es la tentadora e impoluta playa; arena dorada, mar celeste y ondulantes palmeras son sus idílicos símbolos. Los días laborables la playa está maravillosamente vacía; los fines de semana, familias y grupos de *picnic* se apuntan al relax.

Parque Histórico Nacional de la Guerra del Pacífico

2 Este parque es una reflexión sobre la turbulenta ocupación de la isla en la II Guerra Mundial, con antiguos campos de batalla convertidos en territorios históricos. La unidad de Asan Beach incluye Asan Point, un amplio y apacible parque costero 1,6 km más al sur, con armas, torpedos y monumentos.

Cataratas de Talofofo

3 Popular zona de baño y *picnic* rodeada por una bella cascada en dos niveles, con piscinas debajo de cada salto.

Comida y bebida

Guam tiene una fijación con el fiambre en lata, y la empresa Hormel ha llegado a producir uno especial de Guam con un condimento picante parecido al tabasco.

La isla cuenta con los mejores restaurantes de Micronesia, así como con una amplia selección de estilos y nacionalidades, la mayoría en Tumon Bay.

La mejor comida autóctona se halla en el mercado nocturno de Chamorro Village.

Cuándo ir

TODO EL AÑO	ENE-MAY	JUL-NOV
➡ Temperatura media de 28°C.	➡ La mejor época para ir.	➡ Estación lluviosa.
➡ Precipitaciones medias anuales de 200 cm.	➡ Estación seca, con algo menos de humedad.	

Lago de Atitlán.

Guatemala

*Guatemala lleva siglos cautivando a los viajeros con su historia
fascinante, cultura diversa, pueblo enigmático, belleza natural,
majestuosas ruinas y hermosos paisajes coloniales.*

Es un lugar mágico. Si al visitante le interesan
los mayas, las montañas, los mercados, relajarse junto a un lago o explorar pintorescas ruinas precolombinas y bellos pueblos coloniales,
probablemente caerá bajo su hechizo.

¿Desea practicar *surf* por la mañana y
aprender español por la tarde? Sin problema.
¿Bajar a un volcán, darse una ducha y cenar
en un bar de sushi? Perfectamente factible.
¿Visitar un templo maya y tumbarse en una
hamaca de la playa al ponerse el sol? Hecho.

Guatemala tiene sus problemas, pero

sus habitantes no dejan que trasciendan.
Viajar aquí, antes una experiencia plagada
de riesgos e incomodidades, hoy es fácil; el
visitante puede hacer lo que desee, con el
único límite de su imaginación y tiempo.

Hay quien pregunta qué pasó con los
mayas. La respuesta es simple: siguen aquí, y
algunas de sus tradiciones se mantienen muy
vivas. La actual cultura maya está presente
en su forma más pura en localidades como
Rabinal y lugares sagrados como Laguna
Chicabal. Y los mayas, por doquier.

CAPITAL
Ciudad de
Guatemala

POBLACIÓN
14,4 millones

ÁREA
108 889 km²

IDIOMA OFICIAL
Español

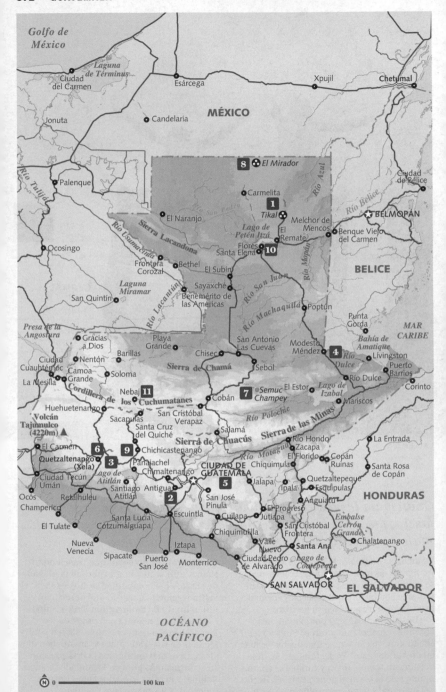

Guatemala
Las mejores experiencias

Tikal

1 Los restaurados templos que se alzan en este rincón de selva parcialmente talada asombran por su monumental tamaño y brillantez arquitectónica, como comprobará el viajero si llega temprano a la Gran Plaza de Tikal, uno de los grandes yacimientos mayas de Mesoamérica. Activos durante 16 siglos, son un asombroso testimonio de los hitos culturales y artísticos logrados por esta civilización de la selva.

Destaca en especial el mirador situado como un helicóptero sobre el elevado templo IV, en el extremo oeste. Igual de llamativa es la gran cantidad de fauna y flora, visible en los antiguos pasos elevados entre centros ceremoniales; caminando con cautela será más fácil ver monos araña, agutíes, zorros y pavos ocelados.

Antigua

2 Gigantescas cumbres volcánicas y laderas cubiertas de cafetales son el telón de fondo de los vestigios diseminados de la ocupación española; la antigua capital de Guatemala posee una belleza singular, trascendencia histórica y vibrante cultura. Es pues un atractivo marco para aprender español y cada año recibe a una variopinta población en sus prestigiosos institutos. Este flujo aviva un sofisticado panorama gastronómico y una efervescente vida nocturna.

Lago de Atitlán

3 Acaso el destino individual más interesante de Guatemala, provoca arrebatos poéticos hasta en los viajeros más curtidos. De origen volcánico, este lago, sereno y turbulento a la vez, está rodeado de volcanes y pueblos como Santiago Atitlán, con una próspera cultura indígena, y San Marcos, refugio para quienes desean conectar con su energía cósmica. Además, la oferta de actividades –parapente en Santa Catarina Palopó, kayak en Santa Cruz La Laguna o magnífico senderismo junto al lago– posibilita una estancia prolongada.

si Guatemala tuviera 100 habitantes

59 serían mestizos
40 serían mayas
1 sería de otro origen

exiliados guatemaltecos
(% de población emigrada)

84 EE UU
10 MÉXICO
2 CANADÁ
4 OTROS

población por km²

GUATEMALA   MÉXICO   ESPAÑA

† ≈ 8 personas

Río Dulce

4 Este río comunica el mayor lago del país con la costa caribeña, serpenteando por un valle de empinadas paredes, rodeado de exuberante vegetación, reclamos de aves y algún que otro manatí: la travesía en barco clásica e ineludible de Guatemala. No se trata de un crucero de placer; el río es una forma de vida y el medio de transporte de la región, pero se puede parar en varios puntos, y visitar comunidades ribereñas y fuentes termales, una experiencia mágica e inolvidable.

Ciudad de Guatemala

5 A la vibrante y descarnada capital, a menudo un reto y a veces sorprendente, se la ama o se la odia. Muchos hacen lo último y se van en cuanto pueden, pero quienes se quedan y miran más allá de su insulsa arquitectura y destartalada periferia hallan una ciudad llena de vida. Para los amantes de la cultura, de la buena mesa, de los centros comerciales y la música en vivo, la capital tiene un atractivo difícil de hallar en el resto del país.

Quetzaltenango

6 Experiencia urbana más amable que la capital, su combinación de paisaje montañoso, vida indígena en los altiplanos, atractiva arquitectura y sofisticación atraen a extranjeros en busca de un trozo de genuina vida urbana en Guatemala. Aquí pueden estudiar español en numerosos institutos de idiomas, como el prestigioso Celas Maya, o convertirla en su base para excursiones a destinos de gran altitud como Laguna Chicabal, situada en un cráter y lugar de peregrinación maya, o Fuentes Georginas,

Antiguas ruinas de Guatemala

En su momento álgido, el Imperio maya se extendía desde el norte de El Salvador hasta el golfo de México, y durante su período clásico posiblemente fue la civilización prehispánica más brillante de América. De sus grandes centros ceremoniales y culturales en Guatemala destacan Quiriguá, Kaminaljuyú, Tikal, Uaxactún, Río Azul, El Perú, Yaxhá, Dos Pilas y Piedras Negras. En Honduras, Copán también fue ganando y perdiendo relevancia a medida que el imperio y sus reinos individuales entraban en declive.

Visitar las ruinas mayas puede ser una poderosa experiencia, una auténtica vuelta atrás en el tiempo. Aunque algunos yacimientos son poco más que un montón de escombros o montículos cubiertos de hierba, otros, como Tikal y Copán, han sido ampliamente restaurados, y los templos, plazas y canchas del juego de pelota permiten vislumbrar su forma de vida.

Comida y bebida

Atole Bebida caliente de maíz, leche, canela y azúcar.

Chile relleno Picante y relleno de queso, carne, arroz u otros alimentos, rebozado con clara de huevo, frito u horneado con salsa.

Jocón Estofado de verduras y hierbas, con pollo o cerdo.

Licuado Batido elaborado con fruta fresca, azúcar, y leche o agua.

Pepián Pollo y verduras en una salsa picante de sésamo y semillas de calabaza.

Tamal Masa de maíz rellena de carne, alubias, chiles o sola, envuelta en hoja de banano o de maíz y hecha al vapor.

Tapado Guiso de marisco, leche de coco y plátano.

Tostada Tortilla delgada y crujiente con carne o queso, tomates, alubias y lechuga.

resort con fuentes termales en un frondoso valle.

Semuc Champey

7 Guatemala no tiene muchas zonas de baño de agua dulce apetecibles, pero este oasis rodeado de selva es sin duda una excepción. Las cascadas de agua azul turquesa se precipitan por varias piscinas calizas, creando un idílico entorno, para muchos el lugar más bello del país.

El Mirador

8 Para auténticos aventureros, la ruta hasta aquí es una oportunidad apasionante para explorar los orígenes de la historia maya; de hecho, los arqueólogos siguen trabajando en el yacimiento. Entre los cientos de templos envueltos en vegetación destaca La Danta, la pirámide más alta de los mayas, a la que se puede subir y que brinda vistas panorámicas de la copa de la selva. Está al menos a seis días a pie, aunque también se puede ir en helicóptero.

Cuándo ir

TEMP. ALTA
(dic-may)

➡ En fechas clave (Navidad, Año Nuevo, Semana Santa) los precios de los hoteles se disparan.

➡ Durante la Semana Santa, en Antigua hay que reservar con mucha antelación.

TEMP. MEDIA
(oct-nov)

➡ Las lluvias empiezan a dar un respiro, pero octubre es el momento álgido de la temporada de huracanes.

➡ Temperaturas suaves y días despejados; buena época para viajar y hacer senderismo en los altiplanos.

TEMP. BAJA
(abr-sep)

➡ Los precios caen, disminuye el gentío en los yacimientos arqueológicos, y no es necesario reservar.

➡ Las lluvias diarias de la tarde hacen bajar la temperatura en los altiplanos y que la selva se embarre.

Chichicastenango

9 Más que un lugar para comprar, este mercado, montado dos veces por semana, es una vívida ventana a la tradición indígena, antiguo punto de encuentro para habitantes de la región que hablan maya quiché y lugar de gran carga espiritual. En la céntrica iglesia de Santo Tomás, y el cerro de Pascual Abaj en su extremo meridional, los chamanes solapan la iconografía cristiana con rituales mayas. Además, Chichicastenango un buen sitio para comprar finas telas.

Películas

Aquí me quedo (Rodolfo Espinoza, 2010) En esta historia de un secuestro, rodada en Quetzaltenango, abunda el comentario político sutil, la comedia negra y la sátira.

Cápsulas (Verónica Riedel, 2011) Sobre la codicia, la corrupción y el comercio de la droga, es obra de una de las pocas directoras guatemaltecas.

Cuando las montañas tiemblan (Pamela Yates y Newton Thomas Sigel, 1983) Documental sobre la historia de la guerra civil en el que intervienen Susan Sarandon y Rigoberta Menchú.

Libros

La otra cara (La vida de un maya) (Gaspar Pedro González, 1995) Excelente estudio sobre la vida rural guatemalteca.

El arte del asesinato político (Francisco Goldman, 2008) Relato del asesinato del obispo Gerardi minuciosamente documentado.

El señor presidente (Miguel Ángel Asturias, 1946) El premio Nobel guatemalteco dirige ataques nada sutiles a la larga lista de dictadores del país.

Cómo desplazarse

'Chicken bus' Autobuses escolares estadounidenses reciclados; son económic van a todas partes, paran siempre que se solicita y no tienen capacidad máxima

Camioneta En zonas rurales sin servicio de autobús es el medio de transpo más común. Tras hacerle una señal en cualquier punto de la ruta, hay que su detrás y agarrarse. Los precios son similares a los *chicken buses*.

Autobús pullman Circulan solo por las autopistas principales, y son la elección más cómoda, aunque la calidad varía, pues hay desde Greyhounds reciclados a flamantes Mercedes. Tienen asiento numerado y son directos o semidirectos.

Servicio de enlace Estos microbuses no hacen paradas y circulan entre los principales destinos turísticos con servicio puerta a puerta. Se reservan en agencias de viaje y hoteles.

Flores

10 Isla de serenidad en el umbral de una vasta reserva selvática, es una buena base para explorar El Petén y un bello lugar para recargar las pilas. Al relajarse en las terrazas de los muchos bares y restaurantes que dan al lago de Petén Ixtá, o viajando a bordo de una desgastada chalupa hasta islotes aún más pequeños, el viajero hallará compañeros para internarse en Tikal. Aun así, su carácter pintoresco y cautivador retablo de distantes aldeas, son ya razón suficiente para ir.

Nebaj y triángulo ixil

11 Reducto de cultura indígena en un remoto (aunque de fácil acceso) entorno alpino, Nebaj es poco visitado, aun siendo la esencia del país. Hogar de la etnia maya ixil, con lengua propia y llamativos atuendos, es ya cruce de rutas por la espectacular cordillera de Cuchumatanes, con docenas de pueblos tradicionales como Cocop y Chajul, donde los afables lugareños ofrecen comida y alojamiento comunitarios.

Niño maya quiché, mercado de Chichicastenango.

Guayana Francesa

*Pequeño trozo de Francia en Sudamérica, es un enigmático
reducto colonial con sabor galo en un clima caribeño y relatos
de penurias en antiguas prisiones.*

Además de pulcra arquitectura colonial, este
pequeño territorio ofrece una inquietante
historia de colonias penitenciarias y parte
de la mayor diversidad de fauna y flora del
planeta. Es una extraña mezcla de legislación francesa y húmeda selva tropical, donde
solo algunos destinos de la costa son de fácil
acceso, por eso viajar puede ser frustrante y
difícil, además de caro. Como departamento
francés de Ultramar, es uno de los rincones
más ricos de Sudamérica, donde llegan fondos que aseguran una base estable para el
lanzamiento de satélites. En Cayena, la capital, se cruzan el Caribe, Sudamérica y Europa,
en su arquitectura y excelente comida, desde
cruasanes y platos criollos a pho vietnamita.

Pero ni siquiera una superpotencia europea
puede mantener la vasta selva virgen lejos
de la ciudad; hay baches en carreteras recién
asfaltadas, y helechos brotando entre los ladrillos, mientras amerindios, cimarrones y refugiados hmong conservan tradicionales formas
de vida tan alejadas de la *vie métropole* que
cuesta creer que tengan algo en común.

Guayana Francesa
Las mejores experiencias

Islas de la Salvación

1 Arena, palmeras y una espeluznante colonia penitenciaria en desuso. Desde esta "isla del Diablo" huyó supuestamente en una bolsa de cocos Henri Charrière, más conocido como Papillon. Actualmente la gente huye 'a' las islas.

Comida y bebida

Fricasé Arroz, alubias y carne salteada en un estofado; al estilo caribeño tiene salsa marrón o roja con un toque de pimienta de Cayena.

Gibier La caza de capibara, jabalí y agutí es legal y su carne está presente en todos los restaurantes.

Ti'punch Literalmente "pequeño ponche", contiene ron, zumo de lima y sirope de caña de azúcar.

Lanzamiento de satélites

2 En el Centro Espacial Guayanés de Kourou el viajero podrá ver una de las lanzaderas de satélites más activas del planeta. Es el único del mundo tan cerca del ecuador, donde la rotación de la tierra es más rápida que al norte o al sur, lo que provoca un "efecto honda". Desde 1980 dos terceras partes de los satélites comerciales han salido de la Guayana Francesa.

Cacao

3 Este trozo de Laos situado en las colinas es un pueblo de ríos transparentes, plantaciones de verduras y sólidas casas de madera sobre pilotes. Los refugiados hmong, que dejaron Laos en los años setenta, han hecho de Cacao su seguro y apacible refugio. El domingo, día de mercado, es el mejor momento para adquirir bordados y tejidos, y saborear exquisitos platos laosianos.

Cuándo ir

ENE-JUN
➡ Barro y lluvias, más intensas en mayo.

FIN ENE-MAR
➡ Cayena celebra un desenfrenado y excitante Carnaval.

JUL-SEP
➡ Menos lluvia durante la estación seca, aunque hay humedad y calor todo el año.

Músico tocando el balafón, Conakry.

Guinea

Sus descuidadas infraestructuras convierten el viaje en un reto, pero Guinea es un país con un gran potencial sin explotar, tanto para el viajero como para sus aguerridos habitantes.

Al transitar por una hipotética buena autopista, el viajero podría verse atraído por un minúsculo y polvoriento desvío hacia un terreno accidentado de gran belleza y arriesgadas vistas. Guinea es ese desvío.

Este país podría ser un paraíso en el oeste de África. Con un fuerte instinto independiente y casi la mitad de las reservas mundiales de bauxita, la Guinea poscolonial poseía todos los ingredientes para tener éxito. Como destino de viaje, su futuro también parecía asegurado, gracias a una vibrante

capital, un panorama musical de primera línea y bellos paisajes interiores. Lamentablemente no ha sido así; décadas de gobierno dictatorial han dejado a su sufrido pueblo soñando con un futuro próspero que debería haber empezado hace décadas.

Aun así, el país cuenta con maravillosos paisajes. Los amantes de la naturaleza pueden perderse en largas rutas por altas cascadas, altivas colinas y minúsculos pueblos, o seguir el rastro de elefantes en la selva virgen tropical.

CAPITAL
Conakry

POBLACIÓN
11,2 millones

ÁREA
245 857 km²

IDIOMA OFICIAL
Francés

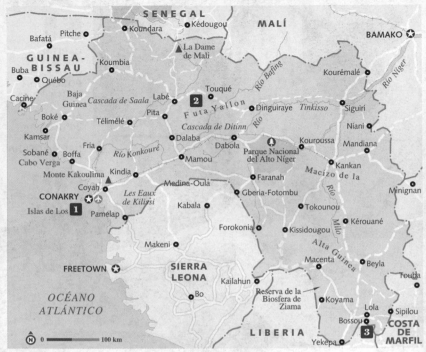

Guinea
Las mejores experiencias

Islas de Los

1 Poco delata aquí que estas islas fueron prisiones y centros de comercio de esclavos. Hoy estas apacibles playas con palmeras, perfectas para tumbarse con un batido de coco, reciben cada fin de semana a quienes huyen de la contaminación de la capital.

Comida y bebida

Cerveza Se aconseja probar las variedades locales: Skol, Guiluxe y Flag.

Café noir Parecido al espresso.

Kulikuli Albóndigas de cacahuete con cebolla y pimienta de cayena.

Riz gras Arroz frito con aceite y pasta de tomate, y servido con pescado, carne o verduras fritas.

Futa Yallon

2 Al recorrer las sinuosas curvas de la ruta de Mamou, no solo cambia el paisaje, sino también la población. El viajero se cruzará con elegantes ancianos con *boubous* de color añil e imponentes damas camino de la mezquita. Esta impresionante meseta es además un antiguo centro islámico. Con temperaturas frescas, el deslumbrante paisaje resulta ideal para el senderismo.

Instituto de investigación medioambiental de Bossou

3 Investigadores de todo el mundo vienen a estudiar los famosos chimpancés de las colinas circundantes. No queda mucho bosque primitivo, aunque la zona sigue siendo pintoresca e ideal para ver de cerca a estos alegres primates.

Cuándo ir

NOV-DIC

➡ La mejor época: las lluvias han hecho crecer ríos y cascadas, y el paisaje es verde.

JUL-AGO

➡ Estación lluviosa; muchas carreteras son impracticables, y Conakry un gigantesco lodazal.

ENE

➡ Las temperatura nocturnas pueden rondar los 6°C en zonas del altiplano.

CAPITAL
Bissau

POBLACIÓN
1,7 millones

ÁREA
36 125 km²

IDIOMA OFICIAL
Portugués

Guinea-Bissau

Uno de los rincones más olvidados de África también es uno de los más bellos y con mayor diversidad, con influencias portuguesas e idílicas islas poco visitadas.

Pese a ser un país sistemáticamente mal visto por jefes de Estado y corresponsales, Guinea-Bissau hará sonreír hasta al viajero más cansado. Sus chistes, como su música, son ruidosos pero tiernos. Los cuencos de ostras a la parrilla se sirven con una salsa de lima lo bastante picante para sentir su brío, pero no tan fuerte como para enmascarar la acidez. Los maltrechos edificios y las ajadas casas coloniales se deforman con sus balcones combados, pero en esa decadencia se percibe belleza.

Aquí, desnudos árboles de plata surgen como cornamentas entre franjas de hierba elefante, y los vendedores de anacardos se toman el pelo entre sí con un espíritu inequívocamente latino. Al llegar en barco al Bijagós, el viajero verá hipopótamos avanzando por lagunas llenas de peces y quizá tortugas anidando. Pese a las dolorosas guerras, golpes de Estado y redadas de cocaína, Guinea-Bissau bulle de alegría, aunque la vida cotidiana sea dura y el futuro desolador. Debe haber magia en ese zumo de anacardo.

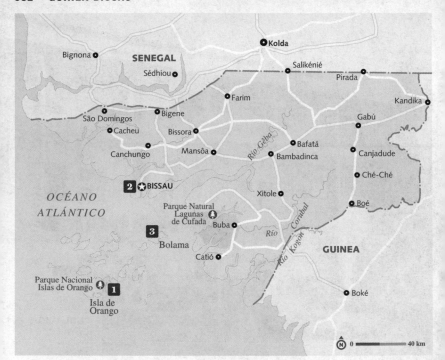

Guinea-Bissau
Las mejores experiencias

Isla de Orango

1 El corazón del Parque Nacional Islas de Orango alberga hipopótamos de agua salada poco comunes y la isla es además necrópolis de reyes y reinas bijagós. Los guías organizan excursiones para ver hipopótamos.

Comida y bebida

El marisco –gambas, ostras y el carnoso *bica* (pargo)– es la estrella; mejor salteados con cebolla y lima.

Un plato típico es el *chabeu*: pescado frito en abundante aceite y servido con una espesa salsa de aceite de palma con arroz.

Entre las bebidas locales destaca el vino de palma y los potentes licores *caña* (ron) y *cajeu* (de anacardo).

Bissau Velho

2 Extensión de angostos callejones y edificios en ruinas, custodiados por la Fortaleza d'Amura. Con su tejado bombardeado y fachada neoclásica llena de metralla, el antiguo palacio presidencial es un poderoso recuerdo de los conflictos latentes. Por contraste, la reconstruida Assembleia Ministério da Justiça, es la expresión arquitectónica de la esperanza democrática.

Bolama

3 A menor distancia de Bissau que las demás islas del archipiélago de Bijagós, esta bella e inquietante localidad parece muy distinta. Capital portuguesa de Guinea-Bissau hasta 1943, en sus costas abundan semiderruidas reliquias abandonadas tras la independencia. Los arbolados bulevares están delimitados por farolas que ya no alumbran, y el cuartel colonial es hoy un hospital.

Cuándo ir

DIC-FEB

➡ Meses más frescos del año; las tortugas marinas salen de sus nidos.

MAR-JUL

➡ Calor, humedad y sudor; hay que llevar mucha agua y crema solar.

AGO-OCT

➡ Conviene prepararse para una lluvia incesante.

Cercopiteco de orejas rojas, isla de Bioko.

CAPITAL
Malabo

POBLACIÓN
722 254

ÁREA
28 051 km²

IDIOMAS OFICIALES
Español, francés

Guinea Ecuatorial

Con dos mitades muy distintas, Guinea Ecuatorial es una nación dividida no solo por el mar sino también por la riqueza del petróleo y sus consecuencias.

Sus grandes reservas de 'oro negro' fueron descubiertas bajo el océano frente a la costa de isla de Bioko a mediados de los años noventa; el posterior desarrollo industrial alteró para siempre el paisaje, economía y cultura de la isla. Por su parte, la región continental (Río Muni) no ha cambiado en siglos.

La riqueza trajo conflictos y mala imagen: golpes de Estado fallidos, plus de peligrosidad, carne de animales salvajes y barriles de petróleo. Aun así, Guinea Ecuatorial es también el hábitat natural de primates de rostro pintado, suaves nubes de mariposas y vistosos insectos más propios de la ficción. En la zona continental aguardan playas blancas, caminos forestales y paisajes selváticos, y si el vibrante ritmo del hip hop nacional no incita al baile, siempre queda la arquitectura: catedrales góticas, antiguas iglesias de madera y casas de color mantequilla.

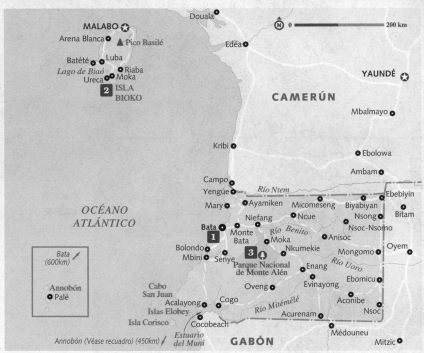

Guinea Ecuatorial
Las mejores experiencias

Bata

1 Esta ciudad, a orillas del litoral atlántico, crece en vertical con los ingresos del petróleo y está sufriendo una transformación digna de un *reality* televisivo. Hasta hace poco, la mayor urbe continental era una agradable escala sin más; hoy simplemente brilla con sus amplios bulevares de estilo californiano.

Isla de Bioko

2 Su extraña combinación de densa selva tropical, rara fauna y flora y plataformas petrolíferas deja perplejo. La pequeña localidad de Moka, en una altiplanicie y encajada entre grises cimas, gigantescas caobas y resplandecientes lagos, es un soplo de aire fresco, ideal para recorrer tramos de bosque perenne al amanecer. Los fans de *Perdidos* sostienen que Bioko inspiró la isla de la serie de TV.

Parque Nacional del Monte Alén

3 ¿Gorilas en Guinea Ecuatorial? Pues sí. Este es uno de los parques nacionales menos conocidos de África y de los más económicos para ver a una familia de gorilas de *picnic*. Su exuberante y aterciopelada selva acoge además chimpancés, elefantes de selva, mandriles, cocodrilos y ruidosas ranas del tamaño de un balón.

Comida y bebida

Malamba Licor de caña de azúcar.

Marisco Por lo general capturado del océano el mismo día.

Osang Té local.

Cuándo ir

DIC-FEB

➡ Estación seca en la isla de Bioko.

JUN-AGO

➡ La mejor época para viajar a la zona continental.

MAR-MAY Y SEP NOV

➡ Bajan las temperaturas; las carreteras están menos transitables en la estación húmeda.

Cataratas de Kaieteur.

Guyana

Desde elevadas cascadas y selva tropical a ríos repletos de caimanes, pocos lugares del planeta ofrecen aventura en estado tan puro como la boscosa Guyana.

Pese a su turbulenta historia de inestabilidad política y tensiones interétnicas, bajo los titulares de corrupción y mala gestión económica hay un pueblo alegre y decidido que está convirtiendo el país en uno de los primeros destinos de ecoturismo del continente.

Georgetown, su semiderruida capital colonial, inconfundiblemente caribeña, tiene una intensa vida nocturna, buenos sitios para comer y un innovador mercado. Lejos de la capital, en el sereno interior, más amazónico, hay comunidades amerindias y oportunidades únicas para ver fauna y flora.

Por su parte, la costa es de las más agrestes y menos urbanizadas del continente. Con zonas de anidamiento de tortugas marinas en todo el norte, y la posibilidad de montar con vaqueros en un rancho del sur o contemplar atónito uno de los saltos de agua más altos del mundo, Guyana compensa el lodo, los baches y el sudor. Para los amantes de la naturaleza, este promete ser el viaje de su vida.

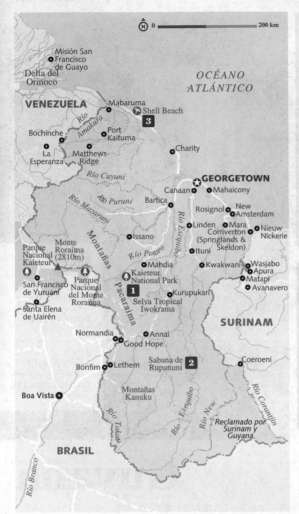

Cuándo ir

NOV-MED ENE

➡ Estación lluviosa en la costa y temporada alta para expatriados que regresan por Navidad.

MAY-AGO

➡ Estación lluviosa en el interior y en la costa, complica el viaje por carretera.

FIN DIC

➡ "Lluvias de anacardo" en el interior, ligeros chubascos proporcionan un grato descenso de temperatura.

Comida y bebida

Bake and saltfish Pan frito y bacalao salado.

Farine Apetitosa comida de mandioca servida con arroz u otro acompañamiento.

Pepperpot Sabroso estofado amerindio de carne de caza y mandioca.

Sopa de pata de vaca Sopa caribeña hecha con guisantes, verduras, albóndigas y patas de vaca o toro.

fares del mundo se abren camino entre llanuras de hierba dorada y termiteros, mientras surca el cielo una alucinante selección de aves.

Shell Beach

3 El viaje hasta esta playa, que se extiende unos 140 km por la costa norte hasta la frontera venezolana, exige atravesar en barco ríos repletos de aves, manglares y sabanas. Es zona de anidamiento de cuatro de las ocho especies de tortuga marinas autóctonas y una de las regiones menos urbanizadas de todo el litoral sudamericano, solo con cabañas de pesca temporales y pequeños asentamientos.

Guyana
Las mejores experiencias

Las cataratas de Kaieteur

1 Situarse en el saliente de uno de los mayores saltos de agua y ver caer 100 000 litros sobre un desnivel de 250 m en medio de una antigua y brumosa selva sin turistas constituye una experiencia única.

Sabana de Rupununi

2 Estas llanuras de aire africano, salpicadas de aldeas amerindias, pequeñas islas de selva, y una excepcional diversidad de fauna y flora permiten navegar junto a caimanes negros y nutrias de río gigantescas. Ríos con los mayores nenú-

Mercado, Puerto Príncipe.

CAPITAL
Puerto Príncipe

POBLACIÓN
9,9 millones

ÁREA
27 750 km²

IDIOMA OFICIAL
Francés, criollo

Haití

Haití aún lucha contra las secuelas del devastador terremoto del 2010. Pero es un país orgulloso, nacido de la revolución, y su gente está decidida a construir un futuro mejor.

Olvidando por un momento los escombros que aún obstruyen zonas de la capital, la antigua Haití, de hecho, era la vanguardia del turismo caribeño. En los años cincuenta del siglo pasado, Puerto Príncipe solo competía con La Habana como destino de ricos y famosos; sus clubes de *jazz* y casinos eran la escapada predilecta de la élite de Hollywood.

Con un mínimo de estabilidad podría llegar a ser el destino caribeño alternativo por excelencia: sus playas con palmeras nada tienen que envidiar a destinos cercanos, aunque tumbarse en la arena no sea el objetivo principal del viaje. La riqueza está en su historia y cultura, más próxima a las raíces africanas que otras naciones del Caribe, y siempre presentes en su vibrante panorama artístico y musical.

Haití no se lo pone fácil al viajero. Hay que estar atento a las noticias, y la estancia puede salir más cara de lo esperado. Pero una vez allí, viajar por este atractivo país es no solo posible sino muy gratificante.

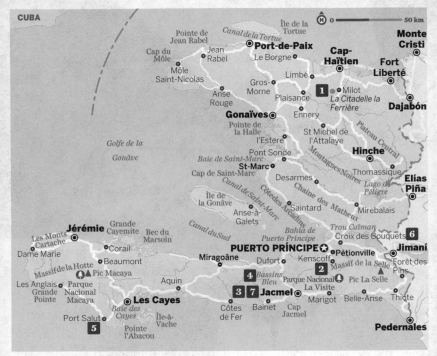

Haití
Las mejores experiencias

La Citadelle de la Ferrière

1 Esta imponente fortaleza es una auténtica declaración de intenciones en la lucha del país por mantener su independencia ante posibles ataques. Los haitianos la consideran la octava maravilla del mundo, y tras subir a la cima de 900 m del pico La Ferrière, es fácil estar de acuerdo. Esta gigantesca estructura de piedra en lo alto de un peñasco, con las ruinas de un versallesco palacio en su base, domina el entorno como altivo símbolo de la primera república negra del mundo. Épica en concepto y ejecución, y muy apartada de la mirada del mundo, se mantiene sin dificultad entre los mejores lugares de interés histórico del continente americano.

Senderismo en el Parque Nacional La Visite

2 Haití es un país con tantas montañas que sería una lástima verlas solo desde la carretera. Kenscoff, encima de Pétionville, es el punto de entrada al Parque Nacional La Visite. Desde aquí, la ruta que atraviesa el sector occidental del Massif de la Salle a Seguin, dura entre 6 y 8 h y es una de las más espectaculares del país. El parque aún conserva gran cantidad de pinares originarios, extrañas formaciones rocosas quebradas y, cuando se abre el paisaje brinda soberbias vistas del mar Caribe. Una larga caminata por un sendero compartido con agricultores de la región es ideal para estirar las piernas, y el mejor antídoto para el ajetreo de la gran ciudad.

Carnaval en Jacmel

3 Si el viajero busca lentejuelas y ostentosa bisutería de carnaval le será fácil encontrarlo. El teatro callejero de Jacmel es algo más surreal, donde individuos y comparsas desfilan y actúan con disfraces caseros y máscaras de papel *maché* de artesanos locales. Vudú, sexo, muerte o revolución se hallan presentes, combinados con música callejera y alocadas travesuras, en una rúa donde la gente y los actores

Kenscoff, punto de entrada al Parque Nacional La Visite.

comparten protagonismo. La música es omnipresente, desde bandas en carrozas organizadas a grupos a pie de *rara,* una de las formas más populares de música haitiana. ¿Dónde más se puede ver a un asno con deportivas y sombrero?

Bassins Bleu

4 Unos 12 km al noroeste de Jacmel, en las montañas, estas tres piscinas azul cobalto unidas por cascadas constituyen una de las zonas de baño más bellas del país. Bassin Clair es la más atractiva, muy

adentrada en la montaña al pie de la cascada, abrigada y rodeada de rocas lisas cubiertas de culantrillos y helechos trepadores.

Port Salut

5 Haití es uno de los pocos países caribeños que no se presenta como destino playero, pero no por ello hay que ignorar sus playas. Mientras que en la costa norte hay acantilados espectaculares y un fuerte oleaje atlántico, en el sur —en Port Salut en especial— hay bellos tramos de arena blanca bordeada de palme-

si Haití tuviera 100 habitantes

35 tendrían entre 0-14 años
22 tendrían entre 15-24 años
34 tendrían entre 25-54 años
5 tendrían entre 55-64 años
4 tendrían más de 65 años

grupos religiosos
(% de población)

80 Católicos
16 Protestantes
 3 Otras religiones
 1 No religiosos

población por km²

HAITÍ   MÉXICO   ESPAÑA

✝ ≈ 8 personas

Cuándo ir

TEMP. ALTA
(nov-mar)

➡ Seco y caluroso; lluvias frecuentes en el norte.

➡ Carnaval en Puerto Príncipe y Jacmel (febrero) y festival de vudú Fet Gédé Vodou en todo el país (noviembre).

TEMP. MEDIA
(abr-jul)

➡ Lluvias en el sur.

➡ El importante festival de vudú y peregrinación de Soukri tiene lugar en julio cerca de Gonaïves.

TEMP. BAJA
(ago-oct)

➡ Temporada de huracanes (ago y sep) pero se puede viajar si no hay tormentas.

➡ Suele haber fuertes precipitaciones cada día.

El vudú

Probablemente no exista una religión más difamada e incomprendida; si el viajero está pensando en zombis y muñecas con alfileres, debe olvidarse de Hollywood.

Germen de la personalidad haitiana, el vudú es un sofisticado sistema de creencias con raíces en su pasado africano y en la rebelión de los esclavos que condujo a la independencia en 1804. Durante tres siglos fueron llegando esclavos de los reinos de Dahomey y Kongo, en el oeste y centro de África. Además de su trabajo, los esclavos aportaron sus religiones tradicionales; el vudú es una síntesis de todas ellas, combinada con ritos residuales taínos y la iconografía católica colonial.

Comida y bebida

Bannan Plátano frito.

Barbancourt La mejor marca de ron de producción local.

Diri Arroz

Fritay Tentempié callejero de carne, pescado o plátano fritos.

Fruta Abunda la fruta fresca; mangos y aguacates son especialmente sabrosos.

Griyo Carne de cerdo.

Kabrit Cabra.

Lambi Caracola.

Pate Pasteles salados; un buen tentempié callejero.

Plat complet Los elementos esenciales de la comida haitiana (arroz, alubias y plátano frito) con carne, acompañado de una salsa.

Poule Pollo.

Prestige La mejor marca de cerveza local.

Pwa Alubias.

Tasso Ternera.

Tienda de artesanía, Rue du Commerce, Jacmel.

ras y aguas cálidas. Sirven pescado a la parrilla y ron, y el viajero podrá disfrutar las playas casi en solitario.

Crois des Bouquets

6 Lugar con una de las escenas artísticas más vibrantes de Haití, en su barrio de Noialles, los *boss fé* (herreros) dan forma a asombrosas obras de arte decorativas a partir de carrocerías de vehículos y bidones de petróleo aplanados. Algunos de los diseños más populares son el árbol de la vida, la *Iwa La Siren* (sirena) del vudú, aves, peces, músicos y ángeles.

Artesanía de Jacmel

7 Esta vieja, apacible y sugerente localidad portuaria es un paraíso para los compradores de recuerdos; los más conocidos son las máscaras de carnaval de papel *maché*, exclusivas de Jacmel. Otras piezas más pequeñas son los manteles y las cajas pintados a mano, flores de madera y maquetas de *taptaps* (autobuses), animales y barcos. Los precios son razonables y los vendedores, nada agresivos. Casi todas las tiendas y galerías están en Rue St-Anne.

Cómo desplazarse

Avión Siendo un país pequeño, los vuelos son cortos y ahorran horas en carreteras en mal estado.

Barco Varias islas y zonas remotas de Haití son solo accesibles en ferris incómodos y a menudo peligrosamente llenos. En algunas zonas, pequeñas embarcaciones operan como taxis acuáticos.

Autobús Son grandes, económicos y aparentemente indestructibles. No hay horarios; salen cuando se llenan. Un *taptap* suele ser un microbús o camioneta, para viajes urbanos o interurbanos.

Taxi Puerto Príncipe y Cap-Haïtien tienen taxis colectivos, llamados *publiques*, con rutas fijas. Hay mototaxis en todas partes.

Ruinas de Copán.

Honduras

Submarinismo en las islas de la Bahía, ruinas mayas, ciudades coloniales, playas caribeñas y húmedas selvas montañosas: sobran los motivos para descubrir Honduras.

CAPITAL
Tegucigalpa

POBLACIÓN
8,4 millones

ÁREA
112 090 km²

IDIOMA OFICIAL
Español

El viajero quizá haya oído hablar del chico malo de Centroamérica, y hasta en los titulares, Honduras y el conflicto parecen ir de la mano. A finales del 2009 cuando el expresidente Manuel Zelaya se exilió en Costa Rica, los turistas se fueron con él. Aun así, y pese a su mala fama, la gran mayoría de los viajeros lo pasan bien aquí. No en vano, al país le sobran atractivos: las míticas islas de la Bahía (paraíso del submarinismo y la fiesta), las mágicas ruinas mayas de Copán, la seductora belleza de las altiplanicies de Lenca, y las reservas selváticas de La Mosquitia, ricas en fauna y flora.

El país ofrece además una soberbia relación calidad-precio: todos los deportes de aventura que han puesto a Costa Rica en el mapa se pueden practicar aquí a precio de mochilero. Los paisajes son únicos, sus puntos de interés cultural, cautivadores, y su gente, amable. Evidentemente, hay que extremar la prudencia, sobre todo en las grandes ciudades... pero es hora de dar el paso y descubrir Honduras por uno mismo.

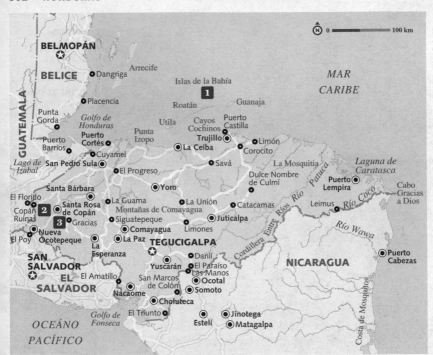

Honduras
Las mejores experiencias

Islas de la Bahía

1 El espectacular submarinismo atrae a visitantes de todo el mundo a estas tres islas (Roatán, Utila y Guanaja) a 50 km de la costa norte. Sus arrecifes forman parte de la segunda mayor barrera del mundo tras la Gran Barrera de Coral australiana.

Comida y bebida

Anafres Frijoles y quesillo para untar, en una cazuela de barro caliente; se comen como los nachos.

Baleadas Desayuno típico a base de frijoles y quesillo envuelto en una tortilla.

Casabe Crujiente pan delgado típico de las comunidades garífunas.

Ruinas de Copán

2 Uno de los principales núcleos mayas vivió, creció y acabó por desmoronarse misteriosamente en torno al yacimiento arqueológico de Copán, hoy Patrimonio Mundial de la Unesco, a un corto paseo de la bella localidad de Copán Ruinas. En la actualidad el viajero puede maravillarse ante complejas tallas de piedra y épicas estructuras antiguas cuyos orígenes se remontan al misterioso Imperio maya.

Gracias

3 Fundada en 1526 por el capitán Juan de Chávez, fue capital de la Centroamérica española durante un breve período en el s. XVI, y en sus edificios e iglesias coloniales quedan huellas de ese esplendor. El ritmo de vida en sus calles adoquinadas rara vez supera la velocidad del paseo.

Cuándo ir

OCT-FEB

➡ Estación lluviosa en la costa norte e islas, pero seco en el interior.

MAR-MAY

➡ Seco y caluroso, con temperaturas al alza en el interior.

JUN-SEP

➡ Temporada alta para ver tiburones ballena en Utila.

CAPITAL
Hong Kong

POBLACIÓN
7,1 millones

ÁREA
1104 km²

IDIOMAS OFICIALES
Cantonés, inglés

Hong Kong

Esta enigmática ciudad de elevados rascacielos, antiguos rituales y películas de acción es segura, acogedora y maravillosamente bien organizada.

Los seductores barrios y curiosas islas que componen Hong Kong son un deleite para los sentidos que merece la pena explorar. El viajero puede mecerse en un tranvía de dos pisos, para unirse luego al animado gentío de las carreras de caballos del centro, o contemplar el espléndido puerto.

Con todo, más del 70% del territorio son montañas y extensos parques rurales, así que es fácil cruzar sus límites en una de las mejores redes de transporte del mundo y pasar el día en un pueblo de la dinastía Song o recorriendo playas azotadas por el oleaje. Al margen de las preferencias culinarias, el viajero no se quedará con hambre ante un bol de fideos con ternera, una cesta de dim sum vegetariano, un tofu o un aromático plato de gambas al vapor con ajo recién hechas.

Los compradores compulsivos están de enhorabuena: desde chaquetas chinas a cuchillos de cocina a medida, la oferta y variedad en los estantes de Hong Kong es alucinante.

Hong Kong
Las mejores experiencias

Star Ferry desde Kowloon a la isla de Hong Kong

1 Pieza flotante del patrimonio de la ciudad y atracción turística a precio de risa. Inaugurado en 1880, surca las plácidas aguas del Puerto Victoria con familias, estudiantes, oficinistas, amantes de los barcos y turistas. La travesía de 15 min con vistas a los rascacielos elevándose por colinas cubiertas de selva es uno de los cruceros con mejor relación calidad-precio del mundo. Aunque la panorámica es más espectacular en dirección a la isla, el muelle *art déco* de Kowloon, en forma de dedo apuntando, quizá tiene más encanto.

Vistas desde el pico Victoria

2 Encumbrado sobre el núcleo financiero de la isla de Hong Kong, el pico Victoria ofrece inigualables vistas de la ciudad y la montañosa campiña. El espeluznante tranvía (en activo desde 1888) sube hasta climas más frescos mientras debajo va desfilando una masa ingente de opulentos rascacielos y congestionados bloques de pisos. Con las luces del anochecer, el Puerto Victoria centellea como la Vía Láctea en un cartel de película de ciencia ficción. Una visión iniguala-ble.

Mirador en el pico Victoria.

Mercados

3 Mong Kok es, con sus mercados especializados, la mejor opción para dar un grato paseo por la periferia. El mercado de Tung Choi St (mercado de las Mujeres), de 1,5 km de longitud, tiene desde camisetas con la inscripción "I love HK" a clásicos bañadores y ropa interior sexy; el de flores vende semillas exóticas, herramientas de jardín y flores aromáticas, y el de peces de colores exhibe estas criaturas en silenciosos acuarios con luz ultravioleta. Además, hay mercados verticales, como un centro comercial de múltiples plantas

si Hong Kong tuviera 100 habitantes

93 serían chinos
2 serían indonesios
2 serían filipinos
3 serían de otro origen

actividades
(% de población)

41 — comercio, restaurantes y hoteles
17 — servicios sociales y comunitarios
12 — finanzas, seguros y propiedades inmobiliarias

7 — manufacturas y construcción
10 — transporte y comunicaciones
13 — otros

población por km²

HONG KONG   CHINA   SINGAPUR

♟ ≈ 150 personas

---

dedicado a la informática, y un paraíso para amantes de teléfonos móviles y otros aparatos.

Templo de Man Mo

4 Conviene evitar los bares del Soho y acercarse a la religiosidad popular china en esta pintoresca institución del s. XIX. Envuelto siempre en el espeso humo de sándalo de las espirales de incienso, este popular templo está dedicado a Man y Mo, dioses de la literatura y la guerra. Antiguo foco político y cultural de la comunidad china, este espacio de iluminación tenue cuenta con muchos más seguidores aparte de los obedientes estudiantes y variopintos luchadores callejeros, pues el pueblo llano acude a celebrar ritos antiquísimos y a que le adivinen el futuro.

Restaurantes de Wan Chai

5 Si el viajero tuviera que elegir a ciegas un restaurante de barrio donde disfrutar de una buena comida, lo más acertado sería hacerlo en Wan Chai. Aquí hay numerosos locales para todos los bolsillos: cocina regional china, europeas, asiáticas, de fusión este-oeste, con clase, de precio medio o de poca monta. Sea cual sea la opción deseada, seguro que se encuentra.

Carreras de Happy Valley

6 Cada noche de miércoles el hipódromo de Happy Valley cobra vida con ocho electrizantes carreras y un carnaval de comida y cerveza. Se puede probar suerte apostando o simplemente dejarse llevar por el júbilo colectivo y el estruendo de los cascos de los caballos.

Las abuelas de alquiler

Bajo el paso elevado de Canal Road, entre Wan Chai y Causeway Bay, el viajero puede contratar a pequeñas ancianas para vencer al enemigo. Desde sus taburetes de plástico, golpean con un zapato (el suyo plano ortopédico o el de tacón de su cliente) las fotos de algún rival amoroso, matón de oficina o irritante celebridad, mientras profieren rítmicas maldiciones, y todo por solo 50 HK$. En el templo de Hung Shing, un 'maestro' hace lo propio con una simbólica y valiosa espada por la desorbitada suma de 100 HK$.

Las carreras tienen su origen en el s. XIX, cuando comerciantes europeos importaron robustos sementales de

Comida y bebida

Cha Chaan Tang Las teterías son conocidas por su peculiar té con leche, fuerte infusión de varios tipos de té negro y cáscara de huevo machacada que lo hace más suave. Entonces se filtra con una tela que cuelga como una media (de ahí el nombre "pantyhose milk tea"), y se toma con leche evaporada. Mezclado con tres partes de café, da lugar a la bebida por excelencia de Hong Kong: el té-café.

Dai Pai Dongs Puesto de comida ambulante o fijo en una destartalada cabaña con mesas y taburetes que suelen invadir la acera.

Dim Sum Delicias cantonesas acompañadas de té en el desayuno o almuerzo. El término significa literalmente "tocar el corazón" y el acto de comer dim sum es conocido como *yum cha* (beber té). Los platos, con dos o cuatro trozos al vapor en una cesta de bambú, se comparten. En los establecimientos más tradicionales, basta con parar al camarero y elegir algo del carro. Los locales modernos dan una hoja de pedido, casi siempre solo en chino.

Espirales de incienso, templo de Man Mo.

Mongolia. Hoy se celebran cada semana, excepto en los sofocantes meses de julio y agosto.

Recorrer el Hong Kong Trail

7 A las puertas de la ciudad, este camino conduce hasta cerros esmeralda, apartados bosques y majestuosos senderos con fabulosas vistas del accidentado sur y de su cimbreante orilla, una vez se llega a la imponente cresta conocida como Dragon's Back. Arrancando desde el Peak, esta ruta de 50 km serpentea por toda la isla de Hong Kong y pasa junto a pintorescos embalses, campos de batalla de la II Guerra Mundial y bahías azul cobalto. Repartido por cinco parques naturales, este delicioso sendero invita a cómodos paseos y caminatas más exigentes.

Pueblos amurallados

8 En Yuen Long, estos pueblos equivalen a volver cinco siglos atrás, época de expansión de la piratería por la costa sur china. Aislado del núcleo administrativo del país, Hong Kong, con sus peligrosas costas y escarpado territorio, era un gran escondite de piratas. Los primeros habitantes construyeron pueblos con altos muros, algunos defendidos por cañones. En su interior se ven hoy salones ancestrales, patios, pagodas, templos, pozos y antiguos utensilios agrícolas, vestigios del Hong Kong precolonial restaurados con esmero.

Cuándo ir

OCT-PPIOS DIC
➡ Temperaturas moderadas y cielos despejados; la mejor época para ir.

JUN-AGO
➡ Calor, humedad y lluvia.

SEP
➡ Atención a los tifones.

Buda de Tian Tan

9 Favorito entre excursionistas locales y visitantes extranjeros, el mayor Buda de bronce sedente del mundo domina las colinas occidentales de Lantau. A esta serena y gigantesca estatua se llega con el pintoresco teleférico Ngong Ping 360. Debajo, el popular restaurante vegetariano del monasterio de Po Lin permite degustar comida de los monjes. El cumpleaños de Buda en mayo es un animado momento para visitar este destacado lugar de peregrinación.

Explorar Lamma

10 Si esta isla tuviera una banda sonora,

Películas

Deseando amar (2000) Obra maestra de Wong Kar-Wai sobre un amor ardiente en el Hong Kong de los años sesenta.

El latido de la montaña (2007) Un drama de Kenneth Bi acerca del hijo de un mafioso que debe huir a la montaña, con fuerte carga de filosofía zen.

Juego sucio (Andrew Lau y Alan Mak, 2002) Premiada película sobre la guerra entre un importante capo de la mafia y un agente de la policía infiltrado fue recreada por Martin Scorsese con el título de *Infiltrados*.

....

Libros

El candado de oro (Eileen Chang, 1943) La vida de una mujer obligada por su familia a casarse sin amor dio pie a una obra maestra de la literatura china del s. xx.

Días de Hong Kong (Xavier Moret, 2013) Un retrato del consumismo que anima la metrópolis y su convivencia con tranquilos monasterios e islas sin coches.

Cómo desplazarse

Autobús Amplia red, ideal para trayectos cortos. Casi todas las líneas circulan de 6.00 a 24.00.

Ferri Star Ferry une la isla de Hong Kong y Kowloon por el pintoresco puerto, de 7.30 a 22.20. Otras flotas más modernas viajan entre el Distrito Central y las islas exteriores.

MTR La red de metro y trenes cubre gran parte de la ciudad y es la forma más fácil de moverse. Casi todas las líneas circulan de 6.00 a 24.00.

Tranvía Circula en la franja norte de la isla de Hong Kong. Es lento, pero con vistas excelentes. Hay servicio de 6.00 a 24.00.

sería reggae. Su ambiente relajado atrae a cultivadores de hierba, músicos y terapeutas *new age* procedentes de distintas culturas. Tras empaparse del ambiente, el viajero puede dejarse guiar por las tres centrales de carbón, de aspecto más alucinante que sombrío, para llegar a la playa más cercana. Después de relajarse un rato, al atardecer le esperan gambas al vapor, calamares fritos y cerveza junto al muelle.

Hong Kong Wetland Park

11 Bajo un imponente arco de bloques de pisos, este humedal de 61 Ha en el superpoblado Tin Shui Wai es un pantanoso y algo surrealista refugio de biodiversidad, una mezcla de ciudad y naturaleza curiosamente armoniosa. Los bellos ecosistemas de esta alejada –aunque de fácil acceso– zona de los Nuevos Territorios proporcionan serenos hábitats para una gran variedad de aves acuáticas y otras especies. En este paisaje de manglares, ríos y lagunas repletas de peces se puede olvidar por un momento el mundo creado por el hombre.

ALEX WELSH / GETTY IMAGES ©

Baños Széchenyi, Budapest.

CAPITAL
Budapest

POBLACIÓN
9,9 millones

ÁREA
93 028 km²

IDIOMA OFICIAL
Húngaro

Hungría

Con una lengua, una cocina y unos vinos sin igual, Hungría siempre ha bailado a su propio son. Es, en definitiva, Europa en todo su exotismo.

A un corto trayecto de Viena, la tierra de Franz Liszt y Béla Bartók, de los platos espolvoreados con pimentón y del romántico Danubio sigue cautivando al viajero. El encanto de Budapest, antaño ciudad imperial, es más que evidente, y además presume de la vida nocturna más palpitante de la región. También hay otras ciudades, por ejemplo, Pécs, el cálido corazón del sur, y Eger, la capital vinícola del norte, que tienen mucho que ofrecer al viajero, lo mismo que la extensa campiña, en particular la Gran Llanura húngara, salpicada de vaqueros y cabezas de ganado.

Y, ¿ en cuántos lugares es posible relajarse en un balneario al aire libre entre inmaculados restos de nieve? Hungría ofrece todo el *glamour*, agitación y diversión de Europa occidental, y a mitad de precio.

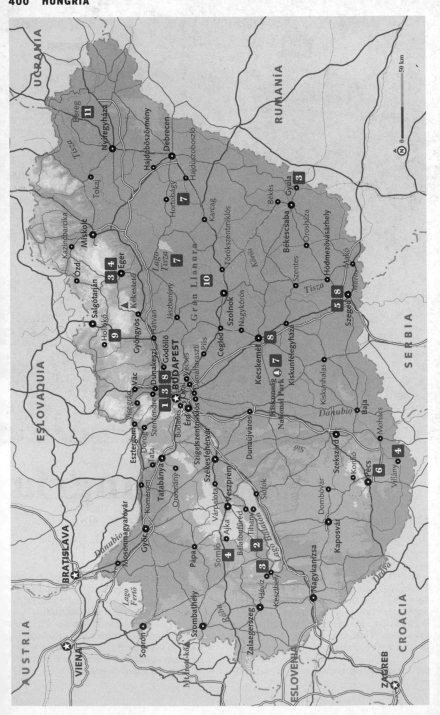

Hungría
Las mejores experiencias

Colina del castillo de Budapest

1 Budapest posee un sinnúmero de joyas arquitectónicas, pero si hay un lugar que destaque por encima del resto, esa es la meseta de caliza sobre la orilla occidental del Danubio. La muralla medieval del castillo encierra muchas atracciones, desde el espléndido gran salón del Trono y los tesoros del Museo de Historia de Budapest hasta el claustrofóbico laberinto del castillo y la impresionante vista del Parlamento al otro lado del río, en Pest, desde el Bastión de los Pescadores.

Orilla septentrional del lago Balatón

2 El 'mar' de Hungría (y el mayor lago de Europa continental) es el lugar favorito del país para solazarse al sol y nadar en verano. La orilla más tranquila del lago combina bellas playas y diversión a carretadas con poblaciones históricas como Keszthely y Balatonfüred. Tihany, una península de 30 m de altitud que se adentra 4 km en el agua, alberga una impresionante abadía, y Badacsony atrae a las masas con su ubicación ribereña, sus cultivos en colinas y sus vinos blancos.

Bastión de los Pescadores, Budapest.

Baños termales

3 Con más de 300 fuentes termales públicas repartidas por todo el país, no cuesta encontrar donde ponerse a remojo. Algunos baños termales, como Rudas y Király en Budapest y parte del baño turco de Eger, datan del s. XVI. Asimismo, cada vez están adquiriendo mayor popularidad los parques acuáticos. Entre las experiencias más singulares en un *spa* en Hungría están flotar en un lago termal en Hévíz o darse un baño en un castillo en Gyula.

Vino y pálinka

4 De tradición milenaria, los vinos húngaros

si Hungría tuviera 100 habitantes

92 serían húngaros
2 serían rumanos
6 serían de otro origen

grupos religiosos
(% de población)

52	16	3
Católicos	Calvinistas	Luteranos

3	12	14
Católicos ortodoxos	Otras religiones	No religiosos

población por km²

HUNGRÍA   ALEMANIA   ESPAÑA

👤 = 11 personas

gozan de reconocimiento en el mundo entero. Los más populares son el Tokaj, dulce y de color miel, y el Bull's Blood, rojo carmesí, ambos producidos en Eger. No hay que subestimar los corpulentos tintos de Villány, ni tampoco los blancos de Somló, con un toque mineral. Al margen del vino, cabe destacar el *pálinka*, un orujo de frutas (albaricoque, ciruelas, incluso frambuesas) de alta graduación. Tampoco hay que olvidarse del cada vez más popular *unicum*, un aperitivo de color chocolate sumamente amargo.

Szeged

5 Capital cultural de la Gran Llanura y tercera ciudad húngara, Szeged está llena de ineludibles obras maestras *art nouveau*, estudiantes, cafés y zonas verdes a ambos lados del río Tisza. El teatro, la ópera y las actuaciones musicales de todo tipo abundan, con el veraniego Szeged Open-Air Festival como culminación. La ciudad también goza de merecida fama por su cocina, cuyos máximos exponentes son la sopa de pescado, preparada con pimentón del lugar, y *pick*, el embutido más apreciado de Hungría.

Pécs

6 Esta memorable ciudad está premiada con un singular legado arquitectónico turco y antiguas tumbas romanas y cristianas. Su mezquita-iglesia es el mayor edificio otomano que se conserva en Hungría, mientras que la mezquita Hassan Jakovali ha sobrevivido casi incólume al paso de los siglos. Pécs es muy rica en arte y museos. Y, por si fuera poco, el clima es suave, casi mediterráneo, palpable en la floración de

El pimentón

El ingrediente indispensable de la cocina húngara tal vez no sea exactamente lo que uno espera. En términos generales es bastante suave y seguramente un taco con salsa o un curri indio resulten más abrasadores. Pero lo cierto es que muchos platos húngaros, como el *pörkölt* (estofado de ternera, cerdo o venado) o el *halászlé* (sopa de pescado), no serían lo mismo sin el toque de "oro rojo" producido en la región de Szeged y Kalocsa. Viene en diferentes grados de picante y constituye un puntal de la cocina y la cultura magiares.

Comida y bebida

Gulyás (*goulash*) El plato bandera húngaro, aunque aquí se asemeja más a una sopa que a un estofado, preparado con ternera, cebollas y tomates.

Gundel palacsinta Tortita flambeada con chocolate y frutos secos.

Halászlé Sopa de pescado preparada con pescado de río hervido, tomates, pimientos verdes y pimentón.

Lángos Pan frito con varios ingredientes por encima, normalmente queso y crema agria.

Pálinka Orujo de frutas.

Pörkölt Estofado con una fuerte dosis de pimentón, parecido al *goulash*.

Rétes (*strudel*) Relleno de semillas de amapola, mermelada de cereza o *túró* (requesón o queso fresco).

Savanyúság Literalmente "acidez"; desde pepinillos agridulces a *chucrut* muy ácido, como acompañamiento.

Somlói galuska Bizcocho con chocolate y nata montada.

Unicum Amargo aperitivo conocido como el "acelerador nacional de Hungría".

Cúpula de los baños Gellért, Budapest.

los almendros y los frutales llegada la época.

Observación de aves

7 Con 250 especies clasificadas, varias de ellas amenazadas y muchas únicas, Hungría alberga una abundante vida aviar que puede observarse sin necesidad de desviarse. Se puede visitar Hortobágy, en la Gran Llanura, para ver las migraciones otoñales, o alguno de los muchos lagos, como Tisza, poblado por aves acuáticas. Las avutardas proliferan en el Parque Nacional Kiskunság, cerca de Kecskemét, mientras que los nidos de cigüeñas blancas en las chimeneas del este del país son un espectáculo, de mayo a octubre.

'Art nouveau'

8 En Hungría no falta arquitectura *art nouveau* y su variante vienesa, el secesionismo. Se pueden admirar magníficos ejemplos, en buena parte construidos durante la Edad de Oro del país, en los albores del s. XX, en ciudades como Budapest,

Cuándo ir

TEMP. ALTA
(jul-ago)

➡ El verano es cálido, soleado y largo.

➡ Los *resorts* del lago Balatón y los montes Mátra se reservan al completo; precios altos en todo el país.

➡ Muchas ciudades se paralizan en agosto.

TEMP. MEDIA
(abr-jun, sep-oct)

➡ La primavera es sensacional, aunque pueden producirse lluvias en mayo y a principios de junio.

➡ El otoño es una época muy especial en los montes; los festivales anuncian la *szüret* (vendimia).

TEMP. BAJA
(nov-mar)

➡ Noviembre es lluvioso, y el invierno, frío y a menudo deprimente.

➡ Muchos puntos de interés acortan sus horarios.

➡ Los precios caen estrepitosamente.

Szeged y Kecskemét. Sus fluidas líneas curvas, sus formas asimétricas, su colorista alicatado y demás elementos decorativos, destacan en rutilantes edificios de elegancia y exquisitez barroca y en serenas estructuras geométricas neoclásicas que dejarán al viajero boquiabierto.

Hollókő

9 Aunque solo tenga dos calles, Hollókő es el pueblo más bello de Hungría. Sus 65 casas encaladas, casi intactas desde su construcción en los ss. XVII y XVIII, son excelentes ejemplos de arquitectura tradicional popular, reconocidas por la Unesco desde hace un cuarto de siglo. Pero además es un bastión de la cultura tradicional húngara, y en él se refleja el profundo arraigo del arte y las costumbres ancestrales de la comunidad étnica palóc.

La 'puszta'

10 En general, los húngaros tienen una visión romántica de la *puszta*, o Gran Llanura, una

Películas

El gran cuaderno (János Szász, 2013) La peripecia de dos mellizos tras la II Guerra Mundial.

La herencia de Eszter (Josef Sipos, 2008) Recreación de la novela homónima.

Padre (Iván Szabó, 1966) Metáfora acerca de la pérdida de la inocencia filmada por el maestro del cine húngaro.

Libros

Divorcio en Buda (Sándor Márai, 1935) Cautivante novela sobre el final de una época.

Doce días: la historia de la Revolución Húngara de 1956 (Victor Sebestyen, 2007) Relato día a día del levantamiento.

Cómo desplazarse

Menetrend (www.menetrendek.hu) dispone de enlaces a los horarios de toc los medios de transporte.

Autobús El medio preferido en la mayor parte de las poblaciones magiares. Es una forma barata y eficiente de desplazarse a lugares apartados. La amp red de Volánbusz (www.volanbusz.hu) cubre destinos en todo el país.

Tren MÁV (www.elvira.hu) ofrece convoyes limpios, puntuales y relativamen cómodos (si acaso algo anticuados). La red conocida como HÉV da servicio a la periferia de Budapest.

Tranvía Las mayores urbes húngaras (Budapest, Szeged, Miskolc y Debrece disponen de una red de tranvías.

región de recios pastores que luchan contra el viento y la nieve en invierno y tratan de no perder la chaveta en verano, cuando se forman los famosos *délibabok* (espejismos) debido al calor sofocante. Sin embargo, las interminables llanuras también pueden explorarse en los parques nacionales de Kiskunság y Hortobágy. Aquí, el viajero podrá montar un corcel o, si lo prefiere, simplemente disfrutar viendo a los vaqueros cabalgando cinco caballos en una espectacular demostración de destreza y dominio.

El folclórico noreste

11 Las tradiciones del arte popular magiar insuflan vida a objetos cotidianos. Los diferentes colores y estilos permiten identificar fácilmente cada pieza según la región. A lo largo y ancho del país se encuentran exquisitos bordados, cerámica, tallas grabadas o pintadas a mano, huevos de Pascua decorados y tejidos estampados, pero el epicentro está en Bereg, en el extremo noreste del país, cuyos pueblitos destilan una cultura emparentada con sus vecinos del este.

Jaipur, Rajastán.

CAPITAL
Nueva Delhi

POBLACIÓN
1200 millones

ÁREA
3,3 mill. de km^2

**IDIOMAS
OFICIALES**
Hindi, inglés

India

La India cautiva con una mareante mezcla de paisajes y tradiciones culturales. Un viaje por este país embriagador perdurará en la mente del viajero para siempre.

Desde los picos nevados del extremo septentrional hasta las playas soleadas del sur, los paisajes de la India son impresionantes. Junto con sus abundantes bellezas naturales, templos exquisitamente esculpidos se elevan en los desiertos y fortalezas semiderruidas vigilan profundas quebradas. Los amantes de las actividades al aire libre pueden buscar grandes felinos en safaris por la jungla, remar en las aguas de hermosas playas, emprender caminatas en el Himalaya, o simplemente aspirar el aire impregnado del aroma de los pinos paseando por el bosque.

La espiritualidad es el hilo común que teje el complejo tapiz de la India actual, con un sinnúmero de lugares sagrados y rituales tradicionales, que testimonian la larga, fascinante y a veces agitada historia religiosa del país.

Y luego están las fiestas. La India acoge algunas de las festividades sacras más espectaculares del mundo, desde desfiles callejeros que celebran eventos auspiciosos del calendario religioso hasta sencillas ferias que festejan las cosechas o rinden culto a alguna deidad local.

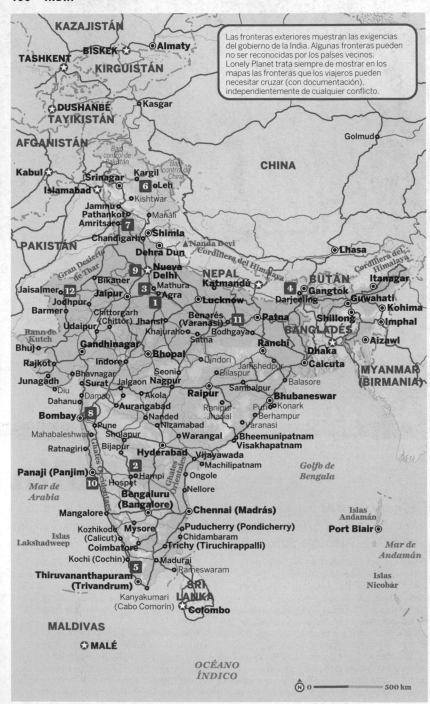

Las fronteras exteriores muestran las exigencias del gobierno de la India. Algunas fronteras pueden no ser reconocidas por los países vecinos. Lonely Planet trata siempre de mostrar en los mapas las fronteras que los viajeros pueden necesitar cruzar (con documentación), independientemente de cualquier conflicto.

India
Las mejores experiencias

Taj Mahal

1 No hay que dejar que el miedo a los grupos en viajes organizados, a los cazaclientes o a las huestes de turistas lleve a pensar por un momento que convendría saltarse la visita al Taj Mahal, ya que incluso en los días de mayor gentío sigue siendo el "rey de los palacios", un irresistible monumento que evoca la adoración del emperador Sha Jahan por su amada Mumtaz Mahal. El mausoleo de mármol –con caligrafía ornamental, incrustaciones de piedras preciosas y elaborados diseños florales que representan el paraíso– simboliza la despedida más poética del mundo.

Hampi mágica

2 El surrealista paisaje salpicado de peñascos de Hampi albergó en su día a la gloriosa y cosmopolita Vijayanagar, capital de un poderoso imperio hindú. Sus espléndidas ruinas combinan sensacionalmente con el terreno: las rocas gigantes ponen el contrapunto a delgados pedestales, los templos se alojan en grutas, y barcas de cuero y mimbre flotan junto a arrozales y búfalos cerca de la colosal piscina real. Al contemplar la puesta de sol sobre un resplandeciente paisaje ámbar, lo normal es olvidar en qué planeta se está.

Festivales fantásticos

3 La India sabe de festivales, y lleva milenios perfeccionando el arte de los desfiles. El Holi (feb/mar) es uno de los más animados del norte del país; los hinduistas celebran la llegada de la primavera según el calendario lunar lanzando agua de colores y *gulal* (polvo) a cualquiera que se acerque. Las hogueras de la víspera simbolizan la derrota de la diablesa Holika. Mathura es una de las siete ciudades sagradas del hinduismo y atrae a miles de peregrinos durante el Janmastami (aniversario de Krishna) en agosto/septiembre.

Tomar té en una estación de montaña

4 Los valles, desiertos y playas flanqueadas por palmeras están muy bien, pero el calor puede agobiar. Los príncipes indios y los colonos británicos eligieron desde antiguo pueblos como Darjeeling para escapar de la canícula, y hoy en día las estaciones de montaña siguen deleitando con sus frondosos bosques y su aire vigorizante. Lo mejor es arrebujarse bajo una manta con una taza de té mientras se observa a las aves precipitarse en picado sobre las laderas, el paso de las nubes

si la India tuviera 100 habitantes

72 serían indo-arios
25 serían dravidianos
3 serían mongoles o de otro origen

grupos religiosos
(% de población)

80	14	2
Hinduistas	Musulmanes	Cristianos

2	1	1
Sijs	Budistas	Otras religiones

población por km²

INDIA	CHINA	ESPAÑA

👤 = 30 personas

---

sobre las plantaciones de té y los niños corriendo entre la niebla y las flores.

'Backwaters' de Kerala

5 Cuesta encontrar un lugar tan bello como las backwaters de Kerala: 900 km de ríos, lagos y lagunas interconectados y bordeados de flora tropical. Y aunque se hallara, seguramente no habría una manera tan relajada e íntima de descubrirlo como pasar unos días a bordo de una casa flotante de teca y tejado de palma. Un lugar perfecto para ver el sol poniente detrás de las palmeras, mientras se come el delicioso marisco local o se concilia el sueño bajo el titilar de las estrellas. El viajero se olvidará durante un buen rato de la vida en tierra firme.

Montañas y monasterios del Himalaya

6 En el norte, donde sopla un aire fresco y puro, las pintorescas estaciones de montaña ceden paso a los picos nevados. Aquí, el budismo tibetano es la religión imperante y los monasterios de varios niveles emergen poéticamente de los bosques o de escarpados riscos tan vívida y poéticamente como el sol se alza sobre la meseta de Ladakh. Las banderas de oración ondean al viento, los cánticos de los monjes reverberan en las salas de meditación, y los lugareños portan sus ofrendas, todo ello a los pies del imponente Himalaya.

Templo Dorado de Amritsar

7 El santuario más sagrado de los sijs es

'Saris'

De uso muy extendido entre las mujeres de la India, el elegante sari es una prenda de una sola pieza que se remete y se pliega sin necesidad de utilizar alfileres ni botones. El *sari* se complementa con el *choli* (una blusa ceñida) y con una enagua fruncida con un cordón o cinta. El *palloo* es la parte del sari que cubre el hombro. También muy popular, el *salwar kameez* es un conjunto de túnica-pantalón parecido a un vestido, que suele acompañarse de una *dupatta* (un echarpe largo).

Comida y bebida

Arroz Es un pilar de la cocina india, sobre todo en el sur. Las variedades de grano largo son las más populares; se acompaña de toda clase de platos calientes.

Carne Pese a tener más vegetarianos que el resto del mundo junto, la India ofrece un amplio repertorio de platos de pollo, cordero, carnero e incluso cabra; los tabúes religiosos prohíben el consumo de ternera y cerdo a hindúes y musulmanes, respectivamente.

Dahl Aunque el norte y el sur están divididos por sus preferencias gastronómicas, todo el país comparte la pasión por el *dhal* (lentejas u otra legumbres al curri). Hay unos 60 tipos de legumbres.

Especias Cuando Cristóbal Colón llegó a América, en realidad buscaba la pimienta negra de la costa de Malabar, donde se sigue cultivando la variedad de mayor calidad de la especia más utilizada del mundo, indispensable en la cocina de la India

Roti Fundamental en el norte, designa el pan de estilo indio, y se combina con la palabra *chapati* para describir la variedad más común: el pan redondo sin levadura elaborado con harina integral en una *tawa* (plancha caliente).

Puente hacia Stakna Gompa, Ladakh.

un lugar mágico que parece flotar sobre el deslumbrante estanque llamado el "néctar de la inmortalidad". El templo es una construcción esplendorosa, realzada por su profusión de dorados (la cúpula en forma de loto está chapada en oro). Aun cuando está atestado de peregrinos conserva la serenidad, con el canto de los pájaros de fondo y acariciado por las aguas sagradas.

Arquitectura de Bombay

8 Bombay siempre ha absorbido todo cuanto la rodea convirtiéndolo en propio. El resultado es una embriagadora mezcla de edificios con infinidad de influencias. El *art déco* y los rascacielos le otorgan un toque moderno, si bien son las eclécticas construcciones victorianas (una amalgama de estilos neogótico, indosarraceno y gótico) las que mejor la definen. Todas esas agujas, gabletes, arcos y cúpulas bulbosas, realzados por palmeras y banianos, son sin duda sus señas de identidad.

Cuándo ir

TEMP. BAJA (abr-jun)	TEMP. MEDIA (jul-nov)	TEMP. ALTA (dic-mar)
➜ Abril es caluroso; mayo y junio, sofocantes. Precios asequibles.	➜ Puertos de montaña de Ladakh y el Himalaya abiertos de julio a septiembre.	➜ Tiempo agradable; días cálidos, noches frescas. Precios más caros.
➜ El monzón barre el país de sur a norte a partir de junio.	➜ El monzón descarga lluvias hasta septiembre.	➜ Noches frescas en diciembre y enero en el norte.
➜ Las colinas dan una tregua de frescor.	➜ La costa sureste y el sur de Kerala reciben aguaceros.	➜ Las temperaturas suben gradualmente desde febrero.

Delhi

9 La capital de la India ha cambiado de cara varias veces en los últimos milenios, lo que explica su enorme dinamismo. Sus principales reclamos son las emblemáticas ruinas que surgen en cada esquina (restos de siete ciudades históricas) y el encanto decadente de la Vieja Delhi, con la majestuosa Jama Masjid, el Fuerte Rojo y otros monumentos de la histórica capital mogola. A esto se suman museos extraordinarios, una cocina espectacular y el Chandni Chowk, un bazar proyectado hace 400 años por la hija de Sha Jahan, Jahanara.

Playas de Goa

10 Con palmerales a un lado de las arenas blancas y el suave batir de las olas al otro, las playas de Goa

Películas

Fuego (1996), **Tierra** (1998) y **Agua** (2005) Popular trilogía de Deepa Mehta que desató la polémica en la India.

La boda del monzón (Mira Nair, 2001) Cinco historias que exploran las distintas facetas del amor y cruzan fronteras.

Gandhi (Richard Attenborough, 1982) Todo un clásico sobre la lucha del Mahatma.

Libros

Hijos de la medianoche (Salman Rushdie, 1980) Alegoría sobre la independencia y la partición.

El guía y **El pintor de letreros** (R. K. Narayan, 1958 y 1976) Dos novelas clásicas ambientadas en la población ficticia de Malgudi.

El tigre blanco (Aravind Adiga, 2008) Galardonada con el premio Booker, trata la lucha de clases en la India actual.

Cómo desplazarse

Avión Hay vuelos a la mayoría de las poblaciones principales y operan varias aerolíneas de bajo coste.

Autobús Llegan a todo el país; algunos destinos están conectados por servicios las 24 horas, pero las rutas más largas solo están cubiertas por uno o dos autobuses al día.

Tren Hay trenes frecuentes a casi todos los destinos; billetes económicos incluso en coches cama.

son auténticos paraísos tropicales, aunque este edén ya no sea un lugar ignoto, como demuestra la presencia de otros viajeros y los chiringuitos.

La sagrada Benarés

11 Pareciera que aquí todo el mundo está muriéndose o rezando o con prisas o incinerando a alguien o nadando o haciendo la colada o lavando búfalos en el sucio Ganges. La diosa fluvial lava los pecados y ayuda a escapar del tedioso ciclo de la vida y la muerte, y Benarés es el sitio propicio para un sagrado chapuzón. Basta con respirar hondo, sonreír a los cazaclientes, dirigirse al agua sagrada y poner el karma en orden.

Espejismo en el desierto de Jaisalmer

12 Como un castillo de arena en el desierto de Rajastán, la "tierra de los reyes", la ciudadela de Jaisalmer, del s. XII, parece sacada de un sueño. Con sus murallas almenadas y torres onduladas, este enorme fuerte de arenisca dorada es una construcción extraordinaria camuflada en la arena del desierto. En el interior aguardan palacio real de rica decoración, *havelis* (casas tradicionales), templos jainíes con exquisitas tallas, y estrechas callejuelas que se combinan para crear el mejor sitio del mundo donde perderse.

Orillas del Ganges, Benarés.

Arrozales en terraza de Ubud, Bali.

Indonesia

*De la punta occidental de Sumatra al extremo oriental de Papúa,
Indonesia ofrece una diversidad increíble y horizontes infinitos
en lo que podría ser la última gran aventura sobre la Tierra.*

Indonesia es la aventura por excelencia. La única limitación es cuántas de sus 17 000 islas podrá visitar el viajero antes de que expire su visado. A lo largo del ecuador, el país traza una curva entre Malasia y Australia. Su diversidad natural impresiona, desde las cumbres nevadas de Papúa, en la isla de Nueva Guinea, y los bosques de sándalo de Sumba, pasando por la densa jungla de Borneo y los verdes arrozales de Bali y Java. Los arrecifes son un paraíso para los submarinistas, y los rompientes de *surf* están entre los mejores del mundo.

Pero aunque la diversidad en la tierra y el mar sean el sueño de cualquier viajero, es la mezcla de pueblos y culturas lo que verdaderamente cautiva.

Bali marca el paso, si bien no hay que olvidarse de los pueblos de la Edad de Piedra de Papúa, las muchas culturas de Flores, los artesanos de Java o el gentío de los centros comerciales de Yakarta.

Así, ya se trate de una remota playa paradisíaca, del encuentro con un orangután o de una noche de marcha en Bali, Indonesia siempre deja huella.

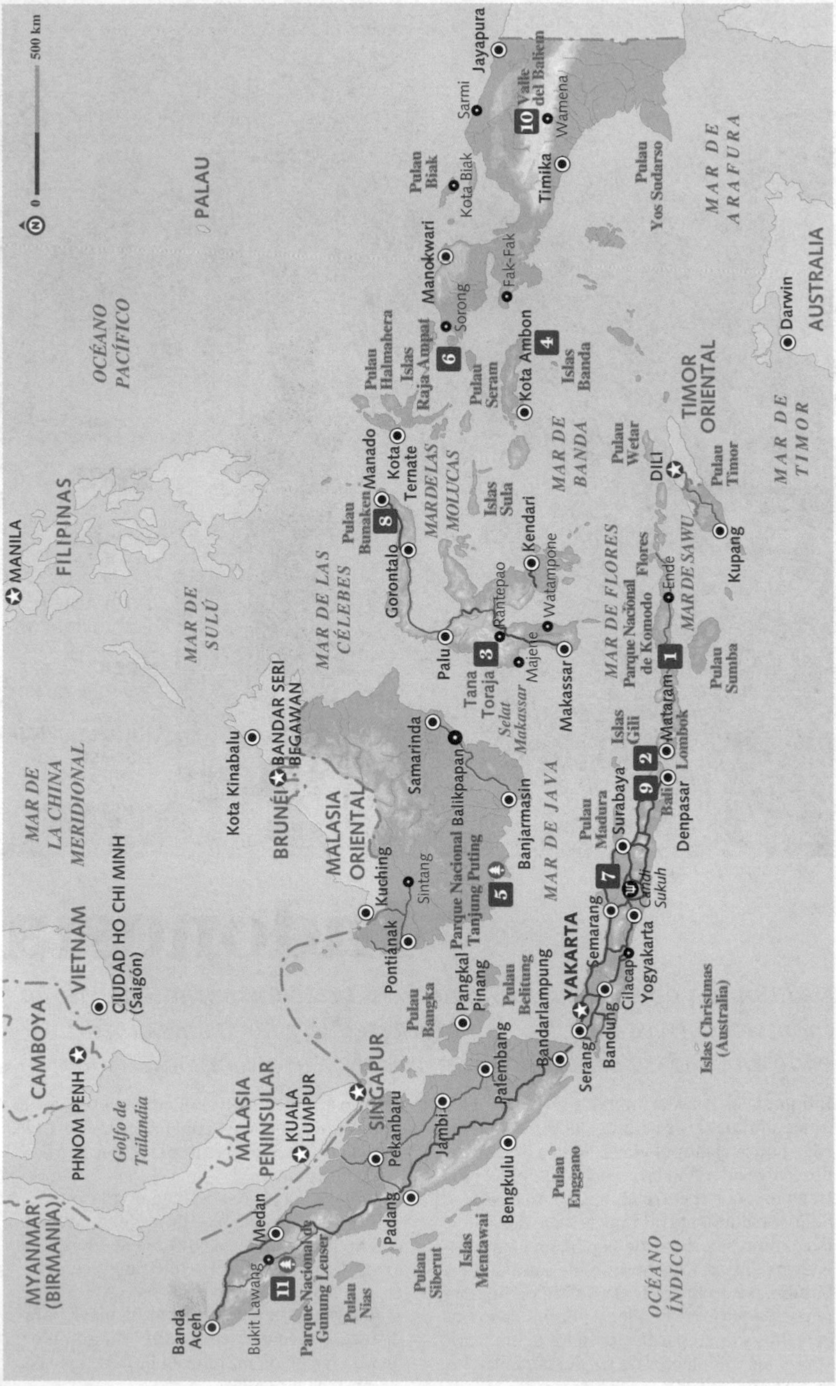
MYANMAR (BIRMANIA)
CAMBOYA
PHNOM PENH
VIETNAM
CIUDAD HO CHI MINH (Saigón)
Golfo de Tailandia
MALASIA PENINSULAR
KUALA LUMPUR
SINGAPUR
MAR DE LA CHINA MERIDIONAL
Kota Kinabalu
BRUNÉI
BANDAR SERI BEGAWAN
MALASIA ORIENTAL
Kuching
Sintang
Pontianak
Samarinda
Balikpapan
Banjarmasin
Parque Nacional Tanjung Puting
5
FILIPINAS
MANILA
MAR DE SULÚ
MAR DE LAS CÉLEBES
OCÉANO PACÍFICO
PALAU
0
500 km
Banda Aceh
Bukit Lawang
11
Parque Nacional de Gunung Leuser
Medan
Pulau Nias
Pulau Siberut
Islas Mentawai
Padang
Pekanbaru
Jambi
Palembang
Bengkulu
Pulau Enggano
Bandarlampung
Pulau Bangka
Pangkal Pinang
Pulau Belitung
Serang
YAKARTA
Bandung
Cilacap
Yogyakarta
Semarang
7
Candi Sukuh
Surabaya
Pulau Madura
MAR DE JAVA
Bali
9
Denpasar
2
Islas Gili
Mataram
Lombok
Islas Christmas (Australia)
OCÉANO ÍNDICO
Parque Nacional de Komodo
1
MAR DE FLORES
Flores
Ende
MAR DE SAWU
Pulau Sumba
Kupang
Pulau Timor
DILI
TIMOR ORIENTAL
Pulau Wetar
MAR DE TIMOR
Darwin
AUSTRALIA
Makassar
Selat Makassar
Majene
Tana Toraja
3
Rantepao
Watampone
Palu
Gorontalo
Kendari
Pulau Bunaken
8
Manado
Kota Ternate
Islas Sula
MAR DE LAS MOLUCAS
MAR DE BANDA
Pulau Halmahera
Islas Raja Ampat
6
Sorong
Pulau Seram
Kota Ambon
4
Islas Banda
Manokwari
Fak-Fak
Pulau Biak
Kota Biak
Timika
Sarmi
10
Valle del Baliem
Wamena
Jayapura
Pulau Yos Sudarso
MAR DE ARAFURA

Indonesia
Las mejores experiencias

Parque Nacional de Komodo

1 Recientemente declarado una de las Nuevas Siete Maravillas Naturales del Mundo, el parque nacional más conocido de Indonesia comprende varias islas y aguas de suma riqueza en sus 1817 km². Cabe esperar islas con grandes montañas cubiertas de sabana, surcadas por senderos y patrulladas por el mayor lagarto del mundo: el dragón de Komodo. Esta es la atracción estelar, y resulta fácil de ver; también hay mucha vida bajo el mar, donde cebos caleidoscópicos atraen a grandes pelágicos: tiburones y mantas en cantidades inusitadas.

Islas Gili

2 Una de las mayores alegrías de Indonesia es subirse a una lancha motora en la ajetreada Bali y desembarcar en alguna de las irresistibles islas Gili. Cálidas arenas blancas, aguas turquesa y maravillosos bungalós que invitan a alargar la estancia, por no hablar de los arrecifes, que bullen con tiburones, rayas y tortugas. Basta con añadir la oferta gastronómica y la vida nocturna de Gili Trawangan y se entiende por qué muchos conocen estas islas como el País de Nunca Jamás.

Gili Trawangan, islas Gili.

2

Tana Toraja

3 La vida gira en torno a la muerte en esta tierra de arrozales en terraza, tejados en forma de barca y búfalos. Aquí, las ceremonias funerarias duran días e implican numerosos sacrificios de animales para las clases altas. Se empieza con corridas de toros, seguidas de jornadas de oración, banquetes y bailes. Finalmente, el difunto es trasladado a su lugar de descanso, que puede excavarse en un precipicio con una efigie de madera al frente; en una cueva donde los familiares puedan visitar sus restos; o en una tumba suspendida del borde de una caverna.

si Indonesia tuviera 100 habitantes

41 serían javaneses
15 serían sondaneses
3 serían madureses
41 serían de otro origen

grupos religiosos
(% de población)

86 Musulmanes
6 Protestantes
3 Católicos
2 Hindúes
3 Otras religiones

población por km²

INDONESIA   REINO UNIDO   ESPAÑA

≈ 30 personas

Islas Banda

4 Se trata de un rico y fabuloso cóctel de historia, cultura y belleza natural en estado puro. Las islas Banda –un remoto archipiélago cubierto de jungla y árboles de especias, ribeteado por arenas blancas, mares azul claro y arrecifes vírgenes– impulsaron la colonización y ayudaron a forjar el mundo moderno. Se recomienda volar a la capital, Bandaneira, desde Ambón, pasear por sus anchas avenidas, admirar las últimas reliquias coloniales, y alquilar una barca hasta las islas más alejadas, donde la vida en las aldeas es agradable, fácil y tranquila.

Parque Nacional de Tanjung Puting

5 La reina de África coincide con *National Geographic* en este popular parque nacional, donde se puede interactuar con el mayor simio de Asia, el orangután, además de atravesar la selva en una casa flotante privada. La clásica travesía de tres días realiza una ruta de ida y vuelta por el Sungai Sekonyer hasta Camp Leakey, con paradas en varias plataformas de alimentación de orangutanes y observación de fauna. La experiencia es un auténtico viaje de aventura, indicado para todo el mundo.

Islas Raja Ampat

6 Situadas frente a la costa noroeste de Papúa, las remotas islas Raja Ampat aún están siendo descubiertas y son un paraíso para submarinistas. Atesoran la mayor diversidad de vida marina del planeta, desde mantas gigantes y tiburones hombrera que utilizan las aletas para 'caminar' por el lecho marino, a

Orangutanes

El orangután, el mayor mamífero arborícola del planeta, en tiempos llegó a habitar todas las selvas del sureste asiático, pero actualmente solo se encuentra en Sumatra y Borneo. Los investigadores temen que los pocos ejemplares que quedan no sobrevivan a la continua pérdida de hábitat, fruto de la tala de bosques y la agricultura.

Aunque los orangutanes son muy inteligentes, su forma de vida no es compatible con bosques cada vez más pequeños. En gran medida vegetarianos, se hacen grandes y fuertes (algunos machos llegan a pesar 90 kg) con una dieta a base de fruta, brotes, hojas, frutos secos y corteza de árbol, que trituran con sus poderosas mandíbulas y dientes. A veces también se alimentan de insectos, huevos y pequeños mamíferos.

En Indonesia dos lugares clásicos para verlos son Bukit Lawang, en Sumatra, y el Parque Nacional de Tanjung Puting, en Kalimantán.

Comida y bebida

Babi guling Cerdo relleno con chile, cúrcuma, ajo y jengibre, asado al espetón.

Gado gado Plato muy popular a base de verduras al vapor con una salsa picante de cacahuete.

Ketoprak Fideos, brotes de soja y tofu con salsa de soja y cacahuete.

Krupuk Pan de gambas hecho con harina de mandioca o copos de pescado, cortado en rodajas y frito hasta quedar crujiente.

Nasi campur El plato nacional: arroz al vapor con un poco de todo (verduras, carne, pescado, un *krupuk* o dos...).

Nasi goreng Arroz frito.

Sate Pequeñas brochetas de varios tipos de carne a la parrilla, servidas con salsa de cacahuete.

Tumbas con efigies de madera, Tana Toraja.

una miríada de nudibranquios (babosas marinas) multicolores, asombrosos corales vírgenes y peces de todos los tamaños, formas y colores. Es un destino fantástico para bucear, y el paisaje sobre el agua es extraordinario.

Candi Sukuh

7 En Indonesia hay templos más majestuosos y monumentos más grandes, pero Candi Sukuh no admite réplica. Encaramado en la ladera de un volcán en el centro de Java, este sensacional templo disfruta de una espectacular ubicación sobre la llanura de Solo. Muchos de sus grabados representan signos de un culto a la fertilidad que le han dado fama de templo "erótico". Y aunque data del s. xv , estilísticamente sus esculturas y grabados parecen de una época muy anterior.

Pulau Bunaken

8 Artístico por definición, este lugar de ensueño alberga coral de todos los colores, desde blanco y negro a púrpura, rodeado de aguas cristalinas rebosantes de peces irisados, algunos en densos cardúmenes que se agitan como chispas de luz. Y, por si fuera poco, entre tanta

Cuándo ir

TEMP. ALTA
(jul y ago)

➡ Temporada alta en Bali, Sulawesi y otros lugares.

➡ Los precios suben hasta un 50%.

➡ Estación seca, salvo en Maluku y Papúa.

TEMP. MEDIA
(may, jun y sep)

➡ Estación seca fuera de Maluku y Papúa.

➡ Mejor tiempo en Java, Bali y Lombok (algo más seco).

➡ Ideal para viajar.

TEMP. BAJA
(oct-abr)

➡ Estación lluviosa en Java, Bali y Lombok.

➡ Estación seca (ideal para practicar submarinismo) en Maluku y Papúa.

➡ Ofertas de última hora (excepto en Navidad y Año Nuevo).

belleza también se pueden observar tortugas descomunales, tiburones de arrecife y, con suerte, delfines y dugongos que nadan indiferentes.

Bali

9 Arrozales en terrazas de un verde imposible, un *surf* de aúpa, embriagadoras ceremonias en templos hindúes, fascinantes espectáculos de danza, sensacionales playas y un pueblo encantador: hay tantas imágenes de Bali como flores en los omnipresentes franchipanes. El espíritu artístico de Ubud es un contrapunto a las caminatas entre volcanes y neblina. Y siguiendo la costa surgen serenos centros de playa como Amed, Lovina y Pemuteran, además de la deliciosa Nusa Lembongan, frente al litoral.

Películas

El acto de matar (Joshua Oppenheimer, 2013) Documental histórico sobre la masacre de un millón de comunistas en 1965 por el régimen de Suharto.

Gie (Riri Riza, 2005) Narra la biografía de Soe Hok Gie, un escritor de origen chino que luchó contra la dictadura; optó al Oscar a la mejor película extranjera.

Libros

Rimbaud en Java (Jamie James; 2011) Recrea la huida de Java del poeta en 1876.

La joven de la costa (Pramoedya Ananta Toer; 2002) La historia de una muchacha, entre la tradición y la crítica irónica de sus fundamentos éticos.

Un forastero en la selva (Eric Hansen; 1988) Probablemente el primer extranjero en cruzar Borneo.

Cómo desplazarse

Avión La red de vuelos nacionales está creciendo, pero los horarios y las tarifas fluctúan constantemente.

Barco Sumatra, Java, Bali y Nusa Tenggara están conectadas por ferris que viajan una vez al día o varias a la semana.

Autobús Hay una gran oferta de servicios, desde lujosos autobuses climatizados que cruzan las principales islas a toda velocidad hasta los treks (camionetas) con asientos de madera, que circulan ruidosamente por pistas de tierra.

Automóvil y motocicleta Se alquilan por doquier. También es costumbre alquilar una furgoneta con conductor.

Valle del Baliem

10 Caminando por el valle del Baliem, en Papúa, se llega a la tierra de los dani, una tribu de las montañas que mantiene con empeño su cultura pese a los cambios causados por el gobierno indonesio y los misioneros cristianos. Aquí se viene a dormir en cabañas, ascender por angostos senderos en la selva, atravesar laderas panorámicas, cruzar impetuosos ríos por puentes tambaleantes y dejarse cautivar por la sonrisa de los lugareños. Al cruzar los puentes se aconseja no mirar el agua, sino dónde se ponen los pies.

Parque Nacional de Gunung Leuser

11 Esta enorme extensión de húmeda selva tropical que tapiza las montañas y valles del norte de Sumatra está repleta de vida animal que trina, chilla y ruge. Es el sueño de cualquier naturalista o aventurero. Junto a un río de color chocolate, el pueblo de Ketambe es fantástico para descansar unos días. Pero lo más importante, constituye un campamento base ideal para acometer expediciones de senderismo de varios días en busca de monos aulladores, orangutanes y quizá algún que otro tigre.

Hombre dani, valle del Baliem.

Broadway village, Cotswolds.

CAPITAL	Londres
POBLACIÓN	53 millones
ÁREA	130 395 km²
IDIOMA OFICIAL	Inglés

Inglaterra

El puente de la Torre, el palacio de Buckingham, el Manchester United, los Beatles... Inglaterra genera iconos como ningún otro lugar en la Tierra, en una fascinante mezcla de nombres famosos y tesoros.

Desde las ruinas romanas del Muro de Adriano hasta la arquitectura medieval de la catedral de Canterbury, Inglaterra ofrece una variedad asombrosa. En las urbes las calles bullen día y noche, a rebosar de tiendas y restaurantes, así como algunos de los mejores museos del mundo. Tras la puesta de sol, sus clubes y su formidable panorama teatral y de música en vivo auguran noches inolvidables. Al día siguiente, toca aventurarse en la campiña inglesa entre pueblos pintorescos o disfrutar de un clásico balneario. Tiene

algo que ofrecer a todo el mundo, tanto si se tiene 80 años como si se viaja en solitario, con amigos, niños o la abuela.

Viajar por Inglaterra es un placer, y por mucho que se quejen los ingleses (el pasatiempo nacional), el transporte público es excelente, y un mero trayecto en tren puede ser uno de los hitos del viaje. Así pues, independientemente del medio que se elija, en este denso país nunca se está demasiado lejos de la siguiente ciudad, *pub*, restaurante, parque nacional o castillo a visitar.

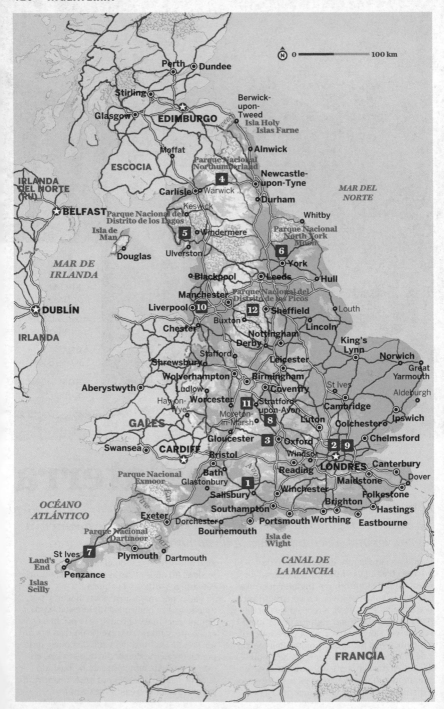

Inglaterra
Las mejores experiencias

Stonehenge

1 Misterioso y de visita obligada, Stonehenge es el yacimiento antiguo por excelencia del país. Hace más de 5000 años que la gente acude atraída por este enigmático círculo de megalitos, y aun así se sigue sin saber para qué se erigió. La mayor parte de los visitantes se limitan a contemplar los bloques de piedra de 50 toneladas desde detrás de la valla. No obstante, para disfrutar de una experiencia única se puede organizar una visita a la zona central, a primera hora de la mañana o al atardecer, sin multitudes, cuando los suaves rayos de sol lo convierten en un lugar mágico.

Londres

2 Uno se podría pasar la vida en Londres y seguir descubriendo cosas cada día. Pero hay algo que se mantiene: ese enorme río que abraza la ciudad en su sinuoso trazado, que une a la capital británica con el verde corazón del país y con el resto del mundo. No existe una ciudad más multicultural en el planeta, y sus estrechas calles están empapadas de una historia fascinante, magníficas obras de arte, arquitectura imponente y cultura popular. Si se añade una reserva inacabable de modernidad, es difícil no concluir que Londres es una de las urbes más grandes del mundo, si no la que más.

Oxford

3 Una visita a Oxford es lo más cerca que la mayoría de los mortales puede estar de las brillantes mentes y prestigiosas instituciones que han dado fama mundial a esta ciudad. Se puede echar un vistazo a este mundo exclusivo en los callejones adoquinados y patios interiores donde se dejan ver estudiantes en bici y viejos profesores. Las preciosas facultades, las tradiciones arcaicas y la asombrosa arquitectura apenas han cambiado con el tiempo, de ahí que el centro se conserve prácticamente como lo encontraron Einstein o Tolkien.

Muro de Adriano

4 Se trata de una de las ruinas romanas más evocadoras y espectaculares del país, un rosario de fuertes abandonados, guarniciones, torres y fortines de 2000 años de antigüedad, a lo largo del salvaje y solitario norte de Inglaterra. El muro de Adriano se levantó como barrera defensiva, pero también simbolizaba el límite del mundo civilizado: al norte se encontraba el territorio indomable de los bárbaros celtas y, al sur, el mundo romano en el que se pagaban impuestos y había calefacción y baños.

si Inglaterra tuviera 100 habitantes

85 serían británicos
4 serían surasiáticos
2 serían africanos y afrocaribeños
9 serían de otro origen

grupos religiosos

(% de población)

70 — Cristianos   3 — Musulmanes   1 — Hinduistas

24 — Otras religiones   1 — Judíos   1 — Sijs

población por km²

INGLATERRA   ESCOCIA   ESPAÑA

🕴 ≈ 35 personas

Distrito de los Lagos

5 El gran poeta William Wordsworth y los románticos fueron los precursores de las bondades del Distrito de los Lagos, y está claro por qué. El soberbio paisaje de colinas, valles profundos, brumosos lagos y altas cumbres convierte este escarpado rincón en el hogar espiritual del senderismo en Inglaterra. Para que llegue la inspiración, basta con ponerse las botas, llevar un trozo de tarta de menta y gozar de las vistas.

York

6 Gracias a su patrimonio romano y vikingo, a su muralla antigua y a la maraña de calles empedradas, York es un escaparate viviente de la historia de Inglaterra. Lo mejor es unirse a un circuito a pie guiado por el centro y sumergirse en su red de pasadizos, en cada uno de los cuales subyace un relato de fantasmas o un personaje histórico. También se impone explorar el laberinto de York Minster, la catedral medieval más grande del norte de Europa, y admirar las muestras de épocas más recientes del Museo Nacional del Ferrocarril, la mayor colección de locomotoras antiguas del mundo.

Cornualles (Cornwall)

7 Al oeste, no hay nada más allá del antiguo reino celta de Cornualles. Bendecido con la costa más agreste y los paisajes más bellos del país, esta tierra orgullosamente independiente siempre ha marchado a su propio ritmo y, pese a la desaparición de las antiguas industrias básicas (minería, pesca y ganadería), ha sabido

Críquet

Es, junto con el Big Ben y la taza de té, uno de los grandes iconos de Inglaterra. Datado en el s. XVIII –aunque sus raíces son muy anteriores–, este deporte inglés por excelencia se extendió por la Commonwealth durante la época colonial británica. Australia, el Caribe y la India lo adoptaron con gusto, y hoy las antiguas colonias disfrutan dándole un buen repaso a la "madre patria" sobre el terreno de juego.

Aunque muchos ingleses lo siguen con devoción, para los no iniciados es un espectáculo incomprensible. Los partidos, disputados durante uno o cinco días (en el caso de los *tests matches* o partidos internacionales), transcurren con suma lentitud y se rigen por una terminología casi arcana. Si se tiene paciencia y se aprenden sus reglas, tal vez se llegue a disfrutar del críquet tanto como los británicos, que suelen permanecer pegados a la radio o al ordenador todo el verano para ver "cómo va Inglaterra".

Comida y bebida

Christmas Pudding Clásica tarta navideña con frutas, frutos secos y brandy o ron.

Cornish Pasty Empanada típica del suroeste rellena de carne y verduras.

Desayuno inglés Se suele componer de beicon, salchichas, huevos, tomates, champiñones, alubias y pan frito.

Fish and Chips Todo un clásico, especialmente sabroso en la costa.

Ploughman's Lunch El acompañamiento perfecto de una pinta: pan y queso con ensalada, encurtidos y aderezos.

Roast Beef & Yorkshire Pudding Almuerzo tradicional del domingo.

Leicester Square, West End, Londres.

reinventarse como uno de los lugares más creativos del país. Aquí se pueden explorar las cúpulas geodésicas del Proyecto Eden, saborear bocados innovadores o relajarse en las alejadas islas Scilly en busca de inspiración.

Los Cotswolds

8 Lo más maravilloso de esta región es que independientemente de a dónde se vaya o por más que uno se pierda, siempre termina en un pintoresco pueblo de casitas de piedra color miel cubiertas de rosas, donde se encargan de poner la guinda un agradable parque, un *pub* con cervezas de primera e idílicas vistas de las frondosas colinas.

Teatros en Londres

9 Imprescindible en cualquier visita a la capital es ir al teatro. Para ver grandes figuras, hay que dirigirse al West End, entre cuyos escenarios más famosos se cuentan el National Theatre, el Old Vic, el Shaftesbury y el Theatre Royal en Drury Lane. Para disfrutar de teatro experimental y estrenos, se puede probar el Donmar Warehouse o el Royal Court. De un modo u otro, enseguida se comprueba que la oferta teatral de la ciudad goza de

Cuándo ir

TEMP. ALTA
(jun-ago)

➡ Cuando mejor tiempo hace. Precios de alojamiento altos, sobre todo en agosto.

➡ Aglomeraciones en las carreteras, en especial en la costa, parques nacionales y ciudades turísticas.

TEMP. MEDIA
(semana santa-may y med sep-oct)

➡ El gentío y los precios se reducen.

➡ Días soleados y chaparrones repentinos (marmay); temperaturas suaves en septiembre y octubre.

TEMP. BAJA
(dic-feb)

➡ Imperan las lluvias y el frío.

➡ Horarios reducidos de octubre a Semana Santa; algunos lugares cierran en invierno, no así los puntos de interés de las grandes urbes.

merecida fama como una de las mejores del mundo.

Museos en Liverpool

10 Tras un proceso de regeneración de una década, el renacido paseo marítimo de Liverpool es de nuevo el corazón de la ciudad. El centro neurálgico es el Albert Dock (Patrimonio Mundial de la Unesco), que alberga varios edificios emblemáticos, entre ellos museos de primer orden: el Merseyside Maritime Museum y el International Slavery Museum relatan lo mejor y lo peor de la historia de Liverpool, mientras que el Tate Liverpool y el Beatles Story Museum conmemoran la cultura popular y el famoso grupo musical.

Películas

Billy Elliott (Stephen Daldry, 2000) Narra la historia de un joven aspirante a bailarín de ballet, que lucha por escapar de una pequeña ciudad minera del norte de Inglaterra.

Breve encuentro (David Lean, 1945) Clásico y conmovedor relato de amor.

The Full Monty (Peter Cattaneo, 1997) Un grupo de obreros en paro terminan convirtiéndose en *strippers* para ganar dinero.

Libros

Inglaterra, Inglaterra (Julian Barnes, 1998) Sátira sobre los excesos patrióticos ingleses.

Notas desde una pequeña isla (Bill Bryson, 1995) Afectuosa y certera mirada del carácter británico.

Mirando a los ingleses (Kate Fox, 2002) Interesante reflexión sobre las peculiares costumbres inglesas.

Cómo desplazarse

Avión Se puede prescindir de ellos aun cuando se pretenda cruzar el país de punta a punta, ya que comparativamente en tren se ahorra tiempo.

Autobús Si no sobra el dinero, los autobuses de largo recorrido (coaches) suelen ser la forma más económica (y también la más lenta) de moverse.

Automóvil y motocicleta Los atascos y el elevado precio por aparcar son los principales inconvenientes.

Tren En desplazamientos largos, en general, es más rápido y confortable que el autobús, pero suele ser más caro (hay billetes con descuento) y cruza bonitos paisajes.

Stratford-upon-Avon

11 El coqueto pueblo de Stratford-upon-Avon es el lugar donde nació y hoy yacen los restos de William Shakespeare, el dramaturgo más famoso del mundo. El centro de calles de estilo Tudor conforma un plano viviente de su vida y obra, y nutridos grupos de actores y entusiastas del teatro se citan aquí para ver representaciones en el célebre teatro. Lo mejor es visitar las cinco casas históricas de Shakespeare y sus parientes antes de presentar respetos al bardo en la antigua iglesia.

Distrito de los Picos

12 Aviso: aquí apenas hay picos, solo un territorio de páramos ondulados, valles profundos, riscos de arenisca erosionados, fértiles tierras de labranza y minúsculos pueblos antiguos. Este paisaje atrae a una legión de amantes de los espacios abiertos (ciclistas, senderistas, espeleólogos y escaladores) los fines de semana de verano, y quienes busquen actividades más sosegadas pueden admirar el mercado rural y los famosos pudines de Bakewell o los pabellones victorianos de la localidad balneario de Buxton y la soberbia Chatsworth House, el "palacio de los Picos".

Vista desde Froggatt Edge, Parque Nacional del Distrito de los Picos.

DAVID ELSE / GETTY IMAGES ©

Puesto de un mercado, Shiraz.

CAPITAL
Teherán

POBLACIÓN
79,9 millones

ÁREA
1,6 mill. de km²

IDIOMA OFICIAL
Persa

Irán

Si viajar es más gratificante cuando produce sorpresa, entonces Irán, con sus bazares, imponentes desiertos y sublime arquitectura, posiblemente sea uno de los destinos más tentadores del mundo.

Antes de viajar a Irán, tal vez se crea que los principales motivos para visitarlo sean que es un destino aventurado y hay muchísimo que ver de los tiempos en que Persia era una potencia mundial. Y, en cierto modo, es así.

Sus reclamos llevarán al viajero tras los pasos de algunas de las figuras más destacadas de la historia. Y nadie se quedará a las puertas de ningún punto de interés a causa de las multitudes, lo cual es de agradecer.

Encantadores salones de té, bulliciosos bazares, desiertos salpicados de oasis histó-

ricos, abruptas cadenas montañosas..., Irán tiene atractivos de sobra. Pero pensar en este destino solamente desde el punto de vista de los "atractivos" significa perderse el verdadero Irán.

Así pues, a quienes les guste la gente, les gustará Irán. Los iraníes, un pueblo formado por numerosos grupos étnicos e influido durante miles de años por invasores griegos, árabes, turcos y mongoles, son sumamente hospitalarios y disfrutan explicando su compleja cultura.

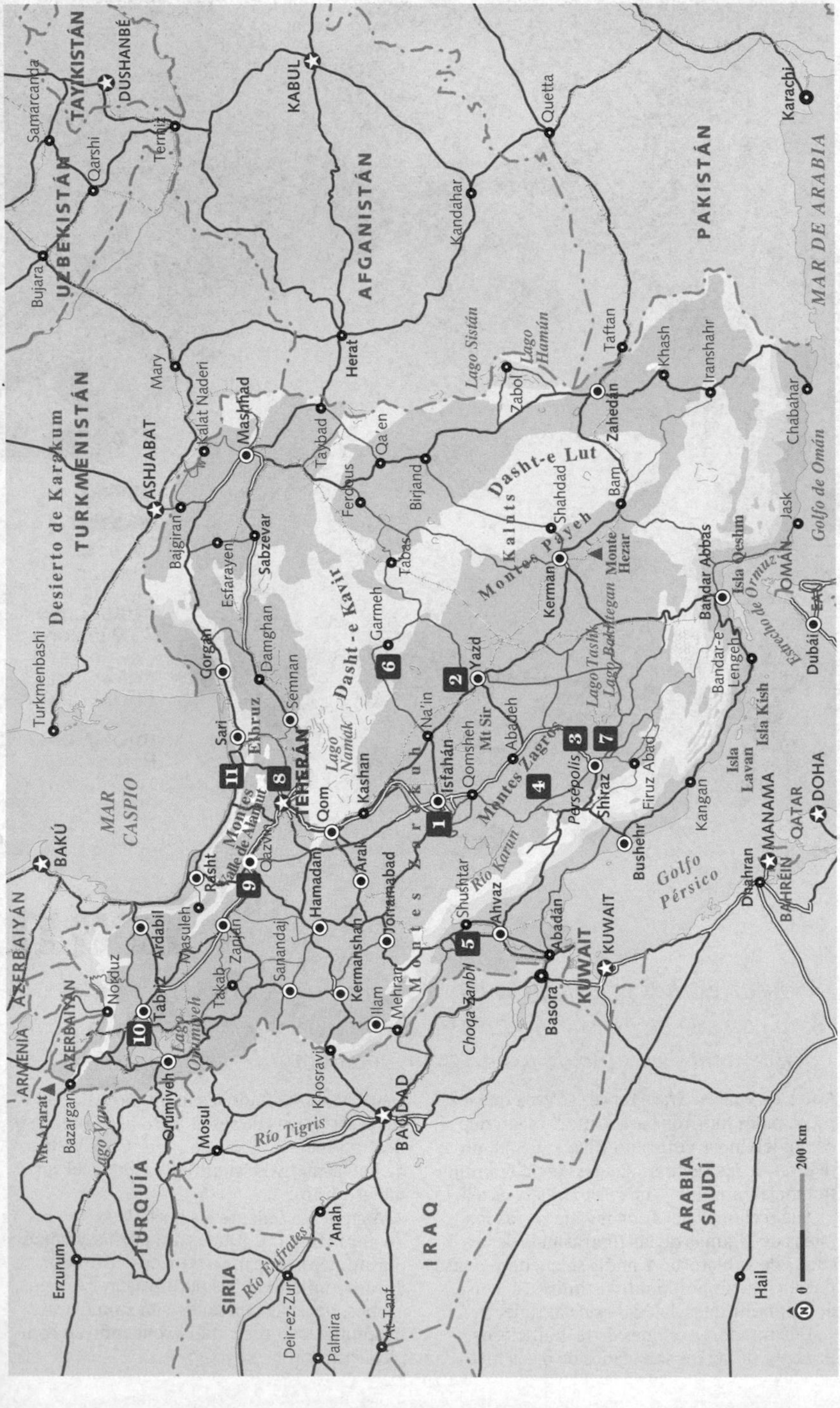

Samarcanda
TAYIKISTÁN
DUSHANBÉ
Qarshi
Termez
UZBEKISTÁN
Bujara
KABUL
AFGANISTÁN
Quetta
Karachi
MAR DE ARABIA
PAKISTÁN
Kandahar
Herat
Mary
ASHJABAT
TURKMENISTÁN
Desierto de Karakum
Bagniran
Kalat Naderi
Mashhad
Taybad
Qa'en
Lago Sistán
Lago Hamún
Zabol
Taftan
Khash
Iranshahr
Turkmenbashi
Gorgan
Esfarayen
Sabzevar
Ferdows
Birjand
Kashmar
Shahdad
Zahedan
Chabahar
Jask
Golfo de Omán
MAR CASPIO
Sari
Damghan
Semnan
Dasht-e Kavir
Garmeh
Tabas
Dasht-e Lut
Kalats
Montes Payeh
Monte Hezar
Kerman
Bam
OMÁN
Isla Qeshm
Bandar Abbas
Estrecho de Ormuz
Dubái
Elbruz
TEHERÁN
Qom
Lago Namak
Kashan
Na'in
6
2
Yazd
Abadeh
Mt Sir
Qomsheh
Isfahán
1
Montes Zagros
3
7
Persépolis
4
Shiraz
Firuz Abad
Lago Tuslik
Lago Bakhtegan
Bandar-e Lengeh
Isla Kish
Isla Lavan
Kangan
DOHA
QATAR
MANAMA
BAHRÉIN
BAKÚ
AZERBAIYÁN
Rasht
Valle de Alamut
Qazvin
11
8
9
Hamadan
Arak
Borehemabad
Shushtar
Ahvaz
Busheir
Golfo Pérsico
Dhahran
Abadán
KUWAIT
Basora
5
Choga Zanbil
Kermanshah
Sanandaj
Ilam
Mehran
Khosravi
Montes Zagros
Río Karun
ARMENIA
AZERBAIYÁN
Nordüz
Tabriz
Ardabil
Maragheh
Lago Urmiyeh
Takab
Zanjan
Mt. Ararat
Bazargan
10
Urümiyeh
Mosul
Río Tigris
BAGDAD
IRAQ
ARABIA SAUDÍ
Hail
Erzurum
TURQUÍA
SIRIA
Río Éufrates
Anah
Deir-ez-Zur
Palmira
Mt. Tnuf
Lago Van
200 km
0
N

Irán
Las mejores experiencias

Isfahán

1 Cuando se viaja hay momentos que quedan para siempre en la retina, y la primera visión de la majestuosa plaza de Naqsh-e Yahán en Isfahán es uno de ellos. Alberga el que quizá sea el conjunto arquitectónico más embriagador del mundo islámico: la mezquita del Shah, con su cúpula de azulejos azules perfectamente proporcionada; la elegante mezquita del jeque Loft Allah; y el refinado y profusamente decorado palacio de Ali Qapu. Robert Byron situó a Isfahán "entre esos lugares excepcionales, como Atenas o Roma, pertenecientes a toda la humanidad". Y como dice el proverbio persa: "Isfahán es medio mundo".

Yazd

2 Pocos lugares se han adaptado a su entorno tan bien como la ciudad del desierto de Yazd, un tesoro de callejas sinuosas, cúpulas de azulejos azules, minaretes, bazares techados y exquisitas casas antiguas con patio coronadas por *badgirs* (captadores de viento) y provistas de agua por ingeniosos *qanats* (canales subterráneos). Muchas de estas viviendas tradicionales se han restaurado y reconvertido en hoteles y salones de té deliciosamente evocadores.

Mezquita del jeque Lotf Allah, Isfahán.

1

TUNART / GETTY IMAGES ©

Persépolis

3 La armonía artística de sus escalinatas monumentales, imponentes puertas y exquisitos relieves no deja lugar a dudas de que, en su apogeo, Persépolis fue el centro del mundo conocido. Construida por los reyes Darío y Jerjes como capital ceremonial del Imperio aqueménida, una visita a sus ruinas protegidas por la Unesco también sirve para constatar la destrucción despiadada de ese imperio a manos de Alejandro Magno.

Nómadas de los Zagros

4 Unos dos millones de iraníes de diferentes

si Irán tuviera 100 habitantes

61 serían persas
16 serían azeríes
10 serían kurdos
6 serían lors

2 serían turcomanos
y otros grupos
túrquicos
5 serían de otro origen

grupos religiosos
(% de población)

90
Musulmanes chiitas

9
Musulmanes sunitas

1
Otras religiones

población por km²

IRÁN   TURQUÍA   ESPAÑA

👤 ≈ 16 personas

---

grupos étnicos aún llevan una existencia nómada, viajando con sus cabras en primavera y otoño en busca de pastos. Los kashgai y los bajtiaríes pasan el estío en los montes Zagros, antes de poner rumbo a la costa para pasar el invierno. El viajero podrá sumergirse en la vida nómada con una excursión de un día desde Shiraz o alojándose con los khamseh (no hay que dejar de probar su delicioso yogur artesanal) en las colinas por encima de Bavanat.

Choqa Zanbil

5 El tamaño descomunal, el aislamiento semi-desértico y la fascinante historia que subyace tras el zigurat de Choqa Zanbil lo convierten en uno de los yacimientos históricos más impresionantes de una región donde estos abundan. Erigido por el Imperio elamita en el s. XIII a.C., desapareció bajo la arena en el s. VII a.C. y no sería redescubierto hasta 1935 durante un vuelo de reconocimiento efectuado por una compañía petrolera británica. Hoy, al fin excavado por completo, cabría pensar que algunos de sus ladrillos están recién sacados del horno.

Alojamientos en el desierto

6 Difícilmente se puede disfrutar de un recibimiento más cálido que en medio de la inmensidad y el silencio de los dos grandes desiertos iraníes. Garmeh es un pueblo de oasis de ensueño con un maltrecho castillo, palmeras datileras y el sonido de un manantial. Los viajeros suelen llegar para quedarse una noche y terminan pasando cuatro. El cercano Farahzad y el diminuto Toudeshk Cho, entre Isfahán y Nain, también

---

Alfombras persas

El artículo de exportación iraní por excelencia es para los lugareños mucho más que una mera alfombra. Es una muestra de riqueza, una inversión, un aspecto integral de las fiestas religiosas y culturales, y parte de la cotidianidad.

Según sus diseños, se clasifican como "tribales" o "de ciudad". Las primeras varían según su origen, si bien suelen ser menos ornamentadas; las últimas, en cambio, son las clásicas alfombras persas, con elaborados diseños florales en torno a uno o más medallones. El nombre de la pieza normalmente indica su lugar de fabricación y origen del diseño.

En los bazares se puede encontrar gran variedad de alfombras persas y *kilims* (tapetes). Los mejores lugares para comprar son los bazares de Isfahán, Shiraz y Teherán, y la experiencia (incluido el regateo) es parte fundamental de un viaje por el país.

Comida y bebida

Casi todas las comidas se acompañan de *nun* (pan) y/o *berenj* (arroz).

Bakhtiyari kabab La reina de las brochetas; combina cordero y pollo.

Barbari Crujiente y salado, como el pan turco.

Chelo kabab Cualquier brocheta acompañada de *chelo* (arroz hervido o al vapor); a menos que se especifique, se servirá *kubide* (de carne picada).

Juje kabab Pollo a la parrilla marinado en *somaq* (especia).

Lavash Pan plano y delgado típico para el desayuno.

Sangak Pan alargado y grueso cocido sobre un lecho de guijarros.

Taftun Pan crujiente acanalado.

Ceremonia nupcial kashgai.

ofrecen memorables aloja-
mientos con familias al más
puro estilo del desierto, con
camas en el suelo, baños
básicos y sabrosa comida
casera.

Los poetas de Shiraz

7 Los iraníes suelen
decir que hasta en
la casa más pobre nunca
faltan dos libros: el Corán
y la poesía de Hafez, algo
que no sorprende en un país
cuyos hijos más ilustres son
poetas y donde casi todo el
mundo es capaz de recitar
de memoria alguno de sus
poemas. En Shiraz, la ciudad
de los ruiseñores y los jardines, las tumbas de Hafez y
Sa'di atraen a peregrinos de
todo Irán, a los que se puede
acompañar mientras toman
té y recitan sus versos.

Cafés y galerías en Teherán

8 La ajetreada capital
iraní puede abrumar,
pero no está exenta
de encanto. Al margen de
los museos y palacios,
hay una gran variedad de
cafés de moda y galerías
de arte contemporáneo que

Cuándo ir

TEMP. ALTA
(mar-may)

➡ Temperaturas
ideales en casi todo
el país.

➡ Precios más altos y
más gentío durante el
Nouruz (21 mar-3 abr),
sobre todo en Isfahán,
Shiraz, Yazd y la costa
del golfo Pérsico.

➡ Los hoteles suben
los precios en abril.

TEMP. MEDIA
(jun-oct)

➡ El tiempo más
cálido en junio supone
un menor flujo de
viajeros.

➡ Las temperaturas
en septiembre y sobre
todo en octubre son
más suaves que en
verano y los precios,
algo más bajos que
de marzo a abril.

TEMP. BAJA
(nov-feb)

➡ Frío extremo,
en particular en el
noreste y el oeste.

➡ Las carreteras
de montaña podrían
estar intransitables.

➡ Precios de hoteles
entre el 10-50% más
bajos.

muestran una faceta de la vida que, por lo demás, solo se conoce de oídas. Basta con sentarse un rato ante un café e invariablemente fluirá la conversación, o bien deambular por las galerías y el teatro en los aledaños del parque Honarmandan.

Senderismo por los Castillos de los asesinos

9 El famoso valle de Alamut invita a caminar, explorar y reflexionar entre castillos de leyenda. Enclavadas en altozanos rocosos y cumbres dispersas entre sí surgen las ruinas de más de 50 fortalezas que en su

Películas

Tiempo de los caballos ebrios (2000) Dirigida por Bahman Ghobadi, aborda la cuestión de los huérfanos y los contrabandistas kurdos en la frontera con Iraq.

Niños del cielo (1997) Majid Majidi narra la historia de dos niños pobres que pierden un par de zapatos.

Fuera de juego (2006) Jafar Panahi trata la prohibición de asistir a partidos de fútbol impuesta a las mujeres.

El sabor de las cerezas (1997) La mirada de Abbas Kiarostami sobre el tema tabú del suicidio.

Libros

Todos los hombres del Sha (Stephen Kinzer) Recrea el golpe que dio la CIA en Irán en 1953.

La cueva de Alí Babá. Irán día a día (Ana María Briongos) La vivencia de un país en lenta ebullición.

Samarcanda (Amin Maalouf) La vida y la obra del poeta persa Omar Jayyám.

El valle de los asesinos (Freya Stark) Clásico diario de lo más revelador.

Cómo desplazarse

Avión Hay vuelos asequibles y frecuentes en la mayoría de las rutas nacionales.

Autobús Baratos, confortables y frecuentes

Metro El metro de Teherán se está ampliando y la primera línea de Mashhad ya está operativa.

Microbús Para desplazamientos cortos entre grandes poblaciones y pueblos de los alrededores. Pueden ser una alternativa al autobús.

Tren Barato e ideal para moverse por el país y conocer gente.

día fueron el hogar del culto religioso más temido del Medievo. Se puede elegir entre una caminata de un día desde Qazvin o una ruta más larga a lomos de mula desde Gazor Khan para visitar la región interior del Caspio.

Por los bazares

10 En la era de los hipermercados la mayoría de los iraníes sigue confiando en estos laberintos de callejuelas techadas, madrazas y caravasares para hacer casi todas sus compras. Teherán, Isfahán, Shiraz y Kashan cuentan con bonitos bazares donde poder curiosear bajo techos abovedados y esquivar motocicletas antes de parar en

un salón de té y disfrutar de una buena taza acompañada de una *qalyan* (narguile). Pero quizá el mejor sea el de Tabriz, antiguo enclave de la Ruta de la Seda.

Esquí en los montes Alborz

12 Aunque casi nadie asocia a Irán con el esquí, lo cierto es que hay más de una veintena de pistas, una buena parte en la zona de Teherán. Las estaciones de Dizin y Shemshak se llevan la palma con descensos vertiginosos y suficiente nieve virgen para atraer a esquiadores de todos los niveles. Los precios son una ganga comparado con los de los países occidentales.

Ruinas del castillo de Alamut, cerca de Kazvín.

SIMON RICHMOND / GETTY IMAGES ©

Monasterio de Rabban Hormizd, Al-Kosh.

CAPITAL
Bagdad

POBLACIÓN
31,9 millones

ÁREA
438 317 km²

**IDIOMAS
OFICIALES**
Árabe, kurdo

Iraq

*Pese a sus conflictos recientes y la mala prensa que padece,
Iraq es una de las cunas de la civilización y una fuente de riqueza
humana y cultural a la espera de ser descubierta.*

Dividido entre su glorioso pasado y su sangrienta historia reciente, Iraq vive en continua agitación. Tras la invasión encabezada por EE UU en el 2003 y los consiguientes problemas, apenas tuvo tiempo para reponerse antes de sufrir una nueva ola de violencia en junio del 2014, cuando los yihadistas del Estado Islámico (EI) se adueñaron de grandes extensiones en el norte del país.

Aunque la mayor parte del territorio es extremadamente peligroso, esto no se aplica a algunas zonas de la región semiautónoma del Kurdistán iraquí. Por supuesto, la situación puede variar rápidamente, pero en líneas generales ha logrado mantenerse al margen de los enfrentamientos.

Rodeada de imponentes montañas, salpicada de lagos y hogar de numerosos yacimientos arqueológicos, la región kurda permanece en buena medida ajena al turismo. Tal vez su futuro sea incierto, pero la calidez y la hospitalidad de su pueblo no admiten dudas.

La situación en Iraq cambia constantemente. Se aconseja estar informado.

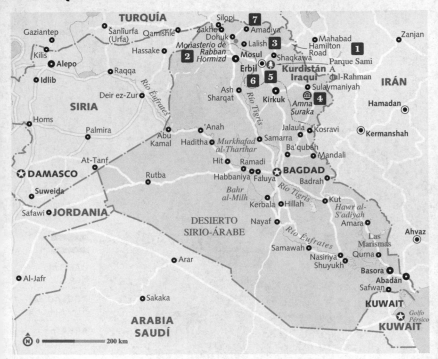

Iraq
Las mejores experiencias

Recorrer la Hamilton Road

1 El viajero se maravillará ante el esplendor de las montañas al viajar por esta carretera que surca el rincón noreste del Kurdistán iraquí, una sorprendente región de suma belleza marcada por cascadas, altas cumbres nevadas, gargantas profundas seccionadas por ríos furiosos, verdes colinas onduladas y frondosos valles. El cañón Gali Ali Beg, conocido como el "Gran Cañón de Oriente Próximo", se extiende a lo largo de 12 km entre los montes Korak y Bradost y por él discurren los dos cursos fluviales que forman el Gran Zab.

Monasterio de Rabban Hormizd

2 Encaramado en un precipicio, este enorme complejo del s. VII sigue estando ocupado por unos cuantos monjes caldeos, con lo cual hay una amplia sección de acceso restringido. No obstante, se pueden visitar la capilla, presentar respetos ante la tumba de Abba Gabriel Danbo (quien revitalizó el monasterio tras ser abandonado en el s. XIX) y explorar la red de túneles, cuevas y santuarios, accesible desde el fondo de la capilla. En los despeñaderos circundantes hay pequeñas cuevas, algunas ocupadas en su día por santuarios.

Lalish

3 Oculto en un profundo y frondoso valle, Lalish es el lugar más sagrado del mundo para los yazidíes, quienes han de peregrinar al menos una vez en la vida hasta aquí, donde Melek Taus, el "ángel pavo real", su principal deidad, se posó por primera vez. Se cree que el Arca de Noé atracó aquí para descansar. El punto central de Lalish es el Santuario, un templo rematado por dos grandes pirámides. La entrada está custodiada por un relieve de una serpiente negra que repta por un agujero en la pared, lo que al decir de algunos simboliza un reptil que tapa una fuga en el casco del arca.

Amna Suraka

4. Amna Suraka (que en lengua kurda significa "Seguridad Roja") fue en su día una verdadera casa de los horrores. Este imponente edificio rojo funcionó bajo el régimen de Saddam Hussein como sede en el norte del Mukhabarat, el notorio servicio de inteligencia iraquí. Miles de personas, principalmente kurdos, fueron recluidos y torturados aquí, y otros muchos simplemente desaparecieron. En 1991, los peshmergas kurdos atacaron y liberaron la prisión. En el 2003, Hero Ibrahim Ahmed, esposa del presidente iraquí Jalal Talabani, lideró una propuesta para convertir el edificio en el primer museo de los crímenes de guerra del país, y hoy es el más impresionante de Iraq.

Parque Sami Abdul-Rahman

5. También llamado parque Erbil, se trata de uno de los espacios urbanos más bellos del país, un oasis de fuentes, lagos y jardines construidos en el antiguo emplazamiento de una base militar del temido 5º cuerpo del ejército de Saddam Hussein. Los viernes se llena de parejas jóvenes, familias de *picnic* y escandalosas fiestas de boda. En el lago central se alquilan barcas de remos con forma de cisne y se ofrecen paseos en lancha. Cerca hay una enorme zona infantil, campos de fútbol y un parque de skateboard/BMX.

si Iraq tuviera 100 habitantes

77 serían árabes
18 serían kurdos
5 serían turcomanos, asirios u otros

grupos religiosos
(% de población)

62 Musulmanes chiitas

35 Musulmanes sunitas

3 Cristianos u otros

Cuándo ir

MAR

➡ Sumarse a los lugareños para recibir el Año Nuevo kurdo con hogueras, *picnics* y bailes.

ABR

➡ Picos nevados, valles tapizados de flores... ¡El Kurdistán iraquí luce mejor que nunca!

OCT

➡ Los últimos días del verano vienen seguidos de los colores otoñales y las primeras nevadas.

población por km²

IRAQ   IRÁN   ESPAÑA

👤 ≈ 15 personas

¿Quiénes son los yazidíes?

Incomprendidos y perseguidos desde antiguo, los yazidíes son una secta kurda que practica el yazidismo, una religión que incorpora el islam, el cristianismo y el zoroastrismo. Hay unos 500 000 practicantes en todo el mundo, la mayor parte en el Kurdistán iraquí y casi todos hablan kurdo kurmanji.

Creen que un dios supremo creó el universo con la ayuda de siete ángeles, siendo el principal de ellos Malak Taus, el "ángel pavo real", que cayó en desgracia pero después fue perdonado, lo que llevó a muchos a tachar injustamente a los yazidíes de "adoradores del Diablo". Estos, en cambio, se consideran descendientes de Adán, pero no de Eva, y, como los musulmanes, rezan cinco veces al día.

También creen en la reencarnación hasta alcanzar la pureza espiritual necesaria para llegar al cielo. Poseen dos libros sagrados: el Mishefa Res (Libro Negro) y el Kitab al-Jilwa (Libro de la Revelación).

Comida y bebida

Baba ghanoog Pasta de berenjenas asadas a la parrilla con tahina y aceite de oliva.

Fattoosh Ensalada de *khobz* (pan), tomate, cebolla y hojas de menta, a veces rociada con sirope de granada.

Felafel Garbanzos triturados y especiados con los que se forman croquetas que luego se fríen.

İskender kebaps Kebab servido sobre un pan de pita y guarnecido de yogur.

Quzi-sham Similar al biryani, pero envuelto en masa y frito.

Té Suele tomarse dulce y sin leche.

Bazar Qaysari, Erbil.

Ciudadela de Erbil

6 Habitada ininterrumpidamente desde hace 8000 años, esta ciudadela, situada a 32 m de altitud y recientemente ha sido declarada Patrimonio Mundial por la Unesco, es el corazón y el alma de la bulliciosa capital kurda y su tesoro histórico más preciado.

Muchas de sus encantadoras callejuelas y casas tradicionales en patios están en proceso de restauración desde el 2007. Las familias que vivían en la ciudadela fueron realojadas, aunque al menos se dejó una para que perdure el supuesto récord.

Amadiya

7 Posado sobre una meseta a 1200 m de altitud, Amadiya (o Amedi) parece un pueblo entre las nubes. Su ubicación es de lo más pintoresca, rodeado de imponentes montañas e interminables valles verdes. Lo que queda hoy de los altos muros de la ciudadela es una puerta, y el monumento más visible es el minarete de 30 m de la mezquita Amadiya, levantada hace cuatro siglos y llena de agujeros de bala de la guerra civil kurda.

Cómo desplazarse

Avión Iraqi Airways opera varias rutas nacionales, aunque no es muy recomendable.

Autobús La red es muy escasa y las pocas rutas que existen están atestadas y son peligrosas.

Taxi Es el principal medio de transporte público; en las ciudades abundan y son baratos. En los desplazamientos interurbanos dentro del Kurdistán iraquí, se puede tomar un taxi privado o uno compartido, más barato. Estos últimos llegan y salen de un aparcamiento enorme; los taxistas aguardan junto a sus vehículos, anuncian el destino a viva voz y salen una vez se ocupan las plazas.

Doolin, condado de Clare.

Irlanda

Isla pequeña de gran fama, Irlanda posee un paisaje intemporal y una población fascinante y acogedora cuya naturaleza lírica se expresa en la calidez de su hospitalidad.

No hay que ir muy lejos para encontrar esa Irlanda perfecta como una postal: existe en las penínsulas del suroeste, en la adusta soledad de Connemara y en el agreste condado de Donegal. Se la encuentra en las tierras lacustres de Leitrim y Roscommon y en las colinas onduladas del sureste. Irlanda se ha modernizado mucho, pero algunas cosas no cambian. Si se capea la furia del Atlántico en una travesía hasta Skellig Michael o se pasa una noche de verano en el patio de un *pub* con tejado de paja, se conocerá una tierra que apenas ha cambiado en generaciones y la que casi todos los viajeros vienen a ver.

La historia y cultura de Irlanda se manifiestan por doquier: desde monumentos de prehistóricos en Brú na Bóinne hasta música tradicional en un *pub* del oeste.

Céad míle fáilte: cien mil bienvenidas; parece excesivo, pero en Irlanda se fomenta el exceso.

Irlanda
Las mejores experiencias

Dublín

1 La capital y la ciudad más grande de Irlanda es la entrada principal al país, con atractivos suficientes para fascinar a los visitantes al menos unos días. Desde museos y espectáculos de prestigio mundial hasta restaurantes soberbios y hoteles de categoría, Dublín tiene todos los aderezos de una gran metrópolis; pero lo importante son los propios dublineses, más amables, sencillos y cordiales que los habitantes de casi todas las capitales europeas. Y además es la cuna de la Guinness.

Connemara, condado de Galway

2 Una costa recortada con caletas y playas marca la frontera de la península de Connemara con las aguas bravías del Atlántico. Por pintorescas carreteras se va de un pueblo a otro, todos con *pubs* y restaurantes tradicionales que sirven una sopa de pescado cuya receta es un secreto familiar. Tierra adentro, la espectacularidad del paisaje aumenta. Valles solitarios, verdes colinas, flores amarillas y arroyos salvajes que reflejan el cielo azul crean una belleza pura. Las caminatas devuelven al viajero a tiempos en que la vida era más sencilla.

Bachelor's Walk, puente O'Connell y río Liffey, Dublín.

1

Ciudad de Galway

3 ¿Una palabra para describir la ciudad de Galway? ¡Juerga! La ciudad más animada de Irlanda bulle toda la noche en *pubs* donde se puede oír a tres viejos tocando cucharas y violines o a un grupo de jóvenes promesas; el mejor consejo para neófitos es sumarse a la gente que va de un local a otro sin saber qué diversión le espera, pero segura de que algo habrá. Añádase a ello la abundancia de las famosas ostras del país y la cercanía de la aventura en la península de Connemara y las islas Aran, y la fiesta no acaba.

si Irlanda tuviera 100 habitantes

85 serían irlandeses
10 serían blancos de otro origen
2 serían asiáticos
1 sería negro
2 serían mestizos u otros

grupos religiosos

(% de población)

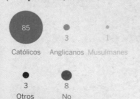

85 — Católicos
3 — Anglicanos
1 — Musulmanes

3 — Otros cristianos
8 — No religiosos

población por km²

IRLANDA   REINO UNIDO   ESPAÑA

👤 ≈ 32 personas

Brú na Bóinne, condado de Meath

4 A la vez antiguas y misteriosamente futuristas, las inmensas murallas circulares de piedra negra de Newgrange, coronadas por una cúpula de hierba, son uno de los espectáculos más impresionantes que se ven en la vida. Parte de la necrópolis neolítica de Brú na Bóinne (palacio de Boyne), contiene una de las tumbas de corredor de la Edad de Piedra más importantes de Irlanda, anterior a las pirámides en unos seis siglos. Lo más extraordinario es la alineación precisa de la tumba con el sol en el solsticio de invierno.

Rock of Cashel, condado de Tipperary

5 Alzándose de los verdes pastos de Tipperary, esta antigua fortaleza corta el aliento. Sede de los reyes y clérigos que gobernaron la región durante más de mil años, rivalizó con Tara como centro del poder en Irlanda a lo largo de 400 años. Una vez se entra por la Hall of the Vicars Choral (la sala del Coro de los vicarios), del s. xv, sus murallas ciñen un impresionante recinto con una torre circular, una catedral gótica del s. xiii y la capilla románica del s. xii más espléndida de Irlanda.

Ring of Kerry

6 Conducir por el Ring of Kerry resulta de por sí una experiencia inolvidable, pero no hay que limitarse a la ruta principal. Por esta carretera circular de 179 km que rodea la península de Iveragh surgen incontables oportunidades para desviarse: cerca de

El Libro de Kells

Más de medio millón de visitantes de Dublín paran cada año para ver la joya del Trinity College: el mundialmente famoso Libro de Kells. Este manuscrito iluminado, datado hacia el 800 d.C. y por tanto uno de los libros más antiguos del mundo, fue escrito por los monjes del monasterio de St Colmcille en la remota isla de Iona. Los saqueos de los vikingos obligaron a los monjes a refugiarse en la provisional seguridad de Kells, en el condado de Meath, en el 806 d.C., junto con su obra maestra. Unos 850 años después, el libro fue llevado al Trinity College para ponerlo a salvo y allí ha permanecido desde entonces.

Si solo constara de palabras, el Libro de Kells sería sin más un libro muy antiguo; son sus delicadas ilustraciones las que lo convierten en maravilloso.

Comida y bebida

Carne, pescado y marisco La comida irlandesa se basa en la carne, principalmente de ternera, cordero y cerdo. Los pescados y mariscos se consiguen con facilidad en los restaurantes y suelen ser excelentes, sobre todo en el oeste.

Cerveza negra Aunque Guinness es sinónimo de cerveza negra (*stout*), pocos extranjeros saben que hay otras dos cerveceras que se disputan el favor de los irlandeses: Murphy's y Beamish & Crawford, ambas de la ciudad de Cork.

Patatas Siguen siendo de primordial importancia. Los purés de patata *colcannon* y *champ* (con col y cebolleta, respectivamente) son dos de las recetas más sabrosas del país.

Soda bread El famoso pan irlandés, y uno de los sabores típicos del país. Como la harina irlandesa no subía bien con la levadura, los panaderos irlandeses del s. xix leudaban con bicarbonato sódico. Con suero de leche resulta delicioso y suele ofrecerse en los desayunos de los B&B.

Acantilados de Moher, condado de Clare.

Killorglin media un corto trecho hasta la bella y poco conocida península de Cromane; entre Portmagee y Waterville puede explorarse el Skellig Ring, y el interior de la península ofrece vistas fascinantes de las montañas. Y eso para empezar: se viaje adonde se viaje, hay que llevar cargada la batería de la cámara.

Cuándo ir

TEMP. ALTA
(jun-med sep)

➤ El mejor tiempo del año.

➤ Precios máximos del alojamiento (sobre todo en agosto).

➤ Apogeo del turismo en Dublín, Kerry y las costas sur y oeste.

TEMP. MEDIA
(Semana Santa-finales may, med sep-finales oct)

➤ Buen tiempo, sol y lluvia en mayo. Veranillo de san Martín y tiempo templado en septiembre.

➤ Bajada del precio del alojamiento.

TEMP. BAJA
(nov-feb)

➤ Reducción de horarios de octubre a Semana Santa.

➤ Frío y lluvia; la niebla puede reducir la visibilidad.

➤ Los lugares de interés de las grandes ciudades funcionan con normalidad.

Condado de Clare

7 Con el brillo dorado del último sol de la tarde, los acantilados de Moher son solo uno de los esplendores del condado de Clare. Vistos desde una embarcación, los altísimos paredones exhiben una pasmosa belleza realzada por infinidad de frailecillos y otras aves marinas. Más al sur, en Loop Head, sobre las columnas de roca que emergen del mar se asientan unas casitas de piedra abandonadas cuya existencia es inexplicable. Por toda la costa surgen pueblecitos como Ennistymon, con sus sesiones de música tradicional, y Lahinch, meca de surfistas.

Kilkenny

8 Desde su regio castillo hasta su catedral medieval, la ciudad de Kilkenny, en el sector centro-oriental del país, desprende un aire de perennidad y cultura que la ha convertido en parada obligada en los viajes al sur y el oeste. En el condado homónimo residen numerosos artesanos que exponen sus trabajos en las elegantes tiendas y *boutiques* de Kilkenny. Los chefs renuncian a Dublín para estar cerca de los exquisitos productos de Kilkenny, y la cerveza de la compañía local del mismo nombre puede paladearse en muchos pubs.

Películas

El viento que agita la cebada (2006) La guerra de la independencia y la guerra civil dividen a dos hermanos del condado de Cork. Ganó la Palma de Oro.

Mi pie izquierdo (1989) Daniel Day-Lewis encarna a Christy Brown, un irlandés con parálisis cerebral que superó la adversidad para convertirse en un escritor y artista conocido.

Las hermanas de la Magdalena (2002) Dura historia sobre el trato brutal que sufren las jóvenes en un asilo.

Libros

Dublineses (James Joyce, 1914) Colección de relatos que conmueven hoy tanto como cuando se escribieron.

Siete inviernos (Elizabeth Bowen, 2008) Una infancia dublinesa recordada con ironía y ternura.

El encuentro (Anne Enright, 2007) Intenso relato sobre el alcoholismo y el maltrato doméstico en una familia irlandesa.

Cómo desplazarse

Barco Se puede llegar en barco a todas las islas, incluidas las de Aran y Skellig por el oeste, las Saltee por el sureste y las Tory y Rathlin por el norte

Autobús La extensa red de autobuses públicos y privados, con servicios a casi todas las zonas habitadas, los convierte en la forma más rentable de moverse

Coche La manera más cómoda de llegar a todas partes. Se alquilan en casi todas las ciudades y poblaciones principales; se circula por la izquierda.

Tren Una limitada red ferroviaria une Dublín con los principales núcleos urbanos, incluido Belfast en Irlanda del Norte. Caro si se viaja con el dinero justo

Glendalough, Condado de Wicklow

9 San Kevin sabía un par de cosas sobre lugares mágicos, y cuando eligió como retiro monacal una remota cueva a orillas de un lago glaciar y en la base de un valle arbolado, fundó sin darse cuenta un asentamiento que se convertiría en una de las universidades más dinámicas de Irlanda y, en nuestra época, en una de las ruinas más hermosas del país. Los restos del establecimiento (incluida una torre circular intacta), en armonía con el impresionante paisaje, son inolvidables.

Cork

10 La segunda ciudad de la república lo es solo por tamaño: en todos los demás aspectos no tiene comparación. Su pulcro y denso centro alberga un tentador muestrario de galerías de arte, museos y –sobre todo– sitios donde comer. Desde cafés baratos hasta restaurantes para *gourmets*, Cork descuella, aunque no es de extrañar habida cuenta de la fama gastronómica del condado. En el centro de la ciudad se emplaza el maravilloso English Market, un mercado cubierto que constituye una atracción en sí mismo.

English Market, ciudad de Cork.

Calzada del Gigante, condado de Antrim.

CAPITAL
Belfast

POBLACIÓN
1,81 millones

ÁREA
13 843 km²

IDIOMAS OFICIALES
Inglés, gaélico irlandés

Irlanda del Norte

Desde las maravillas geológicas de la costa septentrional a los impresionantes murales de Belfast, Irlanda del Norte desborda una espectacular belleza que atrapa al viajero.

Otrora sinónimo de conflictos, Irlanda del Norte al fin ha ocupado su lugar como uno de los rincones más encantadores de la isla. Hoy, tras casi cuatro décadas de enfrentamientos, tiene tanto que ofrecer como cualquier otro enclave turístico del resto de Irlanda.

Su capital, Belfast, se ha sacudido su pasado de atentados y se ha reinventado como una de las ciudades más fascinantes y dinámicas del Reino Unido. Se puede descubrir el modo en que actualmente se expresan las tensiones en un circuito por los emblemáticos barrios del oeste de Belfast o en la segunda ciudad de la provincia, Derry (o Londonderry), a la cabeza del resurgir cultural del norte insular.

Y, por supuesto, no sería Irlanda si no tuviera una buena dosis de paisajes deslumbrantes, desde la costa de Antrim y su famoso Giant's Causeway (Calzada del Gigante) hasta las montañas de Mourne, en el condado de Down.

Irlanda del Norte
Las mejores experiencias

Paseo por la costa de Antrim

1 Solo hay que ponerse las botas y emprender la marcha por uno de los mejores paseos costeros de la isla, 16 km de suma belleza entre el puente de cuerdas de Carrick-a-Rede y el afloramiento de basalto de la Calzada del Gigante.

Comida y bebida

Quizá la especialidad más temida sea el desayuno, un plato cargado de colesterol que forma parte de la esencia de los B&B. Ahora bien, ¿quién puede resistirse a un festín de beicon, salchichas, morcilla, huevos y tomates? La versión del Ulster se compone, además, de *fadge* (pan de patata).

Circuito en taxi por Belfast

2 Cualquier viaje a Irlanda del Norte pasa por una visita a los murales republicanos y unionistas de los barrios de Falls y Shankhill, en Belfast. Los "black taxi tours" (circuitos en taxis negros) reciben estupendas críticas y están dirigidos por conductores bien informados, que suelen recurrir al humor negro, pero sin desvirtuar la seriedad del tema.

Museo Titanic Belfast

3 La construcción del mayor transatlántico del mundo recibe un homenaje en este vanguardista museo multimedia donde se pueden repasar todos los detalles relativos al transatlántico (se proyecta incluso una simulación del recorrido desde la quilla hasta el puente) y también vivir el ambiente que impregnaba los astilleros de Belfast en los albores del s. xx.

Cuándo ir

JUN-SEP

Es cuando más cálido es el tiempo, aunque los precios de alojamiento también son más altos.

ABR-MAY Y SEP-OCT

Las multitudes se diluyen y el tiempo es agradable.

NOV-FEB

Tiempo frío y lluvioso; muchos lugares de interés acortan los horarios.

Península de Látrabjarg, Fiordos Occidentales.

CAPITAL
Reikiavik

POBLACIÓN
315 281 hab.

ÁREA
103 000 km²

IDIOMA OFICIAL
Islandés

Islandia

Reino mítico gobernado por fantásticos elfos y la energía del Ártico, en Islandia el pasado se funda con el futuro en una sinfonía de viento, piedra, fuego y hielo.

Islandia es verdaderamente un país en construcción; los elementos naturales trabajan de consuno para suministrar energía a su laboratorio volcánico: los géiseres borbotean, las ciénagas termales burbujean, los vendavales azotan los fiordos, de las profundidades de un mar añil se alzan torres de piedra, y los glaciares avanzan a través de los campos de lava y la tundra despiadada. El poder sublime de la naturaleza torna en Islandia lo prosaico en extraordinario: una zambullida en la piscina se convierte en un relajante remojón en una laguna geotermal; un paseo sencillo se puede transformar en una caminata por una deslumbrante capa de hielo, y una noche tranquila de acampada equivale a obtener asientos de primera fila para contemplar las cortinas de fuego de la aurora boreal o la luz rosácea del sol de medianoche.

Es difícil no quedar profundamente afectado por la belleza de la isla; pocos se marchan sin sentir pesar. Islandia produce ese efecto en las personas.

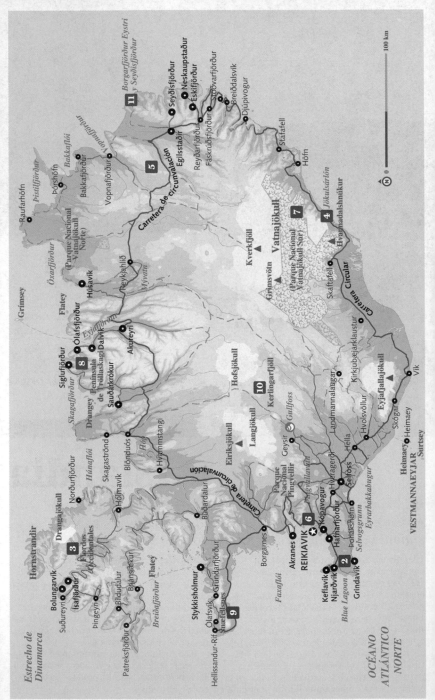

Islandia
Las mejores experiencias

Aurora boreal

1 Todos desean contemplar la aurora boreal, el caleidoscopio celeste que transforma las largas noches de invierno en lámparas de lava naturales y que se forma cuando el campo magnético terrestre atrae las erupciones solares hacia el Polo Norte. El resultado son unos velos etéreos de luz verde, blanca, violeta o roja que brillan y bailan en un espectáculo que no difiere mucho de unos fuegos artificiales silentes. Los mejores avistamientos se producen en lo más profundo del invierno, pero conviene buscar la aurora en cielos oscuros y despejados entre octubre y abril.

Blue Lagoon

2 El pasatiempo extraoficial de Islandia es chapotear en las aguas geotermales; las hay por todas partes: desde el centro de Reikiavik hasta las aisladas puntas de las penínsulas de los Fiordos Occidentales, y no solo son de lo más relajantes, sino una manera magnífica de conocer a los islandeses (¡y hasta de curar una resaca!). Todo el mundo sabe que el Blue Lagoon es la estrella de la película; con sus humeantes aguas azul pálido llenas de depósitos de sílice, queda cerca del aeropuerto internacional de Keflavík, lo que la convierte en el lugar perfecto para despedirse

1

antes de tomar el vuelo de vuelta; pero la mayoría viene en una cómoda excursión de un día desde Reikiavik.

Fiordos Occidentales

3 El variado espectro de la naturaleza de Islandia alcanza su clímax en los Fiordos Occidentales: extensas playas flanquean la costa sur, abundan las colonias de aves, las cabeceras de los fiordos se elevan y después se hunden en las profundidades, y una red de endemoniadas carreteras zigzaguean por doquier. La península más alta de la región, Hornstrandir, es la última frontera; los acantilados son peligrosos y los senderos recorren desoladas extensiones de tierra virgen que casi besan el Círculo Polar Ártico.

Jökulsárlón

4 Una procesión espectral de icebergs de un azul luminoso vaga por la laguna de Jökulsárlón, de 18 km², antes de llegar al mar. Esta escena surrealista (al lado mismo de la carretera de circunvalación) sirve como plató; de hecho, aparece en *Batman Begins* y en la película de James Bond *Muere otro día*. El hielo se desprende del glaciar de Breiðamerkurjökull, vástago del formidable casquete de hielo de Vatnajökull. Las excursiones en barco entre los icebergs son muy demandadas también puede uno limitarse a caminar por la orilla del lago, buscar focas y agotar la memoria de la cámara.

Carretera de circunvalación

5 La mejor manera de explorar Islandia es alquilar un vehículo y recorrer esta franja de cemento que circunda la isla en el sentido de las agujas del reloj pasando por verdes valles, lagunas glaciares con icebergs que semejan palomitas de maíz, desoladas franjas de costa y áridos campos de lava. No hay que olvidarse de tomar algunos de los desvíos; conviene utilizar la carretera de circunvalación como arteria principal y seguir después las venas que se desgajan hacia el interior.

Reikiavik

6 La capital más septentrional del mundo combina edificios llamativos, gente pintoresca, un diseño sorprendente, una vida nocturna desenfrenada y un

Como parecer un 'reikiavíkur'

He aquí cinco maneras de sintonizar con los naturales de la capital:

➡ Referirse a las distintas zonas de Reikiavik por su código postal; el del centro es "101".

➡ No llevar paraguas; el viento acaba siempre por destrozarlo.

➡ Ser amante de los gatos; hay un grave problema de gatos sueltos en la capital, y se les ve asomando la cabeza en cada rincón.

➡ Referirse a las ostentaciones de riqueza como "tan del 2007" (es decir, antes de la caída de la moneda del país).

➡ Aprender a pronunciar "Eyjafjallajökull"; es algo así como *aiyafiatlagutl*.

Comida y bebida

Hangikjöt Carne, por lo general cordero ahumado, en rodajas finas.

Harðfiskur Trozos de abadejo seco que por lo general se comen con mantequilla.

Hverabrauð Pan de centeno horneado bajo tierra con el calor geotermal; hay que probarlo en Mývatn.

Jólaglögg Ponche de vino y especias con vodka; se bebe mucho en Yuletide.

Pönnukökur Tortitas dulces con canela.

Pýlsur Perritos calientes islandeses; se hacen con cordero y llevan cebolla frita, kétchup, mostaza y salsa remoulade (hay que pedir ein með öllu: "uno con todo").

Regaliz Tanto salada como cubierta de chocolate, llena las golosinas de los supermercados.

Skyr Especie de yogur cremoso que a veces se endulza con azúcar y frutos del bosque.

si Islandia tuviera 100 habitantes

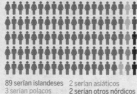

89 serían islandeses
3 serían polacos
1 sería alemán
2 serían asiáticos
2 serían otros nórdicos
3 serían de otro origen

grupos religiosos
(% de población)

77 Evangélicos luteranos
5 Luteranos libres
3 Católicos
1 Neopaganos
9 Otras religiones
5 No religiosos

población por km²

ISLANDIA   CANADÁ   ESPAÑA

🚶 = 3 personas

Iglesia de Hallgrímskirkja, Reikiavik.

alma caprichosa. Añádase un fondo de montañas coronadas de nieve, mares revueltos, un aire tan frío y limpio como un diamante helado y noches encendidas por el sol de medianoche, y se convendrá en que no existe en el mundo una ciudad mejor.

Parque Nacional Vatnajökull

7 El mayor parque nacional de Europa cubre el 13% de Islandia y protege el Vatnajökull, el casquete de hielo más grande fuera de los polos (triplica el tamaño de Luxemburgo). Un gran número de lenguas glaciares salen de su mole helada, mientras que por debajo hay volcanes activos y picos montañosos. Sí, esta es la "Zona Cero" de todos esos tópicos de "fuego y agua". Uno queda hechizado por la variedad de paisajes, senderos y actividades de este parque descomunal. Dadas sus dimensiones, los puntos de acceso son numerosos; conviene partir de Skaftafell en el sur o de Ásbyrgi en el norte.

Cuándo ir

TEMP. ALTA (jun-ago)

➡ Los visitantes acuden en masa, sobre todo a Reikiavik.

➡ Luz diurna continua y abundantes diversiones a medianoche.

➡ Senderistas en el árido interior.

TEMP. MEDIA (may y sep)

➡ Tiempo más ventoso y nevadas ocasionales en el interior.

➡ Condiciones óptimas para quienes prefieren las vistas sin gente a los días sin nubes.

TEMP. BAJA (oct-abr)

➡ Casi todas las carreteras secundarias se cierran por los rigores del clima.

➡ La aurora boreal brilla en el cielo.

➡ Breves períodos de luz diurna en una noche casi perenne.

Península de Tröllaskagi

8 Viajar por Tröllaskagi es un placer, sobre todo ahora que los túneles unen por carretera los municipios de Siglufjörður y Ólafsfjörður, que antes marcaban el final del camino. El paisaje espectacular de la península recuerda más a los Fiordos Occidentales que a las suaves colinas del norte. Al paisaje y el senderismo se suma la piscina de Hofsós, al lado de un fiordo, los productos de calidad de Lónkot y el museo del arenque de Siglufjörður, más estaciones de esquí, circuitos de observación de ballenas y ferris a las islas.

Península de Snæfellsnes

9 Con salvajes playas de arena y campos de lava sulfurosa, la península de Snæfellsnes es una de las mejores escapadas de Islandia. Julio Verne no andaba desencaminado cuando utilizó la zona como entrada al centro de la Tierra.

Películas

101 Reykjavík (Baltasar Kormakur, 2000) Comedia romántica.

Heima (2007) Documental que sigue a Sigur Rós en sus actuaciones por Islandia.

Las marismas (2006) *Thriller* ambientado en un pueblecito azotado por el viento.

Libros

El hombre del lago (Arnaldur Indriðason, 2004) Muy leído en Islandia.

Sagas islandesas de los tiempos antiguos (Santiago Ibáñez Lluch, 2007) Lectura histórica esencial.

La campana de Islandia (Halldór Laxness; 1968) Una de las mejores obras del premio Nobel.

Cómo desplazarse

Avión Islandia posee un extensa red de vuelos nacionales, que los islandeses utilizan casi como autobuses; pero la meteorología puede trastocar los horarios.

Bicicleta Pedalear por Islandia es una manera fantástica de ver el país, pero hay que estar preparados para soportar los rigores del clima.

Autobús Varias compañías cubren una amplia red de rutas de largo recorrido.

Coche El coche proporciona una libertad sin igual y, gracias al buen estado de las carreteras y al poco tráfico, conducir es fácil. La carretera de circunvalación (ctra. 1) da la vuelta al país y está asfaltada casi por completo.

Kerlingarfjöll

10 Accesible solo unos meses al año, esta cordillera discurre por lo más profundo de las tierras altas. Históricamente, los mitos de trolls y forajidos hacían que los viajeros apretaran el paso al recorrer las rutas de alta montaña, y Kerlingarfjöll permaneció sin explorar hasta el siglo pasado; hoy son cada vez más los que utilizan largas carreteras llenas de baches para llegar a este remoto macizo: un paraíso para senderistas con géiseres y fuentes termales, glaciares y deslumbrantes montañas de riolita con los colores del otoño.

Borgarfjörður Eystri y Seyðisfjörður

11 De estos dos fiordos orientales, el impresionante Seyðisfjörður es el que suscita más atención: está a solo 27 km (asfaltados) de la carretera de circunvalación, y todas las semanas da la bienvenida al ferri que viene de Europa con su abrazo de montañas y cascadas. El hermoso Borgarfjörður Eystri dista 70 km de la carretera de circunvalación, muchos de ellos bacheados y sin asfaltar; sus atractivos son discretos: frailecillos, elfos escondidos, picos de riolita.

Seyðisfjörður.

Submarinismo en las aguas de Pequeña Caimán.

CAPITAL
George Town

POBLACIÓN
53 737

ÁREA
264 km²

IDIOMA OFICIAL
Inglés

Islas Caimán

Tumbarse en playas impresionantes, bucear en lugares de fama mundial y contemplar las iguanas azules de Gran Caimán: las Islas Caimán son mucho más que un paraíso fiscal.

Lo que primero sorprende de las tres islas Caimán es lo poco británicas que son para tratarse de un territorio bajo soberanía británica. Gran Caimán parece sacada de EE UU, con lujosas galerías comerciales y dólares que cambian de mano como si fueran la moneda nacional: algo así como una versión más ordenada del sur de Florida.

Para muchos, las islas se reducen a Gran Caimán, con sus tiendas deslumbrantes, hoteles de cinco estrellas y la Seven Mile Beach, una playa de arena blanca; pero si se va más allá de su larga costa occidental y se explora el resto de la isla, se descubre un estilo de vida caribeño. En las islas de Caimán Brac y Pequeña Caimán la vida transcurre a ritmo lento y los atractivos naturales –desde la observación de aves y el senderismo hasta el submarinismo y el buceo con tubo– nunca quedan lejos.

Aunque sean sinónimo de paraísos fiscales y vacaciones playeras, las Islas Caimán atraen a quienes desean evitar la chabacanería y desterrar las preocupaciones.

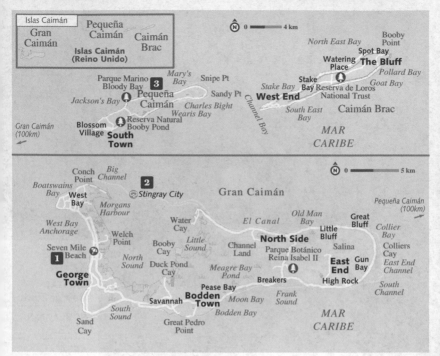

Islas Caimán
Las mejores experiencias

Seven Mile Beach

1 Con solo 8,6 km de largo, esta maravillosa franja de arena blanca se extiende al norte de George Town, la capital, y concentra el turismo de Gran Caimán; está perfectamente cuidada y siempre llena.

Comida y bebida

Caracola Este molusco rosado se guisa con cebolla y especias, se fríe o se sirve crudo marinado en lima.

Mannish water Guiso de ñames con cabeza y pata de cabra; dicen que cura la impotencia.

Tortuga rum cake Tarta pesada que se vende en varios sabores adictivos.

Stingray City

2 En esta porción de lecho marino arenoso en el North Sound de Gran Caimán se reúnen las pastinacas para comer. Nada más meterse uno en el agua, estas bellas criaturas con aspecto prehistórico se acercan para devorar los trozos de calamar que se les dan con dedos temerosos. Los circuitos en barco incluyen un equipo de buceo con tubo y paradas en otros lugares.

Pequeña Caimán

3 Aunque casi todo el mundo se dirige a Gran Caimán, Pequeña Caimán es una delicia. Con más iguanas que personas, es un destino ideal para quienes buscan aislamiento, tranquilidad y algún sitio donde practicar el buceo con tubo. El mundialmente famoso Parque Marino Bloody Bay, con su pared cortada a pico, es ineludible para los submarinistas.

Cuándo ir

DIC-ABR

➡ La temporada mejor y con más movimiento; clima agradable y poca humedad.

MAY-OCT

➡ Máximas precipitaciones, con frecuentes y breves chaparrones vespertinos.

JUL Y AGO

➡ Los meses más calurosos y húmedos, con poca gente y caída de los precios.

Playa de Muri, Rarotonga.

CAPITAL	Avarua
POBLACIÓN	10 447
ÁREA	236 km2
IDIOMAS OFICIALES	Inglés, maorí de las islas Cook (rarotongano)

Islas Cook

*Quince trozos de tierra diseminados a lo largo de 2 000 000 km²
en el Pacífico Sur, las Islas Cook son a la vez remotas y accesibles,
modernas y tradicionales.*

Con cafés de moda, buenos restaurantes
y una trepidante vida nocturna, Rarotonga
vive de lleno en el s. XXI. Pero más allá del
trajín turístico y la apariencia contemporánea de la isla existe una sólida cultura
enraizada en los valores tradicionales polinesios y en la historia oral.

Al norte de "Raro", la laguna de Aitutaki
está orlada por islitas desiertas y es una
de las joyas paisajísticas más sorprendentes
del Pacífico. Si se continúa la exploración,
emergen a la superficie acendradas tradiciones polinesias. Se puede trasegar cerveza
casera en un típico *tumunu* de 'Atiu (club
de bebedores de cerveza), explorar los antiguos *makatea* (arrecifes de coral) y los
campos de taro de Mangaia, o nadar en las
pozas de las cuevas subterráneas de Mitia-
ro y Ma'uke. El Grupo Norte, más remoto
todavía, es una experiencia de ensueño en
los mares del Sur que solo han vivido unos
pocos afortunados.

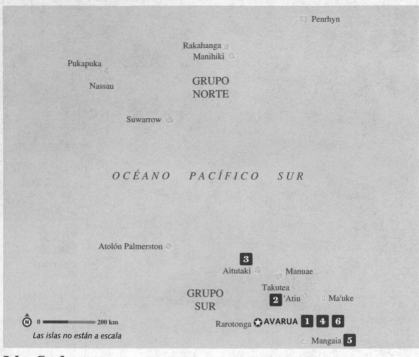

Penrhyn

Rakahanga
Manihiki

Pukapuka

Nassau

**GRUPO
NORTE**

Suwarrow

OCÉANO PACÍFICO SUR

Atolón Palmerston

3
Aitutaki   Manuae

Takutea
**GRUPO
SUR**   **2** 'Atiu   Ma'uke

N 0 ———— 200 km   Rarotonga ✪ **AVARUA** **1** **4** **6**
Las islas no están a escala
Mangaia **5**

Islas Cook
Las mejores experiencias

Mercado de Punanga Nui

1 El sábado por la mañana es el momento adecuado en Avarua (Rarotonga) para olvidarse del bufé del hotel y dirigirse a uno de los mejores mercados del Pacífico. Entre multicolores pareos (*sarongs*), ukuleles hechos a mano y actuaciones de músicos isleños, los viajeros sibaritas tienen toda una mañana de sabrosos descubrimientos. Se podría empezar con un café ecológico de la isla para seguir con *smoothies* de fruta fresca y crepes con frutas tropicales, dejando sitio para algunas especialidades locales como *rukau* (hojas de taro al vapor) o *ika mata* (pescado crudo marinado).

Cuevas de 'Atiu

2 Una de las islas exteriores más pequeñas y rocosas de las Cook, 'Atiu está emergiendo como destino para viajeros activos y con sensibilidad ecológica. Uno puede apuntarse a un circuito de observación de aves con "Birdman George" para buscar al amenazado *kakerori* (papamoscas de Rarotonga), antes de descender a las profundidades históricas y espirituales de la cueva de Anatakitaki, dentro de cuyos arcos catedralicios la atracción aviaria es la fascinante *kopeka* (salangana de 'Atiua); hay que estar atentos a sus clásicos chasquidos de ecolocalización. Conviene dejar tiempo para disfrutar del otro atractivo de Anatakitaki: un chapuzón a la luz de las velas en la poza subterránea de la cueva.

Aitutaki

3 La segunda isla más visitada de las Cook se ovilla en torno a una de las lagunas más impresionantes del Pacífico Sur. El océano de color aguamarina, los espumosos rompientes que circundan el arrecife y las anchas playas de arena de sus muchos islotes desiertos componen una escena subyugante: Aitutaki deja sin aliento. Aprovechando que el domingo es día de oración y descanso, se puede asistir a los oficios de alguna iglesia: los cantos son emocionantes.

Cueva de Anatakitaki, 'Atiu.

Las lagunas

4 Bucear, practicar el kayak o surfear a remo en las aguas azules de la laguna de Muri en Rarotonga o encontrar la propia *motu* (isla) desierta en la increíble laguna de Aitutak. Es fantástico bucear en Rarotonga fuera del arrecife, sobre todo en los corredores del lado sur; hay cañones, cuevas y túneles que explorar, y fuera de la laguna la isla cae a unos 4000 m de profundidad, aunque casi todo el mundo bucea entre los 3 y 30 m. Rarotonga posee varios pecios bien conservados, como el de SS *Maitai* frente a la costa septentrional. Otras zonas de buceo conocidas son Black Rock en el norte; Sandriver y Matavera Wall en el lado oriental; y los corredores de Avaavaroa, Papua y Rutaki en el sur. En Aitutaki la visibilidad es magnífica, con cantiles, varios niveles de inmersión y sistemas de cuevas. Muchos submarinistas piden sumergirse en el pecio del *Alexander*, pero está a solo 1 m de profundidad y es indicado para buceadores con tubo.

si las Islas Cook tuvieran 100 habitantes

89 serían maoríes de las Islas Cook (polinesios)
7 serían maoríes
12 serían de otro origen

grupos religiosos
(% de población)

56	14	17
Cristianos de las Islas Cook	Protestantes	Católicos

4	6	3
Mormones	Otras religiones	No religiosos

población por km²

ISLAS COOK	NUEVA ZELANDA	ESPAÑA

👤 ≈ 3 personas

Cuándo ir

TEMP. ALTA
(jun-sep)

➡ Temporada seca: temperaturas agradables, baja humedad y poca lluvia.

➡ Los yates ponen proa al Pacífico Sur.

➡ Las ballenas visitan la región.

TEMP. MEDIA
(apr-may y oct-nov)

➡ Entre la estación seca y la lluviosa.

➡ Todo está abierto pero no hay tantos visitantes.

➡ Los yates empiezan a llegar en mayo y casi todos se han ido a finales de octubre.

TEMP. BAJA
(dic-mar)

➡ Temperaturas altas y humedad.

➡ La estación de los ciclones.

➡ Los aviones se llenan de diciembre a enero por los isleños emigrados que vuelven para ver a sus familias.

La iglesia dividida

La CICC (Cook Islands Christian Church) de Ma'uke fue construida por dos pueblos, Areora y Ngatiarua, en 1882. Cuando se terminó el exterior, los pueblos no se pusieron de acuerdo sobre cómo debía decorarse por dentro, así que levantaron una pared en la mitad. La pared ha sido demolida, pero el interior está decorado en estilos bien distintos. Cada pueblo tiene su propia entrada, se sienta en un lado y se turna para cantar los himnos. El pastor se coloca en la línea divisoria trazada en mitad del púlpito.

Repárese en las monedas chilenas del altar de madera; la moneda chilena se utilizaba con frecuencia para comerciar en todo el Pacífico Sur en el s. XIX.

Comida y bebida

Beber con la gente Vale la pena echarse unas risas con los amables isleños en una sesión de *tumunu* de 'Atiu (cerveza); es un brebaje refrescante y un poco efervescente, y se exige presentarse al grupo antes de beber.

Productos locales El mercado de Punanga Nui en Avarua es un lugar excelente para comprar exquisiteces como *ika mata* (pescado crudo marinado con lima y coco), *rukau* (hojas de taro al vapor), *poke* (plátano con arrurruz y coco) y *mitiore* (coco fermentado con cebolla y marisco).

Refrescarse con la naturaleza Se tarda poco en apreciar la que probablemente sea la bebida más refrescante del planeta: un *nu* helado (coco verde).

Te Rua Manga (La Aguja), Rarotonga.

WILFRIED KRECICHWOST / GETTY IMAGES ©

Mangaia

5 Después de Rarotonga, Mangaia es la isla de orografía más espectacular de las Cook, con un alto aro de makatea de coral de dos niveles (tres en el norte de la isla) que ocultan una enorme caldera volcánica sumergida a ambos lados del macizo de Rangimotia (169 m), el espinazo de la isla. Mangaia es la isla más antigua del Pacífico —a la vez escarpada y con una vegetación exuberante—, horadada por cuevas calizas que antaño sirvieron como enterramientos sagrados durante las luchas tribales.

Senderismo en el Cross-Island Track

6 El contrapunto al relajamiento tropical lo da el desafío del Cross-Island Track de Rarotonga. La caminata (de 3-4 h pasa por el Te Rua Manga (la Aguja), de 413 m de altura, y conduce por algunos de los paisajes más espectaculares de la isla. Partiendo de la costa norte, el terreno abarca árboles con raíces enmarañadas en medio de la selva y serpenteantes arroyos pedregosos. El sendero termina en la preciosa cascada Wigmore, que se vierte en una fresca poza.

Cómo desplazarse

Avión Los vuelos a las islas del Grupo Norte son caros, y solo Manihiki, Penrhyn y Pukapuka tienen pistas de aterrizaje.

Barco Los horarios de los barcos son impredecibles; el tiempo, las averías y los súbitos cambios de ruta pueden alterar los planes de viaje. Los barcos paran en cada isla solo unas horas, y únicamente Rarotonga y Penrhyn cuentan con puertos aceptables; en todas las demás islas se desembarca en barcazas o lanchas.

Transporte local Rarotonga tiene un servicio regular de autobuses que circundan la isla. Las islas mayores disponen de taxis y se pueden alquilar bicicletas, escúteres o coches.

Colonia de pingüinos papúas.

CAPITAL
Stanley (Puerto Argentino)

POBLACIÓN
3140

ÁREA
12 173 km²

IDIOMA OFICIAL
Inglés

Islas Malvinas

Motivo de litigio y de contienda pero todavía británicas, las Islas Malvinas se encuentran aisladas en el océano Atlántico Sur, con pingüinos, aves acuáticas, unas cuantas personas y muchas ovejas.

Casi todo el mundo asocia las Islas Malvinas (Falkland para los británicos) con la guerra de 1982, en la que Gran Bretaña recuperó el control del territorio tras la invasión del ejército argentino. Las islas son hoy parada habitual de los cruceros que navegan por el Atlántico Sur y de intrépidos observadores de aves. Bahías, caletas, estuarios y playas conforman un litoral hermoso y recortado con una fauna abundante.

Estas islas atraen a caracaras estriados y crestados, cormoranes, ostreros, palomas antárticas y pingüinos –patagónicos, saltarrocas, macaronis, papúas y reales– que comparten estrellato con leones, elefantes y lobos marinos, cinco especies de delfines y orcas.

La capital es Stanley (Puerto Argentino), en Gran Malvina, un conjunto de casas revestidas de metal aislante y pintadas de colores y un buen sitio para tomarse unas pintas y escuchar a los isleños. En el resto de las islas es más probable tropezarse con una oveja o un pingüino que con una persona.

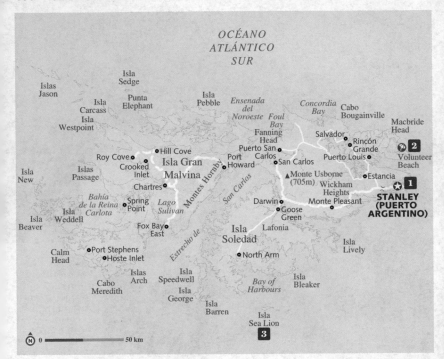

Islas Malvinas
Las mejores experiencias

Stanley

1 La capital de las Malvinas es un *pueblo y poco más*, pero con dos tercios de la población total de las islas. Allí se puede admirar la arquitectura local, que emplea materiales de barcos naufragados, charlar con los isleños en un *pub* de estilo británico y visitar el fascinante Falkland Islands Museum.

Comida y bebida

La cocina de las Malvinas está muy influida por lo que se come y bebe en Gran Bretaña. El *fish and chips* es muy popular, al igual que el cordero. En otros platos de pescado y marisco se aprovecha la abundancia de pescado fresco. Los *pubs* de Stanley sirven pintas de cerveza inglesa y las típicas comidas de bar.

Volunteer Beach

2 No hace falta ir a la Antártida para ver pingüinos reales: Volunteer Beach posee la mayor colonia de las Malvinas, que es el límite norte de su hábitat. Grandes colonias de pingüinos papúas y patagónicos pueblan también esta playa, que debe su nombre al *Volunteer*, un ballenero estadounidense que recaló en el cercano Port Louis en 1815.

Isla Sea Lion

3 La isla habitada más meridional de las Malvinas tiene una fauna abundante –las cinco especies de pingüinos de las Malvinas y enormes colonias de cormoranes– y es un importante lugar de cría para los elefantes marinos del sur; sin embargo, los leones marinos que le dan nombre son mucho menos numerosos: no llegan a 100 ejemplares.

Cuándo ir

OCT-MAR

➜ Temporada de los cruceros al Antártico. Las aves migratorias vuelven a las islas.

DIC Y FEB

➜ Encuentros deportivos entre Navidad y Año Nuevo y después de la esquila en febrero.

ABR-SEP

➜ Invierno. Frío y viento, pero casi nunca con temperaturas bajo cero.

Playa, Saipán.

CAPITAL
Saipán

POBLACIÓN
51483

ÁREA
464 km²

IDIOMAS
OFICIALES
Inglés, chamorro

Islas Marianas del Norte

Las Marianas del Norte pueden parecer la pesadilla de un viaje organizado; pero, con un poco de curiosidad, la recompensa serán aguas turquesa, arenas blancas y buenas condiciones para el buceo.

Las Islas Marianas del Norte, oficialmente la Mancomunidad de las Islas Marianas del Norte (CNMI), están experimentando en la actualidad un cambio radical mientras su capital, Saipán, agobiada por problemas fiscales, acepta con pesar la pérdida del lucrativo mercado de los viajes organizados japoneses. Pero las tendencias turísticas vienen y van; el encanto de las islas perdura.

Con acento estadounidense, turistas japoneses y supermercados de barrio, la capital de las Islas Marianas del Norte recibe muchos grupos en viajes organizados. Fuera de la isla principal, Rota, existe una versión menos abarrotada del paraíso, donde las aguas turquesa y las playas blancas se han animado gracias al renacimiento de la cultura chamorra.

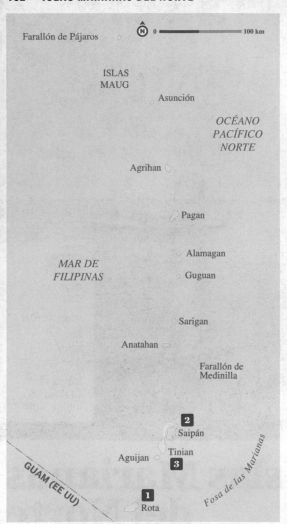

Farallón de Pájaros

ISLAS MAUG

Asunción

OCÉANO PACÍFICO NORTE

Agrihan

Pagan

Alamagan

MAR DE FILIPINAS

Guguan

Sarigan

Anatahan

Farallón de Medinilla

2
Saipán

3
Tinian

Aguijan

GUAM (EE UU)

Fosa de las Marianas

1
Rota

0 ——————— 100 km

Cuándo ir

DIC-MAR

➡ La mejor época para la visita.

➡ La temporada seca, con algo menos de humedad.

JUL-OCT

➡ La estación lluviosa.

OCT-NOV

➡ Los meses con más probabilidad de tifones.

Comida y bebida

La comida chamorra es una mezcla de platos españoles, filipinos y del Pacífico; la mejor se suele encontrar en las fiestas de los pueblos.

Islas Marianas del Norte
Las mejores experiencias

Rota

1 La joya de las Islas Marianas del Norte es la hermosa Rota. En realidad, Rota es la tiara de diamantes de este archipiélago bajo soberanía estadounidense: una isla con un interior montañoso, pequeñas granjas, agua pura de manantial, ciervos suficientes para toda una temporada de caza y puestas de sol que encienden los cielos con un naranja intenso. Un lugar más acogedor sería difícil de encontrar.

La Gruta

2 Entre los buceadores de las Islas Marianas del Norte, Saipán es famosa por esta enorme caverna de piedra caliza submarina que cuenta con una charca de agua de mar azul cobalto y tres corredores. Tiempo atrás, la gente del lugar que quería nadar en la Gruta tenía que bajar por una cuerda, pero ahora se puede descender por una empinada escalera de hormigón. Con la iluminación apropiada, se pueden sacar fotografías interesantes de las pequeñas estalactitas y las enormes telarañas que cuelgan en lo alto.

Tinian

3 Tinian es un apacible pueblito situado 5 km al sur de Saipán: un bello lugar con antiguas piedras *latte* (los restos más visibles de la cultura chamorra), fincas ganaderas, recoletas playas de arena, vistas panorámicas y algunos edificios preciosos aunque deteriorados.

Atolón de Bikini.

Islas Marshall

Estos llanos atolones coralinos se encuentran tan rodeados de mar tropical que en todo lugar y en todo momento se ve, huele y siente el agua y el aire salino.

Unas mil islas coralinas integran la República de las Islas Marshall. En estas estrechas franjas de tierra habitan los marshaleses, pescadores y navegantes expertos que llevan mucho tiempo viviendo del mar.

Las caras de los nativos reflejan la historia de estas islas de Micronesia. A finales del s. XVIII, tras 2000 años de aislamiento, fueron visitadas, pobladas, colonizadas u ocupadas por británicos, rusos, alemanes, japoneses y estadounidenses (al principio por misioneros, después por tropas). Hoy los atolones más desarrollados reflejan todas estas influencias, con tiendas bien surtidas que venden comestibles internacionales, restaurantes con platos de distintos países y canchas de baloncesto. En las calles más humildes, los marshaleses continúan viviendo en recintos familiares rodeados de flores.

El encanto de las Islas Marshall reside en sus islas exteriores, que conservan el aire virginal de un paraíso en el Pacífico.

CAPITAL
Majuro

POBLACIÓN
70 983

ÁREA
181 km²

IDIOMAS OFICIALES
Inglés, marshalés

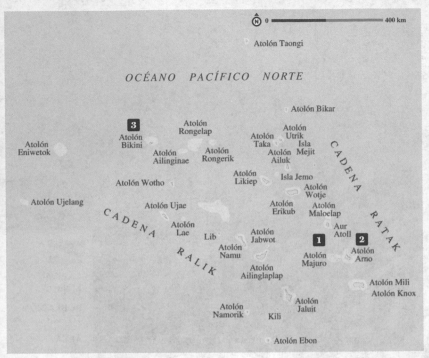

OCÉANO PACÍFICO NORTE

Atolón Taongi

Atolón Bikar

3 Atolón Bikini

Atolón Rongelap

Atolón Taka

Atolón Utrik

Isla Mejit

Atolón Eniwetok

Atolón Ailinginae

Atolón Rongerik

Atolón Ailuk

CADENA RATAK

Atolón Likiep

Isla Jemo

Atolón Wotho

Atolón Wotje

Atolón Ujelang

Atolón Ujae

Atolón Erikub

Atolón Maloelap

CADENA RALIK

Atolón Lae

Lib

Atolón Jabwot

Aur Atoll

1 Atolón Majuro

2 Atolón Arno

Atolón Namu

Atolón Ailinglaplap

Atolón Mili

Atolón Knox

Atolón Namorik

Kili

Atolón Jaluit

Atolón Ebon

Islas Marshall
Las mejores experiencias

Laura

1 Si el ritmo vertiginoso de las Marshall resulta excesivo, se puede tomar la carretera bordeada de palmeras que conduce a Laura, en el extremo occidental del atolón Majuro, famosa por sus playas tranquilas. Vale la pena aprovisionarse para un *picnic* y pasar el día tumbado en la maravillosa playa de arena blanca y buceando con tubo en el arrecife.

Atolón Arno

2 La zona de Longar en Arno es famosa por su "escuela del amor", donde se enseñaba a las jóvenes a perfeccionar sus técnicas sexuales. Las aguas de Longar Point son magníficas para la pesca de altura, con abundancia de rabiles, marlines, dorados y peces vela.

Atolón Bikini

3 Gracias a su siniestra historia nuclear –allí se hizo explotar la primera bomba atómica en tiempos de paz–, Bikini es una de las principales zonas de buceo de la Micronesia. Una atracción estelar es el *Saratoga*, el único portaviones del mundo donde se puede bucear, que aún conserva dispositivos para bombas. Bikini es un sitio magnífico para bucear con tiburones.

Comida y bebida

Cangrejo de los cocoteros El mayor de los artrópodos terrestres se considera una exquisitez.

Coco El agua de coco helada es ideal para combatir el calor.

Fruto del pandanus Guisado y dulce, se toma como tentempié.

Cuándo ir

JUL

➡ El Día de los Pescadores –primer viernes del mes– hay competiciones de pesca.

SEP-NOV

➡ En Majuro la temperatura diurna ronda los 27°C; las lluvias pueden ser una bendición.

DIC-AGO

➡ La estación seca en el sur.

Lori de Stephen, isla Henderson.

Isla Pitcairn

Por ser el territorio más pequeño del mundo y uno de los destinos más remotos de la Tierra, la isla Pitcairn resulta tan claustrofóbica como estimulante.

Lo que casi nunca se dice de la isla Pitcairn, entre la tristemente célebre historia del *Bounty* y los juicios del 2004 por agresiones sexuales, es que es un lugar de increíble belleza natural. Los paisajes del territorio más pequeño y menos poblado del mundo, con 4,5 km² de superficie, varían desde yermos acantilados hasta exuberantes laderas tropicales. Pero son sus aproximadamente 65 residentes, descendientes de los amo-tinados del *Bounty,* los que dan fama al lugar. Si se encuentra el modo de llegar, se camina un poco y se conoce a los isleños, se entenderá enseguida por qué estos anglo-polinesios se sienten orgullosos de vivir en Pitcairn y de conservar su legado.

El archipiélago consta también de dos atolones más la isla Henderson, una isla coralina con una naturaleza casi intacta y una avifauna endémica.

CAPITAL
Adamstown

POBLACIÓN
65

ÁREA
4,5 km²

IDIOMAS OFICIALES
Inglés, pitcairnés

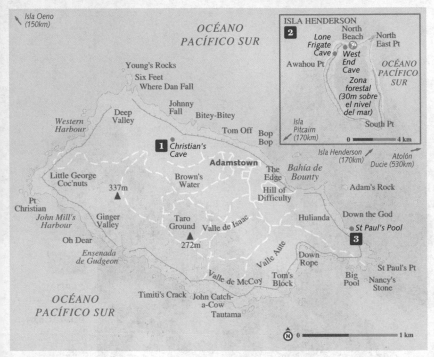

Isla Pitcairn
Las mejores experiencias

Christian's Cave

1 Subir por el precipicio hasta la cueva de Christian e imaginarse, al contemplar Adamstown, lo que debió de haberle pasado por la cabeza a Fletcher Christian cuando se sentó allí hace cientos de años. Se puede comer, beber y conocer a los isleños en el Christian's Cafe.

Isla Henderson

2 Visitar la deshabitada isla Henderson, 170 km al noreste de Pitcairn y la isla más grande del grupo de las Pitcairn. La isla está poblada por cuatro especies endémicas de aves terrestres: la polluela de Henderson, el lori de Stephen, el tilopo de Henderson y la curruca de Henderson. Por su estado virgen y su rara avifauna, la isla fue declarada Patrimonio Mundial por la Unesco en 1988.

St Paul's Pool

3 Darse un chapuzón en las cristalinas aguas azul eléctrico de St Paul's Pool, una impresionante formación rocosa al este de la isla Pitcairn, semejante a una catedral que rodea una charca con agua de mar.

Comida y bebida

Bebida Tomar un trago con los isleños en el Christian's Café los viernes por la noche.

Fruto del árbol del pan Se suele comer sin madurar, asado sobre el fuego hasta que se quema; su sabor está a medio camino entre una patata y una castaña.

Miel Se dice que la de Pitcairn es la más pura del mundo.

Cuándo ir

TODO EL AÑO

➡ La humedad fluctúa del 60 al 100%.

➡ Tiempo cálido casi todo el año.

OCT-ABR

➡ Temperaturas medias en verano de 20-30°C.

ABR-OCT

➡ La estación seca.

➡ Temperaturas algo más frescas que en verano.

CAPITAL	Honiara
POBLACIÓN	597 248
ÁREA	27 540 km²
IDIOMA OFICIAL	Pijin melanesio

Islas Salomón

*Para quienes buscan una genuina experiencia melanesia
o un destino inusual, las Islas Salomón son difíciles de superar.*

Desde vestigios de la II Guerra Mundial dispersos por la jungla hasta aldeas donde pervive la cultura tradicional, las Islas Salomón tienen mucho que ofrecer.

A esto se añaden sus atractivos paisajes, dignos de un documental de Discovery Channel: islas volcánicas emergiendo de un océano azul cobalto, manglares infestados de cocodrilos, enormes lagunas, islotes tropicales y bosques esmeralda.

No hay que esperar playas de arena blanca, *resorts* de postín ni una vida nocturna de-

senfrenada: las Salomón no son un destino playero; con un puñado de pensiones tradicionales y confortables escondrijos, resultan ideales para el ecoturismo.

Para los amantes del aire libre se ofrecen múltiples actividades: subir a un volcán apagado, surfear con poca gente, bucear con tubo en arrecifes vírgenes o remar en kayak por una laguna; y a los submarinistas les aguardan aventuras insuperables.

Y lo mejor es que no habrá un gentío que estropee la experiencia.

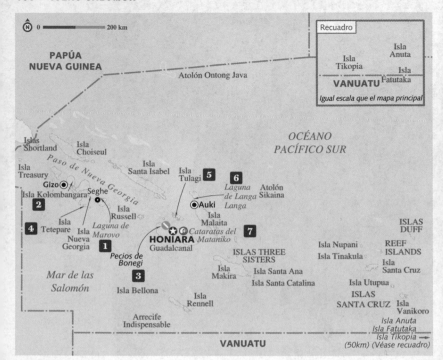

Islas Salomón
Las mejores experiencias

Laguna de Marovo

1 La laguna de Marovo es la mejor del mundo cercada por una doble barrera: las grandes islas de Nueva Georgia y Vangunu por un lado y un doble cordón litoral por el otro; contiene cientos de hermosas islitas, la mayoría rodeadas de coral y cubiertas de cocoteros y bosque pluvial. Se puede visitar aldeas tranquilas y sitios *tambu* (sagrados), montar un *picnic* en islas desiertas, apuntarse a un circuito por la laguna, conocer a maestros tallistas, bucear entre peces, remar en kayak por la laguna, caminar por el bosque o subir a las cumbres. Pero tampoco hay que esperar un paraíso: las playas verdaderamente idílicas casi no existen.

Kolombangara

2 La isla volcánica de Kolombangara, con perfecta forma cónica y 1770 m de altura, despunta majestuosa en el horizonte al noreste de Gizo. Con buena forma física y energía suficiente, se tarda dos días en subir hasta la cima y regresar. Se alza desde una llanura costera de 1 km de ancho y, ascendiendo por escarpes cada vez más empinados, alcanza su cúspide en el cráter del monte Veve. Para los aficionados a la historia, hay restos japoneses de la II Guerra Mundial esparcidos por la isla; Vila Point fue una importante base nipona y todavía pueden verse armas en el monte.

Pecios de Bonegi

3 Unos 12 km al oeste de Honiara, la capital de la isla de Guadalcanal, Bonegi suena a música celestial para los buceadores. Los dos grandes cargueros japoneses hundidos frente a la costa el 13 de noviembre de 1942 entusiasman a los submarinistas, que los llaman *Bonegi I* y *Bonegi II*. Como parte del casco del *Bonegi II* aflora a la superficie, los buceadores con tubo también pueden verlo. Además hay una playa de arena negra propia para un *picnic*. Pasado el *Bonegi II*, un camino recorre unos 400 km tierra adentro hasta *Jezebel*, un tanque Sherman de EE UU bien conservado.

Isla Tetepare

4 Esta extensa isla de bosque pluvial es una de las joyas de las Salomón y un sueño para los ecoturistas. La Asociación de Descendientes de los Tetepare, que la administra, recibe a los visitantes en sus casas de hojas de palma. Se prevé construir otros dos bungalós con instalaciones privadas. Lo que singulariza este lugar es la cantidad de actividades relacionadas con la naturaleza, como bucear con dugongos, avistar cocodrilos, observar aves y marcar tortugas.

Submarinismo en Tulagi

5 Obligadas para los aficionados a los pecios, las aguas de Tulagi guardan magníficos pecios de la II Guerra Mundial, como el USS *Kanawha*, un petrolero de 150 m de eslora que yace en vertical, y el USS *Aaron Ward*, un destructor de 106 m famoso por su arsenal de armas pesadas; lo malo es que se hallan a mucha profundidad (el *Kanawha* a 45 m y el *Aaron Ward* a 65 m), por lo que solo son accesibles para submarinistas con experiencia. Hay además zonas impresionantes para bucear, como los Twin Tunnels, con dos chimeneas que empiezan en lo alto de un arrecife a unos 12 m, y Manta Passage, cerca de Maravagi, donde se avistan con regularidad enormes pastinacas.

Cuándo ir

DIC-MAR

➡ Intervalos de calma interrumpidos por tormentas; buena época para el *surf* y el buceo.

JUN-SEP

➡ Tiempo benigno con mar picado, bueno para el senderismo pero no para el buceo. Fiestas.

ABR-MAY y OCT-NOV

➡ Las estaciones intermedias, relativamente secas, no son mala época para la visita.

si las Islas Salomón tuvieran 100 habitantes

95 serían melanesios
3 serían polinesios
1 sería micronesio
1 sería de otro origen

grupos religiosos
(% de población)

 33 — Iglesia de Melanesia

17 — Evangelistas de los Mares del Sur

 11 — Adventistas del Séptimo Día

19 — Católicos

17 — Otros Cristianos

3 — No religiosos

población por km²

 ISLAS SALOMÓN

 AUSTRALIA

 PAPÚA NUEVA GUINEA

🚹 ≈ 3 personas

Lealtades de clan

Las obligaciones de los salomonenses para con el clan y el jefe del pueblo son eternas, ya vivan en el mismo pueblo o se trasladen a otro país. Como casi todas las culturas melanesias, aquí rige el sistema del *wantok*; todos los isleños nacen con una serie de obligaciones para con su comunidad, pero también poseen privilegios que reciben de ella. Para la mayoría de los aldeanos melanesios es una manera igualitaria de compartir los ingresos de la comunidad. No existe seguridad social y muy poca gente desempeña trabajos remunerados, pero el clan proporciona ayuda económica y una fuerte identidad.

En la cultura melanesia está hondamente enraizado el culto a los antepasados, la magia y la tradición oral. Los aldeanos suelen referirse a sus costumbres y creencias y a la propiedad de la tierra como *kastom*, una idea consustancial a las tradiciones y la cultura melanesias.

Comida y bebida

Cerveza La marca de las Salomón es Solbrew. En los locales más pequeños puede uno llevar su propia cerveza.

Mercado central El principal mercado del país está en Honiara y vende un enorme surtido de productos frescos, sobre todo frutas y verduras, que vienen de los pueblos de la costa norte y la isla de Savo. El Mercado de pescado queda por detrás.

Pescados y mariscos Son frescos y abundan en todas las islas, langostas incluidas.

Propinas No se exigen ni se esperan.

Restaurantes En los de Honiara se ofrece comida francesa, japonesa, china y occidental.

Aldea de Busu, laguna de Langa Langa.

Laguna de Langa Langa

6 Langa Langa es una de las joyas de Malaita. Con una extensión de entre 7 y 32 km al sur de Auki, es famosa por sus islas artificiales hechas de piedras y coral muerto, y también es un importante centro de actividades tradicionales, sobre todo el comercio con conchas y la construcción naval. El término "laguna" resulta algo engañoso; si ha llovido recientemente, las aguas adquieren un color más achocolatado que turquesa. No hay playas fantásticas donde tomar el sol: la gente viene por el sosegado ritmo de vida y la magia del entorno.

Cataratas del Mataniko

7 Una de las atracciones de Honiara son las cataratas del Mataniko, una atronadora tromba de agua que se despeña por un precipicio hasta un cañón. La caminata empieza en el pueblo de Lelei con una empinada subida seguida de un tramo más llevadero; después viene un descenso por un resbaladizo camino enlodado hasta llegar al pequeño cañón donde se vierte el Mataniko.

Cómo desplazarse

Avión Solomon Airlines cubre las 20 pistas de aterrizaje del país. Desde Honiara hay vuelos diarios a los principales destinos turísticos.

Barco Los botes neumáticos con motor fuera borda son el medio de transporte más habitual. Los barcos de pasajeros también conectan las principales islas.

Autobús Los microbuses públicos solo se ven en Honiara; en el resto del país, la gente se amontona en camiones con caja descubierta o remolques tirados por un tractor.

Coche El país tiene unos 1300 km de carreteras, por lo general espantosas. Se acepta el permiso de conducir internacional.

Point Grace, Providenciales.

Islas Turcas y Caicos

Con algunas de las playas más blancas, las aguas más claras y la fauna marina más variada del Caribe, las Turcas y Caicos encantarán a quienes les guste pasar el tiempo en el agua o junto a ella.

¿Las Turcas? ¿Y dónde queda eso? Así reacciona la mayoría de la gente cuando se nombran estas islas tropicales. Como todos los grandes Shangri-Las, este se oculta fuera de la vista. Y hay que alegrarse de que sea así, pues este sueño tropical es el destino caribeño desierto que se ha estado buscando. Y lo mejor: está a solo 9 min en avión de Miami.

¿Y por qué ir? Pues por las playas de arena blanca, el agua límpida y azul y un clima que roza lo divino; por las bahías e islas apartadas donde se verán más burros salvajes que otros viajeros; por las ciudades y pueblos históricos donde la vida discurre con lentitud.

Los submarinistas y los aficionados a las playas saltarán de alegría: las aguas claras y templadas bullen de fauna marina, pero sin un furioso romper de olas. Islas como Gran Turca, con sus edificios antiguos, estanques salinos y estrechas callejuelas, contrastan con la continua expansión de las Providenciales. Aunque cada vez se construye más, hay que tomar un barco hasta la isla siguiente y la placentera soledad regresará.

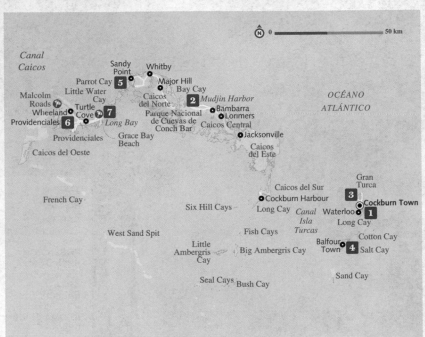

Islas Turcas y Caicos
Las mejores experiencias

Cockburn Town

1 Para paladear el viejo Caribe no hay que buscar más. Sin saberlo de antemano, costaría trabajo creer que este lugar tranquilo es la capital de las Turcas y Caicos; lo que le falta de lustre y sofisticación lo compensa de sobra con su encanto rústico. El pueblo en sí consta de dos calles paralelas comunicadas por estrechos callejones. Pintadas con vivos colores, las casas del período colonial bordean las callecitas, y los antiguos cobertizos para almacenar sal evocan un tiempo pretérito de carreteras polvorientas y calles llenas de burros. Es difícil resistirse al encanto de los muros de piedra encalados, las farolas tradicionales y los edificios viejos y agrietados.

Mudjin Harbor

2 Lo que cuenta en Caicos Central es relajarse, pero si uno quiere sentir que la sangre corre por las venas, hay unas cuantas opciones. Unos 8 km al oeste de la playa de Bambarra, delante mismo del Blue Horizon Resort, está Mudjin Harbor, donde la rocosa costa se yergue para formar una rara prominencia. Caminando por lo alto del acantilado, sorprende ver una escalera que surge de la nada y penetra en la tierra; si se baja por ella y se atraviesa la cueva se sale a una recoleta playa con acantilados: pocas playas del Caribe tienen una entrada mejor. Si se mira al mar, se verá cómo las olas rompen espectacularmente en las rocas.

Gran Turca

3 Carente por fortuna de las construcciones modernas que devoran Provo, Gran Turca representa un paso atrás en el tiempo. Con solo 10,4 km de largo, esta mota en medio del mar es un paraíso escasamente poblado y cubierto de maleza. Allí donde el turismo ha sustituido a la sal como industria principal hay un gran número de encantadoras pensiones para elegir, las playas orlan la tierra y las calmas aguas azules invitan a un refrescante chapuzón. Con abundancia de peces y un arrecife virgen, el submarinismo es el motivo princi-

Juzgado, Cockburn Town, isla Gran Turca.

pal para venir a Gran Turca. Las empresas del sector ofrecen buceo con tubo y cursos a los que quieren aprender submarinismo.

Salt Cay

4 Si uno no alcanza a imaginar cómo debieron de haber sido las Turcas en el s. XIX, lo mejor es ir a Salt Cay. Como si se entrara en una máquina del tiempo, esta pintoresca isla es ese escondrijo que se tarda toda una vida en descubrir. Unas cuantas carreteras polvorientas conectan el puñado de construcciones, y los burros deambulan por las calles mezclados con los amables isleños. Aunque la tierra es tranquila, el mar que circunda la isla bulle de vida: tortugas, rayas águila y la majestuosa ballena jorobada frecuentan estas aguas.

Parrot Cay

5 Parrot Cay es, sin duda, el mejor hotel de las Turcas y Caicos y uno de los mejores del Caribe. Situado en la isla del mismo nombre, Parrot Cay es en parte un *resort*, con su piscina de horizonte infinito y deportes acuáticos, y en parte un *spa*, con tratamientos de salud, yoga y "bienestar". Por supuesto, si hace falta preguntar el precio, probablemente no se podrá pagar; pero si uno quiere darse el capricho de su vida o es un banquero de Wall Street,

si las islas Turcas y Caicos tuvieran 100 habitantes

88 serían negros
8 serían blancos
2 serían mestizos
1 sería indio
1 sería de otro origen

grupos religiosos
(% de población)

36 Bautistas
12 Iglesias de Dios
25 Protestantes

11 Católicos
2 Testigos de Jehová
14 Otras religiones

población por km²

TURCAS Y CAICOS   HAITÍ   BAHAMAS

♦ ≈ 25 personas

Cuándo ir

ENE-ABR

➤ La temporada alta, con tiempo por lo general seco y cálido.

JUL-AGO

➤ Torneo de Pesca Deportiva de Gran Turca y Festival Anual de Música y Cultura, la fiesta mayor de la isla.

NOV

➤ Soplar por una caracola o dirigirse a la carpa de degustación del Festival de las Caracolas de Turcas y Caicos.

JoJo: un tesoro nacional

Desde mediados de la década de 1980 un delfín mular de 2 m llamado JoJo se ha movido por las aguas de Provo y Caicos del Norte. Cuando apareció por primera vez, era tímido y limitaba su contacto con los humanos a seguir a las embarcaciones o jugar en las olas de proa; pronto se volvió sociable y se ha convertido en un activo participante.

JoJo es ahora tan popular que el Ministerio de Recursos Naturales lo ha declarado tesoro nacional, protegido por el JoJo Dolphins Project, que, además de cuidar de él, educa y fomenta la concienciación en todo cuanto afecta al océano.

Siguiendo con los avistamientos de fauna, Salt Cay quizá sea uno de los mejores lugares del mundo para ver a las ballenas jorobadas; cada invierno, miles de estos grandes cetáceos realizan su migración anual a los mares cálidos del Caribe para aparearse y parir. Desde las costas de Salt Cay se puede observar el paso de estas majestuosas beldades marinas de febrero a marzo; se las ve con claridad desde la playa, pero también cabe la posibilidad de observarlas más de cerca apuntándose a una excursión organizada desde Gran Turca o Salt Cay.

Parapente, Grace Bay Beach, Providenciales.

que no busque más: este es el sitio indicado.

Providenciales

6 Providenciales, o Provo, como la llaman por aquí, es la capital turística de las Turcas y Caicos, con un aeropuerto internacional, proliferación de construcciones y –la joya de la corona– kilómetros de playas de arena en la costa norte, además de un sitio magnífico para disfrutar de placeres cosmopolitas: comprar en las numerosas galerías comerciales, comer en sensacionales restaurantes y saborear cócteles en la playa.

Grace Bay Beach

7 El principal atractivo de Providenciales es esta famosa playa de arena, larguísima, hermosa incluso para lo que se estila en el Caribe, y perfecta para relajarse, nadar y tomar el sol. Aunque está salpicada de hoteles y *resorts*, por su inmenso tamaño resulta fácil que cada cual encuentre su propia parcela de paraíso.

Comida y bebida

Caracola Asada a la parrilla, este gasterópodo sigue siendo el plato preferido en las islas, y debido a los rigurosos controles aplicados a la industria pesquera, su número no está disminuyendo.

Langosta No hay que olvidarse de probarla durante la estancia; servida con salsa de mantequilla y lima, es la estrella culinaria del país.

Turk's Head La cerveza local es perfecta para refrescarse en el calor de la tarde caribeña.

Cómo desplazarse

Avión Air Turks & Caicos vuela todos los días desde Providenciales hasta Gran Turca, Caicos del Norte, Caicos Central, Caicos del Sur y Salt Cay, y también a diario desde Gran Turca hasta Salt Cay.

Bicicleta Son baratas, cómodas y divertidas. Muchos hoteles las ofrecen gratis a sus huéspedes, o bien pueden alquilarse.

Barco TCI Ferry Service es una pequeña compañía de ferris que opera desde Leeward Marina, en Providenciales, hasta Caicos del Norte. Un ferri conecta Gran Turca con Salt Cay dos veces por semana.

Coche Como los taxis salen caros a la larga, alquilar un coche tiene sentido si se pretende explorar Provo o Gran Turca.

Taxi Los taxis funcionan en todas las islas habitadas. Muchos son camionetas. Son excelentes para hacer excursiones y muchos taxistas sirven de guías.

Submarinismo entre los restos del RMS *Rhone*.

Islas Vírgenes, de los EE UU y Británicas

Tiempo siempre cálido, playas de un blanco inmaculado, buceo y bares playeros donde suena el calipso: las Islas Vírgenes y Británicas son la quintaesencia de lo tropical.

Aunque se consideran un solo archipiélago, las Islas Vírgenes pertenecen a dos países: las Islas Vírgenes Británicas y las Islas Vírgenes de los Estados Unidos. Con más de 90 pequeñas masas de tierra flotando en un triángulo de mar, constantes vientos alisios, corrientes calmas y cientos de bahías protegidas, es fácil entender cómo las Islas Vírgenes se convirtieron en un sueño tropical.

EE UU posee el grueso de la población y el terreno urbanizado. St Thomas ofrece un sinfín de *resorts* y deportes acuáticos, mientras que la isla más grande, St Croix, encanta a submarinistas y bebedores por sus extraordinarias zonas de buceo y fábricas de ron.

Las Vírgenes Británicas son oficialmente territorios de Su Majestad, pero, aparte de *fish and chips,* poco hay en ellas que sea abiertamente británico.

Tumbarse en la playa, bucear con tortugas, explorar un pecio, caminar entre ruinas...

CAPITALES
Charlotte Amalie (EE UU), Road Town (RU)

POBLACIONES
104 737 hab. (EE UU)
31 912 hab. (RU)

ÁREAS
1910 km² (EE UU)
151 km² (RU)

IDIOMA OFICIAL
Inglés

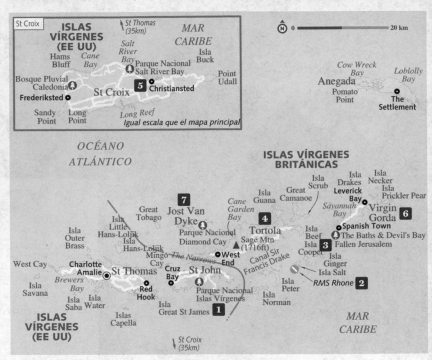

Islas Vírgenes, de los Estados Unidos y Británicas
Las mejores experiencias

Caminar por el Parque Nacional Islas Vírgenes

1 Este parque nacional, con sus árboles retorcidos y sus cactus espinosos, cubre unas tres cuartas partes de la isla de St John. Aparte del buceo con tubo, los burros asilvestrados y los campamentos ecológicos, su principal reclamo es el senderismo. Por este terreno salvaje culebrean docenas de senderos que conducen hasta miradores sobre acantilados, petroglifos y ruinas de ingenios azucareros, y otros varios hasta playas ideales para nadar con tortugas y avistar rayas águila. Los senderos son en su mayor parte cortos y fáciles para cualquiera en aceptable forma física que pueda caminar por ellos y cosechar las recompensas.

Submarinismo en el RMS 'Rhone'

2 El RMS *Rhone* es uno de los pecios más famosos del Caribe. Este buque correo de doble arboladura se hundió frente a la costa de Salt Island durante un huracán en 1867. Hoy parque nacional, sus restos se han convertido en un raro hábitat para la fauna marina: pulpos, anguilas y calamares nadan junto a un escenario que no podría ser más clásico; tan clásico, de hecho, que Hollywood lo ha utilizado para numerosas películas, entre ellas *Abismo*. Los buceadores con tubo también pueden acceder al pecio, pues la popa del buque está en aguas más someras.

Explorar las islas exteriores

3 Las islas exteriores de las Vírgenes Británicas son una mezcla maravillosa de reservas naturales deshabitadas, lujosos refugios para ricos y famosos, y paradas de aprovisionamiento para los marinos. Con más de 30 pequeñas masas de tierra donde elegir, aquí se satisfacen todos los gustos: Cooper Island cuenta con casitas asequibles; Norman Island posee un tesoro enterrado y un bullicioso bar flotante, y otras incontables islas –Ginger, The Dogs, Fallen Jerusalem– no ofrecen más que playas y mar azul. Quienes no tengan

Norman Island, Islas Vírgenes Británicas

yate pueden apuntarse a una excursión de un día para visitarlas.

Playas

4 Playas apartadas, playas familiares, playas para el buceo con tubo y playas para pasear. Loblolly Bay, Flash of Beauty, Smuggler's Cove... ¿verdad que ya se imagina uno el balanceo de las hamacas entre los cocoteros? La famosa White Bay, en Jost Van Dyke, debe el nombre a su arena blanquísima. Tórtola tiene tantas playas que hubo que empezar a repetir nombres (Long Bay del este y del oeste).

Christiansted

5 Este pueblo del s. XVIII es un ejemplo de conservación. La fortaleza cubierta de cañones, flanqueada por edificios neoclásicos antillanos dorados, rosa y marrones, evoca los días en que Christiansted era la capital de las colonias danesas y los plantadores de St Croix nadaban en oro. El distrito linda con Kings Wharf, el muelle comercial donde, durante más de 250 años, atracaban los barcos

si las Islas Vírgenes tuvieran 100 habitantes

75 hablarían inglés
17 hablarían español o criollo español
7 hablarían francés o creole
1 hablaría otras lenguas

tierra vs agua
(% de la superficie)

18 tierra

82 agua

población por km²

ISLAS VÍRGENES   PUERTO RICO   ESPAÑA

♦ ≈ 8 personas

Cuándo ir

TEMP. ALTA
(dic-abr)

➡ El mejor tiempo: seco y soleado, con alisios que mantienen baja la humedad.

➡ Precio máximos del alojamiento (un 30% más de promedio).

➡ Animación por las vacaciones y fiestas.

TEMP. MEDIA
(may-jul)

➡ Menos gente y precios más bajos.

➡ Los alisios amainan y el mar se calma, lo que facilita el buceo y la navegación a vela.

➡ Ritmo más relajado y oportunidades para apreciar la cultura local.

TEMP. BAJA
(ago-nov)

➡ La estación de los huracanes, con máximas precipitaciones.

➡ Muchos lugares de interés reducen sus horarios.

➡ Algunos negocios cierran (sobre todo en septiembre).

Manzanas venenosas

En 1587 sir Walter Raleigh recaló en St Croix con un grupo de colonos de camino a América del Norte. Tras la larga travesía por mar, a los colonos los tentó la abundancia de una fruta semejante a pequeñas manzanas de color verde claro que colgaba de los árboles cerca de la costa. Varios colonos la comieron y "se sintieron terriblemente aquejados por un súbito ardor en la boca y una hinchazón tal de la lengua que algunos no podían hablar".

La perdición de los colonos fue el fruto del manzanillo de la muerte o árbol de la "manzana venenosa". Aunque ha sido erradicado de muchos espacios públicos, todavía quedan ejemplares, sobre todo en St John y las islas menos urbanizadas. Tocar cualquiera de sus partes puede producir quemaduras, así que hay que apartarse de los manzanillos de la muerte.

Comida y bebida

Callaloo Sopa con ocra, carnes, verduras y pimientos picantes.

Fungi Harina de maíz parecida a la polenta que se cocina con ocra y a la que se echa por encima pescado y *gravy*.

Langosta de Anegada Se asan en la playa en bidones de aceite.

Painkiller Se atribuye al Soggy Dollar Bar de Jost Van Dyke la invención de esta mezcla de ron, coco, piña, zumo de naranja y nuez moscada.

Pate Saquitos de masa fritos y rellenos de pescado, pollo u otras carnes.

Ron Cruzan Fabricado en St Croix desde 1760, se vende desde blanco hasta con sabores tropicales (plátano y guayaba).

Roti Un *chutney* muy picante refuerza los rellenos de pollo, ternera o verduras al *curry* de estos rollos parecidos a los burritos.

con esclavos y desde donde zarpaban con azúcar o melaza. Hoy lo bordea un paseo marítimo entablado de bares y agencias de buceo, con galerías de arte y bistrós por los callejones del pueblo.

The Baths

6 La principal atracción turística de las Vírgenes Británicas son los Baths de Virgen Gorda, un conjunto de altísimas rocas de granito junto al mar que forman una serie de grutas que se llenan de agua y un caleidoscopio de rayos de sol. Se puede bucear con tubo en torno a estos fantasmagóricos megalitos, o tomar el sendero que pasa entre ellos.

Jost Van Dyke

7 Esta isla, al noroeste de Tórtola, se ha ganado una fama que supera con creces sus escasos 4 km², lo que se debe en buena parte a un músico de calipso llamado Foxy Callwood y a su legendario bar del mismo nombre. Aunque por allí para gente como Keith Richards a tomar una copa, Jost sigue siendo un oasis de colinas verde bordeadas por arenas de un blanco cegador. Hay un puñado de restaurantes, bares playeros y pensiones, pero poco más.

Cómo desplazarse

Barco Una flota de ferris públicos frecuentes y baratos conecta las islas principales, así como varias de las más pequeñas. Para viajar entre las Islas Vírgenes Británicas y de los EEUU se precisa pasaporte. Las islas principales tienen puertos deportivos donde alquilar veleros o motoras, con tripulación o sin ella.

Coche Es la manera más práctica de moverse por las islas, pues el transporte público es limitado y las tarifas de los taxis caras.

Avión Unos cuantos servicios comerciales vuelan entre las Vírgenes, sobre todo entre St Thomas y St Croix; por lo demás, para volar entre islas habrá que fletar un avión.

Cúpula de la Roca, Monte del Templo, Jerusalén.

Israel y los Territorios Palestinos

Cruce donde convergen Asia, Europa y África, esta región es punto de encuentro de culturas, imperios y religiones desde el comienzo de los tiempos.

CAPITALES
Jerusalén,
Ramala

POBLACIÓN
12,1 millones

ÁREA
26 990 km²

IDIOMAS OFICIALES
Hebreo, árabe

Tierra Santa, cuna del judaísmo y el cristianismo, y tierra sagrada para musulmanes y bahá'is, permite al visitante sumergirse en la riqueza y variedad de sus propias tradiciones religiosas, y descubrir otros credos.

Esta región lleva habitada desde antes de que se tenga constancia histórica, y gracias al concienzudo trabajo de los arqueólogos, el viajero puede explorar y reflexionar sobre lo que quedó atrás. Después de admirar las reliquias de adobe de Jericó, con 10 000 años de antigüedad, se puede hallar inspiración en la Ciudad de David en Jerusalén, que se remonta a la época de los reyes David y Salomón.

Las distancias son cortas, por lo que el viajero puede relajarse en una playa del Mediterráneo un día, flotar en el mar Muerto al siguiente y hacer después submarinismo en el mar Rojo. En el 2012 los Territorios Palestinos fueron elevados a la categoría de "Estado observador no miembro" de las Naciones Unidas, pero de momento la resolución del conflicto palestino-israelí sigue siendo una esperanza vaga.

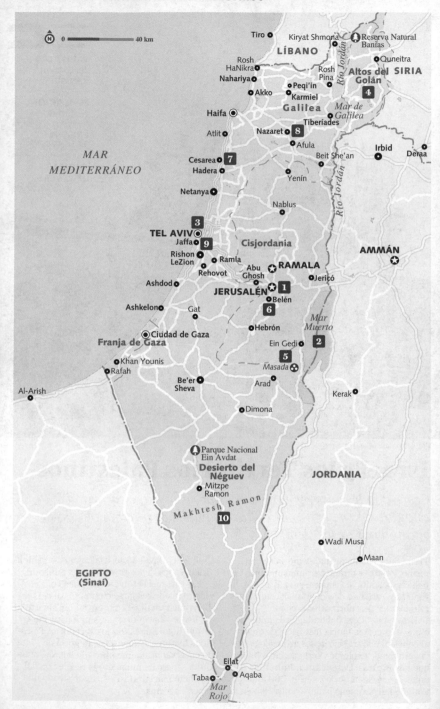

Israel y los Territorios Palestinos
Las mejores experiencias

Cúpula de la Roca

1 La primera visión de la cúpula dorada brillando sobre una mística base octogonal color turquesa siempre deja sin respiración, y quizá era eso lo que pretendían los arquitectos hace más de 1300 años al levantar este edificio increíblemente bello. La cúpula cubre una losa sagrada para musulmanes y judíos. La mejor vista es desde el Monte de los Olivos, pero se aconseja contemplarlo de cerca dando un paseo matinal hasta el Monte del Templo. El acceso al interior está permitido solo a los musulmanes.

El mar Muerto

2 Tras pasar junto a un cartel donde se lee "nivel del mar", se sigue bajando hasta divisar las aguas azul cobalto del mar Muerto, delimitadas por níveos depósitos de sal, acantilados rojizos y matas de vegetación verde oscuro. En el oasis de Ein Gedi el viajero puede cruzar entornos desérticos únicos que llevan hasta cascadas y pozas cristalinas antes de subir a la meseta del desierto de Judea situada encima, o bajar hasta la costa y darse un salobre y tonificante chapuzón. Al sur, alrededor del monte Sodoma, se puede practicar ciclismo de aventura por cauces de ríos secos.

Playas de Tel Aviv

3 Hace solo un siglo Tel Aviv era poco más que dunas. Hoy es una extensa y cosmopolita ciudad llena de bares, bistrós y *boutiques*, pero la playa sigue siendo el epicentro de su vida. Aquí, la gente se broncea y los más atléticos nadan, hacen *surf* y juegan intensos partidos de *matkot* (raquetbol de playa). Las playas de Tel Aviv tienen personalidad propia –deportivas, fiesteras, familiares, alternativas, frecuentadas por gays o religiosas– todas con el azul intenso del mar Mediterráneo de fondo.

si Israel tuviera 100 habitantes

56 serían judíos nacidos en Israel
14 serían judíos nacidos en Europa, América y Oceanía
4 serían judíos nacidos en África
2 serían judíos nacidos en Asia
25 no serían judíos (árabes en su mayoría)

grupos religiosos
(% de población)

76 Judíos
17 Musulmanes
2 Cristianos
2 Drusos
4 Otras religiones

población por km²

ISRAEL
CISJORDANIA Y GAZA
ESPAÑA

👤 = 30 personas

Altos del Golán

4 Desde la elevada fortaleza de Nimrod, el "Dedo de Galilea" se despliega ante el viajero como un mapa topográfico, pero, al girar, las imponentes faldas del monte Hermón, nevadas hasta bien entrada la primavera, eclipsan incluso a este bastión de la era de las Cruzadas. Los senderistas pueden afrontar sus cimas alpinas o recorrer los *wadis* bordeados de precipicios de las reservas naturales de Banias y Yehudiya hacia el río Jordán y el mar de Galilea, también conocido como lago Tiberíades. Los suelos de basalto del Golán son ideales para el cultivo de la uva, y sus vinos *boutique* son de los mejores de Israel.

Masada

5 Los romanos acababan de destruir Jerusalén cuando un millar de zelotes judíos se refugiaron en una remota meseta sobre el mar Muerto. Al echar la vista abajo desde este alto baluarte casi se pueden ver los ocho campamentos romanos que lo rodeaban, unidos por un muro de asedio, e imaginar los trágicos y espectaculares sucesos acaecidos aquí a principios del 73 d.C. Cuando por fin los romanos construyeron una rampa y horadaron los muros, solo hallaron un puñado de supervivientes; los demás habían preferido el suicidio a la esclavitud.

Casco antiguo de Belén

6 Durante casi dos milenios los peregrinos cristianos han ido llegando a la ciudad natal de Jesús y sus habitantes les han alimentado en sus restau-

El síndrome de Jerusalén

Cada año decenas de miles de turistas llegan a Jerusalén tras los pasos de los profetas, y varios acaban el viaje creyendo que lo son. Este trastorno, conocido como síndrome de Jerusalén, afecta a visitantes que, abrumados por la trascendencia metafísica de la Ciudad Santa, creen ser personajes bíblicos o que el apocalipsis está cerca.

Fue documentado por primera vez en la década de 1930 por el doctor Heinz Herman, psiquiatra de Jerusalén que identificó, por ejemplo, a una cristiana inglesa que estaba convencida de la inminencia de la Segunda Venida de Jesús y subía regularmente al monte Scopus a recibirle con una taza de té.

Los médicos estiman que afecta entre 50 y 200 personas al año, y aunque muchos tienen un historial de enfermedad mental, una cuarta parte de los casos carecen de antecedentes psiquiátricos.

Comida y bebida

Amba *Chutney* de mango al estilo iraquí.

Bourekas Pastelitos hojaldrados balcánicos, rellenos de queso búlgaro, espinacas o champiñones.

Challah Pan trenzado que los judíos comen tradicionalmente el sábado.

Cholent Contundente estofado de carne y patata hecho a fuego lento por la noche y servido en el almuerzo del sábado.

Labneh Espeso y cremoso queso de yogur, a menudo cubierto con aceite de oliva y espolvoreado con *zaatar*.

Sabich Pan de pita relleno de berenjena frita, patata hervida, huevo duro, tahina, amba y verduras recién cortadas.

Schug Pasta yemení de chile picante.

Zaatar Mezcla de especias que incluye hisopo, zumaque y sésamo.

rantes y alojado en sus posadas. El casco antiguo todavía conserva el halo de misterio de antaño, prácticamente inalterable a través de generaciones. El viajero puede percibirlo caminando por calle Star, donde podrá adquirir recuerdos (previo regateo del precio) y probar los sabores de los abundantes puestos de tentempiés.

Cuándo ir

TEMP. ALTA
(jul y ago)

➡ Calor en Jerusalén, bochorno en Tel Aviv, y un infierno en Eilat, el lago Tiberíades y el mar Muerto.

➡ Los precios de los hoteles se disparan.

➡ Las vacaciones judías de Pascua, Rosh HaShana y Sukkot son también temporada alta.

TEMP. MEDIA
(oct, nov y mar-jun)

➡ A veces lluvioso, pero más a menudo cálido y soleado.

➡ Con las flores silvestres primaverales, marzo y abril son ideales para el senderismo.

➡ El turismo se dispara durante las vacaciones judías de Pascua y Sukkot.

TEMP. BAJA
(dic-feb)

➡ Fresco o frío en el norte, sobre todo en las cotas más altas.

➡ Buen momento para buscar la calidez de Eilat y el mar Muerto.

Cesarea

7 Levantada en una zona muy expuesta del Mediterráneo oriental, y con fuerte oleaje la mitad del año, Cesarea nunca tuvo realmente una oportunidad. A los pocos siglos de su creación, el formidable puerto construido por Herodes era solo un tramo de dunas azotado por las tormentas que ocupaba un antiguo tejido urbano. Desde entonces los arqueólogos han dejado al descubierto la mayor parte, esbozando a la vez su gloriosa historia. Encaramado al borde del mar, el viajero casi podrá visualizar su pasado.

Nazaret

8 El pueblo donde creció Jesús es hoy una animada ciudad árabe. En su casco antiguo hay estrechos callejones con iglesias que conmemoran la Anunciación y otros pasajes del Nuevo Testamento, y mansiones de la época otomana. Una nueva ola de restaurantes lo ha convertido en una estrella del firmamento gastronómico israelí. Además de las deliciosas especialidades de siempre, servidas con la tradicional hospitalidad árabe, el viajero puede saborear platos de fusión este-oeste: hierbas frescas de la región con corazones de alcachofa o ternera picada con piñones silvestres de Galilea.

Películas

Los limoneros (2008) Drama dirigido por Eran Riklis con el conflicto palestino-israelí como telón de fondo.

Caminar sobre las aguas (Eytan Fox, 2004) Coproducción sueco-israelí explora el papel del pasado en la vida de los jóvenes israelíes y alemanes.

Vals con Bashir (Ari Folman, 2008) Inquietante y personal mirada a la guerra del Líbano de 1982.

Mal gesto (Tzahi Grad, 2007) Comedia dramática sobre la corrupción en la sociedad israelí.

Libros

Por qué son diferentes estas dos guerras (Amos Oz, 2005) Brillante ensayo de uno de los más importantes escritores en hebreo, premio Príncipe de Asturias de las Letras.

El amante (A.B. Yehoshua, 1977) Ambientado en la guerra del Yom Kippur de 1973.

El viento amarillo (David Grossman, 1987) Mirada crítica sobre la ocupación israelí de los Territorios Palestinos.

Cómo desplazarse

Autobús En la mayoría de las poblaciones hay varios servicios al día, aunqu desde la tarde del viernes hasta la noche del sábado no circulan la mayoría los autobuses interurbanos. En Jerusalén Este y Cisjordania, pequeñas emp árabes proporcionan transporte público. A diferencia de sus homólogos isra operan todo el fin de semana.

Automóvil El vehículo propio permite viajar al ritmo deseado y recorrer si e preciso mucho territorio en poco tiempo. Las carreteras israelíes suelen est buen estado, aunque algunos conductores pueden ser calificados como mír de erráticos. Nótese que la mayoría de las agencias de alquiler israelíes no permiten circular por los Territorios Palestinos.

Sherut (taxi compartido) A menudo furgonetas de 13 asientos, siguen una concreta a un precio fijo, como un autobús pero sin paradas establecidas. Si se sabe el precio, lo mejor es preguntar a los demás pasajeros. Los numeros *sheruts* de Cisjordania pueden ser Mercedes antiguos o microbuses, con frecuencia más rápidos que los autobuses.

La vieja Jaffa

9 Las blancas murallas de la ciudad de Jaffa llevan ya 4000 años en pie. Griegos, romanos, cruzados, Napoleón, otomanos y británicos utilizaron este puerto mediterráneo, antigua entrada a Oriente Medio. Hoy su mezcla de barrios árabes y judíos es perfecta para fumar una pipa de narguile, comprar una antigüedad en el mercadillo o pasear en bicicleta por su litoral.

El 'makhtesh' Ramon

10 Desde el borde de este árido paraje el viajero puede presenciar millones de años de evolución bajo sus pies sin sospechar que fue en tiempos un mar. Muy frío de noche, pero abrasador durante el día, el *makhtesh* (o cráter) es un lugar de condiciones extremas. Las formaciones rocosas multicolores de las tierras altas del Néguev llegan hasta donde alcanza la vista.

Cinque Terre.

Italia

Italia es la cita de ensueño por excelencia: increíblemente atractiva, de intachable cultura y magnífica gastronomía. Una inspiración continua, e insinuante por naturaleza, que deja fascinado al viajero.

Los italianos saben vivir bien. Desde que llegaron los etruscos, les gustó lo que vieron y decidieron quedarse a disfrutar; los lugareños toman lo mejor de la vida. Familia, fe, amistad, comida y vino reinan aquí por encima de todo, conformando la célebre *dolce vita* italiana.

Los viajeros se rinden al hechizo de Italia desde el Grand Tour del s. XVIII, atraídos por sus soleados paisajes, deliciosa comida y extraordinarias obras de arte. Con sus ondu-lantes colinas toscanas y costas de postal, es aquí donde alcanzan la perfección sencillos platos como la *pizza* y la pasta, donde Miguel Ángel sorprendió a los poderosos con sus esculturas humanistas, y Caravaggio a todos los demás con sus jaranas criminales y barrocas pinturas.

Como Julio César, llegar, ver y ser conquistado sin remedio. Si se hace bien, viajar al *bel paese* (bello país) es una de esas raras experiencias difíciles de superar.

Italia
Las mejores experiencias

Virtuosa Venecia

1 Sorprende imaginar la audacia de quienes decidieron construir una ciudad de palacios de mármol sobre una laguna. Al llegar al pórtico de la basílica de San Marcos, no es difícil intuir lo que debió sentir un humilde trabajador medieval contemplando por primera vez las rutilantes cúpulas de mosaico dorado.

La visión de millones de minúsculos *tesserae* (azulejos de vidrio cortados a mano) fundidos en una única imagen celestial pueden empequeñecer cada gran paso dado por la imaginación humana desde el s. XII.

Fantasmal Pompeya

2 Nada despierta la curiosidad como una gran catástrofe, y pocas pueden superar las ruinas de Pompeya, próspera ciudad romana congelada hace 2000 años en plena agonía. Tras deambular por sus calles, rastrear los alrededores del foro, los eróticos frescos del burdel, el teatro para 5000 espectadores y la suntuosa Villa dei Misteri, cabe recordar el terrible relato de Plinio el Joven sobre la tragedia: "La oscuridad volvía, y volvían las cenizas, densas y pesadas. Nos levantábamos para desprendernos de ellas una y otra vez; si no, nos hubiesen enterrado y aplastado bajo su peso".

Eterna Roma

3 Según la leyenda, la antigua *caput mundi* (capital del mundo) fue fundada por dos niños salvajes amamantados por una loba; posteriormente se convirtió en la primera superpotencia de Europa occidental, en centro espiritual del mundo cristiano, y hoy es depositaria de más de 2500 años de arte y arquitectura. Desde el Panteón y el Coliseo a la Capilla Sixtina de Miguel Ángel, hay demasiado que ver en una sola visita; lo mejor es lanzar una moneda a la Fontana di Trevi y prometer volver.

El Foro, Roma.

Recorrido por la Toscana

4 La región más idealizada de Italia fue concebida para estetas. Según la Unesco, Florencia contiene "la mayor concentración de obras de arte de renombre universal", desde el Duomo de Brunelleschi a los frescos de la capilla Brancacci, obra de Masaccio. Más allá de sus museos e impecables paisajes urbanos renacentistas, se extienden otros placeres regionales, desde la gótica majestuosidad de Siena, al perfil de San Gimignano al estilo Manhattan y las colinas vinícolas más famosas de Italia, en Chianti.

si Italia tuviera 100 habitantes

93 serían italianos
4 serían albaneses y europeos del Este
1 sería norteafricano
2 serían de otro origen

grupos religiosos
(% de la población)

91 Católicos
1 Otras religiones
6 No religiosos
2 Musulmanes

población por km²

ITALIA   FRANCIA   ESPAÑA

† ≈ 30 personas

Abordando los Dolomitas

5 Pocos montes en el mundo igualan la poesía de los rosáceos Dolomitas de granito. Quizá sean sus hostiles cumbres recortadas, las coloridas faldas repletas de flores salvajes o el rico alijo de leyendas escritas en ladino. También podría ser la magnética atracción del dinero, estilo y *glamour* de Cortina d'Ampezzo, mítica estación de esquí italiana. Este diminuto rincón del norte lleva la seducción a cotas muy altas.

Lujo en el lago di Como

6 A la sombra de los nevados Alpes Réticos, el deslumbrante lago di Como es el más espectacular de los lagos lombardos. En sus fastuosas villas estilo Liberty residen magnates del cine, aristócratas de la moda y jeques árabes. Rodeado de exuberante vegetación, entre sus atractivos destacan los jardines de Villa Melzi d'Eril, Villa Carlotta y Villa Balbianello.

Costa Amalfitana

7 La costa más famosa de Italia es una fascinante mezcla de belleza superlativa y apasionada geología: montañas costeras se precipitan sobre el mar azul en una estampa vertical de escarpados peñascos, pueblos bañados por el sol y bosques exuberantes. Mientras algunos sostienen que la costa más bella es Cinque Terre, en Liguria, o Costa Viola, en Calabria, el escritor estadounidense John Steinbeck describió la Costa Amalfitana como un "lugar de ensueño que no parece de verdad cuando

El 'calcio': la otra religión italiana

La católica es la confesión oficial de Italia, pero su auténtica religión es el *calcio* (fútbol). Cualquier fin de semana entre septiembre y mayo, hay *tifosi* (aficionados) en el estadio, pegados al televisor, o consultando resultados desde su móvil, y el lunes toca analizar el partido en la oficina.

Como la política y la moda, el fútbol está en el ADN de la cultura italiana, y de hecho a veces convergen. Silvio Berlusconi, propietario del AC Milan, hábilmente le puso a su partido político el nombre de un viejo alirón de fútbol. Los reyes de la moda Dolce & Gabbana convirtieron a los jugadores en los nuevos iconos masculinos cuando cinco estrellas nacionales lanzaron en el 2010 su colección de ropa interior. No es casual que *tifoso* signifique a la vez "aficionado al fútbol" y "enfermo de tifus"; en este país nada hace bullir tanto la sangre. Nueve meses después de que Italia ganase la Copa del Mundo contra Francia en el 2006, los hospitales del norte anunciaron un *baby boom*.

Comida y bebida

Arancini Croquetas de arroz fritas rellenas de *ragú* (salsa de carne), tomate y verduras.

Caffè Para emular a los lugareños hay que tomar un capuchino por la mañana o un *espresso* después de comer, siempre de pie en la barra.

Gelato Los sabores más populares son *fragola* (fresa), *nocciola* (avellana) y *stracciatella* (crema con virutas de chocolate).

Pizza Dos variedades: la romana, con base fina y crujiente, y la napolitana, de masa más gruesa. Las mejores se preparan siempre en el *forno a legna*.

Vino Hay grandes nombres de tinto, como Barolo de Piamonte, blancos ligeros de Cerdeña y el espumoso prosecco del Véneto.

Lago di Carezza, Dolomitas.

se está allí, y... que es cautivadoramente real después de irse".

Riviera italiana

8 Los pecadores de Monterosso, Vernazza, Corniglia, Manarola y Riomaggiore –los cinco pueblos de Cinque Terre– eran condenados a subir a pie el prolongado y arduo camino hasta el santuario del pueblo, en un vertiginoso acantilado, en busca de perdón. Escalar estos senderos hoy, por terrazas con viñedos y laderas cubiertas de *macchia* (arbustos), viendo desplegarse vistas divinas, supone un castigo más bien benévolo.

Costa de Cerdeña

9 No hay palabras para describir con precisión la variedad de azules y verdes, y los tonos púrpura en las profundidades más sombrías del mar de Cerdeña. Aunque modelos, ministros y celebridades de bronceado permanente beben vino, comen y navegan por la rutilante Costa Esmeralda, gran parte de la isla sigue siendo un lugar de ocio salvaje y tosco. Se aconseja

Cuándo ir

TEMP. ALTA
(jul-ago)

➡ Largas colas en puntos de interés y carreteras.

➡ Los precios se disparan también en Navidad, Año Nuevo y Semana Santa.

➡ De finales de diciembre a marzo es temporada alta en los Alpes y Dolomitas.

TEMP. MEDIA
(abr-jun y sep-oct)

➡ Gangas en alojamiento, sobre todo en el sur.

➡ La primavera es ideal para festivales, flores y productos locales.

➡ El otoño trae tiempo cálido y la vendimia.

TEMP. BAJA
(nov-mar)

➡ Precios hasta un 30% más bajos que en temporada alta.

➡ Cierran muchos puntos de interés y hoteles de la costa y la montaña.

➡ Buen período para eventos culturales en las grandes ciudades.

ponerse abundante crema solar y explorar la belleza de su accidentada costa, desde los peñascos en ruinas de Santa Teresa di Gallura y la pared cincelada del acantilado del golfo de Orosei, a la ventosa belleza de las playas con dunas de la Costa Verde.

Saborear Emilia-Romaña

10 Bolonia no recibe el nombre de "*la grassa*" (gorda) por casualidad. Muchos clásicos de Italia provienen de esta ciudad: mortadela, *tortellini* rellenos de carne, y sus característicos *tagliatelle* al ragù. Se aconseja aprovisionarse en el Cuadrilátero, repleto de charcuterías, y hacer una excursión a Módena, conocida por su vinagre balsámico de fama mundial. Parma, ciudad del queso p*armigiano reggiano* y su incomparable *prosciutto*, también merece una visita. En todas partes se podrá brindar con un vaso del famoso Lambrusco de la región o con sauvignon blanc.

Escalar el Etna

11 El monte Etna no es solo el volcán más grande de Europa, sino uno de los más activos del mundo. Antiguamente se creía que el gigante Tifón vivía en su cráter e iluminaba el cielo con espectacular pirotecnia. Con 3329 m, se yergue sobre la costa jónica de Sicilia. Tanto a pie como en circuito guiado en todoterreno, escalar esta bomba de relojería recompensa con sus vistas y la secreta emoción de haber hecho frente a un enorme peligro.

El barroco Lecce

12 Hay barroco, y hay *barocco leccese*, la ultraextravagante variedad que define muchas ciudades de Puglia. Gracias a la ductilidad de la piedra local, los artesanos han cubierto fachadas enteras con diseños torneados, gárgolas y extrañas figuras zoomórficas. Su mayor exponente es la basílica de la Santa Cruz.

Cómo desplazarse

Avión Hay una extensa red de vuelos internos, muchos gestionados por Alitalia, la aerolínea nacional.

Autobús Más barato y lento que el tren; útil para pueblos remotos sin servicio ferroviario.

Automóvil y motocicleta Práctico para viajar a un ritmo propio o visitar regiones con transporte público mínimo. No es aconsejable en las grandes ciudades.

Tren Precios razonables, con amplia cobertura y salidas frecuentes.

Películas

Ladrón de bicicletas (Vittorio de Sica, 1948) Un padre condenado a la fatalidad intenta sacar adelante a su hijo sin recurrir a la delincuencia en una Roma asolada por la guerra.

Cinema Paradiso (Giuseppe Tornatore, 1988) Un director vuelve a Sicilia y redescubre sus amores verdaderos: la vecina de al lado y el cine.

El cartero (y Pablo Neruda) (Michael Radford, 1994) El exiliado Pablo Neruda aporta poesía y pasión a una isla soñolienta y a un cartero inconformista.

Libros

Los italianos (Luigi Barzini, 1964) Obra reveladora sobre la cultura italiana más allá de viejos clichés.

Gomorra (Roberto Saviano, 2006) Fascinante e inquietante resumen del poder de la Camorra en Campania.

El Gatopardo (Giuseppe Tomasi di Lampedusa, 1958) Célebre novela sobre la unificación italiana, que fue llevada al cine por Luchino Visconti.

Queso parmigiano-reggiano.

Port Antonio.

CAPITAL
Kingston

POBLACIÓN
2,9 millones

ÁREA
10 991 km²

IDIOMA OFICIAL
Inglés

Jamaica

Jamaica es un país de impactante belleza y de extremos: playas llanas junto a verdes montes, la electrizante Kingston y apacibles centros turísticos, dulce 'reggae' y relajado 'dancehall'.

A primera vista, Jamaica es la isla caribeña más conocida por su incesante presencia mediática: su música, las *rastas*, el *dancehall* y las playas.

Pero lo que quizá el viajero no sepa es que hay jamaicanos chinos, judíos y blancos que hablan patois con tanta fluidez como los *yardies* del centro de Kingston. Además, mantiene sus raíces en África más que cualquier otra nación caribeña. Desde la evolución de la música popular africana convertida en *reggae*, o las especias africanas dando paso al delicioso *jerk*, es gratificante ver cómo su historia cultural conserva la voz original mientras se adapta al entorno y ritmos del Caribe.

Una vez comprendido esto, es más fácil apreciar su buena tierra roja, el respeto de sus habitantes por la vida y la naturaleza, y el significado que *One love* tiene en los guetos de Kingston. Para conocer Jamaica, hay que vivirla. Como dicen los lugareños, "la experiencia da conocimiento", tanto más en una isla que sabe expresar sencillos proverbios con tanta belleza: *'Rock-stone a river naah know sun hot'* (una piedra de río no conoce el calor del sol).

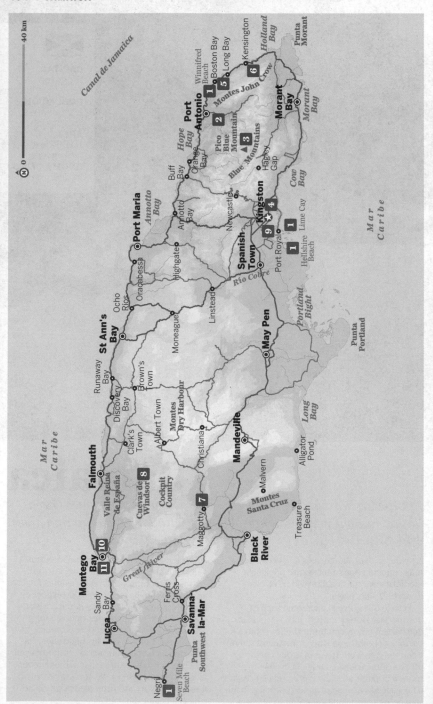

40 km

Canal de Jamaica

Mar
Caribe

Mar
Caribe

Holland
Bay

Punta
Morant

Winnifred
Beach

Boston Bay

Long Bay

Kensington

Crow

Port
Antonio

Montes John

1

5

6

Hope
Bay

2

Morant
Bay

Morant
Bay

Buff
Bay

Orange
Bay

Pico
Blue
Mountain

▲ 3

Blue Mountains

Hagley
Gap

Cono
Bay

Newcastle

Annotto
Bay

Annotto
Bay

Port Maria

Spanish
Town

Kingston

4

9

1

Lime Cay

Port Royal

1

Hellshire
Beach

Highgate

Oracabessa

Río Cobre

Portland
Bight

Punta
Portland

Ocho
Rios

St Ann's
Bay

Linstead

Moneague

May Pen

Runaway
Bay

Brown's
Town

Discovery
Bay

Albert Town

Montes
Dry Harbour

Christiana

Long
Bay

Mandeville

Alligator
Pond

Clark's
Town

Falmouth

Valle Reina
de España

Cuevas de
Windsor **8**

Cockpit
Country

7

Maggotty

Malvern

Montes
Santa Cruz

Montego
Bay

10

11

Great River

Sandy
Bay

Lucea

Punta

Seven Mile
Beach

Negril

1

Ferris
Cross

Savanna
la-Mar

Southwest la-Mar

Black
River

Treasure
Beach

N 0

Jamaica
Las mejores experiencias

Las mejores playas

1 Las vivencias de las playas jamaicanas son tan diversas como su topografía. La pequeña y delicada Lime Cay, solo accesible en barco desde Port Royal, es ideal para bucear y hacer *picnic*. Hellshire Beach está a rebosar de vecinos de Kingston, con música a todo volumen y chiringuitos de madera que hacen su agosto con el pescado frito. Al norte, Winnifred Beach atrae por sus aguas azul celeste y fiestas el fin de semana, mientras las motos acuáticas surcan Seven Mile Beach (Long Beach), en Negril, y los amantes del sol llenan su larga media luna de arena blanca.

'Rafting' en el Great River

2 Fue una celebridad como Errol Flynn quien empezó a enviar exigentes turistas a dar románticos paseos en balsas de bambú a la luz de la luna por el valle del Great River (Río Grande), de Berridale a Rafter's Rest, en St Margaret's Bay. Hoy la experiencia ya no es tan exclusiva, y sí bastante asequible comparada con el resto de actividades turísticas de la isla; las noches de luna llena, aún se puede remar en sus aguas, que se tornan plateadas e indescriptiblemente románticas.

2

Escalar el pico Blue Mountain

3 Caminar de noche para alcanzar la cumbre más alta al amanecer, con el camino iluminado por miles de luciérnagas, es una experiencia sin igual. A medida que se sube, la vegetación se torna menos tropical, hasta avanzar entre raquíticos árboles cubiertos de usnea y helechos gigantes. En la cima, con el frío previo al amanecer, se aguarda en absorto silencio hasta que los primeros rayos de sol acarician las boscosas cimas circundantes iluminando los lejanos cafetales y la isla de Cuba.

si Jamaica tuviera 100 habitantes

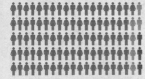

91 serían negros
6 serían mestizos
3 serían de otro origen

grupos religiosos
(% de población)

62
Protestantes

21
No religioso

3
Católicos

14
Otras religio

población por km²

JAMAICA   CUBA   ESPAÑA

= 30 personas

Vida nocturna en Kingston

4 Ya sea en un local nocturno o en plena calle, bailar es una actividad sudorosa, animada y sin restricciones; se impone lucir las mejores galas y seguir a la gente. Fuera sitúan dos enormes altavoces uno frente a otro, con el bajo resonando en toda la calle; las discotecas ofrecen más o menos lo mismo pero a cubierto. El viajero se verá arrastrado a la algarabía, pues los lugareños querrán conocer sus dotes para el baile, y deberá contonearse lo mejor posible; el baile jamaicano es de los más explícitos.

Boston Bay

5 En Jamaica las mejores experiencias son muy sensoriales, pero en esta bahía olfato y gusto se imponen a vista y oído. Se dice que Boston Bay es la cuna del *jerk*, preparado de especias y célebre contribución de la isla al arte culinario. El desvío a la bella playa está flanqueado por tenderetes de *jerk* donde sirven carne ahumada que redefine la función del dulce y el picante como elementos gastronómicos complementarios. Un placer para los sentidos.

Reach Falls

6 En los cerros de la costa este, más allá de selvas y playas muy poco frecuentadas por el turismo, se halla una de las cascadas más bellas de un país donde no escasean. Se impone contratar a un guía y trepar por escurridizas rocas, musgo verde neón hasta adentrarse en pozas de montaña con fresca agua de manantial. En varias zonas el viajero tendrá la oportunidad de bucear bajo túneles acuáticos, así

El rastafarismo

Credo más que iglesia, carece de doctrina oficial y consta de un núcleo de principios sociales y espirituales elaborados por su carismático líder Leonard Percival Howell. En sus "Veintiún puntos" se afirma que la raza africana es una de las elegidas por Dios, una de las doce tribus de Israel descendientes de los hebreos que tuvieron que abandonar su tierra.

No todos los rastafaris llevan *rastas*, y otros no fuman *ganja*. Sin embargo, todos sus adeptos aceptan que África es el hogar espiritual de la raza negra, donde están predestinados a regresar.

El rastafarismo surgió como forma de expresión entre los desposeídos jamaicanos negros en busca de su realización personal en los años treinta del s. xx, período de creciente nacionalismo y agitación política y económica.

Comida y bebida

Breadkinds Término que designa acompañamientos ricos en almidón, desde plátano y ñame a pan de mandioca en forma de crep *(bammy)* y masa de pan frita *(johnnycakes)*.

Jerk El conocido plato nacional es de hecho una forma de cocinar: bañar los alimentos en una marinada muy picante, y ahumarlos después sobre fuego de leña.

Patties Masa al horno rellena de ternera picante, verduras y todo lo que se desee. Son económicas y llenan mucho.

Ron Los hay transparentes y ligeramente blancos, aromatizados, con altísima graduación alcohólica, intensamente oscuros, y el raro néctar ámbar de los mejores premium.

Saltfish & ackee El plato nacional y delicioso desayuno. La pera roja *(ackee)* es una fruta carnosa y algo insípida; el *saltfish* pescado salado. Mezclados son deliciosos, y recuerdan a los huevos revueltos.

RICK ELKINS / JETTY IMAGES ©

como atravesar cortinas de nívea espuma.

Appleton Rum Estate

7 La cerveza Red Stripe es la bebida más asociada con Jamaica, pero quizá sea el ron el que aporte una experiencia más diversa. No es que Appleton produzca el mejor, pero es el más extendido, con variedades que se pueden probar en esta finca de las tierras altas centrales. Las degustaciones son generosas, por lo que no conviene hacer muchos planes para ese día.

Espeleología en las cuevas de Windsor

8 En el interior de la isla, Cockpit Country es uno de los territorios más accidentados de todo el Caribe, una sucesión de cerros redondeados y de vegetación selvática junto a profundos y escarpados valles. El agua de lluvia acumulada se filtra a través de las rocas, formando una especie de queso *gruyère* con dolinas y cuevas. Windsor es una de las más espectaculares y accesibles, aunque eso sea

Cuándo ir

TEMP. ALTA
(dic-mar)

➡ Días soleados y cálidos, sobre todo en la costa. Poca lluvia, excepto en Port Antonio y el noreste.

➡ Las noches pueden ser frescas, sobre todo en las montañas.

TEMP. MEDIA
(abr y may)

➡ Buena época para ir; el tiempo es aún bastante seco, salvo en Port Antonio.

➡ Baja el precio del alojamiento.

➡ Muchos menos turistas, sobre todo en grandes *resorts* y puertos de cruceros.

TEMP. BAJA
(jun-nov)

➡ Lluvia fuerte y esporádica en toda la isla, menos en la costa sur.

➡ Fuertes tormentas, huracanes incluidos.

➡ Muchas de las mejores fiestas se celebran en pleno verano.

relativo a la hora de describir esta catedral de fantásticas formaciones rocosas. También hay gran cantidad de murciélagos.

Jugar a los piratas en Port Royal

9 El somnoliento pueblo de pescadores de Port Royal permite vislumbrar las antiguas hazañas que la convirtieron en capital pirata del Caribe y "ciudad más perversa de la tierra". El viajero puede seguir los pasos del pirata sir Henry Morgan por las almenas de Fort Charles (aún con los cañones que repelían a los invasores), perderse en el almacén de artillería de Giddy House o admirar los tesoros del Museo Marítimo, rescatados del mar después de que dos terceras partes de la ciudad quedaran bajo las olas en el gran terremoto de 1692.

Películas

Caiga quien caiga (Perry Henzel, 1972) Historia clásica de un chico pobre del campo convertido en criminal de Kingston, con una de las mejores bandas sonoras de la historia.

Marley (2012) Documental sobre la vida, la música y el legado de Bob Marley.

Smile Orange (1976) Divertido relato sobre un camarero que tima a turistas en *resorts* jamaicanos.

Libros

Ancho mar de los sargazos (Jean Rhys, 1966) Historia dura y a la vez sensual ambientada en Jamaica, sobre la fragilidad y la locura.

La voz del crepúsculo (1998) La cultura caribeña, sus contradicciones y paradojas, en un ensayo del poeta y premio Nobel jamaicano Derek Walcott.

Cómo desplazarse

Avión Hay cuatro aeropuertos nacionales, con vuelos regulares entre Kingston y Montego Bay, y servicios de aerotaxi que cubren las demás rutas.

Autobús La amplia red une prácticamente todos los pueblos y ofrece varias opciones, desde autobuses públicos estándar a *coasters* (microbuses privados) y *route taxis* (taxis comunitarios). El transporte público es muy económico.

Automóvil Alquilar uno y explorar la isla resulta liberador, pero conducir aquí puede ser una pesadilla. Taxis y microbuses son una seria amenaza; a veces la policía para a los vehículos y exige una pequeña suma, o los registra minuciosamente en busca de *ganja*.

Reggae Sumfest

10 Si hay un rasgo cultural que distingue a Jamaica para el resto del mundo es el *reggae*, literalmente su banda sonora, y no hay mayor celebración de sus ritmos que el Reggae Sumfest, que tiene lugar en Montego Bay en pleno y sofocante verano. Aunque la brisa oceánica refresca el ambiente, el visitante acabará sudando con las llamas que escupen los aerosoles caseros (cuando una canción es buena), la vibrante masa de cuerpos y el baile ininterrumpido.

Submarinismo en Montego Bay

11 Si el viajero cree que los *resorts* de Montego Bay están abarrotados, ¿qué pensará al zambullirse en sus aguas? Están a rebosar de peces multicolores y esponjas. Pese a los muchos tonos pastel y bellos azules, se trata de un tenue paisaje marino, un ecosistema silencioso y delicado y uno de los recursos naturales más singulares de la isla. Los mejores espigones se hallan en The Point; los submarinistas más expertos deberían explorar la siniestra Widowmakers Cave.

David "Dread" Hinds, miembro de la banda de *reggae* jamaicana Steel Pulse.

ANTHONY PIDGEON / GETTY IMAGES ©

Escalera a Adashino Nembutsu-ji, Kioto.

Japón

Japón es un mundo aparte, un Galápagos cultural donde floreció una civilización única, que hoy prospera con deliciosos contrastes entre lo tradicional y lo moderno.

Japón es óptimo para viajar. Es lo bastante especial para no dejar de asombrar al visitante, sin ofrecer desventaja alguna. De hecho, pese a la barrera del idioma, visitar su territorio resulta muy cómodo, aunque nunca familiar. Alojarse en un *ryokan* (hotel tradicional) es maravillosamente distinto de hacerlo en una cadena de hoteles. Bañarse desnudo en un *onsen* (fuente termal) entre desconocidos de entrada puede parecer extraño, pero es de lo más relajante. Sentarse en bata sobre un tatami y comer pescado crudo y verduras de la montaña no es como se cena en casa, pero sí delicioso e inolvidable.

Quizá más que ningún otro país, Japón hace pensar. Nunca tuvo excesivas misiones o colonias, y practica una antigua religión animista/panteísta mientras cuestiona los límites de la tecnología moderna. Aquí decenas de millones de personas conviven en ciudades superpobladas sin perder nunca los nervios. Durante su estancia el viajero no dejará de maravillarse por su forma de hacer las cosas.

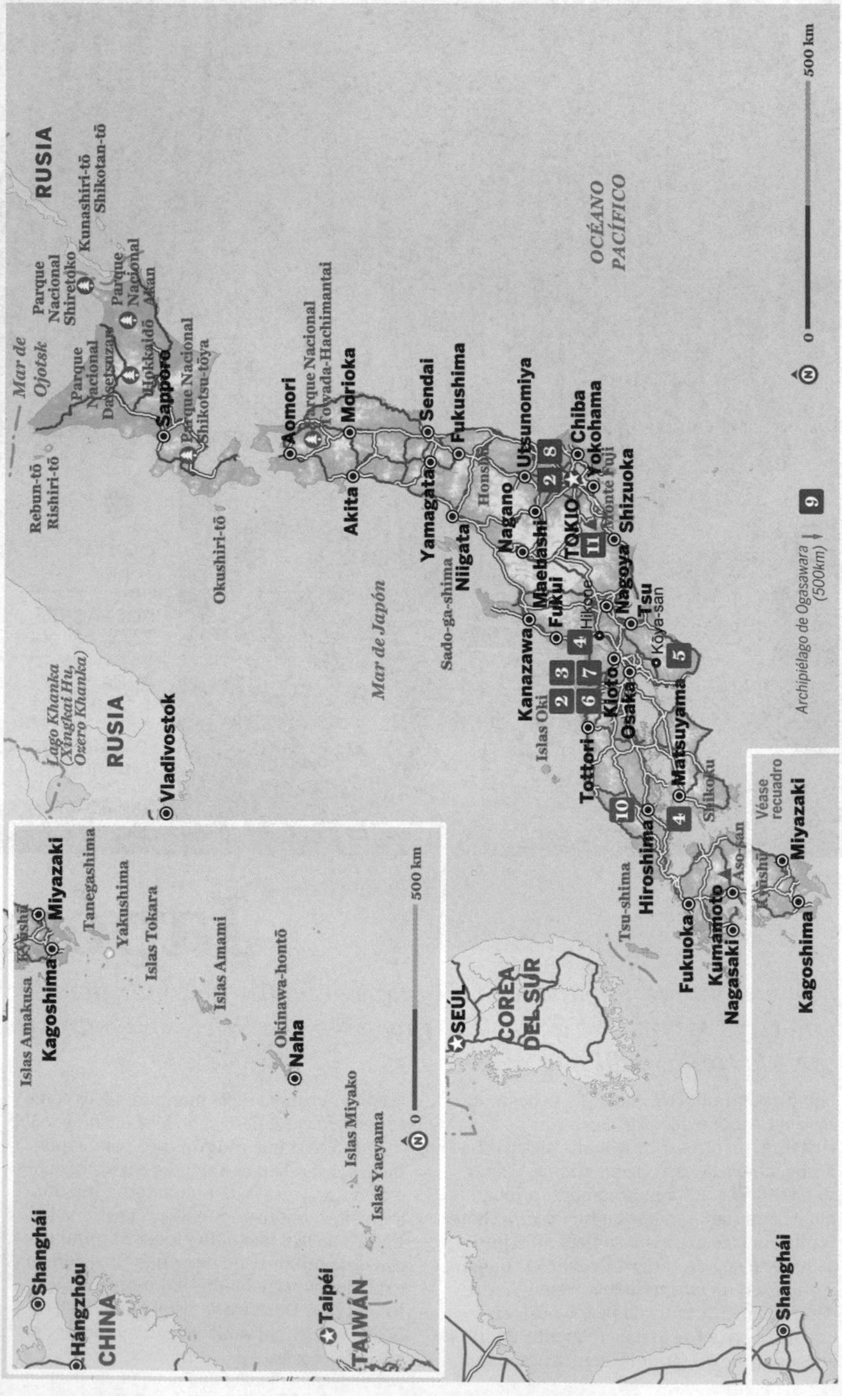

RUSIA
Kunashiri-tō
Shikotan-tō
Parque Nacional Shiretoko
Parque Nacional Akan
Mar de Ojotsk
Parque Nacional Daisetsuzan
Hokkaidō
Parque Nacional Shikotsu-tōya
Sapporo
Rebun-tō
Rishiri-tō
Okushiri-tō
Aomori
Parque Nacional Towada-Hachimantai
Morioka
Akita
Sendai
Yamagata
Fukushima
Niigata
Honshū
Utsunomiya
Chiba
Yokohama
TOKIO
Monte Fuji
Shizuoka
Nagano
Maebashi
Nagoya
Tsu
Kōya-san
Hikone
Fukui
Kanazawa
Kioto
Osaka
Sado-ga-shima
Mar de Japón
Islas Oki
Tottori
Matsuyama
Shikoku
Hiroshima
Fukuoka
Kumamoto
Nagasaki
Aso-san
Kyūshū
Miyazaki
Kagoshima
Véase recuadro
Tsu-shima
OCÉANO PACÍFICO
Archipiélago de Ogasawara (500km)
Lago Khanka (Xingkai Hu, Ozero Khanka)
RUSIA
Vladivostok
SEÚL
COREA DEL SUR
Shanghái
0
500 km
Islas Amakusa
Tanegashima
Yakushima
Islas Tokara
Islas Amami
Okinawa-hontō
Naha
Islas Miyako
Islas Yaeyama
Shanghái
Hángzhōu
CHINA
Taipéi
TAIWÁN
1
2
3
4
5
6
7
8
9
10
11

Japón
Las mejores experiencias

'Onsen'

1 No hay nada como entrar en la bañera de un *onsen* clásico (bañera natural en fuente termal). Uno siente cómo se le relajan los músculos de la espalda y un suspiro expresa la alegría de haber venido. Con un poco de suerte, la bañera estará al aire libre y cerca de un bonito riachuelo. Los japoneses han convertido el sencillo acto de bañarse en una religión tradicional y el país está salpicado de templos y santuarios dedicados a esta relajante fe. No existen *onsen* mixtos; los bañistas se relajan desnudos y con el pelo recogido.

Floración de los cerezos

2 Quien crea que los japoneses son un pueblo sobrio, formal y serio, debería unirse a ellos bajo un cerezo florido en primavera. Se diría que los cerezos liberan un narcótico que reduce las inhibiciones: el viajero se verá empapado en sake y cerveza, atiborrado de tentempiés, les verá con un karaoke portátil y quizá hasta se pongan a bailar. Japón es un lugar feliz cuando brotan las flores de los cerezos, y el visitante siempre es bien recibido. Dos de los mejores sitios para sumarse a la diversión son Ueno-kōen (Tokio) y Maruyama-kōe (Kioto).

Ishikawajima, Parque de Tokio.

KOSEI SAITO / GETTY IMAGES ©

Templos y jardines de Kioto

3 Con más de 1000 templos para elegir, al visitante le costará decidirse y deberá dedicar tiempo a buscar el más afín a sus gustos. Si le atrae lo suntuoso y recargado, le encantará el deslumbrante esplendor de Kinkaku-ji. Si prefiere el wabi-sabi al rococó, le cautivará la serenidad de Hōnen-in o Shōren-in. No hay que olvidar que en los templos están los mejores jardines, como los de Ginkaku-ji, Ryōan-ji y Tōfuku-ji.

Castillos

4 Los japoneses son tan distintos de los europeos como un quimono de un esmoquin. Sus elegantes formas ocultan sombrías realidades militares detrás de su construcción. Elevándose sobre planicies, los castillos japoneses parecen diseñados más para agradar a la vista que para proteger a sus señores. Si el viajero siente interés por los samuráis, sogunes y la historia militar, le encantarán los recintos fortificados nipones. Ahora que el de Himeji está en restauración, se puede visitar Matsuyama o Hikone.

si Japón tuviera 100 habitantes

13 tendrían entre 0-14 años
10 tendrían entre 15-24 años
38 tendrían entre 25-54 años
14 tendrían entre 55-64 años
25 tendrían más de 65 años

grupos religiosos

(% de población)

90

Sintoístas, budistas o ambos

8
Otras religiones

2
Cristianos

población por km²

JAPÓN   VIETNAM   ESPAÑA

≈ 30 personas

Oku-no-in en Kōya-san

5 A bordo del funicular hasta el sagrado complejo monástico budista de Kōya-san, casi se tiene la sensación de ascender a otro mundo. Este lugar está impregnado de una imponente grandiosidad espiritual, sobre todo en el vasto cementerio de Oku-no-in. Los senderos serpentean entre altas criptomerias y al llegar a la sala principal, la repentina aparición de Buda parecería de lo más natural.

Bosque de bambú de Arashiyama

6 En el oeste de Kioto, es uno de los parajes con más magia del país. El efecto visual de tallos de bambú aparentemente infinitos lo hace distinto a otros bosques conocidos con una presencia palpable imposible de capturar en imágenes, aunque no por ello hay que dejar de intentarlo. El lugar trae a la memoria la película *Tigre y dragón*.

Bailes de las geishas de Kioto

7 Nunca se dirá bastante: si el viajero está en Kioto cuando se celebran estos bailes (normalmente en primavera) debe hacer lo posible por ver uno. Cuesta pensar en un espectáculo más vistoso, sugestivo y ameno, a veces bajo la apariencia de un sueño especialmente vívido. Al caer el telón, tras la explosión final de colorido y música, la geisha seguirá bailando en la mente del espectador durante horas.

Compras en Tokio

8 En un país con un superávit comercial de muchos miles de millones

Alojarse en un 'ryokan'

Podría decirse que son hoteles tradicionales japoneses, pero esta explicación básica no les hace justicia. Un *ryokan* de calidad es la última palabra en relajación, y si se lo puede permitir, el viajero debería pasar al menos una noche en uno. Los edificios siguen la arquitectura tradicional japonesa, de estructura orgánica y hecha íntegramente con materiales naturales como madera, tierra, papel, hierba, bambú y piedra.

La naturaleza hace acto de presencia en el *ryokan* en forma de jardín japonés, a menudo visible desde la intimidad de la habitación, pero el servicio es lo que los distingue de los mejores hoteles; en un buen *ryokan*, al viajero se le asigna una camarera personal.

Comida y bebida

Birru La cerveza japonesa es de gran calidad y la más popular, la *lager* ligera.

Okonomiyaki Varios tipos de pasteles de masa y col a la plancha.

Sake Se sigue considerando la bebida nacional, ideal para acompañar una comida tradicional.

Shabu-shabu Finos cortes de ternera y verduras cocidos en un caldo ligero, con varias salsas especiales de semillas de sésamo y cítricos.

Shōchū Licor destilado elaborado con diversas materias primas, como patata y cebada.

Tonkatsu Chuletas de cerdo empanadas y fritas en abundante aceite, servidas con una salsa especial, por lo general como parte de un menú (*tonkatsu teishoku*).

Unagi La anguila es un manjar caro y apreciado en Japón.

Yakitori Brochetas de pollo y verduras asadas al carbón.

7

de dólares en las últimas décadas, hay tiendas increíbles, y si algo existe, está aquí. Desde melones de 10 000 ¥ (75 €) a curiosidades en tiendas de todo a 100 ¥ (0,75 €), la gran variedad de Tokio resulta asombrosa. No hay que olvidar visitar la lonja de pescado de Tsukiji, la mayor del mundo en su género.

Cuándo ir

TEMP. ALTA
(abr y may, ago)

➡ Los vuelos son caros en torno a la Semana Dorada (principios de mayo), O-Bon (mediados de agosto) y Año Nuevo.

➡ Gran afluencia durante la floración de los cerezos (finales de marzo a principios de abril).

TEMP. MEDIA
(jun y jul, sep-dic)

➡ Junio y julio son la estación lluviosa en gran parte del país (excepto Hokkaidō); no llueve cada día pero puede ser bastante húmedo.

➡ El otoño suele ser fresco y despejado.

TEMP. BAJA
(ene-mar)

➡ El invierno es fresco o frío en gran parte de Honshū, pero excelente para viajar.

➡ Hay que estar preparado para la nieve en las montañas.

Archipiélago de Ogasawara

9 Esta cadena de islas del Pacífico, ubicada unos 1000 km al sur de Tokio, es uno de los secretos mejor guardados de Japón. Habitadas desde hace solo 180 años, estas islas subtropicales tienen playas de arena blanca, un cálido mar azul y docenas de especies de fauna y flora poco comunes. Buceadores y submarinistas pueden nadar con delfines, mantas y tortugas marinas y su oferta de actividades incluye excursionismo, kayak, observación de astros y avistamiento de ballenas. La pega es que Chichi-jima, la más accesible de las

FRANK CARTER / GETTY IMAGES ©

principales islas Ogasawara, está situada a 25 ½ h en ferri desde Tokio.

Hiroshima

10 Al ver sus frondosos bulevares, nadie diría que esta ciudad fue arrasada por una bomba atómica el 6 de agosto de 1945. Pero al recorrer el Museo Memorial de la Paz la terrible realidad se hace patente; los maltrechos efectos personales expuestos hablan por sí mismos. Sin embargo, fuera de la serenidad del parque, Hiroshima sigue activa. Venir hasta aquí es una desgarradora lección de historia, aunque la moderna ciudad y sus habitantes aseguran que no sea ese el único recuerdo que se lleva el viajero.

Películas

Lost in translation (Sofia Coppola, 2003) Uno de los pocos filmes extranjeros que logra captar parte de la realidad japonesa sin clichés condescendientes.

Hayao Miyazaki Los filmes de animación de Hayao Miyazaki son clásicos. Se aconseja empezar con *Mi vecino Totoro* (1988) o *El castillo en el cielo* (1986).

Libros

Confesiones de una máscara (Yukio Mishima, 1948) Complejo e intenso retrato psicológico por uno de los mejores escritores japoneses de todos los tiempos.

La anatomía de la dependencia (Takeo Doi, 1971) Un psicólogo japonés examina la cultura de su país.

El crisantemo y la espada (Ruth Benedict, 1946) Innovadora obra sobre la cultura japonesa.

Crónicas de Hiroshima (Kenzaburo Oé, 1963) El testimonio de los supervivientes y su lucha contra las armas nucleares.

Cómo desplazarse

Avión El servicio aéreo es extenso, fiable y seguro. Japón ha abierto su espacio aéreo a las líneas aéreas de bajo coste, de ahí que hayan proliferado las compañías económicas que vuelan a diferentes puntos del archipiélago.

Barco Japón es un archipiélago y dispone de una amplia oferta de ferris para desplazarse entre islas y entre puertos de la misma isla. Puede ser una excelente forma de moverse y ver zonas de Japón que a menudo quedan fuera de las grandes rutas turísticas.

Autobús Japón tiene una exhaustiva red de larga distancia. Estos "autobuses de autopista" no son tan rápidos como el *shinkansen* (el famoso tren bala) pero los precios son comparables a los de los trenes *futsū* (de cercanías).

Tren Los servicios ferroviarios japoneses son de los mejores del mundo: rápidos, frecuentes, limpios y cómodos.

Monte Fuji

11 Aun en la distancia, la atracción turística más venerada y atemporal del país deja sin aliento. De cerca, el cono perfectamente simétrico de su pico más alto es deslumbrante, ver amanecer en la cima, pura magia. Cientos de miles de personas lo escalan cada año, una tradición secular de peregrinaje a este volcán sagrado. Quienes prefieran captar instantáneas desde las cimas cercanas, menos intimidantes, pueden emular a los pintores y poetas japoneses más ilustres. Con 3776 m, el monte Fuji es el pico más alto de la isla de Honshu y de todo Japón. Este volcán activo es el símbolo del país y ha sido un tema recurrente tanto en el arte como en la literatura niponas. El trabajo artístico más destacado es la obra *36 vistas del monte Fuji* del pintor Hokusai.

CAPITAL
Ammán

POBLACIÓN
6,5 millones

ÁREA
89 342 km²

IDIOMA OFICIAL
Árabe

Wadi Rum.

Jordania

En la encrucijada de la historia durante más de 2000 años, el reino de Jordania es un tesoro escondido con un espectacular paisaje desértico y lugares que son patrimonio de rango mundial.

Jordania ha acogido a multitud de visitantes desde los tiempos en que las caravanas de camellos recorrían la mítica carretera del Rey llevando incienso a cambio de especias. Mercaderes nabateos, legionarios romanos, ejércitos musulmanes y fervientes cruzados han recorrido esta tierra dejando a su paso espectaculares monumentos. A su vez, estos monumentos han atraído a una nueva oleada de visitantes que desde principios del s. XIX han venido en busca de los orígenes de su fe

o han quedado fascinados al descubrir el poderoso pasado jordano.

Gracias a su diversidad y reducido tamaño, el país recompensa con puntos de interés y actividades de primera. Petra, la antigua ciudad nabatea encerrada entre escarpas de arenisca, es la joya de sus numerosas reliquias, aunque no la única razón de la visita. Además, Jordania ofrece impresionantes paisajes desérticos, un mar salado en el punto más bajo de la Tierra, y poblaciones rurales fieles a las tradiciones del pasado.

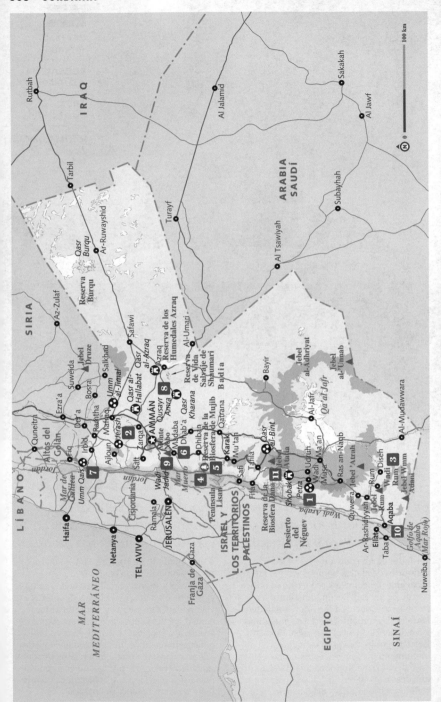

100 km

IRAQ

Rutbah

Tarbil

Ar-Ruwayshid

Al Jalamid

Sakakah

Al Jawf

ARABIA
SAUDÍ

Subayhah

Turayf

Al Tsawiyah

SIRIA

Az-Zulaf

Qasr
Burqu

Reserva
Burqu

Jebel
Druze

Salkhad

Safawi

Qasr
al-Jimal

Umm
al-Jimal

Azraq

Reserva de los
Humedales Azraq

Al-Umari

Suweida

Bosra

Qasr al-
Hallabat

Qasr

Reserva
de Vida
Salvaje de
Shaumari

Bayir

Jebel
al-Adhriyat

Jebel
al-Umab

Ezra'a

Der'a

Ramtha

Mafraq

8 Qusayr
Amra

Qasr
Kharana

Badia

Quneitra

Altos del
Golán

Fiq

Irbid

Ajloun

Satt

Zarqa

2 AMMÁN

Monte
Nebo

Dhab'a

Dhiban

Mádaba

6

Qatrana

Qa' al-Jafr

Jebel
al-Atruh

Al-Jafr

Al-Mudawwara

Mar de
Galilea

Jordan

Umm Qais

7

Reserva de la
Biosfera de Mujib

9

4

5

Karak

Mu'tah

Qasr
al-Bint

11

Udruh

Wadi
Musa

Ma'an

Ras an-Naqb

Al-Mudawwara

LÍBANO

Jordan

Cisjordania

Mar
Muerto

Peninsula
de Lisan

Safi

Tafila

Shobak

Petra

1

Jebel
Harun

Diseh

Wadi
Rum

3

Jebel Wmm

Haifa

Netanya

TEL AVIV

Ramala

JERUSALÉN

Gaza

Franja de
Gaza

ISRAEL Y
LOS TERRITORIOS
PALESTINOS

Desierto
del
Néguev

Reserva de la:
Biosfera Dana

Fifa

Quweira

Jebel
Rum

Jebel
Athm

Ar-Rashidiyyah

Eilate

Aqaba

10

Golfo de
Aqaba
(Mar Rojo)

Taba

Nuweiba

EGIPTO

SINAÍ

MAR
MEDITERRÁNEO

N
0

Jordania
Las mejores experiencias

Petra

1 Desde que el explorador suizo Jean Louis Burckhardt redescubrió este espectacular enclave en 1812, incontables turistas vienen hasta aquí con buen criterio. Sin duda se trata del punto de interés mejor conservado del país, y cuando el sol se pone sobre el laberíntico paisaje de tumbas, fachadas talladas, pilares y dorados precipicios de arenisca, ni el viajero más insensible resiste su magia. Para hacerle justicia y ver sus principales monumentos en momentos óptimos hacen falta un par de días.

Ruinas del imperio

2 Para ser un país tan pequeño, Jordania no se queda corta en monumentos de talla mundial, con algunas de las mejores ruinas romanas fuera de Italia.

Cualquier país se contentaría con tener sitios como la ciudadela o el teatro romano de Ammán; sin embargo, palidecen al compararlos con las impresionantes ruinas de Jerash, en buen estado de conservación. Visitarlas durante una carrera de cuadrigas, con el comentario de un centurión de penacho rojo, hace que este antiguo puesto de avanzada romano cobre vida.

El Tesoro, Petra.

El desierto de Lawrence

3 No fue solo la sublime vista de Wadi Rum, con bruñidos precipicios de arenisca y dunas de llamativos colores, lo que impresionó a Lawrence de Arabia al cruzar la tierra de los beduinos a lomos de un camello. También le conmovió el estoicismo de la gente que soportaba la dureza de la vida en el desierto. Hoy el viajero puede hacerse una idea de esa forma de vida tradicional, aunque con más comodidades, alojándose en uno de los campamentos beduinos diseminados por estos espacios naturales.

si Jordania tuviera 100 habitantes

98 serían árabes
1 sería circasiano
1 sería armenio

grupos religiosos
(% de población)

92 — Musulmanes sunitas
6 — Cristianos
2 — Otras religiones

población por km²

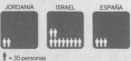

JORDANIA   ISRAEL   ESPAÑA

♦ ≈ 35 personas

El mar Muerto

4 Flotar en este mar es una de las mejores experiencias naturales del mundo. Con tan alto contenido en sal que escuecen los ojos, resulta prácticamente imposible nadar en estas viscosas aguas a 415 m por debajo del "nivel del mar". La vivencia suele ir acompañada de un baño de lodo, que luego se seca al sol, y un saludable tratamiento en uno de los modernos *spas* de sus costas, auténticos palacios de placer para sus visitantes.

El milagro de Mujib

5 La escasez de agua dulce en Jordania es asunto de gran relevancia política en el diálogo con los estados vecinos. Varios proyectos, como el canal del mar Rojo al mar Muerto y un conducto desde los acuíferos de Wadi Rum a Ammán, están siendo tratados con la mayor urgencia. Es una de las razones por las que los milagrosos manantiales de la Reserva de la Biosfera de Mujib son una visita destacada; la otra es que el agua discurre por un *wadi* espectacular hasta varias piscinas, un paraíso para el viajero aventurero.

Historia artesanal de Madaba

6 Situada al comienzo de la antigua carretera del Rey, Madaba es desde hace siglos cruce de caravanas de mercancías, de ejércitos que ampliaban las fronteras de sus imperios, y de peregrinos en busca de la tierra prometida. En la actualidad, con sus museos, iglesias, talleres de artesanía y mercados, conserva aún las huellas de esos

En busca de Sodoma

Sodoma y Gomorra evocan antros de vicio y perdición. El Génesis (Gen 19:24–25), responsable de la mala fama de estas dos ciudades, describe cómo llegaron al límite los sodomitas al exigir practicar sexo con ángeles enviados por Dios. Como respuesta, "el Señor hizo llover sobre Sodoma y Gomorra azufre y fuego... y destruyó aquellas ciudades".

Sea cual sea la causa de su desaparición (un hundimiento o gran terremoto son dos posibilidades), hace tiempo que los arqueólogos especulan con la ubicación de estas pecaminosas ciudades. Muchos se inclinan por las orillas del mar Muerto; otros por Babh adh-Dhra, ciudad de la Edad de Bronce al filo de Wadi Karak. Aunque destruida en el 2300 a.C., resulta sorprendente que contenga restos de 20 000 tumbas con medio millón de cuerpos, lo que la convierte en candidata favorita. Babh adh-Dhra y el cercano enclave de Numeira, supuesta Gomorra, están recubiertos por una capa de ceniza de 30 cm, lo que apunta a un gran incendio como causa de su destrucción.

Comida y bebida

Fuul medames Plato de habas con unas gotas de aceite de oliva recién prensado; se sirve con pan ácimo árabe, nata agria, queso blanco salado de la región y un poco de *zaatar* (tomillo y otras hierbas).

Kunafa Adictivo postre de hilos de masa y queso cremoso, cubierto de sirope.

Maqlubbeh Pirámide de humeante arroz con cardamomo y pasas sultanas, coronado con rodajas de cebolla, carne, coliflor y hierbas frescas.

Marrameeya Infusión de salvia, especialmente deliciosa en Dana.

Mensaf Plato beduino de cordero, arroz y piñones, con yogur y grasa líquida de la carne cocida.

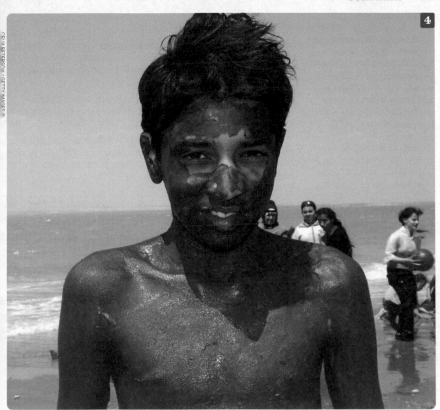

intercambios culturales. Quizá la mejor prueba de ese rico pasado es la espléndida colección de mosaicos, legado que sigue vivo en su extraordinaria escuela.

Cuándo ir

TEMP. ALTA
(mar-may)

➡ Tiempo ideal, con días cálidos y noches frescas.

➡ En abril el norte se cubre de flores silvestres.

➡ En las principales zonas turísticas hay que reservar con antelación y los precios suben.

TEMP. MEDIA
(sep-feb)

➡ Mejor época para visitar el mar Rojo; en consecuencia, los precios suben en Aqaba y alrededores.

➡ Las frías noches del desierto, incluso la lluvia o nieve, restringen muchas actividades como la acampada.

TEMP. BAJA
(jun-ago)

➡ El desierto en pleno verano es extremo. Temperaturas sofocantes en todo el país.

➡ Mejores precios, pero muchos establecimientos cierran en temporada baja.

Belleza en flor

7 Alfombras de amapolas escarlatas diseminadas por el desierto, franjas de adelfas en los *wadis*, el sorprendente aleteo de

pétalos de terciopelo de un iris negro en la carretera del Rey: en Jordania se dan algunas de las composiciones florales más bellas de la región. Si desea asistir a un espectáculo sublime, el viajero puede visitar las ruinas romanas de Umm Qais, en el extremo norte del país, una soleada tarde de abril: un sinfín de altas margaritas y cardos, malvarrosas amarillas y malvas rosadas dan calidez a los monumentos derribados.

Explorar los castillos del desierto

8 Las llanuras del este de Jordania albergan estos emblemáticos palacios de placer, baños públicos y pabellones de caza de incipiente estilo omeya, muy impropios del árido entorno. Visitar la frontera oriental de Jordania exige cierta planificación, pero la región está llena de sorpresas, como los atrevidos frescos de Qusayr Amra, el reducto de invierno de Lawrence en Azraq, un último refugio del órice de Arabia en la Reserva de Vida Salvaje de Shaumari, y un insólito lago en el desierto en Burqu.

Wadi Jadid

9 Pese a traducirse como "nuevo valle", aquí no hay novedad alguna. En medio de la nada, tipifica todo lo que es inmutable en la vida rural jordana; de hecho no llamaría la atención de no ser por los conjuntos de dólmenes de la Edad de Bronce que salpican los bancales de sus colinas. Erigidos entre el 5000 y el 3000 a.C., estos impresionantes monumentos de piedra compensan el esfuerzo de localizarlos.

Películas

Capitán Abu Raed (2008) Historia de amistad y heroísmo del director jordano Amin Malatqa.

Indiana Jones y la última cruzada (1989) Travesuras de Harrison Ford en Petra y sus alrededores.

Lawrence de Arabia (1962) El clásico de David Lean.

Libros

Memorias de una ciudad. Una infancia en Ammán (Abderrahman Munif, 1996) La formación de la capital jordana desde la perspectiva de la infancia y adolescencia.

Casada con un beduino (M van Geldermalsen, 2006) Cómo sacar adelante a una familia en Petra.

Cómo desplazarse

Autobús Los microbuses son el medio de transporte más común. Suelen salir cuando se llenan, por lo que la espera es inevitable, sobre todo en zonas rurales. Los autobuses turísticos, más grandes y con aire acondicionado, ofrecen servicio rápido y fiable.

Automóvil Con la excepción de Ammán, Jordania es un país fácil para conducir, con rutas espectaculares entre las tierras altas y valles bajo el nivel del mar.

Taxi Los privados amarillos operan como taxis normales y pueden contratarse por un día. Los blancos circulan por rutas urbanas fijas y entre muchas ciudades. Compartidos por más de un pasajero, suelen tener letras y números (en árabe) que muestran su ruta.

Submarinismo con damiselas

10 Es bien sabido que el mar Rojo alberga algunos de los paisajes submarinos más espectaculares del planeta, y aunque el litoral jordano a lo largo del golfo de Aqaba es realmente corto y comparativamente poco explotado, cuenta con nítidos arrecifes, restos de naufragios y caleidoscópicos jardines de coral. Practicar submarinismo entre damiselas, tortugas y caballitos de mar constituye una experiencia inolvidable, fácil de concertar en los centros de la ciudad costera de Aqaba y alrededores.

Carretera del Rey

11 Pese a no ser una carretera en sentido literal, sigue grandes estelas, como la de los nabateos (su mítica ciudad de Petra se halla al final), los romanos (el puesto de avanzada de Umm ar-Rasas es Patrimonio Mundial de la Unesco), y los cruzados (los castillos de Karak y Shobak son puntos de interés). Otras huellas menores son las de Salomé en su danza de los siete velos en la desolada cima de Mukawir.

Qasr Kharana.

CAPITAL
Astana

POBLACIÓN
17,7 millones

ÁREA
2,7 mill. de km²

**IDIOMAS
OFICIALES**
Kazajo, ruso

Kazajistán

*Su estepa eurasiática ofrece hoy una de las últimas grandes
fronteras por descubrir con algunas de las comodidades
modernas.*

Kazajistán, el noveno país más grande del mundo, es el de economía más avanzada de todos los estados del sur y centro de Asia, gracias a sus abundantes reservas de petróleo y de otros valiosos minerales. En general, eso se traduce en mejores alojamientos, restaurantes y transporte que en el resto. La mayor ciudad, Almaty, casi recuerda a Europa con sus frondosas avenidas, elegantes cafés, rutilantes centros comerciales y placentera vida nocturna. Astana, la capital en la ventosa estepa septentrional, ha sido transformada en una joya del s. xxi con gran profusión de audaz arquitectura futurista. Pero más allá de las ciudades aguardan las mayores aventuras, haciendo senderismo en las altas montañas y verdes valles del Tian Shan, rastreando fauna y flora en la estepa salpicada de lagos, gozando de la sencilla hospitalidad de las pensiones rurales, o dejándose impresionar por los desiertos occidentales y las remotas mezquitas subterráneas.

Kazajistán
Las mejores experiencias

Almaty

1 El éxito económico del país es más palpable en su mayor ciudad, donde el viajero casi podría creerse en Europa, dada la cantidad de tiendas internacionales y de Mercedes, Audi y BMW sorteando los atascos de la hora punta. Esta frondosa ciudad, con el nevado Zailiysky Alatau como telón de fondo, ha sido siempre una de las más sugestivas creaciones rusas del centro de Asia. A nadie parece molestarle que haya sido sustituida como capital del país.

Reserva Natural de Aksu-Zhabagyly

2 Este bello tramo de 1319 km² de valles y montes que asciende hasta las fronteras de Kirguistán y Uzbekistán es la reserva natural más antigua del país (1926) y una de las más visitadas. En el extremo oeste de la cordillera de Talassky Alatau, ocupa desde el límite de la estepa a 1200 m hasta 4239 m en Pik Sayram. El viajero puede ver íbices, argalíes, marmotas rojas, águilas, buitres y osos, sobre todo en primavera.

Astana

3 La flamante y espectacular capital ha emergido de la estepa septentrional y es una joya nacional del s. XXI. Se espera que siga creciendo hasta alcanzar más de un millón de habitantes hacia el 2030. Su silueta urbana es cada año más asombrosa, a medida que van surgiendo en la vasta extensión al sur del río Ishim emblemáticos edificios de estilo asiático, occidental, soviético y extravagante futurista, muchos de ellos obra de destacados arquitectos internacionales.

Turkestán

4 He aquí el mejor monumento arquitectónico del país y el lugar de peregrinación más importante. El mausoleo de Kozha Akhmed Yasaui, primer gran santo musulmán túrquico fue construido por Timur a finales del s. XIV a una escala grandiosa comparable con sus espléndidas creaciones en Samarcanda. Turkestán no tiene rival aquí en cuanto

Khan Shatyr, Astana.

a belleza creada por el hombre. Es una cómoda excursión de un día desde Shymkent.

Mangistau

5 Los pedregosos desiertos de Mangistau, región cuya capital es Aktau, se extienden 400 km al este hacia la frontera con Uzbekistán. Este laberinto de espectaculares cañones, multicolores afloramientos rocosos extrañamente erosionados, sorprendentes lagos, misteriosas mezquitas subterráneas y antiguas necrópolis apenas está empezando a ser explorado, incluso por arqueólogos. Las mezquitas subterráneas podrían ser ermitas en cuevas para ascetas que se retiraban a los desiertos.

Montes Altái

6 En el extremo oriental, estos montes recorren las fronteras hasta Rusia, China y Mongolia. Para visitarlos hay que obtener un permiso para la zona fronteriza con mucha antelación, pero todo lo que supone llegar a esta región realmente merece la pena. Ondulantes praderas, cumbres nevadas, boscosas laderas, glaciares, impolutos lagos y ríos, y pueblos con jinetes kazajos componen un paisaje de proporciones épicas. Este macizo fue declarado Patrimonio Mundial natural por la Unesco en 1998. El monte Beluja, de 4506 m y con dos picos en la frontera con Rusia, posee muchas connotaciones místicas.

si Kazajistán tuviera 100 habitantes

63 serían kazajos
24 serían rusos
3 serían uzbekos
2 serían ucranianos
8 serían de otro origen

grupos religiosos
(% de población)

70 Musulmanes

24 Ortodoxos rusos

3 Ateos

2 Otros cristianos

1 Otras religiones

Cuándo ir

MED ABR-JUN
➤ La estepa y las colinas florecen y las aves migratorias llegan en masa.

MAY-SEP
➤ Clima ideal; en julio arranca la temporada de senderismo.

NOV-ABR
➤ Los esquiadores tienen las mejores instalaciones del centro de Asia en Chimbulak.

población por km²

KAZAJISTÁN

RUSIA

ESPAÑA

👤 ≈ 3 personas

Abay, icono cultural

Nacido en las colinas del Shyngystau, al sur de Semey, el escritor, traductor y educador Abay (Ibrahim) Kunanbaev (1845-1904) estudió en una madraza y una escuela rusa. Posteriormente, sus traducciones de obras literarias rusas y extranjeras al kazajo, sus lecturas públicas y su propia obra, como la filosófica *Cuarenta y una palabras negras*, fueron el comienzo del kazajo como lengua literaria y ayudó a ampliar sus horizontes.

Abay valoraba las tradiciones kazajas, pero también era pro-ruso. "Estudiar la cultura y arte rusos es la clave de la vida" escribió. En la era soviética su reputación tenía el respaldo de Moscú, y sus escritos rusófilos eran idolatrados. Hoy sigue siendo el icono cultural más destacado

Comida y bebida

Baursaki Bolas o triángulos de masa frita parecidos a pesadas rosquillas.

Beshbarmak El plato nacional; trozos de cordero o ternera hervidos durante largo rato y servidos sobre cuadrados de pasta fina con cebollas y a veces patatas.

Carne de caballo *Kazy, shuzhuk* y *karta* son salchichas de caballo, embutidas en su tripa.

Kuurdak Estofado de patatas, carne y asaduras de caballo, oveja o vaca.

Kymyz Leche de yegua fermentada; es una bebida ligeramente gaseosa, con un poco de alcohol y sabor ácido.

Manzanas Se dice que proceden de Kazajistán.

Plov Los kazajos elaboran un dulce *plov* (*pilaf*) con pasas, albaricoques y ciruelas secas.

Shubat Leche de camello fermentada.

Aralsk

7 En este punto del desierto hay barcos abandonados, a kilómetros de la costa del mar de Aral, del que Aralsk fue importante puerto pesquero. Hoy gran parte del mar ha desaparecido, víctima de los planes de riego soviéticos que desviaron sus fuentes de agua, llevando la costa a 60 km de aquí. Aralsk es más fácil de visitar y más interesante que otros puertos en desuso de Uzbekistán. Tampoco es todo tan lúgubre: los esfuerzos por salvar parte del mar están dando frutos.

El cosmódromo de Baikonur

8 Una zona de 6717 km² de semidesierto, unos 250 km al noroeste de Kyzylorda, es el punto de partida de todos los vuelos tripulados soviéticos y rusos desde que Yuri Gagarin, primer astronauta en viajar al espacio, fuera lanzado en 1961. Tras la caída de la URSS, Kazajistán ha alquilado el cosmódromo y la ciudad a Rusia hasta el 2050. Baikonur dispone hoy de nueve complejos de lanzamiento y envía astronautas de numerosos países.

Cómo desplazarse

Avión Una buena red de vuelos nacionales une ciudades de todo el país a precios razonables.

Autobús Con pocas excepciones, los servicios interurbanos son cada vez más deficientes. Para trayectos más largos, el tren suele ser más cómodo.

Taxi Alternativa más rápida que autobuses y microbuses en muchos trayectos interurbanos.

Tren Viaja a las ciudades más grandes y a numerosas poblaciones más pequeñas; una buena forma de conocer el territorio y su gente.

Ñus y cebras, Reserva Nacional del Masái Mara.

CAPITAL
Nairobi

POBLACIÓN
44 millones

ÁREA
580 367 km²

IDIOMAS OFICIALES
Inglés, suajili

Kenia

Kenia es el África que uno siempre ha soñado. Una tierra de grandes sabanas, inmensas manadas de animales y pueblos de arraigadas tradiciones en la región que vio nacer al hombre.

Cuando se piensa en África, seguramente se piensa en Kenia: la solitaria acacia, la montaña nevada, los yermos desiertos, la costa ribeteada por palmeras, el Gran Valle del Rift, los tupidos bosques... Kenia lo tiene todo.

Los masáis, los samburus, los turkanas, los suajilis, los kikuyus... Algunos de los pueblos más conocidos del continente habitan en sus épicos paisajes, aportando profundidad y resonancia a su milenaria historia. Son pueblos cuya existencia narra la inmemorial lucha por conservar sus tradiciones mientras avanza el mundo moderno, el esfuerzo diario por sobrevivir y la antigua tensión entre quienes trabajan la tierra y quienes deambulan por ella.

Y luego está la fauna: elefantes retozando en pantanos a la sombra del Kilimanjaro, masas de flamencos, el repentino silencio ante la presencia de un depredador al acecho. Desde el Masái Mara al Tsavo, Kenia es un país lleno de vida y África, el último gran espacio salvaje de la Tierra donde estas criaturas sobreviven.

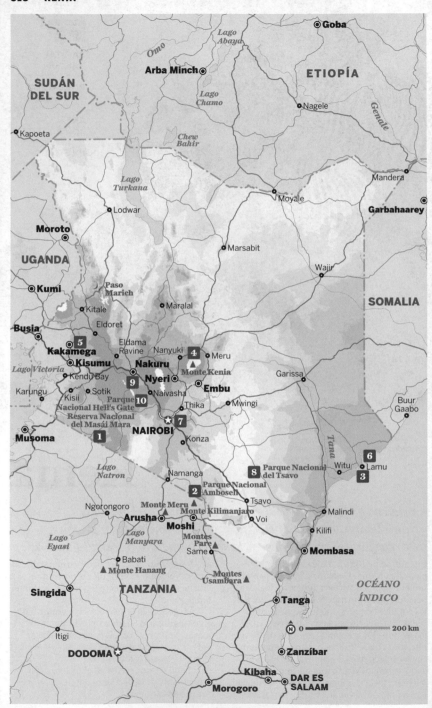

Kenia
Las mejores experiencias

Migración de fauna, Masái Mara

1 Moteadas de acacias, las onduladas sabanas de esta reserva albergan una de las mayores concentraciones de vida salvaje del planeta, y sirven de marco para la legendaria gran migración de ñus. A partir de agosto, las llanuras del Masái Mara se encuentran literalmente tomadas por millones de estas desgarbadas criaturas, junto con manadas de cebras, elefantes y jirafas. A la cola de este auténtico bufé andante siguen invariablemente grupos de leones, guepardos solitarios y jaurías de hienas.

Elefantes en el Parque Nacional de Amboseli

2 Seguramente no haya mejor lugar para ver elefantes que este parque en el sur del país. Buena parte del encanto reside en su entorno, con el Kilimanjaro, el mayor pico de África, como telón de fondo. Cabe destacar que Amboseli se libró de lo peor de la crisis provocada por la caza furtiva, y gracias a ello estos elefantes, muy tolerantes, permiten que los humanos se les acerquen.

Las callejuelas de Lamu

3 La mejor forma de descubrir la que quizá sea la población más sugerente

de la costa keniana, cerrada al tráfico rodado, es perdiéndose por sus callejuelas, admirando las majestuosas puertas antiguas suajilis, echando una mirada a patios escondidos rebosantes de colores sorprendentes, reposando en un sillón zumo de frutas en mano, y aceptando cualquier invitación a detenerse y charlar un rato. Si se hace todo esto, el encanto de Lamu quedará en el recuerdo del viajero.

Senderismo en el monte Kenia

4 Situada en el corazón del país y del pueblo kikuyu, la primera cumbre

si Kenia tuviera 100 habitantes

42 tendrían entre 0-14 años
19 tendrían entre 15-24 años
32 tendrían entre 25-54 años
4 tendrían entre 55-64 años
3 tendrían más de 65 años

grupos religiosos
(% de población)

82 Cristianos
11 Musulmanes
2 Animistas
5 Otras religiones o ninguna

población por km²

KENIA   SUDÁFRICA   ESPAÑA

🏃 ≈ 42 personas

de Kenia en altitud y la segunda de África no es una montaña para admirar desde lejos. Los kikuyus dejan las puertas de sus casas abiertas para ver el monte sagrado, y algunos siguen acudiendo a su falda para rezar y entregar el prepucio de sus jóvenes a modo de ofrenda. Pero al monte Kenia no solo lo venera este pueblo, también goza del reconocimiento de la Unesco y del estatus de reserva de la biosfera.

Bosque de Kakamega

5 Hogar de 330 especies de aves, 400 variedades de mariposas y siete primates diferentes, este antiguo bosque supone una oportunidad excepcional para dar tregua a los circuitos en todoterreno y estirar las piernas. Aunque, como en la mayoría de los bosques lluviosos, la atracción estelar son los árboles, entre cuya melancolía se podrá encontrar el equivalente en botánica a la bella y la bestia: delicadas orquídeas e higueras parasitarias que aniquilan a su portador a medida que crecen.

Travesía a Takwa en 'dhow'

6 Navegar a bordo de un chirriante *dhow* hacia las soñolientas ruinas suajilis de Takwa es algo que hay que hacer. Para llegar hay que trazar el curso entre las siete islas de Eryaya y deslizarse por un estrecho laberinto de manglares. De camino se puede nadar, bucear y comer arroz de coco mientras se juguetea con cangrejos fantasma. Así, hay pocas formas más románticas de ver la costa keniana que desde un *dhow*

'Christian', el león

Cuando Joy Adamson escribió *Nacida libre,* en la que narra su experiencia criando a una leona huérfana, pocos imaginaron que el libro encabezaría durante 13 semanas la lista de superventas del *New York Times* e inspiraría una película que a la postre sería un éxito mundial.

La exitosa reinserción de la leona *Elsa* fue lo que llevó a John Rendall y Ace Bourke a tener su propio león, *Christian*, con la esperanza de que este también regresara a su entorno natural. En un principio, *Christian* fue comprado en Harrods y vivió en un sótano bajo una tienda de muebles en Londres. Al saber que la criatura se había adaptado sin problemas, John y Ace regresaron a Kenia y su reencuentro con *Christian* fue filmado en un documental, en 1971.

Pasados más de 30 años, el material editado de este momento se ha vuelto viral en YouTube. Es conmovedor cuando *Christian* reconoce a sus viejos amigos y corre a abalanzarse en sus brazos.

Comida y bebida

La tradición culinaria keniana generalmente ha puesto énfasis en alimentar a las masas de la forma más eficiente posible, sin apenas espacio para el estilo o la innovación. La mayor parte de las comidas giran en torno al *ugali*, una especie de gachas preparadas con cereales hervidos, que se sirven formando un denso bloque.

Los kenianos son ávidos carnívoros, y el plato nacional, el *nyama choma* (carne marinada asada a la parrilla), es ideal para ponerse perdido. La carne más popular es la de cabra.

El *chai* es la obsesión nacional y, como en la India, el té, la leche y el azúcar se hierven durante mucho tiempo, de lo que resulta una bebida cremosa y muy dulce. El especiado *masala chai*, con cardamomo y canela, es muy agradable y tiene propiedades rejuvenecedoras.

Pueblo kikuyu.

por las aguas del archipiélago de Lamu.

Nairobi

7 Nairobi viene precedida por su reputación, y aunque no siempre sea especialmente alentadora, sin duda es una parte indispensable (y a menudo muy divertida) de la experiencia keniana. Ninguna otra ciudad del mundo puede presumir de tener un parque nacional (donde habitan cuatro de los "cinco grandes") a la vista desde sus céntricos rascacielos, ni de ofrecer la oportunidad de dar de comer a crías de elefante huérfanas, sumergirse en el lugar que inspiró *Memorias de África* y visitar un excelente museo nacional, ¡todo en un mismo día!

Cuándo ir

TEMP. ALTA (ene, feb y jun-oct)	TEMP. MEDIA (nov y dic)	TEMP. BAJA (mar-may)
➡ Los ñus del Masái Mara migran de junio a octubre.	➡ Lluvias puntuales en octubre y noviembre.	➡ Las lluvias prolongadas significan menos tumulto y precios más bajos en los alojamientos, pero cuesta más observar fauna y los mosquitos proliferan.
➡ Enero y febrero traen tiempo caluroso y seco, indicado para ver fauna.	➡ Los precios de alojamientos y parques bajan desde el 1 de noviembre, pero aun así conviene reservar.	
➡ Los precios de alojamiento se disparan; resérvese con antelación.		

Leones en el Parque Nacional de Tsavo

8 Compuesta por una parte oriental y otra occidental, esta reserva ofrece la experiencia entre naturaleza por antonomasia: inmensos y espectaculares paisajes en donde las especies animales acechan en el sotobosque. Aquí está presente toda la emblemática fauna africana, aunque son los felinos (leopardos, leones y guepardos) los que hacen que cobre vida este ecosistema. Con un espectacular telón de fondo formado por tierras rojizas, afloramientos volcánicos y grandes llanuras de las sabanas, estos leones de leyenda (fue aquí donde en su día los caníbales tsavos infundieron terror a los lugareños) holgazanean a la sombra, esperando el momento oportuno para abalanzarse sobre su desprevenida presa.

Películas

Kibera Kid (2006) Dirigida por Nathan Collett, esta película ambientada en el barrio de chabolas de Kibera narra la historia de Otieno, un huérfano de 12 años que vive con una banda de ladronzuelos y se ve obligado a elegir entre seguir con esa vida o redimirse. Con un reparto formado por niños de Kibera, la película se proyectó en numerosos festivales.

Libros

Memorias de un primate (Robert M. Sapolsky, 2002) Divertido y conmovedor relato de un joven primatólogo.

Un grano de trigo (Ngũgĩ wa Thiong'o, 1967) El autor más notorio del país ofrece una mirada a sus inicios.

Memorias de África (Karen Blixen, 1937) Libro autobiográfico llevado al cine por Sydney Pollack.

Los árboles de Thika (Elspeth Huxley, 1959) Libro de memorias coloniales maravillosamente contadas.

Cómo desplazarse

Autobús Hay una amplia red de autobuses de largo y corto recorrido, particularmente buena en los alrededores de Nairobi, la costa y las regiones occidentales. Es más económico que viajar en tren o en avión, y por norma, los servicios son frecuentes, rápidos y confortables.

Automóvil Disponer de vehículo propio es una forma genial de ver el país al ritmo deseado. El mayor peligro en las carreteras kenianas son los otros conductores, por lo que se impone conducir a la defensiva.

Matatu Estos microbuses son el medio de transporte más usado por los lugareños para viajar por la zona. Cualquier población media cuenta con servicios que conectan las carreteras y barrios principales. Salen una vez que se llenan y las tarifas son fijas.

Parque Nacional del Lago Nakuru

9 He aquí otro de los parques de primer orden de Kenia, dominado por uno de los lagos más bellos del Gran Valle del Rift, con aguas alineadas a un lado por una abrupta escarpadura y una ribera ocasionalmente impregnada del color y la textura de millones de flamencos y pelícanos. Sin embargo, Nakuru también es el refugio de mamíferos terrestres tales como leones, leopardos, las amenazadas jirafas de Rothschild, cebras, búfalos, primates y rinocerontes.

Parque Nacional Hell's Gate

10 Una cosa es observar la increíble fauna africana desde la seguridad de un vehículo de safari, y otra muy distinta hacerlo íntegramente a pie o en bicicleta. Hell's Gate (Puerta del Infierno) es un espectacular paisaje volcánico compuesto por precipicios rojizos, etéreos afloramientos rocosos y profundos desfiladeros en pleno corazón del Valle del Rift. Supone una experiencia única que pone la piel de gallina a cualquiera, levantando los sentidos y dando vida al lado más salvaje de África.

Flamencos.

CAPITAL
Biskek

POBLACIÓN
5,5 millones

ÁREA
199 951 km²

IDIOMAS OFICIALES
Kirguís, ruso

Campamento de yurtas, lago Song-Kul, provincia de Naryn.

Kirguistán

Kirguistán, una tierra algo olvidada con valles, lagos resplandecientes y yurtas, es un paraíso para aventureros, turistas con conciencia ecológica y nómadas en potencia.

Kirguistán es una nación definida por su topografía, donde paisajes de montaña felizmente vírgenes, inhóspitas crestas escarpadas y onduladas praderas estivales (*jailoos*) cobran vida gracias a los pastores seminómadas que habitan en yurtas. Si se añade a esta belleza natural un estupendo programa de alojamiento en casas particulares y el acceso al país sin necesidad de visado, queda claro por qué Kirguistán se está convirtiendo rápidamente en la puerta de entrada predilecta de los occidentales que visitan Asia central. Como cabe esperar allí donde el grueso de

las atracciones son rurales y a gran altura, la época elegida para la visita es fundamental. En verano, las carreteras y sendas son generalmente accesibles. A mediados del estío, turistas kazajos y rusos convergen en las playas siempre templadas del lago Issyk-Kul.

De octubre a mayo, buena parte de los alojamientos rurales cierran y las yurtas, que aportan tanto carácter a las vistas alpinas, se guardan. Así pues, conviene pensárselo dos veces antes de viajar al país en invierno, a menos que se vaya a esquiar.

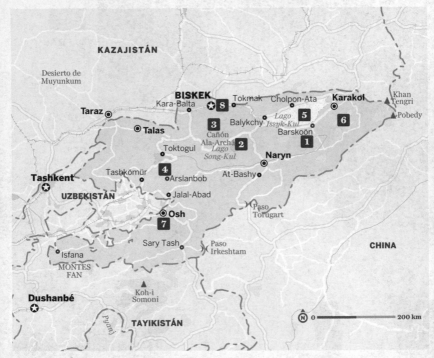

Kirguistán
Las mejores experiencias

Paseos a caballo

1 Son una oportunidad única de ver la campiña kirguís en pleno apogeo. Kirguistán es el mejor destino de Asia central para ensillar un caballo y unirse a los nómadas en la alta montaña. Las oficinas de Turismo Basado en la Comunidad repartidas por todo el país organizan el alquiler de animales por horas o días. Shepherds Way es un excelente operador dirigido por una familia de antiguos pastores que ofrece excursiones por las montañas al otro lado de Barskoön. Da la impresión de que los caballos están esperando que se les espolee lo más mínimo para volver a sus raíces salvajes y salir a todo galope; a los jinetes primerizos les asignan animales más mansos, si lo solicitan.

Lago Song-Kul

2 Ribeteado por picos recortados, el inmenso paisaje del Song-Kul constituye un enorme escenario para las constantes representaciones protagonizadas por las nubes. Con unos 20 km de ancho, entre abundantes pastos estivales, el color cambia por arte de magia, pasando en cuestión de segundos del turquesa tropical a un melancólico añil debido a los rayos del sol o al rápido desplazamiento de las nubes. Es un lugar sublime para ver el amanecer o admirar cristalinos cielos nocturnos refulgentes.

Cañón Ala-Archá

3 Imponente y escarpada, esta accesible quebrada es un paraje que invita a sentarse el día entero junto a una cascada o a emprender una caminata hasta un glaciar (y esquiar en él, incluso en verano) o hasta los picos más altos de la región. La mayor parte del cañón está integrado en un parque natural; se cobra entrada a los extranjeros.

Arslanbob

4 Las montañas Babash-Ata conforman una impresionante pared de riscos nevados que se alzan detrás del oasis en altura de Arslanbob. Conservador y de etnia uzbeka, el pueblo se esparce casi de manera in-

Caballos pastando, lago Song-Kul, provincia de Naryn.

visible creando una maraña de callejones arbolados, rodeado por el mayor bosque de nogales del mundo. Según la leyenda, la semilla primigenia fue un regalo del profeta Mahoma a un modesto jardinero al que había encargado encontrar el paraíso en la Tierra.

Lago Issyk-Kul

5 Rodeado de montañas, este lago de aguas sorprendentemente cálidas es la primera atracción del país. Su gran profundidad, su actividad geotermal y una leve salinidad garantizan que nunca se congele; y su efecto moderador sobre el clima, unido a precipitaciones abundantes, lo han convertido en un oasis durante siglos. Sus aguas se nutren de numerosos riachuelos, pero ninguno escapa de él. Con más de 170 km de largo y 70 km de ancho, el segundo mayor lago alpino del mundo es un portento de la naturaleza.

Lago Ala-Kul

6 Un paisaje deslumbrante y humeantes pozas de agua caliente hacen de este destino un lugar ideal para practicar senderismo. Quizá el enclave más popular desde Karakol sea una espartana localidad llamada Altyn Arashan (Balneario Dorado), emplazada en un valle a 3000 m de altitud, con el Pik Palatka (4260 m) asomando al sur. Buena parte de la zona está integrada en la Reserva Natural Estatal Arashan, un área de investigación botáni-

si Kirguistán tuviera 100 habitantes

65 serían kirguises
14 serían uzbekos
12 serían rusos
9 serían de otro origen

grupos religiosos
(% de población)

75 — Musulmanes
20 — Ortodoxos rusos
5 — Otras religiones

Cuándo ir

MAY-JUN

➡ Irrumpe la primavera y la afluencia turística es baja; las montañas más altas siguen nevadas.

MED JUL-PPIOS SEP

➡ Ideal para caminar; alojamientos reservados al completo; calor arduo en las ciudades.

MAR

➡ Cierran los alojamientos rurales; zonas de senderismo inaccesibles; buena época para esquiar.

población por km²

KIRGUISTÁN   KAZAJISTÁN   EE UU

🛉 ≈ 3 personas

Yurta dulce hogar

Nada es más emocionante para los nómadas de espíritu que hacer noche en una yurta bajo una montaña de mantas preguntándose si vendrá algún lobo.

Las yurtas son las viviendas de los pastores, tiendas de campaña circulares hechas con varias capas de fieltro alrededor de una estructura de madera desmontable. La capa exterior está recubierta de grasa de oveja impermeable, y la interior está revestida con una estera de paja que aísla del viento. Las paredes y las vigas están aseguradas por medio de largas tiras de lana.

El interior está decorado con tejidos, cubiertas para las paredes y baúles tallados. El suelo está acolchado con fieltro grueso y recubierto de alfombras.

Similar a una rueda, el *tunduk* es la parte central sobre la que descansa el techo, cuyo diseño aparece en la bandera de Kirguistán.

Comida y bebida

Ashlyanfu Fideos de arroz fríos con vinagre y huevo.

Boorsok Especie de buñuelos huecos que se mojan en algunas bebidas o en nata.

Bozo Bebida espesa y con burbujas preparada con granos de mijo fermentados.

Jarma y maksym Bebidas de cebada fermentada, con levadura y yogur.

Kesme Espesa sopa de fideos con verduras y carne.

Kurut Croquetas de yogur agrio, un popular tentempié.

Kymys La bebida nacional: leche de yegua fermentada.

Laghman Fideos gruesos en caldo, ligeramente picantes.

Mampar Estofado de carne con una especie de ñoquis.

Vendedora en el bazar de Osh.

ca que sirve de refugio para una veintena de leopardos de las nieves y osos.

Osh

7 Los mercaderes de la Ruta de la Seda regatearon durante siglos en los puestos del bazar de Osh, anterior a Roma. Osh es la segunda ciudad de Kirguistán y el centro de la enorme y populosa provincia que envuelve el valle de Ferganá. Su bazar diario es uno de los mejores de Asia central, siempre atestado de uzbekos, kirguises y tayikos que venden de todo, desde sombreros tradicionales y cuchillos a música pirateada y herraduras.

Biskek

8 La capital kirguís es la antesala perfecta a este montañoso país, con un centro urbano que bien podría ser un gran parque cuajado de árboles que brotan de cualquier rincón. Los montes Ala-Too son un espléndido telón de fondo, cuya agua de deshielo fluye por la ciudad formando sonoros arroyos. Los bloques de la época soviética, más alguna estatua de Lenin, la dotan de un singular ambiente histórico ajeno al tiempo.

Cómo desplazarse

Autobús Aunque solo cubren contados trayectos, también hay microbuses (algunos con salidas programadas, otros una vez se llenan) que esperan a los pasajeros en casi todas las estaciones, como los taxis.

Automóvil y motocicleta El alquiler de automóviles es un concepto aún en pañales, pero hay dos agencias locales en Biskek. Es posible alquilar motocicletas todoterreno Yamaha-600, pero no sale barato.

Taxi Alquilar un automóvil con conductor suele costar el doble, pero es una buena opción para rutas complejas con paradas múltiples o con pernoctación; el vehículo suele ser mejor, aunque no todos los conductores hablan inglés.

Artillería de la II Guerra Mundial, isla de Tarawa.

CAPITAL
Tarawa

POBLACIÓN
103 248

ÁREA
811 km²

IDIOMAS OFICIALES
Gilbertés, inglés

Kiribati

Apenas una diminuta mota en el Pacífico, Kiribati aún conserva su esencia tradicional, con una cadencia pausada que invita a relajarse y gozar de la tranquila vida isleña.

Trazando una curva a ambos lados del ecuador, la República de Kiribati engloba las islas Tarawa, Gilbert, Fénix y la Línea. Si se mide su superficie, es un país microscópico, con poco más de 811 km²; sin embargo, sus 33 atolones se esparcen por 3,5 millones de km² del Pacífico, en su mayoría rodeados de lagunas turquesa, apenas por encima del nivel del omnipresente mar.

La historia colonial reciente de Kiribati y su papel en la II Guerra Mundial (las islas fueron ocupadas por los japoneses en 1942) apenas se reflejan en las islas más alejadas, donde la población subsiste desde hace siglos a base de cocos, pescados y el fruto del árbol del pan. Incluso en la isla principal, Tarawa, la mayor parte de los lugareños viven en cabañas tradicionales de paja. Pese a todo, la influencia occidental va en aumento, como testimonian los automóviles, los bares, las películas e internet, e inevitablemente se observa un creciente flujo migratorio de las islas más alejadas a Tarawa.

El pueblo kiribatiano, aunque lacónico, es muy cálido y siempre saluda con un cordial *mauri* ("hola").

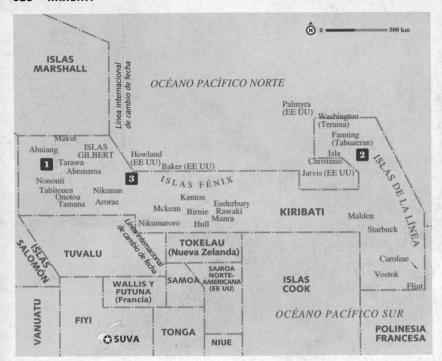

Kiribati
Las mejores experiencias

Vestigios de la guerra

1 Betio, en Tarawa Sur, conserva una inquietante colección de cañones de ocho pulgadas, búnkeres y una batería de artillería de la II Guerra Mundial. En 1943, 20 000 marines desembarcaron en sus playas y expulsaron a las tropas japonesas. Hay un cementerio y un monumento conmemorativo.

Isla de Navidad

2 Es uno de los principales reclamos turísticos de Kiribati y un paraíso para los amantes de la pesca deportiva, con interminables marismas donde capturar enormes peces piedra. También destaca como destino de submarinismo; casi todas las inmersiones se efectúan en los dos canales ricos en coral que flanquean la isla Cook.

Islas Gilbert exteriores

3 Para sentirse como un náufrago, hay que poner rumbo a estas islas vírgenes, bastión de la vida tradicional kiribatiana, con apenas un puñado de camiones y motocicletas. Aquí, los productos occidentales son la excepción y la gente vive de la pesca y los cocos, ganando algo de dinero con la venta de almejas y coco.

Comida y bebida

Árbol del pan El producto básico de la isla, junto con el coco.

Kaokioki Popular bebida a base de savia de cocotero fermentada.

Pescado y marisco Aquí manda el pescado; el resto de alimentos suele llegar de Australia.

Cuándo ir

DIC-FEB
➡ La estación seca coincide con la temporada alta navideña; temperaturas aún elevadas.

JUN-SEP
➡ Segunda estación seca, correspondiente al verano en el hemisferio norte.

MAR-MAY Y SEP-NOV
➡ La región recibe dos estaciones lluviosas, aunque los ciclones son poco comunes.

Prizren, Kosovo.

CAPITAL	Pristina
POBLACIÓN	1,8 millones
ÁREA	10 887 km²
IDIOMAS OFICIALES	Albanés, serbio

Kosovo

Tal vez sea el país más nuevo de Europa, pero la larga y dramática historia de Kosovo se respira en cada rincón de sus elegantes poblaciones otomanas y en sus paisajes de montaña.

Kosovo es un territorio en disputa. Habitado mayoritariamente por albanos, la minoría serbia lo considera una tierra sagrada. Los albanokosovares declararon la independencia en el 2008, una decisión muy controvertida que aún no goza de reconocimiento universal y ha provocado tensiones entre las poblaciones albana y serbia.

Lejos de ser un lugar peligroso, Kosovo es un destino fascinante en el corazón de los Balcanes y uno de los últimos rincones de Europa donde el turismo aún está en pañales.

Las barbaries del pasado todavía están presentes: las carreteras están salpicadas de monumentos en recuerdo a los fallecidos en los enfrentamientos interétnicos de 1999, y la OTAN sigue custodiando los monasterios serbios. Pero con la independencia se ha alcanzado cierta estabilidad, y hoy Kosovo es la última palabra en turismo sin multitudes en los Balcanes. Los visitantes son recompensados con sonrisas de bienvenida, barrios antiguos con tejados de terracota, monasterios ortodoxos del s. XVIII y verdes prados.

Kosovo
Las mejores experiencias

Pristina

1 El animado distrito del bazar de Pristina –una maraña de callejuelas angostas y sinuosas– encierra muchos atractivos de la ciudad, entre ellos el Museo Etnográfico y las mezquitas Carshi y Sultán Mehmet Fatih, ambas erigidas en el s. xv.

Prizren

2 Radiante tras la independencia, la segunda ciudad de Kosovo posee un pintoresco casco antiguo lleno de mezquitas y un puente otomano del s. xv magníficamente restaurado. Cerca se sitúan la mezquita Sinan Pasha (1561), a la que se está devolviendo su antiguo esplendor, y los baños turcos de Gazi Mehmed Pasha.

Monasterio de Visoki Dechani

3 Rodeado por un bosque de pinos y castaños a los pies de las montañas, el monasterio de Visoki Dechani, enjalbegado, acoge a un grupo de monjes serbios que viven aislados de la población local, inmersos en sus trabajos, elaborando deliciosos vinos, quesos y miel, así como restaurando los fabulosos iconos y frescos del monasterio.

Comida y bebida

Byrek Hojaldre relleno de queso o carne.

Duvëc Estofado de ternera y verduras.

Fli Dulce de masa filo con miel.

Kos Yogur de leche de cabra.

Raki Licor anisado elaborado a partir de uvas.

Vranac Vino tinto de la región de Rahovec.

Cuándo ir

DIC-ABR
➡ Es una época estupenda para esquiar.

JUN
➡ En Peja se celebra el Festival de Cine SHQIP.

AGO
➡ Verano sin sofocos, con temperaturas en torno a los 25°C.

Torres de Kuwait.

Kuwait

*Otrora un oasis en el desierto, Kuwait se encuentra hoy en día
a la vanguardia del cambio político y el desarrollo cultural en
la región del Golfo.*

Situado en uno de los rincones más antiguos
y disputados del mundo, la ciudad-estado
de Kuwait ha ejercido durante siglos de imán,
atrayendo a beduinos del interior, que buscan la brisa marina y huyen de la recurrente
sequía.

Hoy, la metrópolis sigue siendo un oasis
(en el plano cultural y gastronómico) en una
tierra de llanuras desérticas. En Kuwait se
podrá disfrutar de excelentes museos, un
paseo marítimo de onduladas playas y animados restaurantes, complejos comerciales
y zocos.

Fuera de la capital, hay pocos alicientes
salvo los *resorts* ubicados en la costa. Las excavaciones petrolíferas dominan las llanuras
desérticas y apenas hay accidentes geográficos notables. Dicho eso, si se tiene paciencia
y se es lo bastante observador, siempre hay
algo que ver en el desierto; en las excursiones
con noche en un campamento, los kuwaitíes
hacen gala de ambas.

CAPITAL
Kuwait

POBLACIÓN
2,7 millones

ÁREA
17 818 km²

**IDIOMA
OFICIAL**
Árabe

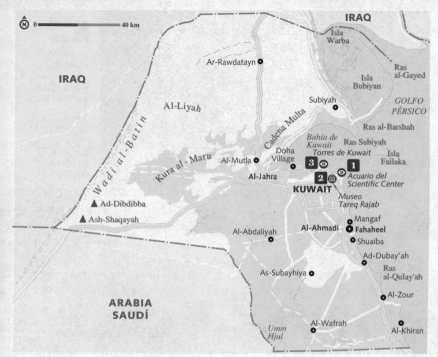

Kuwait
Las mejores experiencias

Acuario del Scientific Center

1 Este fascinante acuario es el más grande de Oriente Próximo. La muestra de una zona entre mareas, con olas rompiendo a la altura de los ojos, alberga besucones marinos y el ingenioso saltarín del fango.

Comida y bebida

Alcohol No se vende ni se permite su consumo.

Gambón del Golfo Se captura de finales de otoño a principios de invierno.

Mero pintado o palometa plateada Pescado relleno de hierbas y cebolla.

Pescado al horno Marinado con cilantro, cúrcuma, pimiento rojo y cardamomo.

Museo Tareq Rajab

2 Instalado en el sótano de una enorme villa, este museo de visita obligada comenzó siendo la colección privada de arte islámico del primer ministro de antigüedades kuwaití y su esposa británica. Se trata de una verdadera mina de hermosas piezas, magníficamente presentadas, llegadas de todo el mundo musulmán, incluidos los manuscritos árabes a los que debe su merecida fama.

Torres de Kuwait

3 Las Torres de Kuwait, el icono más famoso del país, merecen una visita por las panorámicas que ofrecen del mar y la ciudad. Inauguradas en 1979, la mayor de las tres torres alcanza los 187 m de altura y cuenta con una plataforma de observación giratoria de dos niveles, una tienda de regalos y un café; además, su esfera inferior almacena unos 4 millones de litros de agua.

Cuándo ir

NOV-ENE

➡ El sofocante calor estival da paso a agradables noches frescas.

FEB

➡ Peinar el Hala Shopping Festival en busca de gangas.

FEB-MAR

➡ El desierto se viste de verde con el inicio de la primavera.

Vang Vieng.

Laos

Olvidado y atrasado durante mucho tiempo, Laos concentra en poco espacio algunos de los mejores alicientes del sureste asiático.

Laos se ha labrado un estatus especial entre los viajeros gracias a sus grandes extensiones de vegetación virgen, su caleidoscopio de culturas y el que posiblemente sea el pueblo más relajado del planeta. Es un país donde el ritmo es lento, las sonrisas auténticas y los lugareños aún sienten curiosidad por quienes visitan sus pagos.

La vida en los pueblos es agradablemente sencilla, e incluso en Vientián cuesta creer que pueda existir una capital impregnada de un estilo de vida ribereño tan tranquilo. La mágica Luang Prabang es el hogar de cientos de monjes con túnicas azafrán que recorren las calles en busca de limosnas: una de las estampas más emblemáticas de la región.

Lejos de las ciudades, lo mejor es apartarse de las rutas turísticas y recalar en un ensoñador paisaje aderezado con escarpados precipicios calizos, una jungla inquietante y el serpenteante Mekong como telón de fondo. El senderismo basado en la comunidad combina los atractivos naturales con estancias en casas particulares.

Los laosianos son anfitriones sumamente hospitalarios, y no hay mejor manera de descubrir su cultura que compartiendo su estilo de vida.

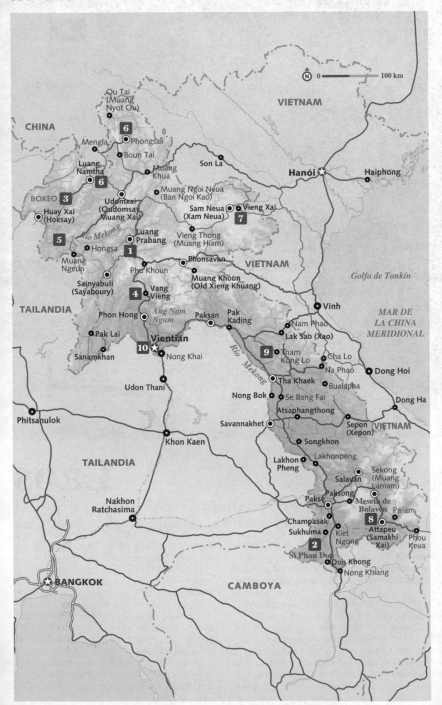

Laos
Las mejores experiencias

Luang Prabang

1 Encajada entre los ríos Mekong y Khan, esta antigua ciudad cuajada de templos es el sueño de todo viajero: posee una rica historia real, está llena de monjes budistas y conjuga espectaculares vistas ribereñas, una excelente cocina de raíces francesas y los mejores alojamientos *boutique* del sureste asiático. Se recomienda explorar las callejuelas en bicicleta, apuntarse a una clase de cocina, dar un paseo en elefante o disfrutar de un masaje en alguno de sus asequibles *spas*. En Luang Prabang no hay quien se resista a querer alargar la estancia.

Si Phan Don

2 Las leyendas no lo son por casualidad, y la capital laosiana de la hamaca lo es por llevar años atendiendo las necesidades de los viajeros exhaustos. Dicho esto, aunque estas islas tropicales bañadas por las aguas del Mekong son más conocidas por servir de refugio para los amantes del sol, los viajeros más activos encontrarán una miríada de posibilidades. Entre una sesión de *tubing* y un paseo en bicicleta por arrozales, se puede practicar kayak o pescar con los lugareños,

todo ello antes de redondear la jornada con una travesía en barco al atardecer para avistar el raro delfín de Irrawadi.

Gibbon Experience

3 No hay nada como surcar el dosel selvático mediante este extraordinario circuito de tirolinas compuesto por varios cables (algunos de más de 500 m de largo) que cruzan los valles de la exuberante Reserva Natural de Bokeo (hábitat de gibones de cresta negra y del tigre asiático). El dinero recaudado se destina a la protección del primate epónimo, los guías son antiguos cazadores furtivos reconvertidos en guardabosques, y el alojamiento es en lo alto de los árboles, con el sonido de la selva de fondo. En definitiva, la mejor descarga de adrenalina ecológica del país.

Vang Vieng

4 Esta joya ribereña entre paisajes kársticos se posa bajo los altos despeñaderos junto al Nam Song, envuelta en un ambiente sereno y rústico. Ahora es un destino orientado a familias viajeras, que acuden atraídas por sus excelentes actividades, como vuelos en globo aerostático, senderismo, espeleología y escalada, además de su principal reclamo: el *tubing*. Las pensiones baratas y los locales de comida rápida están siendo reemplazados por una floreciente hornada de elegantes hoteles-*boutique* y exquisitos restaurantes. ¡Es el mejor momento para visitarla!

Travesías fluviales

5 El transporte fluvial es uno de los hitos en cualquier viaje por Laos, y una de las travesías más populares conecta Luang Prabang con Huay Xai, puerta de entrada al Triángulo de Oro, vía Pak Beng. Desde sencillas barcas hasta cruceros de lujo, hay opciones para todos los bolsillos, entre ellas la travesía por la tranquila Si Phan Don, en el extremo meridional. Además del Mekong, existen importantes afluentes, como el Nam Ou o el Nam Tha, que comunican lugares tan diversos como Nong Khiaw y Hat Sa (para ir a Phongsali).

Ruta de Ho Chi Minh

Esta ruta consiste en una compleja red de senderos de tierra y caminos de grava que discurren en paralelo a la frontera entre Laos y Vietnam. Su período de mayor actividad fue entre 1966 y 1971, cuando más de 600 000 soldados de Vietnam del Norte –armados hasta los dientes– se infiltraron por la ruta violando el Acuerdo de Ginebra de 1962.

Los batallones de ingenieros norvietnamitas construyeron carreteras, puentes apenas por encima del agua e instalaciones defensivas, así como mecanismos sencillos pero ingeniosos para ocultar los senderos e impedir que fueran vistos desde el aire, p. ej., atando ramas de árboles para cubrir las carreteras más anchas.

Hoy, los lugares que ofrecen más fácil acceso son Ban Dong, al este de Sepon, y el pueblo de Pa-am, en la provincia de Attapeu, próximo a la vía principal.

Comida y bebida

Đạm màhk hung Ensalada de papaya verde cortada a tiras con ajo, zumo de lima, salsa de pescado, tomates, azúcar de palma, cangrejo o gambas secas y chiles.

Fër Fideos de arroz servidos en caldo con verduras y carne.

Kòw něeo Arroz glutinoso a modo de acompañamiento. Hay que servirse una pequeña cantidad y amasarlo hasta formar una pequeña bola antes de mojarlo en la salsa de la comida.

Láhp Ensalada especiada preparada con carne picada de ternera, cerdo, pato, pescado o pollo, mezclada con salsa de pescado, chalotas, hojas de menta, zumo de lima, arroz tostado y muchos chiles.

Lòw-lów El ilegal licor laosiano o *whisky* de arroz es muy popular en las tierras bajas. Suele tomarse solo y se ofrece como gesto de bienvenida.

si Laos tuviera 100 habitantes

55 serían laosianos
11 serían mon-jemeres
8 serían hmongs
3 serían chinos
3 serían vietnamitas
20 serían de otras minorías étnicas

grupos religiosos

(% de población)

50 Budistas
45 Animistas
2 Cristianos
3 Otras religiones

población por km²

LAOS   TAILANDIA   ESPAÑA

👤 ≈ 7 personas

ANDREA PISTOLESI / GETTY IMAGES ©

6

Mujeres de etnia akha, Luang Namtha.

Senderismo y estancias en casas

6 Laos es famoso por su amplia oferta de excursiones con pernoctación en casas particulares tradicionales. Las zonas de senderismo más populares se concentran en el norte, mientras que las excursiones por Phongsali se cuentan entre las más auténticas y ofrecen la oportunidad de hospedarse en aldeas akha. Luang Namtha es la base de operaciones más accesible para visitar la Zona Nacional Protegida de Nam Ha, una de las mecas del senderismo en la región del Mekong.

Cuevas de Vieng Xai

7 Situada en una zona de gran belleza natural, Vieng Xai fue el refugio de la organización comunista Pathet Lao durante los bombardeos de EE UU de 1964 a 1973. Pero, más allá del atractivo que suponen estas hermosas cuevas, lo que realmente insufla vida a la experiencia es la excelente audioguía. Eso sí, cuando se oiga el zumbido de los bombarderos con Jimi Hendrix de fondo, habrá que resguardarse en los exuberantes jardines del Príncipe Rojo.

Cuándo ir

TEMP. ALTA
(nov-mar)

➡ Temperaturas agradables en casi todo el país; frío en zonas de montaña. Época ideal para una visita.

➡ Multitudes en Navidad y Año Nuevo.

TEMP. MEDIA
(jul y ago)

➡ Lluvias y mucha humedad en el grueso del país; el paisaje se torna verde.

➡ Época muy popular entre los turistas europeos.

TEMP. BAJA
(abr-jun y sep-oct)

➡ El calor entra en escena en abril y mayo, con temperaturas que rondan los 40°C.

➡ Septiembre y octubre pueden traer lluvias incesantes.

Meseta de Bolaven

8 El aire es más fresco, las cascadas más altas y el café sabe mejor en esta frondosa protuberancia por encima del valle del río Mekong. El viajero podrá explorar sus solitarias carreteras y adentrarse en las remotas provincias del sureste del país, colindantes con Vietnam; relajarse unos días en Tat Lo, un escondite para mochileros lleno de cascadas; realizar excursiones a aldeas de minorías étnicas; o lanzarse en tirolina por la jungla en la Zona Nacional Protegida de Dong Hua Sao.

Cueva de Tham Kong Lo

9 Adentrarse en la oscuridad de esta extraordinaria cueva de 7,5 km de longitud en la remo-

Películas

El cohete (Kim Mourdant, 2013) Con la guerra como trasfondo, esta película premiada internacionalmente narra la historia de un joven laosiano que, tras ser acusado de traer mala suerte a su familia, fabrica un cohete gigante con el que participar en el Festival Pirotécnico y así recuperar su confianza.

Libros

Un dragón latente (Norman Lewis, 2014) El autor observa costumbres, formas de vida y civilizaciones antes de la destrucción que acarrearía la guerra de Vietnam.

El palacio de bambú. La última dinastía de Laos (Christopher Kremmer, 2006) Retrato de un país aislado a través de los últimos días de la familia real destronada por la guerrilla.

Cómo desplazarse

Bicicleta El tráfico es relativamente escaso y lento en casi todas las poblaciones y carreteras, lo que convierte a Laos en uno de los mejores destinos de la región para moverse en bicicleta.

Barco Los más de 4600 km de ríos navegables constituyen las autopistas tradicionales del país, y merece la pena hacer al menos una excursión fluvial. El Mekong, el río más largo e importante, es navegable durante todo el año entre Luang Prabang, en el norte, y Savannakhet, en el sur.

Automóvil y motocicleta Conducir en Laos es más fácil de lo que parece. La red de carreteras es bastante básica, pero fuera de los grandes núcleos urbanos hay tan poco tráfico que es pan comido comparado con los vecinos Vietnam, China o Tailandia.

ta provincia de Khammuan, atravesada por un río bajo una inmensa montaña caliza y dotada de un imponente techo de estalactitas, es una experiencia fascinante y aterradora, en la que el viajero invariablemente se alegra al ver la luz al final del túnel.

Vientián, la capital

10 Abrazada por el Mekong y cubierta de edificaciones bajas, la bella Vientián posiblemente sea la capital más plácida de la región. Sus calles están jalonadas por tamarindos y repletas de villas francesas, tiendas-vivienda chinas y deslumbrantes templos. Combina, una mareante mezcla de vendedores ambulantes, monjes, excelente cocina gala y hoteles-*boutique*, y no faltan *spas*, centros de yoga y oportunidades para montar en bicicleta. Tal vez no sea tan atractiva como Luang Prabang, pero tiene encanto y energía de sobra.

Entre los principales lugares de interés se encuentran el parque Buda, el mercado de Thong Kham Kham y Pha That Luang, el santuario más venerado del país.

Patuxai, Vientián.

DIDIER MARTI / GETTY IMAGES ©

Lesoto

A Lesoto se le llama el "reino de los cielos", hogar del tradicional pueblo basotho, donde los pastores cuidan de las ovejas en las laderas y jinetes envueltos en mantos cabalgan por las montañas.

Lesoto es un destino tremendamente infravalorado: es hermoso, culturalmente rico, seguro, barato y muy accesible desde Durban y Johannesburgo. Además, ofrece excelentes oportunidades para practicar senderismo y las infraestructuras de sus parques nacionales mejoran progresivamente.

En las tierras 'bajas' (por encima de los 1000 m) transcurre el sencillo estilo de vida de su gente, y en la zona de Teyateyaneng y Maseru se encuentra magnífica artesanía;

pero no hay que dejar de explorar los valles y montañas surcados de arroyos que en su día fueron un patio de recreo de los dinosaurios.

Sudáfrica queda a dos puertos de montaña, pero las altas cumbres y los remotos valles de Lesoto, unidos al orgullo del pueblo basotho, han servido para aislar su cultura del país vecino. Quienes busquen aventura, naturaleza salvaje, un ritmo pausado y tradiciones arraigadas, encontrarán un destino verdaderamente mágico en Lesoto.

Lesoto
Las mejores experiencias

Semonkong Lodge

1 En un sitio encantador, este alojamiento es un buen ejemplo del ecoturismo. Posee un restaurante excelente y organiza circuitos por el pueblo, una ruta de bares en burro, caminatas guiadas y excursiones en poni. A las afueras de Malealea se encuentra el puerto conocido como las Puertas del Paraíso. Una placa reza: "Caminante, detente y observa una de las Puertas del Paraíso". Esta frase lo resume todo: la región, el pueblo y el alojamiento. Las arrebatadoras montañas están salpicadas de cuevas con pinturas rupestres de los san y la zona ofrece tanto rutas a pie como en poni.

Senderismo en Sani Top

2 Sani Top está en lo alto del pronunciado puerto de Sani, en la única carretera fiable (aunque sinuosa) que cruza Lesoto por la cordillera Ukhahlamba-Drakensberg, en KwaZulu-Natal. Ofrece estupendas vistas en días despejados y un amplio abanico de caminatas. El Sani Top Chalet es el punto de partida de varias rutas de un día, incluida una larga y exigente al Thabana-Ntlenyana (3482 m), el techo de África meridional. Se aconseja llevar un guía.

Parque Nacional de Sehlabathebe

3 La reserva más infravalorada del país es tan remota como escarpada y hermosa. Las onduladas praderas, las flores silvestres y el silencio harán que el viajero se sumerja en la paz imperante, solo perturbada por algún que otro antílope cabrío y su prolífica vida aviar, que incluye el quebrantahuesos. Lo mejor es explorar las cascadas y los alrededores a pie (o a caballo desde Sani Top o los montes Drakensberg); se puede pescar en las presas y ríos del parque. Hay que llevar comida y estar preparado para el tiempo cambiante. En esta zona llueve en verano y suelen formarse nieblas espesas, peligrosas para los senderistas. En invierno, los días son despejados pero refresca de noche,

pudiendo producirse nevadas puntuales.

Presa de Katse

4 Katse alberga la presa a mayor altura de África (1993 m), cuyo sereno embalse, rodeado de escarpadas colinas verdes, constituye un buen lugar para hacer una parada aunque al viajero no le atraigan las grandes proezas de la ingeniería.

Parque Nacional de Ts'ehlanyane

5 Enclavado en las entrañas de los accidentados montes Maluti, esta reserva de 5600 Ha protege una preciosa zona de naturaleza virgen a gran altura, que abarca el único bosque autóctono del país. Infravalorado y apenas visi-

tado, está apartado de todo y es perfecto para practicar senderismo. A las rutas de un día hay que añadir una dura caminata de 39 km que va desde Ts'ehlanyane hacia la Reserva Natural de Bokong, al suroeste, pasando por algunos de los paisajes más espectaculares del país.

Cascadas

6 Las cascadas de Maletsunyane están a hora y media a pie desde Semonkong; tienen un salto de más de 200 m y vierten el mayor caudal en verano. Los adictos a la adrenalina pueden descender en rápel. A las remotas cascadas de Ketane, de 122 m, se llega tras una vigorosa caminata de un día (30 km ida) desde Semonkong, o bien de cuatro

si Lesoto tuviera 100 habitantes

33 tendrían entre 0-14 años
20 tendrían entre 15-24 años
36 tendrían entre 25-54 años
6 tendrían entre 55-64 años
5 tendrían más de 65 años

grupos religiosos
(% de población)

80 Cristianos

20 Religiones tradicionales autóctonas

Cuándo ir

JUN-AGO

➡ Deslizarse por las pistas de África meridional y ver competiciones internacionales de esquí.

SEP

➡ Se celebra el Festival de las Artes y la Cultura de Morija.

DIC-ENE

➡ Sentir el poderío de las cascadas de Maletsunyane, cerca de Semonkong.

población por km²

LESOTO · SUDÁFRICA · ESPAÑA

🧍 ≈ 11 personas

Cultura basotho

La cultura tradicional está floreciendo y las coloristas celebraciones que señalan acontecimientos importantes —el nacimiento, la pubertad, el matrimonio y la muerte— son un aspecto fundamental en las comunidades rurales. Durante las excursiones tal vez se vean el *lekolulo*, una especie de flauta que tocan los pastores; el *thomo*, un instrumento de cuerda para mujeres; y el *setolo-tolo*, un instrumento de cuerda que se toca con la boca.

El ganado desempeña un papel importante en la vida cotidiana, tanto en los sacrificios animales como por ser símbolo de riqueza. La agricultura y el clima representan la esencia de muchas tradiciones.

Los basothos creen en la existencia de un ser superior y dan suma importancia a los *balimo* (ancestros), quienes ejercen de intermediarios entre la gente y las caprichosas fuerzas de la naturaleza. El mal es una amenaza continua, tras la cual se encuentran los *boloi* (brujos) y los *thkolosi* (pequeños seres maliciosos). Para combatir los hechizos se suele recurrir a un *ngaka*, un sabio mitad brujo, mitad curandero.

Tradicionalmente se entierra a los basothos sentados y orientados al sol naciente, preparados para levantarse cuando se les llame.

Comida y bebida

En general, la dieta es bastante sencilla; muchas familias tienen ganado y cultivan hortalizas y cereales.

Joala Cerveza de sorgo; una bandera blanca ondeando en un pueblo significa que hay *joala*.

Morogo Verdura hervida, condimentada y servida con *pap* (gachas de maíz).

DI JONES / GETTY IMAGES ©

días (ida y vuelta) a caballo desde el Malealea Lodge.

Quthing

7 También conocida como Moyeni ("Lugar del Viento"), la población más meridional de Lesoto fue fundada en 1877, abandonada tres años más tarde y luego reconstruida en su emplazamiento actual. A unos 1,5 km de la autopista, 5 km al oeste de Quthing, se encuentra la fascinante Casa Museo de la Cueva de Masitise, construida en un antiguo refugio san en 1866 por el reverendo Ellenberger. Quthing también es famosa por sus huellas de dinosaurios.

Mokhotlong

8 Situada a 270 km de Maseru, Mokhotlong ("Lugar del Ibis Calvo") es la principal población al norte del puerto de Sani y evoca un ambiente estilo Salvaje Oeste, con lugareños ataviados con mantos basothos. El río Senqu (Orange) —la principal vía navegable del país— nace cerca de Mokhotlong y es una buena base para explorar la zona.

Excursiones en poni

9 Se realizan a lomos de robustos ponis basothos. Conviene reservar con antelación y no es necesario tener experiencia previa. En las excursiones con pernoctación hay que llevar comida suficiente, un saco de dormir y ropa impermeable y de abrigo. En muchos lugares se organizan salidas, entre ellos el Parque Nacional de Ts'ehlanyane.

Cómo desplazarse

Avión Se puede volar a Lesoto desde Sudáfrica.

Bicicleta La orografía montañosa exige estar en muy buena forma.

Autobús Una buena red de autobuses (más baratos, lentos y sencillos) y taxis microbús (llamados "taxis") llega a casi todos los rincones del país.

Casa de los Cabezas Negras, Rīga.

CAPITAL	Riga
POBLACIÓN	2,2 millones
ÁREA	64 589 km²
IDIOMA OFICIAL	Letón

Letonia

Quienes busquen un destino europeo no demasiado conocido encontrarán en Letonia —adorada por sus coros y arquitectura art nouveau— *el estímulo perfecto para los sentidos.*

Encajada entre Estonia al norte y Lituania al sur, Letonia es el sabroso relleno del sánd-wich báltico. A esto hay que añadir los pinos del valle del Gauja, salpicado de castillos en ruinas; las bulbiformes cúpulas catedralicias que surgen por todo el país; el meloso pop ruso retumbando en las playas; y la sal de Riga, el chispeante nexo cosmopolita de Letonia y capital no oficial de todo el Báltico.

Los letones suelen ponerse poéticos al hablar de su país, al que llaman la "tierra que canta". Muchos tienen voces sorprendentemente agradables, algo que parecieran llevar en los genes; y su repertorio de canciones tradicionales es la fuente que alimenta su espíritu indomable. Los letones llevan cantando por la libertad desde las protestas conocidas como la "Revolución Cantada", durante la época soviética, y actualmente celebran cada cinco años el espectacular Festival de la Canción y la Danza, que reúne a miles de intérpretes de toda la región.

Letonia
Las mejores experiencias

Arquitectura 'art nouveau' de Riga

1 Más de 750 edificios de la capital letona (más que ninguna otra ciudad europea) lucen este vistoso y fascinante estilo, y el número sigue en aumento gracias a los numerosos proyectos de restauración en marcha. En Riga, el arquitecto más reputado fue Mijaíl Eisenstein, cuyo talento artístico puede admirarse en Alberta iela. Las fachadas ocultan un sinfín de detalles: máscaras chillando, duendes espantosos, puertas coronadas por cabezas de Medusa y relieves que muestran un batiburrillo de imágenes fantasmagóricas, pavos reales y heroínas con el pecho al descubierto.

Cabo de Kolka

2 Una excursión al Kolkasrags (cabo de Kolka), de desolada y encantadora belleza, parece un viaje al fin del mundo. En la época soviética, toda la península era una base militar de alta seguridad cuyo acceso estaba terminantemente prohibido a los civiles. Así, el desarrollo de la región quedó en punto muerto, y hoy los serenos pueblos de la costa irradian un aire de otra época, como si hubieran estado detenidos en el tiempo.

Palacio de Rundāle

3 Construido entre 1736 y 1740 por encargo del barón Ernst Johann Biron (1690-1772), duque de Curlandia, este palacio barroco es un auténtico monumento al lujo aristocrático del s. XVIII y el mayor reclamo arquitectónico de la campiña letona. Durante buena parte de su reinado, Ernst Johann Biron vivía en el palacio principal, el de Jelgava (que ahora acoge una universidad), y veraneaba en Rundāle. El palacio tuvo diferentes usos, primero como residencia real y posteriormente como museo, mientras que durante la I Guerra Mundial sirvió como hospital para los soldados heridos. El palacio de Rundāle se convirtió en museo en la década de 1970, cuando un equipo de historiadores halló el plano del palacio original y comenzó su largo proceso de restauración.

Liepāja

4 Fundada por la Orden de Livonia en el s. XIII, la tercera ciudad de Letonia no adquirió importancia hasta finales del s. XIX, cuando el zar de Rusia Alejandro III hizo dragar la zona y construir un gigantesco puerto militar. Durante años Liepāja gozó de fama internacional por albergar la primera flota de submarinos rusos del Báltico; sin embargo, tras la II Guerra Mundial, los soviéticos ocuparon lo que quedó de la ciudad bombardeada y la convirtieron en una base militar estratégica. Hoy a Liepāja se la conoce como "el sitio donde nace el viento"; sin embargo, su mayor atractivo es sin duda su ambiente animado y algo rudo.

Jūrmala

5 La versión báltica de la Costa Azul es una larga constelación de municipios con imponentes casas de madera propiedad de magnates del petróleo rusos y sus mujeres florero. Jūrmala, ciudad ubicada cerca de la capital, Riga, entre el golfo de Riga y el río Lielupe, siempre fue un lugar de playa donde había que dejarse ver, incluso en pleno apogeo del comunismo. Aquí, los fanáticos de la moda lucen sus bañadores de alta costura bronceándose entre un tratamiento de *spa* y otro. Los fines de semana de verano las carreteras no dan abasto cuando la *jet set* y los urbanitas descienden en masa en busca de diversión y playa.

si Letonia tuviera 100 habitantes

61 serían letones
26 serían rusos
4 serían bielorrusos

2 serían ucranianos
2 serían polacos
5 serían de otro origen

grupos religiosos
(% de población)

23 Católicos

20 Luteranos

17 Cristianos ortodoxos

40 No religioso

Cuándo ir

JUN

➡ El solsticio de verano anuncia los meses más cálidos, y la gente pone rumbo a sus casas en la playa.

SEP

➡ Los últimos días del verano se disipan con la llegada del viento fresco de septiembre.

DIC-ENE

➡ Ambiente festivo en el lugar de nacimiento del árbol de Navidad. Temperaturas gélidas.

población por km²

LETONIA   LITUANIA   ESPAÑA

ᵻ ≈ 9 personas

El árbol de Navidad

La Casa de los Cabezas Negras de Riga era conocida por sus fiestas salvajes; a fin de cuentas se trataba de un club para mercaderes no casados. En una fría Nochebuena de 1510, la cuadrilla de solteros, a rebosar de espíritu navideño (y alguna que otra bebida espiritosa), arrastró un enorme pino hasta el club y lo engalanó con flores. Tras la velada, le prendieron fuego e hicieron una gran hoguera. Desde entonces, decorar el "árbol de Navidad" se convirtió en una tradición anual que con el tiempo se extendió por todo el mundo (eso sí, sin quemarlo).

Hay una placa conmemorativa octogonal en los adoquines de Rātslaukums que indica el lugar donde se encontraba el primer árbol de Navidad.

Comida y bebida

Alus Será un país pequeño, pero no le falta *alus* (cerveza); de hecho, toda población importante tiene la suya. Užavas, producida en Ventspils, siempre gusta.

Black Balzām Este licor negro de 45° se elabora según una receta secreta compuesta por más de una docena de ingredientes singulares como corteza de roble, ajenjo y tila. Se puede suavizar mezclándolo con un refresco de cola.

Kvass Esta exitosa bebida a partir de pan de centeno fermentado es responsable de la caída en las ventas de la Coca Cola a principios del s. XXI. ¡Los niños la adoran!

Pescado ahumado La costa de Kurzeme está salpicada de puestos de pescado que se distinguen por las columnas de humo por encima de las copas de los árboles. También lo sirven para llevar y es ideal como merienda.

Setas El país entero se echa a los bosques en busca de setas tras los primeros chaparrones otoñales.

Museo Reserva de Turaida, Sigulda, Parque Nacional del Gauja.

Casco antiguo de Riga

6 El corazón histórico de la capital letona es un fascinante reino de sinuosas callejuelas que late al ritmo de una atronadora discoteca. Como mejor se exploran las tortuosas calles adoquinadas del centro medieval es paseando sin rumbo. Y una vez el viajero se haya perdido en el dédalo de gabletes, agujas de iglesia y callejones, empezará a descubrir un asombroso paisaje de catedrales que apuntan al cielo, grandes plazas y muros de castillos en ruinas, todo ello protegido por la Unesco.

Sigulda

7 Los lugareños la llaman la "Suiza letona", pero quienes esperen la majestuosidad de un paraje de cumbres nevadas se llevarán un gran chasco. Eso sí, Sigulda combina su mezcla de rutas panorámicas, deportes de aventura y castillos centenarios cargados de leyendas.

Pāvilosta

8 Esta tranquila población a orillas del Báltico rezuma un apacible ambiente surfista al más puro estilo de California. Aquí, los días transcurren entre sesiones de *windsurf*, *kiteboard*, *surf* y vela intercaladas con siestas y cervezas.

Cómo desplazarse

Autobús Son más prácticos que los trenes para viajar más allá de la red ferroviaria que da servicio a la periferia.

Automóvil Se conduce por la derecha. Hay que llevar siempre las luces encendidas. Las compañías de alquiler suelen permitir viajar por los tres países bálticos pero no más allá.

Tren El grueso de la población vive en el gran cinturón metropolitano de Riga, de modo que la red de trenes de cercanías facilita las excursiones de un día a los turistas.

Baalbek.

| CAPITAL |
| Beirut |
| POBLACIÓN |
| 4,1 millones |
| ÁREA |
| 10 400 km² |
| IDIOMA OFICIAL |
| Árabe |

Líbano

Incrustado en una de las regiones más bellas de Oriente Próximo, el Líbano atesora una de las sociedades más apasionantes y complejas del mundo.

Aunque su nombre se asocia con conflictos, el Líbano es un país agradable, acogedor y culto, con un pie en el mundo árabe y otro en Occidente. Su crisol de pueblos ha coexistido aquí durante centurias, a menudo enfrentados en guerras, pero con más frecuencia en paz. Cuenta, además, con una palpitante vida nocturna en Beirut, un bastión de Hezbolá en Baalbek, un puñado de estaciones de esquí de primera, y una docena de campamentos de refugiados palestinos. Al hacer senderismo por el valle de Qadisha cuesta

imaginar que jamás haya podido haber un conflicto aquí; sin embargo, basta con pasar junto al Holiday Inn de Beirut –lleno de agujeros de bala– para preguntarse si alguna vez ha existido la paz en esta tierra. Caótico y fascinante, el Líbano es un lugar marcado por décadas de guerra civil, invasiones y atentados terroristas, pero al mismo tiempo está bendecido con embriagadores paisajes de montaña, ruinas históricas y un pueblo resistente, indomable y famoso por su hospitalidad.

Líbano
Las mejores experiencias

Gruta de Jeita

1 Considerada entre las grandes maravillas naturales del país y uno de sus principales atractivos turísticos, esta impresionante red de cuevas de 6 km es un lugar que hay que visitar. Durante la guerra civil sirvió de arsenal, y cada invierno se inundan sus estratos inferiores. No obstante, la increíble caverna superior abre durante todo el año y se puede explorar a pie. Su iluminación estratégica muestra un deslumbrante bosque de estalactitas y estalagmitas en todo su esplendor.

Baalbek

2 Conocidas como Heliópolis o la "Ciudad del Sol" del mundo antiguo, las evocadoras ruinas de Baalbek constituyen el yacimiento arqueológico más espectacular del Líbano y posiblemente las mejor conservadas de Oriente Próximo. Sus templos, construidos a una escala colosal que hace palidecer a cualquier ruina romana, han gozado de fama desde siempre pero aún conservan ese atractivo aire de lugar por descubrir. Algo que en buena medida se debe a su ubicación en la apacible Baalbek, que solo cobra vida en julio, cuando celebra su famoso festival homónimo.

Biblos

3 Premiada con un puerto de pescadores repleto de ruinas antiguas e interesantes fósiles marinos, Biblos es uno de los principales reclamos de la costa mediterránea oriental. El núcleo medieval alberga un zoco deliciosamente decadente, y el puerto está bordeado por magníficos restaurantes. A las ruinas se accede desde un castillo de los Cruzados del s. XII, restaurado, que domina las robustas murallas de la ciudad (de 25 m de espesor), datadas del 3000 y 2000 a.C.

Centro histórico de Sidón

4 Extendiéndose detrás de los edificios frente al puerto, este fascinante laberinto de zocos abovedados, callejones microscópicos y ruinas medievales alberga unos 60 puntos de

Taller de carpintería, Sidón.

interés históricos, muchos en ruinas, que poco a poco están siendo restaurados. En los zocos, el viajero encontrará artesanos que continúan la centenaria tradición familiar, y podrá hacer acopio de la aromática esencia de azahar local (ideal tanto en dulces como en platos salados, o como licor en bebidas de verano) y *sanyoura* (galletitas ligeras y crujientes de mantequilla).

Beirut

5 Los modernos cafés y bares de los barrios beirutíes de Hamra y Gemmayzeh son el lugar perfecto para tomar algo y codearse con los lugareños. Fastuosa y selecta, la capital libanesa puede ser un lugar fantástico donde

disfrutar de restaurantes y clubes de playa. Pero, mientras que el centro derrocha sofisticación, en la periferia los campamentos de refugiados palestinos son atroces. Quienes busquen ese sitio donde se encuentran Oriente y Occidente, sin duda están en el lugar indicado. Bulliciosa y antigua, hermosa y marchita, hogar de Prada y de palestinos, Beirut es muchas cosas a la vez, pero por encima de todo, cautivadora.

Valle del Qadisa

6 Es imprescindible recorrer los monasterios tallados en la roca y las efusivas cascadas de este pintoresco valle (Patrimonio Mundial) donde habitan

si el Líbano tuviera 100 habitantes

95 serían árabes
4 serían armenios
1 sería de otro origen

grupos religiosos
(% de población)

60 Musulmanes
39 Cristianos
1 Otras religiones

población por km²

LÍBANO   SIRIA   ISRAEL

= 120 personas

Cuándo ir

DIC-ABR

➡ Esquí y buenas dosis de fiesta en las zonas de montaña.

MAY-SEP

➡ Ideal para hacer excursiones por el campo y los bosques de cedros.

JUL-AGO

➡ El *jazz*, la poesía y el teatro desembarcan en Baalbek durante el famoso festival de las artes.

Los cedros del Líbano

Mencionados en el Viejo Testamento y en su día muy abundantes en la cordillera del Líbano, los cedros libaneses son la variedad más famosa del mundo.

El primigenio templo de Salomón en Jerusalén estaba hecho de esta madera, y los fenicios también la apreciaban por su fragancia y durabilidad. Sin embargo, tantos siglos de explotación han terminado por reducir su presencia a unos cuantos reductos, aun cuando se trata de un símbolo nacional que incluso aparece en la bandera del país.

Los mejores lugares para verlos son la Reserva de Cedros de Chouf y el pequeño bosque que puebla la estación de esquí de Los Cedros, en el norte del país.

Comida y bebida

Arak Licor anisado que suele tomarse con agua y hielo.

Falafel Croquetas de pasta de garbanzos y/o habas fritas.

Kibbeh Croquetas de carne picada con trigo machacado.

Kofta Brocheta de carne picada con perejil y especias cocinada a la parrilla.

Mezze Aperitivos variados que suelen incluir hummus, *muttabal* (puré de berenjenas) y *tabulé* (ensalada de perejil, tomate y trigo bulgur).

Shwarma Cintas de carne marinada cortada finamente, guarnecida de verduras, encurtidos y *tahina* (pasta de semillas de sésamo), y envuelta en pan de pita.

Warak arish Hojas de parra rellenas (también conocidas como *wara anaib*).

Zaatar Mezcla de hierbas, semillas de sésamo y sal, utilizada como condimento para carnes, verduras, arroz y pan.

ermitaños y la naturaleza virgen prolifera. El ascenso a la bonita población de Bisharri atraviesa algunos de los paisajes más bellos del país; la carretera contornea abruptas pendientes que ofrecen espectaculares vistas del valle; y sus innumerables oportunidades para practicar senderismo y escalada son el antídoto perfecto para todo cuanto pueda resultar frívolo en Beirut.

Los Cedros

7 Considerada una de las estaciones de esquí más atractivas del Líbano, Los Cedros es también la más antigua y la de ambiente más europeo del país. El pueblo debe su nombre a uno de los últimos bosques de cedros que se conservan en la zona, situado a la derecha de la carretera de camino al *forfait*. Se cree que algunos de estos ejemplares de cedro (conocidos por su lento crecimiento) rondan los 1500 años de edad. La temporada de esquí va de diciembre a abril, según el estado de la nieve. En verano la estación también ofrece tentadores descuentos a quienes acuden atraídos por el senderismo.

Cómo desplazarse

Autobús Conectan Beirut con las poblaciones principales. En los alrededores de la capital y el litoral opera una amplia y fiable red de autobuses, microbuses y taxis económicos.

Automóvil Para explorar de verdad el interior del país (en especial la zona de los valles del Qadisa y Bekaa y el sur) se recomienda alquilar un automóvil o acordar la tarifa de un taxi privado y, de paso, no tener que esperar el autobús durante horas. Para conducir en el Líbano es necesario ser bastante diestro al volante y tener nervios de acero, pues la prudencia y el respeto a las normas de circulación brillan por su ausencia.

Mujer de Tubmanburg.

Liberia

Fundada por esclavos liberados y tras dos devastadoras guerras civiles, Liberia es hoy en día un país de abundantes bellezas naturales que está volviendo a ponerse en pie.

Sinónimo durante largo tiempo de niños soldados y guerras, Liberia está resurgiendo de sus cenizas. Pero algo no ha cambiado: la extraordinaria belleza natural, sus espléndidas playas y la selva tropical del interior. Fundada por esclavos liberados de EE UU en el s. XIX y habitada por grupos famosos por sus tradiciones artísticas y sus sociedades secretas, la complicada mezcla cultural de Liberia no siempre ha funcionado.

No hace mucho que los liberianos hablaban con nostalgia de los "días normales".

Hoy, más de una década después del fin de la guerra, los "días normales" han vuelto a esta tierra maravillosa.

En la actualidad puede visitarse Monrovia para conocer los restos de la historia de Liberia y la influencia estadounidense que aún sigue vigente. El Parque Nacional Sapo es uno de los manchones de bosque pluvial más impresionantes de África occidental, mientras que las arenas del bonito Robertsport están cubiertas de canoas pesqueras y enormes gemas de granito.

Liberia
Las mejores experiencias

Monrovia

1 Espléndida capital africana con tiendas y rostros elegantes, zona de guerra horadada por agujeros de bala y ciudad que pugna por salir adelante. Los fantasmas arquitectónicos de su pasado conviven con los escolares uniformados de su futuro.

Comida y bebida

El arroz y las salsas de carne picantes o los guisos de pescado son habituales, así como la mantequilla de palma con pescado y hojas de boniato, la salsa *palava* (hecha con hojas de taro, pescado o carne secos y aceite de palma) y el arroz *jollof* (arroz y verduras con carne o pescado). La comida de EE UU gusta mucho en Monrovia. La cerveza Club es la marca del país.

Harper

2 Ciudad con edificios típicos del sur de EE UU y un aire de final de trayecto a la que se puede llegar después de dos días por algunas de las peores carreteras de Liberia, la pequeña Harper parece el premio que aguarda tras la larga búsqueda de un tesoro. Capital del antes autónomo estado de Maryland, las ruinas de esta joya dan idea de su antiguo esplendor.

Parque Nacional Sapo

3 Explorar el hábitat del amenazado hipopótamo pigmeo, acampar bajo el dosel arbóreo y escuchar los sonidos del único parque nacional de Liberia: 1808 km² de exuberante selva tropical con algunos de los últimos restos de bosque pluvial primitivo de África occidental, así como elefantes, chimpancés, antílopes y otros animales salvajes.

Cuándo ir

ENE-MAY
➡ En la estación calurosa y seca lo mejor es la playa. El mercurio puede superar los 32°C.

JUN-OCT
➡ Tormentas espectaculares y magníficas condiciones para el *surf*.

OCT-DIC
➡ La brisa del *harmattan* del Sahel refresca a veces el aire.

Leptis Magna.

CAPITAL
Trípoli

POBLACIÓN
6 millones

ÁREA
1,8 mill. de km²

IDIOMA OFICIAL
Árabe

Libia

*Con un litoral impresionante, ruinas griegas y romanas
espectaculares, y la majestuosidad del Sáhara, Libia sigue
dispuesta a convertirse en un pujante destino para los viajeros.*

Libia es un destino clásico del norte de
África cuyo atractivo principal deriva
de su posición como antigua encrucijada
de civilizaciones que legaron a la costa libia
algunas de las más esplendorosas ruinas
romanas y griegas existentes, como Leptis
Magna, Cirenea y Sabratha. Este es uno de
los mejores lugares de África para vivir la
experiencia del desierto del Sáhara, desde
mares de arena del tamaño de Suiza y lagos
bordeados de palmeras (el mar de arena
de Ubari) hasta remotos macizos con arte

rupestre prehistórico (el Jebel Acacus),
ciudades laberínticas (Gadamés) y un
volcán negro (Wawa al-Namus) aislado
en el corazón del desierto.

Sin embargo, la agitación provocada por la
revolución democrática de Libia en 2011-2012
continúa, por lo que el futuro sigue siendo
incierto. Con todo, las infraestructuras del
turismo y el transporte son excelentes, así
que una vez que la paz retorne plenamente
al país, cabe esperar que se convierta en uno
de los destinos más pujantes del continente.

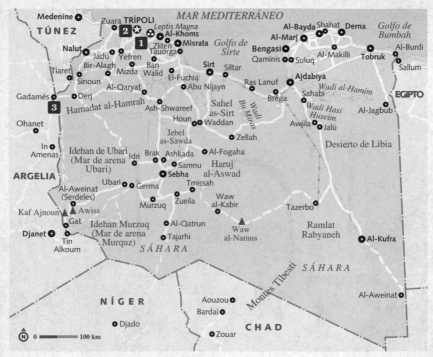

Libia
Las mejores experiencias

Leptis Magna

1 Leptis Magna fue en otro tiempo la ciudad romana más grande y esplendorosa de África. Como después no se construyó ninguna ciudad moderna en su emplazamiento, Leptis es una de esas raras ciudades antiguas donde quedan vestigios suficientes para que el viajero pueda imaginar sus días de esplendor.

Trípoli

2 Situada en uno de los mejores puertos naturales del norte de África, Trípoli rezuma un típico encanto mediterráneo aderezado con un sabor árabe. Su rico mosaico de influencias históricas –desde ruinas y objetos romanos hasta la medina otomana– no decepciona a ningún viajero. El monumento más conocido de la ciudad es el castillo, Al-Saraya al-Hamra.

Gadamés

3 Declarada Patrimonio Mundial por la Unesco, esta ciudad es la viva imagen de un oasis en el desierto: palmerales, un casco antiguo laberíntico y un ritmo de vida sosegado que no ha cambiado en siglos. La antigua Gadamés es otro mundo de callejuelas cubiertas, casas encaladas y vastos jardines con palmeras.

Comida y bebida

El *shwarma* (láminas de carne envueltas en pan) se vende mucho por la calle como tentempié. El cuscús y el pollo son habituales en Tripolitania y el Fezzan. Vale la pena comer en el mercado de Trípoli, donde se elige el pescado y los mariscos, que se cocinan después en un restaurante vecino.

Cuándo ir

OCT-NOV Y MAR-ABR

➡ La mejor época, con cielos claros y temperaturas suaves.

OCT-NOV

➡ Tiempo sorprendentemente fresco, con temperaturas bajo cero en el Sáhara.

MED MAY-SEP

➡ Verano, con un calor implacable.

CAPITAL
Vaduz

POBLACIÓN
37 009

ÁREA
160 km²

IDIOMA OFICIAL
Alemán

Castillo de Vaduz, Vaduz.

Liechtenstein

Con una historia y una monarquía tan propias de un libro de cuentos como sus paisajes, el rico y viejo Liechtenstein da un sentido completamente nuevo a lo de "hacer un país".

Si Liechtenstein no existiera, alguien lo habría inventado. Un diminuto principado en las montañas, gobernado por un monarca con voluntad de hierro en el corazón de la Europa del s. XXI, es sin duda algo novedoso.

Con tan solo 25 km de longitud por 12 km de anchura en su punto más ancho, Liechtenstein carece de aeropuerto internacional, y desde Suiza se llega en un autobús urbano. Sin embargo, es un rico estado financiero y el mayor exportador mundial de dentaduras postizas.

Casi todos los viajeros pasan como centellas por Liechtenstein camino de Suiza, parando solo para fotografiar el castillo de Vaduz y para que les estampen, a manera de *souvenir,* un sello en el pasaporte. Y es una pena, porque el país posee una abrumadora belleza natural teniendo en cuenta su reducido tamaño.

Si el viajero se adentra en los agrestes Alpes más allá de Vaduz y, de repente, este microestado sin salida al mar ya no le parecerá tan pequeño.

más unas cuantas de nivel intermedio y para esquí de fondo, esquiar aquí sale barato para lo que se suele pagar en esta parte del mundo y da ciertos motivos para presumir. Sin ir más lejos, algunos miembros de la realeza británica, como el príncipe Carlos, aprendieron a esquiar aquí.

Fürstensteig

3 Hay 400 km de senderos en Liechtenstein, además de muchas rutas ciclistas bien señalizadas (buscar el símbolo de la bicicleta; también se incluyen distancias y destinos). El sendero más famoso es el Fürstensteig, un rito de paso para casi todos los naturales del país. Se requiere buena forma física y no padecer de vértigo, pues en algunos lugares el camino es estrecho, reforzado con asideros de cuerda, y/o desciende abruptamente hasta un precipicio.

Drei Länder Tour

4 Por lindar con Austria y Suiza, en Liechtenstein resulta fácil cruzar las fronteras en bicicleta en un día. Una de las rutas más memorables es el Drei Länder Tour (Circuito de los Tres Países), de 59 km, que conduce desde Vaduz hasta la ciudad medieval de Feldkirch, en Austria. La ruta sigue hasta Illspitz y bordea el Rin hasta Buchs, en Suiza, dominada por un castillo del s. XIII, el Schloss Werdenberg, para después regresar a Vaduz.

Hinterschellenberg

5 Esta localidad entró brevemente en la historia del mundo cuando unos 500 soldados rusos que habían combatido en el

Liechtenstein
Las mejores experiencias

Castillo de Vaduz

1 Aunque no está abierto al público, el exterior merece muchas fotografías. Desde lo alto se contempla una magnífica vista de Vaduz sobre un espectacular fondo de montañas. Por la cresta discurre una red de senderos. Si se quiere echar un vistazo al recinto, hay que venir el 15 de agosto, Día Nacional, cuando el príncipe invita a todo el país.

Malbun

2 Malbun, a 1600 m de altura, es la única estación de esquí de Liechtenstein y, aunque las pistas son sobre todo para novatos,

bando alemán durante la II Guerra Mundial cruzaron la frontera en busca de asilo en 1945; se quedaron unos dos años y medio, tras los cuales la mayoría marchó a Argentina. Liechtenstein fue el único país que no cedió a las demandas de la Unión Soviética para que estos soldados (considerados traidores) fueran extraditados a la URSS, algo que por lo general significaba la muerte. Un monumento conmemorativo a 100 m de la frontera austríaca recuerda aquellos hechos.

Walsermuseum

6 La atracción estelar de Triesenberg es este museo que cuenta la historia de los walser y contiene curiosas tallas de troncos y ramas de árboles.

Los walser fueron una "tribu" germanohablante originaria del Valais (Wallis en alemán) que emigró a través de Europa en el s. XIII y se estableció en muchos lugares, entre ellos Liechtenstein, donde todavía hablan su dialecto. En el museo se puede preguntar por la visita a la cercana Walserhaus (Hag 19), una casa de 400 años amueblada al estilo del s. XIX.

Burg Gutenberg

7 El símbolo más destacado de Balzers es este castillo del s. XIII, hoy de propiedad estatal y abierto solo para conciertos, que dibuja su llamativa silueta en el horizonte. Por sus cercanías pueden darse agradables paseos. La zona estuvo habitada desde el Neolítico, y en los cimientos

si Liechtenstein tuviera 100 habitantes

66 serían liechtensteinianos
34 serían de otro origen

grupos religiosos
(% de población)

77
Católicos

4
Ortodoxos rusos

1
Viejos creyentes

18
No religiosos

Cuándo ir

AGO
➡ El día 15 se celebra la fiesta nacional.

DIC-MAR
➡ Para deslizarse por las pistas nevadas de su peculiar estación de esquí.

MAY-SEP
➡ Buena época para caminar y alejarse de los autobuses cargados de turistas con sellos.

población por km²

LIECHTENSTEIN   SUIZA   ESPAÑA

⫯ ≈ 10 personas

Curiosidades

➡ Es el sexto país más pequeño del mundo.

➡ Sigue gobernado por un monarca que vive en un castillo gótico encaramado en lo alto de una colina.

➡ Es el mayor productor mundial de dentaduras postizas.

➡ Es el único país del mundo que debe su nombre a quienes lo compraron.

➡ Durante su última acción militar en 1866 no murió ninguno de los 80 soldados; de hecho, regresaron 81, entre ellos un nuevo "amigo" italiano. El ejército se disolvió poco después.

➡ Por las ventajas fiscales del país, unas 75 000 compañías con oficinas centrales simbólicas –muchas de ellas "empresas buzón"– están registradas aquí: una cantidad que dobla la población del principado.

➡ Es el cuarto país más pequeño de Europa (por detrás de Ciudad del Vaticano, Mónaco y San Marino).

Comida y bebida

La cocina de Liechtenstein está influida por sus vecinos: Austria por el este y Suiza por el oeste.

Cerveza Las fábricas del país producen *lagers*, cerveza de trigo y *ales* de gran calidad.

Käsknöpfle Pequeños *dumplings* con sabor a queso.

Ribel Plato de sémola que se sirve con azúcar y compota o mermelada de fruta.

Vino Muchas bodegas ofrecen catas.

del castillo se han encontrado restos romanos.

Vaduz

8 Vaduz es una ciudad del tamaño de un sello estampado sobre un fondo de postal. Al pie de montañas boscosas, a orillas del Rin y coronada por un castillo almenado, su entorno es impresionante.
El centro, moderno y anodino, es una mezcla de tiendas de artículos de lujo libres de impuestos y edificios de hormigón, pero caminando unos minutos se llega a los vestigios de la pintoresca ciudad que existió hace solo 50 años, así como a tranquilos viñedos donde los Alpes parecen más cercanos.

Valle de Väluna

9 El valle de Väluna es la principal estación de esquí de fondo de Liechtenstein, con 15 km de pistas clásica y de patinajes, incluido un tramo de 3 km que se ilumina por la noche. Las cabeceras de las pistas están en Steg.

Postmuseum, Vaduz

10 Liechtenstein obtenía antaño un dineral produciendo sellos como *souvenirs*, pero ese mercado se ha visto afectado por el auge del correo electrónico; aquí se encontrarán todos los sellos nacionales emitidos desde 1912.

Cómo desplazarse

Avión Liechtenstein carece de aeropuerto por su extrema pequeñez.

Bicicleta Se pueden alquilar bicicletas y recoger mapas en la oficina de turismo de Vaduz.

Autobús Un autobús público conecta Suiza con Austria. Dentro de Liechtenstein circulan autobuses más o menos cada hora desde Vaduz hasta Malbun todos los días.

Tren Las conexiones internacionales facilitan el viaje a Liechtenstein en tren.

Ciudad Vieja, Vilnius.

CAPITAL
Vilnius

POBLACIÓN
3,5 millones

ÁREA
65 300 km²

IDIOMA OFICIAL
Lituano

Lituania

Lituania es un país lleno de sorpresas naturales y artificiales, con una historia forjada por la fusión de las raíces paganas con el fervor católico.

Lituania tiene mucho que ofrecer. La Madre Naturaleza ha esparcido una generosa dosis de magia sobre esta región enigmática. Playas de arena blanca bordean la península de Curonia, una punta de tierra con forma de rabo de cerdo que cuelga del costado occidental del país, y espesos bosques cargados de encanto custodian lagos centelleantes.

Pero los humanos también han dejado aquí una huella rara y maravillosa. Los apasionados por la arquitectura barroca, los castillos antiguos y los tesoros arqueológicos encontrarán mucho en Vilnius, la capital, y fuera de ella. Hay parques de esculturas y museos interactivos para quienes deseen ahondar en la historia reciente de Lituania; exposiciones y espacios de arte moderno, y discotecas en las ciudades y la costa para los que busquen algo menos cerebral.

Y si el abundante ocio urbano –una vorágine de grandes restaurantes, terrazas y bares– se combina con las raíces paganas, la energía inagotable y el espíritu rebelde de Lituania, el viaje puede llegar a ser fenomenal.

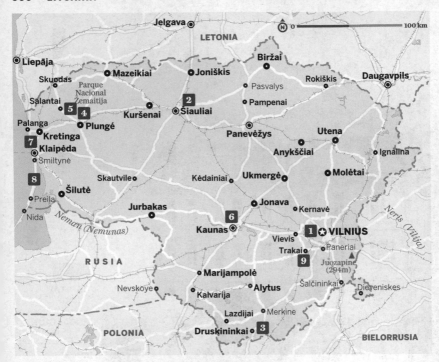

Lituania
Las mejores experiencias

Vilnius

1 Recorrer la hermosa Vilnius, con sus calles empedradas, su perfil urbano de chapiteles de iglesias, y sus bares y bistrós. Sorpresa barroca de los países bálticos, Vilnius es una ciudad que fascina. Tan bella como singular, atrae a los turistas con un fulgor dorado que hace desear largas noches de verano todos los días del año. En su corazón está la Ciudad Vieja barroca más grande de Europa, incorporada al Patrimonio Mundial de la Unesco en 1994.

Colina de las Cruces

2 Oír el susurro del viento entre miles de crucifijos de la fantasmagórica colina de las Cruces, el espectáculo más impresionante de Lituania, cerca de Šiauliai. El sonido de la miríada de crucecitas tintineando en la brisa, a modo de guirnaldas sobre los miles de crucifijos más grandes que parecen brillar en el montículo, es extraño e inquietante. Cuenta la leyenda que la tradición de plantar crucifijos empezó en el s. XIV. Los soviéticos los arrasaron, pero todas las noches la gente se escurría con sigilo entre los soldados para plantar más.

Parque de esculturas de Grūtas

3 Visitar el pasado comunista de Lituania en el parque de esculturas de Grūtas, 8 km al oeste de la estación balnearia de Druskininkai, en el sur. A caballo entre el entretenimiento *kitsch* y un intento de conocer la vida en la época soviética, el vasto recinto, proyectado para parecer un campo de concentración, contiene el panteón comunista al completo –estatuas de Lenin, Stalin y Marx– entremezclado con exposiciones sobre la opresión de Lituania por los soviéticos.

Parque Nacional Žemaitija

4 Este parque de 200 km², un paisaje mágico de lago y bosque, es tan bello como misterioso, y se entiende fácilmente por qué aparece en fábulas de demonios, fantasmas y te-

2

JOHN FREEMAN / GETTY IMAGES ©

soros enterrados. Su reclamo es doble; se puede nadar, pasear en bote o montar en bicicleta, y también visitar una de las atracciones más recientes y curiosas del país: un museo sobre la Guerra Fría instalado en una antigua base soviética de misiles nucleares.

Jardín de Orvydas

5 Uno de los lugares más insólitos de Lituania es este jardín de roca y esculturas. Estas estaban destinadas al cementerio del cercano pueblo de Salantai, pero se trajeron a la granja Orvydas después de que el líder soviético Nikita Jruschov dirigiera su ira hacia los objetos religiosos en la década de 1960. Hoy los visitantes pueden caminar por los preciosos jardines de la granja admirando cientos de estatuas, tallas, bustos y meras curiosidades.

Museo de los Demonios

6 Maravillarse ante las múltiples apariencias de Satanás en el Museo de los Demonios de Kaunas. Lo que empezó como una colección de estatuillas del excéntrico Antanas Žmuidzinavičius (1876-1966) se ha convertido en una soberbia exploración del papel del diablo en las mitologías de todo el mundo.

Klaipėda

7 El puerto principal de Lituania es la entrada a la península de Curonia, pero posee atractivos suficientes para que uno

si Lituania tuviera 100 habitantes

84 serían lituanos
7 serían polacos
6 serían rusos
1 sería bielorruso
2 serían de otro origen

grupos religiosos
(% de población)

77
Católicos

4
Ortodoxos rusos

1
Viejos creyentes

18
No religiosos

Cuándo ir

ABR
➡ Algunos de los mejores músicos de *jazz* del mundo actúan en el Festival Internacional de Jazz de Kaunas.

JUN Y JUL
➡ La mejor época para recorrer los bosques y dunas de la península de Curonia.

SEP
➡ Días de la Ciudad de Vilnius, con teatro en la calle, música y moda.

población por km²

LITUANIA   LETONIA   ESPAÑA

♟ ≈ 9 personas

El verdadero ámbar

Los países bálticos, y Lituania en particular, son sinónimo de ámbar, la resina fósil conocida como "el oro del Báltico". El mar Báltico es una rica fuente de ámbar, que se utiliza en joyería desde hace milenios.

Aunque el ámbar es principalmente amarillo, las tonalidades pueden variar desde el blanco hasta el amarillo pálido, el naranja y lo que parece ser negro; los más raros son el violeta y el verde. El valor del ámbar depende además de la textura de la pieza, de si hay "inclusiones" dentro de la piedra, como plantas o insectos, y de la calidad de la factura.

No faltan en Lituania lugares donde comprar ámbar, y si surgen dudas sobre la autenticidad de lo que se ofrece, la manera más sencilla de distinguir el ámbar verdadero del cristal, el plástico y otras falsificaciones es la prueba del olor: si se frota con energía un trozo de ámbar, huele a pino.

Comida y bebida

Blyneliai Tortitas dulces o saladas que se comen a cualquier hora; hay que buscar las *varskečiai*, rellenas de crema.

Cepelinai Saquitos de puré de patata rellenos de queso, carne o setas.

Cerveza Alus La bebida alcohólica que más se consume en el país, bastante buena.

Šaltibarščiai Esta sopa fría de remolacha es posiblemente el plato más típico del país; se sirve con guarnición de patatas hervidas.

Setas Se recogen sobre todo a finales de agosto y principios de septiembre, cuando en los bosques brotan docenas de variedades.

Castillo de Turaida, Trakai.

desee quedarse. Dentro de los túneles iluminados con antorchas de los restos de su castillo, protegido por un foso, se cuenta la historia de la fortificación con objetos de la época y fotografías en blanco y negro de la ciudad durante la II Guerra Mundial.

Península de Curonia

8 Respirar el aire puro en los pinares y las altas dunas de la península de Curonia. Esta mágica lengua de tierra, repartida a partes iguales entre Lituania y la región rusa de Kaliningrado, contiene algunas de las dunas más bellas de Europa y todo un zoológico de alces, ciervos y aves. Más de la mitad de su superficie está cubierta de pinar, y el lado lituano se divide en dos regiones: el pueblo de Smiltynė y Neringa.

Trakai

9 Caminar por la maravillosa Trakai, solar de la comunidad caraíta y con un impresionante castillo erigido en una isla. Explorar el pintoresco castillo de ladrillo rojo, la cultura caraíta, las curiosas casas de madera y el hermoso entorno lacustre. Los caraítas deben su nombre al término *kara*, que significa "estudiar las escrituras" en hebreo y árabe.

Cómo desplazarse

Coche y motocicleta Las carreteras suelen estar en muy buen estado y se conduce sin problema.

Autobús La amplia red nacional une todas las ciudades principales entre sí y las poblaciones más pequeñas con sus nudos de transporte regionales.

Tren Tomar el autobús o el tren depende mucho de la ruta. Para los viajes habituales el tren suele ser más cómodo y salir más a cuenta que el autobús; para las demás rutas podría ocurrir lo contrario.

Palais Grand-Ducal, Luxemburgo.

CAPITAL	Luxemburgo
POBLACIÓN	514 862
ÁREA	2586 km²
IDIOMAS OFICIALES	Luxemburgués, francés, alemán

Luxemburgo

El Gran Ducado de Luxemburgo tiene fama por su banca, pero para los ojos es principalmente una sucesión de colinas onduladas salpicadas de pueblos con castillos.

¿Qué nación europea, con solo 84 km de largo, se cuenta entre los tres países más ricos del mundo? Luxemburgo. Y eso es toda una proeza, habida cuenta de que fue totalmente destruido en la II Guerra Mundial, una historia que guardan los museos de todo el país. El milagro económico nacional empezó con el acero, pero hoy se sustenta en la banca; los belgas bromean con que los visitantes solo vienen a sacar dinero.

Pero Luxemburgo no se reduce a banqueros y eurócratas. El casco histórico de la capital, con un entorno espectacular en lo alto de un escarpe antaño inexpugnable, figura en el Patrimonio Mundial de la Unesco. Más allá, el visitante no tarda en encontrarse en suaves colinas parcialmente arboladas con un rosario de pueblos guardados por castillos medievales. Y a esto se añade la burbujeante alegría del vino del Mosela y los paseos para ver los desfiladeros de Müllerthal.

En suma, este pequeño país de Centroeuropa depara muchas sorpresas.

de callejones del casco antiguo a espaldas del palacio (Palais Grand-Ducal). La bulliciosa Place Guillaume II, dominada por el neoclásico Hôtel de Ville (ayuntamiento), es el corazón de la capital.

Musée National d'Histoire Militaire

2 De los muchos museos de la II Guerra Mundial que conmemoran la batalla de las Ardenas, el más completo es el Musée National d'Histoire Militaire de Diekirch, instalado en una antigua fábrica de cerveza 200 m al norte del centro y hoy repleto de material, vehículos y recuerdos de la contienda. Numerosas escenas con maniquíes de cuidada factura reflejan la crudeza de los combates que se libraron sobre la espesa nieve en aquellas Navidades de 1944.

Valle del Mosela

3 Bienvenidos a una de las regiones vinícolas más pequeñas de Europa, donde el ancho Mosela traza la frontera con Alemania y las empinadas laderas que se alzan desde sus riberas se recubren con un manto de viñedos casi infinitos. En verano el cuadro se torna de un bello verde esmeralda y las laderas están tan bien podadas que parecen peinadas. Orillando el río desde Schengen hasta Wasserbillig se suceden pueblos y ciudades vinícolas por el lado luxemburgués y el alemán, con escenas pintorescas al norte de Ahn y por encima del pueblo de Wellenstein.

Luxemburgo
Las mejores experiencias

Chemin de la Corniche

1 Este paseo peatonal, considerado "el balcón más bello de Europa", zigzaguea por las murallas, del s. XVII, brindando vistas del cañón del río y las fortificaciones del Wenzelsmauer (Salón de Wenceslao).

Al otro lado de Rue Sigefroi, el paseo continúa por el Blvd Victor Thorn hasta la torre de la Dräi Tier (Triple Puerta). Gran parte del encanto de Luxemburgo reside en pasear por el Chemin de la Corniche, las antiguas murallas de la Place de la Constitution, los jardines del cañón y el apretado nudo

Château de Vianden

4 ¿Palacio, ciudadela o catedral fortificada?

Machtum, valle del Mosela.

A primera vista resulta difícil determinar qué es lo que se alza con tal majestuosidad entre brumas y colinas arboladas por encima del histórico pueblecito de Vianden. En realidad se trata de un vasto complejo con techos de pizarra cuyas blancas e inexpugnables murallas de piedra son iluminadas por los focos al caer la noche, componiendo una de las escenas más fotografiadas de Luxemburgo. Se accede al *château* por una moderna sala de exposiciones, una puerta levadiza y una escalera que conduce a un salón abovedado lleno de picas y armaduras. La cripta y la sala 10 muestran planos y maquetas de las sucesivas reformas del castillo; la capilla del s. XIII es una rareza por su pozo central, y algunas estancias posteriores están amuebladas al modo medieval. La cocina impresiona de manera especial. La sala Arend expone fotografías de visitantes famosos, desde Mijaíl Gorbachov hasta John Malkovich. El bar Keller, abovedado y lleno de barricas, abre de vez en cuando para conciertos de *jazz*.

Musée d'Histoire de la Ville de Luxembourg

5 El Museo Histórico de la Ciudad de Luxemburgo se esconde tras un conjunto de casas cuya construcción data del s. XVII –entre ellas una antigua "residencia de vacaciones" del obispo de

si Luxemburgo tuviera 100 habitantes

63 serían luxemburgueses
13 serían portugueses
5 serían franceses
14 serían de otros países europeos
5 serían de otro origen

grupos religiosos
(% de población)

 87   13

Católicos   Otras religiones

Cuándo ir

MAY-AGO
➡ Los meses más soleados.

FEB-MAR
➡ El país quema simbólicamente el invierno el primer fin de semana después del Carnaval.

NOV-FEB
➡ Tiempo por lo general frío; cierran algunos lugares de interés.

población por km²

LUXEMBURGO	BÉLGICA	ESPAÑA

 ≈ 30 personas

La realeza de Luxemburgo

Los soberanos holandeses ciñeron una segunda corona como grandes duques de Luxemburgo desde 1815 hasta 1890. Cuando murió Guillermo III de Holanda, su única heredera se convirtió en la reina Guillermina de los Países Bajos. Sin embargo, en virtud de las Leyes Sálicas de Luxemburgo, por entonces sin reformar, la corona no podía pasar a una mujer y el ducado recayó en Adolfo de Nassau, cuyos descendientes han gobernado hasta hoy. En 1907, los cambios de las normas hereditarias permitieron a María Adelaida convertirse en gran duquesa, pero dada su simpatía por los alemanes en la II Guerra Mundial tuvo que abdicar después de la contienda. Así, el Gran Ducado sometió a la familia real a referéndum en 1919; el resultado fue un rotundo "sí" y la hermana pequeña de María Adelaida, Carlota, subió al trono. El actual gran duque Enrique conoció a su esposa María Teresa, una plebeya cubana, mientras estudiaba en Ginebra. Aunque viven en un castillo, enviaron a sus hijos a escuelas normales, y es posible toparse con un príncipe en el cine o ver a la gran duquesa de compras. Pero se les profesa mucho respeto, y la boda del príncipe heredero Guillermo se convirtió en el acontecimiento nacional de 2012.

Comida y bebida

Judd mat gaardebounen
El plato nacional: carne de cerdo ahumada con salsa cremosa, habas y patatas.

Liewekniddelen mat sauerkraut
Albóndigas de hígado con chucrut.

Vino El valle del Mosela produce excelentes espumosos, afrutados *rivaners,* sensuales *pinot blancs* y equilibrados *rieslings.*

Cascada de Schiessentümpel, Müllerthal.

Orval–, con un precioso jardín y una terraza con vistas magníficas.

Château de Bourscheid

6 Visibles desde la N27 o el km 8 de la CR438 al norte de Ettelbrück, las ruinas de este castillo son sin duda las más espectaculares del país. Conforme uno se acerca, el grado de deterioro se hace más evidente, pero aun así es muy interesante trepar por los restos de las murallas. La entrada incluye una audioguía de 90 min. Desde la torre del homenaje, del s. XII, se admiran las clásicas vistas, flanqueada por torrecillas, del arbolado meandro del río.

Müllerthal, un hermoso paisaje de ensueño

7 Residencia perfecta para *hobbits* y duendes, los parajes más singulares de Müllerthal están cortados por barrancos estrechos, arroyos cristalinos y extrañas formaciones rocosas. Al caminar por estos senderos bien señalizados se atraviesan desfiladeros tan angostos como el ancho de los hombros y se cruzan arroyos con riberas musgosas. Para llegar a estos rincones hay que adentrarse en los bosques al oeste de Echternach, un curioso pueblo con notables restos romanos.

Cómo desplazarse

Bicicleta Una buena opción para ver la ciudad de Luxemburgo y recorrer la ruta vinícola.

Autobús y tren El transporte público es excelente: un mismo billete vale para autobuses y trenes. Los autobuses llegan a casi todos los sitios de interés.

Coche La gasolina es de las más baratas de Europa occidental y en coche se mueve uno con facilidad.

Iglesia de San Pablo.

CAPITAL
Macao

POBLACIÓN
583 003

ÁREA
28,2 km²

IDIOMA OFICIAL
Cantonés

Macao

Último reducto del Imperio portugués, Macao conserva un tangible aire mediterráneo. No obstante, la cultura china predomina en esta ciudad-estado situada en la desembocadura del río de las Perlas.

El pueblo chino se ha levantado y se ha ido a Macao. El presidente Mao (que acuñó la primera mitad de la frase) debe de estarse revolviendo en su ataúd de cristal. Los chinos continentales no se cansan de esta antigua colonia portuguesa convertida hoy en un *megaresort* del juego.

Tan desmedido ha sido su crecimiento desde el 2002 que es habitual referirse a Macao como "Las Vegas de Oriente"; aunque quizá sería más apropiado invertir los términos, pues Macao ha superado a su rival estadounidense en ingresos por el juego.

Y hay otras muchas cosas que Macao hace mejor. Aparte de las salas de juego, ofrece calles de adoquines salpicadas de templos chinos, zonas de vegetación natural, un casco histórico declarado Patrimonio Mundial por la Unesco y agradables playas templadas.

La historia de Macao ha generado una cocina única que fusiona sabores europeos, latinoamericanos, africanos y asiáticos.

Cuándo ir

MAR-MAY

➡ Festival de las Artes, con una diosa del mar y un dragón mientras la niebla envuelve el puerto.

JUN-SEP

➡ Días soleados de templos y barcos-dragón; fuegos artificiales por la noche.

OCT-FEB

➡ Música y un Gran Premio de automovilismo y motociclismo como preámbulo de Navidad y Año Nuevo.

Comida y bebida

Comida portuguesa Destacan la *salada de bacalhau* (ensalada de bacalao), el arroz de pato y el *leitão assado no forno* (cochinillo asado).

Marisco La *casquinha* (cangrejo relleno) se come mucho.

Pollo La especialidad macaense es la *galinha africana,* con coco y chiles.

Distrito de San Lázaro

2 Pasear por este precioso barrio de calles empedradas donde recientemente se han instalado artistas, diseñadores, profesionales y comercios independientes.

Fortaleza de Guía

3 Al ser el punto más elevado de la península de Macao, esta fortaleza brinda vistas panorámicas de la ciudad que, en días despejados, llegan hasta China. En lo alto hay un faro construido en 1865 –el más antiguo de la costa china– y la preciosa capilla de Nuestra Señora de Guía, erigida en 1622 y que conserva todos sus rasgos originales.

Macao

Las mejores experiencias

Iglesia de San Pablo

1 Una entrada a ninguna parte en el medio de la ciudad es todo lo que queda de la iglesia de San Pablo, considerada el monumento cristiano más grandioso de Asia. La iglesia fue proyectada por un jesuita italiano y construida en 1602 por exi-liados japoneses cristianos y artesanos chinos. En 1835, un incendio dejó en pie solo la fachada. Como en casi toda la arquitectura colonial de Macao, su apariencia europea oculta una fascinante mezcla de influencias (chinas, japonesas e indonesias) que definen su estética.

Iglesia de Sveti Jovan, en Kaneo.

CAPITAL
Skopie

POBLACIÓN
2 100 000

ÁREA
25 713 km²

IDIOMAS
OFICIALES
Macedonio,
albanés

Macedonia

En lo más profundo de los Balcanes, entre pueblos con tejados de pizarra, cafés al borde de la carretera, lagos y puestos de sandías, se encuentra el alma de Macedonia

Macedonia es difícil de superar. En parte balcánica y en parte mediterránea, con lugares antiguos que impresionan y una efervescente vida nocturna, este país balcánico ofrece mucha más animación, actividades y bellezas naturales de lo que parecería posible para su tamaño.

Skopie sigue siendo una de las capitales más singulares de Europa, con una constante renovación urbana que la ha convertido en una suerte de perenne obra a medio hacer. Con cafés, restaurantes, bares y discotecas frecuentados por una cuantiosa población estudiantil, Skopie destaca además como un potente centro de ocio regional.

En verano vale la pena dedicarse al senderismo, la bicicleta de montaña y la escalada por montes remotos, algunos con monasterios medievales. Ohrid sobresale por su festival de verano, sus iglesias bizantinas y un vasto lago. El invierno ofrece esquí en estaciones como Mavrovo y festejos en los pueblos a base de comida y ponche. Conocer a los macedonios e impregnarse de su cultura puede ser tan memorable y gratificante como visitar sus lugares de interés.

Macedonia
Las mejores experiencias

Iglesia de Sveti Jovan

1 Contemplar la ciudad de Ohrid desde la iglesia de Sveti Jovan en Kaneo, del s. XIII y asentada sobre un promontorio por encima del lago de Ohrid; ocupa un lugar preeminente en la ciudad histórica más importante de Macedonia y es probablemente el edificio más fotografiado del país. Viendo las aguas azul celeste del lago se entiende por qué los monjes medievales buscaron aquí inspiración espiritual. La pequeña iglesia luce frescos originales tras el altar. Este hermoso templo religioso del credo ortodoxo fue declarado Patrimonio Mundial por la Unesco.

Skopie

2 Ahondar en esta ciudad histórica pero cambiante, acogedora, balcánica hasta la médula y una de las capitales pequeñas más divertidas y eclécticas de Europa. Aunque la fiebre constructora del gobierno ha desatado polémica en los últimos años, la abundancia de estatuas, puentes, museos y otras construcciones no deja descansar las cámaras de los visitantes y define esta ciudad en continuo cambio. Conserva mucho del pasado; entre las maravillas otomanas y bizantinas se cuenta el Kameni Most (puente de Piedra) del s. XV, Čaršija (antiguo bazar turco) y la iglesia de Sveti Spas, con iconostasios ricamente labrados. Y con sus bares, discotecas y galerías de arte, la cultura moderna tampoco falta.

Monasterio de Zrze

3 Imbuirse de la serenidad del monasterio de Zrze, con amplias vistas de la llanura Pelagonia y valiosas obras de arte bizantinas. Unos 26 km al noroeste de Prilep, hacia Makedonski Brod, el monasterio de la Sagrada Transfiguración, del s. XIV, se alza en lo alto de un risco. Su ubicación, en torno a un espacioso césped y con vistas a la extensa llanura, es espectacular. Al alba, la llanura se envuelve a veces en una niebla de un blanco níveo. La iglesia de San Pedro y San Pablo, del s. XVII, atesora frescos e iconos.

Vista desde el Kameni Most (puente de Piedra), Skopie.

Heraclea Lyncestis

4 Heraclea Lyncestis, 1 km al sur de Bitola, se cuenta entre los mejores yacimientos arqueológicos de Macedonia. Fundada por Filipo II de Macedonia, adquirió relevancia comercial antes de que la conquistaran los romanos en el 168 a.C. En el s. IV se convirtió en obispado, pero fue saqueada por los godos y después por los eslavos. Se pueden ver los baños, el pórtico y el anfiteatro romanos, y las impresionantes ruinas de la basílica paleocristiana y el palacio episcopal, con hermosos mosaicos bien conservados, únicos por su representación de árboles y animales endémicos.

Mariovo

5 Si hay un lugar en Macedonia que todavía connota misterio, ese es Mariovo. Esta región de la frontera meridional bulle con la desconcertante energía de otro tiempo, que resuena aún en sus abruptas montañas, profundos cañones y extrañas mesetas salpicadas de pueblos desiertos. Durante siglos, los 25 pueblos de Mariovo fueron importantes centros de ganadería ovina; hoy están abandonados, aunque todavía es un placer recorrer la zona a pie o en coche y admirar la antigua belleza de la arquitectura tradicional.

si Macedonia tuviera 100 habitantes

64 serían macedonios
25 serían albaneses
4 serían turcos
3 serían rumanos
4 serían de otro origen

grupos religiosos
(% de población)

65 — Ortodoxos macedonios
33 — Musulmanes
2 — Otras religiones

Cuándo ir

JUN-AGO
➡ Festival de Verano de Ohrid y buceo en el lago, con 300 m de profundidad.

SEP Y OCT
➡ Skopie celebra el festival de *jazz* y las fiestas de la cerveza y la cosecha.

DIC-FEB
➡ Esquí en Mavrovo y fiestas de Carnaval.

población por km²

 MACEDONIA
 ALBANIA
 ESPAÑA

† ≈ 20 personas

Región vinícola de Tikveš

Corazón vinícola de Macedonia, Tikveš lleva produciendo vino desde el s. IV a.C. Con ondulados viñedos, lagos, cuevas y montañas, además de yacimientos arqueológicos e iglesias, la región resulta especialmente hermosa al ocaso, cuando el sol poniente baña las suaves colinas tapizadas de vides. Las uvas de Tikveš suelen mantener una concentración de azúcar ideal (17-26%).

Las Bodegas Tikveš son las más grandes de Europa suroriental (se fundaron en 1885) y ofrecen visitas y catas de algunos de sus 29 vinos. El Carnaval del Vino de Kavadarci, con desfiles y catas públicas, se celebra en septiembre.

Águilas y halcones sobrevuelan el cercano lago Tikveš, rodeado de monte bajo y ásperos riscos salpicados de ermitas con frescos medievales.

Comida y bebida

Ajvar Salsa de pimientos rojos que acompaña carnes y quesos.

Bekonegs Esta versión del beicon con huevos aparece en las cartas de los desayunos.

Rakija Aguardiente de uva; sirve para brindar (¡y para limpiar cortes y ventanas!).

Skopsko y Dab Las cervezas *lager* que más se beben en Macedonia.

Šopska salata Tomates, cebollas y pepinos con *sirenje* (queso blanco).

Uviač Pollo o cerdo envuelto en beicon y relleno de queso amarillo fundido.

Vranec y temjanika Las variedades preferidas de uva tinta y blanca.

Parque Nacional de Pelister, Bitola.

Bitola

6 Disfrutar de la atmósfera de Bitola y caminar por el cercano Parque Nacional de Pelister. Con edificios elegantes, la elevada Bitola (660 m) posee un refinamiento heredado de la época otomana, cuando era la "ciudad de los cónsules". Sus casas de los ss. XVIII y XIX, mezquitas turcas y cafés tradicionales la convierten en una de las ciudades más curiosas y acogedoras de Macedonia. Es fundamental tomar café observando a la gente en la peatonal Širok Sokak.

Mavrovo

7 Esquiar en Mavrovo, la estación de invierno más grande de Macedonia: 730 km² de bosques de pino y abedul, gargantas, campos cársticos, cascadas y el pico más alto del país, el monte Korab (2764 m). El aire enrarecido y las vistas son magníficos todo el año. Situada al final de una tortuosa carretera al suroeste de Gostivar, Mavrovo se encuentra cerca del monasterio de Sveti Jovan Bigorski y de Galičnik, famoso por sus bodas de pueblo tradicionales.

Cómo desplazarse

Autobús Los autobuses de Skopie cubren casi todos los destinos nacionales. Los más grandes son nuevos y tienen aire acondicionado; los *kombi* (microbuses), por lo general, no.

Coche Los coches deben llevar bombillas de repuesto, dos triángulos señalizadores, un botiquín de primeros auxilios (se consiguen en las gasolineras grandes) y, desde el 15 de noviembre hasta el 15 de marzo, también neumáticos para la nieve (en caso contrario pueden multar) y cadenas.

Taxi Los taxis son relativamente baratos y son aconsejables para viajes internacionales.

Tren Las principales líneas llegan hasta las fronteras serbia y griega.

Lémures de cola anillada, Reserva Privada de Berenty.

CAPITAL
Antananarivo

POBLACIÓN
22,6 millones

ÁREA
587 041 km²

IDIOMAS OFICIALES
Francés, malgache

Madagascar

Lémures, baobabs, selva, playas, desierto, senderismo y buceo: Madagascar es un destino de ensueño para los amantes de la naturaleza y la vida al aire libre.

Madagascar es único: el 5% de todas las especies conocidas de animales y plantas se encuentra solo aquí. Esta fauna y flora extraordinarias corren parejas con unos paisajes de increíble diversidad: se puede ir de la selva húmeda al desierto recorriendo solo 300 km. Pocos lugares del planeta ofrecen un caleidoscopio natural con colores tan intensos.

Con 5000 km de litoral, 450 km de arrecifes de coral y 250 islas, ninguna estancia en Madagascar estaría completa sin pasar unos días en las costas. Los submarinistas se deleitarán con la variedad de zonas de inmersión, desde "catedrales" submarinas hasta pecios, y la posibilidad de ver rayas, tiburones y otros escualos. Los buceadores quedarán admirados por la gracia de las tortugas y el arco iris cromático de los corales y peces.

Y además hay mucha historia que descubrir, desde las 12 colinas sagradas de Antananarivo hasta el cementerio de piratas de Île Sainte Marie y los vestigios de la Revolución industrial de Madagascar en Mantasoa.

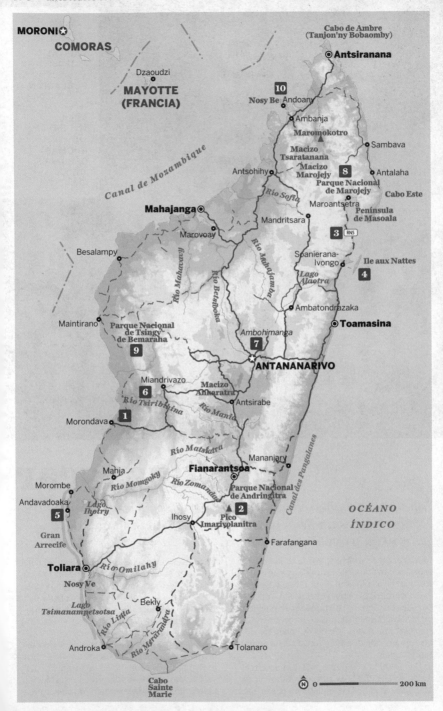

MORONI ✪
COMORAS

Dzaoudzi

**MAYOTTE
(FRANCIA)**

Canal de Mozambique

Cabo de Ambre
(Tanjon'ny Bobaomby)

◉ **Antsiranana**

10 Andoany
Nosy Be ◦

◦ Ambanja

▲ **Maromokotro**

**Macizo
Tsaratanana**   ◦ Sambava

**Macizo
Marojejy**   **8**

Antsohihy ◦   ◦ Antalaha

**Parque Nacional
de Marojejy**

◦ Maroantsetra   **Cabo Este**

Mahajanga ◉

**Península
de Masoala**

Marovoay ◦   Mandritsara ◦

Río Sofía   **3** RN5

Besalampy ◦

Río Mahavavy   *Río Betsiboka*   *Río Mahajamba*

Soanierana-
Ivongo ◦   **Ile aux Nattes**

*Lago
Alaotra*   **4**

Maintirano ◦   **Parque Nacional
de Tsingy
de Bemaraha**   ◦ Ambatondrazaka

9   *Ambohimanga*   ◉ **Toamasina**

7

Miandrivazo ◦   ★ **ANTANANARIVO**

6   **Macizo
Ankaratra**

Río Tsiribihina   Antsirabe ◦

Morondava ◦   **1**

Río Manía

Mahja ◦   *Río Matsiatra*

Morombe ◦   *Río Momgoky*   **Fianarantsoa**   Mananjary ◦

Andavadoaka ◦   *Río Zomandao*

5   *Lago
Ihotry*   **Parque Nacional
de Andringitra**

**Gran
Arrecife**   Ihosy ◦   ▲ **2**
**Pico
Imariyolanitra**   *Canal des Pangalanes*

Toliara ◉   *Río Omilahy*   ◦ Farafangana   **OCÉANO
ÍNDICO**

Nosy Ve

*Lago
Tsimanampetsotsa*   Bekly ◦

Río Linta   *Río Menarandra*

Androka ◦   ◦ Tolanaro

**Cabo
Sainte
Marie**   ⊙N 0 —————— 200 km

Madagascar
Las mejores experiencias

Puesta de sol en Allée des Baobabs

1 Pocas cosas son tan representativas de Madagascar como este pequeño tramo de la RN8 entre Morondava y Belo-sur-Tsiribihina. Bordeado de majestuosos baobabs, revela toda su belleza coincidiendo con la salida y la puesta del sol, cuando los árboles proyectan sus largas sombras sobre la arena roja y el cielo se tiñe de naranja y púrpura. Aparte del Allée, se verán muchos otros baobabs en todo el sur y oeste de la isla; algunos viven hasta mil años y alcanzan proporciones colosales.

Parque Nacional de Andringitra

2 Con más de 100 km de senderos, una majestuosa cordillera, tres picos elevados y paisajes extraordinarios, este parque nacional es un paraíso para los senderistas. La *crème de la crème* es el sendero de Imarivolanitra, que lleva de un lado al otro del parque pasando por cumbres, valles exuberantes y pozas naturales, y permite disfrutar de un par de noches bajo las estrellas. Hay que alquilar todo lo necesario en la oficina del parque: desde guías hasta cocineros, porteadores e incluso equipo de acampada.

Atreverse con la RN5

3 Si seduce la idea de una carretera difícil, esta es la más indicada. Aunque esté considerada una *route nationale*, no hay que llamarse a engaño: el tramo de 240 km entre Maroantsetra y Soanierana-Ivongo no es una carretera; es una pista, un cenagal, una carrera de obstáculos, un río en algunos puntos, una montaña en otros, pero no una carretera. Semántica aparte, quienes concluyan el viaje tendrán anécdotas que contar para toda la vida. Mananara, a mitad de trayecto, es uno de los pocos lugares de Madagascar donde puede verse un ayeaye (lémur).

Île aux Nattes

4 Si se ha soñado con islas tropicales paradisíacas, Île aux Nattes es la materialización de ese sueño. Situada en la punta de Île Sainte Marie, se llega tras una corta travesía en piragua o, con la marea baja, dando un tranquilo paseo. Es el sitio ideal para venir a no hacer nada de nada, salvo mecerse en una hamaca en Chez Sika, tumbarse en la playa y nadar; y cuando ya esté uno cansado de tanta holganza, cruzar hasta Sainte Marie y atravesar la isla en motocicleta.

Submarinismo en Andavadoaka

5 Madagascar posee el quinto arrecife de coral más grande del mundo, 450 km de arrecife costero, de parche y de barrera que se extienden desde Andavadoaka por el norte hasta Itampolo por el sur. La perla del arrecife de barrera es Andavadoaka, donde el trabajo con las comunidades locales y una zona de protección marina han mantenido el arrecife en perfecto estado. Los submarinistas que lleguen hasta aquí se verán recompensados con corales impresionantes y peces en abundancia. Otros lugares que anonadan son las "catedrales" de Ifaty y Mangily y el apacible pueblo de Ambola.

Río Tsiribihina

6 Navegar por el Tsiribihina significa desconectar por completo: dos días y medio sin coches, carreteras ni cobertura para el móvil. Es una experiencia de

Una de piratas

A fines de los ss. XVII y XVIII, Île Sainte Marie era el cuartel general de los piratas del mundo, que aprovechaban su proximidad a las rutas marítimas comerciales, su resguardado puerto (un sitio ideal para esconderse), su abundancia de fruta y sus mujeres. Forajidos legendarios como William Kidd traían aquí sus barcos para repararlos y se establecieron en Île aux Forbans cerca de Ambodifotatra.

Hoy los restos de varios barcos piratas yacen a pocos metros bajo el agua en la Baie des Forbans, como el *Adventure* de Kidd y el famoso *Fiery Dragon* del capitán Condent, mientras que en el cercano cementerio de piratas se ven tumbas con tibias y calaveras.

Comida y bebida

Arroz Comer arroz tres veces al día está tan arraigado en la cultura malgache que la gente afirma a veces que no puede dormir si no ha comido arroz ese día; de hecho, el verbo "comer" en malgache, *mihinam-bary*, significa literalmente "comer arroz".

Fideos La alternativa más habitual al arroz es un cuenco de *mi sao* (fideos fritos con verduras o carne) o una *soupe chinoise* (sopa de fideos con pescado, pollo o verduras).

Pescados y mariscos Ocupan un lugar destacado en las cartas; los precios son tan bajos que cualquiera puede atiborrarse de pescado, cigalas, langosta, etc.

Ravitoto Este delicioso plato es una mezcla de carne de ternera o cerdo con hojas de mandioca machacadas y leche de coco.

Romazava Guiso de ternera con sabor a jengibre; contiene *brêdes mafana*, una verdura que recuerda al *saag* indio y produce cosquilleo en la lengua y los labios por sus propiedades anestésicas.

si Madagascar tuviera 100 habitantes

70 vivirían en zonas rurales
30 vivirían en zonas urbanas

grupos religiosos

(% de población)

52 Animistas   41 Cristianos   7 Musulmanes

población por km²

MADAGASCAR   SUDÁFRICA   ESPAÑA

≈ 33 personas

Île aux Nattes, frente a Île Sainte Marie.

relajamiento total, con poco que hacer salvo admirar el paisaje, conocer cómo se vive en la zona, charlar con el guía, cantar junto al fuego y maravillarse del cielo de la noche. Lo más económico es una piragua de madera; lo más cómodo, una *chaland* (barcaza motorizada).

Cuándo ir

TEMP. ALTA
(jul-oct)

➡ Julio y agosto son los meses con más movimiento por las vacaciones escolares europeas.

➡ Invierno: temperaturas templadas por el día y noches frescas.

➡ Más actividad en Navidad/Año Nuevo.

TEMP. MEDIA
(abr, may, nov, dic)

➡ Temperaturas agradables y menos visitantes.

➡ Algunos lugares de interés han empezado a cerrar o no han reabierto del todo por las lluvias.

TEMP. BAJA
(ene-mar)

➡ Ciclones; la costa este es particularmente vulnerable.

➡ Estación lluviosa en todas partes; muchas zonas inaccesibles.

➡ Descuentos en hoteles.

Ambohimanga

7 Se trata del único lugar de Madagascar incluido en el Patrimonio Mundial de la Unesco por su relevancia cultural, y con razón: Ambohimanga fue la sede del rey Andrianampoinimerina, el soberano merina que consiguió unificar definitivamente las tribus de la isla, enzarzadas en guerras, para que el reino no tuviera más frontera que el mar.
Su importancia cultural trasciende la historia: Ambohimanga es venerado como un lugar sagrado por los malgaches, que acuden aquí a invocar a los espíritus de los reyes y pedirles protección y suerte.

Parque Nacional de Marojejy

8 Con bosque nuboso, espesa jungla llena de raíces de árboles y cascadas, Marojejy es un lugar primigenio donde el "ángel del bosque", el endémico sifaka, habita en montañas brumosas y el macizo de Marojejy descuella a través del dosel arbóreo. Un crescendo de senderos alcanza su clímax con la ardua subida hasta la cima (2132 m). Los permisos para el Parque Nacional de Marojejy facultan también para entrar en la remota y hermosa Reserva Especial de Anjanaharibe-Sud, donde los viajeros serán recompensados con el aullido del lémur indri.

Películas

Madagascar Narrada por David Attenborough, es una introducción a la isla, con su fauna y flora endémicas, fascinante por el detallismo de sus imágenes.

Misión Malgache (Manuel González, 2011) Documental rodado en Madagascar, sigue la pista de un misionero leonés que vivió en la isla durante 20 años.

Libros

Rescate en Madagascar (Gerald Durrell, 2010) Con su singular humor, el naturalista narra su expedición por "una de las islas más fascinantes del mundo".

Nur, 1947 (Raharimanana, 2011) Conmovedora novela que se zambulle en los mitos y la memoria malgaches.

Voices from Madagascar: An Anthology of Contemporary Francophone Literature (Jacques Bourgeacq y Liliane Ramarosoa, eds.) Literatura malgache en francés e inglés.

Cómo desplazarse

Avión Volar dentro de Madagascar puede ahorrar mucho tiempo por las distancias y el estado de las carreteras. Lo malo es que casi todas las rutas nacionales son entre Antananarivo y las provincias, con pocos vuelos interprovinciales directos.

Barco Las piraguas o *lakanas* sin motor, tanto en los ríos como en el mar, son el principal medio de transporte allí donde las carreteras desaparecen.

Coche Madagascar es enorme, las carreteras están mal y los viajes se alargan. Se tarda 24 h en ir en coche de Antananarivo (Tana) a Diego Suárez (Antsiranana), 18 a Tuléar (Toliara), 16 a Morondava y en este plan. Conviene ser realista sobre cuánto terreno se quiere recorrer para no pasarse algún c sin bajar del vehículo.

Tsingy de Bemaraha

9 No hay nada en la tierra igual a los pináculos calizos del Parque Nacional de los Tsingy de Bemaraha. Declarados Patrimonio Mundial por la Unesco, estos dentados picos y riscos son una obra de arte geológica, el resultado de milenios de erosión por el agua y el viento. Igual de extraordinaria es la infraestructura que el parque nacional ha montado para explorar esta maravilla de la naturaleza: *via ferrata* (rutas con cables fijos), puentes y escaleras de cuerdas, con circuitos que combinan bosques, cuevas, excursiones en piragua y rápel.

Nosy Be

10 La "isla grande" es un destino de ensueño: podrían pasarse dos semanas aquí y en las islas circundantes y quedarse con ganas de más. No son solo las óptimas condiciones para el buceo, el mar turquesa, la luz suave y las vistas subyugantes: también pueden visitarse plantaciones de especias, recorrer miles de kilómetros de senderos, ver una fauna fabulosa en las reservas marinas y naturales, darse un festín de marisco y navegar hasta docenas de islitas de los alrededores.

CAPITAL
Kuala Lumpur

POBLACIÓN
29,6 millones

ÁREA
328 657 km²

IDIOMA OFICIAL
Malasio bahasa

Kota Kinabalu, Sabah.

Malasia

Malasia ofrece junglas húmedas y calurosas abarrotadas de fauna, playas hermosas, islas idílicas, sensaciones culinarias y culturas multiétnicas.

Malasia es como dos países en uno, partido por la mitad por el mar de China Meridional. La península acusa influencias malayas, chinas e indias, mientras que Borneo se distingue por una selva con orangutanes, montañas graníticas y tribus remotas. En todo el país se aprecia una impresionante variedad de microcosmos: desde los altos edificios de Kuala Lumpur, propios de la era espacial, hasta los entrañables hogares comunales de Sarawak, en la gran isla de Borneo, compartida con Brunéi e Indonesia.

Y después está la comida. La cocina de Malasia (sobre todo en la costa oeste peninsular) es variadísima; se empieza por la "nonya" chino-malaya para pasar a los curris indios, bufés chinos, puestos callejeros malayos e incluso una buena oferta occidental.

Sin embargo, a pesar de tanta variedad étnica, religiosa, paisajística, y de las enormes distancias, la belleza de Malasia radica no en la acumulación sino en la fusión de todo ello en un país que es de los más seguros, estables y diversos del sureste asiático.

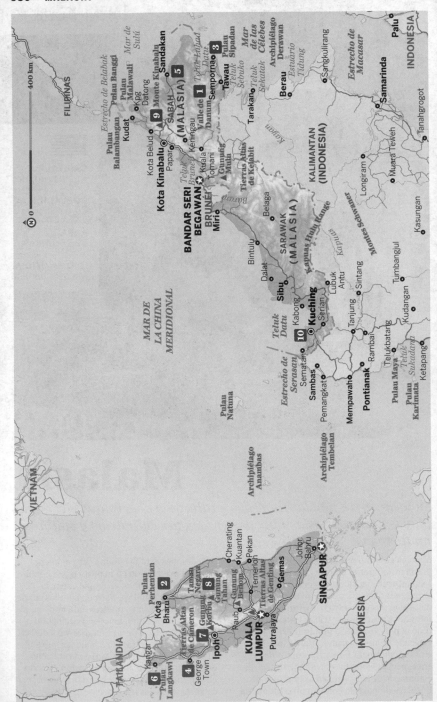

FILIPINAS

Estrecho de Belabak

Pulau Banggi

Mar de Sulú

Pulau Malawali

Kudat

Datong

Kpg

Kota Belud

Papar

Pulau
Balambangan

9

SABAH
(MALASIA)

Monte Kinabalu

Sandakan

Kota Kinabalu

Keningau

Kuala

Penampang

5

Danum

Valle de

1

Teluk Labuk

Teluk
Sekuko

Pulau Sipadan

3

Semporna

Tawau

Mar
de las Célebes

Archipiélago
Derawan

Berau

Estuario
Tidung

Sangkulirang

Estrecho de
Macasar

Samarinda

INDONESIA

Palu

**BANDAR SERI
BEGAWAN**

Kuala
Belait

Tomani

Gunung
Mulu

Tierras Altas
de Kelabit

Tarakan

Tanahgrogot

BRUNÉI

Miri

Teluk
Brunéi

Belaga

Kapuas Hulu Range

KALIMANTAN
(INDONESIA)

Longiram

Muara Teweh

*MAR DE
LA CHINA
MERIDIONAL*

Bintulu

Dalat

Sibu

SARAWAK
(MALASIA)

Barito

Kapuas

Lubuk
Antu

Sintang

Tumbangjul

Kasungan

Kudangan

VIETNAM

Pulau Natuna

*Estrecho de
Serasan*

Teluk
Datu

10

Kuching

Kabong

Serian

Tanjung

Rambai

Telukbatang

Montes Schwaner

*Teluk
Sukadana*

Kudangan

Sematan

Sambas

Mempawah

Pontianak

Pulau Maya

Pulau
Karimata

Ketapang

Pemangkat

Archipiélago
Anambas

Archipiélago
Tembelan

Pulau
Perhentian

2

Kota
Bharu

*Tierras Altas
de Cameron*

7

Ipoh

Gunung
Korbu

4

George
Town

Kangar

6

Pulau
Langkawi

TAILANDIA

Cherating

Kuantan

Pekan

Taman
Negara

8

Gunung
Tahan

Raub

Temerloh

*Tierras Altas
de Genting*

**KUALA
LUMPUR**

Putrajaya

Gemas

Johor
Bahru

SINGAPUR

INDONESIA

400 km

N

Malasia
Las mejores experiencias

Caminatas por la jungla en el valle de Danum, Sabah

1 "Caminad deprisa", nos dice el guía. "Hormigas de fuego". Una vez más nos preguntamos: ¿de verdad es esto divertido? Pues sí. Caminar por un bosque más antiguo que la humanidad en el valle de Danum depara una de las experiencias más emocionantes de Borneo. Y aunque esto no es la sabana africana, y avistar animales puede resultar difícil en medio de la maleza, la fauna impresiona precisamente por eso: iridiscentes lagartos voladores, ranas curiosas, víboras verdes y, escudriñándolo todo con sus ojos como faros, un adorable loris perezoso.

Pulau Perhentian, Terengganu

2 Aunque varias islas del este de la Malasia peninsular ofrecen actividades subacuáticas sin parangón, Pulau Perhentian se lleva la palma para la práctica del buceo con tubo. Quizá sea el agua en sí: clara y de un azul diáfano. O la variedad de la fauna marina: tiburones, peces tropicales, tortugas y erizos. Los lechos de coral vivo se encuentran cerca de la costa, y la mayoría de los días no hace falta nadar mucho más allá del embarcadero de Long Beach para verse dentro de una nube

arcoíris con peces de todas las formas y tamaños.

Submarinismo en Pulau Sipadan

3 A veces parece que la fauna marina más multicolor del mundo –desde los peces, moluscos y reptiles comunes hasta los más exóticos: criaturas con todas las tonalidades del arco cromático– considera la escollera de Sipadan un bien inmueble de alto valor; aquí viven, aquí juegan, aquí cazan y comen, y, por suerte, uno puede bailar con ellos un ballet subacuático. Para cualquier submarinista, desde el aficionado hasta ve-teranos como Jacques Cousteau, Sipadan repre-senta la aventura suprema.

Distrito colonial de George Town, Penang

4 Abandonado tiempo atrás por sus habi-tantes y aparentemente olvidado por los turistas, George Town ha surgido como uno de los destinos preferentes de la región en los dos últimos años. La declaración como Patrimonio Mundial de la Unesco desató un frenesí de conservación cultural, y sus típicas casas-tienda se han convertido en museos, hoteles-*boutique* y restaurantes elegantes. Con-ductores agresivos aparte, es una de las mejores ciudades del sureste asiático para moverse a pie.

Centro de Rehabilitación de Orangutanes de Sepilok, Sabah

5 No hay otro primate como el orangután. Estos grandes simios son una conmovedora combinación: músculos y gracia, fuerza desatada y mansa contención. Y sus ojos brillantes esconden profundas reservas de lo que solo se puede llamar sabidu-ría y, a veces, tristeza. Todo esto se aprecia en el Centro de Rehabilitación de Orangu-tanes de Sepilok –una de las cuatro reservas de orangu-tanes del mundo–, donde se puede ver a los simios desde una plataforma de obser-vación a menudo abarrotada; es el momento culminante de muchos viajes a Sabah.

Pulau Langkawi, Kedah

6 Pulau Langkawi no se llama la Joya de Kedah por casualidad: sus

Los peranakan

Una de las culturas más famosas de la Malasia peninsular es la de los peranakan, descendientes de los inmigrantes chinos que, a partir del s. XVII, se establecieron en Singapur, Malaca y Penang. Aunque solían casarse con malayas, otros traían a sus esposas de China; a todos ellos les gusta referirse a sí mismos como chinos de los estrechos para distinguirse de los que llegaron después desde China.

Los peranakan practicaron la religión de China, pero las costumbres, idioma y atuendo de los malayos. Solían ser comerciantes acaudalados que podían satisfacer su pasión por los enseres suntuosos, joyas y brocados. Hoy son famosos sobre todo por su deliciosa cocina de fusión; el mejor sitio para probarla es Malaca.

Comida y bebida

Arroz El *nasi campur,* con variedad de acompañamientos, se come mucho en el almuerzo.

Barbacoa Pescado, langosta, gambas, calamares, berberechos y pastinaca condimentados con *sam-bal* y asados en una hoja de plátano.

Desayuno *Nasi lemak* (arroz en leche de coco con acompañamien-tos diversos), *roti canai* (pan plano indio), *won ton mee* (fideos de huevo y wontons), *dim sum* o *congee* de arroz (gachas de arroz).

Postre Los malayos toman su ración de dulce bebiendo zumos de fruta azucarados, leche condensada en bebidas calientes y mezclas frías como *cendol* y ABC (hielo raspado cubierto de crema de coco, jaleas, judías y otras cosas raras).

Fideos Fritos o en sopa; los mejores son *char kway teow* (fritos con huevos, salsa de soja, chile y otros ingredi-entes), *laksa, curry mee* (con curri), *hokkien mee* (fritos con pollo, cerdo y otros ingredientes) y *won ton mee.*

si Malasia tuviera 100 habitantes

50 serían malayos
24 serían chinos
11 serían indígenas
7 serían indios
8 serían de otro origen

grupos religiosos
(% de población)

61 Musulmanes

19 Budistas

9 Cristianos

6 Hindúes

5 Otros

población por km²

MALASIA   TAILANDIA   ESPAÑA

👤 = 30 personas

Tortuga verde, Sipadan.

playas de arena blanca, *resorts* aislados, condiciones óptimas para el submarinismo y junglas vírgenes hacen honor a la metáfora. La bebida barata (Langkawi es zona franca) y una aceptable oferta de restaurantes y bares contribuyen a animar el ambiente, mientras que las numerosas actividades para niños la convierten en un destino ideal para familias. Pero esta no es solo una isla para vacaciones; al apartarse de las rutas habituales se comprueba que Pulau Langkawi ha logrado conservar su alma *kampung*.

Cuándo ir

TEMP. ALTA
(dic-feb)

➡ Las vacaciones escolares de final de año seguidas por el Año Nuevo chino incrementan los precios. Reservar transporte y hoteles.

➡ Monzones en la costa este de Malasia peninsular y el oeste de Sarawak.

TEMP. MEDIA
(jul-nov)

➡ De julio a agosto hay que competir con los visitantes que huyen del calor de los estados del Golfo.

➡ Final del ramadán (Hari Raya) y aumento de los viajes en la región.

TEMP. BAJA
(mar-jun)

➡ Se evita lo peor de las lluvias y la humedad; también se puede disfrutar de los sitios sin gentío turístico.

Tierras altas de Cameron, Perak

7 Montañas brumosas, botas de agua, arquitectura de estilo Tudor, fresas y plantaciones de té se reúnen en este destino que se diría totalmente ajeno al sureste asiático. Las caminatas autoguiadas, el senderismo y el turismo agrícola hacen de él uno de los destinos más atractivos de Malasia para los viajeros activos, y además sirve para hacer una escapada durante unas vacaciones, pues por la altitud el clima de las Tierras Altas de Cameron se suele mantener fresco todo el año.

Taman Negara, Pahang

8 Visitar Taman Negara es viajar al pasado y experimentar cómo era la tierra en los tiempos primigenios. Dentro de esta jungla umbría y casi impenetrable, árboles antiguos con gigantescas raíces tabulares empequeñecen a hongos luminiscentes, orquídeas y una flora rara y hermosa. Aquí habitan elefantes, tigres y leopardos,

Películas

La trampa (Jon Amiel, 1999) El clímax de este *thriller* con Sean Connery y Catherine Zeta-Jones se desarrolla en las Torres Petronas de Kuala Lumpur.

El último comunista (Amir Muhammad, 2006) Documental sobre el líder del disuelto Partido Comunista malayo y la guerra entre Malasia e Indonesia.

Libros

La locura de Almayer (Joseph Conrad, 1895) Narra la historia de un holandés y su apartada vida en medio de la selva, en Borneo.

El don de la lluvia (Tan Twan Eng, 2012) Novela escrita desde una visión budista y oriental.

Viaje a Australia, Nueva Zelanda y Malasia (Gerald Durrell, 2005) Crónica del largo viaje del naturalista británico, salpicada de sus observaciones sobre el desastroso efecto de la intervención humana en el equilibrio ecológico.

Reflejos del Edén (Biruté Galdikas, 2013) La autora, primatóloga pionera, desvela los primeros 20 años de su vida entre los orangutanes de Borneo.

Cómo desplazarse

Avión Vuelos entre los principales destinos de la Malasia peninsular y Sabah y Sarawak en el Borneo malayo.

Barco No hay servicios entre la Malasia peninsular y el Borneo malayo, pero sí barcos y ferris a las islas costeras.

Autobús Económicos y por lo general cómodos.

Coche Conducir en Malasia es fantástico si se compara con casi todos los países asiáticos, pero puede resultar difícil orientarse en las ciudades.

Tren Aunque cómodos y baratos, solo hay dos líneas y con servicios lentos.

y también maravillas más pequeñas como ardillas voladoras, lagartos, monos, ciervos, tapires y serpientes de toda clase.

Monte Kinabalu, Sabah

9 Es la morada de los espíritus, la montaña más alta de Malasia, uno de los principales accidentes geográficos del norte de Borneo, la caminata que ha agotado a incontables senderistas. El monte Kinabalu es todo esto y también una de las atracciones turísticas más visitadas de Borneo; pero no hay por qué preocuparse: aun así se vivirán momentos de libertad total, respirando

el aire alpino de Sabah y contemplando un horizonte que se dilata hasta Filipinas.

Kuching, Sarawak

10 Kuching es la ciudad más sofisticada y elegante de Borneo: un caleidoscopio de culturas, artesanías y cocinas. Los bulliciosos mercados recompensan sobradamente a los visitantes con tendencia a caminar sin prisas, pero el mayor reclamo de la ciudad es lo que queda cerca: algunos de los parajes naturales más hermosos de Sarawak. Se pueden avistar orangutanes semisalvajes o intentar descubrir alguna gigantesca flor de rafflesia.

Mono narigudo, Parque Nacional de Bako , Sarawak.

Lago Malaui, Usisya.

Malaui

Malaui ha recuperado su sólida posición en la escena internacional, con parques repoblados, leones devueltos a su hábitat, lodges *de safari de primera y excelentes operadores turísticos.*

El país ha sido históricamente ignorado como destino de safaris hasta que en el 2012 se repobló la Reserva Natural de Majete y se inició un programa de reintroducción de leones. Malaui cuenta hoy nuevamente con sus "cinco grandes", además de hoteles-*boutique* de talla mundial y *lodges* de lujo; por tanto, no es de extrañar que a los editores de guías de viajes se les haga la boca agua ante el próximo gran destino africano.

Surcando el paisaje en una hoya formada por el Gran Valle del Rift, el lago Malaui es una masa de resplandeciente agua repleta de coloridos peces cíclidos. Submarinismo, buceo, kayak o simple relax en sus islas desiertas... todo es inolvidable.

En pleno sur se alzan las espectaculares cumbres del macizo Mulanje y la meseta de Zomba, con sus bosques envueltos en neblina, paraíso de senderistas. Más al norte, el viajero será testigo de la belleza de la meseta de Nyika, de gran riqueza en vida salvaje. En resumen, aquí hay algo para todo el mundo.

CAPITAL
Lilongüe

POBLACIÓN
17,3 millones

ÁREA
118 484 km²

IDIOMA OFICIAL
Inglés

Reserva Natural de Majete

2 En el corazón meridional del país, es una de las reservas más apasionantes, gracias a las energías totalmente renovadas de su población animal, su perímetro vallado, refinadas infraestructuras y un decidido programa para evitar la caza furtiva. Es oficial: desde la introducción de leones en Majete en el 2012, Malaui cuenta de nuevo con los "cinco grandes", junto a leopardos, búfalos, elefantes y rinocerontes. Alojarse en el confortable Mkulumadzi Lodge permite contemplarlos de cerca, y seguir el rastro de las manadas de leones recién llegados en un safari en todoterreno.

Isla de Mumbo

3 El viajero puede llegar hasta aquí en kayak por las aguas verde botella del lago Malaui. Cerca del cabo Maclear, es una misteriosa isla desierta cubierta de espesa jungla, lastrada por rocas gigantescas y bordeada por agua de un azul tan verdoso que parece salida de una campaña publicitaria. El básico alojamiento constituye gran parte de su encanto; además, hay varanos de 1,5 m surcando la perfecta ensenada, y los gritos que se oyen proceden de un par de águilas pescadoras de la zona.

Malaui
Las mejores experiencias

Lago Malaui

1 La joya de la corona de este país es sin duda su mar interior, el lago Malaui. Bordeado de playas doradas, el "lago calendario", así llamado porque mide 365 millas (585 km) de largo y 52 (85 km) de ancho, ofrece un paraíso submarino para nadar entre llamativos peces cíclidos e islas desiertas a las que huir del mundanal ruido. Los *resorts* de la franja de Chintheche, la bahía de Nkhata y el cabo Maclear tienen también una gran oferta de excelente alojamiento y actividades como kayak y *windsurf*.

Monte Mulanje

4 La ascensión a sus sinuosas cumbres brinda vistas sublimes. Esta enorme mole de granito se yergue majestuosamente desde las planicies circundantes, superando los 3000 m de altitud. En toda su extensión hay

Elefantes, Parque Nacional de Liwonde.

valles verdes y ríos que se precipitan desde abruptos acantilados, dando lugar a bellas cascadas. Los lugareños lo conocen como "la isla del cielo"; los días de neblina queda envuelto en una bruma algodonosa y sus cumbres más altas traspasan las nubes hasta tocar el cielo.

Parque Nacional de Liwonde

5 Aquí se pueden avistar numerosos hipopótamos, búfalos de agua y cocodrilos en el río Shire o acercarse a los elefantes. Se trata de una reserva relativamente pequeña, con 584 km² de sabana seca y bosque, donde el viajero puede caminar, conducir o entretenerse a lo largo del sereno río Shire. Tras la reintroducción de leones en el 2013, guepardos y hienas son los siguientes en engrosar la lista de carnívoros.

Isla de Likoma

6 Esta isla ofrece maravillosas playas, el mejor hotel-*boutique* del país, y permite explorar aldeas tradicionales y una majestuosa catedral. Con 17 km², este paraíso de aguas color turquesa e idílico ambiente de isla desierta brinda magníficas vistas del cercano Mozambique. Aquí viven unas 6000 personas, en relativo aislamiento respecto al resto del país, lo que ha contribuido a preservar su cultura. Sin duda, merece la pena el esfuerzo de llegar hasta aquí.

si Malaui tuviera 100 habitantes

33 serían chewas
18 serían lomwes
14 serían yaos
12 serían ngonis

8 serían tumbukas
15 serían de otro origen

grupos religiosos
(% de población)

 83 Cristianos

 13 Musulmanes

2 Otras religiones

2 No religiosos

población por km²

MALAUI TANZANIA SUDÁFRICA

🚹 ≈ 11 personas

Cuándo ir

MAY-MED NOV

➡ La estación seca es la mejor época para ir.

MAY-JUL

➡ Parques nacionales como Nyika son una explosión de flores silvestres.

OCT-NOV

➡ Mejor época para avistar fauna, aunque el excesivo calor puede resultar incómodo.

El chico que aprovechó el viento

Cuando la sequía del 2001 trajo consigo la hambruna, los padres de William Kamkwamba ya no pudieron seguir costeando sus estudios y el joven de 14 años tuvo que dejar el colegio. Estudiando por su cuenta en su antigua escuela primaria, un libro en concreto llamó su atención; trataba sobre la generación de electricidad mediante molinos de viento.

Cansado de trabajar a diario en el campo, buscó chatarra y minuciosamente se puso manos a la obra, construyendo un molino de viento de cuatro aspas, en el que sus vecinos no tardaron en recargar sus teléfonos.

Al propagarse la noticia, gente de todo el mundo le ofreció ayuda. Recientemente reemprendió sus estudios y desde entonces ha viajado por el continente americano visitando parques eólicos y formando a niños sobre la creación de fuentes independientes de electricidad. *The boy who harnessed the wind* (William Kamkwamba y Bryan Mealer) es su insólita historia.

Comida y bebida

La dieta típica son unas espesas gachas de maíz conocidas como *nshima*, algo insípidas pero que llenan mucho. Se comen con las manos, acompañadas de alubias o verduras y salsa picante, y a veces carne o pescado.

El pescado es especialmente bueno, y el *chambo*, popular variedad de la familia de la brama, y el *kampango*, especie lacustre parecida al siluro, son muy apreciados.

En Malaui la cerveza tradicional está hecha de maíz; la *lager* se llama Kuche Kuche, pero casi todos los viajeros (y muchos lugareños) prefieren la elaborada por Carlsberg en su planta de Blantyre. La más popular es la Carlsberg verde (*lager*).

Paseo a caballo, Parque Nacional Nyika.

Bahía de Nkhata

7 Con sus barcas de pesca, animado mercado y pensiones en acantilados con vistas al resplandeciente lago Malaui, esta bella bahía tiene un claro aire caribeño. El viajero puede practicar un sinfín de actividades antes de tumbarse en la hamaca: buceo, submarinismo, alimentar a un águila pescadora o caminar por el bosque. Al sur, la playa de Chikale es muy popular para nadar y tumbarse en la arena. El equipo de buceo es gratis para los clientes de la mayoría de los *lodges*.

Parque Nacional Nyika

8 De un ámbar intenso bajo el sol de la tarde, la hierba del altiplano salpicada por resplandecientes rocas parpadea con las rayas de las cebras. A 2500 m sobre el nivel del mar, este parque de 3200 km^2 resulta enigmático; sus ondulantes praderas recuerdan a Inglaterra, pero de repente un antílope salta sobre el capó y el viajero se da cuenta de que está en África. Hay numerosas cebras, antílopes jeroglíficos, antílopes ruanos y elefantes, y se han clasificado más de 400 especies de aves.

Cómo desplazarse

Avión Hay vuelos regulares entre Lilongüe y Blantyre, así como bimotores a varios parques de safari y a la isla Likoma.

Barco El ferri *Ilala* transporta pasajeros y mercancías por el lago Malaui una vez por semana en ambas direcciones. Viaja entre Monkey Bay, al sur, y Chilumba, al norte, y hace 12 escalas en aldeas y poblaciones del lago. La travesía completa, de un extremo a otro, dura unos tres días.

Autobús Hay servicios directos entre Blantyre y Lilongüe dos veces al día. Las líneas de cercanías cubren la ruta litoral del lago. Además, hay microbuses locales que salen cuando se llenan.

CAPITAL
Male

POBLACIÓN
393 988

ÁREA
298 km²

IDIOMA OFICIAL
Dhivehi

Maldivas

Lujo incomparable, hermosas playas de arena blanca y un asombroso mundo submarino hacen de las Islas Maldivas una elección obvia para las mejores vacaciones de la vida.

Las Islas Maldivas quizá tengan las mejores playas del mundo; están presentes en casi cada una de sus 1200 islas y son tan perfectas que cuesta no volverse indiferente.

Aunque algunas de estas playas tengan granos más suaves que otras, lo que cuenta es que esta fina y blanquísima arena y el luminoso mar azul verdoso no se encuentran seguramente en ningún otro lugar del planeta.

Solo eso basta para atraer a casi un millón de visitantes a este diminuto paraíso índico.

En realidad, cada *resort* de las Maldivas es su propia isla privada y, con más de 100 para elegir, el único problema es decidir dónde alojarse.

No únicamente hay lujosos hoteles de cinco y seis estrellas; en las Maldivas es posible encontrar islas para familias, para submarinistas, para viajeros con presupuesto (relativamente) ajustado y también para quienes desean una experiencia serena, remota y una vuelta a la naturaleza.

Atolón Ihavandhippolhu
Dhidhdhoo
Kulhuduffushi
Atolón North Thiladhunmathee
Atolón South Thiladhunmathee
Atolón Maamakunudhoo
Atolón North Miladhunmadulu
Funadhoo
Atolón South Miladhunmadulu
Atolón Noonu **6**
Ugoofaaru
Manadhoo
Atolón North Maalhosmadulu
Naifaru   OCÉANO ÍNDICO
Atolón South Maalhosmadulu
Eydhafushi   Atolón Faadhippolhu
Atolón Goidhoo
Atolón North Male
Atolón Rasdhoo **2**
Thulusdhoo
✪**MALÉ** **1** **3**
Atolón Ari   Atolón South Male
5 **7** Mahibadhoo
Atolón Felidhoo
Felidhoo
Atolón North Nilandhoo
Magoodhoo   Atolón Mulaku
Atolón South Nilandhoo Muli
Kudahuvadhoo
Atolón Kolhumadulu
Veymandhoo
Atolón Hadhdhunmathee
Hithadhoo
OCÉANO ÍNDICO
Atolón North Huvadhoo
Viligili
Thinadhoo
Atolón South Huvadhoo
Atolón Foammulah Fuamulaku
Hithadhoo
Gan Atolón Addu **4** **7**
Ⓝ 0 ————————— 100 km

Maldivas
Las mejores experiencias

Malé

1 La capital de las Islas Maldivas es sin duda el mejor lugar para conocer a los lugareños y su forma de vida. Casas pintadas de vivos colores, mercados a rebosar y salones de té donde se puede charlar con la gente y compartir platos de deliciosos *short eats* son algunos de los alicientes de esta fascinante capital y el complemento perfecto del *resort*.

Desayuno con tiburones martillo

2 Muchos de ellos, sin duda una de las criaturas marinas de aspecto más extraño, pueden avistarse aquí si se sabe donde buscarlos. Existen pocas experiencias más emocionantes que sumergirse 30 m en caída libre al amanecer y toparse de repente con un banco de hambrientos tiburones martillo esperando su comida. El mejor lugar para hacerlo es el mundialmente famoso Hammerhead Point (o Rasdhoo Madivaru), ubicado en el atolón Rasdhoo.

Volar en hidroavión

3 Pocos destinos tienen como aliciente del viaje el medio de transporte, pero es que hay pocos sitios en el mundo donde sea necesario un hidroavión para llegar al hotel. El puerto principal está en el aeropuerto internacional de Malé, donde estos veloces Twin Otters funcionan como taxis en un país sin carreteras. Despegar desde el mar es una experiencia inolvidable, al igual que divisar espectaculares atolones de coral, lagunas azules y minúsculas islas desiertas desde el aire.

Submarinismo en Addu

4 Cuando el fenómeno climatológico El Niño acabó en 1998 con la vida marina de las Maldivas y blanqueó los corales, la única zona que se salvó fue Addu, el atolón más al sur. Aunque todos los corales del país se están recuperando de forma admirable, aquí son muy espectaculares, como los enormes corales cuerno de ciervo que no sobrevivieron en el resto de las islas. Buceadores y submarinistas quedarán conmovidos ante la fuerza y variedad de sus colores, sobre todo en la isla de Gan.

Atolón de Ari.

Nadar con un tiburón ballena

5 El pez más grande del mundo, el tiburón ballena, abunda en estas aguas, sobre todo al sur del atolón de Ari, y durante la luna llena, cuando las corrientes son más fuertes. Nadar con uno de estos dóciles gigantes que miden casi 10 m constituye una experiencia increíble y, además, no entraña ningún riesgo, pues a pesar de su impresionante tamaño, los tiburones ballena solo se alimentan de plancton.

Visitar una isla habitada

6 Si el viajero desea conocer las Maldivas más auténticas, puede pasar varias noches en una de las nuevas pensiones de las islas habitadas, a años luz del *spa* y la piscina desbordante del *resort*. Son más frecuentes en los atolones próximos a la capital, pero las hay también en enclaves tan alejados como el atolón Noonu. Aquí se puede ver la llamativa vida local, degustar platos isleños y visitar

si las Maldivas tuvieran 100 habitantes

55 trabajarían en los servicios
24 trabajarían en la industria
11 trabajarían en la agricultura

grupos religiosos
(% de población)

100

Musulmanes
suníes

población por km²

MALDIVAS   INDIA   ESPAÑA

🧍 ≈ 50 personas

Cuándo ir

TEMP. ALTA
(dic-feb)

➡ El mejor tiempo; poca lluvia, escasa humedad y cielo azul.

➡ En Navidad y Año Nuevo se disparan los precios y suele exigirse una estancia mínima de 10 días.

TEMP. MEDIA
(mar-abr)

➡ El buen tiempo continúa hasta finales de abril, cuando se alcanzan las máximas temperaturas.

➡ La temporada de *surf* va de marzo a octubre.

➡ Los precios suben durante Semana Santa.

TEMP. BAJA
(may-nov)

➡ Probabilidad de tormentas y lluvia, pero buen tiempo y precios más bajos.

➡ Los precios suben en agosto durante las vacaciones estivales europeas.

➡ Fauna acuática más variada en el oeste de los atolones.

Espectáculo de 'bodu beru'

El reclamo cultural de un viaje a las Maldivas es presenciar el increíble espectáculo tradicional de danza y percusión conocido como *bodu beru* ("gran tambor" en dhivehi).

Interpretado solo por hombres, es una experiencia apasionante. Los bailarines comienzan con un lento e indiferente balanceo y oscilación de los brazos, que se va animando a medida que sube el *tempo*, para acabar en un rítmico frenesí.

Un conjunto se compone de entre cuatro y seis percusionistas, y el sonido posee fuertes influencias africanas. Es una gran experiencia, pues la danza se torna cada vez más agitada a medida que avanza la noche.

SAKIS PAPADOPOULOS / GETTY IMAGES ©

Comida y bebida

Bis hulavuu Pastel hecho de huevos, azúcar y mantequilla clarificada servido frío. Se suele ofrecer al viajero que visita una isla habitada.

Café Los lugareños adoran su café. Se pueden tomar muy buenos *espressos*, *lattes* o capuchinos en todo Malé, así como en la mayoría de los *resorts* y pensiones.

Cerveza En Malé no tiene alcohol, aunque no lo parezca. Quien la desee con alcohol deberá cruzar la laguna hasta la isla del aeropuerto, donde se puede encontrar.

Kavaabu Pequeñas croquetas con atún, puré de patata, pimienta y lima, un tentempié muy apreciado.

Short eats Selección de comida para picar como *fihunu mas* (trozos de pescado con un baño de chile), *gulha* (croquetas rellenas de pescado y especias), *keemia* (rollitos de pescado frito rebozado) y *kuli boakiba* (pasteles picantes de pescado).

una parte del mundo que pocos llegan a ver.

Aprender submarinismo

7 Corales, peces tropicales, tiburones, tortugas y rayas componen un mundo inolvidablemente extraño, que se disfruta mejor haciendo submarinismo. Las islas tienen excelentes niveles de seguridad, modernos equipos, escuelas experimentadas, y el agua es tan cálida que muchos ni siquiera usan traje de neopreno. Algunas de las mejores zonas se sitúan en torno a los atolones de Addu y Ari.

Náufragos (de lujo)

8 La mayoría de los *resorts* ofrecen alguna variación sobre este tema: el viajero y su pareja o familia reciben una cesta de *picnic* (en los más lujosos suele ser una comida completa preparada por el personal) y desembarcan en dhoni en una isla impoluta y deshabitada. La tripulación sube de nuevo al barco y deja que se las arreglen solos en una playa de fina arena blanca rodeada de una laguna turquesa. Explorar la isla, cenar a lo grande, tomar el sol y bañarse: estas son las experiencias del náufrago moderno.

Cómo desplazarse

Avión Hay seis aeropuertos en el país, todos conectados a la capital por vuelos regulares.

Barco El gobierno de Nasheed inauguró una red de ferris públicos en el 2010, y pese a tener defectos, todas las islas habitadas disponen desde entonces de conexión en ferri con al menos otro destino, un mínimo de dos veces por semana.

Hidroavión Permite llegar por aire a casi todos los rincones del país. Todos los traslados se efectúan de día y ofrecen soberbias vistas de atolones, islas, arrecifes y lagunas.

Ceremonia, país de los dogones.

CAPITAL
Bamako

POBLACIÓN
16,4 millones

ÁREA
1,2 mill. de km²

IDIOMA OFICIAL
Francés

Malí

Como un exquisito castillo de arena en un crudo paisaje desértico, Malí es depositario de una cantidad extraordinaria de belleza, maravillas, talento y conocimiento.

Pocos países del África occidental pueden presumir de tantos atractivos, desde la legendaria Tombuctú a mezquitas junto a ríos que parecen fruto de la imaginación de un niño. Pero de momento sus paisajes, monumentos, mezquitas y bares musicales están vedados a los turistas por un conflicto que amenaza la cultura de esta notable nación.

Su corazón es Bamako, donde músicos de ngonis y koras tocan para multitudes de malienses. Más al oeste, mujeres fulanis atan sus pertenencias a los asnos, formando cara-vanas dignas de un concurso de belleza que atraviesa el *hamada* (monte bajo y pedrego-so). En el noreste, los escritos de venerables civilizaciones africanas permanecen bajo llave en las bellas bibliotecas de Tombuctú.

Los antiguos imperios ricos en oro de la franja sur del Sáhara dan mayor entidad histórica al país. Y rica y profunda es su mundialmente famosa banda sonora, cauti-vador catálogo de emotivos *blues* del desierto, viejas melodías de *griots* (narradores de historias) y frenéticos ritmos de baile.

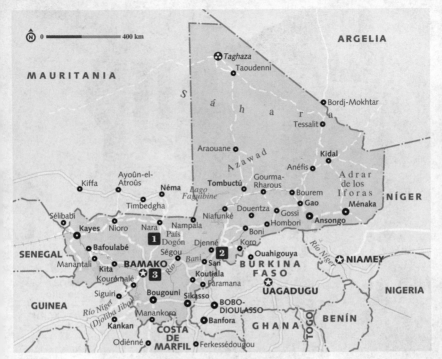

Malí
Las mejores experiencias

País de los dogones

1 Pueblos rosados, un gran cielo azul, cocodrilos sagrados y precipicios de arenisca dibujan el territorio dogón. Las casas cuelgan de la enorme escarpadura de la *falaise* de Bandiagara. Pero hay más, el recorrido guía al viajero por una fascinante cultura animista de complejas tradiciones y cosmología.

Djenné

2 Patrimonio Mundial de la Unesco, es una de las ciudades más antiguas del oeste de África. La incomparable mezquita es un idílico telón de fondo para su vasto, animado y llamativo mercado del lunes. Si el viajero se queda después de irse comerciantes y turistas, compartirá las laberínticas calles con los lugareños.

Bamako

3 Es una ciudad densa y no solo por la contaminación. Bamako es extensa y descarnada, y puede carecer de encanto si el viajero se fija en sus calles atestadas, automóviles, hordas de *mobylettes* (ciclomotores) y nubes de polución. Con todo, los extranjeros que viven aquí a menudo acaban por amar sus magníficos restaurantes y la música de las mayores estrellas africanas.

Comida y bebida

Bissap/djablani Zumo elaborado con pétalos de hibisco.

Capitaine Perca del Nilo, pescado de agua dulce.

Castel Cerveza del país.

Cuándo ir

NOV-ENE

➡ La mejor época para ir.

➡ Buen tiempo.

➡ Suficiente caudal en el Níger.

JUL-AGO

➡ Temporada más húmeda.

➡ La estación lluviosa va de junio a septiembre.

ABR-JUN

➡ Las temperaturas superan los 40°C.

➡ Septiembre y octubre son también muy calurosos.

La Valeta.

Malta

Malta no se parece a nada. Aquí el viajero hallará templos prehistóricos, acantilados salpicados de fósiles, calas escondidas, excitante submarinismo y una historia sorprendentemente intensa.

Pese a estar formada por tres diminutas islas en el límite meridional de Europa, Malta atesora una rica historia y fascinantes influencias culturales. Crisol de culturas mediterráneas, merece más atención de la recibida por parte del turismo masivo, cuya prioridad es la playa.

Desde los antiguos templos de piedra e históricos vínculos árabes (se aconseja escuchar con atención el idioma local) hasta la cocina de inspiración siciliana y un pe-culiar ambiente británico de la década de 1950, Malta siempre sorprende. La Valeta y las Tres Ciudades son famosas por sus majestuosas iglesias, elegantes palacios y fortificaciones calizas de color miel, mientras en las cercanas Sliema y St Julian abundan los bares y restaurantes.

No hay que olvidar la pequeña Gozo al noroeste: una hermosa isla rural con un ritmo de vida más lento, lugar perfecto para relajarse frente a la espectacular costa de Dwejra.

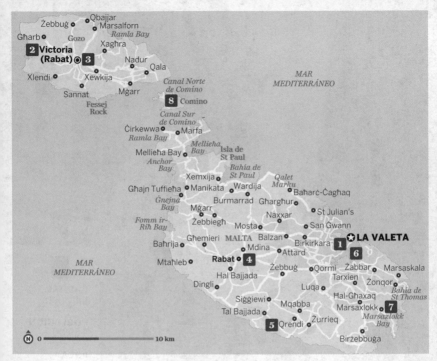

Malta
Las mejores experiencias

La Valeta

1 La capital es sorprendente; su reducido tamaño y armonioso diseño en cuadrícula facilitan la exploración a pie. Las altas casas se distinguen por sus balcones de madera y cristal, que les dan un aspecto peculiar. Las empinadas colinas hacen que algunas calles precisen escaleras, y su paisaje de montaña rusa brinda vistas fascinantes del mar desde las rectas y angostas callejuelas.

Dwejra

2 Esta costa de Gozo contiene bellas formaciones rocosas esculpidas por el mar y el viento. Desde aquí se puede cruzar en barco la Ventana Azul, un arco de roca que constituye una puerta al mar abierto. También está el mar Interior, sugerente enclave para nadar y bucear cuando está en calma. Cerca de la costa, la maciza Fungus Rock emerge del penetrante azul del Mediterráneo.

Victoria

3 Il-Kastell es un evocador lugar para pasear, una minúscula medina (ciudad amurallada) que parece surgir de los afloramientos rocosos. Se construyó tras un devastador asalto, que convirtió a prácticamente toda la población de Gozo en esclavos; de hecho, hubo una época en que sus 3000 habitantes venían a dormir aquí. Sus almenas brindan magníficas vistas marinas.

Mdina y Rabat

4 La diminuta capital histórica de Malta es una ciudad amurallada sobre una cima, repleta de edificios color miel. Rica en museos, piezas antiguas e iglesias, es sugerente y misteriosa de noche, cuando todo está cerrado y sus calles quedan vacías y tenuemente iluminadas. Al pasear, cuando el gentío se ha marchado ya, el visitante entenderá por qué se la conoce como la "Ciudad Silenciosa". Mdina linda con Rabat, bella localidad con fascinantes puntos de interés, muchos subterráneos.

Ħaġar Qim y templos de Mnajdra

5 Estos misteriosos templos megalíticos

Ventana Azul, Gozo.

construidos entre el 3600 y el 3000 a.C., son las estructuras de piedra independientes más antiguas del mundo, 500 años anteriores a las pirámides de Egipto. Hay encendidos debates acerca de su finalidad, pero su ubicación es sin duda evocadora, al filo de unos acantilados tapizados de flores silvestres en primavera y con espléndidas vistas del mar y el alejado islote de Filfla.

Callejones de Vittoriosa

6 Localmente conocida como Birgu, su nombre antes del gran asedio de 1565, es la más fascinante de las Tres Ciudades. Minúscula y encaramada en una pequeña lengua de tierra, ofrece deslumbrantes vistas y calles antiguas perfectamente conservadas. Fue la residencia original de los Caballeros de San Juan, pero no es un museo, sino una animada y vivaz localidad con un fuerte sentido de la comunidad. El mejor momento para visitarla es el día de octubre en que está iluminada solo con velas.

si Malta tuviera 100 habitantes

95 vivirían en zonas urbanas
5 vivirían en zonas rurales

grupos religiosos
(% de población)

98 Cristianos
2 Otras religiones

población por km²

MALTA	GOZO	ITALIA

≈ 200 personas

Cuándo ir

TEMP. ALTA
(jun-ago)

➡ Muchos *resorts* están llenos y las playas a rebosar.

➡ En julio y agosto las temperaturas diurnas pueden superar los 35°C.

➡ Temporada principal de *festas* (días festivos).

TEMP. MEDIA
(abr-jun, sep-oct)

➡ Clima cálido y soleado, con lluvia ocasional o viento caliente y húmedo.

➡ El mar es más cálido en otoño que en primavera.

➡ La Semana Santa es idónea para viajar a Malta.

TEMP. BAJA
(nov-feb)

➡ En noviembre y diciembre, temperaturas medias entre 12°C y 18°C.

➡ Enero y febrero son los meses más fríos.

➡ De Navidad a Año Nuevo es una breve temporada alta.

Religión

Alrededor del 95% de los malteses son católicos, y en cierta manera el catolicismo tiene mayor apoyo en Malta que en Italia. Las ceremonias religiosas suelen ser actos sombríos, llenos de tradición y respeto. Aun así, bautizos, primeras comuniones, bodas y funerales siguen celebrándose en la iglesia, y el evento más importante en el calendario anual es la *festa* parroquial.

Cada pueblo tiene un *festa* en honor de su patrón. Durante los días anteriores, las familias acuden a las iglesias para dar las gracias. Las calles están iluminadas y las celebraciones culminan con una gran procesión con fuegos artificiales, bandas de música y una imagen del patrón a tamaño natural.

La temporada de *festas* va desde mayo hasta septiembre.

Comida y bebida

Braġioli Estas "aceitunas de ternera" son un delgado filete de ternera enrollado y relleno de beicon picado, huevo duro y perejil, y estofado con una salsa de vino tinto.

Fenek El plato favorito de los malteses es el conejo, ya sea frito en aceite de oliva, asado, estofado, servido con espaguetis o en tartas al horno.

Ftira Pan plano y tradicionalmente relleno de una mezcla de tomates, aceitunas, alcaparras y anchoas.

Ġbejniet Queso blanco pequeño y duro, elaborado tradicionalmente con leche de oveja o cabra sin pasteurizar.

Kinnie Refresco con sabor a naranja amarga y hierbas aromáticas.

Pastizzi Pequeños hojaldres, rellenos de requesón o guisantes, disponibles en casi todos los bares o en una *pastizzerija* (quiosco o pequeño local de comida para llevar).

ALEX HARE / GETTY IMAGES ©

Paseo marítimo de Marsaxlokk.

Almuerzo dominical en Marsaxlokk

7 Esta ciudad costera está muy concurrida en domingo. Multitud de vecinos y turistas visitan la animada lonja, donde se puede comprar toda clase de productos del mar, desde pescado de roca a crías de tiburón. En el puerto se mecen llamativas barcas de pesca con el ojo de Osiris pintado, tradición que parece remontarse a la época de los fenicios. El paseo marítimo, flanqueado por restaurantes de pescado, es perfecto para disfrutar de un largo y relajado almuerzo, actividad favorita de vecinos y visitantes.

Comino

8 Pequeña y rocosa isla de bello litoral y singular historia, fue refugio de un eremita, zona de aislamiento para enfermos de cólera y campamento de prisioneros. Hoy atrae a muchos visitantes hasta su Laguna Azul, piscina marina que parece una imagen sobresaturada; si se ve sin el gentío, es impresionante. Comino es también un bello lugar para pasear; cómodos senderos en torno a la isla principal llevan a la atalaya del s. XVII y bordean la costa hasta el único hotel de la isla.

Cómo desplazarse

Barco Taxis acuáticos recorren la corta distancia entre La Valeta y Sliema, y entre La Valeta y las Tres Ciudades. Ferris de vehículos más grandes realizan regularmente la travesía entre el norte de Malta y Gozo (véase www.gozochannel.com).

Autobús La red cubre todo el territorio y suele operar de 5.30 a 23.00. Véase www.publictransport.com.mt para información sobre rutas y horarios.

Coche Alquilar uno resulta económico, pero conviene ser prudente, ya que los malteses conducen "al estilo italiano".

Desierto del Sáhara.

CAPITAL	Rabat
POBLACIÓN	32,6 millones
ÁREA	446 550 km²
IDIOMA OFICIAL	Árabe marroquí

Marruecos

Exótica puerta de entrada a África, en sus montes, desiertos y costas habitan bereberes y nómadas, y las callejuelas de sus antiguas medinas conducen a zocos y riads.

Desde las dunas del Sáhara a las cimas del Alto Atlas, se diría que Marruecos está hecho para el viajero. Esta sublime franja del norte de África está tapizada de idílicos paisajes, como esas alfombras de los zocos tan codiciadas por sus vistosos diseños y colores. Los montes brindan sencillos y sublimes placeres, como los brillantes cielos nocturnos o los esponjosos bancos de nubes. Abajo hay costas abruptas, cascadas y cuevas en cerros boscosos y el imponente desierto, un variopinto territorio que da forma a los sueños del visitante, pero también modela las vidas de bereberes, árabes y saharauis.

El truco para viajar aquí es dedicar suficiente tiempo a ver pasar la vida con los lugareños pese a la gran oferta de actividades: subir al pico más alto del norte de África, pasear en camello, comprar en los zocos, perderse en la medina y sudar en el *hammam*. Entre todo ello, el viajero puede pernoctar en los famosos *riads*, relajarse en grandes terrazas y regias plazas y devorar tajines aromatizados con azafrán y argán.

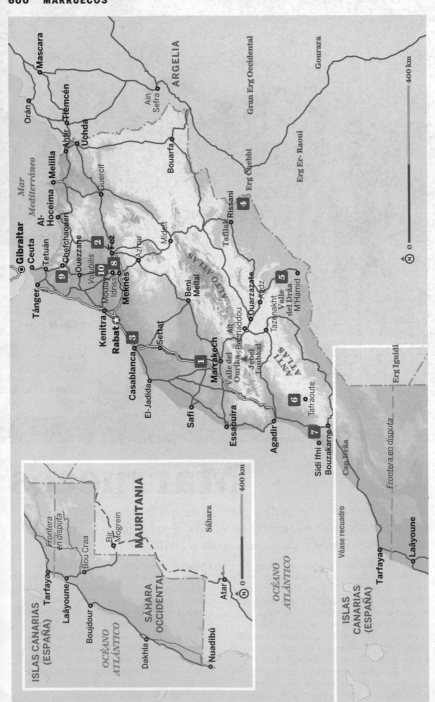

Marruecos
Las mejores experiencias

Djemaa el-Fna

1 Ni el mejor circo es comparable al disparatado *halqa* (teatro callejero) aclamado por la Unesco de la plaza principal de Marrakech. De día, "La Place" atrae multitudes con sus astrólogos, encantadores de serpientes, acróbatas y dentistas con frascos llenos de muelas extraídas. Al atardecer, un centenar de puestos de comida protagonizan el concurso de parrillas más estridente del mundo. "Yo le enseño a Jamie Oliver todo lo que sabe" alardea un chef. "Somos los números uno, literalmente", bromea el cocinero del primer tenderete. Después de la cena empiezan las improvisaciones musicales; al público se le anima a participar, y unas monedas garantizan varios bises.

Medina de Fez

2 Es el laberinto supremo, y el viajero quizá tenga que pagar a un niño para salir de él. Aun así, perderse, seguir a ciegas callejones hasta plazas y zocos ocultos, con la emoción constante del descubrimiento, es parte de la gracia. Es mejor verlo como una aventura, seguir al gentío que devuelve al viajero a las vías principales y vivir la emoción de no saber nunca lo que aguarda en la próxima esquina.

Músicos en Djemaa el-Fna, Marrakech.

1

DOUG MCKINLAY / GETTY IMAGES ©

Patrimonio arquitectónico de Casablanca

3 Quien diga que no hay nada que ver en Casablanca salvo la mezquita de Hassan II, es que no ha mirado bien. El centro está repleto de edificios moriscos y de sugerente estilo *art-déco*, con esquinas redondeadas, frisos de flores semiderruidos y balcones de hierro forjado de comienzos del s. xx, cuando la ciudad era la joya de las colonias francesas. Su estado de conservación es muy variable, y se puede ver casi todo en un circuito a pie.

si Marruecos tuviera 100 habitantes

27 tendrían entre 0-14 años
18 tendrían entre 15-24 años
42 tendrían entre 25-54 años
7 tendrían entre 55-64 años
6 tendrían más de 65 años

grupos religiosos
(% de población)

99 Musulmanes

1 Cristianos

población por km²

MARRUECOS   ARGELIA   ESPAÑA

= 15 personas

Paseo en camello por el Sáhara

4 Cuando el viajero se imaginó cabalgando tras la puesta de sol en su fiel corcel, no pensó que daría tantos bandazos. Pero montar en camello no es precisamente elegante, y el balanceo de un dromedario solo parece natural en los saharauis, bailarinas de la danza del vientre y genios salidos de una lámpara. El resto de los novatos se aferran cómicamente a la silla, con las rodillas abiertas y los nudillos blancos, hasta que pasan la primera duna sin novedad. Pero cuando la arena rosa y dorada de Erg Chebbi se une al desvaído cielo azul violeta del Sáhara, el viajero, anonadado, relaja las riendas, y al salir la luna llegar a Tombuctú parece factible.

Ruta de las ciudadelas del Valle del Drâa

5 Hoy las carreteras permiten recorrer con rapidez y seguridad los últimos tramos de las antiguas rutas de caravanas desde Malí a Marrakech, pero más allá de los rocosos cañones apenas divisados desde el vehículo está el valle del Drâa, meca de los mercaderes del desierto. Tras dos meses en el Sáhara, las palmeras y bellos castillos de adobe de Tamegroute, Zagora, Timidarte y Agdz deben parecer espejismos. Las fortificaciones que acogían caravanas cargadas de oro aceptan hoy huéspedes, quienes despiertan con dátiles *boufeggou* frescos, pan cocido en los hornos de las azoteas, y la sensación de que la velocidad está sobrevalorada.

Escenarios naturales

Marruecos se ha hecho célebre como gran plató de cine, apareciendo en discutibles productos como *Sexo en Nueva York 2*, *Prince of Persia: Las arenas del tiempo*, *Alejandro Magno*, *Ishtar*, *Troya* y *Sáhara*. Con todo, y pese a ciertos títulos prescindibles, ha brindado momentos de oro en *El hombre que sabía demasiado* (Hitchcock), *Otelo* (Orson Welles) y *Lawrence de Arabia* (David Lean).

Su versatilidad no deja lugar a dudas: fue Somalia en *Black Hawk derribado*, de Ridley Scott; el Tíbet en *Kundun*, de Martin Scorsese; y el Líbano en *Syriana*, de Stephen Gaghan. Además, el paisaje onírico de Kenia en *Origen* era en realidad Tánger. Marruecos también le robó el plano al mismísimo John Malkovich interpretándose a sí mismo en *El cielo protector*, de Bernardo Bertolucci, y Mohamed Akhzam y Boubker Ait El Caid –actores marroquíes no profesionales– no desentonaron frente a Cate Blanchett y Brad Pitt en *Babel*, nominada al Oscar en el 2006.

Comida y bebida

B'stilla Pastel de hojaldre, relleno de pollo o pichón, nueces y canela.

Cuscús Sémola de trigo cocida al vapor a fuego lento; se sirve con un guiso de carne y verduras. Suele ser el plato central.

Harira Clásica sopa espesa con cebolla, lentejas, garbanzos, tomate y cordero.

Khoobz Pan tradicional, elaborado en hornos de leña comunitarios.

Té a la menta El célebre "whisky bereber": té verde acompañado con menta fresca y mucha azúcar.

Tajín Estofado hecho a fuego lento en una cazuela de barro de tapa cónica. Algunas variedades típicas son pollo con aceitunas y limón, *kefta* (albóndigas) y ternera con pasas y almendras.

JON ARNOLD IMAGES / GETTY IMAGES ©

Tafraoute

6 La principal ciudad del Anti Atlas tiene un revoltijo de casas rosadas y calles de mercado en un entorno sublime. El valle de Ameln está salpicado de *palmeraies* (palmerales) y aldeas bereberes, y los imponentes picos acogen dos espectáculos diarios de luz ocre y ámbar. Con una industria turística poco desarrollada para sus muchos encantos, es una base fantástica para actividades como ciclismo de montaña y búsqueda de grabados rupestres prehistóricos. Por si los precipicios de granito y los oasis no fueran ya pintorescos, un artista belga aplicó su pincel sobre unas rocas, con resultados muy surrealistas.

Cuándo ir

TEMP. ALTA
(nov-mar)

➡ Primavera y otoño son muy requeridos.

➡ El precio del alojamiento alcanza su nivel máximo.

➡ Marrakech y el sur son muy visitados en Navidad y Año Nuevo.

TEMP. MEDIA
(abr y oct)

➡ Tormentas primaverales de arena en el Sáhara y lluvia en el norte. Buen tiempo en el resto.

➡ La demanda y el precio del alojamiento se disparan en Semana Santa.

TEMP. BAJA
(may-sep)

➡ Descuentos en alojamientos y zocos.

➡ El turismo nacional ayuda a mantener los precios altos en la costa.

Sidi Ifni

7 Esta antigua ciudad costera española, a un paseo en camello del Sáhara, es tan ruinosa, mágica y alegre como la transitada Essaouira. El viajero puede alcanzar los arcos de piedra de Legzira Plage o explorar los callejones azules y blancos de uno de los enclaves más seductores del sur del país. La mejor hora para apreciar estos vestigios *art* *déco* –que recuerdan más a Cuba que a Casablanca– es al ponerse el sol, cuando los vientos del Atlántico doblan las palmeras y llenan el aire de una fresca bruma marina.

Moulay Idriss

8 Esta ciudad sagrada con dos colinas es una joya encalada. Durante años los extranjeros tenían prohibido pernoctar aquí, pero recientemente muchas familias han convertido sus hogares en pensiones, lo que permite alejarse de las ciudades próximas. Los circuitos solo paran aquí durante 1 h, pero la puesta de sol y ver pasear a los vecinos desde los cafés de la plaza son auténticas delicias.

Películas

Alí Zaoua, príncipe de Casablanca (Nabil Ayouch, 2000) Los sueños y aventuras de un grupo de niños de la calle que sobreviven entre la pobreza y la marginación.

Casanegra (Nour-Eddine Lakhmari, 2010) La candidata al Oscar a mejor película extranjera se centra en los jóvenes de Casablanca, que piensan rápido y crecen más rápido aún al enfrentarse a los aspectos más oscuros de la vida urbana.

La vida perra de Juanita Narbona (Farida Benlyazid, 2005) La vida de la protagonista, hija de padre inglés de Gibraltar y de madre andaluza, en paralelo con el devenir de la ciudad de Tánger.

Libros

La noche sagrada Este relato de Tahar Ben Jelloun sobre una joven de Marrakech criada como un chico ganó el Prix Goncourt en Francia.

Sueños en el umbral: Memorias de una niña del harén Las memorias de Fatima Mernissi sobre el Fez de los años cuarenta se mezclan con historias de otras mujeres.

Cómo desplazarse

Avión Royal Air Maroc, la aerolínea nacional, viaja a Tánger, Nador, Uchda, Fez, Casablanca, Er-Rachidia, Marrakech, Essaouira, Agadir, Laâyoune y Dakhla.

Autobús El medio de transporte más barato y eficaz; suele ser seguro, aunque los conductores a veces dejan que desear.

Grand taxi Los vetustos Mercedes visibles en carreteras y estaciones de autobuses son taxis compartidos. Los valles del Ziz y Drâa, los montes del Tizi n'Test y del Rif son idóneos para ir en taxi.

Tren La excelente red ferroviaria, una de las mejores de África, une las ciudades más importantes. Hay dos líneas principales: de Tánger a Marrakech por Rabat y Casablanca, y de Uchda o Nador, en el noreste, hasta Marrakech, pasando por Fez y Meknès.

Medina de Chefchaouen

9 Si el viajero se aleja de los bares de la plaza, podrá explorar una de las mejores medinas del país, subir por calles adoquinadas y descubrir callejones encalados de azul, grandes puertas con clavos y símbolos de la vida en la medina: mujeres con los gorros de lana típicos del Rif vendiendo verduras en las esquinas, el *hammam*, el horno comunitario y la mezquita. Desde Ras el-Maa, la zona alta, se ve la *puesta de sol*.

Volubilis

10 La larga sombra del norte de África romano vuelve para atrapar al viajero en esta localidad con arcos de triunfo y bellos mosaicos. El marco natural, en la suave campiña al norte del Atlas Medio, es soberbio. La historia sigue interpretando el paisaje aquí también; basta con desviar la mirada desde la prensa de aceitunas romana hasta el cercano Moulay Idriss, donde aún se produce uno de los mejores aceites de oliva del país.

MICHELE FALZONE / GETTY IMAGES ©

Grand-Rivière.

Martinica

El sur de la isla tiene buenas playas y pueblos pesqueros,
mientras que el norte, con sus montes y jardines botánicos,
es ideal para excursionistas y amantes de la naturaleza.

Martinica es un *département* francés de ultramar, un pedazo de cultura gala en el Caribe, y aunque más tropical, su ritmo de vida francés resulta muy evidente. Esto es excelente para los francófilos, aunque puede también resultar un ambiente muy poco caribeño.

De origen volcánico, la isla es una maravilla montañosa coronada por el todavía humeante Mont Pelée, que en 1902 arrasó St-Pierre, la antigua capital. Largas y se-ductoras playas, excelente submarinismo y montes colosales cubiertos de bosques tropicales son sus principales reclamos turísticos.

Mucho más urbanizada que la mayor parte del Caribe, Martinica está viviendo una expansión descontrolada en varias zonas, en especial en su bulliciosa capital, Fort-de-France, y alrededores. Quienes deseen huir del mundo moderno pueden dirigirse a las bellas playas del sur o a los montes del remoto norte.

CAPITAL
Fort-de-France

POBLACIÓN
405 000

ÁREA
1100 km²

IDIOMA OFICIAL
Francés

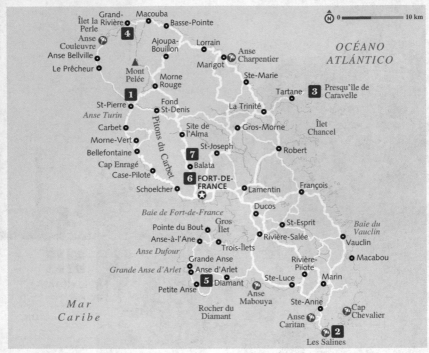

Martinica
Las mejores experiencias

St-Pierre

1 Cuesta creer que haya sido la ciudad más cosmopolita del Caribe. En 1902 la que fuera capital de Martinica fue arrasada en solo 10 min por el imponente y aún activo Mont Pelée, situado a 7 km, y aunque hoy es una sombra de lo que fue, resulta atractiva e interesante para pasear. En toda su extensión hay muchas ruinas ennegrecidas; algunas son poco más que cimientos, mientras que otras se conservan parcialmente intactas. Numerosos muros de piedra han sido reconstruidos, y hasta los edificios más nuevos parecen de época, por sus puertas con postigos y balcones de hierro forjado.

Les Salines

2 En el extremo sur sin urbanizar de la isla, está quizá su mejor playa. Los fines de semana y festivos este bello y largo tramo de arena dorada atrae por igual a familias locales y turistas franceses. Aunque es lo bastante amplia para no parecer abarrotada, lo mejor es caminar hacia la zona en que disminuye el gentío. Esta playa debe su nombre al Étang des Salines, gran estanque de sal situado detrás. Hay duchas y furgonetas de comida cerca de la zona central, y tiendas de tentempiés unos 500 m más al sur.

Presqu'île de Caravelle

3 Esta sugestiva península tiene bellas playas y un aire agreste e indómito en varias zonas. Una carretera bastante sinuosa con soberbias vistas cruza campos de caña de azúcar hasta Tartane, el pueblo principal, y continúa luego hasta Baie du Galion. Al norte hay un par de playas protegidas: la larga y arenosa Plage de Tartane del pueblo, y Anse L'Étang, que, bordeada de palmeras y con una suave inclinación, es una de las más bellas de la isla e ideal para hacer *surf* sin aglomeraciones. En ambas hay muchos restaurantes, y en Plage de Tartane también una lonja de pescado.

GUIZIOU FRANCK / GETTY IMAGES ©

Senderismo por la costa norte

4 Grand-Rivière es un bello y fotogénico pueblo de pescadores situado en el extremo norte de Martinica, bajo unos acantilados. Aunque ninguna carretera rodea el extremo de la isla, un sendera de 20 km sale de la ruta frente a la pintoresca *mairie* (ayuntamiento) de dos plantas, sube desde la playa, y llega hasta Anse Couleuvre, en la costa noroeste. La caminata es algo exigente, y lo mejor es sumarse a una ruta guiada.

Anse d'Arlet

5 El pueblo de pescadores más encantador del sur de la isla parece aún por descubrir, y por ahora solo cuenta con una pequeña pensión y poco más. Hay una atractiva carretera litoral coronada por una iglesia católica del s. XVIII, cuyas puertas dan casi directamente a la bonita playa, y todo está enmarcado por abruptas y frondosas colinas. Aunque el viajero no se aloje aquí, la excursión permite disfrutar del tranquilo ambiente y la playa estelar.

Route de la Trace

6 Esta ruta (N3) se adentra serpenteando en los montes al norte de Fort-de-France. Es un bonito paseo por una exuberante selva tropical de altos hele-

si Martinica tuviera 100 habitantes

90 serían africanos y mestizos
5 serían blancos
5 serían indios, libaneses o chinos

grupos religiosos
(% de población)

Católicos · Protestantes · Hindúes

Musulmanes · Otras religiones

población por km²

MARTINICA · BARBADOS · FRANCIA

🧍 = 115 personas

Cuándo ir

DIC-MAY

➡ La temporada alta coincide con los meses secos. La isla se llena de turistas franceses y el precio de los hoteles se dispara.

JUN-NOV

➡ Estación lluviosa, con fuertes aguaceros casi diarios. Septiembre es el mes más húmedo, y junto con agosto los más propensos a los huracanes.

DIC

➡ Festivales musicales en Fort-de-France; de guitarra los años pares y *jazz* los impares.

Erupción del Mont Pelée

A finales del s. XIX, St-Pierre, entonces capital de Martinica, era una próspera ciudad portuaria, tan cosmopolita que era conocida como la "Pequeña París de las Indias Occidentales". Mont Pelée, su pico más alto con 1397 m, era solo el pintoresco telón de fondo.

En la primavera de 1902, las chimeneas de vapor sulfuroso de Mont Pelée empezaron a emitir gases, y un lago del cráter se llenó de agua hirviendo. Las autoridades lo atribuyeron al ciclo normal del volcán, que había experimentado anteriores períodos de actividad inocua.

El 8 de mayo de 1902 se produjo el más devastador desastre natural de la historia del Caribe: el Mont Pelée registró una explosión de gas sobrecalentado y cenizas candentes. St-Pierre fue arrasada en cuestión de minutos; de sus 30 000 habitantes, solo tres sobrevivieron.

Comida y bebida

Acras Este entremés de fama mundial es tempura de pescado, marisco o verduras. Los deliciosos acras de *morue* (bacalao) y *crevettes* (gambas) son los más apreciados.

Blaff Término local para el pescado blanco marinado en zumo de lima, ajo y pimientos, y escalfado. Aunque popular en todo el Caribe, es originario de Martinica.

Crabes farcis Típico plato de cangrejos rellenos de la picante mezcla de su carne con ajo, chalotes y perejil, y cocinados con su caparazón.

Ti-punch Abreviación de *petit punch*, este omnipresente y potente cóctel es el *apéro* (aperitivo) habitual de Martinica: mezcla de ron, lima y sirope de caña, pero sobre todo ron, combinado al gusto.

DANITA DELIMONT / GETTY IMAGES ©

Flor del banano, Jardín de Balata.

chos arborescentes, laderas cubiertas de anturios y tupidos macizos de bambú en las cunetas. La carretera pasa por las faldas orientales de los picos volcánicos del Pitons du Carbet. Varios senderos bien señalizados se adentran en la selva tropical y llegan hasta las cumbres. La carretera sigue la Trace des Jésuites, ruta abierta por los jesuitas en el s. XVII.

Jardín de Balata

7 Este bello jardín botánico ubicado en plena selva tropical es uno de los mayores atractivos de la isla y gustará hasta al viajero con escaso interés por la botánica. El paseo de 1 h está señalizado con claridad, y varios tramos por los árboles captan el interés de los niños. Desde aquí hay fantásticas vistas de la costa. Pasado el jardín, la ruta serpentea por los montes hasta los 600 m antes de bajar a Site de l'Alma, donde un río atraviesa un exuberante cañón. Hay mesas de picnic y un par de pequeños senderos que se adentran en la selva tropical.

Cómo desplazarse

Barco Un servicio regular de *vedette* (ferri) entre las principales zonas de *resorts* y Fort-de-France proporciona una grata alternativa al pesado tráfico de autobuses y automóviles; evita tener que aparcar en la ciudad y es más rápido.

Autobús Aunque hay autobuses públicos más grandes, casi todos son furgonetas con el letrero TC (*taxis collectifs*) en la parte superior. Llevan el destino señalizado; el autobús es mejor para distancias cortas, y para visitantes con mucho tiempo extra.

Automóvil Alquilar uno es la forma de transporte más aconsejable; es fácil de contratar, los precios son bajos y la red de carreteras, excelente.

Le Morne Brabant.

CAPITAL
Port Louis

POBLACIÓN
1,3 millones

ÁREA
2040 km²

**IDIOMAS
OFICIALES**
Francés, inglés

Mauricio

*Predicción para la llegada: tiempo soleado, 29°C en el aire
y el agua. El viajero no tardará en tumbarse en una playa de
arena blanca con un zumo de fruta tropical en la mano.*

Mark Twain escribió que "Mauricio fue creado antes que el cielo, y después sirvió de modelo", algo muy cierto. Goza de merecida fama por sus aguas de color zafiro, playas de fina arena blanca y *resorts* de lujo, pero estos no son sus únicos atractivos. Hay observación de aves y senderismo en el interior boscoso y montañoso, submarinismo y buceo excelentes, travesías a islotes casi perfectos y excursiones a fabulosos jardines botánicos y casas coloniales. En cualquier caso, las posibilidades se antojan infinitas y el genuino Mauricio –picante curri de culturas diversas, tráfico y apacibles pueblos pesqueros– nunca está lejos.

Al final, es uno de esos lugares que premia cualquier mínimo intento de exploración. Por tanto, si el mayor descubrimiento del viajero es el servicio de mayordomo en la playa, no tendrá más remedio que volver.

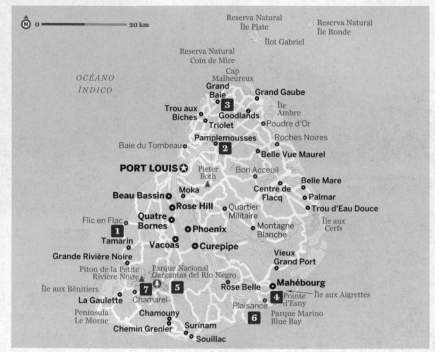

Reserva Natural
Île Plate

Reserva Natural
Île Ronde

Îlot Gabriel

Reserva Natural
Coin de Mire

OCÉANO
ÍNDICO

Cap
Malheureux

Grand
Baie **3**

Grand Gaube

Trou aux
Biches

Île
Ambre

Goodlands
Triolet

Poudre d'Or

Pamplemousses **2**

Roches Noires

Baie du Tombeau

Belle Vue Maurel

PORT LOUIS ✪

Pieter
Both

Bon Acceuil

Belle Mare

Moka

Centre de
Flacq

Palmar

Beau Bassin

Rose Hill

Quartier
Militaire

Trou d'Eau Douce

Île aux
Cerfs

Flic en Flac

Quatre
Bornes

Phoenix

Montagne
Blanche

1
Tamarin

Vacoas

Curepipe

Grande Rivière Noire

Vieux
Grand Port

Piton de la Petite
Rivière Noire

Parque Nacional
Gargantas del Río Negro

Île aux Bénitiers

7   **5**

Rose Belle

Mahébourg

La Gaulette

Chamarel

4 Pointe
d'Esny

Île aux Aigrettes

Península
Le Morne

Chamouny

Plaisance

Parque Marino
Blue Bay

Chemin Grenier

Surinam

6

Souillac

Mauricio
Las mejores experiencias

Submarinismo y delfines

1 La costa oeste de Mauricio concentra algunas de las mejores zonas de submarinismo del océano Índico. En concreto, la arquitectura de las formaciones rocosas submarinas y los grandes bancos de peces hacen de Flic en Flac un destino de nivel mundial. Las mejores zonas son los muros y pendientes al borde de la laguna turquesa, y La Cathédrale, cerca de Flic en Flac, es simplemente maravillosa. Al sur, frente a Tamarin, el viajero puede nadar con delfines en aguas abiertas.

Jardines y bellas casas

2 El interior de la isla es abrupto y accidentado, pero con enclaves excepcionales. Entre lo preferido por muchos viajeros se hallan los extensos jardines botánicos de Pamplemousses, con enormes nenúfares que hay que ver para dar crédito. No lejos quedan dos de los vestigios más bellos de la arquitectura colonial aún en pie: el Chateau Labourdonnais, al norte de los jardines, y Eureka, en Moka.

Marisco en la playa

3 La captura del día en la mesa, con los pies enterrados en la arena: algo con lo que todo viajero sueña, pero muy factible en cualquier playa o *resort* de la isla. Langosta, pulpo, pescado a la parrilla y calamares son productos típicos del Índico. Si cuesta decidirse, todos están presentes en la típica fuente de marisco; se aconseja probar una Grand Baie. Lo mejor es el sabor añadido de la sabrosa mezcla de salsas e influencias culturales, desde curris indios a salsas rojas criollas.

'Chambres' y 'tables d'hôtes'

4 Ya sea en la costa oeste, Pointe d'Esny o las tranquilas altiplanicies de Rodrigues, alojarse en una *chambre d'hôte* (pensión

Ídolos de peregrinación hindú, Festival Maha Shivaratree.

familiar) es un fantástico aprendizaje de la vida local. Las habitaciones suelen ser sencillas, pero la calidez, el carácter personal del recibimiento y la *table d'hôte* nocturna (cena en una *chambre d'hôte*), donde huéspedes y propietarios se reúnen ante una comida tradicional, es uno de esos recuerdos que perduran mucho después de borrarse en la memoria los *resorts* de lujo.

Fiestas hindúes y criollas

5 Las fiestas hindúes son una fantástica

forma de animar un viaje a Mauricio. La mayor, celebrada en febrero o marzo, es la peregrinación al lago sagrado de Grand Bassin, con 500 000 participantes. En marzo tiene lugar también el vistoso festival holi, en octubre el divali, y el teemeedee en diciembre o enero, donde los hindúes caminan sobre el fuego. En cuanto a la cultura criolla, octubre es especialmente dinámico en Rodrigues.

Sureste de Mauricio

6 Elegir la mejor playa es como escoger

si Mauricio tuviera 100 habitantes

68 serían indo-mauricianos
27 serían criollos
3 serían chino-mauricianos
2 serían franco-mauricianos

grupos religiosos
(% de población)

48   24   17

Hindúes   Católicos   Musulmanes

9   2

Protestantes   Otras religiones

Cuándo ir

ENE-FEB

➔ Temporada de ciclones, que pueden prolongarse hasta abril.

➔ Algunos *resorts* ofrecen paquetes con descuentos.

➔ Vuelos más baratos.

NOV-ABR

➔ Temporada alta con el punto álgido en Navidad-Año Nuevo, aunque otros factores, como las vacaciones escolares francesas, también pueden provocar avalanchas.

➔ Fiestas hindúes y actos culturales en diciembre/enero.

MAY-NOV

➔ Aunque Mauricio goza del típico clima tropical con calor todo el año, el invierno, más fresco, va de mayo a noviembre.

población por km²

MAURICIO	TANZANIA	ESPAÑA

👤 ≈ 50 personas

El extinto dodo

Las ilustraciones de los diarios de navegación de los primeros barcos en alcanzar Mauricio muestran cientos de orondas aves no voladoras bajando hasta la playa para investigar a los recién llegados. Sin depredadores naturales, estos gigantescos parientes de la paloma fueron presa fácil de los hambrientos marineros, que los bautizaron como dodos ("tontos"). En solo treinta años, los marineros y la plagas ya habían provocado la extinción del dodo; el último ejemplar fue visto hacia 1660.

En 1865 el maestro de escuela George Clark descubrió un esqueleto de dodo en una zona pantanosa. Reensamblado por científicos de Edimburgo, ha sido la base de posteriores reconstrucciones, como la expuesta en el Museo de Historia Natural de Port Louis.

Comida y bebida

Carne Los bistecs son extraordinarios, en especial los procedentes de Sudáfrica. Las salchichas criollas son inconfundibles y suelen prepararse con salsa roja criolla.

Marisco Pilar de las diversas gastronomías de la isla, gambas (*crevettes*) y pulpo (*ourite*) son las estrellas. El pulpo aparece en ensaladas, cocinado en azafrán, o en los curris; el pescado del día suele ser recomendable.

Comida callejera *Dhal puri* (*dhal* de lentejas en chapatis) y *boulettes* (pequeños *dumplings* chinos al vapor) son fantásticos.

Tables d'hôte Equivalente culinario de las pensiones familiares, donde se comparten mesas colectivas con diversas especialidades tradicionales. Si el viajero no come en una *table d'hôte* en Mauricio se pierde una parte esencial de su cultura gastronómica.

el sabor de un helado: en realidad, todos son exquisitos. Las costas que se hallan ubicadas al este y sureste son más tranquilas, sobre todo las playas de Pointe d'Esny y Belle Mare, y están próximas a los bosques de Vallée de Ferney y la cercana Île aux Aigrettes. Esta última isla, con sus especies de aves amenazadas, grandes tortugas y bosques de ébanos bajos, es como desembarcar en la isla antes de que llegara el hombre y dominara el medio.

Gargantas del Río Negro y Chamarel

7 Uno de los paisajes más espectaculares se halla en el suroeste. Los tupidos bosques del Parque Nacional Gargantas del Río Negro son el hábitat de fantásticas aves amenazadas que han evitado el destino del dodo, lejos de las magníficas vistas que brindan los incontables senderos. Tras una mañana de senderismo, se impone un almuerzo en Chamarel, con soberbios restaurantes y una prestigiosa destilería de ron en los cerros.

Cómo desplazarse

Avión Algo caro pero eficiente. Los vuelos más prácticos son entre Mauricio y Rodrigues.

Barco Rápido y fiable, pero bastante caro.

Autobús Muy económico. Desplazarse en transporte público es posible, aunque a veces complicado y bastante lento.

Automóvil Se puede alquilar en las principales ciudades y aeropuertos. Fuera de las ciudades, da flexibilidad y comodidad. Se conduce por la izquierda.

Taxi Alquilar uno puede ser una excelente forma de explorar una zona, sobre todo si se comparten gastos con otros viajeros.

Caminata por las dunas, región de Adrar.

CAPITAL
Nuakchot

POBLACIÓN
3,4 millones

ÁREA
1 millón de km^2

IDIOMA OFICIAL
Árabe

Mauritania

Reino aparentemente infinito de arena del Sáhara bañado por el Atlántico, sirve de puente entre el norte de África y las regiones subsaharianas.

Si el oeste africano es lugar de recreo para quienes viajan por tierra, Mauritania a menudo parece un simple lugar de tránsito entre ciudades más turísticas como Marrakech, Dakar o Bamako. Considerado como la ruta transahariana más segura por tierra, desde hace tiempo es solo una escala entre Europa y el oeste de África. Una pena, pues Mauritania posee grandes secretos por revelar.

Tan impresionante como su diversidad cultural es el paisaje, de los más bellos del continente. La región de Adrar ofrece épicas dunas, alucinantes mesetas y el mayor monolito de África; el Tagânt tiene encantos parecidos, y ambos ocultan antiguas ciudades de caravanas, como Chinguetti, Ouadâne y Oualâta. El festín del Patrimonio Mundial continúa por el litoral en el Parque Nacional del Banc d'Arguin, un acreditado lugar de observación con millones de aves migratorias.

Si el viajero se limita a pasar con premura, se perderá un país asombroso; en Mauritania nadie tiene prisa, y el viajero tampoco debería tenerla.

Mauritania
Las mejores experiencias

Chinguetti

1 Envuelta en un halo histórico, fue famosa por sus eruditos islámicos como antigua capital mora; algunos de sus edificios datan del s. XIII. El plato fuerte de la visita es perderse por los laberínticos callejones de Le Ksar (casco antiguo).

Adrar

2 Indiscutible joya de Mauritania, permite experimentar la magia del Sáhara y dormir bajo el cielo estrellado en sus dunas de color azafrán. Este épico territorio muestra el gran desierto en toda su variedad: sus inmemoriales ciudades, imponentes dunas como esculturas de un artista, vastas mesetas rocosas y apacibles oasis bordeados de palmeras datileras.

Parque Nacional del Banc d'Arguin

3 Este parque, declarado Patrimonio Mundial, es un lugar de cría de aves migratorias entre Europa y el sur de África, y uno de los mejores puntos de observación del continente. Se extiende 200 km al norte desde el cabo Timiris y 235 km al sur de Nuadibú. La forma idónea de acercarse a las aves es en una barca tradicional de pesca desde el pueblo de Iwik.

Comida y bebida

Méchoui Tradicional festín nómada; asan un cordero entero al fuego y lo rellenan de arroz.

Té Cargado, dulce y servido sin cesar. Es de buena educación aceptar los tres primeros vasos que se ofrecen.

Zrig Leche cuajada de cabra o camello sin endulzar.

Cuándo ir

NOV-MAR

➡ Los meses más agradables para ir al desierto, aunque las noches pueden ser frías.

JUN-AGO

➡ Los *rifi* (vientos cálidos) hacen que las temperaturas superen los 45°C.

JUL-SEP

➡ La breve estación lluviosa en Nuakchot puede provocar inundaciones después de los aguaceros.

El Castillo, Chichén Itzá.

CAPITAL
Ciudad
de México

POBLACIÓN
118,8 millones

ÁREA
1,9 mill. de km²

IDIOMA OFICIAL
Español

México

Selva y desierto, ciudades abarrotadas y pueblos recónditos, festiva pirotecnia y la angustia de Frida: México evoca imágenes contradictorias, pero ningún prejuicio puede igualar la realidad.

Desde las selvas del sur hasta humeantes volcanes nevados y desiertos septentrionales salpicados de cactus, todo rodeado por 10 000 km de costa, playas de arena y lagunas de rica fauna y flora, México es una aventura infinita para los sentidos. El viajero puede tumbarse en la playa, cenar al aire libre, pasear por bellas ciudades, o salir y bucear en cálidos arrecifes caribeños, recorrer bosques nublados de montaña o embarcarse en busca de delfines o ballenas.

El corazón de esta experiencia lo llenan los mexicanos. Pueblo muy diverso, goza de merecida fama por su pasión por el color y las fiestas. Cuesta encontrar personas poco amables, y casi todos derrochan encanto. Sienten verdadero orgullo por su singular y variopinta patria: familias muy unidas, ciudades de rara belleza, tradiciones arraigadas, licores únicos y exquisitos a base de agave, y comida cargada de chile. La razón es fácil de entender.

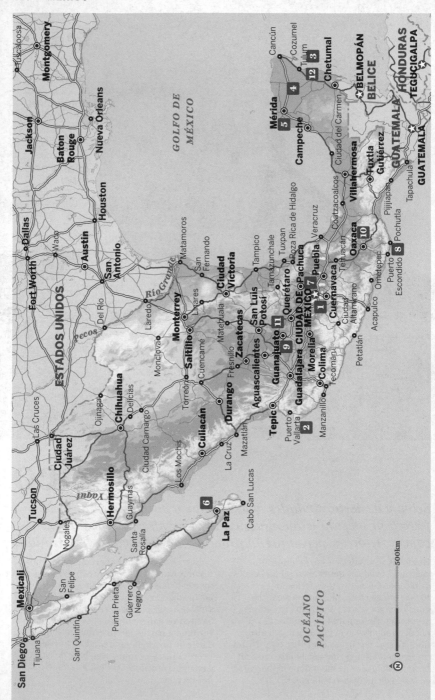

México
Las mejores experiencias

Ciudad de México

1 Para apreciar en su totalidad este paradigmático lugar es preciso aceptar sus respetadas tradiciones. El viajero puede deslizarse en góndola por los antiguos canales de Xochimilco, o tomar tequila en viejas cantinas frecuentadas por revolucionarios mexicanos. Quizá sea simplemente el placer de comer en la calle (por ejemplo, insectos), o contemplar la Piedra del Sol (calendario azteca) y otras soberbias reliquias de talla mundial de su pasado prehispánico en el Museo Nacional de Antropología.

Puerto Vallarta

2 Escondido entre montes cubiertos de selva, en la segunda bahía más grande de Norteamérica, el renombrado centro turístico del Pacífico mexicano combina su bello entorno con un ambiente festivo que acoge a todo el mundo: amantes de la comida y las compras, entusiastas de la vida al aire libre y la comunidad internacional de gays y lesbianas. A 1 h de distancia de la ciudad se puede tomar el sol en una playa solitaria, montar a caballo en la Sierra Madre Occidental, avistar ballenas, hacer submarinismo o capturar un pez gigante.

Palacio de Bellas Artes, Ciudad de México.

1

Tulum

3 Si se toman unas ruinas mayas de fama mundial y se sitúan junto a la arena blanca y el agua azul turquesa del Caribe, el resultado es el increíble Tulum. Hay alojamiento para todos los bolsillos, desde cabañas de playa a *resorts* de calidad, así como fantásticos restaurantes y muchos lugares de interés en los alrededores; no resulta extraño que quien vino a pasar unos días siga aquí meses después.

Chichén Itzá

4 Incluido en todos los circuitos de autobús y siempre a rebosar; aun así, no es de extrañar que este yacimiento maya fuera declarado una de las siete maravillas del mundo: es simplemente espectacular. Desde la imponente pirámide monolítica de El Castillo (donde la sombra del dios serpiente emplumada Kukulcán baja reptando la escalinata durante el equinoccio de primavera y otoño) al Cenote Sagrado y el curioso diseño del observatorio astronómico de El Caracol, no es preciso ser arqueólogo para disfrutarlo.

si México tuviera 100 habitantes

30 serían descendientes de indígenas
9 serían descendientes de europeos
61 serían descendientes de mestizos

grupos religiosos
(% de población)

85 Católicos
8 Pentecostales, testigos de Jehová y otros evangélicos
5 No religiosos
2 Otras religiones

población por km²

MÉXICO   GUATEMALA   ESPAÑA

≈ 15 personas

La maravillosa Mérida

5 Capital cultural de la península de Yucatán, esta ciudad grande pero manejable posee un cuidado centro colonial, numerosos museos y galerías y una de las mejores gastronomías de la región. En las afueras hay reservas de fauna y flora, elegantes haciendas y selváticos cenotes aptos para el baño. Algo más lejos, los poco visitados enclaves mayas de la ruta Puuc permiten retroceder en el tiempo sin ser atosigado por grupos de turistas.

Isla Espíritu Santo

6 Por si bucear con tiburones ballena no bastase, esta excepcional isla del golfo de California ofrece incomparable submarinismo, acampada bajo la espectacular bóveda estrellada, y kayak por infinidad de bahías azules con bellos acantilados; hay hasta una colonia de leones marinos. Espíritu Santo es soberbia en todos los sentidos, gracias principalmente a su geografía única. El viento y las olas han erosionado la arenisca rosada formando protuberancias alargadas que abrigan bonitas calas.

Pirámides de Teotihuacán

7 Entre las grandes ciudades mesoamericanas de la Antigüedad, Teotihuacán es una popular excursión de un día a solo 1 h de la capital. Las enormes pirámides del Sol y de la Luna dominan los restos de la metrópolis. Centurias después de su caída en el s. VIII d.C., siguió siendo lugar de peregrinaje de la realeza azteca.

Día de Muertos

Puede que ningún otro festival revele el espíritu mexicano mejor que el Día de Muertos, recuerdo triste y a la vez feliz de los difuntos, celebrado a principios de noviembre.

Hoy es un fenómeno nacional, y en todas partes hay gente limpiando tumbas y decorándolas con flores, velándolas y construyendo elaborados altares para recibir de nuevo a sus seres queridos. Para la mayoría mestiza se trata más bien de una fiesta popular y una reunión familiar.

En todos los mercados venden calaveras de azúcar, ataúdes de chocolate y esqueletos de juguete para regalar a los niños o decorar el cementerio; esta tradición es, en gran parte, resultado de la obra del artista José Guadalupe Posada (1852-1913), célebre por sus imágenes satíricas de la muerte en forma de esqueleto, que participa alegremente de la vida cotidiana trabajando, bailando, festejando, bebiendo y cabalgando hacia la batalla.

Comida y bebida

Elotes Mazorcas de maíz al vapor o a la parrilla cubiertas de mayonesa y aderezadas con chile en polvo.

Enchiladas Tortillas ligeramente fritas rellenas de pollo, queso o huevos, y cubiertas con salsa de chile.

Quesadillas Tortillas dobladas por la mitad rellenas de queso u otros ingredientes.

Tacos La comida mexicana por excelencia se puede hacer con carne, pescado o verdura envueltos en una tortilla, con un poco de salsa, cebolla y cilantro.

Tamales Hechos con masa mezclada con manteca de cerdo, rellenos de carne, pescado o verduras, cocidos al vapor en hojas de maíz o banano.

Tequila El champán de México.

Costa de Oaxaca

8 Tras unos días en este tramo de 550 km de playas del Pacífico, el relax puede llegar a impedir la partida. Entre sus alicientes destacan Puerto Escondido, paraíso del *surf* y puerto pesquero, el discreto *resort* de Bahías de Huatulco, o los tranquilos Zipolite, San Agustinillo o Mazunte. El viajero puede tomar el sol, comer bien, beber algo en un relajado bar de playa y, cuando lo desee, hacer *surf*, bucear o embarcarse para ver tortugas, delfines, ballenas, cocodrilos o aves.

Guanajuato

9 Esta maravillosa ciudad, Patrimonio Mundial de la Unesco, tiene mucho que ofrecer en su estrecho valle. Antigua localidad minera, es hoy una vistosa urbe universitaria y un festín de plazas, entretenidos museos, opulentas mansiones coloniales y casas de color pastel. El viajero puede serpentear por callejuelas peatonales, observar a la gente en las plazas, codearse con mariachis encantadores, o

Cuándo ir

TEMP. ALTA
(dic-abr)

➡ Los meses más secos traen fugitivos del invierno de países más fríos.

➡ Navidad y Semana Santa son períodos vacacionales; el transporte y los alojamientos costeros están a rebosar.

TEMP. MEDIA
(jul y ago)

➡ Vacaciones para muchos mexicanos y extranjeros. Calor casi en todas partes, y mucha humedad en la costa del Pacífico.

TEMP. BAJA
(may, jun, sep-nov)

➡ En mayo y junio se registran temperaturas máximas en muchas zonas.

➡ Septiembre es plena temporada de huracanes, con lluvias torrenciales en el Golfo y la costa del Pacífico.

participar en las *estudian-tinas* (fiestas tradicionales de calle). Los túneles subterráneos –sus principales rutas de transporte– permiten desplazarse de forma peculiar.

Oaxaca

10 Esta particular ciudad sureña se deleita con la brillante luz del altiplano y cautiva con su bella artesanía, frecuentes fiestas y atractiva arquitectura colonial. En los restaurantes y puestos del mercado sirven exquisita comida. Su celebración del Día de Muertos es de las más vibrantes de México; casas, cementerios y edifi-

Películas

Amores perros (2000) Cruda e innovadora, lanzó a la fama al director Alejandro González Iñárritu y al actor Gael García Bernal.

Heli (2013) Amat Escalante ganó el premio al mejor director en el Festival de Cannes por esta historia sobre una joven pareja atrapada en el narcotráfico.

Y tu mamá también (2001) Clásica *road movie* iniciática sobre dos privilegiados adolescentes de Ciudad de México.

Libros

El laberinto de la soledad El premio Nobel Octavio Paz indaga en las claves de la identidad mexicana, su psicología y su moral.

Pedro Páramo La gran novela mexicana, de Juan Rulfo.

Bajo el volcán Un cónsul británico bebe hasta morir en el clásico de Malcolm Lowry de 1938.

El testigo El regreso de un exiliado a un México azotado por el crimen organizado y las cuentas mal saldadas de la Revolución, por Juan Villoro.

Cómo desplazarse

Avión Más de 60 ciudades cuentan con vuelos nacionales, una buena opción para trayectos interurbanos largos. Las tarifas varían según la aerolínea y la antelación en el pago.

Autobús La red de autobuses es eficiente, cómoda, con precios razonables y la mejor forma de moverse por el país: se paga una media de 1 MXN por kilómetro en autobuses de primera clase, que van a unos 75 km por hora. Los servicios son frecuentes en las rutas principales.

Automóvil y motocicleta Una práctica opción con máxima independencia: carreteras en buen estado, con velocidad máxima más baja que en el norte de la frontera o en Europa. Las tarifas de alquiler son razonables e incluyen seguro básico.

cios públicos son decorados con altares de muertos de bella factura.

San Miguel de Allende

11 Tras una dura mañana visitando tiendas, iglesias y galerías por calles coloniales adoquinadas, no hay como disfrutar de un estupendo respiro en una piscina termal de las afueras, una de las experiencias más relajantes de la región. Tras el chapuzón se puede visitar el cercano santuario de Atotonilco, fascinante lugar de peregrinaje.

Riviera maya

12 Extendiéndose desde Cancún, lugar de fiesta de la *jet-set* y estudiantes de vacaciones, a los páramos de la Reserva de la Biosfera de Sian Ka'an, esta región tiene mala fama, sobre todo debido a Cancún. Aun así, posee múltiples rincones para relajarse sin ser atropellado, desde pequeños pueblos pesqueros a zonas de moda cosmopolitas. Además, el azul del agua desdibuja los excesos y permite rendirse al maravilloso entorno tropical.

Calaveras de cerámica pintadas, Oaxaca.

Pohnpei.

CAPITAL
Palikir

POBLACIÓN
106 104

ÁREA
702 km²

IDIOMA OFICIAL
Inglés

Micronesia

Los estados de Kosrae, Pohnpei, Chuuk y Yap poseen culturas, tradiciones e identidades propias tan coloridas como las incontables formaciones coralinas que viven en los arrecifes a su alrededor.

Conocidos conjuntamente como Federación de Estados de Micronesia (FEM), estos cuatro estados no comparten por lo demás ningún vínculo, de modo que quienes busquen estilos de vida distintos estarán de enhorabuena.

Kosrae es un paraíso y posiblemente la isla más bella. Su pueblo es muy devoto y aquí todo cierra los domingos, cuando se celebran ceremonias religiosas con animados cantos y bailes en un relajado ambiente isleño.

Pohnpei alberga misteriosas ruinas antiguas y cantidad de frondosos accidentes geográficos, al tiempo que conserva un sistema de caciques y autoridades tribales: una singular forma de gobierno que aún ejerce gran influencia social y política.

A Chuuk se le conoce por su submarinismo en pecios, y el carácter intransigente de su pueblo se mantiene firme.

Por último, Yap es un estado que conserva un auténtico espíritu isleño, unido a fieles tradiciones palpables en la arquitectura, costumbres, religiones y en las gigantescas piedras usadas como dinero.

Micronesia
Las mejores experiencias

Ruinas de Lelu

1 Unida a la isla de Kosrae por una calzada elevada, la isla de Lelu alberga una ciudad amurallada construida para la realeza de Kosrae entre los ss. XIII y XIV. Sus ruinas, ocultas tras la densa vegetación tropical, son ese lugar remoto al que uno imagina llegar tras horas de caminata por la jungla. Aún pueden verse los complejos residenciales de los jefes, dos montículos funerarios reales, varios recintos sagrados y enormes columnas de basalto apiladas unas sobre otras.

Nan Madol

2 Compuesto por 92 islotes artificiales construidos bajo la dinastía Saudeleur en llanuras de marea y arrecifes frente a la costa de Pohnpei, era el centro político, social y religioso donde se desarrollaba la actividad ritual y residía la realeza.

Isla de Yap

3 En la isla principal de Yap, Colonia, la diminuta capital, envuelve a la Chamorro Bay y brinda vistas del mar casi por doquier. Desde aquí se puede caminar hasta el banco de monedas de piedra en el pueblo de Balabat, o visitar el Ethnic Art Village, un auténtico bastión del arte indígena. Bechiyal, al norte, es una bonita aldea playera donde se erige el *faluw* (casa de hombres) más antiguo de Yap.

Comida y bebida

Pohnpeian dog Festín tradicional a base de perro; suele pasar inadvertido para el visitante ocasional.

Sakau Bebida de gran efecto narcótico elaborada a partir de raíces de pimentero.

Cuándo ir

➡ Las temperaturas rondan los 27°C en todas las islas.

➡ Pohnpei, con 10 000 mm de precipitaciones anuales, es uno de lugares más lluviosos del planeta.

➡ Menos humedad de diciembre a junio.

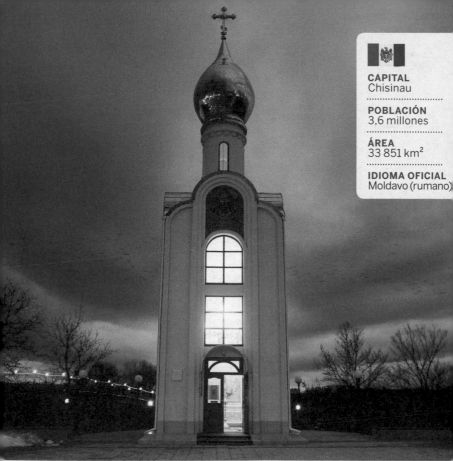

Capilla de San Jorge, Tiráspol.

CAPITAL
Chisinau

POBLACIÓN
3,6 millones

ÁREA
33 851 km^2

IDIOMA OFICIAL
Moldavo (rumano)

Moldavia

Olvidada y apenas conocida, Moldavia se esfuerza por sacudirse las rémoras postcomunistas y su reputación como uno de los países más pobres de Europa.

No demasiado conocida en Europa y completamente anónima para el resto del mundo, Moldavia sigue siendo un misterio y una tierra incomprendida: parte rumana, parte rusa, pero soviética de espíritu. Antaño al borde de la URSS, Moldavia ha caminado en solitario desde principios de los noventa. La independencia supuso un revés desde el plano económico, agravada por la guerra civil entre el gobierno central y la región secesionista de Transnistria, que de hecho es un estado dentro de otro.

Moldavia recibe un número ínfimo de turistas y no cuenta con las infraestructuras necesarias, pero ese es uno de sus grandes atractivos. Su ambiente remoto hace que viajar por el país suponga un reto y una aventura, y su estilo de vida pausado y atemporal invita a conversar a la sombra de los frutales en pleno verano.

Los escasos puntos de interés, alejados entre sí, están esparcidos por sus agradables paisajes ondulados, pero si lo que se busca es la última aventura desconocida de Europa, este es sin duda el lugar indicado.

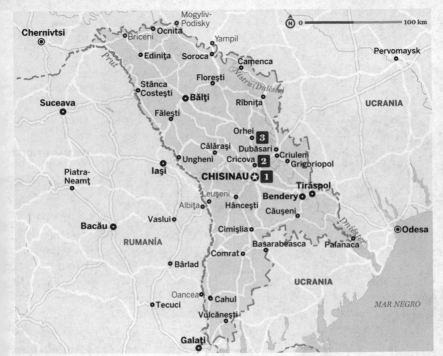

Moldavia
Las mejores experiencias

Chisinau

1 Aunque fue reducida a escombros durante la II Guerra Mundial y tras un devastador terremoto en 1940, puede decirse que la capital moldava nunca ha perdido su encanto ni su espíritu cosmopolita, y eso a pesar del obcecado empeño por parte de las autoridades soviéticas que supervisaron la reconstrucción.

Bodegas de vino

2 Cricova posiblemente sea la bodega más conocida de Moldavia. Su reino vinícola subterráneo, 15 km al norte de Chisinau, se cuenta entre los mayores de Europa: de los 120 km de largo que integran sus túneles del s. XV, unos 60 están jalonados de botellas. Mileștii Mici, instalada en una mina de caliza, es, con 200 km de túneles, la bodega más grande del continente.

Orheiul Vechi

3 Este monasterio tallado en la roca de un imponente despeñadero es la atracción más evocadora del país. La cueva del monasterio, con vistas a los plácidos meandros del río Răut, fue excavada por monjes ortodoxos en el s. XIII.

Comida y bebida

Brânză Queso de oveja ligeramente agrio.

Mămăligă Gachas de harina de maíz de consistencia similar a la del pan.

Mușchi de vacă Chuleta de ternera.

Sarma Carne picada o pilaf (arroz con especias) envuelto en hojas de repollo.

Vino Destacan bodegas como Cricova, Mileștii Mici y Cojușna.

Cuándo ir

JUN
➡ Con la llegada del buen tiempo, los estudiantes –al fin liberados– inundan parques y terrazas.

JUL
➡ Es la temporada alta: el senderismo, la acampada y el turismo vinícola están en pleno apogeo.

OCT
➡ El formidable Festival del Vino se celebra el segundo domingo de octubre.

Museo Oceanográfico de Mónaco.

Mónaco

Puede que sea el segundo país más pequeño del mundo, pero lo que le falta en tamaño lo compensa en actitud. Deslumbrante, glamuroso y hedonista, Mónaco es realmente cautivador.

No tiene nada de raro que al viajero se le encoja el corazón al ver por vez primera Mónaco: tras cruzar los preciosos pueblos cimeros medievales, las relucientes playas y las solitarias penínsulas de los contornos, los bloques de apartamentos y los precios astronómicos dejan a cualquiera de piedra. Pese a todo, Mónaco atrapa. Apenas más grande que el Vaticano, se le conoce tanto por su estatus de paraíso fiscal como por su rutilante casino, su oferta deportiva (el Gran Premio de Fórmula 1, el abierto de tenis y

su célebre Festival de Circo), sumado a una familia real famosa por sus escándalos. Para el viajero es una experiencia fascinante: desde una noche en el casino a una visita al excelente Museo Oceanográfico, pasando por un vistazo a los lugares donde se dan cita los famosos, Mónaco invita a una divertida excursión por la Costa Azul.

Aunque es un estado soberano, no tiene control fronterizo. Casi todo el mundo lo visita en una excursión de un día desde Niza, a solo 20 min en tren.

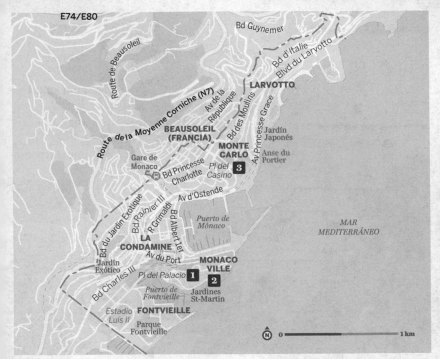

Mónaco
Las mejores experiencias

Le Rocher

1 Monaco Ville, también llamada Le Rocher, apunta al cielo sobre una roca con forma de pistola. Fue este estratégico enclave sobre el mar el que se convirtió en el baluarte de la dinastía Grimaldi. Construido como fortaleza en el s. XIII, hoy constituye la residencia privada de la familia real.

Museo Oceanográfico

2 Encaramado vertiginosamente en un acantilado desde 1910, este famoso museo es una auténtica maravilla cuya atracción estelar, el acuario, posee una laguna de 6 m de profundidad donde los tiburones y demás depredadores marinos están separados de los coloridos peces tropicales por un arrecife de coral. La azotea regala amplias vistas de Mónaco y el Mediterráneo.

Casino de Montecarlo

3 No hay mejor lugar para emular al agente 007, James Bond, que el monumental y fastuoso casino de Montecarlo, la gran joya construida en 1910.

Comida y bebida

La cocina monaguesca recibe influencias tanto italianas como francesas, con énfasis en los platos marineros. Algunas de las especialidades más típicas son el *stocafi* (bacalao con tomate), la *socca* (creps hechos con harina de garbanzo), los *barbagiuan* (raviolis fritos rellenos de espinaca y puerro) y la *fougasse* (una especie de pan dulce con frutos secos).

Cuándo ir

ENE

➡ El Festival Internacional de Circo deleita con espectáculos de infarto.

ABR

➡ Jugadores y aficionados al tenis disfrutan cada año del fantástico Masters de Montecarlo.

MAY

➡ La *jet set* acude en tropel atraída por el Gran Premio, carrera mítica de Fórmula 1.

Arhangay.

Mongolia

Mongolia es una maravilla intacta, una tierra donde las dunas cantan, los caballos erran y los pastores nómadas reciben a los forasteros con las puertas abiertas. Aquí se viaja sin itinerario.

Mongolia. La mera palabra evoca imágenes de pastores nómadas, caballos atronadores y, por supuesto, el guerrero-emperador Gengis Kan. Los mongoles conquistaron la mitad del mundo conocido en el s. XIII, y aunque el imperio feneció hace mucho, los visitantes aún acuden atraídos por esta mágica tierra.

Sus gentes saben que viven en un país único. Basta con preguntar a cualquiera y enseguida hablará efusivamente de las vastas estepas, las escarpadas montañas y los lagos cristalinos. Igual de atractiva resulta su cultura nómada. La oportunidad de dormir en una yurta, ayudar con el ganado y ordeñar una vaca es una de las experiencias definitivas del regreso a la sencillez, gracias a la tremenda hospitalidad de los mongoles.

No obstante, hay pocos países en el mundo donde exista tal diferencia entre las poblaciones rural y urbana. Mientras que los nómadas viven modestamente, sus conciudadanos en Ulán Bator están entrando en el futuro de cabeza, y su paisaje urbano está cambiando a un ritmo vertiginoso.

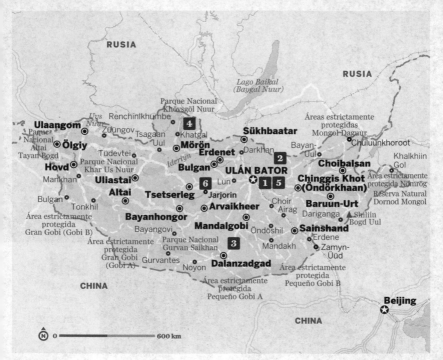

Mongolia
Las mejores experiencias

Festival del Naadam

1 Los mongoles lo adoran. Pero, con dos o tres días repletos de lucha, carreras de caballos y tiro con arco, ¿acaso alguien podría resistirse? Aunque *naadam* significa literalmente "juegos", la celebración es mucho más que eso. Es una excusa para divertirse, reunirse con amigos y parientes, darse un atracón de *khuushuur* (empanadas de cordero) y ventilarse una o dos botellas de vodka. Los juegos más tradicionales tienen lugar en las pequeñas poblaciones, donde todo el mundo participa. Así, el Naadam de Ulán Bator, con grandes multitudes y cantidad de actuaciones musicales y teatrales afines, se parece más a un acontecimiento deportivo que a un festival del pueblo.

Dormir en una yurta

2 De todas las experiencias que pueden vivirse en Mongolia, la más memorable suele ser la visita a las yurtas. Desde fuera parecen simples tiendas de campaña; pero al entrar uno queda asombrado ante la cantidad de muebles y aparatos modernos que las familias nómadas llegan a poseer. Hay camas, mesas, sillas, vestidores, una estufa y a menudo televisor y radio. Las visitas siempre son bienvenidas y no hace falta llamar a la puerta (los mongoles jamás lo hacen). Al llegar a una yurta, hay que vocear "*Nokhoi khor*", es decir, "ata al perro". El país está salpicado de campamentos de yurtas para turistas. Si se busca una experiencia cerca de la ciudad, lo mejor es unirse a los capitalinos cansados de Ulán Bator en la zona de Terelj, una región fresca –a 1600 m de altura– con un imponente paisaje alpino.

Desierto de Gobi

3 La idea de ir de vacaciones al Gobi seguramente haría que Marco Polo se retorciera en la tumba. El viajero veneciano, y otros como él, las pasaron canutas al cruzar este inhóspito territorio. Por suerte, los medios para viajar han mejorado en los últimos 800 años, y ahora es posible disfrutar de una visita

Luchadores, Festival de Naadam.

razonablemente cómoda. Uno podrá montar a lomos de un camello greñudo y excavar en busca de fósiles de dinosaurio, pero la atracción estelar es Khongoryn Els, las espectaculares dunas de arena que silban cuando el fuerte viento las azota.

Khövsgöl Nuur

4 El mayor reclamo natural de Mongolia es este lago de 136 km de largo en el límite meridional de Siberia. Para los mongoles, representa un lugar profundamente espiritual, hogar de los poderosos *nagas* (espíritus del agua) y fuente de inspiración para los chamanes que allí habitan. Los extranjeros observan Khövsgöl como un destino de aventura con innumerables posibilidades: paseos a caballo, pesca, kayak, senderismo y ciclismo de montaña.

Ulán Bator

5 Se dice que Mongolia es el país con menor densidad de población del mundo, algo difícil de creer tras una visita a su capital.

si Mongolia tuviera 100 habitantes

95 serían mongoles (mayoría kazajos)
5 serían túrquicos (mayoría kazajos)

grupos religiosos
(% de población)

53 Budistas   3 Musulmanes

2 Cristianos   3 Chamanistas   39 Otras religiones o ninguna

población por km²

MONGOLIA   RUSIA   KAZAJISTÁN

≈ 2 personas

Cuándo ir

TEMP. ALTA
(jun-ago)

➡ Tiempo caluroso y seco en junio y julio.

➡ Fines de julio y agosto suelen ser cálidos pero cabe esperar lluvias.

➡ Resérvense los vuelos y alojamientos con antelación, más aún en torno al Naadam.

TEMP. MEDIA
(may y sep)

➡ Algunos campamentos de yurtas cierran.

➡ Tiempo variable; ir preparado en caso de ola de frío.

➡ Menor afluencia turística.

TEMP. BAJA
(oct-abr)

➡ Algunos campamentos y pensiones cierran; tarifas rebajadas en hoteles.

➡ Frío en diciembre y enero.

➡ Ideal para actividades como paseos en trineos tirados por perros, patinaje sobre hielo y esquí.

Ferrocarril Transmongoliano

Constituye un segmento de la inmensa red ferroviaria que une Beijing y Moscú, y una parte esencial de la línea de tren continua más larga del mundo. Para los fanáticos de los trenes, un trayecto en el Transiberiano es el equivalente ferroviario a ascender el Everest.

La idea de tender una ruta férrea entre Moscú y Vladivostok se gestó a mediados del s. XIX, pero la sección que cruza Mongolia no se completó hasta 1956.

Para viajar, hay que hacer como los lugareños: ir bien provisto de salami, pan y encurtidos, y no olvidarse de llevar una baraja de cartas o un tablero de ajedrez. También conviene tener a mano una guía de conversación para hablar con los compañeros de viaje.

Comida y bebida

Buuz Empanadas al vapor rellenas de cordero.

Khorkhog Para preparar este plato se colocan piedras calientes en una olla con cordero troceado y agua, que luego se sella y se deja en el fuego.

Makh Clásica cena mongola a base de oveja hervida (huesos, grasa, órganos y cabeza) con patatas.

Shölte khool Literalmente "sopa con comida", consiste en tallarines con cordero hervido y patatas en caldo.

Süütei tsai Té con leche y sal. Su sabor varía según la región; en Bayan-Ölgii se añade una nuez de mantequilla.

Tsagaan idee Literalmente "comida blanca": yogur, leche, crema, queso y bebidas fermentadas a base de leche.

Templo en el Erdene Zuu Khiid, Jarjorin.

Más allá de su palpitante vida nocturna, sus elegantes cafés y sus Hummers, la ciudad también tiene un lado tranquilo. Basta con hacer girar una rueda de plegaria en Gandan Khiid, pasear por Sükhbaatar o subir al monumento conmemorativo de Zaisan para darse un respiro.

Erdene Zuu Khiid

6 Los monasterios budistas (*khiid*) que salpican el paisaje representan la ventana más inmediata a las raíces espirituales del país. Lamas de todas las edades se sientan silenciosamente en bancos perpetuando el legado de una religión que llegó hace siglos desde el Tíbet. Los laicos que visitan los monasterios rinden homenaje haciendo girar una rueda de plegaria y susurrando mantras. Además de lugares de peregrinación, los monasterios son excepcionales trozos de historia, llenos de preciosos iconos budistas, sutras y delicadas pinturas que adornan sus antiguas paredes. Fundado en 1586 por Altai Khaan, Erdene Zuu ("Cien Tesoros") es el monasterio budista más antiguo de Mongolia.

Cómo desplazarse

Avión Con 46 aeropuertos en funcionamiento –aunque solo 14 disponen de pistas asfaltadas–, el transporte aéreo tiene mucho peso en Mongolia. En verano puede ser difícil conseguir plaza, sobre todo durante el pico turístico de julio y a fines de agosto, cuando se reanudan las clases.

Bicicleta Mongolia ofrece una experiencia increíble para los ciclistas más atrevidos. Las vastas estepas son un territorio duro, pero si se dispone del equipo adecuado se puede viajar a cualquier sitio.

Autobús Grandes autobuses viajan una vez al día a la mayor parte de las ciudades. Poblaciones occidentales como Hovd, Bayan-Ölgiy y Uvs reciben el servicio de microbuses que operan día sí día no.

CAPITAL
Podgorica

POBLACIÓN
653 474

ÁREA
13 812 km²

IDIOMA OFICIAL
Montenegrino

Sveti Stefan.

Montenegro

Simplemente el nombre de Montenegro (Crna Gora en montenegrino) evoca imágenes de romance y drama en una tierra que no decepciona ni en un aspecto ni en el otro.

Para hacerse una idea de Montenegro, hay que imaginar un lugar con playas de aguas color zafiro tan espectaculares como las de Croacia, cumbres escarpadas tan imponentes como las de Suiza, cañones casi tan profundos como el del Colorado, *palazzos* tan elegantes como los de Venecia, y ciudades tan antiguas como las de Grecia, y luego envolverlo todo en un clima mediterráneo y encajarlo en un territorio casi tan grande como la mitad de Cataluña.

Con apenas 100 km de punta a punta, la costa de Montenegro no es especialmente larga, pero sí extraordinaria. Las montañas sobresalen de tal manera entre aguas cristalinas, que la palabra "amenazante" es casi inevitable. Y por si eso no fuera bastante pintoresco, antiguas ciudades amuralladas se aferran a las rocas y ponen los pies en remojo como si fueran ellas las que están de vacaciones.

Cuando las playas se llenan de europeos occidentales amantes del sol, los más intrépidos pueden escapar a las montañas de Durmitor y Prokletije, los bosques vírgenes de Biogradska Gora o las muchas poblaciones donde los montenegrinos siguen con su vida cotidiana.

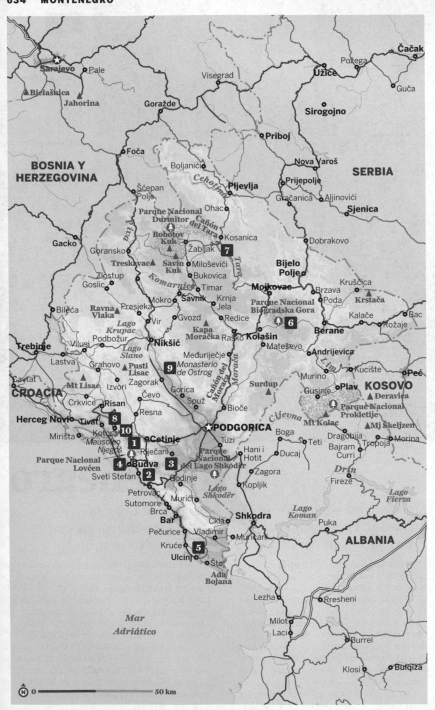

Montenegro
Las mejores experiencias

Mausoleo de Njegoš

1 Érase una vez un monte negro que albergaba una tumba custodiada por dos grandes esculturas de granito, donde yacían los restos de un gran héroe bajo la mirada de un águila enorme... Este lugar de cuento de hadas, en el Parque Nacional Lovćen, es la última morada del príncipe-obispo del s. xixPetarIIPetrovićNjegoš,cuya sencilla pero conmovedora estructura y monumental colección de estatuas pueden verse mientras se goza de soberbias vistas de todo Montenegro.

Sveti Stefan

2 Este pueblo isleño amurallado es alucinante: un paraíso mediterráneo con adelfas, pinos y olivos, que asoma por encima de los tejados de terracota de casas de piedra rosada. Habrá que contentarse, eso sí, con las vistas, ya que el acceso a la isla está restringido a los clientes del exclusivo *resort* al que pertenece. Aquí se viene a dejar pasar el tiempo en la playa, pasear por los bosques hasta Pržno y volverse loco sacando fotos que difícilmente saldrán mal.

Rijeka Crnojevića

3 Este pueblito a las orillas del río Crnojević se contaba entre los favoritos de la dinastía Petro-

vić-Njegoš y algunas de sus sencillas casas de piedra fueron en tiempos residenciales reales. Un pintoresco puente se extiende sobre el río y un paseo de mármol discurre junto a la ribera, de donde salen excursiones en barco y kayak hacia el lago Shkadër. La paz y el sosiego no han perdido un ápice de su atractivo, y el pueblo posee una de las mejores marisquerías del país.

Stari Grad, Budva

4 Sencillamente precioso, el casco antiguo amurallado de Budva que se eleva sobre el Adriático es la réplica

si Montenegro tuviera 100 habitantes

45 serían montenegrinos
29 serían serbios
9 serían bosnios
5 serían albaneses
12 serían de otro origen

grupos religiosos
(% de población)

72 — Ortodoxos
19 — Musulmanes
3 — Católicos
6 — Otras religiones o ninguna

población por km²

MONTENEGRO   SERBIA   ESPAÑA

👤 = 12 personas

---

en pequeño –y menos agitada– de Dubrovnik. El ambiente respira romanticismo y en cada rincón anida el amor por la vida tan típico del Mediterráneo. Para pasar el rato se puede explorar la maraña de sinuosas callejas adoquinadas, visitar diminutas iglesias y encantadoras galerías, tomar algo en las terrazas de los bares y cafés, picotear porciones de pizza, y dejarse cautivar por las vistas del mar desde de la ciudadela. Y cuando toque relajarse, lo mejor es enfilar a la playa.

Ulcinj

5 La localidad más meridional de Montenegro desprende una agitación muy especial, particularmente palpable en las noches estivales, cuando el paseo marítimo bulle a ritmo de pop con un continuo flujo de veraneantes. Aquí los minaretes compiten con una descomunal escultura socialista y las imponentes murallas del casco antiguo, encaramado en un acantilado. Siguiendo por la costa, las calas dan paso a las largas franjas de arena de la Velika Plaža (playa Grande) y la isla nudista Ada Bojana.

Parque Nacional Biogradska Gora

6 Acurrucado en los pliegues de los montes Bjelasica, Biogradska Gora goza de un ambiente sereno, solitario y virgen. Su principal reclamo es el hermoso lago Biograd, aunque también aguardan otros atractivos en las sendas que surcan una de las extensiones de bosque virgen más importantes que se conservan en Europa. Muy diferente del

---

Insólito Rambo

Los montenegrinos adoran el pop nacional, pero sobre todo las baladas enérgicas y las cancioncillas horteras acompañadas de un atronador ritmo *techno*. Rambo Amadeus es el Frank Zappa local. Lleva grabando discos desde finales de los ochenta, coqueteando con estilos tan variados como *turbofolk* y *hip hop*. En el 2012 protagonizó uno de los momentos más memorables de la historia de Eurovisión al interpretar su canción *Euro Neuro* acompañado en el escenario por un "burro de Troya" de madera y bailarines de *breakdance*. En la letra, fragmentos tan inspirados como "No me gusta el esnobismo, el nacionalismo ni el puritanismo. Yo soy otro organismo. Mi heroísmo es el pacifismo, el altruismo. Me gusta el ciclismo, el liberalismo, el turismo, el nudismo...".

Comida y bebida

En Montenegro lo indicado es aflojarse el cinturón y prepararse para disfrutar de una placentera experiencia epicúrea.

Casi todos los alimentos son de cultivo local, frescos y ecológicos y, por lo tanto, varían según la temporada. Pese a su pequeño tamaño, Montenegro posee tres regiones culinarias diferenciadas: el centro, donde se consume *pršut* (jamón curado ahumado), *sir* (queso) y pescados de agua dulce como la anguila (*jegulja*), el alburno (*ukljeva*) y la carpa (*krap*); las zonas de montaña, con comida tradicionalmente más pesada, sustanciosa y de influencia serbia; y la costa, cuya cocina es idéntica a la dálmata, dominada por los mariscos, el ajo, el aceite de oliva y los platos italianos.

Los vinos patrios son más que aceptables y suelen ser lo más barato de la carta. Con la variedad autóctona *vranac* se elaboran excelentes caldos con mucho cuerpo.

terreno rocoso que caracteriza a buena parte de las montañas del país, se trata de un paraje frondoso que cada otoño luce un colorido espectáculo.

'Rafting' por el río Tara

7 Obtener una buena vista del precioso cañón del Tara es harto difícil, pues sus tupidas paredes de hasta 1300 m de altura tienden a interponerse. El efecto impresiona más desde el agua, lo que explica que el *rafting* sea una de las actividades más populares del país. Siempre hay rápidos, pero fuera de abril y mayo constituye una experiencia relativamente tranquila, que permite deslizarse por aguas cristalinas entre un paisaje ajeno a las masas. El cañón del río Tara fue declarado Patrimonio Mundial por la Unesco y forma parte del Parque Nacional Durmitor.

Kotor

8 En Kotor, el viajero retrocederá en el

Cuándo ir

TEMP. ALTA
(jul-ago)

➡ La época más cálida, seca, concurrida y cara para una visita.

➡ El alojamiento debe reservarse con mucha antelación; algunos lugares exigen como mínimo tres noches.

TEMP. MEDIA
(may-jun y sep-oct)

➡ La mejor época, con mucho sol y una temperatura media del agua por encima de los 20°C.

➡ Algunos bares y restaurantes de playa cierran y puede ser más difícil organizar actividades.

TEMP. BAJA
(dic-mar)

➡ Arranca la temporada de esquí, con precios más altos en Kolašin y Žabljak.

➡ Cierran muchos hoteles, restaurantes y bares de la costa y los precios caen.

tiempo a una Europa de ciudades amuralladas con foso, repletas de umbríos callejones e iglesias de piedra en cada esquina. Tal vez carezca de la majestuosidad de Dubrovnik o del lustre de Budva, pero su ciudad antigua es más acogedora y no menos espectacular. Además, el modo en que nace de los escarpados montes que la rodean añade un toque de emoción a la experiencia, a la espera de que en cualquier momento se fundan en un abrazo rocoso.

Monasterio de Ostrog

9 Incrustado en la pared de una montaña,

Películas

Casino Royale (2006) James Bond juega al póker en un casino en Montenegro, o eso parece, pues las escenas en verdad se rodaron en Italia y la República Checa.

La batalla del río Neretva (1969) Película premiada con un Oscar, con un reparto estelar que incluye a Yul Brynner y Orson Welles. Está ambientada y rodada en Bosnia, pero su director, Veljko Bulajić, nació en Montenegro.

Libros

La boca llena de tierra (Branimir Scepanovic, 2010) El regreso a la tierra natal, Montenegro.

Los caminos del mundo (Nicolás Bouvier, 2001) Desde Yugoslavia hasta la frontera con la India, un clásico de la literatura de viajes.

Sin (El hijo, Andrej Nikolaidis, 2011) Novela premiada por la Unión Europea sobre una historia que transcurre en una sola noche en Ulcinj.

Cómo desplazarse

Autobús Económicos, fiables y razonablemente cómodos; enlazan las poblaciones principales.

Automóvil Aunque la red de autobuses llega a casi todas partes, el coche ofrece libertad absoluta para explorar las panorámicas carreteras secundarias del país; algunas son muy estrechas y se encaraman a las paredes de cañones, por lo que es poco recomendable para conductores inexpertos y/o temerosos.

Tren Barato pero con una red limitada y vagones viejos y sofocantes. La línea principal une Bar, Virpazar, Podgorica, Kolašin, Mojkovac y Bijelo Polje; hay otra de Podgorica a Nikšić vía Danilovgrad.

resulta imposible tomar una instantánea de esta maravilla sin reducir su resplandeciente estructura inmaculada a poco más que una mancha. Fundado en el s. XVII, para los cristianos ortodoxos es el lugar sagrado de Montenegro, y aunque no se sea creyente, es un sitio que llega a conmover. El complejo incluye varias iglesias, pero ninguna tan emblemática como las capillas ubicadas en cuevas del monasterio superior, cuyas paredes lucen frescos centenarios.

Carretera Kotor-Lovćen

10 Uno de los grandes atractivos de Montenegro es el sencillo placer que supone viajar por sus incontables rutas panorámicas, siendo la carretera secundaria que enlaza Kotor y Cetinje una de las mejores, con curvas cerradas y vistas asombrosas de la bahía de Kotor y el Adriático, al fondo. Así pues, cualquier sobresalto debido a la angosta carretera o a sus espeluznantes caídas verticales se verá recompensado con unas vistas de órdago de las montañas y el mar.

9

PAUL WHITFIELD / GETTY IMAGES ©

Arcos coloniales, Maputo.

CAPITAL
Maputo

POBLACIÓN
24,1 millones

ÁREA
799 380 km²

IDIOMA OFICIAL
Portugués

Mozambique

*Con una mezcla de influencias suajili, india, portuguesa
y africana, Mozambique es un destino infravalorado de gran
diversidad cultural y natural.*

La estrella de Mozambique va en aumento.
Tras dos décadas de paz, la economía está
creciendo. Deslumbrantes bloques de apartamentos y animados cafés compiten con islas
remotas y una población de animales salvajes en auge. Un nuevo puente sobre el río
Zambeze une por primera vez el norte
y el sur. Y a pesar del desarrollo, es un país
de tradiciones centenarias que se mueve
a su propio ritmo.

Bordeado por el océano Índico, este
enigmático rincón del sureste de África
está bien apartado de las rutas turísticas,
aunque tiene mucho que ofrecer a quienes
llegan hasta aquí. Los viajeros más astutos
se aventuran en busca de sus largas playas
rodeadas de dunas y acariciadas por aguas
turquesa, que resplandecen con cardúmenes de coloridos peces, corales bien conservados, archipiélagos remotos al norte y
olas de órdago al sur.

Y aunque no siempre es fácil descubrir estas
atracciones, el esfuerzo compensa. Solo hay
que tener algo de paciencia, aguante para los
largos trayectos en autobús, un espíritu aventurero y lanzarse a un viaje único en la vida.

Mozambique
Las mejores experiencias

Isla de Mozambique

1 Detenida en el tiempo y surcada de calles empedradas, la encantadora Ilha de Moçambique es un lugar que hay que visitar. Con apenas 3 km de largo y 500 m de ancho, esta isla en forma de luna creciente ha desempeñado durante

siglos un papel clave en el devenir de la costa oriental de África, y hoy es uno de los destinos más fascinantes de la región: mitad ciudad fantasma que está resurgiendo lentamente, mitad animada comunidad pesquera, es un sitio excepcional que invita a pasear sin rumbo.

Maputo

2 Premiada con una arquitectura de estilo mediterráneo, avenidas jalonadas de árboles, animados cafés a pie de calle, numerosos museos y una ubicación junto al mar, Maputo es sin duda una de las capitales más atractivas de África. Hombres ataviados con galabiyyas se reúnen en las puertas para charlar mientras mujeres vestidas con coloridas prendas ofrecen marisco y especias en el mercado municipal y los vendedores de bananas se guardan a la sombra.

Archipiélago de las Quirimbas

3 Compuesto por unas dos docenas de islas e islotes desparramadas por los 400 km de costa entre Pemba y el río Rovuma, este archipiélago incluye tesoros como Ibo, una pequeña isla conocida por su platería, su fuerte y sus maltrechas mansiones. Algunas carecen de suministro de agua y están deshabitadas, mientras que otras atesoran historias tan antiguas como el propio archipiélago. A esto hay que añadir una belleza natural sorprendente, con deslumbrantes franjas de suave arena blanca rodeadas de radiantes aguas turquesa y cerúleas que se alternan con islas más verdes y frondosas.

Lago Niassa

4 Ideal para relajarse, la ribera mozambiqueña de este lago, también llamado Malaui, destaca por su belleza escarpada y, a diferencia de la parte malauí, está casi sin urbanizar. Un pequeño pero continuo flujo de aventureros desciende por él y es un destino

excelente para quienes deseen salirse de lo habitual. La principal zona de exploración es la costa entre Metangula y Cóbuè, con una sucesión de playas estrechas respaldadas por montes y pronunciadas colinas que surgen de la orilla misma del lago.

Senderismo por los montes Chimanimani

5 En la frontera con Zimbabue, al suroeste de Chimoio, los Chimanimani recortan el horizonte con el monte Binga (2436 m), el techo de Mozambique, despuntando en su extremo oriental. Es un lugar de gran belleza y biodiversidad, con una vegetación que abarca desde bosques tropicales de las tierras bajas y miombo (bosques húmedos) a bosques perennes y praderas de las tierras altas. Buena parte de la cordillera está integrada en el Parque Nacional de Chimanimani.

Inhambane

6 Con un sereno emplazamiento junto al mar, avenidas alineadas por árboles, una bella arquitectura colonial y una mezcla de influencias árabes, indias y africanas, Inhambane es una de las ciudades más encantadoras del país y sin duda merece una visita. Su historia se remonta como mínimo 1000 años atrás, lo que lo convierte en uno de los asentamientos más antiguos del litoral. Hoy en día Inhambane es la puerta de entrada a una extraordi-

si Mozambique tuviera 100 habitantes

25 hablarían macua
11 hablarían portugués
10 hablarían tsonga
50 hablarían otras lenguas mozambiqueñas
4 hablarían otras lenguas

grupos religiosos
(% de población)

| 28 | 16 | 11 |
| Católicos | Cristianos sionistas | Evangélicos pentecostales |

| 18 | 8 | 19 |
| Musulmanes | Otras religiones | No religiosos |

población por km²

| MOZAMBIQUE | SUDÁFRICA | TANZANIA |

👤 ≈ 6 personas

Cuándo ir

MAY-OCT/NOV

➡ El tiempo más fresco y seco hace que sea el mejor momento para visitarlo.

DIC-MAR

➡ La estación lluviosa puede ser sinónimo de carreteras anegadas e inundaciones en el sur y centro.

VACACIONES

➡ Los *resorts* del sur se llenan con las vacaciones escolares de Sudáfrica (Navidad, Pascua y agosto).

Religiones y curanderos tradicionales

En Mozambique están muy extendidas las religiones basadas en las creencias animistas y muchos consideran que los espíritus de los ancestros tienen gran poder sobre el destino de la gente. Así, hay numerosos lugares, como bosques, ríos, lagos y montañas, que desempeñan un papel importante en la vida de las comunidades locales.

En todo el país se practica la medicina tradicional, que está estrechamente ligada a las religiones tradicionales y, en ocasiones, se combina con tratamientos médicos occidentales. Los *curandeiros* son muy respetados y solicitados, aunque también suele recurrirse a profetas (médiums o adivinos) y *feticeiros* (brujos).

Comida y bebida

Chamusas Empanadas triangulares fritas y rellenas de carne o verdura.

Frango grelhado Pollo a la parrilla. Barato y omnipresente; suele servirse con patatas fritas o arroz.

Galinha à Zambeziana Pollo con una salsa a base de lima, ajo, pimienta y chiles piri-piri. Muy típico en las provincias de Quelimane y Zambézia.

Matapa Hojas de yuca cocinadas en salsa de cacahuetes, a menudo con gambas y demás.

Peixe grelhado Pescado a la parrilla, con guarnición de arroz o patatas fritas.

Prego Bocadillo de ternera.

Rissois de camarão Especie de chamusas semicirculares rellenas de gambas.

Xima o Upshwa Plato típico a base de maíz, yuca o arroz, servido con salsa de alubias, verduras o pescado.

Elefantes, Parque Nacional de Gorongosa.

naria colección de playas, incluidas Tofo y Barra.

Archipiélago de Bazaruto

7 Bañadas por cristalinas aguas turquesa llenas de peces de colores, este exclusivo destino de vacaciones encarna el lugar de escapada definitivo en el Índico, con incontables oportunidades para practicar vela, submarinismo, buceo y observar aves. Consta de cinco islas principales –Bazaruto, Benguera, Magaruque,

Santa Carolina y la diminuta Bangué– y desde 1971 gran parte del archipiélago está protegido como Parque Nacional de Bazaruto.

Parque Nacional de Gorongosa

8 Creado en 1960, no tardó en darse a conocer como uno de los mejores refugios de vida salvaje del continente gracias a sus grandes manadas de leones, elefantes, hipopótamos, búfalos y rinocerontes.

Cómo desplazarse

Autobús Hay servicios directos que conectan las principales poblaciones al menos una vez al día, si bien el mantenimiento de los vehículos y la conducción deja mucho que desear.

Automóvil y motocicleta Se exige el permiso de conducir internacional La gasolina escasea en las zonas alejadas de las carreteras principales, máxime en el norte, siendo más común encontrar diesel (gasóleo).

Chapa Es el principal medio de transporte local, y así se designa a cualquier transporte público urbano o interurbano. Los asientos más cómodos son los delanteros junto a la ventana, aunque para conseguir uno habrá que ir con tiempo y, a veces, pagar más.

Tren El único tren de pasajeros que suelen utilizar los turistas es el que cubre la lenta línea entre Nampula y Cuamba. Con tiempo, es uno de los grandes viajes por el sur de África.

CAPITAL
Nay Pyi Taw

POBLACIÓN
55,7 millones

ÁREA
676 578 km²

IDIOMA OFICIAL
Birmano

Shwedagon Paya, Yangón.

Myanmar (Birmania)

Salpicada de pagodas doradas, ahora es el momento para visitar esta tierra extraordinaria donde las tradiciones asiáticas perduran y por fin empiezan a abrirse zonas antes vetadas a los extranjeros.

El viajero creerá retroceder en el tiempo al descubrir este maravilloso país a años luz del resto del sureste asiático.

Viajar a Myanmar significa reemplazar el trajín de la vida moderna por el sosiego de los templos dorados y los antiguos monasterios.

El visitante disfrutará viajando a través de paisajes serenos que incluyen ríos serpenteantes, junglas frondosas, pueblos de minorías étnicas e inmaculadas playas rodeadas de palmeras.

La defensora de la democracia Aung San Suu Kyi ha dejado de vivir bajo arresto domiciliario y se ha levantado el boicot al sector del turismo.

Sin embargo, Myanmar sigue siendo un país conflictivo, por lo que la decisión de viajar o no en última instancia queda a criterio del viajero. Hay que tener presente, eso sí, que el sufrido pueblo birmano es famoso por su amabilidad, simpatía, consideración, curiosidad y entusiasmo; ansían formar parte del mundo y quieren saber qué opinan los visitantes acerca del suyo. Lo principal es venir con una mente abierta para marcharse con el corazón lleno.

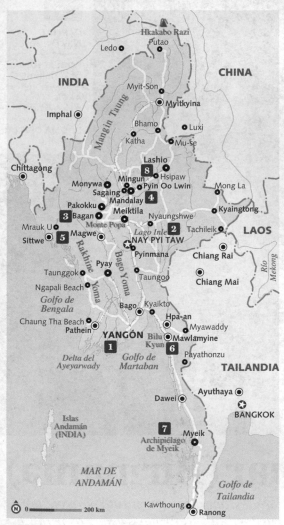

Lago Inle

2 La mayoría de los viajeros que llegan al país terminan visitando este lago tan impresionante que todo el mundo lo experimenta de manera distinta. Si el tiempo apremia, lo mejor es limitarse a los atractivos principales: los templos sobre pilotes, los mercados junto a la orilla y los jardines flotantes. Con más tiempo, una buena idea es explorar sus confines más remotos. El clima fresco, la calidez de sus gentes y su plácida laguna negra perdurarán en el recuerdo.

Bagan

3 Más de 3000 templos budistas salpican las llanuras de Bagan, el enclave donde se fundó el primer reino de Birmania. Fechados entre los s. XI y XIII, la mayoría de estos han sido renovados, ya que Bagan sigue siendo un activo lugar religioso. Sí, hay circuitos en autobús y multitudes en los sitios más populares para despedir el sol, pero se pueden evitar. Basta con ir en bici y disfrutar por cuenta propia de estos templos no tan en ruinas, o sobrevolarlos en globo.

Pyin Oo Lwin

4 Antiguamente conocida como Maymo, esta singular ciudad es un estupendo lugar de escapada desde la frenética y húmeda Mandalay. En su día fue la capital estival británica, con numerosos edificios de la época colonial y un encantador jardín botánico. Los taxis locales son coloridos carruajes tirados por caballos, mientras que la continua proliferación de restaurantes la convierte en una de las mejores ciudades del país para comer.

Myanmar
Las mejores experiencias

Shwedagon Paya

1 Cuesta encontrar en todo el sureste asiático un monumento religioso más imponente que este. Su colosal tamaño y aura mística harán que más de un ateo se replantee sus convicciones. Pero no todo gira en torno a la espiritualidad y la contemplación, pues la Shwedagon Paya, además de ser un lugar de peregrinación, es un apasionante complejo donde tienen lugar ruidosas ceremonias de ordenación y fascinantes sesiones de adivinación. Quienes busquen un motivo para merodear por Yangón antes de poner rumbo al interior, lo encontrará aquí.

Mrauk U

5 Los templos, los monasterios, el antiguo palacio y las ruinas de la que fuera la capital de Rakhine, aún dan idea de lo asombroso que debió de ser este lugar en su cénit, en el s. XVI. Y, lo mejor de todo, estructuras colosales como la Dukkanthein Paya o la Kothaung Paya comparten espacio con comunidades rurales y arrozales color esmeralda, por lo que Mrauk U es mucho más que una pieza de museo.

Mawlamyine

6 La antigua capital de la Birmania británica apenas ha cambiado desde la era colonial, y su ajetreado puerto, vetustos edificios, templos cimeros e imponentes iglesias engañan al viajero haciéndole creer que Kipling y Orwell aún rondan por la ciudad. Aunque no atraiga la historia, los atractivos que rodean Mawlamyine –desde islas tropicales y cuevas profundas hasta la singular cultura mon– son muy interesantes y, como la propia ciudad, apenas reciben visitantes.

si Myanmar (Birmania) tuviera 100 habitantes

66 serían bamar
9 serían shan
7 serían kayin (karen)
4 serían rakhine
3 serían chinos

2 serían indios
2 serían mon
5 serían de otro origen

grupos religiosos
(% de población)

89 Budistas

4 Musulmanes

4 Cristianos

3 Animistas y otras religiones

población por km²

MYANMAR   REINO UNIDO   ESPAÑA

▮ = 15 personas

Cuándo ir

TEMP. ALTA
(dic-feb)

➡ Menos lluvias y calor.

➡ Es la temporada alta; el alojamiento y el transporte deben reservarse con mucha antelación.

TEMP. MEDIA
(oct-nov, mar-abr)

➡ Yangón suele alcanzar los 40°C de marzo a mayo. Más calor en la zona de Bagan y Mandalay.

➡ Refresca en las alturas de Shan.

➡ Los transportes se llenan durante la Fiesta del Agua (Thingyan), en abril.

TEMP. BAJA
(may-sep)

➡ El monzón del suroeste llega a mediados de mayo y descarga especialmente de julio a septiembre.

➡ Las lluvias pueden hacer intransitables las carreteras, particularmente región del delta.

¿Birmania o Myanmar?

Cómo llamar a la República de la Unión de Myanmar (el nombre oficial del país desde el 2011) ha sido cuestión de fricciones políticas desde 1989. Ese fue el año en que la junta militar se deshizo de "Birmania", el nombre utilizado desde mediados del s. XIX, junto con otros de la época colonial como Rangún, Pagan, Basséin y Arakan.

La ONU reconoce Myanmar como el nombre oficial del país, ya que es más incluyente que Birmania, pues su población no es ciento por ciento birmana. Sin embargo, casi todos los grupos opositores (la NLD incluida), muchos grupos étnicos y varias naciones clave, se refieren al país como Birmania. Eso sí, en el 2011 Aung San Suu Kyi afirmó "preferir Birmania porque el nombre se cambió sin tomar en consideración la voluntad del pueblo".

Comida y bebida

Áthouq Ensaladas ligeras, ácidas y especiadas, con verduras o frutas aderezadas con zumo de lima, cebolla, cacahuetes, polvo tostado de garbanzos y chiles. Una típica es la *leq-p'eq thouq*, con hojas de té fermentadas.

Htamin chin Literalmente "arroz agrio", es una ensalada de arroz y cúrcuma, también del estado de Shan.

Mohinga ('moun-hinga') Popular plato de desayuno consistente en fideos de arroz servidos con sopa de pescado y mil y un ingredientes.

Shan khauk-swe Sopa al estilo shan: fideos finos de trigo en un caldo ligero con carne o tofu, que se encuentran por doquier pero sobre todo en Mandalay y Shan.

Té negro Preparado al estilo indio, con abundante leche y azúcar.

Novicios budistas en busca de limosnas, Hsipaw.

Archipiélago de Myeik

7 Compuesto por más de 800 islas, muchas de ellas con playas de arena blanca casi vírgenes y algunos de los mejores enclaves de buceo de la región, cuesta creer que aún exista un lugar como este en el sureste asiático continental. Acceder a la zona lleva bastante tiempo y resulta caro, pero quienes puedan permitírselo estarán entre los contados afortunados que algún día darán fe de haber visto una de las últimas fronteras para el turismo en la región.

Hsipaw

8 Atractiva y tranquila esta localidad se halla en un sitio ideal para emprender rápidas y sencillas caminatas a fascinantes pueblos shan y palaung, así como otras más arduas a aldeas apenas visitadas. La zona circundante parece estar mucho más alejada del radar turístico que lo que se ve en las caminatas por la zona de Kalaw. Hsipaw es, además, una población histórica con un pasado real, también conocida como la "Pequeña Bagan" por estar llena de antiguas *stupas*.

Cómo desplazarse

Autobús Frecuentes y fiables; viajar de noche permite ahorrar en alojamiento.

Barco Indicado para conocer birmanos y disfrutar del paisaje, aunque es lento y solo cubre algunos destinos.

Automóvil Brinda total flexibilidad pero sale caro; para ciertas regiones se necesitan un guía asignado por el gobierno y un conductor.

Tren Si bien ofrecen mayor interacción y mejores vistas, los trenes son incómodos y lentos, y suelen retrasarse.

Mujer himba recolectando resina.

Namibia

*Premiada con algunos de los paisajes más espectaculares
de África, Namibia propone una de las mayores aventuras
por carretera que puedan imaginarse.*

Aunque siempre cautivan maravillas naturales como el sobrecogedor cañón del río Fish o el paraíso faunístico que encierra el Parque Nacional de Etosha, lo que realmente se grabará en la memoria del viajero son las solitarias carreteras del desierto, donde imponentes losas de granito se elevan entre las turbulentas arenas. Es como un libro ilustrado que cobra vida, en el que las dunas del desierto más antiguo del planeta se encuentran con las incesantes olas a lo largo de la salvaje costa atlántica. Y entre todo esto hay un legado alemán, palpable en la cocina o en la arquitectura *art nouveau* de Lüderitz o Swakopmund y en celebraciones como el legendario Oktoberfest de Windhoek.

Namibia es también el epicentro de los deportes de aventura en la región, de modo que tanto si se es un soñador o un caminante incansable, el viaje por este país quedará en el recuerdo aunque pase mucho tiempo tras haber perdido de vista el desierto.

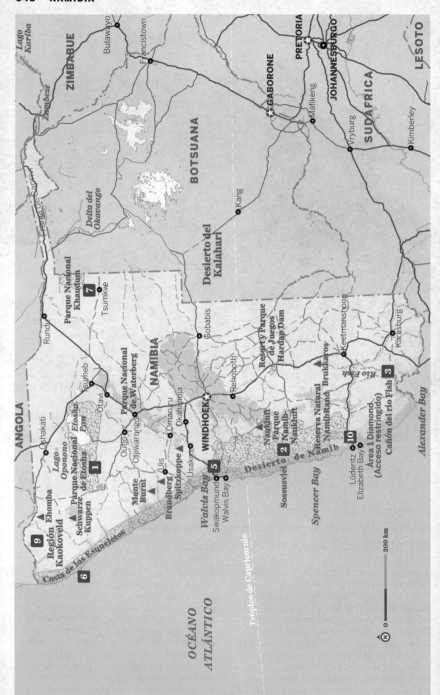

ZIMBABUE

Lago Kariba

Zambese

Bulawayo

Francistown

PRETORIA

JOHANNESBURGO

LESOTO

GABORONE

Mafikeng

SUDÁFRICA

Vryburg

Kimberley

BOTSUANA

Kang

Franja de Caprivi

Delta del Okavango

Desierto del Kalahari

ANGOLA

Rundu

Parque Nacional Khaudum **7**

Tsumkwe

NAMIBIA

Gobabis

Resort y Parque de Juegos Hardap Dam

Keetmanshoop

Karasburg

Oshakati

Lago Oponono

Parque Nacional Etosha Pan **1**

Schwarze Kuppen

Región Kaokoveld **9**

Monte Brukit

Tsumeb

Otavi

Outjo

Parque Nacional de Waterberg

Okahandja

Rehoboth

Río Fish

Cañón del río Fish **3**

Etosha Pan

Parque Nacional de Etosha

Ojijiwarongo

Omaru

Uis

Brandberg

Spitzkoppe

Usakos

WINDHOEK

Naukluft Parque Namib-Naukluft **2**

Reserva Natural NamibRand Brukkaros

Área 1 Diamond (Acceso restringido)

Lüderitz

Elizabeth Bay

10

Alexander Bay

Walvis Bay

Swakopmund

Walvis Bay

5

Sossusvlei

Desierto de Namib

Spencer Bay

Costa de los Esqueletos **6**

Ehomba

OCÉANO ATLÁNTICO

Trópico de Capricornio

N 0   200 km

Namibia
Las mejores experiencias

Parque Nacional de Etosha

1 Pocos lugares del sur de África pueden competir en cuanto a riqueza de fauna con el extraordinario Parque Nacional de Etosha, una red de charcas que se dispersan entre el bosque bajo y las praderas que rodean las depresiones (lagunas saladas secas) y atraen a grandes congregaciones de animales. En una sola laguna se puede disfrutar de miles de avistamientos en apenas un día. Etosha es sin duda uno de los mejores lugares del mundo para ver la vida salvaje.

Sossusvlei

2 Con grandes dunas de finísima arena rojiza que cambian de tonalidad con el sol, Sossusvlei es un lugar único que hunde sus orígenes en el Kalahari millones de años atrás. Aparte de dunas, completan el paisaje descomunales *vleis* secos (valles bajos abiertos), y ascender a lo alto de estos gigantes en continuo movimiento es una experiencia sin igual. Al divisar la inmensidad del vacío circundante parece como si de pronto el tiempo se hubiera detenido.

Cañón del río Fish

3 Este enorme desfiladero, único en África y ubicado en el sur del país, constituye un paisaje casi inverosímil, aunque las cifras no mienten: mide 160 km de largo y hasta 27 km de ancho, y alcanza una profundidad de 550 m en su espectacular cañón interior. Es un lugar desolado e inmenso, que pareciera tallado por un maestro cantero, y cuando mejor luce es por la mañana. La roca desnuda y la falta de vegetación dejan sin aliento, un silencioso estado de reflexión y asombro reemplaza al ansia de tomar fotografías enseguida. Los

bordes redondeados y las esquinas puntiagudas crean una sinfonía en piedra de proporciones descomunales. La mejor forma de apreciar su dimensión es embarcándose en una caminata de cinco días que cruza la mitad del largo del cañón, poniendo a prueba la resistencia física y mental del viajero. La recompensa será la oportunidad de sentir de cerca una de las grandes maravillas naturales de África.

Acampar en un safari

4 El cielo refulgente, el crepitar de la hoguera, la inmensidad de la noche africana... No hay mejor forma de agudizar los sentidos y desarrollar la conciencia por África que durmiendo bajo las estrellas, una experiencia conmovedora frente al ajetreo del mundo moderno. Ahora bien, el rugido no tan distante de un león o saber que lo único que media entre el viajero y un hipopótamo furioso es una fina lona hacen que no sea indicado para pusilánimes.

Swakopmund

5 Atrapada en la costa del Atlántico Sur y rodeada de desierto, la elegante Swakopmund es posiblemente la ciudad más atractiva de Namibia: un derroche de arquitectura *art nouveau*, con paseos marítimos, casas de entramado de madera y edificios coloniales. También es la capital regional de los deportes de aventura, con una amplia oferta de actividades: paracaidismo, paseos a caballo o *sandboard* por una duna con 300 m de descenso. Asimismo, atrae tanto a mochileros como a viajeros

Franja de Caprivi

La extraña forma de este territorio tiene mucha historia. En 1890, cuando Alemania reclamó Zanzíbar a los británicos, estos se opusieron y terminaron conservándola. A Alemania se le ofreció a cambio una vasta franja de terreno perteneciente al protectorado británico de Bechuanalandia (la actual Botsuana). Bautizado como la franja de Caprivi, este importante territorio daba acceso a Alemania al río Zambeze.

Para los alemanes, la motivación tras este trueque subyacía en la posibilidad de crear un imperio colonial que se extendiera desde la costa atlántica meridional hasta Tanganica (hoy Tanzania) y el océano Índico. Pero para su disgusto, la colonización británica de Rodesia les detuvo a un buen trecho río arriba de las cataratas Victoria, las cuales representaron un obstáculo considerable para navegar por el Zambeze.

Comida y bebida

La cocina tradicional namibia consiste en unos cuantos alimentos básicos entre los que destaca la *oshifima*, una masa pastosa preparada con mijo, que normalmente se acompaña de un estofado de verduras o carne. También son típicos el *oshiwambo* (una rica combinación de espinacas y ternera) y el *mealie pap* (gachas).

Algunas bebidas locales son el *oshikundu* (cerveza de mijo), el *mataku* (vino de sandía), el *tambo* (mijo fermentado con azúcar), el *mushokolo* (una cerveza elaborada con una semilla autóctona) y el *walende*, que se destila de la palma makalani y tiene un sabor parecido al vodka. Salvo esta última, se consumen el mismo día de producción y son baratísimas. Para paladares más convencionales, también hay cervezas locales de toda la vida: a destacar la suave y refrescante Windhoek Lager. La misma cervecera produce la Tafel Lager, la fuerte y amarga Windhoek Export, y la corpulenta Windhoek Special.

si Namibia tuviera 100 habitantes

60 hablarían afrikáans
32 hablarían alemán
7 hablarían inglés
1 hablaría otras lenguas autóctonas

grupos religiosos
(% de población)

Luteranos 50

Otros cristianos 35

Creencias autóctonas 15

población por km²

NAMIBIA   SUDÁFRICA   AUSTRALIA

† ≈ 3 personas

acomodados, por lo que todo el mundo encontrará aquí su lugar.

Costa de los Esqueletos

6 Esta franja hostil llena de herrumbrosos barcos embarrancados es el sueño de los fanáticos de los viajes por carretera, una brumosa región de bajíos rocosos donde la niebla y las tormentas de arena le

dan un aire fantasmagórico e indómito. Se trata de una de las zonas más remotas e inaccesibles de este inmenso país. Y precisamente en esta tierra virgen es donde uno podrá poner su música preferida, relajarse y dejar que la realidad coincida con la imaginación.

Los san

7 Namibia es un buen lugar para interactuar

con los san, los pobladores originales del sur de África, cuya presencia se remonta 20 000 años atrás. Otjozondjupa, en el borde del Kalahari, pertenece al territorio tradicional de los san ju/'hoansis; y en Tsumkwe se puede organizar de todo, desde caminatas entre vegetación a safaris de caza.

Actividades de aventura

8 Namibia se está convirtiendo rápidamente en la capital regional de los deportes de aventura. Si se quiere saltar al vacío desde un avión, deslizarse por la pendiente de una duna en el desierto más

Cuándo ir

MAY-OCT

➡ La mejor época para ver fauna.

JUN-AGO

➡ Swakopmund y Walvis Bay suelen sufrir tormentas de arena.

SEP-OCT

➡ Windhoek cobra vida con festivales artísticos y el Oktoberfest, entre otros.

antiguo del mundo, o emular a Lawrence de Arabia a lomos de un camello, este es el lugar. Una actividad típicamente africana, que exige mucha cautela, son los safaris guiados a pie por la sabana en busca de rinocerontes negros.

Los himba y los herero

9 Como mejor se experimenta la rica cultura de Namibia es en las diversas comunidades de la población herero, compuesta por 120 000 individuos, en la que se integra el subgrupo formado por los

Películas

El desierto protector (Regardt van den Bergh, 1992) Basada en la novela de Henno Martin, muestra la historia de dos amigos a lo largo de un par de años en su intento por evitar ser apresados durante la II Guerra Mundial.

Mad Max: Furia en la carretera (George Miller, 2015) El rodaje de la cuarta parte de *Mad Max* se trasladó a Namibia después de que la lluvia convirtiera la localización elegida en el desierto de Australia en una alfombra de flores.

Namibia: la lucha por la liberación (Charles Burnett, 2007) Narra la vida de Sam Nujoma, el primer presidente del país.

Libros

El mundo perdido del Kalahari (Laurens Van Der Post, 2007) Fascinante relato sobre el arduo viaje del autor en pos de los supervivientes de los bosquimanos en la inmensidad del desierto.

El fuego del desierto (Karen Winter, 2014) La búsqueda de un legendario diamante por tierras de Namibia, a finales de los años cincuenta.

Cómo desplazarse

Avión Air Namibia cuenta con una amplia red de vuelos nacionales desde el aeropuerto Eros de Windhoek.

Autobús Los autobuses públicos viajan a las principales poblaciones pero no llegan hasta los puntos de interés más importantes del país.

Automóvil Alquilar un automóvil es con mucha diferencia la mejor forma de explorar Namibia. Existe una excelente red de carreteras asfaltadas y en los puntos más remotos hay carreteras de grava –e incluso de sal– en buen estado.

Tren Trans-Namib Railways conecta algunas de las principales ciudades pero los trenes son desesperadamente lentos.

himba y los kaokoveld. El característico traje de las herero deriva del que vestían las misioneras alemanas en la era victoriana, consistente en un enorme miriñaque sobre varias enaguas y un sombrero corniforme o un tocado. Las himba, en cambio, eran famosas por embadurnarse con una aromática mezcla de ocre, mantequilla y hierbas, que confiere a la piel un tono anaranjado oscuro.

Lüderitz

10 Namibia es un país que desafía los estereotipos africanos, y no hay lugar donde esto sea más palpable que en la ciudad colonial de Lüderitz. Extendiéndose entre las gélidas aguas del Atlántico Sur y el abrasador desierto de Namib, esta réplica en pequeño de Alemania parece encontrarse detenida en el tiempo. Una vez exploradas sus calles y saciado de salchichas y chucrut regados con auténtica cerveza de trigo, lo indicado es aplaudir su arquitectura *art nouveau* alemana, consultar de nuevo el mapa y sacudir la cabeza de asombro.

Berg St, Lüderitz.

10

Anibare Bay.

Nauru

La belleza de Nauru se palpa en su costa, donde las aves marinas se abalanzan sobre verdes acantilados y tanto las vistas como los atardeceres sobre el océano destacan por su espectacularidad.

Aunque en la costa abundan las oportunidades para nadar y bucear, o contemplar la fogosa puesta de sol sobre los cocoteros, basta con dirigirse al interior de la isla para encontrar un escalofriante paisaje de pináculos calizos deforestados a raíz de la explotación de fosfato. La roca desnuda refleja los rayos del sol y espanta las nubes, de manera que hay muchísima luz solar pero también frecuentes épocas de sequía.

Entre tanto, la riqueza generada en su día por la minería –a la que siguió la pobreza una vez las tiendas se desabastecieron– ha llevado el país prácticamente al colapso. En pleno auge del fosfato en la década de 1980, Nauru tenía la segunda renta per cápita más alta del mundo; pasados 30 años, la renta media es de 2500 US$ al año. Apenas se ven cargueros y el trabajo es escaso. En la última década, el polémico centro de detención de inmigrantes gestionado por Australia ha sido uno de los grandes impulsos al desarrollo de Nauru.

Quizá el turismo –antaño considerado innecesario– podría ayudar a que el país vuelva a afianzarse. El transporte y la hostelería no abundan, pero sí las sonrisas.

CAPITAL
Yaren

POBLACIÓN
9434

ÁREA
21 km²

IDIOMA OFICIAL
Nauruano

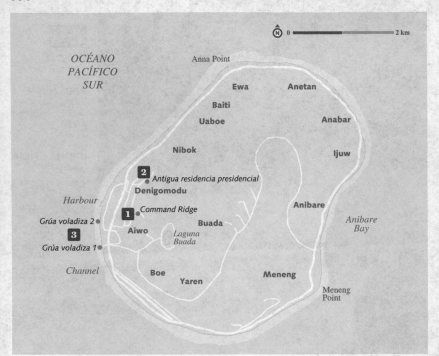

OCÉANO
PACÍFICO
SUR

Anna Point

Ewa   Anetan

Baiti

Uaboe   Anabar

Nibok   Ijuw

2 • Antigua residencia presidencial

Denigomodu

Harbour

1 • Command Ridge

Anibare

Grúa voladiza 2 •   Buada   *Anibare Bay*

3   Aiwo   *Laguna Buada*

Grúa voladiza 1 •

Channel   Boe   Meneng

Yaren   Meneng Point

Nauru
Las mejores experiencias

Command Ridge

1 El punto más alto de la isla, donde los japoneses tenían un puesto de vigilancia en la década de 1940, aún conserva artillería oxidada de la II Guerra Mundial, incluidos dos grandes cañones que disparaban proyectiles de 40 kg. También hay un búnker de comunicaciones al que se puede acceder con una linterna.

Antigua residencia presidencial

2 Se pueden ver las ruinas de la antaño espléndida residencia presidencial, incendiada en el 2001 por una muchedumbre enfurecida por la mala gestión económica del gobierno, lo cual invita a la reflexión sobre las consecuencias de agotar los recursos.

Grúas voladizas

3 El primer envío de 2000 toneladas de fosfato salió de Nauru en 1907. Para 1908 se empezaron a montar inmensas instalaciones industriales. Entre las guerras mundiales se construyó en la costa la primera grúa voladiza que permitía cargar el fosfato en los barcos. Tras la II Guerra Mundial creció la demanda de fosfato y para la década de 1960 ya funcionaba una segunda grúa.

Comida y bebida

Charrán-bobo negro Esta ave de canto singular es una delicia local.

Demangi Ponche fermentado a partir de savia de cocotero.

Pescado Se pueden capturar peces espada, atunes de aleta amarilla, barracudas, etc., y luego disfrutar de una buena parrillada.

Cuándo ir

NOV-FEB
➡ La época más lluviosa del año.
➡ Temperaturas por encima de los 32°C.

MAR-OCT
➡ El mejor momento para visitarlo.
➡ Temperatura media del mar superior a los 28°C.

TODO EL AÑO
➡ Tiempo caluroso y húmedo, con una media de 25°C.

Ama Dablam, Himalaya.

CAPITAL
Katmandú
....
POBLACIÓN
30,4 millones
....
ÁREA
147 181 km^2
....
IDIOMA OFICIAL
Nepalí

Nepal

El 25 de abril del 2015, el valle de Katmandú sufrió un terrible terremoto de 7,8 grados de magnitud que arrasó decenas de templos y monumentos y mató a más de 8000 personas. En el centro del país y en el valle de Langtang, pueblos enteros quedaron sepultados por avalanchas y corrimientos de tierra; una devastación que se vio agravada por un segundo seísmo el 12 de mayo. Los efectos de la catástrofe tardarán años en paliarse.

Incrustado entre el imponente Himalaya y las humeantes junglas de las llanuras indias, Nepal es una tierra de cumbres nevadas y sherpas, yaks y yetis, monasterios y mantras. Desde que abrió sus fronteras en la década de 1950, esta pequeña nación montañosa se ha convertido en un destino irresistible y místico para los viajeros. Legiones de excursionistas acuden atraídos por el senderismo más emblemático y accesible del Himalaya, con rutas escarpadas que conducen al Everest, el Annapurna y más allá.

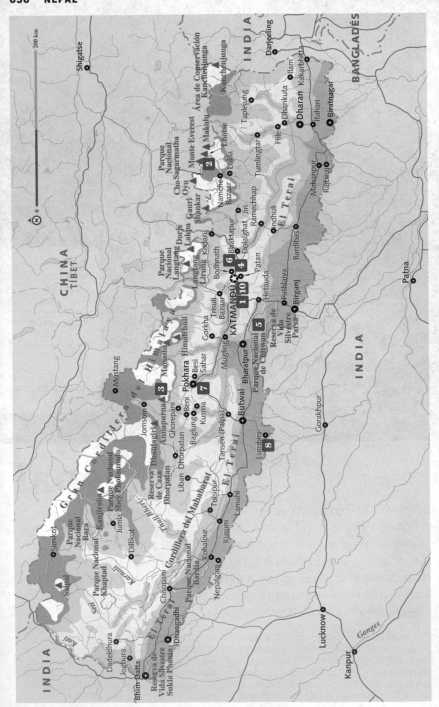

Nepal
Las mejores experiencias

Plaza Durbar, Katmandú

1 El centro histórico de la vieja Katmandú es un museo al aire libre compuesto por espléndidos templos medievales, pagodas y santuarios. Otrora ocupada por la hermética familia real nepalí y aún hogar de las *kumari* (diosas vivientes de Katmandú), la plaza Durbar es el corazón sagrado de la ciudad y el escenario que acoge multitud de festivales.

Se recomienda acceder previo paso por los patios escondidos en las calles secundarias y los templos de la laberíntica ciudad antigua.

Caminata al campamento base del Everest

2 Encabezando la lista de experiencias predilectas de muchos viajeros se encuentra esta ruta de dos semanas hasta la base de la montaña más alta y famosa del mundo. Las vistas son parciales, pero los picos circundantes son asombrosos, y la media hora durante la cual se observa el resplandor sobre el precioso Pumori o el Ama Dablam, merece los dolores de cabeza que sin duda se sufrirán por la altura. Si bien está más transitado en octubre, el recibimiento en los refugios de sherpas siempre es cálido.

Circuito del Annapurna

3 La ruta de 19 días que rodea el macizo del Annapurna (8091 m) es la caminata más popular de Nepal, y con razón. Los refugios son confortables, los paisajes son sublimes, el cruce del Thorung La (5416 m) es todo un desafío y la sensación de cubrir el recorrido de las tierras bajas a la meseta del Himalaya es muy gratificante. Se aconseja ir sin prisas y explorar las espectaculares rutas secundarias, en especial en la zona de Manang. Puede que las obras de la carretera se hayan comido las seccio-nes occidentales cerca de Jomsom, pero hay varios senderos alternativos que aún evitan la carretera.

Bhaktapur y valle de Katmandú

4 El valle de Katman-dú posee la mayor concentración mundial de lugares protegidos por la Unesco. De las tres ciudades antiguas del valle (todas Patrimonio Mundial), la medieval Bhaktapur quizá sea la mejor conservada, con un sinfín de templos, pagodas y ornados estanques. Las sinuosas callejuelas conducen a plazas donde los lugareños secan maíz y crean piezas de cerámica. Y para redondear la experiencia, no hay como hacer noche en una pensión o asistir a alguno de los fantásticos festivales.

Safari de elefantes, Parque Nacional de Chitwan

5 Situado en el "otro Nepal", el de las húmedas llanuras, Chitwan es uno de los mejores lugares de Asia para ver vida salvaje y el sitio ideal para vestirse de safari, subirse a un elefante y penetrar en la neblina del alba en busca de rinocerontes y tigres. Además, no faltan actividades, desde visitar a los paquidermos a la hora del baño hasta recorrer aldeas tharu; los más osados podrán dar un paseo guiado a pie por la inquietante selva.

'Stupa' de Bodhnath

6 Bodhnath es el centro de la comunidad tibetana de Nepal y el hogar de la stupa más grande de Asia, compuesta por una espectacular cúpula blanca y una aguja que atraen a peregrinos llegados de lugares remotos. Igual de fascinantes son las calles

Gurkas

Cada año, cientos de jóvenes nepaleses llegan a Pokhara para participar en el riguroso proceso de selección para ser admitido como gurka.

Los candidatos deben ejecutar una serie de agotadoras pruebas físicas, incluida una carrera de 5 km colina arriba cargando 25 kg de piedras en una cesta tradicional doko. Solo lo logran los que están en mejor estado físico y mental; hay historias de candidatos que en su empeño por ser elegidos siguen corriendo aun habiéndose fracturado un hueso.

Distinguidos por sus kukris (cuchillo curvo), los gurkas siguen siendo los combatientes más aguerridos del mundo. Los gurkas británicos han desempeñado misiones de paz en Afganistán, Bosnia y Sierra Leona, y tanto el ejército indio como el cuerpo de policía de Singapur y los guardaespaldas del sultán de Brunéi, cuentan con unidades de élite de gurkas.

circundantes, llenas de monjes con la cabeza afeitada y túnicas bermellón, y bordeadas por monasterios y comercios tibetanos que

Comida y bebida

Cerveza Algunas marcas locales son Gorkha, Everest y Kathmandu Beer. Tuborg (danesa), Carlsberg (danesa) y San Miguel (española) también se producen bajo licencia.

Daal bhaat tarkari Sopa de lentejas, arroz y verduras al curri. Con suerte, estará acompañado de achar (encurtidos) y quizá chapati (pan indio sin levadura), dahi (requesón o yogur) o papad (crujientes tortas de harina de lentejas fritas).

Juju dhau Si se visita Bhaktapur se debería probar el juju dhau, un yogur deliciosamente cremoso.

Momos Dumplings de carne o verduras.

Sikarni Popular postre tradicional de yogur batido con canela, frutos secos y fruta deshidratada.

si Nepal tuviera 100 habitantes

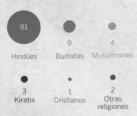

16 serían chhetris
13 serían brahmanes
7 serían magares
7 serían tharus
57 serían de otro origen

grupos religiosos
(% de población)

81
Hindúes

9
Budistas

4
Musulmanes

3
Kiratis

1
Cristianos

2
Otras religiones

población por km²

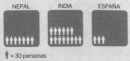

NEPAL INDIA ESPAÑA

👤 ≈ 30 personas

CRAIG FERGUSON / GETTY IMAGES ©

venden ruedas de plegaria e incienso. Al atardecer se ve a los peregrinos encender lámparas de mantequilla y rodear la *stupa* durante su *kora* (ronda ritual) diaria.

Vistas desde Pokhara

7 Puede que la segunda ciudad más turística de Nepal carezca del trasfondo histórico de Katmandú, pero lo compensa de sobra con su ambiente relajado y un entorno espectacular. Las vistas del amanecer del Machapuchare y el Annapurna, reflejados en las serenas aguas del lago Phewa o vistos desde los miradores de la ciudad, son memorables. También se pueden disfrutar con una caminata, en bicicleta o en parapente.

Lumbini, cuna de Buda

8 Esta peregrinación es uno de los grandes viajes espirituales del subcontinente. Se podrá visitar el lugar exacto donde Buda Gautama nació hace 2500 años, que fue redescubier-

Cuándo ir

TEMP. ALTA
(oct-nov)

➡ Cielos despejados y agradables días otoñales. Miles de personas toman los senderos del Everest y el Annapurna. Se llenan los alojamientos en Katmandú.

TEMP. MEDIA
(mar-abr)

➡ La segunda mejor época para una visita es sinónimo de tiempo cálido y rododendros en flor.

TEMP. BAJA
(jun-sep)

➡ Las lluvias del monzón provocan deslizamientos de tierra y las nubes oscurecen las vistas de las montañas; los hoteles ofrecen descuentos. Las precipitaciones y las sanguijuelas desalientan a los excursionistas.

to tan solo hace un año, y luego recorrer la colección multinacional de templos erigidos por las naciones budistas vecinas. Pero quizá lo más interesante de todo sea limitarse a encontrar un rincón tranquilo y meditar sobre la naturaleza de la existencia.

Senderismo remoto

9 El senderismo en Nepal no se reduce a la ruta hasta el Annapurna. Todo el país está salpicado de apartados senderos que harán las delicias de los amantes de la aventura. Quienes hagan un esfuerzo adicional se verán recompensados con vistas normalmente reservadas a

Películas

Everest (Baltasar Kormákur, 2014) Película filmada durante la mortífera temporada de escalada de 1996.

Himalaya (Eric Valli, 1999) Increíblemente rodada en Dolpo, fue nominada al Oscar.

A vida o muerte (Michel Powell, 1947) Una comunidad de monjas abren un dispensario en los contrafuertes del Himalaya.

·····························

Libros

Mi camino al Everest (Edmund Hillary, 2000) Emocionante crónica de la ascensión al Everest por uno de los montañeros más célebres de la historia.

Una maestra en Katmandú (Vicki Subirana, 2013) La peripecia nepalí de una maestra catalana dispuesta a llevar su proyecto educativo a los más pobres y marginados, que dio pie a una película de Icíar Bollaín.

El leopardo de las nieves (Peter Matthiessen, 2008) Clásico y profundo relato acerca de una expedición a Dolpo.

Cómo desplazarse

Moverse por Nepal puede ser todo un desafío. Dado el terreno y las condiciones climáticas y de los vehículos, pocos viajes transcurren según lo planeado. La ingenuidad nepalí suele conseguir que el viajero termine llegando a su destino, pero hay que reservar mucho tiempo para el itinerario y contemplar los retrasos y los imprevistos como parte del rico tapiz que supone Nepal. Fundamental llevar tentempiés.

En Nepal, la forma más habitual de ir de un sitio a otro es a pie, máxime en las zonas de montaña, donde no hay carreteras y solo contadas pistas de aterrizaje. En el resto del país, la gente se suele mover en autobús, todo-terreno, motocicleta, tren y avión (aunque estos parecen aguantar más por fe que por su integridad mecánica).

Se aconseja evitar desplazarse durante los principales festivales, pues los autobuses, vuelos y alojamientos siempre están reservados al completo.

los montañeros experimentados, o bien podrán retroceder en el tiempo en los antiguos reinos budistas de Mustang, Nar-Phu y Dolpo. En enclaves como los lagos Rara o Phoksumdo, el viajero podrá disfrutar del Himalaya a solas. Las caminatas lejos de las multitudes suelen implicar acampar a la intemperie y tramitar más papeleo, aunque los operadores pueden ocuparse de los preparativos para contar con tiendas, porteadores y guías.

Festivales nepalíes

10 Nepal acoge tantos festivales que es probable que alguno tenga lugar durante la visita. Los festejos van desde bailes de máscaras para liberarse de los demonios hasta divertidas competiciones de tirar de la cuerda. Para vivir una auténtica experiencia medieval, se recomienda asistir a alguna de las disparatadas procesiones en las que cientos de devotos arrastran tambaleantes carros de 20 m de altura por las calles de Katmandú y Patan.

Festival Tiji, Lo Manthang.

Playa del Caribe.

| CAPITAL |
| Managua |
| **POBLACIÓN** |
| 5,8 millones |
| **ÁREA** |
| 130 370 km² |
| **IDIOMA OFICIAL** |
| Español |

Nicaragua

Nicaragua recibe a los viajeros con paisajes volcánicos, arquitectura colonial, playas sensacionales y bosques vírgenes: una oferta que va desde lo impresionante hasta lo increíble.

Existen pocos destinos con tanta belleza y tan poco explotados como Nicaragua. Antes de que uno se percate, ya se ha apartado de las rutas turísticas para adentrarse en un mundo de montañas majestuosas, granjas cooperativas y playas vacías cubiertas de jungla. Más adelante se descubren remotas comunidades indígenas, ruinas precolombinas invadidas por la vegetación y selvas tropicales intactas.

La diversidad geográfica de Nicaragua es perfecta para vivir emocionantes aventuras al aire libre. Desde el Caribe cristalino hasta el batiente Pacífico, las playas nicaragüenses tampoco se quedan a la zaga; los grandes tubos de Rivas son venerados en círculos surfistas, mientras que las aguas claras de las islas del Maíz son fabulosas para el buceo con tubo.

Su esplendor colonial se sirve en dos sabores bien diferenciados pero igual de sugestivos: las elegantes calles de Granada –la ciudad colonial mejor conservada del país– poseen gracia arquitectónica, en tanto que León, menos refinada, es una ciudad vibrante y demasiado activa para que parezca un museo.

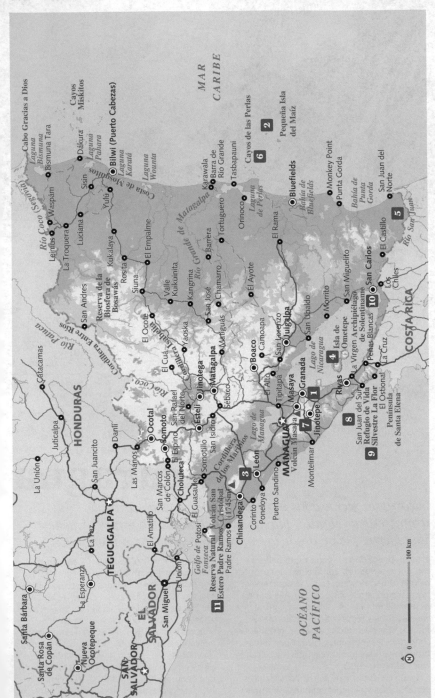

MAR
CARIBE

Cabo Gracias a Dios
Cayos Miskitos
Laguna Bismuna
Bismuna Tara
Dákura
Laguna Pahara
Bilwi (Puerto Cabezas)
Laguna Karatá
Laguna Wounta
Cayos de las Perlas
Pequeña Isla del Maíz   **2**

Leimus
Waspám
Sisin
Yulu
6

La Troquera
Luciana
El Empalme
Karawala
Barra de Río Grande
Tasbapauni

Río Coco (Segovia)

Costa de Mosquitos

Río Grande de Matagalpa

Orinoco
Laguna de Perlas

Bluefields
Bahía de Bluefields

Monkey Point
Punta Gorda

San Juan del Norte   **5**

Bahía de Punta Gorda

Río San Juan

Reserva de la Biosfera de Bosawás
Kukalaya
Rosita
Siuna
Valle
Kukuinita
Kangrina
San José
Chamarro
El Ayote
El Rama

San Andrés
El Ocote
Río Coco

Cordillera Entre Ríos
Catacamas
Juticalpa
HONDURAS

Cordillera Isabelia
El Cuá
Yaoska
Matiguás
Camoapa
El Alto
San Ubaldo
Morrito

Río Coco

El Castillo
Los Chiles
San Carlos   **10**

COSTA RICA

Danlí
Las Manos
San Marcos de Colón
Choluteca
El Espino
San Isidro
Sébaco
Boaco
San Lorenzo
Juigalpa

Isla de Ometepe   **4**
La Virgen
Archipiélago de Solentiname
San Miguelito
Peñas Blancas
La Cruz

Ocotal
Somoto
San Rafael del Norte
Estelí
Jinotega
Matagalpa

Lago de Nicaragua

San Juancito

Cordillera de los Maribios

Somotillo

El Guasaule
Volcán San Cristóbal (1745m)
3

León
Volcán Masaya
MANAGUA
Lago de Managua
Tipitapa
Masaya
Granada   **1**
Jinotepe   **7**
Rivas

San Juan del Sur
Refugio de Vida Silvestre La Flor   **9**
El Ostional
Península de Santa Elena

Corinto
Poneloya
Puerto Sandino
Chinandega
Montelimar
8

Reserva Natural Padre Ramos
Estero Padre Ramos
Golfo de Fonseca
Potosí   **11**

TEGUCIGALPA

EL SALVADOR

Santa Bárbara
Santa Rosa de Copán
Nueva Ocotepeque
La Unión
La Paz
La Esperanza
San Miguel
El Amatillo
SAN SALVADOR

OCÉANO
PACÍFICO

0   100 km

N

Nicaragua
Las mejores experiencias

Granada

1 Granada ejerce un magnetismo inmenso y palpable. El encanto de la ciudad reside en sus calles empedradas, sus polícromas casas e iglesias coloniales y su cadencioso ritmo vital. Aquí casi todas las excursiones empiezan y terminan a pie, y el mero desplazamiento desde una galería de arte hasta una iglesia colonial o un restaurante puede ocupar la mayor parte del día. Desde Granada se puede partir para explorar el sinfín de zonas salvajes, islas, volcanes y pueblos de artesanos de sus cercanías.

Pequeña Isla del Maíz

2 Sin coches ni ruido, sino playas de arena blanca y caletas apartadas que se funden con el Caribe cristalino, esta isla es el lugar pintiparado para tomarse un respiro lejos de la gran ciudad. Aquí hay mucho para mantenerse ocupado durante el día, como bucear en cuevas submarinas y con tiburones martillo, practicar el *kitesurf* aprovechando la fuerte brisa y trepar por promontorios cubiertos de jungla; y por la noche también hay suficientes cosas que hacer. Añádase a la mezcla una comida excelente y se comprende que a muchos viajeros les cueste trabajo marcharse.

Catedral de Granada.

León

3 Ciudad señorial con contracorrientes revolucionarias, León encanta y confunde a la vez. Aquí se encontrará un ambiente bohemio y ligeramente provocador, alimentado primero por la revolución sandinista y hoy por la universidad. Se puede pasar un buen día visitando la catedral, los museos y la zona del centro, para después poner rumbo a playas de arena color miel, volcanes y pueblos que parecen del Salvaje Oeste.

Isla de Ometepe

4 La joya más preciada del lago de Nicaragua lo reúne todo: volcanes gemelos, laderas exuberantes surcadas por senderos, restos arqueológicos, tirolinas, monos y aves, cascadas, olas que lamen los umbrales y un relajante aire insular que mantiene a los viajeros sosegados mientras recorren este paraíso recobrado. Gran parte del encanto de la isla reside en sus alojamientos: desde *lodges* de lujo hasta albergues, campings o cabañas con alegre ambiente *hippy*.

Río San Juan

5 Surcado antaño por piratas y buscadores de oro, quienes hoy ensalzan el río San Juan son los amantes de la naturaleza. A lo largo de su curso, infinidad de aves anidan en las ramas que penden sobre sus lentas aguas, mientras que sus tramos finales están dominados por la Reserva Biológica Indio-Maíz, una jungla casi impenetrable que cobija jaguares y hordas de monos aulladores. Lo único artificial es la imponente fortaleza española que preside los rápidos, conocida como El Castillo.

Cayos de las Perlas

6 Al acercarse a la docena de islitas orladas por arena blanca y brillantes aguas del Caribe que integran los cayos de las Perlas, se entra como en una fantasía de barcos naufragados. Por suerte, aquí se queda uno abandonado en una isla pero con un guía muy capacitado que preparará una mariscada espectacular y sacará cervezas frías de no se sabe dónde, dejando así más tiempo para nadar, bucear con tubo, avistar tortugas marinas o tumbarse sin más en la hamaca y admirar las vistas.

Volcán Masaya

7 Elevado sobre los pueblos de artesanos de la

El país del café

Visitar la zona cafetera de Nicaragua no se reduce a beber una taza tras otra: es salir a ver de dónde viene.

El café concentra la mitad de las exportaciones de Nicaragua y es el motor de su economía. En 1999 los precios del café cayeron por debajo de los costes de producción, lo que llevó a muchos agricultores nicaragüenses a ensayar nuevos métodos de producción, entre ellos el comercio justo, que es hoy el sector del mercado cafetero con más rápido crecimiento. Estos cultivadores quizá solo obtengan unos 2 US$ por día, pero en una región extremadamente pobre donde la electricidad y el agua corriente son lujos, un precio más justo del café significa tres comidas al día y la posibilidad de organizar el futuro.

Se pueden visitar las regiones nicaragüenses donde se cultiva café y caminar entre las matas sombreadas por la selva, o recoger bayas maduras junto con los anfitriones en una cooperativa agrícola. ¿Y por qué parar aquí cuando se puede seguir tras los granos hasta la planta torrefactora y aprender a identificar los sabores? Después de esto, el café mañanero se paladeará de otra manera.

Comida y bebida

Baho Ternera al vapor con bananas y yuca.

Cerveza Toña y Victoria son pilsners ligeras.

Flor de Caña El ron nacional.

Gallo pinto Arroz con judías.

Nacatamales Hojas de plátano rellenas de harina de maíz y otros ingredientes.

Quesillo Mozzarella y cebollas envueltos en tortilla y con nata agria por encima.

Rondón Guiso de pescado y marisco con coco que se sirve en el Caribe.

si Nicaragua tuviera 100 habitantes

69 serían mestizos
17 serían blancos
9 serían negros
5 serían indígenas

grupos religiosos

(% de población)

Católicos — 59　　Protestantes — 23

No religiosos — 15　　Otras religiones — 3

población por km²

NICARAGUA　　MÉXICO　　ESPAÑA

👤 ≈ 6 personas

JANE SWEENEY / GETTY IMAGES ©

Meseta Central, el humeante volcán Masaya y el parque nacional que lo rodea son algo que no deben perderse los amantes de la naturaleza ni los aventureros. Es uno de los volcanes más activos de la región, y emociona ver las columnas de gas sulfuroso ascendiendo hacia el cielo mientras uno se deleita contemplando unas vistas impagables. Unas caminatas cortas conducen hasta cuevas de lava y jardines de mariposas. Si se viene a la puesta del sol, una excursión para ver murciélagos remata la aventura.

Cuándo ir

TEMP. ALTA
(dic-abr)

➡ Los precios suben hasta un 25% en las zonas turísticas.

➡ Hay que reservar con tiempo para los alojamientos playeros.

➡ Tiempo caluroso, soleado y seco en todo el país.

TEMP. MEDIA
(nov)

➡ Amainan las lluvias en el Pacífico, pero en el Caribe continúan las precipitaciones.

➡ Tiempo fresco y campos verdes: la mejor época para el senderismo.

➡ Cosecha de café en la región norteña.

TEMP. BAJA
(may-oct)

➡ Las copiosas lluvias dificultan el paso por algunas carreteras rurales y vuelven resbaladizos los senderos de montaña.

➡ El oleaje del Pacífico atrae a multitud de surfistas a los mejores rompientes.

'Surf' cerca de San Juan del Sur

8 Nicaragua entró triunfalmente en el estrellato internacional gracias a los bronceados surfistas, y las condiciones para la práctica del *surf* al norte y al sur de la ciudad de San Juan del Sur siguen siendo magníficas. Las estrellas de la película son las largas olas, aptas para todos los niveles; pero los campamentos, las fiestas playeras y la fresca brisa crean más ambiente todavía, por lo que unas vacaciones playeras aquí satisfarán a todo el mundo.

Tortugas en La Flor

9 Ir a la costa sur del Pacífico entre julio y enero para contemplar el desove de miles de tortugas marinas en el Refugio de Vida Silvestre La Flor. Aquí hay también una buena playa, pero lo fascinante es realizar un circuito nocturno (por lo general desde la cercana ciudad de San Juan del Sur) en el que, con suerte, se verá cómo viene a la costa una tortuga laúd o una golfina para poner sus huevos después de uno de los viajes más extraordinarios que se conocen en la naturaleza.

Películas

La canción de Carla (Ken Loach, 1996) Un conductor de autobús británico se enamora de una bailarina nicaragüense exiliada en este drama romántico con tintes políticos.

La Yuma (Florence Jaugey, 2009) Narra las dificultades que debe vencer una boxeadora de Managua.

Palabras mágicas (Mercedes Moncada Rodríguez, 2012) La Nicaragua moderna vista por una joven cineasta.

Cinema Alcázar (Florence Jaugey, 1997) Intenso documental sobre el violento terremoto que asoló Managua en 1972.

Libros

¿Te dio miedo la sangre? (Sergio Ramírez, 1977) Fascinante relato que aborda la historia social de Nicaragua.

El país bajo mi piel (Gioconda Belli, 2000) Autobiografía de la poetisa revolucionaria.

La sonrisa del jaguar (Salman Rushdie, 1987) Los sandinistas durante la revolución.

Cómo desplazarse

Bicicleta Los ciclistas alaban las carreteras asfaltadas y los anchos arcenes de Nicaragua. Las bicicletas son el medio de transporte más habitual, y los conductores están acostumbrados a verlas en todas partes; sin embargo, las limitaciones de velocidad y la legislación sobre alcoholemia entrañan un problema.

Barco Es la única manera, o la más sencilla, de llegar a muchos destinos. Las pangas públicas (motoras pequeñas) son mucho más caras que el transporte por carretera.

Autobús Los servicios son excelentes pero sin lujos.

Automóvil Es una manera magnífica de ver el centro y la costa del Pacífico, pero las carreteras del lado caribeño suelen ser espantosas.

Islas Solentiname

10 Visitar las islas Solentiname para experimentar la magia de este remoto archipiélago cubierto de jungla donde vive y trabaja una comunidad de artistas con un talento excepcional, entre los animales salvajes que le sirven de inspiración. Es un sitio donde un sacerdote animó a un pueblo a construir una bonita iglesia en medio de los sonidos de la naturaleza y donde las estrellas fugaces iluminan el cielo nocturno. Incluso habiendo estado, cuesta trabajo creer que sea real.

Reserva Natural Estero Padre Ramos

11 Esta vasta reserva natural situada en el extremo noroccidental del territorio de Nicaragua constituye el mayor manglar que queda en América Central, poblado por ocelotes, caimanes y una miríada de aves. Aunque se trate de un rincón salvaje, sus rudimentarios servicios turísticos permiten acceder al manglar, a las playas donde desovan las tortugas marinas y a las comunidades de la zona.

PICTUREGARDEN / GETTY IMAGES ©

Gran Mezquita de Niamey.

CAPITAL
Niamey

POBLACIÓN
16,9 millones

ÁREA
1,2 mill. de km²

IDIOMA OFICIAL
Francés

Níger

Níger está dominado por dos de los accidentes geográficos más distintivos de África: el río Níger por el suroeste y el Sáhara por el norte.

Níger es quizá el país más injustamente ignorado de África occidental. Cierto es que solo parece figurar en las noticias por sus rebeliones de los tuaregs, las minas de uranio, las hambrunas y –algo increíble en el 2008– por el persistente problema de la esclavitud; pero si se hace el esfuerzo de visitarlo, se encontrará una población musulmana acogedora y generosa, y la posibilidad de viajar por el oeste de África sin buscadores de clientes. La vida puede ser de una dureza extrema, pero los nigerinos lo soportan con suma dignidad.

Los dos principales atractivos del país –el desierto del Tenéré y el macizo del Ayr– son de momento territorio vedado por la rebelión de los tuaregs; pero todavía se puede ir a la fascinante ciudad de Agadez, en la ruta comercial transahariana, así como a un buen número de lugares de interés del tranquilo sur: el antiguo sultanato de Zinder, el fantástico Parque Regional de W, la última manada de jirafas salvajes de África occidental en Kouré y el mercado dominical de Ayorou.

Si a esto se suma el ambiente relajado pero cosmopolita de la capital, Niamey, y un descenso por el Níger en *pirogue* (piragua tradicional), esta aventura africana promete muchas atractivas experiencias.

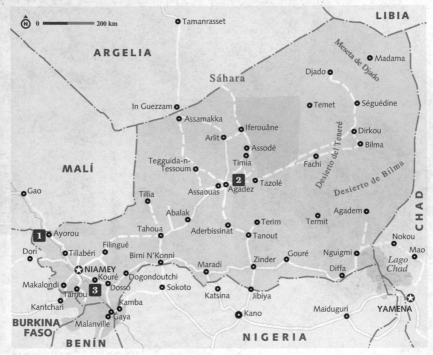

Níger
Las mejores experiencias

Ayorou

1 Ubicada a orillas del Níger, y solo 24 km al sur de la frontera con Malí, esta ciudad es famosa por su mercado dominical, donde pueden verse camellos, mulas y ovejas, además de los fascinantes nómadas que los venden.

Comida y bebida

Bière Niger La cerveza nacional por antonomasia.

Brochettes Kebabs, por lo general de pollo y ternera.

Pescado a la parrilla Habitual en los restaurantes; suele ser perca del Nilo.

Salsa riz Arroz con salsa.

Tuareg Té que calma la sed.

Agadez

2 Antes capital turística de Níger, Agadez vive una mala época desde que la rebelión tuareg volvió a estallar en el 2007; sin embargo, aunque el aeropuerto ya no recibe vuelos regulares y muchos restaurantes y hoteles están cerrados por falta de viajeros, la ciudad permanece abierta y este es un momento perfecto para ver una antigua población comercial del Sáhara sin turistas ni buscadores de clientes.

Kouré

3 Incluso en el viaje más corto que se vaya a realizar a Níger es obligada una excursión de medio día a Kouré, donde se encuentra la última manada de jirafas salvajes del África occidental, que mordisquean las acacias y pisan los terrenos ardientes que rodean el polvoriento pueblo de Kouré, al sureste de Niamey; son bastante mansas y es fácil acercarse a ellas.

Cuándo ir

OCT-FEB

➡ La mejor época, temperaturas más frescas y sin precipitaciones.

MAR-JUN

➡ El período más caluroso; en abril las temperaturas diurnas pueden superar los 45°C.

MAY-SEP

➡ Lluvias en el sur; agosto es el mes con más precipitaciones.

Mezquita Nacional de Abuja.

CAPITAL
Abuja

POBLACIÓN
174,5 millones

ÁREA
923 768 km²

IDIOMA OFICIAL
Inglés

Nigeria

Aunque quizás sea el país más emocionante del África occidental, los viajeros suelen pasarlo por alto por la sobrecarga sensorial de su ciudad más grande, Lagos, y su fama de destino difícil.

Nigeria es una potente central eléctrica: como nación más populosa del continente, domina la economía y la cultura de la región, extendiendo los frutos de su rápido desarrollo por toda África.

Lagos se encuentra en plena pujanza: con las industrias tecnológicas y de telecomunicaciones en florecimiento, restaurantes y discotecas de postín y un panorama musical y artístico que está haciendo explosión, esta urbe inmensa es el rostro del África moderna. En los pueblos fuera de

Gidi (así llaman a Lagos los naturales), uno se siente a veces como un explorador solitario vislumbrando los descosidos ribetes del mundo.

Ahondar en las culturas, historias y ámbitos del país –desde las antiguas ciudades musulmanas del norte hasta los deltas de los ríos, desde los reinos y santuarios yorubas hasta el legado de los conflictos tribales y los puertos de esclavos, y unos espacios naturales subyugantes– proporciona un antídoto eficaz para un viaje a veces agotador.

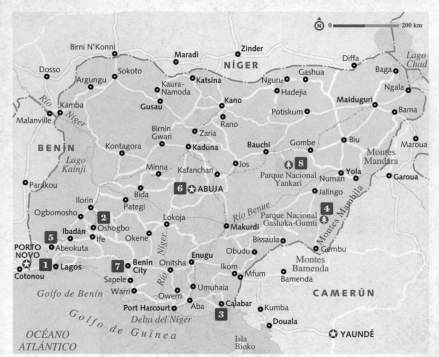

Nigeria
Las mejores experiencias

Lagos

1 Lagos es la ciudad más grande del continente africano y la que crece con más rapidez: una urbe con personas hacinadas y coches pegados unos a otros, un ruido y una contaminación increíbles, un índice de criminalidad que amedrenta y unos servicios públicos insuficientes. Gracias al dinero del petróleo, su ambiente artístico y musical mantendrá al viajero ocupado hasta después del alba. Si se va a Nigeria, no quedará más remedio que sumergirse en esta locura.

Oshogbo

2 Aprender sobre las artes tradicionales y los antiguos santuarios espirituales en Oshogbo, el centro de la cultura yoruba; estuvo en la vanguardia de la explosión de arte moderno de la década de 1960 y todavía cuenta con varias galerías boyantes. En Oshgobo se encuentra también el Bosque Sagrado de Osun, un importante santuario de la antigua religión yoruba y un gran reclamo para los visitantes; a principios de agosto, el Osun Oshogbo Festival congrega a miles de personas para honrar a la diosa fluvial Osun, que según la leyenda fundó la ciudad.

Calabar

3 Conocer la historia colonial en el puerto fluvial de Calabar. A pocos viajeros decepciona la capital del estado de Cross River, con un puerto que históricamente le ha reportado prosperidad. Calabar fue uno de los principales puertos esclavistas de Nigeria y después un importante centro exportador de aceite de palma; incluso su nombre evoca una factoría ecuatorial. Para los visitantes es una de las ciudades más gratificantes de Nigeria, con un buen museo y dos excelentes centros de protección de primates.

Parque Nacional Gashaka-Gumti

4 Adentrarse en territorio verdaderamente salvaje para explorar el Parque Nacional Gashaka-Gumti, un parque recién reorganizado –el más grande de Nigeria– que es también la zona más remota y menos explorada del país: 6700 km² de colinas

onduladas, sabana y bosque montano que conforman uno de los rincones más espectaculares de África. Es también uno de los hábitats de primates más importantes de África occidental, además de albergar leones, elefantes, hipopótamos y búfalos. Abre todo el año, aunque el acceso resulta más fácil durante la estación seca (de diciembre a marzo).

Abeokuta

5 Abeokuta es conocida por ser la cuna de muchos nigerianos famosos, como el antiguo presidente Obasanjo y el músico Fela Kuti. El lugar donde se fundó Abeokuta, la famosa Olumo Rock, posee una rica historia y gran importancia espiritual; aquí se verán santua-

rios, árboles sagrados, las ancianas del dios del trueno, escondrijos de la época de las guerras tribales y, en lo alto de la roca, un panorama impresionante de la ciudad.

Abuja

6 Capital de Nigeria hecha a la medida, Abuja se fundó durante la boyante década de 1970. Tras la guerra de Biafra se decidió trasladar la capital desde Lagos hasta el centro del país, étnicamente neutral. Limpia, tranquila y con buen suministro eléctrico, Abuja no parece a veces nigeriana; es un buen sitio para tomar aliento y hacer algunas compras.

Benin City

7 Benin City, que fue capital del reino de

si Nigeria tuviera 100 habitantes

29 serían hausas y fulanis
21 serían yorubas
18 serían igbos
10 serían ijaws
22 serían de otros grupos étnicos

grupos religiosos
(% de población)

Musulmanes   Cristianos

Animistas

Cuándo ir

OCT-ENE
➡ El mejor momento por el tiempo seco.

DIC-ENE
➡ Muchas fiestas; también la época con más gente (y la más cara) del año.

JUN-AGO
➡ La estación de las lluvias, pero no por eso hay que dejar de ir.

población por km²

NIGERIA   SUDÁFRICA   NÍGER

✦ = 15 personas

Fela Kuti: la música como arma

El impacto de la música de Fela Anikulapo en Nigeria y en el mundo no se puede minusvalorar. Fela Kuti (1938-1997) fue el genio musical de África y el creador del *afrobeat*, un género que combina *highlife* tradicional africano, *jazz*, el *funk* de James Brown y ritmos latinos, además de ser un revolucionario.

Las incendiarias canciones políticas de Fela denunciaban la corrupción, la violencia y la avaricia de los regímenes de su país; fue detenido más de 100 veces por el gobierno nigeriano y al final 1000 soldados invadieron el recinto donde vivía y actuaba, y que compartía con sus 27 esposas; casi todos sus habitantes acabaron en el hospital o algo peor.

A pesar de la muerte de su madre durante el asalto, Fela nunca dejó de combatir el imperialismo, el colonialismo y el racismo con la música como arma. Debido al reciente relanzamiento de su música en todo el mundo y, curiosamente, a un musical de Broadway basado en su vida, el legado de Fela suscita hoy un interés renovado y su figura se ha agigantado en Nigeria. El gobierno de Lagos incluso donó dinero para el nuevo a Museo Kalakuta, y la Felabration se celebra todos los años más o menos por su cumpleaños, el 15 de octubre.

Comida y bebida

A los nigerianos les gusta la comida *chop* (caliente y feculenta). El plato clásico es un guiso de pimientos con un poco de carne o pescado y con fécula, un majado de ñame o mandioca (*garri*, *eba*, o el ligeramente agrio *fufu*). Otro plato *habitual* es el *jollof*, arroz picante cocinado con aceite de palma y tomate. No suelen usarse cubiertos y, como en toda África, solo se come con la derecha.

Boda, Benin City.

Benín desde el s. xv, dio origen a una de las primeras formas artísticas africanas que alcanzaron aceptación internacional: los bronces de Benín. La ciudad es hoy el centro de comercio del caucho de Nigeria y una metrópolis en expansión.

Parque Nacional Yankari

8 Yankari, 225 km al este de Jos, es el parque nacional más conocido para la observación de la fauna y todavía alberga cantidades aceptables de búfalos, antílopes jeroglíficos y acuáticos, hipopótamos y muchos babuinos. El principal reclamo es su población de 300 elefantes, a los que se suman unos cuantos leones. Las condiciones para la observación de aves son también excelentes. El otro atractivo es la fuente termal de Wikki, cerca del camping, con agua cristalina a una temperatura constante de 31°C, que forma un lago de 200 m de largo y 10 de ancho. Hay que llevar bañador; el manantial es una verdadera delicia.

Cómo desplazarse

Avión Los vuelos nacionales son una forma rápida de moverse por Nigeria.

Coche y motocicleta La red viaria es buena, pero las carreteras asfaltadas permiten a los nigerianos ejercitar su talento como pilotos de rallies y la tasa de accidentes es elevada. La única norma que rige en carretera es la supervivencia de los más aptos.

Microbús Cada población o ciudad tiene al menos un aparcamiento lleno de microbuses y taxis compartidos (aquí los llaman *bush taxis*) que funciona como nudo del transporte.

Mototaxi La forma más rápida de moverse por las ciudades es en mototaxi, al que llaman *okada* (achaba en el norte).

Tren El proyecto de relanzar la red ferroviaria a partir del 2009 se paralizó.

Aurora boreal, condado de Troms.

CAPITAL
Oslo

POBLACIÓN
5,1 millones

ÁREA
323 802 km²

IDIOMA OFICIAL
Noruego

Noruega

Noruega es un destino único y la esencia de su atractivo no puede ser más sencilla: es uno de los países más hermosos del planeta.

La espectacularidad de la naturaleza en Noruega es difícil de subestimar. Fiordos de extraordinaria belleza y laderas con escarpes imposibles abren tajos desde un litoral quebrado hasta el profundo interior. La fama de los fiordos es más que merecida, pero esta es también una tierra de glaciares majestuosos que serpentean desde inmensos campos de hielo. Su territorio montañoso se asemeja a las almenas de muchas fortalezas naturales y cede paso a rocosas islas costeras que emergen del agua como apariciones. Y a esto se suma el atractivo primordial del Ártico.

El contrapunto a tanta belleza natural se encuentra en la vida cultural del país, que celebra las tradiciones locales y atrae a lo mejor del mundo entero. Las ciudades noruegas son cosmopolitas, con una arquitectura que refleja las célebres dotes escandinavas para el diseño. A esto se añade un apretado calendario de festivales, muchos de prestigio internacional, por lo que conviene planificar bien el viaje.

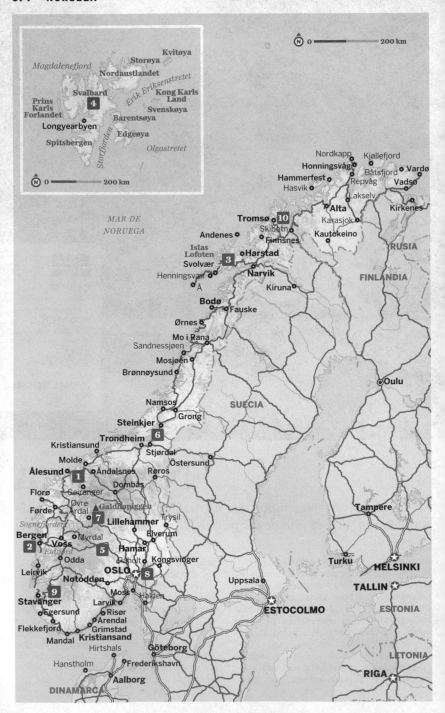

Magdalenefjord

Kvitøya
Storøya
Nordaustlandet
Svalbard **4**
Erik Eriksenstretet
Kong Karls Land
Prins Karls Forlandet
Svenskøya
Longyearbyen
Barentsøya
Edgeøya
Spitsbergen
Storfjorden
Olgastretet

N 0 ————— 200 km

N 0 ————— 200 km

MAR DE NORUEGA

Nordkapp
Kjøllefjord
Honningsvåg
Båtsfjord
Vardø
Hammerfest
Repvåg
Vadsø
Hasvik
Lakselv
Alta
Kirkenes
Karasjok
Tromsø **10**
Skibotn
Kautokeino
Andenes
Finnsnes
RUSIA
FINLANDIA
Islas Lofoten
Harstad
Svolvær **3**
Henningsvær
Narvik
Å
Kiruna
Bodø
Fauske
Ørnes
Mo i Rana
Sandnessjøen
Mosjøen
Brønnøysund
Oulu
Namsos
SUECIA
Steinkjer
Grong
Trondheim **6**
Kristiansund
Stjørdal
Molde
Østersund
Ålesund **1**
Åndalsnes
Røros
Florø
Geiranger
Dombås
Øvre Ardal
▲Galdhøpiggen
Tampere
Førde
7 **Lillehammer**
Trysil
Sognefjorden
Bergen
Myrdal
Elverum
2
Voss
5
Eidfjord
Hamar
Turku
HELSINKI
Odda
Råholt
Kongsvinger
Leirvik
OSLO
TALLIN
Notodden
8
Uppsala
ESTONIA
9
Moss
Stavanger
Halden
Larvik
Egersund
Risør
ESTOCOLMO
Arendal
Flekkefjord
Grimstad
Mandal
Kristiansand
Hirtshals
LETONIA
Göteborg
Hanstholm
RIGA
Frederikshavn
Aalborg
DINAMARCA

Noruega
Las mejores experiencias

Geirangerfjord

1 La travesía de 20 km por el Geirangerfjord, Patrimonio Mundial de la Unesco, merece la calificación del viaje en ferri más bonito del mundo. Granjas abandonadas hace tiempo se aferran a las paredes casi verticales del fiordo mientras gélidas cascadas se despeñan hasta unas aguas esmeralda. Se puede partir de Geiranger y disfrutar de la calma al dejar atrás este pequeño pero muy activo puerto, o embarcar en Hellesylt, más tranquilo. Después hay que aprestar la cámara, instalarse en un asiento de cubierta y gozar de la única manera de viajar a los parajes apartados de Noruega.

Bryggen, Bergen

2 En medio de un paisaje costero pintoresco de fiordos y montañas, Bergen puede aspirar con fundamento a ser una de las ciudades más bellas de Europa. Una afamada historia de comercio marítimo a lo largo de siglos ha legado a la ciudad el impresionante distrito de Bryggen (declarado Patrimonio Mundial por la Unesco), una arcaica maraña de edificios de madera a orillas del mar. Testimonio de una historia a la vez próspera y tumultuosa, los vistosos almacenes de madera de Bryggen albergan hoy las *boutiques* elegantes y los restaurantes

tradicionales que reportan fama a la ciudad.

Islas Lofoten

3 Pocos visitantes olvidan su primer avistamiento de la islas Lofoten, coloreadas de verdes y amarillos estivales y con sus oscuros picos cortantes como navajas hurgando en un claro cielo azul cobalto. En el aire puro y tonificante hay un perenne olor a sal y, en los pueblos, más de una tufarada a bacalao, ese gigante de los mares cuya migración anual trae prosperidad. El salto entre las islas, sueño de senderistas y hoy unidas por puentes,

Svalbard

4 El archipiélago subpolar de Svalbard, deliciosamente remoto y a la vez sorprendentemente accesible, es la porción del norte polar más evocadora de Europa y una de las últimas zonas salvajes del continente. Picos bien torneados, inmensos bancos de hielo (el 60% de Svalbard está cubierto de glaciares) y unos fiordos sobrecogedores sirven de fondo a una rica fauna ártica (una sexta parte de los osos polares del mundo, que aquí superan en número a las personas) y con actividades de verano e invierno en medio del silencio de las nieves.

Ferrocarril Oslo-Bergen

5 La línea ferroviaria Oslo-Bergen, a la que con frecuencia se alude como uno de los trayectos en tren más bonitos del mundo, permite contemplar algunos de los mejores paisajes de Noruega. Después de atravesar los bosques del sur del país, asciende hasta la belleza sin horizonte de la meseta de Hardangervidda y continúa por los hermosos campos que rodean Voss hasta llegar a Bergen. Durante el camino pasa a escasa distancia de los fiordos y enlaza (en Myrdal) con un empinadísimo ramal que baja hasta los fiordos que se abren en abanico desde Flåm.

Ruta costera de Kystriksveien

6 La ruta litoral con poco tráfico que atraviesa Nordland queda para aquellos dispuestos a deleitarse sin prisas en su mareante

es fácil en autobús, coche o –lo ideal– bicicleta.

La aurora boreal

La aurora boreal es el producto de ráfagas de partículas cargadas procedentes del sol –el llamado viento solar– que los campos magnéticos terrestres dirigen hacia las regiones polares.

Visible en Noruega durante toda la larga noche del Ártico desde octubre hasta marzo, la aurora boreal baila por el cielo dibujando cortinas de luz verdes o blancas, de intensidad variable y con formas que parecen nacidas de la imaginación de un niño. Aunque no se puede garantizar la aparición de este fenómeno en ningún momento concreto, si se tiene la suerte de verlo, no se olvidará nunca.

Comida y bebida

Aquavit La bebida nacional, el *aquavit* (o *akevitt*), es una potente dosis de cultura noruega que se hace con licor de patatas y alcaravea. Aunque esta última es un ingrediente fundamental, las destilerías modernas refuerzan el sabor con cualquier combinación de naranja, cilantro, anís, hinojo, azúcar y sal.

Especialidades El filete de ballena (*hvalbiff*) o la lengua de bacalao son buenas opciones para los paladares osados.

Patatas Ocupan un lugar destacado en casi todas las comidas noruegas.

Queso Los quesos noruegos han suscitado la atención internacional gracias al suave pero sabroso jarlsberg, un queso blanco que se produjo por primera vez en 1860 en la granja Jarlsberg de Tønsberg.

Reno El reno asado (*reinsdyrstek*) es algo que todo visitante debería probar al menos una vez.

Salmón Si otras comidas noruegas pueden vaciar la cartera sin compensar adecuadamente con su sabor, el salmón (*laks*) sigue siendo baratísimo, aunque solo el de piscifactoría; el salvaje es mucho más caro.

si Noruega tuviera 100 habitantes

94 serían noruegos
4 serían otros europeos
2 serían de otro origen

grupos religiosos

(% de población)

82	4	2
Iglesia de Noruega	Otros cristianos	Católicos
2	10	
Musulmanes	Otras religiones	

población por km²

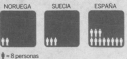

NORUEGA   SUECIA   ESPAÑA

👤 = 8 personas

belleza. Aunque falte tiempo para completar sus 650 km, recorrer un tramo es casi obligatorio si se viaja hacia el norte. Los frecuentes saltos en ferri comportan interrupciones forzosas en las que se contemplan sublimes paisajes marinos, mientras que tanto los glaciares del interior como las islas accesibles –como Vega, famosa por sus patos eíder, o Lovund, morada de 200 000 frailecillos– son desvíos tentadores.

Senderismo en el Jotunheimen

7 Las tierras altas del centro de Noruega se cuentan entre los principales destinos veraniegos de Europa. Aunque hay numerosos parques nacionales cruzados por senderos bien cuidados, es el Parque Nacional de Jotunheimen, cuyo nombre se traduce como "Casa de los Gigantes", el que descuella sobre los demás. Con 60 glaciares y 275 cumbres de más de 2000 m, Jotunheimen es de una belleza sin igual, con senderos como

Cuándo ir

TEMP. ALTA
(med jun-med ago)

➡ El alojamiento y el transporte suelen reservarse al completo con antelación.

➡ Precios mínimos del alojamiento.

➡ No hay garantías: el tiempo puede ser templado y soleado o fresco y lluvioso.

TEMP. MEDIA
(may-med jun y med ago-sep)

➡ Buena época para viajar, con tiempo por lo general benigno y despejado y menos gente.

➡ Los precios del alojamiento pueden ser altos, salvo los fines de semana.

TEMP. BAJA
(oct-abr)

➡ Puede hacer un frío atroz.

➡ Muchos lugares de interés cierran.

➡ Marzo es temporada alta en las islas Svalbard.

➡ Precios del alojamiento altos, menos los fines de semana.

Besseggen, Hurrungane y los que discurren a la sombra del Galdhøpiggen, el pico más alto de Noruega. La proximidad de Jotunheimen a los fiordos realza aún más su atractivo.

Oslo

8 Bien dotada de museos y prestigiosas galerías de arte, ahora cuenta con un flamante teatro de la ópera, blanco como un glaciar, que hasta podría despertar la envidia de Sídney. Esto es solo el principio de un plan que transformará la fachada marítima de la capital noruega durante la próxima década y hará de Oslo una de las ciudades más animadas y visitadas de Escandinavia.

Películas

Kon-Tiki (Joachim Rønning, 2012) Nominada al Oscar, narra la épica expedición de Thor Heyerdahl en balsa desde Perú hasta la Polinesia en 1947.

Max Manus (Joachim Rønning, 2009) Película de gran presupuesto sobre este combatiente de la resistencia antinazi noruega.

El inadaptado (Jens Lien, 2006) Fábula ambientada en un mundo de Ikea despiadado y claustrofóbico.

Elling (Petter Naess, 2001) Estupenda comedia rodada casi íntegramente en Oslo y nominada al Oscar.

Libros

Textos mitológicos de las Eddas (Snorri Sturlusson, 2013) Colección de los mitos escandinavos poéticos y religiosos más importantes.

El mundo de Sofía (Jostein Gaarder, 1991) Exitosa novela que recorre la historia de la filosofía; igual de buena para jóvenes que para adultos.

Cómo desplazarse

Avión Por la duración y las distancias, incluso los viajeros con bajo presupuesto pueden sopesar la posibilidad de cubrir uno o dos tramos en avión.

Barco La excelente red de ferris conecta comunidades aisladas con numerosos servicios para vehículos que cruzan los fiordos; otros ferris exprés unen las islas costeras con tierra firme.

Autobús Los autobuses que cubren rutas de largo recorrido son cómodos y puntuales.

Automóvil El alquiler de coches es caro y suele orientarse a los viajes de trabajo. Los túneles facilitan los desplazamientos por las montañas.

Roca del Púlpito

9 Pocos miradores se igualan a Preikestolen (Roca del Púlpito). Encaramada sobre un arrecife casi vertical a más de 600 m sobre las aguas del maravilloso Lysefjord, la Roca del Púlpito compone una de las imágenes más representativas de Noruega y es uno de sus parajes más sugestivos, así como un sitio donde se siente vértigo solo con ver cómo los viajeros se asoman al precipicio más de lo debido, aunque uno se sienta también atraído hacia el borde. La caminata dura 2 h y comporta una excursión de un día desde Stavanger.

Tromsø

10 Tromsø, 400 km al norte del Círculo Polar Ártico, es la ciudad más importante del norte de Noruega, con, entre otros superlativos, la catedral, la fábrica de cerveza y el jardín botánico más septentrionales del mundo. Sus concurridas discotecas y *pubs* deben mucho a la universidad (también la más septentrional). En verano, la actividad no decae en Tromsø durante las 24 h de luz diurna, y en cuanto caen las primeras nieves, la gente se calza los esquíes o raquetas y mira al cielo para contemplar la aurora boreal.

Teatro de la Ópera de Oslo.

Centro Cultural Tjibaou, Numea.

Nueva Caledonia

Nueva Caledonia es deslumbrante. El agua la rodea con todas las tonalidades del azul. Y la luz y el espacio deleitan los sentidos.

La inclusión de la laguna en el Patrimonio Mundial en el 2008 ha animado a la gente a protegerla, desde las aldeas hasta el propio gobierno.

Nueva Caledonia no es solo un patio de recreo tropical. Se aprecia aquí una mezcla encantadora de lo francés y lo melanesio: cálida hospitalidad junto con elegancia europea, comida de *gourmet* bajo las palmeras, arena, *resorts*, bungalós, hormigón y bambú.

Las playas, largas y maravillosas, están bordeadas de cafés y bares, con horizontes salpicados de islotes que atraen a los excursionistas.

Déjese el viajero tentar por kayaks, escalada en roca, vela, submarinismo entre corales, cañones, cuevas y pecios; observe ballenas y practique el buceo con tubo, o relájese en las arenas tibias de una isla desierta. Maravillas naturales y delicias artificiales le aguardan.

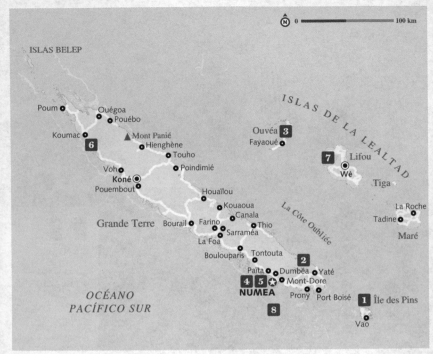

Nueva Caledonia
Las mejores experiencias

Île des Pins

1 Paraíso de bahías turquesa, playas blancas y vegetación tropical, Île des Pins (isla de los Pinos) es un lugar cautivador donde el bosque oculta cuevas oscuras y la maleza invade las ruinas de un penal. Los kuniés, como se conoce a los isleños, han mantenido viva la tradición de las piraguas, que surcan con elegancia la mansa laguna.

Extremo sur de Grande Terre

2 Con apariencia de páramo remoto, esta región vasta y vacía se caracteriza por su vegetación de matorral y sus suelos rojos, y ofrece una amplia variedad de actividades: senderismo, kayak, rápel y bicicleta de montaña. Tanto si se busca un poco de acción y aventura, como un lugar apacible y aislado junto a un río, hay que ir al extremo sur.

Ouvéa

3 Hay que imaginar 25 km de perfecta playa blanca bordeada de hierba y flores tropicales. Más allá, una exquisita laguna que se extiende hasta donde alcanza la vista. Añádase un rosario de islotes, las Pléiades. ¿Parece irreal? No: es Ouvéa. Aquí se pueden admirar los arrecifes de coral, almorzar pescado recién capturado y después echar comida a una colonia de tiburones cercana.

Numea

4 Con su alegre comunidad multiétnica, la cosmopolita capital de Nueva Caledonia es a la vez refinada y sencilla, elegante e informal; se asienta en una gran península, rodeada por bahías, y ofrece actividades variadas. Se puede comer en los animados restaurantes franceses del Barrio Latino, los bistrós a orillas del mar o, por las noches, en las furgonetas que sirven platos por una verdadera miseria en un aparcamiento. Los adictos a las compras pueden quemar sus ahorros con la moda parisina más actual o bien ir a la caza de gangas en textiles asiáticos importados.

Baie d'Oro, Île des Pins.

Vida nocturna en Numea

5 Bailar hasta la madrugada en una discoteca sobre el agua en Numea; es divertido y lo más cerca que se puede estar del agua sin mojarse. La vida nocturna discurre con naturalidad: el bullicio en Baie des Citrons cuando los jóvenes y la música llenan los bares y ocupan la playa; los de más edad aparcan los coches en la anteplaya de Anse Vata y aprovechan al máximo las noches celestiales y la música bailando en la bahía.

Costa noroccidental de Grande Terre

6 Subir en coche hasta la salvaje costa noroccidental de la Grande Terre y darse aires de cowboy haciendo noche en una granja. Buena parte de la costa noroccidental y sus llanuras está ocupada por ranchos, así que es más recomendable dirigirse al interior para hacer excursiones a caballo o alojarse en una granja *caldoche* o una casa canaca. En Koné y alrededores se pueden contratar excursiones a caballo hasta las estribaciones o las cumbres del macizo central.

Submarinismo

7 Bucear en cualquiera de las zonas de inmersión de la laguna –declarada Patrimonio Mundial– en aguas de Grande Terre, o ir a las islas de la Lealtad, donde Lifou posee varias zonas famosas. Aquí se puede

si Nueva Caledonia tuviera 100 habitantes

44 serían melanesios (canacos)
34 serían europeos
9 serían wallisianos y futunianos
13 serían de otro origen

grupos religiosos
(% de población)

60 Católicos

30 Protestantes

10 Otras religiones

población por km²

NUEVA CALEDONIA · NUEVA ZELANDA · AUSTRALIA

≈ 3 personas

Cuándo ir

ABR-MAY
➡ Fresco tras el calor y las lluvias, el país resplandece de nuevo.

JUL
➡ Demasiado fresco quizá para los playeros, pero buen mes para los senderistas.

OCT-NOV
➡ Para conocer la vida en las islas antes de que la gente se vaya de veraneo.

La 'grande case' canaca

La *grande case* (cabaña del jefe) es uno de los símbolos más poderosos de la comunidad canaca; tradicionalmente era la casa del jefe y hoy es el centro político del distrito, donde el jefe, que hereda el cargo, se reúne con los representantes de los pueblos para abordar la marcha de la comunidad y los asuntos que deben discutirse en el Parlamento.

La *grande case* se construye sobre un montículo dominando el pueblo. Primero se levanta el pilar central, un inmenso tronco que simboliza el poder. Un hogar de piedra se coloca entre el pilar central y la baja entrada.

Dentro, las paredes y el techo están cubiertos con postes o vigas de madera amarrados a la armazón con trepadoras fuertes, todo lo cual se apoya en el pilar central para simbolizar el estrecho vínculo del clan con el jefe. Por último, el techo se remata con una *flèche faîtière*, una lanza de madera labrada que sirve de morada de los espíritus ancestrales.

Comida y bebida

Bougna La especialidad de Melanesia: ñame, boniato, taro, otras hortalizas y carne, pescado o marisco bañados con leche de coco, envueltos en hojas de plátano y cocinados sobre piedras calientes en un horno de tierra durante más de 2 h. Casi todos los *gîtes* regentados por melanesios pueden prepararla, pero hay que encargarla 24 h antes.

Snacks Establecimientos donde apreciar el estilo y el sabor de la cocina francesa: todo se prepara con deliciosas salsas y adobos. Un sencillo bocadillo consiste en una *baguette* larga y crujiente con la grasa del jamón chorreando o una terrina casera dentro.

Faro del islote de Amédée.

bucear en taludes de acantilados y escondidos macizos de coral, como los arrecifes de Shoji y Gorgones. Las inmersiones nocturnas son una manera magnífica de explorar este mundo submarino.

Islas de Numea

8 Las aguas de Numea están salpicadas de bonitos islotes, casi todos reservas marinas rodeadas por aguas claras que los hacen ideales para el buceo con tubo. Amédée, unos 20 km al sur de Numea, es famoso por su alto faro blanco, el Phare Amédée, que fue construido en Francia, traído en barco por piezas y ensamblado en el islote en 1865; por una escalera de caracol se sube hasta un estrecho saliente con vistas de 360°. Île aux Canards y el Îlot Maître, a 2 km y 1 km respectivamente de la costa, son dos islotes de ensueño adonde se puede llegar a nado desde Anse Vatare. El *kitesurf* goza de mucha popularidad en el Îlot Maître.

Cómo desplazarse

Avión La aerolínea nacional es Air Calédonie, que vuela desde el aeropuerto de Magenta en Numea hasta Koné, Koumac, las islas de la Lealtad y la Île des Pins.

Bicicleta Hacen falta ganas para recorrer pedaleando los 400 km de Grande Terre; sin embargo, Ouvéa y la Île des Pins son ideales para los ciclistas. Las bicicletas pueden transportarse en los ferris *Betico* y *Havannah*.

Barco El *Betico*, un ferri rápido de pasajeros, navega de *Numea* a la Île des Pins y entre las islas de la Lealtad. El carguero *Havannah* viaja de Numea a Lifou pasando por Maré.

Autobús Casi todos los pueblos de Grande Terre están conectados con la capital por autobuses; todos salen de la *gare routière* de Numea.

Pico Mitre, estrecho de Milford.

Nueva Zelanda

Sacada directamente de una película o un libro ilustrado con paisajes idílicos, Nueva Zelanda es maravillosa y provocará exclamaciones de admiración al menos una vez al día.

Nueva Zelanda es más grande que el Reino Unido pero con una catorceava parte de su población. Los huecos se llenan con los sublimes bosques, montañas, lagos, playas y fiordos que han convertido el país en uno de los principales destinos senderistas del planeta. Se puede acometer alguna de las nueve épicas "Grandes Caminatas" o pasar solo unos días de ensueño recorriendo parajes vírgenes de fácil acceso.

Los chefs neozelandeses se inspiran en los océanos, sobre todo el Pacífico, con su abundancia de pescado y marisco. Las bodegas llevan décadas cosechando premios, y el auge de las cervezas artesanales también merece atención. Y con el hábito del café hondamente arraigado, se puede tomar una taza bien cargada. Es digno de ver cómo la cultura maorí impregna la vida: por todo el país se puede oír la lengua nativa, asistir a cantos y danzas tradicionales –por lo general una aterradora *haka* (danza de guerra)–, visitar *marae* (casas de reuniones) o participar en un *hangi* (festín maorí).

CAPITAL
Wellington

POBLACIÓN
4,4 millones

ÁREA
267 710 km²

IDIOMAS OFICIALES
Maorí, inglés

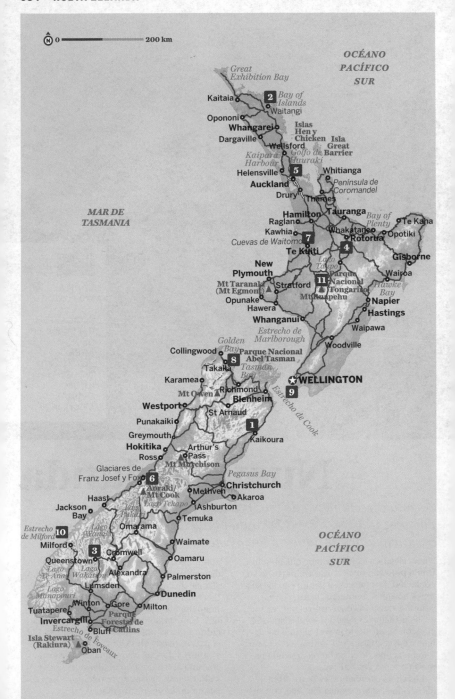

N 0 ———————— 200 km

OCÉANO
PACÍFICO
SUR

*Great
Exhibition Bay*

Kaitaia

2 *Bay of
Islands*
Waitangi

Opononi
Whangarei
Dargaville

*Islas
Hen y
Chicken*

Wellsford

*Isla
**Great
Barrier**

*Golfo de
Hauraki*

*Kaipara
Harbour*
Helensville

Auckland
5

Whitianga

*Península de
Coromandel*

Drury
Thames

Hamilton
Tauranga

*Bay of
Plenty*
Te Kaha

Raglan
Kawhia

Whakatane
Opotiki
7
Rotorua
Cuevas de Waitomo
Te Kuiti
4

Gisborne

**New
Plymouth**

*Lago
Taupo*

Wairoa

Stratford
11
*Parque
Nacional
Tongariro*

*Hawke
Bay*

Mt Taranaki
(Mt Egmont)

Mt Ruapehu

Napier

Opunake
Hawera

Hastings

Whanganui

Waipawa

*Estrecho de
Marlborough*

Woodville

*Golden
Bay*

Collingwood

*Parque Nacional
Abel Tasman
8

Takaka

*Tasman
Bay*

★**WELLINGTON**

Karamea

Mt Owen

Richmond
Blenheim

Estrecho de Cook
9

Westport
Punakaiki

St Arnaud

1

Greymouth
Hokitika
Ross

Arthur's
Pass
Mt Murchison

Kaikoura

Pegasus Bay

*Glaciares de
Franz Josef y Fox*
6

Aoraki/
Mt Cook

Methven

Christchurch

Lago Tekapo

Akaroa

Haast

Ashburton

Jackson
Bay

Omarama

Temuka

*Estrecho
de Milford*
10

*Lago
Wanaka*

Waimate

Milford

*Lago
Te Anau*

3

Cromwell

Oamaru

OCÉANO
PACÍFICO
SUR

Queenstown

*Lago
Wakatipu*

Alexandra

Palmerston

*Lago
Manapouri*

Lumsden

Dunedin

Tuatapere

Winton
Gore
Milton

Invercargill
Bluff

*Parque
Forestal de
Catlins*

Estrecho de Foveaux

*Isla Stewart
(Rakiura)*
Oban

MAR DE
TASMANIA

Nueva Zelanda
Las mejores experiencias

Kaikoura

1 Poblada primero por maoríes con olfato para pescados y mariscos, Kaikoura es una bella península con los picos nevados de la Seaward Kaikoura Range como fondo. En pocos lugares del mundo abunda tanto la fauna: ballenas, delfines, lobos marinos, pardelas, petreles y albatros paran o se afincan en esta zona.

Entre los mariscos, la langosta sigue siendo la reina, pero en expediciones de pesca se pueden probar otras maravillas de las profundidades.

Bay of Islands

2 Aguas turquesa que lamen preciosas bahías, delfines cabrioleando a la proa de las embarcaciones, orcas surcando las aguas: puede que estas sean las imágenes que atrajeron al viajero a Nueva Zelanda, y la bahía de las Islas cumple con creces esas expectativas. Ya sea uno un curtido lobo de mar de mar o un marinero de agua dulce, hay miles de opciones que animan a explorar las más de 150 islas que salpican esta hermosa bahía, desde el submarinismo hasta el kayak o la vela.

Escuela de delfines, Kaikoura.

1

Queenstown

3 Queenstown quizá tenga fama por ser el lugar donde nació el *puenting*, pero todo no se reduce aquí a lanzarse desde un puente. Con la silueta añil de la cordillera de los Remarkables como telón de fondo, se pueden pasar días practicando esquí, senderismo o bicicleta de montaña, para después cenar en restaurantes cosmopolitas o divertirse en algunos de los mejores bares del país. Y al día siguiente puede uno dedicarse al parapente, el kayak o el *rafting*, o desviarse a Arrowtown o Glenorchy.

Pista de luge, Reserva Ben Lomond, Queenstown.

Rotorua

4 Lo primero que se nota en Rotorua es el olor a azufre. Pero lo que todo el mundo viene a ver en este centro geotermal aquí son subproductos volcánicos: géiseres borboteantes, fango burbujeante, humeantes grietas en el suelo, pozas con aguas ricas en minerales... Rotorua es algo único. Existen por la zona algunas empresas que explotan estos recursos, pero no hace falta gastar una fortuna: toda esta actividad volcánica puede verse a precios asequibles en parques, pueblos maoríes o al borde de la carretera.

si Nueva Zelanda tuviera 100 habitantes

69 serían europeos
14 serían maoríes
9 serían asiáticos
7 serían minorías del Pacífico
1 sería de otro origen

dónde viven
(% de neozelandeses)

63 Isla Norte
20 Isla Sur
10 Australia
5 Resto del mundo
2 Viajeros Itinerantes

poblacion por km²

NUEVA ZELANDA   AUSTRALIA   ESPAÑA

≈ 3 personas

Puerto de Auckland y golfo de Hauraki

5 El golfo de Hauraki, tachonado de islas, es el patio de recreo acuático de Auckland, pues resguarda su puerto y proporciona una poderosa excusa para que las embarcaciones de recreo de la "Ciudad de las Velas" se hagan a la mar. Pese a tanto tráfico marítimo, en el golfo habitan ballenas y delfines. Rangitoto es un símbolo de la ciudad, y su cono volcánico casi perfecto sirve de fondo a muchas fotografías de turistas; pero es Waiheke, con bonitas playas, famosas bodegas y restaurantes de alto nivel, el lugar que se prefiere en Auckland para una escapada a una isla.

Glaciares de Franz Josef y Fox

6 Estos glaciares son extraordinarios por muchas razones, como sus grados de acumulación y pendiente, y su proximidad a los picos más altos de los Alpes del Sur y al mar de Tasmania, a unos 10 km de distancia. Varios senderos cortos conducen hacia las caras fracturadas de los glaciares (¡tan cerca que uno se siente insignificante!), o bien se puede uno apuntar a una caminata guiada sobre el hielo. El no va más es un vuelo panorámico, que a menudo brinda también unas vistas majestuosas del monte Cook, el bosque de Westland y un océano infinito.

Cuevas de Waitomo

7 Waitomo es de visita obligada: un dédalo de cuevas subterráneas, cañones y ríos que horadan la roca caliza del norte de King Country. Waitomo viene de *wai* (aguar) y *tomo* (agujero).

'Pounamu'

Los maoríes consideran el *pounamu* (piedra verde, o jade o nefrita) una materia prima de incalculable valor cultural; se encuentra principalmente en la costa oeste de la Isla Sur, que los maoríes llaman Te Wahi Pounamu (Lugar de la Piedra Verde) o Te Wai Pounamu (Agua de la Piedra Verde).

Uno de los motivos recurrentes del *pounamu* es el hei tiki –literalmente "forma humana colgante"–, pequeñas y estilizadas figuras maoríes que se llevan en una cinta de cuero o una cadena alrededor del cuello; tienen un gran *mana* (poder), y también sirven como símbolos de fertilidad.

Por tradición, el *pounamu* se compra como regalo, no para uno mismo.

Comida y bebida

Quien no haya pasado por ninguna licorería durante la última década quizá desconozca el fenómeno del vino neozelandés: un medio natural virgen, sol abundante, suelos volcánicos y bodegueros apasionados han estado embotellando gotas de clima fresco de una calidad insuperable.

Gibbston Valley Vale la pena recorrer los viñedos de este valle fluvial cerca de Queenstown.

Hawke's Bay Una de las zonas vinícolas más antiguas de Nueva Zelanda y todavía una de las mejores.

Marlborough La región vinícola mejor y más grande del país sigue produciendo un sauvignon blanc soberbio.

Martinborough Desde Wellington se llega en una excursión de un día; el pinot noir entra muy bien.

Isla de Waiheke El destino de fin de semana preferido en Auckland tiene un microclima caluroso y seco: perfecto para tintos y rosados de estilo burdeos.

Champagne Pool, Wai-O-Tapu, Rotorua.

El *rafting* en las aguas negras de una cueva es aquí el principal reclamo, junto con las grutas con luciérnagas, el rápel subterráneo y más estalactitas y estalagmitas de las que jamás se volverán a ver en un solo lugar. El municipio de Waitomo conforma un pintoresco conjunto de negocios: un *pub*, un café, un parque de atracciones y unos cuantos B&B aceptables. Pero no hay que quedarse mucho rato al sol: ¡la fiesta está en la planta baja!

Parque Nacional Abel Tasman

8 La naturaleza presenta aquí su rostro más seductor: exuberantes colinas bordeadas de caletas doradas que descienden suavemente hasta templados bajíos antes de encontrarse con un mar cristalino y cerúleo. El Parque Nacional Abel Tasman es la quintaesencia de un paraíso de postal, donde uno puede salir en la foto adoptando un sinfín de poses: de excursionista, de kayakista, de nadador... Este

Cuándo ir

TEMP. ALTA
(dic-feb)

➡ Verano: playas concurridas, actividades al aire libre, fiestas, deportes.

➡ El alojamiento sube de precio en las grandes ciudades.

➡ La temporada alta en las estaciones de esquí es el invierno (jun-ago).

TEMP. MEDIA
(mar-abr)

➡ Ideal para viajar: buen tiempo, pocas colas, niños en la escuela, mar templado.

➡ Largas tardes para probar vinos y cervezas artesanales.

➡ La primavera (sep-nov) es también temporada media.

TEMP. BAJA
(may-ago)

➡ Esquí en los Alpes del Sur.

➡ Poca gente, buenas ofertas de alojamiento y mesa en cualquier restaurante.

➡ Las localidades playeras podrían estar medio aletargadas.

rincón de Nueva Zelanda eleva el listón hasta lo más alto.

Wellington

9 Elegida por votación la "capital pequeña más *cool* del mundo" por Lonely Planet en el 2011, la ventosa ciudad de Wellington goza de larga fama por el dinamismo de su ambiente artístico y musical, alimentado por un excelente café exprés y más restaurantes por cabeza que Nueva York, aunque ahora se han abierto hueco también un gran número de bares con cerveza artesanal. Provocadora pero sociable, colorista

Películas

Guerreros de antaño (Lee Tamahori, 1994) Muestra la historia de una familia maorí urbana y la realidad de la violencia doméstica en Nueva Zelanda.

Trilogía de El señor de los anillos (Peter Jackson, 2001-2003) Se rodó en Nueva Zelanda.

El piano (Jane Campion, 1993) Drama romántico sobre una pianista muda y su hija, ambientado a mediados del s. XIX en la costa oeste de Nueva Zelanda.

Libros

Un país de cuento. Veinte relatos de Nueva Zelanda (2014) Janet Wilson y Paloma Fresno Calleja han reunido algunos de los cuentos escritos por los autores más relevantes del país.

Un ángel en mi mesa (1984) Autobiografía de la gran escritora Janet Frame.

Las luminarias (2013) Novela de Eleanor Catton, ganadora del Man Booker Prize.

Hacia los mares de la libertad (2014) Saga familiar sobre los convictos irlandeses que colonizaron Oceanía, por la escritora Sarah Larke.

Cómo desplazarse

Avión Los que tengan poco tiempo para desplazamientos pueden aprovechar los numerosos vuelos entre las islas y dentro de ellas.

Autobús En autobús se llega a los últimos rincones de las dos islas (incluido el principio/fin de varios senderos), pero puede ser caro, lento y tedioso.

Automóvil y motocicleta La mejor manera de explorar el país a fondo es con vehículo propio, y se pueden alquilar coches y caravanas con facilidad y a buen precio. Estudiando el mapa cabe pensar que no se tardará mucho en ir de A a B, pero recuérdese que muchas vías son carreteras rurales de dos carriles, así que hay calcular tiempo suficiente para viajar.

Tren En tren lo que cuenta es el viaje en sí, no llegar con prisas a ningún sitio.

pero a menudo vestida de negro, Wellington siente entusiasmo por lo inesperado y original. El tiempo caprichoso añade emoción.

Estrecho de Milford

10 Quizá se tenga la suerte de ver el estrecho de Milford en un día claro y soleado, que es el mejor momento de este collage de cascadas, verdeantes picos y acantilados, y aguas azul cobalto. Más probable, sin embargo, es la clásica combinación de bruma y llovizna, con el icónico perfil del pico Mitre

transparentándose a través de relucientes cortinas de precipitaciones.

Parque Nacional Tongariro

11 En el centro de la Isla Norte, el Parque Nacional Tongariro presenta un paisaje extraterrestre de desierto alpino con tres volcanes humeantes. Esta ruta permite conocer todo lo que ofrece el parque, y por ese motivo se la considera una de las mejores caminatas de un día que pueden darse en el mundo en un parque natural.

Teleférico de Wellington.

Gran Mezquita. Mascate.

CAPITAL
Mascate

POBLACIÓN
3,2 millones

ÁREA
309 500 km²

IDIOMA OFICIAL
Árabe

Omán

Omán es la elección perfecta para quienes buscan la cara moderna
de Arabia y quieren a la vez sentir su espíritu antiguo.

El sultanato tal vez sea el destino preferido de la península Arábiga. Más accesible que Arabia Saudí, más seguro que Yemen y más tradicional que los emiratos del Golfo Pérsico, Omán reúne atractivos sobrados para rivalizar con estos países. Un pasado que combina la historia beduina con la tradición marinera le ha legado fortalezas extraordinarias y otras construcciones tradicionales; y el zoco de Mutrah, en Mascate, es la materialización de un bazar árabe de ensueño, con oro que refulge y nubes de incienso.

Pero el atractivo principal de Omán radica en la diversidad de sus bellezas naturales: playas hermosas, aserradas murallas pétreas de sus cordilleras y perfección escultórica de las dunas del mítico Lugar Vacío.

Omán es una presencia discreta entre la desmesura de los estados del Golfo. Lo que sí posee, con su rico patrimonio y su sociedad integradora, es un poderoso sentido de la identidad, el orgullo con aroma a incienso de su pasado comercial así como confianza en el futuro.

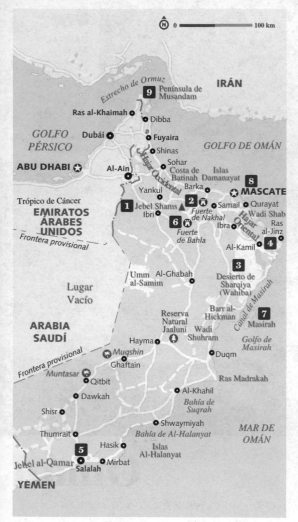

ron durante el reinado del imán Said bin Sultan en 1834. Desde las murallas se contemplan unas vistas magníficas de la llanura de Batinah, y los *majlis* (salones) de la "planta" alta son un sitio fresco para disfrutar de la tranquilidad. Las ventanas están perfectamente alineadas para beneficiarse de la brisa incluso en verano.

Desierto de Sharqiya

3 La pericia para conducir y orientarse se pone a prueba en el desierto de Sharqiya, un mar de dunas color caoba. Ya se planteen como un destino en sí mismo, o como un desvío entre Sur y Mascate, estas bellas dunas, antes conocidas como el desierto de Wahiba, podrían mantener ocupados a los visitantes durante días. Solar de los beduinos, el arenal permite a los visitantes conocer un modo de vida tradicional que está desapareciendo con rapidez. Los beduinos se especializan en criar camellos para las carreras que se celebran en toda la región desde mediados de octubre hasta mediados de abril.

Ras al-Jinz

4 Presenciar el espectáculo nocturno que tiene lugar en Ras al-Jinz (Ras al-Junayz), un notable desovadero de la amenazada tortuga verde. Más de 20 000 hembras regresan todos los años a la playa en el punto más oriental de la península de Arabia para poner sus huevos. Omán desempeña un papel importante en la protección de esta especie en peligro y asume tal responsabilidad imponiendo sanciones severas por dañar a las tortugas o sus huevos.

Omán
Las mejores experiencias

Jebel Shams

1 La montaña más alta de Omán, Jebel Shams (montaña del Sol; 3075 m), es conocida no por su cumbre sino por las vistas del profundo Wadi Ghul, considerado el Gran Cañón de Arabia, con precipicios verticales de más de 1000 m. Hasta hace poco no había nada entre un conductor nervioso y la caída al abismo.

Fuerte de Nakhal

2 Levantadas sobre los cimientos de una edificación preislámica, las torres y las entradas de este fuerte se construye-

3

ZEYNEP THOMAS / GETTY IMAGES ©

Salalah

5 Explorar Salalah, región famosa por su oro, incienso y mirra. Capital de la región de Dhofar, es una ciudad subtropical que debe gran parte de su personalidad a los antiguos territorios de Omán en África oriental. Al volar a Salalah desde Mascate, sobre todo durante el khareef (otoño) cuesta imaginar que la primera y la segunda ciudades de Omán compartan el mismo continente. Desde mediados de junio hasta mediados de agosto, las nubes monzónicas traen lloviznas constantes a la zona, y el rastrojal del jebel que rodea Salalah se transforma en un oasis de pastos brumosos.

Fuerte de Bahla

6 Tras dos décadas de restauración, ser uno de los primeros en visitar el fuerte de Bahla, declarado Patrimonio Mundial por la Unesco. Sus impresionantes almenas, visibles desde cada curva de la carretera, discurren varios kilómetros a lo largo del wadi y convierten a Bahla en una de las ciudades amuralladas más extensas del mundo; según se cuenta, las proyectó una mujer hace 600 años.

Masirah

7 Con un rocoso interior de oasis de palmeras y maravillosas playas de arena, Masirah es la típica isla en un desierto. Flamencos, garzas y ostreros rondan la costa por el día, y legiones de cangrejos fantasmas

si Omán tuviera 100 habitantes

31 tendrían entre 0-14 años
20 tendrían entre 15-24 años
42 tendrían entre 45-54 años
4 tendrían entre 55-64 años
3 tendrían más de 65 años

grupos religiosos
(% de población)

Musulmanes ibadíes · Otras religiones

población por km²

OMÁN · EAU · ARABIA SAUDÍ

🚶 = 3 personas

Cuándo ir

ENE Y FEB

➡ El Festival de Mascate trae espectáculos y actividad comercial a la capital.

JUL Y AGO

➡ El Festival de Turismo de Salalah celebra la estación de las lluvias en el sur de Omán.

NOV-MAR

➡ El aire más fresco y los vientos suaves anuncian la temporada alta para el turismo.

Agua de rosas

Si uno tiene la suerte de encontrarse en abril en el pueblecito de Al-Ayn, en Jebel Akhdar, seguro que notará la fragancia de la rosa de Jebel Akhdar. Estos hermosos rosales silvestres no se cultivan por la flor sino por el aroma; desde hace cientos de años se recogen aquí pétalos de rosas para producir agua de rosas (*attar* en árabe), esa gentileza de sobremesa que, con vasijas de plata, se rocía en las manos de los invitados.

Aunque la producción exacta del preciado perfume es un secreto familiar, cualquiera en Jebel Akhdar dirá que los pétalos no se hierven en agua, sino se cuecen al vapor con un conjunto de artilugios que recuerdan los juegos de química caseros. Sin embargo, la alquimia no está en el proceso de evaporación, sino en la recogida de la flor. Si se ve gente danzando entre las rosas antes del alba, lo más probable no es que estén convocando a los genios del jebel, sino recogiendo los pétalos cuando el rocío permanece todavía en el rosal y el aceite alcanza su máxima intensidad.

Comida y bebida

Agua Es potable, pero casi todo el mundo bebe agua embotellada.

Alcohol Solo se sirve en hoteles y en restaurantes para turistas.

Café Con cardamomo y servido con dátiles, es parte esencial de la hospitalidad omaní.

Halva Dulce de azúcar gelatinoso o sirope de dátiles.

Harees Trigo al vapor y carne hervida.

Langosta Langosta de la zona; sin pinzas.

Shuwa Cordero en adobo asado en un horno de tierra.

JOCHEN TACK / GETTY IMAGES ©

llegan por la noche. Con un caracol de mar endémico, el *Eloise*, y grandes desovaderos de tortugas, la isla es un paraíso para los naturalistas. Los extranjeros aquí afincados la denominaron "isla de la Fantasía".

Zoco de Mutrah

8 Regatear por ollas de cobre y pulseras de oro en el laberíntico zoco de Mutrah. Mucha gente viene a la *corniche* de Mutrah solo para visitar el zoco, que conserva el interés de un mercado árabe tradicional aunque lo cubra un moderno techo de madera. Entre las habituales tiendas de textiles, metalistería y oro se encuentran buenos anticuarios que venden una mezcla de objetos indios y omaníes.

Península de Musandam

9 Separada del resto de Omán por la costa oriental de los Emiratos Árabes Unidos, y vigilando el lado sur del estrecho de Ormuz, la península de Musandam es conocida como la "Noruega de Arabia" por sus hermosos *khors* (barrancos), sus pueblecitos y sus espectaculares carreteras junto a las montañas.

Cómo desplazarse

Autobús Los autobuses interurbanos unen a diario casi todas las ciudades principales y son por lo general puntuales, cómodos y seguros. Para viajes más largos vale la pena reservar.

Coche La señalización viaria está escrita en inglés (con ortografía variable) y árabe, y unos útiles letreros turísticos de color marrón indican muchos lugares de interés.

Taxi Omán cuenta con una extensa red de taxis compartidos (pintados de naranja y blanco) y microbuses de largo recorrido, baratos pero bastante lentos; aquí no esperan a llenarse para salir, sino que recogen y dejan pasajeros por el camino.

Delft.

CAPITAL
Ámsterdam

POBLACIÓN
16,8 millones

ÁREA
41 543 km²

IDIOMA OFICIAL
Holandés

Países Bajos

Descubra el viajero los muchos secretos de este hermoso país y sus obras maestras, ciudades con canales y molinos de viento; disfrute en un café y pedalee después por campos de tulipanes.

La celebridad de los artistas holandeses Rembrandt, Vermeer de Delft y Van Gogh han abarcado siglos, y se entiende por qué al recorrer los Países Bajos y descubrir tópicos como los tulipanes, los molinos de viento o los paseos por canales en medio del esplendor del s. XVII en hermosas ciudades pequeñas como Leiden y Delft.

La tentadora y variada vida nocturna que caracteriza a la ciudad de Ámsterdam es famosa en todo el mundo, desde sus trepidantes discotecas hasta sus cafés marrones.

Aquí se vive en bicicleta; en casi todas las estaciones de ferrocarril las alquilan, y no tardará uno en verse pedaleando en los omnipresentes carriles-bici.

Y por último están los propios holandeses. Afectuosos, amables y graciosos, es difícil estar solo en un café sin que alguien entable pronto conversación, y por lo general en inglés. Diviértase el viajero en Ámsterdam, no se pierda la refinada Maastricht ni la vibrante Róterdam, y visite también algunas poblaciones menores. Este es un país pequeño pero muy, muy grande.

Países Bajos
Las mejores experiencias

Canales de Ámsterdam

1 Ámsterdam tiene más canales que Venecia. Se puede captar el ambiente sentándose a orillas de un canal y viendo pasar los barcos; miles de cafés parecen construidos al efecto para practicar este deporte. O se podría pasear al borde de los canales, con más de 3300 casas flotantes; o mejor todavía, subir a un barco turístico: desde esta perspectiva se entiende por qué la Unesco declaró los canales, con 400 años de antigüedad, Patrimonio Mundial.

Admirar obras maestras del arte

2 Los Países Bajos han producido un gran número de pintores célebres. En Ámsterdam, el Museo Van Gogh expone la mayor colección del mundo de su torturado hijo Vincent. *La lechera* de Vermeer, *La ronda de noche* de Rembrandt y otras obras maestras llenan el Rijksmuseum, mientras que en el Museo Stedelijk cuelgan pinturas de Mondrian, De Kooning y otros artistas modernos. Fuera de la capital, el Museo Frans Hals reúne los trabajos del artista en Haarlem, y el Mauritshuis despliega un vasto muestrario de maestros holandeses en La Haya.

Rijksmuseum, Ámsterdam.

MERTEN SNIJDERS / GETTY IMAGES ©

2

Excursión a Delft

3 En los Países Bajos no faltan ciudades antiguas y evocadoras. Haarlem, Leiden y Utrecht son algunas de las más conocidas; con sus canales bordeados de edificios construidos a la medida del hombre, traen la belleza de la Edad de Oro holandesa a la época moderna. Pero entre todas destaca Delft; aunque no se haga noche en la ciudad, pasar una tarde en sus canales, iglesias y museos, o sentarse sin más en un café empapándose del ambiente, es tiempo bien empleado.

si los Países Bajos tuvieran 100 habitantes

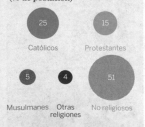

81 serían holandeses
5 serían europeos
3 serían indonesios

2 serían turcos
2 serían marroquíes
7 serían de otro origen

grupos religiosos
(% de población)

25 Católicos
15 Protestantes
5 Musulmanes
4 Otras religiones
51 No religiosos

población por km²

PAÍSES BAJOS   BÉLGICA   ESPAÑA

† ≈ 35 personas

El mejor parque

4 Antaño un coto de caza, el vasto Parque Nacional Hoge Veluwe combina bosques, dunas, pantanos y estanques en un destino bucólico para escapar de las aglomeraciones urbanas, y uno puede fácilmente pasar aquí un día entero deleitándose en la naturaleza. Además, en el centro del parque, el Museo Kröller-Müller es uno de los mejores museos del país, con una colección de pinturas de Van Gogh que rivaliza con la de Ámsterdam, a lo que se suma un jardín con esculturas.

Divertirse en Maastricht

5 La ciudad donde nació el euro ha sido un lugar de encuentro durante siglos. Los romanos construyeron fuertes subterráneos que todavía pueden visitarse, y cada generación ha dejado aquí su huella. Pero dejando aparte 2000 años de historia, monumentos, ruinas y museos, donde Maastricht brilla de verdad es en cómo vive el momento; pocos lugares de los Países Bajos poseen una colección tan apretada de tentadores cafés llenos de gente que disfruta cada minuto con buena comida y bebida.

Quesos deliciosos

6 En dados o fundido, en lonchas en un sándwich o en virutas en una ensalada, no hay escapatoria del queso holandés. Nombres como Gouda y Edam evocan más imágenes de leche cuajada que de los municipios que los produjeron. Y hay que olvidarse del producto insulso que se encuentra en el supermercado: los quesos

Cuestión de números

Los holandeses sienten pasión por el detalle. Las estadísticas sobre los asuntos más triviales salen en los periódicos y esto alimenta una montaña de burocracia.

En segundo lugar, los holandeses son el pueblo más alto del mundo, con una media de 1,81 m en los hombres y 1,68 m en las mujeres. La ingestión copiosa de proteínas de la leche, las familias más pequeñas y la calidad de los cuidados prenatales se citan como causas más probables. Sea cual sea el motivo, los holandeses no paran de crecer, igual que la altura de las puertas.

Y por último, tienen fama de ahorradores, y a menudo no saben qué pensar al respecto; en un momento dado podrían bromear con que el hilo de cobre lo inventaron dos holandeses que se peleaban por una moneda y a renglón seguido decir que no les gusta que los llamen tacaños.

Comida y bebida

Cerveza Aunque los grandes nombres como Heineken se ven por doquier, las cerveceras pequeñas como Gulpen, Haarlem's Jopen, Bavaria, Drie Ringen, Leeuw y Utrecht son las mejores.

Comida indonesia El plato más famoso es *rijsttafel* (arroz de mesa): un surtido de platos como ternera en su jugo, satay de cerdo y costillas, todo con arroz blanco.

Erwtensoep Sopa de judías con cebollas, zanahorias, salchicha ahumada. Una cuchara metida en posición vertical dentro de la olla debería quedarse en pie (no se sirve en verano).

Gouda Las variedades más sabrosas tienen sabores fuertes y complejos, y como mejor se saborean es con una o dos botellas de vino.

Kroketten Croquetas; la variedad llamada *bitterballen* son un tentempié habitual en los cafés marrones y se sirven con mostaza.

Patatas fritas Las *Vlaamse frites* van con mayonesa y un sinfín de salsas.

REZA ESTAKHRIAN / GETTY IMAGES ©

holandeses se venden en una amplísima diversidad de estilos y sabores. Se puede empezar con la variedad que lleva semilla de alcaravea, y probar después uno de los goudas maduros que recuerdan a un buen parmesano y que conviene comer con un toque de mostaza, quizá en el mercado de quesos de la propia Gouda.

Cuándo ir

TEMP. ALTA
(jun-ago)

➡ Todo abierto.

➡ Tiempo templado y agradable –no garantizado– para disfrutar en un café o pasear en bicicleta por el campo.

➡ Museos llenos.

➡ Precios máximos; resérvese con tiempo.

TEMP. MEDIA
(abr, may, sep y oct)

➡ Casi todos los lugares de interés abiertos y menos gente.

➡ Precios moderados; hay que reservar en los sitios más visitados de Ámsterdam.

➡ Buen tiempo mezclado con lluvia y frío. Llévese abrigo.

TEMP. BAJA
(nov-mar)

➡ Muchos lugares de interés cierran fuera de las ciudades principales.

➡ Uno puede verse solo delante de una obra maestra en un museo famoso.

➡ Tiempo frío y/o lluvioso; la bicicleta queda para los valientes.

Encantos insulares en Texel

7 La vasta región de Waddenzee, donde Europa noroccidental se funde casi imperceptiblemente con el mar, está declarada Patrimonio Mundial por la Unesco. Estas marismas con encanto hipnótico se hallan salpicadas por islas; la más grande, Texel, ofrece caminatas inacabables por hermosas playas, actividades casi sin límite y una desnuda belleza que se puede apreciar en tierra o en un barco para observar la fauna. Y si se quiere hacer una parada, la isla cuenta con sitios atractivos donde alojarse y muy buena comida; el pescado ahumado es increíble.

Cafés marrones de Ámsterdam

8 Significa ameno pero no del todo; también amable pero no del todo. Acogedor, cómodo y jovial son términos igualmente aplicables, más o menos. *Gezelligheid* es ese rasgo tan holandés que donde mejor se percibe es en los famosos cafés marrones del país. Así llamados por sus paredes añosas manchadas de tabaco o por su pura vejez, estos pequeños bares rezuman alegría. Hace falta poco tiempo, incluso en la primera visita, para sentirse atraído por la calidez de su *gezelligheid*.

Ciclismo en la campiña

9 Se pueden alquilar bicicletas en cualquier parte y ninguna nación del planeta está mejor acondicionada para el ciclismo;

Películas

Nosferatu: El vampiro de la noche (Werner Herzog, 1979) El vampiro creado por Bram Stoker se mueve por las callejuelas y los edificios góticos de la ciudad de Delft.

El libro negro (Paul Verhoeven, 2006) Indaga en los aspectos menos heroicos de la resistencia holandesa durante la II Guerra Mundial y catapultó a la actriz de moda, Carice van Houten.

Libros

El atentado (Harry Mulisch, 1982) Desgarradora historia de un niño holandés marcado por la violencia de la ocupación alemana durante la II Guerra Mundial, que elige vivir de espaldas al recuerdo.

Diario (Ana Frank, 1952) Los pensamientos de una muchacha que se esconde con su familia de los nazis en Ámsterdam. Traducido a 60 idiomas.

Cómo desplazarse

Bicicleta Uno de los mejores motivos para la visita es montar en bicicleta. El país está surcado por rutas ciclistas de corta y larga distancia, y con frecuencia uno se ve pedaleando por bonitos parajes. Todas las estaciones de trenes, salvo las más pequeñas, tienen tiendas de alquiler, igual que casi todos los pueblos y ciudades.

Barco Los ferris conectan la tierra firme con las cinco islas Frisias. Los ferris de pasajeros cruzan el Escalda en el sur de Zelanda. Otros muchos servicios menores enlazan el sinfín de canales y cursos de agua.

Tren Rapidez, distancias cortas y trenes frecuentes. Comprar los billetes es a veces dificultoso, pero los viajes puede ser preciosos; en primavera se pasa por maravillosos campos de tulipanes en Leiden y alrededores.

no solo es llano, sino que hay miles de kilómetros de carriles y vías que conectan casi todos los puntos del país. Una clásica excursión de un día consiste en salir de Róterdam a Kinderdijk para ver los molinos declarados Patrimonio Mundial –siguen funcionando– y disfrutar después del paisaje desde otra perspectiva en el ferri de regreso a la ciudad.

La nueva cara de Róterdam

10 A diferencia de muchas ciudades europeas que resurgieron de las cenizas de la II Guerra Mundial con sus centros urbanos reconstruidos a toda prisa, Róterdam emprendió una senda distinta desde el principio. Su arquitectura es más llamativa que funcional y la ciudad presenta un rasgo que en Europa constituye una rareza: un perfil urbano identificable. La competencia de los mejores arquitectos del mundo ha dado aquí como resultado proyectos ingeniosos y con frecuencia osados. El Erasmusbrug, un puente con forma de jaula, es un símbolo de la ciudad.

Casas cúbicas, Róterdam.

ALLAN BAXTER / GETTY IMAGES © | ARCHITECT: PIET BLOM

Fuerte de Lahore (Shahi Qila), Lahore.

CAPITAL
Islamabad

POBLACIÓN
193,2 millones

ÁREA
796 095 km²

**IDIOMAS
OFICIALES**
Urdú, inglés

Pakistán

Pakistán lleva más años de los que se alcanza a recordar a punto de ser el próximo gran destino turístico.

Se trata de un país con mucho que ofrecer, desde algunas de las montañas más altas y espectaculares del mundo hasta las proezas arquitectónicas del Imperio mogol, además de su riqueza cultural que incluye ruinas antiguas y música mística. Aun así, a los visitantes potenciales a menudo les inquieta su supuesta anarquía e inestabilidad política.

¿Es merecida esa fama? Sí y no. Hay zonas con problemas de delincuencia e insurgencia, pero otras son cálidas y acogedoras. El reto consiste en saber dónde acaban unas y empiezan otras. No obstante, con algo de información, no es difícil evitar los conflictos y sumergirse en un fascinante mundo de fuertes en el desierto, tejedores de alfombras y *djinns*.

Aunque tradicionalistas, los paquistaníes son acogedores y hospitalarios por naturaleza, y reciben al visitante con genuino entusiasmo e interés. Quienes van más allá de los titulares y dedican tiempo a explorar casi siempre sitúan a Pakistán entre sus destinos preferidos.

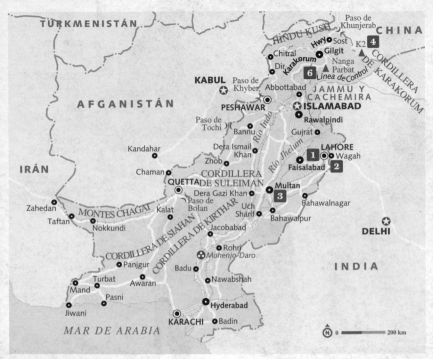

Pakistán
Las mejores experiencias

Fuerte de Lahore (Shahi Qila)

1 Construido, dañado, demolido, reconstruido y restaurado varias veces antes de recibir su forma actual gracias al emperador Akbar en 1566, este fuerte mogol es la estrella del casco antiguo de Lahore. Cuando no se llena de visitantes, posee un sugerente aire de abandono, y aunque menos elaborado que los mejores fuertes de la India, sigue siendo un lugar fabuloso. El Shish Mahal (palacio de Espejos), construido para la emperatriz y su corte, está decorado con espejos en su interior estucado. Igual de impresionante es el pabellón de mármol de Naulakha, suntuosamente decorado con *pietra dura*, mosaicos de diminutas piedras preciosas que forman complejos motivos florales. Al atravesar la puerta de Alamgiri, el viajero puede imaginar el increíble espectáculo de los miembros de la casa real desfilando a lomo de los elefantes.

Ceremonia de cierre de la frontera, Wagah

2 Aunque no se vaya a la India, merece la pena viajar especialmente hasta la frontera y asistir a la asombrosa ceremonia del cierre con la bajada de la bandera, que tiene lugar cada día desde 1948. El acto de arriar la bandera y cerrar la verja es una curiosa mezcla de metódica pompa colonial, cómicos movimientos y seria rivalidad nacional. No faltan el paso de ganso, resoplidos, fuertes pisotones y miradas asesinas, provocando atronadoras ovaciones por parte del público, que corea con fervor a sus soldados coreando sin cesar "*Pakistán zindabad*" (Viva Pakistán). Tan popular es este espectáculo que se han habilitado tribunas especiales para alojar al patriótico gentío que se da cita aquí. Si el viajero dispone de tiempo, puede presenciarlo desde ambos lados de la valla, pues cada bando se esfuerza por superar al otro a la hora de desfilar, saludar y gritar.

K2, cordillera del Karakorum, Cachemira.

Santuarios sufíes de Multan

3 Multan es desde el s. IX un importante centro islámico y su legado sigue vivo. A lo largo de la historia ha atraído a más místicos y santos que ninguna otra región del subcontinente y hoy está dominado por imponentes santuarios, tumbas y mezquitas. El mausoleo del jeque Rukn-i-Alam, con sus impresionantes azulejos exteriores en varios tonos de azul, es una peculiar obra maestra.

K2

4 Aunque le faltan unos 200 m para superar al Everest (8611 m, frente a 8850 m) y no tiene un nombre propiamente dicho, el K2 no debe ser infravalorado. Segundo pico más alto del mundo, el vigía de la frontera entre China y Pakistán es traicionero; los escaladores tienen un 25% de posibilidades de no regresar con vida. Al ser apto solo para expertos, lo mejor es acometer una aventura alternativa: caminar hasta Concordia, confluencia de glaciares rodeada por cuatro de los 14 ochomiles del planeta, y admirarlo desde cerca, aunque sin riesgos.

Mohenjo-Daro

5 El viajero puede pasear entre sus ruinas Patrimonio Mundial y hacerse una idea de cómo sería esta animada metrópolis del valle del Indo en el 2500 a.C.

si Pakistán tuviera 100 habitantes

45 serían punjabíes
15 serían pastunes
14 serían sindíes
8 serían muhayíres
18 serían de otro origen

grupos religiosos
(% de población)

86
Musulmanes suníes

10
Musulmanes chiíes

4
Otras religiones

población por km²

PAKISTÁN   INDIA   IRÁN

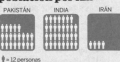

♦ ≈ 12 personas

Cuándo ir

OCT-FEB

➡ Tiempo fresco; la mejor época para visitar el Punjab, Sindh y Baluchistán.

MAR-JUN

➡ Las temperaturas suben en esta época.

➡ La temporada de senderismo comienza a finales de abril.

JUL-SEP

➡ Temporada del monzón; conviene evitar el sur, pero es un buen momento para visitar el norte.

Kabaddi

Esta combinación de lucha, rugbi y pillapilla es originaria del estado de Punjab. Dos equipos de 12 jugadores están separados por una línea en el centro de una cancha de 12,5 m por 10. Un equipo envía un "asaltante" al otro, que sin dejar de repetir "kabaddi kabaddi" debe tocar al máximo número de jugadores del equipo contrario sin inspirar de nuevo, y regresar a su campo antes de hacerlo. El equipo defensor debe protegerse y hacer que el invasor toque el suelo y/o vuelva a inspirar. El kabaddi es conocido en el subcontinente indio desde hace siglos, y las "casas" principales dominan la escena y participan en competiciones nacionales e internacionales.

El conjunto de 250 Ha de salones de reuniones, baños y casas excavadas apunta a una compleja y sofisticada cultura perdida en el tiempo.

Comida y bebida

Carne La *gosht* consumida en Pakistán suele ser de cordero o pollo, y a veces ternera (*gay ka gosht*). Marisco y pescado (*machlee*) son más habituales en Karachi, aunque hay restaurantes de Lahore e Islamabad que ofrecen una buena selección. El cerdo está vedado a los musulmanes.

Dulces Pakistán posee una deliciosa variedad de vistosos *mithai*. Algunas tiendas producen sus obras de arte in situ, como los *jalebis,* espirales de masa frita de color naranja bañadas en pegajoso sirope de azúcar.

Roti Pan redondo sin levadura cocido en un *tandoor* (horno de barro) más grande que el indio.

Té El omnipresente *chai* suele contener partes iguales de agua, hojas, azúcar y leche hervida, y es vertido desde gran altura.

ALEX LINGHORN / GETTY IMAGES ©

Viaje en *jeep* hasta la Pradera de las Hadas, carretera del Karakorum.

Recorrido por la carretera del Karakorum

6 El hombre lleva milenios avanzando lentamente por el valle del Indo, utilizando este ramal de la Ruta de la Seda para llevar mercancías e ideologías entre Oriente y Occidente. Nadie sabe por qué es tan difícil de cruzar, pero al fin se logró. En 1986 la ingeniería contribuyó a su modernización y fue inaugurada la carretera del Karakorum, de 1200 km, que une Islamabad con Kashgar (China) a través de las cordilleras del Karakorum, Himalaya y Hindu Kush. Es un recorrido alucinante, con baches, desprendimientos de tierra y descensos verticales. Se ven viejos y decorados camiones resollando y abriéndose camino con dificultad, además de controles y bandidos. Sin embargo, es un viaje único.

Cómo desplazarse

Avión Es mejor esperar hasta llegar para comprar billetes de vuelos nacionales, ya que son hasta un 30% más baratos que los adquiridos fuera del país. La aerolínea nacional enlaza las principales ciudades, como Islamabad, Karachi y Lahore.

Autobús No son demasiado cómodos, pero sí muy económicos. Existen muchas empresas y varias ciudades tienen más de una terminal, lo que puede crear confusión.

Automóvil Alquilar uno con conductor es habitual y muy económico; conviene comparar precios para encontrar las mejores ofertas.

Tren Los servicios de larga distancia suelen llenarse, por lo que literas en 1ª clase y con aire acondicionado deben reservarse con antelación, hasta un máximo de 14 y 30 días, respectivamente. Hay compartimentos solo para mujeres.

Islas Rocosas.

CAPITAL
Melekeok

POBLACIÓN
21 186

ÁREA
459 km²

**IDIOMAS
OFICIALES**
Palauano, inglés

Palaos

*No es preciso mojarse para disfrutar de Palaos, aunque ayuda.
Este minúsculo archipiélago del oeste del Pacífico es uno de los
destinos de submarinismo y buceo más espectaculares del mundo.*

La mayoría de los turistas vienen hasta aquí para pasar la mayor parte del tiempo bajo el agua. Es uno de los destinos de buceo más espectaculares del mundo, con arrecifes de coral, cuevas submarinas, pecios de la II Guerra Mundial, túneles ocultos, más de 60 pendientes verticales, y una asombrosa variedad de corales, peces y raras criaturas marinas. También hay indiscutibles milagros de la evolución: almejas gigantes de un cuarto de tonelada y un lago con 21 millones de inofensivas medusas de sutil viveza.

En tierra firme, el país acoge la fauna y flora más rica de Micronesia: aves exóticas, cocodrilos deslizándose por los pantanos y orquídeas que surgen sin cesar en los patios.

El archipiélago de Palaos comprende el estado políglota de Koror; las bellas islas Rocosas; Babeldaob, la segunda isla más grande de Micronesia; Peleliu, antes asolada por la guerra y hoy cautivadora; la minúscula y apacible Angaur; los atolones coralinos de Kayangel y Ngeruangel y las remotas islas del Suroeste.

ISLAS DEL SUROESTE
Principales islas de Palaos (600km)
Islas Sonsorol (Sonsorol y Fana)
Pulo Anna
Merir
Tobi Helen
0 ⊢■■■⊣ 100 km

Ngeruangel

Kayangel

Arrecife Kossol

Pasaje Kossol

MAR DE FILIPINAS

✪ MELEKEOK

Isla Babeldaob

Arakabesang
Malakal Koror
Auluptagel

Ulong

Urukthapel

OCÉANO PACÍFICO NORTE

1 **2** ISLAS ROCOSAS

70 Islas (Ngerukuid)

Isla Neco
Eil Malk

Ngemelis
Ngerchong

Isla Carp (Ngercheu)
Ngesebus

Peleliu
3

Angaur

Islas del Suroeste (600km, véase recuadro)

Ⓝ 0 ⊢■■■⊣ 20 km

Cuándo ir

DIC-MAR

➡ Temporada alta para visitantes japoneses y coreanos. Es más fácil avistar mantas y tiburones grises.

ABR-MAY Y SEP-NOV

➡ De julio a octubre los fuertes vientos pueden impedir algunas inmersiones.

JUN-AGO

➡ Los meses más húmedos, con fuertes tormentas en junio.

Comida y bebida

La gastronomía local presenta influencias de Japón, Corea, Filipinas y EE UU. Los amantes del pescado están de enhorabuena: sushi y sashimi son habituales, así como los mariscos y cangrejos de manglar. Pero también hay platos insólitos; el pastel de murciélago frugívoro está presente en muchas cartas, y dicen que sabe a pollo.

medusas transparentes que nadan en grupo siguiendo la trayectoria del sol. Flotar entre estas finas criaturas rosadas –que se expanden y contraen como palpitantes cerebros– es explorar un mundo desconocido.

Peleliu

3 Apacible y tranquila, aquí todo se reduce a pasear y hacer submarinismo, pero ese es precisamente su encanto. Es un bello y pequeño enclave, que cuesta imaginar destrozado por la guerra. Aun así, en 1944 fue escenario de una de las batallas más cruentas de la II Guerra Mundial, y pese a tener solo 13 km², en dos meses murieron más de 15 000 hombres aquí.

Palaos
Las mejores experiencias

Islas Rocosas

1 Compuesto por más de 200 islotes calizos en forma de seta socavados por la erosión, este archipiélago, conocido localmente como Chalbacheb, es la joya de Micronesia. Totalmente cubierto de verde jungla, ocupa 32 km y es el mayor reclamo turístico del país.

Lago de las Medusas

2 Las islas Rocosas tienen unos 80 lagos marinos salinos, y bucear en este es una experiencia ineludible, lleno como está de millones de inofensivas

Archipiélago de San Blas.

CAPITAL
Panamá

POBLACIÓN
3,6 millones

ÁREA
75 420 km²

IDIOMA OFICIAL
Español

Panamá

Desde islas desiertas y cristalinos mares turquesa a las fincas de café y bosques nublados de Chiriquí, este país es tan relajado o trepidante como el viajero desee.

Lo mejor es verlo como un lugar a descubrir, explorando las ruinas de los fuertes españoles en la costa caribeña o recorriendo en piragua territorios indígenas. Además, no escasean las playas, desde las relajadas del Caribe al oleaje del Pacífico.

Su capital, culturalmente diversa, emprendedora, dura y sofisticada a la vez, es una de las más vibrantes y abiertas de Latinoamérica. Su bello litoral azul y rutilantes rascacielos recuerdan a Miami, aunque muchos dicen en broma que aquí se habla más inglés. Al recorrer en bicicleta la zona costera, explorar el casco histórico o asistir a un espectáculo vanguardista, se nota en esta ciudad tropical la salsa es solo el ritmo de fondo.

En el pasado siglo el país estuvo marcado por el Canal, y su ampliación puede marcar el próximo, generando más crecimiento. Por ahora, el viajero aún puede elegir un islote desierto, sentirse un náufrago y jugar a Supervivientes por un día. Panamá es tan urbano o agreste como se desee.

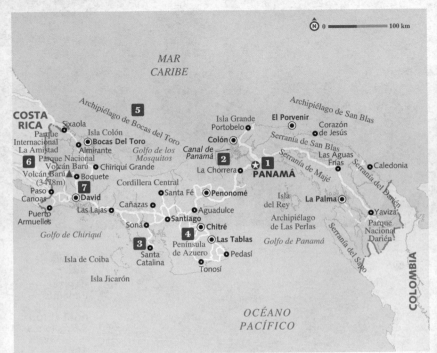

Panamá
Las mejores experiencias

Panamá

1 Es la Latinoamérica elemental: *ceviche* (marisco marinado), casinos y un denso horizonte urbano. En esta ciudad de casi un millón de habitantes, la transformación está en el aire: una nueva zona verde costera, un esperado museo sobre la biodiversidad que abrirá pronto sus puertas y un metro en construcción. Es cierto que el tráfico parece una boa constrictor engullendo una megalítica comida, pero el hechizo persiste; la gente es auténtica y la naturaleza nunca queda lejos. La belleza anida en los ritmos sesgados, extrañas visiones y encendidas puestas de sol.

Canal de Panamá

2 Uno de los mejores atajos del planeta, atraviesa la línea divisoria continental uniendo el Atlántico y el Pacífico, y es digno de admiración. Tan deslumbrantes como los colosales cargueros de acero que atraviesan sus esclusas son las legiones de criaturas que lo observan desde los márgenes de la selva. Dos centros de visitantes cuentan con plataformas de observación y museos donde se muestra su proceso de construcción y ampliación. Otra opción es sumarse a una interesante excursión en barco o kayak por sus aguas o reservar un crucero parcial y ver las esclusas por cuenta propia.

Santa Catalina

3 Este pequeño pueblo surfista tiene solo una carretera asfaltada. Aquí, la naturaleza es una delicia y *resort* un vocablo extranjero. Su mejor baza son las buenas olas que llegan todo el año, sobre todo en febrero y marzo. Además, es base de excursiones y salidas de submarinismo al Parque Nacional Coiba, rico en fauna y flora. La travesía hasta la isla conlleva una importante logística, pero premia el esfuerzo.

Península de Azuero

4 Sus bellos paisajes con cerros esculpidos, playas vacías y ruidoso oleaje alientan el creciente entu-

Esclusas de Miraflores, Canal de Panamá.

siasmo por esta península rural. La tradición causa una impresión poderosa; la cultura española posee aquí raíces profundas, visibles en el encanto de sus edificios coloniales con azulejos, su hospitalidad, fiestas religiosas y elaboradas polleras. Playa Venao ha resurgido como destino surfista de primer orden, y la más remota Playa Cambutal es aún la agreste arena soñada.

Archipiélago de Bocas del Toro

5 Es lógico que este rosario de islas caribeñas sea el principal centro vacacional del país. Según los lugareños, aquí

todo es bueno: pasear en bicicleta playera, tararear un improvisado calipso en isla Bastimentos y gozar de una relajada cena en una cabaña con techo de paja en el paseo marítimo. La oferta de alojamiento va desde habitaciones baratas a bellos *lodges* en la selva y *resorts* de lujo. Se puede hacer *surf* en los rompientes, bucear con bellos corales y grandes estrellas de mar o participar en programas de voluntariado que ayudan a las tortugas marinas a anidar.

Parque Nacional Volcán Barú

6 El único volcán de Panamá, su pico más alto

si Panamá tuviera 100 habitantes

70 serían mestizos
14 serían indígenas y mulatos
10 serían blancos
6 serían negros

grupos religiosos
(% de población)

85   15

Católicos   Protestantes

población por km²

| PANAMÁ | COSTA RICA | ESPAÑA |

= 15 personas

Cuándo ir

TEMP. ALTA
(med dic-med abr)

➜ Estación seca en la región del Pacífico.

➜ Poca lluvia en la capital y otras zonas al sur de la línea divisoria continental.

PICOS DE TEMP. ALTA (vacaciones)

➜ Incluyen las fiestas de noviembre, Navidad y Año Nuevo, y las vacaciones de Semana Santa.

➜ El precio de los hoteles puede duplicarse.

TEMP. BAJA
(med abr-med dic)

➜ Estación lluviosa en buena parte del país.

➜ La lluvia es esporádica: se pueden visitar muchos lugares.

Obsesión por los ocelotes

Estas criaturas nocturnas y esquivas son autóctonas de Panamá, y cuando a investigadores y fotógrafos naturalistas les costaba capturar estos felinos en la tupida selva tropical, no echaron mano de la ciencia, sino de Calvin Klein. Como recuerda Christian Ziegler, fotógrafo del National Geographic: "Tras oír una observación del zoo de San Diego, compré Obsession, de Calvin Klein, en el *duty-free*. Rociamos un árbol con el perfume, que contiene feromonas que atraen a seres humanos y animales.

Los ocelotes no tardaron en frotarse contra la corteza, pero según Ziegler, la atracción fue fugaz.

Bailarinas de congo, Panamá.

Comida y bebida

El plato nacional es el *sancocho* (estofado de pollo y verduras). La *ropa vieja*, mezcla de ternera picante en tiras y arroz, es otra sabrosa especialidad. Arroz y alubias son un plato típico, servido con *patacones* (plátano verde frito), una pequeña ensalada de col y carne. El marisco es barato y abundante, incluido el *ceviche* (pescado crudo marinado). Los paladares más audaces deben probar el pulpo asado al carbón. En la calle se venden zumos tropicales recién hechos y agua de coco (*pipa*). También son muy recomendables platos regionales como la tortilla de maíz, el arroz de coco caribeño y la salsa de pimiento picante embotellada D'Elida.

La bebida alcohólica nacional se elabora con seco, leche y hielo; el seco, como el ron, se destila de la caña de azúcar y es muy consumido en el medio rural. El vino de palma (savia fermentada extraída del tronco de una palmera) es popular en las provincias centrales.

con 3478 m, domina los brumosos altiplanos de Chiriquí. Los más entusiastas pueden afrontar la abrupta y embarrada ascensión antes del amanecer y ver el Atlántico y el Pacífico a la vez; una opción más sensata es recorrer el bello sendero Los Quetzales, que atraviesa el parque, cruza el río Caldera y permite ver orquídeas exóticas, tapires y quetzales resplandecientes.

Boquete

7 Mitad centro de aventura y mitad refugio de montaña, atrae a extranjeros, jubilados y viajeros de todo tipo. Los observadores de aves vienen tras el quetzal y los más intrépidos escalan, montan en tirolina o hacen *rafting* en aguas bravas. Aun así, lo que realmente mueve esta pequeña ciudad es el café, principal cosecha mundial.

Fiestas

8 Las fiestas ponen de relieve el abanico de culturas. Desde las celebraciones de Congo Caribeño en Portobelo a las vibrantes tradiciones folclóricas de la península de Azuero, los tres días de baile de Kuna, durante el Nogagope, o el festival de *jazz* al aire libre de la capital, a los panameños les gusta pasarlo bien y que corra el ron.

Cómo desplazarse

Avión Los vuelos nacionales salen del aeropuerto Albrook de la capital y viajan a todo el país.

Autobús Casi todas las ciudades tienen una terminal de autobuses con frecuentes salidas regionales y conexiones a la capital y Costa Rica.

Automóvil Alquilar no es barato, pero las carreteras están en buen estado. La capital y muchas zonas rurales están muy mal señalizadas.

Tren Muy reciente, pero circula entre la capital y Colón.

Miembros de una tribu, fiesta del monte Hagen.

CAPITAL
Port Moresby

POBLACIÓN
6,4 millones

ÁREA
462 840 km²

IDIOMAS OFICIALES
Tok pisin, inglés, hiri motu

Papúa Nueva Guinea

Playas rodeadas de coral, humeantes volcanes y montes tapizados de selva tropical, junto con aldeas tradicionales e islas tropicales, componen una remota e inolvidable escapada de aventura.

Su gran belleza natural y complejas culturas ofrecen experiencias fascinantes de afirmación de la vida, así como un exigente viaje. Culturas de altiplano, fiestas alocadas, excelente submarinismo, el célebre Sendero de Kokoda y una relativa escasez de turistas lo convierten en uno de los destinos más enigmáticos del Pacífico.

Es una región variopinta, en parte debido a su topografía. El terreno montañoso se ha diversificado de dos formas: las apartadas Tierras Altas albergan fauna y flora autóctona, y en las cordilleras las especies varían a medida que se gana altitud.

Bajo la superficie hay un bello mundo submarino y numerosos restos de naufragios de la II Guerra Mundial. Para hacerse una idea de las fascinantes culturas tribales, lo mejor es viajar a los altiplanos, las remotas provincias isleñas o las islas Trobriand. Este país ofrece un viaje auténtico, no unas relajadas vacaciones en un *resort*.

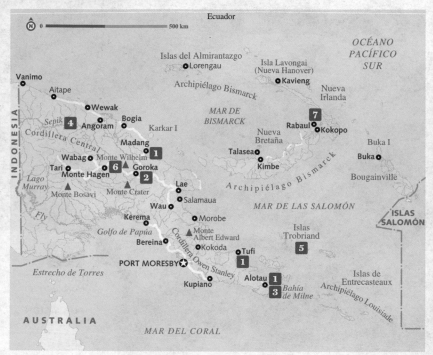

Papúa Nueva Guinea
Las mejores experiencias

Submarinismo

1 Es uno de los mejores destinos, con una irresistible oferta de tesoros submarinos: seductores arrecifes con grandes gorgonias; cálidas aguas llenas de extrañas criaturas multicolores; inquietantes pendientes que se hunden en el abismo, y pecios de la II Guerra Mundial, todo ello unido a la emoción de sumergirse en zonas casi vacías. Las mejores están en Madang, la isla Loloata, Tufi y la bahía de Milne; varios *resorts* sirven de idílica entrada a la aventura submarina. Para llegar a puntos más remotos y vírgenes, lo mejor es una embarcación equipada para alojarse a bordo.

Festivales de las Tierras Altas

2 El carnaval de Río no es comparable al esplendor de cualquiera de ellos. Los mayores, como el de Goroka de mediados de septiembre, son pura sobrecarga sensorial, con grandes tocados de plumas, susurrantes faldas de hierba y pintura en rostros y cuerpos que adornan a muchos participantes –más de 100 grupos tribales según el último recuento– de toda la región. Los grupos de sing-sing interpretan canciones y bailes tradicionales en este gran espectáculo rebosante de orgullo. La emoción de ver cara a cara culturas tradicionales tan ricas es indescriptible y justifica el viaje.

Bahía de Milne

3 En el límite este del territorio continental, es un paisaje de gran belleza. Islas diseminadas, arrecifes de coral, bonitas playas bordeadas de palmeras, cascadas ocultas, sinuosos ríos y montes envueltos en selva tropical con abruptas laderas que se precipitan hasta el mar; la oferta de aventura es increíble, con excelente observación de aves, senderismo y visitas a islas y pueblos. En Alotau, la puerta de entrada, se celebra el vistoso Festival de Canoas.

Río Sepik

4 Sustento de la región, hábitat de pueblos ricos en tradiciones artísticas y tesoros culturales, rodeado

PETER HENDRIE / GETTY IMAGES ©

de espesa selva y envuelto en bruma, este imponente río recorre el noroeste del país como una perezosa serpiente marrón repleta de comida. Aquí se puede alquilar una canoa adornada con una cabeza de cocodrilo y surcar las vías fluviales de un pueblo a otro, durmiendo en palafitos y explorando las imponentes *haus tambarans* (casas de espíritus).

Islas Trobriand

5 Estas remotas islas hace tiempo que fascinan a los antropólogos. Al-

bergan una cultura polinesia curiosamente intacta, con tradiciones únicas −basadas en una estricta sociedad matrilineal− y una cosmología propia. Son conocidas por sus casas de ñame pintadas de vivos colores, desenfrenadas fiestas de la cosecha y festivos partidos de críquet, acompañados de bailes y cánticos.

Ruta del monte Wilhelm

6 Las escarpadas crestas de la cordillera de Bismarck culminan en este

si Papúa Nueva Guinea tuviera 100 habitantes

87 vivirían en zonas rurales
13 vivirían en zonas urbanas

grupos religiosos
(% de población)

69 Protestantes

27 Católicos

3 Religiones autóctonas

1 Bahá'ís

población por km²

PAPÚA NUEVA GUINEA   AUSTRALIA   ESPAÑA

= 3 personas

Cuándo ir

TEMP. ALTA
(may-oct)

➡ Mayor gentío en fiestas importantes y alojamiento más caro.

➡ Tiempo más fresco y seco, pero más lluvioso en la bahía de Milne.

➡ Mejor época para recorrer el Sendero de Kokoda.

TEMP. MEDIA
(abr y nov)

➡ Caluroso y húmedo, pero con lluvias cada vez más impredecibles.

➡ Menos visitantes y alojamiento más barato.

TEMP. BAJA
(dic-mar)

➡ Estación húmeda en gran parte del país.

➡ Tiempo templado, menos lluvia en la bahía de Milne.

➡ Fuertes lluvias, carreteras afectadas en las Tierras Altas.

➡ Mejor *surf* en la costa norte y las islas.

El Sendero de Kokoda

Embarrado y extenuante, tiene abruptas subidas seguidas de resbaladizos y temibles descensos. Cruzar el río es arriesgado y no deja los pies secos mucho tiempo; además, la humedad hace estragos hasta en los senderistas más avezados. Recorrer sus 96 km es seguir las huellas de los héroes que lucharon y murieron en este infernal tramo montañoso.

La campaña de Kokoda de la II Guerra Mundial se inició a finales de 1942, cuando el ejército japonés utilizó esta pista en su intento por tomar Port Moresby, antes de ser derrotado por australianos y estadounidenses. Cruzar la cordillera de Owen Stanley es un peregrinaje para muchos australianos, la ocasión de recordar los padecimientos de quienes lucharon y murieron aquí. En los últimos años, unos 4000 senderistas (casi todos australianos) apretaron los dientes y se enfrentaron a las montañas.

Comida y bebida

Aparte del sabroso marisco de la costa, la dieta tradicional consta sobre todo de simples verduras con gran contenido en fécula. En las Tierras Altas suele ser *kaukau* (boniato), en las islas, taro o ñame, y en el río Sepik y otras zonas pantanosas hace furor el saksak (sagú). El arroz es muy apreciado, y el cerdo la principal fuente de proteína cárnica, aunque reservado a los banquetes. La carne y el pescado en conserva es muy popular desde la II Guerra Mundial; curiosamente, los lugareños lo prefieren al producto fresco, y en los supermercados hay pasillos enteros dedicados a la ternera en lata.

Vista del monte Tavurvur desde la isla Little Pigeon.

monte erosionado por el viento, el pico más alto de Oceanía. Los senderistas parten antes del amanecer y ascienden sus rocosas laderas para ver las costas norte y sur antes de que surjan las nubes. Además, los viajeros más curtidos pueden medir su temple enfrentándose a la ruta del Gato Negro, de infausta memoria.

Rabaul

7 Una de las ciudades más bellas del Pacífico Sur, fue arrasada por la erupción del monte Tavurvur en 1994 , que enterró gran parte de su territorio bajo ceniza volcánica. Hoy el viajero puede recorrer las calles abandonadas y apocalípticas de esta antaño próspera comunidad, y aventurarse aún más lejos. Entre sus alicientes destaca la isla Matupit, con su pueblo de buscadores de huevos de talégalos, hacer submarinismo entre los pecios de Simpson Harbour y echar la mirada atrás en los inquietantes búnkeres de la II Guerra Mundial ocultos en las laderas. Hay buenas vistas, sobre todo desde las cimas de los volcanes.

Cómo desplazarse

Avión El país depende en gran medida del transporte aéreo para comunicar a su diseminada población, y varias aerolíneas ofrecen vuelos regulares.

Barco En la costa norte operan ferris de pasajeros y desde el territorio principal a las provincias isleñas hay servicios regulares, aunque algo erráticos. Embarcaciones comerciales más pequeñas también recorren la costa, aprovisionando a los comercios y haciendo las veces de ferris.

Automóvil y motocicleta Conducir no es demasiado viable, pues el país solo tiene una carretera, la de las Tierras Altas.

Transporte local PMV (vehículo público con motor) es el término genérico que designa a cualquier medio de transporte público, ya sea un destartalado microbús, una ranchera o incluso un barco.

Ruinas de la misión jesuítica de Santísima Trinidad del Paraná.

CAPITAL
Asunción

POBLACIÓN
6,6 millones

ÁREA
406 752 km²

IDIOMAS OFICIALES
Español, guaraní

Paraguay

Poco conocido y visitado, es un país sin salida al mar rodeado por los "grandes" de Sudamérica, pero la acogida es cálida y hay mucho que vivir.

Paraguay es un país incomprendido. Pese a ocupar el corazón del continente, a menudo es ignorado por viajeros que piensan erróneamente que su falta de puntos de interés de primer orden significa que no hay nada que ver. En cambio, resulta ideal para quienes desean salirse de la ruta habitual y vivir una auténtica experiencia sudamericana.

Lugar de asombrosos contrastes, es rústico y sofisticado, tremendamente pobre y sumamente rico, con exóticas reservas naturales y colosales presas hechas por el hombre. Aquí caballos y carros coexisten con automóviles de lujo, talleres artesanales lindan con rutilantes centros comerciales y ruinas jesuitas en aldeas rurales están a un paso de sofisticadas ciudades coloniales.

El húmedo bosque atlántico subtropical del este presenta un marcado contraste con los secos y espinosos espacios naturales del Chaco, donde se encuentran aisladas colonias menonitas.

Aunque los paraguayos están más acostumbrados a recibir visitantes de países vecinos, son relajados, amables y acogedores con todo el mundo.

Paraguay
Las mejores experiencias

El Chaco

1 En la vasta llanura al oeste del país, se puede avistar jaguares y otros animales salvajes, dormir bajo las estrellas y disfrutar de la soledad. Aunque ocupa más del 60% del territorio, aquí vive menos del 3% de la población, incluidas tres colonias menonitas.

Comida y bebida

Asado Ternera y cerdo a la parrilla, centro de los actos sociales.

Chipá guasú Panecillo de mandioca con queso y cebolla.

Empanadas Rellenas de pollo, queso y jamón, o ternera, entre otros ingredientes.

Soyo Espesa sopa de carne picada, a menudo con un huevo escalfado encima.

Misiones jesuitas

2 Los pintorescos restos de estas misiones son uno de los enclaves de la Unesco menos visitados del planeta. En una exuberante colina 28 km al noreste de Encarnación, Trinidad es la reducción mejor conservada del país. Jesús, 12 km al norte, es una reconstrucción casi total de la misión interrumpida por la expulsión de los jesuitas en 1767.

Carnaval

3 Encarnación celebra a finales de enero y en febrero la mayor fiesta del país. El carnaval paraguayo no es tan famoso como el de Río, pero puede resultar más divertido para el viajero joven en busca de fiesta desenfrenada. Abundante piel desnuda, música ruidosa y la inevitable interacción con la muchedumbre propician una noche loca, muy contagiosa e imprescindible.

Cuándo ir

FEB

➡ Clima cálido y tropical. El carnaval de Encarnación invita al desenfreno.

JUL-AGO

➡ El agradable clima invernal es el mejor para visitar el Chaco.

DIC

➡ Peregrinación a la basílica de Caacupé el Día de la Virgen.

Mujer tejiendo, Pisac, Valle Sagrado de los Incas.

CAPITAL
Lima

POBLACIÓN
29,9 millones

ÁREA
1,3 mill. de km²

**IDIOMAS
OFICIALES**
Español, aimara,
quechua

Perú

*Su diversidad asusta: reseco desierto costero, recortadas cumbres
andinas, exuberante selva tropical amazónica. Su rica cultura
abarca desde la sofisticada Lima a brumosas ruinas antiguas.*

Un viaje a Sudamérica no está completo
sin el peregrinaje a la maravillosa ciudadela
inca de Machu Picchu, pero este aclamado
enclave es solo un destello en 5000 años
de historia. El viajero puede pasear por los
restos de una vasta ciudad antigua en Chan
Chan, las mayores ruinas precolombinas
del continente; sobrevolar los misteriosos
geoglifos en la tierra de Nazca; o aventurarse
en los escarpados espacios naturales que
bordean la robusta fortaleza de Kuélap. Los
grandes museos de Lima, con cerámica y oro
de incalculable valor y algunas de las telas

más delicadas del mundo, revelan con todo
detalle la sofisticación, destreza y pasión de
estas civilizaciones perdidas. También puede
visitar comunidades remotas y comprobar
la vigencia de ancestrales formas de vida.
Perú es tan complejo como sus tejidos más
elaborados. Las fiestas combinan el boato
antiguo con ruidosas bandas de música;
la vanguardia urbana brilla con arte
e innovación; los senderos señalan la ruta
desde la espesa jungla a las cumbres glaciales. Quien se sumerja en Perú, partirá
algo más cerca del pasado.

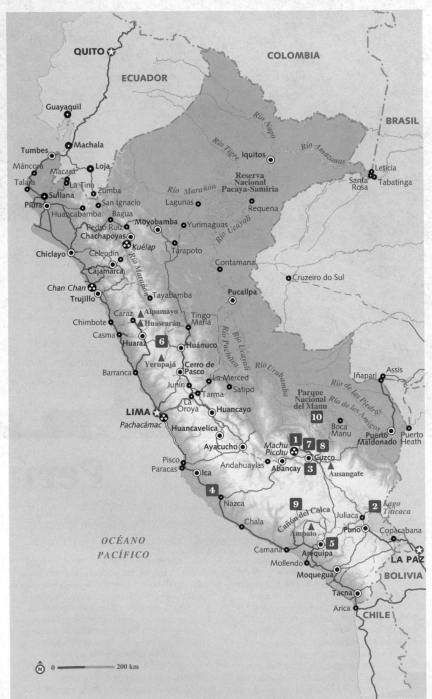

QUITO

ECUADOR

COLOMBIA

BRASIL

Guayaquil

Río Napo

Tumbes
Máncora
Machala
Loja
Macará
La Tina
Talara
Zumba
Sullana
San Ignacio
Piura
Huancabamba
Bagua
Pedro Ruiz
Moyobamba
Chiclayo
Chachapoyas
Kuélap
Celendín
Chan Chan
Cajamarca
Trujillo
Chimbote
Caraz
Alpamayo
Casma
Huascarán
Huaraz
6
Yerupajá
Barranca
Cerro de
Pasco
La Merced
LIMA
Junín
Satipo
Pachacámac
La
Oroya
Tarma
Huancayo
Huancavelica
Ayacucho
Pisco
Paracas
Ica
4
Andahuaylas
Nazca
Chala

Río Tigre
Iquitos

Río Amazonas
Leticia
Tabatinga
Santa
Rosa

Reserva
Nacional
Pacaya-Samiria

Lagunas
Yurimaguas
Requena

Río Marañón
Río Ucayali

Tarapoto
Contamana

Cruzeiro do Sul

Pucallpa

Tingo
María

Río Pachitea

Huánuco

Río Ucayali

Río Urubamba

Iñapari
Assis

Parque
Nacional
del Manu
10
Boca
Manu
Puerto
Maldonado
Puerto
Heath

Río de las Piedras
Río de los Amigos

*Machu
Picchu*
1 **7** **8**
Abancay
Cuzco
3
Ausangate

9
Cañón del Colca
Juliaca
2
*Lago
Titicaca*
Puno
Copacabana

Ampato
5
Camaná
Arequipa

Mollendo

LA PAZ

BOLIVIA

Moquegua

OCÉANO
PACÍFICO

Tacna

Arica

CHILE

N   0 — 200 km

Perú
Las mejores experiencias

Machu Picchu

1 Esta fantástica ciudadela inca, oculta al mundo hasta su redescubrimiento a comienzos del s. xx, es única. Con terrazas esmeralda, escoltadas por empinadas cumbres y crestas andinas que devuelven el eco en el horizonte, su visión y belleza sobrepasan la imaginación. Esta maravilla de la ingeniería ha soportado seis siglos de terremotos, invasiones extranjeras y huracanes.

Hoy el viajero puede descubrirla por sí mismo, recorrer sus templos de piedra y escalar las vertiginosas cumbres de Wayna Picchu.

Islas de juncos flotantes, lago Titicaca

2 Más un océano del altiplano que un lago, el Titicaca alberga fantásticos puntos de interés, pero ninguno supera a estas surrealistas islas flo-

tantes hechas solo de junco de totora fuertemente trenzados. Hace siglos, los uros construyeron sus islas para huir de los incas. Los juncos exigen una renovación casi constante y se usan también para construir viviendas, elegantes embarcaciones y hasta arcos y columpios infantiles. Para presenciar esta maravilla, el viajero puede alojarse en una casa particular.

Cuzco

3 Con viejas calles adoquinadas, majestuosas iglesias barrocas y vestigios de templos incas con tallas seculares, ninguna ciudad domina la historia andina como Cuzco, siempre habitada desde la época prehispánica. La antigua capital del Imperio inca, hoy atestada de turistas, es además la puerta de entrada a Machu Picchu. Mística, comercial y caótica, esta ciudad excepcional sigue maravillando: ¿dónde más hay mujeres con maravillosos vestidos paseando a sus llamas con correas, un museo de plantas mágicas y la vida nocturna más desenfrenada de los Andes?

Las líneas de Nazca

4 ¿Obra de extraterrestres? ¿Diseñadas por aeronautas prehistóricos? ¿Un gigantesco mapa astronómico? No hay dos criterios iguales sobre los gigantescos geoglifos del sur de Perú. Estos enigmas atraen a los forasteros desde que en la década de 1940 la arqueóloga alemana Maria Reiche dedicara media vida a estudiarlos. Aun así, ni ella ni arqueólogos posteriores han podido descifrar totalmente el código. Las líneas siguen cargadas de interrogantes, misterio e intriga histórica, sobrecogiendo al visitante.

La colonial Arequipa

5 Las segunda metrópolis del país hace de puente entre las glorias incaicas de Cuzco y la clamorosa modernidad de Lima. Con bellos ejemplos de arquitectura barroco-mestiza tallada en los blancos sillares de la región, Arequipa es una ciudad colonial española que no se aleja mucho de su concepción original. A su etéreo entorno natural, entre volcanes durmientes y alta pampa, se añade un monasterio con 400 años de historia, una gran catedral e interesantes ejemplos de cocina peruana de fusión en las tradicionales picanterías (restaurantes de platos picantes).

Chavín de Huántar

6 La Unesco verificó que estas ruinas fueron un digno centro ceremonial. Hoy esta excepcional proeza de ingeniería, creada entre el 1200 y el 800 a.C., posee

El Perú indígena

Aunque el orden social quedó marcado para siempre por las costumbres españolas, su alma sigue siendo totalmente indígena. Según el censo nacional, este rugoso tramo de los Andes alberga 52 etnias, 13 familias lingüísticas y 1786 comunidades autóctonas, y de hecho, casi la mitad de sus 29 millones de habitantes son amerindios. Juntos, estos grupos son depositarios de infinidad de rituales, tradiciones artísticas y formas de vida, un legado cultural tan rico como longevo.

Comida y bebida

En Perú la fusión lleva tiempo formando parte de la cocina cotidiana. En los últimos 400 años, los estofados andinos han adoptado técnicas de los salteados asiáticos y los platos de arroz españoles han absorbido sabores del Amazonas, dando lugar a su célebre cocina criolla. En la pasada década, una generación de jóvenes innovadores ha llevado estas creaciones locales a la cima gastronómica.

En Perú, donde los huéspedes más ilustres eran agasajados con platos franceses y whisky escocés, restaurantes de alto nivel exhiben ingeniosas versiones de clásicos andinos como quinoa y cuy (cobaya). El panorama culinario ha alcanzado la plenitud y las empresas turísticas se apresuran a incorporar elementos gastronómicos en todos los circuitos.

Esta fiebre ha infectado a los peruanos a todos los niveles, en gran parte gracias al chef Gastón Acurio, celebridad mediática cuya pericia y visión empresarial le han otorgado estatus de estrella internacional.

En resumen, el viajero no pasará hambre en Perú: desde los modestos locales de Moyobamba a las modernas *boîtes* en Miraflores, es un país empeñado en mantener entretenido el paladar.

si Perú tuviera 100 habitantes

45 serían indígenas
17 serían mestizos
15 serían blancos
3 serían de otro origen

lenguas habladas
(% de la población)

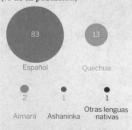

83 Español

13 Quechua

2 Aimara

1 Ashaninka

1 Otras lenguas nativas

población por km²

PERÚ   BOLIVIA   ESPAÑA

↑ ≈ 2 personas

Monasterio de Santa Catalina, Arequipa.

impresionantes estructuras de lo que parecen templos, y un laberíntico conjunto de pasillos, conductos y cámaras subterráneos que invitan a gatear. Cerca, el extraordinario Museo Nacional de Chavín, que acoge casi todas las intrincadas y terroríficas cabezas clavas que adornaban sus muros, ayuda a reconstruir el enigma.

El Valle Sagrado

7 El río Urubamba, que serpentea y se ensancha por este valle, enlaza variopintos pueblos andinos, reductos militares incas semiderruidos y terrazas agrícolas utilizadas desde tiempo inmemorial. Su estratégica ubicación entre Cuzco y Machu Picchu convierte este pintoresco destino en base ideal para explorar los famosos mercados y ruinas de la región. El alojamiento va de tentadoras tabernas a *resorts* de lujo, y entre las actividades de aventura destacan paseos a caballo, *rafting* y rutas por remotos pueblos de agricultores y tejedores.

Cuándo ir

TEMP. ALTA
(jun-ago)

➡ Estación seca en el altiplano andino y selva tropical oriental.

➡ Mejor época para fiestas y deportes del altiplano, rutas incluidas.

➡ Meses de mayor afluencia por las vacaciones del hemisferio norte.

TEMP. MEDIA
(mar-may y sep-nov)

➡ Tiempo primaveral y otoñal en el altiplano.

➡ Ideal para visitas con menos gentío.

➡ De septiembre a noviembre, buen senderismo en la selva tropical.

TEMP. BAJA
(dic-feb)

➡ Estación lluviosa en el altiplano.

➡ La ruta inca cierra en febrero por labores de limpieza.

➡ Temporada alta para la costa y actividades de playa.

➡ Lluvioso en el Amazonas.

Ruta de los incas

8 La calzada peatonal más famosa del continente serpentea a lo largo de 43 km, subiendo por escalones de piedra y atravesando tupidos bosques de neblina. Todo un peregrinaje, los cuatro o cinco días de caminata culminan en el famoso Intipunku –o Puerta del Sol– donde los senderistas divisan las insólitas ruinas de Machu Picchu. Entre las muchas carreteras antiguas del país, la ruta inca, con su mezcla de vistas soberbias, asombrosos pasos de montaña y conjuntos de ruinas, sigue siendo la favorita de los viajeros.

Cañón del Colca

9 Este profundo cañón trasciende la mera

Películas

La teta asustada (2009) Largometraje de Claudia Llosa sobre una joven afligida por el trauma de una violación.

Contracorriente (2009) Drama romántico de Javier Fuentes-León acerca de un pescador casado que se enfrenta al fantasma de su amante muerto.

....

Libros

Jugando en los campos del Señor (1965) Novela de Peter Matthiessen inspirada en los conflictos del Amazonas.

La tía Julia y el escribidor (1977) Novela clásica de Mario Vargas Llosa sobre un joven enamorado de una mujer mucho mayor.

Los últimos días de los incas (2007) Kim MacQuarrie narra el choque entre civilizaciones que hizo historia.

Crónica de San Gabriel (1960) Julio Ramón Ribeyro retrata la sociedad peruana de mediados del s. xx en una hacienda serrana.

Cómo desplazarse

Avión Los horarios y precios de los vuelos nacionales cambian con frecuencia. Cada año abren nuevas aerolíneas, y cierran las que tienen un deficiente historial de seguridad. Casi todas las grandes ciudades están conectadas por modernos aviones a reacción, y las más pequeñas por otros de hélices.

Autobús Medio habitual de transporte de los peruanos y muchos viajeros. Los precios son económicos y los servicios frecuentes en los principales trayectos largos, pero la calidad de los vehículos varía. En las rutas rurales más remotas suelen operar los más viejos y destartalados; en los asientos de atrás se notan más los baches.

Tren PeruRail, la red ferroviaria privatizada, ofrece servicios diarios entre Cuzco y Aguas Calientes (Machu Picchu Pueblo), y entre Cuzco y Puno, en las costas del lago Titicaca, tres veces por semana.

estadística. En una zona colonizada por las civilizaciones preincaica, inca y española, su cultura es tan seductora como la infinita oferta de senderismo. Con 100 km de punta a punta y un desnivel de más de 3400 m en su parte más profunda, el cañón del Colca cuenta con terrazas agrícolas, bucólicos pueblos, iglesias coloniales españolas y ruinas preincaicas.

Parque Nacional del Manu

10 Permite atravesar tres zonas climá ticas, desde la posterior con las montañas andinas, hasta bosques de neblina en las laderas bajas, camino de las entrañas de la selva. Es desde hace tiempo el espacio natural mejor protegido del país, hábitat de criaturas legendarias, como anacondas, tapires, jaguares, y miles de guacamayos que comen partículas de arcilla que adornan con su colorido. En este profundo bosque, las tribus viven como hace siglos, sin apenas contacto con el mundo exterior.

Guacamayos verdes y rojos, Parque Nacional del Manu.

MICHAEL SEWELL/VISUAL PURSUIT/GETTY IMAGES ©

Stary Rynek (plaza del Mercado Viejo), Poznań.

Polonia

Elegantes ciudades medievales de plena actualidad, como Cracovia y Gdańsk, compiten con la dinámica Varsovia. Fuera de las urbes, bosques, ríos, lagos y colinas ofrecen diversión al aire libre.

Si se concediera un premio a la nación con la historia más agitada, Polonia seguramente lo ganaría. Pese a los siglos pasados en la cuerda floja, lidiando con guerras e invasiones, nada ha logrado acabar con su fuerte identidad cultural. Por ello, grandes urbes como Varsovia y la culta Cracovia irradian una sofisticada energía, embriagadora mezcla de lo antiguo y lo nuevo.

Lejos de las ciudades aguarda una gran variedad de experiencias, desde bañarse en las playas del Báltico a practicar esquí o senderismo en sus majestuosas montañas. En medio, hay ciudades y pueblos salpicados con castillos en ruinas, plazas pintorescas, casas llamativas e históricas iglesias. Aunque los precios van subiendo a medida que su economía toma impulso, Polonia aún ofrece al viajero una buena relación calidad-precio todo el año, y dado el esfuerzo de sus habitantes por combinar su identidad nacional con un lugar en Europa, es un momento fascinante para visitar este bello país.

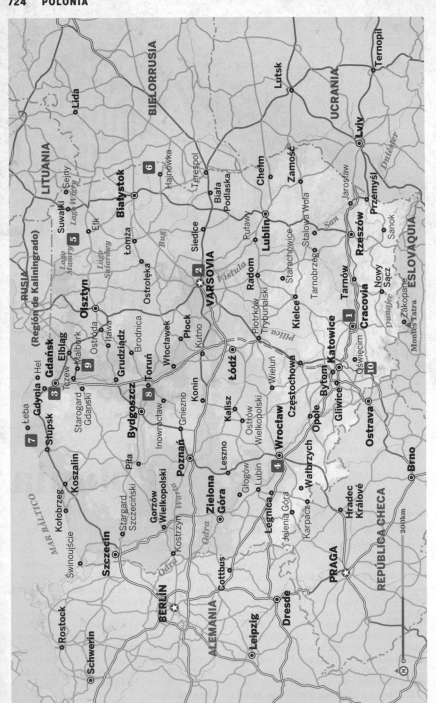

Polonia
Las mejores experiencias

La señorial Cracovia

1 Un ambiente único flota en las bellas calles y plazas de esta antigua capital del reino, dotada de una embriagadora mezcla de historia y armoniosa arquitectura. Desde la vasta Rynek Główny –la mayor plaza de mercado medieval de Europa– al espléndido castillo de Wawel, que domina el casco antiguo sobre una colina, toda ella es fascinante. Si se suma el antiguo barrio judío de Kazimierz y su chispeante vida nocturna (en contraste con las estructuras de cemento de Nowa Huta, de la era comunista) es fácil ver por qué Cracovia es el destino ineludible de Polonia.

Palacios de Varsovia

2 Al pensar en la capital no vienen a la mente imágenes de elegantes palacios; no en vano fue arrasada por los alemanes en la II Guerra Mundial. Pero ahí es donde Varsovia realmente sorprende. Desde el hermoso "palacio en el agua" de Łazienki Park al señorial palacio de Wilanów, una especie de Versalles en las afueras, la ciudad luce una elegante cara que rara vez se ve. Y si el tamaño verdaderamente importa, ahí está el colosal Palacio de la Cultura y la Ciencia, en el centro.

Castillo de Wawel, Cracovia.

1

MARTIN DIMITROV / GETTY IMAGES ©

Gdańsk

3 Grandes iglesias de ladrillo rojo dominan las esbeltas y recargadas casas de los comerciantes, encajadas entre palacios que flanquean anchas y viejas avenidas y tortuosas callejuelas medievales. Un reducto cosmopolita de arte y reliquias, legado de un rico pasado marítimo y mercantil, llena museos enteros, y turistas de todo el mundo se disputan el espacio adoquinado con artistas callejeros y puestos de ámbar. Así es Gdańsk (Danzig), puerto báltico y metrópolis del norte, antiguo miembro de la Liga Hanseática, que ahora juega su liga propia.

si Polonia tuviera 100 habitantes

15 tendrían entre 0-14 años
12 tendrían entre 15-24 años
44 tendrían entre 25-54 años
15 tendrían entre 55-64 años
14 tendrían más de 65 años

grupos religiosos

(% de población)

90 Católicos
1 Ortodoxos
1 Protestantes
8 Otras religiones

población por km²

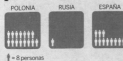

POLONIA RUSIA ESPAÑA

♟ ≈ 8 personas

Wrocław

4 Durante toda su turbulenta historia, esta población a orillas del río Oder (Odra) –la antigua ciudad alemana de Breslavia– ha tomado todo lo que ha podido de los invasores, y ha sobrevivido. Muy castigada en la II Guerra Mundial, fue astutamente reconstruida en torno a su bella plaza principal, con un enigmático conjunto de edificios en el centro. Otro de sus atractivos es el Panorama de Racławice, un vasto cuadro del s. xix que cuelga de los muros de un edificio circular. Pero más allá de sus joyas históricas, Wrocław posee una vibrante vida nocturna, con un sinfín de bares y restaurantes en las calles de su casco antiguo.

Grandes lagos de Masuria

5 El viajero puede tomar un cóctel en la cubierta de un lujoso yate, darse un chapuzón o ponerse el salvavidas, tomar el remo y lanzarse a una aventura acuática en uno de los lagos interconectados que componen este paraíso para amantes de la vela y los deportes acuáticos. Fuera del agua, lo mejor es acudir a uno de los animados *resorts* de la región, donde el tintineo de los mástiles compite con el de los vasos y el murmullo de la charla náutica. En invierno, cuando se hielan los lagos, el esquí de fondo sustituye al esquí acuático en la dura superficie.

Bosque de Białowieża

6 El bisonte de la botella de cerveza Żubr se entiende mejor tras visitar este bosque virgen en la frontera con Bielorrusia. El Parque

Un ave Fénix

La ciudad de Varsovia fue arrasada por los ocupantes alemanes al final de la II Guerra Mundial, y solo un 15% quedó en pie.

La destrucción fue de tal magnitud que se sopesó el traslado de la capital, aunque al final se optó por reconstruir varias zonas.

Los monumentos históricos más valiosos recobraron su aspecto original a partir de ilustraciones y fotografías. Entre 1949 y 1963 las obras se centraron en el casco antiguo, con el fin de devolverle su aspecto de los ss. xvii y xviii; hoy ninguno de sus edificios parece que tenga menos de 200 años.

Tan minuciosa fue la restauración que la Unesco lo declaró Patrimonio Mundial en 1980.

Comida y bebida

Bigos Espeso estofado de carne y chucrut.

Cerveza Buena, fría y barata. Suele tomarse en llamativas cervecerías al aire libre.

Dulces *Szarlotka* (tarta de manzana con nata), o la pesada *sernik* (tarta de queso al horno).

Pan Para los polacos, el *chleb* es algo más que su sustento. Símbolo de buena suerte, hay ancianos que besan el trozo de pan que cae al suelo. El tradicional se elabora con centeno.

Pierogi Pasta rellena.

Placki ziemniaczane Creps de patata con salsa de carne.

Sopa Entre las más suculentas destacan la *żurek* (agria con salchicha y huevo duro) y *barszcz* (de remolacha roja).

Vodka Se puede tomar solo, o pedir *myśliwska* (con sabor a enebro), *wiśniówka* (con cerezas) o *żubrówka* (aromatizado con hierba de bisonte).

7

WITOLD SKRYPCZAK / GETTY IMAGES ©

Playa de Świnoujście.

Nacional de Białowieża alberga uno de los últimos vestigios de bosque primigenio de Europa, que puede recorrerse con un guía. Cerca hay una pequeña reserva con otro superviviente: el imponente bisonte europeo.

Playas bálticas

7 La temporada es breve y el mar uno de los más fríos de Europa, pero si el viajero anda tras un trozo de arena, hay pocos destinos mejores que las blancas playas del Báltico. Hay quien viene atraído por centros turísticos costeros, como el hedonista Darłówko, el refinado Świnoujście o la ciudad balneario de Kołobrzeg; otros huyen del turismo masivo y ponen rumbo a las dunas movedizas del Parque Nacional de Słowiński, donde la constante bravuconería del Báltico esculpe montañas de arena.

La gótica Toruń

8 Al acabar la II Guerra Mundial, muchas ciudades del norte de Polonia quedaron reducidas

Cuándo ir

TEMP. ALTA
(may-sep)

➡ Soleado en junio y julio, pero hay que ir preparado para la lluvia.

➡ Museos, parques nacionales y otros puntos de interés están abiertos.

➡ Gentío, sobre todo los fines de semana.

TEMP. MEDIA
(mar y abr, oct)

➡ Hay puntos de interés cerrados o con horario reducido.

➡ Abril y octubre son frescos, pero con días de sol.

➡ La Semana Santa registra gran afluencia de visitantes; conviene reservar con antelación.

TEMP. BAJA
(nov-feb)

➡ La nieve atrae a los esquiadores a estaciones de montaña.

➡ La semana entre Navidad y Año Nuevo puede estar todo lleno.

➡ Los museos y castillos en ciudades pequeñas suelen cerrar.

a polvo de ladrillo rojo, pero Toruń quedó milagrosamente intacta, dejando al visitante actual una ciudad gótica amurallada y muy bien conservada a orillas del Vístula. Lo mejor es pasear por su casco antiguo, repleto de museos, iglesias, regias mansiones y plazas, y reponer fuerzas con una galleta de jengibre con pimienta, su tentempié más conocido. Por si fuera poco, se dice que Copérnico, el astrónomo más ilustre del país, vino al mundo en una de sus casas góticas.

Castillo de Malbork

9 Monstruo medieval, nave nodriza de la orden teutónica, este famoso castillo gótico es un monte de ladrillos en la margen derecha del río Nogat. Aquí

Películas

El amateur (Krzysztof Kieślowski, 1979) Obra del primer Kieślowski sobre la autocensura bajo el comunismo.

Katyń (Andrzej Wajda, 2007) Conmovedor retrato de esta masacre de la II Guerra Mundial.

El pianista (Roman Polański, 2002) Film ganador de un Oscar sobre la vida en el gueto judío de Varsovia durante la guerra.

Libros

La familia Moskat (Isaac Bashevis Singer, 2012) La vida de los judíos de Varsovia desde principios del s. xx hasta la ocupación nazi.

Si esto es un hombre (Primo Levi, 1947) Clásico de la literatura sobre el Holocausto que no ha perdido un ápice de impacto.

El oficial polaco (Alan Furst, 2009) Emocionante novela de espionaje ambientada en Polonia en vísperas de la II Guerra Mundial.

Cómo desplazarse

Autobús Son útiles en rutas cortas y para cruzar los montes del sur, pero el tren suele ser más rápido y cómodo, y los microbuses privados más rápidos y directos.

Automóvil y motocicleta Las principales empresas internacionales de alquiler tienen oficinas en grandes ciudades y aeropuertos; los precios son comparables a los de Europa occidental. Los robos de vehículos son un problema frecuente, por lo que se recomienda utilizar un aparcamiento vigilado de pago.

Tren Principal medio de transporte, sobre todo para largas distancias. Son económicos, fiables y casi nunca están llenos. Hay dos clases: 2ª (*druga klasa*) y 1ª (*pierwsza klasa*), un 50% más cara.

residió el todopoderoso gran señor de la orden y más tarde los monarcas polacos que visitaban la ciudad. Todos han pasado ya a la historia, pero ni siquiera los obuses de la II Guerra Mundial pudieron con esta fortaleza. Si el viajero vino a Polonia por sus castillos, este es ineludible; lo mejor es acudir antes del anochecer, cuando los sesgados rayos del sol tiñen los ladrillos de carmesí.

Auschwitz-Birkenau

10 Este campo de exterminio, creado por los invasores alemanes en 1941, es un sombrío recordatorio del mayor genocidio de la historia, la eliminación de más de un millón de personas aquí según la ideología nazi. Hoy es un museo y monumento a las víctimas. Tras el infame cartel donde se lee *"Arbeit macht frei"* en la entrada, se alzan los bloques de prisión aún en pie, con exposiciones tan impactantes como divulgativas. Cerca, el campo de Birkenau conserva los restos de las cámaras de gas empleadas en las ejecuciones masivas.

WITOLD SKRYPCZAK / GETTY IMAGES ©

Praia da Dona Ana, Algarve.

CAPITAL
Lisboa

POBLACIÓN
10,8 millones

ÁREA
92 090 km²

IDIOMA OFICIAL
Portugués

Portugal

Castillos medievales, calles adoquinadas, cautivadoras ciudades y playas doradas: Portugal puede ser muchas cosas. Su historia, su gastronomía y su paisaje son solo el comienzo.

Celtas, romanos, visigodos, moros y cristianos dejaron su huella en esta nación de la península Ibérica, donde el viajero puede contemplar tallas de piedra con 20 000 años de antigüedad en Vila Nova de Foz Côa, asistir a la puesta de sol sobre misteriosos megalitos a las afueras de Évora o perderse por los intrincados corredores de Tomar, Belém, Alcobaça o Batalha, todos Patrimonio Mundial de la Unesco. Además, puede trazar un itinerario visitando palacios sobre brumosos bosques, castillos en escarpados precipicios y cascos antiguos medievales muy bien conservados.

Fuera de las ciudades, la belleza del país se despliega en toda su asombrosa variedad. Se puede hacer senderismo por las cumbres graníticas que pertenecen al Parque Nacional da Peneda-Gerês o visitar el inmaculado paisaje y los pueblos históricos de las poco visitadas Beiras.

En sus más de 800 km de costa no faltan enclaves donde gozar de su esplendor: espectaculares acantilados en el fin del mundo, famosas zonas de *surf* en playas de dunas o apacibles islas de arena frente a un sereno mar azul.

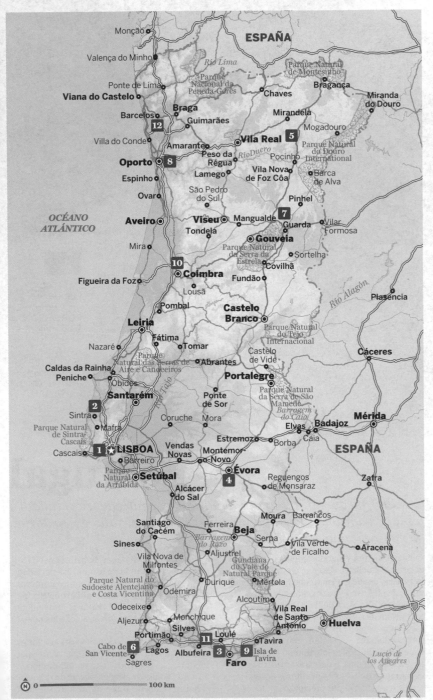

Portugal
Las mejores experiencias

Lisboa

1 El barrio de Alfama, con laberínticos callejones, patios ocultos y sombreadas callejuelas curvas, es un lugar mágico donde perder todo sentido de la orientación y hurgar en el alma de la ciudad. El viajero pasará junto a minúsculas tiendas de alimentación, edificios de relucientes azulejos y acogedoras tabernas donde la charla es relajada y la brisa trae el aroma de sardinas asadas y el ritmo lastimero del fado. Al doblar una esquina, se quedará prendado ante la visión de tejados abruptamente inclinados que llevan al Tajo.

Sintra

2 Como una página arrancada de un cuento de hadas, este pintoresco pueblo salpicado de tabernas con paredes de piedra y dominado por la silueta de un palacio encalado –a menos de 1 h en tren de la capital– parece de otro mundo. Boscosas laderas son el telón de fondo de su idílico entorno, con imponentes castillos, jardines místicos, extrañas mansiones y monasterios seculares ocultos entre bosques. La niebla nocturna le aporta otra capa de misterio, y las frescas noches se pasan mejor junto a la chimenea de uno de sus muchos y encantadores B&B.

Músico callejero interpretando un fado, Lisboa.

HOLGER LEUE / GETTY IMAGES ©

Parque Natural da Ria Formosa

3 Este enclave singular parece ubicado en medio de la nada, pero se halla frente a las costas del Algarve, en el extremo meridional del país. Esta red de lagunas protegidas de 18 000 Ha de superficie ocupa una extensa zona de hasta 60 km formada por *sapais* (marismas), salinas, arroyos e islas de dunas. Accesible desde ciudades cercanas como Faro y Olhão, el viajero puede hacer que el barco le deje en una playa desierta, o pasear por el sendero entre las bellas aves de los humedales.

si Portugal tuviera 100 habitantes

60 trabajarían en servicios
28 trabajarían en industria
12 trabajarían en agricultura

grupos religiosos
(% de población)

85 Católicos
9 Otras religiones
4 No religiosos
2 Otros cristianos

población por km²

PORTUGAL   ESPAÑA   REINO UNIDO

= 30 personas

La histórica Évora

4 La reina del Alentejo y una de las ciudades medievales mejor conservadas del país, es un lugar cautivador para pasar unos días escarbando en su pasado. Tras sus muros del s. XIV, angostas y serpenteantes callejuelas conducen a impresionantes obras arquitectónicas: una recargada catedral y claustros medievales, ruinas romanas y una pintoresca plaza. Virtudes históricas y estéticas aparte, Évora es además una animada ciudad universitaria, y sus atractivos restaurantes sirven buenos y suculentos platos del Alentejo.

Región vinícola del Duero

5 A ambos lados del sinuoso curso del Duero, la región vinícola más antigua del mundo lleva siglos produciendo exquisitos caldos desde las abruptas terrazas de sus colinas unidas por escarpados viñedos. Accesible por pintorescas carreteras secundarias, en tren o barco desde Oporto, invita a caminar, conducir y paladear. Muchos vinateros ofrecen circuitos, catas y alojamiento.

Cabo de San Vicente

6 Es emocionante pisar el punto más al suroeste de Europa, un cabo de áridos acantilados donde los marineros portugueses se despedían antes de aventurarse en territorio desconocido en la época dorada de las exploraciones. En este lugar azotado por el viento se palpa la historia, y si se entornan los ojos, quizá aparezca el fantasma de Vasco da Gama surcando las aguas. Hoy cuenta con una fortaleza y un faro, y un nue-

La 'saudade'

La psique portuguesa es complicada, sobre todo por conceptos de difícil traducción como *saudade*. En su forma más pura, representa un anhelo nostálgico, a menudo profundamente melancólico por una persona, un lugar o algo que ya no se puede tener. Profundamente vinculada a la historia de esta nación de marineros, la *saudade* sigue enraizada en la identidad nacional. Esta esquiva emoción ha desempeñado un papel estelar en grandes obras literarias, cinematográficas y sobre todo musicales. Los eruditos son incapaces de precisar cuándo surgió el término; para algunos se remonta a los grandes viajes de la era de los descubrimientos, cuando marineros, capitanes y exploradores pasaban muchos meses en alta mar, y prestaba voz a la añoranza de las vidas que dejaban atrás.

Comida y bebida

Bifana Bollo de pan con un trozo de carne de cerdo frita; los mejores son los del Alentejo.

Francesinha El tentempié favorito para la resaca de Oporto es un grueso sándwich abierto cubierto de queso fundido.

Mazapán Extradulce, a base de almendras, muy popular en el Algarve.

Pastel de nata Tarta que se toma caliente y espolvoreada con canela.

Pescado en conserva Sardinas, caballa y atún con pan, aceitunas y otros acompañamientos son la última moda en tentempiés en Lisboa.

Pollo asado En Portugal es una forma de arte; se aconseja acompañarlo de *piri-piri* (salsa picante).

Travesseira Pastelito de hojaldre relleno de crema de almendra y yema de huevo, popular en Sintra.

8

MAREMAGNUM / GETTY IMAGES ©

Azulejos de la iglesia del Carmen, Oporto.

vo museo muestra lo mejor de la historia de la navegación marítima portuguesa.

Pueblos de Beiras

7 Desde comunidades entre muros de esquisto que se despliegan por laderas con terrazas a centinelas de puntiagudos bordes que antaño protegían la frontera oriental de las incursiones españolas, esta región interior está repleta de pintorescos pueblos históricos, como Piódão, Trancoso, Sortelha o Monsanto. Hoy son algunos de los destinos más apacibles y atractivos del país, casi deshabitados pero aún fuera del alcance del turismo masivo. Un trayecto por carretera permite enlazar varios.

Cuándo ir

TEMP. ALTA
(jul-ago)

➡ Los precios del alojamiento suben un 30%.

➡ El Algarve y zonas costeras registran grandes aglomeraciones.

➡ Las temperaturas sofocantes son habituales.

TEMP. MEDIA
(may, jun y sep)

➡ Flores silvestres y días templados, ideales para caminatas y actividades al aire libre.

➡ En junio se celebran animadas fiestas.

➡ Afluencia y precios medios.

TEMP. BAJA
(dic-mar)

➡ Días más cortos y lluviosos, con temperaturas gélidas en el interior.

➡ Precios más bajos y menos turistas.

➡ Los puntos de interés tienen horario reducido.

Oporto

8 Cuesta imaginar una ciudad más romántica que la segunda más grande del país. Surcada de angostas callejuelas peatonales, posee innumerables iglesias barrocas, épicos teatros y anchas plazas. El barrio de Ribeira, Patrimonio Mundial de la Unesco, está al otro lado del emblemático puente sobre el Duero (Douro) y frente a las seculares bodegas de Vila Nova de Gaia, donde se puede probar el mejor oporto del mundo.

Isla de Tavira

9 Este lugar lo tiene todo para amantes del sol, la playa, la naturaleza..., y para los naturistas: kilómetros y kilómetros de arena dorada hasta donde alcanza la vista, zona nudista, transporte en un tren en miniatura, restaurantes y un camping. Además, forma parte del Parque Natural da Ria Formosa.

Coimbra

10 Esta pintoresca villa trepa la elevada pendiente desde el río Mondego hasta un barrio medieval que aloja una de las universidades más antiguas de Europa. Los estudiantes deambulan con capas negras por las calles estrechas, mientras los intérpretes de fados

Películas

Historias de Lisboa (1994) Carta de amor a Lisboa de Wim Wenders.

Capitanes de abril (2000) Retrato de la Revolución de los Claveles de 1974 dirigido por Maria de Medeiros.

Cartas desde Fontainhas (1997–2006) Trilogía de arte y ensayo de Pedro Costa ambientada en Lisboa.

Libros

Memorial del convento (José Saramago, 1982) Historia de amor de oscura comicidad del s. XVIII.

Libro del desasosiego (Fernando Pessoa, 1982) Obra maestra del mejor poeta portugués.

Manual de inquisidores (António Lobo Antunes, 1996) La vida portuguesa bajo el régimen de António de Oliveira Salazar.

Cómo desplazarse

Autobús Más barato y lento que el tren, es útil para viajar a pueblos remotos sin servicio ferroviario. Los fines de semana circulan con menor frecuencia.

Automóvil Práctico para visitar pueblos pequeños, parques nacionales y regiones con poco transporte público. Se alquilan en las principales ciudades.

Tren Muy asequible, con una buena red entre las principales ciudades de norte a sur.

actúan gratis bajo la puerta morisca. Los niños pueden entretenerse en Portugal dos Pequenitos, parque temático con versiones en miniatura de monumentos portugueses.

El Algarve

11 Los entusiastas del sol están de enhorabuena: en la costa sur, el Algarve tiene un litoral diverso, desde islas de arena accesibles solo en barco, a playas espectaculares rodeadas de acantilados, algunas poco visitadas y otras a rebosar con animada vida nocturna. Los días pasan jugando con las olas, dando largos paseos por la fachada oceánica y haciendo *surf* en rompientes memorables.

Mercado de Barcelos

12 El Minho es conocido por sus extensos mercados al aire libre, pero el mayor, más antiguo y de más renombre es la Feira de Barcelos, que tiene lugar cada jueves en esta antigua localidad a orillas del río Cávado. Los forasteros llegan atraídos por la *louça* (cerámica) de Barcelos, de puntos amarillos, y las alegres estatuillas, mientras que los aldeanos están más interesados en comprar pollos, o curiosear ropa de cama bordada, cestas tejidas y yugos de bueyes tallados a mano.

Estatuillas de gallitos portugueses, Feira de Barcelos, Minho.

ALAN COPSON / GETTY IMAGES ©

Playa Flamenco, isla de Culebra.

CAPITAL
San Juan

POBLACIÓN
3,6 millones

ÁREA
13 790 km²

IDIOMAS OFICIALES
Español, inglés

Puerto Rico

Puerto Rico es el paradigma de paraíso caribeño con el que muchos sueñan despiertos, y con razón: este tesoro natural satisface tanto a los playeros como a quienes buscan selvas y grandes olas.

Arena dorada, una historia de espadachines y una variada orografía hacen del soleado patio trasero de EE UU un lugar digno de apodarse la "isla del encanto". Es la única isla del Caribe donde se pueden cabalgar las olas antes de desayunar, hacer una caminata por la selva después de almorzar y, ya de noche, sumergirse en el ritmo de una atractiva y cosmopolita ciudad.

Entre casinos deslumbrantes y bonita naturaleza, Puerto Rico es también una tierra de vivos contrastes, donde la relajada puerta del Caribe se ve importunada por el ajetreo de la vida estadounidense. Y aunque las comodidades modernas facilitan las cosas a la hora de viajar, la jungla de cemento alineada por condominios tal vez se parezca demasiado al país del viajero. Una visita a sus playas, históricos fuertes y ruletas acelera el pulso de cualquiera. Pero la singular esencia de la isla solo se revela a quienes profundizan en ella, explorando cumbres neblinosas de la cordillera Central y las maltrechas fachadas de sus rincones más remotos.

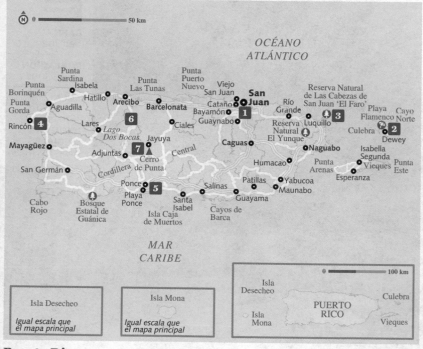

Puerto Rico
Las mejores experiencias

Viejo San Juan

1 La América moderna empieza aquí. O casi. Fundada en 1521, San Juan es el segundo asentamiento europeo más antiguo de Latinoamérica y el más antiguo bajo jurisdicción estadounidense. Es fácil caer bajo el seductor hechizo de las calles empedradas, los edificios coloniales color pastel y las imponentes fortalezas del Viejo San Juan. Comenzando por las murallas de El Morro, aquí el encanto anida por doquier, desde su maraña de callejuelas retorcidas hasta el eterno centelleo del Atlántico. De día, hay que sumergirse en su rica historia; de noche, rendirse a su oferta noctámbula.

Playa Flamenco

2 Con unos 1,5 km de longitud, esta playa en forma de herradura no solo es la mejor de Isla Culebra, sino también del país y, posiblemente, de todo el Caribe. No en vano, los viajeros más sagaces la incluyen entre las 10 mejores playas del mundo. Y por trilladas que estén las reflexiones individuales, no hay duda alguna de que este irresistible arco de arena blanca y olas cristalinas constituye un sitio mágico. Respaldada por matorrales en vez de estilizadas palmeras, y equipada con los servicios justos, Flamenco es la única playa pública de la isla y el único sitio donde se permite la acampada libre.

Reserva Natural de Las Cabezas de San Juan 'El Faro'

3 El variado ecosistema de esta reserva, un espacio protegido de 127 Ha en la punta noreste del país, se visita en una rápida excursión de un día desde la capital y pone de relieve la riqueza ecológica de la isla. Tras una breve parada informativa en el centro de visitantes, se inicia el circuito guiado sobre la fauna y la flora. La hierba marina ondea junto a manglares y lagunas protegidas por coral, al tiempo que iguanas gigantes se escabullen debajo de los pies y los cangrejos se apresuran por la rocosa orilla. El faro más antiguo del país añade valor histórico.

Parque de Bombas, Ponce.

Hacer 'surf' en Rincón

4 El frío invernal viene acompañado de imponentes olas en Rincón, la capital portorriqueña del *surf* y uno de los enclaves surfistas más variados y palpitantes del Caribe. Y mientras los expertos se baten con las olas, los principiantes pueden disfrutar en los cercanos rompientes, más moderados. De noche la gente carga las pilas a base de comida rápida y cerveza helada mientras alternan en los bares de playa y en torno a hogueras en la arena.

Ponce

5 Pasear entre las deslumbrantes fuentes de la plaza central y por las calles estrechas del centro histórico de la ciudad evoca el espíritu señorial del pasado de Puerto Rico. Su ritmo tranquilo se palpa en los negocios (abren tarde y cierran pronto) y en las parejas, muy dadas a disfrutar de la brisa costera cada noche. Los fines de semana los restaurantes y cafés al aire libre atraen a las familias. Y una vez los niños duermen, los tragos fluyen y todo bulle

si Puerto Rico tuviera 100 habitantes

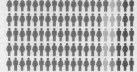

76 serían blancos
7 serían negros
4 serían mulatos
13 serían de otro origen

grupos religiosos
(% de población)

85
Católicos

15
Protestantes/
Otras religiones

Cuándo ir

TEMP. ALTA
(med dic-med abr y jul)

➡ Los precios de los alojamientos suben ante la llegada masiva de estadounidenses que huyen del invierno.

➡ En julio, las familias locales abarrotan los centros costeros.

TEMP. MEDIA
(sep-nov y med abr-may)

➡ La infraestructura turística se da un respiro para tomar impulso, si bien no se traduce en una bajada de precios y servicios.

TEMP. BAJA
(jun-nov)

➡ El ambiente decae bastante durante la temporada de huracanes, excepto en julio. Algunos *resorts* ofrecen paquetes con descuento, pero no los hoteles pequeños.

población por km²

PUERTO RICO   EE UU   ESPAÑA

= 32 personas

BRYAN MULLENNIX / GETTY IMAGES ©

Rica cocina ambulante

Baratos, divertidos e indiscutiblemente portorriqueños, los friquitines (también conocidos como quioscos o sencillamente puestos de comida) ofrecen algunos de los mejores bocados locales. Con una enorme oferta que abarca desde sofocantes cuchitriles hasta camionetas ambulantes a pie de calle, estos quioscos proponen comida rápida casera y sabrosa, preparada con ingredientes autóctonos.

La concentración de friquitines permanente más famosa de la isla (compuesta por más de 60) copa el paseo marítimo de Luquillo. Los fines de semana hay puestos ambulantes en lugares como Piñones, cerca de San Juan, y Boquerón, en la costa oeste, aunque se puede topar con ellos casi por doquier.

Cordillera Central.

Comida y bebida

Brazo gitano Pastel relleno de fruta fresca hecha puré y queso dulce.

Chuletas can-can La especialidad del incomparable restaurante La Guardarraya merece sin duda un desvío.

Lechón asado De venta en camionetas ambulantes, el cochinillo asado al espetón sabe a gloria.

Mofongo Plato típico consistente en plátano macho machacado relleno de marisco o ternera.

Piña colada Zumo de piña mezclado con leche de coco, en ocasiones combinado con ron para crear el famoso cóctel.

Ron La bebida nacional. Aunque la sede de Bacardi está en las afueras de San Juan, los lugareños prefieren Don Q o Castillo.

Sorullitos de maíz Fritura a base de harina de maíz, servidos como tentempié en los bares.

con una atronadora mezcla de *reggaeton* y salsa.

Kayak en el lago Dos Bocas

6 Oculto entre la exuberante vegetación de la cordillera Central, las plácidas aguas del lago Dos Bocas brindan una experiencia de kayak mucho más serena que enfrentarse a las olas en mar abierto. El lago se otea por primera vez desde la carretera 143, cerca de la población montañesa de Utuado, cuyos restaurantes ribereños alquilan barcas. Y tras una sesión de kayak, no hay nada como aplacar el

apetito a base de pescado fresco del propio lago.

Café en la cordillera Central

7 Los cafetales de Puerto Rico ofrecen a los adictos del café una oportunidad poco habitual: aquí se puede saborear una humeante taza de delicioso café recién molido mientras se observan las colinas ondulantes y los tranquilos valles donde los granos se cultivan, se tuestan y se preparan. La sinuosa Ruta Panorámica, que pone el corazón en un puño en su discurrir entre montañas.

Cómo desplazarse

Avión Las principales rutas nacionales conectan San Juan con las islas de Culebra y Vieques.

Barco Cuatro ferris diarios unen Fajardo con Vieques y Culebra.

Automóvil Hay buenas carreteras entre San Juan y las principales poblaciones, a las que normalmente se llega en menos de 2 horas. No se deben embarcar automóviles de alquiler en el ferri a Vieques o Culebra, ya que el contrato con la agencia quedará invalidado.

Públicos Estas grandes furgonetas, muy frecuentes y económicas pero también mortalmente lentas, prestan servicio entre algunas de las poblaciones principales.

Torre Al-Biddar, Doha.

| CAPITAL |
| Doha |
| POBLACIÓN |
| 2,1 millones |
| ÁREA |
| 11 586 km² |
| IDIOMA OFICIAL |
| Árabe |

Qatar

*Combinando armónicamente el legado beduino con la elegancia
y el lujo modernos, Qatar representa una excelente introducción
al mundo árabe.*

Si se pregunta a los qataríes, de innegables
raíces beduinas, qué les enorgullece más
de su país, la respuesta siempre es la misma:
Doha. Y enseguida se entiende por qué:
la moderna capital, con sus espectaculares
rascacielos, elegante paseo marítimo y sublimes centros comerciales, es posiblemente el
mejor destino del Golfo Pérsico.

Pero Qatar no se reduce al frenesí consumista. El país entero, con sus zocos tradicionales, su excelente Museo de Arte Islámico
y sus líricas dunas de arena, es la introduc-

ción perfecta a Oriente Próximo; eso sí,
sin las tensiones a menudo asociadas a
esta región.

El éxito de esta próspera nación no es algo
efímero. La rápida expansión económica,
apenas afectada por la crisis mundial, las
competiciones deportivas internacionales
y las convenciones son algunos de los principales pilares de la sofisticación qatarí. De
hecho, muchos visitantes que acuden a la
vibrante ciudad de Doha para una noche
terminan estirando su estancia mucho más.

GOLFO
PÉRSICO

Islas
Hawar

ARABIA
SAUDÍ

QATAR

GOLFO
PÉRSICO

Hotel & Resort en busca de los principales reclamos.

Museo de Arte Islámico

2 Levantado en una isla construida para este fin en medio de una gran extensión de césped y árboles ornamentales, este monumental museo es obra del célebre arquitecto I. M. Pei (diseñador de la pirámide de cristal del Louvre en París) y tiene forma de fortaleza posmoderna, con apenas ventanas (para reducir el consumo energético) y un foso 'virtual'. Alberga la mayor colección de arte islámico del mundo, procedente de tres continentes. Exquisitas telas, cerámicas, esmaltes y piezas de cristal se exhiben de forma conceptual: por ejemplo, un solo motivo se ilustra en el tejido de una alfombra, en un suelo de azulejos o se adapta a una joya de oro en una serie de vitrinas cercanas. Es un museo con tal riqueza de tesoros que compensa las visitas cortas e intensas.

Souq Waqif

3 Se retrocederá al pasado en las callejuelas con aroma a cardamomo de Souq Waqif, un sitio maravilloso para explorar, comprar, cenar o simplemente dejar pasar el tiempo en alguno de sus atractivos cafés. El zoco lleva siglos en este emplazamiento, pues aquí era adonde los beduinos acudían a intercambiar sus ovejas, cabras y lana. A finales del s. XX creció hasta convertirse en un destartalado laberinto de callejas, y en un momento estuvo a punto de ser condenado a la demolición. La zona comercial ha sido remodelada de manera certera, y ahora parece un zoco del s. XIX, con tiendas

Qatar
Las mejores experiencias

Doha

1 El viajero podrá asomarse al futuro en Al-Corniche, el ultramoderno paseo marítimo de la capital qatarí y su mayor icono. La bahía de Doha se construyó cuidadosamente utilizando tierra de relleno a fin de lograr una atractiva

forma de media luna, junto a la cual discurren senderos sombreados y carriles bici. Una forma estupenda de descubrir la ciudad es empezar en el paso elevado de Ras Abu Abboud, en el extremo sureste del paseo, y caminar o conducir por la zona del Sheraton Doha

de adobe y vigas de madera vistas, así como algunos edificios qataríes originales que se hallan bellamente restaurados.

Khor al-Adaid

4 Próximo a la frontera saudí, este precioso 'mar interior' es el lugar perfecto para ver las estrellas y la mayor atracción natural de Qatar. A menudo descrito como un mar o un lago, el *khor* no es sino un riachuelo rodeado de franjas plateadas de arena en forma de media luna (conocidas como *barchan*). Todas las dunas lucen maravillosas bajo el sol del atardecer, pero estas adquieren tintes casi místicos a la luz de la luna llena, cuando las *sabkha* (llanuras de sal) relucen en los resquicios de la arena.

Petroglifos, Jebel Jassassiyeh

5 Contados visitantes han visto los petroglifos del norte del país, ya que hasta hace poco su paradero era secreto y solo un puñado de enterados con todoterreno eran capaces de encontrarlos. Así pues, ¿qué son exactamente estos esquivos petroglifos? Enclavados en un pedazo de desierto conocido con el nombre de Jebel Jassassiyeh, estos grabados en roca antiguos (más de 900 repartidos en 580 emplazamientos) al parecer representan vistas aéreas de barcos, algo interesante en un país tan llano como Qatar, con un mar por lo general tranquilo, donde debió de ser imposible obtener vistas en altura.

si Qatar tuviera 100 habitantes

40 serían árabes
18 serían indios
18 serían pakistaníes
10 serían iraníes
14 serían de otro origen

grupos religiosos
(% de población)

78 8

Musulmanes Cristianos

14

Otras religiones

Cuándo ir

NOV-MAR
➡ Agradable paréntesis al calor intenso y la humedad estivales.

ABR
➡ La Emir's Cup ofrece carreras de camellos en estado puro.

JUN
➡ Las aguas de la bahía de Doha acogen el gran premio de lanchas motoras.

población por km²

QATAR EAU ESPAÑA

👤 ≈ 15 personas

Los rosarios de cuentas

Basta con sentarse en una cafetería en Qatar, estar presente en una reunión de negocios u observar a un grupo de fumadores de *sheesha* (narguile) para reparar en que todo el mundo está unido por una actividad común: hacer girar una ristra de abalorios entre el pulgar y el índice, o juguetear con la sarta de 33, 66 o 99 cuentas alrededor de la muñeca. En las fiestas y bodas incluso llegan a voltearlas por encima de la cabeza como si fueran una matraca.

Los abalorios pueden ser de perla o jade, comprados en el zoco local o recogidos uno a uno y con mucho sacrificio por todo el mundo. Ahora bien, los *misbah* (rosarios) más preciados son los de ámbar.

Los hombres los han portado desde los inicios del islam para ayudar a la contemplación de Dios. Normalmente, se pasa cada cuenta a medida que se recitan los nombres o atributos de Alá.

Aunque mucha gente siguen utilizándolos con fines religiosos, los rosarios de cuentas se han convertido en un accesorio social en Qatar.

Comida y bebida

Agua del grifo Se puede beber, aunque la mayoría de la gente la prefiere embotellada.

Alcohol Solo se sirve en hoteles y restaurantes de categoría.

Café Suele tomarse suave y con unas semillas de cardamomo, o bien cargado y con mucho azúcar.

Khabees Dátiles de diferentes tamaños, colores y estado de madurez.

Langosta a la parrilla Uno de los platos favoritos.

Makbus Arroz y especias con pollo, cordero o pescado en una sabrosa salsa.

AMOS CHAPPLE / GETTY IMAGES ©

Joven qatarí con un halcón.

Bir Zekreet

6 La altitud es algo casi inédito en Qatar, y solo sirve para exagerar la pequeña escarpadura en la costa noroeste de la Península, cerca de Dukhan. Los afloramientos calizos de Bir Zekreet son toda una lección de geología sobre formaciones desérticas, dado que el viento ha erosionado las rocas sedimentarias, dejando al descubierto pilares y enormes setas rocosas. Las playas circundantes están repletas de ostras vacías, con un interior nacarado y toda suerte de bivalvos. Las aguas son poco profundas y tranquilas.

Zoco de los halcones

7 Contiguo a Souq Waqif, este fascinante zoco de nueva creación merece una visita aunque solo sea por ver la parafernalia en torno a la cetrería, y en él se vende toda clase de objetos relacionados, desde *burkhas* (caperuzas) hasta *hubaras* (plumas). Durante la temporada de los halcones (oct-mar) también se pueden observar decenas de halcones peregrinos y otras variedades tranquilamente posados en sus plataformas. Lo mejor es ver a los jóvenes qataríes comprar su primer halcón bajo la mirada de un tío o un abuelo ansioso por legar la tradición familiar del dominio de estas aves de presa.

Cómo desplazarse

Automóvil En las afueras de Doha las rotondas son muy habituales. Para explorar de verdad el interior del país o acampar en una playa remota es necesario un todoterreno.

Taxi La forma más sencilla de conseguir un taxi es pidiendo uno en el hotel. Para visitar los puntos de interés fuera de Doha, lo mejor es alquilar un automóvil o concertar el transporte a través de un operador, ya que sale más económico y permite ahorrar tiempo a la hora de regresar.

Gorila, Parque Nacional de Dzanga-Sangha.

República Centroafricana

La República Centroafricana es África en estado puro, una tierra donde los viajeros podrán surcar las aguas de ríos salvajes y adentrarse en un mundo que muchos creían desaparecido.

La República Centroafricana (RCA) es un país dotado de una belleza natural extremadamente insólita y virgen, y de algunas de las especies salvajes más asombrosas del planeta. Destaca entre los mejores lugares del continente para avistar elefantes africanos y gorilas de llanura, y es quizá el mejor lugar del mundo para ver mariposas.

También es uno de los países más pobres y menos desarrollados de África: durante siglos fue explotado sin compasión por los colonizadores, y la independencia solo trajo más de

lo mismo pero de manos de políticos locales. Pese a todo, los habitantes de esta nación saqueada son abiertos y agradables; y del mismo modo que los rincones más oscuros de sus junglas irradian vida, la calidez, la generosidad y el orgullo han sobrevivido incondicionalmente en los corazones de su gente.

Es un destino no apto para miedosos. Cuando se redactaban estas líneas la mayor parte del país no era bastante estable ni seguro. Antes de viajar conviene consultar las recomendaciones de la embajada propia.

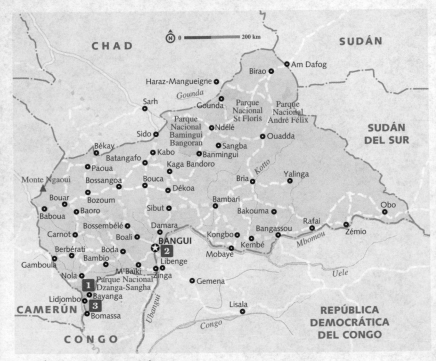

República Centroafricana
Las mejores experiencias

Parque Nacional de Dzanga-Sangha

1 Mejor de lo que uno pudiera imaginar, este enorme espacio protegido, en el corazón de la Reserva Trinacional de Sangha (declarada Patrimonio Mundial por la Unesco), constituye un reducto de selva virgen donde es posible ver de cerca gorilas y elefantes.

Bangui

2 La capital se extiende junto al río Ubangui con una hilera de frondosas colinas tras de sí. Los franceses la fundaron en 1889, y para la década de 1970 se la conocía como "*La Coquette*" (la coqueta). El sobrenombre, aún muy extendido localmente, tiene un cariz irónico hoy en día, aunque las muestras de resurgimiento son mucho más comunes que las huellas de la guerra.

Bayanga

3 El viajero podrá unirse a una inolvidable excursión de caza con los baAka (una tribu pigmea) desde Bayanga, un pueblo en las afueras del Parque Nacional de Dzanga-Sangha. También se puede participar en actividades culturales, como la recolección de plantas medicinales, y los residentes bantú de la zona llevarán a los visitantes en piragua en busca de vino de palma.

Comida y bebida

La yuca es el alimento básico; la *ngunza* (ensalada de hojas de yuca) y el *gozo* (pasta de yuca) se cuentan entre los platos más típicos. No hay que dejar de probar el vino de palma o de banana.

Cuándo ir

NOV-ABR
➡ Tiempo cálido y mucho sol.

JUL-SEP
➡ Los meses más húmedos; cuesta desplazarse por carretera, pero las cascadas resplandecen.

DIC-MAR
➡ La época más calurosa del año, con temperaturas a menudo por encima de los 30°C.

Český Krumlov.

República Checa

*Aunque su historia se remonta al s. IX, Praga rivaliza con
París en cuanto a belleza, y, si se trata de cerveza, no hay país
que produzca una mejor en toda Europa.*

Desde la caída del comunismo en 1989 y la
apertura de Europa central y del este, Praga
ha evolucionado hasta convertirse en uno de
los destinos turísticos más populares del continente. La capital checa ofrece un núcleo medieval intacto donde el visitante retrocederá
en el tiempo 500 años. Separando dos barrios
históricos, el puente Carlos, del s. XIV, es uno
de los monumentos más hermosos de Europa.
Pero en Praga no todo se reduce a historia,
pues también presume de un dinámico centro urbano con una rica oferta cultural.

Fuera de la capital abundan los castillos
y los palacios (incluido el soberbio de Český
Krumlov), que ilustran las historias de poderosas familias y personajes influyentes en
toda Europa.

Poblaciones renacentistas bellamente
conservadas que resistieron a los estragos
del período comunista son hoy en día testigos del paso del tiempo, y sus característicos
paisajes proporcionan un sensacional escenario para el disfrute de aquellos aventureros más inquietos.

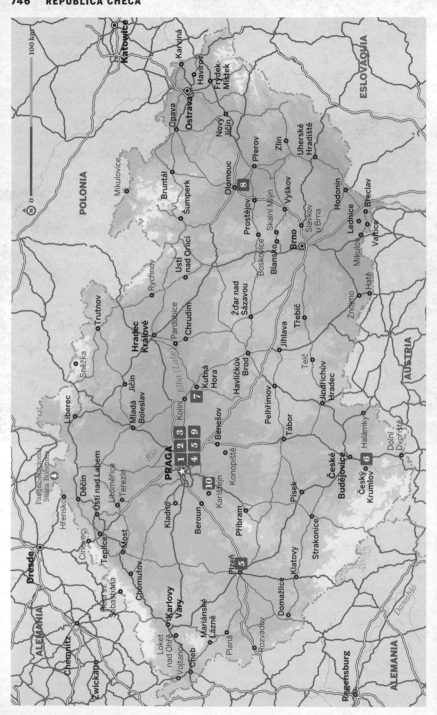

República Checa
Las mejores experiencias

Puente Carlos

1 Cruzarlo es la experiencia praguense por antonomasia, ya sea a solas en la neblina vespertina o avanzando a empujones entre el gentío vespertino. Se construyó en 1357 y soportó el tráfico rodado durante más de 500 años, según dicen, gracias al huevo utilizado en el mortero, y empezó a ser peatonal tras la II Guerra Mundial. De día, las estatuas barrocas dirigen la mirada al fascinante desfile de músicos callejeros, bandas de *jazz* y vendedores de postales; al atardecer, recuperan parte del misterio y la magia que sus creadores pretendían capturar.

Castillo de Praga

2 Compuesto por un complejo de iglesias, torres, casas y palacios, que es casi un poblado en sí mismo, el castillo cimero de Praga encierra entre sus muros casi mil años de historia. Es, además, el corazón cultural e histórico de la República Checa, y no solo alberga tesoros como los relicarios de oro de san Vito o las joyas de la Corona bohemia, sino también lugares donde acontecieron hechos señeros como el asesinato de san Wenceslao o la Segunda Defenestración de Praga.

Arquitectura asombrosa

3 Uno de los mayores atractivos de Praga es

su aspecto físico. El castillo de Praga y el centro urbano representan una clase magistral de la evolución de la arquitectura durante unos 900 años (sencillo románico, sublime gótico, elegante renacentista y deslumbrante barroco, más historicismos característicos del s. XIX), todo ello sorprendentemente incólume ante el mundo moderno y desplegado en una compacta red de callejuelas y pasadizos. Y eso antes de abordar el sensual y vistoso *art nouveau* y los distintivos edificios cubistas y rondocubistas de la capital checa.

si la República Checa tuviera 100 habitantes

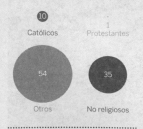

64 serían checos
5 serían moravos
1 sería eslovaco
30 serían de otro origen

grupos religiosos
(% de población)

10 Católicos

1 Protestantes

54 Otros

35 No religiosos

población por km²

REPÚBLICA CHECA

ALEMANIA

ESPAÑA

↑ ≈ 30 personas

Museo Judío de Praga

4 Engloba media docena de sinagogas antiguas, una sala de ceremonias y antigua cámara mortuoria, así como el melancólico cementerio judío, todo ello apiñado en Josefov, un pequeño rincón de la Ciudad Vieja, que fue el hogar de los judíos de Praga durante unos 800 años hasta que le puso fin un plan de reordenamiento urbano a principios del s. XX y, más tarde, la ocupación nazi. La exposición relata la conmovedora historia de la comunidad judía de Praga, desde el rabino Loew (creador del golem en el s. XVI) hasta la persecución nazi.

Cerveza checa

5 Dice un antiguo proverbio checo que "Donde se produce cerveza, la vida es buena", de modo que debe de ser buenísima en Praga, a rebosar de cerveceras de todos los tamaños. Si bien la cerveza checa ha gozado de fama por su calidad y sabor desde la invención de la Pilsner Urquell en 1842, en tiempos recientes se ha producido un resurgimiento de las microcerveceras y las cervezas artesanas, y hoy se puede degustar desde la clásica *ležák* (rubia pálida) hasta la *kvasnicové* (de levadura) y la *kávové pivo* (con sabor a café). Los orígenes de esta tradición se encuentran en la fábrica de Pilsner Urquell en Plzeň, donde ofrecen visitas guiadas de las antiguas bodegas, con un vaso de néctar sin pasteurizar incluido.

Český Krumlov

6 Posiblemente sea junto con Praga el único destino de categoría mundial de visita obligada de todo el país. Y aunque de lejos

Pájaros españoles y gorriones moravos

Muchos platos checos tienen nombres de los que no se deducen sus ingredientes, aunque ciertas palabras pueden ayudar a dar una pista: *šavle* (sable; algo en una brocheta); *tajemství* (secreto; carne enrollada rellena de queso); *překvapení* (sorpresa; tortita de patata rellena de pasta de carne, pimiento y tomate); *kapsa* (bolsillo; carne rellena); y *bašta* (bastión; carne en salsa especiada con una tortita de patata).

Dos platos de nombre extraño pero muy conocidos son los *Španělský ptáčky* (pájaros españoles; salchichas y pepinillos envueltos en ternera, servidos con arroz y salsa) y los *Moravský vrabec* (gorriones moravos; cerdo asado troceado). Sin embargo, incluso los checos a veces dudan ante el *Tajemství Petra Voka* (misterio de Peter Voka; carpa en salsa) y el *Dech kopáče Ondřeje* (aliento de Andrés el enterrador; filete de cerdo relleno del sumamente oloroso queso de Olomouc).

Comida y bebida

Becherovka Antes o después de un festín es costumbre tomar un trago de este dulzón licor de hierbas, típico de Karlovy Vary, que suele beberse frío.

Carpa Cada Navidad este modesto pescado de río recibe un lugar de honor en la mesa.

Cerdo Manda el *vepřové maso* (cerdo), a destacar en su versión asada, en *guláš* (goulash) o *vepřový řízek* (escalope).

Cerveza Los checos aseguran hacer la mejor *pivo* (cerveza) del mundo, y sin duda cuesta contradecirles.

Knedlíky Rollos de pan o patata cortados en rebanadas pensados para absorber la salsa de la carne.

7

Osario de Sedlec, cerca de Kutná Hora.

no se diferencia demasiado de cualquier otra población rural checa, si uno se aproxima y observa su castillo renacentista elevándose sobre su incólume perfil del s. XVII, queda maravillado. Es un lugar de cuento de hadas, tal como anuncian los folletos turísticos.

Kutná Hora

7 La espléndida catedral gótica de Santa Bárbara y una iglesia de huesos se aúnan para hacer de esta población medieval (Patrimonio Mundial) una popular excursión de un día desde Praga. El inquietante osario del monasterio de Sedlec, datado del s. XIX y cercano a Kutná Hora, desafía los cánones arquitectónicos. Así, cuando los Schwarzenberg adquirieron el monasterio en 1870, permitieron que un ebanista local expresara su creatividad usando los huesos apilados en una cripta (los restos de unas 40 000 personas), cuyo resultado fue la iglesia de huesos del osario de Sedlec. Guirnaldas de calaveras cuelgan alrededor de una lámpara de araña que contiene al menos uno de todos los huesos que componen el esqueleto humano, e incluso luce un escudo de armas de los Schwarzenberg hecho con huesos.

Olomouc

8 Casi desconocida fuera de la República Checa e infravalorada por los de casa, Olomouc sorprende por su majestuosidad. La plaza mayor se cuenta entre las más

Cuándo ir

MAY

➡ Praga cobra vida con festivales que celebran desde la música clásica y la cerveza al arte alternativo.

JUL

➡ La aletargada ciudad balneario de Karlovy Vary ostenta su lado artístico en su festival de cine anual.

DIC

➡ El mercado navideño de Praga atrae a visitantes de todo el mundo.

bellas del país, rodeada de edificios históricos y engalanada con una columna trinitaria protegida por la Unesco. Las evocadoras calles del centro están salpicadas de hermosas iglesias que testimonian la larga historia de la ciudad como bastión de la Iglesia católica. Lo mejor es explorar los cimientos del antiguo castillo de Olomouc en el museo y luego encaminarse a alguna de las muchas tabernas o fábricas de cerveza artesanal. No hay

Películas

Amadeus (Miloš Forman, 1985) Excelente tratamiento del idilio entre Mozart y Praga.

Kolya (Jan Sverák, 1996) La Praga anterior a la Revolución de Terciopelo nunca había lucido mejor.

Los amores de una rubia (1965) Clásico *new wave* de Miloš Forman.

Misión imposible (Brian De Palma, 1996) La primera entrega de la exitosa saga protagonizada por Tom Cruise se rodó en Praga.

Libros

La insoportable levedad del ser (Milan Kundera, 1984) Novela ambientada en la Praga anterior a la invasión del Pacto de Varsovia, en 1968.

Yo serví al rey de Inglaterra (Bohumil Hrabal, 1990) El Hotel Paříž ejerce de telón de fondo en este divertido clásico.

El castillo (Franz Kafka, 1926) Más de uno se preguntará en cuál de todos los castillos checos pensaba el autor...

El buen soldado Švejk (Jaroslav Hašek, 1923) Novela satírica que se desarrolla en varios puntos del país.

Praga. Antología. Relatos (M.A.R. editores, 2013) Autores clásicos y contemporáneos muestran la magia de la ciudad.

Cómo desplazarse

Autobús Suele ser más rápido, barato y práctico para viajar que el tren, aunque los fines de semana algunos servicios son poco frecuentes, si existen.

Transporte público Es asequible, está bien organizado y opera a diario aproximadamente de 4.30 a 24.00. Los billetes se pueden comprar con antelación en quioscos y máquinas automáticas. Praga cuenta con una red integrada de líneas de metro, tranvía y autobús; es posible utilizar los billetes y realizar trasbordos entre ellos.

Tren Ferrocarriles Checos presta un servicio eficiente a casi todos los rincones del país.

que olvidarse de probar el oloroso queso *olomoucký sýr*.

Reloj astronómico

9 Cada hora en punto las multitudes se agolpan ante el Ayuntamiento Viejo de Praga para ver en acción el reloj astronómico, en uno de los espacios urbanos más bellos de Europa. Y aunque el espectáculo de marionetas medievales apenas dura 45 segundos, constituye una de las atracciones turísticas más conocidas de la República Checa, pues a fin de cuentas es algo histórico, fotogénico y –si se dedica suficiente tiempo a estudiarlo– cargado de un simbolismo fascinante.

Castillo de Karlštejn

10 Elevándose majestuosamente sobre el pueblo de Karlštejn, este castillo medieval de cuento de hadas es una de las principales atracciones de la República Checa, en tan buen estado que no desentonaría en la calle principal de Disneylandia. Y aunque la afluencia turística también recuerda a la de un parque temático, la serena campiña circundante ofrece vistas del asombroso exterior de Karlštejn no menos fascinantes que lo que pueda verse por dentro.

TOMCH / GETTY IMAGES ©

Punta Cana.

CAPITAL
Santo Domingo

POBLACIÓN
10,3 millones

ÁREA
48 670 km²

IDIOMA OFICIAL
Español

República Dominicana

Lejos de limitarse a complejos de playa, la República Dominicana es uno de los países más variados del Caribe, con una evocadora historia colonial y un pueblo cálido y hospitalario.

La República Dominicana está marcada por sus cientos de kilómetros de costa, algunos con pintorescas playas de arena blanca a la sombra de las palmeras, otras bordeadas espectacularmente por acantilados rocosos. Límite y vía de escape, el mar es el denominador común entre los pueblos pesqueros, cuyas orillas se han utilizado tanto para amarrar barcos como para levantar patios de recreo para turistas, pequeñas localidades y ciudades como Santo Domingo, la más grande del Caribe y el primer asentamiento europeo fundado en el Nuevo Mundo.

Fuera de la capital, buena parte del país es claramente rural.

Más hacia el interior se obtienen vistas que recuerdan al paisaje de los Alpes; de hecho, cuatro de los cinco picos más altos del Caribe se alzan sobre las fértiles tierras bajas que circundan Santiago. En el suroeste del país se extienden remotos desiertos que la dotan de una complejidad inusitada en otras islas. Y su agitado pasado se refleja en su variedad étnica, por no hablar del diseño arquitectónico de sus pueblos y ciudades.

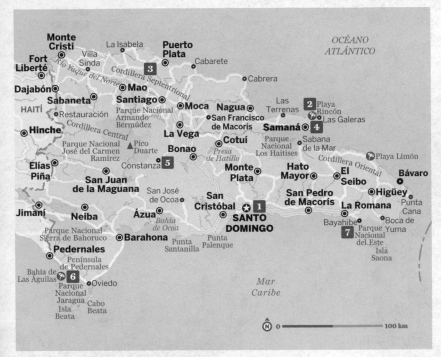

OCÉANO ATLÁNTICO

Monte Cristi
Fort Liberté
La Isabela
Villa Sinda
Puerto Plata
Cabarete
Cabrera
Río Yaque del Norte
Cordillera Septentrional
Dajabón
Sabaneta
Santiago
Moca
Nagua
Las Terrenas
2 Playa Rincón
Las Galeras
HAITÍ
Restauración
Parque Nacional Armando Bermúdez
San Francisco de Macorís
Samaná
4
Hinche
Cordillera Central
La Vega
Parque Nacional José del Carmen Ramírez
Pico Duarte
Bonao
Cotuí
Parque Nacional Los Haitises
Sabana de la Mar
Elías Piña
Constanza
5
Presa de Hatillo
Monte Plata
Hato Mayor
Cordillera Oriental
Playa Limón
El Seibo
Bávaro
San Juan de la Maguana
San José de Ocoa
San Cristóbal
1
San Pedro de Macorís
Higüey
Punta Cana
Jimaní
Neiba
Ázua
Bahía de Ocoa
SANTO DOMINGO
La Romana
Boca de Yuma
Parque Nacional Sierra de Bahoruco
Barahona
Punta Santanilla
Punta Palenque
Bayahibe
7 Parque Nacional del Este
Isla Saona
Pedernales
Península de Pedernales
Mar Caribe
Bahía de Las Águilas
6
Oviedo
Parque Nacional Jaragua
Isla Beata
Cabo Beata

N 0 ——— 100 km

República Dominicana
Las mejores experiencias

Zona Colonial de Santo Domingo

1 Si se siente fascinación por los orígenes del Nuevo Mundo y por la dramática y compleja historia en torno al primer encuentro entre el pueblo autóctono y los europeos, la Zona Colonial, reconocida por la Unesco, es un lugar magnífico para explorar. Con calles adoquinadas y mansiones bellamente restauradas, es fácil imaginar el barrio más emblemático de Santo Domingo convertido en sede del Imperio español en el s. XVI. Pasado y presente coexisten con armonía: basta con seguir los pasos de piratas y conquistadores antes de comprar el último éxito del merengue patrio.

Playa Rincón

2 Para muchos expertos es una de las mejores playas del Caribe. Extendiéndose a lo largo de casi 3 km de arena blanca y aguas con varios tonos de azul, Rincón tiene incluso un riachuelo en su extremo occidental, que invita a darse un rápido chapuzón en agua dulce al final de una larga jornada bajo el sol. Es lo bastante grande para que cualquiera disponga de su propio trozo de arena sin estar expuesto a miradas indiscretas. Un tupido palmeral ejerce de telón de fondo y, además, sirven marisco por encargo.

Las 27 cascadas de Damajagua

3 El circuito guiado por estas cascadas es para los viajeros la experiencia más alucinante que ofrece el país. Tras un breve trayecto por carretera desde Puerto Plata, un arduo chapoteo hasta la orilla opuesta del río y una caminata por la exuberante selva, se llega al destino. Para vivir de verdad este espectacular paraje hay que vadear pozas cristalinas, nadar por estrechos cañones, abrirse paso entre la jungla y escalar rocas, trepar por cuerdas y remontar escaleras en los estruendosos saltos de agua. Pero, con todo, lo más divertido está en el trayecto de vuelta, pues hay que saltar y deslizarse por las cascadas, con caídas de hasta 10 m.

Las Galeras

4 Enclavado en el extremo oriental de la

península de Samaná, este tranquilo pueblo de pescadores supone una escapada única. Y al tratarse de un lugar apenas turístico –y por ende, menos urbanizado–, sus contornos deparan algunos de los paisajes más atractivos de la isla. Las cimbreantes palmeras rodean playas que parecen un plató de rodaje, y las olas rompen contra acantilados de difícil acceso. Se recomienda ver el atardecer al menos una vez desde el restaurante El Cabito, donde quizá se avisten ballenas migratorias y delfines.

Vistas de montaña en Constanza

5 El paisaje de las tierras altas centrales de la República Dominicana suele sorprender a más de uno. Cumbres rodeadas de nubes con laderas convertidas en un mosaico de impecables campos de cultivo y una pletórica fronda que nace desde las profundidades de los valles, son vistas rara vez asociadas a las islas del Caribe. Y una estancia en las afueras de Constanza, a años luz de los encla-

si la República Dominicana tuviera 100 habitantes

73 serían mulatos
16 serían blancos
11 serían negros

grupos religiosos
(% de población)

95 — Católicos

5 — Otras religiones

población por km²

REPÚBLICA DOMINICANA — HAITÍ — ESPAÑA

🚶 ≈ 30 personas

Cuándo ir

TEMP. ALTA
(med dic-feb y jul-ago)

➡ También es temporada alta la semana anterior a la Semana Santa, cuando se prohíbe la práctica de deportes acuáticos.

➡ Tarifas de los hoteles más altas y playas más atestadas.

TEMP. MEDIA
(mar-jul)

➡ En octubre Santo Domingo suele recibir chaparrones cortos pero intensos.

➡ Marzo, en general, es uno de los meses más secos en Samaná.

TEMP. BAJA
(ago-ppos dic)

➡ Es la temporada de huracanes, pero si no hay tormentas puede ser una época estupenda.

➡ Las temperaturas no varían mucho, salvo en la montaña.

➡ Descuentos generosos en alojamiento.

Béisbol

El *béisbol* forma parte hasta tal punto del tejido social y cultural de la República Dominicana que los jugadores que triunfan en la liga profesional estadounidense (400 hasta la fecha) son las figuras más célebres e idolatradas del país. Más de una veintena de equipos de EE UU tienen instalaciones de entrenamiento en el país.

La liga profesional dominicana va de octubre a enero. Y puesto que la liga nacional y la estadounidense no coinciden, muchos jugadores (también no dominicanos) disputan ambos campeonatos.

GREG JOHNSTON / GETTY IMAGES ©

ves costeros en vías de desarrollo, es sinónimo de preciosos atardeceres en primera fila.

Comida y bebida

Guineos (bananas) Alimento básico que puede servirse guisado, caramelizado o hervido y hecho puré. Si se utiliza plátano macho, el plato pasa a llamarse *mangú*; mezclado con chicharrones de cerdo se le conoce como *mofongo*.

La bandera El plato nacional consiste en arroz blanco, habichuelas, carne estofada, ensalada y plátano macho frito.

Pastelitos El tentempié más típico: empanadas de ternera o pollo con cebolla, aceitunas y tomate, y mezclado con guisantes, frutos secos y pasas.

Pescado Esencial en la dieta dominicana, suele prepararse al ajillo, al coco, a la criolla (en salsa de tomate) o a la diabla (en salsa de tomate picante).

Ron dominicano Conocido por su elegancia y sabor intenso. Se venden docenas de marcas, pero las principales son Brugal, Barceló y Bermúdez.

Bahía de Las Águilas

6 Si uno cree en las utópicas playas de ensueño, la inmaculada bahía de Las Águilas cumple a las mil maravillas. Situada en el rincón suroeste del país, no queda de camino a ningún otro lugar, pero quienes llegan allí son recompensados con 10 km de playa casi desierta en forma de un suave arco entre dos cabos prominentes. Si se añade el hecho de que se accede en barco y suele disfrutarse a solas, queda claro por qué es una de las playas más bellas del estado.

Bayahibe

7 Aguas cristalinas, boyantes arrecifes y mucha vida marina convierten este pueblo costero cerca de La Romana, en el sureste, en el mejor destino de buceo del país. Hay servicios en barco a las islas de Saona y Catalina, y sus aguas atesoran un pecio inmejorable, el *St George*. Además, los buceadores verán todas sus necesidades atendidas y podrán disfrutar de la oportunidad de navegar durante unas horas en un barco tradicional de pesca.

Cómo desplazarse

Avión La deficiente red de carreteras obliga a que los viajeros con poco tiempo deban moverse por el país en avión.

Autobús No hay que reservar plaza para los económicos autobuses de primera. Las *gua-guas* van desde furgonetas a autobuses medianos.

Automóvil Se recomienda alquilar un todoterreno para viajar fuera de las principales ciudades.

Taxis Aguardan en las paradas (conocidas como *sitios*), en hoteles, terminales de autobuses, zonas turísticas y principales parques públicos. Los *motoconchos* (mototaxis), más económicos y abundantes, son la mejor forma de moverse por las ciudades.

Gorilas de montaña.

CAPITAL
Kigali

POBLACIÓN
12 millones

ÁREA
26 338 km²

**IDIOMAS
OFICIALES**
Kiñaruanda,
francés,
inglés

Ruanda

Aunque las cicatrices siguen visibles, Ruanda ha sabido curar sus heridas y dirigir la mirada al futuro con una sorprendente dosis de optimismo.

Si se le menciona Ruanda a cualquiera que tenga un mínimo de conciencia geopolítica, recordará el espantoso genocidio que sufrió este país en 1994, cuando, en apenas tres meses, casi un millón de tutsis y hutus fueron aniquilados. Pero desde aquellos oscuros días se ha forjado una milagrosa transformación y hoy el país se mantiene unido, sumado a una relativa estabilidad política y un ambiente impregnado de optimismo.

El turismo ha vuelto a convertirse en un factor económico clave, y su principal alicien-te es la oportunidad de buscar a los insólitos gorilas de montaña por bosques de bambú a la sombra de los volcanes de Virunga. Pero no todo se reduce a gorilas en el *"Pays des Mille Collines"* (País de las Mil Colinas): Ruanda es una exuberante tierra de montañas interminables y paisajes asombrosos. Las orillas del lago Kivu ocultan algunas de las mejores playas interiores de África, mientras que el Parque Nacional del Bosque de Nyungwe protege grandes extensiones de selva tropical de las tierras altas.

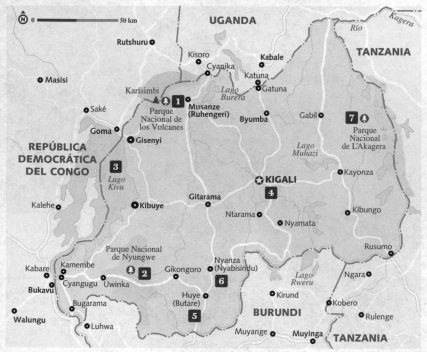

Ruanda
Las mejores experiencias

Parque Nacional de los Volcanes

1 El Parque Nacional de los Volcanes, dispuesto a lo largo de la frontera entre Ruanda, la República Democrática del Congo y Uganda, comprende la sección ruandesa de los montes Virunga, que consta de cinco volcanes –el Karisimbi, el mayor, alcanza más de 4500 m de altitud– y constituyen una de las estampas más hermosas de toda África. Y por si esto no bastara para impresionar al viajero, sus laderas tapizadas de bambú y bosque tropical albergan algunos de los últimos santuarios del amenazado gorila de montaña.

Parque Nacional de Nyungwe

2 Con al menos 13 especies de primates, una rica complejidad de vida aviar y un grado de biodiversidad inusitado, esta reserva ha sido clasificada como una de las zonas de conservación más importantes del continente. Su inmenso bosque es el hogar de familias de chimpancés (acostumbrados a los humanos) y una enorme manada de colobos de más de 400 ejemplares. Así pues, tanto si se viene tras la pista del pariente más cercano al hombre o simplemente en busca de una cascada, Nyungwe sin duda sacará el Tarzán que todos llevamos dentro.

Lago Kivu

3 Puede que Ruanda esté lejos del mar, pero eso no significa que aquí no se pueda pasar unas vacaciones en la playa; muy al contrario, la frontera oriental del país avanza en paralelo al lago Kivu. Los mejores enclaves para disfrutar de sus encantos son Gisenyi, al norte, o Kibuye, en el centro. El primero tiene mejores playas y buena parte de la orilla del lago está bordeada por cuidadas villas, hoteles de lujo y clubes privados; Kibuye, si bien no se ha explotado del mismo modo como destino turístico, goza de una asombrosa ubicación, repartida entre una serie de colinas que se adentran en el lago.

Centro en Memoria del Genocidio, Kigali

4 Es un lugar de visita obligada para todos aquellos que quieran indagar sobre cómo el mundo se mantuvo impasible mientras se producía un genocidio en este pequeño país sin salida al mar. Más que un monumento conmemorativo en recuerdo de Kigali o Ruanda y su tragedia, es un espacio para el recuerdo colectivo que señala el genocidio aquí acaecido, pero también los otros muchos registrados en todo el mundo que jamás debieron ocurrir. La visita incluye información sobre la polémica experiencia colonial en el país y el proceso gradual que culminó en el genocidio. Las exposiciones están presentadas con acierto y se proyecta un vídeo en francés e inglés.

Huye (Butare)

5 El extraordinario Museo Nacional de Ruanda, el mejor del país, fue otorgado en 1989 a la ciudad de Huye (Butare) como regalo de Bélgica para conmemorar el 25º aniversario de la independencia. El edificio en sí mismo es una de las estructuras más bellas de la ciudad, pero el museo se lleva la palma por contar con una de las mejores colecciones etnológicas y arqueológicas de la región.

Nyanza (Nyabisindu)

6 En 1899, Yuhi V estableció la primera capital real permanente de Ruanda en Nyanza. Hoy, una

si Ruanda tuviera 100 habitantes

84 serían hutus (banties)
15 serían tutsis (hamíticos)
1 sería twa (pigmeo)

grupos religiosos
(% de población)

56 Católicos — 25 Protestantes — 11 Adventistas

5 Musulmanes — 1 Animistas — 2 No religiosos

Cuándo ir

MED MAY-SEP

➡ El excursionismo es más agradable cuando las lluvias remiten durante la temporada seca.

JUN

➡ Durante la ceremonia Kwita Izina se pone nombre a las crías de gorila.

MED MAR-MED MAY

➡ Pese a las lluvias, viajar sigue siendo posible.

población por km²

 RUANDA — SUDÁFRICA — REPÚBLICA DEMOCRÁTICA DEL CONGO

♦ = 11 personas

Kwita Izina

En la cultura tradicional ruandesa el nacimiento de un niño es un importante acontecimiento que se celebra con mucha algarabía. El nacimiento está marcado por la presentación en sociedad de la criatura, a la que siguen varias rondas donde los asistentes sugieren nombres. Tras considerar las propuestas, los padres eligen uno y lo festejan con comida, bebida y bailes en abundancia.

En Ruanda los gorilas a menudo gozan del mismo nivel de respeto y admiración que los humanos, por lo que correspondía que disfrutaran de una ceremonia similar. Desde junio del 2005, la Kwita Izina, la ceremonia anual en que se pone nombre a los gorilas recién nacidos, se ha convertido en un acontecimiento a nivel nacional objeto cada vez de mayor atención.

Comida y bebida

En las zonas rurales de Ruanda la cocina es muy similar a la de otros países del este de África. Está muy extendido el consumo de *tilapia* (perca del Nilo), cabra, pollo y ternera (normalmente en brochetas), aunque la mayoría de las comidas se basan en el *ugali* (gachas de harina de maíz), el *matoke* (plátanos machos machacados) y las "patatas irlandesas". En las ciudades, en cambio, las raíces francófonas de Ruanda están presentes en *el plat du jour* (plato del día), normalmente consistente en cocina de inspiración europea preparada y presentada con destreza.

Los refrescos y las cervezas locales (Primus y Mulzig) se venden por doquier, lo mismo que el aguardiente local, el *konyagi*, que se destila a partir de caña de azúcar. Una agradable alternativa sin alcohol es el zumo tirando a púrpura del tomate de árbol, o tamarillo, dulce y delicioso.

Antílope acuático.

gran choza de paja, su palacio tradicional (una réplica muy lograda, en verdad) y la primera residencia construida por su hijo y sucesor Mutara III, han sido restauradas y conforman el Museo de Historia Antigua de Rukari. Tras visitar Bélgica y ver sus casas señoriales, Mutara concluyó que su vivienda no estaba a la altura y mandó erigir un segundo palacio más majestuoso en el cercano monte Rwesero, aunque murió antes de que se terminara. Hoy, este acoge el Museo de Arte de Rwesero, con cuadros contemporáneos y esculturas en torno a

temas como el genocidio, la unidad y la fraternidad.

Parque Nacional de L'Akagera

7 El viajero podrá embarcarse en un safari al estilo de Ruanda. Akagera fue durante más de una década una especie de safari 'vegetariano', pues la mayoría de sus cuadrúpedos se habían tomado unas vacaciones en la vecina Tanzania. Aunque las formidables manadas que han caracterizado tradicionalmente a Akagera son una fracción de lo que fueron, lo cierto es que van en aumento.

Cómo desplazarse

Avión Desde Kigali hay vuelos a Gisenyi (para ir al lago Kivu) y Kmembe.

Autobús Por todo el país circulan autobuses privados con horarios establecidos. Los billetes han de comprarse con antelación en una ventanilla que acostumbra a ser el punto de salida. También hay multitud de modernos microbuses que recorren las rutas principales.

Automóvil Ruanda cuenta con una red de carreteras razonable, en buena medida gracias a su pequeño tamaño y a las ayudas internacionales. Las únicas carreteras importantes sin asfaltar son las que avanzan en paralelo a la orilla del lago Kivu y algún que otro tramo en otros puntos del país.

Castillo de Corvin, Hunedoara.

CAPITAL
Bucarest

POBLACIÓN
21,8 millones

ÁREA
238 391 km^2

IDIOMA OFICIAL
Rumano

Rumanía

Iglesias fortificadas y monasterios pintados se alzan majestuosos entre paisajes inmaculados; asentamientos sajones como Sibiu y Braşov rezuman encanto; y Bucarest es pura energía.

Hermoso y seductor, el paisaje rural de Rumanía aún se mantiene relativamente intacto pese al desarrollo urbano del país. Es una tierra de campos arados a la vieja usanza, embotellamientos provocados por rebaños de ovejas y aguardiente casero a tutiplén. Los montes Cárpatos son ideales para disfrutar del excursionismo y el esquí sin multitudes, mientras que las ciudades sajonas de Transilvania, donde el tiempo parece haberse detenido, invitan a descubrir su arquitectura gótica, el legado austrohúngaro y grandes dosis de parafernalia vampírica inspirada en Vlad Ţepeş. Los peces y las aves proliferan en el delta del Danubio; la bucólica Maramureş alberga el Cementerio Feliz; y el sur de Bucovina está salpicado de monasterios pintados reconocidos por la Unesco. Y no hay que olvidarse de las grandes urbes, siempre fascinantes.

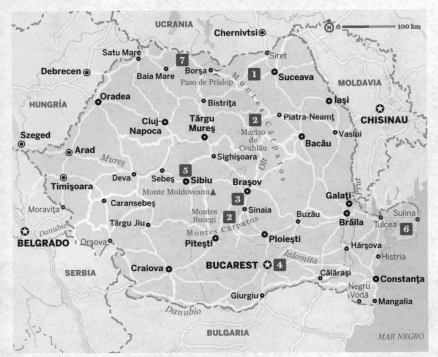

Rumanía
Las mejores experiencias

Monasterios pintados

1 Situados en la región de Bucovina, en las estribaciones de los Cárpatos, estos monasterios protegidos por la Unesco muestran orgullosos la tradición ortodoxa rumana, de regusto latino. Las iglesias se yerguen en armonía con su entorno natural y el mareante caleidoscopio cromático y los elaborados detalles de los frescos insuflan vida a toda clase de historias, desde hechos bíblicos al sitio de Constantinopla en el s. xv. Los monasterios (Humor, Suceviţa y Voroneţ, entre otros) fueron obra del príncipe moldavo Esteban el Grande, y por ello sería canonizado posteriormente.

Senderismo en los Cárpatos

2 Además de osos, lobos, linces y jabalíes y escarpadas mesetas de montaña, estos frondosos bosques vírgenes, que parecen sacados de un cuento de los hermanos Grimm, albergan senderos bien señalizados y una red de refugios en ruta donde el viajero se mantendrá caliente. No hay mejor forma de disfrutar de este fascinante paisaje de bosques y praderas onduladas que haciendo una caminata, si se prefiere, en compañía de un guía.

Castillo de Bran

3 Encaramado en un risco en Transilvania y con una pléyade de torretas y almenas, el castillo de Bran asoma a un desolado puerto de montaña que se retuerce entre la neblina y los tupidos bosques. Su fantasmal exterior parece sacado de una película de terror, pero por dentro es de todo menos espeluznante, con sus blancas paredes y su patio lleno de geranios. Cuenta la leyenda que Vlad el Empalador (en cuya figura está inspirado el conde Drácula) estuvo un tiempo encarcelado aquí.

Palacio del Parlamento, Bucarest

4 Este moderno coloso a unos les podrá parecer un sobrecogedor testamento del despilfarro y

Monasterio de Humor, región de Bucovina.

la insensatez de la dictadura comunista y a otros una impresionante demostración de la destreza de los arquitectos rumanos –aplicada, eso sí, a fines de lo más siniestros–. Puede parecer un poco de cada, pero más allá de las emociones que la "Casa del Pueblo" despierte, la simple envergadura del candidato rumano al edificio más grande del mundo –a la par del Taj Mahal indio o el Pentágono estadounidense– es algo que hay que ver para creer.

Sibiu

5 La elegante Sibiu, a rebosar de exposiciones y locales nocturnos, enseguida deslumbra con su maraña de viejas y serpenteantes callejas adoquinadas que se abren a coloridas plazas barrocas. De día, el ajetreo de los maestros artesanos –por lo cual esta ciudad se ha labrado fama– inunda las calles, mientras que al atardecer van apareciendo cafés a pie de calle y auténticos restaurantes subterráneos donde poder

si Rumanía tuviera 100 habitantes

83 serían rumanos
6 serían húngaros
3 serían gitanos
8 serían de otro origen

grupos religiosos
(% de población)

86 Ortodoxos rumanos

8 Protestantes

5 Católicos

1 Otras religiones

población por km²

RUMANÍA   BULGARIA   UCRANIA

👤 = 15 personas

Cuándo ir

TEMP. ALTA
(jun-ago)

➡ Tiempo soleado, aunque las temperaturas pueden ser asfixiantes.

➡ Los lugareños ponen rumbo al mar Negro; Mamaia se abarrota.

➡ Castillos, museos, parques y *spas* a pleno rendimiento.

TEMP. MEDIA
(abr-may y sep-oct)

➡ Algunas atracciones cierran o tienen horarios reducidos.

➡ Árboles en floración en abril; más tarde en cotas superiores.

➡ La observación de aves está en pleno auge a finales de mayo.

TEMP. BAJA
(nov-mar)

➡ La temporada de esquí es de mediados de diciembre a principios de marzo.

➡ Ciudades románticas como Braşov y Sibiu quedan bajo la nieve.

➡ En las poblaciones pequeñas las atracciones cierran o abren solo el fin de semana.

El mito de Drácula

Tanto si gusta como si no, el omnipresente Drácula es una figura ineludible, tanto en jarras y camisetas como en menús temáticos y camareros vestidos de vampiro.

El príncipe Vlad Ţepeş, del s. XV, suele llevarse el crédito de haber sido Drácula. Su padre, Vlad III, era conocido como Vlad Dracul. Dracul(a) significa "hijo de la casa de Dracul", que a su vez se traduce como "diablo" o "dragón". Si a este diabólico apodo se añade que Vlad solía empalar a sus víctimas –de donde toma su otro apellido, Ţepeş (Empalador)–, queda claro por qué aprovechó su linaje el creador de Drácula, el irlandés Bram Stoker.

Por el contrario, el Drácula literario de Stoker era un vampiro, un muerto viviente que succionaba la sangre de los vivos para mantener su propia inmortalidad. Eso sí, ¿quién habría imaginado que un solo libro pudiera engendrar todo un género literario?

saborear un *goulash* a la luz de las velas. Esta antigua Capital Europea de la Cultura casi todos los meses acoge algún festival, sea de cine, rock o folclore.

Comida y bebida

Ciorbă Clásica sopa ácida; además, es excelente para la resaca.

Covrigi Bollos en forma de lazo recién horneados.

Mămăligă Pan de harina de maíz hervida o frita, con crema agria o queso por encima.

Sarmale Hojas de repollo o parra rellenas de cerdo especiado.

Ţuică Fortísimo aguardiente casero con hasta un 60% de alcohol, destilado a partir de ciruelas.

Abejarucos europeos.

Fauna del delta del Danubio

6 Tras recorrer unos 2800 km por el continente europeo, este poderoso río atraviesa una inmensa extensión de humedales remotos en el este del país (el delta) antes de verter su caudal en el mar Negro. Esta región, bajo el amparo de las leyes medioambientales internacionales, ha evolucionado hasta convertirse en un santuario de abundantes peces y aves. Los amantes de estas últimas en particular se fascinarán ante la posibilidad de observar especies como la carraca, el pigargo europeo, la garza blanca, los cisnes mudo y cantor, halcones e incluso algún que otro abejaruco europeo.

Iglesias de madera de Maramureş

7 Apuntando al cielo como oscuras agujas entre frondosas laderas, estas exquisitas iglesias situadas en el norte del país son sobrias a la par que bellas, con tejados de tejas de madera y curtidos campanarios en estilo gótico. Por dentro auguran ricos interiores decorados con frescos bíblicos, algunos de los cuales datan del s. XIV. Los domingos, los aldeanos visten el traje tradicional para ir a misa: toda una experiencia.

Cómo desplazarse

Avión Dadas las distancias y el deficiente estado de las carreteras, volar entre ciudades es una opción interesante, más aún si el tiempo apremia.

Autobús Una mezcla de autobuses, microbuses y "maxitaxis" representa la espina dorsal de la red nacional de transportes. Una vez se comprende su funcionamiento es fácil desplazarse por todo el país.

Automóvil En general, las carreteras están atestadas y en mal estado. Rumanía dispone de contados tramos de *autostrada* (autopista), lo que significa que la mayoría del tráfico circula por *drum naţional* (carreteras nacionales), de dos carriles, o *drum judeţean* (carreteras secundarias).

Pabellón Hermitage, parque de Catalina, Pushkin.

Rusia

Desde el precioso lago Baikal hasta los dorados palacios de San Petersburgo, Rusia está premiada con tal cantidad de tesoros culturales y naturales que llevaría una vida descubrirlos todos.

El mundo lleva siglos fascinado con Rusia. Se la ha descrito como una tierra de riquezas increíbles y pobreza inefable, crueles tiranos y mentes privilegiadas, generosa hospitalidad y burocracia entrometida, hermosos ballets y monstruosidades industriales, fe devota y hedonismo desenfrenado.

Estas eternas verdades rusas coexisten en paisajes igualmente variados, desde la gélida tundra y playas acariciadas por el sol hasta frondosos bosques de abedules y profundos y misteriosos lagos, pasando por cumbres nevadas y ondulantes praderas esteparias. Si se añaden fortalezas antiguas, palacios lujosos, iglesias con cúpulas en espiral y pueblos de madera que se hallan perdidos en el tiempo, queda claro por qué Rusia es sencillamente increíble.

Hoy, tras más de dos décadas desde la desaparición de la URSS, una Rusia económica y políticamente renaciente emerge como un destino atrevido y fascinante.

CAPITAL
Moscú

POBLACIÓN
142,5 millones

ÁREA
17,1 mill. de km^2

IDIOMA OFICIAL
Ruso

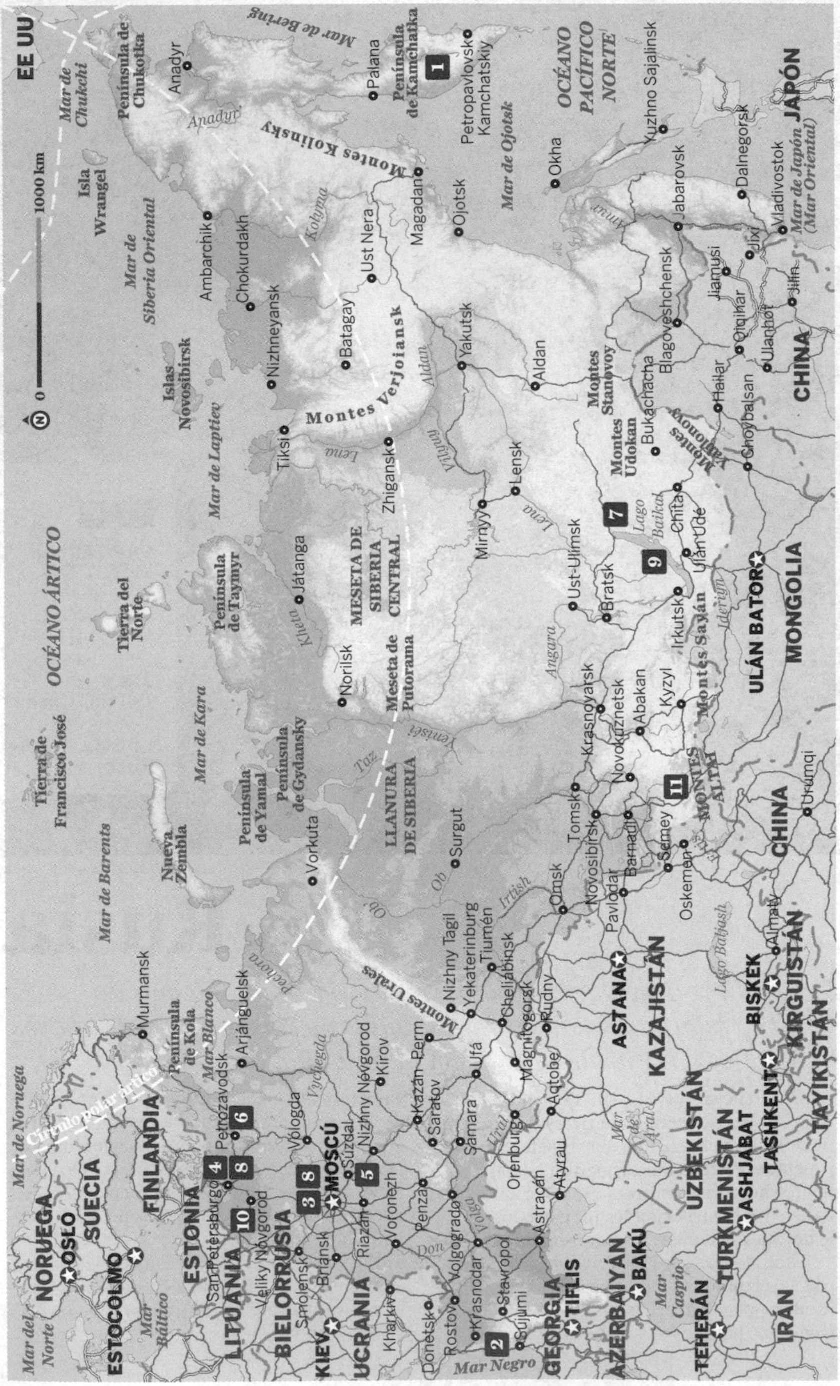

EE UU

Mar de Chukchi

Isla Wrangel

Mar de Bering

Península de Chukotka

Anadyr

Anadyr

Península de Kamchatka

Palana

Petropavlovsk Kamchatskiy

1

OCÉANO PACÍFICO NORTE

Mar de Ojotsk

Okha

Yuzhno Sajalinsk

JAPÓN

Mar de Siberia Oriental

Ambarchik

Chokurdakh

Kolyma

Ust Nera

Magadan

Ojotsk

Dalnegorsk

Vladivostok

Mar de Japón (Mar Oriental)

Montes Kolinsky

Mar de Laptiev

Islas Novosibirsk

Nizhneyansk

Batagay

Aldan

Yakutsk

Aldan

Montes Stanovoy

Montes Udokan

Jabarovsk

Amur

Jiamusi

Chqikar

Ulanhot

CHINA

Jilin

Tiksi

Lena

Vilyuy

Zhigansk

Montes Verjoiansk

Lensk

Mirnyy

Lena

Ust-Ulimsk

Bratsk

7

9

Bukachacha

Chita

Ulán-Udé

Blagoveshchensk

Jailar

Chojbalsan

Montes Yablonovy

Océano Ártico

Tierra de Francisco José

Tierra del Norte

Península de Taymyr

Kheta

Jatanga

MESETA DE SIBERIA CENTRAL

Norilsk

Meseta de Putorama

Lago Baikal

Irkutsk

Montes Saján

 ULÁN BATOR

MONGOLIA

Nueva Zembla

Mar de Kara

Península de Yamal

Península de Gydansky

Taz

LLANURA DE SIBERIA

Vorkuta

Surgut

Ob

Yenisei

Krasnoyarsk

Novokuznetsk

Abakan

Kyzyl

MONTES ALTAI

11

CHINA

Urumqi

Mar de Barents

Península de Kola

Mar Blanco

Arjánguelsk

Pechora

Montes Urales

Nizhny Tagil

Yekaterinburg

Cheliábinsk

Tiumén

Omsk

Tomsk

Novosibirsk

Barnaul

Semey

Pavlodar

Oskemen

Irtish

KAZAJSTÁN

ASTANA

Aqtobe

Lago Baljash

Almatý

BISKEK

KIRGUISTÁN

Murmansk

Circunpolar ártico

Mar de Noruega

NORUEGA

OSLO

SUECIA

ESTOCOLMO

Mar del Norte

Mar Báltico

FINLANDIA

Petrozavodsk

4

6

8

Vólogda

Vychegda

Kirov

Perm

Kazán

Volga

Samara

Ufá

Magnitogorsk

Orenburg

Atyrau

Astracán

Ural

Mar Caspio

Mar de Aral

UZBEKISTÁN

TASHKENT

TURKMENISTÁN

ASHJABAT

TAYIKISTÁN

IRÁN

TEHERÁN

ESTONIA

LITUANIA

San Petersburgo

Veliky Nóvgorod

10

3

8

MOSCÚ

Nizhny Nóvgorod

Suzdal

Riazán

5

Penza

Saratov

Vólgogrado

BIELORRUSIA

KIEV

UCRANIA

Smolensk

Briansk

Vorónezh

Don

Rostov

Krasnodar

Stávropol

Donetsk

Járkiv

Vólgogrado

Sujumi

TIFLIS

GEORGIA

BAKÚ

AZERBAIYÁN

2

Mar Negro

Mar Caspio

N

0   1000 km

Rusia
Las mejores experiencias

Kamchatka

1 Describirla como majestuosa quizá parezca trillado. Para muchos, Kamchatka es simplemente el lugar más bello del mundo. Es como Yellowstone, Rotorua y la Patagonia, todo en uno, un hervidero de vida salvaje que pulula libremente por una de las mayores extensiones de tierra virgen del planeta. Tradicionalmente territorio privativo de turistas adinerados que podían costearse sobrevuelos en helicóptero para avistar sus característicos volcanes, géiseres y osos devora salmones, Kamchatka al fin se ha abierto ligeramente al viajero independiente. Ojalá pudieran regular el tiempo...

Costa del mar Negro

2 El sereno litoral del mar Negro es desde antiguo uno de los destinos de vacaciones preferidos de los rusos, que acuden atraídos por sus poblaciones costeras, ambiente relajado y el soberbio paisaje tierra adentro en el cercano Cáucaso. Su puerta de entrada es Sochi, una vibrante ciudad que se ha reinventado como centro turístico de talla mundial y sede de los Juegos Olímpicos de Invierno del 2014. No lejos, los amenazadores picos de Krásnaya Polyana atraen a los fanáticos del esquí, mientras que el valle del Agura ofrece un senderismo excelente.

MARK NEWMAN / GETTY IMAGES ©

1

Plaza Roja

3 Visitar esta mítica plaza siempre emociona: las altas torres e imponentes muros del Kremlin, el alegre revoltijo de diseños y colores que adorna la catedral de San Basilio, los majestuosos ladrillos rojos del Museo Estatal de Historia y el elaborado edificio del GUM, todo ello rodeando una vasta extensión de empedrado. Cada elemento es impresionante por separado, pero en conjunto resulta electrizante. Se recomienda acudir de noche para ver la plaza sin multitudes y los edificios bañados de luz.

El Hermitage

4 Erigiéndose orgulloso al final del malecón del río Neva, el palacio más famoso de Rusia aloja su museo más célebre. Poco pueden hacer los visitantes para prepararse ante la escala y calidad de las exposiciones, que esbozan como ningún otro lugar la historia del arte occidental con una ingente cantidad de obras de Rembrandt, Rubens, Picasso y Matisse. Redondean la muestra excelentes antigüedades, esculturas y joyería. Si con esto no bastara, habrá que contentarse deambulando por las estancias privadas de los Romanov, quienes residieron en el Palacio de Invierno hasta 1917.

Súzdal

5 Vale la pena dar un paseo en bicicleta por las calles de Súzdal, salpicadas con media docena de iglesias jalonadas de casas de madera y exuberantes jardines. De no haber sido por el devastador s. xx, así es como sería Rusia: sin alardes, devota y de ambiente tranquilo. Aunque la zona exhibe algunos de los mejores ejemplos de arquitectura sacra, también se puede pasar el día tumbado en la hierba viendo el discurrir del río antes de acudir a una *banya* (sauna rusa) para someterse a la dulce tortura del calor, el frío y los suaves azotes con ramas.

Kijí

6 Puede que nadie asocie grandes emociones a edificios antiguos hechos con troncos, pero la extraordinaria arquitectura de madera de Kijí acelerará las pulsaciones incluso a quienes estén hastiados de ver obras maestras. El primer vistazo de la celestial iglesia de la Transfiguración, obtenido desde el hidroplano, provoca tal reacción en cadena que el barco casi brinca. De cerca cabría pensar que es un milagro del diseño y la construcción; no en vano, cuenta la leyenda que su creador anónimo rompió su hacha cuando la acabó, tal vez asumiendo que se trataba de una obra única.

Gran Ruta del Baikal

7 Considerada uno de los proyectos medioambientales más exitosos de Rusia, esta ruta tiene el ambicioso propósito de rodear

Pushkin, un poeta apasionado

Nacido en 1799 e hijo de la aristocracia con una pizca de sangre africana en su linaje, Alexander Pushkin creció en la alta sociedad francófona de San Petersburgo. Fiel a su época, la era del romanticismo, Pushkin era un obseso de las obsesiones: la guerra, el honor masculino, y las mujeres hermosas e inalcanzables.

Pushkin escribió de todo, desde odas clásicas y sonetos a relatos breves, representaciones teatrales y cuentos. Se le admira especialmente por sus poemas en verso, *El jinete de bronce* y *Eugenio Onegin*, en los que casi responde a la eterna pregunta de "¿por qué los rusos parecen disfrutar tanto sufriendo?". En lo político, era una "patata caliente" y los zares llegaron a exiliarle de San Petersburgo por tres veces.

En 1837 Pushkin fue herido de muerte en un duelo por defender el honor de su mujer, la bella Natalia Goncharova. Pasó dos días moribundo en los que todo San Petersburgo le presentó respetos, y los taxistas no daban abasto ante el recurrente "ia Pushkin!". *El botón de Pushkin*, de Serena Vitale, es un relato fascinante del duelo y los acontecimientos previos a este.

Comida y bebida

Bliny Tortitas servidas con *ikra* (caviar) o *tvorog* (requesón).

Ensaladas Normalmente saturadas de mayonesa, su gran variedad incluye la Olivier, de patata.

Kvas Refrescante bebida fermentada; también destaca el *mors*, preparado con bayas.

Pelmeni Especie de raviolis rellenos de carne, con crema agria y vinagre.

Sopas Hay que probar la cítrica *solyanka*, de carne, o la sustanciosa *ukha*, de pescado.

Vodka La bebida rusa predilecta.

Zakuski Aperitivos como aceitunas, *blinys* con setas, caviar y ensaladas.

si Rusia tuviera 100 habitantes

80 serían rusos
4 serían tártaros
2 serían ucranianos
1 sería bashkirio
1 sería chuvasio
12 serían de otro origen

grupos religiosos

(% de población)

75 Cristianos ortodoxos
5 Musulmanes
1 Budistas
1 Católicos
18 Otras religiones

población por km²

RUSIA REINO UNIDO ESPAÑA

♦ ≈ 8 personas

FRANZ MARC FREY / GETTY IMAGES ©

el lago Baikal con una red de senderos señalizados. Todavía queda un buen trecho por recorrer, pero los tramos que ya están trazados causan furor. Así, independientemente de la sección que se elija, las vistas del lago y la exigencia de la ruta dejarán sin aliento al pasar por taiga virgen, playas desiertas y ríos fríos y caudalosos.

Cuándo ir

TEMP. ALTA
(jun-sep)

➡ Protegerse ante posibles garrapatas transmisoras de enfermedades.

➡ Reservar con antelación todos los transportes.

➡ Suben los precios en San Petersburgo, en particular durante las noches blancas.

TEMP. MEDIA
(may y oct)

➡ A finales de primavera y principios de otoño el país se cubre de un manto verde y rojizo, respectivamente.

TEMP. BAJA
(nov-abr)

➡ Las nevadas y el descenso de las temperaturas crean la Rusia invernal que todo el mundo imagina.

➡ El mejor momento para esquiar y visitar museos y galerías.

Ballet ruso

8 ¿Acaso hay algo más ruso y romántico que una noche en el ballet vestido de punta en blanco? Tanto el afamado Teatro Mariinsky de San Petersburgo como el célebre Bolshói de Moscú ofrecen la experiencia definitiva en ballet y ópera. Este último es donde en 1877 Chaikovski estrenó (con malas críticas) *El lago de los cisnes*; las compañías de ballet y ópera interpretan aquí una selección de obras rusas y extranjeras que tienen lugar en el escenario principal (de nuevo en activo tras la reforma hecha durante años) y en el más pequeño escenario nuevo.

Isla de Oljón

9 Uno de los lugares más sagrados para los buriatos occidentales (etnia de tradición chamánica que asocia una fábula o leyenda a todo accidente geográfico imaginable), la isla encantada de Oljón se encuentra en la orilla oeste del lago Baikal. A nadie sorprende que los dioses y otros seres de la épica geser mongola decidieran vivir en esta inquietante y conmovedora isla; si bien hoy es más probable topar con un puñado de mochileros saliendo de una cueva. Los paisajes son de órdago, la orilla oeste está acariciada por aguas templadas, y no hay mejor lugar para meditar en un entorno siberiano.

Películas

Moscú no cree en las lágrimas (1980) Película de Vladimir Menshov que cuenta las vivencias en Moscú de tres chicas de provincia entre las décadas de 1950 y 1970.

Cuando pasan las cigüeñas (1957) Drama de Mijaíl Kalatozov que aborda los esfuerzos de los rusos durante la Gran Guerra Patriótica, en plena II Guerra Mundial.

La última estación (2009) Basada en la novela de Jay Parini, trata sobre el último año de vida de León Tolstói.

Libros

Ana Karenina (León Tolstói) Obra cumbre de la literatura rusa y gran crítica de la aristocracia de la época.

El doctor Zhivago (Boris Pasternak) Novela de corte filosófico que narra los agonizantes días de la Rusia zarista y el nacimiento de la Unión Soviética, al tiempo que ofrece una introspección sobre la revolución y la Guerra Civil.

El maestro y Margarita Famosa novela satírica de Mijaíl Bulgákov.

Cómo desplazarse

Avión Pueden producirse retrasos, en ocasiones durante horas y sin apenas explicaciones. Los aeropuertos provinciales disponen de instalaciones limitadas.

Barco Una de las formas más agradables de recorrer el país es por sus ríos, ya sea en un crucero o valiéndose de servicios regulares de ferris fluviales.

Autobús Los autobuses de largo recorrido complementan la red de ferrocarriles (más que competir con estos) y llegan donde no alcanza el tren o donde estos son lentos, poco frecuentes o van repletos.

Tren En general son cómodos y, según la clase, relativamente económicos para la distancia cubierta.

Kremlin de Veliky Novgorod

10 La ciudad que asegura ser la cuna de Rusia alberga una de las fortalezas más impresionantes y pintorescas del país. El recinto del kremlin encierra la catedral bizantina de Santa Sofía, del s. XI, y una escultura de trescientas toneladas que conmemora mil años de historia rusa. Para una panorámica se puede subir a la torre Kokui antes de visitar el Museo Unido Estatal de Nóvgorod, que alberga una de las mejores colecciones de arte iconográfico de Rusia.

República de Altai

11 Puertos de montaña cubiertos de neblina, ídolos de piedra, lagos serenos y carreteras vacías que se extienden hasta el horizonte. He aquí la República de Altai, el paraíso natural ruso, un lugar donde se puede viajar durante horas sin encontrarse con un alma, a menos que cuenten los caballos salvajes o las cabras. Desde las cumbres nevadas a los paisajes lunares de Kosh-Agach, la desolación nunca antes había sido tan atractiva. Pero, ¡ojo!, Altai y sus misterios son un imán que atrae a los viajeros año tras año.

Torres y cúpulas de la catedral de Santa Sofía, Veliky Nóvgorod.

Cascadas de Sopoaga, 'Upolu.

CAPITAL	Apia
POBLACIÓN	195 476
ÁREA	2831 km²
IDIOMA OFICIAL	Samoano

Samoa

En el corazón de Polinesia, Samoa emerge del mar envuelta en jungla, salpicada de pueblos llenos de flores y rodeada de lagunas iridiscentes.

La historia de esta diminuta nación abarca más de 3000 años y sus pobladores fueron los primeros polinesios que reclamaron la independencia tras la descolonización europea, de ahí que se mantengan muy fieles a sus costumbres.

La vida de pueblo es todavía la norma, y la forma de gobierno tradicional y la propiedad comunal ejercen mucho peso legal. El resultado es dulce, seguro y amable; un viaje a Samoa es como beber el agua más pura en un día de calor.

Para quienes unas vacaciones en el sector del Pacífico Sur significan tratamientos balnearios y motos acuáticas, quizá no sea este el destino indicado; en lo que Samoa sobresale es en alojamientos asequibles y sencillos, ubicados junto a la playa, gente acogedora así como una paz y tranquilidad raras en este mundo.

Por otra parte, los desplazamientos a través del territorio son fáciles, todos hablan inglés y la estabilidad política está casi garantizada.

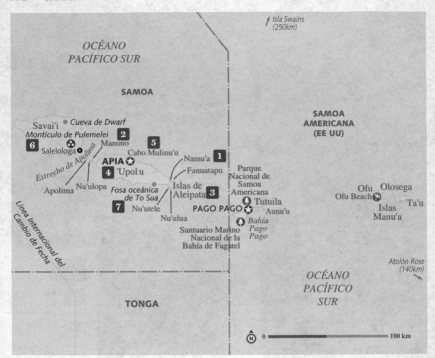

OCÉANO PACÍFICO SUR

SAMOA

Isla Swains (250km)

SAMOA AMERICANA (EE UU)

Savai'i
Cueva de Dwarf
Montículo de Pulemelei
Manono
Cabo Mulinu'u
Namu'a
Fanuatapu
Parque Nacional de Samoa Americana
Ofu Olosega
Saleloga
APIA
'Upol u
Ofu Beach
Ofu
Estrecho de Apolima
Ta'u
Islas Manu'a
Apolima Nu'ulopa
Fosa oceánica de To Sua
Islas de Aleipata
Tutuila
Nu'utele
PAGO PAGO
Aunu'u
Nu'ulua
Bahía Pago Pago
Línea Internacional del Cambio de Fecha
Santuario Marino Nacional de la Bahía de Fagatel

OCÉANO PACÍFICO SUR

Atolón Rose (140km)

TONGA

N
0
100 km

Samoa
Las mejores experiencias

Isla de Namu'a

1 Namu'a queda a una corta travesía de Mutiatele, pero una vez en esta minúscula isla privada uno siente como si 'Upolu estuviera a años luz (aunque se vea con claridad al otro lado del estrecho). Se puede rodear el litoral (solo con marea baja), trepar por el escarpado pico central y bucear con tubo en el arrecife. Las *fale* son cabañas sin paredes, sencillas y en plena playa; no hay electricidad y por la noche todo se ilumina con lámparas de aceite. Casi todas las comidas son al estilo local (pescado frito y mandioca para cenar y fiambre de cerdo con huevos para el desayuno). El coche se puede aparcar en la tienda y alguien del *resort* vendrá a recoger.

Manono

2 Si se quiere escapar por un tiempo del ruido de los motores y los perros de los pueblos, la pequeña isla de Manono es una opción tranquila. Aquí se han prohibido canes y coches, y lo único que podría sacar al viajero de un ensueño tropical es el estruendo de los equipos de música y los grupos de turistas que periódicamente atascan el sendero principal de la isla. Es obligatorio que los visitantes circunvalen la isla (1½ h) por el camino que se contornea entre el océano y las casas de los isleños. Aquí la gente es amable, así que saludará con un alegre "malo" una docena de veces.

Playas de Aleipata

3 En el extremo suroriental de 'Upolu, el distrito de Aleipata tiene un sistema de arrecifes que se está recuperando tras el tsunami del 2009; ya se dan buenas condiciones para el buceo con tubo, y las playas son de una hermosura cautivadora. Se puede comprobar la belleza sumergida de la zona metiéndose en el agua desde la espectacular playa blanca de Lalomanu; con suerte se podría avistar una tortuga, pero hay que tener cuidado con las corrientes.

Apia

4 Poca gente viene a un paraíso del Pacífico para quedarse en una ciudad pequeña sin apenas ir a las playas. Y es una pena

porque Apia puede resultar muy divertida, y su ubicación la convierte en una base útil para explorar todos los rincones de 'Upolu; es el único lugar de Samoa lo bastante grande para contar con una buena oferta de restaurantes, bares y ocio, pero al tiempo lo bastante pequeño para que antes de una semana ya se reconozca a la gente por la calle.

Cabo Mulinu'u

5 En el cabo Mulinu'u se encuentra el bello mirador de Fafa O Sauai'i, considerado uno de los lugares más sagrados de Samoa en la época precristiana. No hay que perder la ocasión de nadar en la gran charca rocosa, donde ni siquiera habrá que meterse en el agua para ver a los peces pasar como flechas en torno a los corales en la base de las rocas. Al otro lado de la carretera hay un montículo con forma de estrella, la cueva de Vaatausili y el Via Sua Toto (el "Pozo de Sangre", así llamado por el guerrero Tupa'ilevaililigi, que arrojaba aquí las cabezas de sus enemigos).

Montículo de Pulemelei

6 La estructura antigua más grande de Polinesia es el curioso montículo de Pulemelei, con forma piramidal y que aparece en algunos mapas como Tia Seu Ancient Mound. Con 61 x 50 m de base y más de 12 m de altura, es un lugar embriagador, con vistas del océano y la espesa jungla desde su cumbre de piedra.

si Samoa tuviera 100 habitantes

34 tendrían entre 0-14 años
20 tendrían entre 15-24 años
35 tendrían entre 25-54 años
6 tendrían entre 55-64 años
5 tendrían más de 65 años

grupos religiosos
(% de población)

60	19	13
Protestantes	Católicos	Mormones
1	5	2
Worship Centre	Otros cristianos	Otras religiones

Cuándo ir

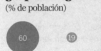

DIC-ENE
➡ Período de vacaciones, cuando retornan los samoanos que viven en el extranjero.

MAY-OCT
➡ Estación seca y fiestas.

NOV-ABR
➡ Tiempo lluvioso y ciclones.

población por km²

SAMOA TONGA NUEVA ZELANDA

= 4 personas

No solo críquet

El *kilikiti* es una singular versión del críquet que se juega en el Pacífico Sur y un ejemplo magnífico de la adaptación de una idea importada. El bate de madera de sauce se convirtió en un garrote de tres caras que haría feliz a cualquier caudillo guerrero, y la pelota se hizo de caucho.

En un equipo samoano el número de jugadores es ilimitado, por lo que un partido puede durar días o semanas. Cuando el bateador lanza cada pelota, el capitán del equipo contrario salta arriba y abajo y toca el silbato con ritmo sincopado. El resto del equipo se pone a bailar frenéticamente, aguardando a la vez la oportunidad de eliminar al rival. Solo cuando todos los bateadores contrarios han sido eliminados consigue el otro equipo su oportunidad.

Es un juego dinámico y muy divertido.

Comida y bebida

Fish & Chips Figura en todas las cartas; el del Seafood Gourmet de Apia es de los mejores.

Koko Bebida parecida al café que se hace con cacao samoano molido.

Oka Pescado crudo marinado en zumo de lima con verduras y crema de coco.

Palusami Bombas calóricas de crema de coco envueltas en hojas de taro y cocinadas en un horno de piedra; se encuentran en el mercado de Apia.

Umu Los hornos tradicionales con piedras calientes se construyen sobre el suelo y se emplean para cocinar frutos del árbol del pan, pescado, *palusami* y otros platos.

Vailima Esta *lager* es una de las mejores cervezas del Pacífico.

En días soleados, nubes de mariposas lo cruzan y las aves vuelan en lo alto. La zona circundante está cubierta de importantes restos arqueológicos, pero por ahora la jungla lo cubre todo. Por desgracia es muy difícil visitar Pulemelei porque se encuentra situado en terreno objeto de litigio, por lo que no hay señal alguna ni nadie que lo cuide; la maleza está invadiendo el camino y el propio montículo.

Fosa oceánica de To Sua

7 No son tanto "fosas" como dos depresiones con paredes verticales cubiertas de vegetación y una mágica charca aguamarina en el fondo. Se puede nadar bajo un ancho arco de roca desde la charca grande, con una serenata de gotas de agua cayendo en la superficie, hasta la segunda gran abertura abierta al cielo. La charca se alimenta con las olas que baten a través de un corredor submarino donde no se puede nadar. Se accede a las charcas por una robusta escalera de madera; una vez se hayan bajado los 20 m hasta las aguas cristalinas de esta gruta de ensueño, se tiene la sensación de haberse alejado del mundo.

Cómo desplazarse

Barco El ferri que zarpa del muelle de Mulifanua es la única manera de viajar entre 'Upolu y Savai'i. Desde el cabo Fatuosofia salen embarcaciones pequeñas hacia Manono.

Autobús Viajar en autobús público en Samoa es una experiencia fundamental; son vehículos con colores vibrantes, asientos de madera y pop samoano a todo trapo. Los servicios funcionan a capricho de los conductores.

Coche Conducir por Samoa es fácil. Las carreteras costeras de las dos islas principales están asfaltadas, y el estado general de las rutas principales es también bastante bueno.

Nisbet Beach, Nieves.

San Cristóbal y Nieves

Esta nación de dos islas combina playas con hermosas montañas, actividades para ocupar el cuerpo y una rica historia para hacer lo propio con la mente.

Al conducir por el extremo norte de San Cristóbal, se pasa por kilómetros y kilómetros de caña de azúcar silvestre; el cultivo que fuera sustento de la nación ya no existe y las enormes plantaciones han sido abandonadas. Mientras tanto, las playas de la isla vibran con la maquinaria de construcción y surge una economía nueva basada en el turismo; incluso el tren que antes servía para transportar caña acarrea hoy turistas. Pero el cambio que está llegando con rapidez a esta clásica isla del Caribe oriental no le impide conservar sus cualidades esenciales: una

actitud vital despreocupada que propende a las celebraciones ruidosas y un desprecio total por el estrés.

Nieves viene a ser lo mismo pero en un paquete irresistiblemente tentador; la vuelta a la isla en coche dura 2 h y constituye todo un placer.

La pareja ofrece muchos parecidos, pero en los detalles sí difieren. San Cristóbal es la más grande y así lo siente, pero Nieves es un conjunto más atractivo: una montaña volcánica con un puñado de hermosas playas y una capital minúscula, Charlestown.

CAPITAL
Basseterre

POBLACIÓN
51 134 hab.

ÁREA
261 km²
(San Cristóbal
168 km²; Nieves
93 km²)

IDIOMA OFICIAL
Inglés

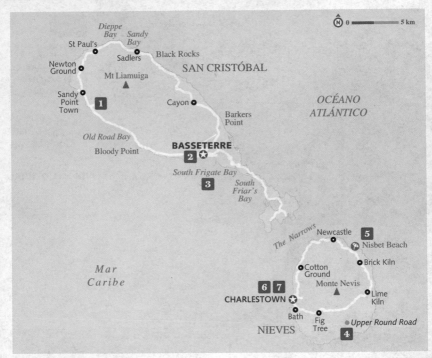

San Cristóbal y Nieves
Las mejores experiencias

Fortaleza de Brimstone Hill

1 La joya histórica de San Cristóbal fue declarada Patrimonio Mundial de la Unesco en 1999 por representar un ejemplo muy bien conservado de la arquitectura militar de los ss. XVII y XVIII. Mucho más grande de lo que cabría pensar, esta fortaleza fue construida por los británicos con mano de obra esclava e ilustra el pasado violento y tumultuoso de las antiguas colonias caribeñas. Tras el incendio que asoló Basseterre en 1867, parte de su estructura fue desmantelada y la piedra se utilizó para reconstruir la capital. En la década de 1960 se acometió una ambiciosa reconstrucción y la mayor parte de la fortaleza ha recuperado su grandiosidad. La reina Isabel II la inauguró como parque nacional cuando visitó San Cristóbal en octubre de 1985.

Basseterre

2 Fundada hace más de 380 años, fue la primera ciudad francesa del Caribe; el nombre combina las palabras *basse* y *terre* (tierra baja). Al dejar atrás la terminal de cruceros de Port Zante, uno se adentra de súbito en una vibrante mezcla de comercio, historia y cultura, y como en la capital nada ha sido artificiosamente decorado, las sorpresas abundan. Tómese tiempo para reconocer los edificios coloniales que quedan en pie y saludar con la cabeza a la gente apoltronada en sus anchos porches, con el Caribe a mano.

South Frigate Bay

3 Frigate Bay, 4,8 km al sur de Basseterre, es un istmo que divide el calmo costado caribeño del Atlántico, más revuelto y dominado por el enorme *resort* de la cadena Marriott. Este es también el centro de los edificios de apartamentos de San Cristóbal, y uno sabe que se está acercando por las espantosas vallas publicitarias de joyerías que bordean la carretera. La zona cuenta con algunos restaurantes buenos, pero su principal reclamo son los animados bares de la playa de South Frigate Bay –lo que aquí llaman "The Strip" (La Franja)–, que constituye el

DANITA DELIMONT / GETTY IMAGES ©

epicentro de la vida nocturna en la isla.

Upper Round Road

4 Construida a finales del s. XVII, esta carretera unía los ingenios de azúcar y los pueblos que rodeaban el monte Nevis; hoy discurre a lo largo de 14,5 km desde Golden Rock Inn por el este hasta el Nisbet Plantation Beach Club por el norte, pasando por granjas, huertos, jardines y bosque pluvial. Por el camino se puede probar fruta fresca y observar monos y mariposas. Hay que calcular unas 5 h para todo el trayecto, o bien se puede dividir en tramos más cortos.

Nisbet Beach

5 Con el *resort* epónimo a sus espaldas, es quizá la playa más hermosa de Nieves, con arena blanca bordeada de palmeras, agua cristalina y vistas espléndidas de San Cristóbal.

Barbacoa comunitaria

6 Nieves es una comunidad muy unida, como se evidencia todos los viernes

---

si San Cristóbal y Nieves tuviera 100 habitantes

22 tendrían entre 0-14 años
16 tendrían entre 15-24 años
45 tendrían entre 25-54 años
9 tendrían entre 55-64 años
8 tendrían más de 65 años

usos del suelo
(% del suelo)

19   1

Cultivable   Cultivos industriales

80

Otros

población por km²

SAN CRISTÓBAL Y NIEVES   TRINIDAD Y TOBAGO   ESPAÑA

♦ ≈ 8 personas

Cuándo ir

NOV-DIC

➡ La mejor época por los precios y el tiempo.

➡ Invierno, con medias diurnas de 27°C.

➡ Desde mediados de diciembre, el carnaval es el gran acontecimiento anual de San Cristóbal.

FEB-JUN

➡ Los meses más secos.

➡ En junio, el St Kitts Music Festival reúne a los mejores músicos caribeños.

JUL-NOV

➡ Huracanes y lluvias

➡ Durante más de 30 años, entre julio y agosto, el gran acontecimiento de Nieves ha sido Culturama.

Monerías

Los traviesos cercopitecos verdes fueron traídos a San Cristóbal y Nieves por colonos franceses desde África, y desde entonces han medrado tanto que superan en número a los humanos en proporción de dos a uno.

Estos monos viajan en grupos de hasta 30 y se les puede ver en el bosque pluvial y en la península suroriental de San Cristóbal; aunque parezcan simpáticos, los isleños los consideran una plaga porque arrasan los cultivos y destruyen los nidos de aves. Un centro de investigación biomédica de San Cristóbal los utiliza en sus experimentos para curar el Parkinson y probar una nueva vacuna contra el dengue.

PETER PHIPP / GETTY IMAGES ©

Carnaval infantil, Charlestown, Nieves.

y sábados por la noche cuando sus gentes se reúnen en las calles para comer pollo y costillas, charlar y oír música.

Comida y bebida

Brinley Gold Rum El ron del país se comercializa en sabores como vanilla, café, mango, coco y lima. La tienda de Port Zante ofrece catas.

Cane Spirit Rothschild Más conocido como CSR, este destilado se hace con zumo de caña fermentado y se recomienda beberlo con hielo y soda Ting, con sabor a pomelo.

Caracol de mar Se sirve al curry, marinado o hervido.

Carib Cerveza *lager* de las islas.

Guiso de pescado salado El plato nacional; se sirve con plátanos, *dumplings* de coco y frutos del árbol del pan.

Pelau Conocido también como *cook-up*, es la versión local de la paella: una mezcla de arroz, carne, pescado salado, verduras y quinchonchos.

Pepperpot Guiso que consiste en cualquier combinación imaginable de carnes y verduras.

La barbacoa más animada es la que organiza el Departamento de Aguas en Pump St, cerca de Charlestown.

Charlestown

7 El ferri de San Cristóbal atraca en el centro de Charlestown, la bonita y pequeña capital de Nieves, donde los bancos y los negocios coexisten con los servicios turísticos y las casas victorianas. Es un sitio divertido para pasear y casi nunca abarrotado porque los grandes cruceros no

recalan en Nieves; las baratijas para turistas, por fortuna, son limitadas. La zona del gran Charlestown se puede recorrer fácilmente a pie; caminando 15 min al norte desde el centro se llega a la preciosa Pinney's Beach. Charlestown es también el punto de partida del Nevis Heritage Trail, un sendero que une 25 lugares de importancia histórica, como iglesias, ingenios azucareros, instalaciones militares y espacios naturales.

Cómo desplazarse

Barco Varios ferris de pasajeros conectan Basseterre con Charlestown. La agradable travesía dura unos 45 min.

Autobús Como los autobuses de las dos islas pueden parecer taxis monovolúmenes, hay que fijarse en la matrícula frontal: una "H" significa autobús privado y una "T" taxi (una "R" es un coche de alquiler y una "P" o "PA", un coche de un residente).

Coche y motocicleta Los extranjeros deben adquirir un permiso de conducir para visitantes, válido durante 90 días; las agencias de alquiler lo expiden cuando se firma el contrato, y es válido en ambas islas.

Taxi Los taxis aguardan la llegada de los vuelos regulares en las dos islas. Los circuitos en taxi rondan los 80 US$, y uno de 3 h por media isla cuesta 60 US$.

Castello della Cesta.

San Marino

Este microestado sin salida al mar ofrece vistas espectaculares desde lo alto del monte Titano, a una docena de kilómetros de la costa del mar Adriático.

San Marino ha sido una república independiente desde el 301 d.C., cuando un cantero croata construyó una iglesia en lo alto de un risco azotado por el viento. De los 193 países independientes del mundo, San Marino es el quinto más pequeño y –posiblemente– el más curioso. Su mera existencia entraña una suerte de enigma.

Único superviviente de las ciudades-estado italianas, antaño poderosas, este pequeño país pervive mucho tiempo después de que las poderosas repúblicas de Génova y Venecia fenecieran. Y ahí sigue, confiado en su condición de ser el estado soberano más antiguo del mundo y asimismo la república más antigua.

El país lo forman nueve municipios. La medieval Città di San Marino, en las laderas del monte Titano (750 m), que fue incorporada al Patrimonio Mundial de la Unesco en el 2008, atrae dos millones de visitantes al año; lo más destacado son sus vistas pintorescas, sus calles evocadoras y un conjunto de museos bastante extraños dedicados a los vampiros, la tortura, las figuras de cera y otras curiosidades.

CAPITAL
San Marino

POBLACIÓN
32 448

ÁREA
61 km²

IDIOMA OFICIAL
Italiano

San Marino
Las mejores experiencias

Castello della Cesta

1 Dominando el horizonte y con vistas soberbias hacia Rímini y la costa, este castillo del s. XIII se ubica en lo alto del monte Titano (750 m). Hoy se puede caminar por sus murallas y curiosear en un pequeño museo de armas medievales. La entrada incluye también la visita al Castello della Guaita, el más antiguo de los castillos de San Marino (s. XIII), que sirvió como prisión hasta 1975.

Museo delle Curiosità

2 Los visitantes muy curiosos o los adictos al Trivial Pursuit pueden poner al día sus conocimientos en este museo dedicado a las rarezas.

Piazza della Libertà

3 El neogótico Palazzo Pubblico preside la Piazza della Libertà, donde cada media hora, de mayo a septiembre, tiene lugar la ceremonia del cambio de guardia.

Museo di Stato

4 El mejor museo de San Marino es con diferencia este museo estatal sobre arte, arquitectura, muebles y cultura.

Comida y bebida

Queso Se recomienda un plato de ternera en rodajas, rúcula y *parmigiano*.

Vino Vale la probar un tinto Brugneto con cuerpo o el delicado tinto Tessano, ambos elaborados con las uvas de los empinados viñedos en bancal de San Marino. Otros caldos de la zona son el Biancale, un blanco seco, y el Oro dei Goti, un vino de postre.

Cuándo ir

ABR-JUN

➡ La primavera es la mejor época por las fiestas, las flores y los productos del país.

JUL-AGO

➡ Colas en los lugares de interés y en la carretera, sobre todo en agosto.

SEP-OCT

➡ Otoño: tiempo cálido y vendimia.

Tobago Cays.

San Vicente y las Granadinas

*Las fantasías caribeñas convergen en este archipiélago de 32 islas
en el extremo sur de las islas de Sotavento.*

CAPITAL
Kingstown

POBLACIÓN
103 220

ÁREA
389 km²

IDIOMA OFICIAL
Inglés

Ya el propio nombre de San Vicente y las
Granadinas evoca visiones de un exótico
idilio insular. Hay que imaginarse una
cadena de islas en el corazón del Caribe,
ajenas a la explotación turística y con playas
de arena blanca, un agua azul celeste que
lame la costa y sin apenas un alma por los
alrededores.

Una vez que se sale del tráfico y el ruido
de la isla grande y se pasa a las Granadinas,
todo cambia. Las Granadinas son 31 islas,
cada una más tranquila que la siguiente
y todas dignas de explorar. Las playas se
extienden ante los ojos del viajero, el ritmo
vital se ralentiza y el deseo de marcharse
se desvanece.

Estas islas han cautivado a los marineros
durante siglos, y siguen haciéndolo. Ya se
tenga barco propio, se encuentre algún
pescador dispuesto o se tome algunos de los
nuevos ferris, las oportunidades para saltar
de isla en isla son irresistibles.

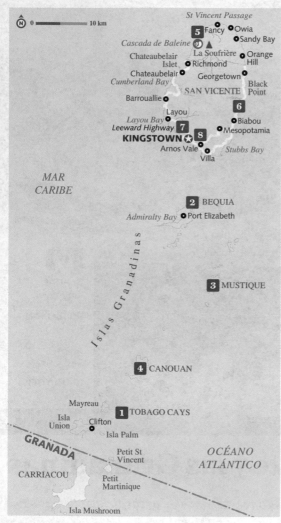

agua, las tortugas marinas y los peces loro son solo el principio de la pléyade de especies que se verán, y el coral es maravilloso.

Bequia

2 Por su equilibrio entre lejanía, accesibilidad, suelo urbanizado y precios razonables, Bequia es la más perfecta de las Granadinas. Las impresionantes playas, los alojamientos de distintos precios y un ritmo de vida lento contribuyen a crear un entorno inolvidable. Hay restaurantes de calidad, tiendas que conservan el sabor local, arenas doradas y aguas azules suficientes para hacer feliz a todos.

Mustique

3 ¿Qué se puede decir sobre Mustique salvo lanzar exclamaciones de admiración? Tómese primero una isla de belleza casi inconmensurable, con playas de fábula y todo lo que cabe esperar en el paraíso, y añádanse a la mezcla alojamientos que rebasan toda expectativa. Con precios reservados a los ricos muy ricos, músicos quemados y estrellas del cine, esta isla es de propiedad privada y la administra la Mustique Company, que garantiza a los huéspedes que el paraíso sigue siendo un retiro privilegiado. Y en efecto lo es, al menos de noche, porque por el día cualquiera puede venir en una excursión, codearse con algún famoso y acabar en la portada de una revista del corazón. Bueno, cabe dentro de lo posible.

Canouan

4 Canouan es un lugar interesante por historia y estética. Esta bellísima

San Vicente y las Granadinas
Las mejores experiencias

Tobago Cays

1 Si se pregunta a quien haya estado en San Vicente y las Granadinas qué fue lo más destacado, la respuesta probable son los Tobago Cays. Estas cinco islas se cuentan entre los mejores lugares del Caribe para el submarinismo y el buceo con tubo. Sin construcciones de ningún tipo, ocupan un parque nacional y solo son accesibles en una excursión de un día en barco desde algunas de las Granadinas. ¡Y qué excursión! El buceo con tubo es excepcional y las playas de arena blanca parecen una franja de nieve cegadora. Bajo el

CHRIS CALDICOTT / GETTY IMAGES ©

isla con forma de anzuelo posee algunas de las playas más extraordinarias de las Granadinas, y también algunos de sus rincones más escondidos. Sin embargo, y en acentuado contraste, aquí se encuentra también una de las mayores concentraciones de *resorts* de la región, lo que confiere a la isla una doble personalidad.

Cascada de Baleine

5 Es algo propio de fantasías tropicales: una cascada de casi 20 m que se despeña trazando un arco de plata desde una roca veteada de helechos hasta una ancha poza de agua dulce. A la cascada de Baleine, en la aislada punta noroccidental de la isla, solo se puede llegar en barco; después de caminar unos minutos desde la playa donde se fondea, se escuchará su sonido en medio del bosque pluvial.

Windward Highway

6 La costa de barlovento (este) de San Vicente es una mezcla de litoral azotado por las olas, plácidas caletas y pueblos pequeños. Como queda lejos del turismo que domina la costa sur, es un buen sitio para los que

si San Vicente y las Granadinas tuviera 100 habitantes

66 serían negros
19 serían mulatos
6 serían indios
4 serían europeos

2 serían indígenas caribes
3 serían de otro origen

grupos religiosos
(% de población)

 47 Anglicanos

 28 Metodistas

13 Católicos

12 Otras religiones

población por km²

 SAN VICENTE Y LAS GRANADINAS

TRINIDAD Y TOBAGO

 ESPAÑA

≈ 30 personas

Cuándo ir

TODO EL AÑO

➡ El clima varía de unas islas a otras; las Granadinas, por el sur, son ligeramente más secas y cálidas que San Vicente.

ENE-MAY

➡ Estación seca en San Vicente.

➡ Abril es el mes más seco, con un promedio de seis días de lluvia.

➡ En enero la temperatura media máxima es de 29°C y la mínima de 22°C.

JUL

➡ El mes más lluvioso, con 26 días de precipitaciones como promedio.

➡ Temperatura media máxima de 30°C; mínimas nocturnas de 24°C.

Ritmos caribeños

La música es la savia cultural de San Vicente. Los contagiosos ritmos caribeños impregnan el aire y son ineludibles allá donde se vaya. Las preferencias musicales se dividen por franjas de edad: los *rastas* entrados en años se pirran por los suaves ritmos del *reggae* de la vieja escuela, mientras que a los más jóvenes les encantan los sones frenéticos del *dancehall* y el *hip-hop* importado. Por todas partes, sin embargo, se oirán los ritmos caribeños más recientes, como *soca*, *steelpan* y cualquier variante del calipso que haga furor.

Originario de San Vicente y las Granadinas es el *Big Drum* (gran tambor), un estilo musical basado en el instrumento que le da nombre (fabricado por lo general con una vieja barrica de ron) y que combina un ritmo de calipso con letras satíricas interpretadas por una *chantwell,* una cantante solista. Las vestimentas extravagantes forman parte del espectáculo.

Comida y bebida

Callaloo Verdura parecida a la espinaca que se emplea en sopas y guisos. ¡Muchas vitaminas!

Hairoun La cerveza *lager* de las islas, ligera y con sabor.

Marisco Se consiguen langostas, gambas, caracoles y pescados.

Pescado salado Delicioso en croquetas.

Productos frescos San Vicente produce frutas y verduras deliciosas y de máxima calidad.

Rotis Las verduras, patatas y carne al curri envueltas en tortilla son una pasión nacional.

Sopa de calabaza Suele ser un guiso contundente.

Granja de bananas, Kingstown.

MATTHEW WAKEM / GETTY IMAGES ©

quieran experimentar una versión más sosegada de San Vicente. Las playas de arena negra se funden con las plataneras y la exuberante vegetación trepa por el montuoso interior.

Leeward Highway

7 La "carretera de Sotavento" discurre 40 km hacia el norte de Kingstown por la costa oeste de San Vicente; brindando hermosos paisajes, asciende por las montañas al salir de Kingstown, serpentea después por las laderas y vuelve a caer en profundos valles costeros que dan a plantaciones de cocoteros, aldeas pesqueras y bahías con playas de arena negra.

Kingstown

8 Calles con toscos adoquines, portadas con arcos de piedra y pasajes cubiertos evocan un Caribe de barcos bananeros y dominio colonial. La ciudad de Kingstown palpita con una comunidad que se mueve bulliciosa por sus estrechas calles.

Cómo desplazarse

Avión Con el servicio de ferris rápidos, los vuelos interinsulares pierden importancia.

Autobús Es una buena manera de moverse por San Vicente; son poco más que monovolúmenes a menudo abarrotados.

Ferri Las islas principales están bien comunicadas por barco, sobre todo el nuevo y excelente ferri rápido *Jaden Sun,* que une Isla Union con San Vicente en menos de 2 h.

Barco de pesca Por lo general se encuentra a alguien dispuesto a llevar de una isla a otra, casi siempre en pequeñas barcas pesqueras abiertas con sitio para cuatro personas como mucho. Las travesías son emocionantes, pero no conviene embarcarse con el mar revuelto.

Taxi Los taxis abundan en casi todas las islas y salen baratos para viajes cortos. El precio debe acordarse antes de partir.

CAPITAL
Castries

POBLACIÓN
162 781

ÁREA
616 km²

IDIOMA OFICIAL
Inglés

Anse Chastanet, Soufrière.

Santa Lucía

La rueda cromática es sencilla en Santa Lucía: verde intenso para la tierra tropical, blanco puro para la orla de playas y azul brillante para el mar que la rodea.

Despuntando como un diente esmeralda en el mar Caribe, Santa Lucía llama sin duda la atención. Aunque le cuadra la imagen de un destino glamuroso para lunas de miel, esta isla montañosa tiene mucho que ofrecer aparte de playas sensuales bordeadas de alojamientos para sibaritas.

El submarinismo, el buceo con tubo y el *kitesurf* son fabulosos. Los amantes de la naturaleza también quedarán encantados, pues es fácil acercarse a ballenas, delfines, tortugas y aves endémicas, y con la emoción añadida de un entorno imponente. Cerca de Soufrière, los fotogénicos montes Pitons emergen de las olas como pirámides de piedra volcánica.

Quitando el sector del noreste, donde se concentran casi todas las instalaciones turísticas, el resto de Santa Lucía es un paraíso para regresar a la naturaleza, lo que permite encontrar una bahía sin un alma, una cascada remota, una comunidad de pescadores con mucho carácter o alguna que otra plantación de estilo colonial.

MAR
CARIBE

Pointe
du Cap

Cap Estate
Pigeon Point
Rodney Bay
Cas En Bas
Gros Islet

*Labrellotte
Bay*
Monchy

Monier
Marquis

Península de Vigie

9 CASTRIES ✥
Babonneau
Grande Anse

Marigot
Bay
Forestiere
Chassin
3

Roseau Bay

2 Anse La Raye
Anse Cochon
Grand
Rivière
Fond d'Or Bay

Canaries
Millet
Dennery

1 Anse Mamin

Anse Chastanet 🚣
Mt Gimie ▲
Praslin
7

4
Soufrière
5
Mon Repos

Malgretoute
Fond
St Jacques

Anse des Pitons
Etangs
Micoud

6 Gros
Piton ▲
Desruisseaux

Anse l'Islet

Laborie

Vieux Fort 🚣 Sandy Beach **8**

Cape Moule
à Chique

*OCÉANO
ATLÁNTICO*

Santa Lucía
Las mejores experiencias

Anse Mamin

1 Este enclave de arena dorada bordea una caleta al norte de Anse Chastanet; se llega caminando 10 min por la costa o en taxi acuático desde Anse Chastanet. Se consiguen bicicletas de montaña y hay un restaurante junto a la playa.

Anse La Raye

2 Enfilando al sur por la costa desde Marigot Bay, la tortuosa carretera pasa por el pueblecito de Anse La Raye. El puñado de edificios de vivos colores es típico de las comunidades pesqueras de Santa Lucía, y el propio pueblo enseña mucho sobre la vida cotidiana de sus habitantes. Los viernes por la noche Anse La Raye se despierta a lo grande. El "Seafood Friday" se ha convertido en un momento estelar para los lugareños y los turistas bien informados, con puestos callejeros que venden toda clase de pescados y mariscos a precios imbatibles. La experiencia será memorable: comida, bebida (mucho ron y cerveza) y baile.

Tirolina en el bosque pluvial

3 ¿Por qué no ver el hermoso bosque pluvial desde la perspectiva de Tarzán? En el pueblucho de Chassin, 30 min al este de Rodney, una empresa ecologista ha montado 11 tirolinas en los árboles. Para los menos aventureros se ofrece un recorrido aéreo de 1½ h sobre la cubierta arbórea. Un guía ayuda a conocer la fauna y flora de la zona.

Anse Chastanet

4 Extendida delante del *resort* del mismo nombre, Anse Chastanet podría ser la quintaesencia de las playas de Santa Lucía. Aunque solo dista más o menos 1,6 km de Soufrière, parece un mundo tropical perdido. La abrigada bahía está protegida por arrecifes y altas palmeras; la playa gris ceniza es magnífica para un chapuzón, y en aguas costeras las condiciones para el buceo con tubo son de las mejores de la isla.

Soufrière

5 Si una ciudad encarna las esencias de Santa Lucía, no puede ser otra que Soufrière, con un puñado de edificios del período colonial en el centro, un bullicioso paseo marítimo y rodeada

por un paisaje poco menos que increíble. Las colosales torres de roca conocidas como las Pitons vigilan la ciudad desde el mar; cubiertas de vegetación y rematadas por una cima que parece de otro mundo, estos símbolos de Santa Lucía son el orgullo de Soufrière. A unos cuantos aletazos de la costa se desvela un mágico mundo subacuático con arrecifes sanos y una bullente fauna marina.

Gros Piton

6 Si la estancia solo da tiempo para una caminata, hay que elegir la subida al Gros Piton (797 m) porque es la que brinda mejores vistas. Partiendo del pueblecito de Fond Gens Libres, se camina casi todo el tiempo por una espesa jungla con muchas especies interesantes de fauna y flora; más o menos a mitad de trayecto se pasa por un mirador con vistas fantásticas de Petit Piton y el océano; el tramo final es muy empinado, pero con la recompensa de una panorámica subyugante del sur de Santa Lucía y las tupidas montañas del interior.

Pueblos pesqueros de la costa este

7 A solo 30 min de coche de Castries aguarda otro mundo en la costa oriental bañada por el Atlántico, donde se puede conocer Santa Lucía desde una perspectiva diferente. Tanto por el paisaje como por su personalidad, esta región es bien distinta, muy criolla y de ambiente relajado. Aun-

si Santa Lucía tuviera 100 habitantes

83 serían negros
12 serían mulatos
2 serían indios
3 serían de otro origen

grupos religiosos
(% de población)

68 Católicos
18 Protestantes
5 Otros cristianos

2 Rastafaris
3 Otras religiones
4 No religiosos

población por km²

SANTA LUCÍA   TRINIDAD Y TOBAGO   ESPAÑA

= 30 personas

Cuándo ir

DIC-MAR
➡ En invierno es cuando viene más gente porque el tiempo es muy poco invernal (27°C de media).

JUL
➡ El verano es tranquilo y caluroso, con temperaturas medias de 29°C en julio.

JUN-OCT
➡ La estación de los huracanes; más lluvias y quizá alguna tormenta.

La cultura de Santa Lucía

Los santalucianos suelen ser gente tranquila y amable, influidos por sus orígenes ingleses, franceses y caribeños. Por ejemplo, si se entra en la catedral católica de Castries se encontrará un edificio de traza francesa, un interior pintado con vivos colores de inspiración africana, cuadros de una Virgen negra con el Niño Jesús y servicios oficiados en inglés.

En torno al 85% de la población desciende de africanos puros. La preeminencia del legado africano se percibe en los fuertes lazos familiares de los lugareños y en la conservación de muchas costumbres y supersticiones tradicionales. El *obeah* (vudú) se respeta en igual medida que se teme en lugares como Anse La Raye.

Los isleños visitan al "hombre de las serpientes" por sus poderes medicinales; uno de los remedios que emplean para las molestias musculares consiste en masajear las partes doloridas con la grasa de la boa constrictor.

La música del Caribe está muy viva en Santa Lucía; destacan el calipso, el *reggae* y el *dancehall*.

Comida y bebida

Carnes Los platos de pollo y cerdo son habituales.

Especialidades Sopa de *callaloo*, *lambi* (caracol) y *saltfish with green fig* (bacalao y plátano verde hervido).

Pescado y marisco Doradas (o *mahi mahi*), caballas, marlines, pargos, langostas, cangrejos y mariscos aparecen mucho en las cartas.

Piton La cerveza de la isla, ligera y refrescante.

Ron La única destilería de la isla produce rones blancos, dorados y con sabores.

Mercado callejero, Castries.

que a esta costa le faltan las playas del oeste, compensa tal carencia con preciosas bahías presididas por acantilados espectaculares, un litoral rocoso batido por las olas y un puñado de pintorescos pueblos de pescadores.

Sandy Beach

8 En la punta sur de la isla, Sandy Beach es una bonita faja de arena blanca donde siempre sopla una fuerte brisa. La combinación de brisas constantes, zonas protegidas con aguas en calma y la ausencia de obstáculos convierte la bahía de Anse de Sables en un destino de categoría mundial para el *kitesurf* y el *windsurf*, y además, en días de calma, también es apropiada para nadar. Y lo mejor de todo: nunca se llena de gente.

Castries

9 Al caminar por las calles de Castries, se recibe el bombardeo cinético de una ciudad rebosante de vida cuyo corazón es la zona del mercado. El entorno de Castries no podría ser más fotogénico, con enormes cruceros anclados en la resguardada bahía y el Morne Fortune (851 m) como telón de fondo. Hay que venir con el máximo crédito disponible: si a uno le encantan las compras, este es el sitio indicado.

Cómo desplazarse

Autobús Monovolúmenes privados; es una forma barata de desplazarse y con servicios frecuentes entre las poblaciones principales.

Coche y motocicleta Las mejores tarifas para alquilar se encuentran en internet. Casi todas las agencias ofrecen kilometraje ilimitado. Si se prevé realizar un amplio recorrido por la isla, es aconsejable alquilar un todoterreno.

Taxi Se consiguen en los aeropuertos, el puerto y delante de los hoteles principales; no llevan taxímetro pero se respetan las tarifas establecidas.

Playa Banana, Príncipe.

CAPITAL
Santo Tomé

POBLACIÓN
186 817

ÁREA
964 km^2

IDIOMA OFICIAL
Portugués

Santo Tomé y Príncipe

Bosques pluviales tapizan colinas onduladas y sirven de fondo a playas cautivadoras; aves tropicales sobrevuelan formaciones volcánicas; y la fauna acuática pulula en costas inmaculadas.

Quien adore la tranquilidad debe viajar a Santo Tomé y Príncipe, el segundo país más pequeño de África. Estas dos diminutas protuberancias volcánicas frente a la costa de Gabón conquistan fácilmente el corazón de los extranjeros con su sabor criollo-portugués y su ambiente relajado, y uno no tardará mucho en contagiarse del omnipresente *leve leve* (más o menos, "tómatelo con calma").

El sosegado ritmo vital se enriquece con multitud de atractivos naturales: kilómetros de playas con una perfecta orla de palmeras, extensiones de bosque pluvial esmeralda, altos picos volcánicos y plácidos pueblos de pescadores. La avifauna es magnífica y abundan las plantas endémicas (sobre todo orquídeas). En temporada puedes observar infinidad de tortugas y ballenas.

Esta nación formada por dos islas posee también sus perlas culturales, con un número sorprendente de edificios del período colonial. El turismo es aún incipiente y se está fomentando de modo controlado.

Ilha do
Bom Bom
Roça Belo **3**
Monte
Roça Sundy · Playa
Banana
Santo António ·
Praia
Baía das *Grande*
Agulhas · Pico de
Papagaio *Praia*
Roça São ▲ *Abade*
Joaquim
· Pico de
Príncipe
P R Í N C I P E

Príncipe (150km;
ver recuadro)

OCÉANO
ATLÁNTICO

Praia dos *Praia*
Tamarindos *Mikoló*
↙ Ilha das Cabras
Lagoa Azul
· Guadalupe *Baía de*
Ana Chaves
Neves · Roça ·
Agostinho ·
Roça Monteforte · Neto Madalena · ✪ **SANTO TOMÉ**
· **1**
Bom · · Pantufo
Successo · Trindade
Santa · *Cascadas de*
Catarina *São Nicolau*
▲ · Roça · Santana Ilha da
Pico de Bombaim Santana
São Tomé
Boca de
Ribeira Afonso · Inferno
SANTO TOMÉ *Praia das*
Sete Ondas
2 *Praia Micondó*
São João dos ·Roça São João
Angolares
· Ribeira Peixe
Praia
Praia Jalé *Grande*
Ponta Baleia
Praia ·Porto Alegre
Piscina *Praia Inhame*
Ilhéu das
Rolas ⊹**N** 0 ————————— 10 km

Santo Tomé y Príncipe
Las mejores experiencias

Ciudad de Santo Tomé

1 Caminar entre los edificios coloniales de esta encantadora capital, con un bullicioso mercado, unos cuantos sitios de calidad donde comer, edificios coloniales de ajados tonos pasteles, un incipiente mundillo artístico y muchas actividades nada más salir por la puerta.

Roça São João

2 A los residentes extranjeros y turistas se les empañan los ojos cuando hablan de esta plantación colonial que se ha convertido en un centro cultural y ecoturístico y un hostal; también

Cuándo ir

TODO EL AÑO

➡ Isla de microclimas, con zonas de cielos nublados y lluviosos y otras soleadas.

MAR-MAY

➡ Las lluvias suelen dejar paso a cielos azules y temperaturas cálidas para los playeros.

JUN-SEP

➡ La mejor época; los senderistas prefieren el aire fresco y seco y los cielos nublados.

Comida y bebida

Calulu Guiso con más de 20 plantas diferentes cuya preparación puede llevar horas.

Con-con Pescado asado y servido con el fruto del árbol del pan.

Pescado o carne Con judías, arroz o plátanos.

Vino de palma Recién extraído; se bebe mucho en las islas.

organiza excursiones a pie y en bicicleta desde la *roça*, así como talleres.

Príncipe

3 Hay que cerrar los ojos e imaginarse un paisaje espectacular de prominentes montañas volcánicas cubiertas de tupido bosque; playas con aguas de asombrosa claridad; viejas plantaciones del período colonial; y los saludos de los isleños a cada momento. Príncipe es el lugar perfecto para ralentizar la marcha, pero los que busquen acción tampoco se aburrirán. Playa Banana, famosa por un anuncio de Bacardí, es de verdad tan espectacular como parece por las fotografías.

Monumento al Renacimiento Africano, Dakar.

CAPITAL
Dakar

POBLACIÓN
13,3 millones

ÁREA
196 722 km²

IDIOMA OFICIAL
Francés

Senegal

Al ojear cualquier folleto sobre vacaciones en Senegal, tarde o temprano aparecerá el término teranga, *"hospitalidad". Senegal se enorgullece de ser la "Tierra de la teranga".*

Puede que Senegal sea uno de los países más estables de África occidental: la capital, Dakar, es una mareante introducción al país. Asentada en la punta de una península, allí la elegancia coexiste con el caos, el ruido, la efervescencia de los mercados y una rutilante vida nocturna, mientras que la cercana Île de Gorée y las playas de Yoff y N'Gor se mueven con ritmo pausado.

En el norte de Senegal, la enigmática capital de Saint-Louis, Patrimonio Mundial de la Unesco, tienta con su arquitectura colonial y su proximidad a lujuriantes parques nacionales. A lo largo de la Petite Côte y Cap Skiring aguardan anchas playas, y los deltas del Casamance cobijan cientos de especies de aves, desde las alas relucientes del pequeño martín pescador hasta el orgulloso porte de los flamencos.

Ya quiera el viajero mezclarse con quienes marcan tendencias en el África urbana o quedarse a solas con sus pensamientos y los sonidos de la naturaleza, encontrará su lugar en Senegal.

Senegal
Las mejores experiencias

Dakar

1 Ir a los locales nocturnos que marcan tendencias en África occidental y mover las caderas con el *mbalax*, la mezcla de sones cubanos y percusión tradicional que forma la esencia del panorama musical senegalés. Relajarse en un día de playa y darse un festín de marisco recién sacado de la barca, o visitar los talleres de los artistas más prometedores de Senegal en la Village des Arts. Por último, subir a los "pechos" de Dakar para contemplar el polémico Monumento al Renacimiento Africano, de estilo socialista, y admirar las amplias vistas de la ciudad. Antaño una pequeña población en el sur de la península de Cap Vert, Dakar ocupa hoy casi todo su triángulo, y sigue creciendo.

Cap Skiring

2 Visitar las mejores playas de Senegal en Cap Skiring y pasar un día sin hacer nada. Estas playas se cuentan entre las más hermosas de África y, lo que es mejor, suelen estar vacías. Casi todos los *campements* (pensiones) y hoteles están en las playas; muchos hoteles ofrecen actividades como kayak, alquiler de *quads* y excursiones de pesca. Con sus exuberantes paisajes tropicales, bañados por el río Casamance, y la cultura única de los diolas, esta zona parece hallarse lejos de Dakar y sus alrededores.

Saint-Louis

3 Seguir los pasos de la historia en el primer asentamiento francés en África occidental. Con su antigua arquitectura colonial, carros de caballos y ambiente apacible, Saint-Louis posee un encanto histórico sin igual, hasta el punto de que fue declarado Patrimonio Mundial en el 2000. El centro de la ciudad vieja se asienta en una isla del río Senegal, pero la urbe se extiende hasta Sor en tierra firme y hasta la Langue de Barbarie, donde se encuentra la animada comunidad pesquera de Guet N'Dar. Se llega a la isla por una proeza ingenieril del s. XIX: el Pont Faidherbe, un puente de 500 m de largo obra de Gustav Eiffel.

MAISANT LUDOVIC / GETTY IMAGES ©

Delta del Siné-Saloum

4 La Petite Côte se extiende 150 km al sur desde Dakar y es una de las mejores zonas de playa de Senegal. En la confluencia de los ríos Siné y Saloum con las aguas mareales del Atlántico, la costa se convierte en una zona de manglares, lagunas, bosques e islas de arena que forman parte del impresionante delta del Siné-Saloum, de 180 km². Desde Ndangane, centro de la actividad viajera en la costa, se puede tomar una *pirogue* (canoa tradicional) a casi cualquier punto del delta.

Isla de Gorée

5 Gobernada sucesivamente por portugueses, holandeses, ingleses y franceses, la histórica Île de Gorée, Patrimonio Mundial de la Unesco, se envuelve en una calma casi inquietante. En esta isla no hay carreteras asfaltadas ni coches, solo estrechos callejones con buganvillas y edificios coloniales con balcones de forja: una obra maestra visual. Pero la calma de Gorée no es tan romántica como meditativa, pues los elegantes edificios dan fe del papel de la isla en la trata de esclavos.

Lago Rose

6 Flotar en el Lac Rose y fotografiar el agua rosa en contraste con el brillante cielo azul. Conocido también como Lac Retba, esta laguna somera rodeada de dunas es un destino habitual para excursiones de un día tanto para dakarois como

si Senegal tuviera 100 habitantes

42 serían wolofs
24 serían peuls
15 serían serer
4 serían diolas
15 serían de otro origen

grupos religiosos
(% de población)

94 Musulmanes
5 Cristianos
1 Animistas

Cuándo ir

NOV-FEB

➡ La principal estación turística de Senegal es seca y fresca.

DIC Y MAR-JUN

➡ Concentración de festivales de música, entre ellos el Festival de Jazz de Saint-Louis (may).

JUL-FINALES SEP

➡ La estación lluviosa, pero los hoteles bajan de precio hasta un 40%.

población por km²

SENEGAL   GUINEA-BISSAU   SUDÁFRICA

👤 ≈ 8 personas

La cultura senegalesa

"Un hombre con boca nunca se pierde", reza un dicho wolof. Y en efecto, la conversación es la clave de la cultura local, y la clave de la conversación es un gran sentido del humor. A los senegaleses les encanta la charla y la burla, y cuanto más se meta uno en el juego de la conversación, con más facilidad se desenvolverá.

Las historias vitales de los senegaleses suelen ser el resultado de una mezcla de valores tradicionales, influencias foráneas, fe musulmana e integración familiar. Más del 90% de la población es musulmana, y mucha gente pertenece a algunas de las hermandades sufíes que dominan la vida religiosa en el país; la más importante es la muridí.

Comida y bebida

Ataaya Brebaje agridulce que se hace con hojas de té verde y mucho azúcar.

Bissap Bebida púrpura con agua, azúcar y hojas de hibisco.

Bouyi Zumo dulce y espeso de los frutos del baobab.

Corossol Zumo dulce de guanábanas.

Mafé Arroz cubierto con una salsa de cacahuetes, carne frita y verduras.

Pasteles Los franceses inculcaron a los senegaleses el gusto por cruasanes y pasteles.

Tiéboudienne El plato nacional: arroz cocinado en salsa de tomate y servido con pescado frito y verduras.

Yassa poulet Pollo asado y marinado en salsa de cebolla y limón; a veces se sustituye por pescado o carne, en cuyo caso se llama *yassa poisson* (pescado) o *yassa boeuf* (ternera).

Pelícanos.

para turistas, que vienen a disfrutar de la calma y captar el truco mágico del lago: un sutil brillo rosa que a veces colorea sus aguas. Tan bello espectáculo lo produce la alta salinidad del agua, 10 veces mayor que la del océano, pero solo puede disfrutarse con la luz adecuada; el mejor momento es la estación seca, cuando el sol está alto. Pero incluso si la naturaleza se niega a montar su espectáculo, el día de excursión es placentero. Se puede nadar en el lago, manteniéndose a flote por la sal, o echar una mirada a la industria salinera a pequeña escala en sus riberas. Y hasta la desaparición del Rally París-Dakar, el Lac Rose era el punto al que acudían los pilotos del Sahara para celebrar sus victorias o ahogar sus penas.

Parque Nacional de las Aves del Djoudj

7 Con casi 300 especies, este parque de 16 000 Ha es una de las reservas ornitológicas más importantes del mundo. Flamencos, pelícanos y zancudas son las aves que más abundan, y en noviembre llega un gran número de migradoras. La mejor manera de explorarlo es en *pirogue*.

Cómo desplazarse

Autobús Los *cars mourides* (autobuses grandes financiados por la hermandad muridí) conectan las poblaciones principales; hay que reservar antes del viaje.

Taxi La forma más rápida (pero incómoda) de moverse por el país es en taxi *sept-place* (taxi compartido con siete plazas): maltrechos Peugeots que recorren incluso las rutas más accidentadas. Algo más baratos, pero mucho menos seguros, son los microbuses (*ndiaga ndiaye* o *grand car*), que transportan unas 40 personas. Los vehículos salen de la *gare routière* en el momento en que se llenan, y cuando más rápido se llenan es por la mañana, antes de las 8.00. Las tarifas de los taxis son en teoría fijas, aunque suben continuamente por el alza de los precios del petróleo.

Zlatibor.

CAPITAL
Belgrado
....
POBLACIÓN
7,2 millones
....
ÁREA
77 474 km²
....
IDIOMA OFICIAL
Serbio

Serbia

La larga historia de multiculturalismo y pensamiento intelectual, su rico folclore y su efervescente actividad artística y musical convierten a Serbia en un destino obligado de los Balcanes.

Durante la década de 1990 Serbia pasó de ser el centro neurálgico de Yugoslavia al matón de los Balcanes. Pero la fama se recupera con la misma rapidez con que se pierde. Todo lo que nunca se oyó sobre Serbia es verdad: es cordial, acogedora y divertidísima. Hoy, gracias al talento industrial, la creatividad e iniciativa de los serbios, el país está retomando un papel fundamental en la región.

Rezumando una mezcla de ímpetu e *inat* (concepto serbio de rebeldía), este país no se anda con chiquitas: Belgrado es uno de los destinos fiesteros más locos del mundo, Novi Sad acoge el festival de música EXIT e incluso su hospitalidad es enfática: el forastero será saludado con un *rakija* y tres besos.

Aunque la corrección política es tan habitual como un bar para no fumadores, Serbia es un crisol cultural, con urbes como Subotica, de estilo *art nouveau;* la bohemia Niš; y Novi Pazar, salpicada de alminares y a la vez con algunos de los lugares más sagrados de la Iglesia ortodoxa serbia.

Serbia
Las mejores experiencias

Belgrado

1 Abierta, aventurera y audaz, Belgrado (Београд) no es una capital "bonita", pero su vitalidad la convierte en una de las ciudades más animadas de Europa. Mientras encara un futuro más brillante, su caótico pasado se despliega ante los ojos: los bloques socialistas se encajonan entre obra maestras de *art nouveau* y los restos del legado de los Habsburgo contrastan con los vestigios otomanos. Aquí el río Sava confluye con el Danubio (Dunav), las zonas verdes convergen con la frenética expansión urbana, y la vieja cultura europea cede paso a la vida nocturna de la modernidad.

Novi Pazar

2 Meditar sobre las fusiones culturales de Novi Pazar, el centro cultural de la región de Raška/Sandžak, con una numerosa población musulmana. El café, la cocina y las costumbres turcas abundan, pero con algunos monumentos ortodoxos en sus proximidades: este fue el centro del estado medieval serbio. La Ciudad Vieja está jalonada de cafés y tiendas de artículos turcos, mientras que al otro lado del río Raška hay cafés y restaurantes. Los intentos de restaurar el *hammam* (baño turco) han fracasado, dejándolo a merced de bebedores de café y gente de *picnic*.

Subotica

3 Pasmarse ante las sorpresas que deparan las llanuras de Voivodina, como los tesoros de estilo *art nouveau* de Subotica. Las maravillas arquitectónicas, una población relajada y sus deliciosos sabores serbios y húngaros la convierten en una ciudad pintoresca. Casi todos los lugares de interés de Subotica están en la peatonal Korzo o en la plaza principal, Trg Republike. Con más de 25 grupos étnicos, seis idiomas y lo mejor de las tradiciones húngaras y serbias, las llanuras de Voivodina ocultan una diversidad mayor que la del resto del territorio serbio.

Plaza de la República, Belgrado.

Festival EXIT, Novi Sad

4 Sede del festival EXIT (Salida), la fortaleza Petrovaradin de Novi Sad recibe a miles de juerguistas cada año. El primer festival, en el año 2000, duró 100 días y galvanizó a miles de jóvenes contra el régimen de Milošević, que "salió" pocas semanas después de aquello. Al festival acuden unos 200 000 fiesteros de todo el mundo. Cuando llega julio, la ciudad pasa de la tranquilidad al estado de EXIT.

Drvengrad

5 Escapar de la realidad en Drvengrad, construido por Emir Kusturica para la película *La vida es un milagro*. Los detalles raros y pintorescos dan al pueblo un aire de fantasía: el cine Stanley Kubrick proyecta películas de Kusturica, hay una estatua de tamaño natural de Johnny Depp y en Bruce Lee St se encuentra un restaurante donde se puede tomar el "zumo biorrevolucionario Che Guevara" y contemplar magníficos panoramas. Drvengrad acoge en enero el Festival Internacional de Cine y Música de Küstendorf.

Esquí y senderismo, Zlatibor

6 Esquiar, caminar o respirar sin más el aire de la montaña en los pueblos de Zlatibor. Región romántica de montañas, tradiciones y hospitalidad, Zlatibor comprende los montes Tara y Šargan por el norte y los montes Murteni-

si Serbia tuviera 100 habitantes

83 serían serbios
2 serían bosnios
4 serían húngaros
2 serían gitanos
9 serían de otro origen

grupos religiosos
(% de población)

85 Ortodoxos serbios
5 Católicos
3 Musulmanes
1 Protestantes
6 Otras religiones

Cuándo ir

TEMP. ALTA
(abr)

Para ver cómo se derrite el invierno montando en el ferrocarril Šargan 8.

TEMP. MEDIA
(jul y ago)

Rock en el EXIT de Novi Sad, desenfreno en Guča y *jazz* en Nišville.

TEMP. BAJA
(dic-mar)

Alpinismo en Kopaonik y Zlatibor.

población por km²

SERBIA HUNGRÍA BOSNIA Y HERZEGOVINA

= 15 personas

Locura 'Made in Serbia'

En principio, la Asamblea de Trompetas de Dragačevo (encuentro anual de bandas de música) suena a algo inofensivo, incluso tierno. Pero esto no es un campamento de bandas, sino el festival musical más estruendoso de toda Europa, si no del mundo.

Conocido como "Guča" por el pueblo de Serbia occidental que lo acoge en agosto desde 1961, durante estos seis días de desenfreno decenas de miles de visitantes obnubilados de cerveza y música bailan *kola* por las calles, atracándose de carne al espetón y lanzando dinares a las sudorosas frentes de los intérpretes (en su mayoría gitanos) de *trubači*. La música es incesante y frenética; incluso Miles Davis confesó: "No sabía que se pudiera tocar la trompeta así". Dormir es una posibilidad dudosa, pero por si acaso hay que traer una tienda.

Comida y bebida

Burek Pastel de carne, queso o verduras que se come con yogur.

Ćevapčići La omnipresente salchicha sin piel.

Kajmak Similar a nata montada salada, se le echa a todo, desde pan hasta hamburguesas.

Karađorđeva šnicla Parecido al pollo a la Kiev, pero con ternera o cerdo y mucha *kajmak* y salsa tártara.

Pasulj prebranac Versión serbia de las judías con tomate, pero con más grasa.

Rakija Destilado, casi siempre de ciruelas.

Svadbarski kupus Chucrut con carne de cerdo ahumada que se cocina en enormes ollas de barro.

Urnebes Pasta para untar, cremosa y picante, de paprika y queso.

Iglesia de Nuestra Señora e iglesia del Rey, monasterio de Studenica.

DE AGOSTINI / G. BERENGO GARDIN / GETTY IMAGES ©

ca en la frontera con Bosnia y Herzegovina. El centro de la ciudad (*tržni centar*) tiene todo lo necesario, pero no lejos hay pueblos cuyos habitantes viven ajenos al esquí. Las laderas de Zlatibor son suaves y las principales montañas para esquiar son Tornik (el pico más alto de Zlatibor, con 1496 m) y Obudovica.

Monasterio de Studenica

7 Uno de los lugares sagrados de Serbia, fundado en la década de 1190 por el creador del imperio serbio (y futuro santo) Stefan Nemanja y ampliado por sus hijos Vukan, Stefan y Rastko (san Sava). La vida monástica cultivada por Sava continúa hoy, aunque esta pequeña y próspera comunidad admite visitantes. Dos iglesias se alzan dentro de impresionantes murallas de mármol blanco: la Bogorodičina Crkva (iglesia de Nuestra Señora) contiene la tumba de Stefan, y Kraljeva Crkva (iglesia del Rey) alberga, entre otras obras maestras, el famoso fresco del Nacimiento de la Virgen.

Cómo desplazarse

Bicicleta Los carriles-bici están mejorando en las ciudades grandes. Voivodina es relativamente llana, pero resulta aburrido pedalear por las carreteras principales. Las regiones montañosas como Zlatibor ofrecen ciclismo de montaña en verano; las carreteras son sinuosas y pintorescas, pero con andenes estrechos.

Autobús Los servicios son numerosos, aunque fuera de los núcleos principales las conexiones esporádicas pueden dejar en la estacada durante unas horas. En el sur de Serbia, quizá haya que desandar camino hasta poblaciones más grandes.

Tren Casi siempre menos regulares y fiables que los autobuses, pueden ser de una lentitud exasperante.

Anse Source d'Argent.

CAPITAL
Port Louis

POBLACIÓN
90 846

ÁREA
455 km²

IDIOMAS OFICIALES
Criollo, inglés, italiano

Seychelles

Bienvenidos al paraíso. Quizá sea un tópico muy gastado, pero las islas de arena bordeadas de un mar turquesa que integran las Seychelles se hallan muy próximas a hacer honor a este título.

Hay que cerrar los ojos e imaginarse el cuadro: uno está tumbado en una playa con arena como polvos de talco lamida por aguas color topacio y con un fondo de colinas exuberantes y grandes rocas. ¿Material de un folleto turístico? No: es lo habitual en las Seychelles. Muchos creen que las sugestivas imágenes de aguas turquesa y arenas de un blanco resplandeciente están retocadas digitalmente; pero, una vez allí, se convencen de que las fotografías apenas hacen justicia a la realidad.

Con un entorno de ensueño, no extraña que las Seychelles sean un destino preferente para los recién casados. Pero para quienes buscan algo más que un bronceado, este archipiélago ofrece caminatas por la jungla y la costa, excursiones en barco y buceo con tubo o con botella, así como parques marinos y reservas naturales llenas de especies únicas.

Las Seychelles son más asequibles de lo que se cree; además de hoteles lujosos, alojamientos con cocina y pensiones familiares.

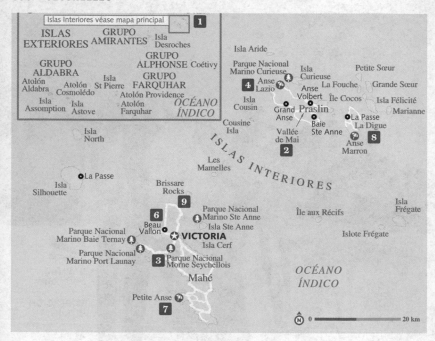

Seychelles
Las mejores experiencias

Isla Denis

1 Se aterriza en una pista de coral junto al mar. Hay una playa de arena blanca lamida por aguas templadas, una laguna resplandeciente con todas las tonalidades desde el lapislázuli hasta el turquesa, y palmeras y casuarinas sobre la costa. Si el bronceado ya cansa, se puede caminar en medio de la naturaleza por senderos pintorescos, así como pescar y bucear. Los amantes de la fauna también disfrutarán; Denis constituye una reserva de tortugas gigantes y aves singulares como monarcas-colilargos, tordos y currucas de las islas Seychelles.

Valleé de Mai

2 Si uno se decide con esfuerzo a abandonar la playa, Valleé de Mai es un paraíso de otra clase. Incluido en el Patrimonio Mundial de la Unesco, y con cocoteros de mar de rara belleza y muchos otros endemismos vegetales, caminar por este valle es como sumergirse en un exuberante bosque tropical rodeado por el canto de las aves. Vale la pena perderse por los tranquilos senderos que serpentean por este verde territorio virgen.

Parque Nacional Morne Seychellois

3 En su búsqueda de la playa perfecta, muchos viajeros no se enteran de que existe un espléndido parque nacional en Mahé y se pierden unas experiencias fantásticas. Si se emprende una caminata guiada por estos espesos bosques, manglares costeros y escarpadas montañas, no se tardará en pensar que el mundo y sus clamores pertenecen a otro planeta, y durante la exploración se encontrarán raras especies de aves, reptiles y plantas, aparte de unas vistas subyugantes.

Anse Lazio

4 En el norte de la isla de Praslin, Anse Lazio es un ejemplo palmario de por qué las Seychelles se han convertido en uno de los destinos más tentadores del océano Índico. La playa es casi perfecta, con arenas

Bosque lluvioso tropical, Valleé de Mai, Praslin.

doradas, grandes rocas de granito en cada extremo, palmeras y unas aguas turquesa de belleza insuperable. Ideal para pasar horas en la playa, buceando con tubo o comiendo en algunos de los restaurantes de la zona, es uno de esos sitios de donde uno nunca quiere irse.

Isla Bird

5 El destino definitivo para el ecoturismo y la observación de aves. Cientos de miles de charranes sombríos, charrancitos australianos y tiñosas comunes llegan entre mayo y octubre para anidar en esta isla de coral, 95 km al sur de Mahé. Esta es la ocasión de revivir una escena de *Los pájaros*

de Alfred Hitchcock: uno no tiene más que sentarse en el porche y las aves se le posarán en la cabeza. En la isla habita también *Esmeralda*, la tortuga gigante más vieja del mundo.

Beau Vallon

6 La playa de Beau Vallon, un alargado arco de arena blanca y brillante con palmeras y árboles de takamaka, es la más popular de Mahé, con aguas lo bastante profundas como para nadar y condiciones óptimas para el buceo con tubo y con botella en la bahía cercana; Beau Vallon es una playa tranquila e idílica en comparación con otros destinos tropicales.

si las Seychelles tuvieran 100 habitantes

92 hablarían criollo
5 hablarían inglés
3 hablarían otras lenguas

grupos religiosos
(% de población)

Católicos 82 Protestantes 8 Hindúes 2

Musulmanes 1 Otras religiones 6 No religiosos 1

población por km²

SEYCHELLES MADAGASCAR REINO UNIDO

≈ 40 personas

Cuándo ir

DIC-MAR

➡ Los alisios del noreste traen aire más caliente y húmedo. En diciembre y enero puede ser difícil encontrar alojamiento.

ABR-MAY Y OCT-NOV

➡ Períodos por lo general sin viento, ideales para viajar.

JUN-SEP

➡ Los alisios del sureste traen un tiempo más fresco y seco, pero a veces ventoso. Máxima afluencia de viajeros por las vacaciones escolares.

Fauna

Las tortugas gigantes solo se encuentran hoy en las islas Seychelles y las Galápagos. Los franceses e ingleses acabaron con todas las tortugas de las Seychelles salvo en la isla de Aldabra, donde sobreviven más de 100 000. Muchas han sido trasladadas a las islas centrales, donde se procuran comida en los jardines de los hoteles, y también existe una colonia salvaje en Curieuse Island.

Las Seychelles son famosas también por su avifauna, con endemismos como monarcas-colilargos, tordos, currucas, cernícalos y autillos de las Seychelles.

RAINER VON BRANDIS / GETTY IMAGES ©

Comida y bebida

Cerveza Seybrew, la marca de las islas, se vende en todas partes. Eku, otra cerveza local, es un poco más difícil de encontrar.

Curry de murciélago Conocido como *civet de chauve souris*, es una exquisitez local.

Fruta Abundan las frutas tropicales como mango, plátano, fruto del árbol del pan, coco, pomelo, piña y carambola; mezcladas con especias son acompañamientos maravillosos, como el sabroso *chatini* (chutney).

Pescado Arroz y pescado (*pwason ek diri* en *patois* criollo) es la combinación más habitual en las Seychelles. Aquí se devora *bourgeois*, *capitaine*, tiburón, *job*, pez loro, peto, mero y atún, entre otras especies fresquísimas.

Zumos Junto con el agua de coco, los zumos recién exprimidos son las bebidas refrescantes más deliciosas de las islas

Anse Intendance

7 La costa oeste de Mahé es una exquisitez visual, y sus playas y paisajes son los atractivos estelares. Anse Intendance es famosa por sus hipnóticas puestas de sol; cuando el cielo se torna naranja, las rocas de granito que enmarcan la playa relucen con apagados tonos cobrizos y componen el marco perfecto para un paseo romántico.

La Digue

8 Esta es la versión real del paraíso tropical, con aguas verde jade, bahías hechizantes con playas ante cuya belleza palpita el corazón, y colinas verdes con un manto de enmarañada jungla. La Digue es el trampolín para desplazarse a las islas circundantes, como Félicité, Grande Sœur y la Île Cocos.

Buceo con tiburones

9 Las islas Seychelles son uno de los destinos de buceo más gratificantes del Índico, sobre todo por la variedad de su fauna marina y la notoriedad que reporta nadar con tiburones ballena y enormes rayas en aguas de Mahé. Frente a las Brissare Rocks hay también pecios y peces fascinantes.

Cómo desplazarse

Avión El único aeropuerto internacional está en Mahé; hay unos 25 vuelos regulares al día entre Mahé y Praslin.

Bicicleta El principal medio de transporte en La Digue; también pueden alquilarse bicicletas en Praslin, pero Mahé es demasiado montañosa para pedalear sin esfuerzo.

Barco Viajar en barco es fácil entre Mahé, Praslin y La Digue, unidas por servicios de ferri regulares y eficientes.

Autobús Con tiempo suficiente, no hace falta alquilar un coche para visitar las islas: Mahé y Prasil tienen numerosas líneas de autobuses.

Automóvil Si se quiere libertad, lo mejor es alquilar un coche.

Pescador, playa River No 2.

CAPITAL
Freetown

POBLACIÓN
5,6 millones

ÁREA
71 740 km²

IDIOMA OFICIAL
Inglés

Sierra Leona

Sierra Leona es un país en alza cuyos habitantes, amables y con capacidad de resistencia, se han lanzado a reconstruir. Hoy en día hay mucho que descubrir, y apenas se ven turistas.

El destino playero secreto de África occidental emerge del Atlántico moteado por el sol, con bosque pluvial y las rojísimas carreteras del norte. Es Sierra Leona, así llamada por su forma de cabeza de leona. Dulce Salone, dicen los naturales.

En Freetown, los palafitos recuerdan los días en que los esclavos libertos del Caribe fueron reasentados en estas costas; algunos desembarcaron en la península, con un manto de arena tan blanca y suave como algodón.

En el norte, los montes Loma forman el punto más alto al oeste de Camerún. Más al este, los arroyos atraviesan parques nacionales y los manglares envuelven el bosque pluvial con especies en peligro como el huidizo hipopótamo pígmeo, entre otras.

Bajado ya el telón sobre el doloroso pasado, es momento de que empiece un nuevo acto en Sierra Leona. Únase el viajero a los que saltan de isla en isla ávidos de sol, nade en las límpidas aguas azules, explore los archipiélagos y abra langostas frescas a la sombra de las esbeltas palmeras y las hamacas.

Sierra Leona
Las mejores experiencias

Playas de Freetown

1 La lengua de Freetown se extiende a lo largo de la costa, besando playas con palmeras altas y elegantes y una arena como de nieve. La playa River No 2 se alzó a la fama después de que se rodara aquí el anuncio del chocolate Bounty, y la arena de un blanco azucarado no decepcionará a nadie.

Comida y bebida

Todos los pueblos tienen al menos una *cookery* (casa de comidas sencilla) que sirve *chop* (comidas).

Fry fry Sándwiches sencillos.

Plasas Salsa de puré de patatas u hojas de mandioca con aceite de palma.

Poyo Vino de palma, ligero y afrutado.

Star La cerveza más vendida.

Isla Tiwai

2 La "isla grande", en lengua mende, destaca por su población de primates. Situada en el río Moa, la isla entera es un centro de investigación y protección de la naturaleza, con más de 700 especies de plantas, 11 de primates –incluidos cercopitecos diana y chimpancés– y 135 de aves, más nutrias, tortugas marinas y el amenazado hipopótamo pigmeo.

Monte Bintumani

3 Comocido también como Loma Mansa, el poderoso Rey de las Montañas, el monte Bintumani (1945 m) es el pico más alto de África occidental hasta que se llega a Camerún. El macizo es rico en aves de tierras altas, mamíferos como cefalofos y colobos, y serpientes. Los 4-5 días de aventura no se olvidan.

Cuándo ir

NOV-JUN
➡ La estación seca trae el polvoriento viento *harmattan* desde diciembre hasta febrero.

ABR
➡ Medias diurnas de 32°C.

JUN-NOV
➡ La estación lluviosa: tormentas espectaculares y precipitaciones de hasta 3200 mm.

Estatua del Merlion, Marina Bay.

Singapur

*La eterna escala está constantemente reinventándose como
destino por derecho propio, compitiendo por convertirse
en la primera ciudad de Asia e incluso del mundo.*

Una de las historias de más éxito en Asia,
el minúsculo Singapur, cuyo PIB lo sitúa
sistemáticamente como uno de los países
más ricos del mundo, acompaña su opulencia
con la riqueza cultural de una población
multirracial. El viajero puede perderse en el
agitado remolino de rascacielos del distrito
financiero central (CBD), dejarse hipnotizar
por los ritmos de Bollywood en las calles
del destartalado Little India, atravesar
densos tramos de selva tropical en Bukit
Timah, o simplemente rendirse al caótico
espacio comercial con aire acondicionado de
Orchard Rd: aquí siempre hay algo para todo
el mundo.

Singapur es próspero, *high-tech* y a veces
es algo esnob, pero nada es como el centro
de puestos callejeros, con omnipresentes y
ruidosos mercados de comida donde todos
ponen de su parte para satisfacer
la obsesión local por comer y beber barato.
En resumen, este país es la escala ideal para
recuperarse del turbulento resto del sureste
asiático.

MALASIA

Estrecho de Johor

Reserva del Humedal Sungei Buloh

Embalse Kranji

Embalse Mural

Embalse Poyan

Zona restringida

Jln Ahmad Ibrahim

Bukit Timah Expwy

Pulau Seletar

Embalse Upper Seletar

1 Seletar Expwy

Pulau Punggol Barat

Embalse Lower Seletar

Pulau Punggol Timor

Pulau Serangoon

Pulau Ubin **2**

Pulau Tekong Kéchil

Pulau Tekong

Kranji Expwy

Pan Island Expwy

Reserva Natural Central Catchment

6

Central Expwy

Upper Serangoon Rd

Tampines Expwy

Parque Pasir Ris

Parque Changi Beach

Upper Changi East Rd

Reserva Natural de Bukit Timah

Bukit Timah Rd

Embalse Bedok

Embalse Pandan

Ulu Pandan Rd

Ayer Rajah Expwy

3 **8** **5**

4

Estrecho de Jurong

Isla Jurong

Canal Sebarok

Isla Sentosa

Isla Lazarus (Pulau Sakijang Pelepah)

Estrecho de Singapur

Pulau Ular

Pulau Bukum

7

Isla Kusu (Pulau Tembakul)

Estrecho de Singapur

Pulau Sudong

Pulau Semakau

Pulau Sebarok

Isla de St John (Pulau Sakijang Bendera)

Batu Ampar

Pulau Batam

Singapur
Las mejores experiencias

Zoo de Singapur y Safari Nocturno

1 Simple y llanamente, este podría ser el mejor zoo del mundo. Los recintos al aire libre permiten a los animales moverse a sus anchas y a los visitantes, verlos sin obstáculos. El Zoo de Singapur es uno de los lugares fuera de las islas de Borneo o Sumatra donde uno puede estar bajo un árbol con orangutanes a poca distancia de su cabeza, o donde corretean cervatillos y lémures por los caminos. Al caer la noche, el Safari Nocturno dispone de espacios abiertos para acercar al viajero a criaturas nocturnas como leopardos, ciervos en libertad y tigres malayos.

Pulau Ubin

2 Perfecta para una escapada, esta isla rústica permite vislumbrar la vida del *kampong* (pueblo) que fue parte importante de Singapur en los años sesenta. A bordo de un movido barco de aprovisionamiento desde Changi, se puede contemplar los manglares primarios de Pulau Ubin y después pedalear junto a cabañas con tejado de hojalata o lanzarse por un camino en bicicleta de montaña, y acabar el día saboreando marisco. Si las actividades al aire libre no son de su gusto, el viajero puede tomar una clase de cocina, y si le seduce la relajada vida de la isla, pasar alguna noche en el *resort* local.

Jardín botánico

3 Sirve de grata escapada de la bulliciosa vida urbana. Al final de Orchard Rd, es un extenso oasis, perfecto para un *picnic*, observar a la gente, pasear por los jardines de orquídeas y buscar la Vanda Miss Joaquim, flor nacional del país. La Orquesta Sinfónica de Singapur ofrece conciertos mensuales gratis en el pabellón.

Little India

4 El más evocador de los barrios históricos de Singapur es el que más recuerda a sus caóticos días del pasado. Lo mejor es visitarlo con el gentío del fin de semana, cuando está atestado de traba-

Orangutanes, Zoo de Singapur.

jadores indios en busca de un pedazo de su tierra. Los reducidos espacios que ocupan las tiendas se llenan de aromáticas especias y vistosos productos. La gente más a la moda acude a los pequeños y atractivos bares, y si el viajero sufre de insomnio, puede ir al Mustafa Centre y comprar un iPad a las 3.00 antes de ir tomarse un *teh tarik* y un *roti prata*.

Baba House

5 Este museo viviente gratuito es una de las casas patrimoniales peranakan mejor conservadas de Singapur, y permite vislumbrar la híbrida cultura chino-malaya de la minoría Baba-Nonya de Singapur. Esta admirable mansión china restaurada, con mobiliario de época, recrea la vida de una acomodada familia peranakan hacia 1928. Ofrecen completas y entretenidas visitas guiadas de 90 min dos veces por semana; hay que reservar con antelación.

Reserva Natural de Bukit Timah

6 ¿Senderismo en el húmedo y soleado Singapur? ¿Por qué no? Sir Stamford Raffles y William Farquhar, los antepasados británicos del país, fueron grandes naturalistas, y Singapur tiene numerosas zonas verdes. En los senderos de esta reserva, su cacofonía de insectos, monos errantes y frondosa bóveda forestal recuerdan la época en que Singapur era solo naturaleza. El viajero puede además visitar los

si Singapur tuviera 100 habitantes

77 serían chinos
14 serían malayos
8 serían indios
1 sería de otro origen

grupos religiosos
(% de población)

34 — Budistas 14 — Musulmanes 11 — Taoístas

5 — Hindúes 18 — Cristianos 18 — Otras religiones

población por km²

SINGAPUR HONG KONG INDONESIA

† ≈ 125 personas

Cuándo ir

ENE-FEB

➔ El Año Nuevo chino y el Chingay son los eventos más destacados.

ABR-MAY

➔ Muchos eventos preceden las vacaciones escolares.

DIC

➔ Los monzones del noreste traen intensas lluvias, pero refrescan el ambiente.

'Singlish'

Malayo, mandarín, tamil e inglés son las lenguas oficiales aquí, pero su *lingua franca* extraoficial es el *singlish*. Este dialecto inglés mezclado con hokkien, malayo y tamil se habla a toda velocidad y de forma sincopada, con frases que concluyen con numerosos vocablos exclamativos sin significado: *lah* es el más común, pero también se oyen *mah, lor, meh, leh* o *hor*. Otros rasgos distintivos son el acento largo en la última sílaba de la frase, mientras que palabras acabadas en consonante a menudo se acortan y se distorsionan las vocales; así, "Perak Rd" puede ser "Pera Roh" para el taxista chino. Los tiempos verbales, mejor olvidarlos; pasado, presente y futuro se expresan mediante indicadores de tiempo, como en "*I go tomorrow*" (Voy mañana) o "*I go yesterday*" (Voy ayer).

Comida y bebida

Arroz con pollo estilo Hainan Pollo escalfado en aromático lecho de arroz, cocinado en caldo de pollo, con salsa de chile y ajo.

Carrot cake Bizcochos cuadrados salteados, con brotes de soja, salsa de chile y rábano picante.

Char kway teow Fideos planos de arroz al *wok* con brotes de soja, berberechos, gambas y salchichas chinas con una salsa de soja oscura y otra de chile.

Murtabak Crep frito relleno de carne picada de pollo, ternera o cordero condimentada, ajo, huevo y cebolla.

Nasi padang Arroz blanco al vapor con una selección de carnes, verduras y curris.

Roti prata Pan plano frito servido habitualmente con curri.

Tiger beer Pese a no ser la bebida nacional, la de Singapur es una deliciosa cerveza rubia.

Centro comercial ION Orchard.

Southern Ridges, 9 km de senderos por sombreados parques, colinas y los bellos puentes colgantes en forma de hoja del Alexandra Link.

Isla Sentosa

7 Su centro turístico de categoría mundial parece ramplón desde el exterior, pero la apertura del Resorts World significa que Singapur tiene ocio para todo el mundo. Los padres pueden dejar que sus hijos alucinen en Universal Studios y derrochar por la noche en el casino, o perder la camisa de otra manera: relajándose en la playa con un cóctel en la mano.

Orchard Road

8 Con todas las marcas imaginables y más de 20 centros comerciales encajados en esta franja de 2,5 km, el viajero puede comprar hasta el agotamiento, recuperarse y seguir. Esta antigua carretera polvorienta flanqueada por campos de especias y huertos es hoy un torrente de centros comerciales, grandes almacenes y tiendas especializadas, capaces de saciar hasta a los más compulsivos, una auténtica y decadente terapia. Tras dejar las compras en el hotel, lo mejor es desfilar hacia Emerald Hill y disfrutar de su arquitectura peranakan y las ofertas de su *happy-hour*.

Cómo desplazarse

Autobús Llega hasta donde llega el tren y más lejos, y es una buena opción para gozar de las vistas. Circula de 6.00 a 24.00, y hay autobuses nocturnos desde la ciudad.

MRT El metro local, la forma más práctica de desplazarse. Opera de 6.00 a 24.00.

Taxi Bastante baratos comparados con los de Europa. Se toman en la calle o en las paradas de taxis, y los días de lluvia cuesta conseguir uno. De las 24.00 a las 6.00 y en horas punta aplican elevados recargos.

Crac de los Caballeros antes de los bombardeos.

CAPITAL
Damasco

POBLACIÓN
22,5 millones

ÁREA
185180 km²

IDIOMA OFICIAL
Árabe

Siria

Debido a una guerra civil que ha copado los titulares y traumatizado a la nación, Siria es un territorio vedado desde hace varios años. Pero quienes han visitado esta puerta de entrada a Oriente Medio la recuerdan por su cultura y hospitalidad.

En el momento de redactar esta guía, no se puede ir, y si se puede, no se debe. Las protestas pacíficas contra el régimen de Bashar al-Asad iniciadas a principios del 2011 han desembocado en una caótica y compleja guerra civil en gran parte del país. Hay violentos conflictos en el norte, en torno a Alepo, tomado por los rebeldes, Homs en el centro, y en los alrededores de Damasco, en el bastión gubernamental del sur. Aunque organizaciones como la ONU y la Liga Árabe han intentado negociar la paz, los acontecimientos son totalmente impredecibles.

Es imposible prever la duración del conflicto. Cuando acabe, sus muchos lugares históricos, desde Palmira en el desierto, a castillos de los cruzados como Crac de los Caballeros, visible desde el Mediterráneo, volverán a atraer al viajero y la amable hospitalidad de los sirios volverá a ganarse su afecto.

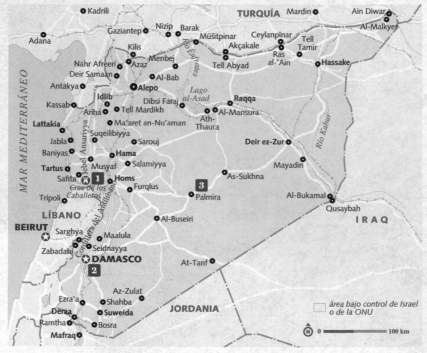

Siria
Las mejores experiencias

Crac de los Caballeros

1 Patrimonio Mundial de la Unesco desde el 2006, este castillo de los cruzados, dañado por los bombardeos en la guerra civil, se compone de dos partes diferenciadas, separadas por un foso excavado en la roca: la muralla exterior con 13 torres y entrada principal, y los muros interiores y construcción central, sobre una plataforma rocosa.

Damasco

2 Cuenta la leyenda que en un viaje desde La Meca, el profeta Mahoma posó su mirada sobre Damasco, negándose a entrar porque quería llegar al paraíso solo una vez, a su muerte. En esta ciudad de leyenda, que compite por el título de la más antigua del mundo habitada sin interrupción, hay narradores y zocos, y un casco viejo con una arquitectura milenaria.

Palmira

3 Sus antiguas ruinas de un rosa dorado son uno de los mejores enclaves antiguos de Oriente Medio. Asomando en el desierto central y flanqueada por un extenso oasis, Palmira fue escala de rutas comerciales mucho antes de la llegada de los romanos a Siria.

Comida y bebida

Shay na'ana Té a la menta, complemento esencial de la hospitalidad siria.

Tabbouleh y fattoush Dos de las más conocidas ensaladas. Ambas utilizan menta, zumo de limón y aceite de oliva para dar sabor, y contienen pepino y tomate.

Cuándo ir

MAR-ABR

➡ Primavera en la costa y después en las montañas, tapizadas de flores.

JUN-JUL

➡ Abrasador en el desierto pero mágico en el Mediterráneo.

SEP-OCT

➡ El otoño trae una luz intensa y temperaturas más bajas. Perfecto.

Pinturas rupestres de Las Geel.

CAPITAL	Mogadiscio
POBLACIÓN	10,3 millones
ÁREA	637 657 km²
IDIOMAS OFICIALES	Somalí, árabe

Somalia y Somalilandia

Nación turbulenta y partida en dos, sigue siendo zona vedada, a excepción de Somalilandia, la provincia secesionista situada más al norte.

Somalia puede resurgir después de décadas de sufrimiento que captaron la atención internacional como país asolado por la hambruna y las milicias, pero al igual que Puntlandia –estado autoproclamado con gobierno semiautónomo desde 1998 y guarida de piratas y contrabandistas–, Mogadiscio y sus zonas limítrofes siguen sin ser aptas para visitantes occidentales. Sin embargo, la República de Somalilandia, país no reconocido, ha resurgido de sus cenizas al restaurar la ley y el orden en su territorio.

Orgullosamente "independiente" desde 1991, se muestra como destino potencial de viajeros intrépidos, que pueden admirar notables pinturas rupestres, tomar el pulso a una capital que crece deprisa, pasear por playas vacías, visitar ciudades con mercado y sobrecogerse ante bellos paisajes: el visitante se sentirá pionero. La infraestructura turística se halla aún en estado embrionario, pero es esta sensación de entreabrir la puerta secreta de África la que lo convierte en uno de los países más insólitos y fascinantes.

La autoproclamada República de Somalilandia es actualmente un estado soberano de facto, aunque no reconocido por los organismos internacionales.

0 ———————— 200 km

Cuándo ir

DIC-MAR

➡ El mejor tiempo; muy poca lluvia y temperaturas frescas.

ABR-SEP

➡ Las lluvias de abril, mayo y septiembre complican los traslados. En julio y agosto el calor es abrasador.

OCT Y NOV

➡ Tiempo variable, pero las temperaturas facilitan la visita.

Comida y bebida

La carne de cabra y camello son platos apreciados. El desayuno típico es hígado frito con cebolla y *loxox* –pan plano parecido a la *injera* etíope– acompañado de miel, azúcar y té. Arroz y fideos son también productos básicos. El té es la bebida preferida.

Somalia y Somalilandia
Las mejores experiencias

Hargeisa

1 El viajero nunca olvidará su primera impresión de este lugar, el cual aún conserva cicatrices de la guerra civil que destruyó el país en las pasadas décadas. Las calles de Hargeisa vibran con hoteles, restaurantes y mercados a buen precio, pero no hay alcohol ni vida nocturna.

Las Geel

2 A unos 50 km de Hargeisa, es quizá el secreto mejor guardado de África, con una de las colecciones más impresionantes de arte rupestre del continente. Las conmovedoras pinturas, el típico paisaje somalí de secas llanuras cubiertas de acacias, espectaculares afloramientos de granito y ausencia total de gentío componen un inquietante e inolvidable ambiente.

Berbera

3 Un refresco, un banquete de pescado fresco, y relax en una playa desierta; su solo nombre ya suena exótico y trae a la mente imágenes de puertos tropicales. La realidad es algo más prosaica: esta sombreada ciudad contiene sobre todo edificios semiderruidos. Incluso así, posee un gran potencial, con soberbias playas y un relajado ambiente.

Viaje en tren, tierras altas de Sri Lanka.

CAPITAL
Colombo

POBLACIÓN
21,7 millones

ÁREA
65 610 km²

**IDIOMAS
OFICIALES**
Sinhala,
tamil
inglés

Sri Lanka

Playas infinitas, ruinas intemporales, gente acogedora, numerosos elefantes, excelente surf, *buenos precios, divertidos trenes, famoso té, sabrosa comida: ¿hace falta seguir?*

Sri Lanka tiene muchas virtudes. Hay pocos países con tantos lugares declarados Patrimonio Mundial de la Unesco (ocho) en una superficie tan pequeña, y sus más de 2000 años de cultura aguardan en antiguos enclaves llenos de misterio.

Cuando el viajero desee huir del clima tropical de la costa y las tierras bajas, puede poner rumbo a las frondosas colinas, de gran encanto. Las plantaciones de té de un verde imposible y las cumbres de la selva tropical saludan a paseantes, senderistas o a quienes simplemente se asomen a contemplarlas en un espectacular trayecto en tren.

Por si fuera poco, están las playas, joyas de cegadora arena blanca que rodean la isla, a menudo inexploradas y siempre a un paso. El viajero puede elegir entre meditar en un templo con 2000 años de historia, intentar llevar la cuenta de los platillos que acompañan el arroz o el curri, pasear por las perlas coloniales de Colombo y practicar un *surf* épico... Sri Lanka es espectacular, asequible y aún no demasiado masificada: ahora es el mejor momento para descubrirla.

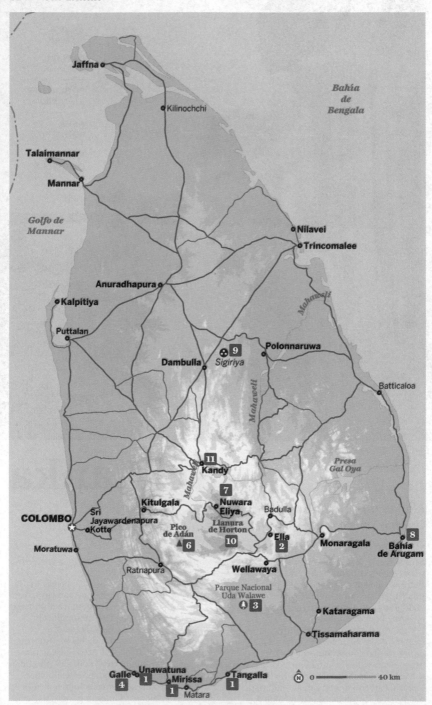

Jaffna

Kilinochchi

Bahía de Bengala

Talaimannar

Mannar

Golfo de Mannar

Nilavei

Trincomalee

Anuradhapura

Kalpitiya

Puttalan

Dambulla

Sigiriya ☢ **9**

Polonnaruwa

Mahaweli

Batticaloa

Kandy **11**

Presa Gal Oya

Kitulgala

7

Nuwara Eliya

Badulla

Mahaweli

COLOMBO

Sri Jayawardenapura Kotte

Pico de Adán ▲ **6**

Llanura de Horton **10**

Ella **2**

Monaragala

8

Bahía de Arugam

Moratuwa

Ratnapura

Wellawaya

Parque Nacional Uda Walawe ▲ **3**

Kataragama

Tissaharama

Galle **4**

Unawatuna **1**

Mirissa **1**

Matara

Tangalla **1**

⊛ **N** 0 _____ 40 km

Sri Lanka
Las mejores experiencias

Playas sublimes

1 Las hay largas, con motas doradas, delicadas de suave arena blanca, azotadas por el viento y el oleaje, y a veces sin una sola huella en kilómetros. Unas tienen un ambiente relajado y otras, alegre y fiestero, pero sea cual sea la elegida, las playas de Sri Lanka son tan bellas como dicen. Tangalla, Unawatuna y Mirissa están entre las mejores. Es seguro que, ya de vuelta en casa, cada vez que el viajero se vea atrapado en la hora punta de una húmeda y fría mañana de lunes, la imagen de las palmeras y el mar azul de Sri Lanka flotará en su recuerdo.

Viajes en tren

2 A veces no quedan asientos libres en el lento y popular tren a Ella, pero la maravillosa vista de la ondulante alfombra de los campos de té lo compensa todo. Fuera, los vistosos *saris* de los recolectores destacan en un mar verde; dentro, el viajero recibirá una tímida bienvenida en forma de sonrisa. En las estaciones, los vendedores ofrecen deliciosos bocados, como sabrosos buñuelos de maíz y chile envueltos en antiguo papel. Comerlos mientras el paisaje desfila al ritmo del sonido del tren resulta sublime.

1

Parque Nacional Uda Walawe

3 Este gran tramo de praderas de la sabana centrado en el embalse Uda Walawe es lo más parecido al este de África en esta isla del océano Índico. En esta zona protegida hay rebaños de búfalos (algunos domesticados), sambares, cocodrilos, montones de aves y de elefantes indios; en el caso de este mamífero, Uda Walawe iguala e incluso supera en número de ejemplares a muchos de los célebres parques nacionales que podemos visitar en el este de África.

si Sri Lanka tuviera 100 habitantes

75 serían cingaleses
9 serían moros cingaleses
4 serían tamiles indios
11 serían tamiles cingaleses
1 serían otros

grupos religiosos
(% de población)

70 Budistas
10 Musulmanes
13 Hindúes
7 Cristianos

poblacion por km²

SRI LANKA   REINO UNIDO   ESPAÑA

≈ 30 personas

Fuerte de Galle

4 Hombre y naturaleza han unido sus fuerzas aquí para producir una obra de arte arquitectónica. Los holandeses construyeron calles y edificios, los ceilandeses añadieron color y estilo, y la naturaleza se ocupó después de cubrirlo con una suave capa de vegetación tropical, humedad y aire salino. El resultado es un sugerente casco antiguo con docenas de recientes galerías de arte, insólitas tiendas, cafés-*boutique* y pensiones. Sin duda, la mejor atracción turística urbana del país.

El 'ayurveda'

5 Si durante la estancia el viajero comienza a sentir el peso de los siglos, podría apreciar la ironía al notar cómo las tensiones abandonan su cuerpo en una sauna ayurvédica, cuyo diseño tiene más de 2500 años. El *ayurveda* es una práctica antigua y sus adeptos reivindican los inmensos beneficios de las terapias y tratamientos. Hierbas, especias o aceites se usan dentro y fuera del cuerpo para aportar equilibrio. Hay quien sigue regímenes de varias semanas en clínicas, otros disfrutan de un capricho de una tarde en un *spa* de lujo.

Pico de Adán

6 Desde hace más de mil años, los peregrinos ascienden el Sri Pada a la luz de las velas para pisar las huellas de Buda, respirar el aire donde Adán llegó a la Tierra, y ver el lugar donde las mariposas van a morir. Hoy los turistas se suman a los numerosos peregrinos y, de pie sobre este perfecto

El cambio de nombre

En 1972 el cambio de nombre del país, de Ceilán a Sri Lanka, provocó notable confusión entre los extranjeros. Sin embargo, los cingaleses lo han conocido siempre como Lanka y los tamiles como Ilankai. Por su parte, el *Ramayana* describe el rapto de Sita a manos del rey de Lanka. Los romanos la llamaban Taprobane y los mercaderes musulmanes hablaban de Serendib, "isla de joyas". La palabra *Serendib* se convirtió en la raíz del vocablo inglés *serendipity* (arte de realizar afortunados e inesperados descubrimientos). Los portugueses convirtieron Sinhaladvipa (isla de los cingaleses) en Ceilão, los holandeses en Ceylan y los británicos en Ceylon. En 1972 se restauró el nombre "Lanka" con el añadido de "Sri", título de respeto.

Comida y bebida

En una isla tan rica en especias e ingredientes, no es de extrañar que la gastronomía sea un estallido de sabores. Celebrar la comida es un rasgo cultural y la gente pasa horas preparando soberbios platos que son parte esencial de la vida cotidiana.

Hoppers Hermosos creps en forma de cuenco. Los cocineros más expertos usan con ingenio la harina de arroz para crear estos delicados recipientes. Crujientes y extrafinos, son ideales para todo tipo de sabrosos rellenos.

Kotthu Rotti Este apreciado plato nacional se prepara de muchas formas. Tras picar un poco de *rotti*, se echa a la sartén; luego, lo que combina mejor con la mezcla es objeto de constante debate.

Short eats Excelente opción para el viajero, estos variados tentempiés generalmente fritos (*samosas*, crujientes empanadillas o rollitos rellenos) se venden en todo el país en puestos, tenderetes o por vendedores callejeros.

7

GAVIN HELLIER / GETTY IMAGES ©

Plantación de té, Nuwara Eliya, región montañosa central.

pináculo de roca con la luz previa al amanecer, al ver el sol reptar sobre olas de montañas, la sensación de magia sigue siendo tan cautivadora como debió de ser para el propio Adán de las Escrituras.

Plantaciones de té

7 No hace tanto, la región central era básicamente un agreste y abrupto tramo montañoso envuelto en selva, pero entonces llegaron los británicos y sintieron la necesidad de tomar una taza de té. Talaron toda la selva y la convirtieron en una enorme plantación; el resultado es realmente hermoso. El té de Sri Lanka es hoy célebre en todo el mundo, y visitar una finca y asistir al proceso de producción resulta fascinante.

Cuándo ir

TEMP. ALTA
(dic-mar)

➡ La estación seca. La región montañosa central y las playas del oeste y sur reciben más visitantes.

➡ El monzón Maha (de octubre a enero) mantiene húmedo el este, norte y las Ciudades Antiguas.

TEMP. MEDIA
(abr y sep-nov)

➡ Abril y septiembre ofrecen la mejor posibilidad de buen tiempo.

➡ A mediados de abril las fiestas de Año Nuevo hacen que los transportes se llenen más allá de su capacidad.

TEMP. BAJA
(may-ago)

➡ La temporada del monzón Yala (de mayo a agosto) trae lluvia a las costas sur y oeste.

➡ Mejor tiempo en el norte y el este.

➡ Precios más bajos en todo el país.

'Surf' en la bahía de Arugam

8 Epicentro de su incipiente escena surfista, el largo rompiente a derecha del extremo sur de esta bahía está considerado el mejor del país. De abril a septiembre hay devotos sobre las olas y los más rezagados disfrutan de algún que otro día bueno incluso en noviembre. El ambiente es grato todo el año: alquilan tablas y reparan desperfectos, y muchos alojamientos apacibles y baratos ofrecen una cama en la playa. Para quien necesite soledad, hay buenos rompientes en las cercanas Lighthouse y Okanda.

Roca de Sigiriya

9 Solo los ondulantes jardines de su base ya valen la pena; lagunas y pequeños riachuelos artificiales llevan el agua a estos vergeles acuáticos y ofrecen un sereno idilio en plena sofocante campiña. Pero al levantar la vista, esta roca de 370 m emerge y deja al viajero atónito. Grabada con arte y coronada por ruinas,

Sigiriya es un formidable misterio que el nuevo y fantástico museo trata de discernir. La ascensión a la cima es un esfuerzo agotador que compensa.

Llanuras de Horton y el Fin del Mundo

10 Estas altas y agrestes llanuras barridas por el viento de la región montañosa central son una visión insólita pero grata en este país de verdes y azules tropicales. Al amanecer hay que abrigarse para atravesar estos páramos inhóspitos, una de las rutas a pie más agradables

del país. Y de repente, tras la neblina aparece el Fin del Mundo y una panorámica que bien podría ser la mitad del país.

Kandy

11 La capital cultural de la isla alberga un templo donde supuestamente hay un diente de Buda (templo del Diente de Buda). Los cingaleses lo consideran el enclave más sagrado, pero para los turistas ofrece un agradable barrio antiguo, un bello y céntrico lago, varios museos y bonitos jardines botánicos en sus inmediaciones.

Cómo desplazarse

Autobús Viajan a todas partes y son económicos. Los hay de dos tipos: los de Central Transport Board (CTB) suelen ser los estándar sin aire acondicionado, y los privados, más cómodos y rápidos. Los vehículos van desde autocares japoneses último modelo a vetustos microbuses.

Automóvil Alquilarlo con conductor es común y asequible. Una opción más cara que autobuses y trenes, pero flexible y cómoda.

Tren Son menos prácticos que los autobuses pero más entretenidos y casi siempre más relajados. Hay bonitas rutas y billetes económicos. Viajar en 1ª clase es cómodo, pero en 2ª y 3ª suelen llenarse y el trayecto puede resultar poco confortable. Los destinos son limitados y el viaje lento.

Películas

El puente sobre el río Kwai Film angloamericano de David Lean (1957) sobre la II Guerra Mundial, galardonado con un Oscar y rodado en gran parte en Sri Lanka.

Agua Película escrita y dirigida por Dipa Mehta (2005), rodada íntegramente en Sri Lanka, explora la vida de las viudas en la India

Sri Lanka's Killing Fields (Los campos de exterminio de Sri Lanka) Reportaje del Channel Four británico del 2011 que analiza los últimos meses de la guerra.

Libros

La princesa de Cristal y otros cuentos populares del antiguo Ceylán Antología de relatos recogidos en aldeas y refugios remotos por el folclorista británico Henry Parker a principios del siglo xx.

Cosas de familia Cómicas y reflexivas memorias de Michael Ondaatje sobre su familia de Colombo en los años cuarenta.

9

MARGIE POLITZER / GETTY IMAGES ©

Baile de los juncos de Umhlanga.

CAPITAL	Mbabane
POBLACIÓN	1,4 millones
ÁREA	17 364 km²
IDIOMAS OFICIALES	Inglés, suazi

Suazilandia

Las tradiciones son inherentes a la vida cotidiana de este peque-ño reino de montaña, cuyas fiestas sirven de valioso contrapunto a su oferta de actividades y observación de fauna y flora.

Simplificando, el buen perfume en frasco pequeño. Este enigmático reino es minúsculo, pero posee numerosos atractivos para todos los visitantes: observación de fauna y flora, actividades que disparan la adrenalina, como *rafting* y ciclismo de montaña, animada y vistosa cultura local... Además hay soberbios senderos, majestuosos paisajes de montes y llanuras, y artesanía de gran calidad.

Presidiéndolo todo está el rey Mswati III, el último soberano absoluto de África.

La monarquía tiene sus críticos, pero combinada con la destacada historia de resistencia de sus habitantes ante los bóers, británicos y zulúes ha fomentado un fuerte sentimiento de orgullo nacional, patente en fiestas como la ceremonia del Incwala y la danza de los juncos Umhlanga.

Su excelente red de carreteras facilita los desplazamientos. Muchos viajeros hacen una escala aquí camino del Parque Nacional Kruger (Sudáfrica), pero, de ser posible, merece la pena quedarse algún tiempo.

territorio. Un observatorio de aves permite además ver de cerca especies raras. Su nombre procede del árbol *mkhaya* (espina de perilla), abundante aquí. No se puede visitar o alojarse sin reserva previa; aunque se pueden concertar circuitos diurnos, es ideal pernoctar al menos una noche.

'Rafting' por el río Usutu

2 Uno de los mayores atractivos del país es el *rafting* de aguas bravas en el río Usutu, cruzando rápidos o deslizándose a través de bellos cañones. En varios tramos hay rápidos de Clase IV, no aptos para los más asustadizos, aunque hasta los novatos con ganas de aventura pueden manejarse sin dificultad. Las excursiones salen del valle de Ezulwini.

Reserva Natural Malolotja

3 Esta bella reserva es un auténtico espacio natural, accidentado y virgen en su mayor parte. El terreno ofrece desde praderas en alta montaña a bosque y sabana arbolada más baja, todo surcado por arroyos y tres ríos, como el Komati. Es un excelente destino senderista y un paraíso para ornitólogos, con más de 280 especies de aves. Flores silvestres y plantas raras son otros alicientes; muchas solo se encuentran en esta parte de África. El restaurante/recepción facilita folletos gratuitos sobre los senderos. Actualmente muchos visitantes llegan atraídos por el circuito Malolotja Canopy, que permite deslizarse por su bella y exuberante bóveda forestal en adrenalínicas tirolinas.

Suazilandia
Las mejores experiencias

Reserva de Caza Mkhaya

1 En lo más alto del *hit parade* de la protección del medio ambiente, esta bella reserva privada fue creada en 1979 para salvar de la extinción a la pura raza de ganado nguni. Sin embargo, hoy es conocida por sus rinocerontes negros y blancos. El personal se compone exclusivamente de suazis de comunidades vecinas que dirigen una unidad anti-caza furtiva realmente eficaz. Pero hay más: antílopes ruanos y antílopes sables, tsessebes y elefantes deambulan por su

4

Hipopótamos, Santuario de Vida Salvaje Mlilwane.

Santuario de Vida Salvaje Mlilwane

4 El viajero puede pedalear o deambular por su territorio y relajarse en su económicos *lodges*. Esta bella y apacible reserva fue creada en la década de 1950 por el conservacionista Ted Reilly y fue la primera zona protegida del país. Mlilwane significa "fuego pequeño", y debe su nombre a los numerosos incendios provocados aquí por efecto de los rayos. Si bien carece de la espectacularidad o inmensidad de algunos parques sudafricanos, es fácilmente accesible y merece una visita. Su terreno está dominado por el escarpado pico Nyonyane (pájaro pequeño) y brinda buenas caminatas. Entre su fauna destacan cebras, jirafas, facóceros, antílopes, cocodrilos, hipopótamos y una gran variedad de aves, como águilas milanas.

Bulembu

5 Esta ciudad histórica fue construida en 1936 para la mina de amianto de Havelock. Tras su cierre, los 10 000 trabajadores se marcharon, y en el 2003 Bulembu era una ciudad fantasma. Hace unos años, nuevos inversores pusieron en marcha un proyecto de turismo comunitario, haciendo que cobrara vida de nuevo; miles de viviendas vacías de chapa de zinc y numerosos edificios *art déco* están siendo renovados. Entre las mejores rutas a pie se cuenta la de Emlembe Peak

si Suazilandia tuviera 100 habitantes

37 tendrían entre 0-14 años
22 tendrían entre 15-24 años
33 tendrían entre 25-54 años
4 tendrían entre 55-64 años
4 tendrían más de 65 años

grupos religiosos
(% de población)

40 — Iglesia sionista
20 — Católicos

10 — Musulmanes
30 — Otros

población por km²

SUAZILANDIA   SUDÁFRICA   MOZAMBIQUE

👤 ≈ 10 personas

Cuándo ir

ENE-ABR

➡ Tiempo caluroso; la exuberante vegetación y los caudalosos ríos son muy fotogénicos.

FEB-MAR

➡ En la zona rural, la temporada de Buganu permite saborear vino de palma de marula.

MAY-SEP

➡ Días más frescos y vegetación invernal permiten ver fauna y flora en la baja meseta estepraria.

Ceremonias

Las vistosas ceremonias y atuendos tradicionales, aún utilizados, subrayan la identidad única de los suazis.

La del Incwala tiene lugar entre finales de diciembre y comienzos de enero. Es la más sagrada del país y celebra el año nuevo y los primeros frutos de la cosecha en rituales de acción de Gracias, oración, expiación y veneración del rey. Como parte de las celebraciones, el rey concede a sus súbditos el derecho a consumir su cosecha, y se esperan lluvias tras la ceremonia.

La Umhlanga (danza de los juncos) es un gran espectáculo en agosto o septiembre, interpretada por jóvenes solteras que recogen juncos para el arreglo y mantenimiento del palacio real. Durante una semana sirve para presentar en sociedad a las jóvenes casaderas y es un escaparate para las esposas potenciales del rey. El sexto día interpretan la danza y llevan a la reina madre los juncos que han recogido. Las princesas portan plumas rojas en el pelo.

El Buganu es otra festividad de la primera cosecha, que tiene lugar en febrero en honor al fruto de la marula. Las mujeres lo recogen y fermentan un potente brebaje conocido como *buganu*. Los vecinos, principalmente hombres, se reúnen para beber y festejar.

Comida y bebida

Suazilandia no es un paraíso para sibaritas, pero tampoco se come mal. Hay una buena oferta de platos internacionales en Mbabane y zonas turísticas de los valles de Malkerns y Ezulwini, así como especialidades portuguesas, marisco incluido. En regiones más remotas abundan platos típicos africanos como estofado y *pap* (también conocido como *mealie meal*).

Choza en forma de colmena, valle de Ezulwini.

(1863 m), el pico más alto del país.

Lobamba

6 Es el corazón del Valle Real. El palacio Embo, construido por los británicos, no está abierto al público ni se permite hacer fotos. Actualmente los reyes de Suazilandia residen en la Lozitha State House, a unos 10 km de Lobamba. El Museo Nacional acoge interesantes exposiciones sobre cultura suazi; la entrada permite acceder al monumento conmemorativo al rey Sobhuza II, el más venerado de todos. Junto al museo se sitúa el Parlamento, a veces abierto a los visitantes.

Valles de Ezulwini y Malkerns

7 El viajero puede disfrutar de una regia experiencia en estos hermosos valles del centro del país y derrochar en artesanía. Se inician a las afueras de Mbabane, extendiéndose a este y sur e incorporando los dominios reales de Lobamba.

Cómo desplazarse

Autobús Manzini cuenta con la principal estación internacional de autobuses a Johannesburgo, Durban y Mozambique. Hay salidas menos frecuentes de Mbabane hacia destinos al norte como Gauteng y Mpumalanga (Sudáfrica). Los servicios nacionales, aunque poco frecuentes, son económicos; casi todos salen y tienen su término en la parada principal del centro de Mbabane. Los taxis microbuses suelen ser el mejor medio de transporte público doméstico.

Automóvil Permite recorrer gran parte del país en pocos días. Si el viajero lo ha alquilado en Sudáfrica, debe llevar el contrato escrito al entrar en Suazilandia.

Taxi Los taxis microbuses salen cuando se llenan; hay muchos, circulan a casi todas partes y paran a menudo. También los hay no compartidos (privados) en algunas ciudades grandes.

Teleférico de la Montaña de la Mesa, Ciudad del Cabo.

CAPITAL
Pretoria

POBLACIÓN
48,6 millones

ÁREA
1,2 mill. de km²

IDIOMAS OFICIALES
Zulú, xhosa, afrikaans, inglés, sepedi, setswana, sesotho, xitsonga, swati, tshivenda, ndebele

Sudáfrica

Región de asombrosa diversidad, fusión de una prolífica fauna y flora, arrebatadores paisajes y vestigios de antiguas culturas, Sudáfrica queda grabada en el corazón.

Cuando el arzobispo Desmond Tutu la llamó "la nación del arco iris", sus palabras describían la esencia que la hace única. Es innegable que la mezcla de pueblos y culturas a la que se refiere su sobrenombre salta a la vista, pero su diversidad trasciende la gente.

Sin traspasar fronteras, el viajero puede dormir en un desierto bajo las estrellas o ascender a cumbres nevadas. Las colinas de Zululandia y la Wild Coast (costa salvaje) son un bucólico antídoto al bullicio de grandes urbes como Johannesburgo y Durban. La observación de fauna y flora abarca desde remotos safaris a pie hasta ver de cerca el vaivén de los pingüinos.

La variedad se traslada a la cocina, con delicado marisco de la costa oeste, suculentos banquetes de carne en el Karoo, aromáticos guisos en Cape Malay y picantes curris en Durban. Al suroeste, en Ciudad del Cabo, se dan cita sibaritas, amantes del arte, viajeros ávidos de emociones y entusiastas de la playa para beber, hacer surf y tomar el sol.

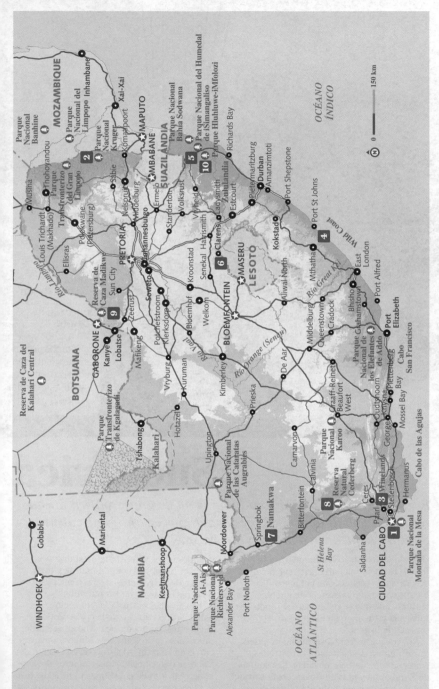

OCÉANO ÍNDICO

0   150 km

MOZAMBIQUE

Parque Nacional Banhine

Parque Nacional del Limpopo Inhambane

Xai-Xai

Parque Nacional del Humedal de iSimangaliso

Parque Nacional Bahía Sodwana

Parque Hluhluwe-iMfolozi

Richards Bay

MAPUTO

MBABANE

SUAZILANDIA

Komatipoort

Sabie

Nelspruit

Middelburg

Ermelo

Standerton

Volksrust

Vryheid

Ladysmith

Estcourt

Zuhllandia

Pietermaritzburg

Durban

Amanzimtoti

Port Shepstone

Thohoyandou

Parque Transfronterizo del Gran Limpopo

Parque Nacional Kruger

Louis Trichardt (Makhado)

Musina

Ellisras

Polokwane (Pietersburg)

PRETORIA

Johannesburg

Soweto

Potchefstroom

Klerksdorp

Kroonstad

Senekal

Harrismith

Clarens

MASERU

LESOTHO

Kokstad

Port St Johns

Wild Coast

East London

Port Alfred

Mthatha

Río Great Kei

Aliwal North

Queenstown

Cradock

Bhisho

Parque Nacional de los Elefantes de Addo

Port Elizabeth

Cabo San Francisco

BLOEMFONTEIN

Welkom

Bloemhof

Kimberley

Río Vaal

Río Orange (Senqu)

De Aar

Middelburg

Graaff-Reinet

Beaufort West

Parque Nacional Karoo

Oudtshoorn

George

Knysna

Plettenberg

Mossel Bay

Cabo de las Agujas

Reserva de Caza Madikwe

Sun City

Zeerust

Mafikeng

Vryburg

Kuruman

Hotazel

Upington

Prieska

Carnarvon

Calvinia

Ceres

Paarl

Wellington

Stellenbosch

CIUDAD DEL CABO

Parque Nacional Montaña de la Mesa

Hermanus

GABORONE

Kanye

Lobatse

Reserva de Caza del Kalahari Central

BOTSUANA

Tshabong

Kalahari

Parque Transfronterizo de Kgalagadi

Parque Nacional de las Cataratas Augrabies

Reserva Natural Cederberg

Namakwa

Springbok

Bitterfontein

Noordoewer

Saldanha

St Helena Bay

OCÉANO ATLÁNTICO

Alexander Bay

Port Nolloth

Parque Nacional Richtersveld

Parque Nacional Ai-Ais

NAMIBIA

Keetmanshoop

Mariental

Gobabis

WINDHOEK

Río Limpopo

Parque Nacional del Gran Limpopo

Parque Transfronterizo del Gran Limpopo

Westonaria

Ermelo

Vereeniging

Welkom

Sudáfrica
Las mejores experiencias

Montaña de la Mesa

1 Ya sea cómodamente en el teleférico giratorio, o a pie, coronar la famosa cumbre constituye un rito de iniciación en Ciudad del Cabo. Si el tiempo lo permite, el premio es la panorámica de toda la península de Table Mountain (Montaña de la Mesa) así como el descubrimiento de la increíble biodiversidad del parque. Conviene planificar la caminata: sus 24 500 Ha tienen rutas para cualquier forma física y ambición, desde cómodos paseos para avistar fynbos al sendero Hoerikwaggo, de cinco días y cuatro noches.

Parque Nacional Kruger

2 Uno de los grandes espacios naturales del país y el más imponente de sus parques nacionales, el viaje hasta aquí queda grabado para siempre. Su accesibilidad, abundancia y variedad de fauna y flora, gran tamaño y oferta de actividades lo hacen único y cautivador. Desde senderos a ciclismo de montaña y remotas pistas para todoterreno, la inacabable oferta permite disfrutar del medio natural y la vida salvaje. Kruger es uno de los mejores lugares del sur

Jirafa, Parque Nacional Kruger.
2

del continente para ver todo tipo de fauna.

Cata en los viñedos

3 La arquitectura colonial holandesa salpica el paisaje de suaves colinas y ordenadas hileras de viñedos. Es la quintaesencia de la provincia del Cabo, donde vinos de talla mundial ponen la guinda a un paisaje idílico. Stellenbosch, Franschhoek y Paarl, ciudades de cata de la región, presumen de algunas de las bodegas más antiguas, grandes y bellas del continente. Pero esta no es la única región vinícola de la provincia; Tulbagh produce espumosos, Route 62, recios tintos y oporto, y las cumbres del Cederberg, sauvignon blancs secos.

Paseos por la Costa Salvaje

4 La Wild Coast, de inquietante belleza y acertado nombre, ofrece escarpados acantilados que se precipitan al mar, remotas playas, aldeas xhosa e historias de naufragios y marineros abandonados a su suerte; es mejor recorrerla a pie. Desde el río Great Kei, cerca de East London, a Port St Johns, los senderos abrazan el litoral, serpenteando por laderas desnudas y cañones, y permiten avistar ballenas francas australes y delfines en el mar azul turquesa. Hay alojamientos rústicos y se puede pernoctar con una familia en una *rondavel* (cabaña redonda de tejado cónico) tradicional.

Parque del Humedal de iSimangaliso

5 Patrimonio Mundial de la Unesco, y con un nombre muy apropiado (significa "milagro" o "maravilla"), ocupa 220 km magníficos, desde la frontera con Mozambique a Maphelane, en el extremo sur del lago Santa Lucía. Con 328 000 Ha, protege cinco ecosistemas, con arrecifes frente a la costa, playas, lagos, humedales, bosques y bosques costeros. Es lugar de recreo natural, con paseos en vehículo, rutas a pie, ciclismo y natación, así como fabulosos animales: gran cantidad de tortugas bobas y tortugas laúd, ballenas y delfines, rinocerontes, antílopes, cebras e hipopótamos.

Nelson Mandela

Nelson Rolihlahla Mandela, uno de los líderes más destacados del milenio, fue perseguido por los blancos sudafricanos en el poder y condenado a cadena perpetua. Al ser liberado 27 años más tarde, llamó a la reconciliación nacional.

Hijo de un jefe xhosa, nació el 18 de julio de 1918. Después de la universidad se trasladó a Johannesburgo, donde no tardó en involucrarse en política. En los años cincuenta estuvo al frente de las campañas de desobediencia civil del CNA y en 1964 fue juzgado por sabotaje y apología de la revolución. Condenado a cadena perpetua, pasó los 18 años siguientes en la prisión de la isla Robben, antes de su traslado al continente. Durante todo su cautiverio, Mandela se negó a renunciar a su credo político.

En 1994, cuatro años después de su liberación, se convirtió en el primer presidente de Sudáfrica elegido libremente. En 1997 dejó su cargo, aunque siguió siendo una venerada figura política hasta su fallecimiento el 5 de diciembre del 2013.

Comida y bebida

Atchar Salsa de frutas y verduras de Cape Malay, aromatizada con ajo, cebolla y curri.

Kingklip Excelente pescado de carne densa, que se sirve frito.

Koeksuster Rosquilla trenzada bañada en miel.

Malva Delicioso postre de bizcocho, conocido también como pudin de vinagre.

Melktert Sabrosa tarta cremosa hecha con leche, huevos, harina y canela.

Pap & sous Gachas de maíz con salsa de tomate y cebolla o de carne.

Salsa chakalaka Picante salsa de tomate con cebollas, *peri peri*, pimientos verdes y curri.

Venado A menudo springbok, pero también kudú, facócero, blesbok y otras piezas de caza.

Vetkoek Bollo frito, a veces relleno de carne picada.

si Sudáfrica tuviera 100 habitantes

79 serían negros
9 serían blancos
9 serían mulatos
3 serían indios/asiáticos

grupos religiosos

(% de población)

80 Cristianos
2 Musulmanes
1 Hindúes
17 Otros/No religiosos

población por km²

SUDÁFRICA LESOTO SUAZILANDIA

≈ 10 personas

3

HOUGAARD MALAN / GETTY IMAGES ©

Viñedos, Stellenbosch.

Clarens

6 Las estrellas internacionales que vienen a probar el fresco aire de montaña le dan a esta acomodada ciudad un aura de fama. Llena de galerías, antigüedades, restaurantes con clase y actividades de aventura en la campiña circundante, complace a casi todos. Aquí hay dinero, pero es una ciudad tranquila y perfecta para dar un paseo al atardecer. Con *pubs* y librerías para curiosear, Clarens es el mejor lugar del Estado Libre para relajarse.

Flores silvestres de Namakwa

7 Uno de los rincones olvidados del país, Namakwa se extiende por la costa oeste hacia Namibia. Cruzar esta remota región y alcanzar las refrescantes vistas atlánticas de Port Nolloth tras cientos de kilómetros por carreteras desiertas es algo fantástico todo el año. Además, en primavera las flores silvestres convierten estos tramos rocosos en una alfombra multicolor.

Cuándo ir

TEMP. ALTA
(dic-mar)

➡ Las épocas de mayor afluencia son Navidad, Año Nuevo y Semana Santa.

➡ Los precios se disparan.

➡ El alojamiento en parques nacionales y la costa se llena con meses de antelación.

TEMP. MEDIA
(abr-may, oct-nov)

➡ Hay vacaciones escolares de finales de septiembre a principios de octubre.

➡ Tiempo soleado primaveral y otoñal.

➡ Las condiciones óptimas para la observación de fauna y flora comienzan en otoño.

TEMP. BAJA
(jun-sep)

➡ El invierno es ideal para observar animales salvajes.

➡ Hay vacaciones escolares desde finales de junio a mediados de julio.

➡ Los precios son bajos, con descuentos y paquetes.

El viajero podría pasar días recorriendo sus vistosos prados, deteniéndose en el Parque Nacional Namaqua y la Reserva Natural Goegap, dedicado a la observación de flores silvestres.

Excursionismo y estrellas en el Cederberg

8 De día el despejado cielo azul contrasta con las encendidas cumbres naranja del escarpado Cederberg; de noche la Vía Láctea brilla tanto que casi se puede leer con su luz. El Cederberg es el paraíso para observadores de astros, excursionistas y escaladores en roca en busca de un paisaje sobrenatural, y para quienes simplemente desean noches silenciosas. El viajero puede elegir entre la exigente ruta del Arco Wolfberg, el más breve paseo hasta la Cruz Maltesa, o el sendero de Wupperthal, de tres días.

Películas

Distrito 9 En este film de Peter Jackson alienígenas gigantes invaden Johannesburgo.

Invictus Película de Clint Eastwood sobre la Copa del Mundo de Rugbi de 1995.

Libros

El largo camino hacia la libertad (Nelson Mandela) La extraordinaria vida del líder africano consagrada a la lucha contra la opresión racial.

Escenas de una vida de provincia (J. M. Coetzee) Memorials noveladas del premio Nobel sudafricano.

Mejor hoy que mañana (Nadine Gordimer) El devenir de una familia de Johannesburgo tras la abolición del apartheid.

Cómo desplazarse

Avión Los vuelos nacionales no son baratos. Para lograr mejores precios hay que reservar en línea con meses de antelación.

Bicicleta Si el viajero está lo bastante en forma para subir las colinas, Sudáfrica ofrece buenas oportunidades para el ciclismo. Dispone de un territorio pintoresco y diverso, muchos campings y carreteras tranquilas.

Autobús Una buena red, de fiabilidad y confort variables, une las ciudades principales.

Automóvil Sudáfrica es uno de los mejores países del mundo para viajar por carretera. Lejos de las principales rutas de autobús y tren, el vehículo propio es la mejor forma de moverse.

Reserva de Caza Madikwe

9 Una de las reservas más exclusivas de estas proporciones, ocupa 760 km^2 de sabana arbolada y bosque ribereño. Aquí es fácil ver algunos de los cinco grandes, pues los guías comparten actualizaciones de radio sobre dónde avistan, por ejemplo, una manada de leones o un elefante macho. Los 20 alojamientos son experiencias únicas, desde *ecolodges* a otros de cinco estrellas. Las visitas a Madikwe tienen todo incluido, y permiten al viajero relajarse nada más llegar.

Hluhluwe-iMfolozi

10 Aunque eclipsado por el Parque Nacional Kruger, es uno de los más conocidos y evocadores del país. De gran belleza, ofrece variopintos paisajes, desde montes con flores silvestres hasta sabana, y abunda la fauna salvaje, incluidos los cinco grandes. Puede visitarse todo el año; siempre hay algo que ver, desde elefantes mordisqueando marulas a impalas, cebras, ñus y crías de jirafas. Los grandes paseos en todoterreno, el alojamiento y el paisaje aseguran una experiencia memorable.

Sendero al Arco Wolfberg, Reserva Natural Cederberg.

CAPITAL
Jartum

POBLACIÓN
34,8 millones

ÁREA
1,9 mill. de km^2

IDIOMAS OFICIALES
Árabe, inglés

Pirámide, Ciudad Real.

Sudán

Ningún otro país del mundo produce tanta aprensión antes del viaje y tanta pena al marchar. Los sudaneses son tan diversos como misteriosos, tan generosos como acogedores.

El viajero podrá despertar al amanecer bajo doradas pirámides de reyes divinos de la Antigüedad; atravesar un abrasador desierto hasta donde los dos ríos Nilo se convierten en uno, y ver un millón de peces de un rojo sangre llenando jardines de coral. En cualquier caso, es innegable que entre sus sobrecogedoras colinas de arena yacen tesoros que el resto del mundo está empezando a comprender.

Hasta julio del 2011 Sudán era el mayor país de África, pero tras la escisión de Sudán del Sur, los mapas del continente se están redelineando. Los sudaneses están viviendo grandes cambios geográficos, políticos, financieros y culturales por esta redefinición de las fronteras.

Sin embargo, para los viajeros algunas cosas nunca cambian; la hospitalidad de sus gentes sigue siendo inmejorable, y para casi todos viajar aquí constituye una experiencia tan reveladora y gratificante que muchos acaban por decir que es su país africano preferido.

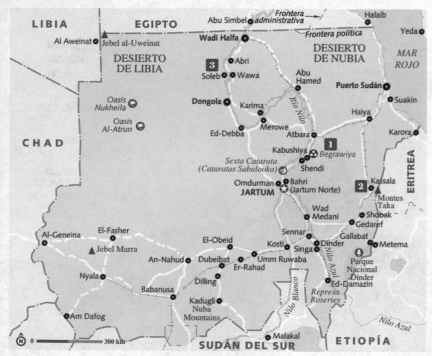

Sudán
Las mejores experiencias

Begrawiya

1 Este antiguo cementerio real, con sus conjuntos de estrechas pirámides tapizando las colinas barridas por la arena, es uno de lugares más espectaculares del país, y lo mejor es que el viajero probablemente lo podrá disfrutar a solas. Algunas antecámaras de las tumbas contienen jeroglíficos bien conservados.

Kassala

2 Aquí se dan cita la mitad de las tribus del norte. Sus enormes zocos son un mosaico étnico de colores, olores, sonidos y experiencias. En la base de las montañas se alza la mezquita Khatmiyah, centro neurálgico de la secta sufí del mismo nombre. Es un bello edificio de barro cocido; después de explorarla se aconseja trepar un poco por las insólitas cumbres de los montes Taka.

Soleb

3 Un poco al suroeste de Abri, este inmenso y evocador templo egipcio es el mayor reclamo turístico de la zona. No es solo visualmente bello, sino que llegar hasta él es una entretenida aventura. En la aldea de Wawa, en la costa este, el viajero deberá encontrar a un barquero y remar por un atractivo tramo del Nilo; un paseo por los palmerales conduce hasta el templo de Soleb.

Comida y bebida

Café A menudo con canela y cardamomo.

Fuul Alubias marrones estofadas, desayuno tradicional acompañado de queso, huevo, ensalada y pan plano.

Shai Té negro dulce.

Cuándo ir

NOV-FEB

➡ El invierno ofrece temperaturas ideales y cielos despejados.

SEP-OCT

➡ Carreras de camellos en Kassala.

NOV

➡ En Jartum se celebra el Festival de Cine Europeo.

Pueblo Jia, cerca del Parque Nacional Boma.

Sudán del Sur

El 9 de julio del 2011 el país más grande de África se partió en dos y nació Sudán del Sur, el estado más joven del mundo.

El proceso de nacimiento de este país de África nororiental fue ciertamente violento y sangriento. Durante décadas los habitantes del sur solo conocieron la guerra en su lucha por la independencia del norte, y los potenciales visitantes deben saber que los enfrentamientos entre el nuevo gobierno sursudanés y varios grupos rebeldes continúan en muchas zonas del país.

En la actualidad Sudán del Sur es una de las naciones más desfavorecidas, subdesarrolladas y menos conocidas del planeta, pero ese desconocimiento es lo que quizá atraiga a los visitantes más intrépidos. Una vez aquí, se asombrarán por la gran cantidad de grupos tribales y les entusiasmarán los parques nacionales repletos de grandes mamíferos.

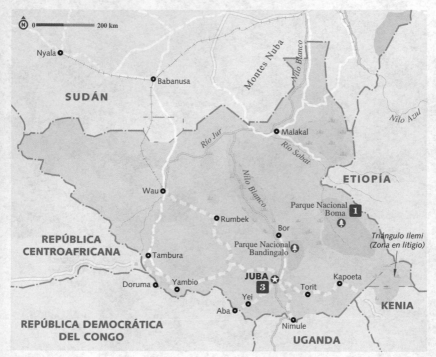

Sudán del Sur
Las mejores experiencias

Parque Nacional Boma

1 Este vasto espacio natural alberga abundante fauna y flora, que incluye rebaños migratorios de más de un millón de antílopes. Además, se cree que hay más de 8000 elefantes, 8900 búfalos y 2800 avestruces, así como leones, leopardos, jirafas, hipopótamos y muchas otras especies.

Población tribal

2 Posiblemente ningún otro rincón de África posee tal diversidad de tribus, muchas de las cuales continúan en parte con su forma de vida tradicional. Hay numerosas etnias y unos 60 idiomas. Las creencias indígenas están extendidas y aunque el cristianismo está logrando avances, es aún una religión minoritaria que convive a menudo con credos y costumbres locales.

Juba

3 La capital es una animada ciudad en auge con bulliciosos mercados y última morada de John Garang de Mabior (o Dr. John), rebelde de Sudán del Sur y exvicepresidente de Sudán, decisivo a la hora de poner fin a la guerra civil.

Comida y bebida

Alubias, maíz, cereales y cacahuetes Cultivados durante la estación lluviosa, sobre todo por las mujeres.

Asida Gachas de sorgo servidas con una salsa de carne o verduras.

White Bull Cerveza local.

Cuándo ir

ENE-MAR

➡ Un millón de cobos de orejas blancas protagonizan una de las mayores migraciones del mundo en el Parque Nacional Boma.

ABR-SEP

➡ Estación lluviosa, con temperaturas altas y humedad.

NOV-FEB

➡ El invierno ofrece temperaturas ideales y cielos despejados.

Skärhamn, isla de Tjorn, costa de Bohuslän.

Suecia

Páramos helados, acogedoras cabañas, bosque virgen, islas rocosas, pastores de renos y tradición vikinga: Suecia tiene todo eso y también un estilo disparatado.

Pese a ser progresista y civilizada, Suecia es un país agreste, con inhóspitos paisajes lunares y bosques impenetrables en su extremo norte, y soleadas playas y exuberantes tierras de cultivo al sur. Sus cortos veranos y largos inviernos obligan a aprovechar cada tenue rayo de sol en las tardes de finales de agosto, y las mariscadas en las terrazas de playa se prolongan hasta altas horas de la madrugada. En invierno, los suecos se refugian en las velas y el *glögg* (vino sueco) para avivar su espíritu.

Pero los amantes del aire libre disfrutarán en cualquier estación: el invierno invita a esquiar, montar en trineos tirados por perros y contemplar la aurora boreal, y los meses más cálidos a dar largas caminatas, tomar el sol, nadar y pasear en piragua o bicicleta bajo el sol de medianoche; sea lo que sea, si es divertido y se puede practicar al aire libre, está aquí. A los viajeros menos curtidos, siempre les quedarán los restaurantes, locales nocturnos y museos de la cosmopolita Estocolmo o la animada Göteborg.

CAPITAL
Estocolmo

POBLACIÓN
9,6 millones

ÁREA
450 295 km²

IDIOMA OFICIAL
Succo

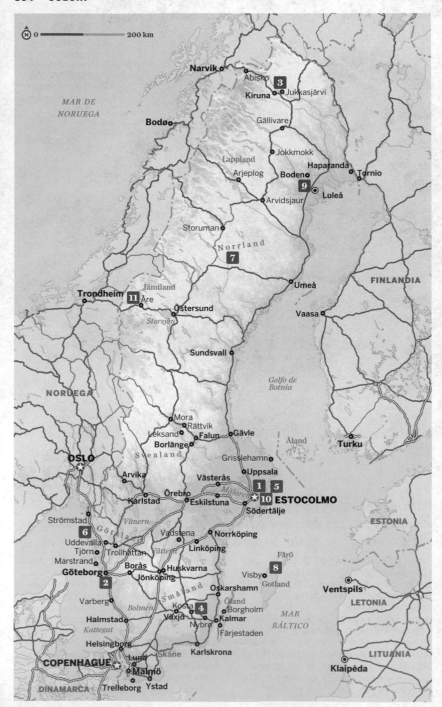

Suecia
Las mejores experiencias

Estocolmo

1 La capital se hace llamar "belleza en el agua", un nombre muy acertado. Sus resplandecientes canales reflejan la sesgada luz del norte sobre los rojizos edificios, y perderse en las sinuosas calles adoquinadas de Gamla Stan es pura magia. Virtudes estéticas aparte, Estocolmo ofrece museos y restaurantes de primera y todas las tiendas imaginables. Su limpio y eficiente transporte público y sus habitantes políglotas facilitan enormemente los desplazamientos, y la jornada puede acabar en un cómodo hotel de diseño.

Göteborg

2 Es una ciudad de contrastes, con elegantes museos, descarnados paisajes industriales, agradables parques, osados diseñadores y cocina vanguardista. Se recomienda probar sus exquisitas gambas y pescado, directamente del barco o en uno de los cinco restaurantes que cuentan con estrellas Michelin. Al emocionante caos del mayor parque temático del país se une la culta serenidad de sus muchos museos y los imprescindibles escaparates de Haga y Linné. Una forma especial de llegar es en barco por los 190 km del canal de Göta.

Gamla Stan, Estocolmo.

DESEO / GETTY IMAGES ©

Delicias nórdicas

3 Los dos fenómenos que han dado tanta fama al norte de Suecia se hallan más allá del Círculo Polar Ártico. No hay espectáculo natural comparable a la aurora boreal, las luces que bailan y varían de forma en el cielo durante la noche del invierno ártico, de octubre a marzo. El Icehotel, modesto igloo convertido en palacio de hielo, se inspira en la cambiante naturaleza de las luces del norte, y se recrea de forma ligeramente distinta cada invierno.

Reino de Cristal

4 En el Glasriket, fuerza y destreza se combinan para producir bellas y prácticas obras de arte. Los sopladores de vidrio de la región convierten burbujas de cristal líquido en criaturas fantásticas, cuencos, jarrones y esculturas. El viajero puede elegir una pieza para su chimenea o intentar soplar él mismo en los bien surtidos centros de Kosta y Orrefors. Los Museos Småland en Växjo detallan la historia de esta industria que cuenta con 500 años de antigüedad, y

si Suecia tuviera 100 habitantes

89 serían suecos
3 serían fineses y samis (lapones)
1 sería balcánico
1 sería iraní

grupos religiosos
(% de población)

87

13

Luteranos   Otros

población por km²

SUECIA   NORUEGA   ESPAÑA

⫩ ≈ 8 personas

---

la guinda puede ser un cóctel en el bar de Kjell Engman, en el Kosta Boda Art Hotel.

Archipiélago de Estocolmo

5 Diseminado entre la ciudad y el mar Báltico abierto, este archipiélago es un fascinante paraíso de pequeñas islas rocosas, algunas poco más que un trampolín para gaviotas, otras con profundos bosques y prados de flores silvestres. Todas están cerca de la ciudad, y hay servicios regulares de ferri y circuitos para recorrerlas fácilmente. Albergues, campings y otros alojamientos más exclusivos invitan a pasar la noche, al igual que el creciente número de buenos restaurantes.

Costa de Bohuslän

6 Atrapada entre el cielo y el mar, de belleza descarnada y agreste, sus escollos repletos de aves y pueblos de vivos colores destacan entre las rocas. Hay miles de pintorescos retiros de playa para escoger; Ingrid Bergman adoraba la bella Fjällbacka, los noruegos en busca de gangas se dan cita en Strömstad, y los navegantes acuden a Tjörn en agosto por la regata que rodea la isla. Una auténtica vivencia del verano sueco consiste en extender la manta de playa sobre una roca lisa y dar buena cuenta de una bolsa de gambas.

Inlandsbanan

7 Esta histórica línea ferroviaria (solo en verano) pasa cerca de pequeñas poblaciones mineras, profundos bosques verdes, rebaños de renos y con suerte algún que otro alce. Construida en los

---

Astrid Lindgren

Una de las autoras suecas más célebres y apreciadas (1907-2002), debe gran parte de su fama a su rebelde de ficción, la conocida Pippi Calzaslargas. En el mundo de la posguerra, con rígidos estereotipos sexuales y niños sin voz propia, Pippi era audaz, subversiva y deliciosamente independiente; no le interesaban los productos de belleza, era económicamente autónoma y hasta podía vencer al Gran Adolf, el hombre más fuerte del mundo.

El personaje nació en 1941 cuando, afectada de neumonía, su hija Karin le pidió un cuento sobre "Pippi Calzaslargas". El curioso nombre incitó a Lindgren a tejer un torrente de relatos sobre esta niña salvaje, que se convirtió en un éxito inmediato entre Karin y sus amigos.

En 1944, mientras convalecía de un esguince de tobillo, Lindgren redactó sus relatos y los envió a una editorial. Fueron rechazados, pero sin asomo de desaliento envió una segunda historia a otra editorial y obtuvo el segundo premio en un concurso de cuentos femeninos. Al año siguiente, un manuscrito retocado de Pippi se hizo con los mayores honores en otro certamen, y en 1946 su historia *Bill Bergson Master Detective* compartió el primer premio.

Comida y bebida

Brännvin Licor típico del país; también denominado *aquavit*, se bebe como *snaps* (vodka).

Köttbullar och potatis Albóndigas y puré de patatas con *lingonsylt* (mermelada de arándano rojo).

Gravlax Salmón curado.

Sill & strömming El arenque se consume ahumado, frito o en escabeche, acompañado de alcaparras, mostaza y cebolla.

Toast skagen Tostada con huevas de corégono blanco, nata líquida y cebolla roja picada.

Fårö.

años treinta y considerada obsoleta en 1992, su escasa velocidad está más que compensada por su encanto y atractivo histórico, por lo que el viajero podrá gozar del paisaje del centro de Norrland. Bonito e insólito medio de transporte, es muy adecuado para quienes prefieran la aventura a la eficacia.

Cuándo ir

TEMP. ALTA
(med jun-ago)

➡ Se inicia con el solsticio de verano; tiempo cálido con casi todos los puntos de interés y alojamientos abiertos.

➡ Algunas tiendas y restaurantes cierran en agosto, con las vacaciones nacionales.

TEMP. MEDIA
(sep-oct)

➡ Buen tiempo, aunque no haya nadie para disfrutarlo.

➡ Muchos sitios turísticos están cerrados.

➡ Los precios de los hoteles vuelven a la normalidad, y caen los fines de semana.

TEMP. BAJA
(dic-mar)

➡ Aventuras al aire libre, las luces del norte y los mercados de días festivos.

➡ Hay que reservar alojamiento y actividades con antelación.

➡ Muchos campings y albergues cierran en el invierno.

Gotland y Fårö

8 Los comerciantes de los ss. XII y XIII salpicaron la bella isla de Gotland de fabulosas iglesias. Hoy sus atractivas ruinas, remotas playas, idílicas sendas para bicicletas y caballos, peculiares formaciones rocosas, buenos restaurantes y animada vida nocturna estival atraen a visitantes de todo el mundo. El acontecimiento de la temporada es la semana medieval, durante la cual el casco antiguo de Visby cobra vida con atuendos de época, recreaciones y mercados. Los aficionados al cine y amantes de la naturaleza pueden poner rumbo al norte y visitar los lugares preferidos de Ingmar Bergman en Fårö.

Gammelstad

9 Suecia posee numerosos tesoros Patrimonio Mundial de la Unesco. Quienes sientan interés por la indómita naturaleza o la huella del ser humano sobre ella, aquí tendrán donde explorar. Un buen ejemplo es esta aldea-iglesia próxima a Luleå, la mayor del país, y centro medieval del norte de Suecia. Cuenta con la iglesia de piedra de Nederluleå, de 1492, con un retablo digno de una catedral, un coro para todo un consistorio, y las 424 casas de madera

Películas

Déjame entrar (2008) Excelente, elegante y sobria incursión en el género de terror de Tomas Alfredson, sobre un preadolescente solitario en un mundo frío y hostil.

Lilya 4-Ever (2002) Relato sobre el tráfico de seres humanos dirigido por Lukas Moodysson.

Canciones desde el segundo piso (2000) Cruda reflexión de Roy Andersson sobre la humanidad moderna.

El séptimo sello (1957) Ingmar Bergman enfrenta al hombre y la muerte en una cósmica partida de ajedrez.

....

Libros

Asesinos sin rostro (Henning Mankell, 1997) Primera de las novelas protagonizadas por el detective Kurt Wallander.

Los hombres que no amaban a las mujeres (Stieg Larsson, 2008) La trilogía Millennium ha sido un fenómeno global.

Los emigrantes (Vilhem Moberg, 1949) Emigrantes suecos del s. XIX.

Cómo desplazarse

Avión Los vuelos nacionales son caros, pero hay sustanciosos descuentos reservando en internet y ofertas de tarifas reducidas.

Autobús Hay 24 extensas redes de servicios regionales o en rutas nacionales de larga distancia con una buena relación calidad-precio.

Automóvil Las carreteras son buenas y las excelentes autopistas no suelen presentar atascos.

Tren Suecia dispone de una amplia y fiable red ferroviaria, y los trenes son mucho más rápidos que los autobuses; aun así, muchos destinos de la mitad norte no son accesibles en tren.

donde pernoctaban los pioneros rurales en su peregrinaje del fin de semana.

Vasamuseet

10 Suecia tiene grandes museos, pero este, en Estocolmo, es un marco único, diseñado especialmente para preservar y exhibir un antiguo buque de guerra hundido. Al zarpar en agosto de 1628, este inestable barco era el orgullo de la corona sueca, orgullo que pronto se tornó bochorno al volcar y hundirse en Saltsjön, de cuyo fondo tardarían 300 años en rescatarlo. El museo explica con fascinantes elementos multimedia los pormenores

de su hallazgo, recuperación y restauración, los motivos del hundimiento y el valor que tiene para el pueblo sueco.

Deportes de invierno en Åre

11 Son uno de los grandes atractivos de Laponia. Para practicar esquí de fondo, basta con tomar los esquíes y salir; para los deportes de descenso, como *heliesquí* o *snowboard*, Åre es la mejor opción. Pocas actividades son tan gratas como deslizarse por las tierras baldías del Ártico con el trineo crujiendo en la nieve.

Vasamuseet, Estocolmo.

Guarda, Graubünden.

Suiza

*Más allá del irresistible chocolate, los relojes de cuco y el yodel,
la cuatrilingüe Suiza moderna es ante todo una tierra de viajes
épicos y experiencias sublimes.*

Cual imponente lienzo repleto de paisajes espectaculares, Suiza es un país que invita a escapadas por la naturaleza, así que solo hay que calzarse unas botas, montarse a una bici y prepararse para disfrutar. Además de las opciones evidentes como las maravillosas estaciones de esquí y *snowboard* de los Grisones, el Oberland bernés y Suiza central, abundan las rutas de senderismo y ciclismo tanto en zonas de montaña salpicadas de glaciares como en valles remotos, lagos míticos y viñedos de color verde guisante.

Los viajes discurren por pueblos de montaña con graneros de madera y granjas con casitas engalanadas.

El contraste perfecto es su sorprendente elenco de ciudades: Berna, la capital, con su casco antiguo medieval y arte moderno de talla mundial; la germánica Basilea y su audaz arquitectura; la elegante Ginebra, a horcajadas del mayor lago de Suiza; Zug, imán de magnates; y la moderna Zúrich, con sus bares de azotea y un trasiego callejero atípico en Suiza.

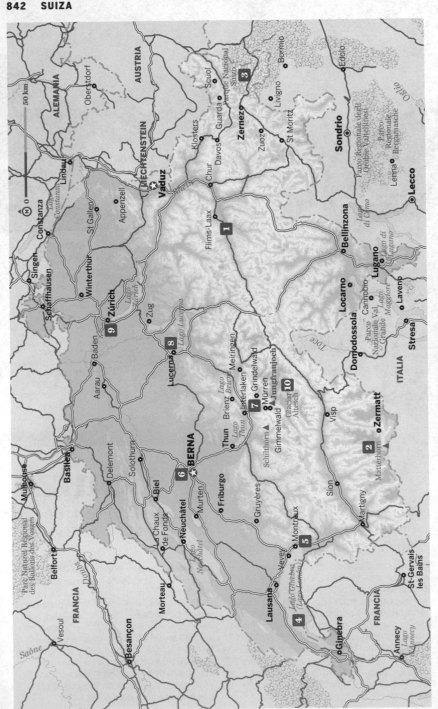

Suiza
Las mejores experiencias

Glacier Express

1 Es uno de los famosos trayectos en tren, entre dos de los *resorts* alpinos más exclusivos de Suiza. Solo hay que subirse a bordo de este emblemático tren rojo con grandes ventanales en Zermatt, ponerse cómodo y deleitarse con un inacabable derroche de cumbres tapizadas de verde, relucientes lagos alpinos, gargantas, glaciares y otros paisajes naturales de aúpa.

Originalmente tirado por una locomotora de vapor de 1930, el Glacier Express atraviesa 91 túneles y cruza 291 puentes en su célebre recorrido hasta St Moritz. Y como colofón al viaje, no hay nada como comer en su coche-restaurante de época.

Matterhorn (monte Cervino)

2 Ninguna montaña ejerce mayor atracción que este carismático pico: una belleza innata que pide a gritos ser admirada e inmortalizada tanto al alba como a la puesta de sol, en diferentes estaciones y desde el último ángulo imaginable. Y no hay mejor lugar para mimarse a un paso de Matterhorn que Zermatt, una de las estaciones de esquí más codiciadas de Europa desde el s. XIX, punto de encuentro de amantes del esquí, la escalada y el senderismo con estilo. Irresistible.

Senderismo en el Parque Nacional Suizo

3 Suiza es sinónimo de caminatas espectaculares, y este parque a gran altura es el mejor lugar para su práctica. Se seguirán senderos por praderas salpicadas de flores hasta lagos azul penetrante, afilados desfiladeros, afloramientos rocosos y refugios alpinos donde cada verano los pastores elaboran queso con leche de vaca recién ordeñada. Con una naturaleza descontrolada, ofrece, en definitiva, una visión inusual y privilegiada de la Suiza anterior al turismo.

si Suiza tuviera 100 habitantes

64 hablarían alemán
20 hablarían francés
8 hablarían otras lenguas
7 hablarían italiano
1 hablaría romanche

grupos religiosos
(% de población)

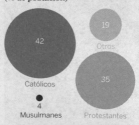

42 Católicos
19 Otros
35 Protestantes
4 Musulmanes

población por km²

SUIZA   REINO UNIDO   ESPAÑA

☗ = 32 personas

Lago Lemán

4 Los viñedos que marchan simultáneamente colina arriba desde las orillas del lago Lemán en Lavaux son un espectáculo. Pero el mirador urbano desde donde contemplar el lago más grande del país es Ginebra, la ciudad cosmopolita de la Suiza francófona, donde ferris amarillo canario (conocidos como *mouettes*) surcan las aguas mientras el Mont Blanc mira con disimulo. Deambular por el casco antiguo, disfrutar de la animada cultura de cafés y pasar corriendo bajo su emblemático chorro de agua es lo que moldea la vida de las 180 nacionalidades que conviven aquí.

Montreux y el 'jazz'

5 Por si no bastara con albergar uno de los festivales de *jazz* al aire libre más míticos del mundo, Montreux, a orillas del lago Lemán, tiene un magnífico castillo que contribuye a su romanticismo afrancesado. Desde la ciudad parte un sendero flanqueado de flores que avanza junto al agua, hacia el sur, hasta el Château de Chillon. Histórico y suntuoso, este fabuloso castillo construido por los Saboya en el s. XIII es uno de los más antiguos del país y, además, lo tiene todo.

Berna

6 Calles adoquinadas medievales, *boutiques* porticadas, un reloj con figuras que bailan y otras que llevan retozando en las fuentes desde el s. XVI: Berna, la capital suiza, no encaja en la imagen de gran urbe que uno suele tener. Es más, muy pocos se percatan

Peleas de vacas

Las peleas de vacas (*combats de reines* en francés y *Kuhkämpfe* en alemán) se toman muy en serio en Val d'Hérens, donde se organizan para decidir cuál de estas bestias está más capacitada para conducir el rebaño a los pastos de verano. Estos púgiles en potencia cargan, entrelazan los cuernos y tratan de obligar al contrincante a echarse atrás. La ganadora, o "reina" del rebaño, puede alcanzar un valor de 20 000 CHF. Las competiciones se celebran algunos domingos de finales de marzo a mayo y de agosto a septiembre. Los animales rara vez resultan heridos, por lo que nadie ha de sentirse angustiado. La gran final tiene lugar el día de la Ascensión, en mayo, en Aproz (al oeste de Sion), y el último encuentro de la temporada se celebra a principios de octubre en la Foire du Valais de Martigny.

Comida y bebida

Fondue La mayor aportación francesa a la cocina helvética: se sitúa en el centro de la mesa un recipiente con queso derretido, que se mantiene a fuego lento mientras los comensales sumergen dados de pan crujiente usando tenedores especiales de dos dientes. La clásica *fondue* suiza se compone de queso Emmental y Gruyère, en partes iguales, rallado y derretido con vino blanco y un vasito de *kirsch* (licor con sabor a cereza).

Raclette Se coloca un pedazo de queso en un horno (o plancha) especialmente diseñado, que derrite la parte superior, e inmediatamente se sirve acompañado de patatas hervidas, embutidos y encurtidos varios.

Rösti Patata cortada en tiras finas, asada y gratinada, en ocasiones con un huevo frito por encima.

Zuger Kirschtorte Tarta de cerezas hecha con hojaldre, bizcocho, pasta de almendras y crema de mantequilla, todo ello rociado con licor de cerezas.

HANS GEORG EIBEN / GETTY IMAGES ©

Zytglogge (torre del Reloj), Berna.

tan siquiera de que esta pequeña población, situada en la llana y modesta zona central del país, es la capital de la Confederación Helvética. Con todo, en su aire inesperado, ejemplificado magníficamente por las modernas ondulaciones del Zentrum Paul Klee de Renzo Piano, es precisamente donde reside su encanto.

Cuándo ir

TEMP. ALTA
(jul-ago, dic-abr)

➡ En julio y agosto, senderistas y ciclistas toman los senderos de montaña.

➡ La montaña bulle en Navidad y Año Nuevo.

➡ La temporada alta de esquí va de finales de diciembre a principios de abril.

TEMP. MEDIA
(abr-jun y sep)

➡ Ofertas de alojamientos en estaciones de esquí.

➡ Con temperaturas agradables, flores y productos autóctonos, la primavera es idílica.

➡ En otoño no hay que perderse la vendimia.

TEMP. BAJA
(oct-mar)

➡ Las estaciones de montaña cierran hasta diciembre.

➡ Los precios pueden ser hasta un 50% más bajos que en temporada alta.

➡ Los puntos de interés abren menos días y en horario reducido.

Naturaleza épica

7 Ningún trío está más inmortalizado en la leyenda montañera que los "tres grandes" de Suiza –el Eiger ("Ogro"), el Mönch ("Monje") y la Jungfrau ("Virgen")–, picos que despuntan por encima de Grindelwald, un precioso *resort* tradicional del s. XIX. Y tanto si se decide deslizarse sobre esquís, bajar el tobogán más largo de Europa en un trineo a la vieja usanza, saltar en *bungee* en Gletscherschlucht o subirse a un tren hasta la estación a mayor altura del continente europeo (3454 m), la descarga de adrenalina está ciertamente garantizada.

Lucerna

8 Pasear por puentes medievales es el gran encanto del irresistible Romeo de Suiza central. Basta añadir centelleantes vistas lacustres, una interesante oferta de cafés al fresco, una colorida arquitectura y curiosidades victorianas y, sí, la ribereña Lucerna bien podría ser el inicio de una preciosa aventura amorosa. Una vez dominada la ciudad, lo mejor es alejarse y disfrutar del conjunto desde una perspectiva más amplia; las vistas a través del lago de verdes laderas y *resorts* escondidos (ya sea desde lo alto de los montes Pilatus, Rigi o Stanserhorn) no defraudan.

Películas

Al filo de la escapada (1960) Clásico *new wave* del vanguardista director suizo Jean-Luc Godard.

Home (2008) La acción transcurre junto a una autopista en este filme dirigido por la ginebrina Ursula Meier.

Viaje a la esperanza (1991) Premiada con un Oscar, narra la historia de una familia kurda que busca una vida mejor en Suiza.

Cometas en el cielo (2007) Adaptación cinematográfica del galardonado director germano-suizo Marc Forster de la novela de Khaled Hosseini.

El juramento (2001) Basada en un relato de Friedrich Dürrenmatt.

Libros

Coronas de muerte (Hugo Loetscher) La vida en Zúrich durante el período de entreguerras.

A espaldas del lago (Peter Stamm) Mirada sensible y divertida de la vida cotidiana al sur del lago Constanza.

Mi montaña (Eider Elizegi) La experiencia de vivir cuatro meses en un refugio del Mont Blanc.

Cómo desplazarse

La red suiza de transportes públicos es una de las más eficaces del mundo. Ahora bien, viajar por el país helvético es caro, por lo que si se tiene previsto moverse entre ciudades, lo mejor es comprar un bono de viaje.

Barco En los principales lagos prestan servicio barcos a vapor operados por los Ferrocarriles Federales Suizos (SBB/CFF/FFS), o por compañías privadas asociadas, en los que son válidos los bonos de viaje nacionales.

Autobús Los autobuses amarillos de correos complementan la red de ferrocarriles, cubriendo rutas postales y viajando hasta las poblaciones de montaña menos accesibles.

Tren Las principales estaciones de trenes están conectadas por servicios cada hora, como mínimo entre las 6.00 y 24.00, y casi todos los trenes de largo recorrido disponen de coche-restaurante.

Zúrich

9 Considerada una de las ciudades europeas con mayor calidad de vida, Zúrich es una oda a la renovación urbana y, encima, moderna (aquí es donde los empleados de Google se lanzan por un tobogán para bajar a comer). Con un aire tosco que en ocasiones recuerda a Berlín, Zúrich es sinónimo de copas en bares ribereños, juerga hasta el alba, compras de accesorios de moda reciclados y más juerga en la mayor fiesta callejera de Europa, la salvaje y extravagante Street Parade, celebrada en agosto.

Glaciar Aletsch

10 Situado en el Alto Valais, este fascinante glaciar, con unas proporciones colosales que equivalen a una autopista de cinco carriles de 23 km, es una de las maravillas del mundo natural. Su hielo luce un color azul eléctrico y su punto más profundo alcanza los 900 m. Contemplarlo desde Jungfraujoch deja de piedra.

Mujer criolla, Paramaribo.

Surinam

Surinam, en el noreste de Sudamérica, es una tierra cálida donde convergen varios ríos y un animado destino de gran diversidad étnica.

Tanto en Paramaribo, la efervescente capital colonial holandesa, como en las impenetrables junglas del interior, el viajero recibirá una cálida acogida por parte de descendientes de esclavos africanos huidos, colonos holandeses y británicos, obreros indios, indonesios y chinos, e indígenas amerindios.

Aquí se disfrutará de lo mejor de ambos mundos: una ciudad repleta de restaurantes, tiendas y locales nocturnos, y una selva virgen al margen de la vida moderna.

Cuesta desplazarse por este país de grandes ríos y densa selva, y la mezcla de idiomas puede hacer que sea difícil la comunicación incluso para los hablantes de neerlandés. No hay que olvidar que el encuentro de tradiciones culinarias significa que la comida es tan especiada y rica como el propio país.

Surinam
Las mejores experiencias

Cuenca alta del río Surinam

1 He aquí el cajón de sastre cultural del país, un enclave donde es posible hospedarse en casas de río en fabulosas playas de arena blanca entre la jungla y visitar los vecinos asentamientos maroons y amerindios. Todos los alojamientos, regentados por lugareños, aspiran a consolidar un futuro sostenible para estas remotas comunidades que, de lo contrario, dependerían de la tala y la caza.

Paramaribo

2 Ámsterdam y el Salvaje Oeste se encuentran en Paramaribo, la capital más animada de las Guayanas. Edificios coloniales en blanco y negro bordean plazas cubiertas de césped y el aroma de las especias de los locales indios de *roti* invade el ambiente, mientras artistas maroons venden cuadros a las puertas de fuertes holandeses.

Raleighvallen

3 Raleighvallen, o las cascadas Raleigh, es una baja y larga escalinata de agua en la cuenca alta del río Coppename, a unas 2 horas río arriba del poblado maroon más cercano.

Comida y bebida

Hagelslag Fideos de chocolate de estilo holandés servidos en tostadas para el desayuno.

Parbo La cerveza local es estupenda; es costumbre compartir un *djogo* (botella de 1 litro).

Pom Receta criolla a base de raíz de ocumo blanco rallada, cerdo, cebolla y especias, todo ello gratinado en una cazuela.

Cuándo ir

FEB-ABR

➡ La primera estación seca es más fresca que la segunda, y el mejor momento para una visita.

AGO-NOV

➡ La segunda estación seca registra mayor afluencia turística y es más calurosa.

DIC-ENE

➡ Paramaribo es conocido por su gran celebración del Año Nuevo.

Buceo con tubo en las aguas de Manihi.

CAPITAL
Papeete

POBLACIÓN
277 293

ÁREA
4167 km²

IDIOMAS OFICIALES
Francés, tahitiano (reo maohi)

Tahití y la Polinesia Francesa

Esculpida por picos verde musgo que apuntan al cielo y rodeada de vívidas lagunas color turquesa, la sensual Polinesia Francesa es un lugar ideal para relajarse y empaparse de la elegancia.

Tahití evoca siglos de leyenda y vidas enteras soñando despierto. Su fama del s. XVIII como patio de recreo disipado habitado por polinesios engalanados con flores, ha dado paso a la imagen de elegante paraíso terrenal del s. XXI para parejas de recién casados.

Cuando el viajero no esté retozando entre gardenias o inmerso en sus pensamientos, una buena idea es ascender un valle entre cascadas, darle al kayak en una laguna color turquesa o hacer una inmersión entre tiburones. Así, mientras los *resorts* se llevan la palma, los grandes desconocidos del país son sus incontables pensiones familiares, que abarcan desde maltrechas habitaciones hasta lujosos bungalós de estilo *boutique* en islotes privados. Desde las inmensas lagunas de los atolones de las Tuamotu hasta las culturalmente ricas islas Marquesas y los paisajes de montaña de las islas de la Sociedad (Tahití, Moorea, Raiatea, Tahaa, Bora Bora y Maupiti), las 118 islas que componen la Polinesia Francesa auguran suficientes sorpresas y diversidad para más de un viaje.

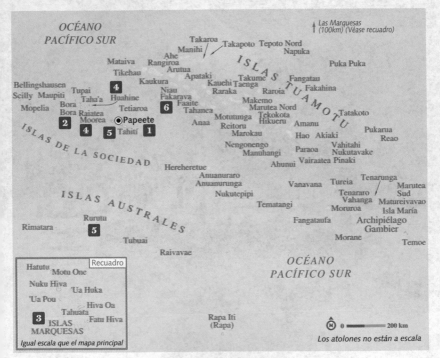

Tahití y la Polinesia Francesa
Las mejores experiencias

Cultura polinesia

1 Deliciosa y sofisticadamente sencilla pero feroz: la cultura polinesia es seductora y relajante por igual. El viajero podrá pasar las noches con una Hinano fría bajo un cielo estrellado, mientras suena un ukulele de fondo, o entregarse al sonido de las olas; pero de día no hay como hacer un *picnic* a base de pescado y taro junto al agua. Cada año, el país rebosa actividad durante el festival Heiva: las mejores bailarinas visten poco más que una hoja de palmera y contonean las caderas con brío; las regatas de canoas hawaianas copan las lagunas; y deportes tradicionales como pelar cocos constituyen un espectáculo.

Celebrados en varios puntos repartidos por Papeete y alrededores, el evento dura unas cuatro semanas de finales de junio a finales de julio, y es tan asombroso que bien merece la pena hacer coincidir el viaje con él.

Bora Bora

2 A medida que se inicia el descenso, toma forma una escena mágica: un perfecto anillo en código Morse compuesto por *motu* (islotes) generosamente cubiertos de palmeras, que separan el índigo del océano de la vigorizante paleta de azules de la laguna. Aunque Bora Bora es un destino predilecto de recién casados, es de imaginar que nadie viene hasta aquí solo para descorchar una botella

de champán. Senderismo, submarinismo y buceo son algunas de las opciones de aventura que ofrece.

Islas Marquesas

3 Se crea en las leyendas o no, este archipiélago de ensueño presenta tal colección de picos volcánicos, gargantas profundas, cascadas majestuosas, bahías secretas y tupidos bosques que daría para copar toda una serie de documentales de la BBC. Cuenta, además, con varios yacimientos anteriores a la colonización europea. Si el tiempo apremia, lo mejor es reservar plaza a bordo del *Aranui*, un barco de mercancías que navega entre las seis islas habitadas del archipiélago.

Danza tahitiana.

'Marae'

4 Los *marae* son impresionantes enclaves religiosos a partir de bloques de basalto erigidos unos al lado de los otros. Antes de la llegada de los europeos, además de ejercer de templos, eran lugares de enterramiento y de sacrificios humanos. El más importante del país es el recientemente restaurado *marae* Taputapuatea de Raiatea. Huahine y Moorea también tienen numerosos *marae* en buen estado. Estos yacimientos arqueológicos están envueltos en un aura que los convierte en fascinantes museos al aire libre.

Observación de ballenas

5 La Polinesia Francesa es una importante zona de apareamiento de ballenas jorobadas, que migran hasta estas aguas entre julio y octubre. Se trata de uno de los mejores lugares del planeta para avistar estas imponentes criaturas. Se las puede observar cuidando de sus ballenatos o bien inmersas en elaborados rituales de cortejo. Los mejores

si la Polinesia Francesa tuviera 100 habitantes

78 serían polinesios
12 serían chinos
6 serían franceses locales
4 serían franceses metropolitanos

grupos religiosos
(% de población)

54
Protestantes

30
Católicos

10
Otros

6
No religiosos

población por km²

POLINESIA FRANCESA   FRANCIA   ESPAÑA

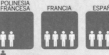

👤 ≈ 30 personas

Cuándo ir

TEMP. ALTA
(jun-ago, dic y ene)

➡ Junio, julio y agosto suelen ser los meses más frescos y secos.

➡ Diciembre y enero reciben mucho sol y refrescantes chaparrones.

➡ Lleno de europeos y norteamericanos.

TEMP. MEDIA
(feb, may y sep)

➡ Febrero es uno de los meses más calurosos; temperaturas suaves en mayo y septiembre.

➡ Los precios son iguales que los de temporada baja.

TEMP. BAJA
(mar, abr, oct y nov)

➡ Marzo y abril son calurosos y reciben lluvias.

➡ Tiempo agradable en octubre y noviembre.

➡ Las vacaciones escolares reducen las plazas libres en vuelos internos.

Un motín de cine

La historia del famoso motín a bordo del *Bounty* ha sido tratada en tres grandes producciones cinematográficas en los últimos 50 años.

En 1935, *Rebelión a bordo* contó con la participación de Charles Laughton como el capitán Bligh y Clark Gable como Fletcher Christian. Parte de la película se rodó en Tahití.

De idéntico título pero dirigida por Lewis Milestone, en la versión de 1962 actuaban Trevor Howard como Bligh y Marlon Brando como Christian, y fue rodada en Tahití y Bora Bora.

Por último, *Motín a bordo,* rodada casi íntegramente en Moorea y estrenada en el año 1984, cuenta en el reparto con Anthony Hopkins (Bligh) y Mel Gibson (Christian).

Comida y bebida

Bistecs ¡Cordero y ternera de Nueva Zelanda!

Cerveza Todo puede regarse con una Hinano bien fría.

Chow mein Fideos salteados, una de las muchas especialidades chinas que se encuentran.

Cócteles Hay que probar el *mai tai,* hecho con ron, zumos de frutas y licor de coco.

Ma'a Tahiti Plato típico consistente en una mezcla de taro y *uru* (fruto del pan), pescado crudo o cocinado, cerdo, verduras y leche de coco.

Pescado Muy presente en la cocina tahitiana. *Poisson cru* (pescado crudo en leche de coco) es uno de los platos más típicos, aunque también se prepara a la parrilla, frito o hervido. Suele utilizarse atún, bonito, peto, dorado o pez loro.

Po'e Fruta asada y machacada mezclada con almidón y empapada de leche de coco.

Vino Buenos caldos franceses y el vino local o *vin de Tahiti.*

Tiburón punta negra y submarinista, Moorea.

enclaves para observarlas son Moorea, Tahití y Rururu, donde varios operadores organizan excursiones a dicho fin.

Submarinismo y buceo con tubo

6 La Polinesia Francesa es uno de los parajes naturales más ricos del océano Pacífico Sur. Sus cálidas aguas tropicales dan cobijo a una impresionante diversidad marina. Los amantes de las grandes criaturas podrán bucear junto a tiburones grises, mantas raya, delfines de nariz de botella y tiburones martillo; aunque si gustan más las especies pequeñas y coloridas, podrán observarse innumerables peces de arrecife, incluidas rayas, pargos y carángidos. Las cristalinas lagunas, bordeadas de corales vírgenes, también invitan a bucear, pero para disfrutar de una experiencia verdaderamente salvaje, es mejor dirigirse a Fakarava, uno de los atolones más espectaculares de las Tuamotu.

Cómo desplazarse

Avión La compañía Air Tahiti vuela a 47 islas de los cinco principales archipiélagos, si bien la frecuencia y la demanda varían según la temporada.

Bicicleta Es el lugar ideal para moverse en bici. Las distancias son abarcables, las carreteras costeras suelen ser llanas, apenas hay tráfico (excepto en Papeete) y admiten bicicletas en todos los ferris.

Barco No es tan fácil como cabría esperar. Varias compañías navegan a diario entre Tahití y Moorea, pero hay menos servicios para desplazarse a otras islas. En otros archipiélagos cuesta aún más viajar.

Autobús La red de transportes públicos es casi inexistente, salvo en Tahití. Los antiguos *trucks* han sido reemplazados casi por completo por una moderna flota de autobuses climatizados.

Cascada de Erawan, Kanchanaburi.

CAPITAL
Bangkok
....
POBLACIÓN
67,5 millones
....
ÁREA
513 120 km²
....
IDIOMA OFICIAL
Thai

Tailandia

Acogedora y divertida, exótica y tropical, culta e histórica,
Tailandia irradia calidez en sus llamativos templos y playas
paradisíacas y también en la serena sonrisa de su gente.

La lustrosa Tailandia desprende una hospitalidad que convierte este país en uno de los destinos exóticos más accesibles del planeta. El paisaje natural representa parte de su encanto, desde aguas cerúleas que lamen playas doradas hasta las montañas del norte, que se sumergen en el horizonte neblinoso. En medio se hallan arrozales color esmeralda y prosperan bulliciosas ciudades construidas en torno a templos sagrados. Es una tierra abundante donde los mercados lucen pirámides de frutas y los *rót khēn* (puestos de comida) son parte integral del paisaje urbano.

En esta tierra de confort y facilidades el viajero no sufrirá incordios más allá de algún que otro cazaclientes. Bangkok reina como la superestrella asiática que es, Chiang Mai se distingue por su calidad de vida y las islas tropicales salen de fiesta hasta el alba.

Desplazarse por el país en avión es relativamente barato, y el reino constituye una puerta de entrada al resto del sureste asiático, aunque puede que los ardientes curris o los deliciosos salteados hagan que se atrase la fecha de vuelta.

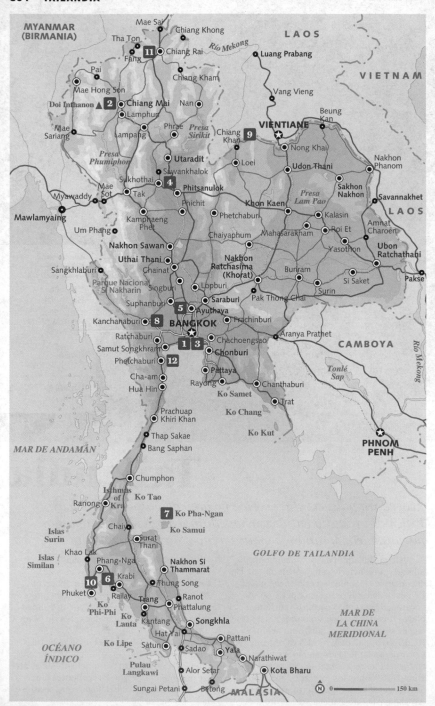

Tailandia
Las mejores experiencias

Mercado de fin de semana de Chatuchak, Bangkok

1 En una ciudad obsesionada con el comercio, Chatuchak se lleva el premio al mercado más grande y fascinante de Bangkok, lo que supone otro motivo para visitar la ciudad en fin de semana. Sedas y zapatillas, peces luchadores y mullidos cachorros, por no hablar de la sabrosa comida; si está en Bangkok, se vende aquí. Hay que venir temprano, mientras medio Bangkok se apretuja en sus angostos callejones, y lanzarse a regatear sin piedad.

Chiang Mai

2 La capital cultural del norte es adorada tanto por entusiastas de la cultura y los templos como por familias. La ciudad antigua está repleta de templos erigidos en tiempos del reino de Lanna. Además, hay escuelas de cocina donde poder aprender el arte de la comida tailandesa y los pintorescos alrededores ofrecen excursiones por la selva, encuentros con elefantes y visitas a poblados de minorías étnicas. La ciudad propone una fantástica oferta culinaria gracias a importaciones como el *sushi* japonés o los curris birmanos.

FEARGUS COONEY / GETTY IMAGES ©

Vida nocturna de Bangkok

3 La actual oferta noctámbula de Bangkok tiene algo para todos los gustos, desde lugares elegantes a verdaderos tugurios, pero siempre divertido y sin pretensiones. Se puede arrancar en un bar en lo alto de un rascacielos, seguir con unas cervezas en la calle y terminar en un club en un sótano. Bangkok lo tiene todo.

Vista del Wat Phra Kaew, Bangkok.

Parque Histórico de Sukhothai

4 El viajero retrocederá 800 años en el parque histórico más impresionante de Tailandia. La mejor forma de explorar sus maltrechos templos, soberbias estatuas de Buda y estanques repletos de peces de esta antigua capital en ruinas es en bicicleta. Redondean la oferta museos interesantes y alojamientos con buena relación calidad-precio. Pese a su popularidad, Sukhothai sabe absorber las multitudes, aunque si se busca algo menos frecuentado, el Parque Histórico de Si Satchanalai-Chaliang

si Tailandia tuviera 100 habitantes

75 serían thais
14 serían chinos
11 serían de otro origen

grupos religiosos

(% de población)

94   5   1

Budistas   Musulmanes Cristianos

población por km²

TAILANDIA   REINO UNIDO   ESPAÑA

♣ ≈ 32 personas

es perfecto para remontar una escalinata antigua casi en total soledad.

Ayutthaya

5 Otrora una fabulosa capital con cientos de templos, Ayutthaya apenas conserva parte de su antiguo esplendor. Lo mejor es recorrer en bicicleta sus ruinas de ladrillo y estuco (Patrimonio Mundial) mientras se imagina su aspecto en su apogeo, cuando recibía mercaderes de todo el mundo. Las afueras de la ciudad deparan más atracciones, entre ellas un enorme centro de artesanía y el palacio real más ecléctico jamás visto.

Railay

6 El extremo de la península de Krabi alberga algunos de los reclamos naturales más famosos de Tailandia, incluidas las rocas kársticas de Railay, que surgen del océano. La arena de las playas es blanca como el azúcar, y los bosques del interior están cerrados al tráfico rodado. Los visitantes van y vienen en barcos de popa larga. Es un lugar que invita a relajarse, nadar, bucear y escalar. Los primerizos pueden aprender lo básico, y hay quienes alargan la estancia hasta ser capaces de escalar un pináculo en solitario y luego zambullirse a un mar azul cobalto.

Ko Pha-Ngan

7 Famosa por sus atronadoras fiestas *techno* de la luna llena, Ko Pha-Ngan ha pasado de ser una isla aletargada y bohemia a convertirse en una suerte de Ibiza de Asia. Sus bungalós-*boutique* son una buena alternativa a Ko Samui, y las costas norte y este, todavía

El juego de los apodos

Los recién nacidos reciben un primer nombre que atraiga la buena suerte, a menudo escogido por el patriarca o la matriarca de la familia. Ahora bien, estos poéticos nombres en adelante quedan relegados al uso administrativo y todo el mundo los conoce por un apodo monosilábico.

Estos apodos suelen ser divertidos y pueden basarse en el aspecto del niño (Moo, que significa "cerdo", si el bebé es regordete) o en sus aficiones preferidas (Toon, de "cartoon", para los que ven mucha tele). En las niñas es habitual el uso de Lek o Noi ("pequeña" en ambos casos).

Hay padres que incluso dejan patente en sus hijos sus propias aspiraciones, como Golf (por el deporte) o Benz (por la marca de automóviles).

Comida y bebida

Cerveza Las marcas nacionales (Singha, Chang, Leo) y las extranjeras producidas con licencia (Heineken, Asahi, San Miguel) son muy parecidas en cuanto a sabor y calidad.

Đôm yam "Sopa tailandesa agripicante" es una descripción bastante pobre de este ardiente manjar a base de caldo de hierbas con un toque ácido.

Kôw pàt Arroz frito aderezado con chiles machacados, azúcar, salsa de pescado y zumo de lima.

Kôw soy Fideos planos de huevo y trigo servidos en un fogoso caldo a base de leche de coco.

Nám pŏn·lá·mái Zumos de frutas con azúcar, sal y mucho hielo.

Pàt gàprow gài Plato muy picante consistente en pollo, chiles, ajo y albahaca salteados.

Pàt pàk kanǎh Verduras salteadas, en ocasiones acompañadas de carne, y servidas sobre arroz; sencillo pero delicioso.

Pàt tai Fideos finos de arroz salteados con huevo frito, tofu y gambas, todo ello aderezado con salsa de pescado, tamarindo y chiles secos.

PATRICK FOTO / GETTY IMAGES ©

6

ajenas a la vida moderna, permiten sentirse como un náufrago. Sail Rock, ubicado frente a la costa, es uno de los mejores enclaves de buceo del golfo.

Kanchanaburi

8 Los paseos entre naturaleza son el principal motivo para visitar Kanchanaburi, cuyas montañas calizas señorean la densa jungla. Aquí se viene a descubrir cascadas plateadas e impetuosos ríos en busca de escurridizos tigres y gibones, antes de hacer noche en una casa particular en algún poblado étnico. Una vez ahíto del pasado bélico de esta provincia occidental, toca lanzarse a la aventura, ya sea en tirolina, en kayak o a lomos de un elefante.

Río Mekong

9 Desde las históricas tiendas-vivienda de madera de Chiang Khan a las cascadas del Parque Nacional del Pha Taem, el glorioso arco que conforma el río Mekong es una fuente inagotable de cultura y belleza. Se puede seguir su curso

Cuándo ir

TEMP. ALTA
(nov-mar)

➡ Al monzón sigue una época fresca y seca que hace que el paisaje bulla y las temperaturas se moderen.

➡ Se abarrota en Navidad y Año Nuevo y los precios en las playas suben un 50%.

TEMP. MEDIA
(abr-jun, sep y oct)

➡ Tiempo caluroso y seco (abr-jun)

➡ Playas menos concurridas y reconfortante brisa marina.

➡ Septiembre y octubre son ideales para el norte y la costa del golfo.

TEMP. BAJA
(jul-oct)

➡ El monzón puede acarrear desde chaparrones vespertinos hasta grandes inundaciones.

➡ Algunas islas cierran y hay menos ferris con tiempo inestable.

en un autobús destartalado, un barco de popa larga y hasta en bicicleta, al tiempo que se admira el intercambio de influencias entre tailandeses y laosianos en pueblos de pescadores, el singular parque escultórico de Nong Khai, las pinturas rupestres de Ubon Ratchathani, templos sagrados y poblados de elefantes.

Phuket

10 Accesible y acogedor, es un destino de playa al que se puede llegar en avión desde Bangkok (o directamente desde China) y luego retirarse a un complejo de cinco estrellas o a un hotel-*boutique* para disfrutar de unas relajadas vacaciones tropicales rodeado de tentadoras playas,

Películas

36 (Nawapol Thamrongrattanarit; 2012) Historia de amor independiente contada a través de 36 cámaras estáticas.

Boundary (Nontawat Numbenchapol; 2013) Mirada de un soldado tailandés en torno al conflicto militar en Khao Phra Wihan, en la frontera entre Tailandia y Camboya.

Paradoxocracy (Pen-ek Ratanaruang; 2013) Recorre la historia política del país desde la revolución de 1932 hasta la actualidad.

Libros

Lai Chiwit (Many Lives; Kukrit Pramoj) Colección de relatos cortos.

Monsoon Country (Pira Sudham) Captura con acierto la lucha que se libra en el noreste contra lo innato y lo adquirido.

Pisat, Evil Spirits (Seni Saowaphong) Trata los conflictos entre las nuevas y las viejas generaciones.

Cómo desplazarse

Avión Vuelos nacionales baratos con aerolíneas de bajo coste.

Autobús Servicios frecuentes y asequibles; ideal para desplazarse entre poblaciones.

Automóvil y motocicleta Fáciles de alquilar para recorrer el país sin ataduras.

Tren Son lentos pero ofrecen bonitos paisajes entre Bangkok y Chiang Mai o Bangkok y Surat Thani.

clubes exclusivos y las comodidades modernas de rigor. Además, se organizan excursiones a manglares, centros de acogida de monos e infinidad de deportes acuáticos.

Chiang Rai

11 Aunque los días del opio en el Triángulo de Oro son historia, Chiang Rai sigue siendo un lugar fascinante para los amantes de los espacios abiertos. También es un magnífico destino para vivir experiencias culturales únicas, desde una visita a un poblado akha a una estancia en una aldea de tradición yunnanesa de Mae Salong. Chiang Rai se extiende desde el Mekong hasta las montañas, y quizá

sea la provincia más bella de Tailandia, además de una práctica puerta de entrada a Myanmar y Laos.

Phetchaburi

12 Cultura y naturaleza se mezclan estupendamente en esta capital de provincia que es una alternativa cercana y tranquila al frenesí de Bangkok. Aquí se podrá explorar un antiguo palacio cimero, cuevas-santuario y animados templos, o bien deambular por el antiguo barrio de las tiendas-vivienda, antes de poner rumbo al Parque Nacional de Kaeng Krachan en busca de gibones y aves exóticas. Phetchaburi es, además, una buena parada para quienes regresan del sur.

Wat Rong Khun, Chiang Rai.

KYLIE McLAUGHLIN / GETTY IMAGES ©

Mercado nocturno chino, Taipéi.

CAPITAL
Taipéi

POBLACIÓN
23,3 millones

ÁREA
35 980 km²

IDIOMA OFICIAL
Mandarín
taiwanés

Taiwán

Deportes de aventura, una capital con un rico legado, tradiciones populares, animados mercados nocturnos... Taiwán parece un continente metido en una pequeña isla verde.

Conocido durante siglos como *Ilha Formosa* (Isla Hermosa), en Taiwán se pueden cruzar montañas por senderos de la época colonial con el azul del Pacífico a un lado y el verde de los arcos volcánicos al otro, o subir a lo alto del Yushan, el techo de Taiwán (3952 m).

La energía necesaria para tanta actividad puede encontrarse en su variadísima cocina china, a la que hay que sumar la mejor comida japonesa fuera de Tokio y un sinfín de especialidades locales, desde salteados hakka y fideos con ternera de Taipéi hasta jabalí asado al estilo aborigen.

Taiwán también alimenta el alma: la isla ha heredado la tradición china del budismo, el taoísmo y el confucianismo, unida a una amplia colección de deidades y demonios a los que se venera. No obstante, con el tiempo, la gente ha ido integrándose hasta consolidar una cultura religiosa tolerante. Así, los taiwaneses han forjado la democracia más vibrante de Asia y una sociedad liberal donde imperan la libertad de prensa, la igualdad de género y el respeto por los derechos humanos y, cada vez más, también por los animales.

Taiwán
Las mejores experiencias

Senderismo
en alta montaña

1 No hay que olvidarse las botas, pues dos tercios de la geografía de la isla es montañosa, y de veras. Hay multitud de picos por encima de los 3000 m, con excelentes rutas de senderismo a todas partes. Son senderos auténticos (nada de tiendas ni restaurantes), pudiendo llegar a estar solo durante días en los más remotos. La ruta más popular es el ascenso al Yushan, el pico más alto de Asia nororiental, aunque la Montaña Nevada, segunda en altura, es más paisajística y permite hacer la ruta de O'Holy Ridge, una caminata de cinco días por una cresta nunca inferior a los 3000 m de altitud.

Garganta
de Taroko

2 La mayor atracción turística de Taiwán es el cuadro chino por antonomasia. Elevándose por encima de las agitadas aguas azul verdoso del río Liwu, las paredes de mármol de la garganta de Taroko se arremolinan con colores asombrosos. Basta añadir algo de neblina, una vegetación exuberante y cascadas que parecen precipitarse desde el cielo, y el resultado es el clásico paisaje chino. Para ver la garganta en todo su esplendor hay que recorrer la gruta Swallow o aventurarse por la antigua ruta de Jhuilu, un vertiginoso sendero 500 m por encima del fondo del cañón.

Museo Nacional
del Palacio

3 Una casualidad de la historia ha propiciado que Taiwán albergue una de las mayores colecciones de arte chino del mundo. Cerámica antigua, objetos de bronce y jade, jarrones Ming, pinturas de paisajes Song y caligrafía que hasta un extranjero sabrá apreciar, hacen de este museo un lugar que hay que visitar más de una vez, pues de las 700 000 obras que integran su colección (de todas las dinastías chinas) solo se exhibe una ínfima parte que va rotando.

Pedalear por
la costa este

4 El ciclismo está causando furor en

Templo y cascada, Silver Stream Cave.

la isla, pero sobre todo en la costa oriental, cuyo terreno apenas poblado y virgen resulta ideal para realizar excursiones de varios días. La carretera 11 discurre por un impresionante litoral salpicado de playas, puertos pesqueros y pintorescos pueblos. Si se prefiere la montaña, el valle del Rift, flanqueado por verdes cadenas montañosas, es la elección natural. Ambas rutas cuentan con suficientes cafés, campings, casas particulares y fuentes termales como para que el viaje no resulte una odisea en cuanto a logística.

Maravillosos templos

5 Taiwán tiene oficialmente 15 000 templos, tres veces más que hace 30 años. Fundamentales en la cultura local, los templos no solo son lugares de culto sino también centros comunitarios. Tanto Tainan como Lukang poseen gran número de edificios antiguos, desde sencillos templos confucianos hasta ricas pagodas en honor a Matsu, ejemplos

si Taiwán tuviera 100 habitantes

84 serían taiwaneses y hakkas
14 serían chinos continentales
2 serían autóctonos

grupos religiosos
(% de población)

31	24	15
Religiones autóctonas	Budistas	Taoístas

3	2	25
Protestantes	I-Kuan Tao	Otros o no religiosos

población por km²

TAIWÁN	CHINA	ESPAÑA

♦ ≈ 11 personas

Cuándo ir

TEMP. ALTA
(jul y ago)

➡ El coste del alojamiento sube entre 30-50% en las zonas turísticas.

➡ Precios más caros sábados por la noche y durante el Año Nuevo chino.

TEMP. MEDIA
(sep, oct y abr-jun)

➡ Descuentos en hoteles entre semana.

➡ Aglomeraciones en los lugares turísticos los fines de semana.

➡ Momento ideal para visitar las islas más alejadas.

TEMP. BAJA
(nov-mar)

➡ El turismo desciende excepto en enero y durante el Año Nuevo chino.

➡ Descuentos en alojamiento de hasta un 50% en los centros turísticos.

➡ Temporada alta para los hoteles de las fuentes termales.

El poder divino de los templos

Los nuevos templos casi siempre se fundan como un retoño de un templo matriz, más grande y famoso, dentro del fascinante proceso conocido como *fēnxiāng* (división espiritual).

En esta práctica, representantes del templo nuevo acuden al viejo en busca de cenizas de incienso o estatuas y, de paso, se llevan consigo parte del *líng* (esencia divina) del templo primigenio. Este ritual ha de repetirse periódicamente para renovar o incrementar el *líng* de sus estatuas.

Farolillos, Pingxi.

de arte decorativo popular sureño. Pero si hubiera que elegir uno, quizá este sería el templo de Bao'an en Taipéi, por sus diseños, rituales y celebraciones tradicionales.

Comida y bebida

Chòu dòufu (tofu glutinoso) Tentempié típico.

Fó tiào qiáng Guiso de marisco, pollo, pato y cerdo hervido con vino de arroz: un plato tan sabroso que, según la leyenda, hasta Buda habría trepado un muro para probarlo.

Gāoliáng jiǔ (licor de Kaoliang) Elaborado a partir de sorgo fermentado.

Kèjiā xiǎo chǎo Sepia salteada con puerros, tofu y cerdo.

Kézǎi tāng Sopa de ostras con jengibre.

Tiěbǎn shānzhūròu Jabalí asado, troceado y asado de nuevo con cebollas y verduras silvestres.

Xiǎoyú huāshēng Pescado salteado con cacahuetes y verduras encurtidas.

Zhà shūcài bǐng Croquetas fritas a base de setas y harina.

Fuentes termales

6 Fruto del choque de dos importantes placas tectónicas, la superficie de Taiwán presenta numerosas fisuras y abundantes fuentes termales. Se dice que sus aguas son buenas para todo, ya sea aliviar dolores musculares o concebir un varón. Los amantes de la naturaleza que visiten las de Beitou o Taian, encontrarán un aliciente añadido en las vistas de montaña. Y si se está dispuesto a caminar, aún se conservan muchas fuentes agrestes en las entrañas de los valles, p. ej., las aguas termales de Lisong.

Festival de los Faroles

7 Uno de los acontecimientos más antiguos del calendario lunar, este festival marca el final de las celebraciones del Año Nuevo, cuando las calles y las márgenes de los ríos se inundan de faroles, al tiempo que enormes despliegues de neón y láseres invaden las plazas. En el pequeño pueblo de montaña de Pingxi se fabrican sencillos farolillos de papel que se sueltan en masa al cielo nocturno.

Cómo desplazarse

Autobús Conecta la mayor parte de las poblaciones y lugares turísticos de las costas norte, sur y oeste. Hay menos rutas con destino a la costa este.

Automóvil o escúter Muy prácticos tanto para viajar por cuenta propia y alojarse en B&B como para explorar parques nacionales y pintorescas zonas rurales. Se alquilan por doquier. En Taiwán se conduce por la derecha.

Tren Comunica el norte y ambas costas; el tren de alta velocidad viaja entre las principales poblaciones occidentales. Cuatro pequeñas líneas turísticas cubren el interior.

Senderismo por el monte Kilimanjaro.

CAPITAL
Dodoma

POBLACIÓN
48,3 millones

ÁREA
947 300 km²

IDIOMAS OFICIALES
Suajili, inglés

Tanzania

Fauna a carretadas, playas idílicas, el Kilimanjaro nevado, ruinas cubiertas de musgo, gente amable, culturas fascinantes... Tanzania tiene todo lo que se pueda desear y mucho más.

Tanzania es la tierra de los safaris. Aquí, los ñus salen en estampida por las llanuras, los hipopótamos se amontonan en los ríos, los elefantes trotan por doquier y los chimpancés se columpian en los árboles. Vaya adonde vaya, el viajero encontrará oportunidades únicas para disfrutar de la vida salvaje.

Pero no solo encandila la fauna. La costa del océano Índico también es mágica, con sus serenas islas, largas playas y tranquilos pueblos impregnados de siglos de tradición suajili. Los cocoteros se bambolean con la brisa, los *dhows* se deslizan en el horizonte y coloridos peces aletean entre espectaculares corales bañados por aguas turquesa. Pero, por encima de todo, es su gente –con su calidez y modales característicos, unidos a la dignidad y belleza de sus culturas– lo que hace de Tanzania un destino tan memorable. Es muy probable que el viajero se marche deseando volver, para oír decir a los tanzanos *"karibu tena"* ("bienvenido de nuevo").

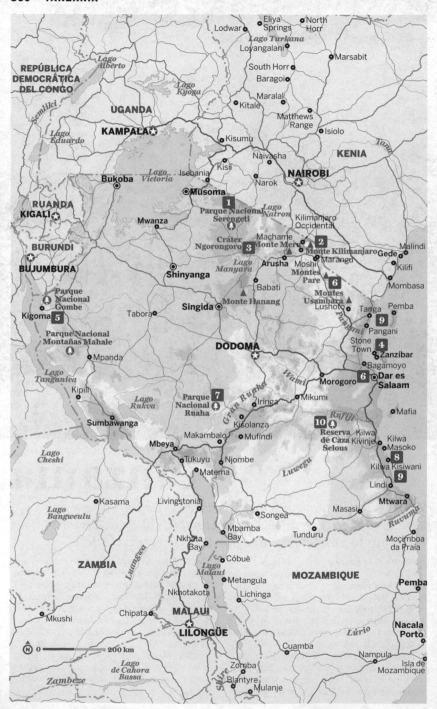

Tanzania
Las mejores experiencias

Parque Nacional del Serengeti

1 El trotar cada vez se vuelve más intenso. De pronto, miles de ñus salen en estampida formando una nube de polvo en las llanuras del Serengueti mientras tiene lugar uno de los mayores espectáculos naturales de África oriental. En la reserva natural por antonomasia parece como si el tiempo se hubiera detenido. Un león reposa majestuosamente sobre una roca, las jirafas caminan con garbo hacia la puesta de sol, los cocodrilos retozan en las orillas de los ríos y aves singulares miran socarronamente junto a la carretera. La observación de fauna en el Parque Nacional del Serengeti es excelente en cualquier época del año. Conviene, eso sí, reservar suficiente tiempo para verlo todo. La experiencia lo merece.

Monte Kilimanjaro

2 Con una cumbre nevada y vistas de las llanuras circundantes, cuesta resistirse a la tentación de ascender al pico más alto de África. No obstante, hay otras formas de disfrutar de la montaña, como hacer una caminata de un día por su exuberante falda, visitar un poblado chagga o despedir el sol cóctel en mano desde un mirador.

Guepardos, Parque Nacional del Serengeti.

FRANZ ABERHAM / GETTY IMAGES ©

Cráter del Ngorongoro

3 En días despejados, la magia que nos ofrece el Ngorongoro empieza mientras uno está junto al borde, con el aire fresco y las vistas soberbias del enorme cráter. El descenso culmina en una ancha llanura bajo un manto de tonos azules y verdes. Si se consigue dar con un rincón tranquilo, es fácil imaginarse el África primigenia, con un continuo trasiego de animales y un telón de fondo incomparable. Conviene ir lo más temprano posible para exprimir al máximo la experiencia con luz matinal.

si Tanzania tuviera 100 habitantes

74 vivirían en zonas rurales
26 vivirían en zonas urbanas

grupos religiosos
(% de población)

Musulmanes   Religiones indígenas

30   • 1

Cristianos   Otros

población por km²

TANZANIA   KENIA   ESPAÑA

≈ 45 personas

Ciudad de piedra, Zanzíbar

4 Es un lugar que nunca defrauda, se haya visitado una o mil veces. Primero se admira su perfil dominado por las agujas de la catedral de San José y el antiguo fuerte. Luego se pasea sin rumbo por sus angostas callejuelas, con sorpresas en cada esquina; se husmean sus exóticas tiendas con solera; se observa a hombres vestidos con inmaculadas *kanzu* (túnica) jugar al *bao*; y finalmente se contemplan los elaborados diseños de henna en las manos de mujeres ataviadas con *bui-bui* (especie de *niqab* negro). Por mucho que uno se resista, el lánguido ritmo isleño siempre termina imponiéndose.

En busca de chimpancés

5 Remontar pronunciados senderos embarrados, tropezarse con raíces retorcidas, abrirse paso entre la densa vegetación... Ir tras la pista de chimpancés nunca ha sido fácil, pero tanto esfuerzo enseguida se olvida cuando por fin se les atisba instalados en un claro. Los remotos parques nacionales de las Montañas Mahale y Gombe, en el oeste del país, se cuentan entre los mejores lugares del planeta para acercarse a nuestros primos de la selva. Para una aventura inolvidable, sin multitudes, lo mejor es combinar una excursión de observación de chimpancés con un safari por el Parque Nacional de Katavi o un recorrido junto al lago Tanganica.

Vida local

6 Abundante fauna, un pico nevado, playas

Ngoma

El tambor es un elemento fundamental en la música tanzana tradicional. La misma palabra (*ngoma*) se utiliza tanto para referirse a la danza como al ritmo del tambor, lo que refleja la estrecha relación entre ambos; no en vano, hay numerosas danzas que solo pueden interpretarse al ritmo de un tipo particular de tambor. Algunas danzas, en especial las de los sukuma, también incorporan otros accesorios, p. ej. serpientes vivas y otros animales. Las famosas danzas de los masái únicamente se acompañan de cantos y, a veces, de saltos.

Comida y bebida

El *ugali* es el plato nacional tanzano, una densa masa cuyo sabor y consistencia dependen de la harina y la técnica utilizadas. En general, un buen *ugali* no debería ser ni demasiado seco ni viscoso. Normalmente se sirve con una salsa con carne, pescado, alubias o verduras. El arroz y el *ndizi* (plátano macho cocinado) también son ingredientes básicos.

Las *mishikaki* (brochetas de carne marinada a la parrilla) y el *nyama choma* (carne marinada a la parrilla) se encuentran por doquier. En la costa y cerca de los lagos, se consume mucho pescado y marisco, a menudo cocinados a la parrilla o en leche de coco o al curri.

Se suele empezar el día tomando *uji*, unas gachas dulces hechas con alubias, maíz u otros cereales. Las *vitambua* (especie de tortitas de arroz) son otro plato predilecto de desayuno. En Zanzíbar hay que probar el *mkate wa kumimina*, un pan hecho con una masa similar a la de las *vitambua*. También es típico en Zanzíbar el *urojo*, una sustanciosa y deliciosa sopa que lleva *kachori* (patatas picantes), mango, lima, coco, yuca frita, ensalada y hasta *pili-pili* (salsa picante).

Entre las cervezas nacionales se cuentan Safari y Kilimanjaro. Es fácil encontrar cerveza, pero dar con una fría suele ser una odisea.

6

Grupo de jóvenes masái.

fantásticas y ruinas suajilis palidecen ante el mayor reclamo de Tanzania: su gente. La cultura local es accesible y variada. Además de participar en progra-mas de turismo cultural para moler grano con los meru, cantar con los masái, conocer de cerca los rituales de enterramiento de los pare o vivir un día en el mercado con los arusha, el viajero podrá hacer excursiones a poblados sambaa en los montes de Usambara o visitar el taller de un tallador makonde en Dar es Salaam. Donde quiera que uno vaya, siempre es fascinante descubrir las ricas culturas de Tanzania.

Cuándo ir

TEMP. ALTA
(jun-ago)

➡ Clima fresco y seco.

➡ Los hoteles de las zonas turísticas están reservados al completo.

➡ Es más sencillo observar animales al haber menos follaje y congregarse estos cerca del agua.

TEMP. MEDIA
(sep-feb)

➡ Tiempo caluroso, sobre todo de diciembre a febrero.

➡ Desde finales de octubre hay lloviznas y sopla el kusi (vientos alisios del sureste).

➡ Precios de temporada alta de mediados de diciembre a mediados de enero.

TEMP. BAJA
(mar-may)

➡ Las tormentas embarran las carreteras secundarias.

➡ El paisaje se cubre de un manto verde y exuberante.

➡ Algunos hoteles cierran; otros ofrecen descuentos.

Elefantes en el Parque Nacional de Ruaha

7 Esta escarpada reserva cuajada de baobabs es junto con las zonas protegidas de los alrededores el hogar de una de las mayores poblaciones de elefantes del país. Un lugar ideal para observarlos es junto al maravilloso río Gran Ruaha al alba o a la puesta de sol, cuando se dirigen a la orilla en busca de un tentempié o para darse un chapuzón en compañía de hipopótamos, antílopes y más de 400 especies de aves. Para un viaje imborrable, no hay nada como combinar la visita al parque con un recorrido por las tierras altas del sur.

Ruinas y arte rupestre

8 Los amantes de la historia lo pasarán en grande en Tanzania, entre cuyas impresionantes ruinas costeras destacan las de Kilwa Kisiwani, un yacimiento declarado Patrimonio Mundial por la Unesco, que hunde sus orígenes en los días de los sultanes y las

Películas

África – El Serengeti (1994) Asombroso documental dirigido por George Casey.

¡Hatari! (Howard Hawks, 1962) Filmada en el norte de Tanzania, en un rancho de caza de Ngorongoro.

Tan viejo como mi lengua (Andy Jones; 2006) Repasa la leyenda internacional de la música Bi Kidude.

Libros

El árbol en que nació el hombre (Peter Mathiessen, 1999) Guiado por una pasión incontrolable por la naturaleza salvaje, el autor describe África a través de su fauna.

Colinas que arden, lagos de fuego (Javier Reverte, 2012) La cara y la cruz del África de nuestros días, con pinceladas del pasado colonialista y la edad de las exploraciones.

Los mundos de un guerrero masái – Una autobiografía (Tepilit Ole Saitoti; 1985) Mirada sobre la vida y la cultura masái.

Cómo desplazarse

Autobús Viajar en autobús es una experiencia ineludible para la mayoría de los viajeros que visitan el país. No son caros para las distancias que se recorren y a menudo es la única forma de llegar a muchos destinos. Hay que reservar con tiempo para las rutas populares.

Dalla-dalla Las rutas locales las cubren los *dalla-dallas,* unos microbuses destartalados y abarrotados; en las zonas rurales proliferan las camionetas o viejos todoterrenos. Son habituales los accidentes.

Tren Con menos prisas, se puede viajar en tren para disfrutar de buenas vistas y la vida local. Las averías y los retrasos (de 24 h o más) son la norma.

vastas rutas comerciales entre las minas de oro del interior y Persia, la India y China. Al visitar la restaurada Gran Mezquita, casi pueden oírse susurros del pasado. Una vez en el interior, armado de un espíritu de aventura y listo para afrontar un arduo viaje, se pone rumbo a las enigmáticas cuevas de arte rupestre de Kondoa, repartidas por las colinas de Irangi, en el centro del país.

Playas

9 Con más de 1000 km de costa, archipiélagos exóticos y lagos interiores, el viajero tendrá infinidad de opciones donde escoger para darse un baño. Las playas de

Zanzíbar, aunque están más urbanizadas, son despampanantes, con reluciente arena blanca, las palmeras de rigor y un submarinismo de aúpa. Para huir del gentío, son recomendables Pemba, con calas idílicas, o la costa cerca de Pangani.

Safari en la Reserva de Caza Selous

10 Uno de los grandes atractivos de esta reserva es embarcarse en un safari en barca por el río Rufiji. A medida que se dejan atrás palmeras, hipopótamos y elefantes que retozan en la orilla, no hay que olvidarse de atractivos que salpican las márgenes del río.

Isla de Mnemba.

CAPITAL
Dushanbé

POBLACIÓN
7,9 millones

ÁREA
143 100 km²

IDIOMA OFICIAL
Tayiko

Tayikistán

*Los espectaculares paisajes de las tierras altas de Tayikistán
suponen todo un reto para escaladores, excursionistas y amantes
de la aventura en general.*

Tayikistán es la única república centroasiática que ha sufrido una guerra civil y donde se habla persa. Enclavado en un altísimo callejón sin salida en el rincón más apartado de la antigua URSS, los turistas aún son vistos aquí como algo novedoso, si bien eso no quiere decir que no tenga mucho que ofrecer.

Al margen de ajetreadas poblaciones de la Ruta de la Seda y coloridos bazares, el principal reclamo es la cordillera del Pamir, una meseta alpina llena de lagos azul intenso, yurtas kirguisas y valles ondulados que han impresionado a cuantos la han visto, desde Marco Polo hasta Francis Younghusband.

Su gente es sumamente hospitalaria, aunque apenas hablan inglés y el transporte escasea. De restringir aún más el potencial turístico se encargan los largos inviernos y los exasperantes cierres de la frontera. Con todo, las maravillas del corredor de Wakhan, la belleza descarnada del vertiginoso Pamir y los arrebatadores lagos y pináculos de los montes Fan hacen de Tayikistán posiblemente el destino más estimulante de Asia central.

Tayikistán

Las mejores experiencias

Carretera del Pamir

1 Con vistas de impresionantes lagos alpinos y estupendas casas particulares en poblados, la carretera del Pamir constituye una de las mayores aventuras del mundo. El tramo Khorog-Osh fue construido por ingenieros del ejército soviético entre 1931 y 1934 para facilitar el traslado de tropas y suministros a uno de los puestos avanzados más remotos de la URSS. De acceso prohibido a los viajeros hasta hace poco, esta apartada ruta de alta montaña discurre por un paisaje de altiplano con reminiscencias tibetanas, solo interrumpido por yurtas y yaks, y salpicado de hermosos lagos.

Montes Fan

2 Adornados con decenas de lagos turquesa y vistas de órdago, los adustos pero preciosos Fannsky Gory (montes Fan en ruso) son uno de los destinos de senderismo y escalada más populares de Asia central. Como mejor se accede es desde Panjakent o Samarcanda, pero si no se tiene tiempo para hacer una caminata, una forma estupenda de disfrutar de ellos es con una excursión de un día (o con pernoctación) de Panjakent a los lagos Marguzor.

Iskanderkul

3 Situado en el extremo suroriental de los montes Fan, este embriagador lago de fácil acceso es un lugar ideal para relajarse o hacer una caminata. La antigua *turbaza* (campamento soviético de veraneo) está venida a menos pero goza de una encantadora ubicación, con una zona de *picnic* junto a la orilla. Conviene llevar comida y ropa de abrigo, pues el lago está a 2195 m de altitud. Las vistas del más pequeño y oscuro lago Zmeinoe también son maravillosas.

Istaravshan

4 Premiado con uno de los cascos antiguos mejor conservados del país, este fascinante y pequeño laberinto de callejuelas oculta un puñado de mezquitas y madrazas, mientras que su inmenso y vistoso bazar

Teatro de Ópera y Ballet Ayni, Dushanbé.

central es una ciudad en sí mismo. En días despejados, las vistas desde Mug Teppe –la antigua fortaleza de la ciudad, hoy cubierta de césped– se dilatan hasta las montañas.

Dushanbé

5 Con un montañoso telón de fondo, relajadas avenidas jalonadas de árboles y edificios neoclásicos en tonos pastel, la capital tayika, Dushanbé no tiene rival en toda la región. La amplia avenida Rudaki, dotada de un estilo arquitectónico más próximo a San Petersburgo que a las urbes de Asia central, es su eje principal y un paseo por ella ofrece una excelente introducción a la ciudad.

Valle de Jizeu

6 También conocido como Jisev o Geisev, este valle ofrece estampas idílicas en torno a una serie de lagos estacionales bordeados de árboles. Los más bellos están delimitados por el pueblo tradicional de Jizeu, que se halla impregnado de un maravilloso ambiente atemporal. No hay ninguna carretera, y antes de llegar al sendero de acceso, hay que tomar un curioso "teleférico": un artilugio de madera, operado manualmente, que cuelga de dos cables y permite cruzar el impetuoso río a un máximo de cuatro personas.

si Tayikistán tuviera 100 habitantes

80 serían tayikos
15 serían uzbecos
1 sería ruso
1 sería kirguizo
3 serían de otro origen

grupos religiosos
(% de población)

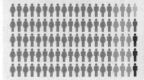

| Musulmanes suníes | Musulmanes chiíes | Otros |

Cuándo ir

MED JUN-SEP

➡ El calor es sofocante, pero es la única época en que se puede acceder a los senderos del Pamir.

ABR-MAY

➡ Clima suave en las tierras bajas; las carreteras de montaña quedan bloqueadas.

NOV-FEB

➡ En el macizo del Pamir las temperaturas caen a -20 o -45°C.

población por km²

TAYIKISTÁN   UZBEKISTÁN   KIRGUISTÁN

🧍 ≈ 2 personas

Casas del Pamir

Una *huneuni chid* (casa del Pamir) tradicional puede parecer modesta, achaparrada y cuadriculada por fuera, pero una vez dentro la cosa cambia. Los invitados son recibidos en una gran sala con cinco columnas y varias alturas. El rasgo más característico es el techo de madera, construido a partir de cuatro cuadrados concéntricos, girados 45° unos respecto a otros y rematados por un tragaluz que proporciona buena parte de la iluminación. Cada nivel del techo representa un elemento: tierra, fuego, aire y agua. Las paredes están cubiertas de tapices y los colchones hacen las veces de mobiliario. El sitio de honor entre los paneles de fotografías casi siempre se reserva a un retrato del Aga Khan (líder espiritual de los ismaelitas).

Comida y bebida

Borj Guiso a base de carne y cereales.

Cerveza Tanto Hisor como Dusambé producen su propia cerveza, aunque es más habitual encontrar marcas rusas de importación como Baltika.

Chakka También escrito *yakka*; cuajada a las hierbas que suele acompañarse de un pan plano.

Kurutob La aportación tayika a la cocina vegetariana es un popular plato consistente en pedazos de pan *fatir* con diferentes capas de cebolla, tomate, perejil y cilantro bañadas en salsa de yogur.

Oshi siyo halav Deliciosa sopa a base de hierbas.

Shir chai Popular bebida para el desayuno en el Pamir, a medio camino entre un té con leche y el té tibetano con mantequilla.

Tuhum barak Sabrosos raviolis rellenos de huevo y aderezados con aceite de sésamo.

HIMAGINE / GETTY IMAGES ©

Corredor de Wakhan

7 Este remoto y hermoso valle que ejerce de frontera natural con Afganistán atesora fuertes de la Ruta de Seda, ruinas budistas y altas paredes que a menudo se abren para ofrecer vistas espectaculares de las cumbres nevadas del Hindu Kush. Viajar a la mitad tayika del valle es fascinante, tanto si se para de camino a Murgab como si se recorre en una ruta circular pasando por los valles de Gunt o Shokh. Los valles laterales regalan vistas de los picos del Hindu Kush (por encima de los 7000 m), que marcan la frontera con Pakistán.

Estancias en yurtas

8 Dormir en una yurta, ya sea en los valles de Gumbezkul o Rangkul o en cualquier otro lugar del Pamir, es una forma estupenda de sumergirse en un estilo de vida que se ha mantenido ajeno al paso del tiempo. Una experiencia única donde prima la sencillez, la austeridad y la unión entre el paisaje, los animales domésticos y los recios habitantes de las montañas.

Cómo desplazarse

Avión Los vuelos nacionales se limitan a las rutas Dushanbé-Khodjent y Dushanbé-Khorog (espectacular pero poco fiable).

Autobús y microbús Si bien la red de autobuses/microbuses es bastante limitada, la flamante compañía Asia Express tiene previsto expandirse.

Taxi compartido Es el único medio de transporte público que circula entre Dushanbé y Penjikent o Khodjent, mientras que los todoterrenos compartidos son el medio principal para ir a Khorog y Murgab. Los viajeros suelen formar grupos para alquilar todoterrenos con conductor en el Pamir o bien alquilan un taxi compartido entero para poder parar más a menudo durante el trayecto.

El sobrecogedor paisaje tibetano.

Tíbet

El Tíbet es uno de los destinos predilectos de Asia, con sus fabulosos monasterios, sus caminatas de alta montaña, sus espectaculares vistas y uno de los pueblos más encantadores del planeta.

Para muchos, los principales atractivos del Tíbet son de naturaleza espiritual: imponentes monasterios, salones de oración de monjes y remotos retiros encaramados en precipicios. Los peregrinos también son parte esencial de su encanto, desde abuelitas que balbucean mantras y hacen girar ruedas de plegaria en templos cargados del embriagador aroma del incienso de enebro y la mantequilla de yak, hasta aquellos que caminan sin descanso y hasta se acuestan boca abajo en los alrededores del monte Kailash.

Para quienes permanezcan impasibles ante tanto simbolismo religioso, el mayor reclamo es la belleza elemental de la meseta a mayor altura de la Tierra. La geografía es de una escala aleccionadora, desde los picos más altos del mundo a lagos que parecen mares interiores, pasando por vistas bañadas por la espectacular luz de la montaña. El viajero pasará junto a lagos turquesa, cruzará llanuras moteadas de yaks y tiendas de nómadas, y dejará atrás puertos de montaña adornados con coloridas banderas de plegaria.

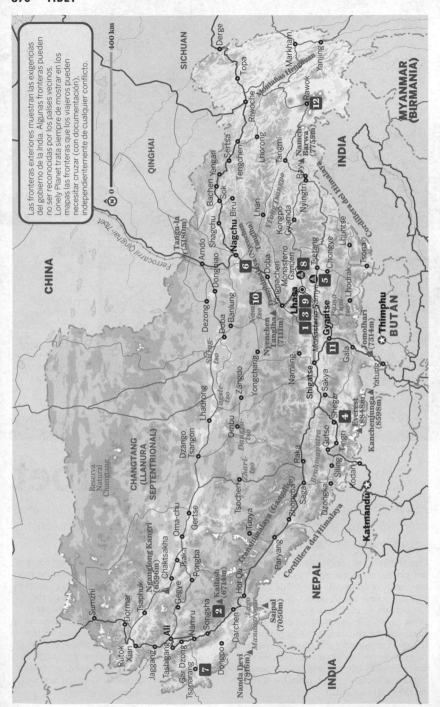

Las fronteras exteriores muestran las exigencias del gobierno de la India. Algunas fronteras pueden no ser reconocidas por los países vecinos. Lonely Planet trata siempre de mostrar en los mapas las fronteras que los viajeros pueden necesitar cruzar (con documentación), independientemente de cualquier conflicto.

Tíbet
Las mejores experiencias

Palacio de Potala

1 Al viajar hay momentos que perduran en la memoria, y la primera vista de este icónico palacio es uno de ellos. Pese a estar rodeado por un mar de construcciones chinas, este altísimo y misterioso edificio domina Lhasa concentrando todas las miradas. La visita a la antigua residencia del dalái lama lleva por un descenso en espiral, pasando por capillas doradas, salas de recepción y salones de oración hasta las entrañas de un castillo medieval. He aquí la riqueza espiritual y material de una nación entera.

Monte Kailash, oeste del Tíbet

2 Venerado por más de mil millones de budistas e hindúes, el monte más sagrado de Asia se eleva desde la llanura de Barkha cual *stupa* tibetana de 6714 m de altura. Si se añade el cercano y espectacular lago Manasarovar y una cuenca donde nacen cuatro de los mayores ríos del continente, queda claro por qué muchos lo consideran el centro del mundo. Y, por si fuera poco, se dice que completar la peregrinación de tres días alrededor de esta emblemática montaña permite eliminar los pecados de toda una vida.

Templo de Jokhang, Lhasa

3 Al adentrarse en los oscuros pasadizos medievales de este templo, lo primero que asalta al visitante es un profundo ambiente de sobrecogimiento. Colas de peregrinos anonadados remontan las escaleras pasando por puertas y murales centenarios, deteniéndose brevemente para rellenar los cientos de lámparas de mantequilla que parpadean en la penumbra. Bienvenidos al s. xiv en el palpitante corazón espiritual del Tíbet.

Vista del monte Everest

4 Aunque aún haya quien lo ignore, el Tíbet brinda las que posiblemente sean las mejores vistas de la montaña más alta y famosa del mundo. Así, mientras que las rutas de senderismo de dos semanas por el lado nepalí solo ofrecen vistas fugaces del Everest, las panorámicas despejadas de la cara norte, ya sea entre las banderas de plegaria del monasterio de Rongphu o desde una tienda en el campamento base, sin duda cortan la respiración.

Monasterio de Samye

5 El primer monasterio del Tíbet se compone de una simbólica colección de capillas, *stupas* y santuarios dispuestos en torno a un templo medieval de estilo tibetano, chino e indio, conocido como *ütse*. Este emplazamiento de 1200 años de antigüedad es donde Guru Rinpoché luchó contra los demonios antes de implantar el budismo en el Tíbet y donde se selló el rumbo del budismo tibetano en un gran debate. Su situación, a orillas del Yarlung Tsangpo, también es fascinante.

En tren hasta Lhasa

6 El tren chino al Tíbet (el más alto del mundo) es una proeza de la ingeniería y una forma sensacional de viajar a la ciudad sagrada de Lhasa. Desde el asiento podrán verse enormes lagos salobres, llanuras salpicadas de yaks y tiendas de pastores, y cientos de kilómetros de desoladora inmensidad a medida que se asciende la meseta. Puede que la altura pase factura a más de uno (se alcanza un máximo de 5072 m), pero no deja de ser un clásico de los viajes en ferrocarril.

Reino de Guge, oeste del Tíbet

7 Más parecido a Ladakh que a Lhasa, este espectacular reino perdido con capital en Tsaparang es

Mandalas

Los mandalas o *kyilkhor* (literalmente "círculo") son más que una bonita creación artística; también son un mapa de meditación tridimensional. Si se aplica el enfoque visual adecuado, lo que sobre el papel parece un sencillo diseño bidimensional emerge como una imagen tridimensional. Los mandalas pueden adoptar forma de cuadro, patrones de arena, modelos tridimensionales y hasta estructuras monásticas completas como, p. ej., Samye. En el caso de los bidimensionales, el enfoque necesario solo puede lograrse a través de la meditación. El ritual precisa que el adepto visualice 722 deidades con la claridad suficiente como para distinguir hasta el blanco de los ojos al menos durante cuatro horas.

Los laboriosos mandalas creados sobre la arena también ilustran la brevedad de la vida, pues normalmente se borran al cabo de unos días.

Comida y bebida

Momos Cocinados al vapor o fritos, estos deliciosos *dumplings* rellenos de carne y verduras se encuentran por doquier.

Té con mantequilla de yak
La bebida local que todo viajero termina probando antes o después. Hay quienes prefieren llamarlo "sopa"; lo que está claro es que no es para todos los gustos.

Thugpa Sopa de fideos con carne y verduras. Las variantes incluyen la *hipthuk* (sopa de fideos cuadrados y carne de yak) y la *thenthuk* (con más fideos). A veces se emplean fideos de judías, conocidos como *phing*.

Tsampa Especie de masa hecha con harina tostada de cebada y mantequilla de yak mezcladas con agua, té o cerveza. Los tibetanos son muy diestros amasando la pasta y dándole forma de bolas (¡más difícil de lo que parece!).

dónde viven los tibetanos (%)

46	22	20
Región Autónoma del Tíbet	Qinghai	Sichuan
9	2	1
Gansú	Yunnan	Otros

población por km²

TÍBET	CHINA	ESPAÑA

🁢 ≈ 5 personas

*no hay estadísticas poblacionales fiables para el Tíbet

Monjes cantando, templo de Jokhang.

algo único en el centro del Tíbet. Al bajar unas escaleras escondidas de arenisca o gatear por un complejo de cuevas interconectadas, llega un momento en que se impone parar a fin de reparar en la naturaleza increíble del lugar. Pero lo más sorprendente de todo es que probablemente se disfrute de estas ruinas a solas, lo que las convierte en uno de los grandes destinos secretos de Asia.

Caminata de Ganden a Samye

8 El Tíbet es un destino que hay que descubrir sin prisas. Esta clásica ruta de cuatro días entre dos de los mejores monasterios de la región pasa por campamentos de pastores, lagos de montaña y un retiro de Guru Rinpoché, así como tres puertos de montaña por encima de los 5000 m. Se puede alquilar un caballo para descubrir su maravillosa naturaleza.

Cuándo ir

TEMP. ALTA
(may-sep)

➡ El tiempo más cálido facilita los desplazamientos y el senderismo.

➡ Los precios tocan techo.

➡ Máxima afluencia durante las fiestas nacionales del 1 de mayo y el 1 octubre.

TEMP. MEDIA
(mar-abr, oct-nov)

➡ El tiempo algo más fresco va ligado a un menor gentío y a mayor variedad de todoterrenos.

➡ Precios algo más económicos que en temporada alta.

TEMP. BAJA
(dic-feb)

➡ Casi nadie visita el Tíbet en invierno.

➡ Los precios de los hoteles caen casi un 50%; algunos restaurantes cierran.

Monasterios de Sera y Drepung, Lhasa

9 Estas instituciones religiosas son más que monasterios, son ciudades independientes. Una red de callejones enjalbegados se abre paso entre cocinas medievales, imprentas y escuelas hasta recalar en salas de oración enormes, donde resuenan los cantos y los monjes toman té.

Nam-tso

10 A solo unas horas al norte de Lhasa, este soberbio lago encarna a la perfección los espectaculares e inhóspitos paisajes del norte del Tíbet.

Películas

Kundun (1997) Precioso relato de Martin Scorsese sobre la vida del Dalái Lama.

Samsara (2001) Historia de un monje budista que regresa al monasterio donde vivió desde los 5 años, rodada por Pan Nalin.

Cuando el dragón se tragó el sol (2010) Ahonda en el debate cada vez más tenso en el seno de la comunidad tibetana en el exilio, sobre cómo debería abordarse la relación con China.

Libros

Fuego bajo la nieve (Palden Gyatso, 1997) Autobiografía de un monje budista encarcelado en el Tíbet durante 33 años.

Historias mágicas del Tíbet (Iñaki Preciado Idoeta, 2013) Recreaciones de la literatura popular tibetana en sus diferentes épocas y escenarios.

Siete años en el Tíbet (Heinrich Harrer, 1953) Memorias de un montañista austríaco refugiado en Lhasa durante la II Guerra Mundial, base de una película.

Cómo llegar y desplazarse

Circuitos y permisos Para embarcar en un avión o un tren con destino al Tíbet se necesita un permiso expedido por el Consejo Tibetano de Turismo, y para obtenerlo, se exige contratar a un guía para todo el viaje, además de organizar de antemano los traslados fuera de Lhasa. Para salir de la capital tibetana, se necesitan permisos adicionales, que deberán ser tramitados por el operador, de modo que habrá que decidir el itinerario con tiempo. Los operadores tardan entre 10 y 14 días en tramitar los permisos y enviárselos por correo al viajero (s se prevé llegar al país en avión, hay que disponer del original). Desde Nepal, se viaja con un visado colectivo de corta duración, lo que dificulta seguir viajando por el resto de China.

Transporte Los todoterrenos de alquiler son el medio más habitual, ya que la mayoría de los transportes públicos están restringidos. Aunque sigue habiendo muchas carreteras en mal estado, casi todas las principales están asfaltadas. En la meseta proliferan los aeropuertos y se está trazando la línea ferroviaria más allá de Lhasa. Cada vez es más habitual ver ciclistas en excursiones de larga duración por las carreteras nacionales. No obstante, no está permitido hacerlo po cuenta propia.

Sus aguas azul oscuro están rodeadas por colinas envueltas en banderas de plegaria, peñascos escarpados y lugares de anidación de aves migratorias, en un paisaje con picos de 7000 m.

Gyantse Kumbum

11 La *stupa* tibetana de Gyantse no tiene parangón en el Himalaya. A medida que se rodea el edificio en espiral, se pasa por decenas de nichos llenos de serenos budas pintados, demonios despiadados y arte tibetano único, antes de asomarse a un alero dorado para obtener vistas sensacionales del fuerte de Gyantse y su ciudad antigua.

Ngan-tso y Rawok-tso

12 El Tíbet no anda escaso de lagos remotos. Pero ninguno supera las aguas cristalinas, las playas de arena y los picos nevados de estos lagos gemelos próximos a Rawok.

Banderas de plegarias sobre el monasterio de Drepung.

CAPITAL   Dili
POBLACIÓN   1,2 millones
ÁREA   14 874 km²
IDIOMAS OFICIALES   Tetun, portugués

Timor Oriental

Con montañas que escalar y arrecifes intactos donde bucear, el país más joven de Asia, Timor Oriental, está triunfando.

Es un país con una población joven y una presencia internacional variada que le añade el toque justo. Su capital, Dili, brilla con luz propia, pero vale la pena salir de ella para vivir experiencias culturales apasionantes. Aquí puede uno alojarse en una señorial *pousada* sobre una brumosa colina o en un tranquilo *ecolodge* isleño; pasar la noche bailando, viajar por carretera junto a manadas de búfalos y subir después por bosques pluviales salpicados de cafetos; u otear ballenas desde la carretera de la costa

norte, bordeando los acantilados. Las playas de arena blanca bañadas por el océano aguamarina tientan a los nadadores, y las empresas de buceo de Dili se han dedicado en la década pasada a descubrir zonas de inmersión de categoría mundial.

Timor Oriental recompensa con creces a quienes, ya sea en un vehículo, bicicleta de montaña, a pie o incluso en poni, se adentran en su montañoso interior, con fuentes termales, espesas junglas y ríos impetuosos.

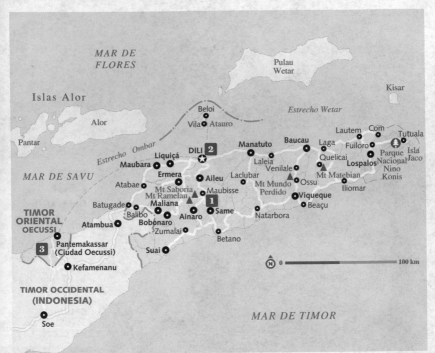

Timor Oriental
Las mejores experiencias

Maubisse

1 Despertarse en la fría Maubisse, a 70 km de Dili, y contemplar cómo las nubes, al levantarse, dejan ver el pueblo, con plantaciones de café y valles brumosos que dan paso a las vistas costeras.

Buceo en Dili

2 Disfrutar en una de las pocas ciudades del mundo donde el arrecife queda a pocos pasos del centro. El arrecife que bordea toda la costa norte del país es espectacular para el buceo. A muchos puntos de inmersión, como el legendario K41 al este de la ciudad, se llega fácilmente a pie desde la playa, con taludes espectaculares a solo 10 m de la costa.

Oecussi

3 El remoto enclave de Oecussi es como una cenicienta que espera. Rodeado por Timor Occidental por todos lados, el viaje hasta Oecussi puede resultar dificultoso, pero se recompensa con largas extensiones de playa y arrecife, algunos de los *tais* (tejidos tradicionales) más vistosos del país y pozas de barro caliente borboteando en la región más meridional de este distrito hermoso.

Comida y bebida

El pescado, la langosta y las gambas de Dili hacen la boca agua, y aunque hay unos cuantos sitios elegantes que sirven frutos del mar con sabores asiáticos, portugueses y africanos, nada se compara con los puestos nocturnos de la Av de Portugal, al lado de la playa, donde los pescados y mariscos frescos se preparan sencillamente al carbón.

Cuándo ir

TODO EL AÑO
➡ Calor ecuatorial.

MAY-NOV
➡ Buen tiempo ideal para bucear en los ríos sin légamo.

DIC-ABR
➡ Las lluvias pueden dificultar los viajes; carreteras sin asfaltar impracticables.

Plaza de la Independencia, Lomé.

CAPITAL	Lomé
POBLACIÓN	7,3 millones
ÁREA	56 785 km²
IDIOMA OFICIAL	Francés

Togo

*Con playas bordeadas de palmeras, verdes colinas y sabana,
y unos 40 grupos étnicos, Togo compendia una vasta porción
de África en un espacio muy pequeño.*

Para quienes disfrutan viajando por lugares poco visitados, Togo resultará un destino muy gratificante; ofrece una gran diversidad de paisajes: desde los lagos y playas bordeadas de palmeras del litoral atlántico hasta las suaves colinas boscosas del centro. Conforme se va más al norte, el paisaje trueca el verde exuberante de los bosques por el verde claro y los tonos amarillentos de la sabana. La capital, Lomé, sencilla pero elegante, con grandes avenidas y restaurantes de calidad, tiene una trepidante vida nocturna, por no hablar de las playas espléndidas a dos pasos. Togo es además un destino ideal para los senderistas; no hay manera mejor de admirar la belleza salvaje del país que a pie.

Otro reclamo es el crisol cultural de Togo. Los recintos fortificados de Koutammakou recuerdan que la población del país, con una gran diversidad étnica, no siempre convivió en paz; hoy, sin embargo, las fiestas vudúes, musulmanas, cristianas y tradicionales abarrotan el calendario y son con frecuencia vistosas celebraciones donde caben todos.

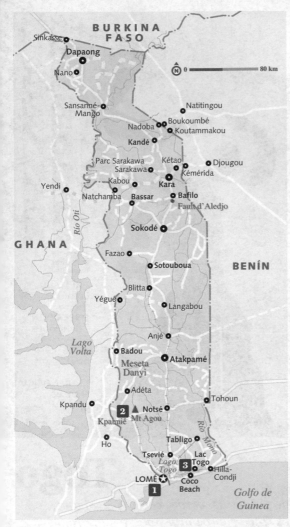

Cuándo ir

NOV-FEB

➡ La mejor época, con temperaturas agradables y perfectas para actividades al aire libre.

MED JUL-MED SEP

➡ Un período seco en el sur facilita el transporte.

MAR Y ABR

➡ El período de más calor en todo el país; es mejor no ir.

Comida y bebida

Djenkoumé Especie de paté con harina de maíz cocinada con especias y servida con pollo y pintada fritos.

Fufu Puré de ñames con verduras y carne.

Pâte Masa de maíz, mandioca o ñame que es la base de muchos platos togoleses.

Tchoukoutou Mijo fermentado.

las laderas brindando fabulosas vistas; en un día despejado se divisa el lago Volta en Ghana. Como alternativa, la zona que rodea el monte Kouto (710 m) es otro paraíso senderista, con colinas boscosas, cascadas y miles de mariposas a primera hora de la mañana.

Lago Togo

3 El lago Togo es una laguna interior que se extiende desde Lomé hasta Aného. Aquí puede uno disfrutar de un chapuzón en el lago, sin cocodrilos ni otros bichos, o montar en una *pirogue* (canoa tradicional) hasta Togoville, antigua sede de la dinastía Mlapa y centro histórico del vudú en Togo.

Togo
Las mejores experiencias

Lomé

1 Antes llamada "la Perla de África occidental", la costera capital togolesa, con sus *maquis* (casas de comidas callejeras), pintorescos mercados y bulevares con palmeras, destila un encanto sin igual entre las capitales africanas.

Senderismo en Kpalmié

2 Caminar por plantaciones de cacao y café, y por bosques exuberantes donde bulle la vida, de camino al pico más alto de Togo, el monte Agou (986 m), con pueblecitos aterrazados que salpican

CAPITAL
Nuku'alofa

POBLACIÓN
106 322

ÁREA
747 km²

**IDIOMAS
OFICIALES**
Tongano, inglés

Festival Heilalal, Nuku'alofa, isla de Tongatapu.

Tonga

*Piénsese en una isla exuberante, bordeada de arrecifes y con
playas de arena que casi brillan con el sol tropical. En Tonga
habrá que adaptarse al ritmo lento de la vida.*

Este reino "nunca colonizado" de la Polinesia
es algo único en su enfoque del turismo:
sobrevive gracias a la ayuda internacional
y las remesas de dinero que envían los
tonganos residentes en el extranjero, y
es un país donde da la impresión de que
la mayoría de la gente preferiría que
los visitantes donaran sus dólares y no
salieran del aeropuerto. Los residentes
extranjeros parecen decididos a crear una
industria turística, pero el grueso de los
isleños no parece mostrar interés, lo cual

resulta muy alentador en algunos aspectos
y muy frustrante en otros. No será preciso
esforzarse para conocer la cultura local: se
vive y se siente por doquier.

De la belleza natural de Tonga no cabe
duda. Los viajeros eligen aquí el ritmo de su
aventura, ya sean vacaciones de sol y arena,
natación con ballenas jorobadas, senderismo
en el bosque pluvial o tumbarse sin más en la
playa. Si se desecha toda idea preconcebida
y se ajusta el paso al ritmo lento de la vida
isleña, Tonga encantará.

son las que operan en aguas de las islas Ha'apai.

Kayak marino

2 La mejor manera de conocer las lejanas islas de los grupos Vava'u y Ha'apai es un circuito guiado en kayak. Se ofrecen desde excursiones de un solo día hasta paquetes de 13 días que brindan la oportunidad de ver el paraíso, hacer un poco de ejercicio y conocer a los risueños moradores de estas islas a las que resulta casi imposible llegar por otros medios. Hay tiempo para nadar, bucear con tubo y, con suerte, remar a corta distancia de enormes ballenas jorobadas.

El 'Stonehenge de Tonga'

3 La gran migración polinesia que pobló el Pacífico se produjo hace unos 3000 años. El trilito de Ha'amonga 'a Maui en Tonga –el equivalente de Stonehenge en el Pacífico Sur– es uno de los monumentos más singulares de la antigua Polinesia, y los arqueólogos y la historia oral atribuyen su construcción a Tu'itatui, el 11º Tu'i Tonga; consiste en tres grandes piedras coralinas, de unas 40 toneladas cada una, que forman una puerta trilítica.

Senderismo en 'Eua

4 Practicar el senderismo en la selva tropical del Parque Nacional 'Eua. Los observadores de aves comprobarán que 'Eua posee una animada población alada, cuya estrella es el *koki* o papagayo granate. Otras especies son los *ngongo* (tiñosas), los *tavake* coliblancos (aves del trópico) y los *pekapeka-tae* (salanganas). El *peka* (murciélago

Tonga
Las mejores experiencias

Observación de ballenas

1 Tonga es un importante lugar de cría para las ballenas grises, que migran a sus aguas templadas entre junio y octubre, y uno de los pocos sitios del mundo donde se puede nadar con estas impresionantes criaturas, que cuidan de la prole en las aguas abrigadas por el arrecife y se aparean en complicados rituales en los que los machos "cantan". En todos los grupos de islas funcionan empresas dedicadas a la observación de ballenas y la natación con ballenas, pero las mejores

CULTURA / RICHARD ROBINSON / GETTY IMAGES ©

Ballena jorobada, grupo de Vava'u.

de la fruta) se ve también con frecuencia.

Tonga regia

5 Nuku'alofa, en la isla de Tongatapu, es la sede del gobierno y de la familia real. Aunque quizá no coincide con la imagen de un paraíso en el Pacífico, la capital y el "gran humo" de Tonga es el sitio adonde hay que ir para practicar un poco la observación de familias reales. El Palacio Real (1867) no está abierto al público, pero se ve bien desde la zona marítima, y con suerte quizá se vea a los miembros de la realeza asistiendo a un servicio dominical en la capilla del Centenario.

Oholei Beach Feast

6 La mejor combinación de ocio y cultura de Tongatapu es el Feast and Show del Oholei Beach Resort, que se celebra los miércoles y viernes por la noche. La fiesta empieza con diversiones en la playa de Oholei, seguido de un festín tongano que incluye cochinillo asado al espetón;

si Tonga tuviera 100 habitantes

37 tendrían entre 0-14 años
19 tendrían entre 15-24 años
33 tendrían entre 25-54 años
5 tendrían entre 55-64 años
6 tendrían más de 65 años

grupos religiosos
(% de población)

65 Protestantes   17 Mormones

16 Católicos   2 Otros

población por km²

TONGA   NUEVA ZELANDA   SAMOA

† ≈ 4 personas

Cuándo ir

TEMP. ALTA (jun-sep)

➡ Estación seca, con temperaturas agradables, menos humedad y poca lluvia.

➡ Los yates navegan por el Pacífico Sur.

➡ Ballenas en la zona.

TEMP. MEDIA (abr-may y oct-nov)

➡ El período entre la estación seca y la lluviosa.

➡ Todo está abierto pero no hay tantos visitantes.

➡ Los yates llegan en marzo y casi todos se han ido a finales de octubre.

TEMP. BAJA (dic-mar)

➡ Temperaturas elevadas y alta humedad.

➡ Los yates se han ido; es la estación de los ciclones.

➡ Los aviones se llenan de diciembre a enero con los isleños que regresan del extranjero.

'Fakaleiti'

Una de las peculiaridades de la cultura tongana son los *fakaleiti*, continuación moderna de una antigua tradición polinesia conocida como *fa'afafine* en Samoa y *mahu* o *rae rae* en la Polinesia Francesa.

El término *fakaleiti* está formado por el prefijo *faka-* (a la manera de) y *leiti*, de la palabra inglesa *lady*. Por tradición, si una tongana tenía demasiados hijos e insuficientes hijas, necesitaba que uno de los varones ayudara en los "trabajos de mujeres", como cocinar y limpiar la casa; este niño era criado después como una niña. En la actualidad, convertirse en *fakaleiti* puede ser también un modo de vida elegido voluntariamente; no se sienten estigmatizados, se integran fácilmente con el resto de la sociedad y son a menudo admirados por su elegancia. En Tongatapu, la Asociación de Leitis de Tonga es un grupo muy activo.

Comida y bebida

Al ser una nación insular, Tonga está rodeada por el mar y los tonganos comen todo lo que salga del agua, desde mariscos hasta tiburones y tortugas. El *'ota'ika*, pescado crudo en leche de coco, es uno de los platos preferidos. Los cerdos son posesiones valiosas y deambulan por las calles junto con las gallinas. Para los festines se asan cochinillos en espetones, mientras que los cerdos más grandes se asan en *umu* (hornos bajo tierra). Los tubérculos, como taros, boniatos y ñames, priman sobre las demás hortalizas, mucho más difíciles de producir. Las frutas tropicales se ven por todas partes, y durante todo el año se consiguen cocos, plátanos y papayas. El verano es la temporada del mango, la piña, el maracuyá y la guayaba.

Los tonganos beben *kava*, hecha con raíces de pimientos, como actividad social.

DARRYL TORCKLER / GETTY IMAGES ©

pero el momento estelar son los bailes en la cueva Hina, que culminan con una cautivadora danza del fuego.

'Isla de la Lata'

7 La remota Niuafo'ou, unos 100 km al oeste de Niuatoputapu, parece un dónut flotando en el mar. A este cono volcánico derrumbado, que posiblemente llegó a superar los 1300 m de altura, se le conoce también como "la isla de la Lata" y es legendario por su antiguo servicio postal. Antaño, el correo se metía en una lata de galletas sellada, se lanzaba por la borda desde los barcos proveedores y después lo recogía un fornido nadador de la isla. Esta práctica continuó hasta 1931, cuando un tiburón mató al cartero nadador.

Submarinismo y buceo con tubo

8 En este país de las maravillas subacuático abundan los pecios, taludes, cuevas y coral duro y blando, que sirven de morada a miles de especies de peces. Una de las mejores zonas para el submarinismo son los taludes de la isla 'Eua, entre ellos la legendaria cueva de la Catedral.

Cómo desplazarse

Avión Es la manera más sencilla, rápida y cómoda de moverse por las muchas islas de Tonga. Chathams Pacific explota todos los vuelos nacionales.

Barco Los ferris que navegan entre Tongatapu y los principales grupos de islas son una buena manera de moverse si se dispone de mucho tiempo.

Autobús Funcionan en Tongatapu, y con capacidad más limitada en Vava'u y las islas a las que está unida por carreteras elevadas.

Automóvil y taxi En Tongatapu y Vava'u hay taxis y coches de alquiler. Los tonganos conducen muy despacio y por la izquierda.

CAPITAL
Puerto España

POBLACIÓN
1,2 millones

ÁREA
5128 km²

IDIOMA OFICIAL
Inglés

Carnaval.

Trinidad y Tobago

Hay que prepararse para el calipso, el críquet y el carnaval cuando se viaja a estas islas caribeñas más conocidas por la observación de aves que por las playas.

Trinidad y Tobago son una hermosa contradicción. En Trinidad, los manglares vírgenes y las laderas cubiertas de selva tropical coexisten con refinerías y polígonos industriales. Tobago posee todo lo que cabe esperar de una isla caribeña, como palmeras y arena blanca, aunque la industria turística la ha cambiado poco. Combinadas, las dos islas que integran esta república ofrecen unas condiciones sin igual para la observación de aves; submarinismo de primera; bosques pluviales donde practicar el senderismo, nadar en cascadas y montar en bicicleta; y una vida nocturna electrizante, con un fabuloso carnaval que es el mejor y más vistoso de los festejos anuales de la región.

La capital, Puerto España, es un lugar excelente para relacionarse con los trinitenses, ponerse al día con la música *soca* y ver un partido de críquet, y solo un corto viaje la separa de las playas de Maracas Bay. Pero no cuente el viajero con que lo vayan a llevar de la mano; el turismo no es lo más prioritario.

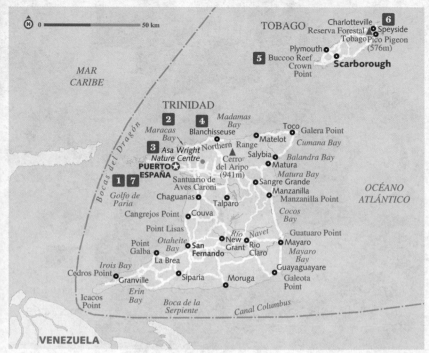

Trinidad y Tobago
Las mejores experiencias

Carnaval de Puerto España

1 El carnaval de Trinidad, que se celebra en febrero o marzo, es para muchos el mejor del Caribe. Traído por plantadores franceses y pronto adoptado por los esclavos africanos para satirizar el poder colonial, el carnaval trinitense hunde sus raíces en la música y los mitos de África occidental y los bailes de máscaras europeos. Las fiestas previas y las carpas de calipso iluminan Puerto España antes del gran acontecimiento; después, el Martes de Carnaval, y durante toda la noche, los desfiles callejeros empiezan con bandas que tocan para miles de juerguistas.

Maracas Bay

2 En esta bahía de la costa norte de Trinidad se encuentra la playa más visitada de la isla. La ancha faja de arena negra, con palmeras que contrastan con las verdes montañas que le sirven de fondo, atrae irresistiblemente a propios y extraños. A pesar del curvado promontorio, la playa suele estar batida por olas que la hacen buena para el *bodysurf* y cuenta con socorristas, vestidores, duchas, zonas para *picnics* y chiringuitos que venden cerveza fría y *shark and bake*. Los fines de semana se llena bastante, pero los demás días puede parecer casi vacía. Está a 40 min en coche de Puerto España.

Asa Wright Nature Center

3 Por cada turista tumbado en la playa habrá otro mirando al cielo con unos prismáticos, pues Trinidad y Tobago es el mejor sitio del Caribe para observar aves. Antigua plantación de cacao y café transformada en una reserva natural de 80 Ha, el Centro Natural Asa Wright merece una excursión aunque no se sepa distinguir un loro de un periquito. Algunas de las especies que pueden encontrarse aquí son el pájaro péndulo, el carpintero castaño, el tucán de pico acanalado, el loro de cabeza azul, 14 especies de colibríes y numerosas rapaces.

Paria Bay, Trinidad.

Blanchisseuse

4 El pueblecito de Blanchisseuse, en la costa norte de Trinidad, es una base magnífica para el senderismo, sobre todo a Paria Bay. La cabecera del sendero está nada más pasar el puente colgante sobre el río Marianne. El sendero se contornea por el bosque y, pasado el río Jordan, llega hasta Paria Beach, una playa espectacular y sin construcciones. Más al interior quedan Paria Falls, unas cascadas con una poza de aguas claras y refrescantes.

Buccoo Reef

5 Extendido entre Pigeon Point y Buccoo Bay, en Tobago, Buccoo Reef fue declarado parque marino en 1973 y sitio Ramsar en el 2006. Este arrecife costero consta de cinco llanuras arrecifales separadas por profundos canales. El inmenso conjunto de flora y fauna –esponjas, corales duros y peces tropicales– aturde a los biólogos marinos. Los circuitos en barcos con fondo de cristal son una manera accesible de explorar el tesoro submarino de Tobago.

si Trinidad y Tobago tuviera 100 habitantes

40 serían indios (sudasiáticos)
38 serían africanos
21 serían mestizos
1 sería de otro origen

....

grupos religiosos
(% de población)

Católicos 26 Protestantes 26 Hindúes 22

Musulmanes 6 Otros cristianos 6 Otros/no religiosos 14

....

población por km²

TRINIDAD Y TOBAGO VENEZUELA ESPAÑA

👤 ≈ 30 personas

Cuándo ir

TEMP. ALTA
(feb y mar)

➡ Llega la gente que huye del invierno boreal y los precios suben al máximo.

➡ El período más seco de la región.

➡ Llegadas masivas por el carnaval.

TEMP. MEDIA
(abr-jun y oct-dic)

➡ Buen tiempo, con lluvias moderadas.

➡ Las temperaturas cálidas en otras partes reducen el número de visitantes.

➡ Tarifas asequibles en los hoteles.

TEMP. BAJA
(jul-sep)

➡ Estación de las lluvias (jun-sep); las posibilidades de quedar atrapados son pequeñas.

➡ Las habitaciones pueden costar la mitad o menos que en temporada alta.

El ibis escarlarta

El ibis escarlata es el ave nacional de Trinidad y Tobago, lo que representa todo un honor puesto que las islas tienen más especies de aves que ningún otro lugar del Caribe. El Santuario de Aves Caroni, en la costa oeste de Trinidad y 14 km al sur de Puerto España, es el posadero de miles de estas aves majestuosas. Al ocaso las aves se posan en los mangles del pantano, que parecen vestirse de brillantes flores escarlatas. Incluso para los no aficionados a la observación de aves, la estampa de los ibis sobrevolando el pantano, con el brillo rojo casi fluorescente de los últimos rayos del sol, es algo que no hay que perderse.

Unas largas motoras de fondo plano, algunas con capacidad para 30 pasajeros, surcan lentamente los canales del pantano. Para no perturbar a las aves, las barcas se mantienen a bastante distancia de los posaderos, por lo que conviene traer prismáticos. Se verán garzas reales y garcetas, las aves predominantes entre las 150 especies del pantano. Durante el verano se avistan muy pocos ibis, pero aun así la excursión merece la pena.

Comida y bebida

Callaloo Hojas de malanga cocinadas con calabaza, ocra y muchos condimentos.

Carib y Stag Las cervezas nacionales; siempre se sirven muy, muy frías.

Doubles *Channa* (garbanzos) al *curry* con pan *bara* frito.

Roti Pan plano con pasta de guisante con que se envuelve carne y verduras al curri.

Shark and bake Filetes de tiburón con ensalada y salsa envueltos en masa frita.

Decoración tradicional, Speyside.

LATITUDESTOCK - IAN BRIERLEY / GETTY IMAGES ©

Speyside

6 El pueblecito de pescadores de Speyside, en Tobago, da a Tyrrel's Bay y atrae a submarinistas y observadores de aves, además de ser el punto de partida de las excursiones a islas deshabitadas como la Pequeña Tobago y St Giles. Conocida también como isla de las Aves del Paraíso, la Pequeña Tobago tuvo una plantación algodonera a finales del s. XIX. En 1909, el inglés sir William Ingram importó 50 aves del paraíso de las islas Aru, frente a Nueva Guinea, y creó una reserva para protegerlas.

Críquet en el Queen's Park Oval

7 Como en otras islas antillanas, en Trinidad y Tobago el críquet es algo más que un deporte: es una obsesión cultural. Este deporte fue introducido por los británicos en el s. XIX, y durante las décadas de 1970 y 1980 el equipo de las Antillas fue el mejor del mundo. Brian Lara, el legendario bateador, es de Trinidad. Ver un partido internacional en el Queen's Park Oval de Puerto España, con 25 000 espectadores en las gradas, es toda una experiencia.

Cómo desplazarse

Avión Caribbean Airlines vuela entre Trinidad y Tobago (20 min).

Barco Una línea de catamaranes rápidos une el Queen's Wharf de Puerto España, en Trinidad, con el muelle principal de ferris de Scarborough, en Tobago, de dos a cuatro veces al día.

Autobús y taxi Los autobuses son una manera barata de moverse, sobre todo en viajes largos dentro de las islas, pero los servicios pueden ser infrecuentes y poco fiables. Para distancias más cortas son mejores los *maxi-taxis* o *route taxis,* que siguen rutas fijas.

Automóvil Ofrecen flexibilidad y pueden alquilarse en las dos islas.

Sidi Bou Saïd.

CAPITAL
Túnez

POBLACIÓN
10,8 millones

ÁREA
163 610 km²

IDIOMA OFICIAL
Árabe

Túnez

Desde las arenas del Sáhara hasta playas doradas, y desde los enmarañados callejones de la capital hasta dispersas ruinas romanas, Túnez es un país que intriga y encanta a cada momento.

No es más que una cuña insertada en la inmensidad de África del Norte, pero Túnez posee historia, diversidad cultural y paisajes suficientes para llenar un país muchas veces mayor. Con una costa bordeada de arena y con aroma a jazmín, es un destino que suele identificarse con vacaciones en el sol mediterráneo. Pero quien vaya más allá de las playas encontrará yacimientos romanos, un interior arbolado, dunas saharianas y oasis en las montañas, todo lo cual puede conocerse en unos pocos días.

El sector turístico ha padecido mucho desde la histórica Revolución de los Jazmines en el 2011. Los aislados episodios de inestabilidad acaparan los titulares, pero en esencia todo sigue igual. Túnez capital continúa ofreciendo una mezcla cautivadora de tradición y modernidad, serenidad musulmana y hedonismo costero. Curiosamente, aunque gran parte de la industria turística zozobra, por todo el país proliferan nuevas pensiones y hoteles pequeños.

MAR MEDITERRÁNEO
Cabo Serrat   Bizerte
Annaba   Tabarka   Mateur   Sidi Bou Saïd
Ain Draham   Babouch   Bardo   El Haouaria
Jendouba   TÚNEZ   Kélibia
Souq   Tebersouk   Nabeul
Ahras   Le Kef   Hammamet
Dorsal   Zaghouan   Golfo de Hammamet
Aïn-Beida   Makthar   Susa   Monastir
Kalaa   Kairouan
Khasba
Tébessa   Sbeitla   El-Jem   Mahdia
ARGELIA   Kasserine   Islas Kerkennah
Tamerza   Gafsa   Meknassy   Sfax
Chebika   MAR MEDITERRÁNEO
Nefta   Chott el-Fejej   Golfo de Gabés   Houmt Souq
Tozeur   Gabés   Yerba
Chott   Kebili   Matmata   El-Jorf
el-Jerid   Douz   Zarzis
Zaafrane   Medenine   Ras al-Jedir
Ghomrassen   Ben Guerdane
Douiret   Tataouine
Gran Erg Oriental   Remada
Wazin
ARGELIA   Nalut
Rebaa   LIBIA
Borj el-Khadra

Túnez
Las mejores experiencias

Sidi Bou Saïd

1 Relajarse en este maravilloso pueblo con vistas infinitas del golfo de Túnez. A 30 min de la capital por la línea TGM, Sidi Bou Saïd es uno de los rincones más bellos del Mediterráneo. Con cascadas de bugan- villas, rejas azules en las ventanas, estrechas y empi- nadas calles adoquinadas y unos panoramas pasmosos de la costa, es un destino preferente de los autocares turísticos, pero lleva muy bien su popularidad. Vale la pena venir para bañarse en su playita al lado de la bahía o tomar té en uno de sus históricos cafés.

Museo del Bardo

2 Conocer el esplendor del África romana, los misterios de Cartago y la elegancia de la decoración islámica en un solo lugar. El principal museo del país, en Túnez capital, posee una colección de visita obligada que proporciona una visión precisa de la Antigüedad norteafricana. El palacio huseinita primigenio se comunica hoy con un espec- tacular anexo moderno, con lo que ha doblado el espacio para exposiciones. Lo más destacado es una enorme colección de mosaicos ro- manos extraordinariamente bien conservados, objetos fenicios y cerámica islámica antigua.

Tozeur

3 Beber té de menta al fresco en un encanta- dor *palmeraie* en Tozeur, bu- llicioso oasis del sur. Tozeur es una base excelente para emprender excursiones más largas a lugares de la zona circundante como el fasci- nante Chott el-Jerid –el lago salino más grande de Túnez– y los oasis montañosos del norte. Bordeado a un lado por un enorme palmeral y con la desolada extensión de sal por el otro, la ciudad parece a un tiempo remota y urbana. Es fácil pasar unos días en el laberíntico barrio antiguo, Ouled el-Hadef, y en los senderos frescos y sinuosos del *palmeraie*.

Ciudad de Túnez

4 La capital es una perfecta introducción a la diversidad del moderno Túnez. La maraña de mer- cados, plazas, mezquitas y casas con postigos de la medina está rodeada por el rectilíneo trazado colonial de la Ville Nouvelle. Descu-

KEREN SU / GETTY IMAGES ©

bra el viajero zocos donde se venden desde zapatos hasta pipas shisha (narguiles), palacios históricos y antiguos hammams (casas de baños). Para excursiones playeras, tiendas interesantes y diversión nocturna hay que unirse a la gente joven y adinerada de las zonas residenciales del norte.

Cartago

5 Habrá que emplear un poco de sexto sentido histórico para imaginarse este yacimiento púnico y romano en su antigua gloria, pues las ruinas, escasas y dispersas, ocupan una zona extensa; pero aun así pueden verse impresionantes baños, casas, cisternas, basílicas y calles de la época romana. El Museo de Cartago rememora el pasado esplendor del lugar con estatuas monumentales, mosaicos y objetos de uso cotidiano como navajas y tarros de kohl. El recinto del museo incluye el barrio de Byrsa, excavado en la ciudad púnica, con un cinturón de murallas de 13 m de altura y donde antaño vivieron 400 000 personas.

Tataouine

6 Aunque el nombre resulta evocador para los aficionados a Star Wars, la ciudad de Tataouine es más un punto de partida para visitar las ruinas del ksar (fortaleza) que un destino en sí. El maravilloso Festival del Ksour en abril utiliza los patios de la ciudad para acoger música, baile y otros festejos. Los lugares de más interés quedan bastante apartados, pero se puede

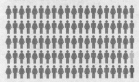

si Túnez tuviera 100 habitantes

98 serían árabes
1 sería europeo
1 sería judío o de otro origen

estructura por edades (años) (% de población)

 23 — 0-14
 17 — 15-24
 44 — 25-54
 8 — 55-64
 8 — 65+

Cuándo ir

MAR-MAY
➡ Visitar ruinas romanas y caminar por los campos florecidos.

JUN-SEP
➡ Playa y festivales de música.

NOV-ENE
➡ Temporada alta en el sur del Sáhara.

población por km²

TÚNEZ   LIBIA EGIPTO

🛉 ≈ 3 personas

Localizaciones de 'Star Wars'

El papel más famoso de Túnez en el cine fue proporcionar la arquitectura y los paisajes que imprimieron una identidad visual tan poderosa a la serie *Star Wars*.

Sidi Driss Hotel Para los interiores de la casa familiar de Lars.

Ong Jemal El puesto de observación de Darth Maul en *La amenaza fantasma*.

Sidi Bouhlel El llamado "cañón de *Star Wars*" ha visto muchas escenas de acción.

Ksar Haddada Localización para barrios de esclavos de Mos Espa.

La Grande Dune El mar de dunas de *Star Wars*.

Chott el-Jerid Aquí, en la primera película, Luke contemplaba dos soles mientras permanecía en pie al borde del cráter, con estas vastas salinas a sus pies.

Comida y bebida

A los tunecinos les encanta el picante, y es casi imposible encontrar una comida que no lleve *harissa*, una abrasadora pasta de chiles. Por la abundancia de productos frescos, las ensaladas forman parte de casi todas las comidas; las más habituales son la *salade tunisienne*, con tomate, cebollas, pepino y atún, y la *salade mechuoia*, una ensalada de pimientos picantes.

El omnipresente cuscús se sirve con kebabs de cordero, legumbres y verduras, o, al modo tunecino, con pescado. Las *baguettes* se comen a diario, junto con *tabouna*, el pan plano de los bereberes. La repostería tradicional combina técnicas y sabores otomanos y sicilianos.

La comida callejera es una delicia; aquí puede uno zamparse *brik* (empanadas de huevo y carne, gambas o atún), *lablabi* (sopa de garbanzos) o unos enormes sándwiches de atún, huevo, *harissa* y, a menudo, patatas fritas.

ERMIN GUTENBERGER / GETTY IMAGES ©

llegar con facilidad en taxi o, con suerte, paciencia y habilidad para calcular los tiempos, en transporte público. No hay que perderse el bello Ksar Ouled Soltane, 22 km al sureste de Tataouine, con *ghorfas* (antiguos graneros) de cuatro plantas a los que se sube por unas escaleras imposibles.

Yerba

7 La isla de Yerba posee una mezcla embriagadora de playas de arena, calor desértico y una maravillosa arquitectura autóctona. Aquí domina la cultura bereber –así lo atestiguan las mujeres envueltas en tejidos con rayas color crema y tocadas con sombreros de paja–, mientras que la comunidad judía, antes parte sustancial de la composición étnica de la isla, tiene una presencia discreta. La sola mención del nombre de la isla evoca imágenes de la "tierra de los lotófagos" de Homero: un lugar tan seductor que es casi imposible marcharse. Los visitantes que acuden en masa a los lujosos hoteles de la playa de Sidi Mahres parecen haberlo entendido.

Cómo desplazarse

Avión Tunisair Express, filial de Tunisair, vuela a Yerba, Tozeur, Sfax, Gabés, Gafsa y Tabarka.

Barco Un ferri para vehículos une El-Jorf con la isla de Yerba cada 24 h; también hay ferris desde Sfax hasta las islas Kerkennah.

Autobús La frecuencia de los servicios a las poblaciones grandes puede ser de hasta ½ h. Los autobuses respetan bastante los horarios y son rápidos, cómodos por lo general y baratos. Los autobuses urbanos llegan a casi todos los pueblos salvo los más remotos.

Tren La red ferroviaria no es extensa, pero sí bastante eficiente, barata y cómoda.

Mausoleo del Sultán Sanjar, Merv.

CAPITAL
Ashjabat

POBLACIÓN
5,1 millones

ÁREA
488 100 km²

IDIOMA OFICIAL
Turkmeno

Turkmenistán

Aislada y dominada durante largo tiempo por un presidente excéntrico, Turkmenistán es uno de los rincones más raros de Asia central, aunque con atractivos propios.

Con diferencia el más misterioso e inexplorado de los "istanes" de Asia central, Turkmenistán se hizo famoso por la dictadura, verdaderamente singular, de Saparmyrat Niyazov, que gobernó como "Turkmenbashi" ("líder de los turcomanos") hasta su muerte en el 2006 y cubrió esta república desértica y poco conocida con estatuas doradas de su persona.

El resultado es un feudo de lugares insólitos y curiosos restos históricos, pero también mucho más que un parque temático del totalitarismo, como se suele pintar al

país: en realidad, Turkmenistán es una tierra antigua de gran espiritualidad y belleza natural.

Las míticas ciudades de Merv y Konye-Urgench evocan imágenes de caravanas en la antigua Ruta de la Seda, mientras que la belleza desnuda del desierto de Karakum, junto con otros fenómenos naturales, son visiones menos esperadas pero igual de cautivadoras. La experiencia definitiva consiste en mezclarse con los fascinantes turcomanos, cuya cálida hospitalidad es legendaria.

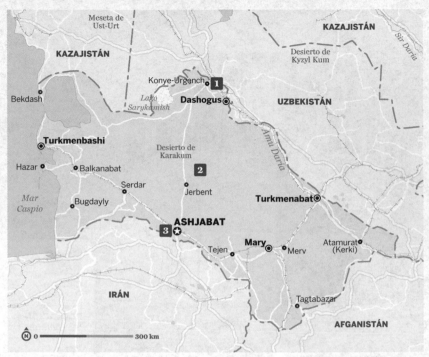

Turkmenistán
Las mejores experiencias

Konye-Urgench

1 Las antiguos alminares, mausoleos y palacios de Konye-Urgench testimonian las glorias pasadas del imperio Khorezmshah. El mausoleo de Nejameddin Kubra, cerca del centro de la ciudad, es la parte más sagrada de Konye-Urgench.

Comida y bebida

Chal Leche de camella agria y fermentada que se sirve al desayuno.

Çörek Pan plano y redondo, especialmente delicioso cuando acaba de salir del horno.

Shashlyk Brochetas marinadas; adquieren su mejor sabor cuando se asan sobre ramas de un árbol saxaul.

Cráteres de Darvaza

2 Estos cráteres de gas componen una visión infernal en medio de los paisajes lunares del desierto de Karakum. Probable resultado de las prospecciones de gas realizadas por los soviéticos en la década de 1950, los tres cráteres son artificiales; a uno se le ha prendido fuego y arde con potentes llamaradas visibles desde kilómetros, y los otros dos tienen barro y agua burbujeantes.

Ashjabat

3 La capital del país se halla repleta de palacios de mármol, estatuas doradas y fuentes, y alberga el maravilloso y caótico bazar de Tolkuchka. Con sus fastuosos palacios marmóreos, resplandecientes cúpulas doradas y grandes extensiones de cuidadas zonas verdes, Ashjabat ("la ciudad del amor" en árabe) se ha reinventado a sí misma.

Cuándo ir

ABR-JUN

➡ Sol y temperaturas frescas: el mejor clima para viajar.

SEP-NOV

➡ El inclemente calor estival se va enfriando y anuncia la llegada del invierno.

DIC

➡ Frío (hay que llevar ropa de abrigo), nieve en el desierto y muy pocos viajeros.

Mezquita Azul, Estambul.

CAPITAL
Ankara

POBLACIÓN
80,7 millones

ÁREA
783 562 km²

IDIOMA OFICIAL
Turco

Turquía

Turquía posee una rica historia, una de las mejores cocinas del planeta, una de las ciudades más grandiosas del mundo y paisajes que van desde playas de arena blanca hasta altísimas montañas.

Aunque muchos turcos ven a su país como europeo, Turquía suma tantos alminares y bazares de especias como sus vecinos de Oriente Próximo. Este puente entre continentes ha absorbido lo mejor de Europa y Asia. Los viajeros pueden disfrutar de lugares de moda cargados de historia, poblaciones asentadas en remotas montañas, vastas estepas y una caravana de exotismo, sin renunciar a camas y autobuses cómodos.

Turquía no es fácil de etiquetar. Capadocia, un paisaje onírico salpicado de formaciones rocosas, no se parece a ningún otro paraje del planeta. De igual manera, lugares como el monte Nemrut, con gigantescas cabezas de piedra, y Olympos, donde las ruinas licias asoman del sotobosque, son mezclas turcas de esplendor natural y restos históricos.

Las playas y montañas ofrecen actividades suficientes para impresionar al sultán otomano más quisquilloso. Los placeres mundanos incluyen hoteles históricos, *meze* para saborear en terrazas y, por supuesto, los famosos kebabs.

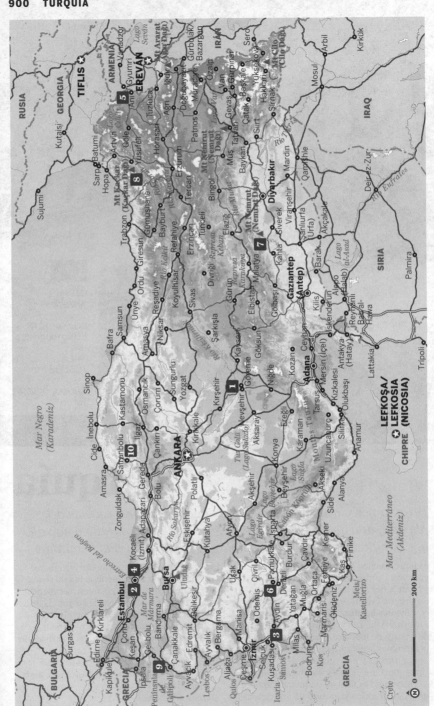

Turquía
Las mejores experiencias

Capadocia

1 El paisaje parece esculpido por un enjambre de abejas locas. Las formaciones rocosas semejantes a columnas, pirámides, hongos y algunas incluso a camellos, se moldearon, junto con las paredes blancas de los valles de la zona, cuando el monte Erciyes entró en erupción. Los humanos también han dejado aquí su huella en los frescos de las iglesias bizantinas o en las entrañas de ciudades subterráneas. En la actualidad, Capadocia vive un buen momento: buen vino, buena comida y cuevas de cinco estrellas; paseos por senderos, caminatas por valles y globos aerostáticos. Hay suficiente para entusiasmar al más exigente durante días.

Estambul

2 En Estambul se puede embarcar en un ferri y saltar entre Europa y Asia en menos de 1 h. Todos los días, una flotilla traslada a la gente a través del Bósforo y el mar de Mármara haciendo sonar sus potentes bocinas durante la travesía. Los servicios de la mañana comparten estas aguas con diminutas barcas pesqueras y enormes buques contenedores, todos acompañados por chillonas bandadas de gaviotas. Al ocaso, los alminares y las cúpulas bizantinas de la Ciudad Vieja se recortan sobre un cielo rosáceo: el momento más mágico de la ciudad.

APROTT / GETTY IMAGES ©

Éfeso

3 El más famoso de los yacimientos de Turquía y el conjunto de ruinas mejor conservado del Mediterráneo, Éfeso es un poderoso recordatorio de la maestría artística griega y la osadía arquitectónica romana. Un paseo por la vía de los Curetes, revestida de mármol, proporciona un sinfín de oportunidades para la fotografía; pero el plato fuerte son las casas aterrazadas, que ilustran sobre la vida cotidiana de la élite con vívidos frescos y refinados mosaicos. Gran parte de la ciudad está todavía sin excavar.

si Turquía tuviera 100 habitantes

70 serían turcos
20 serían kurdos
10 serían de otro origen

grupos religiosos

(% de población)

80
Musulmanes

19
Musulmanes alevis

1
Otros

población por km²

TURQUÍA   REINO UNIDO   ESPAÑA

= 30 personas

Santa Sofía

4 Incluso en la imponente Estambul, nada supera a la iglesia de la Sabiduría Divina, que fue el templo más grandioso de la cristiandad hasta la toma de Constantinopla por los otomanos. El emperador Justiniano la mandó construir en el s. VI como parte de su misión de restaurar la grandeza del Imperio romano, y cuando se contempla la cúpula cuesta creer que esta maravilla revestida de frescos no reviviera por sí sola la gloria de Roma. El interior, cubierto de mosaicos y mensajes de gobernantes, causa la impresión de que pocos edificios del mundo la igualan.

Ani

5 Ani es un yacimiento excepcional. Curiosa por su historia, cautivadora por su cultura y mágica por su apariencia, esta ciudad fantasma flotando en un mar de hierba parece el plató de una película. Aislado en la frontera con Armenia, el yacimiento se envuelve en una atmósfera extraña e inquietante. Antes de que la abandonaran en 1239 tras una invasión mongola, Ani era una ciudad próspera y la capital de los reinos de Urartia y Armenia. Las ruinas incluyen varias iglesias notables, así como una catedral construida entre los años 987 y 1010.

Pamukkale

6 Famoso por sus travertinos (estratos de calcita) y coronado por las ruinas de la estación termal romana y bizantina de Hierápolis, el "castillo de algodón" –un espejismo blanco por el día y una pista de esquí extraterrestre por la noche– es uno de los

Los 'hammams'

Tras un largo día de visitas turísticas, pocas cosas podrían sentar mejor que relajarse en un *hammam* (baño turco). El ritual es invariable. Primero, el cliente es conducido a un cubículo donde puede desvestirse, guardar la ropa y envolverse en el *peştamal* (sábana) que se le facilita; después un empleado lo llevará hasta la sala caliente para que se siente y sude un rato.

La opción más barata consiste en llevar jabón y toalla y bañarse uno mismo: la sala caliente está rodeada de fuentes con grifos para echarse el agua por el cuerpo con un cucharón de plástico. Pero lo más placentero es que sea un empleado quien se ocupe de verter agua caliente, masajear con un áspero guante, enjabonar y enjuagar. Después de esto, lo más probable es que al cliente se le ofrezca un masaje.

Comida y bebida

Ayran Yogur batido con agua y sal; es el acompañamiento tradicional de los kebabs.

Carne Los kebabs (brochetas de carne) y las *köfte* (albóndigas) son sin duda los platos nacionales; se sirven de muchas maneras y a menudo se les da nombre por su lugar de origen.

Mezes No son solo una comida, sino toda una experiencia gastronómica. Si se come en una casa, el anfitrión ofrecerá unos cuantos platos preparados con cariño para que los invitados picoteen antes del plato principal. Los *mezes* suelen ser de verduras, aunque también pueden llevar pescado.

Té Beber *çay* (té) es el pasatiempo nacional, y el preferido en el país se hace con hojas de la región del mar Negro. Los terrones de azúcar son el único acompañamiento y resultan necesarios para contrarrestar los efectos de la larga cocción.

DAJ / GETTY IMAGES ©

6

tesoros más singulares que esconde Turquía. Cuando se llega a la cima, tras haber subido de puntillas por los travertinos con textura de cristal, la recompensa es un chapuzón en la antigua piscina de Hierápolis entre derruidas columnas de mármol y frisos espectaculares.

Monte Nemrut (Nemrut Dağı)

7 La megalomanía de un hombre retumba a través de los siglos en la escarpada cima del Nemrut Dağı. En su lenta salida, el sol proyecta las sombras de las gigantescas cabezas esculpidas en la montaña, y al alba se van añadiendo los detalles del inmenso paisaje. Acurrucados en el frío de una nueva mañana, un vaso de çay caliente no podría sentar mejor. Y al abandonar la cima no hay que perderse el grácil puente romano que cruza el cercano río Cendere.

Montes Kaçkar (Kaçkar Dağları)

8 Entre la costa del mar Negro y el río Çoruh, los Kaçkar se eleven a casi 4000 m, brindando excelentes oportunidades

Cuándo ir

TEMP. ALTA
(jun-ago)

➡ Precios y temperaturas máximos. Mucha gente; resérvese con tiempo. La temporada alta de Estambul es abril, mayo, septiembre y octubre.

TEMP. MEDIA
(may y sep)

➡ Menos gente. Casi todos los negocios abiertos; precios más bajos. Temperaturas cálidas. La temporada media de Estambul va de junio a agosto.

TEMP. BAJA
(oct-abr)

➡ Octubre es otoño y la primavera empieza en abril. Los alojamientos en zonas turísticas pueden cerrar u ofrecer descuentos. La temporada baja de Estambul va de noviembre a marzo.

para el senderismo en verano. Pasar unos días cruzando *yaylalar* (pastos de montaña) entre aldeas rurales como Olgunlar y Ayder es una de las experiencias supremas para un senderista en Turquía, y las laderas bajas ofrecen encuentros culturales; los *hemşin* son una gente acogedora que sirve su *muhlama* (sémola de maíz cocida en mantequilla) en pueblos con puentes otomanos e iglesias georgianas.

Península de Galípoli (Gelibolu)

9 La estrecha franja de tierra que guarda la entrada a los Dardanelos es una zona bonita, con pinos en las colinas por encima de

Películas

Topkapi La peripecia de unos ladrones, dirigida por Jules Dassin y rodada íntegramente en Turquía.

Hamam, el baño turco Ferzan Oztepek muestra cómo es este lugar tradicional del país.

Érase una vez en Anatolia Historia policíaca que transcurre por toda la Turquía continental; la dirigió Nuri Bilge Ceylan.

La pasión turca Basada en la novela homónima de Antonio Gala y filmada en parte en Capadocia.

Libros

Estambul: ciudad y recuerdos El premio Nobel Orhan Pamuk cuenta la historia de la gran ciudad y sus vínculos familiares con ella.

Pájaros sin alas (Louis de Bernières) Narración épico-lírica ambientada en la Turquía de principios del s. xx.

La bastarda de Estambul (Elif Shafak) Saga familiar con personajes excéntricos.

Cómo desplazarse

Avión Las conexiones en avión dentro del país son buenas, aunque muchos vuelos nacionales pasan por Estambul o Ankara.

Autobús Los servicios interurbanos son excelentes, con autobuses modernos y cómodos que recorren el país a todas horas y con precios módicos. Durante el viaje se ofrecen bebidas calientes y tentempiés, y también *kolonya* (colonia de limón), tan querida por los turcos.

Dolmuşes Además de proporcionar transporte dentro de las ciudades, los *dolmuşes* (microbuses) suelen servir también para viajar entre pueblos pequeños.

los albergues para mochileros de Eceabat y el castillo de Kilitbahir. Recorrer estos apacibles campos es una experiencia emotiva para muchos: los monumentos conmemorativos y los cementerios señalan los puntos donde jóvenes de tierras muy lejanas lucharon y murieron en condiciones espantosas. Los guías hacen un buen trabajo evocando la inutilidad y la tragedia de la campaña de Galípoli, uno de los peores episodios de la I Guerra Mundial. La localidad más importante es Galípoli. Desde el punto más occidental de la península, se divisa la Isla de Imbros.

Safranbolu

10 Patrimonio Mundial de la Unesco desde el año 1994, Safranbolu es el mejor ejemplo turco de una ciudad otomana devuelta a la vida. Los turistas nacionales vienen emocionados a alojarse en casas de entramado que parecen arrancadas de las páginas de un libro de cuentos. Y la magia no termina aquí: vendedores de dulces y azafrán bordean los callejones, y artesanos y zapateros ejercen sus oficios centenarios junto a mezquitas medievales. Cuando las tormentas veraniegas iluminan el cielo por la noche, la fantasía está completa.

Cueva de Anzac, Galípoli.

DENNIS K. JOHNSON / GETTY IMAGES ©

CAPITAL
Funafuti

POBLACIÓN
10 698

ÁREA
26 km²

IDIOMAS
OFICIALES
Tuvaluano, inglés

Isla de Tepuka.

Tuvalu

Al acercarse a Tuvalu en avión, después de kilómetros de aburrido océano, aparece una deslumbrante mancha turquesa orlada de coral y tachonada de islotes con palmeras: un vulnerable paraíso en el Pacífico.

La masa terrestre de Fongafale, la isla principal de Tuvalu, es tan estrecha que cuando el avión se aproxima a la pista de aterrizaje parece que va a caer en el océano.

Las cuestiones medioambientales centran la atención internacional en Tuvalu. Al ser una nación de atolones, la principal amenaza ecológica a largo plazo viene del calentamiento global y el aumento del nivel del mar. Además de la erosión costera, el agua sube a borbotones por el poroso coral

en que se asientan las islas y contamina de sal las zonas dedicadas a cultivos. En los últimos años, las llamadas "mareas rey" han sido más altas que nunca. Si, como se predice, el nivel del mar continúa subiendo, las islas podrían desaparecer de la faz de la tierra.

¿Qué le ocurrirá a la población si Tuvalu empieza a sumergirse? Nueva Zelanda acepta en la actualidad 75 inmigrantes al año y ha dicho que acogerá a toda la población si llegara el caso.

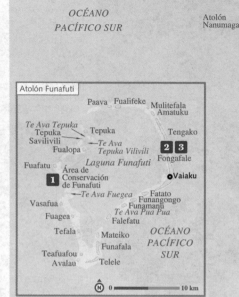

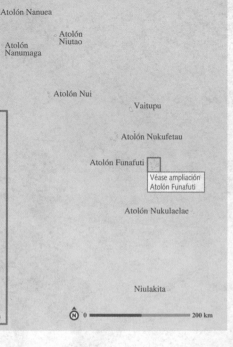

Tuvalu
Las mejores experiencias

Área de Conservación de Funafuti

1 Islas desiertas con las aguas claras e islotes cubiertos de palmeras en el Área de Conservación de Funafuti, adonde se llega cruzando la laguna en una travesía de ½ h.

Comida y bebida

La dieta tuvaluana incluye coco, pescados y mariscos, malanga y el fruto del árbol de pan. Casi todos los restaurantes venden platos baratos de comida al estilo chino. A veces en Tuvalu hay escasez de suministros en los restaurantes porque los envíos no llegan a tiempo. De jueves a sábado son las noches de fiesta en Fongafale.

Te ano

2 Intentar ver un partido del peculiar deporte de Tuvalu, *te ano*, o, mejor todavía, participar en él. Casi incomprensible para primerizos, es muy divertido y uno de los pocos deportes en que hombres y mujeres pueden jugar juntos. Se juega con dos pelotas hechas con hojas de pándano. Un sitio habitual para jugar es la pista de aterrizaje de Fongafale.

Fongafale, la capital

3 Fongafale es la versión tuvaluana de una metrópolis: la sede del gobierno y el islote más grande del atolón de Funafuti. Hay que ver el islote de Funafala, por el sur, bordeado de playas con arena que parece talco y alojamientos sencillos junto al mar, y también se puede asistir a una sesión del baile nacional, el *fatele*.

Cuándo ir

MAY-OCT

➡ Los alisios del sureste atemperan el clima tropical.

NOV-FEB

➡ La estación más lluviosa, con chaparrones copiosos y calor y humedad.

FEB-ABR

➡ La estación de los ciclones, aunque Tuvalu queda fuera del cinturón de ciclones.

Kyevo-Pecherska Lavra, Kiev.

CAPITAL
Kiev

POBLACIÓN
44,6 millones

ÁREA
603 550 km²

IDIOMA OFICIAL
Ucraniano

Ucrania

Ucrania es una de las últimas fronteras de Europa: una nación pobre pero rica en tradiciones, con rutas apenas holladas y gente cariñosa.

Ucrania (Україна) significa "tierra en el borde", una descripción muy adecuada de este pedazo de Eurasia.

Grande, diverso y en gran parte por descubrir, este es el *hinterland* eslavo en la periferia de Europa, con poco más de dos décadas de turbulenta independencia y en conflicto con la vecina Rusia.

Pero es un país cuya gente sabe unirse cuando hace falta, como ha quedado demostrado en la reciente Revolución de Maidan y el empeño bélico acometido en todo el país.

Casi todos los visitantes van directamente a la capital, Kiev, pero Leópolis, con su rica arquitectura, es la gran esperanza de Ucrania para el turismo, y las dos ciudades quedan muy lejos de las zonas en conflicto. Sin embargo, mientras Rusia siga ocupando la península de Crimea la diversión playera está vedada.

Con el país ocupando recientemente los titulares de los periódicos por motivos muy desafortunados y sombríos, los ucranianos están más contentos que nunca de ver extranjeros.

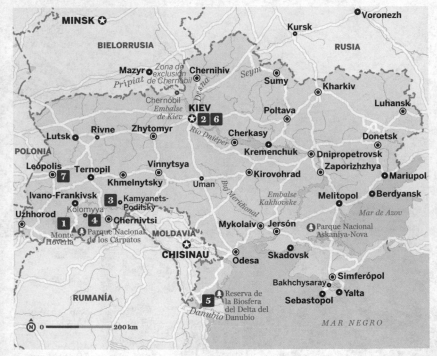

Ucrania
Las mejores experiencias

Paisajes de los Cárpatos

1 Ucrania es tan plana como un crep, y por eso sus prominencias destacan tanto. La parte ucraniana de los Cárpatos casi nunca supera los 2000 m, pero sus suaves laderas arboladas, pedregosos senderos, altos pastos floridos y valles anchos y serpenteantes la convierten en territorio privilegiado para el senderismo, el ciclismo y el esquí. En la cordillera de los Cárpatos se alza el pico más alto del territorio de Ucrania, el monte Hoverla (2061 m), adonde se llega fácilmente a pie desde los pueblos cercanos, y varias estaciones de esquí.

Kyevo-Pecherska Lavra, Kiev

2 El lugar más sagrado para todos los eslavos ortodoxos, adonde se llega en una excursión para descubrir los misterios de la Iglesia ortodoxa oriental y descender a catacumbas para ver momias de santos muy venerados. Fundado como monasterio rupestre en el 1051, el *lavra* está repleto de iglesias con cúpulas doradas, edificios barrocos y huertos. Los oficios religiosos tienen lugar en templos de profusa decoración llenos de iconos, acompañados de cantos corales y con la asistencia de un aluvión de peregrinos y monjes. Los museos del recinto están dedicados al oro escita, las miniaturas y las artes decorativas.

Kamyanets-Podilsky

3 Rodeada por la espectacular garganta del río Smotrych, hay pocos lugares que recreen más la vista en Ucrania que esta ciudad de Podolia. Dando un paseo desde el puente nuevo se recorren los barrios empedrados de la comunidad pasando por iglesias rehabilitadas, palacios decrépitos y restos de las defensas, en otro tiempo fornidas, hasta llegar a la fortaleza, una de las visitas obligadas en Ucrania. Lo mejor es que fuera de la temporada alta quizá no se vea a ningún otro visitante.

Pinar, Cárpatos.

Kolomyya

4. Con alojamientos acogedores, dos museos fascinantes y fácil acceso a las boscosas montañas circundantes, Kolomyya es una de las mejores bases para escalar las cumbres de los Cárpatos. En el centro de la ciudad, el Museo Pysanky, instalado en un gigantesco huevo de Pascua, es el lugar de mayor interés; pero caminar sin rumbo también da sus frutos, como toparse con algunos edificios de estilo *estart nouveau* de la época del Imperio austrohúngaro.

Reserva de la Biosfera del Delta del Danubio

5. El humedal más grande de Europa queda en el extremo suroccidental de Ucrania, donde el Danubio vierte agua y cieno en el mar Negro. Los pocos que hacen el esfuerzo de llegar a esta lejana porción de territorio fértil se ven recompensados con un paisaje de pasmosa belleza, una avifauna multicolor y noches serenas en la adormilada Vylkovo, llamada la "Venecia de Ucrania" por sus canales.

Cuándo ir

TEMP. ALTA
(jul-ago)

➡ Calor, humedad y tormentas eléctricas.

➡ Los precios del alojamiento suben en Crimea pero bajan en los Cárpatos.

➡ Las ciudades se vacían porque la gente se va a la costa y al campo.

TEMP. MEDIA
(may-jun, sep-oct)

➡ Se evitan las temperaturas extremas del verano e invierno.

➡ La primavera puede ser fría, pero es una época agradable en Kiev.

➡ Visitar Crimea en otoño y evitar el gentío veraniego.

TEMP. BAJA
(nov-abr)

➡ Temperaturas bajo cero, nevadas y heladas.

➡ La temporada de esquí en los Cárpatos dura de noviembre a marzo.

➡ Resérvese con tiempo para Año Nuevo y principios de enero.

si Ucrania tuviera 100 habitantes

77 serían ucranianos
17 serían rusos
6 serían de otro origen

grupos religiosos
(% de población)

50 — Ortodoxos ucranianos (Patriarcado de Kiev)

26 — Ortodoxos ucranianos (Patriarcado de Moscú)

7 Ortodoxos autocéfalos ucranianos

8 Católicos griegos

9 Otros

población por km²

UCRANIA   REINO UNIDO   ESPAÑA

🚶 ≈ 30 personas

Sueño de una noche de verano

Fuego, agua, bailes, adivinación del futuro y una fuerte carga sexual. Con razón los soviéticos intentaron acabar con la Fiesta de Iván Kupala (noche de San Juan), una celebración pagana del solsticio de verano; de hecho, los intentos de prohibirla se remontan a la Edad Media.

Para la población precristiana, Kupala era el dios del amor y la fertilidad, y los jóvenes escogían pareja para casarse la víspera del solsticio. Los rituales de hoy varían, pero por lo general consisten en cantos populares y muchachas con vestidos blancos y guirnaldas que bailan en como la Fiesta de los Mayos. Más tarde, las parejas danzan en torno a una hoguera. Las parejas saltan también sobre pequeñas fogatas tomadas de la mano; si mantienen las manos unidas, su amor durará.

Un buen sitio para sumarse a las celebraciones del Kupala es Pyrohovo, en Kiev; para ritos más tradicionales ir a zonas rurales.

Comida y bebida

Borsch La sopa nacional, con remolacha, grasa de cerdo y hierbas; existe una variante "verde" con acedera como base.

Kasha Trigo sarraceno nadando en leche y servido como desayuno.

Salo Grasa de cerdo cruda que se corta en lonchas y se come con pan o se añade a sopas y otros platos. El "Ukrainian Snickers bar" es *salo* con chocolate.

Varenyky Parecido al *pierogi* polaco: raviolis rellenos de cualquier cosa, desde puré de patatas hasta cerezas agrias.

Vodka Conocido también en Ucrania como *horilka,* acompaña todas las celebraciones, días señalados y reuniones, y en cantidades copiosas.

OLEKSIY MAKSYMENKO / GETTY IMAGES ©

Antigua casa-iglesia de madera.

Museo Pyrohovo de Arquitectura Popular, Kiev

6 Esta gran extensión de campiña a las afueras de Kiev está llena de construcciones de madera tradicionales que representan a todas las regiones del país. Las iglesias, molinos de viento, tiendas y casas traídos desde sus pueblos originales componen un telón de fondo ideal para festivales folclóricos, que a veces tienen lugar en el propio recinto. Aquí Transcarpatia queda cerca de la región de Poltava, aunque haya que caminar un poco.

Centro histórico de Leópolis

7 Leópolis es el corazón cultural de Ucrania, y la plaza principal, Rynok, el bullicioso corazón de la ciudad. En medio se alza el enorme *ratusha* (ayuntamiento). El aroma del café recién molido cruza la plaza desde las legendarias cafeterías de Leópolis, y las mesas de las terrazas de verano se despliegan sobre los adoquines de la época de los Habsburgo mientras pasan los viejos tranvías del período soviético. Hay que sentarse, pedir un café y empaparse del ambiente.

Cómo desplazarse

Autobús Los autobuses llegan a todas las ciudades y pueblos, pero es mejor dejarlos para viajes cortos (3 h o menos) porque suelen ser pequeños y viejos, y van abarrotados.

Automóvil A menos que se esté habituado a conducir en condiciones tercermundistas, no es aconsejable ponerse al volante en Ucrania: las carreteras son las peores de Europa y existe un código de circulación extraoficial que solo los ucranianos entienden.

Taxi Viajar en taxi en cualquier lugar de la antigua URSS puede ser una experiencia desagradable para los extranjeros; si hay un autobús o tranvía que vaya al destino deseado, lo mejor es tomarlo.

Parque Nacional Queen Elizabeth.

CAPITAL
Kampala

POBLACIÓN
34,8 millones

ÁREA
241 038 km²

IDIOMA OFICIAL
Inglés

Uganda

Esta nación golpea con fuerza de peso pesado en lo tocante a la naturaleza. La vida reverbera en sus exuberantes bosques, que cobijan cientos de especies de aves y mamíferos, entre ellos los gorilas de montaña.

Emergiendo de las sombras de su oscura historia, el alba del turismo ha vuelto a Uganda, devolviendo un nuevo destello a la "Perla de África".

Los viajeros llegan a raudales para explorar el país que reúne lo mejor de todo cuanto ofrece el continente.

Para ser relativamente pequeña, Uganda tiene mucho de grande. Aquí está la cordillera más alta de África, y el río más largo y el lago más grande del continente. Y con la mitad de los gorilas de montaña que aún sobreviven, más la presencia de los "cinco grandes", la observación de la fauna es inacabable.

Aunque la homofobia ha empañado la imagen del turismo, por lo demás positiva, y en el noreste continúan las tensiones con los karamojong, Uganda sigue siendo uno de los destinos más seguros de África. Aparte de algún que otro hipopótamo merodeando por el campamento, no hay aquí más motivos para preocuparse que en la mayoría de los países.

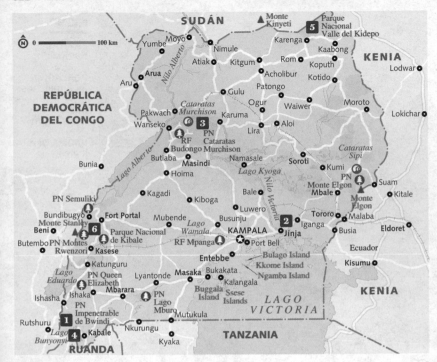

Uganda
Las mejores experiencias

Parque Nacional Impenetrabe de Bwindi

1 Morada de casi la mitad de los gorilas de montaña que quedan en el mundo, el Parque Nacional de la Selva Impenetrable de Bwindi, declarado Patrimonio Mundial, es una de las áreas protegidas más famosas de África. Ocupando 331 km² de selva con montañas muy empinadas, este parque alberga unos 360 gorilas y es sin duda el principal reclamo turístico de Uganda. La "Selva Impenetrable", como lo llaman también, posee una increíble biodiversidad de fauna y flora. Sus 120 especies de mamíferos superan en número a las de cualquier otro parque nacional de Uganda, aunque los avistamientos son raros por lo tupido de la selva; y para los observadores de aves es uno de los destinos obligados del país, con casi 360 especies.

Río Nilo, Jinja

2 Famosa por ser la fuente del Nilo, Jinja ha despuntado como la capital de la adrenalina en África oriental. Aquí se puede uno administrar las oportunas dosis de *rafting* en aguas bravas, kayak, *quad*, bicicleta de montaña y salto con goma elástica. Emplazada en una zona exuberante, la ciudad es además el principal mercado de abastos de Uganda oriental.

Cataratas de Murchison

3 El Parque Nacional de las Cataratas de Murchison es el más grande de Uganda y uno de los mejores del país, con una fauna abundante y unas cataratas descritas en su día como lo más espectacular del Nilo en sus 6700 km de curso; aquí el río, con una anchura de 50 m, se encajona en una hendidura de 6 m y proyecta sus aguas con fuerza explosiva por esta estrecha garganta. La excursión de 3 h desde las oficinas del parque hasta la base de las cataratas es el momento estelar de la visita al parque, con abundantes hipopótamos, cocodrilos y búfalos a lo largo de la ruta.

DANITA DELIMONT / GETTY IMAGES ©

Gorilas de montaña, Parque Nacional Impenetrable de Bwindi.

A mitad de camino uno se halla a 500 m de la base de las cataratas, con vistas espléndidas, pero para hacerse una idea cabal de la potencia del salto de agua habrá que tomar la senda hasta lo alto de las cascadas.

Lago Bunyonyi

4 El lago Bunyonyi ("lugar de muchas avecillas") es sin duda el más hermoso de Uganda; sus sinuosas riberas ciñen 29 islas, y las empinadas laderas que lo circundan están profusamente abancaladas, casi como en Nepal. Es un lugar mágico, sobre todo cuando una neblina mañanera se levanta de las plácidas aguas, y ha sustituido a las islas Ssese como el lugar de relajación de los viajeros en Uganda. Todas las pensiones organizan excursiones por el lago en motoras o piraguas, utilizadas todavía por la gente de la zona. Y es uno de los pocos lugares de Uganda donde se puede nadar, sin cocodrilos, hipopótamos ni riesgos para la salud.

Parque Nacional Valle del Kidepo

5 Este valle perdido en el extremo nororiental del país, junto a la frontera sudanesa, ofrece los paisajes más impresionantes de todos los espacios protegidos de Uganda. Los 1442 km² de sabana del Parque Nacional Valle del Kidepo están orlados de montañas y cortados por crestas rocosas. Kidepo cobija especies que no se ven en el resto del país,

si Uganda tuviera 100 habitantes

17 serían bugandas
10 serían bayankoles
8 serían busogas
7 serían bakigas
58 serían de otro origen

grupos religiosos
(% de población)

42 Católicos
42 Protestantes

12 Musulmanes

3 Otros

1 No religiosos

Cuándo ir

JUN-SEP

➡ La mejor época en cuanto al tiempo, no demasiado caluroso y con precipitaciones mínimas.

ENE-FEB

➡ Clima perfecto para subir al macizo de Rwenzori o al monte Elgon.

OCT-NOV

➡ Puede llover, pero al haber menos viajeros los permisos para los gorilas son más fáciles de obtener.

población por km²

UGANDA | REPÚBLICA DEMOCRÁTICA DEL CONGO | KENIA

= 11 personas

En pos de los gorilas

Estar con los gorilas de montaña es una experiencia única en la vida y uno de los encuentros con animales más emocionantes del mundo.

En teoría se expiden 64 permisos diarios para rastrear a los gorilas en el Parque Nacional Impenetrable de Bwindi; cuestan 500 US$ y se reservan a través de la oficina de la Uganda Wildlife Authority (UWA) en Kampala.

Una vez en el grupo de rastreo, encontrar gorilas está casi garantizado; pero, como el parque es montañoso y muy tupido, se puede tardar desde 30 min hasta 5 h en dar con ellos.

Es muy buena idea llevar un bastón o un porteador. De los 28 grupos de gorilas que viven en Bwindi, nueve se han habituado a las visitas. Se expiden permisos para distintas zonas del parque; Buhoma es la más visitada porque tiene más permisos y las mejores instalaciones turísticas. Nkuringo, en el suroeste, es igual de impresionante, y también se expiden permisos para Ruhija y Rushaga.

Comida y bebida

La comida es más o menos la misma que en el resto de la región, salvo que en Uganda el *ugali* (un alimento básico que se suele hacer con harina de maíz) se llama *posho* y se consume mucho menos que el *matoke* (puré de plátanos). El arroz, la mandioca y las patatas son también habituales. Exclusivo de Uganda es el *rolex*, tortilla envuelta en un pan plano.

Las cervezas nacionales que más se beben son la ligera Bell Beer y la más fuerte Nile Special. El *waragi* (licor de mijo) se parece un poco a la ginebra y combina bien con la tónica.

como guepardos, zorros orejudos, lobos de tierra, caracales y kudúes, así como grandes concentraciones de elefantes, cebras, búfalos, antílopes jeroglíficos, jirafas, leones, chacales, hienas y cocodrilos del Nilo. La lista de aves roza las 500 especies (solo lo supera el Parque Nacional Queen Elizabeth, más grande).

Montes Rwenzori

6 En los buenos tiempos, los Rwenzori recibían tantos viajeros como los montes Kilimanjaro y Kenia, pero esta es claramente una expedición más ardua. Los Rwenzori tienen merecida fama de ser lluviosos y fangosos, con senderos a menudo empinados y resbaladizos. Hay todo tipo de rutas: desde excursiones de una jornada por el bosque hasta caminatas de 10 días con escaladas dificultosas, pero lo más habitual son las de seis días. La mejor época va desde finales de diciembre hasta mediados de marzo y desde mediados de marzo hasta mediados de agosto, cuando llueve menos. Los guías, obligatorios, están en espera perpetua, así que se pueden reservar el mismo día.

Cómo desplazarse

Autobús y microbús Uganda es la tierra de los microbuses compartidos (llamados taxis o a veces *matatus*) y, excepto en distancias largas, son el medio más habitual para viajar. Salvo para distancias muy cortas, es preferible un autobús normal o de tamaño medio (*coasters*); los precios son similares a los de los microbuses (casi siempre un poco menos), son más seguros en caso de accidente y viajan más deprisa porque efectúan menos paradas.

Automóvil Lo mejor es alquilar un todoterreno; casi todo el mundo lo alquila con conductor, pero se está extendiendo entre los turistas la práctica de moverse a solas por los parques nacionales.

Carnaval, Montevideo.

| CAPITAL |
| Montevideo |

| POBLACIÓN |
| 3,3 millones |

| ÁREA |
| 176 215 km² |

| IDIOMA OFICIAL |
| Español |

Uruguay

Uruguay es el sueño del mochilero. Los viajeros acuden atraídos por sus agrestes playas de fuerte oleaje, los famosos que se dejan ver en Punta del Este y el puerto de Colonia, impregnado de historia.

Encajado como un grano de uva entre el descomunal pulgar brasileño y el alargado índice argentino, el más pequeño de los países de habla hispana de Sudamérica ha sido siempre una nación desvalida. Ignorado por los españoles por su escasa riqueza mineral, vapuleado como una pelota de ping-pong al antojo de sus vecinos más poderosos y menospreciado por muchos viajeros, Uruguay continúa siendo un lugar deliciosamente discreto y acogedor donde el visitante puede fundirse con el entorno, ya sea en un atasco de vacas y gauchos en una perdida pista de tierra, o paseando por la playa de Montevideo junto a lugareños que toman mate.

En estancias cortas, la cosmopolita Montevideo, la pintoresca Colonia y la alocada Punta del Este mantendrán ocupado al viajero. Sin embargo, quienes dispongan de tiempo deberían profundizar un poco más: fauna salvaje en la costa atlántica, fuentes termales en el río Uruguay, o paseos a caballo por el interior.

Uruguay
Las mejores experiencias

El carnaval de Montevideo

1 Quien piense que Brasil es la única capital del carnaval en Sudamérica se equivoca. Los montevideanos se desatan a lo grande cada febrero, llenando de música y baile todo el mes. No conviene perderse el Desfile de Llamadas, a comienzos de febrero, durante el cual las comparsas recorren las calles de los distritos de Palermo y Barrio Sur durante dos noches. Las comparsas se componen de *negros* (de ascendencia africana) y *lubolos* (blancos que se pintan el rostro de negro para el carnaval, siguiendo una antigua tradición uruguaya). La rivalidad entre los barrios se palpa cuando oleadas de bailarines se contonean al son de los electrizantes ritmos de los tambores de tres tonos distintos, tradicionales del candombe afro-uruguayo.

Punta del Diablo

2 El que fuera un somnoliento pueblo de pescadores es desde hace tiempo un importante retiro estival para uruguayos y argentinos, y epicentro mochilero en la costa. De día se pueden alquilar tablas de *surf* o caballos en su playa principal, o caminar durante 1 h hasta el Parque Nacional Santa Teresa, al norte. La tarde está marcada por la puesta de sol, las hogueras espontáneas y sesiones abiertas de percusión.

Salto

3 Erigida cerca de las cataratas donde el río Uruguay hace su "salto grande", es la segunda ciudad del país y el paso fronterizo con Argentina situado más al norte. Se trata de una relajada población con arquitectura del s. xix y una bella fachada fluvial, pero lo que realmente atrae hasta aquí al visitante es poder sumergir su musculatura cansada del viaje en los baños termales.

Colonia del Sacramento

4 En la orilla este del Río de la Plata, es una ciudad irresistiblemente pintoresca, Patrimonio Mundial de la Unesco. Su

RICHARD IANSON / GETTY IMAGES ©

barrio histórico, irregular núcleo de angostas calles adoquinadas de la época colonial, ocupa una pequeña península que se adentra en el río. Bonitas hileras de sicomoros protegen del calor en verano, y el paseo ribereño brinda soberbios atardeceres. Los visitantes toman el sol en su muralla del s. XVIII o brincan sobre sus adoquines en un automóvil de época.

Punta del Este

5 Uno de los lugares con más *glamour* de Sudamérica y quizá el más caro de Uruguay, tiene numerosas playas, elegantes residencias junto al mar, puerto de yates, torres de apartamentos, hoteles caros y restaurantes elegantes. Los seguidores de los famosos no se aburrirán aquí; Punta está lleno de grandes figuras, y los más chismosos del lugar controlan quién ha sido visto y dónde. Entre las ciudades vecinas atrapadas en la mítica de Punta destacan la afamada zona de clubes de La Barra al este, y Punta Ballena al oeste.

Estancias

6 Las extensas haciendas de campo son un icono cultural uruguayo. El Ministerio de Turismo ha declarado el alojamiento en "estancia turística" como categoría propia, y docenas de estos establecimientos han abierto ya sus puertas. El decano es San Pedro de Timote, a 14 km de la localidad de Cerro Colorado por una pista de tierra, con 253 Ha de ondulante terreno

si Uruguay tuviera 100 habitantes

88 serían blancos
8 serían mestizos
4 serían negros

grupos religiosos
(% de población)

47 Católicos

11 Cristianos no-católicos

17 Ateos o agnósticos

23 Multiconfesionales

1 Judíos

1 Otros

población por km²

URUGUAY   ARGENTINA   BRASIL

⋔ ≈ 1 persona

Cuándo ir

FEB
➡ El carnaval llena las calles de Montevideo de teatro y percusión.

MAR
➡ Festival gaucho de Tacuarembó y playas de agua cálida.

OCT
➡ Bañarse en una fuente termal cerca de Salto o asistir al festival de tango de Montevideo.

Los cubos de Oxo

En 1865, la Liebig Extract of Meat Company situó su pionera planta sudamericana al suroeste de Fray Bentos. Al contemplar la fábrica abandonada hoy, nadie diría que su producto estrella, el cubo de carne, formó parte de millones de vidas en todos los continentes. Fue sustento de los soldados atrincherados en la I Guerra Mundial, Julio Verne lo ensalzó en su novela *Alrededor de la luna*, acompañó a Stanley en su búsqueda de Livingstone, y a Scott y Hillary en la Antártida y el Everest, respectivamente. La fábrica llegó a contar con más de 25 000 trabajadores procedentes de más de 60 países, y en su momento cumbre exportaba casi 150 productos distintos, utilizando todas las partes de la vaca… excepto su mugido.

Comida y bebida

Asado Obsesión gastronómica nacional; diversos trozos de ternera, cerdo, chorizo y morcilla, entre otros, asados con leña.

Buñuelos de algas Especialidad de la costa de Rocha.

Chajá Extradulce mezcla de bizcocho, merengue, nata y fruta, originario de Paysandú.

Chivito Bomba de colesterol en forma de sándwich con bistec, beicon, jamón, huevo frito o duro, queso, lechuga, tomate, aceitunas, encurtidos, pimientos y mayonesa.

Medio y medio Refrescante mezcla con una parte de vino blanco y otra de espumoso, vinculada al histórico Café Roldós de Montevideo.

Ñoquis Similares a los italianos, estas bolas de patata suelen servirse el día 29 del mes.

DOMINO / GETTY IMAGES ©

Leones marinos, Cabo Polonio.

ganadero. Muy realzado por un conjunto de edificios históricos, cuenta con una refinada capilla blanca, un patio con altas palmeras, una biblioteca de bellos azulejos y un corral circular de piedra. En las zonas comunes hay suelos de parqué, grandes chimeneas, cómodos sillones de cuero, dos piscinas y una sauna.

Cabo Polonio

7 Desde su faro el viajero puede perderse en las dunas y contemplar leones marinos. Es una de las regiones más agrestes del país y hábitat natural de su segunda mayor colonia de leones marinos, cerca de uno de los pueblos enclavados entre dunas, más rústicos del litoral uruguayo. Bajo el faro, leones marinos del sur y osos marinos retozan en las rocas todo el año, salvo en febrero. El viajero puede también avistar ballenas francas australes de finales de agosto a principios de octubre, pingüinos en la playa en julio, y algún que otro elefante marino entre enero y marzo en la cercana isla de la Raza.

Cómo desplazarse

Avión Si el viajero tiene realmente prisa por llegar a alguna parte, hay vuelos chárter nacionales.

Autobús Al igual que las carreteras, gozan de buen mantenimiento, y viajar en autobús aquí es menos penoso que en otras partes del mundo. Para elegir asiento, lo mejor es adquirir el billete con antelación en la terminal. Los locales son económicos, pero a menudo lentos y van llenos.

Automóvil y motocicleta Debido a la excelente red de autobuses, poca gente usa transporte propio para moverse por el país.

Taxis Son tan baratos que cuesta resistirse. Los taxímetros están siempre estropeados, y los conductores calculan el precio en una tabla fotocopiada.

Shah-i-Zinda, Samarcanda.

CAPITAL
Tashkent

POBLACIÓN
28,7 millones

ÁREA
447 400 km²

IDIOMA OFICIAL
Uzbeko

Uzbekistán

Destino de primer orden de la Ruta de la Seda, este centro de cultura, comercio y arquitectura atrae a viajeros desde hace siglos.

Cuna cultural de Asia central desde hace más de dos milenios, Uzbekistán atesora un fascinante arsenal de arquitectura y ciudades ancestrales, aderezado con la cruenta y apasionante historia de la Ruta de la Seda. Todo romántico que haya fantaseado con seguir la carretera dorada hasta Samarcanda o los caminos del desierto hasta Bujará tendrá la vista puesta en Uzbekistán.

Núcleo cultural e histórico de Asia central, cuenta con una increíble arquitectura islámica de flotantes cúpulas color turquesa y altos minaretes que figuran entre los mejores puntos de interés de la región. En medio de estos tesoros la vida no se detiene: en primer plano, ancianos barbudos con capas a rayas negocian el precio de unos melones en el bazar o toman té verde junto a un puesto de kebabs.

Pese a ser un estado policial gobernado con severidad, sigue siendo un país tremendamente acogedor, donde la hospitalidad forma parte esencial de la vida diaria.

Uzbekistán
Las mejores experiencias

Samarcanda

1 El impresionante Registán lidera un conjunto de colosales perlas arquitectónicas timúridas en la ciudad más hermosa del país, cuyo romanticismo rememora el poema de James Elroy Flecker *El viaje dorado a Samarcanda*, de 1913; ninguna otra evoca tan vívidamente la Ruta de la Seda. Al posar la mirada en sus cúpulas y minaretes, los sublimes monumentos de Tamerlán, el bazar y su rica y dilatada historia obran algún tipo de magia. Si se dispone de poco tiempo, lo mejor es visitar el Registán, Gur-e-Amir, la mezquita Bibi-Khanym y Shah-i-Zinda.

Bujará

2 Exquisitamente conservada, la ciudad más sagrada de Asia central presume de bellas madrazas del s. XV, formidables B&B y una historia fascinante. Además, Bujará posee edificios que abarcan mil años, y un acogedor casco antiguo prácticamente intacto durante siglos. Es uno de los mejores enclaves de Asia central para vislumbrar el Turquestán pre-ruso. Gran parte de su centro es una reserva arquitectónica; Lyabi-Hauz, plaza construida en torno a un estanque en 1620 es el lugar más apacible e interesante.

Museos de Tashkent

3 Algunos de los museos de la capital son insólitas joyas culturales. El Museo de Historia del Pueblo de Uzbekistán es escala obligada para comprender la historia de Turquestán desde la Antigüedad a la época actual. Por ejemplo, la 2ª planta exhibe piezas zoroástricas y budistas, incluidos varios Budas de los ss. I a IV y fragmentos de la región de Fayoz-Tepe, cerca de Termiz. En la 3ª planta, carteles en inglés detallan las conquistas rusas de kanatos y emiratos.

Museo de Arte Savitsky, Nukus, Karakalpakia

4 Este museo de arte en la ciudad de Nukus alberga la mejor colección de arte de Asia central, y de hecho una de las más notables de la antigua Unión Soviética. Aunque solamente expone una mínima parte, posee unas 90 000 piezas. Entre ellas se cuentan más de 15 000 pinturas, aproximadamente la mitad de las cuales fueron traídas en la era comunista por el artista y etnógrafo disidente Igor Savitsky. Muchas de las obras rusas de comienzos del s. xx no se ajustaban al "realismo socialista", pero hallaron cobijo en estos lugares aislados.

Jiva

5 El último kanato independiente parece congelado en el tiempo en pleno desierto. Durante el s. xix, su nombre, evocador de caravanas de esclavos, crueldad brutal y temibles viajes por desiertos infestados de tribus salvajes, infundía temor a todos excepto a los más audaces. Hoy está a solo 35 km al suroeste de Urgench, tras pasar junto a plantas de algodón y árboles frutales. Su centro histórico está tan bien conservado que a menudo se la tacha de anodina "ciudad museo"; eso sí, un museo sensacional.

Shakhrisabz

6 Esta pequeña localidad poco rusificada situada al sur de Samarcanda, frente a las colinas

si Uzbekistán tuviera 100 habitantes

80 serían uzbekos
6 serían rusos
5 serían tayikos
3 serían kazajos
6 serían de otro origen

grupos religiosos
(% de población)

88 Musulmanes
9 Ortodoxos orientales
3 Otros

Cuándo ir

MARZO-MAY Y SEP-NOV

➡ Templado y lluvioso en primavera, con leves heladas en otoño.

JUN-AGO

➡ El verano es largo, seco y caluroso.

DIC-FEB

➡ El invierno es inestable, con nieve y temperaturas inferiores a 0°C.

población por km²

 UZBEKISTÁN

 KAZAJISTÁN

 TURKMENISTÁN

🚹 ≈ 4 personas

Arte

El arte, la música y la arquitectura tradicionales de evolución secular fueron resguardados en una cajita después de que los soviéticos crearan la RSS de Uzbekistán. Por alguna razón, en los años siguientes aún se permitió la creación de dos principales centros de arte progresista: la colección del arte perdido de los años treinta de Igor Savitsky, concentrada en el Museo de Arte Savitsky en Nukus (Karakalpakia), y las historias de vida representadas en el teatro mítico del desaparecido Mark Weil, en Tashkent.

En cuanto a la música, a los uzbekos les encanta el pop turco, preferencia que se refleja en su propia música. La cantante más famosa del país es Gulnara, política, miembro de la alta sociedad, magnate de los negocios, ex-alumna de Harvard, estrella del pop e hija del presidente Karimov. Más conocida como Googoosha, roba protagonismo a artistas más consumados, como Dado, Setanho (antes Setora) y Bolalar.

Comida y bebida

Dimlama Carne, patatas, cebollas y verduras estofadas a fuego lento en su jugo y con un poco de grasa. También llamado *bosma*.

Halim Gachas de carne y trigo hervidos.

Huesos de albaricoque Muy apreciados; se cocinan en ceniza y les rompen la cáscara antes de llegar al mercado.

Katyk Bebida de yogur poco espesa, que se toma sola o se puede endulzar si hay azúcar o mermelada a mano.

Kurut Bolitas de yogur seco y agrio.

Plov Sabrosa mezcla de arroz, verduras y trozos de carne flotando en grasa de cordero y aceite.

Bazar de Bujará.

de la provincia de Kashka-darya parece un agradable lugar apartado hasta que el viajero empieza a descubrir las ruinas que jalonan sus callejones y toman forma los delirantes fantasmas de un lugar totalmente diferente. No en vano es la localidad natal de Tamerlán, que en tiempos probablemente llegó a eclipsar a Samarcanda.

Artesanía uzbeka

7 Son buenos ejemplos la seda de Margilon, la cerámica de Rishton, y todo lo de Bujará. Si el viajero recorre la Ruta de la Seda intentando averiguar de dónde viene esta famosa tela, Margilon y su fábrica de seda Yodgorlik tienen la respuesta. Uzbekistán es el mayor productor mundial y Margilon el centro tradicional de la industria. Rishton, cerca de la frontera con Kirguistán, es célebre por su omnipresente cerámica cobalto y verde, elaborada con arcilla de gran calidad. El 90% de las piezas que se ven en las tiendas de recuerdos de todo el país vienen de aquí, y la mayoría son artesanales.

Cómo desplazarse

Avión Casi todas las rutas turísticas tienen vuelos nacionales a/desde Tashkent.

Taxi compartido Recorren las principales rutas interurbanas y también se concentran en la mayoría de los puntos fronterizos. Salen cuando se llenan desde lugares fijos –por lo general cerca de estaciones de autobuses– y circulan todo el día y a menudo toda la noche.

Tren El medio más cómodo y seguro de transporte interurbano, aunque no el más rápido. No obstante, los expresos (*skorostnoy*, o de alta velocidad) entre Tashkent, Samarcanda y Bujará, con asientos tipo avión, son mucho más cómodos y no mucho más lentos que un taxi compartido.

Lugareñas, Tanna.

CAPITAL
Port Vila

POBLACIÓN
261 565

ÁREA
12 189 km²

IDIOMAS
OFICIALES
Bislama, inglés,
francés

Vanuatu

*El clima tropical llena de luz y vida sus playas y aguas azules.
En todas las islas, las comunidades muestran con orgullo
la esencia de su país al ritmo de la percusión y el baile.*

¿Dónde más se puede saltar de una cueva
submarina llena de coral y peces tropicales
a un todoterreno y ver un volcán escupiendo
lava? Por contrastes como estos, vale la pena
explorar el país. Los vanuatenses se toman
la vida con calma y una sonrisa, y mientras
se acostumbra a madrugar y acostarse
temprano, el viajero se preguntará por qué
siempre ha vivido deprisa.

Todos los alojamientos de las islas
exteriores tienen tejado de paja, pero
en Éfaté y Santo abundan los rutilantes
resorts. Estas islas disponen además
de buenas carreteras, que cubren todo el
territorio en Éfaté y ofrecen cómodo acceso
a las bellas playas y cuevas submarinas
de Santo. A ello hay que sumar la suave
brisa perfumada y varias de las mejores
experiencias del planeta que pocos conocen:
un transatlántico de lujo hundido en
aguas transparentes, banianos gigantescos,
rugientes cascadas, una viva cultura
ancestral con insólitas ceremonias y playas
de ensueño.

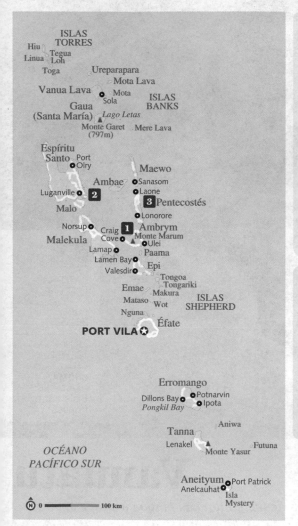

ISLAS
TORRES
Hiu · Tegua
Linua · Loh
Toga
Ureparapara
Mota Lava
Vanua Lava
Mota
Sola
Gaua
(Santa María)
Lago Letas
ISLAS
BANKS
Monte Garet
(797m)
Mere Lava
Espíritu
Santo
Port
Olry
Maewo
Ambae
Sanasom
Luganville
2
Laone
3 Pentecostés
Malo
Lonorore
Norsup
Craig
Cove
1 Ambrym
Monte Marum
Malekula
Ulei
Lamap
Paama
Lamen Bay
Valesdir
Epi
Tongoa
Tongariki
Emae
Makura
Mataso
Wot
ISLAS
SHEPHERD
Nguna
Éfate
PORT VILA

Erromango
Dillons Bay
Potnarvin
Pongkil Bay
Ipota
Aniwa
Tanna
Lenakel
Futuna
Monte Yasur

OCÉANO
PACÍFICO SUR

Aneityum
Port Patrick
Anelcauhat
Isla
Mystery

0 — 100 km

Cuándo ir

SEP Y OCT

→ Tiempo cálido y agradable.
Destino popular durante
las vacaciones escolares
australianas.

NOV-ABR

→ Temporada de ciclones:
conviene consultar los boletines
meteorológicos y asesorarse
si se produce un aviso.

MAY Y JUN

→ Llega el calor tropical y la vida
se anima tras los ciclones.

Comida y bebida

Kava Bebida ligeramente
alucinógena hecha de las raíces
de un pimentero. Se toma en las
ceremonias o como bienvenida
a los visitantes.

Laplap El plato nacional se elabora
rallando yuca, raíces de taro o
ñames hasta hacer una masa.

Nalot Plato hecho de taro asado,
plátano o frutipan mezclado
con leche de coco.

Vanuatu
Las mejores experiencias

Cumbres volcánicas

1 Se puede acampar
cerca del monte Marum,
volcán activo, rodeado de
jungla, bosques de caña,
lechos de lava y llanuras de
ceniza, en Ambrym. Los viajeros más en forma pueden
ascender a la caldera con un
guía, o subir al monte Ben-
bow, su humeante gemelo.

Aventura submarina

2 Submarinistas y
buceadores adoran la
isla de Santo, en especial
las zonas frente a Luganville,
por los restos del naufragio
de un transatlántico de lujo
y el amplio vertedero submarino estadounidense de
la II Guerra Mundial.

Saltos al vacío en Pentecostés

3 Al comienzo del año
seleccionan las tablas,
construyen las torres de
madera y eligen las enreda-
deras. Luego, de abril a junio
tiene lugar la temporada
de *naghol* (salto al vacío),
especie de *bunji* autóctono que dio origen a este
fenómeno en todo el mundo.
Hay varios niveles de salto;
los más jóvenes y algún que
otro turista lo suelen hacer
desde menor altura.

Salto Ángel.

Venezuela

La "Tierra de Gracia", como Cristóbal Colón la bautizó en 1498, es extrañamente bella y bellamente extraña.

Mientras otros países sudamericanos tienen el romanticismo del tango, el Machu Picchu o el carnaval, la fama de Venezuela oscila en torno al petróleo y la próxima ganadora de un certamen internacional de belleza. Sin embargo, el retórico espejo descubre un secreto oculto: este país puede ser arrebatadoramente bello y, aunque increíblemente poco visitado, ofrece al viajero más de lo que creen los exploradores más intrépidos.

El sexto país en extensión de Sudamérica tiene cumbres andinas; el tramo más largo de costa caribeña en una única nación; serenas islas en un mar turquesa; humedales a rebosar de caimanes, capibaras, pirañas y anacondas; el húmedo y caluroso Amazonas, y una ondulante sabana salpicada de montañas de cimas planas llamadas tepuyes.

Los más aventureros encontrarán opciones de senderismo, buceo, submarinismo, *kitesurf*, *windsurf* o parapente. Además, se trata de un territorio relativamente compacto, y todas las emociones se hallan próximas entre sí.

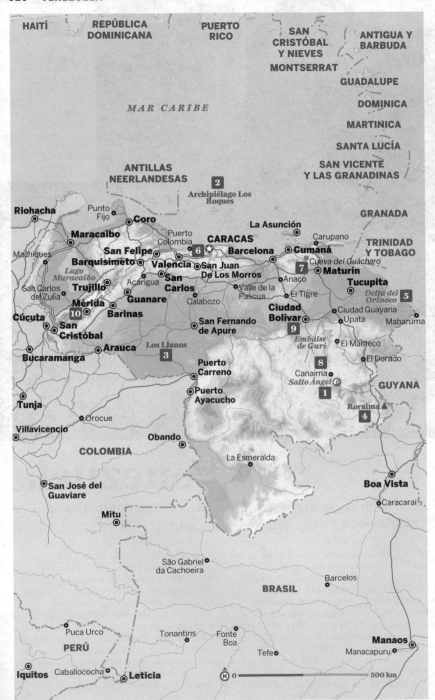

HAITÍ

REPÚBLICA
DOMINICANA

PUERTO
RICO

SAN
CRISTÓBAL
Y NIEVES

ANTIGUA Y
BARBUDA

MONTSERRAT

GUADALUPE

DOMINICA

MAR CARIBE

MARTINICA

SANTA LUCÍA

SAN VICENTE
Y LAS GRANADINAS

ANTILLAS
NEERLANDESAS

2

Archipiélago Los
Roques

GRANADA

Riohacha

Punto
Fijo

Coro

Puerto
Colombia

La Asunción

Carupano

TRINIDAD
Y TOBAGO

Maracaibo

CARACAS

6 ★

Barcelona

Cumaná

Machiques

San Felipe

Cueva del Guácharo

Barquisimeto

Valencia

San Juan
De Los Morros

7

Maturín

*Lago
Maracaibo*

Acarigua

San
Carlos

Anaco

Tucupita

San Carlos
del Zulia

Trujillo

Valle de la
Pascua

El Tigre

*Delta del
Orinoco*

5

Mérida

Guanare

Calabozo

Ciudad
Bolívar

Ciudad Guayana

Cúcuta

Barinas

San Fernando
de Apure

9

Upata

Mabaruma

San
Cristóbal

10

*Embalse
de Guri*

El Manteco

Bucaramanga

Arauca

Los Llanos

3

Puerto
Carreno

8

El Dorado

Tunja

Orocue

Puerto
Ayacucho

Canaima

Salto Ángel

1

GUYANA

Roraima ▲

4

Villavicencio

Obando

COLOMBIA

La Esmeralda

San José del
Guaviare

Boa Vista

Caracarai

Mitu

São Gabriel
da Cachoeira

Barcelos

BRASIL

Puca Urco

Tonantins

Fonte
Boa

Manaos

PERÚ

Tefe

Manacapuru

Iquitos

Caballococha

Leticia

Ⓝ 0

500 km

Venezuela
Las mejores experiencias

Salto Ángel

1 Tras sobrevolar el paisaje surrealista de tepuyes (montañas de cimas planas) hasta el Parque Nacional Canaima y aterrizar junto a las cascadas teñidas de rosa de la laguna homónima, aún quedan 5 h de travesía fluvial a través de selva exuberante. Desde el Mirador Laime se puede ver Salto Ángel, la catarata más alta del mundo, que se precipita atronadora durante 979 m desde la meseta de Auyantepui. El viajero puede nadar mientras contempla la cortina de agua, y dormir luego en un campamento de hamacas, con la serenata de la selva crepuscular.

Archipiélago Los Roques

2 En estas casi 300 resplandecientes islas de arena rodeadas de mar aguamarina, unos 160 km al norte de Caracas, la actividad principal es ir de una a otra. Todo es más caro aquí, pues debe ser importado, pero para los amantes de las playas sin urbanizar, el submarinismo y el buceo, realmente merece la pena. No hay hoteles altos y el viajero podrá ir descalzo por las calles de arena de Gran Roque. La totalidad del archipiélago y sus aguas circundantes (2211 km^2) fueron declarados parque nacional en 1972.

JANE SWEENEY / GETTY IMAGES ©

Los Llanos

3 Uno de los mejores destinos del país, esta inmensa sabana rica en fauna y flora al sur de los Andes es además territorio de vaqueros y acoge el vibrante sonido del arpa del *joropo* (género musical tradicional de la región). Es la mayor reserva de fauna nacional, y el viajero quedará maravillado por sus caimanes, capibaras, pirañas, anacondas, osos hormigueros y gran variedad de aves. En la estación lluviosa se inunda parcialmente y los animales, aunque dispersos, siguen visibles por todas partes. Durante los meses secos (temporada alta, de mediados de noviembre a abril) suelen concentrarse cerca de las fuentes de agua.

Roraima

4 Con 2810 m, esta majestuosa montaña de cima plana que penetra en las agitadas nubes, atrae a senderistas y amantes de la naturaleza en busca de la Venezuela más silvestre y abrupta. Inexplorada hasta 1884, y desde entonces estudiada exhaustivamente por los botánicos, su inhóspito paisaje presenta curiosas formaciones rocosas y elegantes arcos, tramos de cascadas, resplandecientes depósitos de cuarzo y plantas carnívoras. La frecuente neblina no hace sino acentuar su ambiente místico.

Delta del Orinoco

5 Los ensordecedores monos aulladores celebran el nuevo día; las pirañas atacan todo lo que sangre. Nubes de ruidosas cotorras se concentran al anochecer, y zigzagueantes murciélagos engullen insectos bajo el fulgor de un millón de estrellas. A la hora de avistar fauna salvaje a la orilla del agua, el delta del Orinoco es difícilmente superable. Este laberinto de islas, canales y manglares de un verde intenso y con una superficie de casi 30 000 km^2 (el tamaño de Bélgica), es uno de los grandes deltas del planeta y una región apasionante.

Puerto Colombia

6 Su ubicación a orillas del mar lo convierte en uno de los lugares favoritos de los mochileros. En este atractivo y relajado pueblo colonial repleto de posadas y restaurantes, los lugareños

Costa del chocolate

La producción del mundialmente famoso cacao venezolano se concentra especialmente en torno a Chuao y la costa del Parque Nacional Henri Pittier, que alberga la variedad criollo, la más rara y codiciada. Chocolateros de todo el mundo acuden hasta aquí atraídos por su sabor delicado y nada amargo, y en las plantaciones de la región no es raro ver anchas franjas de cacao secándose al sol. Pese a representar solo entre el 5 y 10% de la producción mundial, el criollo está considerado una exquisitez. El viajero puede encontrarlo en una excursión a Chuao, donde los lugareños lo venden caliente, helado o en licor, auténticas delicias.

Comida y bebida

Arepa Tortilla de harina de maíz con queso, ternera y otros rellenos; omnipresente comida rápida y desayuno típico.

Cachapa Tortilla de maíz más grande y delgada, servida con queso y/o jamón.

Casabe Pan ácimo bastante grande hecho de yuca, alimento básico de las comunidades indígenas.

Café Aromático *espresso*, maná líquido servido en tacitas de plástico en las panaderías.

Cerveza Polar Estos botellines helados podrían considerarse la bebida nacional.

Empanada De harina de maíz y frita, con diversos rellenos.

Hallaca Masa de maíz con carne picada y verduras, envuelta en hojas de banano y hecha al vapor; es parecida al tamal mexicano.

Pabellón criollo Plato nacional con tiras de ternera, alubias negras, arroz, queso y plátano frito.

Quesilla Crema de caramelo.

si Venezuela tuviera 100 habitantes

33 vivirían en Caracas
24 vivirían en Maracaibo
10 vivirían en Valencia
13 vivirían en Barquisimeto
11 vivirían en Maracay

grupos religiosos

(% de población)

96 Católicos
2 Protestantes
2 Otros

población por km^2

VENEZUELA   MÉXICO   ESPAÑA

≈ 30 personas

Hato Piñero, Los Llanos.

pasan el día en la playa y la noche tomando *guarapita* (alcohol de caña con zumo de maracuyá y gran cantidad de azúcar) en el paseo marítimo, donde percusionistas improvisados amenizan los fines de semana.

Cueva del Guácharo

7 La gruta más larga y bella del país tiene 10,2 km de cuevas y está habitada por el estridente guácharo, que vive en total oscuridad y sale solo de noche en busca de alimento. Esta ave dispone de un sistema de localización por radar similar al de los murciélagos, así como de grandes bigotes que le permiten orientarse. De agosto a diciembre su población ronda los 10 000 ejemplares, aunque pueden llegar a 15 000. Este laberinto de estalactitas y estalagmitas está habitado también por cangrejos, peces y raudos roedores.

Canaima

8 La población más próxima a Salto Ángel es un remoto pueblo indígena que

Cuándo ir

TEMP. ALTA
(dic-mar)

➡ Vacaciones nacionales en Navidad (hasta mediados de enero), Carnaval y Semana Santa. Los hoteles se llenan rápidamente.

➡ La estación seca se prolonga más o menos de noviembre a abril.

TEMP. MEDIA
(may-oct)

➡ Salto Ángel y las cascadas de Gran Sabana están a rebosar tras la estación lluviosa.

TEMP. BAJA
(oct-nov)

➡ Los mejores precios antes de las vacaciones de Navidad y Año Nuevo.

acoge y atiende a un elevado número de turistas. Conocida por ser la base para alcanzar el principal reclamo natural del país, Canaima es además una localidad realmente bella. En el centro se halla la laguna homónima, una gran extensión azul bordeada por una playa con palmeras, siete espectaculares cascadas y los tepuyes, en forma de yunque, como telón de fondo. Los circuitos a Salto Ángel suelen incluir un breve paseo en barco y una caminata que permite pasar por detrás de las ensordecedoras cortinas de agua de algunas de las cataratas. Su insólito y característico color rosado se debe a la elevada concentración

Películas

Secuestro Express (2005) Esta producción nacional que batió todos los récords arroja una fría mirada sobre la delincuencia, pobreza, violencia, drogas y relaciones de clase en Caracas.

Huelepega (1999) Crudo retrato de los niños de la calle en la capital; los protagonistas son jóvenes reales, no actores.

Amaneció de golpe (1999) Relata el salto a la escena política del expresidente Hugo Chávez.

Libros

El falso cuaderno de Narciso Espejo (Guillermo Meneses, 1952) Innovadora novela experimental de mediados del s. xx.

País portátil (Adriano González León, 1968) Poderosa novela adscrita al realismo mágico, que contrasta la Venezuela rural con el monstruo urbano de Caracas.

Doña Bárbara (Rómulo Gallegos, 1929) La novela venezolana más popular, fue llevada al cine, la ópera y la televisión. Símbolo de la lucha contra el despotismo y la corrupción.

Cómo desplazarse

Barco De las islas venezolanas, solo Isla Margarita cuenta con servicio regular de barco y ferri. El río Orinoco es la principal vía fluvial interior, navegable desde su desembocadura hasta Puerto Ayacucho, con un limitado servicio regular de pasajeros.

Autobús Al no haber trenes de pasajeros, es el medio mayoritario de transporte. Suelen ser rápidos, eficientes y asequibles, y circulan regularmente de día y noche entre los principales centros de población. Muchas rutas regionales de cercanías las operan *autos por puestos*, cruce entre autobús y taxi.

Automóvil Fuera de Caracas, es una cómoda forma de desplazarse.

de taninos procedentes de la descomposición de árboles y plantas.

Ciudad Bolívar

9 La orgullosa capital del mayor estado venezolano posee una ilustre historia como eje de la lucha por la independencia. Su casco histórico es uno de los más bellos, un hermoso conjunto de edificios coloniales de vivos colores, sombreadas plazas y el elegante paseo Orinoco, con vistas al mayor río del país. Los viajeros camino de Salto Ángel suelen alegrarse de haber hecho escala aquí.

Mérida

10 A 1600 m de altitud, la capital de los deportes de aventura es una próspera ciudad andina con una energía jovial y una pujante escena artística. Posee un ambiente relajado, acogedor y culto, gracias a su gran universidad y los deportes al aire libre. Los viajeros más activos están de enhorabuena, pues hay un sinfín de opciones de senderismo, barranquismo, *rafting*, ciclismo de montaña y parapente para elegir. Mérida es además la principal base de operaciones para las excursiones de observación de fauna a Los Llanos.

Casco Histórico, Ciudad Bolívar.

JANE SWEENEY / GETTY IMAGES ©

Arrozales cerca de Sapa.

CAPITAL
Hanói

POBLACIÓN
92,5 millones

ÁREA
331210 km²

IDIOMA OFICIAL
Vietnamita

Vietnam

Asombrosamente exótico y absolutamente cautivador, es un país de impresionante belleza natural y con un increíble patrimonio, que no tarda en volverse adictivo.

Todo su territorio es escenario de experiencias inolvidables. La sublime: contemplar el surrealista paisaje de las islas calizas desde la cubierta de un junco chino en la bahía de Halong. La absurda: tardar 10 min en cruzar una riada de motocicletas en una calle de Hanói. La inspiradora: explorar las cuevas más espectaculares del mundo en el Parque Nacional Phong Nha-Ke Bang. La cómica: contemplar un ciclomotor cargado de ruidosos cerdos zigzagueando por un camino rural. Y la contemplativa: observar una tumba solitaria en un cementerio con decenas de miles de víctimas de guerra.

El visitante verá niños a lomos de búfalos, tejidos complejos de tribus montañosas, y probará los sabores superfrescos y sutiles de la cocina vietnamita. Vietnam es el sueño del viajero sujeto a presupuesto, con transporte económico, sabrosa comida callejera, alojamiento con buena relación calidad-precio y *bia hoi*, quizá la cerveza más barata del mundo.

dar un paseo en bicicleta por carreteras secundarias. Ya sea un día o un mes, será tiempo bien aprovechado.

Parque Nacional Phong Nha-Ke Bang

3 Colinas calizas coronadas de jungla, bosque tropical, corrientes turquesa y pueblos tradicionales; si a esto se suman las cuevas más impresionantes del globo –Phong Nha, creada por un río, la etérea belleza de la cueva Paradise y las cámaras catedralicias de Son Doong, la gruta más grande del mundo– es fácil entender por qué este parque es el más gratifi-

si Vietnam tuviera 100 habitantes

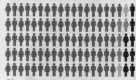

86 serían kinhs (vietnamitas)
3 serían thais y muongs
2 serían jemeres
1 sería hoa (etnia china)
8 serían de otro origen

grupos religiosos
(% de población)

No religiosos	Budistas	Católicos
80	10	6

Hoa Haos	Cao Dais	Otros
2	1	1

población por km²

VIETNAM	REINO UNIDO	ESPAÑA

♦ ≈ 30 personas

cante de todos, un gran lugar para conocer el Vietnam rural más majestuoso.

Casco Antiguo de Hanoi

4 El viajero puede perderse con gusto en este barrio secular, frenético laberinto comercial donde los ecos del pasado son filtrados y enmarcados por una energía sin duda del s. xxi. Además, descubrirá los sabores y aromas culinarios del país en la propia calle, saboreando emblemáticos platos de Hanói como *pho bo, bun cha* y *banh cuon*.
Al caer la noche, lo mejor es sumarse al gentío y disfrutar de una cerveza, *bia hoi*, bien fría en algún improvisado bar de esquina.

Hue

5 Capital del país durante 150 años en el s. xix y comienzos del s. xx, es quizá la ciudad vietnamita más fácil de amar. Su ubicación a orillas del río Perfume es sublime, su elaborada cocina posee merecida fama y sus calles están relativamente libres de tráfico. Tampoco se puede pasar por alto su majestuosa ciudadela, residencias reales y elegantes templos, imponentes defensas amuralladas y puertas. En las afueras se hallan algunas de las pagodas y tumbas reales más impresionantes del país, muchas en bellos entornos naturales.

Islas Con Dao

6 La frenética energía propia de las ciudades vietnamitas puede llegar a atosigar; para desintoxicarse estas idílicas islas tropicales son la escapada ideal. Este antiguo infierno en la tierra para toda una generación

Bajo tierra

En 1966 EE UU inició el masivo bombardeo aéreo y de artillería en Vietnam del Norte. Al norte de la Zona Desmilitarizada, los aldeanos de Vinh Moc se vieron atrapados en una de las zonas más bombardeadas del planeta. Los pequeños refugios familiares no pudieron hacer frente al ataque y los vecinos huyeron o empezaron a construir túneles a mano y con sencillas herramientas en la tierra de arcilla roja.

El Viet Cong creyó útil establecer una base aquí y animó a los lugareños a quedarse. Tras 18 meses de excavación, surgió un inmenso complejo con viviendas en tres niveles entre 12 y 23 m de profundidad, salas de reuniones y hasta una maternidad donde nacieron 17 bebés. Aquí vivieron familias enteras, siendo la estancia más larga de 10 días y 10 noches.

Comida y bebida

Banh Xeo Esta enorme crep de arroz crujiente se prepara en sartenes o *woks* de entre 30 y 35 cm y se llena de cerdo, gambas, alubias chinas y brotes de soja.

Bun Bo Hue Contundente sopa de fideos de arroz con cerdo y ternera que ilustra la debilidad del país por los platos picantes.

Bun Cha Popular plato de puestos callejeros compuesto de cerdo a la brasa o empanadillas de cerdo con finos fideos de arroz, hierbas frescas y verduras, y un bol de *nuoc mam* ligeramente endulzado.

Com Hen Arroz a temperatura ambiente con almejas en su propio caldo, y un sinfín de guarniciones.

Pho Bo Sopa de fideos con ternera, la estrella culinaria del norte. Un buen *pho* depende del caldo, hecho con huesos de ternera hervidos durante horas con chalota, jengibre, salsa de pescado, cardamomo negro, anís estrellado y cassia.

Tienda de sombreros ambulante, Hanói.

de prisioneros políticos es hoy un paraíso de playas remotas, impecables zonas de submarinismo y un medio natural muy diverso, hasta con zonas de anidamiento de tortugas. Un enclave ideal para ir en bicicleta.

Cuándo ir

TEMP. ALTA
(jul-ago)

➡ Los precios suben hasta un 50% en la costa; hay que reservar con mucha antelación.

➡ Calor y humedad en todo el país, salvo el norte, con aguaceros del monzón estival.

TEMP. MEDIA
(dic-mar)

➡ Durante las celebraciones de Tet, se suceden los desplazamientos y los precios suben.

➡ Al norte de Nha Trang puede hacer fresco; en el sur abundan los cielos despejados y el sol.

TEMP. BAJA
(abr-jun, sep-nov)

➡ Los mejores meses para recorrer todo el país.

➡ Los tifones pueden azotar la costa norte y central hasta noviembre.

Sapa y los Alpes Tonkineses

7 Apodados los Alpes Tonkineses por los franceses, los llamativos montes Hoang Lien se elevan hacia el cielo por los abruptos e implacables límites del noroeste del país, rumbo a la frontera china. Aquí bancos de nubes de formas cambiantes y neblina aparecen y desaparecen, jugando a descubrir el Fansipan, el pico más alto del país. Desde sus sinuosas y delgadas crestas, las terrazas de los arrozales caen en cascada hasta valles fluviales, hogar desde hace siglos de pueblos hmong, dzao rojo y giay.

Parque Nacional Cat Tien

8 Es una de las zonas protegidas más destacadas del país, en una curva del río Dong Nai, a medio camino entre Ciudad Ho Chi Minh y Dalat. Algunas de las actividades preferidas son senderismo, ciclismo y observación de fauna salvaje. El parque alberga el Centro de Especies de Primates Amenazados Dao Tien. La ruta de los Gibones Salvajes es muy recomendable.

Mui Ne

9 Quizá el epicentro de la adrenalina, este *resort* costero es capital del *kitesurf*, con viento y condiciones de primera y excelentes escuelas para entrenar profesionalmente. Para quienes prefieren tierra firme, *sandboarding* y golf son dos buenas alternativas.

Películas

Apocalypse now (1979) La guerra americana descrita como épica aventura en el "corazón de las tinieblas".

Cyclo (1995) Obra maestra que profundiza en los bajos fondos de Ciudad Ho Chi Minh.

Platoon (1986) Basada en las experiencias de su director, Oliver Stone, sigue al idealista voluntario Charlie Sheen hasta Vietnam.

El cazador (1978) Analiza el derrumbe emocional sufrido por soldados estadounidenses de una pequeña ciudad.

Libros

El americano impasible (Graham Greene) Novela clásica ambientada en los años cincuenta y la caída de imperio colonial francés.

El dolor de la guerra (Bao Ninh) La perspectiva de Vietnam del Norte, en forma de novela a través de *flash-backs* que hilan la historia.

Otra vez la noche: cuentos contemporáneos de Vietnam Selección de cuentos del país realizada por Lihn Dinh.

Cómo desplazarse

Tren Bastante cómodo si el vagón tiene aire acondicionado (o litera en rutas nocturnas) y con precios razonables. No existen expresos auténticos.

Avión Muy económico (a menudo más que el autobús) si se reserva con antelación. La red es bastante completa, pero las cancelaciones son habituales.

Automóvil Muy útil para viajar libremente o visitar regiones con mínimo transporte público; siempre se alquila con conductor.

Autobús En las vías principales los servicios son buenos, aunque no es precisamente una forma relajante de viajar. En las zonas más remotas todo se deteriora con rapidez. Los autobuses abiertos de los circuitos son muy económicos y a tener en cuenta.

El propio *resort* tiene más de 20 km de playa con palmeras a lo largo de las tentadoras costas del mar de la China Meridional. Pensiones, *resorts-boutique*, bares de diseño, balnearios con buena relación calidad-precio... la oferta es amplia.

Isla Phu Quoc

10 Bañada por un mar celeste y bordeada por esas playas de arena blanca, Phu Quoc es ideal para poner la marcha corta, tomar un cóctel y lanzar un brindis al sol rojo anaranjado cuando se oculta en el mar. Y si el viajero desea subir una marcha, lo mejor es lanzarse en moto por las pistas de tierra roja: la isla es del tamaño de Singapur.

Nha Trang

11 Presume de una de las mejores playas municipales de Asia, una imponente franja de arena dorada bañada por las templadas aguas del mar de la China Meridional. Aun así, Nha Trang tiene mucho más que ofrecer, como paseos en barco por el río y la isla, antiguas torres cham que explorar, balnearios naturales de lodo y un apetecible panorama gastronómico.

11

PETER UNGER / GETTY IMAGES ©

CAPITAL
Sanaa

POBLACIÓN
25,3 millones

ÁREA
527 968 km²

IDIOMA OFICIAL
Árabe

Ciudad vieja de Sanaa.

Yemen

Desprovisto del oropel de muchos estados del Golfo Pérsico, este país compensa con la profundidad de su historia y el apego a sus tradiciones y rica cultura.

Es el pariente pobre de la península Arábiga, pero ahí radica su encanto. Sin la riqueza petrolífera de sus vecinos, es como una cápsula de tiempo que preserva las tradiciones y el tejido de la antigua Arabia.

Su historia suena a leyenda; para los romanos, Yemen era Arabia Felix (la Arabia feliz), Gilgamesh vino en busca de la vida eterna, Noé botó aquí su arca, la reina de Saba gobernó el territorio, y el comercio del incienso aportó increíbles riquezas.

Este viaje al pasado tiene diversos focos: el aura de las *Mil y una noches* de su capital Sanaa en el oeste, los rascacielos de barro en el este, las bellas montañas del norte, los insólitos y fantásticos paisajes de Socotora frente a la costa sur.

En los últimos años, Yemen ha permanecido casi en el olvido, pues viajar aquí es inviable; por razones de seguridad, intentarlo es absolutamente desaconsejable. Lo mejor es esperar a que las cosas mejoren y este reino único sea de nuevo accesible.

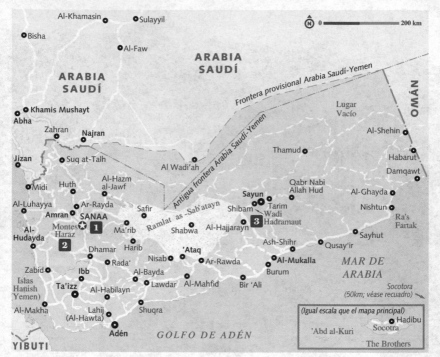

Yemen
Las mejores experiencias

Ciudad vieja de Sanaa

1 El viajero puede suspirar ante casas como guindas de un pastel, y pasear por viejos callejones, obra del hijo de Noé. La ciudad más antigua del mundo posee múltiples capas, colores y dibujos, y es la más romántica y animada del islam.

Comida y bebida

Fenogreco Esta espuma amarga y de un verde intenso anima cualquier plato de caldo o alubias.

Salta Estofado muy caliente con caldo de carne, lentejas, alubias, fenogreco, y cilantro u otras especias.

Shai Té dulce a menudo servido *min na'ana* (con menta).

Montes Haraz

2 Elevándose abruptamente en las húmedas llanuras costeras del mar Rojo, estas montañas de escarpadas laderas son desde hace siglos una fortaleza cultural que protege el corazón de Yemen de la injerencia extranjera. Sus campos con terrazas y aldeas fortificadas se concentran en los peñascos más inverosímiles.

Wadi Hadramaut

3 El viajero puede recorrer las ciudades como castillos de arena de este extraño y bello *wadi*, donde antaño deambulaban gigantes y los escorpiones flanqueaban la entrada al averno. Rodeado por un amplio desierto, este valle de un río seco con exuberantes oasis es un mundo aparte. En un instante, la esterilidad se vuelve fertilidad.

Cuándo ir

SEP-DIC

➡ Las lluvias del monzón terminan, los montes están frondosos y el senderismo es soberbio.

NOV-FEB

➡ Los mejores meses para ir a Tihama, en la costa del mar Rojo, o a los desiertos orientales.

JUN-SEP

➡ Los vientos de tormenta del monzón complican la visita a la isla de Socotora.

Salares, lago Assal.

CAPITAL
Yibuti
....

POBLACIÓN
792 198
....

ÁREA
23 200 km²
....

**IDIOMAS
OFICIALES**
Francés, árabe

Yibuti

Este diminuto país pega fuerte, compensando su minúsculo tamaño con una austera belleza, etéreos paisajes y rarezas geológicas.

Pocos países ofrecen paisajes tan extraños. Lagos de sal, volcanes apagados, llanuras hundidas, chimeneas calizas que escupen vapor, mesetas de basalto y majestuosos cañones. Todo se debe a su ubicación, en el cruce de tres placas tectónicas divergentes, al filo del mar Rojo.

La oferta de aventura al aire libre en Yibuti es muy amplia, con soberbio y exigente senderismo. Después de extasiarse ante la abrupta belleza del interior, el viajero puede hacer submarinismo y *kitesurf* en el mar Rojo, o bucear con imponentes tiburones ballena en el golfo de Tadjoura.

Salvo la capital, el país está desprovisto de edificación a gran escala. Predomina el ecoturismo, y en el interior hay buenos alojamientos sostenibles que muestran la fascinante forma de vida rural. Viajar aquí por cuenta propia no es barato, pero pese al alto coste, el viajero dejará este rincón de África con nuevas experiencias y magníficos recuerdos.

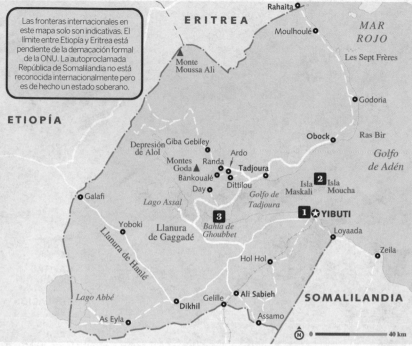

Las fronteras internacionales en este mapa solo son indicativas. El límite entre Etiopía y Eritrea está pendiente de la demacación formal de la ONU. La autoproclamada República de Somalilandia no está reconocida internacionalmente pero es de hecho un estado soberano.

Yibuti
Las mejores experiencias

Yibuti

1 En la capital se perciben aires de cambio. Bajo su bulliciosa fachada, sigue teniendo los pies en la tierra, pese a los contrastes culturales y sociales. Miembros de la tribu afar con su atuendo tradicional, fornidos soldados estadounidenses, sensuales damas somalíes, y exhaustos hombres de negocios se mezclan en el gentío.

Comida y bebida

En la capital el viajero hallará excelente marisco, arroz, pasta, platos locales de carne como cordero relleno y otras delicias importadas de Francia. En el campo la oferta es más limitada, y la carne de cabra y el arroz son los alimentos básicos. El alcohol está disponible en la capital.

El mar Rojo

2 Sus aguas transparentes y cálidas son ideales para el buceo y submarinismo. La mayoría de las zonas se sitúan frente a las islas de Maskali y Moucha, en el golfo de Tadjoura, que premia a todo tipo de submarinistas con multitud de pintorescos sitios. Los aficionados a los naufragios están de enhorabuena, y las inmersiones en el arrecife resultan muy tentadoras.

Bahía de Ghoubbet

3 De noviembre a enero el viajero puede acercarse a los tiburones ballena en esta bahía, en el extremo occidental del golfo de Tadjoura. Es uno de los pocos lugares del mundo donde estas gigantescas y afables criaturas suelen aparecer cerca de la orilla, lo que facilita su observación. Se aconseja no acercarse a menos de 4 m.

Cuándo ir

NOV-ENE

➡ Época ideal para actividades al aire libre. Los tiburones ballena hacen su aparición anual.

OCT Y FEB-ABR

➡ La temporada es buen momento, sobre todo en las montañas Goda.

MAY-SEP

➡ Abrasadoras temperaturas medias de unos 40°C.

Piscina del Diablo, isla Livingstone, cataratas Victoria.

CAPITAL
Lusaka

POBLACIÓN
14,2 millones

ÁREA
752 618 km²

**IDIOMAS
OFICIALES**
11 idiomas
bantúes

Zambia

Con una increíble diversidad de fauna y flora y los guías más cualificados de África, el visitante no solo ve animales salvajes, sino que también llega a conocerlos.

En estos espacios naturales, depredadores y presas merodean por campamentos sin vallas, la noche invita a compartir relatos en torno a una hoguera y la huella del ser humano brilla por su ausencia.

Viajar por Zambia permite explorar lugares remotos y fascinantes, llenos de una fauna tan asombrosamente diversa como en todo el sur de África. Un día el viajero puede bajar en canoa un ancho y plácido río, y al siguiente hacer *rafting* en aguas bravas por los desbocados rápidos del Zambeze, cerca de las célebres cataratas Victoria. Aunque sin salida al mar, por su territorio discurren tres grandes ríos –el Kafue, el Luangwa y el Zambeze– que definen la geografía y el ritmo de vida de sus habitantes. Sin embargo, para el viajero independiente Zambia supone un reto logístico, por su gran tamaño, ruinosa red de carreteras y exclusivos *resorts*.

Para quienes se aventuren hasta aquí, la relativa falta de turistas se traduce en un viaje africano más satisfactorio aún.

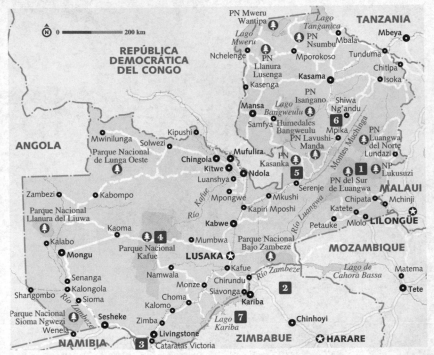

Zambia
Las mejores experiencias

Parque Nacional del Sur de Luangwa

1 Por paisaje, variedad y densidad de población animal, accesibilidad y oferta de alojamiento, es el mejor del país y uno de los más majestuosos de África. Por las amplias llanuras deambulan impalas, pucúes, antílopes acuáticos, jirafas y búfalos; numerosos leopardos cazan en los tupidos bosques; manadas de elefantes recorren los pantanos y los hipopótamos comen apaciblemente lechugas de agua en el río Luangwa. Sus aves son también extraordinarias; se han documentado unas 400 especies y es fácil avistar grandes ejemplares de águilas culebreras, volatineras y cálaos africanos.

La calidad de este parque se refleja en la de sus guías, considerados los mejores de Zambia.

Río Zambeze

2 Una de las mejores formas de descubrir el Bajo Zambeze es en un safari en canoa. Deslizándose silenciosamente por sus márgenes, el viajero puede acercarse a aves y animales sin inquietarlos. No hay nada como cruzarse con un búfalo bebiendo, o ver a un delicado bosbok llegar de puntillas a la orilla. La emoción aumenta al pasar junto a una manada de hipopótamos o notar de repente como un cocodrilo hasta entonces inadvertido entra en el agua.

Cataratas Victoria

3 *Mosi-oa-Tunya* ("el humo atronador") es uno de los primeros reclamos turísticos de África, y aunque compartido por Zimbabue y Zambia, constituye un destino singular. El viajero puede contemplar desde un helicóptero su rugiente cortina de agua de casi 2 km en todo su esplendor o asomarse peligrosamente al borde en la Piscina del Diablo; su poderoso ímpetu no suele decepcionar. Tanto si el viaje tiene simplemente por objeto contemplar una maravilla natural del mundo, o recibir una potente dosis de adrenalina haciendo *rafting* o *banyi* en el Zambeze, las cataratas Victoria son únicas.

Hipopótamo, Parque Nacional del Sur de Luangwa.

Parque Nacional Kafue

4 Este hermoso parque, unos 200 km al oeste de Lusaka, es uno de los máximos alicientes del país. Con más de 22 500 km², es el más extenso y uno de los mayores del globo, además de ser el único de los importantes al que se accede cómodamente en automóvil. En la zona norte, el río Kafue y sus principales afluentes (el Lufupa y el Lunga) son ideales para dar un paseo en barco y ver gran cantidad de hipopótamos y cocodrilos. Lejos de los ríos, el miombo (tipo de sabana boscosa) y los *dambos* (zonas pantanosas con hierba) permiten divisar a los animales más fácilmente. Esta región es una de las mejores de Zambia –quizá incluso de África– para ver leopardos.

Parque Nacional Kasanka

5 Este parque de gestión privada es uno de los espacios naturales menos conocidos y un auténtico plato fuerte de esta zona del país. Con solo 390 km², recibe muy pocos visitantes. Aquí no hay colas de *jeeps* para ver un leopardo, y sí grandes extensiones de miombo, matorrales de hoja perenne, praderas abiertas y ríos bordeados de bosque esmeralda, que el viajero disfrutará casi en soledad.

Shiwa Ng'andu

6 Esta majestuosa finca, construida con amor por el extravagante

si Zambia tuviera 100 habitantes

30 hablarían bemba
11 hablarían nyanja
11 hablarían tonga
24 hablarían lenguas bantúes
24 hablarían otras lenguas

estructura según la edad (años)
(% de población)

0-14   15-24

25-54   55-64   65+

población por km²

Cuándo ir

FIN. MAY-PPIOS. OCT

➡ Temporada alta; la estación seca es perfecta para ver fauna salvaje.

JUN-AGO

➡ Tiempo en general seco, con temperaturas más frescas y ocasionales heladas nocturnas.

DIC-ABR

➡ Durante la estación lluviosa, el paisaje se torna vibrante y exuberante.

Música zambiana

Todas las etnias del país poseen tradiciones musicales propias. Los lozis destacan por sus grandes tambores, que suenan durante la espléndida ceremonia Kuomboka, y los bembas son asimismo percusionistas de renombre. Entre los instrumentos tradicionales más utilizados figuran xilófonos de madera, a menudo con calabazas debajo para acentuar la resonancia, y pequeñas *kalimbas* con teclas de metal.

Entre los músicos actuales que han logrado fama internacional destaca Larry Maluma, que fusiona ritmos tradicionales y *reggae*. Los más jóvenes se decantan por el *reggae* –tanto el jamaicano tradicional como esa otra versión más ligera, apreciada en el sur de África–, el *hip-hop* y el *r'n'b* autóctonos, género del cual K'Millian es un artista tremendamente popular.

Comida y bebida

El alimento básico es la *nshima*, una masa espesa de gachas de maíz, algo insípidas pero muy saciantes; se comen con las manos acompañadas de alubias o verduras y una salsa picante, y a veces carne o pescado.

Aunque Zambia no destaca por su gastronomía, en los *lodges* y campamentos de los parques nacionales y sus alrededores se ofrecen opciones culinarias de máxima calidad, con los platos de caza a la cabeza; el kudú es muy bueno.

La cerveza local es Mosi. El viajero verá también sobrecitos de plástico vacíos de *tujilijili* (potente bebida alcohólica casera). Su elaboración e importación fue declarada ilegal en el 2012; no obstante, un próspero negocio en Malaui aprovisiona a los consumidores de Zambia.

Vidriera de la capilla de Shiwa House, Shiwa Ng'andu.

aristócrata británico sir Stewart Gore-Brown, se halla en lo más profundo de los espacios naturales del norte. Su mayor reclamo es la casa solariega, una bella mansión de ladrillo. En torno a ella hay granjas, asentamientos y viviendas de trabajadores en lo que casi parece un dominio feudal, una auténtica comunidad hasta con una escuela y un hospital. Además, muchos de sus empleados son hijos y nietos del personal original de sir Stewart.

Lago Kariba

7 Más allá de las cataratas Victoria, el río Zambeze atraviesa el cañón de Batoka antes de adentrarse en el lago Kariba. Formado detrás de la colosal presa del mismo nombre, constituye uno de los mayores lagos artificiales de África. Inmenso y espectacular, frente a sus centelleantes aguas se divisa la silueta de los recortados y lejanos picos de Zimbabue. El sector zambiano sigue siendo remoto y muy poco frecuentado.

Cómo desplazarse

Avión Los aeropuertos principales están en Lusaka, Livingstone, Ndola, Kitwe, Mfuwe, Kasama y Kasaba Bay. Además, hay docenas de pistas de aterrizaje secundarias para los vuelos chárter.

Autobús y microbús Las distancias son largas, los autobuses lentos y muchas carreteras tienen grandes baches, por lo que agotan hasta al viajero más curtido.

Automóvil y motocicleta Hay tramos de carreteras principales en bastante mal estado y en rápido deterioro; conviene extremar la prudencia en todo momento.

Tren La red nacional es lenta y poco fiable, y no puede competir con los autobuses. Los vagones suelen estar algo destartalados o francamente para el desguace.

CAPITAL	Harare
POBLACIÓN	13,7 millones
ÁREA	390 757 km²
IDIOMA OFICIAL	Inglés

Cataratas Victoria.

Zimbabue

La acogida es cálida y los parques nacionales ofrecen gratificantes encuentros con fauna salvaje. Zimbabue está preparado para recibir al viajero.

Tras una década de hecatombe política, violencia y caos económico, por fin una buena noticia: el número de turistas se acerca al de antes del conflicto, atraídos por los cinco grandes que lucen su figura en los espectaculares parques, los yacimientos arqueológicos Patrimonio Mundial, y las cataratas Victoria, maravilla natural mundial que deja a todos sin palabras.

El viaje recorre un atractivo mosaico de paisajes: el Alto Veld central, grandes rocas en equilibrio, árboles msasa de un rojo encendido, tranquilas poblaciones, los exuberantes montes de las Tierras Altas Orientales, y una red fluvial vital en la zona norte. Durante el recorrido el viajero recibirá la calurosa bienvenida de los lugareños, conocidos por su cortesía y firmeza ante la adversidad.

Aunque queda mucho por hacer, se aprecian signos de recuperación, el aliento de un nuevo e inminente renacer para esta nación acuciada por los problemas.

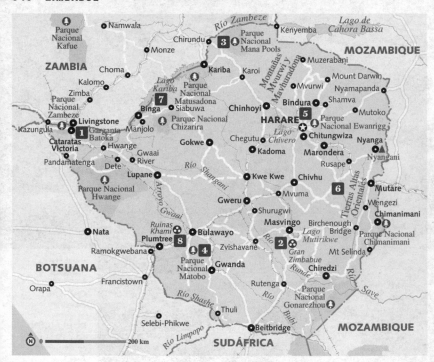

Zimbabue
Las mejores experiencias

Cataratas Victoria

1 Estas imponentes cataratas son el mayor reclamo del país. El mirador de 1 km recorre la parte superior de la garganta, ofreciendo puntos de observación con magníficas vistas frontales de la impactante cortina de agua. Uno de los más espectaculares es el situado más al oeste, conocido como Cataract View. Otro de los senderos conduce a Danger Point, donde un escarpado desnivel de 100 m sin vallar pone los nervios a prueba. Desde allí, una pista lateral brinda vistas del puente de las cataratas.

Gran Zimbabue

2 Patrimonio Mundial de la Unesco, la mayor ciudad medieval del África subsahariana es uno de los puntos de interés más preciados del país, hasta tal punto que le dio su nombre. Esta enigmática ciudad medieval demuestra que el África ancestral alcanzó un nivel de civilización insospechado por los primeros estudiosos. Como capital religiosa y política, esta ciudad de entre 10 000 y 20 000 habitantes dominaba un reino que ocupaba el este del país, adentrándose en las actuales Botsuana, Mozambique y Sudáfrica.

Mana Pools

3 El único parque de África (con leones) donde se permiten los safaris a pie sin guía. Este espléndido parque nacional de 2200 km² es Patrimonio Mundial de la Unesco, y su magia procede de su lejanía y constante sensación de vida agreste y natural. Aquí el viajero verá muchos hipopótamos, cocodrilos, cebras y elefantes, y muy probablemente leones y lobos pintados.

Parque Nacional Matobo

4 Con parte del paisaje granítico más majestuoso del mundo, y Patrimonio Mundial de la Unesco, es uno de los atractivos olvidados de Zimbabue. El bello y etéreo paisaje de rocas en equilibrio, *kopjes* –piedras colosales que se tambalean unas sobre otras de modo inverosímil– evidencia por qué Matobo está consid-

Leones, Parque Nacional Mana Pools.

erado el hogar espiritual de Zimbabue. Uno de los parajes más impresionantes del país, el World's View, ofrece épicas vistas de 360° del parque. Aquí arriba la sensación de paz es inmensa, y adopta una cualidad espiritual que deja claro por qué es tan sagrado para el pueblo ndebele.

Harare

5 En la capital se puede adquirir artesanía, y el HIFA (Festival Internacional de las Artes de Harare) es visita obligada. Este evento anual atrae a figuras internacionales y nacionales, con conciertos de *afrobeat*, *funk*, *jazz*, *soul*, ópera, música clásica, teatro y danza. Se celebra durante seis días a finales de abril o comienzos de mayo.

Tierras Altas Orientales

6 Esta estrecha región montañosa que forma Manicalandia no es el África de las fantasías del viajero de sillón. Es tierra de montañas, parques nacionales, pinares, jardines botánicos, ríos, presas y apartados retiros. Mutare, tercera ciudad del país, posee un ambiente relajado y es una buena entrada a las Tierras Altas Orientales o Mozambique. Con sus impecables espacios naturales, el Parque Nacional Chimanimani, en la frontera con Mozambique, es un paraíso para senderistas.

Lago Kariba

7 Es la Riviera de Zimbabue, región de casas

si Zimbabue tuviera 100 habitantes

82 serían shonas
14 serían ndebeles
2 serían otros africanos
1 sería mestizo y asiático
1 sería blanco

estructura por edades
(años) (% de la población)

39	22	31
0-14	15-24	25-54

4	4
55-64	65+

población por km²

ZIMBABUE   SUDÁFRICA   ZAMBIA

ǂ = 1 persona

Cuándo ir

ABR-OCT
➡ Los mejores meses, con días soleados y vistas soberbias de las cataratas Victoria.

NOV-ABR
➡ Lluvia esporádica y fuertes tormentas eléctricas por la tarde.

JUL-SEP
➡ Mejor momento para ver fauna salvaje, con *rafting* y piragüismo en el río Zambeze.

Literatura

Zimbabue ha dado excelentes obras literarias. La más actual, *Mukiwa (A white boy in Africa)* (Mukiwa, un chico blanco en África) y su secuela, *When a crocodile eats the sun* (Cuando un cocodrilo se come el sol), de Peter Godwin, son memorias fascinantes.

Desde la independencia, la literatura se centra en la lucha por construir una sociedad nueva. *Harvest of Thorns* (Cosecha de espinas), de Shimmer Chinodya, sobre la segunda guerra de independencia, se hizo con el Commonwealth Prize de Literatura en 1992.

La autora más célebre del país es la desaparecida Yvonne Vera, conocida por sus valientes obras con temas tan candentes como la violación, el incesto y la desigualdad entre sexos. Obtuvo el Commonwealth Prize en 1997 por *Under the tongue* (Bajo la lengua), y el premio Macmillan en el 2002 por su aclamada novela *The Stone Virgins* (Las vírgenes de piedra).

Comida y bebida

Bebidas Agua mineral embotellada, zumos de fruta y refrescos son fáciles de encontrar.

Cerveza La lager es la más común; las de producción nacional (Zambezi y Castle) son excelentes.

Sadza Alimento a base de maíz blanco convertido en gachas o algo parecido al puré de patatas, que se come con los dedos con salsa de tomate, carne y/o su jugo.

Té y café Se cultivan en las Tierras Altas Orientales. En los cafés y restaurantes de las ciudades sirven *espresso* local o de importación.

Lago Kariba.

flotantes, de cerveza, pesca y bellas puestas de sol. Con más de 5000 km², y 180 000 millones de toneladas de agua, el lago Kariba es uno de los mayores lagos artificiales del mundo. Por su proximidad con el Parque Nacional Matusadona, alberga gran cantidad de fauna salvaje, incluidos los cinco grandes, pero debido a los grandes cocodrilos y casos de esquistosomiasis, no se permite bañarse en sus aguas. Lo mejor para disfrutar de su paz y belleza es alquilar una casa flotante.

Ruinas de Khami

8 A solo 22 km de Bulawayo, y pese a carecer del esplendor de Gran Zimbabue, estas ruinas Patrimonio Mundial de la Unesco, segundo monumento de piedra más grande del país, son un impresionante yacimiento arqueológico. Construido entre los años 1450 y 1650 (tras Gran Zimbabue), ocupa un enclave de 2 km en un apacible entorno natural con vistas a la presa de Khami.

Cómo desplazarse

Autobús Los expresos o *luxury* operan según horarios oficiales, pero hay que comprobarlos bien, pues la mayoría de las empresas tienen servicios locales (*chicken buses* para los lugareños) y autocares de lujo.

Taxi Son seguros y pueden reservarse en el hotel. Casi todos disponen de taxímetro y los urbanos se mueven en un radio de 40 km del centro. De noche se aconseja viajar siempre en taxi.

Tren Los principales servicios son nocturnos. La ruta más popular es desde las cataratas Victoria a Bulawayo. Es mejor viajar en 1ª clase, que es económica y cómoda, y además dispone de compartimentos con literas.

Índice

El
mundo

ESTE LIBRO

Esta es la traducción de la primera edición de *The World*, de Lonely Planet.

VERSIÓN EN ESPAÑOL

GeoPlaneta, que posee los derechos de traducción y distribución de las guías Lonely Planet en los países de habla hispana, ha adaptado para sus lectores los contenidos de este libro. Lonely Planet y geoPlaneta quieren ofrecer al viajero independiente una selección de títulos en español: esta colaboración incluye, además, la distribución en España de los libros de Lonely Planet en inglés e italiano, así como el sitio web www.lonelyplanet.es, donde el lector encontrará amplia información de viajes y las opiniones de los viajeros.

GRACIAS A

Elin Berglund, Joe Bindloss, Kate Chapman, Ruth Cosgrove, Brendan Dempsey, Helen Elfer, Samantha Forge, James Hardy, Briohny Hooper, Elizabeth Jones, Chris Love, Kate Morgan, Catherine Naghten, Darren O'Connell, Martine Power, Alison Ridgway, Dianne Schallmeiner, Luna Soo, Angela Tinson, Sam Trafford, Brana Vladisavljevic, Tasmin Waby, Tracy Whitmey, Amanda Williamson

geoPlaneta
Av. Diagonal 662-664. 08034 Barcelona
viajeros@lonelyplanet.es
www.geoplaneta.com - www.lonelyplanet.es

Lonely Planet Publications
Locked Bag 1, Footscray, Victoria 3011, Australia
61 3 8379 8000 - fax 61 3 8379 8111
(Oficinas también en Reino Unido y Estados Unidos)
talk2us@lonelyplanet.com.au

El mundo
1ª edición en español - octubre del 2015
Traducción de *The World*, 1ª edición - octubre del 2014

Editorial Planeta, S.A.
Con la autorización para la edición en español de Lonely Planet Publications Pty Ltd A.B.N. 36 005 607 983, Locked Bag 1, Footscray, Melbourne, VIC 3011, Australia

© Textos y mapas: Lonely Planet, 2015
© Fotografías 2015, según se relaciona en cada imagen
© Edición en español: Editorial Planeta, S.A., 2015
© Traducción: Carme Bosch, Alberto Delgado y Jorge García, 2015

ISBN: 978-84-08-14531-8

Depósito legal: B. 14.072-2015
Impresión y encuadernación: Egedsa
Printed in Spain – Impreso en España